Handbuch Bundesverfassungsgericht im politischen System

Robert Chr. van Ooyen
Martin H. W. Möllers (Hrsg.)

Handbuch Bundesverfassungsgericht im politischen System

2. Auflage

 Springer VS

Herausgeber
Robert Chr. van Ooyen
Berlin, Deutschland

Martin H. W. Möllers
Lübeck, Deutschland

ISBN 978-3-658-05702-2   ISBN 978-3-658-05703-9 (eBook)
DOI 10.1007/978-3-658-05703-9

Die Deutsche Nationalbibliothek verzeichnet diese Publikation in der Deutschen Nationalbibliografie; detail-lierte bibliografische Daten sind im Internet über http://dnb.d-nb.de abrufbar.

Springer VS

Lektorat: Dr. Jan Treibel, Monika Mülhausen

Gedruckt auf säurefreiem und chlorfrei gebleichtem Papier

Springer Fachmedien Wiesbaden ist Teil der Fachverlagsgruppe Springer Science+Business Media
(www.springer.com)

Inhalt

Teil 3
Bundesverfassungsgericht im politischen Prozess I:
historische Konfliktlagen

Teil 4
Bundesverfassungsgericht im politischen Prozess II:
Akteure und Funktionen

Teil 5
Rechtsprechung des Bundesverfassungsgerichts
zu Verfassungsprinzipien und Politikfeldern

Vorwort zur 2. Auflage

Die Vorauflage wurde freundlich aufgenommen und scheint – wie wir seinerzeit hofften – tatsächlich eine Lücke geschlossen zu haben; auch der Trend einer beginnenden, systematischen Forschung zum Bundesverfassungsgericht in der Politikwissenschaft setzt sich fort. Davon zeugt nicht nur, dass es inzwischen sogar zwei Themengruppen in der DVPW gibt, die sich mit „Politik und Recht" bzw. „Politik und Verfassung" beschäftigen. Es sind auch seitdem einige Monografien zum Bundesverfassungsgericht oder zu weiteren höchstrichterlichen Instanzen erschienen. Im Staats- und Verfassungsrecht erfolgte in den letzten Jahren ein neuerlicher Generationswechsel, der z. T. einhergeht mit stärker rechtspolitisch orientierten Analysen zur Rolle des Bundesverfassungsgerichts. Als Herausgeber freuen wir uns daher besonders, dass wir neue, hierfür repräsentativ stehende Autoren und Autorinnen aus beiden Disziplinen gewinnen konnten. Fast alle Autoren und Autorinnen der ersten Auflage haben außerdem wieder mitgemacht und ihre Arbeiten soweit erforderlich auf den neuesten Stand gebracht. Mit jetzt insgesamt rund 50 Beiträgen zu den theoretischen Zugängen, Analysen des politischen Prozesses, zu den Verfassungsprinzipien bzw. Politikfeldern und vergleichenden Bezügen hat daher der Sammelband gegenüber der Vorauflage an Umfang noch einmal erheblich zugelegt.

Wir bedanken uns herzlich bei allen Autoren und Autorinnen, auch für das zügige Arbeiten, sodass das Buch rasch fertig gestellt werden konnte – und ausdrücklich bei Hans Peter Bull, der mit der Übernahme eines zweiten Beitrags ganz kurzfristig einsprang und das Erscheinen ohne Verzögerung ermöglichte.

Robert van Ooyen & Martin Möllers   *Berlin und Bad Schwartau, im September 2014*

Einführung zur 1. Auflage:
Recht gegen Politik – politik- und rechtswissenschaftliche Versäumnisse bei der Erforschung des Bundesverfassungsgerichts

Robert Chr. van Ooyen & Martin H. W. Möllers

Donald P. Kommers, Kenner der amerikanischen und der deutschen Verfassungsgerichtsbarkeit zugleich, hielt in seiner Studie Mitte der siebziger Jahre – also etwa zur Zeit des ersten runden Jubiläums von 25 Jahren Bundesverfassungsgericht – nicht ohne Untertreibung fest:

> „This is a study of the Federal Constitutional Court... of West Germany. My principal goal is to... describe its relationship to German politics. That courts of law, constitutional courts especially, are parts of political systems is a proposition no longer to be denied".[1]

Dem auswärtigen, zumal amerikanischen Beobachter war die Bedeutung des Bundesverfassungsgerichts im politischen System allein vor dem Hintergrund eigener langjähriger Erfahrungen mit dem machtvollen Supreme Court schon immer ganz selbstverständlich. Dass Verfassungsgerichtsbarkeit integraler Bestandteil des „politischen Teils" von „government" ist und damit auch der permanenten politischen Analyse bedarf, muss hier – trotz sogar stärkerer Tradition der „Gewaltentrennung" – in keiner langatmigen Erörterung über das dialektische Verhältnis von Recht und Politik erst noch begründet werden. Wirft man auch einen nur flüchtigen Blick auf die in den USA publizierte Literatur, so muss man folglich „neidvoll" feststellen, dass diese Analysen auch jenseits hoch politisierter Entscheidungen wie zur „Rassentrennung", „Abtreibung" oder „Todesstrafe"[2] zum alltäglichen publizistischen und wissenschaftlichen Geschäft zählen: Arbeiten zur allgemeinen Geschichte des Supreme Courts[3] lassen sich

---

1 Kommers, Donald P.: Judicial Politics in West Germany. A Study of the Federal Constitutional Court, Beverly Hills – London 1976, S. 11.
2 Vgl. z. B.: „Brown v. Board of Education" (1954); „Roe v. Wade" (1973) bzw. „Mc Clesky v. Kemp" (1987).
3 Vgl. z. B. Irons, Peter: A People's History of the Supreme Court, New York 2000.

ebenso finden wie politische Analysen einzelner Phasen der Rechtsprechung[4], umfangreiche „Insider-Berichte" wissenschaftlicher Mitarbeiter über die interne Arbeitsweise und die politischen (Macht-)Kämpfe innerhalb des Gerichts[5] stehen neben Darstellungen von Richtern selbst[6] und schließlich eher populistisch verfassten Polemiken[7]. Auch die die Rechtsprechung von Leitentscheidungen maßgeblich beeinflussenden Faktoren wie politische Grundeinstellungen, Sozialisation und Persönlichkeitsmerkmale einzelner Richter sind hier regelmäßig Gegenstand breiterer öffentlicher Wahrnehmung und Diskussion[8] – und dies nicht nur wegen der starken präsidialen Kompetenzen bei der Richternominierung und der auch für die Richter am Bundesverfassungsgericht immer wieder geforderten[9] öffentlichen „hearings".[10]

Dies verhält sich im deutschen Diskurs erheblich anders:

Biografisch-politische Porträts liegen zwar inzwischen auch für einige Richter/innen des Bundesverfassungsverfassungsgerichts vor; dies jedoch nur sporadisch und nicht etwa als Ergebnis eines allgemeinen, breit angelegten sozial- und rechtswissenschaftlichen Forschungsinteresses am systematischen Zusammenhang von Verfassungsrechtsprechung, Richter und Politik.[11] Auch in der aktuellen zeitgeschichtlichen Forschung ist gerade erst ein wichtiger Anfang gemacht worden.[12] In den Rechtswissenschaften

---

4   Vgl. z.B.: Powe, Lucas A., Jr.: The Warren Court and American Politics, Cambridge 2000; Schwartz, Herman (Ed.): The Rehnquist Court. Judicial Activism on the Right, New York 2003; Keck, Thomas M.: The Most Activist Supreme Court in History. The Road to Modern Judicial Conservatism, Chicago – London 2004.

5   Vgl. z.B. Lazarus, Edward: Closed Chambers. The Rise, Fall and Future of the Modern Supreme Court, New York 2005.

6   Vgl. z.B. Rehnquist, William H.: The Supreme Court. Revised and Updated, New York 2002.

7   Vgl. z.B. Levin, Mark R.: Men in Black. How the Supreme Court is Destroying America, Washington 2005.

8   Vgl. z.B.: Talbot, Margaret: The Scalia Court; in: The New Yorker vom 28.03.2005.

9   So erfährt man über neue Richter am Bundesverfassungsgericht in der Qualitätspresse – wenn überhaupt – nur wenig und allenfalls am Rande; vgl. z.B. aktuell Müller, Reinhard: Schonende Besetzung. Der neue Verfassungsrichter Eichberger; in: FAZ vom 08.04.2006, S. 7.

10   Vgl. etwa Häberle, Peter: Bundesverfassungsrichter-Kandidaten auf dem Prüfstand? Ein Ja zum Erfordernis „öffentlicher Anhörung"; in: Guggenberger, Bernd/Meier, Andreas (Hrsg.), Der Souverän auf der Nebenbühne. Essays und Zwischenrufe zur deutschen Verfassungsdiskussion, Opladen 1994, S. 131 ff.

11   Hier sind vor allem zu nennen: Aders, Thomas: Die Utopie vom Staat über den Parteien: biographische Annäherungen an Hermann Höpker-Aschoff (1883–1954), Frankfurt am Main 1994; Wiegandt, Manfred H.: Norm und Wirklichkeit. Gerhard Leibholz (1901–1982) – Leben, Werk und Richteramt, Baden-Baden 1995; inzwischen liegt auch vor: Spieker, Frank: Hermann Höpker Aschoff – Vater der Finanzverfassung, Berlin 2004, sowie eine von der Politologin und Journalistin Karin Deckenbach im Stil der Hofberichterstattung verfasste, eher unkritische Biografie zu Jutta Limbach, Düsseldorf 2003.

12   Vgl. hierzu aktuell insb.: Henne, Thomas/Riedlinger, Arne (Hrsg.): Das Lüth-Urteil aus (rechts-)historischer Sicht. Die Konflikte um Veit Harlan und die Grundrechtsjudikatur des Bundesverfassungsgerichts, Berlin 2005; Löffler, Ulrich: Instrumentalisierte Vergangenheit? Die nationalsozialistische Vergangenheit als Argumentationsfigur in der Rechtsprechung des Bundesverfassungsgerichts, Frankfurt a.M. 2004; Gusy, Christoph (Hrsg.): Weimars lange Schatten – „Weimar" als Argument nach 1945, Baden-Baden 2003.

hingegen ist die Literatur zur Verfassungsgerichtsbarkeit bzw. zum Bundesverfassungsgericht zwar kaum noch zu überblicken. Doch entweder dominiert ein an der Gegenüberstellung von „Recht" und „Politik" orientierter „binnenjuristischer" Diskurs
„reiner" Rechtswissenschaft, der nur selten zugunsten einer „politischen" Sichtweise
durchbrochen wird, da man hier wohl ansonsten befürchtet – und auch Gefahr läuft –
sich wissenschaftlich zu „disqualifizieren". Oder aber man stößt in der Folge der ein-
flussreichen staatsrechtlichen Schulen[13] auf einen – wenn auch liberal eingehegten –
national fixierten Etatismus mit einem hegelianischen Verständnis von „souveräner
Politik", der die „hohe" Politik zum nicht-justiziablen Bereich von „Gemeinwohl" bzw.
„Staatsräson" verklärt[14] und die „niedere" (Partei-)Politik der Gesellschaft als „schmut-
ziges Geschäft" des Schacherns um „egoistische Beuteinteressen" begreift. Die selbst
verständliche Aussage, dass das Bundesverfassungsgericht – und in ihm natürlich die
Richter/innen[15] – ein Machtfaktor in der Politik ist, ja Politik „mache" bzw. sogar machen müsse, wird daher noch heute im staatsrechtlichen Diskurs nicht selten als Provokation empfunden.[16] Dieser Mythos vom „unpolitischen", „objektiven" Recht ist trotz
der Erfahrung Weimars und aller eigenen fachwissenschaftlichen Aufklärungsbemü-
hungen durch die Rechtssoziologie in Rechtswissenschaft und Justiz bis in die höchstrichterliche Rechtsprechung hinein wirkmächtig geblieben[17], sodass selbst Verfassungsrichter immer wieder damit ringen, den „Makel" des Politischen loszuwerden.[18] Dabei
hätte gerade die Rezeption der *juristischen* „Staatstheorie" des „reinen" Rechtspositivisten Hans Kelsen, dessen auf der Wiener Staatsrechtslehrertagung von 1928 vorgetragene
Modell der Verfassungsgerichtsbarkeit ja bei der Konzeption des Bundesverfassungsgerichts Pate gestanden hat, hier mehr als ein Missverständnis über die grundsätzliche
Stellung des Bundesverfassungsgerichts im politischen System schon frühzeitig ausräumen können. Denn gerade der „Radikal-Positivist" Kelsen klärte darüber auf, dass das
„Politische" der Verfassungsgerichtsbarkeit nicht hintergehbar und kein „Makel" ist; im
Gegenteil, es ist geradezu ihr unverzichtbarer Bestandteil, andernfalls man sich – wie
sein Gegenspieler Carl Schmitt – von der Idee der Verfassungsgerichtsbarkeit überhaupt

---

13　Vgl. m. w. N. Günther, Frieder: Denken vom Staat her. Die bundesdeutsche Staatsrechtslehre zwi-
　　schen Dezision und Integration (1949–1970), München 2004; van Ooyen: Der Staat – und kein Ende?;
　　in: JBöR, Bd. 54, Tübingen 2006, S. 151 ff.; van Ooyen: „Volksdemokratie" und „Präsidialisierung" –
　　Schmitt-Rezeption im liberal-konservativen Etatismus: Herzog – von Arnim – Böckenförde; in: Voigt,
　　Rüdiger (Hrsg.), Carl Schmitt heute, Baden-Baden 2006.

14　Vgl. schon Schmitt, Carl: Der Hüter der Verfassung (1931), 4. Aufl., Berlin 1996; auch Triepel, Henrich:
　　Wesen und Entwicklung der Staatsgerichtsbarkeit; in: VVDStRL, Bd. 5, Berlin – Leipzig 1929.

15　Vgl. Wassermann, Rudolf: Der politische Richter, München 1972.

16　Vgl. dagegen aber die Arbeiten der hier versammelten Rechtswissenschaftler/innen Bryde – Bull –
　　Burchardt – Häberle – Haltern – Henne – Hesse – Grigoleit – Gusy – Hohmann-Dennhardt – Korioth –
　　Steinberg – Wahl – Zuck, über deren Beteiligung wir uns als Herausgeber daher besonders freuen.

17　Vgl. m. w. N.: van Ooyen: Der Begriff des Politischen des Bundesverfassungsgerichts, Berlin 2005.

18　So schon Rasehorn, Theo: Aus einer kleinen Residenz. Zum Selbstverständnis des Bundesverfassungs-
　　gerichts; in: Däubler, Wolfgang/Küsel, Gudrun (Hrsg.), Verfassungsgericht und Politik, Reinbek 1979,
　　S. 153.

zu verabschieden habe.[19] Mit dem Bundesverfassungsgericht hat man jedoch im staatsrechtlichen Diskurs nur das Modell, nicht aber die bahnbrechende verfassungs- und
demokratietheoretische Herleitung durch Kelsen übernommen.

Umgekehrt sind die Versäumnisse in der – deutschen – Politikwissenschaft hinsichtlich der Analyse von Verfassung, Recht und Verfassungsgerichtsbarkeit nicht minder
erheblich, obwohl eine ganze Reihe ihrer „Gründergestalten" nach 1945 durch Ausbildung und Werdegang vom klassischen Staatsrecht kamen und gerade dies ganz explizit
einer politologischen Analyse zuführten.[20] Hier wird inzwischen so ziemlich alles untersucht, was irgendwie „politisch" bedeutsam sein könnte – nur selten hingegen das
gerade im deutschen politischen System aufgrund seiner Kompetenzen und der stark
juristisch formalisierten politischen Kultur besonders machtvolle Bundesverfassungsgericht. Eine vermeintlich kritische Politikwissenschaft überlässt daher in „partieller
Selbstentmündigung"[21] alles, was mit Recht und Verfassung zu tun hat, den Juristen
und reproduziert mit diesem „blinden Fleck" gerade die problematische Attitüde der
Trennung von Politik und „unpolitischem" Recht, die der demokratische Rechtsphilo-
soph und -politiker Gustav Radbruch schon in der Weimarer Zeit treffend als die „Le-
benslüge des Obrigkeitsstaats" entlarvt hat.[22] So wundert es nicht, dass unter den Autoren der zweibändigen, insgesamt weit mehr als 1500 Seiten umfassenden jüngsten
Festschrift zum 50-jährigen Jubiläum des Bundesverfassungsgerichts[23] gerade mal ein
Politologe ist, der diese Merkwürdigkeit dann auch zu Recht kritisiert[24]: Die Darstellung
des Verfassungsgerichts in politikwissenschaftlichen Einführungen erfolge, so Klaus
von Beyme, eher „pflichtgemäß…, aber meist ganz am Ende", nicht zuletzt, weil „Politikwissenschaftler… verlernt haben, sich in juristische Methoden einzuarbeiten".[25] Die
politikwissenschaftlichen Monografien zur Verfassungsgerichtsbarkeit lassen sich daher – überspitzt formuliert – fast an einer Hand und im Abstand von Dekaden abzäh-

---

19 Vgl. insb. Kelsen, Hans: Wesen und Entwicklung der Staatsgerichtsbarkeit; in: VVDStRL, Bd. 5, Ber-
    lin – Leipzig 1929, S. 30 ff.; m. w. N. van Ooyen: Der Staat der Moderne. Hans Kelsens Pluralismustheo-
    rie, Berlin 2003.

20 Vgl. hierzu allgemein insb. die Arbeiten von Ernst Fraenkel und Karl Loewenstein sowie speziell die
    grundlegende Arbeit von Laufer, Heinz: Verfassungsgerichtsbarkeit und politischer Prozeß. Studien
    zum Bundesverfassungsgericht der Bundesrepublik Deutschland, Tübingen 1968.

21 So die Kritik von Wolfgang Seibel am Rückzug der Politologen aus den Themenbereichen von Recht
    und Verfassung: Suchen wir immer an der richtigen Stelle? Einige Bemerkungen zur politikwissen-
    schaftlichen Forschung nach dem Ende des Kalten Krieges; in: PVS, 2003, S. 221; vgl. aktuell auch van
    Ooyen: Politik und Verfassung. Beiträge zu einer politikwissenschaftlichen Verfassungslehre, Wiesba-
    den 2006.

22 Radbruch, Gustav: Die politischen Parteien im System des deutschen Verfassungsrechts; in: Anschütz,
    Gerhard/Thoma, Richard (Hrsg.), Handbuch des Deutschen Staatsrechts, Bd. 1, Tübingen 1930, S. 289.

23 Vgl. Badura, Peter/Dreier, Horst (Hrsg.): Festschrift 50 Jahre Bundesverfassungsgericht, Bd. 1: Verfas-
    sungsgerichtsbarkeit, Verfassungsprozeß; Bd. 2: Klärung und Fortbildung des Verfassungsrechts, Tü-
    bingen 2001.

24 Vgl. von Beyme, Klaus: Das Bundesverfassungsgericht aus der Sicht der Politik- und Gesellschaftswis-
    senschaften; ebd., Bd. 1, S. 493 ff.

25 Ebd., S. 493 f.

len.[26] Inzwischen scheint unter Umständen doch ein Trendwechsel in Sicht[27]: Die Zahl der Aufsätze[28] und die aktuell vorgelegten bzw. angekündigten genuin politikwissenschaftlichen Monografien und Sammelbände nehmen deutlich[29] zu.[30]

Vor diesem Hintergrund erklärt sich das Vorhaben des vorliegenden Bands, der nicht nur helfen soll, diese riesige Lücke im Bereich der Lehre vom politischen System zu schließen. Als Herausgeber hoffen wir auch darauf, endlich eine über dieses augenblickliche Interesse hinausreichende grundsätzliche und kontinuierliche politikwissenschaft-

---

26 Für die 1980er und 1990er Jahre sind hier insb. zu nennen: Landfried, Christine: Bundesverfassungsgericht und Gesetzgeber. Wirkungen der Verfassungsrechtsprechung auf parlamentarische Willensbildung und soziale Realität, Baden-Baden 1984; Lietzmann, Hans: Das Bundesverfassungsgericht. Eine sozialwissenschaftliche Studie über Wertordnung, Dissenting Votes und funktionale Genese, Opladen 1988; Biehler, Gerhard: Sozialliberale Reformgesetzgebung und Bundesverfassungsgericht. Der Einfluß des Bundesverfassungsgerichts auf die Reformpolitik – zugleich eine reformgesetzliche und -programmatische Bestandsaufnahme, Baden-Baden 1990; Piazolo, Michael (Hrsg.): Das Bundesverfassungsgericht. Ein Gericht im Spannungsfeld von Recht und Politik, Tutzinger Schriften zur Politik, Bd. 3, Mainz – München 1995; Stüwe, Klaus: Die Opposition im Bundestag und das Bundesverfassungsgericht. Das verfassungsgerichtliche Verfahren als Kontrollinstrument der parlamentarischen Minderheit, Baden-Baden 1997; Guggenberger, Bernd/Würtenberger, Thomas (Hrsg.): Hüter der Verfassung oder Lenker der Politik? Das Bundesverfassungsgericht im Widerstreit, Baden-Baden 1998.
27 Vgl. insb. die Arbeiten der am Sammelband beteiligten Politikwissenschaftler/innen und Zeitgeschichtler Anter – von Beyme – Brodocz – Günther – Jesse – Ketelhut – Köppe – Landfried – Lembcke – Lhotta – Lietzmann – Niclauß – Piazolo – Pilz – Schaal – Schäller – Stüwe – Voigt – Vorländer.
28 Vgl. z.B.: Lhotta, Roland: Vermitteln statt Richten: Das Bundesverfassungsgericht als judizieller Mediator und Agenda-Setter im LER-Verfahren; in: ZPol, 3/2002, S. 1073 ff.; Lhotta: Verfassungsgerichtsbarkeit im Bundesstaat: Überlegungen zu einer neo-institutionalistischen Ergänzung der Forschung; in: Jahrbuch des Föderalismus, Bd. 4, Baden-Baden 2003, S. 49 ff.; van Ooyen: Staatliche, quasi-staatliche und nichtstaatliche Verfolgung? Hegels und Hobbes' Begriff des Politischen in den Asyl-Entscheidungen des Bundesverfassungsgerichts; in: ARSP, 3/2003, S. 387 ff.; Kranenpohl, Uwe: Funktionen des Bundesverfassungsgerichts. Eine politikwissenschaftliche Analyse; in: APuZ, 50-51/2004, S. 39 ff.; Patzelt, Werner J.: Warum verachten die Deutschen ihr Parlament und lieben ihr Verfassungsgericht? Ergebnisse einer vergleichenden demoskopischen Studie; in: ZParl, 3/2005, S. 517 ff.; Möllers: Die Diskussion über die Menschenwürde und das Urteil des Bundesverfassungsgerichts zum „Großen Lauschangriff"; in: Möllers/van Ooyen (Hrsg.), JBÖS 2004/2005, Frankfurt a. M. 2005, S. 51 ff.; Edinger, Florian: Wer misstraut wem? Die Entscheidung des Bundesverfassungsgerichts über die Vertrauensfrage des Bundeskanzlers und die Bundestagsauflösung 2005; in: ZParl, 1/2006, S. 28 ff.; Helms, Ludger: Ursprünge und Wandlungen der Verfassungsgerichtsbarkeit in den konsolidierten Demokratien; in: ZfP, 1/2006, S. 50 ff.
29 Vgl. aktuell: Massing, Otwin: Politik als Recht – Recht als Politik. Studien zu einer Theorie der Verfassungsgerichtsbarkeit, Baden-Baden 2005; van Ooyen: Der Begriff des Politischen des Bundesverfassungsgerichts, Berlin 2005; Vorländer, Hans (Hrsg.): Die Deutungsmacht der Verfassungsgerichtsbarkeit, Wiesbaden 2006; Lembcke, Oliver: Hüter der Verfassung. Eine institutionentheoretische Studie zur Autorität des Bundesverfassungsgerichts, Tübingen 2008; van Ooyen: Die Staatstheorie des Bundesverfassungsgerichts und Europa. Von Solange über Maastricht zu Lissabon und Euro-Rettung, 5. Aufl., Baden-Baden 2014; Stüwe, Klaus: Das Bundesverfassungsgericht. Eine Einführung, Wiesbaden 2008; Vorländer, Hans (Hrsg.): Die Deutungsmacht des Bundesverfassungsgerichts, Wiesbaden 2006.
30 Hiervon zeugen auch die Gründung einer ad-hoc Gruppe „Verfassung und Politik" in der DVPW sowie der thematisch breiter angelegte und angekündigte PVS-Sonderband 36: Becker, Michael/Zimmerling, Ruth (Hrsg.): Politik und Recht, Wiesbaden 2006.

liche Forschung zum Bundesverfassungsgericht (mit-)anzustoßen. Auch deshalb ist der
Band in seiner Konzeption thematisch breit angelegt und beschränkt sich gerade nicht
auf den politischen Prozess im engeren Sinne, sondern schließt theoretische Grundfragen der Verfassungsgerichtsbarkeit und methodische Zugänge der Analyse ebenso
ein wie historische Entwicklungen, die (rechts-)politischen Implikationen zentraler materieller Bereiche der Verfassungsrechtsprechung und internationale/vergleichende Perspektiven.[31]

Da die „symbolische Dimension" der Politik sich immer auch in einer (Herrschafts-)
Architektur niederschlägt, möchten wir uns zudem besonders bedanken bei Thorsten
Bürklin, der als Architekt und Philosoph die Ambivalenzen dieser symbolischen Bezüge
beim modernen „Staatsbau" des Bundesverfassungsgerichts in einer für „Baulaien" verständlichen Weise offen gelegt hat.

Berlin und Bad Schwartau, im Juli 2006

---

31 Dabei sind wir uns darüber bewusst, dass trotz der hier versammelten Zahl der Beiträge eine Reihe
    von Themen nicht oder doch nicht erschöpfend behandelt werden. Dies liegt zum einen darin begrün-
    det, dass für die politikwissenschaftliche Analyse bestimmter, zumeist stark juristisch geprägter The-
    men – bisher – einfach zu wenige Sozialwissenschaftler zur Verfügung stehen. Zum anderen hat es den
    ganz banalen Hintergrund, dass wir schon mit dem hier vorgelegten Umfang des Sammelbands an die
    Grenze dessen stießen, was von uns als Herausgeberduo neben der vollen Lehrverpflichtung an einer
    Fachhochschule – und ohne Mitarbeiter/innen – zu bewältigen war.

Teil 1
Symbolische Architektur

Bauen als (demokratische) Sinnstiftung
Das Gebäude des Bundesverfassungsgerichts als „Staatsbau"

Thorsten Bürklin

1   Sachlichkeit und Strenge

Gerichtsgebäude erfüllen, über funktionale Anforderungen hinaus, die vornehme Aufgabe zu repräsentieren. Dazu reproduzierte die Baukunst des 19. und beginnenden 20. Jahrhunderts – je nach Geschmackslage und Bauaufgabe – die Vorbilder des Mittelalters, der Renaissance und des Barock, indem sie den historischen Fundus den neuen Erwartungen und Vorgaben anpasste. Daneben hatte sich ein Kanon symbolischen Bildwerks etabliert, zu dem u. a. die abwägende Justitia, aber auch Büsten antiker sowie moderner Rechtsgelehrter und Gesetzgeber, die wachsame Eule und, im Falle des Deutschen Reiches, der Adler gehörten. Man war bestrebt, Würde zu inszenieren, wollte den Machtanspruch des Staates bzw. seiner Jurisdiktion und – durch die Wahl historischer Baustile – aus der Vergangenheit überlieferte Ehrwürdigkeit sowie Kontinuität deutscher Geschichte darstellen.

Wie sehr hatte sich die Lage jedoch verändert, nachdem das Dritte Reich untergegangen und jene Vergangenheit hinter einem Schleier irrationaler Wahnvorstellungen verschwunden war. Auch ehemals akzeptierte Baustile und Symbole waren auf einmal in Misskredit geraten. In der Folge dieser Verwerfungen ist das Gebäude des Bundesverfassungsgerichts (BVerfG) als Ausdruck einer prekären geistigen und kulturellen Situation entstanden. Notwendig geworden war der Bau durch das am 23. Mai 1949 in Kraft getretene Grundgesetz. Zunächst hatte man noch im bald zu klein gewordenen Karlsruher Prinz-Max-Palais (von Joseph Durm 1891–97 erbaut) residiert.[1] Der von 1962 bis 1969 von Paul Baumgarten entworfene und zwischen dem barocken Schloss und der 1843–46 entstandenen Kunsthalle Heinrich Hübschs errichtete Neubau musste jedoch

---

1   Vgl. www.bverfg.de/organisation/gebaeude.html [Abruf: 08. 05. 2014].

Schaubild 1 Lageplan des Bundesverfassungsgerichts*

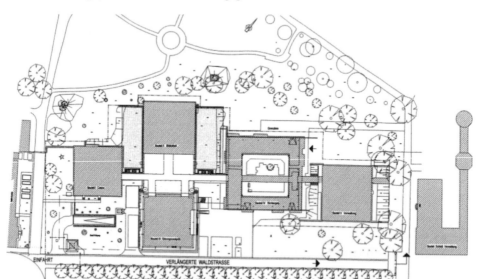

* Die Abbildung des Lageplans wurde vom BVerfG für die Publikation zur Verfügung gestellt. Der Erweiterungsbau ist darin nicht eingetragen.

unausweichlich all die komplizierten Fragen nach einer der Zeit und den politischen Verhältnissen angemessenen Architektursprache aufwerfen.[2]

Auf diese heiklen Anforderungen reagiert die Gebäudegruppe des BVerfG auf den ersten Blick durch disziplinierte Zurückhaltung.[3] Formale Sachlichkeit und materiale Strenge erzeugen eine Geste der Bescheidenheit, die zwischen den barocken und klassizistischen Schmuckfassaden der nächsten Umgebung spröde, nahezu abweisend wirkt. Der hier verwandte Duktus hat vordergründig nichts mehr mit jener historischen Hochsprache zu tun, die ehemals Exempel für Bauaufgaben dieser Art war. Vorbilder sind stattdessen die Architekturen des internationalen Stils und des Neuen Bauens, die während der Nazidiktatur verpönt waren und – wie Baumgartens eigene Praxis während des Dritten Reiches zeigt[4] – allenfalls im Industriebau einige Anwendung finden konnten.

---

2   Eine Zeit lang hatte es erfolglose Bestrebungen gegeben, das Gericht im wieder aufgebauten barocken Karlsruher Schloss unterzubringen.

3   Im Jahre 2007 wurde am südwestlichen Ende der Gebäudegruppe ein Erweiterungsbau fertiggestellt, der die ursprüngliche Intention Baumgartens empfindlich stört. Die von Baumgarten errichteten Gebäude werden gegenwärtig grundlegend saniert. Vgl. dazu die Informationen auf der Internetseite des BVerfG: www.bverfg.de/organisation/umbau.html [Abruf: 08. 05. 2014].

4   Weitere Angaben zur Person und zu den Bauten Baumgartens können dem Ausstellungskatalog: Paul Baumgarten. Bauten und Projekte 1924–1981. Schriftenreihe der Akademie der Künste, Band 19, Berlin 1988, entnommen werden.

Schaubild 2   Das Sitzungssaalgebäude auf der Seite des Schlossgartens*

* Dieses und alle nachfolgenden Fotos sind vom Verfasser.

Der dort praktizierte „rationale" Umgang mit einer Entwurfsaufgabe setzt sich im Bau des Gerichts fort. Die übernommene Sachlichkeit der Sprache zeigt sich in der Zergliederung des Gerichtsgebäudes in fünf Pavillons unterschiedlicher, aber aufeinander bezogener Zweckbestimmung[5] – die von einer zentralen, etwa hundert Meter langen Erschließungsachse verbunden werden –, in der Sparsamkeit der gestalterischen Mittel, die jedes Zuviel tunlichst zu vermeiden sucht, und nicht zuletzt in der Verwendung der in den ästhetischen Adel erhobenen Materialien Stahl und Glas.

Mit diesen Mitteln schützte sich Baumgarten vor allem dagegen, von der klassizistischen Umgebung vereinnahmt zu werden. Die Unmöglichkeit, sich an demselben Ort

---

5   Die Gebäudegruppe des BVerfG besteht aus dem Sitzungssaalgebäude, dem Richtergebäude, der Bibliothek, einem Verwaltungsgebäude und dem Casino, das allerdings längst umgebaut wurde, da weitere Büros benötigt wurden. Aus dem gleichen Grunde wurde der bereits erwähnte Erweiterungsbau hinzugefügt.

der städtebaulichen Ordnung zu fügen, hatte er bereits im Jahre 1960 anlässlich des Wettbewerbs zum Neubau des Badischen Staatstheaters ausgesprochen, wobei er hinsichtlich der formalen Negation der Umgebung allerdings noch deutlich weitergegangen war.[6] Fünf sich überschneidende und ineinander laufende Kreise (eigentlich der Kreisform angenäherte Polygone) wurden damals zu einer „organischen" Grundrissfigur zusammengefasst, die in kurzen Wellen den Raum zwischen Schloss und Kunsthalle durchmaßen. Man mag in der Gebäudegruppe des BVerfG lediglich die schlecht aufgekochte Version des Theaterentwurfs sehen[7], da die einzelnen Gebäude des Gerichts nun trotz der Aufteilung in verschiedene Pavillons und den dabei erzeugten Vor- und Rücksprüngen recht starr auf die Achse zwischen Schloss und Kunsthalle gespannt wurden.

Die gläserne Erschließungsachse, die Baumgarten auf das notwendigste ihrer Funktion reduzierte und die daher wie eine Bewegungsröhre zwischen und unter den Pavillons hindurchführt, verstärkt diesen Eindruck noch. Dazu macht das Sitzungssaalgebäude – der höchste und von der Stadt aus dominierende Pavillon – weitere Konzessionen an den Stadtgrundriss, indem es sich an die Flucht der Waldstraße, einer der „Strahlen" des vom Schlossturm ausgehenden barocken Straßenfächers, anlehnt. Wie um dieses Entgegenkommen noch zu unterstreichen, wurden die unterhalb des ersten Obergeschosses umlaufenden Aluminiumgussplatten auf dieser Seite teilweise ausgespart und mit Geländern versehen. Dadurch ist eine Art Balkon entstanden, der – im Grunde ohne jegliche konkrete Funktion – den dahinter liegenden Festsaal betont und somit den Eindruck eines piano nobile traditioneller Architekturen erzeugt. Offensichtlich hat Baumgarten die historische Repräsentationssymbolik bei dieser Bauaufgabe also keineswegs aufgegeben, sondern neu interpretiert und umso intensiver in das Vokabular rationalen Bauens übersetzt.

Das BVerfG mag daher nicht mehr die bewegte formale Freiheit und räumliche Offenheit des Theaterentwurfs besitzen. Stattdessen wurde es reich mit subtilen (räumlich-) symbolischen Anspielungen versehen, die sich erst dem Blick hinter die rationalistische Fassade erschließen. In dieser Hinsicht ist bereits die städtebauliche Anordnung von bemerkenswerter Eigentümlichkeit, da vier der fünf Pavillons derart um die zentrale gläserne Achse angeordnet wurden, dass im Grundriss ein lateinisches Kreuz entstand. Indem Baumgarten diese ehrwürdige Figur aufgriff, nahm er für den Gerichtsbau eine historische Instanz in Anspruch, die nicht mit den Verwerfungen des Dritten Reiches untergegangen und ein Sinnbild zeitloser Autorität war. Zugleich jedoch abstrahierte er die Grundrissfigur nahezu bis zur Unlesbarkeit. Ihre Wahl bleibt daher schillernd wie ein unlösbares Rätsel.

---

6   Der Entwurf bekam den ersten Preis, das Gebäude wurde jedoch nie gebaut. Nachdem das BVerfG den Geländestreifen übernommen hatte und an anderem Ort ein neuer Wettbewerb für das Theater ausgeschrieben worden war, wurde Baumgarten direkt der Auftrag zur Planung des Gerichtsgebäudes erteilt; vgl. Paul Baumgarten. Bauten und Projekte 1924–1981, S. 213–216.

7   Vgl. Hoffmann-Axthelm, Dieter: Baumgarten und die Architektur der fünfziger Jahre. In: Paul Baumgarten. Bauten und Projekte 1924–1981, S. 44.

Schaubild 3   Teile des Organismus: in der Mitte der transparente Verbindungsgang, links der Richterring, rechts das Verwaltungsgebäude

Schaubild 4   Treppe und Balkon neben dem Sitzungssaal

2   Der transparente Organismus

2.1   Das „Raumschiff"

Vor Ort bleibt dem Betrachter die Sicht aus der Vogelperspektive natürlich verschlossen. Wieder zeigt sich der gläserne Verbindungsgang jedoch als das abstrakteste, da am meisten reduzierte Funktionselement der Gebäudegruppe. Nur über die beiden, am Schloss und an der Kunsthalle sich gegenüberliegenden Pavillons – dem Verwaltungsbau und dem ehemaligen Casino – wird er an seinen Enden auf dem Grund zwischen Schlossgarten und Botanischem Garten arretiert. Ansonsten schwebt er frei über dem darunter durchlaufenden Gelände. In der so entstandenen transparenten Röhre bewegt man sich wie in einer eigenen Welt, wie auf dem zentralen Kommunikationssteg eines „Raumschiffes", das mit seinen in Raumsektoren unterschiedenen Funktionsmodulen an dieser Stelle gelandet ist.[8] Das BVerfG erscheint dann wie eine große Maschine oder ein Organismus, der, sachlich, neutral und in der intendierten funktionalen Klarheit einer rationalen Staatsverfassung angemessen, seiner zentralen konstitutionellen Aufgabe nachkommt. Gerade die Maschinenmetapher wird noch durch die Treppeneinbauten und Balkone der oberen beiden – und von weither sichtbaren – Geschosse des Sitzungssaalgebäudes unterstützt[9], da ihre formale Durchgestaltung durchaus an Arbeitsplattformen einer Industriehalle oder aber an maritime Vorbilder erinnert.[10]

Zugleich aber – und zu dem eben Erläuterten vermeintlich in Widerspruch stehend – steigert der gläserne, seiner Umwelt erhabene Verbindungsgang die Erfahrung des unmittelbaren Kontaktes mit der Umgebung. Das Verständnis von Transparenz muss daher erweitert werden[11], will man der Gebäudegruppe des BVerfG mit ihrer komplexen räumlichen Komposition und Symbolik gerecht werden. In der nur wenige Meter breiten, von beiden Seiten verglasten Röhre bewegt man sich – wen überrascht es – mitten im Garten, mitten im städtischen Umfeld. Im Grunde befindet man sich an einem ganz

---

8   Vgl. Bürklin, Thorsten: Mit einem Hauch von Internationalität und Modernität. In: Verein der Richter des Bundesverfassungsgerichts e. V. (Hrsg.): Das Bundesverfassungsgericht in Karlsruhe. Architektur und Rechtsprechung. Basel, Boston, Berlin 2004, S. 17–43.

9   Hinsichtlich der Aufteilung der Funktionsbereiche des Gerichts in freistehende Pavillons sowie mit Blick auf den daraus resultierenden „Organismus" muss festgestellt werden, dass für den aus Platznot notwendig gewordenen Erweiterungsbau eine der typologisch ungünstigsten Lösungsmöglichkeiten gewählt wurde. Denn indem der Neubau die „äußeren" Gebäudekanten der Bibliothek und des ehemaligen Casinos aufnimmt, geht die formale Selbständigkeit dieser Funktionsmodule verloren. Stattdessen werden sie durch den Erweiterungsbau über Eck zu einem „Block" zusammengezogen. Das widerspricht diametral dem ursprünglichen Charakter der Gebäudegruppe.

10 Anfang des 20. Jahrhunderts fehlte es nicht an Theorien, die das Wohnen, die Stadt, den Staat, ja auch die Lebenswelt wie eine Maschine oder aber wie einen Organismus organisiert sehen wollten, wobei sich in diesem Denken die Maschine durch ihre hohe Effizienz auszeichnete. Man denke an die Charta von Athen, an die Wohnmaschinen Le Corbusiers, an die Schriften Marinettis u. a.

11 Vgl. Rowe, Colin und Slutzky, Robert: Transparenz. Basel, Boston, Berlin, vierte, erweiterte Aufl., 1997.

Schaubild 5   Der transparente Verbindungsgang außen

Schaubild 6   Der transparente Verbindungsgang innen

besonderen, der Umwelt enthobenen Ort und weiß sich doch im selben Moment in deren Mitte.

Allem Anschein nach ist Baumgartens Metaphorik daher weitaus raffinierter, als die oberflächlichen und medientauglichen Gleichsetzungen von optischer Transparenz und demokratischer Repräsentation suggerieren. Zum einen benutzt sie unterschiedliche Referenzsysteme, d. h. religiöse Bilder, Metaphern aus der Maschinen- und Lebenswelt sowie subtile Zitate der Vergangenheit. Zum anderen verwendet sie eine Sprache des Sowohl-als-auch. Durch die reduzierte Architektursprache und die städtebauliche Komposition erscheint das BVerfG als eine Institution ohne spezifischen Ort. Zugleich sind es jedoch dieselben gestalterischen Eigenschaften, welche seine unmittelbare geistige und physische Präsenz im Zentrum des städtischen Lebens und also – in einem übertragenen Sinne – der politischen Gemeinschaft hervorheben. Vor allem die beiden Hauptgebäude – das Sitzungssaalgebäude und das Richtergebäude – nutzen dieses interpretatorische Potential zu eigenwilligen Inszenierungen.

2.2 Mönchische Zurückgezogenheit

Etwas stolz erhebt sich der zweigeschossige „Ring" des Richtergebäudes, in dem die beiden Senate des BVerfG – unten der Erste, oben der Zweite Senat – mit je acht Richtern residieren, auf blauen Stahlstützen über das Gelände. Dieses Mal wurden sowohl der obere als auch der untere Rand von, je nach Witterung glänzenden oder auch matt schimmernden, Aluminiumgussplatten gerahmt, sodass in der Tat eine ringartige Fassung entstand, was eine um das Gebäude herumlaufende „unendliche" Bewegung erzeugt. Vertikal über die Fassade laufende Vor- und Rücksprünge ordnen sich dieser Kreisbewegung unter, wirken wie die Zacken einer in sich geschlossenen Krone. Entsprechend besitzt der Richterring keine ausgezeichnete Fassadenfront, was ihn umso selbstgenügsamer und erhaben über dem Gelände schweben lässt. Zudem mag er sich – in seiner etwas zurückgezogenen Position – als einziger der Pavillons nicht recht an der alles verbindenden gläsernen Achse orientieren. Diese läuft derart unter dem Richterring hindurch, dass sie gerade um weniges – und dadurch umso eindringlicher – aus dessen Symmetrieachse verrückt ist, so als ob man dadurch die Unabhängigkeit und Überparteilichkeit der Richter nochmals geometrisch unterstreichen wollte.

Im Inneren des Rings macht man eine ähnliche Erfahrung. Rund um den leeren Kern, den unerreichbaren Innenhof, wiederholen zwei übereinander liegende Galerien die äußere Kreisbewegung. Unterstützt wird dieses Motiv von den im Hintergrund reihum wiederkehrenden Türen, den dünnen, weißen Stäben des Handlaufs, dem Rhythmus der umlaufenden Fensterfront und vor allem durch das blaue Traggerüst, das, als innerste – außerhalb, vor den Fenstern liegende – Schicht, scheinbar spielerisch, wie ein Ornament, nur sich selbst und seiner rundum gehenden Bewegung dient. Zur daraus entstehenden Selbstbezogenheit gesellt sich schließlich ein mönchisches

Schaubild 7 Der Richterring

Schaubild 8 Der „Kreuzgang"

Rückzugsmotiv, so als ob sich in der Abgeschiedenheit des Kreuzganges die Ernsthaftigkeit und geistige Würde des Richteramtes sammeln würden. Ein Kreuzgang liegt nicht im Zentrum des alltäglichen, weltlichen Geschehens. Erneut möchte das Gebäude daher jeden konkreten Ort verneinen, was ihm auf den inneren Galerien des Richterringes eindringlich gelingt. Erst von ihren – über dem botanischen Garten und dem Schlossgarten schwebenden – Arbeitsräumen aus werden die Richter wieder einen distanzierten Blick auf die Umgebung werfen.

2.3   Nähe und Distanz

Das Sitzungssaalgebäude treibt das Sowohl-als-auch gestalterisch inszenierter Mehrdeutigkeit, das sinnstiftende Schillern der Komposition auf eine subtile Spitze. Dort – am eigentlichen Ort der Rechtsprechung und der größten Öffentlichkeit – wird das Repertoire rationaler Formen- und Raumsprachen, historischer Zitate und symbolischer Verweise noch einmal auf eigenartige Weise entfaltet. Das Sitzungssaalgebäude „schaut" zur Stadt. Als der höchste (d. h. viergeschossige) und dominanteste Pavillon nimmt es für sich in Anspruch, die Fünfergruppe zu repräsentieren, ihr ein Gesicht zu geben für den Blick der Passanten. Dafür wurde der großzügige, im Grundriss quadratische Glaskörper allseits durch vor die Fensterflächen gestellte, die Attika nicht mehr ganz überragende Stahlstützen derart gegliedert, dass dabei eine vertikale Teilung herauskam, die mit dem dominierenden Mittelfeld und den jeweils etwa halb so breiten Seitenfeldern an die Würde klassischer Fassadenkompositionen erinnert.[12] Auf der Seite des Schlossgartens unterstützen der erwähnte Balkoneinschnitt und das damit angedeutete „piano nobile" zusätzlich die Hinwendung zur Stadt.

Kaum jedoch kann man sich auf diese unsicheren Gesten verlassen. Denn schon im selben Moment bemerkt man, wie das Gebäude sich wieder in sich zurückzieht, was die freundlichen Erwartungen an ein weltoffenes, seinem Äußeren zugewandtes Gericht vorerst enttäuschen muss. Denn damit man seine Bedeutung ja nicht vergesse, wurde das Sitzungssaalgebäude auf ein etwa kniehohes Podest aus grauem Bruchstein gestellt, das sich zwar recht unauffällig aus dem Terrain hebt, dem Pavillon damit aber eine wohl kalkulierte Distanz zu seiner Umgebung verleiht, die er einerseits zu suchen, andererseits zu scheuen scheint. Dieser Eindruck wird durch die grau schimmernden Streifen der Aluminiumgussplatten noch gefördert, da diese, unter und über dem ersten Obergeschoss vor die umlaufenden Balkone geblendet, als Ringe um das quadratische Gebäude herumlaufen und ihm damit jede Richtung, jede Einordnung in das städtische Gefüge nehmen. Eine ähnliche Wirkung erzeugt die an allen vier Seiten sich wie-

---

12   Ohne die überstehenden Balkone beträgt das Teilungsverhältnis in etwa 1 : 2 : 1. Die seitlichen Fensterbänder sind jedoch etwas breiter, wodurch der Auflösung der transparenten Ecken eine subtile Beharrlichkeit entgegengesetzt wird.

Schaubild 9 Das Ornament

derholende Fassadengliederung (in Bezug auf die Stützenstellung, die Fensteraufteilungen und die Attika aus eben denselben Aluminiumgussplatten). Wäre da nicht der sich bescheiden zurückhaltende Haupteingang mit den wenigen, auf das Podest führenden Stufen – schwerlich würde sich eine Front vor der anderen auszeichnen.

Wie anders aber wirkt das Gebäude wieder im Inneren. Bereits im weiten, nach drei Seiten verglasten Entrée versteht man, dass dieser Pavillon gerade wegen seiner formalen Reduktion und scheinbaren Zurückgezogenheit umso mehr auf seine Umgebung – auf irgendeine Umgebung – angewiesen ist. Auf den Bodenplatten aus geschliffenem Treuchtlinger Marmor spiegeln sich – je nach Standort des Betrachters – die Bäume des Schlossparks oder aber die nahe Kunsthalle. Zwischen dieser Spiegelfläche unter den Füßen und der nicht allzu weit entfernten Decke über dem Kopf befindet man sich in einer Art horizontal gelegtem Raumquader, der über die Glashaut hinweg bis weit in die Umgebung hinausreicht. Ähnlich wie auf dem Verbindungssteg ist man der Umwelt enthoben und steht zugleich mitten in ihr. Der Gang nach oben wird diese Erfahrung bestätigen. Lediglich das erste Obergeschoss (das „piano nobile") wirkt auf Grund der umlaufenden Balkonbrüstungen etwas verschlossener. Umso mehr überwältigt danach die ungehemmte Offenheit und Helligkeit der oberen beiden Geschosse, in deren Mitte sich der Sitzungssaal als verglaster „Innenhof" befindet. Um diesen herum führt – auf drei Seiten – eine lichte, luftige Raumschicht, die wie ein Polster zur äußeren Glashaut hin vermittelt. In ihr liegen die um den Sitzungssaal führenden Treppen und Emporen. Darüber hinaus herrscht wiederum jene disziplinierte Zurückhaltung, eine inszenierte Leere, die aus dem sicheren Abstand heraus die Nähe der Umgebung geradezu sucht.

Schaubild 10   Das Licht- und Luftpolster um den Sitzungssaal (I)

Schaubild 11   Das Licht- und Luftpolster um den Sitzungssaal (II)

Der Sitzungssaal wiederholt diese Haltung mit Nachdruck. Außer dem Bundesadler und der Bundesfahne findet man dort wenig Schmuck, lässt man einmal die großen Furniertafeln hinter der Richterbank, die sie trennenden Schattenfugen, die Fensterrahmungen der seitlichen Begrenzungen, ja auch die roten Roben der Verfassungsrichter, insgesamt also eher sanfte, leise ornamentale Andeutungen beiseite. Man mag sich an die historischen Vorbilder erinnern, an verschlossene, vor der Außenwelt versteckte Schmuckkästen, deren Wände von geschichtlichen, politischen und juristischen Bildzitaten und Symbolen nur so strotzten. Nichts von alledem findet man hier oben in dieser klaren Weite. Die symbolische Bescheidenheit des architektonischen Ausdrucks ruht vielmehr gelassen in sich selbst und lenkt zugleich den Blick nach draußen, in Richtung Stadt und Kunsthalle, in Richtung Schloss. Der Sitzungssaal ist der Stadt durch seine Höhe weit enthoben und durch seine transparente Offenheit zugleich mitten bei ihr. Die rationale Reduktion der Architektur verlangt geradezu, alle Bedeutung, alle Sinngebung aus der Umgebung abzuleiten. Das Gericht ist nichts ohne seine Menschen und deren Geschichten, die in unaufdringlicher Distanz darum herum leben. Vielleicht ähnlich wie bei den ältesten Sitzungen unter freiem Himmel bei der Gerichtslaube befindet man sich wieder mitten unter ihnen und ist über das Geschehen doch zugleich erhaben und unabhängig. Eine Balance zwischen Nähe und Distanz, Verbundenheit und Unabhängigkeit zeichnet die Architektur dieses Gebäudes aus. Nach der Erfahrung des Dritten Reiches mag Baumgarten an dieser Aussage gelegen haben.

3   Transparenz und Demokratie (I)

Als die großzügigen Fensterflächen zu Beginn noch nicht an so vielen Stellen aus Sicherheitsgründen mit Vorhängen verhangen waren, bestach die Gebäudegruppe neben der klaren funktionalen Gliederung weitaus mehr als heutzutage durch eine optische Transparenz, die umso spürbarer zur Geltung kam bzw. kommt, als breite und alle Gebäude umlaufende, wolkig-graue Aluminiumgussplatten der Leichtigkeit der Erscheinung und dem flüchtigen Spiel der Lichtreflexe auf den Scheiben mit ruhiger Schwere entgegenlasten. Man hat immer wieder darauf hingewiesen, dass die transparente Offenheit der Architektur ein Zeichen demokratischen Geistes und freiheitlicher Grundordnung sei.[13] Der Architekt mag Transparenz als Sinnbild demokratischen Bauens sowie vor allem die rationale Schlichtheit des Baus und die an den Tag gelegte symbolische Bescheidenheit als einen angemessenen Ausdruck des deutschen Neuanfangs verstanden haben. Mit Sicherheit lassen sich jedoch weder Gestaltungsprinzipien noch -elemente geradewegs bestimmten politischen Überzeugungen zuordnen, so als ob der Einsatz großzügiger Ein- und Durchblicke und die beim BVerfG erzeugte optische Transparenz per se Ausdruck

---

13   Vgl. den Artikel „Bundesverfassungsgericht in Karlsruhe", in: Bauwelt 1969, Heft 48, S. 1714–1720. – Vgl. zudem die Webseite des BVerfG: www.bverfg.de/organisation/gebaeude.html [Abruf: 08. 05. 2014].

Schaubild 12 Der Sitzungssaal

Schaubild 13 Blick aus dem Sitzungssaal

Schaubild 14 Die Casa del Fascio

Schaubild 15 Casa del Fascio/Blick aus dem Innenhof

einer demokratischen Gesinnung wären. Das gleiche gilt für das rationale Arrangement einer Architektur.

Um sich das klarzumachen, muss man sich lediglich die von Giuseppe Terragni während der ersten Hälfte der dreißiger Jahre des vergangenen Jahrhunderts erbaute Casa del Fascio, das Gebäude der faschistischen Parteizentrale in Como, vor Augen halten. Die Casa del Fascio sollte – so der damals vor dem Krieg noch überzeugte Faschist Terragni – ein Haus aus Glas werden, damit es, so meinte er, durchsichtig und rational strukturiert wie die faschistische Gesellschaft selbst sei.[14] Noch reduzierter als Baumgartens Sprache sind die zu diesem Zweck von Terragni mit – so könnte man sagen – intellektueller Leidenschaft eingesetzten gestalterischen Mittel. Im Grundriss ist das Gebäude ein Quadrat, der darüber aufragende Körper ein halber Würfel. Die elementare geometrische Form sollte auch an die archaische Größe des antiken Rom erinnern. Ein weites, verglastes Entrée lässt die davor liegende Platzfläche imaginär und für den Besucher beim Durchschreiten nachvollziehbar bis an die Hinterseite des Gebäudes fortlaufen. Durch in den Obergeschossen aus dem Halbwürfel herausgearbeitete Loggien kann man die im städtischen Hintergrund liegenden Berge und deren Vegetation, wie in Rahmen gefasst, durch das Gebäude hindurch wahrnehmen. Die Casa del Fascio will inmitten ihrer Umgebung stehen, Teil derselben sein, auch wenn sie sich durch die reduzierte Architektursprache zunächst – scheinbar – davon abwendet.

Einige für das Gebäude des BVerfG bedeutende Gestaltungsmerkmale bestimmten also bereits den Entwurf der Casa del Fascio. Man erzeugte Transparenz, holte das Äußere in das Innere der Gebäude, verwob durch mannigfache Durch- und Einblicke die Bauten mit ihrer Umgebung. Von einer Art Innenhof wendet man sich sowohl bei der Casa del Fascio als auch beim Sitzungssaalgebäude, wie aus einem ideellen Zentrum, der

---

14 Angaben zur Person Terragnis und seinen Bauten findet man in: Fonatti, Franco: Giuseppe Terragni. Poet des Razionalismo, Wien 1987, insb. S. 44/45.

Umgebung zu. Dazu kommen Parallelen in der klassizistisch motivierten Dreiteilung der Fassaden. Und schließlich ist nicht nur die faschistische Parteizentrale in Como als Halbwürfel konzipiert. Auch das Sitzungssaalgebäude besitzt mit etwa 32 Metern Seitenlänge (einschl. der umlaufenden Balkone) und etwa 16 Metern Höhe (einschl. des Sockels) die in ungefähr gleiche stereometrische Grundfigur.[15] Der kurze Vergleich zeigt also, dass demokratisch gesinntes Bauen sich zwar durchaus der Metapher optischer Transparenz und räumlicher Offenheit (sowie rationaler Einfachheit) bedient. Solche Bilder sind jedoch willkürlich gewählt, da Durch- und Einblicke, geradeso wie elementare geometrische Figuren, für sich betrachtet, für nichts stehen – wenigstens für kein politisches Programm. Der *internationale* Stil, von dem sich die rationale Architektur Baumgartens herleitet, war – das lag in seinem Begriff – keinesfalls auf Deutschland beschränkt und ebenso wenig auf die Repräsentanz demokratischer Grundordnungen. Zu anderen (jedoch nicht allzu fernen) Zeiten und an anderen (nicht allzu fernen) Orten wurden die gleichen Bilder, die gleichen Gestaltungsprinzipien daher für geradezu gegenteilige Inhalte verwandt. Auch andere politische Systeme und Ideologien bedienten sich des internationalen Stils, wie etwa in der Sowjetunion oder aber zeitweise im faschistischen Italien.

4   Transparenz und Demokratie (II)

Architektur mag Bedeutungsträger sein, sie kann symbolische Funktion besitzen. Die Historie ist voll dieser Beispiele, angefangen von Kirchenbauten bis hin zu Staatsbauten, deren räumliche Komposition und Figurenschmuck nicht nur funktionalen Anforderungen sondern auch einer ideellen Sphäre, dem Glaubensbekenntnis, dem Machtanspruch usw. dienen sollen. Traditionen besitzen dabei die Eigenart einen Kanon zu entwickeln, der früher oder später als selbstverständlich hingenommen wird, dessen Legitimation man jedenfalls nicht mehr hinterfragt, so als sei alles immer schon so gewesen. Die mittelalterliche Architektur und Kunst mit ihren kanonisierten Gestalten und dazugehörigen Bedeutungen sind der augenscheinliche Nachweis dessen, während sie doch ihrerseits Vorgänger u. a. im jüdischen, griechischen, römischen Bauen, Bilden und Denken hatten. Der ideologisch weitaus weniger verbindliche Klassizismus des 19. Jahrhunderts, der die wichtigen Bauten des Staates bis zum Zweiten Weltkrieg dominierte, lebte von ähnlichen stilistischen und symbolischen Übereinkünften. Man wusste, was man von dessen architektonischen Kompositions- und Stilelementen sowie von seinen Bildwerken auf Grund traditioneller Übereinkunft erwarten konnte.

Im Grunde ist man mit einer entsprechenden Erwartungshaltung an das rationale Bauen und an das Gebäude des BVerfG im Besonderen herangetreten. Eine demokra-

---

15   Zieht man die Balkone ab, hat das Gebäude eine Seitenlänge von ca. 28 Metern. Ohne den Sockel ist es noch knapp 15,50 Meter hoch.

tische Grundordnung verlangte nach einer angemessenen Ausdrucksform. Da man nach der Nazidiktatur wieder durchschaubare politische und juridische Verhältnisse zu schaffen hatte, lag es nahe, das Schlagwort Transparenz zu bemühen und es schließlich in Architektur umzusetzen. Räumliche Einblicke, Durchblicke, durch weite Glasflächen ermöglicht, konnten in diesem Sinne zur Versinnbildlichung von Weltoffenheit und Demokratie eingesetzt werden. Dienlich war dabei auf den ersten Blick die geistige Haltung, aus welcher der internationale Stil und das rationale Bauen hervorgegangen waren. Tatsächlich hatte man es sich anfänglich zur Aufgabe gemacht, die Welt und ihre Städte von veralteten, dem neuen Maschinen- und Automobilzeitalter hinderlichen Gewohnheiten zu entrümpeln. Das rationale Bauen galt deshalb als „transparent", weil es das vermeintlich irrationale Dickicht der alten Bürgerstädte ablehnte, um an deren Stelle überschaubare Räume zu setzen. Nach dem Regress des Dritten Reiches erschien es als hoffnungsvoll modern.[16]

Während der Nachkriegsjahre wünschte man sich eine Geste des Neuanfangs. Die relativ junge und damals noch unbelastete Architektur des internationalen Stils, das rationale Bauen und die Transparenz von Stahl- und Glasbauten konnten diesen Wunsch erfüllen. Vor allem waren sie in der Lage, auf Grund ihrer Neuheit unverdächtige Bedeutungen zu erzeugen, welche der demokratischen, noch so ungewohnten Realität bildhaft simpel und daher mediengerecht auf die Sprünge zu helfen vermochten. Beim BVerfG ist das gelungen. Auch die Bilder des Münchner Olympiastadions, dieser großzügigen Glasarchitektur mit dem weltoffenen und freundlichen Image, waren von immenser, populärer Überzeugungskraft.[17] Die schiere Wiederholung mag Traditionen begründen. Bauen dient in diesem Falle als Praxis demokratischer Sinnstiftung. Wo dieselben Architekturstile und Gestaltungsmittel jedoch für ganz unterschiedliche Ideologien in Anspruch genommen wurden, wie das beim internationalen Stil und dem rationalen Bauen der Fall war, konnte jegliche damit in Verbindung gebrachte politische Symbolik nicht mehr als nachträgliche Applikation sein, die sich – gewiss – durch Nachahmung ins kollektive Bewusstsein einzuprägen vermag. Auf diese Weise haben die meisten unter uns das Gebäude des BVerfG als den symbolischen Ausdruck von Transparenz und Demokratie kennen gelernt. So etwas bleibt in guter Erinnerung. Und dennoch sollte man nicht vergessen, dass diese Bedeutung aus einer anfangs willkürlichen und noch unsicheren Setzung entstand. Vielleicht liegt darin aber der tiefste (wenn auch ungewollte) Bedeutungsgehalt des Gerichts: Der Hinweis darauf, dass alles auch hätte anders

---

16 Vgl. Hoffmann-Axthelm, a. a. O. (Fn. 8), S. 43: „Paul Baumgarten hat mit einem einzigen Bau, dem Konzertsaal der Hochschule für Musik, im Nachkriegs-Berlin das Licht wieder angemacht."

17 Den gewaltigen Glastürmen der internationalen Finanzwelt – die durch die Oberflächenspiegelungen der verwendeten Gläser das Innere in der Regel ohnehin vor den Augen der Betrachter verbergen – lässt sich solches allerdings nicht mehr nachsagen. Vgl. dazu: Ralf Drescher: Fassaden der Macht. In: Handelsblatt, 11. August 2008, Interview mit dem Autor über die damals im Bau befindlichen Hochhäuser in Frankfurt am Main. Der Text findet sich auch im Internet unter: www.handelsblatt.com/unternehmen/banken/frankfurter-baustellen-fassaden-der-macht/3002654.html [Abruf: 08. 05. 2014].

kommen können, dass Bedeutungszuweisungen sowie politische Symbole dem Wandel unterworfen sind – und vor allem aber, dass Transparenz und Demokratie immer wieder neu zu stiften sind.

Teil 2
(Verfassungs-)theoretische und methodische Grundfragen

Verfassungsgerichtsbarkeit in der offenen Gesellschaft

Peter Häberle

Einleitung

Auf der heutigen Entwicklungsstufe des „Typus Verfassungsstaat" ist für das hier zu behandelnde Thema nur ein von vornherein *vergleichender* Ansatz ergiebig. Er wurde speziell für die Verfassungsgerichtsbarkeit in dem Beitrag des Verf. für die FS BVerfG 2001[1] unternommen: „Das BVerfG als Muster einer selbstständigen Gerichtsbarkeit". Bislang fehlt, soweit ersichtlich, eine Studie, die in ähnlicher Weise die *„offene Gesellschaft"* in verfassungsjuristisch-vergleichender Sicht erörtert. Dies sei im Folgenden besonders im Zusammenhang mit der Verfassungsgerichtsbarkeit gewagt. Beides, „offene Gesellschaft" und „Verfassungsgerichtsbarkeit", können nur in einem gedanklichen Zugleich behandelt werden. Dennoch widmet sich der folgende Erste Teil primär der „offenen Gesellschaft", der Zweite, zunächst getrennt, der „Verfassungsgerichtsbarkeit". Beide Themen sollen im Dritten Teil zusammengeführt werden, obwohl dies angesichts der selbst bei diesem „großen Thema" vorgegebenen Kürze allenfalls in Stichworten möglich ist. Nicht minder angemessen wäre ihm ein interdisziplinärer Ansatz, wie ihn dieser Band, freilich von je für sich arbeitenden Autoren, unternimmt. Ein zusammenfassender Überblick aller einzelwissenschaftlichen Ansätze aus der „Vogelperspektive" wäre am Ende Sache der Herausgeber – und der späteren Rezensenten.

---

[1] Badura, Peter/Dreier, Horst (Hrsg.): Festschrift 50 Jahre Bundesverfassungsgericht. 1. Band, Tübingen 2001, S. 311 ff. – Der theoretische Rahmen findet sich in dem Band des Verf.: Rechtsvergleichung im Kraftfeld des Verfassungsstaates, Berlin 1992.

Erster Teil: Offene Gesellschaft – Garantien verfassungsstaatlicher Offenheit nach „innen" und „außen"

1   Der Begriff

Die „offene Gesellschaft" ist das Idealbild von Sir *Popper*, als Gegenprogramm zu philosophischen Systemen eines *Platon* und *Hegel*, aber auch zum totalitären Faschismus und Kommunismus 1945 entworfen. Sie hat als Wort und Begriff eine beispiellose Erfolgsgeschichte hinter sich, zunächst in der westlichen Welt, nach 1989 mindestens gemäß den Verfassungstexten auch in Osteuropa; sie ist fast schon ein „Gemeinplatz" im guten Sinne des Wortes, findet sich sogar ausdrücklich in neueren Verfassungstexten (z. B. Präambel Verf. Peru von 1979 sowie in Osteuropa: Präambel Verf. Litauen von 1992: „Offene, gerechte, harmonische bürgerliche Gesellschaft") und ist in der Wissenschaft fast unangefochten.[2] *Verfassungsjuristisch* wurde sie bislang in grundsätzlich vergleichender Sicht kaum behandelt. Ansätze gab es in der These „Die Verfassung des Pluralismus" (1980), auch im Wort von der „pluralistischen Gesellschaft".[3] Neuerdings rückt die sog. „Bürgergesellschaft" in den Vordergrund, auch verfassungstextlich.[4] Ihr Anliegen ist es, den *Bürger* zu stärken, ihn ins Zentrum des Verfassungsstaates bzw. seiner pluralistischen Gesellschaft zu rücken, z. T. auch gegenüber überstarken Staatlichkeitskompetenzen sowie der übermäßigen Herrschaft des „Marktes" und den sich nicht selten allzu selbstgefällig etablierenden politischen Parteien. Das Denken *vom Bürger* und *seiner* Gesellschaft her soll das traditionale „Denken vom Staat her" begrenzen bzw. korrigieren. Die Unionsbürgerschaft (Art. 17 ff. EG) leistet dazu ihren Beitrag. Erarbeitet man die Garantien verfassungsstaatlicher Offenheit mit den Methoden und Inhalten der vergleichenden Verfassungslehre, so lässt sich folgendes Bild skizzieren:

2   Offenheitsgarantien nach „innen"

Bei allen Vorbehalten gegen die Unterscheidung des „Außen" und „Innen" sind als konstituierende Elemente des offenen Verfassungsstaates zuvörderst die aus der Menschenwürde folgenden *Freiheits- und Gleichheitsrechte* zu nennen, sie garantieren die Offenheit der Ordnung und des politischen Prozesses vom *Bürger* her.[5] Zugleich geschieht dasselbe dank des auf der Menschenwürde beruhenden Demokratieprinzips: Freie, gleiche und geheime, faire, *regelmäßige Wahlen* („Herrschaft auf Zeit") bedingen

---

2   Vgl. auch das KPD-Urteil des BVerfG E 5, 85, bes. S. 134 ff., 197 ff.
3   BVerfGE 52, 223 (252).
4   Vgl. Präambel Verf. Tschechien von 1992: „Grundsätze der Bürgergesellschaft".
5   Konrad Hesses „Freiheit und Offenheit des politischen Prozesses" bzw. „Offenheit der verfassungsmäßigen Ordnung", 1966: Grundzüge des Verfassungsrechts der Bundesrepublik Deutschland, Heidelberg, 20. Aufl. 1995, S. 71 ff.

die gesellschaftliche Offenheit. Sie verarbeiten den gesellschaftlichen Wandel im Horizont von „Zeit und Verfassung". Hierher gehört die spezifische Offenheit des Parteienrechts (keine übermäßigen Hürden für neue Bewerber: „Chancengleichheit der politischen Parteien"). Die Regelungen z. B. in Sachen 5 %- bzw. Sperrklausel variieren je nach nationalem Verfassungsstaat, doch gibt es Höchstgrenzen. Der immer wieder betonte Zusammenhang von „Demokratie und Öffentlichkeit"[6] deutet an, dass die „offene Gesellschaft" nur als öffentliche so möglich ist (bei allem unverzichtbarem Privatheitsschutz). Vergleicht man die einzelnen Verfassungen, so werden spezifische *Pluralismusgarantien* erkennbar. Allgemein: Präambel Verf. Moldau von 1994: Politischer Pluralismus als „höchstes Gut", s. auch Art. 1 Abs. 1 Verf. Spanien von 1978, bemerkenswert ebenfalls Art. 8 Abs. 1 Verf. Rumänien von 1991: „Der Pluralismus in der rumänischen Gesellschaft ist eine Bedingung und eine Gewähr der verfassungsmäßigen Demokratie"; Art. 15 Abs. 1 Verf. Ukraine von 1994 spricht von „politischer, wirtschaftlicher und ideologischer Vielfalt; Art. 1 Abs. 2 Verf. Äquatorial-Guinea von 1991: „Politischer Pluralismus", ebenso Präambel Verf. Tschad von 1996; Präambel Verf. Benin (1990) spricht von „pluralistischer Demokratie", ebenso Präambel Verf. Mali von 1990. Präambel Verf. Burundi 1991 beruft sich auf die „demokratische pluralistische Ordnung". Präambel Verf. Kongo 1992 will: „Einheit in kultureller Diversität". Spezielle Beispiele auch aus der Verfassungswirklichkeit sind insbesondere die Vielfalt der Medien, die Balancierung zwischen Gewerkschafts- und Arbeitgebermacht, die öffentlichen Freiheiten wie Demonstrations- und Versammlungsfreiheit, nicht zuletzt die Informations- und Pressefreiheit sowie die wirtschaftliche und die wissenschaftliche Freiheit. Von hier aus gewinnt die These von der Verfassung als öffentlicher Prozess (1969) an Evidenz.

Die *Bürgergesellschaft,* statt der (bislang zu wenig untersuchten) „Parallelgesellschaften", braucht ihre verfassungsjuristischen Rahmenbedingungen – diese (z. B. in Paris und Berlin besonders im „Einwanderermilieu") spalten den alteuropäischen Begriff des „Bürgers" und nehmen der Offenheit buchstäblich ihren eigenen „Boden" und Wurzelgrund. Es bedarf eines „Humus", einer Basis, von der aus „Offenheit" gedacht und praktiziert werden kann. Es ist die Verfassung, die diese Vorgaben als Rahmenbedingungen enger oder weitmaschiger vorgibt. Garantien für auch multikulturelle Pluralgruppen wie „fremde" Religionsgesellschaften, etwa den Islam, sind auf diesem Hintergrund zu sehen. Die Nichtregierungsorganisationen als „Frühwarnsystem" haben das große Verdienst, *verfasste* Gesellschaften offener zu machen, häufig gerade dort, wo sie ideologisch „verkrustet", „blind" oder gar punktuell „geschlossen" sind. Aber sie müssen sich den Bedingungen des je konkreten Verfassungsstaates einordnen. Eine allgemeine Verfassungstheorie der offenen Gesellschaft ist heute ein Desiderat der Wissenschaft (ein Element bildet z. B. der erhoffte „gesellschaftliche Dialog": Präambel Verf. Polen von 1997). Die klassischen Gesellschaftsvertragstheorien müssten fortgeschrieben werden. Die bisher zitierten Texte neuerer Verfassungen weisen die Richtung und sind ein Beleg

---

6   Gustav Heinemann: „Öffentlichkeit als Sauerstoff der Demokratie".

dafür, dass der Verfassungsstaat auf der heutigen Textstufenentwicklung die offene Gesellschaft neu und eigens thematisiert.

Ein spezieller Versuch, *Poppers* „Offene Gesellschaft" in die Verfassungsrechtswissenschaft umzusetzen, war und ist das Paradigma von der *„offenen Gesellschaft der Verfassungsinterpreten".* 1975 entwickelt, jüngst auf die werdende Verfassung Europas übertragen[7], bezieht sie den Bürger, *jeden* Bürger in die Prozesse der Verfassungsinterpretation mit ein. Das Stichwort lautet: „Verfassung für alle" und „von allen". Jeder, der eine Verfassungsnorm lebt, interpretiert sie in einem weiteren, tieferen Sinne mit. Gemeint sind nicht nur die Grundrechtsbereiche, in denen der Grundrechtsträger über sein praktiziertes sog. „Selbstverständnis" wirkt bzw. „interpretiert", etwa die Religionsfreiheit[8] oder die Koalitions- und Kunstfreiheit.[9] Auch der Bürger, der eine Verfassungsbeschwerde erhebt, sich vor dem BVerfG äußert, ist ein Verfassungsinterpret in diesem weiteren Sinne. Das Wort von der „offenen Gesellschaft der Verfassungsinterpreten" (1975), ist ohne *Popper* ebensowenig zu denken wie – kulturwissenschaftlich – ohne das protestantische „Priestertum aller Gläubigen", es bleibt in Deutschland umstritten, aber auch vielzitiert.[10] Es erfährt derzeit vor allem in Lateinamerika, besonders in Brasilien, bis in Einzelfragen des Verfassungsprozessrechts hinein („amicus curiae briefs") eine ermutigende Anerkennung. Die offene Gesellschaft ist eine „verfasste", erkennbar z.B. in der Drittwirkung der Grundrechte. Sie ist Ausdruck des „status culturalis" des Einzelnen; der „status naturalis" ist eine – unverzichtbare – Fiktion. Es gibt keine „natürliche Freiheit", es gibt nur kulturelle Freiheit.

Die so verstandene „offene Gesellschaft der Verfassungsinterpreten" bedarf der *kulturellen Grundierung,* zumal angesichts der um sich greifenden totalen Ökonomisierung. Es geht um das, was einen Verfassungsstaat als verfasste Bürgergesellschaft letztlich „im Innersten" zusammenhält (sicherlich ist dies nicht primär der „Markt"). M. a. W. die These vom „offenen, pluralistischen Kulturkonzept" (1979) wird einschlägig. Eine „letzte Antwort" ist noch nicht gefunden. „Verfassungspatriotismus" *(D. Sternberger),* auch „Leitkultur" mögen Versuche sein, Offenheit und Grundkonsens miteinander zu verbinden. Aber sie dürften nicht das „letzte Wort" sein. Das GG als verbindliche „Leitkultur" ist, bei Betonung seiner Offenheit, eine mögliche Formel – aber auch nicht mehr. Der Passus in Art. 1 Satz 2 Verf. Slowenische Republik (1992): – sie „bindet sich an keine Ideologie oder Religion" – ist beachtlich und repräsentativ für den Typus Verfassungsstaat.

---

7   Häberle, Peter: Europäische Verfassungslehre, Baden-Baden, 4. Aufl. 2006, S. 268 ff.
8   Seit BVerfG 24, 236 (245 ff.); 99, 100 (125).
9   Vgl. auch BVerfGE 83, 130 (148); weiter verallgemeinernd: E 54, 148 (155 f.).
10 Zuletzt Fromme, F. K., in: FAZ vom 13. Oktober 2005, S. 37.

3   Offenheitsgarantien „nach außen"

Die Offenheit der Gesellschaft im Innern hat heute ihr Pendant in der Offenheit „nach
außen". Dabei sei freilich bedacht, dass der klassische Souveränitätsbegriff längst relativiert ist und das Innen/Außen-Schema nur noch einen begrenzten Erkenntniswert besitzt. Stichworte sind „offene Staatlichkeit" (*K. Vogel*, 1964[11]) „kooperativer Verfassungsstaat" (*P. Häberle*, 1978[12]), sichtbar in Zusammenarbeits-Klauseln wie Art. 28 Abs. 2 Verf.
Griechenland von 1975 und Präambel Verf. Spanien von 1978. Hilfreich ist das Wort vom
„Kosmopolitischen Staatsrecht" (*D. Thürer*, 2005[13]), aber auch die Erkenntnis der „Konstitutionalisierung" des Völkerrechts insgesamt. Motoren dieser Konstitutionalisierung
bleiben die je nationalen Verfassungsstaaten, die ihr staatenübergreifendes Miteinander
von bloßer friedlicher Koexistenz in friedensgestaltende Kooperation wandeln. Einige
Garantien dieser Offenheit sind: die offen erklärte Rezeption der universalen Menschenrechte, die viele neuere Verfassungen ausdrücklich vornehmen[14]; Stichwort ist auch die
„Völkerrechtsfreundlichkeit" z. B. des GG[15] sowie die Öffnung der Märkte („Weltmarkt"),
also die offene Weltgemeinschaft auf wirtschaftlichem Gebiet und das Internet, gegen
das sich geschlossene Staaten wie China und Nordkorea nur mit Mühe wehren können. Menschenrechte werden zu „verfassungsstaatlichem Innenrecht" (s. auch Art. 1
Abs. 2 GG im Blick auf die EMRK). Hinzukommen Verantwortungsklauseln wie Art. 151
Verf. Guatemala von 1985, sodann die Konstituierung von *regionalen* Staaten- bzw. „Ver-
fassungsverbünden" wie die EU dank ausdrücklicher Europa-Artikel (z. B. Art. 23 GG).
Für die amerikanische Staatenwelt sei an die NAFTA erinnert. Einschlägig sind auch Ar-
tikel zur möglichen Übertragung von Hoheitsrechten[16], die Bereitschaft zu humanitärer
Hilfe für notleidende Völker[17] sowie Erziehungsziele wie „Völkerversöhnung"[18], sodann
Normen zur Verbesserung der Rechtsposition von Ausländern. Auffallend ist Präambel Verf. Russland 1993, welche das Land als „einen Teil der Weltgemeinschaft" sieht.[19]
Von der Seite der Wissenschaft her erreicht die Lehre von der Rechtsvergleichung als
„*fünfter*" Auslegungsmethode (1989) eine spezifische Öffnung der Verfassungsstaaten im

---

11   Vogel, Klaus: Die Verfassungsentscheidung des Grundgesetzes für eine internationale Zusammenarbeit.
      Tübingen, 1964.
12   Häberle, Peter: Verfassung als öffentlicher Prozeß. Materialien zu einer Verfassungstheorie der offenen
      Gesellschaft, Berlin 1978, 3. Aufl. 1996, S. 407 ff.
13   Thürer, Daniel: Kosmopolitisches Staatsrecht, Zürich 2005.
14   Beispiele: Art. 10 Abs. 2 Verf. Spanien von 1978, Art. 2 Abs. 3 Verf. Brandenburg von 1992, Art. 4 Verf.
      Moldau von 1994, Präambel Verf. Äquatorial-Guinea von 1991; Art. 10 Verf. Burundi von 1992.
15   BVerfGE 6, 303 (362); 18, 112 (121); 31, 58 (75 f.), 58, 1 (41); 60, 343 (379 f.); 111, 307 (324).
16   Vgl. Art. 24 GG, Art. 117 Verf. Mali von 1992, Art. 123 Abs. 1 Verf. Albanien.
17   Art. 54 Abs. 2 Verf. Bern von 1993.
18   Art. 148 WRV von 1919.
19   S. auch den Souveränitätsverzicht im Interesse der afrikanischen Einheit in Art. 122 Verf. Niger von
      1996.

Verhältnis zueinander. Die beiden europäischen Verfassungsgerichte EuGH und EGMR sind hier besonders gefordert.

Zweiter Teil: „Verfassungsgerichtsbarkeit"

1   Historisch und weltweit vergleichend

Verfassungsgerichtsbarkeit „im" Verfassungsstaat hat heute eine fast weltweite große Erfolgsgeschichte. Zu unterscheiden sind die beiden „Modelle" der „unselbstständigen Verfassungsgerichtsbarkeit" nach Art des US-Supreme Court, 1803 hat es im Fall Marbury vs. Madison[20] begonnen (richterliches Prüfungsrecht), und die sog. „selbstständige Verfassungsgerichtsbarkeit" erstmals in Österreich in der sog. *Kelsen*-Verfassung von 1920 etabliert (der Weimarer Staatsgerichtshof (1919) war zu schwachbrüstig). Beide Modelle sind *gleichwertige* Typen von materieller Verfassungsgerichtsbarkeit, da sie beide das Postulat des „Vorrangs der Verfassung" praktisch einlösen bzw. das richterliche Prüfungsrecht in Anspruch nehmen. Schon hier und jetzt lässt sich sagen, dass beide eine die „offene Gesellschaft" auszeichnende, eine unabhängige echte Gerichtsbarkeit sind. Dabei ist die Offenheit ein Argument für jene, die heute in den USA das „life tenure" der Supreme Court-Richter abschaffen wollen.

2   Wahlen zum Verfassungsgericht

Hier sind Defizite im Blick auf die „offene Gesellschaft" unverkennbar. Das Postulat „gesellschaftlicher Repräsentanz" ist oft nicht erfüllt. Denn die politischen Parteien monopolisieren in vielen Verfassungsstaaten die Wahl der einzelnen Verfassungsrichter. Diese leisten zwar, einmal gewählt, meist parteiunabhängige „Pluralismusrechtsprechung", aber die Wahl ist nicht offen. Immerhin gibt es in den USA die Hearings für die Richterkandidaten vor dem Senat, wagt die Verfassung Brandenburg (1992) ebenfalls eine Anhörung (Art. 112 Abs. 4 S. 4); im Übrigen aber bleiben die Verfassungsrichterwahlen „geschlossen". Eine vorbildliche gewisse Auflockerung schuf Verf. Italien (1947): Der Staatspräsident beruft gemäß Art. 135 Abs. 1 Verf. Italien ein Drittel der Verfassungsrichter.[21] Vorbildlich verlangt Art. 112 Abs. 4 S. 2 Verf. Brandenburg: „Bei der

---

20   Kremp, W. (Hrsg.): 24. Februar 1803. Die Erfindung der Verfassungsgerichtsbarkeit und ihre Folgen, 2003. Ein Sammelband mit Klassikertexten: Häberle, Peter (Hrsg.): Verfassungsgerichtsbarkeit, Darmstadt 1982. Neue Lit.: Massing, Otwin: Politik als Recht – Recht als Politik. Studien zu einer Theorie der Verfassungsgerichtsbarkeit, Baden-Baden 2005.

21   S. auch Art. 140 Abs. 2 Verf. Rumänien von 1991; Art. 88 Abs. 2 S. 2 Verf. Georgien von 1995; Art. 107 Abs. 2 Verf. Madagaskar von 1995. – Aus der Lit.: Luther, Jörg: Die italienische Verfassungsgerichtsbarkeit, Baden-Baden 1990.

Wahl ist anzustreben, dass die politischen Kräfte des Landes angemessen mit Vorschlägen vertreten sind".

3 Kompetenzen

Im Folgenden sei gefragt, ob und wie sich die „offene Gesellschaft" in den Kompetenzen von Verfassungsgerichten bemerkbar macht. Ganz sicher ist dies dort der Fall, wo wie im GG „jedermann" die Möglichkeit zur Verfassungsbeschwerde hat (sie fehlt leider noch z. B. in Italien und in der EU). Denn mit dieser Offenheit des Zugangs wird das Verfassungsgericht zum „Bürgergericht" par excellence. Die „Bürgergesellschaft" als neues Wort für die „offene Gesellschaft" verwirklicht sich auch in der Möglichkeit für die Pluralgruppen (z. B. Verbände) sich Zugang zum Verfassungsgericht zu verschaffen. In Deutschland kommt die Organklage für die politischen Parteien hinzu (Art. 93 Abs. 1 Nr. 1 GG). In manchen Kompetenzen ist den Verfassungsgerichten die Offenheit der Gesellschaft sogar ganz spezifisch anvertraut: etwa dort, wo sich ein Verfassungsstaat für die „abwehrbereite", „wertgebundene" Demokratie gegen das Totalitäre entschieden hat (Verbot verfassungswidriger Parteien, Art. 21 GG, s. auch Art. 18 und 9 Abs. 2 GG). Jede Offenheit hat ihre *Grenzen*. Ein Verfassungsgericht kann sie „hüten", auch wenn es nicht der viel berufene „Hüter der Verfassung" ist. Im Ganzen dürfte das Optimum, nicht Maximum von Zuständigkeiten eine Garantie für die Offenheit der Verfassung bzw. ihrer Gesellschaft sein, also ein typisches Bündel an Zuständigkeiten haben: Verfassungsbeschwerden, Wahlprüfungssachen, bundesstaatliche bzw. regionalstaatliche Streitigkeiten, konkrete und ggf. abstrakte Normenkontrolle, Organklagen, Präsidenten- und Richteranklagen, mitunter Gutachtenkompetenzen. Hinter allem steht die Leitidee der Verhinderung von Machtmissbrauch, des Schutzes der Grundrechte und Minderheiten, die Arbeit am Grundkonsens, die Gewaltenbalance, die Garantie des Pluralismus bzw. der Offenheit der Gesellschaft.

4 Verfassungsprozessrecht als Pluralismus- und Partizipationsrecht

Das Verfassungsprozessrecht, sozusagen das „Grundgesetz" für die Verfassungsgerichtsbarkeit, erweist sich bei näherer Betrachtung als fundamental für jede offene Gesellschaft. Die Wissenschaft vom Verfassungsprozessrecht erfährt in Lateinamerika, besonders in Brasilien, Peru und Mexiko derzeit einen großen Aufschwung. Das ist kein Zufall. Junge Verfassungsstaaten erkennen, dass das Verfassungsprozessrecht spezifische Aufgaben und Möglichkeiten hat. M. E. liegen sie darin, besondere Pluralismus- und Partizipationsmöglichkeiten zu schaffen. Öffentlichkeit der Verhandlungen (in der Schweiz sogar der Beratungen!) gehört hierher. Das „Rechtsgespräch" *(A. Arndt)* muss vor dem Forum des Verfassungsgerichts Wirklichkeit werden (können). „Anhörungen" aller Art, in der Praxis des BVerfG z. T. vorbildlich durchgeführt[22], dienen diesem Ziel. In Brasilien hat sich der Supreme Court in einzelnen Entscheidungen jüngst ausdrücklich auf die „offene Gesellschaft der Verfassungsinterpreten" berufen, um das Institut des „amicus curiae briefs" zu rechtfertigen. Das Verfassungsprozessrecht wird so zu Pluralismus- und Partizipationsgarantie, so beschwerlich dies angesichts der Überlastung der meisten Gerichte oft sein mag. Das glücklichste Instrument zur Öffnung der Verfassungsgerichtsbarkeit zur offenen Gesellschaft hin aber ist das *Sondervotum*: von den USA entwickelt, in vielen Ländern praktiziert (z. B. Ukraine, Kroatien, Deutschland, Albanien), in Spanien sogar auf Verfassungsstufe normiert (Art. 164 Abs. 1 Verf. von 1978). Sie macht Verfassung zum „öffentlichen Prozess", sie trägt Offenheit der Gesellschaft in das Verfassungsgericht und von diesem zu jener zurück („Pluralismusrechtsprechung"). Und sie ist am konstitutionellen Gesellschaftsvertrag beteiligt.

5   Bindungswirkungen, „Folgen" der verfassungsgerichtlichen Entscheidungen

Der offenen Gesellschaft „kongenial" wird eine Verfassungsgerichtsbarkeit in der vielfältigen Ausgestaltung der unterschiedlichen Bindungswirkungen bzw. „Folgen" ihrer Entscheidungen.[23] Das BVerfG hat ein differenziertes Bündel geschaffen: von der Nichtigkeitserklärung eines Gesetzes über die bloße Feststellung der Verfassungswidrigkeit bis zur „Appellentscheidung", dem bloßen obiter Dictum, und die Richter haben die Möglichkeit des Sondervotums. Verfassungsgerichte sind m. E. nicht „authentischer Verfassungsinterpret", wie dies manche Verfassungen sagen[24], sie sind nur *ein* Interpret in der offenen Gesellschaft der Verfassungsinterpreten, freilich ein besonders qualifizierter.

---

22 Z. B. BVerfGE 49, 304 (310 ff.); 57, 70 (80 ff.); 62, 117 (137 ff.); 63, 255 (276 ff.); 94, 241 (252 ff.).
23 § 31 BVerfGG, vgl. etwa BVerfGE 104, 191 (196 f.).
24 Z. B. Verf. Albanien von 1998: Art. 124 Abs. 1: „endgültige Auslegung"; Art. 149 Abs. 1 Verf. Burundi von 1992: „der Interpret der Verfassung"; Art. 149 Abs. 1 Ziff. 1 Verf. Bulgarien: „bindende Interpretation der Verfassung. Eine vorbildliche neue Textstufe findet sich in Art. 11 Abs. 2 lit. a Verf. Malawi, 1994 (zit. nach JöR 47 (1999), S. 563): „a court of law shall promote the values which underlie an open and democratic society".

Dritter Teil: Verfassungsgerichtsbarkeit als Teil der offenen Gesellschaft, als gesellschaftliches Gericht eigener Art, als Beteiligter in der Fortschreibung des konstitutionellen Gesellschaftsvertrags

1 Die Ausgangsthesen von 1978[25]

1.1 Das BVerfG als „Verfassungsgericht" – als „gesellschaftliches Gericht" eigener Art

Das BVerfG hat formal betrachtet alle Eigenschaften eines – in seiner eigenen Terminologie gesprochen – „staatlichen" Gerichts[26], d. h. es beruht auf staatlichem Gesetz, und der Staat regelt bzw. beeinflusst die Richterbestellung. Es ist indes weit mehr: es ist *Verfassungs*gericht, d. h. kompetent für enumerativ aufgezählte materielle Verfassungsstreitigkeiten. Das volle Gewicht dieser Aussage erhellt erst aus einer Klärung des Verfassungsbegriffs. „Verfassung" ist rechtliche Grundordnung von Staat *und* Gesellschaft; sie ist nicht nur Beschränkung staatlicher Macht und sie ist Ermächtigung zu *staatlicher* Macht. Sie umgreift Staat *und* Gesellschaft. Verfassungsgerichtsbarkeit als politische Kraft wirkt von vornherein jenseits des Trennungsdogmas Staat/Gesellschaft.

Dass das BVerfG „Verfassungsgericht" der *ganzen* res publica ist, hat sehr konkrete Auswirkungen in Detailfragen, z. B. bei der Richterablehnung; es hat überdies zur Folge, dass das Gericht sich nicht auf *eine* Theorie oder „Schule" festlegen darf, sondern sich um eine pragmatische Integration von Theorie*elementen* bemühen muss.

Dieser *materielle Verfassungsbezug* der Verfassungsgerichtsbarkeit hat materielle und prozessuale Implikationen: z. B. in ihrer Verpflichtung auf das Pluralismusmodell und in der Forderung nach Ausbau des Verfassungsprozessrechts im Blick auf pluralistische Informations- und Partizipationsinstrumente, also die offene Gesellschaft.

Die wachsende pluralistische Informationsbeschaffungspolitik des BVerfG ist in diesem Zusammenhang zu sehen. Auch die Verfassungsrichterwahl, aus dem Spektrum der politischen Parteien und in Zukunft hoffentlich noch stärker über diese hinausgreifend, bezieht den Pluralismus *effektiv* in die Verfassungsverfahren ein (und wirkt auf ihn ein). Das ist Voraussetzung für eine Steuerung der Gesellschaft durch das Verfassungsgericht und „sein" Recht. Hier kommt es zu einer Wechselwirkung: Je mehr das BVerfG in die Prozesse der Steuerung der Gesellschaft eingreift, desto mehr wendet sich diese Gesellschaft ihm zu, will sie sich Gehör „in Karlsruhe" verschaffen. Wie sehr dies der Fall ist, zeigte sich in der Verhandlung in Sachen Mitbestimmung: Man spürte in den Tagen 1978 förmlich die Kraftlinien gesellschaftlicher Öffentlichkeit im Sitzungssaal.

---

25 Häberle, Peter: Kommentierte Verfassungsrechtsprechung, Königstein/Ts. 1979, S. 425 ff. Tendenziell folgend: Schulze-Fielitz, Helmuth: Das BVerfG in der Krise des Zeitgeistes, in: AöR 122 (1997), S. 1 ff. Weitere Lit. des Verf.: Die Verfassungsgerichtsbarkeit auf der heutigen Entwicklungsstufe des Verfassungsstaates, in: EuGRZ 2004, S. 117 ff.
26 S. BVerfGE 18, 241; 22, 42; 26, 186; 48, 300 (315 ff.).

Dieser Ansatz führt zu einer weiteren „Stufe". Das BVerfG ist in seinem intensiven Bezug zur *Gesamtgesellschaft* zu sehen: es ist ein *„gesellschaftliches Gericht" eigener Art* und im *weiteren Sinne*. Es öffnet sich durch seine Rechtsprechung für die Vielfalt von Ideen und Interessen – nimmt sie in sich auf –, umgekehrt steuert es die Gesellschaft. Angesichts der Richterwahl, der Handhabung seines Verfassungsprozessrechts und der materiellen Auslegungsergebnisse (z. B. in der Strukturierung von Teilaspekten der Gesellschaft über die „Drittwirkung" von Grundrechten) ist es mehr ein gesamtgesellschaftliches denn ein „staatliches" Gericht. Das hat Konsequenzen auf höherer Ebene, aber auch für die Alltagsarbeit des Gerichts!

Das BVerfG und sein Verfahrensrecht gewinnen eine einzigartige *Gesellschaftsbezogenheit*.

Seine – Staat und Gesellschaft umspannende – Tätigkeit folgt in einem allgemeinen Sinne daraus, dass es das Gericht für die Verfassung ist – und das GG regelt nicht nur den Staat, sondern in der *Grund*struktur auch die Gesellschaft, die es zur „verfassten Gesellschaft" macht. Das BVerfG wirkt überdies sehr speziell und gezielt, intensiv und weitreichend in spezifischer Weise in den Bereich der res publica zwischen „Staat" und „privat" hinein, den man die „Gesellschaft" oder den Bereich des – pluralistisch – Öffentlichen nennen kann. Das zeigt sich nicht nur in der Effektivierung der Grundrechte von der Verfahrensseite her[27], sondern auch in seiner Verfahrenspraxis, sich zunehmend der Informations- und Partizipationsinstrumente des Verfassungsprozessrechts zu bedienen. Es beschafft sich Informationen durch eine differenzierte Anhörungspraxis und *gestufte* Beteiligungsformen in Bezug auf pluralistische Gruppen, Organisationen wie den DGB, die Arbeitgeberverbände und die Kirchen etc. Damit „ragt" es in den gesellschaftlichen Bereich hinein, es nimmt Ideen und Interessen aus ihm auf, „hört" und verarbeitet sie im Wege seiner offenen Verfassungsinterpretation. Auf diesem Wege ist es von der Wissenschaft zu unterstützen. Das Verfassungsprozessrecht öffnet sich der offenen Gesellschaft der Verfassungsinterpreten, es wird ihr „Medium", zumal dort, wo das Parlament versagt hat.

So wie der Weg des parlamentarischen Gesetzes der Versuch einer „Umsetzung" des Gesellschaftlichen in das Staatliche war und ist, so zeigen sich jetzt – begrenzte – Parallelerscheinungen im verfassungsgerichtlichen Verfahren.

Anders formuliert: Das BVerfG nähert sich der Gesellschaft auf zweifache Weise: es steuert sie zunehmend durch seine ausladende Rechtsprechung (z. B. über die Drittwirkung und Objektivierung von Grundrechten), es strukturiert sie und macht sie auf seine Weise zu einem Stück „verfasster Gesellschaft". Eben wegen dieser *„Gesellschaftsbezogenheit"* sieht es sich veranlasst, in seinem Verfahrensrecht die Gesellschaft vor sein Forum zu bringen: nachweisbar in der pluralistischen Informations- und Partizipationspraxis vor allem in „großen Prozessen" (wie den NC-Verfahren), aber auch in kleineren Verfahren. Überspitzt formuliert: Das BVerfG gewinnt zu einem Gran den Charakter eines

---

27 Z. B. BVerfGE 46, 325 (333).

„(gesamt)*gesellschaftlichen Gerichts*" eigener Art. Es verliert an herkömmlicher Staatlichkeit in dem Maß, wie es ein Faktor im Vorgang des Verfassens der Gesellschaft wird. Es ist „Verfassungsgericht" jenseits der Trennung von Staat und Gesellschaft, von staatlichen und „gesellschaftlichen Gerichten". Das BVerfG macht mit der „offenen Gesellschaft der Verfassungsinterpreten" ernst – nicht nur verfahrensmäßig, d. h. verfassungsprozessrechtlich, sondern auch inhaltlich in seiner Verfassungsinterpretation, indem es Äußerungen der Bundesregierung, z. B. Regierungserklärungen, das Selbstverständnis von Kirchen[28], Argumente einer Vereinigung wie des Bundes „Freiheit der Wissenschaft" oder einer Institution wie des Wissenschaftsrats aufgreift.[29]

1.2 Verfassungsgerichtsbarkeit „im" Gesellschaftsvertrag: Das BVerfG als Regulator in den kontinuierlichen Prozessen der Garantie und Fortschreibung der Verfassung als Gesellschaftsvertrag

1.2.1 Die These

Die *These* lautet: Das BVerfG hat eine spezifische *gesamthänderische* Verantwortung in der Garantie und Fortschreibung der *Verfassung als Gesellschaftsvertrag;* es steuert ihre kontinuierlichen Prozesse mit; es ist dabei dem Pluralismusprinzip verpflichtet.

Das Modell des Gesellschaftsvertrags – klassischer gemeineuropäischer Besitz – ist im hier gebrauchten Sinn ein *Denkmodell,* ein heuristisches Prinzip zum Zweck der Verbürgung *personaler Freiheit* und *öffentlicher Gerechtigkeit.* Es ist gewiss kein „Leisten", über den sich die ganze Wirklichkeit einer Verfassung als öffentlicher Prozess schlagen ließe; aber es kann Hilfestellung geben für die sachgerechte Bewältigung mancher politischer bzw. verfassungsrechtlicher Grundsatzfragen – frei von vereinseitigenden „Setzungsideologien". Seine Erstreckung auf das Verfassungsgericht mag manchen kühn erscheinen; sie ist – soweit ersichtlich – bislang nicht gewagt worden. So alt das Vertragsmodell ist, so relativ jung ist die Verfassungsgerichtsbarkeit. In Beziehung zueinander wurden beide (wohl eben darum) noch nicht gesetzt. Das kann eine Chance sein. Sie sollte genutzt werden. Die klassische Lehre vom Gesellschaftsvertrag hat im Gang der Geschichte in den verschiedensten Zusammenhängen als Erklärungs- und Rechtfertigungsmodell gedient (von *Locke* bis *Rousseau,* von *Kant* bis zur gegenwärtigen Diskussion um den Grundkonsens). Warum sollte sie heute nicht Aussagekraft für unsere Probleme, für Fragen der Verfassungsgerichtsbarkeit, für die Fortentwicklung der Verfassung entfalten können?

---

28 BVerfGE 42, 312 (331) bzw. 46, 73 (95).
29 Vgl. BVerfGE 47, 327 (384 f.).

1.2.2 Beispielsmaterial

Positive Beispiele für die sachangemessene Bewältigung von Verfassungsfragen anhand des Modells vom Gesellschafts- bzw. Generationenvertrag liefert der *Lastenausgleich: die* große, schon historische Nachkriegsleistung. Sowohl der Bundesgesetzgeber und die Exekutive mit ihren zahlreichen Nachfolgeregelungen als auch die betroffene (Volks- und Betriebs-)Wirtschaft, ja jeder Bürger hat seinen Beitrag geleistet zum Gelingen dieses vorbildlichen Gemeinschaftswerkes; das BVerfG hat die verfassungsrechtlichen Wege geebnet. Man kann hier im besten Sinn von einer „konzertierten Aktion" aller Bürger und Gruppen sprechen: von einer geglückten Bewährung des Gesellschafts- bzw. Generationenvertrags, von einem Verbund aller mit allen.

Der Gesellschaftsvertrag hat heute aber auch eine spezifische Aktualität für die *ältere Generation:* greifbar im Stichwort „Rentenvertrag"! Weder dürfen „die Jungen" über Gebühr belastet, noch „die Alten" in ihrem Vertrauen auf die junge Generation als „Vertragspartner" enttäuscht werden. Die junge Generation hat ihrerseits zu bedenken, was die Väter und Mütter in der republikanischen Aufbauzeit nach 1945 geleistet haben. Es geht um Gerechtigkeit der Leistung und Gegenleistung zwischen den Generationen.[30]

Nicht weniger brisant ist das Modell des Gesellschaftsvertrages im Blick auf die drohende Überbelastung der jungen Generation durch die *Staatsverschuldung* oder die *Atomkraft.* Nicht nur die „Wirtschaft" darf auf die Grenzen ihrer Belastbarkeit *nicht* „getestet" werden; erst recht darf die humane Zukunft von Generationen nicht mit unberechenbaren Risiken überbelastet werden. Partner des Gesellschaftsvertrags sind also nicht nur die Lebenden, sondern auch die noch Ungeborenen! Zu ihren Gunsten besteht eine Treuhänderschaft. Vielleicht ist sie heute sogar *global* zu sehen, d. h. auf den ganzen Erdball unseres „blauen Planeten" zu erstrecken. Die Weltgesellschaft ist in einem „Weltvertrag" zu sehen; selbst wenn er faktisch nicht besteht, hat sie sich so zu verhalten, als bestünde er: zum Wohl der ganzen Menschheit. Die Menschenrechtspakte der UNO sind in dieser Hinsicht Perspektiven.

Im Einzelnen: Das Verfassungsgericht hat *Mit*verantwortung, *keine Allein*verantwortung für den konstitutionellen Gesellschafts-, insbesondere den Generationenvertrag. Es hat hier nur *neben* anderen, insbesondere neben dem demokratischen Gesetzgeber, einen *funktionellrechtlich* spezifisch ihm zugewiesenen Platz. Das BVerfG dürfte z. B. keine Rentenregelung passieren lassen, welche die alte oder die neue Generation außer Verhältnis be- bzw. entlastet; „formell" lässt sich mit dem Sozialstaatsprinzip, der Menschenwürde, dem Vertrauensschutz und dem Wert der Arbeitskraft argumentieren, der Sache nach sollte man sich am Vertragsmodell orientieren.

Der Kreis der am Gesellschafts- bzw. Verfassungsvertrag Beteiligten muss also die *offene* Gesellschaft erfassen, er darf nicht die geschlossene etablieren: Randgruppen, Be-

---

30   Aus der späteren Lit. des Verf.: Ein Verfassungsrecht für künftige Generationen – die andere Form des
       Gesellschaftsvertrages, in: FS für H. F. Zacher, München 1998, S. 215 ff.

hinderte, Gruppen, die nicht oder nur schwer organisierbar sind (z. B. die Alten), gehören ebenso hierher wie religiöse Minderheiten. Der Zugang sollte möglichst offen bleiben, so wie umgekehrt als Ausscheiden die *Auswanderungsfreiheit als Menschenrecht* geschützt sein muss: nur totalitäre Gesellschaften versagen diese individuelle „Kündigung" des Gesellschaftsvertrags!

Bei einer *beweglichen* Sicht der Beteiligung des BVerfG an Bewahrung und Veränderung des Gesellschaftsvertrags (als Wirkfaktor), im Ganzen an seiner Bewährung, bei Anerkennung einer gesamthänderischen Verantwortung aller an diesem „Verfassungsvertrag" – die neuere Geschichte belegt, wie sehr Verfassungen entstehungsgeschichtlicher *Kompromiss* und nicht einseitige „Setzung" oder „Emanation" sind – ergibt sich für das BVerfG (und mutatis mutandis für die Verfassungsgerichtsbarkeit der Länder) Folgendes:

Im Wechselspiel von Tradition und Wandel, von Veränderung und Bewahrung prescht das BVerfG bald weiter vor, so im Minderheitenschutz (Zeugen Jehovas-Fälle), bald hält es sich stärker zurück, etwa im wirtschaftlichen Bereich. Es darf weder Generationen ganz oder überwiegend von den Prozessen der Fortentwicklung der Verfassung „aussperren", noch selbst vom *Senat* zum „*Seniorat*" werden, d. h. als Partner des Gesellschaftsvertrags allein die Alten und Lebenden sehen. Perioden des „judicial activism" und des „judicial restraint" dürfen im Lichte eines gesellschaftsvertraglichen Verständnisses des BVerfG einander ablösen – der US-Supreme Court vermittelt hier gutes Anschauungsmaterial. Es bleibt in Sonderheit der eigenständige Bereich des demokratischen Gesetzgebers als erste Gewalt.

In diese *verfassungsvertragliche* Sicht fügt sich der – gestufte – *status activus processualis* pluralistischer Gruppen ebenso ein wie die gesamtgesellschaftliche Sicht des Verfassungsprozessrechts. Das BVerfG im weiteren Sinne als „gesellschaftliches Gericht" eigener Art jenseits des Trennungsdogmas von Staat und Gesellschaft zu sehen, erscheint nicht mehr utopisch. Der *status activus processualis constitutionis* gebührt an erster Stelle dem Bürger: die jedem – ohne Anwaltszwang – offenstehende Verfassungsbeschwerde ist sein genuines *Grund*recht von der Verfahrensseite her, sie ist ein Kernstück des status activus processualis constitutionis. Das spezifisch verfassungsrechtliche Verständnis des Verfassungsprozessrechts führt aber auch zu seiner Deutung als pluralistisches Informationsrecht und als Partizipationsrecht für pluralistische Gruppen; verwiesen sei auf die wachsende Praxis des Gerichts, Organisationen wie den DGB, Arbeitgeberverbände, andere Verbände und Gruppen in mehr oder weniger „großen" Verfassungsprozessen zu Wort kommen zu lassen. Dies ist Ausdruck eines *gesellschaftsbezogenen* Verständnisses der Funktion des BVerfG als Verfassungsgericht, d. h. als eines Staat *und* Gesellschaft umgreifenden Gerichts, das damit auch substantielle Qualitäten dieser Gesamtheit einschließt.

2   Variable Anwendung in Zeit und Raum

Rolle und Funktionen der miteinander verglichenen Verfassungsgerichte und ihre Aufgabe für die offene Gesellschaft entwickeln sich und variieren buchstäblich „im Laufe der Zeit", je nach Raum und Zeit. Sie sind *historisch* zu begreifen. Nicht einmal der abstrahierende „Typus" Verfassungsstaat erlaubt oder verlangt eine Aussage darüber zu treffen, welche Rolle heute ein nationales oder (übernational) „regionales" Verfassungsgericht wie der EuGH[31] oder EGMR sozusagen „absolut" zu spielen hat. Es mag ein seinerseits je nach Raum und Zeit nicht weiter minimierbares „Quantum" an Zuständigkeiten und Funktionen geben, auch ein „Maximum" und „Optimum", doch zeigen schon wenige Beispiele, wie sehr unsere Fragestellung zeitlich/räumlich bedingt ist. Der StGH der Weimarer Zeit (1919) war trotz seiner recht geringen Kompetenzen (z. B. keine Verfassungsbeschwerde!) durchaus ein Verfassungsgericht (wenngleich eher ein typischer „Staatsgerichtshof"). Das deutsche BVerfG mit seinen im weltweiten Vergleich betrachtet wohl größten Kompetenzvolumen ist gewiss ein echtes Verfassungsgericht, vielleicht sogar mehr als das (?), ebenso der US-Supreme-Court der USA. Die bewunderswerte Entwicklung des französischen Conseil Constitutionnel sei erwähnt. Ist die Spezialisierung zu schmal, etwa wie in Mexiko die Wahlprüfungsgerichtskompetenz einzelner Gerichte, so mag man Zweifel haben, sie aber letztlich doch zurückweisen („spezielle Verfassungsgerichte"). Das Wahlprüfungsrecht ist eine konstitutionelle Kompetenz von großer Bedeutung gerade für die offene Gesellschaft.

Besonderes gilt für große historische *Umbruch*situationen („Revolutionen") – wie in den osteuropäischen Reformstaaten nach ihrer Überwindung totalitärer Systeme nach 1989[32] oder in Lateinamerika nach dem Sturz der Militärregime (Respekt vor dem Obersten Gerichtshof Argentiniens, welches das „Schlusspunktgesetz" 2005 für verfassungswidrig erklärt hat!). Hier wuchs den Verfassungsgerichten die Rolle der partiellen Verfassung*gebung* für eine offene Gesellschaft zu, sie mussten das nationale Verfassungsrecht in Teilen – praktisch „erfinden", jedenfalls „entwickeln", die anderen Verfassungsorgane wie die Parlamente, die übrigen Gerichte, auch die öffentliche Meinung kannten und beherrschten noch nicht das „Geschäft" der Verfassungsinterpretation, trotz allen „Vorrangs der Verfassung" in den Urkunden. Hier ging es auch um „Verfassungspädagogik". In Ungarn sprach man von einer „unsichtbaren Verfassung" des Verfassungsgerichts. „Judicial activism" war gefragt. In einem System mit halbdirekter Demokratie wie etwa der kulturell und politisch gefestigten Schweiz kann sich dagegen die materielle Verfassungsrechtsprechung des Bundesgerichts eher zurückhalten (immerhin hat es nach und nach prätorisch „ungeschriebene Grundrechte" entwickelt, die die

---

31 Aus der Lit.: Schwarze, Jürgen (Hrsg.): Verfassungsrecht und Verfassungsgerichtsbarkeit im Zeichen Europas, Baden-Baden 1998; Büdenbender, Martin: Das Verhältnis des Europäischen Gerichtshofs zum Bundesverfassungsgericht, Köln 2005.

32 Frowein Jochen A. u. a. (Hrsg.): Grundfragen der Verfassungsgerichtsbarkeit in Mittel- und Osteuropa, Heidelberg 1998.

neue BV (1999) später rezipiert hat). M. a. W.: Erst eine ganzheitliche, auch die anderen Staatsfunktionen mit in den Blick nehmende Betrachtung vermag etwas zur Rolle der jeweiligen Verfassungsgerichtsbarkeit in der offenen Gesellschaft auszusagen. Das Verfassungsgericht in Südafrika dürfte 1993/96 in einer den osteuropäischen Ländern vergleichbaren Lage gewesen sein: Schöpferische Verfassungsgerichtsbarkeit war bzw. ist gefragt, gerade in den pluralistischen, langwierigen Prozessen von „Nation building and Constitution making". Bekannt ist das reiche Wechselspiel von „judicial activism" und „judicial restraint" im US-Supreme Court. Wann und wie sich ein Gericht stärker gestaltend betätigen oder mehr zurückhalten soll, ist eine „Gretchenfrage", die sich letztlich an den „Volksgeist" bzw. „Weltgeist" richtet! – vor allem aber an die offene Gesellschaft stellt.

Ausblick und Schluss

Als unverzichtbar hat sich die *Gesamt*betrachtung erwiesen: „Offene Gesellschaft" und „Verfassungsgerichtsbarkeit" gehören heute untrennbar zusammen. Die Verfassungsgerichtsbarkeit konstituiert heute in fast allen Ländern die offene Gesellschaft wesentlich mit (Ausnahme: Griechenland, in das aber die beiden Europäischen Verfassungsgerichte EGMR und EuGH wirken), und die Verfassungsgerichtsbarkeit lebt ihrerseits aus den Impulsen und Kräften, Innovationen, auch Irrungen der offenen Gesellschaft. Sie lebt nicht „aus sich" selbst, ihr *Gesellschafts*bezug ist offenkundig. Jeder Verfassungsstaat muss sich sensibel halten für neue Chancen und Gefährdungen, dabei kann die Verfassungsgerichtsbarkeit helfen. Sie mag ein Übermaß an Offenheit begrenzen und das politische Gemeinwesen festigen, sie muss aber auch (wie in Deutschland so erfolgreich bei Rundfunk und Fernsehen sowie im Parteienrecht) Offenheit (Pluralismus) anmahnen und durchsetzen („Pluralismusrechtsprechung"). Offenheit der Verfassungsgerichtsbarkeit als Teil der offenen Gesellschaft bedeutet auch Offenheit für neue Paradigmen der Wissenschaft. Das deutsche BVerfG hat diese Bereitschaft des Öfteren bewiesen: man denke an die Lehre von den Grundrechten als Verfahrensgarantien[33], oder das Schlüsselwort von der „praktischen Konkordanz" *(K. Hesse)*.[34]

---

33 BVerfGE 53, 30 (65 f.), vor allem das Sondervotum ebd., S. 69 ff.
34 Z. B. BVerfGE 59, 360 (381); SV *Henschel* in: E 78, 38 (54, 56); sodann E 83, 130 (143, 147 f.); 93, 1 (21).

Mythos als Integration

Zur symbolischen Bedeutung des Bundesverfassungsgerichts

Ulrich Haltern

1   Einleitung und These

Vor zehn Jahren habe ich begonnen, mich mit der Legitimation und der gesellschaftlichen Funktion von Verfassungsgerichtsbarkeit zu beschäftigen.[1] In einem Aufsatz mit dem Titel „Integration als Mythos"[2] vertrat ich die Auffassung, dass das Bundesverfassungsgericht (BVerfG) mit der Erwartung eines integrierenden gesellschaftlichen Einflusses überfordert sei. Verfassungsgerichtsbarkeit könne weder einheits- noch integrationsstiftend wirken in einer Gesellschaft, die sich nur noch rein rhetorisch integriere und deren Pluralisierung alle Institutionen erreicht habe; der Staat, so habe ich in Anschluss an Luhmann formuliert, habe das Ende seiner Vertextung erreicht. Konsens ist eine knappe Ressource und formale oder wertgeladene Diskurse führen nur weiter in die Pluralisierung, der auch Werte oder Ideale nicht widerstehen können. Das BVerfG kann in dieser Situation nicht als läuterndes Substitut herhalten. Macht es sich dies zur Aufgabe, wird es überfordert sein und sich stetiger Kritik aussetzen.

Die Einladung der Herausgeber, mich an diesem Sammelband zu beteiligen, hat mir Gelegenheit gegeben, erneut über das Thema nachzudenken. Auch im Lichte neuerer Rechtsprechung des BVerfG und anderer Verfassungsgerichte sowie der neueren Literatur sehe ich keinen Grund, eine grundsätzliche Korrektur meiner Auffassung vorzunehmen. Es ist nach wie vor unzweifelhaft für mich, dass jede substantielle Integration durch verfassungsgerichtliche Rechtsprechung ausgeschlossen ist. Neben meinen da-

---

1   Demokratische Verantwortlichkeit und Verfassungsgerichtsbarkeit. In: Der Staat 35 (1996), S. 541–580; Verfassungsgerichtsbarkeit, Demokratie und Misstrauen: Das Bundesverfassungsgericht in einer Verfassungstheorie zwischen Populismus und Progressivismus, Berlin 1998.

2   Integration als Mythos: Zur Überforderung des Bundesverfassungsgerichts. In: JöR N. F. Bd. 45 (1997), S. 31-88.

mals genannten Argumenten spielen dabei insbesondere die folgenden Gesichtspunkte eine Rolle.

Erstens bezeichnen wir Verfassungsgerichte zwar als Letztentscheider, die als unabhängige Institutionen sogar demokratische Legislativentscheidungen aufheben können. Jedoch erleben wir in den seltensten Fällen den autoritativen Abschluss eines Verfassungsstreits durch ein Verfassungsgericht. Für den Augenblick ist eine Entscheidung herbeigeführt; doch wird das gerichtliche Urteil schnell zu einem weiteren Text, der für Anschlussinterpretationen offen ist. Ein „letztes Wort" kann es so kaum geben: Jeder Text gerät auch dann, wenn er vom BVerfG stammt, sogleich in den Sog der Auslegung.

Natürlich muss eine politische Gemeinschaft die Möglichkeit besitzen, Diskurs abzuschneiden, um handeln zu können. Dies wird durch die hierarchische Organisation von Gerichtszügen gewährleistet. Das BVerfG scheint in dieser Hierarchie die Spitzenposition einzunehmen. Jedoch – *zweitens* – ist das BVerfG lediglich einer unter mehreren Akteuren in einer juristischen, zunehmend staatsübergreifenden Interpretationsgemeinschaft, zu der neben nationalen Fachgerichten auch EuGH und EGMR gehören. Merkmal einer Interpretationsgemeinschaft ist interpretatorische Vielfalt; diese Vielfalt ist auch das Fenster, durch das wir die Bedeutung von Texten (auch von Verfassungstexten) wahrnehmen. Zugleich sind wir über die Grenzen unserer politischen Vergemeinschaftung verunsichert, was eine prekäre Hierarchie der Gerichte untereinander zur Folge hat.[3] Beide Aspekte gemeinsam führen dazu, dass Verfassungsgerichte in Europa Diskurse nicht beenden können. In besonderem Maße gilt dies für Staaten wie die Bundesrepublik Deutschland, die ein Staat des Redens und Auslegens ist, in der das Gespräch die Magie ersetzt hat und in der Diskurs, Diskussion, Rede, Wort und Text die unzugängliche Stelle des *corpus mysticum* besetzt haben.[4]

Das BVerfG ist unter diesen Bedingungen mit der Aufgabe einer substantiellen „Integration" von vornherein überfordert.

Die Reaktionen auf diese eigentlich selbstverständliche Feststellung haben mich freilich nachdenklich werden lassen. Insbesondere Juristen halten an ihrer Auffassung fest, dass „Karlsruhe locuta" Rechtsstreite beendet, Rechtsfragen endgültig klärt, Kompromisse vernünftig ausbalanciert und durch die Zeitverzögerung sowie die beruhigende

---

3   Dies gilt nicht nur für das Verhältnis zwischen BVerfG und EGMR (etwa EGMR, von Hannover v. Germany, Entsch. v. 24.6.2004) und BVerfG und EuGH (etwa BVerfGE 89, 155 – Maastricht), sondern auch für das Verhältnis zwischen BVerfG und Fachgerichten (hergebracht: etwa EuGH, Rs. 106/77 – Simmenthal II, Slg. 1978, 629; neu etwa EuGH, Rs. C-224/01 – Köbler, Slg. 2003, I-10239; EuGH, Rs. C-129/00 – Kommission/Italien, Slg. 2003, I-14637). Vgl. dazu statt vieler nur Haltern, Ulrich: Verschiebungen im europäischen Rechtsschutzsystem. In: Verwaltungsarchiv 96 (2005), S. 311–347; ders.: Europarecht: Dogmatik im Kontext, Tübingen 2005, S. 342–360. Am Horizont dräut die Möglichkeit, dass letztinstanzliche und vielleicht sogar verfassungsgerichtliche Urteile vor erstinstanzlichen Fachgerichten, wohl mit Hilfe von Vorabentscheidungen des EuGH, als europarechtswidrig gebrandmarkt werden und Schadensersatz für judikatives Unrecht zugesprochen wird.

4   Ausf. Haltern, Ulrich: Unsere protestantische Menschenwürde. In: Bahr, Petra/Heinig, Hans Michael (Hrsg.), Menschenwürde und post-säkulare Verfassungsordnung, Tübingen 2006.

Tatsache des „sober second thought" eine integrative Lösung herbeigeführt wird, die gesellschaftliche Risse in der Regel kittet. Nur im Ausnahmefall misslingt diese Integrativleistung; zumeist verknüpft sich mit dem Versagensvorwurf dann auch der Vorwurf, dass das Verfassungsgericht die Grenze zwischen Recht und Politik unzulässig überschritten habe.

Politikwissenschaftler sind ein wenig nüchterner.[5] Sie sehen Gerichte, und damit auch die Verfassungsgerichtsbarkeit, als eines von mehreren Foren zur Durchsetzung der Agenden von Interessengruppen, das einfach andere Vor- und Nachteile als die alternativen Foren (etwa das nationale Parlament, die Kommission der EU usw.) bietet. Diese Vor- und Nachteile kann man analysieren und gegeneinander abwägen (z. B.: Aus- und Einblendung bestimmter politischer Erwägungen und Argumente, Kostenfragen, Risikofragen, Zeithorizonte usw.). Der Gedanke, dass das Urteil eines Verfassungsgerichts automatisch Integrationsleistungen erbringe, ist dem Politikwissenschaftler aber fremd. Wenn er in der politikwissenschaftlichen Literatur überhaupt vorkommt, muss er sich, anders als in der juristischen Literatur, erhöhten Begründungsanforderungen stellen.[6]

Dieses Auseinanderfallen der Reaktionen ist bemerkenswert und bedarf einer tieferen Analyse (2.). Für meine eigene Position bedeutsam ist sie insofern, als ich mich fragen lassen muss, ob ich nicht eigentlich im politikwissenschaftlichen Bereich geschrieben habe. Meine Antwort ist Nein, denn die politikwissenschaftliche Sicht von Gerichten ist zwar für die Ausarbeitung einer „Dogmatik im Kontext"[7] äußerst bereichernd; sie vermag mich aber nicht vollständig zu überzeugen. Die Auffassung, Gerichte seien nichts anderes als Alternativforen, scheint mir das den Gerichten Eigene – und damit auch das Wesentliche der Verfassungsgerichtsbarkeit – nicht einfangen zu können. Hiermit beschäftige ich mich unter 3. und 4.

2 Gerichte, politikwissenschaftlich und juristisch

Politikwissenschaftler forschen vor dem Hintergrund eines Vorverständnisses, dessen Grundfrage diejenige nach der institutionellen Verteilung politischer Macht ist. Politik-

---

5 Den Unterschied zwischen Juristen und Politikwissenschaftlern, auch in der Behandlung meiner „Mindermeinung", sieht zuletzt auch Nocke, Joachim: Das Bundesverfassungsgericht als Konsensrunde? In: Albrecht, Stephan/Goldschmidt, Werner/Stuby, Gerhard (Hrsg.), Die Welt zwischen Recht und Gewalt, Hamburg 2003, S. 32–47.

6 Vgl. etwa Vorländer, Hans (Hrsg.): Integration durch Verfassung, Wiesbaden 2002; ders. (Hrsg.): Die Deutungsmacht der Verfassungsgerichtsbarkeit, Wiesbaden 2006; Brodocz, André: Die symbolische Dimension konstitutioneller Institutionen. Über kulturwissenschaftliche Ansätze in der Verfassungstheorie. In: Schwelling, Birgit (Hrsg.), Politikwissenschaft als Kulturwissenschaft, Wiesbaden 2004, S. 131–150; Schaal, Gary S.: Integration durch Verfassung und Verfassungsrechtsprechung? Über den Zusammenhang von Demokratie, Verfassung und Integration, Berlin 2000.

7 Näher hierzu Haltern, Europarecht, a. a. O. (Fn. 3), S. 6–26.

wissenschaftlich gesehen interagieren Gerichte mit anderen politischen Akteuren und
produzieren gemeinsam mit ihnen politische Entscheidungen. Daher ist es aus der Sicht
der Politikwissenschaft eine angemessene Forschungsperspektive, Gerichte aus dem
Winkel jener politischen Entscheidungen zu betrachten, zu deren Produktion sie beitragen. Diese Perspektive besitzt wiederum zwei Seiten, nämlich eine innere und eine
äußere Komponente.

Der innere Aspekt dieser Perspektive fragt danach, welche Strategien Gerichte anwenden, um für sich selbst eine politisch entscheidende Rolle sicherzustellen. Gerichte
wollen erfolgreich sein, also diejenigen Maßnahmen ergreifen, die ihre eigene Position
stärken und legitimieren. Die immer weitere Juridifizierung des Lebens mit der einhergehenden Macht der Gerichte kann man in dieser Perspektive ebenso gut analysieren
wie die internen Strategien des juristischen Diskurses.

Der äußere Aspekt dieser Perspektive bezieht sich weniger auf das Eigeninteresse der
Gerichte als auf die Möglichkeiten, die sich anderen Akteuren durch die Einschaltung
von Gerichten bieten. Sie können ihre eigene Agenda ebenso befördern wie die Agenden anderer Akteure blockieren. Das gerichtliche Forum ist eines unter vielen Foren;
Akteure werden es dann wählen, wenn sie sich hiervon einen Vorteil versprechen. Gerichte werden also dann erfolgreiche politische Akteure sein, wenn es ihnen gelingt, die
Nachteile, die alternative Foren mit sich bringen – seien diese nun legislativer oder regulativer Natur –, auszugleichen.

Politikwissenschaftler nehmen an Gerichten nichts wahr, das nicht in Form einer
normalen politik- oder sozialwissenschaftlichen Analyse eingefangen werden könnte.
Zwar mögen Gerichte der Auffassung sein, eine völlig andere Aufgabe als der Gesetzgeber wahrzunehmen; sie sprechen etwa die Sprache des Rechts, nicht der Effizienz; der
Rechte, nicht der Interessen; und der Verfassung, nicht des Wahlkampfes. Der Politikwissenschaftler aber weist nach, dass Gerichte nichts anderes als ein weiterer Ort für
die Formulierung von politischen Entscheidungen sind. *Wie* vor Gericht derartige Entscheidungen getroffen werden, ist für die Politikwissenschaften weniger wichtig als die
Tatsache, *dass* es geschieht. Im Hinblick auf die Methoden für ihre Untersuchungen unterscheiden sich selbstverständlich die politikwissenschaftlichen Schulen voneinander.
Doch am Ende stehen eben diese beiden Fragen: Wie gelingt es Gerichten, für sich selbst
eine Rolle im *policy-making* zu sichern? Was zeichnet ihre Rolle im Verhältnis zu anderen Institutionen aus, und welchen Interessen verhelfen sie damit zur Durchsetzung?

Die Rechtswissenschaft hingegen widersetzt sich der These vom Zusammenbruch
der Unterscheidung von Recht und Politik. Sie konstruiert das dem Recht Eigene gerade
aus der Differenz zwischen Recht und Politik: Recht mag aus dem politischen Prozess
hervorgehen, ist aber nicht einfach ein alternatives, durch Macht und Interessen angeleitetes Forum. Das hindert Juristen nicht, Maßstäbe außerhalb des Rechts – insbesondere die Vernunft – zu wählen, anhand derer das Recht auf seine Rationalität hin zu
überprüfen und zu verbessern ist. Am Ende juristischer Analyse steht so gut wie immer
der Reformvorschlag. Gerichte aber haben in rechtswissenschaftlicher Perspektive nicht

die Aufgabe, ein alternatives Forum von Interessen zu sein oder ihre politische Macht zu erweitern. Sie repräsentieren Vernunft, Rechte, Prinzipien oder dauerhafte Werte.

Der tiefere Unterschied zwischen Politik- und Rechtswissenschaft liegt damit in der unterschiedlichen Beantwortung einer in der Tradition der Aufklärung immer wieder gestellten Frage, nämlich derjenigen nach der Verortung von Vernunft. Politikwissenschaftler verorten Vernunft in ihrer eigenen Wissenschaft; mit ihrer Hilfe beobachten sie einen Gegenstand, der auf Macht und Interessen reagiert. Politikwissenschaftliches Denken würde es als Kategorieverwechselung begreifen, Politik als Ausformung von Vernunft zu sehen, denn Vernunft ist das, was die Wissenschaft der Politik an das Politische heranträgt. Das Politische selbst – auch in seiner juridifizierten Form – ist lediglich ein Weg zur Befriedigung von Interessen. Wissenschaft ist danach eine vernunftgeleitete Form der Machtanalyse; die Vernunft ist im Besitz des Wissenschaftlers, besteht in Kategorisierungen, Verallgemeinerungen, Vorhersagen usw. und ist für politische Akteure weitgehend wertlos.

Die Rechtswissenschaft hingegen kann nicht akzeptieren, dass Vernunft außerhalb des Politischen angesiedelt ist und sein soll. Für die Rechtswissenschaft ist die Verfassung ein Mechanismus, das Politische einer höheren Vernunftnorm zu unterwerfen. Die Verfassung repräsentiert das Vernünftige im Politischen und im Staat. Dies ist ganz unabhängig von der Frage, ob bestimmte Partikularinteressen in die tatsächlich vorhandene Verfassung eingeflossen sind und dort perpetuiert werden. Jede gerichtliche Entscheidung ist ein Ausgreifen nach der verborgenen perfekten Verfassung; jede tatsächliche Deformation der realen Verfassung ist ein durch die Politik (nicht das Recht) begangener Fehler, der der Reform bedarf. Vernunft ist damit für den Rechtswissenschaftler bereits Teil des von ihm studierten Objekts. Sie ist bereits im Beobachteten vorhanden und muss nicht mehr an das Recht herangetragen werden; die Rolle des Wissenschaftlers beschränkt sich darauf, herauszuarbeiten, was die im Objekt enthaltene Vernunft im Einzelnen verlangt. Die Rule of Law ist die Rule of Reason. Reform ist daher nicht etwas, das von außen an das Recht herangetragen wird, sondern Teil der Entwicklung des Rechts selbst.

Beide Perspektiven – Politik- und Rechtswissenschaft – besitzen einen blinden Fleck. Die Rolle von Gerichten besteht weder in erster Linie darin, politische Ziele zu erreichen, noch darin, Rationalität hervorzubringen. Wichtiger ist, dass Gerichte Teil eines tiefen Glaubens an das Recht sind. Sie errichten ein Gemeinwesen – und uns, seine Bürger – als Ausdruck der Rule of Law. Gerichte stützen und stabilisieren ein kulturelles Gefüge. Als Bürger nimmt man die kollektive Identität seines Gemeinwesens in seine individuelle Identität auf; hierzu gehört die Verschränktheit mit dem Volkssouverän, der den Staat und sein Recht in ihre Existenz gesprochen hat. Individuelle Identität, kollektive Identität und Souveränität sind in der Geschichte des Nationalstaates komplexe Verbindungen eingegangen, die man weder durch Vernunft noch durch Interesse in den Blick bekommt. Funktionale Betrachtungen sind für ihre Analyse nicht ausreichend. Vielmehr gilt es, die Bedeutungsgewebe, die aus Kultur und Symbolen gesponnen sind, zu thematisieren und die symbolischen Formen, ästhetischen Verweise und imaginativen Tiefenstrukturen, die dem Recht zugrunde liegen, aufzudecken. Eine derartige Form der Rechtswissenschaft ist in Gestalt des kulturtheoretischen Ansatzes erst im Entstehen begriffen.

3   Recht, juristisch-kulturtheoretisch

Einerseits scheinen Juristen mit ihrer Anschauung von Gerichten und vom Recht eine Unlauterkeit in ihrer eigenen Perspektive zu erzeugen. Indem die Rechtswissenschaft den Platz der Vernunft im Politischen verteidigt und sich der Übermacht des Interesses erwehrt, legitimiert sie sich durch die Invisibilisierung von Interessen selbst. Gegenüber dieser Strategie mag man die Forschungsperspektive des Rechtsrealismus und seiner Nachfolgetheorien, der Kritischen Rechtsschule und der Ökonomischen Analyse des Rechts, einfordern. Beide halten das Recht für einen Schleier, der über die Realität der zugrunde liegenden Interessen gezogen wird; die „Wahrheit" des Rechts liegt nicht im Recht, sondern in den Interessen. Diese zu erforschen ist Aufgabe der Sozialwissenschaften. Die Kritische Rechtsschule besetzt die negative Seite dieser Ambition, indem sie die Widersprüchlichkeiten und Ungereimtheiten der rechtlichen Argumentationen und ihrer Grundlagen aufdeckt und zeigt, dass rechtliche Ergebnisse nicht durch juristische Argumentation, sondern durch Macht-, Klassen-, Rassen- oder Geschlechterinteressen determiniert sind. Die Ökonomische Analyse des Rechts besetzt die positive Seite dieser Ambition, indem sie Recht auf der Basis ökonomischen Gedankenguts rekonstruiert; Ökonomie als leitendes Paradigma spiegelt die Tatsache, dass die Wirtschaftswissenschaften das wissenschaftliche Ideal der Sozialwissenschaften heute am weitesten realisiert haben. Ökonomischer Analyse und Kritischer Rechtsschule ist gemeinsam, dass sie den Unabhängigkeitsanspruch des Rechts lediglich als falsche Metaphysik und den Neutralitätsanspruch des Rechts nur als Maske für Partikularinteressen begreifen. Sie wollen das Recht daher durch ein anderes Recht ersetzen, das für die außerrechtliche „Wahrheit" offen ist.

Andererseits hat die juristische Anschauung von Recht und Gerichten den Vorteil, sowohl mit idealistischen und fortschrittsfixierten als auch mit seit der Aufklärung tradierten Vorstellungen von Recht, Staat und Ordnung konform zu gehen. Im Zentrum unserer modernen, westlichen Vorstellung politischer Ordnung steht der feste Glaube an eine politische Fortschrittserzählung. Diese zeichnet sich durch drei wesentliche Elemente aus. *Erstens* gab es einen Übergang von personalisierten zu demokratischen Formen der Machtausübung, beispielsweise vom Fürsten zur Republik. *Zweitens* gab es einen Übergang von der Folter zum Strafprozess und vom Theater des Schafotts zur Wissenschaft der Kriminologie: Das Recht schützt auch diejenigen, die gegen es verstoßen. Dadurch wird die Herrschaft des Volkes zugleich zur Herrschaft des Rechts. *Drittens* gab es einen Übergang vom Krieg zum Recht. Blinde, blutige Gewalt wird durch Völkerrecht, insbesondere rechtsförmige Streitschlichtungsorgane und -prozesse, ersetzt; wo Gewalt unvermeidbar ist, wird sie humanisiert, etwa durch die Unterscheidung von Kombattanten und Nicht-Kombattanten oder das Verbot bestimmter Waffen. Alle drei Übergänge appellieren an das Recht, das zum Leitmotiv der gesamten Fortschrittserzählung wird. Es gibt keinen blinden Fleck des Rechts, ebenso wenig wie es unverrechtlichte politische Prozesse gibt. Das Politische und das Rechtliche erscheinen uns untrennbar miteinander verknüpft. Wir preisen dies als wünschenswert und fortschrittlich, denn Recht realisiert das Vernünftige innerhalb des Politischen. Das Vernünftige steht im Politischen für den Übergang von einer durch individuelle Interessen Weniger getriebenen Politik zu einer Politik der Gerechtigkeit für alle: Gerechtigkeit erscheint als normative Spezifizierung des Vernünftigen im Politischen. Die Fortschrittserzählung ist insofern eine Erzählung vom Fortschritt durch die Vernunft. Wir finden sie nicht nur im Politischen, sondern in allen denkbaren Bereichen. Die Natur wird gezähmt, die Wissenschaften von falschen Glaubenssätzen befreit, wirtschaftliche Produktion rationalisiert; der Mensch wird sowohl in der politischen Theorie als auch in der Psychoanalyse à la Freud unausgesetzt durch Rationalität, die den Willen zivilisiert, reformiert. Das Politische ist nur eine weitere Instanz des Fortschritts in der Vernunft. Das Recht ist das Mittel, Vernunft in die politische Ordnung zu injizieren und sich dort entwickeln zu lassen.

Diese Fortschrittserzählung spiegelt die unsere gegenwärtige Vorstellung vom säkularisierten Staat prägende Aufklärungsnarration der Trennung von Staat und Kirche. Konnte man zuvor, in der paulinischen Narration, etwas vom Göttlichen nur durch die Liebe wiedergewinnen, und war das Recht die Domäne des durch den Sündenfall gezeichneten Menschen – konnte man also den Zustand der Sünde nie im oder durch das Recht überwinden –, so wandelte sich diese Tragödien-Erzählung in der Aufklärung zu einer Triumph-Erzählung. Als vorpolitische Quelle menschlicher Gemeinschaft wurde der Sündenfall durch den Naturzustand ersetzt. Aus Sicht politischer Theorie bestand das Problem nun nicht länger darin, Erlösung durch Gottes Gnade zu erlangen, sondern darin, ungehemmten Leidenschaften durch disziplinierende Vernunft einen Riegel vorzuschieben. Politische Gemeinschaften konnten von nun an auf religiöse Inspiration oder göttliche Führung verzichten; sie waren allein das Produkt menschlicher Vernunft. Maßstab war nicht länger die Gemeinschaft sich selbst verleugnender Heiliger, sondern das Ideal einer Gemeinschaft sich selbst verwirklichender Einzelner, die erfolgreich soziale Kooperation hervorbrachten. Das Instrument, mit Hilfe dessen der Schritt vom Naturzustand zur politischen Ordnung vollzogen wurde, war der Gesellschaftsvertrag – eine säkulare Errungenschaft, deren Vervollkommnung sich seit Hobbes die gesamte politische Theorie widmet. Das Recht begegnet der Unordnung mit Ordnung, den Leidenschaften und Begierden mit Vernunft. Es handelt sich aber nicht um ein religiöses Problem: Aus Sicht politischer Theorie mündet ungehemmte Begierde nicht in Sünde, sondern in Ungerechtigkeit. Der Triumph des Rechts ist also verknüpft mit der säkularen Tradition des Liberalismus und des Sozialvertrags. Diese ist uns so selbstverständlich, dass wir uns eine andere Sicht kaum noch vorstellen können.

Doch es gibt nicht nur eine andere Sicht, sondern auch eine Tiefenstruktur der Phänomene – hier des Rechts –, deren Oberfläche wir so gut kennen, dass wir sie für das Phänomen an sich halten. Der Mensch lebt nämlich nicht nur in einem funktionalen, sondern auch in einem symbolischen Universum, in dem er die Welt durch die Vermittlung von Mythen und Symbolen erfährt. Dies ist die Welt der Bedeutungen, die im Zentrum der Arbeiten von Ernst Cassirer, Clifford Geertz oder Ernst Kantorowicz, aber auch von Michel Foucault steht. Genealogische Analysen zeigen, wie sehr diese Bedeutungen quer stehen zu unserem modernen Verständnis unserer Welt und unserer selbst. Doch bleiben tiefe Spuren – Trümmer und Überbleibsel – in der Struktur unseres Denkens und unserer politischen Begriffe. Diese verdichten sich zu einer Tiefenstruktur, die unter der liberalen Oberfläche des demokratischen Rechtsstaats schlummert und sich jederzeit aktualisieren kann. Diese Tiefenstruktur ist um religiöses und mythisches Denken herum organisiert. Im Zentrum steht der Glaube; um ihn herum ranken sich Mythen, Träume von Ewigkeit, Todesängste und Opferbereitschaft in oszillierenden Konstellationen.

Ich habe an anderen Stellen[8] ausführlich begründet, dass das Recht eine Tiefenstruktur aufweist, die durch Anderes gekennzeichnet ist als durch Vernunft und Gerechtigkeit. Recht besitzt eine reiche Textur kultureller Ressourcen, auf die es sich stützen kann. Es handelt sich um eine symbolische Form, die eine Welt präexistenter Regeln kreiert, auf welche sich wiederum Individuen beziehen können, um ihrem Leben Sinn und Struktur zu geben. Das Recht konstruiert dabei Bedeutungen durch Verlängerung vergangener Bedeutungen in die Zukunft, indem es sich auf Quellen beruft, die in der Geschichte der relevanten Normgemeinschaft Autorität besitzen. Der Schwerpunkt liegt mithin auf der Bewahrung etablierten Sinns. Viele der Bedeutungen nationalen Rechts entstammen anderen symbolischen Formen, die mit dem Recht in Wettbewerb stehen und deren wichtigste die Form der politischen Handlung sein dürfte. Die Grammatik politischer Handlung ist derjenigen des Rechts in vielerlei Hinsicht entgegengesetzt und konkurriert mit ihr. Durch die Verklammerung von Recht und politischer Handlung aber am Ursprung des Rechts (ohne politische Handlung kein Recht; ohne Recht kein Gedächtnis für politische Handlung) schreibt sich die Bedeutung der politischen Handlung unmittelbar in das Recht ein und lässt dieses dadurch zu dem authentisch „unsrigen" Recht werden. Hinzu kommt, dass die Tiefenstruktur des Rechts derjenigen der Religion ähnelt und mit jener das gemeinsame Kennzeichen von Glaubensgemeinschaften teilt: Eine Trennung von unsichtbarer Quelle (Gott/Volkssouverän) und sichtbarer Erscheinung (Hostie/Verfassung), der wir dadurch eine neue Bedeutung zumessen, dass wir durch sie hindurch auf die unsichtbare Quelle schauen. Der Wein etwa erscheint dem

---

8   Haltern, Ulrich: Europarecht und das Politische, Tübingen 2005; ders.: Unsere protestantische Menschenwürde, a. a. O. (Fn. 4); ders.: Tomuschats Traum. Zur Bedeutung von Souveränität im Völkerrecht. In: Dupuy, Pierre-Marie u. a. (Hrsg.), Festschrift für Christian Tomuschat, 2006; ders.: Recht als kulturelle Existenz. In: Jayme, Erik (Hrsg.), Kulturelle Identität und internationales Privatrecht, Heidelberg 2003, S. 15–50.

Gläubigen nicht als gegorener Alkohol, sondern als Blut Christi – nicht weil das Phänomen Wein in der Kirche anders aussieht, sondern weil der Gläubige durch den Wein hindurch auf Gott und Christus schaut. Die Verfassung ist nicht etwa irgendein unverbindlicher, mehr oder weniger gut formulierter und insgesamt ganz interessanter Text, sondern das verbindliche Grunddokument des Staates – nicht weil der Verfassungstext sich von anderen Texten grundlegend unterscheidet, sondern weil der Bürger durch den Text auf den Volkssouverän schaut, der diesen Text und damit diesen Staat (und damit „uns" als „Bürger") in die Existenz gebracht hat. Dadurch rücken Begriffe wie Offenbarung, Wille und Souverän in den Mittelpunkt des Rechts- und Staatsdenkens. Auch das Gemeinwesen muss sich um die Offenbarung des Willens gruppieren. Hierfür fand die politische Theorie den Begriff der Souveränität. Der Souverän wird zum symbolischen Punkt einer politischen Gemeinschaft, an dem sich der Wille sammelt und reifiziert. Die frühen Souveräne waren Thaumaturgen, die eine Erscheinung des Göttlichen darstellten. Die Basis des Staates war im Körper des Königs zusammengezogen; er verkörperte im eigentlichen Sinne des Wortes den *corpus mysticum* des Staates. Das Königtum überlebt die Säkularisierung und die Aufklärung nicht, wohl aber überleben das Konzept der Souveränität und damit die Metaphysik des Willens im Selbstverständnis einer politischen Gemeinschaft. Die Offenbarung wird zur Selbstoffenbarung des Volkssouveräns als Quelle der Staatsformung. Die Revolution hat bereits semantisch viel mit Offenbarung zu tun *(revelation/revolution)*. Souveränität bleibt ein *mysterium,* das nun im Volk angesiedelt ist. Der Bürger kann das Mysterium der Volkssouveränität weder sehen noch anfassen, sondern muss daran glauben. Freilich kann er an diesem Geheimnis teilhaben, indem er den Souverän repräsentiert oder sich in Extremform in ihn transsubstantiiert. Da der Staat in diesem Sinne eine Glaubensgemeinschaft ist, kann er die Bürger zu Opfern aufrufen, die geleistet werden, solange die Glaubensbereitschaft anhält. So besehen ist die europäische Geschichte nicht eine der Säkularisierung, sondern der Sakralisierung staatlicher Autorität. Diese Tiefenstruktur des Staates und des Rechts unterscheidet sich grundlegend von dem, was wir als unumstritten akzeptieren.

4   Verfassungsgerichte, juristisch-kulturtheoretisch

Vor diesem Hintergrund können wir uns nun der Verfassungsgerichtsbarkeit zuwenden. Es gibt mir zu denken, dass Integration nach wie vor, entgegen aller politikwissenschaftlichen und soziologischen Evidenz, als Aufgabe und Funktion von Verfassungsgerichtsbarkeit postuliert wird. Integration ist ein Mythos – der sich aber hartnäckig hält. Worauf beruht diese Beharrlichkeit?

Wenn die obigen Gedanken zur Tiefenstruktur des Wesens von Recht und Staat zutreffen, müssen wir von einem Glaubenssystem Recht ausgehen. Dieser Gedanke – so fern er in Anbetracht der Hoffnungen von Objektivität, Rationalität und Logik, welche mit Recht assoziiert werden, zunächst liegt – ist bei näherem Hinsehen unmittelbar einsichtig. Warum sollten gerade Recht und Staat vor Bedeutungszuschreibungen immun sein? In allen Bereichen unseres Lebens determiniert der Glaube an bestimmte Dinge die Bedeutungen, die wir den Phänomenen zuschreiben. Dieser Glaube vermag unserem Leben Sinn zu geben und uns zu den wunderbarsten und schrecklichsten Taten zu drängen. Ausgerechnet der Staat, für den Menschen die wunderbarsten und schrecklichsten Dinge getan haben und noch tun, sollte so ganz anders funktionieren?

Wenn der Staat auf einer Glaubensstruktur aufruht, sind in seinem Kern nicht nur Gesellschaftsverträge, Vernunft, Gerechtigkeit und Interessen angelegt, sondern ebenso Narrationen, Mythen und das kollektive Gedächtnis einer politischen Gemeinschaft. Integration mag ein Mythos sein, doch wenn der Staat und seine Institutionen auch auf Mythen basieren, ist diese Erkenntnis kaum grundstürzender Natur. Es gilt den Zuschnitt des Mythos zu analysieren, der den Glauben an eine Integrationsleistung der Verfassungsgerichtsbarkeit stabilisiert – gegen die Erkenntnisse der Politikwissenschaften und Soziologie und in Ergänzung meiner eigenen Auffassung. Es ist gerade der Mythos, der integriert. „Integration als Mythos" trifft zu, doch man darf hier nicht stehen bleiben, sondern muss weiterfragen nach dem „Mythos als Integration".

4.1   Verfassungsgerichtsbarkeit als Repräsentation

Es ist sinnlos, Recht und Politik durch den Gedanken der Repräsentation voneinander unterscheiden zu wollen. Beide erheben erfolgreich Anspruch auf Repräsentation. Die Form der Repräsentation folgt allerdings unterschiedlichen Grammatiken. Im politischen System ist die Repräsentation im Wahlakt angelegt; sie wirkt damit unmittelbar. Allerdings muss der Politiker sie im Folgenden stets durch seine Handlungen bestätigen; hierbei kann er erfolgreich sein oder versagen. Im Recht ist ebenfalls Repräsentation angelegt. Recht macht die normative Basis der politischen Ordnung erst präsent und repräsentiert sie. Heute spielt das Prinzip der Volkssouveränität eine fundamentale Rolle in der Selbstbeschreibung politischer Gemeinwesen. Damit muss das Recht das Volk repräsentieren: Es besitzt deshalb Autorität, weil es repräsentiert. In modernen, verfassungsförmig organisierten Demokratien bedeutet damit Herrschaft des Rechts (rule of law) zugleich Herrschaft des Volkes (rule of the people); Urteile werden „im Namen des Volkes" gefällt. Das moderne Recht gründet seinen repräsentativen Anspruch auf einen Akt der Autorisierung durch die Repräsentierten.

Freilich sind Gerichte nicht nur repräsentativ, sondern zugleich performativ. Auch Gerichte müssen ihren repräsentativen Charakter immer wieder bestätigen; auch sie können erfolgreich sein oder versagen. Jedoch geht es in der Rechtsrepräsentation nicht länger darum, den Ansprüchen der öffentlichen Meinung, der Mehrheit oder der Klientel gerecht zu werden. Die Bestätigung der Repräsentation findet vielmehr allein dadurch statt, dass Gerichte ihr Handeln als Recht ausgeben. Sie begründen ihre Urteile nicht mit Hinweisen auf die öffentliche Meinung, auf die Moral der Nation oder auf

die positiven Auswirkungen, die ihr Handeln für die Repräsentation anderer politischer
Organe besitzt; sie begründen sie vielmehr allein damit, dass sie das Recht anwenden.

Die Anwendung des Rechts führt zu repräsentativer Legitimität, weil das Recht „uns"
repräsentiert. Alles Recht muss im Einklang mit dem normhierarchisch höchsten Text,
der Verfassung, stehen; diese ist der Kern „unserer" rechtlichen Repräsentation. Die
Kette der vom Richter in Anspruch genommen Repräsentation lautet also Richter – Gericht – Verfassung – Volk(ssouverän). Die Form der repräsentativen Bedeutung, die wir
der Verfassung zuschreiben, ist erläuterungsbedürftig und muss den Begriff der Volkssouveränität miteinbeziehen. Der Hinweis auf einen „Grundkonsens", der in Verfassungen aufgeschrieben sein soll, erscheint mir als ganz leer und unzureichend.

In modernen Demokratien sind Verfassungen das Produkt des Volkssouveräns. Dieser hat die Verfassung, und damit auch den Staat und das Staatsvolk in ihrer Verfasstheit, in die Existenz gebracht und sich dann zurückgezogen. Die Verfassung ist eine
„Erscheinung" des Volkssouveräns, durch die wir auf die unsichtbare „Quelle" blicken
können; der Glaube an diese Quelle verleiht wiederum der „Erscheinung" eine besondere Bedeutung. Der Zusammenhang zwischen beiden geht noch weiter, da ohne Volkssouverän die Verfassung keine Verfassung im demokratischen Sinne wäre; umgekehrt
ist die Verfassung dasjenige Artefakt, das den Volkssouverän unmittelbar erahnen lässt:
Ohne Verfassung kein Volk.

Verfassungen können als Produkt des Volkssouveräns erscheinen, weil sie den Akt
der volkssouveränen Willensoffenbarung speichern und der politischen Gemeinschaft
damit ein kollektives Gedächtnis verleihen. Am Anfang jeder Verfassung steht politische Handlung, also eine andere, vom Recht stets bekämpfte Imagination des Politischen. Apotheose politischer Handlung ist die Revolution. Eine Revolution beendet die
alte politische Ordnung und schöpft eine neue. In der Revolution schweigt das Recht.
Der Souverän selbst zeigt sich, die Trennung von Quelle und Erscheinung ist aufgehoben, das Recht zählt nichts. Strukturell vergleichbar ist dies mit dem analogen Ereignis
in der Religion: Zeigt sich Gott unmittelbar, schweigen alle religiösen Rituale und Gesetze. Politische Handlung muss daher vom Recht beständig als Möglichkeit politischer
Imagination invisibilisiert werden; hierfür kennt das Recht eine Vielzahl von Strategien,
etwa die Verbannung des Subjekts (und damit des Subjektiven) aus dem Rechtsdiskurs.
Der „Anfang" des Rechts aber – sein mythischer Ursprung – kann genau dies nicht,
denn ohne politische Handlung gäbe es kein Recht; ohne Recht fehlte es umgekehrt der
politischen Handlung an Gedächtnis, sie bliebe eine Epiphanie. Die Speicherung dieser mythischen Ursprungshandlung macht eine Verfassung zur authentisch „unsrigen".
Verfassungen sind keine Prinzipien der politischen Philosophie, sondern Erinnerungen.
Anders als Prinzipien, aber wie Erinnerungen gehören sie jemandem, und nur für diese
Gruppe besitzen sie Bedeutungen, die über das unmittelbar Sichtbare hinausgehen, und
stellen normativen Sinn zur Verfügung.

Dieser Sinn ist kaum zu überschätzen. Die Verfassung ist kein Normkörper, der von
außen auf einen Gesellschaftskörper einwirkt und diesen steuert. Sie ist vielmehr so

in unsere Identität als Bürger eingewoben, dass wir unsere eigenen Ziele kaum noch von den Zielen der Verfassung unterscheiden können. Bevor die Verfassung dem Politischen eine Form gibt, gibt sie unserer Imagination des Politischen eine Form. Verfassung und (individuelles wie kollektives) Selbst stehen in einem nur schwer auflösbaren, oszillierenden Verhältnis zueinander. Deutlicher wird dies in Analogie zur Sprache. Es gibt für uns keine Existenz jenseits von Sprache, ebensowenig wie umgekehrt Sprache jenseits individueller Existenzen denkbar ist. Unser Verständnis von Sprache ist untrennbar verbunden mit dem Gebrauch von Sprache. Wir sind mit anderen Worten durch ein soziales Phänomen geprägt, welches wiederum von uns selbst abhängig ist, die wir ja gerade durch dieses Phänomen geformt werden. Man gibt sich selbst keine Sprache, sondern wird in sie hineingeboren; man gehört seiner Sprache mehr, als diese einem selbst gehört. Gleiches gilt für das Recht und die Verfassung. Niemand lebt hinter einem Schleier des Nichtwissens als ausfüllungsbedürftiger Platzhalter, sondern man registriert sich selbst zunächst als Bürger – auch Rechtsbürger – eines bestimmten Gemeinwesens. (Damit ist nicht ausgeschlossen, dann bestimmte, auch anderslautende, Entscheidungen zu treffen, etwa auszuwandern.) Das Recht konstituiert die Erfahrung des Selbst und des Anderen. Es ist Teil des kulturellen Bedeutungs- und Symbolgewebes, in das der Mensch verstrickt ist, und ist damit integraler Bestandteil dessen, was es regelt. Recht beeinflusst uns nicht von außen, sondern ist Teil unseres Selbstverständnisses. Wir beginnen uns zu sehen, wie das Recht uns sieht, indem wir an der Konstruktion von Bedeutungen teilnehmen, die das Recht vornimmt. Wir internalisieren die Repräsentationen, die das Recht von uns formt, und können unsere Einsichten nicht länger von ihnen trennen.

Recht ist daher insoweit repräsentativ, als es vom Volkssouverän stammt oder jedenfalls auf ihn rückführbar ist und wir – als politische Gemeinschaft – das Werk des Volkssouveräns in die Zukunft hinein verlängern, indem wir uns dem Recht unterwerfen. Hier liegen im Grunde die tiefsten Wurzeln der judäo-christlichen Tradition des abendländischen Verfassungsstaates. *Einerseits* haben wir die christliche, oder genauer: katholische Linie einer mystischen Einheit, in der wir durch Rituale und Riten einen Zipfel des Souveräns ergreifen können. Fahnen und Hymnen sind Überbleibsel dieser katholischen Form staatlicher Imagination; der Aufruf zum Opfer und das Versprechen von Unsterblichkeit in der Gemeinschaft sind weitere Überbleibsel, deren Nähe zu Gewalt gerade in Deutschland das Misstrauen vor politischer Theologie bestärken. *Andererseits* ist der abendländische Staat nicht nur mystische Einheit, sondern auch Rechtsstaat. Hier ist die jüdische Tradition des Bundes angelegt. Im jüdischen Souveränitätsverständnis ist das Recht das Produkt des souveränen Willens und tritt an die Stelle der Prophezeiung. Durch Rechtsbefolgung erhält sich die jüdische Nation den Kontakt mit den sakralen Wurzeln des heiligen Bundes. Recht definiert insofern die Gemeinschaft und die Identität. Im Judentum wird der Gläubige auch und gerade in der Diaspora durch Rechtsbefolgung physisch eins mit der Quelle, so dass konsequenterweise viel jüdisches Recht mit dem Körper beschäftigt ist (Beschneidung, Essen, Sex, Kleidung).

Dieses Modell kann freilich nur dann funktionieren, wenn feststeht, dass das Recht auch das „richtige" Recht ist, also dasjenige Recht, das im Einklang mit dem Willen des Volkssouveräns steht und „authentisch" unsere „wahre" Identität prägt. Hierzu bedarf es einer Institution, die eine Überprüfung vornehmen und notfalls eine Läuterung durchführen kann. Dies ist die Verfassungsgerichtsbarkeit. Sie ist der Ort, auf den wir schauen, wenn wir an uns selbst als Volkssouverän glauben wollen. Hören wir das Verfassungsgericht sprechen, hören wir uns in einem idealen Sinne selbst.

4.2   Verfassungsgerichtsbarkeit, genealogisch

Verfassungsgerichtsbarkeit erscheint als Funktion der Verfassung: Die Tatsache, dass es eine mit Vorrang ausgestattete Verfassung gibt, führt zu der Möglichkeit, eventuell gar zur Notwendigkeit von Verfassungsgerichtsbarkeit, also der Überprüfung von Gesetzen und sonstigen Normen unterhalb von Verfassungsrang am Maßstab der Verfassung. Dies ist das, was man als „established truth" des juristischen Verfassungsverständnisses bezeichnen könnte.[9]

Freilich muss man hier Zweifel anmelden. Ein Objekt bestimmt nie die soziale Praxis. Die Bedeutung des Objekts ist vielmehr eine Funktion der sozialen Praxis, oder genauer: des Glaubens, der die soziale Praxis unterfüttert.[10] So ist es auch im Fall der Verfassungsgerichtsbarkeit.

Verfassungsgerichtsbarkeit kann dazu führen, dass ein Gesetz oder ein auf Gesetz beruhender Exekutivakt wegen Verstoßes gegen die Verfassung für nichtig erklärt wird. Was Recht zu sein schien, ist in Wirklichkeit kein Recht; der Mantel des Rechts wird heruntergerissen, darunter ist der König nackt. Das, was Recht zu sein vorgab, hat sich als falsche Erscheinung des Rechts herausgestellt. In Wirklichkeit war es Handlung in der Verkleidung des Rechts – „under color of law", wie der US-Supreme Court einmal formulierte.[11] Politische Handlung, die sich den Anstrich des Rechts gibt, ohne tatsächlich Recht zu sein, bleibt politische Handlung, die aus der Welt des Rechts exorziert werden muss. Die Welt des Rechts ist eine fehlerfreie Schöpfung des Volkssouveräns und Teil unserer eigenen Identität: Als Rechtsbürger sind wir, wer wir sind, im und durch das Recht. „Falsches" Recht ist nicht Teil des großen Projekts des Volkssouveräns, das wir alle fortführen. Es ist eine falsche Erscheinung des Souveräns.

Das Konzept der „falschen Erscheinung des Souveräns" kennen wir aus der politischen Theologie des Mittelalters. Ernst Kantorowicz hat in seinem wunderbaren Buch „Die zwei Körper des Königs" genau dieses Konzept beschrieben. Im Körper des Sou-

---

9   Statt aller Grimm, Dieter: Die Zukunft der Verfassung, Frankfurt a. M. 1994, S. 303, der die Verfassungsgerichtsbarkeit als organisatorische Ausformung des Geltungsanspruchs der Verfassung bezeichnet.
10   Kahn, Paul W.: The Cultural Study of Law: Restructuring Legal Scholarship. Chicago 1999.
11   US-Supreme Court, Ex Parte Young, 209 U. S. 123 (1908).

veräns war der Staat im wahrsten Sinne des Wortes verkörpert: Der Monarchenkörper war der *corpus mysticum* des Staates. Die genealogische Analyse fokussiert nun auf Fehler des Monarchen und stößt auf das Problem, dass der Monarch keine Fehler machen konnte: „The King can do no wrong." Daher mussten Fehler als falsche Erscheinungen erklärt werden: Der irrende Monarch war nicht der wahre Monarch, sondern eine falsche Erscheinung des Monarchen. Die Doktrin der zwei Körper des Königs ließ diese Argumentation zu, indem sie die Wahrheit des Königs nicht in dessen physischer Erscheinung oder seinem Verhalten lokalisierte, sondern im idealen König. Der Untertan konnte nie sicher sein, den wahren König zu sehen, denn dieser hatte zwei Körper; was man sehen konnte, konnte immer ein potentiell ironisches Spiel mit der Wahrheit sein.[12] Die Folge dieses Auseinandertretens der Körper des Königs war die Eröffnung eines Interpretationsraumes mit der Folge, dass über die Bedeutung der Erscheinung gestritten werden konnte. Der Wille des Souveräns ist nicht mehr eins mit dem Willen des Monarchen. Es entsteht die paradoxe Situation, gegen die Person des Monarchen im Namen des wahren Monarchen opponieren zu können. Genau dies geschieht in der abendländischen Revolutionsgeschichte: Die drei großen Revolutionen der frühen Moderne beginnen als Rechtsbewahrungsprojekte, indem sie gegenüber dem natürlichen Monarchenkörper dessen Identität mit dem idealen Monarchenkörper bestreiten.[13] Der König hält sich immer an das Recht; tut er das nicht, entsteht eine falsche Erscheinung, so dass der Souverän als Person den eigentlichen Souverän nicht repräsentiert. Ein solcher König ist nur dem Namen nach ein König und darf im Namen wahrer Repräsentation abgesetzt werden. Zwei der drei Revolutionen beinhalten daher auch einen Akt des Königsmordes, der erst durch die Verdoppelung des Körpers denkbar wird: Es handelt sich nicht mehr, wie wohl am besten noch bei Shakespeare nachlesbar ist, um ein Sakrileg, sondern lediglich um die Entlarvung des falschen Körpers. Hier sind zudem die Bezüge zu Freuds Ursprungsmythos der Gesellschaft offensichtlich, der im Vatermord die

---

12 Ausführlich Morgan, Edmund S.: Inventing the People. The Rise of Popular Sovereignty in England and America, New York/London 1988, S. 17 ff.

13 In England etwa unterschied die Deklaration beider Häuser des Parlaments vom 27. Mai 1642 zwischen Amt und Person des Königs, wobei der König im politischen Körper beibehalten, der König im natürlichen Körper verabschiedet wurde: „Es wird anerkannt …, dass der König die Quelle der Gerechtigkeit und des Schutzes ist, aber die Handlungen der Justiz und des Schutzes werden nicht von seiner Person ausgeübt und hängen nicht von seinem Gefallen ab, sondern von seinen Gerichten und Ministern, die hier ihre Pflicht tun müssen, auch wenn es ihnen der König in eigener Person verbieten sollte: und wenn sie gegen den Willen und persönlichen Befehl des Königs Urteile fällen, sind es immer noch die Urteile des Königs. Das Hohe Gericht des Parlaments ist nicht nur ein Gerichtshof der Rechtsprechung …, sondern ebenso ein Rat …, dessen Aufgabe es ist, den öffentlichen Frieden und die Sicherheit im Königreich zu erhalten und des Königs Willen in den dazu erforderlichen Dingen zu erklären, und was es hierbei tut, trägt den Stempel der königlichen Autorität, auch wenn Seine Majestät … in eigener Person demselben widerspricht oder es verhindert…" (zitiert nach Kantorowicz, Ernst H.: Die zwei Körper des Königs, Stuttgart 1992 [Orig. 1957], S. 42 f.).

psychoanalytischen Grundlagen sieht.[14] Die falsche Erscheinung des wahren Souveräns wird entlarvt und entfernt. Besonders deutlich wird dies in Frankreich, wo aus Ludwig XVI. nun der Bürger Louis Capet wird. Die wahre Repräsentation des Souveräns ist nun im Recht verkörpert. Ein Repräsentationsfehler erscheint als Rechtsverletzung. Die Revolutionen begannen mithin als ein Projekt der Aufrechterhaltung des Rechts gegenüber politischer Innovation, die als falsche Erscheinung angesehen wurde. Erst später kam revolutionäre Handlung im Sinne der Zerstörung der alten politischen Ordnung und der Errichtung neuer repräsentativer Institutionen hinzu.

Diese Teilung des Monarchen und die Entfernung des falschen Königskörpers sind die Vorläufer, oder genauer: die genealogischen Wurzeln der Strategie, zwischen dem wahren und dem nur scheinbaren Recht zu trennen und das nur scheinbare Recht als falsche Erscheinung aus dem Rechtskörper auszuscheiden, nämlich durch Nichtigerklärung. Die Verfassungsgerichtsbarkeit tritt in diese Tradition ein.

Dies kann nur dann erfolgreich gelingen, wenn es den Gerichten gelingt, ihr Handeln nicht als einen Akt politischer Handlung erscheinen zu lassen. Dies würde den Teufel mit dem Belzebub austreiben: Eine politische Handlung (under color of law) würde durch eine andere politische Handlung aus dem Rechtskörper ausgeschieden. Das Gericht muss seine Handlung als Beteuerung einer permanenten Herrschaft des Rechts konzipieren: als Bestätigung einer vorrangigen Verfassung als Ausdruck einer permanenten Rule of Law. Nur wenn es gelingt, diese Perspektive in die Bedeutung der Handlung des Gerichts einzuziehen, wird das Gericht seiner Aufgabe gerecht werden können. Anders als etwa *Marbury v. Madison*[15] nahe legt, kreiert also nicht die Verfassung die Kompetenz zur *judicial review,* sondern umgekehrt kreiert die sich auf sehr alte ideengeschichtliche Traditionsbestände zurückbeziehende *judicial review* die Verfassung.

4.3 Verfassungsgerichtsbarkeit und politische Rhetorik

Wenn Verfassungsgerichtsbarkeit zum einen eine Tradition fortsetzt, die aus der Grammatik des Politischen seit langem bekannt ist, und zum anderen eine Semantik benutzt, die uns in eine uns selbstverständlich erscheinende Bedeutungsstruktur verstrickt, ist anzunehmen, dass Verfassungsgerichtsbarkeit viel über politische Identität zu sagen hat. Möglicherweise ist es dieser kulturtheoretische Zusammenhang, der als „integrativ" apostrophiert wird.

Die Verschraubung von Recht und Identität läuft über den Willen des Volkssouveräns. Souveränität und Recht sind in der Imagination eng verbunden: Das souveräne Volk regiert mit Hilfe der Herrschaft des Rechts; indem umgekehrt die Bürger unter

---

14 Freud, Sigmund: Totem und Tabu (1912–13). In: ders.: Studienausgabe Bd. IX: Fragen der Gesellschaft/ Ursprünge der Religion, Frankfurt a. M. 2000, S. 287 ff. (430 ff.).

15 5 U. S. (1 Cranch) 137 (1803), S. 176 f.

dem Recht leben und Rechtsgehorsam üben, nehmen sie teil am zeitübergreifenden Projekt der Bewahrung des Willens des Volkssouveräns und werden Teil desselben. Recht ist nicht lediglich ein Nebenprodukt des modernen Staates. Es definiert den Staat als demokratisches Projekt, in dem die Bürger sich dergestalt mit dem Gemeinwesen identifizieren, dass ihre Normbefolgung ein Akt der Freiheit ist (oder mit Rousseau: Sie befolgen die Gesetze, die sie sich selbst geben). Recht wird damit beobachtbar als Erfahrung sozialer Praxis; die Verkoppelung des Rechtsgehorsams mit der politischen Identität der Bürger des Gemeinwesens findet statt durch die Kategorie der Souveränität. Recht ist in der Moderne nicht deshalb von so großer Wichtigkeit, weil es Ordnung in einer auf den Naturzustand rückführbaren Welt verspricht. Vielmehr ist es der greifbare Ausdruck eines Verständnisses des Politischen als Gemeinschaft von Freien, die sich deliberativ und aufgrund bewusster Entscheidung zusammenfinden.[16]

Der für den gegenwärtigen Zusammenhang wichtige Aspekt dieses Erklärungsmusters ist der Gedanke, dass die Verfassung Teil eines Projektes der politischen Identität ist. Dadurch muss die Verfassung einen persönlichen Charakter besitzen. Dieser äußert sich nach innen dahin, dass der Anspruch des Gemeinwesens – das sowohl Quelle als auch Produkt der Verfassung ist – auf „Opfer" als legitim anerkannt wird. Dies geschieht dadurch, dass sich der durch die Verfassung in Existenz gebrachte Staat als letzter Wert geriert und der Bürger dies akzeptiert. Für den Staat ist dies lebenswichtig, und auch für den Bürger kann es sich in Extremsituationen um eine Frage von Leben und Tod handeln. Nach außen dokumentiert sich der persönliche Charakter der Verfassung in der einfachen Tatsache, dass der Bürger Verletzungen des materiellen Inhaltes seiner politischen Identität vor die Verfassung und die zur Konfliktlösung bestellten Organe zu tragen befugt ist. Inhalt der politischen Identität ist der Inhalt dessen, was der Volkssouverän sagt, in modernen Demokratien regelmäßig Demokratie und Menschenrechtsschutz. Fühlt sich der Bürger im Hinblick auf das Versprechen der Gerechtigkeit verletzt, hat er die Möglichkeit, das, was im Gewand des Rechts daherkommt, ohne tatsächlich Recht zu sein, als falsche Erscheinung des Volkssouveräns zu enttarnen. Verfassung und Recht sind Phänomene, die uns als lesbare Erscheinungen des Volkssouveräns, der sich zurückgezogen hat, geblieben sind. Indem wir diese Erscheinungen lesen, schauen wir auf die Quelle und werden gewissermaßen zum Teil des mystischen Kör-

---

16 Dies ist die Idee, die hinter den beiden großen Projekten der Staatsgründung in der Moderne stand – Revolution und Entkolonialisierung. Beide Projekte setzten einen Anfangspunkt durch die Formulierung einer Verfassung, in der sich die jeweiligen Normgemeinschaften als selbstgeformte Gemeinschaften definierten. Hier liegt auch eine der Erklärungen dafür, dass weder die ethnische Vielfalt innerhalb der Staatsgrenzen noch die zum großen Teil willkürlich gezogenen, von den Imperialmächten übernommenen Grenzen korrigiert wurden. Diese Aspekte waren zweitrangig gegenüber dem Projekt, einen Staat durch die Schaffung eines Rechtsregimes „in die Existenz zu schreiben". Sowohl in den entkolonialisierten Staaten als auch in der US-amerikanischen „Nation von Immigranten" bestand das verfolgte Projekt in einer Bürgerschaft „unter dem Recht" – das Recht, nicht Ethnie oder Herkunft, ist die Primärreferenz für politische Identität. Zu anderen, machtpolitisch orientierten Erklärungen vgl. Herbst, Jeffrey: States and Power in Africa. Comparative Lessons in Authority and Control, Princeton 2000.

pers des Staates. Sobald wir aber feststellen, dass die Erscheinung eine „falsche" Erscheinung sein muss, muss es die Möglichkeit geben, diesen falschen Teil unserer politischen Identität abzustoßen. Die institutionelle Verkörperung dieses imaginativen Vorgangs ist die (zentralisierte oder dezentralisierte) Verfassungsgerichtsbarkeit; die prozedurale Durchsetzung ist die Nichtigkeitsklage. Indem das Gericht die Erscheinung als falsche enttarnt oder als wahre bestätigt (die staatliche Maßnahme für nichtig oder für rechtmäßig erklärt), bekräftigt es den Willen der Quelle der Erscheinung. Man kann sagen, das Gericht läutert die Gegenwart vor der Folie der Vergangenheit, und läutert damit sich selbst und uns, die Bürger; zugleich erschafft es das Gemeinwesen im idealen historischen Sinne neu.

Dann liegt es nahe, dass Verfassungsgerichte – anders als Fachgerichte – manchmal die Semantik des Rechts durch politische Rhetorik ersetzen. Politische Rhetorik operiert in einer Dimension, die sich nicht auf Deduktion und Analogie reduzieren lässt. Da es ihr um die Realisierung der Idee des Staates im Körper des einzelnen Bürgers geht, greift sie auf die Sprache des Opfers zu. Politische Rhetorik evoziert körperliche Partizipation in einer zeitübergreifenden Gemeinschaft, die der *corpus mysticum* des Staates ist. Sie erinnert den Bürger daran, dass das Politische unter Umständen eine ernste, gar lebensbedrohliche Dimension annehmen kann, nämlich dann, wenn man einen politischen Feind identifiziert. Sie appelliert an den Bürger, die Bewahrung der etablierten Bedeutungen des Staates durch die Bereitschaft zur Investition zu stützen. Im Kern dieser Sprache steht das Projekt, eine Gemeinschaft als Glaubensgemeinschaft zu stabilisieren. Weder die Sprache des Interesses, die die Werte und Institutionen des Marktes stabilisieren soll, noch die Sprache der Vernunft, welche Gerechtigkeit stabilisieren soll, vermögen eine transtemporale Gemeinschaft herzustellen, deren Imagination das Opfer einschließt. Politische Rhetorik wendet sich an den Bürger in seiner Eigenschaft als Verkörperung der Idee der Nation. Sie appelliert an das Bewusstsein des Bürgers für das Generationsübergreifende, das sowohl Privileg als auch Bürde sein kann.

In den USA ist dies die Schnittmenge, in der sich Oliver Wendell Holmes und Abraham Lincoln treffen. Holmes lokalisierte einen Schimmer des Politischen, welches er wiederum in der Opferbereitschaft des Soldaten sah, im Recht: Jene letzten Bedeutungen, die das „Wunder" des Opfers im Soldaten hervorbrächten, seien auch in manchen Aspekten des Rechts vorhanden.[17] Lincoln sprach von einer Ersetzung des Verfassungstextes durch die Körper der vernarbten Kriegsveteranen; das Land sehe sich daher einer Krise gegenüber, wenn diese Körper durch Tod ganz verschwänden und nicht eine neue „politische Religion" der Rechtsunterwerfung den Platz der leidenden Körper einnehme.[18]

---

17 Holmes, Oliver Wendell: The Path of Law. In: Harvard Law Review 10 (1897), S. 457 ff. (478), der jedoch „das Letzte", das „Infinite" des Rechts nicht näher erklärt.

18 Lincoln, Abraham: His Speeches and Writings (hrsgg. v. Basler, Roy P.), Cleveland 1946, S. 76 ff.

In diesem Licht kann es kaum verwundern, dass der US-Supreme Court in den USA eine der wichtigsten Quellen politischer Rhetorik darstellt. Rhetorik zur amerikanischen Nation und ihrem Souverän findet sich in ungezählten Entscheidungen des Obersten Gerichtshofes; der Bürger erfährt hier, wer er ist. Das politische Subjekt wird in Supreme Court-Urteilen, Seperate und Dissenting Opinions häufig schärfer umrissen als in Aussagen politischer Repräsentanten. Leicht nachzuvollziehen ist damit auch die Selbstverständlichkeit, mit welcher der Oberste Gerichtshof regelmäßig als politischer Akteur bezeichnet und wissenschaftlich beleuchtet wird. Bickels wichtiges Werk mit dem ironischen, auf den Federalist No. 78 anspielenden Titel „The Least Dangerous Branch" trug den Untertitel „The Supreme Court at the Bar of Politics". Ackerman nennt seine Theorie der Verfassung „We the People" und tritt für die Möglichkeit der Verfassungsänderung außerhalb des dafür vorgesehenen Art. V der US-amerikanischen Verfassung ein.

Obwohl die USA ein dankbares Beispiel für eine politische, körperbezogene Verfassung sind, stehen sie keineswegs allein. Zwar wird in modernen Demokratien der politische Verfassungsdiskurs im hier verstandenen Sinne eher vorsichtig verwendet, doch sind auch in der Bundesrepublik Deutschland entsprechende Anklänge bekannt. Gedacht ist dabei weniger an zwar plakative, aber deshalb nicht aussagelose Wendungen wie „wehrhafte Verfassung", „Verfassungsfeinde" und „Verfassungspatriotismus". Subtiler, aber in ihrer Wirkkraft wohl wichtiger ist die Institution der Verfassungsbeschwerde, die nach ganz herrschender Meinung in ihrer Funktion für die Herstellung und Stabilisierung von demokratischer Identität kaum zu überschätzen ist. Sie dürfte einer der Hauptgründe dafür sein, dass sich das Grundgesetz zu einem Vehikel partikularer politischer Identität entwickelt hat. Die entscheidende politische Frage, mit der Bürger und Parteien auf Gesetze oder Administrativmaßnahmen reagieren, ist die nach der Verfassungsmäßigkeit. Sie testet einfaches Recht auf ihre Vereinbarkeit mit unserer nationalen Identität, deren Vehikel das Grundgesetz ist. Fällt dieser Test negativ aus, muss das, was nur scheinbar Recht ist, aus dem politischen Körper entfernt werden. Das Verdikt der Verfassungsmäßigkeit oder der Verfassungswidrigkeit antwortet zwar auf eine Frage des Rechts, ist aber sehr eng mit dem Politischen und unserer politischen Identität verknüpft.

Institutionell ist diese Identität im Verfassungsgericht angesiedelt. Den Bürger prägt das Bewusstsein, gegen ein Gesetz oder eine administrative Maßnahme aufbegehren und den Widerstand notfalls bis zum Verfassungsgericht verfolgen zu können. Dieses Bewusstsein ist nur zum Teil rechtlicher Natur. Für die Rechtsargumente, die Formalia und die technischen Details, die dem Nichtjuristen fremd sind, werden Rechtsanwälte engagiert. Daneben aber bleibt die Intuition, dass es sich – vor allem bei der deutschen Verfassungsbeschwerde – um ein Element politischer Zugehörigkeit und damit um auch politische Mitwirkungsrechte handelt. Das Verfassungsgericht besitzt im gesellschaftlichen Bewusstsein die Kompetenz, die Letztentscheidung über politische Fragen des Gemeinwesens zu treffen, der auch die demokratisch direkt legitimierten Institutionen und die politischen Machtträger unterworfen sind. Es liegt nahe, dies als „Glaube" an die Verfassung und das Verfassungsgericht zu bezeichnen. Die Metapher passt auch deshalb gut, weil der christliche Glaube die Lehre vom „persönlichen Gott" einschließt, der „an jedem Leben partizipiert".[19] Ähnlich glaubt auch der Bürger daran, dass die Verfassung und ihr Gericht „persönlich" für ihn und seine Rechtsansprüche da sind. Sie formen eine ständig vorhandene, persönliche Hintergrundbedingung für das tägliche Leben in und unter einer Verfassung. Hierin liegt die unhintergehbare Voraussetzung dafür, dass politische Verfassungsrhetorik funktioniert und der Verfassungsstaat als „politische" Gemeinschaft operieren kann. Die Verfassung muss als persönliche erscheinen, um Sinn und Bedeutung für Individuen besitzen zu können. Politische Verfassungsrhetorik erhebt genau diesen Anspruch: Der Staat ist die Verfassung, die Verfassung ist die „unsrige". Dies gibt der politischen Verfassungsrhetorik die Möglichkeit, an „unsere" politische Identität zu appellieren. An anderer Stelle konnte gezeigt werden, wie Verfassungsgerichtsbarkeit eine Läuterungsfunktion erfüllt.[20] Dieser Läuterung politischer Entscheidungen und politischen Diskurses entspricht der Appell an ein „besseres", jedenfalls politisches Selbst des Bürgers.

4.4   Macht und Ohnmacht des Glaubens

Dadurch, dass so viel auf einem Sprung des Glaubens basiert, sind zugleich Stärken und Schwächen von Verfassungsgerichtsbarkeit benannt. Sie vermag auch ohne jeden Zwang und ohne Androhung von Zwang große Macht auszuüben – nichts anderes erwartet man von einer Institution, die Glauben verwaltet und stabilisiert. Zugleich muss sich Verfassungsgerichtsbarkeit aber immer wieder bewähren und innerhalb des durch den Glauben an die Rule of Law gesteckten Rahmens handeln. Überschreitet sie die rechtliche Glaubensbereitschaft, gerät sie in Legitimationsschwierigkeiten. Die Grenze zwischen Recht und Politik markiert hier den Rubikon; es lohnt freilich, daran zu erinnern, dass die Grenze selbst die Konsequenz des Glaubens an die Rule of Law und damit die Konsequenz der Selbstverständlichkeit unserer rechtlichen Perspektive ist.

Eine Analogie ist wiederum die Kirche. Sie ist ein Beispiel für die Möglichkeit, politische Ordnung auf der Basis der Erfahrung transzendenter oder letzter Bedeutung zu errichten. Dem der Kirche Fernstehenden erscheint sie als normale Institution politischer Macht. Als Historiker schaut man etwa auf die Phasen der Ausübung politischen Zwangs; als Politiker kann man die ironische Frage nach der Stärke der Divisionen des Papstes stellen. Äußerungen der Kirche gleichen Äußerungen anderer Interessengruppen. Für Mitglieder der kirchlichen Glaubensgemeinschaft hingegen verhält es sich anders, denn sie verstehen Kirche in ihrer symbolischen Dimension. Danach verleiht die

---

19   Tillich, Paul: Systematische Theologie I, Berlin 1987, S. 282 ff.
20   Haltern, Verfassungsgerichtsbarkeit, Demokratie und Misstrauen, a. a. O. (Fn. 1).

Kirche einer Wahrheit historisches Leben, die sich von einer politischen Institution nie einfangen lässt. Die Autorität der Kirche erklärt sich daraus, dass sie diese Bedeutung für ihre Mitglieder präsent hält und repräsentiert. Die Institutionen, Riten und kirchlichen Lehren gießen die Unmittelbarkeit der Glaubenserfahrung in endliche historische Formen. Häufig sind v. a. inszenierte Riten so stark, dass sich auch Nichtgläubigen eine Ahnung von der Macht der Glaubenserfahrung mitteilt. Wenn kirchliche Autorität mit dem Glauben an die von der Kirche offerierte Bedeutung einhergeht, sind Herrschende und Beherrschte nicht durch Drohung oder Zwang vereint, sondern durch gemeinsamen Glauben. Das Christentum dürfte in der westlichen Tradition das wichtigste Modell für die politische Macht einer Ideologie sein. Es ist das beste Beispiel dafür, dass Reichweite und Einflussmöglichkeiten von Zwang oder Drohung im Vergleich zu denen eines gemeinsamen Glaubens vernachlässigenswert sind.

Einerseits ist die Kirche ein Beispiel für Macht und Möglichkeiten einer Politik, die auf Glauben beruht. Es scheint keine natürlichen Grenzen für eine Glaubensgemeinschaft zu geben. Geographisch reicht sie so weit, wie ihre ideologische Idee akzeptiert wird. Zeitlich reicht sie so weit, wie ihre Ideologie aufrechterhalten werden kann. Andererseits aber ist die Kirche zugleich ein Beispiel für die Schwächen einer politischen Ordnung, die sich auf Glauben gründet. Eine solche Ordnung kann nur so lange stabil sein, wie der Glaube selbst aufrechterhalten werden kann. Dies erklärt die Anfälligkeit von Glaubens- oder Ideologiegemeinschaften für interne Kritik. Jede Glaubensgemeinschaft reagiert auf diese Möglichkeit durch die Entwicklung von Verteidigungsstrategien in Gestalt defensiver Dogmatik. Die Kirche etwa entwickelte als Defensivlehren eine esoterische Sprache und Riten, welche die Mitglieder der Glaubensgemeinschaft von der Priesterklasse abhängig machten. Eine wichtige Verteidigungsstrategie ist auch, Autorität selbst zu einem Element des Glaubens zu machen; in der Kirche geschah dies etwa in Gestalt der Doktrin von der Unfehlbarkeit des Papstes, der Vermittlungsfunktion der Priester und der Praxis von Beichte und Buße. Die Folge eines Verstoßes war Häresie. Es kann nicht verwundern, dass in der Reformation – ihrerseits die wirkungsmächtigste Form interner Kirchenkritik – diese kirchlichen Defensivlehren das erste Ziel heftiger Attacken waren. So werden die Gefahren einer glaubens- oder ideologiegestützten politischen Ordnung deutlich. Der Papst ist nur so lange unfehlbar, wie die Mitglieder der Kirche glauben, dass er unfehlbar ist. Fürsten sind nur so lange repräsentativ, wie die Mitglieder des Gemeinwesens ihrer Repräsentativität Glauben schenken.

Heute besitzen demokratische Institutionen wie das BVerfG nur so lange Autorität, wie wir an ihre Autorität glauben. Dies ist bei Gerichten nur so lange der Fall, wie sie mit der Stimme der Herrschaft des Rechts sprechen. Der Glaube daran kann auf unterschiedliche Weise unterminiert werden, etwa durch die Verletzung juristischer Sensibilitäten, „falsche" Methodik oder „ungerechte" Ergebnisse, oder durch die Wahrnehmung der Individuen hinter dem Spruchkörper. Besonders gefährdet ist der Glaube, wenn er mit anderen, konkurrierenden, möglicherweise widerstreitenden Glaubenssätzen kollidiert. Man kann daher einem Verfassungsgericht zu Zurückhaltung oder einem systematischen Rechtsprechungsminimalismus raten, wenn es um tiefe Fragen von Identität geht, die mit der bürgerlichen Identität nicht leicht in Einklang zu bringen sind.[21] Dies ist aber nur eine Daumenregel, sogar noch weniger als das. Es ist schwer vorherzusagen, wann warum ein Glaube erschüttert wird. Wichtig zu wissen ist allein, dass es sich um erschütterte Glaubenssätze handelt, nicht aber um „tatsächliche" Überschreitungen der Grenze von Recht und Politik durch Karlsruhe. Solange wir an die Grenze als solche glauben, können wir auch guten Gewissens von einer „integrativen" Leistung der Verfassungsgerichtsbarkeit sprechen.

---

21 Haltern, Ulrich: Kommunitarismus und Grundgesetz – Überlegungen zu neueren Entwicklungen in der deutschen Verfassungstheorie. In: KritV 83 (2000), S. 153–193.

Das Bundesverfassungsgericht in rechtspolitologischer Sicht

Rüdiger Voigt

Das Grundgesetz der Bundesrepublik Deutschland gilt seit nunmehr 65 Jahren.[1] Diese Stabilität verdankt das Grundgesetz nicht zuletzt dem Bundesverfassungsgericht (BVerfG), das Grundgesetznormen in einer Vielzahl von Entscheidungen interpretiert hat, deren wichtigste in der Amtlichen Entscheidungssammlung abgedruckt sind. Im Laufe seines über sechszigjährigen Bestehens hat das BVerfG als „Hüter der Verfassung" hohes Ansehen erworben.[2] Die besondere Aufmerksamkeit, die manchen Entscheidungen des BVerfG zuteil wird, hat seine Ursache nicht zuletzt darin, dass die Grundlage für diese Entscheidungen Verfassungsrecht und damit politisches Recht ist.[3] Es liegt auf der Hand, dass diese Tatsache Auswirkungen auf die Politik nicht nur im Bund, sondern auch in den Ländern hat. Vor allem die jeweilige Opposition im Bundestag – ganz gleich welcher Couleur –, aber auch die Landesregierungen haben daher häufig die Chance genutzt, eine ihnen nicht genehme Entscheidung der Bundestagsmehrheit auf diesem Wege zu ihren Gunsten zu verändern. Ein aktuelles Beispiel ist das Urteil des Ersten Senats vom 15. Februar 2006 zum Luftsicherheitsgesetz. Angesichts der akuten Gefahr terroristischer Angriffe aus der Luft wollte die Regierungsmehrheit die Möglichkeit zu Gegenmaßnahmen für die Bundeswehr schaffen. Das BVerfG hat jedoch entschieden, dass die „Ermächtigung von Streitkräften, [...] durch unmittelbare Waffengewalt ein Luftfahrzeug abzuschießen, das gegen das Leben von Menschen eingesetzt werden soll", mit dem Grundgesetz (Art. 2 Abs. 2 Satz 1 i. V. m. 1 Abs. 1) nicht vereinbar ist. Das BVerfG

---

1 Damit hat das Grundgesetz die Reichsverfassung von 1871 (47 Jahre) längst hinter sich gelassen.
2 Der Begriff „Hüter der Verfassung" stammt ursprünglich von Paul Laband, der damit den Kaiser gemeint hatte, wurde dann aber von Carl Schmitt in der Weimarer Republik auf den Reichspräsidenten gemünzt; später wurde der Begriff immer wieder auf das BVerfG bezogen, auch vom Gericht selbst (BVerfGE 1, 144).
3 Wintrich, Josef M.: Aufgaben, Wesen und Grenzen der Verfassungsgerichtsbarkeit. In: Festschrift für Hans Nawiasky. München 1956, S. 191 ff. (200 f.).

verfügt über keinerlei Durchsetzungsapparat im üblichen Sinne, dennoch werden seine Entscheidungen von den Politikern in der Regel widerspruchslos befolgt. Allerdings hat es unter dem Stichwort „Übergesetzgeber" immer wieder Kritik aus Wissenschaft und Politik am BVerfG gegeben.[4] Obgleich Funktion und Wirkung des BVerfG auf den ersten Blick als Domäne der Verfassungsrechtslehre, also eines Teilgebiets des Öffentlichen Rechts, erscheinen, hat auch die Politikwissenschaft ein genuines Interesse an dieser Thematik. In Gestalt der Rechtspolitologie befasst sie sich vor allem mit dem Wechselverhältnis von Politik und Recht, in deren Schnittpunkt das BVerfG agiert.[5]

1   Diskurs der Verfassungsinterpreten

Die Entscheidungen des BVerfG sind in erster Linie Gegenstand der (verfassungs-) rechtswissenschaftlichen Diskussion, die in Form von Kommentaren, Monografien sowie in Aufsätzen und Urteilsanmerkungen in Fachzeitschriften publiziert wird. Umgekehrt nehmen die Richter regelmäßig Bezug auf Mehrheitsmeinungen („herrschende Meinung, hM[6]) aus der juristischen Fachwelt. Dieser (mehr oder weniger) „offene Diskurs der Verfassungsinterpreten" (Peter Häberle[7]) trägt zur Verbreitung, Stabilisierung und Weiterentwicklung der Verfassungsrechtsprechung bei. An diesem Diskurs sind in erster Linie Verfassungsjuristen und – wenn auch auf jeweils anderen Ebenen – Politiker, Politikwissenschaftler und Journalisten beteiligt. Von Fall zu Fall kommen auch Theologen (z. B. bei Fragen des § 218 StGB) und andere interessierte Kreise hinzu, die zu den Entscheidungen Stellung nehmen. Dieses Übergewicht der juristischen Diskussion hat seine Ursache in der deutschen Wissenschaftstradition, die in diesen Fragen eine deutliche Präferenz für die Jurisprudenz aufweist. Staat und Verfassung gelten traditionell als „Hausgut" der Staatsrechtslehrer, die in der Vereinigung der deutschen Staatsrechtslehrer (VDStRL) zusammengeschlossen sind.

Als nach dem Krieg – auf Betreiben der Besatzungsmächte – die ersten Lehrstühle für Politikwissenschaft an den westdeutschen Hochschulen geschaffen wurden, wurden diese eher den philosophischen als den juristischen Fakultäten zugeschlagen. Damit wurde eine – verhängnisvolle – Trennung von Öffentlichem Recht und Politikwissenschaft auf Dauer gestellt. Obgleich viele von diesen Politikwissenschaftlern selbst gelernte Juristen waren, erschienen sie den genuinen Rechtswissenschaftlern doch eher

---

4   Vgl. z. B. Massing, Otwin: Politik als Recht – Recht als Politik. Studien zu einer Theorie der Verfassungs-
      gerichtsbarkeit. Baden-Baden 2005, S. 41–78.
5   Vgl. Kneip, Sascha: Verfassungsgerichte als demokratische Akteure. Der Beitrag des Bundesverfas-
      sungsgerichts zur Qualität der bundesdeutschen Demokratie. Baden-Baden 2009.
6   Vgl. Wesel, Uwe: Aufklärung über Recht. Zehn Beiträge zur Entmythologisierung. Frankfurt a. M. 1981,
      S. 14–40.
7   Häberle, Peter: Die offene Gesellschaft der Verfassungsinterpreten. Ein Beitrag zur pluralistischen und
      „prozessualen" Verfassungsinterpretation. In: Juristenzeitung 1975, S. 279–305.

als Fremdkörper. Das BVerfG hat – durch seine Entscheidungen wie durch seine bloße Existenz – gravierende politische Auswirkungen. Für die Politikwissenschaft geht es dabei um die Interaktionen zwischen dem BVerfG und anderen Institutionen, insbesondere dem Gesetzgeber.[8] Die deutsche Politikwissenschaft hat sich damit aber eher beiläufig und abseits vom Mainstream befasst. Das hing auch mit dem Versuch der Politikwissenschaft zusammen, durch eine Abgrenzung von der Rechtswissenschaft Profil zu gewinnen. Ihre Nähe zur Soziologie, zu empirischer Forschung und die stärkere Anlehnung an US-amerikanische Forschungsergebnisse taten ein Übriges, um den politikwissenschaftlichen Fokus auf Parteien-, Wahl- und Verbändeforschung zu legen. Das BVerfG spielte in diesem Zusammenhang nur eine untergeordnete Rolle.[9]

2   Rechtspolitologie

Erst Mitte der 1970er Jahre zeichnete sich mit der Gründung des Arbeitskreises „Politische Rechtstheorie" der Deutschen Vereinigung für Politische Wissenschaft (DVPW) ein Wandel ab, der Anfang der 1980er Jahre durch die Etablierung des Arbeitskreises „Regulative Politik" stärkere Konturen erhielt. 1985 wurde das erste Lehrbuch zur Rechtspolitologie vorgelegt[10] und eine eigene „Jahresschrift für Rechtspolitologie" gegründet,[11] woraus später die Schriftenreihe „Politik und Recht" entstand. Diese neue (Teil-)Disziplin trat freilich sogleich in Konkurrenz zu anderen Neugründungen dieser Zeit, die z. T. weit erfolgreicher in der Durchsetzung ihrer Interessen waren. Das gilt besonders für die Policy-Forschung, die vor allem von Politik- und Verwaltungswissenschaftlern betrieben wird, über eigene Professuren verfügt und großen Rückhalt in der starken Politikwissenschaft der USA hat. Demgegenüber hat die deutsche Gesetzgebungslehre, die von Rechtswissenschaftlern, praktischen Juristen und Parlamentariern bzw. Politikern ins Leben gerufen wurde, ihr „Widerlager" in der Legistik der Schweiz und Österreichs.

---

8   Vgl. Vandenberg, Georg: Verfassungsgerichtsbarkeit und Gesetzgebung: Zum politischen Spielraum des BVerfG. In: Ganghof, Steffen/Manow, Philip (Hrsg.), Mechanismen der Politik. Strategische Interaktion im deutschen Regierungssystem. Frankfurt a. M./New York 2005, S. 183–213 (185).

9   Z. B. Laufer, Heinz: Verfassungsgerichtsbarkeit und politischer Prozess. Studien zum BVerfG der Bundesrepublik Deutschland. Tübingen 1968, Wildenmann, Rudolf: Die Rolle des Bundesverfassungsgerichts und der Deutschen Bundesbank in der politischen Willensbildung. Stuttgart 1969.

10   Görlitz, Axel/Voigt, Rüdiger: Rechtspolitologie. Eine Einführung. Opladen 1985.

11   Görlitz, Axel/Voigt, Rüdiger (Hrsg.): Grenzen des Rechts (Jahresschrift für Rechtspolitologie, Bd. 3). Pfaffenweiler 1987.

2.1   Rechtspolitologie im Reformprozess

Die Rechtspolitologie, die auch mit „politikwissenschaftlicher Analyse des Rechts"
übersetzt werden kann, hat es sich zur Aufgabe gemacht, die Erkenntnismethoden der
Politikwissenschaft auf das Rechtssystem als Ganzes bzw. auf seine einzelnen Struk-
turelemente anzuwenden.[12] Dass dabei die Justiz und insbesondere die Verfassungsgerichtsbarkeit, eine wichtige Rolle spielen, liegt auf der Hand. Dabei konnte auf Vorarbeiten aus der Weimarer Republik, etwa von Hermann Heller, Ernst Fraenkel, Otto
Kirchheimer und Franz L. Neumann, aber auch auf Arbeiten aus der frühen Bundesrepublik, z. B. von Wolfgang Abendroth, Helmut Ridder und Otwin Massing,[13] zurückgegriffen werden. Daraus sind zahlreiche Studien entstanden, die z. T. zunächst in der
Schriftenreihe „Rechtspolitologie" und dann in der Reihe „Politik und Recht" erschienen sind.[14] Dabei stand und steht die Rechtspolitologie in Konkurrenz zu anderen Teildisziplinen, die das Recht aus unterschiedlicher Perspektive thematisieren: Rechtssoziologie, Politische Rechtstheorie und Systemtheorie des Rechts.[15] War die Rechtssoziologie
in Deutschland anfangs erfolgreich in der Etablierung eigener Lehrstühle an den Juristischen Fakultäten, so ist das den übrigen Teildisziplinen einschließlich der Rechtspolitologie – trotz einigen Einflusses auf die Forschung – nicht gelungen.[16] Mit dem
Ende der Reform der Juristenausbildung sind die Ansätze zu einer Einbeziehung der Sozialwissenschaften[17] inzwischen fast überall wieder beseitigt worden.[18]

2.2   Ausdifferenzierung des Politikbegriffs

Ausgehend von der Begriffstrias (Polity, Policy und Politics) der Politikwissenschaft befasst sich die Rechtspolitologie mit der Rolle des BVerfG im politischen System der Bundesrepublik Deutschland. Im nebenstehenden Schaubild werden daher zunächst Di-

---

12   Voigt Rüdiger: Politik und Recht. Beiträge zur Rechtspolitologie. 4. Aufl., Baden-Baden 2000, S. 35–61.
13   Massing, Otwin: Recht als Korrelat der Macht? Überlegungen zu Status und Funktion der Verfassungs-
     gerichtsbarkeit (1969). In: Massing, a. a. O. (Fn. 4), S. 41–78.
14   Z. B. jüngst: Massing, a. a. O. (Fn. 4); vgl. Höreth, Marcus: Die Selbstautorisierung des Agenten. Der Eu-
     ropäische Gerichtshof im Vergleich zum U. S. Supreme Court. Baden-Baden 2008.
15   Luhmann, Niklas: Rechtssoziologie, 2 Bände, Reinbek 1972, Luhmann, Niklas: Das Recht der Ge-
     sellschaft, Frankfurt am Main 1993, Draht, Martin: Die Grenzen der Verfassungsgerichtsbarkeit. In:
     VVDStRL, H. 9, Berlin 1952, S. 17 ff.; di Fabio, Udo: Das Recht offener Staaten. Grundlinien einer Staats-
     und Rechtstheorie, Tübingen 1998; Amstutz, Marc/Fischer-Lescano, Andreas: Kritische Systemtheorie.
     Zur Evolution einer normativen Theorie. Bielefeld 2013.
16   Vgl. aber die Arbeitsgruppe Rechtstheorie, die unter der Leitung von Jürgen Habermas an der Univer-
     sität Frankfurt a. M. gearbeitet hat.
17   Schwerpunkte gab es vor allem an den Universitäten Bremen, Hamburg und Hannover.
18   Auch die Lehrstühle für Rechtssoziologie fallen diesen Veränderungen zum Opfer.

Schaubild Politikwissenschaftliche Begriffstrias[19]

Dimension	Erscheinungsformen	Merkmale	Bezeichnung
Form	Verfassung, Normen und Institutionen Gesetze	Kompetenzzuweisung Ordnung Verfahrensregeln	**Polity**
Inhalt	Aufgaben Probleme, Werte und Ziele	Aufgabenerfüllung Problemlösung Wert- und Zielorientierung	**Policy**
Prozess	Interessen Konflikt und Kampf	Akteure Macht und Durchsetzung	**Politics**

mension, Erscheinungsformen und Merkmale dieser politikwissenschaftlichen Begriffe dargestellt.

Anschließend wird diese Systematik auf die Analyse von Recht übertragen, um daraus für die Rechtspolitologie typische Forschungsaspekte zu gewinnen.

- Beim *Polity-Aspekt* geht es um die politischen Strukturen oder Formen von Recht.
- Der *Policy-Aspekt* kennzeichnet politische Funktionen und Inhalte von Recht.
- Beim *Politics-Aspekt* stehen die politischen Prozesse oder Abläufe der Rechtsentstehung, Rechtsanwendung, Rechtsinterpretation etc. im Vordergrund.

2.3 BVerfG als Forschungsgegenstand der Rechtspolitologie

Bezogen auf das Forschungsfeld Verfassungsgerichtsbarkeit ergibt sich daraus das folgende Schema:

- Beim *Polity-Aspekt* geht es um die „großen" Ordnungsentscheidungen der Verfassung, durch die das BVerfG für einen längeren Zeitraum Stabilität für das politische System gewährleistet. Dabei stehen das Wirtschaftssystem, das Verhältnis von Bund und Ländern oder die Übertragung von Kompetenzen an die Europäische Union im Mittelpunkt des Interesses. Dazu gehört aber auch die Rolle der Bundeswehr z. B. im Auslandseinsatz, der politischen Parteien und ihrer Finanzierung sowie – nicht zuletzt – von Religion und Kirchen in Deutschland. Bis zur Wiedervereinigung spielte auch das Verhältnis der Bundesrepublik alt zur DDR eine wichtige Rolle. Und

---

19 Quelle: in Anlehnung an Böhret, Carl/Jann, Werner/Kronenwett, Eva: Innenpolitik und politische Theorie, Ein Studienbuch, 3. Aufl., Opladen 1988, S. 33.

schließlich trägt das BVerfG in Form der Vergerichtlichung wesentlich zu der zunehmenden Verrechtlichung in Deutschland bei.[20]

- Unter dem *Policy-Aspekt* werden politische Funktionen und Inhalte von Recht thematisiert. Die politikwissenschaftliche Dimension von Urteilen des BVerfG wird
deutlich, wenn man Recht als Entscheidung zwischen politischen Alternativen definiert. Dabei treten die dynamischen Wechselwirkungen von Politik und Recht ins
Rampenlicht, etwa das Problem des BVerfG als „Über-Gesetzgeber" oder des „vorauseilenden Gehorsams" der Politiker gegenüber möglicherweise zu erwartenden
Urteilen. Als Teilbereich der Rechtspolitik lässt sich auch ein um das BVerfG zen-
triertes Politikfeld abstecken,[21] dessen Akteure teils offen, teils verdeckt agieren. Ein
wesentlicher Einflussfaktor ist dabei die Bestellung der Bundesverfassungsrichter.

- Unter dem *Politics-Aspekt* geraten hingegen die politischen Prozesse in den Blick,
die zu Recht in den unterschiedlichsten Erscheinungsformen (z. B. Gesetz, Verwaltungsakt, Gerichtsurteil) führen. Als „geronnene Politik" beruhigt und sediert Recht
in Gesetzesform tagespolitische Konflikte, die andernfalls die Systemstabilität gefährden könnten, für einen bestimmten Zeitraum, indem eine Entscheidung (unter
mehreren denkbaren Entscheidungen) für (vorläufig) verbindlich erklärt wird. Oft
handelt es sich dabei lediglich um einen „dilatorischen Formelkompromiss" (Carl
Schmitt), d. h. in Wirklichkeit haben sich die Kontrahenten inhaltlich nicht einigen
können, durch die für alle akzeptable „Formel" wird lediglich der latente Konflikt
verschoben, um später – in einer anderen Arena – wieder aufgenommen zu werden.

2.4   Das Arenenmodell

Um die Bedeutung von Rechtsentscheidungen im politischen Prozess zu veranschaulichen, kann das sog. „Arenenmodell" herangezogen werden, das auf ein Konzept des
US-amerikanischen Politikwissenschaftlers Theodore Lowi zurückgeht.[22] Damit lassen
sich auch Standort und Bedeutung des BVerfG näher bestimmen. Auf die rechtspolitologische Fragestellung bezogen, kann man daraus drei Arenen entwickeln, nämlich die
„Gesetzgebungsarena", die „Implementationsarena" und die „Rechtsprechungsarena".[23]
Da in einem Rechtsstaat das Ergebnis des politischen Prozesses in aller Regel rechts-
förmig („positives Recht") sein muss, ergibt sich daraus, dass auch Rechtsentschei-

---

20   Voigt, Rüdiger (Hrsg.): Verrechtlichung. Analysen zu Funktion und Wirkung von Parlamentarisierung,
      Bürokratisierung und Justizialisierung sozialer, politischer und ökonomischer Prozesse. Königstein/Ts.
      1980; Voigt a. a. O. (Fn. 12), S. 139–181.
21   Vgl. Gusy, Christoph: „Verfassungspolitik" zwischen Verfassungsinterpretation und Rechtspolitik. Hei-
      delberg 1983, S. 1, der die Verfassungspolitik als zentrales Anliegen der Staatsrechtswissenschaft ansieht.
22   Lowi, Theodore J.: American Business, Public Policy, Case studies, and Political Theory. In. World Poli-
      tics, 1964, S. 673–715, S. 673–715.
23   Vgl. Voigt, a. a. O. (Fn. 12), S. 389 ff.

dungen – in einem neuen (rechtlich geregelten) Verfahren – jederzeit geändert werden können. Damit erweist sich die „Gesetzgebungsarena", in der Regierung, Parlament,
Parteien, Verbandsvertreter und andere agieren, lediglich als Zwischenschritt in dem
politischen Interessenaushandelungsprozess, mit der Konsequenz, dass dieser jederzeit
wieder aufgenommen, aber auch auf eine andere (erfolgreicher erscheinende) Ebene
verlagert werden kann. Das ist z. B. die „Implementationsarena", in der bei der Rechtsanwendung alte und neue Interessen ins Spiel kommen können. Als dritte Arena bietet
sich die „Rechtsprechungsarena" an, in der es um die Interpretation von Recht geht, die
wiederum im Zentrum der Interessenauseinandersetzung stehen kann.

Rechtsprechungsarena

Auf den ersten Blick scheint für eine rechtspolitologische Analyse des BVerfG vor allem
die Rechtsprechungsarena in Betracht zu kommen. Denn da dem BVerfG in Deutschland die Deutungsmacht über das Grundgesetz zugesprochen wird,[24] kommt seinen
Entscheidungen im politischen Meinungsstreit besondere Bedeutung zu. Auf der Basis
der im Grundgesetz und im Gesetz über das BVerfG (BVerfGG) festgelegten Verfahrensregeln trifft das BVerfG Entscheidungen, die von den Antragstellern teils beantragt,
teils weder von Antragstellern, noch Antragsgegnern in Erwägung gezogen worden sind
(„obiter dicta"). Soweit es sich dabei um politische Entscheidungen im engeren Sinne
handelt, ergibt sich daraus die Frage, ob ein Gericht diese Funktion wahrnehmen kann
und soll. Aus diesem Grunde kann der US-amerikanische Supreme Court in Anwendung der political question-Doktrin einen Streitfall als ‚politisch' ablehnen.[25] Eine solche Lösung kommt jedoch für die Richter des BVerfG nach eigenem Bekunden von
vornherein nicht in Betracht.[26]

Gesetzgebungsarena

Das BVerfG ist aber nicht nur ein Gericht, sondern es ist vor allem ein politischer Akteur in der Gesetzgebungsarena, dessen bloße Existenz bereits das Machtgleichgewicht
zwischen Bund und Ländern, Regierung und Opposition, Parlament und Parteien nachhaltig verändert.[27] Mit seinen Entscheidungen nimmt es Einfluss auf die Gesetzgebung,
indem es – auf Antrag – z. B. Normen für verfassungswidrig und damit für nichtig erklärt oder indem es in seinem Urteil durchblicken lässt, dass die gesetzgeberische Praxis

---

24 Vgl. Vorländer, Hans (Hrsg.): Die Deutungsmacht der Verfassungsgerichtsbarkeit. Wiesbaden 2006;
    Massing, a. a. O. (Fn. 4), S. 41–79.
25 Vgl. Scharpf, Fritz W.: Grenzen der richterlichen Verantwortung. Die political-question-Doktrin in der
    Rechtsprechung des amerikanischen Supreme Court. Karlsruhe 1965.
26 Vgl. Landfried, Christine: BVerfG und Gesetzgeber. Wirkungen der Verfassungsrechtsprechung auf
    parlamentarische Willensbildung und soziale Realität. Baden-Baden 1984.
27 Vgl. Vandenberg, a. a. O. (Fn. 8), S. 183–213.

inhaltlich oder zeitlich noch akzeptabel sei, dies sich aber demnächst ändern könne.[28] Frühere Entscheidungen – z. B. zur Fünf-Prozent-Klausel – haben sogar Prozentzahlen oder Quoten festgelegt. Hinzu kommt so etwas wie der „vorauseilende Gehorsam" oder die „Schere im Kopf" der Politiker, die – mögliche Verdikte des BVerfG antizipierend – bestimmte politische Initiativen bereits im Vorhinein als nicht „verfassungsgerichtsfest" verwerfen und daher gar nicht erst auf die politische Agenda bringen. Auf diese Weise kann die an sich durchaus positive Stabilisierungswirkung des BVerfG leicht zu politischer Immobilität führen. Eine besondere Variante stellt die Ausfertigung eines Gesetzes durch den Bundespräsidenten dar, wenn dieser damit den Ratschlag an die Bundesregierung verbindet, die Verfassungsmäßigkeit doch besser durch das BVerfG überprüfen zu lassen.[29]

Implementationsarena

Gerichtsentscheidungen bedürfen freilich auch der Umsetzung, sie müssen implementiert werden, um Wirkung zu entfalten.[30] Insbesondere für Straf- und Verwaltungsgerichtsentscheidungen aber auch für zivilgerichtliche Urteile gibt es einen Vollstreckungsapparat.[31] Da das BVerfG nicht über einen eigenen Apparat zur Durchsetzung seiner Entscheidungen verfügt,[32] kommt der Implementationsarena damit besondere Bedeutung zu. Hier geht es um die Akzeptanz der Entscheidungen durch die Politiker, die Bevölkerung und andere Betroffene. Dabei zeigt sich, dass vor allem Entscheidungen, die das religiöse Selbstverständnis betreffen, nicht kompromissfähig sind und daher häufig zumindest bei einer Partei auf Ablehnung stoßen. Akteure in dieser Arena sind neben Politikern auch Interessenfunktionäre, Kirchenvertreter und andere von der Entscheidung Betroffene. Diese Arena ist besonders von den „Gesetzmäßigkeiten" der Mediendemokratie geprägt, d. h. die Argumente für oder wider eine bestimmte Entscheidung werden regelmäßig auf dem „offenen Markt" ausgetragen.[33]

---

28 Vgl. Bryde, Brun-Otto: Verfassungsentwicklung. Stabilität und Dynamik im Verfassungsrecht der Bundesrepublik Deutschland. Baden-Baden 1982.

29 So Bundespräsident Rau im Falle des Zuwanderungsgesetzes.

30 Vgl. Raiser, Thomas/Voigt, Rüdiger (Hrsg.): Durchsetzung und Wirkung von Rechtsentscheidungen. Die Bedeutung der Implementations- und der Wirkungsforschung für die Rechtswissenschaft. Baden-Baden 1990.

31 Vgl. Blankenburg, Erhard/Voigt, Rüdiger (Hrsg.): Implementation von Gerichtsentscheidungen. Opladen 1987.

32 BVerfG-Präsident Benda wird die Äußerung zugeschrieben: „Wir haben eben keine Gerichtsvollzieher".

33 Vgl. Voigt, Rüdiger: Phönix aus der Asche. Die Geburt des Staates aus dem Geist der Politik. 2. Aufl. Baden-Baden 2014, S. 129–144.

3 Karlsruhisierung der Politik

Im Laufe der Jahrzehnte seines Bestehens ist es üblich geworden, dass im „Normalfall" Regierung und Opposition – nicht zuletzt wegen des hohen Vertrauens der Bevölkerung in dieses Gericht – geradezu darum wetteifern, sich und ihr politisches Handeln als besonders verfassungs(gerichts)treu darzustellen.[34] Man spricht dabei – in Anspielung auf den Ort des Gerichtssitzes – auch von „Karlsruhisierung der Politik". Das gilt bis zu einem gewissen Grad auch für die Landesregierungen, die sich – zumindest im Normalfall – ebenfalls nur ungern einen Verstoß gegen die Verfassung vorhalten lassen. In manchen Fällen ergibt sich die paradoxe Situation, dass alle Beteiligten – also auch die „Prozessgegner" – vorgeben, durch das Urteil in ihrer Politik bestätigt worden zu sein. Jede Seite führt dann als Beleg die Stellen in der Urteilsbegründung an, die ihrer Position entsprechen. Die gerade gefällte BVerfG-Entscheidung reklamieren also unter Umständen ganz unterschiedliche Akteure für sich. Vor allem Politiker der Regierung wie der Opposition neigen dazu, die eigene Position nicht nur als vereinbar, sondern geradezu als Quintessenz des Entscheidungstenors zu stilisieren.

3.1 BVerfG als Schiedsrichter

Das Verfassungsgericht wirkt allerdings nicht nur in diesen Fällen als „Schiedsrichter",[35] sondern es wird auch – von der Bundesregierung, von der Opposition im Bundestag, aber auch von den Ländern – in vielen anderen vor allem innenpolitischen Fragen als oberste Entscheidungsinstanz angerufen. Damit werden u. U. Weichen gestellt, die für die politische Zukunft Deutschlands von größter Bedeutung sind. Zudem ist das BVerfG auch föderative Schlichtungsinstanz bei verfassungsrechtlichen Streitigkeiten zwischen Bund und Ländern.[36] Wenn jedoch in allen großen und kleinen politischen Kontroversen das BVerfG – wenn auch lediglich auf Antrag – tätig wird, dann decken die von ihm getroffenen Entscheidungen im Laufe der jahrzehntelangen Spruchtätigkeit notwendigerweise so viele Themen ab, dass sich daraus eine „fortschreitende Einschränkung des gesetzgeberischen Handelns", und zwar sowohl im Bund wie in den Ländern, ergeben kann.[37] Beide, Bund und Länder, werden also peinlich genau darauf bedacht sein,

---

34 Vgl. Simon, Helmut: Verfassungsgerichtsbarkeit. In: Benda, Ernst/Maihofer, Werner/Vogel, Hans-Jochen (Hrsg.), Handbuch des Verfassungsrechts der Bundesrepublik Deutschland. Berlin/New York, 1983, S. 1253–1289 (1269).

35 Zu den Grenzen: Schneider, Hans-Peter: Richter oder Schlichter? – Das BVerfG als Integrationsfaktor. In: Fürst, Walther/Herzog, Roman/Umbach, Dieter C. (Hrsg.), Festschrift für Wolfgang Zeidler. Band 1, Berlin/New York 1987, S. 293–314.

36 Fromme, Friedrich Karl: BVerfG. In: Weidenfeld, Werner/Korte, Karl-Rudolf (Hrsg.), 1996: Handbuch zur deutschen Einheit. Frankfurt a. M. 1996, S. 84–95 (84).

37 Laufer, a. a. O. (Fn. 9), S. 23.

dass diese Einschränkung nicht zu weit geht und notfalls wiederum das BVerfG anrufen, um auf eine Änderung dieser Rechtsprechung hinzuwirken. In wenigen – spektakulären – Fällen hat die Politik auch auf mehr oder weniger direktem Wege auf das Gericht Einfluss zu nehmen versucht. Dabei haben Regierung und Parlamentsmehrheit einen gewichtigen Trumpf in der Hand: Der Bundestag beschließt – mit einfacher Mehrheit – über mögliche Änderungen des BVerfGG und bestimmt damit z. B. über die Einzelheiten des Entscheidungsverfahrens, soweit diese nicht im Grundgesetz festgelegt sind.[38] Ein anderer Weg der – indirekten – Einflussnahme eröffnet sich durch die Befugnis von Bundestag und Bundesrat zur Wahl der Bundesverfassungsrichter. Allerdings steht nicht von vornherein fest, ob die einmal gewählten Richter später auch tatsächlich die in sie gesetzten Erwartungen erfüllen.

3.2   BVerfG als Integrationsfaktor

In einer pluralistischen Gesellschaft gibt es stets einen hohen Bedarf an Integration und Konfliktbegrenzung,[39] und zwar sowohl bei Auseinandersetzungen zwischen politischen Parteien wie zwischen organisierten Interessengruppen oder zwischen beiden. Die Parteien streiten um die „richtige" Gestaltung der Politik und finden sich dabei schließlich als Regierungs- oder Oppositionsfraktionen im Parlament wieder, je nachdem wie die Wähler entschieden haben. Dieser Streit der politischen Gegner darf im Interesse einer funktionsfähigen Demokratie aber nicht zu einem Freund-Feind-Verhältnis entarten, wie es *Carl Schmitt* für die Weimarer Republik beschworen hatte.[40] Es bedarf also einer Schlichtungsinstanz, die den gegnerischen Parteien einen Weg zum Kompromiss weist, der allen Beteiligten erlaubt, ihr „Gesicht zu wahren". In der Bundesrepublik Deutschland sind solche politischen Kontroversen von Anfang an zu einem großen Teil mit verfassungsrechtlichen Argumenten geführt worden.[41] Für die Austragung dieser Kontroversen bietet sich in besonderer Weise das BVerfG an, das als „Integrationsfaktor" für das Entstehen, das Bestehen und die Entfaltung der staatlichen Einheit wirken soll.[42] Dabei hat das Gericht eine doppelte Aufgabe zu erfüllen, nämlich einerseits die Verfassung zu stabilisieren, andererseits gegenüber den Bedürfnissen der

---

38   Arndt, Claus: Parlamentarische Gesetzgebung und BVerfG. In: Vogel, Hans-Jochen/Simon, Helmut/Podlech, Adalbert (Hrsg.), Die Freiheit des Anderen. Festschrift für Martin Hirsch. Baden-Baden 1981, S. 423–436 (433).

39   Vgl. Schuppert, Gunnar F./Bumke, Christian: Bundesverfassungsgericht und gesellschaftlicher Grundkonsens, Baden-Baden 2000.

40   Vgl. Voigt, Rüdiger: Freund-Feind-Denken. Carl Schmitts Kategorie des Politischen. Stuttgart 2011.

41   Bryde, a. a. O. (Fn. 28), S. 43; Bühler, Joachim: Das Integrative der Verfassung. Eine politiktheoretische Untersuchung des Grundgesetzes. Baden-Baden 2011.

42   Wintrich, Josef M.: Die Verfassungsgerichtsbarkeit im Gesamtgefüge der Verfassung (Erstveröffentlichung: 1956 in den Bayerischen Verwaltungsblättern). In: Häberle, Peter (Hrsg.), Verfassungsgerichtsbarkeit. Darmstadt 1976, S. 214–223 (214); Kneip, a. a. O. (FN. 5).

Zeit dynamisch zu bleiben.[43] In diesem Sinne wirkt sich auch die Regelung aus, dass Sondervoten („dissenting votes") der in der Entscheidung unterlegenen Richter ebenfalls in der Amtlichen Entscheidungssammlung abgedruckt werden. Allerdings sind mit dieser großen Aufgabe der politischen Streitschlichtung auch hohe Anforderungen an die Neutralität und an die fachliche Kompetenz des BVerfG und seiner Richter verbunden. Vor allem an der parteipolitischen Neutralität der Verfassungsrichter wird jedoch immer wieder – mehr oder weniger verhalten – Kritik geübt.

4 Konflikte zwischen BVerfG und Bundesregierung

Während der Bundesgerichtshof, das Bundesverwaltungsgericht und andere lediglich oberste Bundesgerichte sind, ist das BVerfG zugleich auch ein oberstes Verfassungsorgan.[44] Diese herausgehobene Stellung des BVerfG gegenüber den anderen Gerichten, die vor allem auf seiner Befugnis zur verbindlichen Auslegung des Grundgesetzes beruht, zeigt sich z. B. in der Befugnis zur konkreten Normenkontrolle (Art. 100 GG). Hält ein Gericht ein „Gesetz, auf dessen Gültigkeit es bei der Entscheidung ankommt, für verfassungswidrig, so ist das Verfahren auszusetzen und die Entscheidung des BVerfG einzuholen". Die Neigung des BVerfG, sich als eine Art „Über-Gesetzgeber" zu gerieren, war häufig Anlass zu Auseinandersetzungen mit der Bundesregierung als Ganzer oder eines Koalitionspartners. Im Falle des Bundeswehreinsatzes außerhalb des NATO-Gebietes war es die an der unionsgeführten Bundesregierung beteiligte FDP-Fraktion im Bundestag, die zusammen mit der SPD-Fraktion Klage vor dem BVerfG erhob. Konflikte um die Macht im Staat gab es aber vor allem mit dem Bundeskanzler sowie mit dem Innenminister, der auch als „Verfassungsminister" bezeichnet wird.[45] Bereits Adenauer hatte versucht, die Macht des BVerfG soweit wie möglich zu reduzieren, wogegen sich der einflussreiche BVerfG-Präsident Leibholz mit einer Denkschrift an die obersten Bundesorgane wandte.[46] Zur Zeit der sozial-liberalen Koalition spitzte sich die Konfrontation noch einmal zu, als das BVerfG in den Verdacht geriet, die von der Regierungsmehrheit initiierten Reformen blockieren zu wollen. Kontrahenten waren hier vor allem Bundeskanzler Helmut Schmidt und BVerfG-Präsident Benda.[47] Ein weiterer

---

43 Stein, Erwin: Verfassungsgerichtsbarkeit. In: Görlitz, Axel (Hrsg.), Handlexikon zur Rechtswissenschaft. München 1972, S. 485–493 (485).

44 Das heißt, dass es in Existenz, Status und Kompetenzen von der Verfassung unmittelbar konstituiert worden ist, vgl. BVerfGE 7, 1 (14) sowie die Denkschrift des BVerfG (sog. Status-Bericht).

45 Vgl. „Unselige Tradition". In: Der Spiegel Nr. 8 vom 20. 2. 2006, S. 36–37.

46 Die Denkschrift des BVerfG nebst Materialen ist abgedruckt in: Jahrbuch des öffentlichen Rechts, Bd. 6 (1957), S. 109–221.

47 Vgl. Massing, a. a. O. (Fn. 4), S. 157–164; Voigt, Rüdiger: Politik und Recht. Beiträge zur Rechtspolitologie. 3. Aufl., Bochum 1993, S. 225 ff.

Streitpunkt ist die Übertragung großer Teile der deutschen Souveränität auf die Europäische Union. Hier hat sich vor allem BVerfG-Präsident Voßkuhle hervorgetan.

4.1   Zuständigkeitsbereich

Rechte und Pflichten des BVerfG sind in Art. 93 Abs. 1 GG sowie im BVerfGG geregelt.[48] Ordnet man nun die Zuständigkeiten des BVerfG nach ihrer Bedeutung für die Politik, dann kristallisieren sich vier Zuständigkeitsbereiche heraus. Diese Bedeutung drückt sich nicht zuletzt in der Quantität der Entscheidungen aus, auch wenn die Anzahl der Verfahren für sich genommen über die Bedeutung der verfassungsrechtlichen Streitfrage, die zur Entscheidung ansteht, sowie über die Auswirkungen des Urteils noch nichts aussagt. Die übrigen Zuständigkeitsbereiche fallen gegenüber den im Folgenden genannten nicht so stark ins Gewicht.

1) Politisch brisant ist vor allem die *abstrakte Normenkontrolle* (Art. 93 Abs. 1 Ziff. 2, § 13 Ziff. 6 BVerfGG), denn hier geht es um die Machtverteilung im Staat. Das BVerfG entscheidet verbindlich über die Vereinbarkeit von Bundesrecht oder Landesrecht mit dem Grundgesetz. Jede Regierung hat daher bei ihren Initiativen stets mit zu bedenken, ob diese in Gesetzesform vor dem BVerfG Bestand haben werden. Eine konservative Richterschaft kann dabei u. U. durchaus erfolgreich eine reformorientierte Regierung „ausbremsen".

2) Auch der *Organstreit* (Art. 93 Abs. 1 Ziff. 3 § 13 Ziff. 7 BVerfGG) kann politische Bedeutung erlangen, z. B. dann, wenn die parteipolitischen Mehrheiten in Bund und Ländern stark differieren. Denn hier geht es um Meinungsverschiedenheiten über Rechte und Pflichten des Bundes und der Länder, insbesondere bei der Ausführung von Bundesrecht durch die Länder und bei der Ausübung der Bundesaufsicht.

3) Das Instrument der *Verfassungsbeschwerde* (Art. 93 Abs. 1 Ziff. 4a, § 90 ff. BVerfGG)[49] wird besonders häufig genutzt und räumt dem BVerfG die Position eines „Höchstgerichts" ein, das auch dann noch eine Entscheidung treffen kann, wenn eigentlich „der Rechtsweg erschöpft" ist. Allerdings ist das Erheben einer Verfassungsbeschwerde an bestimmte Voraussetzungen geknüpft und wird durch das Vorschalten von sog. Kammern, die aus drei Richtern bestehen, auf solche Fälle begrenzt, die eine gewisse Erfolgschance aufweisen.

4) Mit der Entscheidung über die *Verfassungswidrigkeit von Parteien* (Art. 21 Abs. 2 GG, § 13 Ziff. 2 BVerfGG) ist weniger dem BVerfG als vielmehr den etablierten großen

---

48 Gesetz in der Fassung vom 11. August 1993 (BGBl. I S. 1473), vgl. hierzu: Umbach, Dieter C./Clemens, Thomas (Hrsg.): BVerfGGesetz. Mitarbeiterkommentar und Handbuch. Heidelberg 1992.

49 Ziff. 4b konstituiert darüber hinaus das Recht der Gemeinden und Gemeindeverbände, eine Verfassungsbeschwerde wegen Verletzung des Rechts auf Selbstverwaltung nach Artikel 28 durch ein Gesetz zu erheben.

Parteien ein politisches Instrument in die Hand gegeben, das nur in Notfällen eingesetzt werden kann. Dabei ist vom Antragsteller (Bundesregierung, Bundestag, Bundesrat) bereits im Vorhinein abzuwägen, ob das Verbot einer verfassungsfeindlichen Partei nicht mehr schadet (Wühlarbeit im Untergrund) als nützt.[50]

4.2 Das Verhältnis des BVerfG zur EU und zum EuGH

Nach der Präambel hat sich das Deutsche Volk dieses Grundgesetz „von dem Willen beseelt" gegeben, „in einem vereinten Europa dem Frieden der Welt zu dienen". „Zur Verwirklichung eines vereinten Europas wirkt die Bundesrepublik Deutschland bei der Entwicklung der Europäischen Union mit [...]" (Art 23 GG n. F.). Im Laufe der europäischen Einigung ist es zu zahlreichen Kompetenzübertragungen zunächst auf die Europäische Wirtschaftsgemeinschaft, später auf die EG/EU gekommen, die z. T. Gegenstand verfassungsgerichtlicher Überprüfung geworden sind.[51] Dabei stellte sich immer wieder die Frage, ob das BVerfG oder letztlich der Europäische Gerichtshof (EuGH) für solche Überprüfungen zuständig sein würde. Im Juni 2009 hatte das BVerfG im Lissabon-Urteil noch sorgfältig vermieden, den EuGH einzuschalten und eine eigenständig Entscheidung getroffen.[52] Jetzt legte das BVerfG erstmals dem EuGH die Frage zur Prüfung vor, ob der Beschluss des Rates der Europäischen Zentralbank (EZB) vom 6. September 2012 über den unbegrenzten Erwerb von Anleihen einzelner Euro-Staaten am Sekundärmarkt durch die EZB zwecks Kreditwürdigkeits- und damit Euro-Stabilisierung mit dem EU-Primärrecht vereinbar ist.

4.3 Das „magische Viereck" der Richterbestellung

Eine Vorentscheidung über den Wert der Verfassungsgerichtsbarkeit kann bereits mit der Art und der Auswahl der Verfassungsrichter getroffen werden. Der Parlamentarische Rat hat dieser Frage daher besondere Aufmerksamkeit geschenkt. Seine Mitglieder versuchten dieses Problem durch die Aufstellung von Kriterien zu lösen, die bei der Richterwahl von besonderer Bedeutung sind („Magisches Viereck der Richterbestellung"):

---

50 Zwar waren die Parteiverbotsverfahren gegen die SRP und die KPD Mitte der 1950er Jahre erfolgreich und ermöglichten in den Zeiten des Kalten Krieges die Abgrenzung nach rechts und links, das gescheiterte NPD-Verfahren zeigte jedoch, dass mit der Antragstellung ungeahnte Risiken verbunden sein können.

51 van Ooyen, Robert Chr.: Die Staatstheorie des Bundesverfassungsgerichts und Europa. Von Solange über Maastricht zu Lissabon und Euro-Rettung, Baden-Baden, 5. Aufl., 2014.

52 BVerfGE 123, 267.

1) demokratische Legitimierung der Richter,
2) Ausschluss einseitiger Einflüsse bei der Richterwahl,
3) hohe richterliche Qualifikation[53] und
4) föderative Repräsentation.[54]

Das BVerfGG legt fest, dass die insgesamt 16 Richter der zwei Senate jeweils für zwölf Jahre je zur Hälfte von Bundestag und vom Bundesrat mit Zweidrittelmehrheit gewählt werden und – seit 1970 – nicht wiedergewählt werden dürfen. Damit sollen Gefälligkeitsentscheidungen der Richter vermieden werden. Präsident und Vizepräsident werden von Bundestag und Bundesrat im Wechsel gewählt. Im Bundestag wird anstelle des Plenums ein aus zwölf Bundestagsabgeordneten bestehender Wahlmännerausschuss tätig, der – nach dem Höchstzahlverfahren – der Fraktionsstärke entsprechend besetzt ist.[55] Offiziell gibt es keine Vorschläge für die Besetzung der Richterposten, die Bundesregierung, Landesregierungen und die Fraktionen des Bundestages benennen aber Personen ihrer Wahl, die in einer Liste des Bundesjustizministeriums geführt werden, eine zweite Liste enthält die Namen aller wählbaren Bundesrichter, denn drei Richter jedes Senats werden aus der Zahl der Richter an den obersten Gerichtshöfen des Bundes gewählt (§ 2 Abs. 3 BVerfGG). Wegen der erforderlichen Zweidrittelmehrheit – im Wahlmännerausschuss sind das acht Stimmen – müssen sich die Wahlberechtigten, vor allem natürlich die CDU/CSU auf der einen und die SPD auf der anderen Seite, arrangieren. Gelingt dies innerhalb von zwei Monaten nicht, sieht § 7a BVerfGG nunmehr ein Vorschlagsrecht des BVerfG selbst vor.

„Tickets" und „Paketlösungen"
Damit ist zumindest formal ein Maximum an demokratischer Legitimation erreicht, in einer Parteiendemokratie bedeutet das aber, dass der Weg der Legitimierung über die politischen Parteien, insbesondere die beiden großen Volksparteien, führt.[56] Es ist also unvermeidbar, dass die Parteien Einfluss auf die Richterbestellung nehmen, allerdings muss unter allen Umständen vermieden werden, dass die Kandidaten vorwiegend nach ihrer Loyalität gegenüber der vorschlagsberechtigten Partei ausgesucht werden.[57] Üb-

---

53 Die frühere Fassung des § 3 wurde allerdings 1961 gestrichen, in der Qualifikationen wie „besondere Kenntnisse im öffentlichen Recht" und „Erfahrung im öffentlichen Leben" genannt worden waren.
54 Hesselberger, Dieter: Das Grundgesetz. Kommentar für die politische Bildung. Neuwied/Frankfurt a. M. 1990, S. 280 f.
55 Vgl. zur Richterwahl: Billing, Werner: Das Problem der Richterwahl zum BVerfG. Ein Beitrag zum Thema „Politik und Verfassungsgerichtsbarkeit". Berlin 1969, insbes. 119 ff.
56 Vgl. Faller, Hans-Joachim: Die richterliche Unabhängigkeit im Spannungsfeld von Weltanschauung und öffentlicher Meinung. In: Fürst/Herzog/Umbach, 1987, a. a. O. (Fn. 35), S. 81–100.
57 Empirische Untersuchungen sind zu dem Ergebnis gekommen, dass sich die These von parteipolitisch determinierten Richtergruppen im BVerfG insgesamt nicht verifizieren lasse, Jäger, York: Entscheidungsverhalten und Hintergrundfaktoren der Bundesverfassungsrichter. In: Zeitschrift für Rechtspolitik, 20, 1987, S. 360–363 (363).

licherweise gibt es für bestimmte Richterpositionen ein parteipolitisches „Ticket".[58] So wird im Allgemeinen der Vorsitzende des Ersten Senats von der CDU vorgeschlagen, der Vorsitzende des Zweiten Senats hingegen von der SPD.[59] Tatsächlich fällt die eigentliche Entscheidung über die Wahl einer bestimmten Person seit den Verfassungsrichterwahlen von 1971 in den sog. Findungskommissionen der CDU/CSU und der SPD, wobei jeweils der Koalitionspartner hinzugezogen wird.[60] Allerdings bedeutet das nicht, dass die „zuständige" Partei „ihre" Richterpositionen mit irgendeinem Kandidaten ihrer Wahl besetzen kann, sondern sie hat lediglich ein (ungeschriebenes) Vorschlags„recht". Wegen des Erfordernisses der Zweidrittelmehrheit für die Richterbestellung kommt anschließend ein Verfahren zur Anwendung, das man auch als „Paketlösung" („Wählst Du meinen Kandidaten, unterstütze ich deinen Kandidaten") bezeichnet[61] und das am besten funktioniert, wenn zur gleichen Zeit mehrere Positionen zu besetzen sind. In einer informellen Absprache schnüren die Parteien dann gemeinsam ein „Paket" aus ihren Wahlvorschlägen, das im Regelfall nur als Ganzes angenommen oder – notfalls – abgelehnt werden kann. Die Parteien präsentieren allerdings nicht nur eigene Parteimitglieder, sie haben vielmehr in einer Vereinbarung festgelegt, dass (seit 1975) zwei Richter je Senat parteiungebunden sein müssen. Darüber hinaus wird auch darauf geachtet, dass der Regionalproporz sowie ein Gleichgewicht zwischen den Konfessionen gewahrt werden. Während es sich bei den von der SPD benannten Richtern überwiegend um Protestanten handelte, waren die meisten der CDU/CSU nahestehenden Richter Katholiken, inzwischen sind Letztere jedoch leicht unterrepräsentiert.[62]

Sachfremde Erwägungen

Dennoch liegt es auf der Hand, dass die Parteien mit der Nominierung bestimmter Kandidaten bzw. Kandidatinnen auch Erwartungen über deren künftiges Abstimmungsverhalten in den Gerichtsverfahren verbinden. In diesen Erwartungen sind sie allerdings häufig enttäuscht worden, wie etwa die hochangesehenen Präsidenten des BVerfG Benda und Herzog gezeigt haben, die beide von der CDU vorgeschlagen worden waren und manche Entscheidung des Gerichts mitgetragen haben, die der Union missfallen hat.[63] In gewissem Umfang spiegelt sich die Grundhaltung eines einzelnen Richters in seinen

---

58 Zum Parteienproporz bei den Verfassungsrichtern im 1. und 2. Senat: siehe: Landfried, a. a. O. (Fn. 26), Tabellen S. 21 f.

59 Der erste Präsident des BVerfG Höpker-Aschoff gehörte der FDP an, der erste Vizepräsident Katz der SPD.

60 Billing, Werner: Bundesverfassungsgericht. In: Andersen, Uwe/Woyke, Wichard (Hrsg.), Handwörterbuch des politischen Systems der Bundesrepublik Deutschland. Opladen 1990, S. 92.

61 Sontheimer, Kurt/Bleek, Wilhelm: Grundzüge des politischen Systems der Bundesrepublik Deutschland. 9. Aufl., München/Zürich 1997, S. 366 ff.

62 Vgl. von Beyme, Klaus: Das politische System der Bundesrepublik Deutschland nach der Vereinigung. 6. Aufl., München/Zürich 1991, S. 373.

63 Umgekehrt stimmte der von der SPD nominierte Bundesverfassungsrichter Böckenförde gegen die von der SPD favorisierte Fristenlösung beim Schwangerschaftsabbruch, vgl. hierzu: Lamprecht, Rolf: Rich-

Sondervoten wieder,[64] die seit 1970 zumeist in der Amtlichen Entscheidungssammlung mit veröffentlicht werden. Es bleibt jedoch ein Missbehagen gegenüber der auf die beiden großen Parteien fixierten Richterauswahl. Beispielsweise wird kritisiert, dass in den „Paketlösungen" neben den zu besetzenden Positionen der Bundesverfassungsrichter aus Gründen politischer Opportunität auch noch andere Ämter und Posten mit einbezogen werden.[65] So ist etwa bei der Nachfolge von Vizepräsident Mahrenholz im Jahre 1994 – trotz ganz unterschiedlicher rechtlicher Regelungen – die Präsidentschaft des Bundesrechnungshofes und das Amt des Generalbundesanwalts mit ins Spiel gebracht worden.[66] In den Augen der Bürgerinnen und Bürger muss das so aussehen, als betrachteten die politischen Parteien alle Ämter und Posten im Staat als ihr Eigentum, das lediglich nach Proporz zu verteilen ist.[67] Unter diesem Gesichtspunkt ist auch der Entwurf der „Grünen" aus dem Jahre 1988 zur Änderung des BVerfGG zu sehen, der eine Wahl der Mitglieder des BVerfG durch das Plenum des Bundestages sowie ein vorgeschaltetes öffentliches Anhörungsverfahren der vorgeschlagenen Bewerber vor einem vom Bundestag gebildeten Wahlausschuss vorsah,[68] aber letztlich keinen Erfolg hatte.

4.4 Legitimationskrise des BVerfG?

Zu einer Legitimationskrise des BVerfG kann der Streit freilich vor allem bei Urteilen eskalieren, die in die regional gewachsene Kultur der Religionsausübung eingreifen,[69] sei es beim Schulgebet oder beim Kruzifix im Klassenzimmer.[70] Es liegt auf der Hand, dass Länder wie Bayern mit einer mehrheitlich katholischen Bevölkerung hierbei be-

---

ter contra Richter. Abweichende Meinungen und ihre Bedeutung für die Rechtskultur. Baden-Baden 1992, S. 285 ff.

64 Simon, a. a. O. (Fn. 34), S. 1274; umfassend hierzu: Lamprecht, a. a. O. (Fn. 62); hierin: Aufstellung der BVerfG-Entscheidungen mit Sondervoten: S. 339–355.

65 Zuck, Rüdiger: Politische Sekundärtugenden: Über die Kunst, Pakete zu schnüren. In: Neue Juristische Wochenschrift, 1994, S. 497–498.

66 Für den Präsidenten des Bundesrechnungshofs (BRH) gilt § 51 BRHG: die Wahl erfolgt durch Bundestag und Bundesrat. Die Ernennung des Generalbundesanwalts erfolgt gemäß § 149 Gerichtsverfassungsgesetz durch den Bundespräsidenten auf Vorschlag des Bundesjustizministers, der Vorschlag bedarf der Zustimmung des Bundesrates.

67 Vgl. Voigt, Rüdiger: Ende der Innenpolitik? Politik und Recht im Zeichen der Globalisierung. In: Aus Politik und Zeitgeschichte, 1998, B 29-30/98, S. 3–8; Voigt, Rüdiger: Staatskrise. Muss sich die Regierung ein anderes Volk wählen? Stuttgart 2010.

68 Vgl. hierzu Preuß, Ulrich K.: Die Wahl der Mitglieder des BVerfG als verfassungsrechtliches und -politisches Problem. In: Zeitschrift für Rechtspolitik, 21, 1988, S. 389–395.

69 Zur katholischen Kirche und den gesellschaftlichen Anforderungen an sie vgl. Maier, Hans: Die Katholische Kirche in der Bundesrepublik Deutschland. In: Weidenfeld, Werner/Zimmermann, Hartmut (Hrsg.), Deutschland-Handbuch. Eine doppelte Bilanz 1949–1989. München 1989, S. 165–220, insbesondere S. 169.

70 BVerfGE 93, 1; vgl. Rux, Johannes: Positive und negative Bekenntnisfreiheit in der Schule. In: Der Staat, 35, 1996, S. 523–550.

sonders sensibel reagieren. Das gilt besonders bei der Frage, ob ein Schwangerschaftsabbruch unter bestimmten Voraussetzungen erlaubt oder aber strikt verboten und unter Strafe gestellt sein soll. Denn hier geht es um einen Streit, der fundamentale Grundsätze betrifft und daher auch nicht durch einen Kompromiss gelöst werden kann.[71] Allerdings erscheint es als völlig unangemessen, vom „Untergang des Abendlandes" zu sprechen, wenn das BVerfG festlegt, „dass es dem Landesgesetzgeber von Verfassungs wegen verwehrt ist, das Aufhängen von Kruzifixen in den Klassenräumen öffentlicher Schulen zur Pflicht zu machen."[72] Ungeachtet der damit verbundenen Probleme hat das BVerfG über diese Frage bereits mehrfach urteilen müssen.

5   Instrumentalisierung des BVerfG durch die Länder

Neben der Bundesregierung sind es vor allem die Landesregierungen, die das BVerfG auch für ihre eigenen Zwecke zu nutzen suchen. Ein politisch aktives Land hat vielerlei Möglichkeiten, mit Hilfe des BVerfG in die Bundespolitik einzugreifen. Sein Vorgehen wird allerdings nicht zuletzt davon abhängen, ob die Bundesregierung von der Partei dominiert wird, die auch die Landesregierung stellt, oder ob sich diese im Bundestag in der Opposition befindet. Im ersteren Fall bieten sich zahlreiche Gelegenheiten, in der Bundesregierung, z. B. durch die von der eigenen Partei nominierten Minister, und in der Mehrheitsfraktion, etwa mit Hilfe der jeweiligen Landesgruppe, direkten Einfluss auf die gesamtstaatliche Politik zu nehmen.[73] Die Felder der Politik, die beeinflusst werden sollen, können dabei ein breites Spektrum umfassen und über die üblichen Landesinteressen weit hinausgehen. Seit dem Maastrichter Vertrag und der Neufassung des Art. 23 Grundgesetz[74] kommen auch europapolitische Fragen hinzu.

Besetzung von Richterstellen
Die Vorstellungen einer Partei über die Besetzung der Richterstellen am BVerfG dürften sich aus der Regierung heraus leichter durchsetzen lassen als aus der Opposition. Als Beispiel bieten sich die CSU und die von ihr gestellte Bayerische Staatsregierung an. Zu den Bundesverfassungsrichtern, die von der bayerischen Regierungspartei zur

---

71 Vgl. Pawlowski, Hans-Martin: Das Gesetz als Mittel der gesellschaftlichen Steuerung im pluralistischen Staat. In: Kaase, Max (Hrsg.), Politische Wissenschaft und politische Ordnung. Analysen zu Theorie und Empirie demokratischer Regierungsweise. Opladen 1986, S. 172–190.
72 Frankenberg, Günter: Die Verfassung der Republik. Autorität und Solidarität in der Zivilgesellschaft. Baden-Baden 1996, S. 223.
73 Allerdings sind hier durchaus Meinungsverschiedenheiten möglich, die aus dem Interessenkonflikt eines Bundesministers oder Bundestagsabgeordneten erwachsen können, der zugleich Vorsitzender oder sonstiger Funktionsträger der CSU ist; vgl. Laufer, Heinz/Münch, Ursula: Das föderative System der Bundesrepublik Deutschland. Bonn 1998.
74 Art. 23 GG n. F. räumt den Ländern – über den Bundesrat und seine Europakammer – erhebliche Mitspracherechte im europäischen Entscheidungsprozess ein.

Ernennung vorgeschlagen wurden, gehörte zunächst der parteilose Leiter der Rechts- und Verfassungsabteilung in der Bayerischen Staatskanzlei Leusser, der sich durch seine Mitarbeit am Verfassungskonvent von Herrenchiemsee und in seiner Funktion als ‚Offizieller Beauftragter der Bayerischen Staatsregierung' beim Parlamentarischen Rat die Wertschätzung des damaligen bayerischen Ministerpräsidenten Ehard (CSU) erworben hatte. Leusser wurde im September 1951 vom Bundesrat in den Zweiten Senat des BVerfG gewählt, schied aber bereits im Januar 1952 wegen seiner Ernennung zum Bevollmächtigten des Freistaats Bayern beim Bund wieder aus. Fast 24 Jahre lang gehörte Ritterspach, der vor seiner Wahl im Jahre 1951 in verschiedenen bayerischen Ministerien tätig gewesen war, dem BVerfG an. 1975 wurde auf Vorschlag der CSU Niebler, zuvor Leiter des Justizprüfungsamtes Bayern, in den Zweiten Senat berufen (bis 1987). Niebler gehörte ebenso wie Kruis (1987 bis 1998), der frühere Leiter der Rechtsabteilung in der Bayerischen Staatskanzlei, der CSU an. Aber gerade am Beispiel von Verfassungsrichter Kruis, dem „liberale Abweichungen von einer konservativen Linie" bescheinigt wurden.[75] zeigt sich erneut, dass die Zurechenbarkeit eines Richters zu einem parteipolitischen ‚Ticket' während seiner Amtszeit nur in seltenen Fällen möglich ist. Ähnliches dürfte für den Münchner Staatsrechtler Papier gelten, der ebenfalls CSU-Mitglied ist.[76] Papier wurde zunächst im Februar 1998 vom Richterwahlausschuss des Bundestages zum Verfassungsrichter und nur wenige Wochen später vom Bundesrat zum Vorsitzenden des Ersten Senats und Vizepräsidenten und anschließend zum Präsidenten des BVerfG gewählt. Besonders prominent wurde der Staatsrechtslehrer di Fabio, der besonders für europarechtliche Fragen zuständig war und die Position des BVerfG wesentlich (mit-) geprägt hat.

Die Staatsregierung als Antragsteller
Abgesehen von diesen personalpolitischen Einflussmöglichkeiten auf das Gericht erweist sich die eigentliche aktive Rolle der Bayerischen Staatsregierung darin, dass sie in den bereits geschilderten Fällen als Antragsteller vor dem BVerfG – entweder allein oder im Verbund mit anderen Ländern, gegebenenfalls auch zusammen mit der Unionsfraktion im Bundestag – auftreten kann. Dies ist tatsächlich in vielen Fällen geschehen. Daneben hat Bayern auch die Möglichkeit der Einflussnahme auf die Zusammensetzung des entscheidenden Senats genutzt, indem beispielsweise ein Antrag auf Befangenheit

---

75 Vgl. das Interview mit dem bisherigen Verfassungsrichter Kruis. In: Süddeutsche Zeitung vom 15. 10. 1998: Helmut Kerscher: „Den Rechtsstandard unseres Staates wahren. Der bisherige Verfassungsrichter Konrad Kruis beschwört den hohen Rang der Grundrechte".
76 Für eine Porträtierung von Papier vgl. Süddeutsche Zeitung vom 4. 2. 1998: „Im Profil: Hans-Jürgen Papier. Designierter Bundesverfassungsrichter"; vgl. auch Süddeutsche Zeitung vom 5. 2. 1998: „Papier zum neuen Verfassungsrichter gewählt".

eines Bundesverfassungsrichters gestellt wurde.[77] In Bezug auf das BVerfG findet sich Bayern allerdings nicht nur in der Rolle des aktiv Gestaltenden, sondern es kann u. U. auch durch eine Entscheidung des BVerfG erheblich betroffen sein, die dieses aufgrund einer Verfassungsbeschwerde oder der Vorlage eines Gerichts im Wege der konkreten Normenkontrolle gefällt hat. Dies ist besonders dann der Fall, wenn das angegriffene Gesetz bayerisches Landesrecht ist und durch das BVerfG als verfassungswidrig verworfen wird.

5.1 Länderrelevante Entscheidungen

In einigen Fällen, welche die Gemüter besonders erregt haben, hat Bayern das BVerfG angerufen, und zwar keineswegs nur bei Meinungsverschiedenheiten über Rechte und Pflichten des Bundes und der Länder oder bei verfassungsrechtlichen Streitigkeiten mit dem Bund, sondern durchaus auch in Fällen einer abstrakten Normenkontrolle. Dabei ist der Freistaat Bayern manchmal allein als Antragsteller aufgetreten, in anderen Fällen hat er sich im Verbund mit anderen Ländern zur Anrufung des BVerfG entschlossen.[78]

Bundesstaatliche Grundsatzfragen
Von großer Wichtigkeit für die bundesstaatliche Ordnung und für den Stellenwert der Länder in der Europäischen Union (EU) war ein Bund-Länder-Streit, den die Bayerische Staatsregierung dem BVerfG im Jahr 1989 zur Entscheidung vorlegte[79] und der mit dem *EG-Fernsehrichtlinien*-Urteil vom 22. März 1995 endete.[80] In ihrer Klage gegen die Bundesregierung, der sich acht weitere Landesregierungen anschlossen, wollte die Bayerische Staatsregierung als Antragstellerin die Feststellung erreichen, dass die Entscheidung der Bundesregierung, der EWG-Rundfunkrichtlinie grundsätzlich zuzustimmen, den Freistaat Bayern (und die anderen Länder) in deren Kompetenz für die Regelung der Medien beeinträchtigt hatte.[81] Die Hoffnung Bayerns und seiner Mitstreiter, das Gericht werde dem bayerischen Antrag, die Nichtanwendbarkeit der Fernsehrichtlinie in Deutschland festzustellen, stattgeben, wurde aber schließlich enttäuscht. Das Urteil brachte aber zumindest wichtige Klarstellungen für das Spannungsgefüge Län-

---

77 So stellte der Bayerische Justizminister Lang (CSU) am 9. 7. 1986 wegen dessen Äußerungen zur Sitzblockade einen Befangenheitsantrag gegen Bundesverfassungsrichter Simon, der jedoch vom BVerfG als unbegründet zurückgewiesen wurde; BVerfGE 73, 330 ff.

78 Zu den hier skizzierten Fällen siehe Säcker, Horst: Das Bundesverfassungsgericht. 4. Aufl., München 1989, S. 99 ff.

79 Ausgangspunkt war die am 3. 10. 1989 verabschiedete Richtlinie „Fernsehen ohne Grenzen" (89/552/EWG).

80 BVerfGE 92, 203.

81 Vgl. Steinberger, Helmut: Die Europäische Union im Lichte der Entscheidung des Bundesverfassungsgerichts. Bonn 1994.

der-Bund-Europa.[82] In den Fällen, in denen die EU eine Rechtsetzungskompetenz beansprucht, die nach dem Grundgesetz innerstaatlich dem Landesgesetzgeber vorbehalten ist, „vertritt der Bund gegenüber der Gemeinschaft als Sachwalter der Länder auch deren verfassungsmäßige Rechte". Aus dieser Verantwortlichkeit, so die Feststellung des BVerfG, erwachsen dem Bund „prozedurale Pflichten zu bundesstaatlicher Zusammenarbeit und Rücksichtnahme". Diese Position wurde schließlich in Art. 23 GG n. F. festgeschrieben, der den Ländern weitreichende Mitwirkungsmöglichkeiten eröffnet.[83]

Um eine bundesstaatliche Grundsatzfrage, nämlich um die Zustimmung des Bundesrates zur Änderung von Zustimmungsgesetzen, ging es auch in einem Verfahren,[84] das schließlich mit der Entscheidung des BVerfG vom 25. Juni 1974 endete.[85] Die Bayerische Staatsregierung und die (unionsgeführte) Regierung des Landes Rheinland-Pfalz hielten das 4. Rentenversicherungsänderungsgesetz, welches das mit Zustimmung des Bundesrates ergangene Rentenreformgesetz änderte, für verfassungswidrig, weil es *ohne die Zustimmung des Bundesrates* erlassen worden war. Der Zweite Senat des BVerfG entschied mit fünf gegen drei Stimmen, dass nicht jedes Änderungsgesetz wiederum der Zustimmung des Bundesrates bedarf, denn gemäß Art. 77 Abs. 1 GG werden die Bundesgesetze vom Bundestag beschlossen. Der Bundesrat wirkt bei der Gesetzgebung lediglich mit.

Noch gravierender – wenn auch formal mit einer ähnlichen Problematik – war die Entscheidung des BVerfG im Fall *Zuwanderungsgesetz* vom 18. Dezember 2002. Wiederum ging es um die Zustimmung des Bundesrates. Diesmal stand aber ein Grundsatzstreit auf der Tagesordnung, der zugleich ein parteipolitischer Konflikt war. Der Ministerpräsident (SPD) des Landes Brandenburg, das durch eine Große Koalition aus SPD und CDU regiert wurde, hatte im Bundesrat mit „ja" gestimmt, der Innenminister (CDU) mit „nein". In dem Streit, ob der Ministerpräsident als „Staatschef" eine verbindliche Entscheidung für sein Land treffen kann, oder ob er lediglich einer von mehreren möglichen Bundesratsmitgliedern ist, die das Land – je nach Stimmenzahl – stellt, wurde zugunsten der letzteren Alternative entschieden. Widerspricht irgendein Bundesratsmitglied des betreffenden Landes der Stimmabgabe seines Ministerpräsidenten, so soll diese – entgegen Art. 51 Abs. 3 Satz 2 GG – als nicht einheitlich abgegeben gelten. So einleuchtend diese Lösung auf den ersten Blick auch scheint, ist damit doch (implizit) eine enorme Aufwertung der (etablierten) Parteien verbunden, da künftig auch der Bundesrat als parteipolitisch agierendes Verfassungsorgan angesehen werden muss. Da es kaum vorstellbar ist, dass etwa die Stimmabgabe des bayerischen Ministerpräsidenten, dem in der Bundesratssitzung ein „querulatorisches" Mitglied der Staatsregierung widerspricht, als uneinheitliche Stimmabgabe des Landes Bayern gewertet worden wäre,

---

82 Vgl. Winkelmann, Ingo: Die Bundesregierung als Sachwalter von Länderrechten. Zugleich Anmerkung zum EG-Fernsehrichtlinien-Urteil des Bundesverfassungsgerichts. In: DÖV 49, 1991, S. 1–11.

83 Vgl. Voigt, a. a. O. (Fn. 33), S. 69–98.

84 Siehe hierzu Säcker, a. a. O. (Fn. 77), Fall 11, S. 136 ff.

85 BVerfGE 37, 363.

handelt es sich in Wahrheit um einen „Dammbruch". Mussten sich bisher die Bundes-ratsmitglieder bei parteipolitisch motivierten Voten (z. B. Opposition gegen die Regie-rungsmehrheit) zumindest in der Öffentlichkeit auf die Vertretung von „Landesinteres-sen" zurückziehen, kann jetzt ganz offen Parteipolitik im Bundesrat betrieben werden. Man könnte in diesem Zusammenhang also durchaus von einer „Gleichschaltung" des Bundesrates mit dem Bundestag sprechen.

Innenpolitische Grundsatzfragen

Um eine innenpolitische Grundsatzfrage, nämlich um das Verfahren zur Anerkennung als *Wehrdienstverweigerer,* ging es in dem Verfahren,[86] das schließlich zum Urteil des Zweiten Senats des BVerfG vom 13. April 1978 führte. Nach dem Gesetz zur Änderung des Wehrpflichtgesetzes und des Zivildienstgesetzes[87] sollten noch nicht einberufene Wehrpflichtige die Möglichkeit erhalten, durch eine schriftliche Erklärung beim Kreis-wehrersatzamt – sog. Postkartenregelung – den Wehrdienst zu verweigern und statt-dessen Zivildienst zu leisten. Die CDU/CSU-Opposition hielt die Abschaffung der Ge-wissensprüfung für verfassungsrechtlich höchst bedenklich, weil es der „ungeprüften Willkür des Einzelnen" überlassen bleibe, zwischen Wehrdienst und Zivildienst zu wäh-len. Antragsteller waren Kohl (CDU), Zimmermann (CSU) und 213 weitere Mitglieder des deutschen Bundestages, die Landesregierungen von Baden-Württemberg, Bayern und Rheinland-Pfalz. Das BVerfG erklärte mit dem Urteil das Wehrpflichtänderungs-gesetz für verfassungswidrig. Hauptargument des Gerichts war, dass gesetzliche Rege-lungen es ausschließen müssen, „dass der wehrpflichtige Bürger den Wehrdienst nach Belieben verweigern kann."[88]

Gesellschaftspolitische Grundsatzfragen

Um eine wichtige gesellschaftspolitische Grundsatzfrage, nämlich um die sog. *Fristen-lösung* beim Schwangerschaftsabbruch, ging es in dem Verfahren,[89] das schließlich zu dem Urteil des Ersten Senats vom 25. Februar 1975 führte.[90] Antragsteller waren – ne-ben 193 Mitgliedern des Deutschen Bundestages – die Landesregierungen von Baden-Württemberg, Bayern, Rheinland-Pfalz, Schleswig-Holstein und des Saarlandes. Haupt-angriffspunkt war die in § 218a Strafgesetzbuch (StGB) vorgesehene Straflosigkeit des Schwangerschaftsabbruchs in den ersten zwölf Monaten (Fristenlösung).[91] Zur verfas-

---

86 Siehe hierzu Säcker, a. a. O. (Fn. 77), Fall 14, S. 148 ff.
87 Das Gesetz wurde am 27.5.1977 vom Bundestag gegen die Stimmen der CDU/CSU-Fraktion mit einer Mehrheit von 241 zu 226 Stimmen verabschiedet.
88 BVerfGE 48, 127.
89 Siehe hierzu: Säcker, a. a. O. (Fn. 77), Fall 12, S. 138 ff.
90 BVerfGE 39, 1.
91 Schriftsatz des Bayerischen Bevollmächtigten Ministerialdirigent Odersky vom 23.10.1974. abgedruckt in: Arndt, Claus/Erhard, Benno/Funcke, Liselotte (Hrsg.): Der § 218 StGB vor dem BVerfG. Dokumen-tation zum Normenkontrollverfahren wegen verfassungsrechtlicher Prüfung des Fünften Strafrechts-reformgesetzes (Fristenregelung). Karlsruhe 1979, S. 111–127.

sungsrechtlichen Prüfung stand das von der sozialliberalen Koalition im Bundestag mit Mehrheit verabschiedete Fünfte Gesetz zur Reform des Strafrechts vom 28. Juni 1974 an. Das BVerfG erklärte die entsprechenden Vorschriften für verfassungswidrig und damit nichtig. Dagegen legten die Verfassungsrichter Rupp von Brünneck und Simon in ihrem Sondervotum dar, dass die angegriffenen Regelungen durchaus mit dem Grundgesetz vereinbar seien.

Dieses Problem wurde durch die Wiedervereinigung sogar noch weiter verschärft, denn in der ehemaligen DDR galt die Fristenlösung,[92] und Art. 31 Abs. 4 Einigungsvertrag sah zunächst ihre Weitergeltung im Beitrittsgebiet bis zum Inkrafttreten einer für ganz Deutschland geltenden Regelung vor. Eine gesamtdeutsche Regelung, die der Gesetzgeber bis zum 31. Dezember 1992 zu treffen hatte, musste jedoch die Maßstäbe zugrunde legen, die das BVerfG in früheren Urteilen zum § 218 StGB festgelegt hatte. Zugleich musste der veränderten Situation Rechnung getragen werden, dass sich durch den Beitritt der DDR das Verhältnis von Katholiken zu Nichtkatholiken signifikant verändert hatte. Kernpunkt des neuen Gesetzentwurfs war die Straflosigkeit eines Schwangerschaftsabbruchs dann, wenn dieser durch einen Arzt binnen zwölf Wochen seit der Empfängnis mit Einwilligung der schwangeren Frau vorgenommen wird, sofern die Frau sich mindestens drei Tage vor dem Eingriff durch eine anerkannte Beratungsstelle hat beraten lassen (§ 218a StGB). Bei der namentlichen Schlussabstimmung im Bundestag stimmten von 657 Abgeordneten 357 mit Ja und 284 mit Nein bei 16 Stimmenthaltungen. Der Bundesrat stimmte dem Gesetzesbeschluss gegen die Stimme Bayerns und bei Enthaltung von drei Ländern zu.[93]

Der Freistaat Bayern sowie 248 Bundestagsabgeordnete beantragten daraufhin die verfassungsrechtliche Überprüfung der in Frage stehenden Artikel im Wege der *abstrakten Normenkontrolle*. Dagegen machten die Bundesregierung und die Landesregierungen von Bremen, Hamburg, Hessen, Niedersachsen, Nordrhein-Westfalen, dem Saarland und Schleswig-Holstein geltend, dass sie den Antrag für unbegründet ansahen. An der mündlichen Verhandlung am 8./9. Dezember 1992 nahmen Vertreter aller Fraktionen des Bundestages sowie die Antragsteller und zahlreiche Sachverständige teil. In dem Urteil des Zweiten Senats vom 28. Mai 1993 wurde vor allem die allgemeine Fristenlösung (§ 218a Abs. 1 StGB) für insgesamt nichtig befunden. Die Richter Vizepräsident Mahrenholz und Sommer gelangten in ihrem gemeinsamen Sondervotum allerdings – ähnlich wie 1972 die Richter Rupp von Brünneck und Simon bei der damaligen Entscheidung des BVerfG – zu der gegenteiligen Ansicht.

---

92 Gesetz über die Unterbrechung der Schwangerschaft vom 9.3.1972 (GBl. DDR I, S. 89). Nach § 1 Abs. 2 des Gesetzes war die Schwangere berechtigt, die Schwangerschaft innerhalb von zwölf Wochen nach deren Beginn durch einen ärztlichen Eingriff in einer geburtshilflich-gynäkologischen Einrichtung unterbrechen zu lassen.

93 Baden-Württemberg, Mecklenburg-Vorpommern und Thüringen übten Stimmenthaltung aus.

Deutschlandpolitische Grundsatzfragen

Um eine wichtige deutschlandpolitische Grundsatzfrage, nämlich um den *Grundlagen-vertrag* mit der DDR,[94] ging es in dem Urteil des Zweiten Senats vom 31. Juli 1973.[95] Am 28. Mai 1973 hatte die Bayerische Staatsregierung gemäß Art. 93 Abs. 1 Nr. 2 GG i. V. m. mit § 13 Nr. 6 und § 76 Nr. 1 BVerfGG beim BVerfG beantragt festzustellen: „Das Ge-setz zu dem Vertrag vom 21. Dezember 1972 zwischen der Bundesrepublik Deutschland und der Deutschen Demokratischen Republik über die Grundlagen der Beziehungen zwischen der Bundesrepublik Deutschland und der Deutschen Demokratischen Repu-blik ist mit dem Grundgesetz nicht vereinbar und deshalb nichtig". Dieser Vertrag mit der DDR war in der Tat äußerst strittig zwischen der damaligen Bundesregierung, be-stehend aus SPD und FDP, einerseits und der CDU/CSU-Bundestagsfraktion anderer-seits.[96] Ging man nämlich – wie die Opposition – von einem Fortbestand des Deut-schen Reiches aus, zu dem beide deutschen Staaten gehörten, dann konnte auf keinen Fall ein völkerrechtlicher Vertrag im üblichen Sinne mit der DDR geschlossen werden.[97] Da das BVerfG den Grundlagenvertrag selbst nicht ohne weiteres hätte prüfen können, machte es das Zustimmungsgesetz, das nach Art. 59 Abs. 2 Grundgesetz notwendig war, zum Gegenstand des Normenkontrollverfahrens. Die Richter ließen den Grundlagen-vertrag passieren, allerdings nur in einer – relativ engen – verfassungskonformen Aus-legung. Die Bundesrepublik (alt) war danach nicht lediglich Rechtsnachfolger, sondern (teil) identisch mit dem Deutschen Reich. Die damals geltende Präambel enthielt da-nach nicht nur eine politische Absichtserklärung, sondern das verfassungsrechtliche Gebot zur Wiedervereinigung. Es liegt auf der Hand, dass diese Auslegung des Grund-gesetzes, die durch die Anrufung des BVerfG von Seiten der Bayerischen Staatsregie-rung ausgelöst worden war, bei der Wiedervereinigung im Jahre 1990 eine nicht unwe-sentliche Rolle spielte, etwa in Gestalt der erhalten gebliebenen gemeinsamen deutschen Staatsangehörigkeit, die den Beitritt der DDR zum Geltungsbereich des Grundgesetzes nach Art. 23 GG (alte Fassung) erleichterte.

5.2 Widerstandsrecht gegen Intoleranz des BVerfG?

Religiöse Fragen verschließen sich zumeist der Kompromissfindung. Zumindest eine Seite ist davon überzeugt, im Besitz der „göttlichen Wahrheit" zu sein. Das zeigte sich bereits bei den Entscheidungen des BVerfG zum Schwangerschaftsabbruch, wurde aber

---

94 Siehe hierzu: Säcker, a. a. O. (Fn. 77), Fall 10, S. 131 ff.

95 BVerfGE 36, 1.

96 Vgl. Voigt, Rüdiger: Des Staates neue Kleider. Entwicklungslinien moderner Staatlichkeit. Baden-Ba-den 1996, S. 163–184.

97 Das BVerfG ging in dem Urteil von einem Doppelcharakter des Vertrages aus, einerseits als einem völ-kerrechtlichem Vertrag, andererseits als einem „Vertrag, der vor allem inter-se-Beziehungen regelt"; vgl. Voigt, a. a. O. (Fn. 95), S. 163 ff.

noch deutlicher beim sog. *Kruzifix-Urteil*.[98] Welche Brisanz solche Fragen künftig in Deutschland gewinnen werden, macht z. B. der Karikaturenstreit deutlich. Für gläubige Muslime tritt bei einer Verunglimpfung des Propheten der Schutz der Pressefreiheit in den Hintergrund. Aber auch gläubige Katholiken haben wenig Verständnis für die negative Religionsfreiheit Anderer, wenn sie sich in ihrer Religionsausübung beschränkt fühlen. Um die Regelung, dass in den öffentlichen Volksschulen in jedem Klassenzimmer ein Kreuz anzubringen sei, ging es in dem Verfahren, das mit der Entscheidung des BVerfG vom 16. Mai 1995 vorläufig endete.[99] In einer Verfassungsbeschwerde hatten sich betroffene Eltern gegen die in § 13 Abs. 1 der Bayerischen Volksschulordnung (BayVSchO) enthaltene Regelung gewandt, dass in allen Klassenzimmern ein Kruzifix, also ein Kreuz mit dem Gekreuzigten, anzubringen sei. Der Erste Senat hatte diesen Teil der Rechtsverordnung wegen Verstoßes gegen Art. 4 Abs. 1 GG („Die Freiheit des Glaubens, des Gewissens und die Freiheit des religiösen und weltanschaulichen Bekenntnisses sind unverletzlich") mit einer 5 : 3-Mehrheit für verfassungswidrig und nichtig erklärt. Damit folgte das BVerfG seiner eigenen Rechtsprechung insofern, als es bereits im Juli 1973 der Verfassungsbeschwerde eines jüdischen Rechtsanwalts stattgegeben hatte. Das Kreuz musste damals aus Gründen der Glaubensfreiheit auch von Minderheiten aus einem Düsseldorfer Gerichtssaal entfernt werden.

Intoleranzedikt?

Diese Entscheidung stieß insbesondere bei den bayerischen Katholiken nicht nur auf Unverständnis, sondern führte auch zu aktivem Widerstand. Der Zorn gegen das Kruzifix-Urteil eskalierte so sehr,[100] dass der Bayerische Ministerpräsident Stoiber (CSU) in einer öffentlichen Protestveranstaltung das Urteil als ‚Intoleranzedikt' verwarf.[101] Aber auch andere kritische Stimmen wurden laut.[102] So kritisierte zum Beispiel der Vorsitzende des Rechtsausschusses des Bundestages Eylmann (CDU) die Kruzifix-Entscheidung als „ein typisch deutsches, auf die Spitze getriebenes gleichmacherisches Urteil, ohne Gespür für die gewachsene religiöse Kultur."[103] Die damalige Präsidentin des

---

98 Vgl. Massing, a. a. O. (Fn. 4), S. 221–236.
99 BVerfGE 93, 1.
100 Zu den Reaktionen im einzelnen: „Das Kreuz ist der Nerv". In: Der Spiegel Nr. 33 vom 14. 8. 1995, S. 22–32; vgl. auch Lamprecht, Rolf: Zur Demontage des Bundesverfassungsgerichts. Beweissicherung und Bestandsaufnahme. Baden-Baden 1996, S. 39–51; Mishra, R.: Zulässigkeit und Grenzen der Urteilsschelte, o. O. 1997, S. 83 ff.; Schulze-Fielitz, Helmuth: Grundsatzkontroversen in der deutschen Staatsrechtslehre nach 50 Jahren Grundgesetz – in der Beleuchtung des Handbuchs des Staatsrechts. In: Die Verwaltung, 32, 1999, S. 241–282.
101 „Heiliger Edmund, bitt' für uns". In: Der Spiegel Nr. 40 vom 2. 10. 1995, S. 114 f.; Wesel, Uwe: Die Hüter der Verfassung. Das Bundesverfassungsgericht: seine Geschichte, seine Leistungen, seine Krisen. Frankfurt am Main 1996, S. 61 ff.
102 Vgl. Lamprecht, a. a. O. (Fn. 99).
103 In einer Emnid-Umfrage für Der Spiegel Nr. 32 vom 11. 8. 1995 gaben 77 % der Befragten an, dass sie es bei Einverständnis aller Beteiligten für sinnvoll hielten, Kreuze und Kruzifixe in Schulräumen anzubringen, vgl. Der Spiegel Nr. 33 vom 14. 8. 1995, S. 33.

BVerfG, Frau Limbach, stellte zwar klar, dass „das Gericht seine Entscheidung nicht von der jeweiligen Meinung in der Bevölkerung abhängig machen" kann. Sie gab aber auch zu bedenken: „Aber die Justiz muss natürlich auch auf das Denken und Handeln der Bevölkerung Rücksicht nehmen [...]".[104]

Das zweite Kapitel dieser Kontroverse wurde aufgeschlagen, als der Bayerische Landtag wenig später mehrheitlich das Gesetz über das Erziehungs- und Unterrichtswesen änderte,[105] das nunmehr in § 7 Abs. 3 folgende Regelung enthält:

> „Angesichts der geschichtlichen und kulturellen Prägung Bayerns wird in jedem Klassenzimmer ein Kreuz angebracht. Damit kommt der Wille zum Ausdruck, die obersten Bildungsziele der Verfassung auf der Grundlage christlicher und abendländischer Werte unter Wahrung der Glaubensfreiheit zu verwirklichen. Wird der Anbringung des Kreuzes aus ernsthaften und einsehbaren Gründen des Glaubens oder der Weltanschauung durch die Erziehungsberechtigten widersprochen, versucht der Schulleiter eine gütliche Einigung. Gelingt eine Einigung nicht, hat er nach Unterrichtung des Schulamtes für den Einzelfall eine Regelung zu treffen, welche die Glaubensfreiheit des Widersprechenden achtet und die religiösen und weltanschaulichen Überzeugungen aller in der Klasse Betroffenen zu einem gerechten Ausgleich bringt; dabei ist auch der Wille der Mehrheit soweit wie möglich zu berücksichtigen."

Normwiederholungsverbot

Es ist offensichtlich, dass damit der bayerische Gesetzgeber als unmittelbare Reaktion auf das Urteil eine gesetzliche Regelung erlassen hat, die in dem entscheidenden Punkt jener Rechtsverordnung ziemlich nahe zu kommen scheint, die vom BVerfG für verfassungswidrig erklärt wurde. Angesichts des verfassungsrechtlichen „Normwiederholungsverbots"[106] wird deshalb von manchen Beobachtern die Frage gestellt, ob die Entscheidungen des BVerfG auch in Bayern uneingeschränkt in ihrem Tenor gelten.[107] Dass diese Frage grundsätzlich natürlich zu bejahen ist, hat Ministerpräsident Stoiber deutlich erklärt. Im konkreten Fall, so die Auffassung von Staatsregierung und Landtagsmehrheit, sei ja auch nicht apodiktisch dekretiert worden, ein Kreuz unter allen Umständen anzubringen. In Anlehnung an eine beliebte Auslegungsspielart des BVerfG möchte man jedoch hinzufügen: Die Urteile gelten auch in Bayern, freilich nur in „landeskonformer Auslegung".

---

104 „Die Grenzen sind erreicht". In: Der Spiegel Nr. 35 vom 28.8.1995, S. 34–38.

105 Gesetz vom 23.12.1995 (Bay. GVBl., S. 859).

106 Vgl. Korinth, Stefan: Die Bindungswirkung normverwerfender Entscheidungen des BVerfG für den Gesetzgeber. In: Der Staat, 30, 1991, S. 549–571.

107 Detterbeck, Steffen: Gelten die Entscheidungen des BVerfG auch in Bayern? In: Neue Juristische Wochenschrift, 1996, S. 426–432; Frankenberg, a.a.O. (Fn. 71) bezeichnet den Gesetzesbeschluss des Bayerischen Landtags sogar als „maskierten Rechtsungehorsam".

6   Schlussbemerkung

Abschließend bleibt festzuhalten, dass zwischen dem BVerfG und den Regierungen von
Bund und Ländern ein ambivalentes Verhältnis besteht. Dies entspricht dem grundsätzlichen Spannungsverhältnis zwischen Recht und Politik. Zur Analyse der daraus erwachsenden Konflikte stellt die Rechtspolitologie ihr Instrumentarium zur Verfügung.
Dies besteht zum einen aus der Ausdifferenzierung verschiedener Politikbegriffe (Polity, Policy, Politics), zum anderen in der Modellierung verschiedener Arenen, in denen
sich der Interessenaushandelungsprozess abspielt. Das BVerfG spielt dabei nicht nur in
der Rechtsprechungsarena eine Rolle, sondern vor allem auch in der Gesetzgebungsarena, seltener in der Implementationsarena. Da das BVerfG das Grundgesetz verbindlich auslegt, nimmt es nicht nur judikative, sondern auch legislative Funktionen wahr.
Ausdruck dessen ist etwa § 31 Abs. 2 BVerfGG, der den Entscheidungen des BVerfG in
bestimmten Fällen Gesetzeskraft verleiht. Der Konflikt mit der Regierungsmehrheit im
Parlament ist damit gewissermaßen vorprogrammiert. Regierungen werden in parlamentarischen Demokratien von den politischen Parteien gestellt, die in Deutschland
durch Art. 21 GG besonders privilegiert sind. Sie wirken nicht nur – gemäß dem Wort-
laut des GG – an der politischen Willensbildung mit, sondern sie tendieren dazu, diese
Willensbildung zu monopolisieren. Dabei können Entscheidungen eines unabhängigen
BVerfG störend wirken. Um nicht dem Verdacht ausgesetzt zu sein, den „Boden des
Grundgesetzes" verlassen zu wollen, pflegt die Regierung bei ihren Initiativen ein mög-
liches Urteil des BVerfG zu antizipieren. Politischer Immobilismus kann die Folge sein.
Jede Partei versucht zudem mit legalen wie mit eher zweifelhaften Mitteln („Pakete"),
möglichst viele ihr nahe stehende Richter im BVerfG zu platzieren. Das BVerfG seinerseits neigt dazu, mit der Absicht auf die jeweilige Bundesregierung einzuwirken, einen
allzu ungestümen Reformdrang zu bremsen. Das kann sich die Opposition im Bundestag, aber auch ein Land – allein oder im Verbund mit anderen Ländern – zunutze machen und damit ggf. eigene Politik gestalten.

„Volksdemokratie" und nationalliberaler Etatismus

Das Bundesverfassungsgericht aus Sicht der politischen Theorie am Beispiel von Richter-Vorverständnissen (Böckenförde und Kirchhof)

Robert Chr. van Ooyen

1 Der Begriff des Politischen des Bundesverfassungsgerichts als eine Erscheinungsform „politischer Justiz"

„Jede Justiz ist politisch, ob man das nun zugibt oder nicht"; entscheidend ist daher „daß sich der Richter des politischen Charakters seiner Tätigkeit bewußt wird."[1]

Nun ist der Begriff der „Politischen Justiz" wie der des Politischen selbst mehrdeutig:

1.1 „Politische Justiz" aus Sicht der Rechtspolitologie[2]

In einem engen, rechtswissenschaftlichen Verständnis fassen Juristen unter „politische Justiz" die direkte Rechtsbeugung in (Straf-)Prozessen aus „politischen" Gründen aufgrund unmittelbarer Weisung der Regierung in die Justiz hinein, in extremo also eine bloße Scheinjustiz mit sog. Schauprozessen zum Zwecke der (oft auch physischen) Vernichtung der Opposition. Eine solche „Justiz" ist mit den rechtsstaatlichen Prinzipien der Gewaltenteilung und Unabhängigkeit der Rechtsprechung natürlich völlig unvereinbar. Streng genommen aber handelt es sich dann auch hier wohl gar nicht um „Justiz", sondern um „Politik", weil überhaupt kein unabhängiges Verfahren existiert.[3]

---

1   Wasserman, Rudolf: Der politische Richter, München 1972, S. 17.
2   Zur „Rechtspolitologie" vgl. den Beitrag von Rüdiger Voigt.
3   So Kirchheimer, Otto: Politische Justiz. Verwendung juristischer Verfahrensmöglichkeiten zu politischen Zwecken, Neuausgabe, Hamburg 1993; m. w. N.: van Ooyen: Die dunkle Seite des Rechtsstaats. Otto Kirchheimers „Politische Justiz" zwischen Freund-Feind, Klassenjustiz und Zivilisierung: Eine Weimarer Spurensuche (Schmitt – Fraenkel – Kelsen/Weber) zu einem Klassiker der Rechtspolitologie; in: van Ooyen/Schale, Frank: Kritische Verfassungspolitologie, Baden-Baden 2011, S. 199 ff.

Demgegenüber wäre mit Otto Kirchheimer „politische Justiz" erst gegeben, wenn ein „Kampf-(Straf)-Recht" zur Anwendung durch eine „echte" Justiz kommt; bestimmte (Straf-)Gesetze haben zwar eine eindeutige „politische Färbung", ihre Anwendung im konkreten Fall erfolgt jedoch durch den Richter weisungsunabhängig, als „rationales" Strafverfahren und „fair". So betrachtet ist „politische Justiz" sogar ein notwendiger Bestandteil des Rechtsstaats – sozusagen seine „dunkle Seite" –, weil auch alle liberalen Demokratien in legitimer Weise ein politisches (Straf-)Recht zur „zivilisierten" Bekämpfung ihrer „Feinde" kennen, das je nach Gefahr (bzw. ihrer Wahrnehmung) aber in Exzesse umschlagen kann: Das galt etwa für die sog. „McCarthy-Ära" in den USA aber auch für die antikommunistische, politische Strafjustiz der bundesdeutschen Gründerzeit.

Justiz ist aber auch „politisch", weil die in den Gerichten agierenden Personen nicht „neutral" sind. Der Richter streift seine „Weltanschauung" nicht mit dem Überziehen der Robe ab: familiäre und berufliche Sozialisationen, normative Verankerung, religiöse Orientierung, wissenschaftliche Ansätze („Schulen"), politische Orientierungen und bisweilen auch Standesinteressen sind mindestens „subkutan" präsent:[4] Über monarchistisch sozialisierte Funktionseliten mit sozialen Abstiegs- und Proletarisierungsängsten infolge der Inflation von 1923, die auf einmal das richterliche Prüfungsrecht von Gesetzen entdecken, ist schon in der Weimarer Zeit von Ernst Fraenkel gearbeitet worden.[5] Obrigkeitsstaatliche Kontinuitätslinien der Justiz verlängerten sich bis in die Bundesrepublik.[6] Auch kein Geheimnis ist, dass der BGH, der bei der Frage der Fortgeltung von NS-Beamtenverhältnissen gerne naturrechtlich, im Fall der strafrechtlichen Verfolgung der NS-Justiz-Juristen zwecks Exkulpation dann aber eher streng (pseudo-)rechtspositivistisch argumentierte („Gesetz ist Gesetz").[7] Und „politisch" beschränkt sich in diesem Sinne inzwischen nicht mehr auf die seit dem 19. Jahrhundert kanonisierte klassische weltanschauliche Dreiteilung von Liberalismus, Konservativismus und Sozialismus, sondern ist längst auch etwa bei „Genderfragen" angekommen.[8]

---

4   Vgl. van Ooyen: Machtpolitik, Persönlichkeit, Staatsverständnis und zeitgeschichtlicher Kontext: wenig beachtete Faktoren bei der Analyse des Bundesverfassungsgerichts; in: JJZG, 2008/09 (Bd. 10), S. 249 ff.

5   Vgl. Fraenkel, Ernst: Zur Soziologie der Klassenjustiz; in: GS, Bd. 1, Baden-Baden 1999, S. 177 ff.

6   Vgl. Requate, Jörg: Der Kampf um die Demokratisierung der Justiz, Frankfurt a. M./New York 2008.

7   Vgl. allgemein: Müller, Ingo: Furchtbare Juristen, München 1989; speziell: von der Ohe, Axel: Das Gesellschaftsbild des Bundesgerichtshofs, Frankfurt a. M. 2010.

8   Vgl. den Beitrag von Christine Hohmann-Dennhardt; allgemein: Ludwig, Gundula u. a. (Hrsg.): Staat und Geschlecht, Baden-Baden 2009.

1.2 „Politische Justiz" des Bundesverfassungsgerichts

Die Macht des Bundesverfassungsgerichts ist nicht zuletzt „Deutungsmacht".[9] Daher sind die Vorstellungen von Demokratie, Politik und Verfassung, die den Entscheidungen des Bundesverfassungsgerichts zugrunde liegen, von zentraler Bedeutung – vor allem, wenn es sich um Grundlagenurteile handelt, deren Ergebnisse jenseits der täglichen Gerichtsroutine zunächst offen sind und die im weiteren Verlauf den Pfad der Rechtsprechung prägen. Im Folgenden geht es daher nicht um rechtssoziologische Zusammenhänge,[10] interne Verfahrensabläufe oder konkrete machtpolitische Einflüsse des Faktors „Persönlichkeit", die sich wohl auch nur bei Akteneinsicht der Beratungssitzungen vollständig rekonstruieren ließen.[11] Hier will das Gericht im Übrigen sein Arkanum gar nicht preisgeben und mauert bei der Aktenfreigabe selbst uralter Entscheidungen.[12] Auch ist hervorzuheben, dass das „Politische" in der Verfassungsgerichtsbarkeit zunächst einmal gar nicht – wie von vielen Juristen/innen an- und von diesen seitens der Politikwissenschaft dann z. T. übernommen – für sich ein „Makel" ist. Schon das vorangestellte Eingangszitat von Wassermann sollte darauf aufmerksam machen, dass das „Politische" in der Justiz eben nicht hintergehbar ist[13] – und infolge dessen auch nicht aus dem „Recht" ausgetrieben werden muss. Bei meinem Zugang zum „Politischen" des Bundesverfassungsgerichts[14] geht es vielmehr darum, die politisch-theoretischen Vor-

9   Vgl. den Beitrag von Hans Vorländer.
10 Vgl. den Beitrag von Albrecht Hesse, ab S. 127.
11 Etwa die Macht des „Dritten Senats"; vgl. die Beiträge Rüdiger Zuck und Uwe Kranenpohl.
12 Vgl. Henne, Thomas: Die historische Forschung und die Einsichtnahme in Voten beim Bundesverfassungsgericht; in: Ders./Riedlinger, Arne (Hrsg.): Das Lüth-Urteil aus (rechts-)historischer Sicht, Berlin 2005, S. 19 ff. Diese Form von „Herrschaftswissen" ist nicht nur wenig demokratisch, sondern skandalös zu nennen, weil entgegen aller Gepflogenheiten des Aktenzugangs und sogar der eigenen Rechtsprechung.
13 Vgl. van Ooyen: Die Unhintergehbarkeit des Politischen in der Verfassungsgerichtsbarkeit; in: ZfP, 1/2009, S. 98 ff.; so grundsätzlich auch schon die beiden Abhandlungen Kelsens; vgl. van Ooyen (Hrsg.): Hans Kelsen. Wer soll der Hüter der Verfassung sein (Neuausgabe), Tübingen 2008, sowie den vorliegenden Beitrag zum Streit um die Staatsgerichtsbarkeit.
14 Zu meinem Ansatz vgl. allgemein: Der Staat der Moderne, Berlin 2003; Der Begriff des Politischen des Bundesverfassungsgerichts, Berlin 2005; Integration, Wiesbaden 2014; Die Staatstheorie des Bundesverfassungsgerichts und Europa, 5. Aufl., Baden-Baden 2014.
    Vgl. speziell: Staatliche, quasi-staatliche und nichtstaatliche Verfolgung? Hegels und Hobbes' Begriff des Politischen in den Asylentscheidungen des Bundesverfassungsgerichts; in: ARSP, 3/2003, S. 387 ff.; „Volksdemokratie" und „Präsidialisierung": Schmitt-Rezeption im liberal-konservativen Etatismus: Herzog – von Arnim – Böckenförde; in: Voigt, Rüdiger (Hrsg.): Der Staat des Dezisionismus, Baden-Baden 2007, S. 39 ff.; Die „Kopftuch-Entscheidung" des Bundesverfassungsgerichts zwischen Pluralismustheorie (Kelsen/Fraenkel) und Staatstheologie (Hegel/Schmitt); in: JöR, 2008 (Bd. 56), S. 125 ff.; Krieg, Frieden und außenpolitische Parlamentskompetenz: John Locke's „föderative Gewalt" im Staatsverständnis des Bundesverfassungsgerichts; in: IPG, 3/2008, S. 86 ff.; Eine „europafeindliche" Kontinuität? Zum Politikverständnis der Lissabon-Entscheidung des Bundesverfassungsgerichts, in: IPG, 4/2009, S. 26 ff.; Homogenes Staatsvolk statt europäische Bürgerschaft: Das Bundesverfassungsgericht zitiert Heller, meint Schmitt und verwirft Kelsens postnationales Konzept demokratischer Rechtsgenos-

verständnisse und ideengeschichtlichen Rezeptionslinien, die wichtige verfassungsgerichtliche Entscheidungen dominieren, bei der Deutung zentraler verfassungsrechtlicher Begriffe offenzulegen und von hier aus ggf. einer Kritik zu unterziehen. Insofern
ist es also nicht das Problem, dass das Bundesverfassungsgericht schon allein dadurch
politisch agiert, dass es Deutungen von Demokratie, Staat und Verfassung als „maßstabsetzende Gewalt"[15] normativ in die Gesellschaft einschreibt (oder auch nur verstärkt).
Problematisch wird es erst, wenn dies

1) nicht offen gelegt, sondern sogar regelrecht weggeleugnet wird. Und so lässt sich
   nicht nur regelmäßig beobachten, dass die Bürger/innen sich nach einem möglichst
   politikfernen Bundesverfassungsgericht sehnen,[16] das dem – von ihnen selbst gewählten (!) – parlamentarischen „Parteiengeschacher" von „oben" Paroli bietet: das
   Bundesverfassungsgericht sozusagen als „Ersatzkaiser-Ersatz". Bisweilen versucht
   das Gericht sogar selbst, den „Makel" des Politischen loszuwerden – sei es, weil es

---

senschaft; in: Llanque, Marcus (Hrsg.): Souveräne Demokratie und soziale Homogenität, Baden-Baden 2010, S. 261 ff.

Kritisch Voßkuhle, Andreas: Die Staatstheorie des Bundesverfassungsgerichts; in: Ders. u. a. (Hrsg.):
Verabschiedung und Wiederentdeckung des Staates im Spannungsfeld der Disziplinen, Berlin 2013,
S. 371 ff. Hierzu: Natürlich gibt es angesichts der personellen und zeitlichen Diskontinuitäten, verschiedenen Entscheidungskontexten, jeweiligen Fall-Logiken usw. – und schon aufgrund der Tatsache zweier Senate – nicht *das* Bundesverfassungsgericht als eines „Theorieproduzenten" im Sinne
geschlossener Systementwürfe. Auch mag ich noch ohne weiteres folgen, dass das Gericht gerade im
Bereich der Grundrechte eher eine – bisweilen durchaus am Pluralismus orientierte – „Grundrechts-"
denn „Staatstheorie" entwickelt hat (zu den Leistungen des BVerfG hier vgl. den Beitrag von Brun-Otto
Bryde). Inwieweit jedoch diese nicht auch in den Begriffen hegelianischer Entgegensetzung von „Staat"
und „Gesellschaft" und damit in den etatistischen Spuren des primär „rechtsstaatslastigen" und weniger „demokratieorientierten" Nationalliberalismus des 19. Jahrhunderts verharrt, kann an dieser Stelle
nicht geprüft werden (vgl. z. B. van Ooyen: Der Begriff des Politischen des Bundesverfassungsgerichts,
Kap. „Staat und Grundrechte", sowie mit Blick auf die Entscheidung zum Ausländerwahlrecht: Demokratische Partizipation statt „Integration"; in: ZPOL 2/2003, S. 601 ff.). Dass dies daher zudem jederzeit
„staatsräsonistisch" kippen kann, zumindest aber ambivalent bleibt, hat sich m. E. entgegen der Meinung von Andreas Voßkuhle in der aktuellen Rechtsprechung zur Inneren Sicherheit gezeigt (vgl. Möllers, Martin/van Ooyen: Bundesverfassungsgericht und Öffentliche Sicherheit, 2 Bde, 3. Aufl., Frankfurt
a. M. 2013). Jedenfalls taucht in vielen Entscheidungen, erst recht in denen des Zweiten Senats zur europäischen Integration, das für die deutsche Staatslehre typische Verständnis von „Staat" auf (vgl. auch
Günther, Frieder: Denken vom Staat her. Die bundesdeutsche Staatsrechtslehre zwischen Dezision und
Integration 1949–1970, München 2004; Möllers, Christoph: Der vermisste Leviathan. Staatstheorie in
der Bundesrepublik, Frankfurt a. M. 2008). Wie kontrovers hierüber im Gericht selbst offensichtlich
bisweilen gestritten wird, zeigt zudem das eine oder andere Sondervotum. Dass das BVerfG dabei aber
tatsächlich selten über eine „Theorie" bzw. konkurrierende Theorieentwürfe verfügt und die tradierten
Verständnisse von Staat und Demokratie zumeist apodiktisch einfach nur als Vorverständnisse grundlegend vorausgesetzt werden – das ist ja Teil des hier diskutierten Problems der „Staatstheorie" des
BVerfG (s. u. Kap. 4: „Demokratietheorie-Defizit"). Und ob man dann lediglich vom „Leitbild'" sprechen möchte (Voßkuhle, ebd., S. 382) tut dem hier vertretenen Ansatz keinen Abbruch.

15 Vgl. den Beitrag von Oliver Lepsius, ab S. 57.
16 Vgl. den Beitrag von Werner Patzelt.

annimmt, hierüber seine Legitimationsreserven schützen zu können,[17] oder sei es, weil es in naiv anmutender Weise sogar an den in der deutschen politischen Kultur besonders wirkmächtigen Mythos einer klaren Trennung von Recht und Politik auch glaubt. Und problematisch ist dies zudem, wenn

2) die den zentralen Entscheidungen zugrunde liegenden theoretischen Vorverständnisse „falsch" sind; „falsch" natürlich nur im Sinne immanenter Widersprüche oder aber relativ betrachtet im Hinblick auf konkurrierende, „richtigere" Theorieansätze, die jedoch vom Gericht ausgeblendet bzw. erst gar nicht verfolgt werden.

Nachfolgend wird daher – exemplarisch für die Leistungsfähigkeit dieses Forschungsansatzes – gezeigt, dass die vom Bundesverfassungsgericht (insb.: Zweiter Senat) vor allem mit Blick auf die europäische Integration vertretene „Trinitätslehre" von Staat – Demokratie – Souveränität in diesem Sinne „falsch" ist; denn sie steht in der Tradition des „national-liberalen Etatismus", dessen Souveränitätskonzept des 19. Jahrhunderts staatstheoretisch veraltet und dessen etatistisch eingehegtes, Schmittsche „Volksdemokratie-Modell" pluralismustheoretisch höchst zweifelhaft ist.

Die getroffene Auswahl der Richter Böckenförde und Kirchhof versteht sich dabei wiederum beispielhaft, denn beide sind auch als namhafte, in der Staatslehre einflussreiche Wissenschaftler öffentlich hervorgetreten, sodass sich einschlägige Zusammenhänge hier klarer herausarbeiten lassen.[18] Die grundsätzliche Macht des Berichterstatters bleibt in der Forschung zwar strittig,[19] obwohl insb. Kirchhof und Böckenförde jeweils Urteile des Bundesverfassungsgerichts, namentlich zu „Demokratie" und „Europa" geprägt haben. Mit Blick auf die staatstheoretischen Grundlinien in der Rechtsprechung ist dieser Zusammenhang aber insoweit gar nicht von zentraler Bedeutung. Denn in den Entscheidungen des Verfassungsgerichts bzw. den Schriften von Kirchhof/

---

17 Vgl. schon den Streit um die Sondervoten und den Beitrag von Hans Lietzmann.

18 In der rechtspolitologischen und zeitgeschichtlichen Forschung sind diese Arbeiten immer noch viel zu selten; vgl. aber z. B. mit Blick auf Leibholz: Wiegandt, Manfred H.: Norm und Wirklichkeit, Baden-Baden 1995.

19 Uwe Kranenpohl hält sie eher für überschätzt: Herr des Verfahrens oder nur Einer unter Acht?; in: ZfR, 2009, S. 135 ff. Andererseits wird etwa mit Blick auf die Arbeitsweise des BGH von BGH-Richtern selbst kritisiert, dass wohl nur der jeweilige Berichterstatter und der Vorsitzende überhaupt die Akten lesen würden und daher der Ausgang erheblich von der Person des Berichterstatters abhängen könne; vgl. Fischer, Thomas/Eschelbach, Ralf/Krehl, Christoph: Das Zehn-Augen-Prinzip – zur revisionsgerichtlichen Beschlusspraxis in Strafsachen; in: StV, 6/2013, S. 395 ff.
Aktuell plädiert auch Ernst-Wolfgang Böckenförde: „Wäre es nicht sinnvoll, daß man z. B. weiß, wie in USA üblich, wer der Berichterstatter ist... und die anderen Richter treten dem bei oder dissentieren? Daß die Richter als Personen entscheiden, die ihr Profil haben... Das könnte dann auch das Verständnis und die Akzeptanz erhöhen. Das auch personale Element, das ja in der Tat wirksam ist, wird dadurch deutlich: ... das ist nicht einfach bloße Anwendung des Gesetzes oder der Verfassung, sondern da sind bestimmte Personen mit einem bestimmten Profil, die mit Argumenten darlegen, wie sie die Verfassung sehen..."; Biographisches Interview; in: Ders.: Wissenschaft, Politik, Verfassungsgericht, Frankfurt a.M 2011, S. 438 f.

Böckenförde spiegelt sich letztendlich ohnehin nur jener antipluralistische Etatismus wider, dessen „Trinitätslehre"[20] allgemein für die deutsche Staatslehre überhaupt charakteristisch und über lange Jahre als problematischer Traditionsbestand dominant (gewesen) ist[21] – dies bei vielen, ideengeschichtlich nicht geschulten Staatsrechtlern z. T. sogar völlig unreflektiert.

2   Böckenfördes antipluralistische Demokratietheorie

2.1   Etatistische „Volksdemokratie" und Schmitt-Rezeption

Eine theoretisch anspruchsvolle und im Bereich der Staatslehre und des Bundesverfassungsgerichts einflussreiche Konzeption hat Ernst-Wolfgang Böckenförde vorgelegt; sein Verdienst ist es, das Demokratieprinzip gegenüber dem in der Rechtsprechung des Gerichts dominierenden Topos des Rechtsstaats endlich überhaupt zur Geltung gebracht zu haben[22] – doch, da seine Demokratietheorie explizit im Rückgriff auf Carl Schmitt erfolgte, leider in einer „falschen" Weise.

Denn dem Demokratieverständnis von Böckenförde,[23] seiner „Volksdemokratie"[24] liegt wie bei Schmitt die antipluralistische Konzeption einer homogenen politischen Einheit „Volk" zugrunde. Das Volk konstituiert sich hierbei nicht durch die bloß formalrechtliche Gleichheit der Bürger in der Herrschaftsunterworfenheit und – als demokratischer Reflex hiervon – in der gemeinsamen Teilhabe an der Herrschaft.[25] Böckenförde begreift „Volk" vielmehr als „Gemeinschaft", deren Homogenität aus der Annahme einer Staat und Recht vorgelagerten *substanziellen* Gleichheit resultiert:

---

20   van Ooyen: Die Staatstheorie des Bundesverfassungsgerichts und Europa (Fn. 14).

21   Vgl. ebd. sowie den Beitrag von Frieder Günther.

22   Vgl. Lepsius, Oliver: Die Wiederentdeckung Weimars durch die bundesdeutsche Staatsrechtslehre; in: Gusy, Christoph (Hrsg.): Weimars lange Schatten – „Weimar" als Argument nach 1945, Baden-Baden 2003, S. 393.

23   Vgl. Böckenfördes ausführlichen Handbuch-Beitrag: Demokratie als Verfassungsprinzip; zuerst in: Isensee, Josef/Kirchhof, Paul: HBStBRD, Bd. 1, 1987, S. 887 ff.; aktualisiert in: Böckenförde: Staat, Verfassung, Demokratie, Frankfurt a. M. 1991, S. 289 ff. (folgend wird diese Ausgabe zugrunde gelegt).

24   Zur Kritik vgl. schon: Bryde, Brun-Otto: Die bundesrepublikanische Volksdemokratie als Irrweg der Demokratietheorie; in: SuS, 3/1994, S. 305 ff.; Köppe, Olaf: Politische Einheit und pluralistische Gesellschaft. Ambivalenzen der Verfassungstheorie Ernst-Wolfgang Böckenfördes; in: KJ, 1/1997, S. 45 ff., KJ (Hrsg.): Demokratie und Grundgesetz, Baden-Baden 2000; Bull, Hans-Peter: Hierarchie als Verfassungsgebot? Zur Demokratietheorie des Bundesverfassungsgerichts; in: Greven, Thomas u. a. (Hrsg.): Bürgersinn und Kritik (FS Bernbach), Baden-Baden 1998, S. 241 ff.; Lübbe-Wolff, Gertrude: Homogenes Volk – Über Homogenitätspostulate und Integration; in: ZAR, 4/2007, S. 121 ff.; aktuelle Kritik des Legitimationskettenmodells bei Petersen, Niels: Demokratie und Grundgesetz; in: JöR, 2010 (Bd. 58), S. 137 ff.

25   So etwa in der normativen Staatstheorie, ob bei Aristoteles, Cicero, Kant oder zuletzt, wenn auch positivistisch verkürzt, bei Kelsen.

> „Die demokratische Gleichheit ist insofern eine spezifische Gleichheit, als sie zu ihrem An-
> knüpfungspunkt nicht die allgemeine Menschengleichheit hat, sondern die Zugehörigkeit
> zur politischen Gemeinschaft des Volkes... Der spezifische Charakter der demokratischen
> Gleichheit... zielt – über die formelle rechtliche Zugehörigkeit, die die Staatsangehörigkeit
> vermittelt, hinausweisend – auf ein bestimmtes inhaltliches Substrat, die sogenannte sub-
> stanzielle Gleichheit, auf der die Staatsangehörigkeit aufruht. Hier meint Gleichheit eine vor-
> rechtliche Gleichartigkeit."[26]

Diese Gleichheit ist es, die für Böckenförde das Politische und die Einheit konstituiert,
zugleich auch das Heterogene als das „Fremde" trennt – und zwar in einem existenziellen Sinne:

> „Diese begründet die relative Homogenität, auf deren Grundlage allererst eine... demokrati-
> sche Staatsorganisation möglich wird; Die Bürger wissen sich in den Grundfragen politischer
> Ordnung ‚gleich' und einig, erfahren und erleben Mitbürger nicht als existentiell anders oder
> fremd...".[27]

Entscheidend ist dabei allein die Konstituierung der existenziellen politischen Einheit
und als Konsequenz der Ausschluss des Anderen, d. h. die „Vernichtung" des Heterogenen innerhalb der politischen Einheit „Volksgemeinschaft" („politische Gemeinschaft
des Volkes"; s. o.). Dabei ist wiederum in Anlehnung an Schmitt auch für Böckenförde
der Inhalt des Politischen völlig beliebig, im Zeitalter des Nationalstaats jedoch durch
die nationale Homogenität definiert:

> „Diese Gleichartigkeit kann durch gemeinsame Religion, gemeinsame Sprache und Kultur,
> gemeinsames politisches Bekenntnis gegeben sein. In der modernen Demokratie, wie sie sich
> mit und seit der Französischen Revolution entwickelt hat, beruht sie bislang vornehmlich auf
> nationaler Gleichartigkeit und setzt diese voraus."[28]

Das „Volk" existiert bei Böckenförde wie bei Schmitt als eine dem Staat *vorausgesetzte*
souveräne politische Einheit, es ist wie bei diesem das „formlos Formende"[29] und hat
folglich als in der Geschichte handelndes Subjekt von eigener Substanz ontische Qualität. Der Nationalstaat zeigt sich insofern nur als die konkrete Organisationsform der

---

26 Böckenförde: Demokratie als Verfassungsprinzip (Fn. 23), S. 332; vgl. auch S. 348 ff.
27 Ebd., S. 332 f.; vgl. hierzu: Schmitt, Carl: Die geistesgeschichtliche Lage des heutigen Parlamentarismus,
    8. Aufl., Berlin 1996, S. 13 f.; Der Begriff des Politischen, 6. Aufl., Berlin 1996, S. 27.
28 Böckenförde, ebd., S. 333; vgl. Schmitt: Der Begriff des Politischen, S. 38 f.
29 Schmitt: Verfassungslehre, 8. Aufl., Berlin 1993, S. 81; vgl. auch den an die Schmittsche Verfassungslehre
    angelehnten Begriff der verfassunggebenden Gewalt; sie ist bei Böckenförde die nicht zu „zähmende",
    politisch-theologisch überhöhte Gewalt des „souveränen Volkes"; Böckenförde: Die verfassungs-
    gebende Gewalt des Volkes; in: Staat, Verfassung, Demokratie (Fn. 23), S. 90 ff.

politischen Einheit in einer bestimmten historischen Epoche – oder wie es Schmitt formuliert hat, als die konkrete Entscheidung des Volkes über die Form seiner politischen Existenz.[30]

Schmitt hielt jedoch die Epoche der Staatlichkeit für im Niedergang begriffen. Ein Zurück in das Zeitalter der souveränen Staatlichkeit schien ihm angesichts moderner „Entzauberung" des Staates als „Betrieb" unmöglich und so setzte er zur Wiederherstellung des in der Moderne verlorenen Mythos auf die Volkssouveränität im Sinne identitärer Demokratie, auf den Weg des plebiszitär legitimierten „Volksführers" und seine Legitimation ohne Zwischenschaltung staatlicher Organe durch „Identitätsprinzip" und „acclamatio".[31] Genau deshalb schrieb Schmitt ja eine Verfassungslehre, nicht aber eine *Staats*lehre. Seine „politische Theorie" ist ganz bewusst „politische Theologie" und nicht wie noch bei Hegel „Staatstheologie" – oder, in den Worten Eric Voegelins formuliert: ein Fall von „politischer Religion" mit dem „Volk" als innerweltlichem Gottesersatz.[32]

Hier liegt der entscheidende Unterschied zu Böckenförde, der insoweit viel „konservativer", weniger „revolutionär" als Schmitt ist. Denn Böckenförde emanzipiert sich nicht vom Staatsbegriff, sondern verharrt im Etatismus des 19. Jahrhunderts; er ist „Staatstheologe" – weil der (christliche) Staat für ihn mit der politischen Theologie Hegels (und Hobbes') Garant der (Glaubens-)freiheit – und des Friedens – schlechthin, der Pluralismus aber „ohne objektive Orientierung" ist.[33] Der Staat ist daher für Böckenförde die „„minimum condition' für Frieden und Sicherheit".[34] Er beklagt zwar einerseits den Verlust religiös gestifteter homogener Einheit infolge der Säkularisation. Die durch den (National)staat gegebene Einheit bleibt für ihn prekär, ein „Wagnis",[35] da der „freiheitliche, säkularisierte Staat... von Voraussetzungen (lebt), die er selbst nicht garantieren kann."[36] Auf der anderen Seite führt für ihn aber „kein Weg über die Schwelle von 1789 zurück, ohne den Staat als Ordnung der Freiheit zu zerstören."[37] Staat, Frieden und Freiheit sind danach eine untrennbare „Symbiose" eingegangen, da der Staat durch Beendigung des (religiösen) Bürgerkriegs mit der Herstellung von Frieden und (Religions-)freiheit die vorstaatlichen Bedingungen geschaffen hat und garantiert, die ihm zugleich in seiner Labilität einer bloß säkularen politischen Einheit zugrunde liegen und stabilisieren. Deshalb kann Böckenförde mit Hegel den Prozess der Säkularisation „nicht als Negation, sondern als Verwirklichung der Offenbarung" begreifen.[38]

---

30 Vgl. Schmitt, ebd., S. 75.

31 Schmitt: Die geistesgeschichtliche Lage des heutigen Parlamentarismus (Fn. 27), S. 22.

32 Vgl. Voegelin, Eric: Die politischen Religionen, 2. Aufl., München 1996; Der Gottesmord, München 1999.

33 Böckenförde: Bemerkungen zum Verhältnis von Staat und Religion bei Hegel; in: Ders.: Recht, Staat, Freiheit, Frankfurt a. M. 1991, S. 142.

34 Böckenförde: Die Entstehung des Staates als Vorgang der Säkularisation, ebd., S. 106.

35 Ebd., S. 112.

36 Ebd.

37 Ebd., S. 113.

38 Ebd., S. 110.

Heruntergebrochen auf das Verhältnis von Staat und Demokratie folgt hieraus im Unterschied zu Schmitt: Obschon wie dieser vom Mythos der Volkssouveränität ausgehend, permanent den „Volkswillen" und das Volk als „Einheit"[39] gar als „Schicksalsgemeinschaft" beschwörend[40] ist Demokratie für Böckenförde immer die durch die staatlichen Organe vermittelte Demokratie, d. h. Repräsentativdemokratie.[41] Insoweit bemerkt Mehring richtig, Böckenförde „harmonisiert… Schmitts Nationalismus mit seinem Etatismus".[42] In den vom „ganzen Volk" legitimierten Staatsorganen kommt zwar auch für Böckenförde die volonté général des „ganzen Volkes" zum Ausdruck:

> „Das demokratische Prinzip, wie es Art. 20 Absatz 2 GG als nähere Ausgestaltung der Volkssouveränität formuliert, ist bezogen auf die Ausübung von Staatsgewalt in der Bundesrepublik Deutschland. Es verhält sich nicht zur Demokratie als Lebensform, auch nicht zur ‚Demokratisierung der Gesellschaft'…".[43]

> „Positiv-konstruierend legt der Satz vom Volk als Träger und Inhaber der Staatsgewalt fest, dass Innehabung und Ausübung der Staatsgewalt sich konkret vom Volk herleiten muß… (sogenannte ununterbrochene demokratische Legitimationskette)… Und sie darf, einmal eingerichtet, nicht autonom werden, muß sich vielmehr stets in angebbarer Weise auf den Volkswillen zurückführen lassen und gegenüber dem Volk verantwortet werden. Erst unter dieser Voraussetzung kann staatliches Handeln durch vom Volk unterschiedene und organisatorisch getrennte Organe so angesehen werden, dass das Volk durch diese Organe die Staatsgewalt ausübt".[44]

In extremo begreift diese Vorstellung den Staat als Automatenmodell[45] (bzw. juristisch formuliert als „Subsumtionsmaschine"), wo man vorne den allgemeinen Volkswillen hineinschüttet und hinten der bis auf den Einzelfall heruntergebrochene demokratische Beschluss herausrattert. Sie impliziert, da von einer unverfälschten Vermittlung des „Volkswillens" durch den Staat ausgegangen wird, eine Identität von Volk, Staat und

---

39 Vgl. z. B. Böckenförde: Demokratie als Verfassungsprinzip (Fn. 23), S. 306 und S. 308: „Volkswillen", S. 315: „Staatsvolk als Gesamtheit", S. 324: „kollektiv-autonome Freiheit des Volkssouveräns", S. 329: „politische(n) Gemeinschaft des Volkes", S. 331: „Volk als Einheit"; S. 348: „Wir-Bewußtsein" usw.

40 Ebd., S. 311 und 314: „politische Schicksalsgemeinschaft", „Schicksal des Volkes", „existentiell verbunden".

41 Vgl. auch Böckenförde: Demokratie und Repräsentation; in: Staat, Verfassung, Demokratie (Fn. 23), S. 379 ff.

42 Mehring, Reinhard: Carl Schmitt und die Verfassungslehre unserer Tage; in: AöR, 1995, S. 197.

43 Böckenförde: Demokratie als Verfassungsprinzip (Fn. 23), S. 296.

44 Ebd., S. 299.

45 „„Absolutistisches Maschinenmodell"", so Blanke, Hermann-Josef: Funktionale Selbstverwaltung und Demokratieprinzip; in: KJ: Demokratie und Grundgesetz (Fn. 24), S. 48; „Der Staat als Maschine" als „Ideal des absolutistischen Fürstenstaates"; so schon Dreier, Horst: Hierarchische Verwaltung im demokratischen Staat, Tübingen 1991, S. 36.

Individuum, d. h. letztlich auch hier eine Identität von Regierenden und Regierten. So ließe sich das Problem des Politischen als das Problem von Herrschaft von Menschen über Menschen einfach wegzaubern und mit ihm – insoweit typisch für alle Konzeptionen von „Volksdemokratie" und „Staatstheologie" – jede Form von Opposition, die von vornherein als illegitim zu gelten hätte. Doch soweit geht Böckenförde gerade nicht. Sein Begriff von Demokratie ist nicht nur liberal-rechtsstaatlich durch den Grundrechtsschutz flankiert, sondern als „*Staats*demokratie" bleibt aufgrund der Repräsentation durch die Staatsorgane eine Differenz der „Herrschaft" – als Staatsgewalt – erhalten:

> „Die Errichtung der Demokratie als Staats- und Regierungsform, die das Grundgesetz vorschreibt, bedeutet nicht die Aufhebung und Überwindung staatlich organisierter politischer Herrschaft, sondern eine bestimmte Organisation dieser Herrschaft. Staatsgewalt und die mit ihr gegebene Herrschaft von Menschen über Menschen bleibt auch in der Demokratie bestehen und wirksam, löst sich nicht in einer (falsch verstandenen) Identität von Regierenden und Regierten, auch nicht im herrschaftsfreien Diskurs auf. Sie wird aber in einer Weise organisiert, daß ihre Ausübung vom Volk... legitimiert und kontrolliert wird und darin als Form der Selbstbestimmung und Selbstregierung des Volkes erscheint...".[46]

Aus diesem Dualismus" von „Volk" und „Staat", ergeben sich nun zwei grundsätzliche Konsequenzen, die das gesamte Verständnis von Demokratie bei Böckenförde durchziehen:

1) Nicht zuletzt diese „Differenz", das Festhalten am tradierten Staatsbegriff, schützt sein Demokratieverständnis vor der totalitären Implikation des Schmittschen – und auch vor dessen radikalen Parlamentsfeindlichkeit. Denn Schmitt löst den Dualismus von Staat und Gesellschaft – und damit auch den von Öffentlich und Privat – im Begriff des Volkes vollständig auf. Folglich totalisiert sich bei Schmitt Herrschaft schrankenlos und letztendlich wird in dieser „Demokratie" durch den charismatisch legitimierten „Führer" als Inbegriff des „Volkswillens" überhaupt jede Form von Institutionen überflüssig.[47] Nicht so bei Böckenförde, für den das direkt vom Volk legitimierte staatliche Parlament selbstverständlich zentrales Repräsentationsorgan des „Volkswillens" sein muss.

2) Andererseits hat dieses Verharren im – liberal flankierten – Etatismus des 19. Jahrhunderts bei Böckenförde zur Folge, dass er Demokratie immer nur von „oben", als staatliche Demokratie begreifen kann. Demokratie als gesellschaftliches Phänomen, jenseits des Staates, ist für ihn undenkbar. Denn in der für das obrigkeitsstaatliche Denken typischen Weise, die das Politische mit dem Staat identisch setzt, erscheint

---

46 Böckenförde: Demokratie als Verfassungsprinzip (Fn. 23), S. 297.
47 Vgl. auch Böckenförde: Die Bedeutung der Unterscheidung von Staat und Gesellschaft; in: Recht, Staat, Freiheit (Fn. 33), S. 211 ff.

von hier aus die pluralistische Gesellschaft immer als „ungeordnet" und „obskur",
weil dem Staat als Inbegriff des repräsentierten „Volkswillens" fremd, ja sogar entgegengesetzt. Die der „Staatsdemokratie" gegenübergestellte gesellschaftliche Vielheit
wird aus dieser Sicht schnell überhaupt als Gefahr für das „Gemeinwohl" des „Volkes"
begriffen, die es zu bekämpfen gilt. Denn keinesfalls kann sich in solch organisierten
„Partikularinteressen" in irgendeiner Weise der „Volkswillen" widerspiegeln; sie bleiben so gesehen vielmehr singuläre und auf Eigennutz zielende Interessen, die – wie
bei Carl Schmitt – die politische Einheit „Staat" bzw. „Volk" gefährden. Im besten
Fall noch hält dieses Verständnis von Demokratie den pluralistischen Wettbewerb
der Gruppen für demokratisch irrelevant, weil nämlich für bloßes „Privatvergnügen".

So auch bei Böckenförde, der unter der Überschrift „Das Fehlen demokratischer Legitimation bei gesellschaftlichen Gruppen und Verbänden" ausführt:[48]

> „Ist die demokratische Legitimation auf das Staatsvolk als Gesamtheit bezogen, können sich
> Gruppen und Organisationen von Bürgern, auch wenn sie zahlenmäßig stark sind, auf sie
> nicht berufen. Was sie zusammenführt und eint, sind... wirtschaftliche und soziale Interes-
> sen oder geistig-kulturelle, gegebenenfalls auch politische Bestrebungen... Aber sie stehen
> dabei nicht in irgendeiner Weise schon für die Gesamtheit der Staatsbürger...".[49]

> „Ebensowenig sind ‚Volk' schon alle diejenigen, die sich – einerlei in welchen Gruppierun-
> gen – jeweils ‚unten' befinden, d.h. als einfache Bürger der Verwaltung und den Behörden,
> aber auch dem Gesetzgeber gegenüberstehen, wie z.B. Bürgerinitiativen, Basisgruppen oder
> die von staatlichen Maßnahmen Betroffenen. Volk im demokratischen Sinne meint die Ge-
> samtheit der (Staats-)Bürger..., von der der einzelne Bürger nur ein Teil ist. Beliebig grup-
> pierte einzelne Bürger aus dem Volk bleiben einzelne (singuli)...; weder sind sie noch
> repräsentieren sie das Volk".[50]

Genau gegen diese Sicht ist die gesamte politikwissenschaftliche Pluralismustheorie von
Laski, Kelsen und Fraenkel Sturm gelaufen. Denn deren zentrale Einsicht, dass das „Gemeinwohl" (wenigstens idealtypisch betrachtet) sich in einer pluralistischen Demokratie überhaupt erst als „Resultierende" des Wettbewerbs gerade dieser Gruppen „aposte-
riori" ergibt,[51] bleibt Böckenförde völlig verschlossen.

Aus dem „etatistischen Demokratiemodell" ergeben sich nun Ableitungen für die
Stellung des Bürgers und die europäische Integration. Sie lassen sich dann mehr oder
weniger wörtlich in den Begründungen der Entscheidungen des Bundesverfassungs-

---

48 Böckenförde: Demokratie als Verfassungsprinzip, S. 315; vgl. auch: Die politische Funktion wirtschaft-
    lich-sozialer Verbände; beide in: Staat, Verfassung, Demokratie (Fn. 23), 1991, S. 406 ff.
49 Böckenförde: Demokratie als Verfassungsprinzip, ebd.
50 Ebd., S. 313; auch „Scheinlegitimation" (S. 316).
51 Fraenkel: Deutschland und die westlichen Demokratien, 2. Aufl., Frankfurt a.M. 1990, S. 297.

gerichts zum Ausländerwahlrecht, dem Maastricht-Vertrag oder auch zur demokratischen Mitbestimmung in der öffentlichen Verwaltung wieder finden:

2.2 „Staatsvolk" statt Bürger und das Europa ohne Volk – das „Demokratiedefizit" der „Kein-Demos-These"

Im Hinblick auf den politischen Status des Bürgers findet sich bei Böckenförde ein Bürgerverständnis, das in der Rezeption Schmitts einerseits „völkisch" aufgeladen ist („Homogenität", „Schicksalsgemeinschaft", „existenziell nicht fremd" usw.; s. o.). Zugleich aber ist es viel stärker als bei Schmitt auf den tradierten Begriff der Staatsangehörigkeit bezogen. Hierher rührt die Ambivalenz im Hinblick auf die Stellung des „Ausländers", die genau an dem Begriff des „Staatsvolks" bei Böckenförde – und mit ihm bei den einschlägigen Entscheidungen des Bundesverfassungsgerichts – aufbricht. Aus der „völkischen" Sicht ist der Ausländer für Böckenförde nämlich zunächst einmal als ein „Fremder" nicht zum Staatsvolk zugehörig. Er ist dies jedoch nicht unwiderruflich, denn aus der „staatlichen" Sicht wiederum kann er durch einen staatlichen Akt der „Integration", durch den Erwerb der Staatsangehörigkeit *Staats*bürger werden[52] (so dann auch die Lösung des Gerichts in der Entscheidung zum kommunalen Ausländerwahlrecht[53]). Grundsätzlich verschlossen bleibt dem so definierten Ausländer im Gegensatz zum „nativen" Staatsangehörigen als „Volksangehöriger" aber der automatische Erwerb des Bürgerstatus, etwa allein, wie es z. B. die „normative Staatstheorie" formuliert, durch den dauerhaften Aufenthalt und der damit verbundenen Herrschafts- bzw. Gesetzesunterworfenheit. Denn – nun wiederum aus der „völkischen" Sicht – erst muss aus dem „Fremden" im Sinne von „Homogenisierung" das „Fremde" ausgetrieben werden. Sonst, so Böckenförde, „bleibt er, politisch gesehen, doch ,Gast'" und „mit dem politischen Schicksal des Volkes, bei dem er lebt, nicht existentiell verbunden".[54]

Mit diesem Verständnis des „Staatsvolks" als politischer Einheit geht bei Böckenförde auch erhebliche Skepsis gegenüber der bisherigen Form europäischer Integration einher. Sie wird – insoweit in der Tradition konservativer Kultur- und Modernitätskritik von Nietzsche bis Schmitt stehend – als seelenlos und kalt empfunden, daher von ihm als „Maschinerie"[55] und abschätzig „bloße Rechtsgemeinschaft"[56] bezeichnet. Bö-

---

52 Bei Böckenförde sogar unter Hinnahme der Doppelstaatsangehörigkeit im Falle von EU und NATO-Staaten, da hier kein Loyalitätskonflikt im „Ernstfall" zu befürchten sei; vgl. Staatsbürgerschaft und Nationalitätskonzept; in: Ders.: Staat, Nation, Europa, Frankfurt a. M. 2000, S. 67; Böckenförde: Die Nation – Identität in Differenz; ebd., S. 34 ff.

53 Vgl. BVerfGE 83, 37/60 (1990).

54 Böckenförde: Demokratie als Verfassungsprinzip (Fn. 23), S. 314; vgl. Böckenförde: Ist Demokratie eine notwendige Forderung der Menschenrechte?; in: Staat, Nation, Europa (Fn. 52), S. 246 ff.

55 Böckenförde: Welchen Weg geht Europa?; ebd., S. 91.

56 Ebd.

ckenförde kontrastiert das mit gemeinschaftsbezogenen, antipluralistischen Begriffen wie „Volksbewußtsein"[57], „Homogenität", „Verwurzelung", „Bodenhaftung", „Geborgenheit", „Heimat", ja auch „Mythos". Er weist sich so als ein Gegner von „Europäisierung, „Globalisierung" und „Individualisierung" aus, die er nur als Gefahr – weil die vermeintliche politische Einheit des souveränen Staats auflösend – begreifen kann. Alle Modernisierungsphänomene werden im Kontext daher immer wieder negativ aufgeladen mit Begriffen wie „Homogenitätsspaltung", „Atomisierung", „Entwurzelung", „Desintegration", „Parzellierung von Staatlichkeit"[58] usw. Doch im Gegensatz zu den „konservativ-revolutionären" „Staatsüberwindern" Nietzsche und Schmitt bringt ihn seine Staatsfixiertheit nicht total in die Gegnerschaft zur Moderne. Böckenfördes Verhältnis hierzu ist vielmehr ambivalent; hier zeigt sich noch einmal – positiv wie negativ – der besonders „konservativ-beschränkte" Charakter seines Denkens, das Leistung und Kritik an der Moderne allein am Staatsbegriff erfassen kann und hieran eisern festhält. Denn: Insoweit die europäische Moderne bei der Geburt des souveränen Nationalstaates – als „säkularisierte" Form der zuvor religiös gestifteten Einheit – Pate gestanden hat,[59] wird sie von Böckenförde als „staatstragend" bejaht. Und genau soweit ist er auch tatsächlich „Europäer", nämlich eines Europas der vermeintlichen Homogenität des „christlichen Abendlands":

> „Gewiß gehört die christliche Religion und eine davon geprägte – wenn auch heute säkularisierte – Kultur dazu, aber ebenso Rationalismus, Aufklärung und Formen der Bürgergesellschaft. Umgreift sie daher nur das ‚lateinische Europa' oder bezieht sie auch jene Länder und Mentalitäten ein, die weder durch einen Investiturstreit, das Auseinandertreten von Staat und Kirche, noch durch eine Reformation, durch Rationalismus und Aufklärung und durch ein hieraus erwachsenes Verständnis von Recht, Freiheit und Politik geprägt sind?".[60]

Und in der zugehörigen Fußnote:

> „Die Brisanz dieser Fragestellung darf nicht unterschätzt werden, weshalb es zur gegenwärtigen political correctness gehört, sie nicht zu artikulieren. Denn die Scheidelinie läuft quer durch den Balkan und schließt auch Osteuropa, Rußland aus."[61]

Auf der anderen Seite, soweit der Prozess fortschreitender Modernisierung den Nationalstaat als politische Einheit erodiert, gar auflöst, ohne eine neue Form – vermeintlicher – politischer Einheit zu etablieren, lehnt er ihn ab. In einer „globalisierten", „ökonomisierten" und „zerfaserten" Welt will er mit dem Festhalten am Staat den Primat des

---

57 Böckenförde: Die Zukunft politischer Autonomie, ebd., S. 113.
58 Ebd., S. 120, 122, 113, 114, 119 bzw. 123.
59 Vgl. Böckenförde: Die Entstehung des Staates als Vorgang der Säkularisation (Fn. 34), S. 92 ff.
60 Böckenförde: Welchen Weg geht Europa?; in: Staat, Nation, Europa (Fn. 53), S. 101.
61 Ebd.

Politischen einfordern, den das Denken von Schmitt in seinem Kampf gegen „Neutralisierung" und „Entpolitisierung" durchzieht. Dabei ist noch einmal hervorzuheben, dass die „politische Einheit" auch bei Böckenförde eben nicht einfach durch die Rechtsordnung bzw. die Einsetzung politischer Institutionen normativ begründet werden kann, sondern sie muss substanzielle Gleichheit beinhalten. Und genau deshalb ist mit Blick auf den Prozess der europäischen Integration im Ergebnis für ihn nicht wirklich erheblich, ob nun dem EU-Parlament im Zuge einer Institutionenreform die Entscheidungsbefugnisse übertragen werden, die ein direkt gewähltes Parlament – etwa in Anlehnung an die Wesentlichkeitstheorie des Bundesverfassungsgerichts – haben muss. Denn das wirkliche Demokratiedefizit in der EU besteht für Böckenförde nicht im Institutionengefüge, sondern – in der Abwesenheit des „Volkes". Ob das Parlament nun von Bürgern gewählt wird oder nicht, ob es wesentliche Entscheidungsbefugnisse hat oder nicht – all das ist für ihn letztlich nicht entscheidend, weil nicht Ausdruck „wahrer Demokratie". Denn diese ist allein die Repräsentation des Volkes:

> „Im Sinne des nationalen Demokratiemodells wäre es konsequent, dieser Lage abzuhelfen, daß endlich dem… europäischen Parlament stärkere Entscheidungsbefugnisse übertragen werden. Das mag für eine innere Strukturreform der EG sinnvoll sein. Aber das Demokratieproblem in den Europäischen Gemeinschaften löst es nicht. Denn… das europäische Parlament kann nicht repräsentieren, was es nicht gibt: das europäische Volk."[62]

Mit Bezug zu Europa – nicht zum staatlichen Institutionengefüge – finden wir also bei Böckenförde genau die Kritik am Parlamentarismus wieder, die Schmitt in seiner Entgegensetzung von Liberalismus und Demokratie vorformuliert hat, und die sich in der Maastricht-Entscheidung niederschlägt. Zwar hält das Bundesverfassungsgericht auch hier eine Demokratisierung im Sinne der Stärkung der Kompetenzen des Europaparlaments für wichtig, entscheidend aber ist das Problem des Fehlens eines „europäischen Volkes" im Sinne politischer Homogenität, sodass sich demokratische Legitimation primär über den Nationalstaat – und dessen Parlament – vollziehen muss. Und auch für die Lissabon-Entscheidung bleibt diese Entgegensetzung von (nationaler) Demokratie und (europäischem) Parlamentarismus grundlegend.[63]

---

62 Ebd., S. 92.
63 Vgl. ausführlich m. w. N. van Ooyen: Die Staatstheorie des Bundesverfassungsgerichts und Europa (Fn. 14).

2.3   Keine „Betroffenen-Demokratie" – Demokratie kommt beim „Legitimationsketten-Modell" von „oben"

Für Böckenförde kommt demokratisch legitimiertes Handeln nur dann zustande, soweit es sich auf das Staatsvolk im Sinne einer „Gesamtheit", „Ganzheit" und nicht als bloße Summe von Einzelwillen zurückführen lässt. Aus dem „Automatenmodell" der staats-demokratischen „Maschine" folgt, dass es nur drei Formstränge von Legitimation geben kann, die alle allein „staatlich" bestimmt sind und den Willen der politischen Einheit „Volk" repräsentieren. Es sind dies:

a) die funktionelle/institutionelle Legitimation (d. h. durch die qua Verfassung einge-richteten drei Staatsfunktionen und ihre Organe),
b) die organisatorisch-personelle (sog. „Legitimationskette" – durch Wahl bzw. Bestel-lung der Amtswalter) und
c) die sachlich-inhaltliche demokratische Legitimation (durch die inhaltlichen Vorga-ben der Gesetze und Gesetzesbindung sowie durch die demokratische Verantwort-lichkeit/Kontrolle).[64]

Setzt man nun die Legitimationsquelle unter a) mit der verfassungsmäßigen Einrich-tung der Institutionen im Bereich der Gesetzgebung, Vollziehung und Rechtsprechung als erfüllt bzw. gegeben voraus, so wird die demokratische Legitimation konkreten Han-delns ausschließlich durch die beiden Formen b) und c) bestimmt. Personelle und sach-liche Legitimation müssen dabei nach Böckenförde immer zusammenwirken, auch wenn sie sich bis zu einem gewissen Grad, nicht aber vollständig, gegenseitig ersetzen können.[65] Hieraus ergibt sich nun, dass gesellschaftliche Mitbestimmung in Bereichen der Verwaltung soweit sie über das Maß bloßer Mitwirkung hinausgeht, aus seiner Sicht absolut unzulässig ist, zumindest, soweit das Verwaltungshandeln sich nicht auf sog. rein behördeninterne Vorgänge beschränkt:

> „Um hier die demokratische Legitimation der Entscheidung sicherzustellen, muß die Ent-scheidungsmacht des demokratisch legitimierten Organs gewährleistet bleiben… Demge-mäß bestehen Bedenken gegen Beteiligungsrechte solcher Instanzen, die den Bereich der Mitwirkung (Beratungs-, offene Vorschlagsrechte u. ä.) überschreiten und sich als – rechtlich nicht überholbare – Mitentscheidung darstellen."[66]

Vielmehr zeige sich, dass die straffe Hierarchisierung und Weisungsgebundenheit des Verwaltungshandelns allein garantiere, dass der „Volkswille" vollzogen würde; so gese-

---

64 Vgl. Böckenförde: Demokratie als Verfassungsprinzip (Fn. 23), S. 301 ff.
65 Ebd., S. 308 ff.
66 Ebd., S. 306.

hen führt eine Durchbrechung dieses Prinzips durch die Schaffung staatsfreier – d. h. für
Böckenförde „demokratiefreier" – Entscheidungsräume geradezu zur Aushebelung der
Volkssouveränität. Nicht einmal der Gesetzgeber könne sich daher hierüber grundsätz-
lich hinwegsetzen, indem er durch Gesetz – also durch ausschließlich sachlich-inhaltli-
che Legitimation – solch staatsfreien Räume der Selbstverwaltung den gesellschaftlicher
Gruppen übertrage:

> „Organe innerhalb der Verwaltung, die von ministerieller Weisungsgewalt freigestellt und
> zu autonomer Entscheidung berufen sind, … durchbrechen die Verantwortlichkeit und den
> durch sie vermittelten Legitimationsstrang. Im Bereich der Staatsverwaltung… besteht dafür
> kein verfassungsrechtlicher Rückhalt; er kann auch nicht aus einem Verzicht des Parlaments
> auf seine Kontrollkompetenz hergeleitet werden."[67]

Aus demokratietheoretischer Sicht ist daher für Böckenförde die funktionale Selbstverwaltung, d. h. die Übertragung staatlicher Aufgaben auf nicht weisungsgebun-
dene, nur der Rechtsaufsicht unterliegende Selbstverwaltungsträger (sog. Verwaltungsautonomie),[68] selbst durch gesetzliche Regelung nur in ganz engen Grenzen überhaupt
zulässig. Die Voraussetzungen hierfür sind: eine verfassungsrechtliche Grundlage, wei-
test gehende Normierung durch den Gesetzgeber selbst, die die Autonomiespielräume
klein hält, und die Beschränkung auf Angelegenheiten, die nicht „die Allgemeinheit
betreffen oder sonst von politischer Tragweite sind".[69] Denn die mit der Selbstverwaltung gegebene, pluralistisch organisierte Partizipation der Betroffenen an den Verwaltungsentscheidungen ist für ihn gerade nicht Element der Demokratie im Sinne seines
Verständnisses einer staatlich vermittelten Souveränität der politischen Einheit „Volk".
Diese sind vielmehr bloß „Private":

> „Die dadurch vermittelte Legitimation ist weder an sich eine demokratische, vom Staats-
> volk ausgehende, noch weist sie strukturähnliche Elemente mit dieser auf. Es handelt sich
> um eine autonome… Legitimation, deren Träger bestimmte, nach persönlichen, funktions-
> oder interessensbestimmten Merkmalen abgegrenzte Gruppen von einzelnen (Privaten)
> sind, sogenannte gesellschaftliche Gruppen… Auch wenn sie durch staatliches Gesetz zur
> eigenständigen Wahrnehmung von Verwaltungsaufgaben zusammengeschlossen sind, wer-
> den sie dadurch nicht jeweils zu einer mit dem Staatsvolk strukturverwandten Gesamtheit,
> mithin einem ‚Teilvolk'. Die Errichtung von Trägern funktionaler Selbstverwaltung ist somit
> nicht Ausdruck einer demokratischen Rückbindung der Verwaltung oder demokratischer
> Partizipation."[70]

---

67   Ebd., S. 310; auch S. 308: „… sie können nicht vom Gesetzgeber oder der Exekutive selbst durch eigen-
      mächtige Ausgliederungen geschaffen werden".
68   Z. B. Berufskammern, Hochschulen, Sozialversicherungsträger, Bundesanstalt für Arbeit usw.
69   Ebd., S. 321.
70   Ebd., S. 319; auch „strukturähnlich", S. 317.

Allerdings scheint dieser vom Schmittschen Demokratieverständnis des Volks als politischer Einheit geprägten Sicht die Einrichtung der nichtstaatlich legitimierten kommunalen Selbstverwaltung unmittelbar zu widersprechen.[71] Will Böckenförde die kommunale Selbstverwaltung nicht als demokratisch illegitim verwerfen, so muss er deren Legitimation aus einer zumindest staatsähnlichen Quelle rechtfertigen. So tritt hier an die Stelle der Legitimation durch das gesamte Staatsvolk eine „strukturverwandte", nämlich die Bürgerschaft als örtlich verfasste politische Einheit:[72]

> „Die Legitimation der kommunalen Selbstverwaltungskörperschaften… geht von der Gesamtheit der Gemeinde- bzw. Kreisbürger aus. Diese… stellt… eine unbestimmte Allgemeinheit dar, die an die durch Wohnsitznahme vermittelte Zugehörigkeit… anknüpft. Auf dieser Grundlage werden alle Bürger gleichheitlich, ohne Differenzierung nach persönlichen, funktions- oder interessenbestimmten Merkmalen einbezogen und erfasst."[73]

D. h.: Demokratie und Selbstverwaltung sind grundsätzlich nur im Falle der kommunalen Selbstverwaltung vereinbar, weil hier eine Legitimation durch ein der Gesamtheit als politische Einheit ähnliches „‚Teilvolk'" erfolgt.[74] Dagegen gelangen in der funktionalen Selbstverwaltung nur partikulare, „private" Interessen zum Ausdruck, die gerade nicht als ein solches „Teilvolk" einer „quasi-staatlichen" politischen Einheit begriffen werden können. Ihnen fehlt durch das die Gleichheit und Einheit durchbrechende – weil differenzierende – Merkmal des Interesses, Berufsstands o. ä. der notwendige Bezug auf die „Allgemeinheit der Bürger".[75]

Damit blendet Böckenförde im Bereich des Verhältnisses von Demokratie und Verwaltung nicht nur sämtliche Realitäten aus, die spätestens seit Max Weber mit dem Pro-

---

71 Insofern weitaus konsequenter allerdings Schmitt, der die kommunale Selbstverwaltung als genauso „antidemokratisch" begriffen hat: „Oft wird Selbstverwaltung… mit demokratischer Verwaltung gleichgestellt… Ein solcher Gedankengang ist in Wahrheit liberal und nicht demokratisch. Demokratie ist ein politischer Begriff und führt deshalb zu einer entschiedenen politischen Einheit und Souveränität… Das Volk in einer Demokratie ist immer das ganze Volk der politischen Einheit, nicht die Wählerschaft einer Gemeinde oder eines Kreises. Daß die politische Einheit als ein homogenes und geschlossenes Ganzes von allen weiteren, innerpolitischen Gruppierungen und Organisationen in spezifischer Weise unterschieden wird, ist wesentliche Voraussetzung der politischen Demokratie"; Verfassungslehre (Fn. 29), S. 272 f. (hier gegen Hugo Preuß); vgl. auch Rinken, Alfred: Demokratie und Hierarchie. Zum Demokratieverständnis des Zweiten Senats des Bundesverfassungsgerichts; in: KJ: Demokratie und Grundgesetz (Fn. 24), S. 135.
72 Vgl. Böckenförde: Demokratie als Verfassungsprinzip (Fn. 23), S. 319.
73 Ebd., S. 317.
74 Ebd.; vgl. auch Böckenförde: Die Bedeutung der Unterscheidung von Staat und Gesellschaft im demokratischen Sozialstaat der Gegenwart; in: Recht, Staat, Freiheit (Fn. 33), S. 232.
75 Böckenförde: Demokratie als Verfassungsprinzip (Fn. 23), S. 319; zudem ist die kommunale Selbstverwaltung legitimatorisch mit Art. 28 GG auf verfassungsrechtlicher Ebene abgesichert. Ausnahmen vom Prinzip staatlicher Legitimation sind für Böckenförde daher möglich, soweit sie verfassungsrechtlich verankert sind oder sich aus der „Natur der Sache" ergeben (Bsp.: öffentlich-rechtlicher Rundfunk, Prüfungswesen, verwaltungsinterne Kontrollinstanzen).

blem der Herrschaft der Bürokratie beschrieben werden – so als ob sich der Wille des Gesetzgebers als Ausdruck des „Volkswillens" ungebrochen durch die Bürokratie vollzöge. Als bürgerferne Konsequenz hieraus ergibt sich vor allem aber, dass jede Form von demokratischer Partizipation an Verwaltungsentscheidungen durch die Betroffenen,[76] jede „Beteiligung von Personen, die außerhalb des hierarchischen Legitimationszusammenhangs stehen… demokratie- und damit prinzipiell verfassungswidrig ist".[77] Denn diese stellt sich als eine unzulässige, gegen die demokratische Gleichheit verstoßende Differenzierung und Bevorrechtigung einer Gruppe dar, die die allein staatlich vermittelbare Souveränität des Volkes aushebelt.[78]

Und genau das sind die Argumentationen und Ergebnisse, die sich 1995 in der grundlegenden Entscheidung des Bundesverfassungsgerichts zur Auslegung des Demokratieprinzips anlässlich des Mitbestimmungsgesetzes in Schleswig-Holstein niederschlugen[79] – und zwar bis in den Wortlaut der Diktion hinein. Ganz im Sinne des staatlich fixierten, bürgerfernen und antipluralistischen Demokratiebegriffs von Böckenförde wird hier vom Verfassungsgericht die demokratische Partizipation durch Interessensgruppen im Bereich des Verwaltungshandelns kategorisch ausgeschlossen. Fortgeführt und variiert um die Unterscheidung zwischen „hoheitlichem" und „privatem" Bereich wird dies dann im Beschluss „Lippeverband", in dem sich das Gericht jetzt zwar leicht für die „Betroffenendemokratie" öffnet, sich schon aber im Leitsatz wegen des Festhaltens an der Demokratietheorie Böckenfördes zu der paradoxen Formulierung versteigen muss, dass demokratisch-pluralistische Mitbestimmung streng genommen nur eine Sache jenseits der staatlich organisierten Verwaltung sein kann – also eigentlich bloß „Privatsache".[80] „Hoheitliche" Aufgaben stehen so Aufgaben des Staates gegenüber, die privatisierbar und deshalb letztendlich gar keine Staatsaufgaben sind. Angelehnt an die seit den 90er Jahren wieder verstärkt geführte Diskussion um die vermeintlichen „Kernaufgaben" des Staates stellt sich hier heraus, dass es der „echte" Bereich von Staat im Sinne des „Nachtwächters" ist, der sich – wie der Begriff „hoheitlich" schon selbst drastisch suggeriert – der demokratischen Mitbestimmung entzieht: Staat und pluralistische Gesellschaft stehen sich so wieder einander gegenüber, wie es in der deutschen Staatslehre seit Hegel üblich ist.

---

76 Vgl. Böckenförde: Demokratie als Verfassungsprinzip (Fn. 23), S. 313; polemisch von ihm auch als „Betroffenen-Demokratie" bezeichnet (S. 320).

77 Rinken (Fn. 71), S. 135; hier auch als „neo-etatistische Demokratietheorie" (S. 133) bezeichnet; vgl. ausführlich Dreier (Fn. 45), von ihm charakterisiert als „mechanistisches Maschinenmodell des Absolutismus", S. 159.

78 So auch – mit Kritik an der Rechtsprechung des BVerfG in Anlehnung an Böckenförde – Bull (Fn. 24), S. 244: „Was als Demokratie ‚von unten nach oben' begonnen hat, wird nun zur demokratisch legitimierten Herrschaft ‚von oben nach unten' ".

79 Vgl. BVerfGE 93, 27; ausführlich m.w.N. van Ooyen: Der Begriff des Politischen des Bundesverfassungsgerichts (Fn. 14), S. 121 ff.

80 Vgl. BVerfGE 107, 59 – Lippeverband, Leitsatz 1; m.w.N. van Ooyen, ebd.

3 Kirchhofs organizistischer, theologisch-politischer Staatslehre-Mix und das Verbot der „Entstaatlichung" im europäischen Verbund souveräner Staaten

Im Vergleich zu Böckenförde, bei dem das Demokratieprinzip – wenn auch in einer Schmittschen Färbung – den zentralen Maßstab bildet, ist die Staatstheorie von Paul Kirchhof noch stärker in ihrer traditionell-etatistischen Schlagseite zum „Staat" hin ausgeprägt. In seinem zeitlich kurz vor „Maastricht" erschienenen Handbuch-Beitrag wird zwar auch das Problem des „Demokratiedefizits" auf europäischer Ebene thematisiert;[81] es steht aber der souveräne „Staat" so sehr im Mittelpunkt, dass es eher randständig bleibt. Kirchhofs Verständnis ist insofern der organischen Staatslehre verpflichtet,[82] als dass er den Staat (und das von ihm geschöpfte Recht) permanent als etwas Gewachsenes, „Vorgefunden(es)" begreift, was schon immer da gewesen sei. Der Staat „wird von jeher nicht als beliebig abgrenzbare und zuordnungsfähige Organisation verstanden, das Recht von jeher nicht als gewillkürte Setzung begriffen."[83] So ist der Verfassungsstaat für Kirchhof eben keine bloß „rechtlich bestimmte Institution und rechtlich angeleitetes Verfahren";[84] „Staat" ist vielmehr natürlicher Ausdruck einer theologisch-politischen Ordnung:

> „Solange die Welt als Schöpfungsordnung erklärt wird, die menschliche Natur und die Ordnung der Dinge einem göttlichen Schöpfungsplan folgen, sind Staatenbildung und Rechtsetzung eher das Aufspüren einer vorgefundenen Ordnung als willentliche Setzung."[85]

Das sei auch das klare Ergebnis der Staatslehre, und zwar auch derjenigen, die nicht auf religiösen Kategorien aufbaue. Spöttisch formuliert: staatliche Herrschaft als (gottgewollter und hierarchischer) „Ameisenhaufen". Im Unterschied zu Böckenförde hat man bei Kirchhofs staatsrechtlichen Schriften nicht den Eindruck einer wirklichen theoretischen Durchdringung der ideengeschichtlichen Klassiker, sondern eher den einer kaum hinterfragten, apodiktischen Wiedergabe von juristisch kanonisiertem, konservativem „Lehrbuchwissen", das „gesampelt" wird. Insgesamt bemüht er hierfür – explizit gerichtet gegen die Konzeption des Staats als Rechtsgemeinschaft der normativen Staatstheorie Kelsens[86] – eine Reihe von Klassikern: von Aristoteles über Thomas von Aquin, Montesquieu und Hegel bis zu der Weimarer Integrationslehre von Rudolf

---

81 Vgl. Kirchhof, Paul: Der deutsche Staat im Prozeß der europäischen Integration; in: Isensee/Kirchhof (Fn. 23), Bd. 7, 1992, z. B. S. 883.

82 Vgl. hierzu Mayer-Tasch, Cornelius: Korporativismus und Autoritarismus, Frankfurt a. M. 1971.

83 Kirchhof: Der deutsche Staat im Prozeß der europäischen Integration (Fn. 81), S. 867.

84 Ebd., S. 869.

85 Ebd.

86 Vgl. ebd., z. B. S. 871, 869.

Smend,[87] um schließlich dann auch noch bei der „Freund-Feind-Theorie" von Carl Schmitt zu landen:

> „… der Staat hebt seine Staatsangehörigen von Fremden rechtlich und tatsächlich ab, beansprucht Führung, indem er Eigenes vom Allgemeinen, Zugehöriges vom Fernstehenden unterscheidet. Die Staatstheorie betont den Gegensatz von Freund und Feind, um dem Denken und Handeln eine verlässliche Ausrichtung zu geben."[88]

Und so wird bei Kirchhof nicht nur das Konzept des souveränen Staates in ideen- und rechtsgeschichtlich unhaltbarer Weise einfach von der Neuzeit über das Mittelalter bis in die Antike projiziert,[89] so als ob immer und überall der „Staat" als die „natürliche" Form politischer Herrschaft existierte. Vor allem aber sieht er infolge seiner rückwärtigen Projektion des neuzeitlichen Staatsgedankens gerade die Nationalstaatlichkeit als die zentrale Essenz des gesamten europäischen Rechtsdenkens: Die „europäische Rechtsidee" sei danach die „Rechtsgemeinschaft der Staaten".[90]

> „… Eine durch europäisches Rechtsdenken geprägte Verfassung verlangt eine verläßliche Gemeinschaft der Verfassungsstaaten, nicht einen europäischen Großstaat… Das durch europäisches Recht geprägte Denken fordert somit nicht eine Auflösung der in gemeinsamer Geschichte, Sprache und Kultur gewachsenen, in gemeinsamem Schicksal zusammengehörigen Staatsvölker und ihrer Staaten, wohl aber eine Rechtsgemeinschaft dieser Völker in Europa… Europäisches Rechtsdenken wehrt eine vereinheitlichende Verstaatlichung in Europa ab…".[91]

Damit kündigt sich schon hier an: ein europäischer Staat wäre so gesehen etwas „Widernatürliches". Denn in theoretischer Perspektive führt dies dazu, dass ein Konzept, das mit der Staatslehre des Georg Jellinek im ausgehenden 19. Jahrhundert wohl seinen Theorieabschluss fand, als Messlatte für alle Formen politischer Herrschaft herangezogen wird. Das kann man natürlich – normativ betrachtet – so machen; nur das neue

---

87 Vgl. ebd., S. 867–869; zu den antipluralistischen Implikationen der nach 1945 wirkmächtigen Integrationslehre Lehre von Smend, die sich in Weimar in diesem Punkt ja kaum von der Schmitts unterschied, van Ooyen: Integration (Fn. 14); auch Lhotta, Roland: Die Integration des modernen Staates, Baden-Baden 2005.

88 Kirchhof, ebd., S. 869.

89 Bis heute lässt sich das in juristischen Staatslehren immer wieder beobachten, die die politische Herrschaft der griechischen Polis und der römischen Res Publica einfach mit „Staat" gleichsetzen. Zu diesen Fehlschlüssen und der Entwicklung des Staatsgedankens vgl. ausführlich Roth, Klaus: Genealogie des Staates, Berlin 2003; Rolin, Jan: Der Ursprung des Staates, 2005; zu den Grundproblemen vgl. schon Bärsch, Claus-Ekkehard: Der Staatsbegriff in der neueren deutschen Staatslehre und seine theoretischen Implikationen, Berlin 1974.

90 Kirchhof, ebd., S. 874.

91 Ebd., S. 874 f.

Phänomen der europäischen Integration wird man mit diesem – insofern antiquierten – Instrumentarium nicht adäquat erfassen und beschreiben können.[92] Anstatt also die eigene theoretische Begrifflichkeit anhand der Realität einer Revision zu unterziehen, geht Kirchhof den leichteren, umgekehrten Weg, indem er die Realität einfach in sein Prokrustesbett „Staat" zwängt. Und so kann er diese mit Blick auf den Prozess der europäischen Integration tatsächlich nur mit dem tradierten Dualismus von „Staatenbund" und „Bundesstaat" einfangen.[93] Dabei spürt er natürlich die Hilflosigkeit der überholten Begrifflichkeit, denn die „allgemeine Staatslehre wird Phantasie entwickeln müssen, um die Alternativen von Staatenbund oder Bundesstaat zu überwinden".[94] Nur, sein Neologismus des „Staatenverbunds",[95] der sich dann in der Maastricht-Entscheidung niedergeschlagen hat und auf den auch die Lissabon-Entscheidung rekurriert, leistet das gerade nicht – und zwar nicht nur, weil er juristisch viel zu unscharf, sondern weil er ja dem Konzept des Staates der deutschen Staatslehre grundsätzlich verhaftet bleibt.[96] In diesem Kontext hält Kirchhof daher eisern an der von ihm zitierten Jellinekschen „Drei-Elemente-Lehre" fest. So bleibt der Staat „ursprüngliche(r) Herrschermacht"[97] und damit prima causa im Sinne der politischen Theologie bzw. Staatstheologie Hegels. Denn „ursprüngliche", d. h. nicht abgeleitete Macht gibt es nur in der Theologie als eine Eigenschaft Gottes – schöpferisch und sich selbst erschaffend – nicht aber im Bereich der von Menschen eingesetzten Institutionen zur Regelung des politischen Lebens. Mit diesem Staatsbegriff wird der „Staat" als politische Einheit und Subjekt von eigener Substanz ontologisiert.

Auch inhaltlich, bezogen auf die Staatszwecke, ist Kirchhof mit seinem Verständnis von Kernkompetenzen dem „Nachtwächterstaat" des 19. Jahrhunderts verbunden, da er im Prinzip nur die klassischen Staatsaufgaben, flankiert durch ein bisschen Sozialstaatlichkeit, als „echten" Ausdruck von Staatlichkeit und damit des Politischen akzeptiert. Dieses Bild von „Kern-Staatlichkeit" findet sich fast originalgetreu dann in der Lissabon-Entscheidung wieder.[98] Jedenfalls zählt für Kirchhof der Bereich der Wirtschaft, der

---

92 Vgl. van Ooyen: Der Staat – und kein Ende?; in: JöR, 2006 (Bd. 54), S. 151 ff.
93 Vgl. Kirchhof: Der deutsche Staat im Prozeß der europäischen Integration (Fn. 81), S. 857 ff.
94 Ebd., S. 886.
95 Ebd., S. 873, 879.
96 Insoweit erinnert dies an die analoge Problematik der „quasi-staatlichen" Verfolgung in der Rechtsprechung zum Asylrecht, bei der der Begriff des politisch Verfolgten auf den der staatlichen Verfolgung verengt worden ist (weil nach der konservativen Staatslehre des 19. Jahrhunderts das Politische mit dem Staatlichen gleichgesetzt wird), um dann feststellen zu müssen, dass sich mit diesem etatistischen Verständnis die Realität politischer Verfolgung in Bürgerkriegssituationen oder „privater" Geschlechterverhältnisse (z. B. weibliche Genitalverstümmelung) nicht einfangen lässt; vgl. van Ooyen: Staatliche, quasi-staatliche und nichtstaatliche Verfolgung? (Fn. 14).
97 Kirchhof: Der deutsche Staat im Prozeß der europäischen Integration (Fn. 81), S. 869; Jellinek, Georg: Allgemeine Staatslehre, 3. Aufl., Berlin 1914, S. 180 f. und 183.
98 Seit der Entscheidung zum „Europäischen Haftbefehl" fortgeführt nunmehr durch den Berichterstatter Udo Di Fabio; m. w. N. van Ooyen: Die Staatstheorie des Bundesverfassungsgerichts und Europa (Fn. 14), S. 97 ff.

immerhin für die meisten Menschen – soweit sie nicht Rentiers oder Beamte/innen sind – im Alltag von zentraler Bedeutung ist, nicht dazu, und zwar noch nicht einmal als „Vorstufe".[99] Auch dieses Motiv ist dann in der Maastricht-Entscheidung hilfreich gewesen, um die besondere Qualität der Integration als bloße „Wirtschaftsgemeinschaft" herunterzuspielen, sodass die staatliche Messlatte des „Demokratiedefizits" (noch) nicht angelegt werden musste und der Vertrag dann doch verfassungskonform sein konnte. Der Staat ist dabei, wie oben herausgestellt, für Kirchhof zudem immer Nationalstaat, sodass die Souveränität mit dem „Volk" als „Staatsvolk" korrespondiert, das als eine homogene politische Einheit und damit antipluralistisch begriffen wird, nämlich im Sinne von: „nationale Schicksalsgemeinschaft", „Gemeinschaft", „durch Geburt und Herkunft verwandten Staatsvolks", „Mindesthomogenität" usw.[100]

„Staat", „Souveränität" und „Volk" – gemessen hieran muss nicht nur der „Verfassungspatriotismus" als Krückenersatz „echter" Staatlichkeit abgelehnt werden; auch ist Deutschland erst mit der Überwindung der Zweistaatlichkeit während der Teilung so richtig Staat geworden.[101] Vor allem aber erweist sich die europäische Integration, solange kein wirkliches europäisches Volk vorhanden ist, als „widernatürliche" Gefahr der „Entstaatlichung", die sich sogar durch die „Ewigkeitsklausel" des Art. 79 III GG verbiete,[102] selbst wenn die Integration die grundgesetzlichen Vorgaben der Verfassungsprinzipien erfüllte. Denn „jede Forderung nach Parlamentarisierung der EWG... (zielt) auf ein Stück Entstaatlichung der Mitgliedstaaten".[103]

Genau hier trifft sich Berichterstatter Kirchhof daher mit dem eher demokratietheoretisch argumentierenden Senatskollegen Böckenförde:[104] Solange es kein europäisches Volk im skizzierten Sinne als homogene politische Einheit gibt, solange ist die europäische Integration nicht bloß ein Problem in institutioneller Hinsicht, weil etwa das direkt-demokratisch legitimierte EU-Parlament gegenüber dem im Legislativbereich mächtigeren Ministerrat mehr Kompetenzen erhalten bzw. angesichts des nunmehr mit „Lissabon" erreichten Stands „gleich" gewählt werden müsste. Nein, solange sind der Übertragung von Hoheitsrechten überhaupt Grenzen gesetzt, weil sich die demokratische Legitimation nur über das deutsche Volk und damit allein über das nationale Parlament herstellen lässt. Auch Kirchhof pflegt daher mit Blick auf das EU-Parlament wie Böckenförde einen in der Tradition der deutschen Staatslehre des nationalen Etatismus

---

99 Kirchhof, ebd., S. 859.
100 Ebd., S. 859, 860, 866 bzw. 873; zum „Heller Zitat" der „Homogenität" in der Maastricht-Entscheidung m. w. N. van Ooyen (Fn. 14).
101 Vgl. Kirchhof, ebd., S. 861 f.
102 Vgl. ebd., S. 882 ff.
103 Ebd., S. 883.
104 Dass bei der Maastricht-Entscheidung Böckenfördes Sicht im Vergleich zu Kirchhofs gemäßigter und das Heller-Zitat sogar ein Kompromiss gewesen sei, macht dann nur noch einen graduellen Unterschied aus; so aber Lübbe-Wolff (Fn. 24).

stehenden, problematischen antiparlamentarischen Affekt.[105] So bleibt im Prozess der europäischen Integration die Souveränität Deutschlands erhalten[106] – und „kann die europäische Versammlung, die sich ‚Parlament' nennt, gegenwärtig nicht ein Parlament... sein".[107]

4   Das „Demokratietheorie-Defizit" des Bundesverfassungsgerichts

Dieses Staats-, Demokratie- und Europaverständnis wird zwar im Gericht selbst kritisiert;[108] hier aber bleiben die Kritiker bei den zentralen Entscheidungen nach wie vor in der Minderheit. Dass diese politiktheoretische „Trinitätslehre" von Staat – Souveränität – Demokratie sich so wirkmächtig hat entfalten können, könnte auch mit einem anderen Befund korrespondieren. Denn generell existiert beim Verfassungsgericht ein regelrechtes Demokratietheorie-Defizit zugunsten einer Flucht in die Dogmatik des Rechtsstaats:

> „Als Beispiel kann auch auf die Debatte um Parlamentsvorbehalt und Wesentlichkeitstheorie verwiesen werden... (Das Gericht) flüchtete vor dem demokratietheoretischen Problem und suchte bei den rechtsstaatlichen Maßstäben der Grundrechte Schutz, indem es die Formel kreierte, jedenfalls die grundrechtsrelevanten Bestimmungen zählen zum Wesentlichen. Das Problem der Ausprägung und Reichweite des Gesetzesvorbehalts als Kehrseite von Parlamentsvorbehalt und Wesentlichkeitslehre fiel mit dem Grundrechtseingriff zusammen, und in der Folge verlagerte sich die eigentlich staatsorganisatorische Diskussion in die Grundrechte... Der Gang der Dinge ist symptomatisch für die deutsche Verfassungsdogmatik, die sich durch Unvermögen zu staatsorganisationsrechtlicher Theoriebildung auszeichnet, das durch die Ausdehnung materieller Prüfungsmaßstäbe kompensiert wird. Staatsorganisationsrechtliche Fragen werden hier zu grundrechtlichen umformuliert; an die Stelle von Organisationsrecht, Kompetenzzuteilungen, Normenhierarchie oder Verfahren treten die materiellen grundrechtlichen Prüfungsmaßstäbe."[109]

---

105 Vgl. van Ooyen: Der Begriff des Politischen des Bundesverfassungsgerichts; „Volksdemokratie" und „Präsidialisierung" (beide Fn. 14); Der Bundespräsident als „Integrationsfigur"?; in: JöR, 2009 (Bd. 57), S. 235 ff.

106 Vgl. Kirchhof: Der deutsche Staat im Prozeß der europäischen Integration (Fn. 81), S. 881.

107 So Kirchhof auch nach Maastricht: Die Gewaltenbalance zwischen staatlichen und europäischen Organen; in: Walter Hallstein-Institut (Hrsg.): Grundfragen der europäischen Verfassungsentwicklung, Baden-Baden 2000, S. 53. Dagegen im selben Band Pernice, Ingolf: Die Politische Vision von Europa und die notwendigen institutionellen Reformen, S. 83: „Bild hegelscher Prägung eines nahezu göttlichen Staates, der allumfassend, letztverantwortlich, unentrinnbar ist" statt „multilevel constitutionalism".

108 Vgl. z. B. schon die Minderheitsmeinung von Solange I; Bryde (Fn. 24); aktuell mit explizitem Rückgriff auf die Staatstheorie von Kelsen: Lübbe-Wolff (Fn. 24).

109 Lepsius: Rechtswissenschaft in der Demokratie; in: Der Staat, 2/2013, S. 179 f.

Mit Blick auf die (Europa-)Rechtsprechung bedeutet das, dass sich hier dann leicht solche demokratie- und staatstheoretischen Konzepte durchsetzen,

- die entweder theoretisch differenziert ausformuliert sind und damit überhaupt als Begründungsmuster verfügbar vorliegen; so im Falle der von der Schmittschen Sicht geprägten Demokratietheorie Böckenfördes
- oder die einfach auf tradierte, wirkmächtige theoretische Konzepte zurückgreifen, die schon von der Ausbildung her durch Kanonisierung auch jedem ideengeschichtlich nicht geschulten Juristen geläufig sind (durch Jellineks liberal-konservativen, hegelianisch geprägten Etatismus der „ursprünglichen Herrschermacht" etwa sind ganze Juristengenerationen gegangen); so im Falle des Konzepts des souveränen Staates, das Kirchhof dann noch mit dem theoretisch leicht verdaulichen Naturalismus der reaktionären organischen Staatslehre mischt.

Wenn wie im Falle der Rechtsprechung zu Europa und Demokratie beides zusammentrifft – und dabei die „rousseauistisch" geprägte Schmittsche Theorie des identitären, homogenen „Volkswillen" und der „Gemeinschaft" auch noch selbst zum Traditionsbestand der Staatslehre, ja sogar zu den in Deutschland weit verbreiteten Populärvorstellungen von Demokratie zählt[110] – entsteht eine Deutungshoheit, die schwer aufzubrechen ist: Diese politischen Theorien setzen sich dann durch das rechtswissenschaftliche System der „kommunizierenden Röhren"[111] fort, von Urteil zu Urteil sich selbst eher noch verstärkend, auch wenn sie an der Realität scheitern, in ihrer Begrifflichkeit längst überholt und/oder in ihren theoretischen Bezügen sogar problematisch sind. Alternative Deutungen zur „Dreifaltigkeitslehre" bleiben wegen des verfassungsgerichtlichen „Demokratietheorie-Defizits"[112] – das überdies mit einem weiteren in der Vergleichenden Regierungslehre korrespondiert – als nicht mehrheitsfähig einfach auf der Strecke. Dies erst recht, wenn man sich vor Augen führt, dass die meisten Richter/innen kaum die Staats- und Verfassungstheorie als Schwerpunkt ihrer beruflichen Sozialisation durchlaufen haben, ja viele von ihnen noch nicht einmal aus dem Fachgebiet des Staats- und Verfassungsrechts i. e. S. kommen bzw. im Gericht sowieso andere Spezialmaterien betreuen – und schon von daher bei ihrer Meinungsbildung im Senat eher auf das Ergebnis der Entscheidung schauen denn auf die Details seiner demokratie- und staatstheoretischen Begründung.

---

110 „Kollektivistische(s) Missverständnis der Demokratie", so Habermas, Jürgen: Wie demokratisch ist die EU?; in: Blätter, 8/2011, S. 41.

111 Verfassungsgerichtsurteile, die als „höchstrichterliche" Entscheidungen in die Lehrbücher und Kommentare eingehen, die dann selbst wiederum als „herrschende Meinungen" die Rechtsprechung prägen.

112 M. w. N. van Ooyen: Die Staatstheorie des Bundesverfassungsgerichts und Europa (Fn. 14), S. 93 und 135 ff.

Entscheiden durch Maßstabsbildung

Oliver Lepsius

1 Institutionalisierung des Gerichts durch innovative Rechtsprechung

Das Bundesverfassungsgericht, man darf es nach über sechzig Jahren Entscheidungs-praxis sagen, ist eines der erfolgreichsten und innovativsten Gerichte, das es je gab. „Karlsruhe" hat ein Modell geschaffen, wie sich ein Gericht institutionell erfolgreich zu positionieren versteht und was ein Gericht inhaltlich durchsetzen kann. Zu Recht wird dabei immer wieder die Bedeutung hervorgehoben, welche die Grundrechte für diese Erfolgsgeschichte gespielt haben. Sie ermöglichten den Rekurs auf eine kodifi-zierte Wertordnung, die in der institutionellen Verantwortung eines Gerichts lag, die dem Bürger über die Verfassungsbeschwerde als Mittel zur Wahrung und Durchsetzung seiner Belange auch gegen die Mehrheitsdemokratie zur Verfügung standen und die zu-gleich einen gesamtgesellschaftlichen Integrationsanspruch erheben konnten. Viele ver-fassungsrechtliche Innovationen des Bundesverfassungsgerichts kreisen um die Grund-rechtstheorie: Drittwirkung, verfassungskonforme Auslegung, Verhältnismäßigkeit, die objektiven Grundrechtslehren (Grundrechte als Verfahrensgarantien und Organi-sationsmaximen, grundrechtliche Schutzpflichten). Auch im prozessualen Denken ha-ben die Grundrechte ihre Handschrift hinterlassen: Das Bundesverfassungsgericht hat schon in einer seiner ersten grundrechtlichen Entscheidungen, dem Elfes-Beschluss aus 1957, die Verfassungsbeschwerde de facto zu einem Normenkontrollanspruch des Bür-gers ausgeweitet.[1] Darin heißt es der Sache nach: Auch die formell verfassungswidrige Norm, eine Norm, die etwa unter Verletzung der föderativen Kompetenzordnung oder des Verfahrens der Gesetzgebung zustande gekommen ist, kann mit einer Verfassungs-beschwerde angegriffen werden, da sie in der Regel in den Schutzbereich der weitgefass-

---

1 BVerfGE 6, 32 – Elfes [1957].

ten „allgemeinen Handlungsfreiheit" des Art. 2 Abs. 1 GG eingreifen wird. Das Grundrecht der allgemeinen Handlungsfreiheit garantiert durch die weite Interpretation, die
ihm das Bundesverfassungsgericht gegeben hat, nicht nur einen lückenlosen subjektiven Freiheitsschutz,[2] es erhält implizit die Funktion zugeschrieben, die Wahrung der
formellen Verfassungsmäßigkeit zu gewährleisten und sie mit einem materiellen Anspruch auf rationale Begründung durch den Gesetzgeber zu verbinden. Denn nur rational begründete und formell verfassungsmäßige Gesetze stellen keine automatische
Verletzung des Art. 2 Abs. 1 GG dar. Es war letztlich auch dieser Kniff, wie mit der Begründung eines all- bzw. letztzuständigen Freiheitsrechts und einer entsprechend weiten Klagebefugnis dem Gericht zugleich eine umfassende Kontrollkompetenz zuwuchs.
Denn institutioneller Profiteur dieses Grundrechtsverständnisses war das Bundesver-
sungsgericht selbst: Es ist nämlich kaum eine Konstellation denkbar, in der nicht hoheitliches Handeln zugleich einen rügefähigen Grundrechtseingriff darstellt und es ist auch
kaum eine Konstellation denkbar, in der verfassungsrechtlich verdächtiges hoheitliches
Handeln nicht einen Beschwerdeführer findet, der einen Fall bis nach Karlsruhe tragen
wird. Vom verfassungsrechtlichen Erfindungsreichtum profitierte nicht zuletzt die institutionelle Stellung des Gerichts, das, man darf es nicht vergessen, in der Bundesrepublik der Newcomer unter den Gerichten war, noch keine etablierte Stellung genoss und
die Institution der Verfassungsgerichtsbarkeit erst einmal mit substantiellem Leben und
institutionellem Ansehen füllen musste. In den 1950er Jahren jedenfalls waren der Bundesgerichtshof, das Bundesarbeitsgericht oder das Bundesverwaltungsgericht selbstbewusste Konkurrenten auch um die inhaltliche Deutung der Verfassung, und der heute
so unbestrittene Status des BVerfG alles andere als gesichert.[3] Wie das Bundesverfas-

---

2   Zu dessen Rechtfertigung Kahl, Wolfgang: Die Schutzergänzungsfunktion von Art. 2 Abs. 1 Grund-
     gesetz, Tübingen 2000. Siehe auch Bethge, Herbert: Die Grenzen grundrechtlicher Subjektivierung
     objektiven Verfassungsrechts. Zum aktuellen Stellenwert der Elfes-Konstruktion, in: O. Depenheuer/
     M. Heintzen/M. Jestaedt (Hrsg.), Staat im Wort. FS Josef Isensee, Heidelberg 2007, 613–631.
3   Der BGH vertrat in den 1950er Jahren eine bewusste Naturrechtsrenaissance. Dies bedrohte den Vor-
     rang der Verfassung und damit auch die Stellung des BVerfG, da der BGH materielle Einsichten direkt
     aus dem Naturrecht an der Verfassung vorbei herleiten konnte; vgl. Weinkauff, Hermann: Der Natur-
     rechtsgedanke in der Rechtsprechung des Bundesgerichtshofs, in: Neue Juristische Wochenschrift 1960,
     1689–1696; analysierend etwa Kühl, Kristian: Kontinuitäten und Diskontinuitäten im Naturrechts-
     denken des 20. Jahrhunderts, in: K. Acham/K. W. Nörr/B. Schefold (Hrsg.), Erkenntnisgewinne und
     Erkenntnisverluste. Kontinuitäten und Diskontinuitäten in den Wirtschafts-, Rechts- und Sozialwissen-
     schaften zwischen den 20er und 50er Jahren, Stuttgart 1998, 605–663; Foljanty, Lena: Recht oder Gesetz,
     Tübingen 2013. Das BAG hatte frühzeitig die unmittelbare Drittwirkung der Grundrechte im Arbeits-
     recht etabliert und damit seine eigene Grundrechtstheorie begonnen, die auf die Anwendung des Ar-
     beitsrechts durchschlug, vgl. Nipperdey, Hans Carl: Grundrechte und Privatrecht, Krefeld 1961. Und
     das BVerwG benutzte schon in den frühen 1950er Jahren die Grundrechte, um das überkommene Ver-
     waltungsrecht zu modernisieren und zu subjektiven Ansprüchen der Bürger auszubauen, vgl. Werner,
     Fritz: Verwaltungsrecht als konkretisiertes Verfassungsrecht, Deutsches Verwaltungsblatt 1959, 527–533;
     Schönberger, Christoph: Verwaltungsrecht als konkretisiertes Verfassungsrecht, in: M. Stolleis (Hrsg.),
     Das Bonner Grundgesetz. Altes Recht und neue Verfassung in den ersten Jahrzehnten der Bundesrepu-
     blik Deutschland, Berlin 2006, 53–84. Als das BVerfG Ende der 1950er Jahre seine Grundrechtsrecht-

sungsgericht das Grundgesetz in den ersten Jahrzehnten inhaltlich interpretierte, muss daher auch vor dem Hintergrund seiner eigenen institutionellen Absicherung gesehen werden, die auf dem Vorrecht zur materiellen Verfassungsauslegung gründete.

Der Rang und die Stellung des Bundesverfassungsgerichts verdanken sich aber nicht nur den materiell-rechtlichen Neuschöpfungen und prozessrechtlichen Doktrinen des Gerichts, sondern auch einer spezifischen Entscheidungstechnik. Verfassungsgerichte stehen vor dem grundsätzlichen Problem, ihre Entscheidungen nicht durchsetzen zu können. Sie sind auf die Akzeptanz ihrer Entscheidungen durch die anderen Verfassungsorgane angewiesen. Die Frage ist überdies, wie weit die Akzeptanz reicht: betrifft sie nur den entschiedenen Einzelfall oder erstreckt sie sich auf die inhaltliche Auslegung der Verfassung als solcher? Formaliter betreffen Gerichtsentscheidungen konkrete Sachverhalte. Es wird in erster Linie ein konkreter Rechtsstreit entschieden, erst in zweiter Linie eine abstrakte Rechtsfrage. Erst ein Fall, eine konkrete Auseinandersetzung über eine Rechtsfrage, ermöglicht schließlich die Zuständigkeit eines Gerichts, anlässlich dieses Falles eine Rechtsfrage zu erörtern, oder, wie der Volksmund sagt: Wo kein Kläger, da kein Richter. Aus der Kompetenz zur Entscheidung von Fällen folgt aber noch keine prinzipielle Kompetenz zur generell-abstrakten Auslegung der Verfassung als solcher. Heute hat man sich stillschweigend an die Kompetenz des Bundesverfassungsgerichts gewöhnt, in Verfassungsfragen das letzte Wort zu haben. Das GG überträgt dem BVerfG aber nicht die Kompetenz zur Verfassungsauslegung als solcher. Zur Interpretation und Konkretisierung der Verfassung sind alle Verfassungsorgane gleichermaßen berufen. Die Zuständigkeit des Verfassungsgerichts wird vom Grundgesetz enumerativ auf konkrete Verfahrensarten begrenzt (Art. 93 GG). Verfassungsauslegung ist nur das Mittel, einen konkreten Rechtsstreit am Maßstab des Grundgesetzes entscheiden zu können. Die Verfassungsauslegung hat eine dienende Funktion für die Streitentscheidung, sie ist aber kein Selbstzweck. Wie nun kann ein Gericht dafür Sorge tragen, dass seine Entscheidung nicht nur in dem konkreten Rechtsstreit befolgt wird, sondern auch über den konkreten Fall hinaus eine Bindungswirkung erlangt? Diese Frage ist für die Vorrangstellung der Institution von herausragender Bedeutung: Gelingt es dem BVerfG nämlich, seine Verfassungsauslegung auch über den einzelnen Fall hinaus allgemein durchzusetzen, erlangt es einen Status, der über denjenigen eines Gerichts, das Fälle entscheidet, hinausgeht. Es wird zum Hüter der Verfassung. Nur dies sichert ihm im Übrigen auch die materielle Vorrangstellung gegenüber den obersten Bundesgerichten: Andernfalls entschieden die obersten Bundesgerichte und das Bundesverfassungsgericht jedes für sich Fälle in ihrer Zuständigkeit; das BVerfG hätte keinen Einfluss auf die Auslegung des einfachen (Gesetzes-)Rechts, die Fachgerichte wiederum könnten die Verfassung ignorieren. Die Stellung und Bedeutung des Bundesverfassungsgerichts ist damit unweigerlich mit der Verfassungsauslegung verbunden oder anders gesagt: Die inhaltliche

---

sprechung begann, gab es bereits drei konkurrierende Zugänge, die zugleich die institutionelle Stellung der jeweiligen Gerichte festigten.

Auslegung des Vorrangs der Verfassung wirkt sich unmittelbar auf die Stellung der Institution aus: als höherrangiges Gericht gegenüber den obersten Bundesgerichten, denen es eigentlich nicht übergeordnet ist sowie als Hüter der Verfassung gegenüber den
anderen Verfassungsorganen, denen das BVerfG als Letztinterpret vorgeordnet ist. Aus
dem Wortlaut der Verfassung lässt sich eine privilegierte Stellung nur im Hinblick auf
die Entscheidung konkreter Rechtsfälle (Art. 93) oder dem Normverwerfungsmonopol
(Art. 100 GG), nicht aber der Verfassungsauslegung als solcher ableiten.

Dem Bundesverfassungsgericht ist es unzweifelhaft gelungen, seine aus Anlass eines
Falles getroffenen Verfassungsinterpretationen zur allgemeingültigen Verfassungskon-
kretisierung zu erheben. Schon 1962, in der Festrede zum zehnjährigen Bestehen des
Gerichts, vermerkte Rudolf Smend, das Grundgesetz gelte nunmehr praktisch so, wie
es das Bundesverfassungsgericht auslege, und die Literatur kommentiere es in diesem
Sinne.[4] Im Verfassungsleben hat sich die Auslegung der Verfassung inzwischen fast immer von dem der Entscheidung einst zugrundeliegenden Sachverhalt verselbständigt.
Die Wirkung der Entscheidung reicht über das Verfahren, das sie ausgelöst hat, hinaus.
In der allgemeinen Wahrnehmung im politischen System entscheidet das BVerfG nicht
nur Fälle. Es konkretisiert letztverbindlich die Verfassung mit einer Bindungswirkung,
die sowohl von den andern Verfassungsorganen als auch von Politik und Gesellschaft
generell-abstrakt akzeptiert wird. Smends Beobachtung trifft auch heute noch zu: Die
Verfassung gilt praktisch so, wie das Gericht sie auslegt. Das vollbracht zu haben, ist eine
große institutionelle Leistung des Gerichts.[5]

Sie kann nicht mit dem Hinweis auf Art. 94 Abs. 2 Satz 1 GG und § 31 BVerfGG
erklärt werden, wonach Entscheidungen des Bundesverfassungsgerichts nicht nur die
Verfahrensbeteiligten, sondern die Verfassungsorgane des Bundes und der Länder sowie alle Gerichte und Behörden binden. Denn diese gesetzlich angeordnete Bindungswirkung des bezieht sich nur auf den Streitgegenstand der Entscheidung,[6] kann also das
Phänomen der den Fallbezug überschreitenden materiellen Wirkung noch nicht erklären. Auch die Gesetzeskraft, die bestimmten Entscheidungen nach § 31 Abs. 2 BVerfGG
zukommt, hilft zur Erklärung nicht weiter. Gesetzeskraft genießen Entscheidungen, in
denen Normen für verfassungswidrig erklärt werden (in Verfahren der abstrakten und

---

4   Smend, Rudolf: Festvortrag zur Feier des zehnjährigen Bestehens des BVerfG am 16.1.1962, in: Das
    Bundesverfassungsgericht 1951–1971, 2. Aufl. Karlsruhe 1971, 15 (16), auch in: ders., Staatsrechtliche Ab-
    handlungen, 2. Aufl. Berlin 1968, 581 (582).
5   Vgl. zu solchen faktischen Bindungswirkungen Hoffmann-Riem, Wolfgang: Beharrung oder Innova-
    tion: zur Bindungswirkung verfassungsgerichtlicher Entscheidungen, Der Staat 13 (1974), 335 (339 f.,
    354); Häberle, Peter: Verfassungsgerichtsbarkeit als politische Kraft, in: ders., Verfassungsgerichtsbar-
    keit zwischen Politik und Rechtswissenschaft, Königstein 1980, 55 (59, 67 f.); Gusy, Christoph: Parla-
    mentarischer Gesetzgeber und Bundesverfassungsgericht, Berlin 1985, 245 ff.; Schulze-Fielitz, Helmuth:
    Wirkung und Befolgung verfassungsgerichtlicher Entscheidungen, in: P. Badura/H. Dreier (Hrsg.), FS
    50 Jahre Bundesverfassungsgericht, Erster Band, Tübingen 2001, 385 ff.; Grigoleit, Klaus Joachim: Bun-
    desverfassungsgericht und deutsche Frage, Tübingen 2004, 89 f.
6   So auch BVerfGE 24 289 (297) [1968].

konkreten Normenkontrolle sowie der Verfassungsbeschwerde und in einigen weniger wichtigen Verfahren genannt in § 31 Abs. 2 BVerfGG). Der Grund für die Gesetzeskraft gerade normverwerfender Entscheidungen liegt in der Normenhierarchie: Solche Entscheidungen betreffen die Geltung eines Gesetzes. Sie wirken daher nicht nur inter partes sondern inter omnes und müssen daher aus Gründen der Normenhierarchie mit einer generell-abstrakten Geltungskraft versehen sein.[7] Die weite faktische Entscheidungswirkung und die allgemeine Akzeptanz verfassungsgerichtlicher Verfassungskonkretisierungen lassen sich damit jedoch nicht erklären.[8]

2 Der Entscheidungsaufbau: „C. I." und „C. II."

Die hohe faktische Bindungswirkung von Bundesverfassungsgerichtsentscheidungen verdankt sich in erster Linie einer besonderen Begründungstechnik. Das Gericht pflegt seine Entscheidungsbegründung aufzuteilen in einen ersten Abschnitt, in dem es allgemein gehaltene Aussagen zur Auslegung der Verfassungsnormen trifft und in einen zweiten Abschnitt, in dem es diese abstrakten Aussagen auf den konkreten Sachverhalt bezieht. Der erste Abschnitt dient der sachverhaltsunabhängigen Verfassungsauslegung. Er bereitet die Entscheidung des Falles vor, ist aber so allgemein gehalten, dass seine Aussagen auf andere Fallkonstellationen übertragen werden können. Man nennt ihn den Maßstäbeteil. In ihm wird der Leser abstrakt über den Verfassungsinhalt belehrt. Die Ausführungen tragen einen lehrbuchartigen Charakter. Erst der zweite Abschnitt entscheidet den Fall. Er bezieht die allgemeine Verfassungskonkretisierung auf den konkreten Rechtsstreit und begründet, welche Rechtsfolge die Verfassung in genau diesem Fall verlangt. Man nennt ihn den Subsumtionsteil.

Beide Begründungsteile werden voneinander deutlich abgesetzt und in der Regel mit dem Gliederungspunkt „C. I." (für den Maßstäbeteil) und „C. II." (für den Subsumtionsteil) bezeichnet. Die vorherigen Abschnitte „A." und „B." betreffen im Allgemei-

---

7   Auch bestimmt das BVerfG selbst die Bindungswirkung eher eng: Nur der Tenor und die tragenden Gründe würden von der Bindungswirkung des § 31 BVerfGG erfasst, ständige Rechtsprechung seit BVerfGE 19, 377 (391 f.), [1966]; vgl. etwa auch mit Varianten BVerfGE 40, 88 (93 f.) [1975]; 104, 151 (197) [2001]. Über das Merkmal der „tragenden Gründe" kann das BVerfG die Bindungswirkung freilich selbst ausdehnen oder einschränken, je nachdem, welche Entscheidungspassagen es selbst zu tragenden Gründen erklärt. So hat das Gericht etwa den einst in BVerfGE 93, 121 (136 ff.) [1995] entwickelten „Halbteilungsgrundsatz" im Steuerrecht mit dem Hinweis kassiert, diese Entscheidungspassage sei nicht Teil der tragenden Gründe gewesen und deswegen unverbindlich, vgl. BVerfGE 115, 97 (108) [2006]. Zum Problem näher Schlaich, Klaus/Korioth, Stefan: Das Bundesverfassungsgericht, 9. Aufl. München 2012, Rn. 475–500.

8   Vgl. auch Lepsius, Oliver: Zur Bindungswirkung von Bundesverfassungsgerichtsentscheidungen, in: R. Scholz u. a., Realitätsprägung durch Verfassungsrecht, Berlin 2008, 103 (106–110); Heun, Werner: Rechtliche Wirkungen verfassungsgerichtlicher Entscheidungen, in: C. Starck (Hrsg.), Fortschritte der Verfassungsgerichtsbarkeit in der Welt, Band 2, Baden-Baden 2006, 173 ff.

nen noch nicht die Verfassungsauslegung und Begründung. Mit dem Gliederungsabschnitt „A." wird der Sachverhalt und der Gang des Verfahrens bezeichnet, Abschnitt. „B." behandelt die Zulässigkeit des Rechtsbehelfs. Erst mit dem Teil „C." beginnt dann die Begründung der Entscheidung in der Sache. Der Maßstäbeteil stellt zuerst die Weichen im materiellen Verfassungsrecht, ohne dass an dieser Stelle bereits auf die Eigenheiten des zu entscheidenden Falles eingegangen werden müsste. Dies leistet dann erst der Subsumtionsteil. Zwar folgt das Bundesverfassungsgericht diesem Aufbau nicht immer, inzwischen aber doch mit steter Regelmäßigkeit.[9] Er hat sich im Laufe der Zeit eingebürgert und dürfte inzwischen als kanonisierte Gliederung einer Begründung nicht mehr auf seinen Sinn und seine Zweckmäßigkeit hinterfragt werden.[10]

Auf die Formulierung des Maßstäbeteils verwendet das Gericht große Sorgfalt. In Gesprächen bestätigen die Richter des Bundesverfassungsgerichts regelmäßig, wie gerade dieser Begründungabschnitt besonders sorgsam diskutiert wird und die Fortschreibung oder Fortentwicklung überkommener Maßstäbe zu den in den Senatsberatungen besonders intensiv diskutierten Entscheidungspassagen zählen.[11] Jedenfalls darf man davon ausgehen, dass die im Maßstäbeteil getroffenen Aussagen im Senat genau abgestimmt wurden. Die Schlüssigkeit dieser Darlegungen muss sich schließlich aus sich selbst heraus ergeben; sie kann nicht mit Bezug auf den Sachverhalt, aus der konkreten Problemlage heraus begründet werden, sondern bewegt sich in einem abstrakten, systematischen Rahmen. Sie beansprucht also eine generelle Richtigkeit. Typischerweise sind die hier getroffenen Aussagen auch recht selbstbezüglich begründet. Nicht selten zitiert sich das Bundesverfassungsgericht ganz überwiegend selbst und baut in den Begründungsfluss Verweise auf frühere Entscheidungen ein, die oft zu Zitatenketten mutieren. Geht man diesen Selbstzitaten nach, wird man feststellen, dass sie ganz überwiegend wieder den Maßstäbeteilen früherer Entscheidungen entstammen. Bestimmte Formulierungen, etwa zum Schutzbereich der Eigentumsgarantie oder zum Gewährleistungsbereich der Meinungsfreiheit kehren als Standardformulierungen wieder. Lehrbuchartig

---

9   Zur Technik der Maßstabsbildung, ihren Chancen und Gefahren vgl. auch: Lerche, Peter: Stil und Methode der verfassungsgerichtlichen Entscheidungspraxis, in: P. Badura/H. Dreier (Hrsg.), FS 50 Jahre BVerfG, Erster Band, Tübingen 2001, 333 ff.; Jestaedt, Matthias: Phänomen Bundesverfassungsgericht. Was das Gericht zu dem macht, was es ist, in: ders. u. a. Das entgrenzte Gericht, Berlin 2011, 77 (110 ff., 135 ff.); Lepsius, Oliver: Die maßstabsetzende Gewalt, in: ebd., 159 ff.; ders., Bindungswirkung (Fn. 8).

10 Selten reflektiert der Senat, ob man zur Erleichterung der Entscheidungsfindung und -begründung nicht auf einen Maßstäbeteil verzichtet, so etwa geschehen in BVerfGE 93, 319 (338 ff.) – Wasserpfennig [1995], wie Ernst-Wolfgang Böckenförde einmal bekannt hat, vgl. Lepsius, Bundesverfassungsgerichtsentscheidungen (Fn. 8), 112 Fn. 28. Gegen die Ausdehnung verfassungsrechtlicher Maßstabsbildung etwa auch Sondervotum Böckenförde, BVerfGE 93, 121 (133 ff.) – Vermögensteuer [1995].

11 Es handelt sich hier gewissermaßen um die Pflege des verfassungsrechtlichen „Quellcodes". Dazu Voßkuhle, Andreas: Zukunftsoffenheit und Vielfaltssicherung – die Pflege des verfassungsrechtlichen „Quellcodes" durch das Bundesverfassungsgerichts, in: C. Hillgruber/C. Waldhoff (Hrsg.), 60 Jahre Bonner Grundgesetz – eine geglückte Verfassung?, Heidelberg 2010, 97 (100 ff.).

werden die Schutzbereiche von Grundrechten wiederholt und die – erst im weiteren Verlauf für die Sachentscheidung erheblichen – Kriterien abstrakt erläutert.

Der Entscheidungsduktus ist folglich entkontextualisiert. Es geht um die Verfassungsauslegung in einer rein normativen, inzwischen zudem meist selbstbezüglichen Perspektive. Die Probleme, die einst zur Errichtung, Justierung und Fortentwicklung der Maßstäbe geführt haben, finden keine Erwähnung (mehr). Aus dem Gedächtnis der Verfassungsauslegung sind die Konstellationen, die einst zu dieser Auslegung geführt haben, verschwunden. Stattdessen spricht das Gericht ex cathedra von einer von den Sachverhalten und Streitfragen abgehobenen Warte, in der sich die Verfassungsauslegung als autoritative Normerkenntnis verselbständigt hat.

Im Subsumtionsteil argumentiert das Gericht dann anders. Hier nun fließen die Sachverhaltsbezüge in die Begründung ein. Die zuvor generell-abstrakt vorgenommene Maßstabsbildung wird nun im Stile eines gesetzlichen Obersatzes auf den zu entscheidenden Sachverhalt angewendet. Der Subsumtionsteil wird mit Formulierungen eingeleitet wie etwa: „Diesen Maßstäben wird die angegriffene Vorschrift nicht gerecht" – oder: „Das geltende Recht genügt den dargestellten verfassungsrechtlichen Vorgaben nicht". Im Subsumtionsteil muss der Senat die Leistung vollbringen, den abstrakten Maßstab auf den konkreten Fall anzuwenden. Diesem Zweck dient in erster Linie der Grundsatz der Verhältnismäßigkeit, denn mit ihm lassen sich konkrete Problemlagen mit allgemeinen Grundsätzen und Werten in eine Relation bringen.[12] Ob ein Urteil oder ein Gesetz verhältnismäßig ist, lässt sich nämlich nicht abstrakt entscheiden, sondern nur in einer Perspektive, die das Mittel auf seine Verhältnismäßigkeit zum verfolgten Zweck hin untersucht (Geeignetheit des Mittels, Erforderlichkeit des Mittels, Angemessenheit des Mittels).[13] Die Verhältnismäßigkeitsprüfung komplettiert also die „Vermaßstäblichung" der Verfassungsinterpretation: Mit ihr gelingt eine Prüfung, die den Eigenheiten des Falles gerecht wird indem sie neben normativen Wertungskonflikten (Angemessenheit) auch die faktischen Aspekte berücksichtigt (Geeignetheit, Erforderlichkeit) und überdies auch die Entscheidungsprärogative anderer Gewalten verfassungsrechtlich zu berücksichtigen versteht. Der Senat billigt dem Gesetzgeber oder der Verwaltung regelmäßig Beurteilungs- und Entscheidungsspielräume bei der Zwecksetzung, der Mittelauswahl und auch der Zweck-Mittel-Relationierung zu (zumal es sich hier häufig um Tatsachen- und Prognoseentscheidungen handelt, die den Bereich der reinen Normerkenntnis verlassen).

---

12 Vgl. zur Verhältnismäßigkeitsprüfung als dem „C. II."-Maßstab Lepsius, Maßstabsetzende Gewalt (Fn. 9), 203–213.

13 Vgl. zum Funktionieren des Verhältnismäßigkeitsgrundsatzes etwa Schlink, Bernhard: Der Grundsatz der Verhältnismäßigkeit, in: P. Badura/H. Dreier (Hrsg.), FS 50 Jahre BVerfG, Band II, Tübingen 2001, 445–466; Merten, Detlef: Verhältnismäßigkeitsgrundsatz, in: ders./H.-J. Papier (Hrsg.), Handbuch der Grundrechte, Band III, Heidelberg 2009, § 68 Rn. 6 ff.; Clérico, Laura: Die Struktur der Verhältnismäßigkeit, Baden-Baden 2001.

Diese Zuwendung zu den Sachverhalten, ihren konkreten Problemen sowie der Respekt gegenüber der institutionellen Zuständigkeit anderer Verfassungsorgane hat jedoch keine Auswirkung auf die Maßstabsbildung. Mit der Verhältnismäßigkeitsprüfung gelingt also erneut Bewundernswertes, weshalb auch sie in den Rang der großen Erfindungen Karlsruhes erhoben werden darf: Sie ermöglicht die Flexibilität gegenüber den Eigenheiten der Sachverhalte, die Berücksichtigung von Tatsachenfragen in der Verfassungsprüfung, den Respekt vor den Mehrheiten in der Politik, die Rationalität eines dogmatisch abgesicherten Prüfungs- und Entscheidungsverfahrens, kurzum, sie ermöglicht praktikable und differenzierte Entscheidungen in der Sache ohne jedoch den Bereich der generell-abstrakten Norminterpretation, für den sich das BVerfG allein zuständig sieht, inhaltlich zu beeinträchtigen oder gar institutionell zu gefährden. Einzelfallentscheidungen stellen sich auf diese Weise nicht als Ausnahmen dar, die über die Sachverhalte kunstvoll von den Grundsätzen abgegrenzt werden müssen, wie es etwa beim „distinguishing" in der angelsächsischen Präjudizienkultur der Fall ist. Auch divergierende Einzelfallentscheidungen vermögen sowohl die Tragfähigkeit der Maßstäbe im abstrakten als auch ihre verhältnismäßige Anwendung im Konkreten als Ausdruck eines rationalen Entscheidungsprozesses zu demonstrieren. Wie hier Grundsätze und Ausnahmen, Werte und Fakten oder Politik und Recht miteinander vermittelt werden, ist hohe Richterkunst.

Zeitlich kann man die Entwicklung so charakterisieren: Schon in den 1970er und 1980er Jahren verwendete die Verfassungsrechtsprechung Maßstäbe, argumentierte mit ihnen aber noch im Sachverhaltskontext. Die Formulierung der Maßstäbe war inhaltlich und aufbautechnisch mit der Problembehandlung verwoben. Zwar sind die vom Gericht für den Maßstab gewählten Formulierungen abstrakt, aber sie gewinnen ihre Überzeugungskraft noch aus dem Kontext des Sachproblems heraus, auf das der Maßstab hinführt. Die verfassungsrechtliche Diskussion jener Tage war daher noch durch die Frage gekennzeichnet, welche dauerhaften, allgemeinen Aussagen sich aus maßstabs-orientierten Darlegungen des Gerichts ableiten lassen. Der Sachverhaltsbezug des Maßstabs stand sowohl dem Gericht als auch der kommentierenden Literatur vor Augen.[14] Erst in den 1990er Jahren verselbständigen sich die einst noch sachverhaltsbezogenen Maßstäbe zunehmend zu abstrakten Maßstäbeteilen.[15] Der Kontext, aus dem

---

14 Als Beispiel darf verwiesen werden auf Schlaich, Klaus: Die Verfassungsgerichtsbarkeit im Gefüge der Staatsfunktionen, Veröffentlichungen der Vereinigung der Deutschen Staatsrechtslehrer 39 (1981), 99 (111 f., 120 ff.); Lerche, Peter: Facetten der „Konkretisierung" von Verfassungsrecht, in: ders., Ausgewählte Abhandlungen, Berlin 2004, 86 (97 f.): Abstrakte Präzisierungen sind nur Bestandteil der Entscheidungen des ganz konkreten Falls und wirken daher formal nicht über diesen ganz konkreten Fall hinaus. Ähnlich in der sachverhaltsbezogenen Rückbindung allgemeiner verfassungsrechtlicher Aussagen auch ders.: Stil und Methode (Fn. 9), 335 ff.: Die Entscheidungspraxis der Gerichte habe im Konkreten das letzte Wort. Es überstiege jedoch die Kompetenz jeder Gerichtsbarkeit, ins Abstrakte gewendete Fragen konkreter Art endgültig beantworten zu wollen.

15 Erhellend Lerche, Peter: Die Verfassung in der Hand der Verfassungsgerichtsbarkeit, in: ders., Ausgewählte Abhandlungen (Fn. 14), 522–528.

heraus Maßstäbe gewonnen wurden, geht verloren; die maßstäblichen Aussagen werden ohne Sachverhaltsbezug getroffen und selbstreferentiell mit Verweis auf frühere Aussagen in anderen Maßstäbeteilen des Bundesverfassungsgerichts eher dokumentiert als hergeleitet. Das erleichtert dem Gericht die Begründung, denn Verweisen ersetzt Argumentieren und erzeugt den Eindruck einer gefestigten Rechtsprechung, die nicht von den konkreten Umständen, den jeweiligen Richterpersönlichkeiten oder gar politischen Interessen abhängig ist oder geleitet wird.

3 Konsequenzen der Aufteilung in Maßstäbe- und Subsumtionsteile

3.1 Vorzüge dieser Aufteilung

Auf den ersten Blick gewinnt die Entscheidungsbegründung durch die Aufteilung in einen allgemein gehaltenen Maßstäbe- und einen konkreten Subsumtionsteil an rationaler Struktur. Zwischen Verfassungsauslegung und Verfassungsanwendung wird differenziert, Aspekte der allgemeinen Verfassungsinterpretation werden von solchen des konkreten Problems, das zu lösen ist, getrennt. Man spürt sogleich das Besondere dieser Technik, wenn man angelsächsische Präjudizien zum Vergleich heranzieht. Dort trägt die Sachverhaltsdarstellung die normativen Aussagen. Die Regel wird induktiv aus der Praktikabilität für den jeweiligen Fall begründet, nicht deduktiv auf den Fall angewendet. Die Argumentationstechnik des Bundesverfassungsgerichts hingegen ähnelt der Subsumtion von Gesetzen, nicht der Fallnormtechnik des Richterrechts.[16] Auf diese Weise werden Entscheidungsbegründungen nicht nur rationalisiert sondern auch entpolitisiert. Die Verfassungsinterpretation verselbständigt sich von den Alltagskonflikten und kann gerade dadurch eine zeitübergreifende Autorität und Schlüssigkeit erlangen. In Gestalt der Maßstäbeteile lässt sich die Verfassungsrechtsprechung auch leicht dogmatisch aufbereiten. Indem man die Sachverhalte bei der Systematisierung und Kommentierung der Rechtsprechung getrost ignorieren kann, können das Gericht selbst wie auch die seine Rechtsprechung kommentierende wissenschaftliche Literatur eine Verfassungsdogmatik etablieren, die, wie es juristischer Dogmatik eigen ist, die Normauslegung als einen unpolitischen, unhistorischen, von Interessen abstrahierbaren, gewissermaßen neutralen und sachgesetzlich-rationalen Prozess aufbereiten kann.[17] An einer apolitischen und akontextuellen Verfassungsinterpretation hat das Gericht ein vitales Interesse, weil es seine Entscheidungen nicht als Ausdruck einer sachverhaltsorientierten, also kontextuellen Interpretation präsentieren muss, sondern das Übergreifende,

---

16 Vgl. zu letzterer etwa Esser, Josef: Grundsatz und Norm, 4. Aufl. Tübingen 1990 (1956); Fikentscher, Wolfgang: Methoden des Rechts in vergleichender Darstellung, Band IV, Tübingen 1977.

17 Siehe näher Lepsius, Oliver: Kritik der Dogmatik, in: Kirchhof, Gregor/Magen, Stefan/Schneider, Karsten (Hrsg.), Was weiß Dogmatik?, Tübingen 2012, 39–61 m. w. N.

Beständige, Zeitgeistlose betonen kann. Das erzeugt den Eindruck eines zeitunabhängigen und sachverhaltsunabhängigen Verfassungsverständnisses.

3.2 Die Ablösung der Maßstabsbildung von der Sachentscheidungskompetenz

Mit dieser Entscheidungstechnik sind aber auch bedenkliche Folgen verbunden: Indem beide Teile getrennt werden, wirken subsumierende Aussagen auf die Fortentwicklung der Maßstäbe nur selten ein. Das können sie meist schon deswegen nicht, weil der Maßstäbeteil den subsumierenden Aussagen vorangestellt wird. Daraus entwickelt sich ein Trend, bei der Maßstabsbildung und -fortentwicklung auf Tatsachenaspekte oder die Kontexte der früheren Entscheidungen keine Rücksicht nehmen zu müssen. Dadurch wird die Kompetenz des BVerfG zur Verfassungsinterpretation von den Streitfragen, zu deren Lösung die Verfassung interpretiert werden muss, entkoppelt. Dies dient der Selbstermächtigung des Gerichts und ist eine zentrale Voraussetzung für die grundsätzliche, fallunabhängige Bindungswirkung seiner Entscheidungen.

Wie oben bereits erläutert, ist die Kompetenz des BVerfG zur Verfassungsauslegung an einen Verfassungsstreit (Art. 93 GG) gebunden. Erst Rechtsstreite eröffnen die Zuständigkeit des BVerfG. Verfassungsinterpretation hat eine dienende Funktion, um einen Verfassungsstreit zu entscheiden, sie ist kein Selbstzweck. Nur die Sachverhalte sind es, die die Zuständigkeit des Gerichts zur Verfassungsinterpretation begründen. Indem es dem Gericht aber durch die Maßstabsbildung gelingt, seine inhaltlichen Aussagen über den Sachverhaltsbezug hinaus abstrakt zu verselbständigen, kann es sich in inhaltlicher (nicht in prozessualer) Dimension von seinen Kompetenzgrenzen befreien. Seine Aussagen gewinnen eine inhaltliche Bedeutung, die seine Zuständigkeit in konkreten Verfassungsstreitigkeiten überschreitet. Die Maßstabsbildung dient somit mittelbar der Selbstermächtigung: von einem Gericht, das Streitfälle entscheidet, zu einem Verfassungsorgan, das ein genereller Hüter der Verfassung geworden ist.

3.3 Die Errichtung einer im Stufenbau der Rechtsordnung nicht vorgesehenen Zwischenebene

Die Selbstermächtigung zeigt sich auch in normentheoretischer Perspektive. Maßstäbe beanspruchen eine Konkretisierung der generell-abstrakten Verfassungsnorm und zugleich eine Generalisierung der individuell-konkreten Entscheidungen. Man kann bei ihnen nicht mehr sagen, ob es sich um Rechtsetzung oder Rechtsanwendung handelt. Sie errichten eine Zwischennorm, die in einem diffusen Geltungsbereich zwischen generell-abstrakter Geltung und individuell-konkreter Anwendung liegt. Damit entzieht sich der Maßstab einer klaren kompetentiellen Zuordnung zu einer der Funktionen, die mit der Aufteilung von Judikative und Legislative bezweckt ist. Ist Verfassungsinterpretation durch Maßstabsbildung noch Verfassungsrechtsprechung oder schon Verfassungsgebung? Auch in normenhierarchischer Sicht erweisen sich Maßstäbe als geschickte Strategie der Selbstermächtigung: In der Normenhierarchie wird die Verfassung dem Gesetz übergeordnet (Vorrang der Verfassung, Art. 20 Abs. 3, 1 Abs. 3 GG), das Gesetz dem Verordnungs- und Satzungsrecht, dieses wiederum Einzelakten (Urteilen, Verwaltungsakten). Der Normenhierarchie entspricht eine abgestufte Kompetenzzuweisung an die verschiedenen Gewalten. Wenn die Verfassungsinterpretation aber über Maßstäbe erfolgt, wird zwischen die Verfassung und das Gesetz eine neue Normenkategorie eingeschoben, nämlich der verfassungsrechtliche Maßstab, auf den kein anderes Organ als das BVerfG Zugriff hat. Die Verfassung kann geändert werden (Art. 79 GG), den Maßstab hingegen verwaltet das Gericht autonom, ihn jedenfalls kann selbst der verfassungsändernde Gesetzgeber nicht ändern.

Mit Maßstäben wird zugleich ein Deutungsanspruch gegenüber dem einfachen Gesetzesrecht erhoben, weil mit ihnen die Rechtsordnung materiell einheitlich betrachtet werden kann. Dies ermöglicht die Nivellierung des Stufenbaus der Rechtsordnung durch Entscheidungsfiguren, wie wir sie aus der Rechtsprechungspraxis des Gerichts kennen: verfassungskonforme Auslegung der Verfassungsänderung,[18] verfassungskonforme Auslegung des Gesetzes, das „bloß verfassungswidrige" im Vergleich zum nichtigen Gesetz, das Argumentieren mit der Identität des Grundgesetzes[19] oder einer Identitätskontrolle.[20] Entscheidungsaussprüche, in denen der Stufenbau der Rechtsordnung im Namen eines materiellen Verfassungsverständnisses aufgelöst wird, können jedoch nur funktionieren, wenn sich das materielle Verfassungsverständnis nicht wieder auf eine Normenschicht bezieht, die in der Normenhierarchie eindeutig lokalisierbar und konkurrierenden Organen zugänglich ist.[21] Über Maßstäbe kann sich das Gericht freizeichnen von der Bindung an andere Normen, sei es der Text der Verfassung oder das einfache Gesetzesrecht (zu dessen einfachrechtlicher Auslegung das BVerfG gerade keine Zuständigkeit hat, denn diese fällt in die Hoheit der jeweils zuständigen obersten Bundesgerichte). Anders ausgedrückt: Mit Hilfe der Maßstabsbildung wird der materielle Vorrang der Verfassung auf die institutionelle Stellung des Gerichts transponiert. Auf die Spitze getrieben ließe sich sagen: Der Erfolg des Gerichts hängt von seiner Selbsterfindung als maßstabsetzende Gewalt ab. Der Hüter der Verfassung vermag zum Herrn der Verfassung zu mutieren.

---

18   BVerfGE 109, 279 (316–319) – Großer Lauschangriff [2004].

19   BVerfGE 124, 300 (321, 329) – Wunsiedel [2009]; 125, 260 (324) – Vorratsdatenspeicherung [2010].

20   Das kann zu Extremsituationen führen, etwa wenn das Bundesverfassungsgericht die „Ewigkeitsgarantie" des Art. 79 Abs. 3 GG zu einem Maßstab für die absoluten Grenzen der Verfassungsänderung („Identität") in eigener Interpretationshoheit ausbaut und sich selbst die Stellung eines Wächters des pouvoir constituant zuschreibt.

21   Vgl. näher auch Lepsius, Maßstabsetzende Gewalt (Fn. 9), 176–181.

3.4 Die Ablösung der Maßstabsbildung von den tatsächlichen Verfassungskonflikten

Verfassungsrechtliche Maßstäbe werden zuerst immer aus einem bestimmten Sachproblem heraus entwickelt. Dies lässt sich gut am Beispiel des Lüth-Urteils 1958 nachweisen, der Begründung der Verfassung als „objektiver Wertordnung", die über die Generalklauseln des einfachen Rechts auch auf dieses einwirkt. In dem der Urteilsverfassungsbeschwerde zugrundeliegenden Fall hatte das Landgericht Hamburg den Aufruf Erich Lüths, den neuesten Film von Veit Harlan, Regisseur antisemitischer NS-Propagandafilme, bei einer Leistungsschau des Kinos der jungen Bundesrepublik zu boykottieren, als vorsätzliche sittenwidrige Schädigung untersagt. Das Bundesverfassungsgericht, im Unterschied zum Justizpersonal der jungen Bundesrepublik ganz überwiegend aus Gegnern des Nationalsozialismus zusammengesetzt,[22] konnte es kaum billigen, wie eine vermeintlich unpolitische Norm des Bürgerlichen Rechts politisch gegen diejenigen eingesetzt wurde, deren Zivilcourage das Wiedererstarken der alten NS-Eliten anprangerte. Um das Urteil des Landgerichts aber als Verletzung der Meinungsfreiheit aufheben zu können, musste das BVerfG den Grundrechten eine entsprechend weite Bindungswirkung im Zivilrecht zubilligen, was zur Formel von der „objektiven Wertordnung" führte (und darin auch die philosophische Großwetterlage der materialen Wertethik in den 1950er Jahren aufgriff). Ohne den nationalsozialistischen Kontext des Sachverhaltes, ohne den Rückgriff des Zivilgerichts auf eine sittenrechtliche Generalklausel und ohne die institutionelle Konkurrenz durch die obersten Bundesgerichte wäre der Fall Lüth so nie entschieden worden.[23] Oder man blicke, rund 30 Jahre später, auf den Brokdorf-Beschluss (1986), die erste grundlegende Entscheidung zur Demonstrationsfreiheit. Sie verbindet grundrechtliche Aussagen mit demokratietheoretischen, geht alsbald zur verfassungskonformen Auslegung des Versammlungsgesetzes über (bewegt sich hier also schon im Subsumtionsteil) und löst die Sachfrage am Ende nicht materiellrechtlich, sondern über einen prozessualen Rechtsverstoß.[24] Der Senat nutzt die Gunst der Stunde, um Grundsätzliches zur Bedeutung der Versammlungsfreiheit in einer Demokratie zu sagen und aus ihm heraus den Schutz der Großdemonstration selbst bei einzel-

---

22 Vgl. die Beiträge in: Görtemaker, Manfred/Safferling, Christoph (Hrsg.), Die Rosenburg. Das Bundesministerium der Justiz und die NS-Vergangenheit, Stuttgart 2013; Rottleuthner, Hubert: Karrieren und Kontinuitäten deutscher Justizjuristen vor und nach 1945, Frankfurt 2010.

23 Näher Lepsius, Maßstabsetzende Gewalt (Fn. 9), 191 f., 195 f.; umfassend Henne, Thomas/Riedlinger, Arne (Hrsg.): Das Lüth-Urteil aus (rechts-)historischer Sicht. Die Konflikte um Veit Harlan und die Grundrechtsjudikatur des Bundesverfassungsgericht, Berlin 2005.

24 Das OVG, das das Demonstrationsverbot in Brokdorf bestätigte, habe gegen die Verwaltungsgerichtsordnung und damit gegen die Bindung an das Gesetz (Art. 20 Abs. 3 GG) verstoßen als es die Entscheidung des VG, das das Demonstrationsverbot aufgehoben hatte, im einstweiligen Rechtsschutz aufhob. Schon dadurch seien die Beschwerdeführer im Grundrecht des Art. 8 GG i. V. mit dem Rechtsstaatsprinzip verletzt. Zu der Entscheidung Pabel, Katharina: BVerfGE 69, 315 – Brokdorf, in J. Menzel/R. Müller-Terpitz (Hrsg.), Verfassungsrechtsprechung, 2. Aufl. Tübingen 2011, 396–403 m. w. N.

nen gewaltbereiten Demonstranten zu begründen. Man sieht in einer Leitentscheidung wie dem Brokdorf-Beschluss, wie es den Richtern mit Hilfe einer Maßstabsbildung gelingt, ganz allgemeine Ausführungen über die Funktion der Versammlungsfreiheit in der Demokratie und für die Demokratie zu treffen um dann mit diesen Erwägungen eine verfassungskonforme Auslegung der Anmeldevorschriften und Verbotstatbestände im Versammlungsgesetz vorzunehmen, das in seinem Wortlaut praktisch umgedeutet und auf die Bedürfnisse moderner Großdemonstrationen angepasst wird. Die Entscheidungstechnik der Maßstabsbildung verschafft dem Senat maximale Wirkmächtigkeit: Obwohl der Fall über einen Verstoß gegen die Verwaltungsgerichtsordnung entschieden wird, kann der Senat gleichwohl das Grundrecht der Versammlungsfreiheit grundsätzlich interpretieren und auf der Basis dieser Interpretation dann das einfache Gesetzesrecht (Versammlungsrecht) umgestalten.

Eigentlich ist es keine Überraschung, dass ein Gericht aus der Behandlung eines Konflikts heraus einen allgemeinen Lösungsvorschlag entwickelt und ihn nicht nur mit den konkreten Sachumständen, sondern auch als Ausdruck abstrakter Grundsätze rechtfertigen will. Das entspricht höchstrichterlichem Entscheidungsverhalten. In der Entscheidungstechnik Karlsruhes aber geht mit der Zeit der Kontext, aus dem heraus und für den der Maßstab einst entwickelt worden war, verloren. Der Maßstab gewinnt eine Verselbständigung von den Konflikten, die er bewältigen sollte (und die allein die Befugnis des Gerichts zur Verfassungsinterpretation begründet hatten). Das bewirkt das Abschichten der Maßstäbe vom Subsumtionsteil. Hat sich ein Maßstab erst einmal hinreichend verselbständigt, lassen sich Maßstäbe auf Sachverhalte anwenden, für die sie nicht passen müssen und umgekehrt wirken neue Sachverhalte auf die Fortschreibung der Maßstäbe nicht mehr hinreichend ein. Die Dynamik, Flexibilität und Fortentwicklung der Verfassungsrechtsprechung wird nicht mehr, wie noch in der Formationsphase der Maßstabsbildung, wie noch bei Lüth oder Brokdorf, durch im Kontext des politischen Verfassungslebens wurzelnde Begründungen angetrieben. Ob, wann und wie die Sachverhalte auf die Maßstabsbildung einwirken, bleibt unklar und wird in der Gerichtsbegründung nicht mehr reflektiert.

Dazu einige Beispiele: Im Hartz IV-Urteil wird der Maßstab zum menschenwürdigen Existenzminimum zum Teil mit einer Entscheidung begründet, die einen lauterkeitsrechtlichen Sachverhalt zum Anlass hatte. Ob Leistungsansprüche im Recht des unlauteren Wettbewerbs aber auf Hartz IV-Konstellationen übertragbar sind, wird nicht erörtert.[25] In einem Urteil zum Nichtraucherschutz benutzt der Erste Senat den Maßstab der Folgerichtigkeit, den es aus einem steuerrechtlichen Sachverhalt des Zweiten Senats übernahm, in dem es um die folgerichtige Belastungsgleichheit im Einkommensteuerrecht ging. Ob die Figur der Folgerichtigkeit, die auf ein Sonderproblem im Steuerrecht reagierte, im Gewerberecht, das dieses Sonderproblem nicht kennt, über-

---

25 BVerfGE 125, 174 (224) – Hartz IV [2010] unter Verweis auf BVerfGE 107, 275 (284) – Schockwerbung Benetton II [2003].

haupt passt, wird nicht reflektiert.[26] In einem erst kürzlich entschiedenen Fall nimmt der Erste Senat ein körperschaftsteuerrechtliches Spezialproblem zum Anlasse für höchst grundsätzliche Aussagen zur Gewaltenteilung. Ob diese durch einen steuerrechtlichen Spezialkontext ausgelöst werden können, wird nicht hinterfragt, sondern wie selbstverständlich angenommen[27] und dabei auch hingenommen, dass der neue Maßstab sich nicht mehr als Fortschreibung des überkommenen darstellen lässt.[28] Immer wieder ist also das Problem, dass zum einen Maßstäbe auf Konstellationen angewendet werden, für die sie nicht entwickelt worden waren und dass zum anderen Maßstäbe aus Konstellationen abgeleitet werden, die für die „Vermaßstäblichung" nicht taugen. Die Maßstäbe haben sich von den Sachverhalten ungebührlich verselbständigt: Weder werden neue Maßstäbe noch hinreichend aus den Sachverhalten heraus begründet, noch findet eine hinreichende Ausdifferenzierung der Maßstäbe auf unterschiedliche Sachbereiche und Problemkontexte statt. Das belastet die Rechtsprechung zunehmend und entwickelt sich zu einem prinzipiellen methodischen Problem für die Verfassungsinterpretation und die Deutungsmacht des Bundesverfassungsgerichts.

4   Zur Zukunft der Maßstabsbildung

Das Erfolgsmodell „Maßstabsetzung" gerät also durch eine unreflektierte Anwendung zunehmend in Misskredit. Einerseits handelt es sich bei der Maßstabsbildung um eine große methodische Errungenschaft des Bundesverfassungsgerichts. Für seine Institutionalisierung, für den allgemeingültigen Anspruch, den seine Verfassungsauslegung erhebt, kurzum für den Ruhm des Gerichts, kann die Bedeutung dieses Vorgehens nicht unterschätzt werden. Um mit Maßstäben weiterhin erfolgreich entscheiden zu können, bedarf aber die Technik der Maßstabsbildung einer selbstkritischeren Reflexion.[29] Die Maßstäbe müssen stärker auf die Entscheidungssituationen und Sachbereiche bezogen werden. Es bedarf einer intensiveren Kontextualisierung der Maßstäbe: Zum einen um die normative Bindungswirkung der Maßstäbe besser erfassen zu können damit sie nicht durch Ausdehnung auf unpassende Problemkonstellationen blanketthaft überspannt werden, zum anderen um ihre Fortentwicklung zu gewährleisten. Die Technik der Maßstabsbildung sollte also stärker die Entscheidungskontexte und die Sachverhaltsbezüge berücksichtigen und zur Ausdifferenzierung von Untermaßstäben neigen, beispielsweise also etwa steuerrechtliche Sachverhalte anderen Maßstäben unterziehen als sozialrechtliche, oder innerhalb der Grundrechte schon im Maßstab dem jeweiligen Freiheitsschutz Rechnung tragen (also etwa bei der Eigentumsgarantie nicht zu pau-

---

26 BVerfGE 121, 317 – Nichtraucherschutz [2008] mit Sondervoten von Masing und Bryde.
27 BVerfG v. 17. 12. 2013 – 1 BvL 5/08, Juristenzeitung 2014, 510, dazu Lepsius, Oliver: Zur Neubegründung des Rückwirkungsverbots aus der Gewaltenteilung, Juristenzeitung 2014, 488–500.
28 Herausgearbeitet durch das Sondervotum von Masing zu BVerfG 1 BvL 5/08, a. a. O.
29 Siehe dazu auch schon Lepsius, Maßstabsetzende Gewalt (Fn. 9), 255 ff.

schalen Umschreibungen tendieren, sondern beim Freiheitsschutz zwischen den Gegenständen, auf die sich das Eigentumsrecht bezieht und seinen sozialen Funktionen differenzieren (absteigender Schutz z. B. von beweglichen Sachen, von Grundeigentum, Anlageeigentum, Gewerbebetrieb). Zu differenzieren wäre auch nach dem Rechtsträger: Natürliche Personen sind schon im Maßstab anders zu behandeln als juristische Personen und bei diesen sind wiederum kleine und mittlere Unternehmen anders zu schützen als international verflochtene Kapitalgesellschaften. Solche Differenzierungen werden momentan zu einem guten Teil über eine entsprechende Differenzierung bei der Verhältnismäßigkeitsprüfung im Subsumtionsteil erbracht, wo der Maßstab dann bereichsspezifisch angewendet wird. Eine stärkere Ausdifferenzierung auch auf der Ebene der Maßstabsbildung würde der Transparenz und Berechenbarkeit jedoch dienen und den jüngeren Trends zu überschießender und vergröbernder Maßstabsbildung entgegenwirken.

Auch braucht das Bundesverfassungsgericht selbst eine Strategie, wie es sich Entscheidungsfreiräume in zukünftigen Konflikten sichern kann; die Bindung an eigene Maßstäbe engt die Rechtsprechung bisweilen so ein, dass sie sich nur durch fragwürdige neue Maßstäbe oder überraschende Ausnahmen zu helfen weiß. Von neuen Entscheidungsfreiräumen profitierte auch der politische Prozess, der momentan durch sachverhaltsunsensible Maßstäbe stärker eingeengt wird, als es politisch wünschenswert und verfassungsrechtlich notwendig wäre. Entscheidungsfreiräume gewinnt man am besten durch das Differenzieren von Problemkonstellationen. Für das BVerfG liegt das Dilemma freilich darin, dass die Anknüpfungspunkte für solche Differenzierungen, nämlich die jeweiligen Kontexte als Ursprung des Maßstabs, in den Maßstäbeteilen nicht mitgeteilt wurden. Wollte das Gericht heute mit einer problemorientierten Differenzierung beginnen, müsste es seine eigene Rechtsprechung anders interpretieren, nämlich stärker als problem- und sachverhaltsorientierte Maßstabsbildung begreifen. Es müsste also die normative Verselbständigung der Aussagen unter „C. I." durch das Zurückholen der Kontexte für die Beurteilung der Bindungswirkung der Maßstäbe teilweise rückgängig machen.

Eine andere Differenzierungsmöglichkeit setzt an den prozessualen Konstellationen an. Die wichtigsten Verfahren vor dem Bundesverfassungsgericht, die Urteilsverfassungsbeschwerde und die Normenkontrollen unterscheiden sich im Fallbezug erheblich, was aber auf die Bildung der Maßstäbe keinen erkennbaren Einfluss hat. In einer Urteilsverfassungsbeschwerde geht es um ein subjektives Rechtsschutzziel: in ein individuelles Freiheitsrecht ist durch eine im Tatsächlichen genau bestimmbare Handlung eingegriffen worden. Weil hier der Tatsachenbezug für die Rechtsverletzung feststeht, muss die verfassungsgerichtliche Kontrolle streng sein – allerdings mit der Folge, dass Urteilverfassungsbeschwerden für die Maßstabsbildung nur begrenzt prädestiniert sind, weil sie oft individuelle Konstellationen der Normanwendung im Einzelfall betreffen, die selten verallgemeinerbar sind. Anders liegt es bei Normenkontrollen, die ein objektives Rechtsschutzziel verfolgen, nämlich die Prüfung der Verfassungsmäßigkeit einer

Norm als solcher, nicht bloß ihrer Anwendung im Einzelfall. Hier liegt die Tatsachen-
dimension einer Rechtsverletzung im Hypothetischen, nämlich der möglichen Anwendung der Norm auf zukünftige Sachverhalte. An einem konkreten Grundrechtseingriff
fehlt es in der Regel (sofern das Gesetz nicht ausnahmsweise subsumtionslos, „self-exe-
cuting" eingreift). Weil der Tatsachenbezug gering ist, darf die verfassungsgerichtliche
Kontrolle nicht streng sein, sondern sollte die Präeminenz der Politik zur gesetzlichen
Bewältigung eines meist mehrpoligen Interessenkonflikts respektieren. Dann aber
muss die Interpretation derselben Verfassungsnorm typischerweise mal strenger und
mal weniger streng vorgenommen werden je nachdem, um welche Verfahrensart es
sich handelt. Aus der Interpretation der Verfassungsnorm kann dann aber nicht wie
selbstverständlich der Maßstab werden, denn dieser muss den prozessualen Kontext
(Verfahrensart, Tatsachenbezug der Rechtsverletzung) notwendig berücksichtigen. Die
jeweilige Verfahrensart sollte wegen der unterschiedlichen Relevanz der Rechtsverletzung (Tatsachenbezug) und dem entsprechend unterschiedlichen Respekt vor den anderen Verfassungsinterpreten auch zu unterschiedlichen Maßstäben führen, nämlich
strengeren beim Schutz individueller Rechte (Verfassungsbeschwerden), lockeren bei
der abstrakten und mittleren bei der konkreten Normenkontrolle. Momentan aber hat
die jeweilige Verfahrensart auf die Maßstabsbildung keinen Einfluss: Welchem Verfahren eine maßstäbliche „C. I."-Aussage entstammte, ist genauso unerheblich wie die
Frage, welcher Sachverhalt ihr zugrunde lag. Auch hier sollte das Bundesverfassungsgericht umsteuern, um die eigene Entscheidungsfähigkeit mit Maßstäben zu bewahren.
Auch das setzt allerdings eine teilweise Neuinterpretation der eigenen Rechtsprechung
voraus, weil das Bundesverfassungsgericht schon ganz früh die Verfassungsbeschwerde
als objektiven Rechtsbehelf verstanden und zum Normenkontrollanspruch des Bürgers
entwickelt hat, die Verfahrensarten also im Hinblick auf die materiellen Wirkungen ni-
velliert hat.[30]

Eine stärkere kontextuelle und kompetentielle Differenzierung ist im Übrigen zur
Erlangung einer besseren Diskursfähigkeit mit anderen Gerichten empfehlenswert, die
nicht als maßstabsetzende Gewalt entscheiden.[31] Gerade im Bereich der Grundrechtsrechtsprechung stehen wir vor einer neuen Phase, in der drei Gerichte um die Deutungshoheit ringen und auf einander angewiesen sein werden: der Europäische Gerichtshof für Menschenrechte in Straßburg, der auf der Basis der EMRK des Europarats
entscheidet, also ein völkerrechtliches Gericht ist; der Gerichtshof der Europäischen
Union in Luxemburg, der auf der Basis des europäischen Unionsrechts, insbesondere
der Europäischen Grundrechtecharta entscheidet, also ein supranationales Gericht ist
sowie das Bundesverfassungsgericht, das auf der Basis des Grundgesetzes entscheidet,

---

30 BVerfGE 6, 32 – Elfes [1957]; siehe oben bei Fn. 1 und 2.
31 Vgl. zu den Entscheidungskontexten europäischer Gerichte Danwitz, Thomas v.: Funktionsbedin-
    gungen der Rechtsprechung des Europäischen Gerichtshofs, Europarecht 43 (2008), 769–785; Mayer,
    Franz C.: Europäische Verfassungsgerichtsbarkeit, in: A. v. Bogdandy (Hrsg.), Europäisches Verfas-
    sungsrecht, Berlin 2003, 229 (273 ff.).

also ein nationales Verfassungsgericht ist. Die Grundrechtsnormen dieser drei Gerichte unterscheiden sich genauso wie auch ihre rechtliche Stellung und die Bindungswirkung ihrer Entscheidungen. Zwischen den Gerichten kann eine klare Hierarchie des letzten Wortes nicht ausgemacht werden. Es wird vielmehr zu einem „dialogue des juges" kommen, in dem sich materielle Grundrechtsdeutungen überlappen und in einem arbeitsteiligen Prozess der Gerichte gefunden werden.[32] Aber weder der EuGH noch der EGMR judizieren in der Karlsruher Maßstäbe-Tradition. Beide Gerichte orientieren sich stärker an individuellen Sachverhalten (EGMR) oder funktional typisierbaren Problemkonstellationen (EuGH). Soll der „dialogue des juges" gelingen, sollte das Bundesverfassungsgericht seine Rechtsprechung für die Entscheidungssituationen der anderen Gerichte zugänglicher machen, indem es die Maßstäbe stärker kontextuell und kompetentiell aufbereitet. Das ermöglichte es umgekehrt auch den Karlsruher Senaten, die Straßburger und Luxemburger Rechtsprechung leichter in ihren Maßstäben zu verarbeiten und im Divergenzfall die Rechtsprechung der europäischen Gerichte nicht als Affront, Kompetenzübergriff oder Wertedissens fürchten zu müssen, sondern als sachbereichsspezifischen Maßstab oder als kontextuell begründete Ausnahme akzeptieren und verarbeiten zu können.

---

32 Bundesverfassungsrichter pflegen diesen als „Kooperationsverhältnis" zu umschreiben, was aufgrund der damit verbundenen privilegierten Stellung, die sich das BVerfG gegenüber anderen nationalen Gerichten einräumt, aus europäischer Perspektive nur begrenzt überzeugend ist. Vgl. etwa Kirchhof, Paul: Das Kooperationsverhältnis zwischen Bundesverfassungsgericht und Europäischem Gerichtshof, in: P.-C. Müller-Graff (Hrsg.), Perspektiven des Rechts in der Europäischen Union, , Heidelberg 1998, 163–182; Voßkuhle, Andreas: Die Integrationsverantwortung des Bundesverfassungsgerichts, in: P. Axer u. a. (Hrsg.), Das Europäische Verwaltungsrecht in der Konsolidierungsphase: Systembildung – Disziplinierung – Internationalisierung, Die Verwaltung, Beiheft 10, Berlin 2010, 229 (238 f.).

Das Bundesverfassungsgericht in der Perspektive der Rechtssoziologie*

Hans Albrecht Hesse

1   Schrifttumsübersicht

Das Bundesverfassungsgericht (BVerfG) ist kein bevorzugter Gegenstand rechtssoziologischer Forschung. Individuelle Beiträge zu partiellen Fragen und Themenstellungen dominieren die Literatur. Sie haben durchweg den Status der „Zeitschriftenwissenschaft".[1] Entsprechend randständig ist die Behandlung des BVerfG in den rechtssoziologischen Lehrbüchern. Eins widmet dem BVerfG wenigstens einen besonderen Abschnitt.[2] Die anderen verzichten auf eine besondere Behandlung.[3] Sie behandeln das Gericht stattdessen von Fall zu Fall im Rahmen von übergreifenden Fragestellungen. Dabei bewegen sie sich überwiegend auf dem Niveau von „Zeitschriftenwissenschaft". Sie bildet auch die Grundlage für diesen Beitrag. Dabei zähle ich zur „rechtssoziologischen Zeitschriftenwissenschaft" nicht nur Beiträge aus Fachzeitschriften oder Sammelwerken (Festschriften u. ä.) der Rechtssoziologie oder der Soziologie, sondern auch solche aus juristischen oder aus politik- oder verwaltungswissenschaftlichen Zeitschriften und Sammelwerken,

*   Mein herzlicher Dank für Hilfen bei der Literaturrecherche und für fruchtbare Diskussionen gilt Dr. Peter Kauffmann, RA.
1   „Zeitschriftenwissenschaft" ist eine analytische Kategorie aus einem Entwicklungsschema von Ludwik Fleck (Fleck, Ludwik: Entstehung und Entwicklung einer wissenschaftlichen Tatsache. Frankfurt 1980), in dem „populäres Wissen", „Zeitschriftenwissenschaft", „Handbuchwissenschaft" und „Lehrbuchwissenschaft" unterschieden werden. „Zeitschriftenwissenschaft" bringt den vorläufigen, individuellen, häufig auch widerspruchsvollen Charakter der „Forschung vor Ort" zum Ausdruck.
2   Raiser, Thomas: Das lebende Recht. Rechtssoziologie in Deutschland. 3. Aufl., Baden-Baden 1999, S. 325 ff.
3   Röhl, Klaus F.: Rechtssoziologie. Ein Lehrbuch. Köln usw. 1987; Rehbinder, Manfred: Rechtssoziologie. 5. Aufl., München 2003; Rottleuthner, Hubert. Einführung in die Rechtssoziologie. Darmstadt 1987; Luhmann, Niklas: Rechtssoziologie. 3. Aufl. Opladen 1987; Hesse, Hans Albrecht: Einführung in die Rechtssoziologie. Wiesbaden 2004.

soweit sie in Fragestellungen, Methoden und Erkenntnissen an die rechtssoziologische Literatur anschließbar sind; die Grenzen sind fließend.[4]

Eine erste Durchsicht der rechtssoziologischen Literatur zum BVerfG zeigt die Forschung mit einer Reihe von Teilaspekten „rechtstatsächlicher Natur" befasst wie etwa der Akzeptanz des Gerichts, der Praxis der Richterwahl oder der Vorhersagbarkeit seiner Entscheidungen. Besondere Aufmerksamkeit hat unter verschiedenen Gesichtspunkten die sog. *Urteilsverfassungsbeschwerde* gefunden – von früh an[5] bis zur Gegenwart.[6] Sie steht auch hier im Mittelpunkt.

Ordnet man die Forschung den Schwerpunkten zu, in die sich die Rechtssoziologie schon seit längerem zerlegt hat,[7] sodass sie je für sich mehr oder weniger gut etablierte Teilbereiche darstellen, dann ist die Beschäftigung mit dem Verfassungsgericht auf einige wenige konzentriert. Dazu gehören vor allem Position und Rolle des Richters, weit gefasst die *Richtersoziologie*. Ferner gehört alles dazu, was den – nicht nur richterlichen – Umgang mit dem Recht betrifft; weit gefasst *Norm-* oder auch *Entscheidungssoziologie*. Schließlich spielt die Behandlung des BVerfG dort eine größere Rolle, wo es um die *Trennung von Rechts- und politischem System* geht. Auf diese drei Teilbereiche sind im Wesentlichen auch die kürzlich erschienenen Beiträge von Bryde und von von Beyme konzentriert, die einen Überblick über die rechtssoziologische Behandlung des BVerfG geben und die Debatte zugleich weitertreiben.[8]

Auch dieser Text ist auf die drei genannten Themenbereiche bezogen. Dabei stellt *der verfassungsrichterliche Umgang mit dem Recht* das eigentliche Oberthema dar, in das von Fall zu Fall die anderen Themen integriert werden. Am richterlichen, hier speziell am verfassungsrichterlichen Umgang mit dem Recht lassen sich Besonderheiten des Rechts der Gegenwart besonders gut beschreiben und erklären. Sie aus einer externen Position zu beobachten ist die eigentliche Aufgabe der Rechtssoziologie.[9]

In etwas vergröbernder Diktion heißt das, dass der Beitrag das *„lebende Recht"* zum eigentlichen Bezugspunkt macht, insbesondere das *lebende Verfassungsrecht*. Das In-

---

4   Luhmann, Niklas: Das Recht der Gesellschaft. Frankfurt 1993. S. 9–37 u.passim. Zu den Schwierigkeiten der Identifizierung rechtssoziologischer Literatur vgl. auch die in Fn.8 nachgewiesene Literatur.

5   Blankenburg, Erhard/Treiber, Hubert: Interpretationsherrschaft über die Grundrechte als Konkurrenzproblem zwischen Rechts- und (empirisch orientierten) Sozialwissenschaftlern. In: Hassemer/Hoffmann-Riem/Limbach (Hrsg.): Grundrechte und soziale Wirklichkeit. Baden-Baden 1982, S. 9–37.

6   Kauffmann, Peter: Die Abschaffung der Urteilsverfassungsbeschwerde. In: RuP 1998, S. 29–39; Blankenburg, Erhard: Die Verfassungsbeschwerde. In: KJ 1998, S. 203–218; ders.: Unsinn und Sinn des Annahmeverfahrens bei Verfassungsbeschwerden. In: ZfRSoz. 1998, S. 37–60; Lübbe-Wolff, Gertrude: Substantiierung und Subsidiarität der Verfassungsbeschwerde. In: EuGRZ 2004. S. 669–682.

7   Am ausführlichsten dokumentiert von Röhl, Rechtssoziologie.

8   Bryde, Brun-Otto: Die Verfassungsgerichtsbarkeit in der Rechtssoziologie. In: Brand, Jürgen/Strempel, Dieter (Hrsg.): Soziologie des Rechts. Festschrift für Erhard Blankenburg zum 60. Geburtstag. Baden-Baden 1998, S. 491–504; von Beyme, Klaus: Das Bundesverfassungsgericht aus der Sicht der Politik- und Gesellschaftswissenschaften. In: Badura, Peter/Dreier, Horst (Hrsg.): Festschrift 50 Jahre Bundesverfassungsgericht. Bd. 1, Tübingen 2001, S. 493–505.

9   Luhmann, Recht, S. 9–37 u. passim.

teresse gilt der Frage, welchen spezifischen Beitrag das BVerfG für die als „Verlebendigung" verstandene Verwandlung von geschriebenem Recht (law in the books) in lebendes Recht (living law) leistet. Dabei wird das Konzept der Verlebendigung auf die richterliche Praxis beschränkt, in der sie sich in einer Entscheidung ereignet und sodann auf weitere Entscheidungen auswirkt. Bei einem weiter gesteckten Konzept von Verlebendigung wäre die externe Praxis einzubeziehen, aus der die vom Rechtssystem behandelten Problemfälle stammen und in die die rechtlichen Lösungen zurückgegeben werden. Die Forschung hat sich dieser erweiterten Fragestellung nach der Wirkung von Gerichtsentscheidungen in der davon betroffenen externen Praxis erst kürzlich unter dem Stichwort „Implementation von Gerichtsentscheidungen" zugewandt, ist aber über das Stadium erster tastender Versuche bisher nicht hinausgekommen.[10] Deshalb bleibt die erweiterte Fragestellung hier unbehandelt.

2   Die Verwandlung von Gesetzesrecht in lebendes Recht

2.1   Der „Gesetzesbefehl"

Bei der Rekonstruktion richterlicher Rechtsanwendung im Wege der Urteilsverfassungsbeschwerde handelt das BVerfG gelegentlich vom *Befehlscharakter* der Gesetze. Explizit tut es dies im Blick nicht auf sich selbst, sondern auf die anderen, die „Fachgerichte",[11] über deren Entscheidungen es von Fall zu Fall zu Gericht sitzt. Implizit trifft es damit, soweit es sich als Gericht begreift, auch die eigene Rolle; es begreift sich freilich nicht nur als Gericht. Schon im „Soraya-Beschluss" von 1973 spricht es im Blick auf die fachrichterlichen Adressaten kurz, lakonisch und wie selbstverständlich vom „Gesetzesbefehl".[12] Erst kürzlich hat es das Recht in spezifischen, aber verallgemeinerungsfähigen Kontexten wiederum mit Hilfe der Befehlsmetapher charakterisiert.[13]

Dem „Befehl" korrespondiert der „Gehorsam".[14] Recht, als „Befehl" verstanden, wendet sich an die Angehörigen der staatlichen Stäbe und verlangt von ihnen „Befolgungsgehorsam". In der Perspektive der Befehlsmetapher werden Exekutive und Judikative gleichermaßen zu „Befehlsempfängern" der Legislative mit freilich erheblichen Differenzen in ihrer Binnenorganisation und im Gehorsamsverständnis.

---

10 Röhl, Rechtssoziologie, S. 307.
11 Der Begriff soll in Literatur und Rechtsprechung dazu dienen, den Unterschied zwischen allen anderen Gerichten und dem BVerfG zu markieren. So wird er hier übernommen.
12 Beschluss v. 14. 2. 1973 – 1 BvR 112/65; BVerfGE 34, 269 (288).
13 Beschluss v. 21. 12. 1997 – 2 BvR 6/95; Beschluss v. 14. 10. 04 – 2 BvR 1481/04 (zitiert nach der homepage des BVerfG vom Okt. 05).
14 Rüthers spricht in seiner Rechtstheorie immerhin – in Anlehnung an Heck – vom „*denkenden Gehorsam*": Rüthers, Bernd: Rechtstheorie. 2. Aufl., München 2005, S. 469 u. passim.

Im Hinblick auf den „Gesetzesbefehl" haben die Bürger den Status *sekundärer* Adressaten. Sie interessieren in der überwiegend etatistisch orientierten Rechtssoziologie nur am Rande. Im Mittelpunkt des rechtssoziologischen Interesses an der Verlebendigung des Rechts stehen vielmehr die Adressaten der *primären* Ebene und hier vor allem die Fachrichter sowie die Richter des BVerfG.[15]

In der *Darstellung* der Entscheidungen zu den *Urteilsverfassungsbeschwerden* – sie stehen im Zentrum der Entscheidungspraxis des BVerfG[16] – wird fachrichterliche Praxis vom BVerfG am Maßstab der Verfassung geprüft. Es geht also um Verlebendigung von einfachem Recht und von Verfassungsrecht zugleich. Wird die fachrichterliche Praxis bestätigt, kann von gelungener Verlebendigung der involvierten Rechtsnormen gesprochen werden. Wird sie verworfen, stellt die fachrichterliche Praxis den misslungenen Versuch einer Verlebendigung von Rechtsnormen dar, misslungen deshalb, weil im fachrichterlichen Umgang mit dem Recht ein fallrelevanter „Rechtsbefehl" überhaupt nicht beachtet oder weil er falsch verstanden worden sei oder weil das angewandte Recht vom Verfassungsgericht als verfassungswidrig betrachtet wird. Im letzten Fall verwandelt der Spruch des BVerfG geschriebenes Recht in totes Recht.

Für die Kernfrage der Richtersoziologie[17] nach dem Schicksal, das Recht erleidet, wenn es durch Richter angewandt wird, gibt die Vorstellung vom Befehlscharakter des Rechts einen ersten Anhalt. Bei genauem Hinsehen reduziert sich die Perspektive vom „Gesetzesbefehl", in der das BVerfG den fachrichterlichen Umgang mit dem Recht rekonstruiert, auf die Pflicht des Richters, eine „einschlägige" Rechtsnorm oder einen „einschlägigen" völkerrechtlichen Vertrag oder eine „einschlägige" höchstrichterliche Entscheidung, sei es des BVerfG, sei es eines internationalen Gerichts wie etwa des Europäischen Gerichtshofs für Menschenrechte, *als für seine Fallentscheidung einschlägig und relevant zu betrachten und dies auch darzustellen.* Dem „Gesetzesbefehl" entspricht mithin, in der Sprache der Relationstechnik gesprochen, die Pflicht zu sorgfältiger und vollständiger Obersatzbildung.[18] Sehr schön kommt dies Verständnis des „Gesetzesbefehls" in dem bereits erwähnten Beschluss des 2. Senats vom Oktober 2004 zum Sorgerechtsfall Görgülü[19] zum Ausdruck. In dieser Entscheidung wird aus der Bindung an Art. 20 Abs. 3 Grundgesetz (GG) die Pflicht des Richters zur „Berücksichtigung der Gewährleistungen der Konvention zum Schutze der Menschenrechte und Grundfreiheiten" hergeleitet. Zugleich wird als Rahmen für die „Berücksichtigung" bestimmt,

---

15   Zum Ebenenschema vgl. Hesse, Einführung, S. 36.

16   Mehr als 97 % der eingeleiteten Verfahren sind Verfassungsbeschwerden: Bundesministerium der Justiz: Entlastung des Bundesverfassungsgerichts. Bericht der Kommission. 1998. S. 22 u. 151 f.

17   Zur Richtersoziologie vgl. Hesse, Einführung, S. 119 ff.; Röhl, Rechtssoziologie, S. 343 ff.; 355 ff.

18   Dazu immer noch aktuell Hartwieg, Oskar/Hesse, Hans Albrecht: Die Entscheidung im Zivilprozess. Königstein/Ts. 1981.

19   Beschluss v. 14.10.04 – 2BvR 1481/04 (vgl. Fn. 13).

dass das *„methodisch Vertretbare zu berücksichtigen"*[20] sei. Das „methodisch Vertretbare" ist inzwischen ein weites Feld.

Die Vorstellung vom Gesetzesbefehl sagt mithin, *dass* der Richter das für seine Entscheidung relevante Recht zu berücksichtigen hat und dass er dies in seiner Entscheidungsbegründung zu dokumentieren hat. Für das *Wie* der *Suche* nach dem Obersatz und des *Umgangs* damit gibt die Vorstellung nichts her. Das Wie der Normsuche wie der Normanwendung ist aber für die Verlebendigung das eigentlich Entscheidende. In den Verfahren der Urteilsverfassungsbeschwerde entscheidet darüber „letztinstanzlich" und bindend für künftige fachrichterliche Rechtsprechung das BVerfG. Sosehr sich das BVerfG in der Entscheidungsdarstellung um den Nachweis der fachlichen Rationalität dieser Entscheidung bemüht, sosehr bleibt sie eine gewillkürte Entscheidung, die auch anders hätte ausfallen können.[21]

2.2   Das Wie der Gesetzesbefolgung

Dass das vom Gesetzgeber zumeist *in Steuerungsabsicht* erlassene Recht von Richtern *angewandt werden soll,* stiftet als generelles Postulat in der innerjuristischen Theorie keine Probleme – „Befehl" hin oder her. Das gilt auch, wenn das Postulat der richterlichen Gesetzesbindung (Art. 20 Abs. 3/Art. 97 Abs. 1 GG) mit dem der richterlichen Unabhängigkeit (Art. 97 Abs. 1 GG) in Beziehung gesetzt wird. In Einzelfällen, vor allem, wenn es um die Konkurrenz von nationalem und internationalem Recht oder von Gesetzes- und Richterrecht oder von nationalem und internationalem Richterrecht geht, kann das Postulat der Gesetzesbindung freilich erhebliche Probleme bereiten.[22] Die *eigentliche* Problematik der richterlichen Rechtsanwendung betrifft jedoch die Frage nach dem *Wie.* Das Befehl-Gehorsam-Modell klärt diese Frage nicht. In Rechtstheorie und Methodenlehre ebenso wie in den Begründungstexten der Fachgerichte sowie des BVerfG und in der darauf bezogenen Literatur kreist die juristische Profession um die vom Befehl-Gehorsam-Modell nicht berührte Frage, *wie das Gesetz befolgt, wie* das Recht *angewandt, wie es verlebendigt werden soll.* Parallel dazu gilt das gesteigerte Interesse der Richtersoziologie der Frage, wie das Gesetz *tatsächlich befolgt,* wie das Recht *tatsächlich angewandt und verlebendigt wird.*

---

20 Im Original nicht kursiv.

21 Die Kontingenz der Entscheidung wird besonders deutlich, wenn sie in Sondervoten, sei es zum Tenor, sei es zur Begründung, manifest wird. Latent ist sie als notwendige Folge der Offenheit der Normtexte, des Verlusts fachlich-methodischer Gewissheit und einer gewissen Pluralisierung der Profession immer gegeben.

22 Beispielhaft dafür in dem Fn. 19/13 zitierten Beschluss des BVerfG zum Sorgerechtsfall Görgölü das Hin und Her zwischen dem OLG Naumburg, dem BVerfG und dem Europ. Gerichtshof für Menschenrechte.

2.3   Das Wie der Gesetzesbefolgung in der Praxis des BVerfG

Im Verlauf einer mehr als fünfzigjähriger Praxis der Selbst- und Fremdaufklärung seit dem Ende des 2. Weltkriegs, teils auch schon davor in der kurzen demokratiegeneigten Phase bis 1933, sind der juristischen Profession viele Gewissheiten über die Verankerung ihres beruflichen Handelns in (deduktiver) Logik und Methodik sowie in einer als gesichert geltenden Dogmatik abhanden gekommen. Dazu ist alles Nötige oft schon gesagt worden. Verlangt man noch Belege dafür, so findet man in der Rechtsprechung des BVerfG eindrucksvolle Beispiele. Weniges muss hier genügen.

Die Soraya-Entscheidung[23] setzt früh entscheidende Akzente. Danach entspricht dem „Altern der Kodifikationen" geradezu „notwendig" „die Freiheit des Richters zu schöpferischer Rechtsauslegung". Sie darf sich, falls der Verfassung immanente „Wertvorstellungen" in Gesetzestexten nicht zum Ausdruck kommen, auch „in einem Akt des bewertenden Erkennens" äußern, „dem auch willenhafte Elemente nicht fehlen". Zivilrichterliche Rechtsanwendung kann danach, wenn es um den wirksamen Schutz eines Rechtsguts geht, das im Mittelpunkt des „Wertesystems" der Verfassung steht, von Verfassungs wegen solange nicht beanstandet werden, solange sie „auf einem zivilrechtlich zumindest diskutablen, jedenfalls den Regeln der Hermeneutik nicht offensichtlich widersprechenden Wege" vorgegangen ist. Damit wird für fachrichterliche Rechtsanwendung die ohnehin schwächer gewordene Relevanz der in den einzelnen Rechtsgebieten etablierten methodischen Regeln und Postulate sowie der tradierten Dogmatik zusätzlich relativiert. Erst recht befreit sich damit das BVerfG selbst von diesen Bindungen. Was in dieser Hinsicht an Anforderungen bleibt, ist das „Vermeiden von Willkür" und die Erwartung „rationaler Argumentation".

Im Soraya-Fall war „das Alter" der anzuwendenden Norm der Grund für die weitgehende Freigabe des richterlichen Vorgehens bei der Rechtsanwendung. In anderen Fällen gibt es andere Gründe, etwa die „Offenheit des Normtextes", die, sosehr sie schon für das einfache Gesetz gilt, mehr noch für die Verfassung gilt.[24]

Vor allem die Auffassung von der Offenheit der Verfassungstexte schlägt in der verfassungsrichterlichen Überprüfung der fachrichterlichen Rechtsanwendung voll durch. Wenn die einfachrechtliche Rechtsanwendung vom BVerfG im Lichte der Verfassung rekonstruiert wird, müssen, da das BVerfG konstant darauf aus war und ist, die von ihm betonte Offenheit der Verfassungstexte im Wege ihrer Interpretation noch weiter auszuweiten statt sie zu verengen,[25] die schwachen Konturen noch weiter verschwimmen. Mit den Konturen der Verfassungsbestimmungen verblassen und verschwimmen auch die Konturen der in ihrem Licht interpretierten Gesetzes- und Vertragsbestimmungen.

---

23   S. Fn. 12.
24   BVerfGE 62, 1 (45).
25   Bryde, Verfassungsgerichtsbarkeit, S. 498 f.

Sosehr das BVerfG die Aufweichung methodischer Standards und dogmatischer Gewissheiten in den jeweiligen fachinternen Kontexten bestätigt und selbst noch weiter forciert, sosehr beharrt es auf der Verbindlichkeit der „verfassungskonformen Auslegung" einfachen Rechts[26] und im Hinblick auf die Verfassungsauslegung auf dem Grundsatz, diejenige Auslegung zu wählen, die „die juristische Wirkungskraft der Grundrechtsnorm am stärksten entfaltet".[27] Die Möglichkeiten zur „Entfaltung" der „Wirkungskraft" von Grundrechtsnormen aber hat das Gericht dadurch, dass es in den Grundrechten eine „Werteordnung" sieht[28] und dass es sich selbst die Kompetenz zuspricht, „den spezifischen Wert, der sich in einem (im Original: diesem) Grundrecht … verkörpert", auch den Fachgerichten gegenüber zur Geltung zu bringen,[29] enorm gesteigert. Denn der „Wertehimmel" ist in der säkularen Gesellschaft der Gegenwart weit offener als der *immerhin durch Texte,* und seien sie noch so offen (!), konstituierte „juristische Normenhimmel"; mit guten Gründen kann man seit „dem Tode Gottes" argumentieren, er sei geradezu leer. Zumindest gilt bis heute im Hinblick auf die Besetzung des Wertehimmels Max Webers Einsicht aus dem Anfang des letzten Jahrhunderts, dass „die verschiedenen Werteordnungen der Welt in unlöslichem Kampf untereinander stehen".[30] Wenn mithin heute das BVerfG bei der Verlebendigung der Verfassung in einem Grundrecht einen *Wert* verkörpert sieht, dann *setzt es diesen Wert,* und wenn es daraus im Wege einer den Wert konkretisierenden Interpretation Konsequenzen für die Auslegung einfachen Rechts und für die davon betroffenen Lebensgeschichten ableitet, dann *engagiert es sich damit für seine Präferenzen* im politischen und gesellschaftlichen und ideologischen Kampf.[31] Luhmann nuanciert diesen Zusammenhang nur unwesentlich anders mit der These, das Verfassungsgericht habe „die Grundrechte klassisch-liberalen Zuschnitts in allgemeine Wertprogramme uminterpretiert, um die juristische Kontrolle der Entwicklung zum zweckprogrammierten Wohlfahrtsstaat nicht zu verlieren".[32] Das BVerfG kontrolliert die Entwicklung aber nicht nur; von Fall zu Fall *forciert* es sie auch!

Ein spezifischer Kampfzusammenhang ist für die Urteilsverfassungsbeschwerde anfänglich in Anspruch genommen worden, indem sie als *erzieherisches* Instrument gegenüber Richtern betrachtet wurde, die ihre Sozialisation in der NS-Zeit genossen hat-

---

26 BVerfGE 20, 150 (160 f.); E 69, 1 (55 f.).; E 87, 399 (407 ff.); E 93, 37 (81).
27 BVerfGE 32, 54 (71).
28 Grundlegend dafür die Lüth-Entscheidung: BVerfGE 7, 198 (205 ff.).
29 BVerfGE 7, 198 (209).
30 Weber, Max: Wissenschaft als Beruf. In: ders.: Gesammelte Aufsätze zur Wissenschaftslehre. Tübingen, 1922, S. 524 ff./545.
31 Sosehr die Auffassung der Grundrechte als „Werteordnung" in der innerjuristischen Debatte inzwischen konsentiert ist, so deutlich sind die Differenzen, wenn es darum geht, den Gehalt dieser Ordnung zu konkretisieren. Vgl. dazu etwa Di Fabio, Udo: Grundrechte als Werteordnung. In: JZ 2004. S. 1 ff. Dass die Differenzen nicht noch deutlicher sind, hat damit zu tun, dass die Verfassungsinterpretation Sache einer kleinen, inzwischen leicht pluralisierten, professionellen Minderheit ist und nicht etwa jener nur in der Literatur existierenden „offenen Gesellschaft der Verfassungsinterpreten" (Häberle).
32 Luhmann, Recht, S. 97.

ten.[33] Inzwischen sind diese Richter nicht mehr im Dienst, aber um sie ging es auch nur vordergründig. Es waren die in der alten BRD alsbald nach ihrer Gründung teils offen, teils verdeckt ausbrechenden gesellschaftlichen und politischen und ideologischen Kämpfe, in die das BVerfG im Wege der Urteilsverfassungsbeschwerde einbezogen wurde und in die es sich mit seinen Entscheidungen als eigenständiger Akteur eingebracht hat. Es sind eben diese Kämpfe, in die es bis heute verwickelt ist.

Die These vom Kampfzusammenhang soll nicht für alle Entscheidungen gelten. Auch beim BVerfG ereignet sich der Kleinkram des juristischen Alltags. Aber wieder und wieder ragen Entscheidungen aus diesem Alltag heraus, mit denen das BVerfG im Rückgriff auf diesen oder jenen „Wert" in aktuelle Kämpfe eingreift.[34]

Der hier benutzte Kampfbegriff ist frei von Konnotationen aus dem Zusammenhang der Klassenkampftheorie. Kampf meint die heute übliche Vielfalt von zumeist normativ regulierten und bislang noch mehr oder weniger begrenzten Gegensätzen und Auseinandersetzungen partikularer Interessenten,[35] vom Gegensatz zwischen Kapital und Arbeit über die Auseinandersetzungen zwischen Ressourcennutzern und Ressourcenschützern, über die Differenzen zwischen Medieneignern/-betreibern und denen, die Objekte ihrer Berichterstattung werden, bis hin zu dem nie erlahmenden Gerangel um Anteile an staatlichen Wohltaten, an denen nahezu alle partizipieren wollen, mögen die Wohltaten nun aus ordentlichen Einnahmen finanziert werden oder auf Pump erfolgen. In diese Kämpfe werden die Gerichte, wird schließlich auch das BVerfG immer wieder hineingezogen. Die Entscheidungen sind Mittel des Kampfes, selbst wenn die Richter dies nicht wollten. Sie wollen es aber im Einzelfall durchaus. So werden in vielen Entscheidungen Akzente gesetzt, die Richter selbst in den Kampf tragen und mit denen sie sich im Kampf engagieren. Oft ereignet sich in den Entscheidungen ein geradezu *singuläres Engagement!*[36]

---

33 Kauffmann, Peter, Die Abschaffung.

34 Uwe Wesel hat in seiner Entscheidungssammlung: Der Gang nach Karlsruhe. Das Bundesverfassungsgericht in der Geschichte der Bundesrepublik. München 2004, solche herausragenden Entscheidungen dokumentiert. Das Buch illustriert die These vom Kampfzusammenhang nicht zuletzt auch deshalb so vortrefflich, weil der Autor selbst mit einem gewissen kämpferischen Elan auftritt. Mit einem aufs juristische Lernen verkürzten didaktischen Eifer treten dagegen Dieter Grimm und Paul Kirchhof bei einer von ihnen herausgegebenen Entscheidungssammlung auf (BVerfGA, Bd. 1 u. 2, 2. Aufl. Tübingen 1997). Auf die Einbettung der dort versammelten Fälle in die rechtsexternen Zusammenhänge, aus denen sie stammen und in die die Lösungen zurückgegeben werden, wird verzichtet. So werden die „zum notwendigen Wissensbestand des Juristen" (aus der Einf. zur 1. Aufl.) stilisierten Texte (1 400 S.!) zum reinen rechtsdogmatischen Paukprogramm, und so entsprechen sie voll dem derzeit politisch gewünschten Stil der Juristenausbildung!

35 Beispielhaft für diesen Kampfbegriff Geiger, Theodor: Die Klassengesellschaft im Schmelztiegel. Köln/Hagen 1949.

36 Bryde, Verfassungsgerichtsbarkeit, führt als Beispiel dafür die Maastricht-Entscheidung (BVerfGE 89, 155) an, für deren euroskeptischen Tenor „der entschlossene Wille eines einzigen Gerichtsmitglieds" ausgereicht habe: Verfassungsgerichtsbarkeit, S. 499. Ähnlich hat sich „der entschlossene Wille" eines einzelnen Richters in der steuerrechtlichen Rechtsprechung der letzten Jahre ausgewirkt, ähnlich der eines anderen in der materialen Aufladung des Vertragsrechts.

Selbst die Formeln, die das BVerfG benutzt, wenn es fachrichterliche Entscheidungen aufhebt, atmen einen gewissen Kampfgeist. Im schlichten Kontext methodisch-dogmatischer Streitigkeiten zwischen Gerichten ist es unüblich, ja, eher verpönt, dass ein Gericht einem anderen „Auslegungsfehler" vorhält, die auf einer „grundsätzlich unrichtigen Auffassung von der Bedeutung" dieser oder jener Norm beruhen.[37] Beim BVerfG, das bis heute an dieser Formel und ähnlichen Formeln festhält, kommt darin eine „überschießende Innentendenz" zum Ausdruck, die sich auch dem Engagement im Kampfzusammenhang verdankt.

Das BVerfG ist ein starker Akteur im Kampfzusammenhang. Stark ist das BVerfG, wenn es fachrichterliche Rechtsanwendung im Lichte der Verfassung prüft, weil es sich im Hinblick auf das Wie der Rechtsanwendung, also die Suche nach und den Umgang mit dem Obersatz, als mehr oder weniger *souverän* erweist. Ein hohes Maß an Souveränität nimmt es für sich in Anspruch, indem es für sich die Kompetenz zu *authentischer Interpretation* der Verfassung reklamiert.[38] Souveränität nimmt es in Anspruch, wenn es die Bindungswirkung seiner Entscheidungen auf die „tragenden Gründe" erstreckt,[39] wenn es sich auch ohne Rechtsgrundlage die Kompetenz zuschreibt, Anordnungen zur Vollstreckung seiner Entscheidungen zu treffen,[40] wenn es bei der Nichtigerklärung eines Gesetzes dem Gesetzgeber detaillierte Vorgaben für die Neufassung macht[41] oder wenn es seine Praxis der Annahme von Urteilsverfassungsbeschwerden mehr oder weniger freihändig selbst reguliert.[42] Das hohe Maß an Souveränität verdankt das Gericht zum Teil seinem Status als Gericht und Verfassungsorgan zugleich[43] sowie seinen rechtlich festgelegten Funktionsbestimmungen, die es ihm erlauben, einen Gesetzesbefehl in totes Recht zu verwandeln. Zu einem andern Teil verdankt es das hohe Maß an Souveränität den Interpretationsspielräumen, die es sich über das heute bei den Gerichten üblich gewordene hohe Maß hinaus selbst verschafft hat. Zum Dritten verdankt das BVerfG das hohe Maß seiner Souveränität gegenüber geltendem Recht der Tatsache, dass es Kontrolle über andere Gerichte ausübt, von anderen Gerichten selbst aber nicht kontrolliert wird. Freilich sind in jüngster Zeit Kontrollmöglichkeiten europäischer Gerichte deutlicher geworden. Darauf hat das BVerfG mit einer leicht gereizten Abwehrhaltung reagiert.[44]

Als Gericht soll auch das BVerfG an das geltende Recht gebunden sein. Faktisch ist die Bindungswirkung gering. Die Bindungswirkung des einfachen Rechts ist von vorn-

---

37 Eine der Standardformeln des BVerfG zur Begründung der Aufhebung einer fachgerichtlichen Entscheidung.
38 BVerfGE 40, 88 (93). Schlaich, Klaus: Das Bundesverfassungsgericht. 4. Aufl. München 1997, S. 326 ff.
39 BVerfGE 1, 14 (37). Für weitere Nachweise Schlaich (wie Fn. 38).
40 Schlaich, Bundesverfassungsgericht, S. 316 ff.
41 BVerfGE 93, 121.
42 Eindrucksvoll dazu Lübbe-Wolff, Gertrude, Substantiierung, passim.
43 BVerfGE 7, 377 (413).
44 Vgl. wiederum Fn. 19/13.

herein eine relative, weil sie abhängig ist von der Entscheidung des Gerichts über die Verfassungskonformität des einfachen Rechts. Aber auch die Bindungswirkung des Verfassungsrechts ist in der Praxis des BVerfG relativiert worden, weil das Gericht sich zur *Weiterentwicklung der Verfassung* berufen sieht und als „zur verbindlichen Verfassungsinterpretation berufenes Verfassungsorgan" im Hinblick auf die Verfassung in erheblichem Maße *selbst Recht – Richterrecht – setzt.*[45] So sind es am ehesten die eigenen Entscheidungen, an die sich das BVerfG gebunden fühlt. Aber auch davon vermag es sich von Fall zu Fall zu lösen.[46]

Das Verhältnis des BVerfG zu den Grundrechten ist, seitdem diese als „Prinzipien" und als Ausdruck einer „Wertordnung" verstanden werden und schließlich zur Grundlage einer „Schutzpflichtlehre" gemacht worden sind,[47] am besten als Wechselbeziehung zu verstehen: Wie das BVerfG unter der Herrschaft der Verfassung stehen soll, so steht faktisch die Verfassung unter der Herrschaft des BVerfG. Erst in der Auslegung, die ihm das BVerfG in seinen Entscheidungen gibt, wird das Grundgesetz zu lebendem Recht. Das Wie der Auslegung bestimmt das Gericht in der geschilderten Souveränität. Auch das frühe Bekenntnis zur „objektiven Auslegung"[48] und die Nutzung der vermuteten Entscheidungsfolgen als Entscheidungsgründe[49] führen zur Ausweitung der Spielräume. Der weite Rahmen der Verfassungsinterpretation hat Folgen auch für die Art, wie das BVerfG „im Lichte der Verfassung" mit dem einfachen Recht umgeht, wenn es das Wie der Rechtsanwendung durch die Fachgerichte beurteilt. Auch hierfür spielen rechtstheoretisch-methodische Vorgaben eine untergeordnete Rolle. Entscheidend ist der Einfluss, den das Verfassungsrecht nach Auffassung des BVerfG auf das einfache Recht haben soll. Auch das ist nicht letztentscheidend. Letztentscheidend ist der Einfluss, den das BVerfG mit seiner Entscheidung auf die fachgerichtliche Praxis, auf die davon betroffenen Lebensgeschichten sowie auf die involvierten materiellen und ideellen Konfliktlagen nehmen will.

Der Befund spitzt sich zu im Hinblick auf die Urteilsverfassungsbeschwerde, die dem BVerfG zu einer spezifischen Rechtmäßigkeitskontrolle gegenüber aller fachrichterlichen Urteilspraxis verhilft, wenn es auf Antrag über die Verfassungsmäßigkeit als spezifischer Form der Rechtmäßigkeit einer fachrichterlichen Entscheidung entscheidet.

---

45 Steiner, Udo: Regieren Richter die Deutschen? In: AnwBl. 2004, S. 673 ff.; Kriele, Martin: § 218 StGB nach dem Urteil des BVerfG. In ZRP 1975, S. 74 ff.; Ramm, Thilo: Forum: Zwischen Verfassungspositivismus und Kadijustiz – was nun? In: JuS 1997, S. 392 ff.; Großfeld, Bernhard: Zur Stellung des Bundesverfassungsgerichts im Grundgesetz. In: Bogs, Harald (Hrsg.), Urteilsverfassungsbeschwerde zum Bundesverfassungsgericht. Baden-Baden 1999, S. 17 ff., Rüthers, Bernd: Geleugneter Richterstaat und vernebelte Richtermacht. In: NJW 2005, S. 2759 ff.

46 BVerfGE 20, 56 (87).

47 Hesse, Hans Albrecht: Der Schutzstaat. Baden-Baden 1994.

48 BVerfGE 62, 1 (45).

49 Grimm, Dieter: Entscheidungsfolgen als Rechtsgründe: Zur Argumentationspraxis des deutschen Bundesverfassungsgerichts. In: Teubner, Günther (Hrsg.), Folgenorientiertes Argumentieren in rechtsvergleichender Sicht. Baden-Baden 1995, S. 139 ff.

Im *Darstellungskontext* geht es dann im Kern um die Frage der Richtigkeit der Rechtsanwendung im Spannungsverhältnis von Verfassungs- und Gesetzesrecht, wobei der Ton auf der Frage der Verfassungsmäßigkeit liegt. Wenn das BVerfG die Verfassungsmäßigkeit einer fachrichterlichen Entscheidung prüft, führt es seine eigene Praxis der Verfassungsbefolgung mit, behauptet diese als „richtige Praxis" und prüft daran die Richtigkeit der fachrichterlichen Entscheidung. Wird die Entscheidung verworfen, so wird ihr attestiert, dass sie Auslegungsfehler enthält, die „auf einer grundsätzlich unrichtigen Auffassung von der Bedeutung eines Grundrechts … beruhen".[50] Die dagegen gehaltene „Richtigkeit" der Auffassung des BVerfG lässt sich mit den aus Rechtstheorie und Methodenlehre überkommenen Modellen richterlicher Rechtsanwendung nicht erfassen und nicht nachvollziehen.[51]

Für den Nachvollzug der verfassungsrechtlichen Rechtsprechung des BVerfG steht dem rechtssoziologisch orientierten Beobachter ein einfaches, in richtersoziologischen Zusammenhängen bewährtes Modell zu Verfügung. Er begreift die rechtsprechende Praxis des BVerfG als *soziales Handeln*.[52] Das gilt nicht nur für den *Darstellungs-*, sondern auch für den *Herstellungskontext*. Auch verfassungsrichterliche Praxis folgt allgemeinen Regeln sozialen Handelns, spezifiziert durch ein paar Besonderheiten, die der Sicherung der Eigenwelt der Verfassungsrechtsprechung dienen. Die Konsequenzen dieser Modellannahme können angesichts des knappen Raums, der für den Beitrag zur Verfügung steht, nicht näher ausgeführt werden. Sie werden statt dessen in thesenhaft verkürzter Form vorgestellt.

3 Die Verlebendigung des Rechts durch das BVerfG als soziales Handeln

3.1 Die Instrumentalisierung des Rechts im zweckrationalen Kalkül

Das positive Recht der Neuzeit, auch das Verfassungsrecht, verdankt seine *Herstellung* zweckrationalem politischen Kalkül. In seiner Verlebendigung durch Verfassungsrichter im Wege der Urteilsverfassungsbeschwerde – und nicht nur da! – bleibt es zweckrationalem Kalkül unterworfen. Durchgängig ist das Kalkül darauf gerichtet, das positive Recht für die, und sei es kurzfristige, Befriedung von Konflikten und das, und sei es kurzfristige, Management von Krisen – oder von Katastrophen gar! – zu nutzen. So

---

50 Bereits unter Fn. 37 erwähnte Standardformel seit mehr als vierzig Jahren, deren Tauglichkeit zur Identifizierung verfassungswidriger Entscheidungen ebenso lange diskutiert und mehrheitlich verneint wird. Sie bewährt sich als tragende Begründungsformel, nicht als analytisches Instrument.

51 „Wenn es hart auf hart geht, ist das Gericht ohne weiteres bereit, Urteile zu fällen, die man keinem Jurastudenten durchgehen ließe": Bryde, Verfassungsgerichtsbarkeit, S. 499.

52 So dezidiert bereits Morlock, Martin/Köbel, Ralf/Launhardt, Agnes: Recht als soziale Praxis. In: Rechtstheorie 2000. S. 15 ff.; näher, auch zum Folgenden, Hesse, Einführung. S. 119 ff.

wird es vom Verfassungs- und vom Gesetzgeber abstrakt gesetzt; so wird es vom BVerfG in der Darstellung konkretisiert und für die im Herstellungsprozess schließlich präferierte Lösung passend gemacht. Indem es von Fall zu Fall verlebendigt wird, wird Recht, immer noch als statische Ordnung gedacht, dynamisiert und verflüssigt. Als wesentliche Hilfsmittel haben sich dabei das Konzept der „Werteordnung", die Schutzpflichtlehre mit ihren ausufernden Schutzbereichen und ein methodisch ungesicherter Vorgang bewährt, der als „Abwägung" bezeichnet wird.[53] In der Tendenz folgt das BVerfG als politischer Akteur in judikativem Gewand den Linien, die von den Hauptakteuren des politischen Systems vorgezeichnet sind.[54]

Daneben ist das verfassungsrichterliche Kalkül auf die Sicherung der richterlichen Eigenwelt bezogen. Das Gericht greift auch dann im Wege der Urteilsverfassungsbeschwerde zu, wenn „eine Entscheidung eines Fachgerichts schlicht eine Interpretation des Grundgesetzes bietet, die wir nicht für verfassungsgemäß halten".[55] Dass das Gericht sich als „Hüter der Verfassung" sieht, führt notwendig dazu, dass es sich *erst recht* als „Hüter der Verfassungsrechtsdogmatik" begreift! Schließlich geht es bei der Sicherung der Eigenwelt schon seit langem und immer wieder um die Sicherung der Arbeitsfähigkeit des Gerichts. Dieses Dauerthema soll im Folgenden wenigstens kurz beleuchtet werden.

3.1.1 Die zweckrationale Schaffung von Richterrecht bei der Zulassung der Urteilsverfassungsbeschwerde

Die Urteilsverfassungsbeschwerde ist unter den Einfallstoren, durch die sich das BVerfG als Akteur in die aktuellen Kämpfe einbringt, das wichtigste. So wird sie auch von der Umwelt wahrgenommen. So wird das Gericht mit einer Flut von Urteilsverfassungsbeschwerden überschwemmt. Das erste Kalkül im Umgang mit den Urteilsverfassungsbeschwerden gilt dem prozessualen Umgang mit der Flut. Ließe man sie ungehindert in das Gericht eindringen, wäre seine Arbeitsfähigkeit alsbald infragegestellt. Infragegestellt wäre aber auch die Wirkung seiner Entscheidungen, wenn der Eindruck entstünde, das Gericht sei so etwas wie ein für alles und nichts zuständiger Reparaturbetrieb.[56] So hat das BVerfG alsbald ein hohes Interesse daran entwickelt, die Zulassung von Urteilsverfassungsbeschwerden eng und streng zu regulieren, und da es dafür im Verfahrensrecht keine hinreichende Grundlage findet, hat es sich wichtige Grundlagen freihändig selbst geschaffen. Den so geschaffenen „Reizschutz" passieren nur etwa 2,5 %

---

53 Luhmann, Recht, S. 479 f.; Hesse, Einführung, S. 191; 195.
54 So sieht Luhmann das Gericht im Einklang mit herrschenden wohlfahrtsstaatlichen Tendenzen Ausgaben diktieren, „wo Sparsamkeit angebracht wäre": Recht, S. 481.
55 Limbach, Jutta: Diskussionsbeitrag. In: Bogs, Urteilsverfassungsbeschwerde, S. 133.
56 Kenntner; Markus: Vom „Hüter der Verfassung" zum „Pannenhelfer der Nation"? In: DÖV 2005, S. 269 ff.

der Eingaben.[57] Dass die Kriterien, an denen sich das BVerfG dabei abarbeitet, zur Entscheidungsfindung im Wege deduktiver Logik ungeeignet sind, wird allgemein konzediert.[58] Geeignet erscheinen sie aber bei aller Kritik immer noch, eine Entscheidung als begründet darzustellen, deren Herstellung sich den obengenannten Kalkülen verdankt: die Arbeitsfähigkeit des Gerichts zu erhalten, seine Rolle als „Hüter der Verfassungsrechtsdogmatik" wahrzunehmen, seinen Rang als politischer Akteur zu sichern und dem Gericht die Möglichkeit zu bieten, in aktuellen Auseinandersetzungen diejenigen Akzente zu setzen, die es rechts- und gesellschaftspolitisch für geboten hält.

3.1.2 Die Ergebnisorientierung bei der Herstellung der Entscheidungen

Die Verfassungstexte und das von Fall zu Fall involvierte einfache Recht werden zu lebendem Recht in der Auslegung, die das Gericht ihnen gibt. Angesichts der geschilderten Auslegungsfreiheiten des Gerichts ist die Vorstellung absurd, die Entscheidungsfindung im Rahmen der *Normarbeit* – die *Sachverhaltsarbeit* lasse ich wegen Platzmangels beiseite, obwohl sie für die Entscheidungsfindung auch des BVerfG eine größere Bedeutung hat als allgemein angenommen! – verliefe in Etappen von der Normsuche über die Normauslegung zur Falllösung. Die umgekehrte Reihenfolge ist für den Regelfall anzunehmen: am Anfang steht der Ergebniswunsch. Er steuert die Normsuche und vor allem die Normauslegung.[59]

Die Einsicht in die Ergebnisorientierung wird in rechtstheoretisch orientierten Beiträgen eher noch perhorresziert, ist aber angesichts der Finalisierung des Normprogramms, der schutz- und wohlfahrtsstaatlichen Dauerbesorgtheit *aller* Politik[60] und der zunehmenden Verschränkung von Recht und Politik, die sich ebenso als Verrechtlichung politischer Praxis wie als Politisierung juristischer Praxis äußert,[61] unabweisbar. Immerhin wird sie inzwischen in internen Debatten von Verfassungsjuristen relativ offen angesprochen: „Verfassungsrichter mischen sich ein, wenn sie das Ergebnis einer ‚Vorinstanz' für falsch halten".[62] „Man strukturiert nicht deduktiv; das wäre ein Bild, das nicht zutreffend ist".[63] „Man denkt sich, dass das Geschehene schon ein dicker Hund ist. Da stößt sich die Zuständigkeit des Bundesverfassungsgerichts mit dem Gefühl, dass der Einzelne glücklicherweise, notwendigerweise hat für Gerechtigkeit. Und wenn er weiß, niemand kann mehr helfen, aber er kann helfen, dann überlegt er natürlich, wie er das

---

57 Wie jede statistische Aussage ist auch diese Zahl hoch-artifiziell. Zu Einzelheiten S. Lübbe-Wolff, Gertrude: Die erfolgreiche Verfassungsbeschwerde. In: AnwBl 2005, S. 509 ff.

58 Limbach, Diskussionsbeitrag. In: Bogs, Urteilsverfassungsbeschwerde, S. 132 f.

59 Hesse, Einführung, S. 125; 132 f.; Schlaich, Bundesverfassungsgericht, S. 342 f.

60 Hesse, Hans Albrecht/Kauffmann, Peter: Die Schutzpflicht in der Privatrechtsprechung. In: JZ 1995, S. 219–223.

61 Luhmann, Recht, S. 407 ff.; 478 ff.; Grimm, Dieter: Die Verfassung und die Politik. München 2001; Bryde, Verfassungsgerichtsbarkeit, passim; Hesse, Einführung, S. 88 ff.; 191 ff.

62 Jaeger, Renate im Interview mit Müller, Reinhard und Gerhard, Rudolf. In: FAZ v. 19. 9. 05.

63 Robbers, Gerhard: Diskussionsbeitrag. In: Bogs, Urteilsverfassungsbeschwerde, S. 126.

machen kann".[64] „Ich habe häufig das Gefühl, dass das Bundesverfassungsgericht dort zugreift …, wo der Berichterstatter das Gefühl hat, ‚in der Sache müssen wir ran'. Das ‚in der Sache müssen wir ran' ist gewissermaßen das Vorverständnis, …".[65]

3.2 Typische Veränderungen des Rechts im Prozess einer Verlebendigung durch das BVerfG

Eine der zentralen Annahmen der Rechtssoziologie ist es, dass das Recht sich in der Zeit verändert.[66] Dabei ist es nicht die Zeit selbst, die die Änderung bewirkt. Der legislative und der judikative Umgang mit dem Recht verändern das Recht. Über Ausmaß und Richtung der Veränderung herrscht Streit in der Literatur. Konfrontiert man die verschiedenen Hypothesen mit der Rechtsprechung des BVerfG, so werden einige Hypothesen deutlich gestützt. Diese Hypothesen werden hier abschließend nur noch aufgeführt; auf ihre Diskussion muss verzichtet werden. Sie werden aber auch durch die Ausführungen zu 2.3 sowie zu 3.1 hinreichend belegt.

3.3 Hypothesen zur Veränderung des Rechts im Gefolge der Rechtsprechung des BVerfG

Deutlich gestützt wird die Hypothese von der zunehmenden Verdrängung des Gesetzesrechts durch Richterrecht.

Gestützt wird auch die Hypothese von der zunehmenden Orientierung der Rechtsprechung am Einzelfall und an dem, was als Einzelfallgerechtigkeit empfunden wird.

Deutlich gestützt wird die Hypothese von der zunehmenden Dynamisierung des Rechts.

Besonders deutlich gestützt wird die Hypothese von der Dominanz materialer und entsprechend vom Rückgang formaler Rechtsauffassung. Der Wandel ist im Zivilrecht besonders augenfällig. War es zu Beginn des letzten Jahrhunderts eine Domäne formaler Rechtskultur, so ist es seitdem zunehmend von materialen Prinzipien überformt worden. Der Trend ist speziell im Vertragsrecht in jüngster Zeit durch das BVerfG noch erheblich forciert worden. In einer Reihe von Entscheidungen – von der Handelsvertreterentscheidung[67] über die Bürgschaftsentscheidung[68] bis zur Entscheidung über die

---

64 Benda, Ernst: Diskussionsbeitrag. In: Bogs, Urteilsverfassungsbeschwerde. S. 128.
65 Franßen, Everhardt: Diskussionsbeitrag. In: Bogs: Urteilsverfassungsbeschwerde. S. 131.
66 Carbonnier, Jean: Die großen Hypothesen der theoretischen Rechtssoziologie. In KZfSS; Sonderheft 1: Studien und Materialien zur Rechtssoziologie. 1967. S. 135–150.
67 BVerfGE 81, 242.
68 BVerfGE 89, 214.

Eheverträge[69] – hat das BVerfG mit Hilfe der materialen Überformung des Vertragsrechts den Anspruch judikativer Kontrolle der privaten Lebensführung erheblich gesteigert.[70] Was immer es damit in den betroffenen Praxisfeldern angerichtet haben mag:[71] Jedenfalls ist die Funktion des Privatrechts, Erwartungen zu stabilisieren und die Zukunft zu binden,[72] erheblich geschwächt worden.[73]

Die mit diesen Hypothesen bezeichnete Veränderung, die das Verfassungsrecht in den letzten 50 Jahren im Wege seiner Verlebendigung erfahren hat, ist am *Schicksal der Grundrechte* besonders gut demonstrierbar. Verfasst im Jahre 1949 zum Zwecke *der Entstaatlichung* privater Lebensführung und sozialen Handelns und zur Stabilisierung von Eigenwelten[74] sind sie, auch mit Hilfe von Verfassungsänderungen, vor allem aber über ihre Verlebendigung durch das BVerfG zur verfassungsrechtlichen Grundlage für den *staatlichen Kontrollanspruch* gegenüber nahezu allen und für die *staatliche Einmischung* in nahezu alle Äußerungen der privaten Lebensführung und des sozialen Verkehrs geworden.[75] Die Entwicklung hat zu einer erheblichen Ausweitung der Staatsaufgaben wie der -ausgaben geführt.[76] Sie geht einher mit der anschwellenden Klage über Vollzugsdefizite.[77]

---

69 BVerfGE 103, 89.
70 Hesse, Schutzstaat, S. 153 ff.; Hesse/Kauffmann (Fn. 60).
71 Die Frage der externen Verlebendigung habe ich bekanntlich ausgeklammert (oben 1 am Ende).
72 Zu dieser Funktion Luhmann, Recht, S. 557 ff.; Hesse, Einführung, S. 49 f.
73 Als instruktives Beispiel aus der anwaltlich-notariellen Beratungstätigkeit Everts, Arne: Vereinbarungen zur nachehelichen Namensführung. In: FamRZ 2005, S. 249–254. Den Hinweis auf diesen Beitrag verdanke ich meinem Kollegen Stephan Meder.
74 Luhmann, Niklas: Grundrechte als Institution. Berlin, 1965.
75 Hesse, Einführung, S. 100 ff.
76 Röhl, Rechtssoziologie, S. 550; Hesse, Einführung, S. 105 ff.; 115 ff.
77 Röhl, Rechtssoziologie, S. 300 ff.; Hesse, Einführung, S. 146; 184.

Die Wirkung des Bundesverfassungsgerichts

Thomas Gawron & Ralf Rogowski

Im Gegensatz zum US Supreme Court, der auch als Verfassungsgericht tätig ist[1], hat die Wirkung des Bundesverfassungsgerichts zumindest sozialwissenschaftlich bisher nicht die gleiche Aufmerksamkeit erhalten. Die Wirkungsforschung zum deutschen Bundesverfassungsgericht kann von amerikanischen Untersuchungen zu *judicial impact* und *judicial implementation* lernen.[2] Insbesondere der Implementationsansatz vermittelt der Verfassungsgerichtsforschung sowohl in theoretischer wie in praktischer Hinsicht neue Impulse. Die in der Implementationsforschung übliche Unterscheidung von Programm und Umsetzungsprozess ist zur Bestimmung der Wirkung des Bundesverfassungsgerichts hilfreich. Sie impliziert, dass ein Gerichtsurteil Programm und Handlungsanweisung an Implementationsakteure enthält, dass Implementation ein Prozess ist und dass Implementationsakteure in Arenen mit spezifischen Implementationsstrukturen operieren. Diese Erkenntnisse sind zentrale Ausgangspunkte unserer Forschungen zu Wirkungen des Bundesverfassungsgerichts geworden.[3]

Unser Beitrag unterscheidet im Folgenden Implementationsstrukturen des Bundesverfassungsgerichts nach Adressatenfeldern. Dabei kommt dem Zusammenhang von Mobilisierung und Implementation eine nicht zu unterschätzende Bedeutung zu. Beim

---

1   Rogowski, R. und T. Gawron (Hrsg.) (2002), Constitutional Courts in Comparison. The U. S. Supreme Court and the German Fedral Constitutional Court. Oxford and New York: Berghahn.

2   Becker, T. L. und M. Feeley (Hrsg.) (1973), The Impact of Supreme Court Decisions. 2. Aufl.. New York: Oxford University Press; Baum, L. (1976), Implementation of Judicial Decisions: An Organizational Analysis, American Politics Quarterly, Vol. 4, S. 86–114.; Baum, L. (2012), The Supreme Court, 11. Aufl., Washington: CQ Press, Kapitel 6; siehe auch Canon, B. C. und C. A. Johnson (1999), Judicial Policies: Implementation and Impact, 2nd ed. Washington, D. C.: CQ Press.

3   Siehe insbesondere Gawron, T. und R. Rogowski (2007), Die Wirkung des Bundesverfassungsgerichts. Rechtssoziologische Analysen. Baden-Baden: Nomos.

Bundesverfassungsgericht ist dieser Zusammenhang allerdings je nach Verfahren stärker oder schwächer. In einem ersten Schritt benennen wir die für die Programmsetzung wichtigen Unterschiede von Verfahrenstyp und Parteienkonstellation. In einem zweiten Schritt unterscheiden wir fünf Adressatenfelder von Bundesverfassungsgerichtsentscheidungen und identifizieren in ihnen arenenspezifische Implementationsvorgänge.

1   Verfahrenstypen und Parteienkonstellationen

Die Implementation von Entscheidungen des Bundesverfassungsgerichts weist einige Besonderheiten im Vergleich mit Implementationsbedingungen in anderen Politikbereichen auf. Dem Bundesverfassungsgericht steht keine eigene Vollzugsbehörde zur Seite.[4] Von Rechtssoziologen, die gewohnt sind, die Wirksamkeit von Recht an der Arbeit von Vollzugsinstanzen zu messen, die bei Nichteinhaltung von Recht den Zwangsapparat mobilisieren können[5], müsste dem Bundesverfassungsgericht wohl Unwirksamkeit unterstellt werden.

Das Bundesverfassungsgericht ist in der Tat darauf angewiesen, schon in der Programmsetzung auf die Implementation einzuwirken; und es hat über die Jahre eine erstaunliche Flexibilität bei der Tenorierung seiner Entscheidungen erreicht. Dabei sind auch Verfahrenstypen und Parteienkonstellationen von Bedeutung. Anders als bei zivilrechtlichen oder öffentlich-rechtlichen Streitigkeiten, bei denen die Parteienkonstellation idealtypisch dichotomisch sind (Private gegen Private, Private gegen Staat), kennt der Verfassungsgerichtsprozess eine Vielzahl von Verfahrenstypen sowie Klageführer und, soweit vorhanden, Klagegegner.

Es lassen sich drei Verfahrensschwerpunkte benennen: Zunächst die Verfassungsbeschwerden, die den größten Anteil der Entscheidungstätigkeit des Bundesverfassungsgerichts ausmachen, gefolgt von konkreten Normenkontrollen. Bei beiden Verfahrenstypen sind im strikten Sinne keine Prozessgegner zu verzeichnen. Den dritten Schwerpunkt bilden die „Verfassungsorganstreitigkeiten", also jene Verfahren, in denen sich Verfassungsorgane kontradiktorisch als Prozessparteien gegenüberstehen. Einen Sonderfall bilden die abstrakten Normenkontrollen, bei denen nur ein Verfassungsorgan Verfahrensbeteiligter ist.

Der Erfolg von Klagen und Beschwerden vor dem Bundesverfassungsgericht unterscheidet sich je nach Verfahrenstyp. Nach der offiziellen Gerichtsstatistik beträgt die

---

4   Nur in Einzelfällen hat das Bundesverfassungsgericht bisher von seiner in § 35 BVerfGG eingeräumten Kompetenz Gebrauch gemacht, die Vollziehung des Urteils durch eine entsprechende Ermächtigung an eine Bundes- oder Landesbehörde auszusprechen. Wichtigste Fälle wohl der Vollzug des SRP- und KPD-Verbotsurteils: BVerfGE 2, 177, 179 und BVerfGE 5, 85, 392 f.

5   Siehe Blankenburg, E. (1977), Über die Unwirksamkeit von Gesetzen, Archiv für Rechts- und Sozialphilosophie, Jg. 63, S. 31–58.

Erfolgsquote von Verfassungsbeschwerden zwischen den Jahren 1987 (dem Beginn der offiziellen Auswertung) und 2013 rund zwei Prozent.[6] Für das zweithäufigste Verfahren, die gegnerfreigeführte konkrete Normenkontrolle (Art. 100 Abs. 1 GG), liegt nur eine ältere Untersuchung[7] vor, die für den Zeitraum 01.07.1951 bis 31.12.1974 eine Erfolgsquote von über 50 Prozent belegt. Die sozialwissenschaftliche Analyse der dritten Verfahrensart, der kontradiktorischen Verfassungsorganstreitigkeiten und der abstrakten Normenkontrolle, betont, dass diese in hohem Maße als Instrument von der parlamentarischen Opposition genutzt wird, um die Bundesregierung und die sie tragende Bundestagsmehrheit zu kontrollieren.[8] Insbesondere die Ermächtigung des Verfassungsgerichtes, in den genannten Verfahren Normen nicht nur zu kontrollieren, sondern auch zu verwerfen, hat zu einer breiteren Diskussion unter Sozialwissenschaftlern über das Verhältnis zwischen Bundesverfassungsgericht und Bundesgesetzgeber geführt.[9]

Bei Verfassungsorganstreitigkeiten sind aus rechtssoziologischer Perspektive die am Verfassungsprozess Beteiligten zugleich Mobilisierungs- und Implementationsakteure.[10] Wir bezeichnen sie als Primäradressaten. Komplexer gestaltet sich die Adressatenfrage bei Verfassungsbeschwerden und konkreten Normenkontrollverfahren, die verfas-

---

6 Jahresstatistik des Bundesverfassungsgerichts 2013 (Karlsruhe 2014), Tabelle Anteil der stattgegebenen an den entschiedenen Verfassungsbeschwerden pro Jahr seit 1987. Starke jährliche Schwankungen sind zu verzeichnen (5,55 % im Jahr 1992; 0,97 % im Jahr 1997; im letzten Jahr – 2013 – ermittelte das Gericht eine Quote von 1,46 %).

7 Peters, K. (1976), Ergebnisse von Vorlagen nach Art. 100 Abs. 1 GG und einige Überlegungen dazu, Zeitschrift für Zivilprozess, Jg. 89, S. 1–43 (hier S. 11). Seit der Fünften Novelle zum BVerfGG vom 11.8.1993 (BGBl. I S. 1473), die die Prüfung der Zulässigkeit von konkreten Normenkontrollen den Kammern übertrug, ist die Erfolgsquote rückläufig.

8 Stüwe, K. (1997), Die Opposition im Bundestag und das Bundesverfassungsgericht. Baden-Baden: Nomos; Höreth, M. (2012), Grüß-August, Staatsnotar oder Vetospieler? Zur Bestimmung der Rolle des Bundespräsidenten im Regierungssystem. Papier für das Panel „Der deutsche Bundespräsident als politischer Akteur", Kongress der Deutschen Vereinigung für politische Wissenschaften (DVPW) in Tübingen, 26.09.2012.

9 Bryde, B.-O. (1982), Verfassungsentwicklung. Stabilität und Dynamik im Verfassungsrecht der Bundesrepublik Deutschland. Baden-Baden: Nomos; Landfried, C. (1988), Legislation and Judicial Review in the Federal Republic of Germany, in C. Landfried (Hrsg.), Constitutional review and legislation. An international comparison. Baden-Baden: Nomos, S. 147–71; Hönnige, C. (2007), Verfassungsgericht, Regierung und Opposition. Die vergleichende Analyse eines Spannungsdreiecks. Wiesbaden: VS Verlag; Ooyen, R. van und M. Möllers (Hrsg.) (2006), Das Bundesverfassungsgericht im politischen System. Wiesbaden: VS Verlag; Kneip, S. (2009), Verfassungsgerichte als demokratische Akteure. Der Beitrag des Bundesverfassungsgerichts zur Qualität der bundesdeutschen Demokratie. Baden-Baden: Nomos; Steinsdorff, S. (2010), Verfassungsgerichte als Demokratie-Versicherung? Ursachen und Grenzen der wachsenden Bedeutung juristischer Politikkontrolle, in K.H. Schrenk und M. Soldner (Hrsg.), Die Analyse demokratischer Regierungssysteme. Festschrift für Wolfgang Ismayr, Wiesbaden: VS Verlag, S. 479–98; Wrase, M. und C. Boulanger (Hrsg.) (2013), Die Politik des Verfassungsrechts. Interdisziplinäre und vergleichende Perspektiven auf die Rolle und Funktion von Verfassungsgerichten. Baden-Baden: Nomos.

10 Siehe Gawron und Rogowski, op. cit. (Fn. 3), Kapitel 1.

sungsprozessrechtlich als gegnerfrei gelten.[11] Gleichwohl richten sich Entscheidungen, die in diesen Verfahren getroffen werden, an Adressaten, die für die Implementation verantwortlich werden. Diese sind nicht nur die direkt Prozessbeteiligten, sondern weitere Implementationsakteure. Wir nennen sie Sekundäradressaten.

Darüberhinaus richtet sich jede Entscheidung des Bundesverfassungsgerichtes noch an weitere Adressaten. Dies sind Tertiär- und Quartiär-Adressaten, die – obgleich nicht direkt oder indirekt am Verfahren beteiligt – die Entscheidung aufnehmen und verarbeiten. Eine Rekonstruktion von Implementationsstrukturen ausschließlich anhand gestaffelter Adressaten gerät allerdings in die Schwierigkeit, in jedem Einzelfall Wirkungskreise von Entscheidungen benennen zu müssen, die nach Betroffenheit unterschiedlich strukturiert sind. Im Folgenden ersetzen wir die an prozessrechtlichen Kategorien orientierte Adressatenbestimmung durch eine Analyse von Adressatenfeldern.

2   Adressatenfelder

Für die Forschung zur Wirkung des Bundesverfassungsgerichts ist die Benennung von Adressatenfeldern insofern zentral, als sie die Kennzeichnung der für Implementationsprozesse relevanten Strukturen und Akteure ermöglicht. Im Mittelpunkt stehen organisatorische Umsetzer. Wir unterscheiden zur Charakterisierung von Adressatenfeldern des Bundesverfassungsgerichts fünf Organisationstypen: Gerichte, Gesetzgeber/Verfassungsorgane, Verwaltungen, Parteien und Verbände sowie Private und Unternehmen.

2.1   Gerichte

Wichtigster Adressat der Urteile und Entscheidungen des Bundesverfassungsgerichts, zumindest aus statistischer Sicht, ist das Justizsystem. Diese Erkenntnis steht nur selten im Blickfeld der öffentlichen Diskussion. Sie deckt sich aber mit Ergebnissen der Impact- und Implementationsforschung zum US Supreme Court, bei dem auch die Untergerichte Hauptansprechpartner sind.[12]

Die Beziehungen des Bundesverfassungsgerichts zu anderen Gerichten sind kommunikativ und nicht hierarchisch. Die hohe Zahl der Verfassungsbeschwerden gegen Gerichtsentscheidungen und die konkreten Normenkontrollverfahren durch vorlegende Gerichte bindet das Verfassungsgericht in das Justizsystem. Diese intergerichtliche Kommunikation ist stärker als bei anderen Adressaten rechtlich strukturiert, d.h.

---

11   Schlaich, K. und S. Korioth (2012), Das Bundesverfassungsgericht — Stellung, Verfahren, Entscheidungen, 9. Aufl. München: Beck, Rn. 189 und 194.
12   Siehe Baum 2012, op. cit. (Fn. 2), Kapitel 6.

der juristische Diskurs steht im Vordergrund der argumentativen Auseinandersetzung und eröffnet den beteiligten Gerichten Interpretationsspielräume.

Donald Kommers bezeichnet das Verhältnis der Bundesgerichte zum Bundesverfassungsgericht in Fragen der Verfassungsinterpretation als Rivalität und verweist auf den Fall des Bundesfinanzgerichtshofs, in dem dieser öffentlich sein Missfallen über Entscheidungen des Bundesverfassungsgerichts äußerte.[13] Offene Gegnerschaft der Gerichte zum Bundesverfassungsgericht ist allerdings selten dokumentiert. Den wohl bekanntesten Fall stellt die öffentliche Kritik der fünf Präsidenten der Bundesgerichte aus Anlass der Interpretation des Art. 131 GG durch das Bundesverfassungsgericht (sog. 131er-Fälle) dar, in der sich die Bundesrichter (im Gegensatz zum Bundesverfassungsgericht) für die Verfassungsmäßigkeit der Pensionsberechtigung von Beamten des Dritten Reiches aussprachen und sich damit dem Vorwurf des „whitewash the past" aussetzten, während dem Bundesverfassungsgericht eine „objective, dispassionate investigation" bescheinigt wurde.[14]

Untere Gerichte leisten selten offenen Widerstand gegen Entscheidungen des Bundesverfassungsgerichtes. Sie bevorzugen Strategien des Ausweichens statt des Abweichens[15], indem sie den Richterspruch restriktiv interpretieren[16], die vom Gericht selber formulierten Ausnahmeregeln extensiv auslegen[17], das Verfassungsgericht in einen länger andauernden Dialog hineinziehen[18] oder es schlicht ignorieren.[19] Bekanntere Bei-

---

13 Kommers, D. P. (1976), Judicial Politics in West Germany. A Study of the Federal Constitutional Court. Beverly Hills und London: Sage, S. 277. Siehe auch Köppe, O. (2006), Bundesverfassungsgericht und Steuergesetzgebung, in van Ooyen und Möllers, op. cit. (Fn. 9), S. 436.

14 Baade, Hans W. (1961), Social Science and the Federal Constitutional Court of West Germany, The Journal of Politics, Vol. 23, S. 447, mit ausführlichen Nachweisen zum 131er-Streit; siehe weiterhin Garner, C. (1997), Remaking German Democracy in the 1950s: Was the Civil Service an Asset or a Liability? German Politics, Vol. 6, S. 16–53.

15 Gottwald, W. (1990), Die Zivilrechts(alltags)praxis – ein Findelkind der Implementationsforschung? In Raiser, T. und R. Voigt (Hrsg.), Durchsetzung und Wirkung von Rechtsentscheidungen. Baden-Baden: Nomos, S. 66–85.

16 Krey, V. und S. Jäger (1998), Sitzblockaden als tatbestandsmäßige Nötigung mit Gewalt, in: B. Guggenberger und T. Würtenberger (Hrsg.), Hüter der Verfassung oder Lenker der Politik? Baden-Baden: Nomos, S. 151–60 am Beispiel der restriktiven Auslegung des Gewaltbegriffes.

17 Gawron und Rogowski, op. cit. (Fn. 3), S. 124, am Beispiel der numerus-clausus-Entscheidungen.

18 Frielinghaus, V. (1976), Strafvollzug in der Praxis – Die Verfassungsbeschwerde, in H.-D. Schwind und G. Blau (Hrsg.) Strafvollzug in der Praxis. Berlin und New York: de Gruyter, S. 271–79; Ronellenfitsch, M. (1981), Das besondere Gewaltverhältnis – ein zu früh tot gesagtes Rechtsinstitut, Die Öffentliche Verwaltung, Jg. 34, S. 933–41 zur Implementation der Rechtsprechung des Bundesverfassungsgerichts zur Grundrechtsgeltung im Strafvollzug.

19 Schulze-Fielitz, H. (2001), Wirkung und Befolgung verfassungsgerichtlicher Entscheidungen, in P. Badura/H. Dreier (Hrsg.) Festschrift 50 Jahre Bundesverfassungsgericht. Bd. 1. Tübingen: Mohr (Siebeck), S. 385–420 am Beispiel der Vermögenssteuer.

spiele von hinhaltendem Widerstand waren Reaktionen von Fachgerichten gegen Verfassungsgerichtsentscheidungen zu Sitzblockaden[20] und „Soldaten-sind-Mörder"[21].

Ob allerdings Widerstände den Charakter der Implementation durch Gerichte insgesamt kennzeichnen, muss bezweifelt werden. Zwar kann aus solchen Beispielen mit
Kommers auf eine zumindest latente Rivalität der obersten Gerichte geschlossen werden; gleichwohl ist aufgrund der funktional-rechtlichen Stellung des Bundesverfassungsgericht im Rahmen des Justizsystems davon auszugehen, dass Umsetzung gewährleistet ist. Gerade in den 131er-Fällen wurde aber deutlich (Vorlage von BGH-Richtern),
dass ein juristischer Diskurs unter Gleichen stattfindet. Der Bundesgerichtshof suchte
Unterstützung vom Bundesverfassungsgericht für den eigenen Entscheidungsprozess.
Darüberhinaus kann festgestellt werden, dass das Bundesverfassungsgericht im Adressatenfeld Justiz Programmierung im Sinne einer Normpräzisierung der für Gerichte besonders wichtigen Prozessrechtsvorschriften betreibt und in Bezug auf Untergerichte zu
einer weisenden Spitze wird.[22]

2.2   Gesetzgeber/Verfassungsorgane

Verfassungsorgane sind in ihren Beziehungen mit Koordinationsdilemmata konfrontiert,[23] die zum einen aus unterschiedlichen Funktionsbedingungen des politischen
Systems, zum anderen aus Eigeninteressen herrühren, Einfluss und Machtgrenzen zu
erweitern.[24] In rechtssoziologischer Sicht fungiert das Bundesverfassungsgericht im politischen System häufig als Schlichter oder Schiedsrichter.[25]

Streitigkeiten von Verfassungsorganen untereinander werden als echte kontradiktorische Gerichtsverfahren vor dem Bundesverfassungsgericht geführt. Die Prozess-

---

20 Möllers, M. H. W. und R. C. van Ooyen (2006), Bürgerfreiheit, Menschenrechte und Staatsräson, in
    van Ooyen und Möllers, op. Cit. (Fn. 9), S. 367–89 (hier S. 376–8); Wesel, U. (2004), Der Gang nach
    Karlsruhe. Das Bundesverfassungsgericht in der Geschichte der Bundesrepublik. München: Blessing,
    S. 312–3; zum Konflikt zwischen OVG Münster und Bundesverfassungsgericht zur Reichweite des
    Schutzes der Meinungs- und Versammlungsfreiheit gegenüber der öffentlichen Ordnung siehe Battis, U.
    und J. Grigoleit (2001), Die Entwicklung des versammlungsrechtlichen Eilrechtsschutzes, Neue Juristische Wochenschrift, Jg. 54, S. 2051–5.
21 BVerfGE 93, 266: Siehe dazu Kommers, D. P. und R. A. Miller (2012), The Constitutional Jurisprudence
    of the Federal Republic of Germany, 3. Aufl. Durham, London: Duke University Press, S. 470–5.
22 Siehe Gawron und Rogowski, op. cit. (Fn. 3), Kapitel 4.
23 Siehe zum Koordinationsdilemmata von Verfassungsorganen Luhmann, N. (1973), Politische Verfassungen im Kontext des Gesellschaftssystems, Der Staat, Bd. 12, S. 165–82.
24 Siehe zum Positionskampf Gesetzgeber-Bundesverfassungsgericht: Massing, O. (1970), Das Bundesverfassungsgericht als Instrument sozialer Kontrolle, in: Probleme der Demokratie heute, Sonderheft 2 der
    Politischen Vierteljahresschrift, S. 180–225; Friesenhahn, E (1973) Hüter der Verfassung? Zeitschrift für
    Rechtspolitik, Jg. 6, S. 188–193.
25 Siehe Boulanger, C. (2013), Hüten, richten, gründen. Rollen der Verfassungsgerichte in der Demokratisierung Deutschlands und Ungarns, Diss. FU Berlin; http://www.diss.fu-berlin.de/diss/servlets/
    MCRFileNodeServlet/FUDISS_derivate_000000014481/Dissertation-Boulanger.pdf.

beteiligten verfügen über erhebliche Machtpotentiale und sind Primäradressaten der Entscheidungen. Für die quantitative Analyse der Bundesgesetze verwerfenden Entscheidungstätigkeit des Verfassungsgerichts empfiehlt es sich, mit einem dreistufigen Kontrollfilter, bestehend aus Gesetzesproduktion, Gesetzesüberprüfung und Gesetzesbeanstandung, zu arbeiten, um zu präzisen Aussagen zu gelangen, welche Gesetze aus welcher Legislaturperiode in welcher Weise vom Bundesverfassungsgericht beanstandet worden sind. Für den Zeitraum 1949 bis 2009 (erste bis sechzehnte Legislaturperiode) sind wir in unseren Forschungen[26] zu dem in Tabelle 1 aufgeführten Ergebnis gelangt.

Bei der Umsetzung von Entscheidungen des Bundesverfassungsgerichts durch andere Verfassungsorgane ist die in politischen Prozessen nicht unübliche Koalitionsbildung zu beobachten. Durch einen Bündnispartner wird die vor dem Gericht unterlegene Partei zur Beachtung der Entscheidung angehalten. Die Befolgung wird im Einzelfall sichergestellt, „indem über die vom Bundesverfassungsgericht selbst nur schwer zu gewährleistende Abnahme einer Erkenntnis ein Außenstehender, regelmäßig der Sieger, wacht"[27]. Im Rahmen der Machtauseinandersetzungen wird die Befolgung der Entscheidungen des Bundesverfassungsgerichts aber auch von am Prozess nicht beteiligten Dritten kontrolliert, insbesondere durch Medien und Fachöffentlichkeit.

Entscheidungen des Verfassungsgerichts haben spezifische Wirkungen im politischen System. Diese können in Nach- und Vorwirkungen unterschieden werden. Unmittelbare Nachwirkungen haben Entscheidungen, die Gesetzesänderungen erfordern. Die für die betroffenen Gesetzgebungsmaterien zuständigen Referate der Bundesministerien sind aufgefordert, die entsprechende Gesetzesnovellierung vorzubereiten. Bis 1991 gab es sogar ein regierungsinternes Überwachungsinstrument, die Liste sog. Gesetzgebungsaufträge, mit der das Justizministerium die anderen Ministerien bei der Umsetzung von Verfassungsgerichtsentscheidungen kontrollierte.[28]

Mittelbare Nachwirkungen haben Entscheidungen im Rahmen der Rechtsförmlichkeitsprüfungen,[29] die vor Eröffnung und während des Gesetzgebungsverfahrens von den Rechts- und Verfassungsreferaten, mitunter auch vom Wissenschaftlichen Dienst

---

26 Zuerst Gawron, T. und R. Rogowski (2002), Implementation of German Federal Constitutional Court Decisions – Judicial Orders and the Federal Legislature, in: Rogowski und Gawron op. cit. (Fn. 1), S. 239–56 (hier S. 243) für den Zeitraum 1949–1987; Aktualisierungen in Gawron und Rogowski, op. cit. (Fn. 3), S. 132 für den Zeitraum 1949–2002 und Gawron, T. (2012) Das ferne Gericht. Wirkungsanalyse von Entscheidungen des Bundesverfassungsgerichts in Bezug auf Verwaltungsbehörden. Rechtswissenschaftliche Arbeitspapiere der TU Braunschweig (RATUBS) Nr. 4/2012, S. 34 für den Zeitraum 1949–2009.

27 Dopatka, F.-W. (1982), Das Bundesverfassungsgericht und seine Umwelt. Zur Analyse der Entwicklung des Bundesverfassungsgerichts und der adressatenspezifischen Bezüge seiner Rechtsprechung. Berlin: Duncker und Humblot, S. 87.

28 Gawron und Rogowski, op. cit. (Fn. 3), Kapitel 5.

29 Bundesministerium der Justiz (Hrsg.) (1999), Handbuch der Rechtsförmlichkeit. 2. Aufl. Köln: Bundesanzeiger-Verlag; Kluth, W. und G. Krings (Hrsg.) (2013), Gesetzgebung: Rechtsetzung durch Parlamente und Verwaltungen sowie ihre gerichtliche Kontrolle. Heidelberg: C. F. Müller.

Tabelle 1   Beanstandete Bundesgesetze 1949–2009 (1. bis 16. Legislaturperiode des Deutschen Bundestages)

Legislaturperiode	Zahl der Bundesgesetze	Zahl der Beanstandungen		
		insgesamt	nichtig/teilnichtig	ganz/teilweise unvereinbar
1. 1949–1953	545	31	26	5
2. 1953–1957	507	34	22	12
3. 1957–1961	424	26	19	7
4. 1961–1965	427	20	7	13
5. 1965–1969	453	22	7	15
6. 1969–1972	335	8	3	5
7. 1972–1976	516	36	14	22
8. 1976–1980	354	14	6	8
9. 1980–1983	139	16	5	11
10. 1983–1987	320	13	3	10
11. 1987–1991	369	19	8	11
12. 1991–1994	507	26	7	19
13. 1994–1998	565	18	5	13
14. 1998–2002	559	12	7	5
15. 2002–2005	400	7	2	5
16. 2005–2009	616	4	1	3
	7 036	306	142	164

Quellen: Datenbuch zur Geschichte des Deutschen Bundestages 1949 bis 1999, Baden-Baden 1999, S. 2388 f., 2495–2511, 4377 (1. bis 11. Legislaturperiode des Deutschen Bundestags 9.9.1951 bis 15.12.1990); Datenhandbuch zur Geschichte des Deutschen Bundestags 1990 bis 2003, Baden-Baden 2005, S. 574, 594–600 (12. bis 14. Legislaturperiode des Deutschen Bundestags 16.12.1990 bis 20.10.2002); Datenhandbuch zur Geschichte des Deutschen Bundestags 1990–2010 (12. bis 16. Legislaturperiode des Deutschen Bundestags, Baden-Baden 2012, Abschnitte 10.1 und 10.6. Eigene Auszählungen.

des Deutschen Bundestages, vorgenommen werden. Die Referate sind integraler Bestandteil der Ministerialverwaltung und können Verfassungsgerichtsentscheidungen wirkungsvoll zu Gehör bringen und dessen Beachtung sicherstellen.

Im Gesetzgebungsverfahren gibt es darüberhinaus Vorwirkungen der Verfassungsgerichtsrechtsprechung. Es findet eine Instrumentalisierung der Rechtsprechung des Bundesverfassungsgerichts statt. In Beratungen der Ausschüsse und in Plenardebatten des Bundestags und Bundesrats ist der Verweis auf Judikate des Gerichts integraler Bestandteil der bundesdeutschen politischen Diskussion. Die wichtigste Vorwirkung entsteht im Gesetzgebungsprozess, wenn zur Unterstützung der eigenen politischen Position auf die verfassungsgerichtliche Rechtsprechung und zur Abwehr gegnerischer Positionen mit dem Gang nach Karlsruhe gedroht wird.[30] Neuestens wird diese Perspektive durch die Frage radikalisiert, ob Karlsruhe zum „Veto-Spieler" des politischen Prozesses in Berlin wird.[31] Diese Frage ist aus unserer Sicht falsch gestellt, da sie im Sinne der Tsebelischen Konstruktion[32] von einer direkten Akteursbeziehung, personalisiert in Form der Richter des Verfassungsgerichtes und den politischen Akteuren des Bundestages, des Bundesrates und der Bundesregierung, ausgeht, und dabei übersieht, dass innerhalb dieser Institutionen und zwischen ihnen ein hohes Maß an Diskontinuität (Amtszeiten, Mandate, Legislaturperioden) herrscht.[33]

2.3 Verwaltungen

Verwaltungen sind klassische Sekundäradressaten, die in der Regel nur indirekt an verfassungsgerichtlichen Verfahren teilnehmen, aber dennoch für die Implementation der Entscheidungen im Wege der Gesetzesausführung hauptverantwortlich sind. Sehr viele Verfahren des Bundesverfassungsgerichts haben Verwaltungshandeln zum Gegenstand und gestalten dieses durch die Entscheidung. Es besteht die gerichtliche Erwartung, dass die betroffenen Verwaltungen ihre Praxis entsprechend anpassen.

---

30 Siehe Beispiele in Beyme, K. (1997) Der Gesetzgeber. Der Bundestag als Entscheidungszentrum. Opladen: Westdeutscher Verlag, S. 305–10 und Landfried, C. (1984), Bundesverfassungsgericht und Gesetzgeber. Wirkungen der Verfassungsrechtsprechung auf parlamentarische Willensbildung und soziale Realität. Baden-Baden: Nomos.

31 Hönnige, C. und T. Gschwend (2010), Das Bundesverfassungsgericht im politischen System der BRD – ein unbekanntes Wesen? Politische Vierteljahresschrift, Jg. 51, S. 508–30. Siehe auch Wewer, G. (1991), Das Bundesverfassungsgericht – eine Gegenregierung? In: B. Blanke und H. Wollmann (Hrsg.), Die alte Bundesrepublik. Kontinuität und Wandel, LEVIATHAN, Zeitschrift für Sozialwissenschaft, Sonderheft 12. Opladen: Westdeutscher Verlag, S. 310–35.

32 Tsebelis, G. (2002), Veto Players. How Political Institutions Work. Princeton: Princeton University Press.

33 Siehe den Hinweis von Höreth, op. cit (Fn. 8), S. 11, dass zwischen Verkündung einer Norm und ihrer Beanstandung durch das Bundesverfassungsgericht durchschnittlich 11,5 Jahre vergehen.

Die Implementationsfrage lautet, ob und in welcher Weise Verwaltungen diesen Erwartungen entsprechen. Der Umgang der Verwaltungen mit Gerichtsurteilen unterscheidet sich in der Regel nicht vom Vollzug politischer Programme. Die von Verfassung wegen geforderte Orientierung an „Recht und Gesetz" wird auch in den Verwaltungswissenschaften aufgenommen, wenn nach der Steuerungskraft des Gesetzes gefragt wird.[34] Ihre Befunde lassen sich unter der hier verfolgten Fragestellung dahingehend zusammenfassen, dass die Rechtsbindung häufig in Konflikt mit anderen Verwaltungszielen gerät, insbesondere dem Erhalt des Systems „Verwaltung".

Es ist bekannt, dass innerhalb der Verwaltungspraxis eine Selbststeuerung stattfindet.[35] In den Verwaltungswissenschaften wird in diesem Zusammenhang von Verwaltungsautonomie gesprochen.[36] Im Programmvollzug der Verwaltung findet eine Mediatisierung statt von Rechtsorientierung und administrativer Rationalität, zu denen insbesondere Schutz von Ressourcen, Arbeitsabläufen und Außenkontakten gehören.[37] Insbesondere zum Schutz von Kontakten zwischen vernetzten Verwaltungen müssen Gerichtsentscheidungen in administrative Routinen übersetzt werden.[38] Geschützt werden müssen weiterhin die vielfältigen Formen „negativer Koordination" zur Minimierung oder Vermeidung von Reibungskonflikten zwischen Verwaltungen.[39]

Gerichtsentscheidungen können aus der Verwaltungsperspektive sowohl belastend wie entlastend wirken. Eine Entlastungsfunktion kommt ihnen dann zu, wenn sie Gesetzesprogramme in Hinblick auf den Verwaltungsvollzug klar und eindeutig interpretieren. Sie können allerdings zu verwaltungsinternen Belastungen werden, wenn sie

---

34 Treiber, H. (2007), Verwaltungsrechtswissenschaft als Steuerungswissenschaft – eine „Revolution auf dem Papier"? Teil 1, Kritische Justiz, Jg. 40, S. 328–46 und Treiber, H. (2008), Verwaltungsrechtswissenschaft als Steuerungswissenschaft – eine „Revolution auf dem Papier"? Teil 2, Kritische Justiz, Jg. 41, S. 48–70.

35 Hegenbarth, R. (1980), Von der legislatorischen Programmierung zur Selbststeuerung der Verwaltung, in: E. Blankenburg; K. Lenk; R. Rogowski (Hrsg.), Organisation und Recht. Organisatorische Bedingungen des Gesetzesvollzuges. Jahrbuch für Rechtssoziologie und Rechtstheorie, Bd. 7. Opladen: Westdeutscher Verlag, S. 130–52; Döhler, M. (2006), Regulative Politik und die Transformation der klassischen Verwaltung, in J. Bogumil, W. Jann und F. Nullmeier (Hrsg.), Politik und Verwaltung. Auf dem Weg zu einer postmanagerialen Verwaltungsforschung, Politische Vierteljahresschrift, Sonderheft 37. Wiesbaden: VS Verlag, S. 208–27.

36 Luhmann, N. (1966), Theorie der Verwaltungswissenschaft. Bestandsaufnahme und Entwurf. Köln/Berlin: Grote und Schuppert, G. F. (2000), Verwaltungswissenschaft. Verwaltung, Verwaltungsrecht, Verwaltungslehre. Baden-Baden: Nomos.

37 Mayntz, R. (1983), Implementation von regulativer Politik, in: R. Mayntz (Hrsg.), Implementation politischer Programme II. Ansätze zur Theoriebildung. Opladen: Westdeutscher Verlag, S. 50–74 (hier S. 63).

38 Zum Problem der Vernetzung als administrative Reaktion siehe Görlitz, A. (1983), Zur Transformation von Recht durch Vernetzung, in R. Voigt (Hrsg.), Gegentendenzen zur Verrechtlichung. Jahrbuch für Rechtssoziologie und Rechtstheorie, Bd. 9. Opladen: Westdeutscher Verlag, S. 77–98.

39 Scharpf, F. W. (1973), Koordinationsplanung und Zielplanung, in: R. Mayntz/F. W. Scharpf (Hrsg.), Planungsorganisation. München: Piper, S. 107–8.

zusätzliche Anforderungen vorschreiben, die mit vorhandenen Ressourcen nicht zu bewältigen sind.

Eine Option, der Belastung zu entgehen, ist das Ignorieren der gerichtlichen Entscheidung. Sie birgt allerdings das Risiko zukünftiger rechtlicher Konflikte in der gleichen Sache, die zu höheren Ressourcenbelastungen führen können. Abweichung und Umdeutung liegen näher.[40] Gerichtlichen Kontrollen wird ausgewichen, indem auf den Vollzug alternativer Gesetzesprogramme umgestellt oder der Vollzug auf unstrittige Programmteile eingegrenzt wird.[41]

Eine spezifische Form der Umsetzung im Adressatenfeld Verwaltung findet sich in der binnenadministrativen Rechts- und Normsetzung.[42] Intentionen des Gerichts werden durch Verordnungen, Richtlinien, Runderlassen oder Rundschreiben von Verwaltungsspitzen kommuniziert. Bekannt sind Handreichungen von Regierungspräsidien und städtischen Rechtsämtern, in denen Verwaltungseinheiten Verfassungsgerichtsurteile verwaltungsadäquat mitgeteilt und für deren Aufgaben fachgerecht übersetzt werden.

2.4 Parteien/Verbände

Das Adressatenfeld Parteien und Verbände ist von kollektiven Interessen und deren Interaktionen geprägt. Die klassische verbandssoziologische und verbändetheoretische Sichtweise auf kollektive Interessen – zu denen neben Parteien und Verbänden auch Kirchen und Religionsgemeinschaften zu zählen sind – richtet ihr Augenmerk auf gemeinsam verfolgte Ziele, Mitgliedschaft und Mobilisierungsfähigkeit.[43] In politikwis-

---

40 Gawron, T. (2013), Das ferne Gericht. Wirkungsanalysen zum Verhältnis zwischen Bundesverfassungsgericht und Verwaltungsbehörden, in Wrase und Boulanger, op. cit.. (Fn. 9), S. 216–240 (hier S. 233).

41 Siehe zu den Phänomenen der „Planungsmüdigkeit" und „Briefmarkenplanung" am Beispiel der Bebauungsplanung Voge, A. (1993), Bebauungspläne vor Gericht. Normenkontrollverfahren in Nordrhein-Westfalen. Dortmund: Schriftenreihe des Instituts für Landes- und Stadtentwicklungsforschung des Landes Nordrhein-Westfalen (ILS), Nr. 80, S. 24–5. Ähnlich gelagert sind Fallkonstellationen, in denen „nicht weit vom Buchstaben des Gesetzes" entschieden wird; siehe für die „Freie Orientierung am Vorschriftenzweck" in der Finanzverwaltung Weingarten, J. (1993), Finanzverwaltung und Gesetzesvollzug. Anforderungen, Probleme und Vorgehen der Steuerverwaltung bei der Anwendung steuerrechtlicher Normen. Opladen: Westdeutscher Verlag, S. 429.

42 Zur Rechtsetzung im administrativen Binnenbereich Smeddinck, U. und R. Tils (2000), Die informalen Rechtsmacher – Gesetzesproduktion im administrativen Binnenbereich, in H. Hill und H. Hof (Hrsg.), Wirkungsforschung zum Recht, Bd. 2, Verwaltung als Adressat und Akteur. Baden-Baden: Nomos, S. 53–69. Siehe auch Dose, N. (1997), Die verhandelnde Verwaltung. Eine empirische Untersuchung über den Vollzug des Immissionsschutzrechts. Baden-Baden: Nomos, S. 65–9, und Ellwein, T. und P. Wollscheid (1986), Die Vorschriften der Gewerbeaufsicht. Zugänge zu einer Analyse, Zeitschrift für Gesetzgebung, Jg. 1, S. 315–57.

43 Teubner, G. (1978), Organisationsdemokratie und Verbandsverfassung. Tübingen: Mohr Siebeck.

senschaftlicher Perspektive werden die Stellung der organisierten Interessen im politischen System und die Bedeutung ihrer Teilnahme am politischen Prozess analysiert.[44] Das Verhältnis des Bundesverfassungsgerichts zu Kollektivinteressen ist ambivalent. Einerseits definiert es Teilnahme- und Zugangsregeln von Parteien und Verbänden am politischen Prozess (Parteiverbot, Wahlkampffinanzierung und Parteispenden; Koalitionsfreiheit, Tarifautonomie, politische Betätigung von Verbänden; Religionsfreiheit, Konkordate, Stellung der Kirchen im Verfassungsgefüge). Andererseits hält es sich deutlich zurück, Autonomiespielräume kollektiver Akteure zu begrenzen. Es operiert, trotz Fehlens einer entsprechenden offiziellen Prozessmaxime, tatsächlich mit judicial self-restraint. Das lässt sich am Beispiel der Nichtannahme der Verfassungsbeschwerde gegen ein Urteil des Bundesarbeitsgerichts illustrieren, in dem gewerkschaftlich organisierte streikbegleitende sog. Flashmob-Aktionen im Einzelhandel als rechtmäßig angesehen wurden.[45] In seinem Votum zur Einführung des Unterrichtsfaches Lebenskunde, Ethik, Religion (LER) im Land Brandenburg verzichtete das Bundesverfassungsgericht auf eine Entscheidung in der Sache und verpflichtete die Kontrahenten, einschließlich der Kirchen, sich untereinander zu einigen.[46]

Für die Analyse der Befolgung und Wirksamkeit der Entscheidungen im Adressatenfeld Parteien und Verbände können wir das schon bei den Verfassungsorganstreitigkeiten erwähnte stillschweigende Koalitionsmodell aufgreifen und erweitern. Im Gegensatz zum Adressatenfeld Gesetzgeber müssen sich im multipolar strukturierten Implementationsfeld der Parteien und Verbände allerdings fallweise neue Koalitionen bilden. Eine ungewöhnliche Koalition kam zum Beispiel zwischen Gewerkschaften und christlichen Kirchen bei der Entscheidung des Gerichts zur Adventssonntagsregelung des Ladenöffnungsgesetzes des Landes Berlin zustande.[47]

Allerdings stößt das Gericht an Grenzen, mit Kollektivparteien zu koalieren. Im Adressatenfeld Parteien und Verbände sind hohe Widerstandspotentiale vorhanden, weil diese als große Organisationen Mitglieder und Ressourcen gegen Entscheidungen des Bundesverfassungsgerichts mobilisieren können.[48] Bekannte Beispiele sind die

---

44 Aleman, U. und R. G. Heinze (Hrsg.) (1979), Verbände und Staat. Vom Pluralismus zum Korporatismus. Opladen: Westdeutscher Verlag.

45 BVerfG, 1 BvR 3185/09, Kammerentscheidung vom 26. März 2014.

46 LER-Entscheidung, BVerfGE 106, 210; siehe dazu Lhotta, R. (2002), Vermitteln statt Richten: Das Bundesverfassungsgericht als judizieller Mediator und Agenda-Setter im LER-Verfahren, Zeitschrift für Politikwissenschaft, Vol. 12, S. 1073–98.

47 BVerfGE 125, 39 ff.

48 Gawron, T. und R. Schäfer (1976), Justiz und organisierte Interessen in der BR Deutschland, in P. Kielmansegg (Hrsg.), Legitimationsprobleme politischer Systeme. Sonderband 7 der Politischen Vierteljahresschrift. Opladen: Westdeutscher Verlag, S. 217–69.

moral crusades der katholischen Kirche gegen die Entscheidungen zum Kruzifix in der Schule[49] und zur Erlaubnis des Schwangerschaftsabbruches.[50]

Darüberhinaus können Verbände und Parteien Entscheidungen durch eigene Koalitionsbildung unterlaufen. Ein Beispiel für (geheime) Koalitionsbildung stellen koordinierte Praktiken der politischen Parteien dar, die Anordnungen des Verfassungsgerichts zu ihrer Finanzierung zu ignorieren.[51] Die klandestinen Verhaltensweisen der Parteien sind bewusste Akte von Umgehung. Sie sind messbar. Kontrolllogiken auf der einen Seite, Systemlogiken der „überwachten" Parteien auf der anderen Seite wirken gegeneinander.[52]

2.5 Private

Im Adressatenfeld der Privaten befinden sich Bürger und Wirtschaftssubjekte, deren Handlungsrationalität an Einzelinteressen ausgerichtet ist. Diese Interessen sind durch Moral- und Gerechtigkeitsvorstellungen, ökonomische Effizienzüberlegungen oder Schutz vor staatlichen Übergriffen geprägt. Sie bestimmen sowohl die Bereitschaft zur Mobilisierung als auch Befolgung der Gerichtsentscheidung.

Private wenden sich mit Verfassungsbeschwerden und – seltener – auf dem Umweg der konkreten Normenkontrolle an das Bundesverfassungsgericht. Enden diese Verfahren erfolgreich, ist es allerdings meist nur ein Etappensieg für die involvierten Privatparteien. Das Judikat des Bundesverfassungsgerichts entfaltet nur eine vorläufige Wirkung, da der Fall mit ihm in aller Regel noch nicht beendet ist. Es wird an anderen Gerichten weiterverhandelt und dort entschieden.

Bekannt ist, dass Asylanten und Strafgefangene wichtige Gruppen bei den Verfassungsbeschwerdeführern bilden.[53] Deren Beschwerden richten sich gegen staatliche Übergriffe. Ähnlich gelagert ist die Konstellation bei Unternehme(r)n und Bürgern, die sich mit der Verfassungsbeschwerde gegen die Zahlung von Steuern wehren. Im Falle

---

49 Massing, O. (1995), Anmerkungen zu einigen Voraussetzungen und (nichtintendierten) Folgen der Kruzifix-Entscheidung des Bundesverfassungsgerichts, Politische Vierteljahresschrift, Jg. 36 (4), S. 719–731; Brugger, W. und S. Huster (Hrsg.) (1998), Der Streit um das Kreuz in der Schule. Baden-Baden: Nomos; Schaal, G. S. (2006), Crisis! What crisis? Der ,Kruzifix-Beschluss' und seine Folgen, in Ooyen und Möllers, op. cit. (Fn. 9), S. 175–86.

50 Siehe Lamprecht, R. (2011), Ich gehe bis nach Karlsruhe. Eine Geschichte des Bundesverfassungsgerichts. München: DVA, S. 156–61.

51 Boyken, F. (1998), Die neue Parteifinanzierung. Entscheidungsprozeßanalyse und Wirkungskontrolle. Baden-Baden: Nomos.

52 Gawron, T. und R. Rogowski (1996), Effektivität, Implementation und Evaluation. Wirkungsanalyse am Beispiel von Entscheidungen des Bundesverfassungsgerichts, Zeitschrift für Rechtssoziologie, Jg. 17, S. 177–220.

53 Blankenburg, E. (2002), Mobilization of the German Federal Constitutional Court, in Rogowski und Gawron, op. cit (Fn. 1), S. 157–72. Bezüglich Strafgefangenen auch schon Kommers, op. cit. (Fn. 13), S. 173. Ähnlich in den USA: siehe Baum 2012, op. cit. (Fn. 2), S. 175–6.

einer erfolgreichen Beschwerde hängt deren Wirkung von der Befolgungsbereitschaft der staatlichen Instanzen ab, gegen deren Grundrechtsverletzungen sich die Beschwerden richteten.

Die Befolgungsbereitschaft staatlicher Instanzen wird durch die Aktivitäten zivilgesellschaftlicher Organisationen gesteigert (Bund der Steuerzahler etc., aber auch global operierende Organisationen wie Amnesty International, Greenpeace, Transparency International). Im Hinblick auf Bürgerrechtsorganisationen, die sich zur Aufgabe machen, staatliche Instanzen zu beobachten, entfalten Bundesverfassungsgerichtsentscheidungen besondere Wirkungen. Sie bilden Grundlagen für Rechtskampagnen und Prozessstrategien dieser Organisationen, die zu neuen Verfassungsbeschwerden führen können.

Über den Umgang mit Entscheidungen durch professionelle Rechtsvertreter ist wenig bekannt. Anwälte vertreten mittlerweile Verfassungsbeschwerdeführer in der Mehrheit der Verfahren. In den Jahren von 1955 bis 1995 ist der Anteil der Anwaltsvertretungen von 19 % auf 63 % gestiegen.[54] Im Übrigen „implementieren" Anwälte gegenüber ihren Klienten durch Kommunikation von Entscheidungen und Hinweise auf die hohen Mobilisierungshürden, insbesondere bei Verfassungsbeschwerden.

Befolgungs- und Abnahmebereitschaft von Entscheidungen des Bundesverfassungsgerichts durch Private werden oft unter dem Begriff der Akzeptanz diskutiert. Juristen weisen dabei auf die Autoritätsanerkenntnis des Urteilsspruches durch die Prozessparteien hin[55] und werden von Sozialwissenschaftlern[56] mit dem Hinweis auf die symbolische Wirkung der Urteile des Bundesverfassungsgerichts und dessen Deutungsmacht[57] unterstützt. Die sozialwissenschaftliche Akzeptanzforschung weist darüberhinaus auf die Tatsache hin, dass das Funktionieren einer Rechtsordnung weniger von der psycho-

---

54 Blankenburg, E. (1998), Unsinn und Sinn des Annahmeverfahrens bei Verfassungsbeschwerden, Zeitschrift für Rechtssoziologie, Jg. 19, S. 37–60.

55 Siehe z. B. Schlaich und Korioth, op. cit. (Fn. 11), Rn. 548, und Würtenberger, T. (1998), Zur Legitimität des Verfassungsrichterrechts, in B. Guggenberger und T. Würtenberger (Hrsg.), Hüter der Verfassung oder Lenker der Politik? Baden-Baden: Nomos, S. 57–80.

56 Siehe schon Blankenburg, E. und H. Treiber (1982), Die geschlossene Gesellschaft der Verfassungsinterpreten, Juristenzeitung, Jg. 37, S. 543–551 (hier S. 549), die von einer hohen „Befolgungsrate" beim BVerfG sprechen, ohne allerdings Vorschläge zur empirischen Verifizierung zu offerieren.

57 Schaal, G., K. Lancaster und A. Struwe (2013), Deutungsmacht und Konfliktdynamiken – Eine Analyse der Akzeptanz von Entscheidungen des Bundesverfassungsgerichts, in Wrase und Boulanger, op. cit (Fn. 9), S. 187–215 (hier S. 190) und Vorländer, H. (2006), Deutungsmacht – Die Macht der Verfassungsgerichtsbarkeit, in H. Vorländer (Hrsg.), Die Deutungsmacht der Verfassungsgerichtsbarkeit, Wiesbaden: Verlag für Sozialwissenschaften, S. 9–33. Der Erklärungsversuch mit Verweis auf Deutungsmacht beruht auf einem Zirkelschluss: Weil das Verfassungsgericht Autorität (Macht) hat, kann es Akzeptanz erzeugen; eben diese Akzeptanz soll aber seine Machtstellung dauerhaft stützen. Die Erklärung stellt zudem eine Verkürzung der Weber'schen Machtdefinition dar, derzufolge Macht gerade darin besteht, die eigenen Entscheidungen auch gegen den widerstrebenden Willen durchsetzen zu können.

logischen Wirkung des rechtsimmanenten Zwanges[58] als vielmehr von der Rechtseinstellung der Norm- und Entscheidungsadressaten abhängt.[59]

Darüberhinaus kann bezogen auf das Bundesverfassungsgericht darauf hingewiesen werden, dass die Akzeptanz seiner Entscheidungen von der hohen Autorität der Institution als solcher beeinflusst ist.[60] Bei der Akzeptanz des Bundesverfassungsgerichts als Institution muss allerdings von einer Mehrstufigkeit in der Legitimation ausgegangen werden: Geht es um die Institution als solche, ist Konformität mit seiner richtenden Tätigkeit aufgrund hoher Autoritätsanerkenntnis festzustellen. Geht es um die Legitimation von Einzelentscheidungen,[61] sind unterschiedliche Formen von Akzeptanz bzw. Ablehnung beobachtbar: Von einer inhaltlichen Akzeptanz, die eine getroffene Gerichtsentscheidung für richtig erachtet und mit ihr übereinstimmt, ist eine formale Akzeptanz[62] zu unterscheiden, die zu Gehorsam auch gegenüber unbefriedigend oder als falsch empfundenen Entscheidungen des Gerichts führt.[63] Eine Entscheidung des Bundesverfassungsgerichts findet auch dann noch Akzeptanz, wenn sie zwar nicht für richtig, aber doch noch als vertretbare Regelung angesehen wird, selbst wenn der Rechtsadressat im Prinzip für eine andere Entscheidung votiert hätte.[64] Formen deutlicher Ablehnung, offener Protest oder massiver Widerstand sind selten. Auch während des Bundesverfassungsgerichtsverfahrens findet eine „Absorption von Protest"[65] statt, die für nichtorganisierte, private Beschwerdeführer und Adressaten nur noch „stille" Widerstandsformen übriglässt.[66]

---

58 Siehe zum Zusammenhang von Zwang und Akzeptanz Würtenberger, T. (1999), Die Akzeptanz von Gesetzen, in: J. Friedrichs und W. Jagodzinski (Hrsg.), Soziale Integration. Opladen: Westdeutscher Verlag, S. 380–97.

59 Pichler, J. W. und K. J. Giese (1993), Rechtsakzeptanz, Wien et al.: Böhlau Verlag, S. 24; Lucke, D. (1996), Legitimation durch Akzeptanz. Zur Subjektorientierung einer „systematischen" Debatte, Zeitschrift für Rechtssoziologie, Bd. 17, S: 221–48; Limbach, J. (1999) „Im Namen des Volkes". Macht und Verantwortung der Richter. Stuttgart: Deutsche Verlagsanstalt, S. 175.

60 Lembcke, O. (2007), Hüter der Verfassung: Eine institutionentheoretische Studie zur Autorität des Bundesverfassungsgerichts. Tübingen: Siebeck.

61 Siehe zur Zweistufigkeit der Legitimation Rogowski, R. (1980), Rechtsgläubigkeit oder die Antizipation vermuteter Rechtsfolgen, in: R. Voigt (Hrsg.), Verrechtlichung. Königstein/Taunus: Athenäum, S. 251–60.

62 Diese Unterscheidung trifft Benda, E. (1983), Zur gesellschaftlichen Akzeptanz verwaltungs- und verfassungsgerichtlicher Entscheidungen, Die Öffentliche Verwaltung, Jg. 36, S. 305–8.

63 Limbach, op. cit., (Fn. 59), S. 176.

64 Würtenberger, T. (2001), Die Akzeptanz von Gerichtsentscheidungen, in: H. Hof und M. Schulte (Hrsg.), Wirkungsforschung zum Recht Band 3. Folgen von Gerichtsentscheidungen. Baden-Baden: Nomos, S. 201–10.

65 Luhmann, N. (1969), Legitimation durch Verfahren. Neuwied: Luchterhand.

66 Helmuth Schulze-Fielitz zählt zu den „stillen Formen des Widerstands" Finanztransfer ins Ausland als Reaktion auf die sog. Zinssteuerentscheidung des Verfassungsgerichts (BVerfGE 84, 239 ff.) und interpretiert die von Bundesland zu Bundesland stark variierenden Quoten von Schwangerschaftsunterbrechungen als ein Verhalten „sich über Maßgaben hinwegzusetzen, die das Bundesverfassungsgericht in seiner Abtreibungsentscheidung entwickelt hat" (Schulze-Fielitz, op. cit. (Fn. 23), S. 416). Siehe zur Effektivität der Entscheidung des Bundesverfassungsgerichts zur Schwangerschaftsunterbrechung

3   Schluss

Die Wirkungsanalyse entfaltet eigene Wirkung, wenn sie reflexiv wird. Es ist bekannt, dass das Bundesverfassungsgericht in seinen Beratungen Folgen in vielfältiger Weise antizipiert und abschätzt.[67] Diese Entscheidungspraxis eröffnet der Wirkungsforschung zum Bundesverfassungsgericht neue Tore und interessante Perspektiven. Folgenabschätzung wird für selbstreferentielles Entscheiden des Verfassungsgerichts auf Grundlage früherer Entscheidungen[68] besonders attraktiv, wenn empirisch gesicherte Grundlagen für die Evaluation von ergangenen Entscheidungen existieren. Eine Wirkungsforschung als Entscheidungspraxis begleitende Evaluation von *judicial policy* ist in dieser Sicht zentral für zukünftige Entscheidungsfindung am Bundesverfassungsgericht.

(BVerfGE 88, 203 ff.) Liebl, K.-H. (1990), Ermittlungsverfahren, Strafverfolgungs- und Sanktionspraxis beim Schwangerschaftsabbruch. Materialien zur Implementation des reformierten § 218 StGB. Freiburg: Max-Planck-Institut für ausländisches und internationales Strafrecht.

67 Kranenpohl, U. (2010), Hinter dem Schleier des Beratungsgeheimnisses. Der Willensbildungs- und Entscheidungsprozess des Bundesverfassungsgerichts. Wiesbaden: VS Verlag, S. 367–72.

68 Rogowski, R. (2013), Constitutional courts as autopoietic organisations, in Wrase und Boulanger, op. cit. (Fn. 9), S. 123–38.

Der Streit um die Staatsgerichtsbarkeit in Weimar aus demokratietheoretischer Sicht

Triepel – Kelsen – Schmitt – Leibholz

Robert Chr. van Ooyen

Die Kritiken an der Verfassungsgerichtsbarkeit sind so alt wie die Idee der Verfassungsgerichtsbarkeit selbst:

> „Sie hatten ihren Ahnherrn etwa in Hegel… oder in Bismarck, der sich 1863 vor dem Preußischen Landtag folgendermaßen äußerte: ‚Wenn … ein Gericht berufen würde…, die Frage zu entscheiden: ist die Verfassung verletzt oder ist sie es nicht?, so würde damit dem Richter zugleich die Befugnis des Gesetzgebers zugewiesen…'. Meist wird dieser Gedanke in die auf den französischen Historiker und Politiker Guizot zurückgehende Formel von der Juridifizierung der Politik und der Politisierung der Justiz gekleidet, bei der beide nichts zu gewinnen, wohl aber alles zu verlieren hätten. In der Gegenwart sind es mehr die Volkssouveränität und das Demokratieprinzip, die mit der Behauptung ins Feld geführt werden, sie verböten, dass von einem Richterkollegium Mehrheitsentscheidungen korrigiert… werden können".[1]

In Weimar ist diese Kritik wohl am radikalsten und wirkmächtigsten von Carl Schmitt formuliert worden – und zwar gegen Hans Kelsens Herleitung institutionalisierter Verfassungsgerichtsbarkeit als ein Element pluralistischer Demokratie. Danach sei der Begriff der Verfassungsgerichtsbarkeit ein Widerspruch in sich selbst, unvereinbar mit der Gewaltenteilung und mit der politischen Konzeption der (Volks)souveränität. Wenn man natürlich mit Schmitt annimmt, dass die Verfassung gar kein Rechts-, sondern ein ausschließlich politischer Begriff sei – nämlich Ausdruck der „Freund-Feind-Entscheidung" der als souverän und homogen begriffenen politischen Einheit „Volk" – dann scheint eine gerichtsförmige Instanz als „Hüter der Verfassung" tatsächlich absurd.

---

1   Stern, Klaus: Außenpolitischer Gestaltungsspielraum und verfassungsrechtliche Kontrolle, Reihe Juristische Gesellschaft Mittelfranken, Heft 4, Regensburg 1994; vgl. Fricke, Carsten: Zur Kritik an der Staats- und Verfassungsgerichtsbarkeit im verfassungsstaatlichen Deutschland, Frankfurt a. M. 1995.

Häufig scheint jedoch völlig vergessen, dass diese Argumentationslinie von Kelsen widerlegt wurde – freilich unter der Voraussetzung, dass man mit Kelsen den Standpunkt einer pluralistischen Demokratie bejaht.

1   Vorspiel: „Hohe Politik" – Etatismus und Staatsgerichtsbarkeit bei Triepel

Die Kontroverse um den „Hüter der Verfassung" spitzte sich seit der Wiener Tagung der Staatsrechtslehrer von 1928 zu[2]: Kelsen entwarf hier als einer der beiden Referenten sein Programm einer modernen Verfassungsgerichtsbarkeit, die bei der rund zwanzig Jahre späteren Konzeption des Bundesverfassungsgerichts Pate gestanden hat.[3] Doch zuvor eröffnete Heinrich Triepel das Thema mit einer ambivalenten Haltung zur „Staatsgerichtsbarkeit", die repräsentativ für die tradierte deutsche Staatslehre gewesen ist. Triepel lehnte zwar im Gegensatz zu Schmitt als Staats*rechtler* die Verfassungsgerichtsbarkeit nicht grundsätzlich ab, doch als „*Staats*rechtler" befürwortete er sie auch nicht vorbehaltlos. In seinem Verständnis von Staat, Politik und Recht bleibt ein Rest von „hoher", „schöpferischer", „irrationaler" Politik im Sinne Hegels, sodass das „Wesen der Verfassung… bis zu gewissem Grade mit dem Wesen der Verfassungsgerichtsbarkeit in Widerspruch (steht)".[4] Wahre, weil souveräne Politik ist damit der Justiziabilität entzogen. Triepels Position des rechtshegelianisch gewendeten „preußischen Etatismus" lässt sich dabei als Inbegriff von staatstheoretischen Konzepten bestimmen, die das „Politische" mit dem „Staatlichen" gleichsetzten, den Begriff des Staates von Bürger und Gesellschaft losgelöst als „souveräne" politische Einheit verstanden und damit nicht nur der rechtsstaatlichen Kontrolle, sondern vor allem auch der demokratischen Partizipation entzogen.[5] Passend fügt sich in dieses Bild, dass er kurz zuvor in seiner Berliner Rektoratsrede vom Sommer 1927 die für weite Teile der Staatslehre typische Ableh-

---

2   Vgl. insgesamt Wendenburg, Helge: Die Debatte um die Verfassungsgerichtsbarkeit und der Methodenstreit der Staatsrechtslehre in der Weimarer Republik, Göttingen 1984.

3   Kelsen, Hans: Wesen und Entwicklung der Staatsgerichtsbarkeit; in: VVDStRL, Bd. 5, Berlin – Leipzig 1929, S. 30 ff. Seine Konzeption gelangte wohl über Hans Nawiaskys Arbeitspapiere der Bayerischen Delegation des Herrenchiemseer Konvents an den Parlamentarischen Rat; vgl. Laufer, Heinz: Verfassungsgerichtsbarkeit und politischer Prozeß, Tübingen 1968, S. 38 f.
     Die beiden grundlegenden Texte zur Verfassungsgerichtsbarkeit sind neu ediert in van Ooyen (Hrsg.): Hans Kelsen: Wer soll der Hüter der Verfassung sein?, Tübingen 2008.

4   Triepel, Heinrich: Wesen und Entwicklung der Staatsgerichtsbarkeit; in: VVDStRL, Bd. 5, Berlin – Leipzig 1929, S. 7 bzw. S. 8; vgl. auch ders.: Staatsrecht und Politik, Berlin – Leipzig 1927.

5   Vgl. Lehnert, Detlef: „Staatslehre ohne Staat"?, Reihe IfS der Universität der Bundeswehr München, Nr. 6, Neubiberg 1998 S. 35; zur Einschätzung als antipluralistisches, etatistisches Politikverständnis bis hin zur „offenen Sympathie für die ,nationale Revolution' " (S. 423) vgl. insgesamt Gassner, Ulrich M.: Heinrich Triepel, Berlin 1999.

nung der Weimarer Parteiendemokratie formuliert hatte[6], indem er den „Parteienstaat" als Verfallserscheinung, als „Symptom einer Krankheit" und „Entartung" begriffen, schließlich die Parteien (= Partikularinteressen) mit dem Staat (= Gemeinwohl) für unvereinbar und „extrakonstitutionell" erklärt hat.[7] Triepels konservativer Etatismus lässt sich somit auch als Relikt einer in der theoretischen Diskussion zu dieser Zeit schon überholten Epoche begreifen, deren Staatslehre mit ihrem überkommenen Verständnis des 19. Jahrhunderts den politischen Neuerungen begrifflich hilflos gegenüberstand.[8] Anders nun im Falle von Kelsen und Schmitt: Denn Kelsen richtete u. a. hiergegen seine politische Theorie des demokratischen Verfassungsstaats ohne souveräne Macht, die in einer entontologisierten „Staatslehre ohne Staat"[9] und Demokratietheorie ohne „Volk" gipfelte[10]; und Schmitt setzte genau deshalb dem Begriff des Staates seinen Begriff des Politischen *voraus*[11], den er dann in der „Souveränität des Volkes" völkisch totalisierte.[12] Und vor dem Hintergrund dieser staats- und demokratietheoretischen Positionen vollzog sich der Streit um den „Hüter der Verfassung".

---

6   Triepel: Die Staatsverfassung und die politischen Parteien, Berlin 1928, S. 29 f.; zur Rektoratsrede vgl. auch Friedrich, Manfred: Geschichte der deutschen Staatsrechtswissenschaft, Berlin 1997, S. 347.

7   Triepel, ebd., S. 35, 29 bzw. 36; vgl. hiergegen schon die Verteidigung der Parteiendemokratie und die Kritik an Triepel durch Kelsen in seiner demokratietheoretischen Schrift: Vom Wesen und Wert der Demokratie, 2. Neudr. der 2. Aufl. von 1929, Aalen 1981, S. 21 und 107 ff.

8   Im Übrigen zum Teil bis heute, wovon Begriffe wie „quasi-staatlich" oder „Staatenverbund" zeugen; vgl. van Ooyen: Der Begriff des Politischen des Bundesverfassungsgerichts, Berlin 2005; ders.: Staatliche, quasi-staatliche und nichtstaatliche Verfolgung?; in: ARSP 3/2003, S. 387 ff.

9   Kelsen: Der soziologische und der juristische Staatsbegriff, 2. Neudr. der 2. Aufl. 1928, Aalen 1981, S. 208.

10   Vgl. Kelsen: Das Problem der Souveränität und die Theorie des Völkerrechts, 2. Neudr. der 2. Aufl. 1928, Aalen 1981; ders.: Allgemeine Staatslehre, Nachdruck, Wien 1993; ders.: Vom Wesen und Wert der Demokratie (Fn. 7).

11   Vgl. Schmitt, Carl: Der Begriff des Politischen, 6. Aufl., Berlin 1996, S. 20.

12   Zur politischen Theorie Kelsens und zur Kontroverse mit Schmitt vgl. insgesamt van Ooyen: Der Staat der Moderne. Hans Kelsens Pluralismustheorie, Berlin 2003; ders.: Hans Kelsen und die offene Gesellschaft, Wiesbaden 2010; auch Dreier, Horst: Rechtslehre, Staatssoziologie und Demokratietheorie bei Hans Kelsen, 2. Aufl., Baden-Baden 1990; Hebeisen, Michael: Souveränität in Frage gestellt, Baden-Baden 1995; Diner, Dan/Stolleis, Michael (Hrsg.): Hans Kelsen and Carl Schmitt, Gerlingen 1999; Dyzenhaus, David: Legality and Legitimacy, Oxford 1997; Brunkhorst, Hauke/Voigt, Rüdiger (Hrsg.): Rechts-Staat, Baden-Baden 2008; Ehs, Tamara (Hrsg.): Hans Kelsen, Baden-Baden – Wien 2009; Römer, Peter: Hans Kelsen, Köln 2009; Die demokratietheoretischen Schriften Kelsens sind neu ediert in: Jestaedt, Matthias/Lepsius, Oliver (Hrsg.): Hans Kelsen: Verteidigung der Demokratie, Tübingen 2006; weitere aktuelle Literatur in der von Clemens Jabloner und Thomas Olechowski am Hans Kelsen-Institut, Wien, betreuten Schriftenreihe.

2   Zwei Modelle des Hüters der Verfassung

2.1   Verfassungsgerichtsbarkeit als Hüter pluralistischer Demokratie: Kelsen

Als entscheidende Leistung zur Theorie der Verfassungsgerichtsbarkeit ist mit Merkl
festzustellen, dass „Kelsens originelle Neuerungen auf diesem Gebiete… unzweifelhaf-
ter, bewusster Ausfluss der demokratischen Ideologie (sind)".[13] Ein Verfassungsgericht
nicht als Widerspruch, sondern vielmehr als Garanten der Demokratie zu begreifen,
diese vollständig neue Sicht der Verbindung von pluralistischer Demokratie und Verfassungsgerichtsbarkeit findet ihren genuinen Ausdruck in der von Kelsen postulierten Kompetenz allgemeiner Normenkontrolle (s. u.). Bemerkenswert hieran ist, dass
das Verfassungsgericht bei Kelsen zwar selbstverständlich ein „Hüter der Verfassung"
ist, aber nicht im Verständnis der Entgegensetzung von Recht und Politik, sondern aus
einem funktionalen Verständnis des Verfassungsbegriffs heraus. Weil Kelsen die Verfassung als Ausdruck der politischen Machtverhältnisse begreift, ist die Funktion der
Verfassung in einer pluralistischen Gesellschaft die einer „Vereinssatzung".[14] Diese lenkt
den „Kampf" der politischen Gruppen durch die Festlegung von Spielregeln in „zivi-
lisierte", d. h. „rationale", berechenbare Verfahrensabläufe. Hierüber vollzieht sich die
Herstellung des „Gemeinwohls" als „Resultierende" des pluralistischen Kräftespiels –
oder konkreter formuliert: der zwischen Mehrheit und Minderheit ausgehandelte Gesetzesbeschluss des Parlaments als dem primären Ort einer parteipolitisch organisierten
pluralistischen Demokratie. Zugleich ist die Verfassung in der Festlegung dieser Regeln
auch der Minimalkonsens, auf den sich die politischen Gruppen geeinigt haben. Denn
den Habsburger „Vielvölkerstaat" vor Augen fragte Kelsen radikal danach, was die Menschen politisch miteinander überhaupt verbindet:

> „Angesichts des österreichischen Staates, der sich aus so vielen nach Rasse, Sprache, Religion
> und Geschichte verschiedenen Gruppen zusammensetzte, erwiesen sich Theorien, die die
> Einheit des Staates auf irgendeinen sozial-psychologischen oder sozial-biologischen Zusam-
> menhang… zu gründen versuchten, ganz offenbar als Fiktionen. Insofern diese Staatstheorie
> ein wesentlicher Bestandteil der Reinen Rechtslehre ist, kann die Reine Rechtslehre als eine
> spezifisch österreichische Theorie gelten".[15]

---

13 Merkl, Adolf: Hans Kelsen als Verfassungspolitiker; in: JurBl 1931, S. 385; vgl. auch Antoniolli, Walter:
    Hans Kelsens Einfluss auf die österreichische Verfassungsgerichtsbarkeit; in: Engel, Salo/Métall, Ru-
    dolf A. (Hrsg.): Law, State and International Legal Order, Knoxville 1964, S. 21 ff., S. 27 ff.; Haller, Her-
    bert: Hans Kelsen – Schöpfer der verfassungsgerichtlichen Gesetzesprüfung?, Reihe Rechtswissenschaft
    der Wirtschaftsuniversität Wien, Bd. 4, Wien 1977.
14 Vgl. hierzu insgesamt van Ooyen: Der Staat der Moderne (Fn. 12).
15 Kelsen: „Autobiographie" (unv.); zitiert nach Metall: Hans Kelsen, Wien 1969, S. 42; vgl. auch Baldus,
    Manfred: Hapsburgian Multiethnicity and the „Unity of the State"; in: Diner/Stolleis (Fn. 12), S. 13 ff.

So wird erst durch die Verfassung die „Einheit" des „Staates" in einer pluralistischen Gesellschaft in einem bloß normativen Sinn begründet. Als die gegenüber dem einfachen Gesetz höherrangige Norm ist sie die Norm der Normerzeugung – also das Regelwerk, das die Regeln enthält, wie Regeln erzeugt werden.[16] Und aus dieser funktionalen Sicht der Verfassung bei Kelsen „hütet" das Verfassungsgericht nicht eine vermeintliche substanzialisierte politische Einheit „Staat" oder „Volk", sondern „nur":

- dass der politische Prozess der Gruppen sich im Rahmen der vereinbarten „Spielregeln" (d. h. der Verfassung) vollzieht, also insbesondere aus Sicht der Minderheiten nicht der vereinbarte Satzungsrahmen für Mehrheitsbeschlüsse in formeller wie materieller Hinsicht gesprengt wird und
- dass nicht überhaupt eine Änderung einfach der Regeln vorgenommen wird, wie Regeln gesetzt werden, d. h. keine Änderung der Verfassung jenseits der zuvor festgelegten Bedingungen möglich ist – oder anders ausgedrückt, dass kein fundamentaler Eingriff in die existenziellen Rechte der Minderheiten ohne deren vorhergehende Zustimmung erfolgt.[17]

Institutionalisierte Verfassungsgerichtsbarkeit eröffnet daher die Möglichkeit der gerichtlichen Kontrolle und Durchsetzung des von den politischen Gruppen im parlamentarischen Gesetzgebungsverfahren ausgehandelten „Gemeinwohls" (= Gesetz) im Hinblick auf Vereinbarkeit mit dem als Basis zwischen den Gruppen ausgehandelten Grundkonsens (= Verfassung) bei gleichzeitiger Gewähr, dass dieser Grundkonsens selbst von einer dominierenden Gruppe (= Mehrheit) nicht gegen alle anderen (= Opposition) einfach außer Kraft gesetzt werden kann. Wenn das Verfassungsgericht ein Instrument der Garantie der Verfassung ist, so bedeutet das aus dieser funktionalen Sicht dann nichts anderes als die Garantie der offenen, pluralistischen Struktur von Gesellschaft und politischem Prozess. Und weil hierbei überhaupt den Minderheiten eine zentrale Bedeutung zukommt, ist für Kelsen deren Schutz durch den Vorrang der Verfassung die Kernfunktion von Verfassungsgerichtsbarkeit:

„Die spezifische Verfassungsform, die im Wesentlichen darin zu bestehen pflegt, dass die Verfassungsänderung an eine erhöhte Majorität gebunden ist, bedeutet: dass gewisse fundamentale Fragen nur unter Mitwirkung der Minorität gelöst werden können… Die Verfassungsmäßigkeit der Gesetze ist daher ein eminentes Interesse der Minorität: gleichgültig, welcher Art diese Minorität ist, ob es sich um eine klassenmäßige, eine nationale oder religiöse Minorität handelt, deren Interessen durch die Verfassung in irgendeiner Weise geschützt sind… Wenn man das Wesen der Demokratie nicht in einer schrankenlosen Majo-

---

16 Vgl. hier: Kelsen: Wesen und Entwicklung der Staatsgerichtsbarkeit; in: van Ooyen (Fn. 3), S. 6 f.
17 Vgl. z. B. Art. 79 II GG, sodass die Regierungsmehrheit im Normalfall dies nicht allein herbeiführen kann.

ritätsherrschaft, sondern dem steten Kompromiss zwischen den im Parlament durch Majorität und Minorität vertretenen Volksgruppen erblickt, dann ist die Verfassungsgerichtsbarkeit ein besonders geeignetes Mittel, diese Idee zu verwirklichen".[18]

Verfassungsgerichtsbarkeit steht hier also nicht, wie häufig mit Schmittscher Diktion behauptet, im Gegensatz zur Demokratie, sondern ist so verstanden geradezu ihr spezifischer Ausdruck. Und deshalb ist die häufige Entgegensetzung „Hüter der Verfassung oder Ersatzgesetzgeber" tatsächlich unsinnig und muss vielmehr heißen: „Hüter der Verfassung" durch „Ersatzgesetzgeber" oder – wie Kelsen es selbst klarer formuliert – durch den „negativen Gesetzgeber".[19] Denn nur wenn es eine Institution gibt, die die Kompetenz hat, im Rahmen einer Normenkontrolle Rechtsnormen – und zwar gerade Parlamentsgesetze – wegen Unvereinbarkeit mit der Verfassung zu kassieren, nur also mit einem solch „negativen Gesetzgeber" hat man ein wirksames Instrument zur Durchsetzung der Verfassung an der Hand. Daher erweist es sich für Kelsen als sinnvoll, die Kompetenz der Normenkontrolle auf ein besonderes, eigenständiges Verfassungsorgan zu übertragen, das gegenüber Parlament und Regierung mit richterlicher Unabhängigkeit ausgestattet ist.[20] Ob diese Einrichtung noch als Gericht und seine Tätigkeit noch als „echte Justiz" bezeichnet werden kann oder ob es sich nicht vielmehr um eine „politische" Einrichtung handelt, ist für ihn in dem funktionalen Kontext der Kontrolle von Macht zunächst einmal völlig[21] unerheblich.[22] Vor diesem Hintergrund jedenfalls kann die Normenkontrolle in einem weiten Begriffsverständnis als das „Herzstück" der

---

18 Kelsen: Wesen und Entwicklung der Staatsgerichtsbarkeit, ebd., S. 50; a. A. dagegen Maus, Ingeborg: Zur Transformation des Volkssouveränitätsprinzips in der Weimarer Republik; in: Nahamowitz, Peter/Breuer, Stefan (Hrsg.): Politik – Verfassung – Gesellschaft, Baden-Baden 1995, S. 113: „… daß Kelsen als einziger bekannter Rechtspositivist für eine verfassungsgerichtliche Überprüfung einfacher Gesetze eintritt – eine Position, die damals nur konservative Systemkritiker einnahmen, um den gerade demokratisierten Gesetzgeber in die Schranken zu weisen". Maus unterscheidet aber nicht zwischen der Kontroverse um das richterliche Prüfungsrecht und der um die institutionalisierte Verfassungsgerichtsbarkeit. Denn auch führende SPD-Juristen wie z. B. Radbruch forderten im Kampf gegen das konservativ instrumentalisierte richterliche Prüfungsrecht gerade die Einführung einer zentral institutionalisierten verfassungsgerichtlichen Normenkontrolle. Nur „linke" sozialdemokratische Juristen wie z. B. Neumann lehnten dagegen beides ab; vgl. m. w. N. Wendenburg (Fn. 2), S. 83 ff.
19 Kelsen: Wesen und Entwicklung der Staatsgerichtsbarkeit; in: van Ooyen (Fn. 3), S. 26, in der Entgegensetzung zum Parlament als dem „positiven" Gesetzgeber.
20 Vgl. Kelsen: Wer soll der Hüter der Verfassung sein? (1931); in: van Ooyen (Fn. 3), S. 58 ff.
21 Ebd., S. 66 f.
22 Vgl. auch Grimm, Dieter: Zum Verhältnis von Interpretationslehre, Verfassungsgerichtsbarkeit und Demokratieprinzip bei Kelsen; in: Krawietz, Werner/Topitsch, Ernst/Koller, Peter (Hrsg.): Ideologiekritik und Demokratietheorie bei Hans Kelsen, Reihe Rechtstheorie, Beiheft 4, Berlin 1982, S. 153; Grimm betrachtet aber die Verfassungsgerichtsbarkeit allein vom rechtstheoretischen Kontext der Stufenlehre Kelsens, sodass er die politische Macht des Verfassungsgerichts bei Kelsen im Spannungsfeld zur Demokratie sieht, anstatt sie gerade als hierdurch intendiert zu begreifen, nämlich als demokratietheoretische Perspektive eines pluralistischen, d. h. ohne „Souverän" auskommenden Verständnisses von Verfassung und Gesellschaft.

Verfassungsgerichtsbarkeit bezeichnet werden. Mit ihr steht und fällt der verfassungsgerichtliche Schutz pluralistischer Demokratie. Und genau hier ordnet sich bei Kelsen das Verfahren der abstrakten Normenkontrolle ein: Wenn nun Verfassungsgerichtsbarkeit im Kern Normenkontrolle ist und wenn Verfassungsgerichtsbarkeit auf den Schutz der Minderheit zielt, dann folgt daraus, dass die Klagebefugnis zur abstrakten Normenkontrolle prinzipiell ein Recht der Minderheit sein muss. Dies gilt für ihn erst recht in einem parlamentarischen Regierungssystem, das Legislativ- und Exekutivfunktionen in der Verfügungsgewalt von Parlamentsmehrheit und Regierung miteinander[23] verschränkt[24]:

> „Was speziell die Anfechtung von Gesetzen betrifft, wäre es von größter Wichtigkeit, sie auch einer – irgendwie qualifizierten – Minorität des Parlaments einzuräumen, das das verfassungswidrige Gesetz beschlossen hat. Dies umso mehr, als die Verfassungsgerichtsbarkeit... in den parlamentarischen Demokratien notwendig in den Dienst des Minoritätenschutzes treten muss".[25]

Kelsen ist sich dabei völlig bewusst, dass dem Gericht zwar eine Art „Schiedsrichterrolle" im Interessenstreit der politischen Gruppen in Parlament und sonstigen Verfassungsorganen zukommt[26], es zugleich aber auch selbst notwendig Element des politischen Prozesses als Machtkampf zur Durchsetzung von Interessen ist. Ohne Zweifel ist das Verfassungsgericht ein „politisches" Organ[27], auf das Interessen einwirken und das zugleich über seine erhebliche Kompetenz der Normenkontrolle als „negativer Gesetzgeber" selbst solche Interessen formuliert, also Macht ausübt.[28] Denn eine über den po-

---

23 Vgl. auch Art. 93 I 2 GG, wonach 1/3 der Mitglieder des Bundestags klagebefugt sind.

24 Daher ist die verbreitete Klage über den vermeintlichen Missbrauch der Normenkontrolle durch die Opposition demokratietheoretisch unsinnig. Nicht nur der empirische Befund zeigt, dass die Anzahl der Verfahren wenig dramatisch und über Jahrzehnte relativ konstant ist; vgl. Stüwe, Klaus: Die Opposition im Bundestag und das Bundesverfassungsgericht, Baden-Baden 1997. Gegenüber den nach wie vor dominierenden (Schmittschen) Missverständnissen ist zudem festzuhalten, dass „sich die Instrumentalisierung der Verfassungsgerichtsbarkeit durch die Opposition schon aus der institutionellen Logik des parlamentarischen Regierungssystems ergibt…" und es „von entscheidender Bedeutung für die Wirksamkeit dieser Kontrolle (ist), ob die Opposition an der institutionellen Ausgestaltung und an der Besetzung des Gerichts beteiligt ist"; S. 20; vgl. ders.: Das Bundesverfassungsgericht als verlängerter Arm der Opposition?; in: APuZ, 37-38/2001, S. 34 ff.

25 Kelsen, Wesen und Entwicklung der Staatsgerichtsbarkeit; in: van Ooyen (Fn. 3), S. 45.

26 Zur Thematik vgl. auch Riecken, Jörg: Verfassungsgerichtsbarkeit und Demokratie, Berlin 2003.

27 So auch Grimm (Fn. 22), S. 156; Schild, Wolfgang: Das Problem eines Hüters der Verfassung; in: Guggenberger, Bernd/Würtenberger, Thomas (Hrsg.): Hüter der Verfassung oder Lenker der Politik?, Baden-Baden 1998, S. 40.

28 Das verstärkt sich bei Kelsen noch infolge seiner „Stufentheorie", da Rechtsprechung nicht bloßer juristischer Vollzug von Rechtsnormen wie bei einem „Rechtsautomaten" ist, sondern immer auch notwendige politische Rechtsschöpfung, Verfassungsrechtsprechung also auch immer Verfassungsrechtschöpfung beinhalten muss; vgl. z. B. Kelsen, Wesen und Entwicklung der Staatsgerichtsbarkeit; in: van Ooyen (Fn. 3), S. 1 ff.

litischen Partialinteressessen entrückt stehende Verfassungsgerichtsbarkeit erweist sich aus seiner Sicht des Politischen ebenso als „Staatstheologie", wie die unmögliche Annahme eines über dem Parteienstreit schwebenden Präsidenten. Für die Stellung des Verfassungsgerichts im Prozess der „Gewaltenteilung" folgt hieraus zweierlei:

1) Wenn man das Politische aus der Verfassungsgerichtsbarkeit gar nicht eliminieren kann, dann ist vielmehr aus dieser vermeintlichen „Not" bewusst eine „Tugend" zu machen. Die politischen Faktoren sind offen mit einzubeziehen, statt sie hinter juristischer Scheinobjektivität zu verstecken. Schon Kelsen plädiert daher für die Bestellung und Zusammensetzung des Gerichts aus (partei)pluralistischer Sicht mittels parlamentarischer Wahl[29], etwa „in der Weise, dass ein Teil der Stellen durch Wahl seitens des Parlamentes besetzt wird, und dass bei dieser Wahl die verhältnismäßige Stärke der Parteien zu berücksichtigen ist".[30]

2) Vor diesem Hintergrund erschließt sich überhaupt erst Begriff und Funktion der „Gewaltenteilung", die gar nicht unvereinbar ist mit der Tätigkeit eines Verfassungsgerichts. Im Gegenteil, aus der Erkenntnis, dass der „negative Gesetzgeber" Verfassungsgericht als „gerichtliche" Instanz nicht den „politischen" Verfassungsorganen wie Parlament, Präsident usw. entgegengesetzt, sondern als politische Instanz und daher als Teil des politischen Prozesses begriffen wird, folgt sogar eine Vertiefung der „Gewaltenteilung".

Kelsen sieht, dass dem tradierten Begriff der „Gewaltenteilung" der konstitutionellen Monarchie ein verkürztes Verständnis zu Grunde liegt, das ideologiekritisch betrachtet dem Monarchen im Kampf gegen die Demokratisierung die Exekutivgewalt als „eine vom Parlament unabhängige Stellung", als „ein Refugium sichern" sollte.[31] Die Funktion der Gewaltenteilung, durch Verhinderung von Machtmissbrauch die Freiheit zu sichern, ziele daher gerade nicht auf eine vollständige, dogmatische „Trennung", sondern impliziere eine Kontrolle durch *Teilung"* von Macht im Sinne von „Gewaltenverschränkung" durch ein ausbalanciertes System gegenseitiger Eingriffsrechte:

„Es ist der Gedanke der Aufteilung der Macht auf verschiedene Organe, nicht so sehr zum Zwecke ihrer gegenseitigen Isolierung, als vielmehr zu dem ihrer gegenseitigen Kontrolle... Dann aber bedeutet die Institution der Verfassungsgerichtsbarkeit nicht nur keinen Wi-

---

29 Deshalb sind öffentliche Anhörungen bei der Bestellung wie etwa bei den Richtern am US-Supreme Court überfällig. Dann müssten, wie es sich für eine pluralistische Demokratie gehört, die Kandidaten „ihr ‚Vorverständnis' offenlegen"; Häberle, Peter: Bundesverfassungsrichter-Kandidaten auf dem Prüfstand?; in: Guggenberger, Bernd/Meier, Andreas (Hrsg.): Der Souverän auf der Nebenbühne, Opladen 1994, S. 132.

30 Kelsen: Wesen und Entwicklung der Staatsgerichtsbarkeit, S. 27; vgl. Art. 94 GG.

31 Kelsen: Allgemeine Staatslehre (Fn. 10), S. 258 f.

derspruch zum Prinzip der Trennung der Gewalten, sondern gerade im Gegenteil dessen Bestätigung".[32]

So gesehen „teilt" sich also ein Verfassungsgericht als „negativer Gesetzgeber" die Legislativgewalt mit dem Parlament – und zwar nicht anders als sich das Parlament etwa in Bundesstaaten diese Kompetenz regelmäßig auch mit einer zweiten gesetzgebenden Kammer oder bei der Möglichkeit von Plebisziten direkt mit den Bürgern/innen selbst zu teilen hat.[33] In diesem allgemeinen Funktionsverständnis kann die „Gewaltenteilung" als moderne Entsprechung der schon seit der Antike diskutierten Lehre der „gemischten Verfassung"[34] zur Mäßigung von Macht verstanden werden. Auch Kelsen sieht in „dem Prinzip politischer Mäßigung" die eigentliche Intention.[35] Und hieraus erklärt sich die Stellung des Verfassungsgerichts im politischen Prozess: Es ist für Kelsen gar nicht *der* „Hüter" der Verfassung. Sowenig in einer pluralistischen Gesellschaft ein „Souverän" existiere, so wenig könne es *den* Hüter der Verfassung geben. Insoweit, als negative Folie begriffen, erweist sich die Schmittsche Konzeption des Reichspräsidenten als „Hüter" der souveränen und homogenen politischen Einheit „Volk" hierzu tatsächlich als der konsequente Gegenentwurf. Bei Kelsen jedoch ist das Verfassungsgericht nur *ein* „Hüter" der Verfassung[36], der sich die Macht mit anderen politischen Mächten (und „Hütern") teilt. Diese stehen, wie es die amerikanische Verfassungstheorie – wenn auch vor einem anderem, nämlich stark gewaltentrennenden Hintergrund – formuliert, in einem wechselseitigen Verhältnis von „checks and balances". Sie garantieren insgesamt, dass kein Akteur des politischen Prozesses diese Struktur pluralistisch organisierter Machtzentren in Richtung monistischer Gewaltausübung verschieben oder gar aufheben kann.

2.2   Verfassungsgericht oder Präsident: Kelsen gegen Schmitt

Schmitts „Hüter der Verfassung" dagegen kann, da der Begriff der Verfassung bei ihm überhaupt gar kein Rechtsbegriff ist, keine „juristische", sondern nur eine „politische" Instanz sein – die von ihm vorgenommene Unterscheidung von Politik und Recht vorausgesetzt. Denn dieser „hütet" die „Demokratie", die homogene und souveräne Ein-

---

32 Kelsen: Wesen und Entwicklung der Staatsgerichtsbarkeit; in: van Ooyen (Fn. 3), S. 25. Für die Funktionsweise des parlamentarischen Regierungssystems mit seiner Durchbrechung der „Gewaltentrennung" ist das ganz selbstverständlich.

33 Vgl. z. B. Möllers, Martin H. W./van Ooyen: Parlamentsbeschluss gegen Volksentscheid; in: ZfP 4/2000, S. 458 ff.

34 Vgl. allgemein Hesse, Konrad: Stufen der Entwicklung der deutschen Verfassungsgerichtsbarkeit; in: JöR, Bd. 46, 1998, S. 11.

35 Kelsen: Allgemeine Staatslehre (Fn. 10), S. 256.

36 So schon Merkl in der Diskussion auf der Tagung der Staatsrechtslehrer in Wien 1928 (Fn. 3), S. 101.

heit des „Volkes" – und zwar als „Freund-Feind-Entscheidung"[37]. Damit scheidet ein Gericht, etwa der nach Art. 108 WRV errichtete Staatsgerichtshof beim Reichsgericht in Leipzig, als „Hüter" aus. Der Reichstag als politische Instanz ist dagegen für Schmitt infolge der pluralistischen Parteiendemokratie Ausdruck eines degenerierten Parlamentarismus, der ohnehin als Kind des Liberalismus nichts mit Demokratie zu tun habe. Bleibt also nur der Reichspräsident. Er ist für Schmitt die „neutrale Gewalt im pluralistischen Parteienstaat"[38], in der Einheit der Person schon die politische Einheit symbolisierend und plebiszitär legitimiert. Gegen die von Kelsen auf der Staatsrechtslehrertagung von 1928 vorgetragene Konzeption der Verfassungsgerichtsbarkeit und die dahinter stehende entontologisierte Staats- und Verfassungslehre einer pluralistischen, an Verfahren ausgerichteten Demokratie gerichtet kritisiert Schmitt ausgehend von seiner „politischen Theorie" polemisch die „Neutralisierungen" der Substanz der politischen Einheit durch die pluralistischen „Wucherer"[39]:

> „… die Verfassung selbst und die in ihrem Rahmen sich abspielende staatliche Willensbildung erscheint als Kompromiss der verschiedenen Träger des staatlichen Pluralismus und die nach dem Sachgebiet des Kompromisses… wechselnden Koalitionen dieser sozialen Machtorganisationen verwandeln mit ihren Verhandlungsmethoden den Staat selbst in ein pluralistisches Gebilde. In der theoretischen Literatur (hier: Kelsen, RvO) hat man bereits mit großer verfassungstheoretischer Unbekümmertheit die These proklamiert, dass der parlamentarische Staat überhaupt seinem Wesen nach ein Kompromiss sei. Damit ist… offen gesagt, dass der heutige Staat mitsamt seiner Verfassung das Kompromissobjekt der sozialen Größen ist, die am Kompromiss beteiligt sind".[40]

Und:

> „Nur auf den Satz pacta sunt servanda lässt sich keine Einheit des Staates gründen, denn die einzelnen sozialen Gruppen als vertragsschließende Subjekte sind dann als solche die maßgebenden Größen, die sich des Vertrages bedienen und untereinander nur noch durch ein vertragliches Band gebunden sind. Sie stehen als selbstständige politische Größen einander gegenüber, und was es als Einheit gibt, ist nur das Resultat eines… kündbaren Bündnisses".[41]

---

37 Vgl. hierzu insgesamt Schmitt: Verfassungslehre, 8. Aufl., Berlin 1993; Der Begriff des Politischen (Fn. 11); Politische Theologie, 7. Aufl., Berlin 1996; Die geistesgeschichtliche Lage des heutigen Parlamentarismus, 8. Aufl., Berlin 1996.

38 Schmitt: Der Hüter der Verfassung, 4. Aufl., Berlin 1996, Überschrift zu Kap. III. 2; vgl. auch ders.: Legalität und Legitimität, 5. Aufl., Berlin 1993, S. 85 ff.

39 Schmitt: Staatsethik und pluralistischer Staat; in: ders., Positionen und Begriffe im Kampf mit Weimar – Genf – Versailles 1923–1939, 3. Aufl., Berlin 1994, S. 164.

40 Schmitt: Der Hüter der Verfassung (Fn. 38), S. 63, mit ausführlichem Bezug auf diesen Kontext der Kelsenschen Verfassungs- und Demokratietheorie. Schmitt hat dabei ganz klar begriffen, dass Kelsens moderne „Staatstheorie" reinste Pluralismustheorie ist.

41 Schmitt: Staatsethik und pluralistischer Staat (Fn. 39), S. 164.

Daraus folgt für Schmitt gegen Kelsen die Unmöglichkeit der Verfassungsgerichtsbarkeit:

> „Solange ein Staat politische Einheit ist und nicht nur ein Kompromiss inner- oder gar außenpolitischer Faktoren, wird die Verfassung Staatsverfassung und nicht nur Gerichtsverfassung sein. Eine hemmungslose Expansion der Justiz würde nicht etwa den Staat in Gerichtsbarkeit, sondern umgekehrt die Gerichte in politische Instanzen verwandeln. Es würde nicht etwa die Politik juridifiziert, sondern die Justiz politisiert. Verfassungsjustiz wäre dann ein Widerspruch in sich".[42]

In seiner Replik verfolgt Kelsen hiergegen drei Argumentationsstränge: einen, der auf das Amt des Reichspräsidenten zielt, einen weiteren, der die Gegenüberstellung von Recht und Politik im Kontext der Gewaltenteilungslehre kritisiert und schließlich einen dritten, axiomatischen, der Schmitts „Hüter" zu Recht auf dessen Konzept einer ontologisierten, antipluralistischen politischen Einheit „Volk" zurückführt.

2.2.1 Der Reichspräsident – kein guter „Hüter"

Immanent kritisiert Kelsen, dass Schmitt mit dem Staatsoberhaupt als „Hüter" nach seinem eigenen Maßstab keine gute Wahl getroffen habe – dies nicht nur, weil er damit an die Lehre der obrigkeitsstaatlichen konstitutionellen Monarchie des 19. Jahrhunderts anknüpfe. Auch könne von einer „neutralen Instanz" kaum gesprochen werden, wenn man sich das „unter Hochdruck parteipolitischer Strömungen gewählte Staatsoberhaupt"[43] – das Amt des Reichspräsidenten in der Weimarer Republik – vor Augen führe. Für Kelsen macht es aber vor allem überhaupt aus der Funktion der Verfassung heraus betrachtet – und hier zeigt sich der fundamentale Unterschied zum Substanzbegriff bei Schmitt – zudem gar keinen Sinn, ausgerechnet eine solche Institution zum Schutz der Verfassung zu bestellen, von der man auf Grund der umfangreichen Kompetenzausstattung ja gerade am ehesten einen Verfassungsbruch erwarten müsse.[44] Die Funktion der Verfassung ist bei Kelsen die der Machtkontrolle und genau deshalb hieße es, den „Bock zum Gärtner" zu machen, überließe man dem Reichspräsidenten

---

42 Schmitt: Das Reichsgericht als Hüter der Verfassung; in: ders.: Verfassungsrechtliche Aufsätze aus den Jahren 1924–1954, 4. Aufl., Berlin 2003, S. 98; hier mit direktem Bezug auf Triepels Referat. Vgl. auch Schmitt: Der Hüter der Verfassung (Fn. 38), schon die Überschrift des Kap. I 4 c): „Staats- und Verfassungsgerichtsbarkeit als Ausdruck der Tendenz, die Verfassung in einen Verfassungsvertrag (Kompromiß) zu verwandeln". Diese Schmittsche Argumentation der Unvereinbarkeit von „Politik" und „Justiz", die auf der Überhöhung des Staats/Volks als Ausdruck der politischen Einheit beruht – also auf einem Substanzbegriff –, findet sich bis heute bei Kritikern einer starken Verfassungsgerichtsbarkeit.

43 Kelsen: Wer soll der Hüter der Verfassung sein?; in: van Ooyen (Fn. 3), S. 63.

44 Vgl. ebd., S. 59. Aus der Sicht des Linksliberalen Kelsen war das Trauma der preußische Verfassungskonflikt von 1862, den Bismarck durch Verfassungsbruch „löste".

(oder auch dem machtvollen Parlament) die Kompetenz, mögliche verfassungsrechtliche Kompetenzüberschreitungen als Richter in eigener Sache selbst zu überprüfen.[45]

2.2.2 Verfassungsgerichtsbarkeit – kein Widerspruch von „Politik" und „Justiz"

Mit dem funktionalen Verständnis von Verfassung ist für Kelsen folgerichtig das (bis
heute diskutierte) Problem der „Judizialisierung der Politik" bzw. „Politisierung der Justiz" ein Scheinproblem. Denn dieses resultiert entweder aus dem hinsichtlich der Machtkontrolle verkürzten Verständnis der konstitutionellen Monarchie, die durch „strenge
Gewaltenteilung" (im Sinne von „Trennung" der Gewalten) der Exekutive einen autonomen Bereich der Macht sichern sollte, der keiner demokratisch-parlamentarischen
Kontrolle unterliegt.[46] Oder es zeigt sich als Folge eines Verständnisses von „hoher Politik", indem das Politische gegenüber dem Recht metaphysisch überhöht wird („Souveränität"), sodass sich Politik diesem als nicht „justiziabel" überhaupt entzieht – bzw.
ergibt sich wie im Falle Schmitts aus beidem zusammen. Dass dann die Verfassung gar
nicht mehr als Rechtsbegriff verstanden wird – und in der praktischen Konsequenz der
Beruf des Staatsrechtlers und Verfassungsjuristen durch eine so artikulierte Ablehnung
der Verfassungsgerichtsbarkeit sich selbst ad absurdum führt – hat Kelsen in der Diskussion der Staatsrechtslehrer zur Verfassungsgerichtsbarkeit in der direkten Auseinandersetzung mit Triepel daher ausdrücklich herausgestellt.[47] Gegen die Konstruktion des
Dualismus von Politik und Justiz hält Kelsen mit Blick auf Schmitt fest:

> „Sie gehen von der irrigen Voraussetzung aus, dass zwischen der Funktion der Justiz und po-
> litischen Funktionen ein Wesensgegensatz bestehe, dass insbesondere die Entscheidung über
> die Verfassungsmäßigkeit von Gesetzen… ein politischer Akt, … dass solche Tätigkeit nicht
> mehr Justiz sei…
> Erblickt man das Politische in der Entscheidung von Interessenkonflikten, in der Dezi-
> sion – um in der Terminologie von C. S. zu sprechen –, dann steckt in jedem richterlichen
> Urteil bald mehr bald weniger ein Dezisionselement, ein Element der Machtausübung… Die
> Meinung, dass nur die Gesetzgebung, nicht aber die echte Justiz politisch sei, ist ebenso falsch
> wie die, dass nur die Gesetzgebung produktive Rechtserzeugung, die Gerichtsbarkeit aber
> nur reproduktive Rechtsanwendung sei… Indem der Gesetzgeber den Richter ermächtigt,
> innerhalb gewisser Grenzen gegensätzliche Interessen gegeneinander abzuwägen und Kon-
> flikte zu Gunsten des einen oder des anderen zu entscheiden, überträgt er ihm eine Befugnis

---

45 Vgl. Kelsen: Wesen und Entwicklung der Staatsgerichtsbarkeit; in: van Ooyen (Fn. 3), S. 23; ders.: Wer
    soll der Hüter der Verfassung sein?; in: van Ooyen (Fn. 3), S. 59.
46 Vgl. ebd.; daher ist auch eine „Stärkung der Gewaltenteilung" durch Einführung eines Präsidialsys-
    tems wenig überzeugend; vgl. van Ooyen: Präsidialsystem und Honoratiorenpolitiker?; in: RuP 3/2000,
    S. 165 ff.
47 Vgl. Kelsen: Diskussionsbeitrag; in: Wesen und Entwicklung der Staatsgerichtsbarkeit, VVDStRL
    (Fn. 3), S. 118 f.

zur Rechtsschöpfung und damit Macht, die der richterlichen Funktion denselben politischen Charakter gibt, den die Gesetzgebung – wenn auch in höherem Maße – hat. Zwischen dem politischen Charakter der Gesetzgebung und dem der Justiz besteht nur eine quantitative, keine qualitative Differenz".[48]

Diese Sicht ergibt sich für Kelsen aus dem funktionalen Verständnis von Justiz als Verfahren der Streitentscheidung im pluralistischen Interessenskonflikt, weil für ihn das Recht als von Menschen „Gemachtes" (auch) immer Ausdruck des machtpolitischen Konflikts ist und natürlich die hieran beteiligten verschiedenen Interessen widerspiegelt. Wenn also insofern Recht und Macht nicht voneinander zu trennen sind – und d. h. nichts anderes, als dass das positive Recht einschließlich der Verfassung (macht)politisch bedingt ist – dann gilt genau die folgende Schlussfolgerung Kelsens in aller Radikalität:

„Jeder Rechtskonflikt ist doch ein Interessen- bzw. Machtkonflikt, jeder Rechtsstreit daher ein politischer Streit, und jeder Konflikt, der als Interessen-, Macht- oder politischer Konflikt bezeichnet wird, kann als Rechtsstreit entschieden werden".[49]

D. h.: Zwischen der justizförmigen Entscheidung von „hohen" politischen Streitigkeiten auf der Grundlage einer Verfassung im Sinne von satzungsmäßigem Regelwerk durch ein Verfassungsgericht und der einer „profanen" Streitangelegenheit, wie etwa zwischen Bauern in einem Erbstreit auf Grund eines einfachen Gesetzes durch ein einfaches Gericht, existiere daher gar kein prinzipieller Unterschied.[50] So ist es „der ‚Positivist' Kelsen, der den ‚Dezisionisten' Schmitt darüber belehren muss, dass jede Gerichtsentscheidung auch eine politische sei".[51] Und daraus folgt, dass die

„...Verfassungsgerichtsbarkeit mit dem Wesen der Verfassung nicht mehr im Widerspruch steht als überhaupt Gerichtsbarkeit mit dem Wesen menschlicher Beziehungen, die durch das Recht geregelt und... der Streitentscheidung durch Gericht unterworfen werden".[52]

Kontrastiert man diese Schlussfolgerungen mit der Schmittschen Position, so entbehrt es nicht einer gewissen Ironie, dass ausgerechnet der „juristische" Denker Kelsen in-

---

48 Kelsen: Wer soll der Hüter der Verfassung sein?; in: van Ooyen (Fn. 3), S. 67.
49 Ebd., S. 67.
50 Vgl. Kelsen: Schlusswort; in: Wesen und Entwicklung der Staatsgerichtsbarkeit, VVDStRL (Fn. 3), S. 117 ff.
51 So Günther, Klaus: Hans Kelsen (1881–1973); in: KJ (Hrsg.): Streitbare Juristen, Baden-Baden 1988, S. 375; aus juristischer Sicht Paulson, Stanley: Richterliche Gesetzesprüfung; in: Carrino, Agostino/Winkler, Günther: Rechtserfahrung und Reine Rechtslehre, Wien – New York 1995, S. 57 und – mit Blick auf die Referate von Triepel und Kelsen auf der Tagung von 1928 – Wendenburg (Fn. 2), S. 77 ff.
52 Kelsen: Schlusswort, VVDStRL (Fn. 3), S. 120.

sofern viel „politischer" ist als so mancher seiner Kritiker. Denn Kelsens Rechts- und Staatstheorie, der ja politische Lebensferne, Formalismus, „juristisches Weltbild… aus den ausgeblasenen Eiern reiner Rechtsformen"[53] usw. vorgeworfen wird, ist genau hierdurch, über das positivistische Funktionsverständnis von Recht für eine radikal-pluralistische Sicht von Gesellschaft offen, da das Recht als Erzeugnis menschlicher Interessenkonflikte begriffen wird. Konkret in Bezug auf die Verfassungsgerichtsbarkeit bedeutet dies, dass die von Schmitt beschworene „Judizialisierung von Politik" bzw. „Politisierung der Justiz" für Kelsen gar keine Gefahr, sondern umgekehrt auf Grund der von ihm bestimmten Funktion der Machtkontrolle ganz bewusst impliziert ist: Handelt es sich bei der Teilung von Macht als Kontrolle von Herrschaft ohne Zweifel um ein zentrales politisches Phänomen, dann ist für Kelsen ein Verfassungsgericht zu Recht eben genauso eine politische Institution wie Parlament, Regierung und Präsident; der aus dem Dualismus von Politik und Recht, „politische" Verfassung und „richterliche" Justiz abgeleitete vermeintliche Widerspruch des Begriffs „Verfassungsjustiz" löst sich als Spiegelfechterei auf.

2.2.3 Souveräne politische Einheit „Volk" als antipluralistischer Mythos

Schließlich benennt Kelsen den eingangs schon skizzierten, tieferen Grund, der Schmitt veranlasst, Parlamentarismus und Verfassungsgerichtsbarkeit als unvereinbar mit dem politischen Prinzip der Demokratie abzulehnen und den Reichspräsidenten zum „Hüter" zu bestimmen. Es ist das Verständnis von Staat und Verfassung als einer souveränen politischen Einheit des homogenen „Volkes", die Idee der Demokratie nicht als Verfahren und Institutionen des Ausgleichs pluralistischer Interessen, sondern als Gemeinschaft einer kollektiven Identität, die sich ohne die Einrichtungen des „liberalen Individualismus" wie Wahlen und Parlament in der „acclamatio" des „Volkes" gegenüber dem Herrscher plebiszitär offenbart[54]; es ist das seinem Verständnis von Demokratie diametral entgegengesetzte:

> „Denn das ist der eigentliche Sinn der Lehre vom pouvoir neutre des Monarchen, die C. S. auf das republikanische Staatsoberhaupt überträgt, dass sie die effektiv vorhandene, radikale Interessengegensätzlichkeit verhüllen soll, die sich in der Tatsache der politischen Parteien… ausdrückt. In einer scheindemokratischen Fassung lautet die Formel dieser Fiktion etwa so: Das den Staat bildende Volk ist ein einheitliches homogenes Kollektiv, hat also ein einheitliches Kollektivinteresse, das sich in einem einheitlichen Kollektivwillen äußert. Diesen jenseits aller Interessengegensätze und sohin über den politischen Parteien stehenden Kollek-

---

53 So schon polemisch Heller, Hermann: Die Krisis der Staatslehre; in: ASuS, 1926, S. 301.
54 Vgl. Schmitt: Verfassungslehre (Fn. 37), S. 83 bzw. S. 243 ff.

tivwillen – es ist der wahre Staatswille – erzeugt nicht das Parlament; dieses ist Schauplatz der Interessengegensätze, parteipolitischer – C.S. würde sagen pluralistischer – Zersplitterung".[55]

Die Schmittsche Annahme eines substanzhaften „Volkswillens" nimmt nach Kelsen „Ideologie für Realität"[56]:

> „… und dass, wenn hier etwas als fiktiv bezeichnet werden kann, es eben jene Einheit des Volkes ist, die C.S. voraussetzt und zugleich das in Wirklichkeit vorhandene pluralistische System als aufgehoben behauptet, um als… Wiederhersteller dieser Einheit das Staatsoberhaupt erklären zu können".[57]

Kelsen sieht die totalitäre Implikation[58] im Schmittschen Denken ganz klar, sieht, dass Schmitts Denken letztlich auf die Totalität der politischen Einheit als Gegensatz zur pluralistischen Gesellschaft zielt[59]:

> „Es ist die typische Fiktion, deren man sich bedient, wenn man mit der Einheit des Staatswillens oder der Totalität des Kollektivums in einem anderen als bloß formalen Sinne operiert… Auf eine solche Darstellung laufen auch jene Ausführungen hinaus, in denen C.S. die Kategorie des totalen Staates im Gegensatz zum System des Pluralismus entwickelt".[60]

So wird bei Schmitt das Politische kollektivistisch begriffen infolge der „Freund-Feind-Entscheidung" der politischen Einheit „Volk". Das Politische – d.h. der „Souverän" – geht der Verfassung (im Sinne der Summe der Verfassungsgesetze) voraus; es kann als das „formlos Formende"[61] jederzeit, schöpferisch und sich selbst erschaffend wie ein irdischer Gott, deren Legalität im „Ausnahmezustand" suspendieren oder gar neu schöp-

---

55 Kelsen: Wer soll der Hüter der Verfassung sein?; in: van Ooyen (Fn. 3), S. 93; richtig daher auch bei Caldwell, Peter: Popular Sovereignty and the Crisis of German Constitutional Law, Durham – London 1997, S. 115 f.; Somek, Alexander: Politischer Monismus versus formalistische Aufklärung; in: Paulson, Stanley/Walter, Robert (Hrsg.): Untersuchungen zur Reinen Rechtslehre, Schriftenreihe Hans Kelsen-Institut, Bd. 11, Wien 1986, S. 122 ff.

56 Kelsen, ebd., S. 93.

57 Ebd., S. 92.

58 Ebd., S. 81; vgl. hierzu Schmitt: Die Wendung zum totalen Staat; in: ders.: Positionen und Begriffe (Fn. 39), S. 166 ff.; dieser Aufsatz ist ja dann in den „Hüter der Verfassung" eingearbeitet; ders.: Weiterentwicklung des totalen Staats in Deutschland; in: ders.: Positionen und Begriffe (Fn. 39), S. 211 ff.

59 Vgl. auch Prisching, Manfred: Hans Kelsen und Carl Schmitt; in: Weinberger, Ota/Krawietz, Werner (Hrsg.): Reine Rechtslehre im Spiegel ihrer Fortsetzer und Kritiker, Wien – New York 1988, S. 104; Rasehorn, Theo: Carl Schmitt siegt über Hans Kelsen; in: APuZ, 48/1985, S. 8. Rasehorn beklagte seinerzeit zu Recht, dass Kelsen in Deutschland fast völlig vergessen ist; vgl. van Ooyen: Viel Smend und auch Schmitt – wenig Kelsen, Radbruch und Thoma: zur Rezeption in Deutschland; in: Ders., Hans Kelsen und die offene Gesellschaft (Fn. 12), S. 80 ff.; jetzt auch Jestaedt, Matthias (Hrsg.): Hans Kelsen und die deutsche Staatsrechtslehre, Tübingen 2013.

60 Kelsen: Wer soll der Hüter der Verfassung sein?; in: van Ooyen (Fn. 3), S. 81.

61 Schmitt: Verfassungslehre (Fn. 37), S. 81.

fen. Insoweit löst das Politische bei Schmitt „souverän" die Verfassung als Rechtsbegriff permanent auf; und nicht von ungefähr bezeichnet Schmitt selbst seine Theorie als „Politische Theologie". Das ist – im Übrigen bis heute – der Mythos der Staats- und Volkssouveränität im Sinne ontischen Identitätsdenkens.[62] Konsequent folgt hieraus die rigorose Ablehnung der Verfassungsgerichtsbarkeit, weil über das „souveräne" Politische nicht justizförmig gerichtet werden kann. Kelsen entlarvt daher Schmitts Plädoyer für den Reichspräsidenten als „Hüter" jenseits von Recht und Justiziabilität zu Recht als Ausdruck eines nicht pluralistischen, totalitären Verständnisses von Volkssouveränität. Weil diesem die Annahme eines substanzhaften „Willens" des Kollektivums „Volk" als homogener politischer Einheit (= Souverän) zu Grunde liegt, bezeichnet er sie als juristisch verbrämte „Mythologie".[63] Er fasst diesen fundamentalen Gegensatz zu Schmitt über die Begriffe von Einheit und Vielheit, Politik und Verfassung, Verfassungsgericht und Präsident noch einmal in seiner Replik wie folgt zusammen:

> „Aus dem pluralistischen System… werden unversehens die staatsauflösenden Methoden des pluralistischen Parteienstaats, die verfassungszerstörenden Methoden des pluralistischen Systems und schließlich: der verfassungswidrige Pluralismus, gegen den Staat zu retten, die Aufgabe des Reichspräsidenten ist. Die Verfassung, das sind nicht die die Organe und das Verfahren der Gesetzgebung sowie die Stellung und Kompetenz der höchsten Vollzugsorgane regelnden Normen, das sind überhaupt keine Normen oder Gesetze. Verfassung: das ist ein Zustand, der Zustand der Einheit des deutschen Volkes. Worin diese Einheit… besteht, das wird nicht näher bestimmt… An Stelle des positivrechtlichen Verfassungsbegriffes schiebt sich die Einheit als ein naturrechtliches Wunschideal. Mit dessen Hilfe kann man das pluralistische System, dessen Schauplatz das Parlament ist, und damit die Funktion dieses Trägers der Verfassung, weil sie die – an Stelle der Verfassung getretene – Einheit zerstört oder gefährdet, als Bruch, die Funktion des Staatsoberhaupts, weil sie diese Einheit wieder herstellt oder verteidigt, als Hütung der Verfassung deuten".[64]

Insoweit hat Schmitt es schon richtig verstanden, dass bei Kelsen „alle zuständigen ‚Organe' gleichmäßig ‚Hüter der Rechtsordnung' sind".[65] Kelsen und die Vertreter seiner Schule haben diese „polykratische" Struktur der „checks and balances" ja selbst ausdrücklich hervorgehoben. Verfassungsgerichtsbarkeit und Gewaltenteilung, Verfassungsgerichtsbarkeit und Demokratie, Recht und Politik sind daher hier keine Gegensätze; sie gehören vielmehr zusammen: Normenkontrolle „erscheint geradezu als Resultante aus pluralistischem Demokratiekonzept, Vorrang der Verfassung und

---

62 Vgl. hierzu m. w. N.: van Ooyen: Der Staat der Moderne (Fn. 12); Müller, Friedrich: Wer ist das Volk?, Berlin 1997.

63 Kelsen: Wer soll der Hüter der Verfassung sein?; in: van Ooyen (Fn. 3), S. 104.

64 Ebd., S. 103 (Seitenzahlen, die auf Texte von Schmitt verweisen, sind weggelassen).

65 Schmitt: Über die drei Arten des rechtswissenschaftlichen Denkens, 2. Aufl., Berlin 1993, S. 18.

Gewaltenteilung".[66] Es ist genau diese Idee, die Kelsen für eine institutionalisierte Verfassungsgerichtsbarkeit als Instrument der „Zivilisierung" der Interessenkonflikte einer pluralistischen Gesellschaft plädieren lässt.

3   Nachspiel: „Hohe Politik" und das „integrierte Ganze" von „Staat und Volk" im Statusbericht von Leibholz

Mit dem Grundgesetz war zwar in Abkehr von der schwachen Staatsgerichtsbarkeit in Weimar eine machtvolle Verfassungsgerichtsbarkeit im Sinne Kelsens geschaffen worden, die sich vor allem in der Kompetenz zur Normenkotrolle niederschlug. Doch vor dem Hintergrund der in Weimar geführten staatstheoretischen Kontroverse um die Vereinbarkeit von Verfassungsgerichtsbarkeit und Demokratie bzw. Gewaltenteilung erwies sich die Stellung des neuen Bundesverfassungsgerichts als unklar: War es ein „politisches" Organ, eigenständig und gleichberechtigt in seiner Position zu den anderen Verfassungsorganen, oder einfach nur ein Gericht, das wie die übrigen fünf obersten Bundesgerichte dem Justizministerium unterstellt bleiben sollte – und damit der politischen Steuerungsgewalt der Regierung etwa in Fragen der Organisationsgewalt, Personalhoheit und nicht zuletzt des Haushalts. Letzteres war zunächst der Fall und hatte schon bald zum Konflikt mit Justizminister Dehler geführt. Gerhard Leibholz erkannte zu Recht, dass die Konzeption einer starken Verfassungsgerichtsbarkeit mit einem hierarchischen Verhältnis von Justizministerium und Verfassungsgericht unvereinbar ist.[67] Wer im Rahmen der Normenkontrolle die Kompetenz eines „negativen Gesetzgebers" innehat, kann im Prozess von „checks and balances" sinnvoller Weise nicht gleichzeitig der Aufsicht der Regierung unterstellt sein. Der unter seiner Federführung formulierte „Statusbericht" des Bundesverfassungsgerichts[68] suchte daher in verfassungstheoretischer Perspektive die Stellung des Gerichts als gleichberechtigtes „Verfassungsorgan" zu begründen und damit aus der politischen Abhängigkeit des Justizministeriums herauszuführen. Doch griff Leibholz – und mit ihm das Gericht – hierbei gerade nicht auf die verfassungs- und demokratietheoretische Konzeption Kelsens zurück. Den Ausgangs-

---

66 Gusy, Christoph: Parlamentarischer Gesetzgeber und Bundesverfassungsgericht, Berlin 1985, S. 32.

67 Vgl. Leibholz, Gerhard: Einleitung zum Status-Bericht des Bundesverfassungsgerichts; in: JöR, Tübingen 1957, S. 110 ff.; vgl. insgesamt: Wiegandt, Mafred H.: Norm und Wirklichkeit, Baden-Baden 1995; Benöhr, Susanne: Das faschistische Verfassungsrecht Italiens aus der Sicht von Gerhard Leibholz, Baden-Baden 1999; van Ooyen: Die Parteienstaatslehre von Gerhard Leibholz; in: Vormbaum, Thomas (Hrsg.): Jahrbuch Juristische Zeitgeschichte, Bd. 8 (2006/07), S. 359 ff.; Kaiser, Anna-Bettina (Hrsg.): Der Parteienstaat, Baden-Baden 2013; zum Statusstreit vgl. auch den Beitrag von Oliver Lembcke im vorliegenden Band sowie jetzt Collins, Justin: Gerhard Leibholz und der Status des Bundesverfassungsgerichts; in: Kaiser, ebd., S. 227 ff.

68 Vgl. Bundesverfassungsgericht: Bericht des Berichterstatters an das Plenum des Bundesverfassungsgerichts zur „Status"-Frage (1952), mit Nachtrag; in: JöR, Tübingen 1957, S. 120 ff.

punkt der Argumentation im Statusbericht bildete vielmehr wiederum die von Triepel und Schmitt formulierte Unvereinbarkeit von Recht und „hoher" Politik:

> „… sicher ist, dass in der idealtypischen Struktur zwischen dem Wesen des Politischen und dem Wesen des Rechts ein innerer Widerspruch besteht, der sich nicht lösen lässt. Dieser lässt sich darauf zurückführen, dass das Politische seinem Wesen immer etwas Dynamisch-Irrationales… während umgekehrt das Recht seiner grundsätzlichen Wesensstruktur nach immer etwas Statisch-Rationales ist…".[69]

Aus dieser Sicht ergab sich ja schon in Weimar, dass der Begriff „Verfassungsgerichtsbarkeit" gar keinen Sinne mache, weil er Widersprüchliches, nämlich „Politik" und „Justiz" in sich vereine und so zu einer die Judikative auflösenden „Politisierung der Justiz" bzw. zu einer den politischen „Souverän" auflösenden „Judizialisierung der Politik" führe. Leibholz „löste" diese Problematik des im „politischen Recht" der Verfassungsgerichtsbarkeit aufbrechenden Spannungsverhältnisses von Recht und Politik nun nicht, indem er sich mit Kelsen von den tradierten Konzepten der Gewalten*trennung* und der Souveränität des Staates bzw. Volkes pluralismustheoretisch verabschiedete. Er griff vielmehr auf die Integrationslehre von Smend zurück, die er bloß um eine Integrationsfunktion des Verfassungsgerichts erweiterte.[70] Und so wird die Triepel-Schmitt-sche Kritik an der Verfassungsgerichtsbarkeit mit einer alles dominierenden Integrationsfunktion – scheinbar – einfach weggezaubert[71], um in amalgamierter Form dann doch wieder als „hohe Politik" und souveräne Einheit von „Volk" und „Staat" aufzutauchen: Denn das Verfassungsgericht ist bei Leibholz zwar zu Recht auch ein politisches Organ und daher den übrigen „politischen" Verfassungsorganen Parlament, Regierung usw. gleichgestellt. Dies aber nur, weil „berufen, über seine richterlichen Funktionen hinaus zugleich auch politisch integrierende Funktionen auszuüben".[72] Diese „politische integrierende Funktion" vollzieht sich „innerhalb des Staats- und Volksganzen"[73], also bezogen auf die „Existenz des Ganzen"[74] im Sinne einer ontologisierten politischen Einheit. Das Politische, das dem Verfassungsgericht bei Kelsen als einem Organ der Machtkontrolle einfach selbstverständlich anhaftet, erweist sich so gesehen bei Leibholz nur dann nicht mehr als Makel eines Justizorgans, weil es auf die Funktion der staatlichen Einheit hin ausgerichtet, sozusagen „veredelt" wird. Nur so ist es nicht mehr Teil des

---

69 Ebd., S. 121 f.
70 Das war die entscheidende Abweichung zu Smend, der „den Integrationsprozeß allein den originär dazu berufenen politischen Instanzen überantwortete und die Verfassungsgerichtsbarkeit als Integrationsfaktor zunächst ausgeschieden hatte"; Korioth, Stefan: Integration und Bundesstaat, Berlin 1990, S. 276.
71 Vgl. Bundesverfassungsgericht: Statusbericht (Fn. 68), S. 121.
72 Ebd., S. 134.
73 Ebd., S. 132.
74 Ebd., S. 129.

„niederen" Politischen im Sinne des „Irrationalen", das im unvereinbaren Gegensatz zum Recht, zum „Rationalen", steht, sondern wird in Folge seiner „Verstaatlichung" sogar noch hierüber erhoben. Es ist, weil ein Stück „Staat", „wahre", in der Diktion Triepels „hohe" bzw. in der Schmitts „souveräne" Politik:

> „Nur jene Organe sind Verfassungsorgane, deren spezifische Funktion und Wesensart einheitsbegründend oder – wie man auch gesagt hat – integrierend auf den Staat wirken… Gemeinsam ist aber allen Verfassungsorganen, dass sie entscheidend an der politischen Gesamtgestaltung des Staates teilhaben. Sie nehmen an dem teil, was eine mehr statische Betrachtungsweise die ,oberste Gewalt' des Staates genannt hat. Jene Organe, deren Entstehen, Bestehen und verfassungsmäßige Tätigkeit recht eigentlich den Staat konstituieren und seine Einheit sichern, sind Verfassungsorgane".[75]

Umgekehrt folgt hieraus, dass das Gericht in den „niederen" Bereichen von Politik, die sich eben nicht auf die integrierende Funktion des Staates beziehen, „richterliche Selbstbeschränkung" üben soll. Hier muss es „neutral" bleiben und das („niedere") politische Tagesgeschäft den anderen Verfassungsorganen überlassen.[76] Mit dieser „Lehre" ließ sich in der Folgezeit daher jegliches „politisches" Ausgreifen durch verfassungspolitisch ambitionierte Richter beliebig legitimieren und jederzeit „juristisch" camouflieren.[77] Dieses etatistische Selbstverständnis hat das Gericht schon früh geprägt – und ist bis heute in weiteren Amalgamierungen wirksam geblieben.[78] Indem Leibholz im Statusbericht die Integrationslehre Smends auf die Integrationsfunktion des Verfassungsgerichts übertrug, konnte zwar die eigenständige Position des Gerichts mit Hilfe des in der deutschen Staatslehre überhaupt so populären Konzepts des „Staats- und Volksganzes" behauptet und schließlich auch durchgesetzt werden – doch um den hohen Preis eines in der Tradition von Triepel und Schmitt stehenden mythisch verklärten, antipluralistischen und obrigkeitsstaatlichen Verständnisses von Politik: nämlich um den Preis – Hegel lässt grüßen – einer politischen Theologie von „Staat" und „Volk".

---

75 Bundesverfassungsgericht: Bemerkungen des Bundesverfassungsgerichts zu dem Rechtsgutachten von Professor Richard Thoma; in: JöR, Tübingen 1957, S. 198.
76 Noch im Statusbericht (Fn. 68) wird auch diese Konsequenz von Leibholz thematisiert; vgl. S. 126 f.
77 Vgl. schon die seinerzeitige Kritik von Thoma, Richard: Rechtsgutachten, betreffend die Stellung des Bundesverfassungsgerichts, ebd., S. 171.
78 Vgl. insgesamt m. w. N. van Ooyen: Der Begriff des Politischen des Bundesverfassungsgerichts (Fn. 8); ders.: Integration, Die antidemokratische Staatstheorie von Rudolf Smend im politischen System der Bundesrepublik, Wiesbaden 2014; ders.: Die Staatstheorie des Bundesverfassungsgerichts und Europa, 5. Aufl., Baden-Baden 2014.

Teil 3
Bundesverfassungsgericht
im politischen Prozess I:
historische Konfliktlagen

Der Parlamentarische Rat und das Bundesverfassungsgericht

Karlheinz Niclauß

1

Das Bundesverfassungsgericht (BVerfG) ist ein spätgeborenes Verfassungsorgan. Es trat erst im September 1951 ins Leben, nachdem der erste Deutsche Bundestag hierfür die gesetzliche Grundlage geschaffen hatte. Seine Vorgeschichte lässt sich bis auf die Paulskirchenverfassung der gescheiterten deutschen Revolution von 1848/49, auf den US-amerikanischen Supreme Court oder bis zum Reichskammergericht vor 1806 zurückverfolgen. Für die westdeutsche Diskussion über Verfassungsgerichtsbarkeit waren nach 1945 aber in erster Linie die Erfahrungen aus der Zeit der Weimarer Republik maßgebend, ergänzt durch einen Seitenblick auf den 1920 in Österreich begründeten Staatsgerichtshof.[1]

Bei der Entstehungsgeschichte des BVerfG lassen sich drei Phasen unterscheiden: Der erste Abschnitt umfasst die Formulierung der frühen westdeutschen Landesverfassungen in den Jahren 1946/47 sowie die Beratungen des von den westdeutschen Ministerpräsidenten einberufenen vorbereitenden Verfassungskonvents, der vom 10. bis zum 23. August 1948 auf Herrenchiemsee tagte. Den zweiten Abschnitt bilden die Grundgesetzberatungen im Bonner Parlamentarischen Rat vom September 1948 bis zum Mai 1949. Als dritter und letzter Abschnitt der Entstehungsgeschichte folgten 1950/51 die Beratungen von Bundestag und Bundesrat über das Gesetz zum BVerfG sowie die Institutionalisierung des Gerichts in Karlsruhe im Herbst 1951.

Die Literatur zur Entstehung des BVerfG konzentriert sich allein aus praktischen Gründen auf die letzte Phase der Entstehung, denn diese bildete die Argumentationsgrundlage für die noch offenen Fragen zur Organisation und zur Rolle des Gerichts.

---

1 Wesel, Uwe: Der Gang nach Karlsruhe. Das Bundesverfassungsgericht in der Geschichte der Bundesrepublik, München 2004, S. 26–29.

An erster Stelle ist in diesem Zusammenhang die große Studie von Heinz Laufer zu nennen. Reinhard Schiffers legte eine ausführliche Dokumentation über die Beratungen zum Bundesverfassungsgerichtsgesetz (BVerfGG) vor, die auch Einblicke in die Grundgesetzberatungen vermittelt.[2] Die Beratungen des Parlamentarischen Rates über das BVerfG wurden erstmals von Michael Fronz untersucht.[3] In den allgemeinen Darstellungen und Dokumentationen der Grundgesetzberatungen wird die Verfassungsgerichtsbarkeit nur zusammenfassend berücksichtigt.[4]

Ein Überblick zur Entstehungsgeschichte zeigt, dass die organisatorischen Fragen vor allem vom ersten Deutschen Bundestag beraten und entschieden wurden. Die Grundsatzdebatte über Verfassungsgerichtsbarkeit und Justiz dagegen fand im Parlamentarischen Rat statt. Hier wurden die Konsequenzen aus der Weimarer Republik und der Zeit des Nationalsozialismus offen und kontrovers diskutiert. Obwohl der Parlamentarische Rat nur ein Zwischenschritt zur Konstituierung des Gerichts war, klärte er die Positionen und lehnte Alternativen zum BVerfG ab. Er stellte auf diese Weise die Weichen für die einvernehmliche Lösung zwischen Regierung und Opposition, die bei der Einrichtung des Gerichts in den Jahren 1950/51 gefunden wurde.

Im Mittelpunkt dieses Beitrags steht dementsprechend nicht die Genesis der im Grundgesetz vorgesehenen Kompetenzen und Verfahrensweisen des BVerfG. Die Entstehungsgeschichte der einschlägigen Artikel des Grundgesetzes wurde bereits mehrfach ausführlich dokumentiert.[5] Die Frage dieses Beitrags gilt den politischen Zielvorstellungen, die sich mit der Aufnahme des BVerfG in das Grundgesetz verbanden. Von welchen Ideen über Demokratie und Gewaltenteilung ließen sich die Autoren des Grundgesetzes leiten? Welche Rolle sollte die oberste Rechtsprechung im neu zu errichtenden demokratischen Rechtsstaat spielen? Wie sollte die Justiz als „Dritte Gewalt" in das Gewaltenteilungssystem der zweiten deutschen Republik nach Weimar eingegliedert werden? Bei dem Versuch, diese Fragen zu beantworten, kann man nur selektiv vorgehen. Man muss Detailfragen und Diskussionssituationen auswählen, anhand derer die Vorstellungen und Motive der Nachkriegspolitiker deutlich werden.

---

2 Laufer, Heinz: Verfassungsgerichtsbarkeit und politischer Prozeß. Studien zum Bundesverfassungsgericht der Bundesrepublik Deutschland, Tübingen 1968, insbes. S. 278–315; Schiffers, Reinhard (Bearb.): Grundlegung der Verfassungsgerichtsbarkeit. Das Gesetz über das Bundesverfassungsgericht vom 12. März 1951, Düsseldorf 1984.

3 Fronz, Michael: Das Bundesverfassungsgericht im politischen System der BRD – eine Analyse der Beratungen im Parlamentarischen Rat, in: Sozialwissenschaftliches Jahrbuch für Politik Bd. 2, München-Wien 1971, S. 629–682.

4 Feldkamp, Michael F.: Der Parlamentarische Rat 1948–1949. Die Entstehung des Grundgesetzes, Göttingen 1998, S. 75 f.

5 Jahrbuch des öffentlichen Rechts, neue Folge Bd. 1, Tübingen 1951 sowie die juristischen Kommentare.

2

Bei den Beratungen zum Grundgesetz konnten die Mitglieder des Parlamentarischen Rates auf die entsprechenden Bestimmungen der bereits bestehenden Landesverfassungen zurückgreifen. Die dort eingerichteten Staats- oder Verfassungsgerichtshöfe haben u. a. das Recht, auf Antrag der Gerichte Gesetze auf ihre Übereinstimmung mit der Landesverfassung zu überprüfen. Hiermit wurde bereits die unübersichtliche Rechtslage der Weimarer Republik geklärt. Das Reichsgericht hatte zwar 1925 die konkrete Normenkontrolle zugestanden, indem es jedem Richter das Recht zubilligte, auf die Anwendung eines Gesetzes zu verzichten, falls er es für verfassungswidrig hielt. Eine gesetzliche Regelung dieses Prüfungsrechts blieb jedoch in den juristischen und politischen Kontroversen stecken und kam bis zum Ende der Republik nicht mehr zu Stande.[6] Die frühen Landesverfassungsgerichte sind außerdem in der Regel für Anklagen gegen Regierungsmitglieder, für Parteiverbote sowie für die Wahlprüfung zuständig.

Die Vorschläge für eine westdeutsche Verfassung sahen ebenfalls die Errichtung eines Staats- oder Verfassungsgerichtshofes vor, der zusätzlich zu den genannten Aufgaben vor allem Streitigkeiten zwischen Bund und Ländern oder zwischen den Ländern entscheiden sollte. Besonders deutlich kommt das föderalistische Motiv für die Einrichtung des Verfassungsgerichts im Vorschlag des „Ellwanger Kreises" der CDU/CSU vom 13. April 1948 zum Ausdruck. Seine Grundsätze für eine deutsche Bundesverfassung erwähnen nur die Entscheidung der föderalen Streitigkeiten als Aufgabe des Gerichts. Die sozialdemokratischen „Richtlinien für den Aufbau der deutschen Republik" dagegen nennen die Bund-Länder-Problematik nicht explizit, sondern weisen dem zukünftigen Staatsgerichtshof alle Verfassungsstreitigkeiten und Ministeranklagen zu.[7]

Organisationsformen und Kompetenzen bildeten jedoch nicht das Hauptthema der Diskussionen über Verfassungsgerichtsbarkeit in den ersten Nachkriegsjahren. Die Politiker und ihre Parteien standen vor dem Problem, wie die Justiz trotz ihrer Belastung durch ihre Rolle in der Weimarer Republik und im „Dritten Reich" in den demokratischen Wiederaufbau eingefügt werden konnte. Es ging um die Frage, ob man den Grundsatz der richterlichen Unabhängigkeit garantieren und gleichzeitig die Justiz auf ihre Demokratiefähigkeit hin kontrollieren kann. Eine Lösung dieses Problems, das der Quadratur des Kreises gleicht, glaubte man in der personellen Besetzung der Verfassungsgerichte gefunden zu haben.

Die Landesverfassungen sahen dementsprechend vor, dass die Berufsrichter in den Senaten gegenüber den „Laien" in der Minderheit blieben. In Bayern war das Verhältnis 9 : 10 oder 4 : 5, in Hessen 5 : 6, in Württemberg-Baden, Württemberg Hohenzollern und

---

6   Wehler, Wolfgang: Der Staatsgerichtshof für das deutsche Reich. Die politische Rolle der Verfassungsgerichtsbarkeit in der Zeit der Weimarer Republik (Diss. Bonn 1979), S. 100–124.

7   Feldkamp, Michael F. (Hrsg.): Die Entstehung des Grundgesetzes für die Bundesrepublik Deutschland. Eine Dokumentation, Stuttgart 1999, S. 45–53.

Rheinland-Pfalz 4:5. Lediglich das Land Baden in der französischen Besatzungszone richtete einen ausschließlich mit Berufsrichtern besetzten Staatsgerichtshof ein. Deutlich sichtbar war auch die Absicht, die nicht-richterlichen Mitglieder des Verfassungsgerichts in eine enge Verbindung zum Landtag und damit zu den politischen Parteien zu bringen. Sie konnten zwar nicht Landtagsabgeordnete sein, wurden aber zu Beginn jeder Wahlperiode neu gewählt. In der bayerischen Verfassung ist keine Inkompatibilität festgeschrieben, sodass zum Beispiel Wilhelm Laforet, der für die CSU in den Parlamentarischen Rat entsandt wurde, gleichzeitig Mitglied des Bayerischen Landtags und des Bayerischen Verfassungsgerichtshofes war. Die amerikanische Militärregierung sah sich allerdings während der bayerischen Verfassungsberatungen zur Intervention veranlasst und argumentierte, Mitglieder des Landtags dürften nicht im Verfassungsgericht über die Verfassungsmäßigkeit ihrer eigenen Gesetze entscheiden. Für die Normenkontrolle ist deshalb in Bayern ein ausschließlich mit Berufsrichtern besetzter Senat zuständig.[8]

Mit der Einberufung eines vorbereitenden Verfassungskonvents durch die Ministerpräsidenten der Länder nahm die auf Westdeutschland beschränkte Verfassung konkrete Formen an. Der Konvent tagte vom 10. bis 23. August auf der Herreninsel im Chiemsee und schlug u. a. die Verfassungsbeschwerde einzelner Bürger an das BVerfG vor. Als Vorbild dienten ihm hierbei nicht nur die Paulskirchenverfassung von 1848, sondern auch die bayerische Verfassung von 1946. Im Bericht des Konvents heißt es aber einschränkend, die Einführung der Verfassungsbeschwerde werde „lediglich zur Erwägung gestellt". In der Diskussion des Konvents blieb sie umstritten, weil man Überschneidungen mit dem Verfahren der konkreten Normenkontrolle und mit Entscheidungen „anderer oberster Gerichte" befürchtete.[9] Was die Besetzung des geplanten BVerfG betrifft, legte der Konvent bereits in seinen ersten Entwürfen die Parität zwischen Bundestag und Bundesrat fest. Beide Verfassungsorgane sollten die gleiche Zahl von Richtern wählen, und auch die Senate sollten zu gleichen Teilen mit den vom Bundestag und vom Bundesrat Gewählten besetzt sein. Unbestritten war auch die Inkompatibilität zwischen dem Richteramt am Verfassungsgericht und der Mitgliedschaft bei anderen Verfassungsorganen des Bundes und der Länder.

Während die Beratungen hierüber im Stile eines Fachkongresses abliefen, kam es bei der Frage der Qualifikation der Richter zu einer politischen Kontroverse: Der zuständige Unterausschuss des Konvents sah vor, dass die Hälfte der Verfassungsrichter und der Vorsitzende Berufsrichter sein sollten. Bei den anschließenden Plenarberatungen beantragte Hans Berger – Richter am obersten Gericht der britischen Zone und eigentlich nur „Mitarbeiter" des Konvents – die zusätzliche Bedingung, dass auch die übrigen

---

8   Ministerpräsident Dr. Ehard, Bayerische Verfassungsgebende Landesversammlung, 10. Sitzung v. 26. 10. 1946; Hoegner, Wilhelm: Der schwierige Außenseiter, Hof 1975 (2. Aufl.), S. 257.

9   Der Parlamentarische Rat 1948–1949. Akten und Protokolle Bd. 2, Boppard 1988, S. 516 u. 622 (im Folgenden zitiert: PR Akten und Protokolle).

Mitglieder des Verfassungsgerichts die Fähigkeit zum Richteramt besitzen müssen. Er begründete dies mit dem Argument, im Verfassungsgericht dürften nur Juristen sitzen, „die Rechtsfragen entscheiden und sich nicht mit politischen Erwägungen belasten".

Diese Argumentation stieß jedoch auf Widerspruch: Josef Beyerle (CDU), Justizminister und Bevollmächtigter des Landes Württemberg-Baden, entgegnete, das Verfassungsgericht habe seine Entscheidungen nicht nur „vom staatsrechtlichen, juristischen Standpunkt aus", sondern auch unter Berücksichtigung der politischen Verhältnisse zu treffen. Als Beispiel hierfür führte er das Verbot von Parteien an. Deshalb halte er eine gemischte Besetzung mit Berufsrichtern und „nicht zum Richteramt befähigten geeigneten Persönlichkeiten" für richtig. Carlo Schmid (SPD), der als Bevollmächtigter Württemberg-Hohenzollerns am Konvent teilnahm, plädierte ebenfalls für das „Nichtfachrichterelement". Er warnte vor der juristischen „déformation professionnelle", die darin bestehe, „Dinge für Rechtsfragen zu halten, die in Wirklichkeit politische Fragen sind". Ein Verfassungsrichter habe auch die Aufgabe, „unter Wahrung des Rechts bei der Entscheidung einen gestaltenden Akt vorzunehmen". Die Mitwirkung „politischer Menschen" sei hierbei nur förderlich.

Der Verfassungskonvent verzichtete dementsprechend auf eine fachliche Qualifikation der Laienrichter. Hermann Brill (SPD), der Chef der hessischen Staatskanzlei, schlug vor, die Auswahl der Berufsrichter zu begrenzen, denn man könne nicht „den letzten Amtsrichter" ins Verfassungsgericht wählen. Die richterlichen Mitglieder des Verfassungsgerichts waren deshalb nach Vorstellung des Konvents aus dem Kreis der Richter an Obersten Bundesgerichten oder an entsprechenden Gerichten der Länder zu wählen. Mit seinem Vorschlag, die Hälfte der Verfassungsrichter sollten Berufsrichter sein, entfernte sich der Konvent allerdings von den Landesverfassungen, die in der Regel eine Mehrheit der Laienrichter vorsahen.[10]

Der Herrenchiemseekonvent leistete in vielen Punkten Vorarbeit für die Beratungen zur Verfassungsgerichtsbarkeit im Parlamentarischen Rat. Die Organisation der obersten Gerichtsbarkeit blieb allerdings umstritten. Ob das Verfassungsgericht neben weiteren oberen Bundesgerichten stehen oder Teil eines einheitlichen Obersten Bundesgerichts sein sollte, war nach dem Entwurf des Konvents offen. Diese Frage und die Ergänzung des Zuständigkeitskatalogs wurden an den Parlamentarischen Rat weitergegeben. In einem gewissen Widerspruch hierzu stand die Behandlung des BVerfG in einem eigenen Abschnitt VIII des Entwurfs, getrennt von der Rechtspflege, die erst im letzten Abschnitt XII folgte. Hierdurch sollte, wie der Konvent in seinem Bericht schrieb, die Gleichberechtigung dieses höchsten Organs der dritten Gewalt gegenüber den anderen Gewalten sichtbar werden.[11]

---

10 A.a.O., S. 430–438.
11 A.a.O., S. 554 u. 620.

3

Auf Herrenchiemsee wurden die politischen Auffassungen über die Rolle der Verfassungsgerichtsbarkeit nur angedeutet, weil sich die Teilnehmer an die Arbeitshypothese hielten, der Konvent sei ein Gremium von Sachverständigen. Als der Parlamentarische Rat am 1. September 1948 in Bonn zusammentrat, fiel diese Selbstbeschränkung weg. In den einleitenden Grundsatzreferaten kamen deshalb bereits die unterschiedlichen Konzeptionen vom zukünftigen Verfassungs- oder Staatsgerichtshof deutlich zum Ausdruck. Der CDU-Politiker Adolf Süsterhenn und der Sozialdemokrat Walter Menzel entwickelten vor dem Plenum des Parlamentarischen Rates unterschiedliche Varianten des Demokratie- und Gewaltenteilungsverständnisses, die den weiteren Verlauf der Beratungen über das BVerfG begleiten sollten.

Süsterhenn war zu jener Zeit Justiz- und Kultusminister in Rheinland-Pfalz und hatte als Bevollmächtigter seines Landes am Konvent von Herrenchiemsee teilgenommen. In seinem Referat auf der zweiten Plenarsitzung am 8. September 1948 forderte er eine „traditionelle Gewaltenteilung im Sinne Montesquieus" und darüber hinaus die Gewaltenteilung zwischen Bund und Ländern. Die Notwendigkeit eines Verfassungsgerichts ergab sich für Süsterhenn zunächst aus der föderalistischen Struktur. Der Staatsgerichtshof müsse als „Hüter der Verfassung" gegebenenfalls die Meinungsverschiedenheiten zwischen Bund und Ländern entscheiden. Seine zweite Hauptaufgabe bestehe in der Sicherung der Grund- und Menschenrechte, die Süsterhenn naturrechtlich begründete. Er betonte deshalb vor allem die Unabhängigkeit der Justiz. Das zukünftige Verfassungsgericht solle prüfen, ob die Gesetze den „naturrechtlichen, menschenrechtlichen Grundlagen" der Verfassung entsprechen. Ein antiparlamentarischer Unterton war in den Ausführungen Süsterhenns nicht zu überhören, denn er erklärte, „parlamentarische Diktaturen" hätten in der Kirchen- und Schulpolitik die Gewissensfreiheit in ähnlicher Weise verletzt wie „Einmanndiktaturen". Er zitierte hierzu auch Konrad Adenauer, der bei der Verfassungsdiskussion des Zonenbeirats der britischen Zone im November 1947 erklärt hatte: „Es gibt nicht nur eine Diktatur des Einzelnen, es kann auch eine Diktatur der parlamentarischen Mehrheit geben. Und davor wollen wir einen Schutz haben in der Form des Staatsgerichtshofes".[12]

Den Gegenpart zu Süsterhenn bestritt am folgenden Tag Walter Menzel (SPD). Er kritisierte die demokratiefeindliche Einstellung von Richtern in der Weimarer Republik und die Rolle der Justiz im „Dritten Reich". Er schilderte außerdem mehrere Urteile aus der Nachkriegszeit, die in einem demokratischen Rechtsstaat nicht akzeptabel seien, und verwies auf den hohen Prozentsatz (76 %) von ehemaligen NSDAP-Mitgliedern unter den Richtern und Staatsanwälten in der britischen Besatzungszone. Die Unabhängigkeit der Richter ergebe sich bereits aus dem Grundsatz der Gewaltenteilung. Man

---

12 Akten zur Vorgeschichte der Bundesrepublik Deutschland Bd. 3, München-Wien 1982, S. 870.

müsse allerdings Garantien einrichten, damit diese Unabhängigkeit nicht wieder missbraucht werde wie in der Zeit seit 1918.[13]

Obwohl beide Redner die Einrichtung eines BVerfG begrüßten, war ihre Intention doch unterschiedlich: Für Süsterhenn und weitere Mitglieder des parlamentarischen Rates verkörperte dieses Gericht die Spitze der Judikative. Es sollte als „dritte Gewalt" die Regierung und vor allem das Parlament kontrollieren. Das Verfassungsgericht war aus dieser Sicht ein wichtiger Baustein im Machtgleichgewicht der „konstitutionellen Demokratie". Nach den Vorstellungen Walter Menzels hatte das Gericht neben seinen Kontrollaufgaben gegenüber anderen Staatsorganen auch Kontrollaufgaben innerhalb der Justiz. Diese Kontrolle sollte durch das Wahlverfahren der Richter und durch die Berufung von Laienrichtern erreicht werden. Das Verfassungsgericht sollte unabhängig sein und gleichzeitig vom Parlament und den in ihm vertretenen Parteien beaufsichtigt werden. Das Konzept eines politischen Verfassungsgerichts entsprach der „sozialen Mehrheitsdemokratie", die der Parlamentsmehrheit den Vorrang im Gewaltenteilungssystem einräumt.[14]

Die unterschiedlichen Demokratie- und Verfassungsvorstellungen wurden im Parlamentarischen Rat bei den Beratungen über das BVerfG vor allem am Beispiel von drei Themenbereichen deutlich: Die *Organisation des Gerichts, seine Kompetenzen und seine Stellung in der oberen Bundesgerichtsbarkeit* bildeten das Hauptthema der Ausschussberatungen im Parlamentarischen Rat. Die Organisations- und Kompetenzfragen waren aber immer unlösbar verbunden mit dem zweiten Themenbereich, mit der Frage nach der *personellen Besetzung des Gerichts*. Als drittes kontroverses Thema kam später die Möglichkeit der *Richteranklage vor dem BVerfG* hinzu.

4

Die Beratungen im zuständigen „Ausschuss für Verfassungsgerichtsbarkeit und Rechtspflege" verliefen allerdings denkbar unglücklich. Dies hing zum Teil damit zusammen, dass sich dieser Fachausschuss erst am 12. Oktober 1948 konstituierte. Ab Mitte November trat dann noch eine dreiwöchige Beratungspause ein, weil die Mitglieder des Ausschusses mit den bereits vorliegenden Teilen des Grundgesetzes in ihren Fraktionen und im Hauptausschuss beschäftigt waren. Der Ausschuss beschäftigte sich außerdem viel zu ausführlich mit den weitreichenden Vorstellungen des Abgeordneten Walter Strauß (CDU) zur Neuorganisation der Gerichtsbarkeit. Nach dessen Entwurf präsentierte sich die Gerichtsbarkeit als eine große Pyramide, an deren Spitze das Oberste

---

13 PR Akten und Protokolle Bd. 9, München 1996, S. 46–68.

14 Zu den verfassungspolitischen Grundlagen der beiden Demokratiekonzeptionen: Niclauß, Karlheinz: Der Weg zum Grundgesetz. Demokratiegründung in Westdeutschland 1945–1949, Paderborn u. a. 1998, S. 51–72 und 88–108.

Bundesgericht die Rechtsprechung der Fach- und Landesgerichte zusammenführen sollte. Das BVerfG dagegen war nach den Vorstellungen von Strauß nicht Teil der Pyramide, weil es gemischt zusammengesetzt sei, d. h. sowohl aus Berufsrichtern als auch „aus Persönlichkeiten, die vom Parlament gewählt werden" bestehe. Ein solches Gericht werde „etwas in der Luft schweben" und selten zum Zuge kommen. Die subalterne Stellung des Verfassungsgerichts wurde hier mit seiner Zusammensetzung begründet. Das Laienelement, auf das man bei den Landesverfassungen noch großen Wert legte, diente als Argument zur Begrenzung seiner Kompetenzen. Vor allem der wichtige Bereich der Normenkontrolle, d. h. die Überprüfung von Gesetzen auf ihre Übereinstimmung mit dem Grundgesetz, sollte nach Strauß ausschließlich dem mit Berufsrichtern besetzten Obersten Bundesgericht vorbehalten bleiben. Seine Konstruktion beruhte auf einer strikten Trennung der Bereiche Recht und Politik, die den zeitgeschichtlichen Kontext unberücksichtigt ließ. Mit der Judikative als einem freistehenden Bauwerk entsprach sie dem Verfassungskonzept der „konstitutionellen Demokratie".

Auf Bedenken stießen die Überlegungen von Strauß vor allem bei den sozialdemokratischen Mitgliedern des Ausschusses für Verfassungsgerichtsbarkeit und Rechtspflege. Der SPD-Abgeordnete Friedrich Wilhelm Wagner bemerkte, das Konzept laufe auf eine „große Justizreform" hinaus. Diese Aufgabe könne der Parlamentarische Rat aber allein aus zeitlichen Gründen nicht lösen. Auch den Vertretern der CDU/CSU schienen die Reformüberlegungen ihres Fraktionskollegen angesichts der damit verbundenen Beschränkung der Revisionsmöglichkeiten abenteuerlich zu sein. Ernst Wirmer (CDU) warf ein: „... wir machen ja eine Staatsverfassung und nicht eine Gerichtsverfassung".[15] Das einzige Ergebnis der ausufernden Diskussion im Ausschuss waren zwei in sich widersprüchliche Entscheidungen: Am 10. November 1948 entschied man, das BVerfG in organisatorischer Hinsicht vom Obersten Bundesgericht zu trennen. Am 6. Dezember beschloss der Ausschuss, den Abschnitt „Das Bundesverfassungsgericht" des Herrenchiemsee-Entwurfs aufzulösen und in den Abschnitt „Gerichtsbarkeit und Rechtspflege" zu integrieren. Laufer weist in seiner Studie darauf hin, dass das BVerfG hiermit deutlich abgewertet wurde. Wenn die Autoren des Grundgesetzes dem Konvent von Herrenchiemsee gefolgt wären, hätten sie dem Gericht die späteren Auseinandersetzungen über seinen Status und seine Gleichberechtigung unter den Verfassungsorganen erspart.[16]

Neue Impulse erhielten die Beratungen über das BVerfG erst Anfang Dezember auf Initiative des Allgemeinen Redaktionsausschusses. In der Besetzung mit August Zinn (SPD), Walter Strauß (CDU) und Thomas Dehler (FDP) legte dieser einen Formulierungsentwurf vor, der im Ausschuss für Verfassungsgerichtsbarkeit und Rechtspflege am 6. und 7. Dezember beraten wurde und anschließend an den Hauptausschuss des

---

15   Vgl. die ausführliche Diskussion im Ausschuss am 20. und 22. Oktober 1948, in: PR Akten und Protokolle Bd. 13/II, München 2002, S. 1162–1216.

16   A. a. O., S. 1307 f. u. 1348 f. sowie Laufer, a. a. O. (Fn. 2), S. 57.

Parlamentarischen Rates ging. Hier fanden die entscheidenden Debatten über die Bestimmungen des Grundgesetzes zur Verfassungsgerichtsbarkeit statt. Im Mittelpunkt der Diskussion stand das Recht des BVerfG, Bundes- und Landesrecht sowie Regeln des Völkerrechts auf ihre Übereinstimmung mit dem Grundgesetz zu prüfen. Für dieses Prüfungsrecht beantragte Strauß namens der CDU/CSU-Fraktion die Zuständigkeit des geplanten Obersten Bundesgerichts. Seine Begründung folgte der bereits im Ausschuss vorgetragenen konstitutionell-demokratischen Argumentation: Das richtige Gericht zur Überprüfung von Normen sei ein aus Fachrichtern bestehendes Kollegium und nicht ein Gericht, das „gemischt zusammengesetzt" ist. Hierbei handele es sich um die unmittelbare Anwendung richterlicher Gewalt, über die in der „reinen Rechtssphäre" entschieden werden müsse.

August Zinn (SPD) entgegnete, hier gehe es um Rechtsfragen von ganz besonderer politischer Bedeutung nicht nur im Bereich der Innen-, sondern auch der Außenpolitik. Man werde deshalb nicht ohne die Mitwirkung von Beisitzern auskommen, die in der Lage sind, auch die politische Bedeutung entsprechender Entscheidungen beurteilen zu können. Die Anträge der CDU/CSU wurden anschließend abgelehnt – angesichts der im Protokoll angegebenen Zahlen offenbar auch von den Vertretern der FDP. Strauß wiederholte in der zweiten Lesung des Hauptausschusses seine Anträge, die richterliche Prüfung von Gesetzen und Völkerrechtsnormen dem Obersten Bundesgericht zu übertragen. Mit 14 zu 5 Stimmen fiel die Ablehnung noch deutlicher aus als in der ersten Lesung. Der verspätete Versuch des CDU-Abgeordneten von Mangoldt, die Zuständigkeiten (Ziffer 3, 3a und 4 des Entwurfs) zu streichen und den oberen Bundesgerichten zu überlassen, kam nicht mehr zur Abstimmung.[17]

Parallel zu dieser Zuständigkeitsentscheidung wurde auch eine Prestigefrage im Sinne des BVerfG entschieden. Bei der Aufzählung der Gerichte im späteren Art. 92 des Grundgesetzes stand lange Zeit das Oberste Bundesgericht an erster Stelle. Carlo Schmid (SPD) schlug bereits in der ersten Lesung des Hauptausschusses vergeblich vor, das BVerfG an erster Stelle zu nennen, weil ihm „eine höhere Dignität" zukomme als dem Oberen Bundesgericht. Der Ausschuss für Verfassungsgerichtsbarkeit und Rechtspflege folgte diesem Vorschlag am 11. Januar und stellte die Reihenfolge zu Gunsten des BVerfG um.[18]

---

17 PR Akten und Protokolle Bd. 14/I, München 2009, S. 692 f. und Bd. 14/II, München 2009, S. 1131–1137. Bei dieser Kontroverse ging es nicht nur um die Regeln des Völkerrechts, wie Laufer annimmt (Laufer, a. a. O. (Fn. 2), S. 74 f.).
18 PR Akten und Protokolle Bd. 14/I, S 679 f.; PR Akten und Protokolle Bd. 13/II, S. 1539.

5

Die Frage nach der Besetzung des BVerfG stand im Parlamentarischen Rat lange Zeit im Schatten des Organisationsstreits. Ursprünglich herrschte im zuständigen Ausschuss die Vorstellung vor, die politischen Verfassungsfragen sollten von einem besonderen Senat des Obersten Bundesgerichts unter Mitwirkung von Laienrichtern entschieden werden. Mit der organisatorischen Trennung von Oberstem Bundesgericht und Verfassungsgericht kam die Personalfrage wieder auf die Tagesordnung des Parlamentarischen Rates, wurde aber nicht mit der gleichen Intensität diskutiert wie auf Herrenchiemsee. Bei der ersten Lesung im Hauptausschuss stellte Walter Strauß für die CDU/CSU den Antrag, die Beisitzer dürften die Zahl der Berufsrichter höchstens um einen überschreiten. Walter Menzel (SPD) stimmte zunächst zu und schlug ein Verhältnis von 4 : 5 zu Gunsten der nichtrichterlichen Mitglieder des Verfassungsgerichts vor. Der Ausschuss für Verfassungsgerichtsbarkeit und Rechtspflege hatte allerdings bereits zwei Tage vorher auf den Passus über die Zahl der Beisitzer verzichtet und dies dem Ausführungsgesetz zum BVerfG überlassen.[19] Diese Lösung setzte sich bei den weiteren Beratungen ohne Diskussion durch. Das Grundgesetz unterscheidet sich in diesem Punkt vom Entwurf von Herrenchiemsee, der vorsah, dass die Hälfte der Richter Berufsrichter sein sollten.

Die Beratungen über die Besetzung des BVerfG verliefen offenbar auch ohne größere Auseinandersetzung, weil der Parlamentarische Rat inzwischen eine andere Personalfrage heftig diskutierte. Bereits bei der einleitenden Generaldebatte des Plenums kündigten die Sozialdemokraten eine Verfassungsbestimmung an, die vom Konvent auf Herrenchiemsee noch nicht beraten wurde. Carlo Schmid sprach sich für die Gewaltenteilung aus, fügte aber einschränkend hinzu, man müsse auch mit der Möglichkeit rechnen, dass die richterliche Gewalt wie zur Zeit der Weimarer Republik missbraucht werde. Walter Menzel zitierte mehrere Urteile aus der Nachkriegszeit und konkretisierte die Überlegungen Schmids. Er schlug vor, Richter, die gegen den Geist der Verfassung verstoßen, vor dem Verfassungsgericht zur Verantwortung zu ziehen.[20]

Die Überlegungen von Schmid und Menzel orientierten sich an Bestimmungen der damals gültigen Landesverfassungen über die Amtsenthebung von Richtern. In den inzwischen zu Baden-Württemberg vereinigten Ländern Württemberg-Baden und Baden war hierfür ein Dienststrafhof zuständig, der mehrheitlich aus Mitgliedern des Landtags bestand und jeweils zu Beginn der Legislaturperiode gewählt wurde. Die Möglichkeit einer Anklage war auch gegeben, falls ein Richter „außerdienstlich" gegen den Geist der Verfassung verstößt. In Hessen kann der Staatsgerichtshof einen Richter auf Antrag des Landtages in ein anderes Amt oder in den Ruhestand versetzen oder entlassen, falls er sein Richteramt nicht „im Geiste der Demokratie und des sozialen Verständnisses"

---

19 PR Akten und Protokolle Bd. 14/I, S. 702–704; PR Akten und Protokolle Bd. 13/II, S. 1401 f.; Laufer, a. a. O. (Fn. 2), S. 64; Fronz, a. a. O. (Fn. 3), S. 659 f.
20 PR Akten und Protokolle Bd. 9, S. 78 u. 80.

ausübt. In Rheinland-Pfalz kann der Ministerpräsident den Generalstaatsanwalt anweisen, einen Richter, der innerhalb oder außerhalb seines Amtes gegen die Grundsätze des Verfassung verstößt, vor dem Verfassungsgericht anzuklagen.[21]

Im Ausschuss für Verfassungsgerichtshof und Rechtspflege legte August Zinn (SPD), der gleichzeitig Justizminister in Hessen war, Anfang November 1948 einen Formulierungsentwurf vor, der dem Text der hessischen Verfassung entsprach. Er sah sowohl die Anklage von Bundesrichtern vor dem BVerfG als auch die von Landesrichtern vor den Landesverfassungsgerichten vor. Die Diskussion hierüber fand aber im Hauptausschuss des Parlamentarischen Rates statt. Für die Möglichkeit der Amtsenthebung traten hier vor allem die Sozialdemokraten Otto Heinrich Greve, Carlo Schmid und Elisabeth Selbert ein. Schmid argumentierte, neben der Unabhängigkeit der Richter müsse auch „der Schutz des Volkes gegenüber einem Missbrauch der Unabhängigkeit" gewährleistet sein. Es genüge nicht, dass ein Richter „formaldemokratisch urteilt". Sein Urteil müsse auch den „Wertmaßstäben, die den Kern der Demokratie ausmachen", entsprechen. Die Amtsenthebung (Versetzung, Pensionierung oder Entlassung) sei „weitgehend eine politische Entscheidung" und könne deshalb nur vom BVerfG ausgesprochen werden. Elisabeth Selbert betonte, bei diesem Verfahren handele es sich um eine Anklage „ohne strafrechtliche Normen". Es gehe vielmehr um die Einstellung des Richters zum demokratischen Staat sowie zu den Grundrechten der Menschenwürde und der Freiheit. Sie kenne Richter, die tadellose Juristen sind, aber „den Geist des neuen demokratischen Staates niemals verstehen werden und daher ohne Schuld unfähig sind, in diesem Geist Recht zu sprechen".

Die Begründung verdeutlichte, dass es sich bei dem Amtsenthebungsverfahren um eine politische Kontrollmaßnahme im Sinne der sozialen Mehrheitsdemokratie handelte. Sie sollte vom BVerfG ausgeübt werden, weil dieses Gericht vom Parlament (Bundestag und Bundesrat) zu wählen und zumindest zum Teil mit Politikern zu besetzen war. Die konstitutionell-demokratischen Gegenargumente wurden in drei Varianten vorgetragen: Der CSU-Abgeordnete Wilhelm Laforet wandte sich gegen die Einbeziehung der Landesrichter, weil der Parlamentarische Rat hiermit in die Justizhoheit der Länder eingreife. Die FDP-Vertreter Max Becker und Thomas Dehler wollten eine Richteranklage nur vor einem Disziplinargericht, nicht jedoch vor dem BVerfG zulassen, weil dieses teilweise „auf parteipolitischer Grundlage" zusammengesetzt sei. Sie forderten außerdem als Voraussetzung für Sanktionen, dass ein vorsätzlicher Verstoß des Richters gegen die Verfassung vorliegen müsse. Carlo Schmid entgegnete, im Falle des Vorsatzes liege ohnehin schon Rechtsbeugung vor und ein Disziplinargericht sei abzulehnen, „weil hier der Richterstand allein über sich selber zu Gericht" sitze.[22]

---

21 Württemberg-Baden Art. 88, Baden Art. 111, Hessen Art. 127, Rheinland-Pfalz Art. 132.
22 PR Akten und Protokolle Bd. 14/I, S. 748–761 sowie Bd. 14/II, S. 1150–1177; Niclauß, a. a. O. (Fn. 14), S. 243–249.

Der Hauptausschuss konnte in der kontroversen Frage der Richteranklage zu keiner Einigung kommen und überließ die Lösung, wie auch bei anderen wichtigen Verfassungsfragen, den interfraktionellen Gesprächen. Im „Fünferausschuss" kamen die Fraktionen des Parlamentarischen Rates zunächst überein, die Entlassung eines Bundesrichters nur bei einem „vorsätzlichen oder grobfahrlässigen Verstoß" zuzulassen. Für die Versetzung in den Ruhestand oder in ein anderes Amt sollte diese Einschränkung des Tatbestandes nicht gelten. Nachdem der Hauptausschuss dieser Fassung zugestimmt hatte, erhoben die Militärgouverneure in ihrem Memorandum vom 2. März 1949 Einwände gegen die Formulierung der Richteranklage. Sie hatten offenbar die Sorge, Regierungsmitglieder in Bund und Ländern könnten mit Hilfe der vom Bundesrat gewählten Mitglieder des BVerfG ein Amtsenthebungsverfahren gegen einen unbotmäßigen Richter betreiben. Der britische Verbindungsoffizier Chaput de Saintonge empfahl, eine „qualified majority" für die Verurteilung vorzuschreiben.[23]

Der Fünferausschuss und der Allgemeine Redaktionsausschuss nahmen dementsprechend die Zweidrittelmehrheit in den Text auf und strichen das Antragsrecht des Bundesjustizministers. Das Amtsenthebungsverfahren kann nur noch vom Bundestag eingeleitet werden, und die Entlassung eines Richters ist an den Nachweis eines vorsätzlichen Verstoßes gegen die Verfassungsordnung gebunden. Ungeachtet dieser Änderungen im konstitutionell-demokratischen Sinn beantragte die FDP mehrfach die Streichung der Richteranklage. Bei den interfraktionellen Besprechungen vom 4. Mai 1949 warnte August Zinn (SPD), von dieser Frage könne seine Partei möglicherweise ihre Zustimmung zum Grundgesetz abhängig machen.[24]

Da für die Versetzung oder Pensionierung eines Bundesrichters kein individueller Schuldnachweis vorgeschrieben wurde, entsprach die Kompromisslösung zur sogenannten Richteranklage weitgehend der mehrheitsdemokratischen Zielsetzung. Die Amtsenthebung blieb weiterhin möglich, und der politische Charakter des Anklageverfahrens wurde damit gewahrt. Die Vorschrift der Zweidrittelmehrheit im BVerfG trug aber dazu bei, dass die Richteranklage eine theoretische Möglichkeit blieb. Ihre verbindliche Einführung in den Ländern scheiterte angesichts des föderalistischen Widerstands. Hierzu einigte man sich auf eine Kann-Bestimmung (Art. 98 Abs. 5 GG), die es den Ländern freistellt, für die Landesrichter eine entsprechende Regelung zu treffen. Auf Antrag von August Zinn (SPD) fügte der Hauptausschuss hinzu, dass das BVerfG auch für die Anklage gegen Landesrichter zuständig ist.[25]

---

23 PR Akten und Protokolle Bd. 8, Boppard 1995, S. 138 f. u. 157.
24 PR Akten und Protokolle Bd. 11, München 1997, S. 120 u. 263 f.
25 PR Akten und Protokolle Bd. 14/II, S. 1830 f.

6

Die große Leistung des Parlamentarischen Rates bestand darin, die Autonomie der Verfassungsgerichtsbarkeit zu sichern. Während der Grundgesetzberatungen drohte die Gefahr, dass die Verfassungsgerichtsbarkeit vom geplanten Obersten Bundesgericht vereinnahmt wurde. Damit verbunden war eine Beschneidung ihrer Kompetenzen und eine „unpolitische" Besetzung der für Verfassungsfragen zuständigen Senate. Die Option des Parlamentarischen Rates für ein eigenständiges BVerfG war so deutlich, dass seine Mitglieder Otto Heinrich Greve (SPD) und Paul de Chapeaurouge (CDU) gegen Ende der Beratungen übereinstimmend erklärten, das Oberste Bundesgericht könne „als begraben angesehen werden". Man müsse von dem Gedanken an seine Einführung „im Augenblick ... Abschied nehmen".[26] Ein zweites Resultat der Grundgesetzberatungen war das Offenhalten der Personalia des BVerfG. Vorgeschrieben wurde nur die paritätische Besetzung mit vom Bundestag und Bundesrat gewählten Richtern. Das Zahlenverhältnis von Berufsrichtern und „anderen Mitgliedern" blieb offen. Eine Qualifikation für die „anderen Mitglieder" wurde nicht festgelegt. Bemerkenswert ist, dass der Parlamentarische Rat die Einführung einer Verfassungsbeschwerde aus dem Entwurf von Herrenchiemsee nicht übernahm. Walter Strauß (CDU) legte zwar im November 1948 hierzu einen Formulierungsvorschlag vor, der aber zurückgestellt und später offenbar vergessen wurde.[27]

Im Unterschied zu den Beratungen über die föderalistische Struktur des Grundgesetzes gab es im Bereich der Judikative keine Annäherung zwischen den Fraktionen der SPD und FDP. Für die Konstellation im Parlamentarischen Rat zu den Fragen der Richterwahl, der Richteranklage und der Besetzung des Verfassungsgerichts ist vielmehr bezeichnend, dass die konstitutionell-demokratische Konzeption in erster Linie von der FDP vertreten wurde. In der CDU/CSU-Fraktion, deren Haltung nicht immer einheitlich war, gab es Berührungspunkte mit der sozialdemokratischen Zielsetzung. Eine Kooperation kam jedoch nur im Bereich der Bundesgerichtsbarkeit zu Stande. Auch die hier nicht behandelte Diskussion über die Wahl der Richter an den Bundesgerichten zeigte, dass der Versuch, die Landesgerichtsbarkeit im Sinne mehrheitsdemokratischer Vorstellungen zu beeinflussen, erfolglos blieb.[28]

Die Beratungen über das Gesetz zum BVerfG fanden 1950/51 unter veränderten Bedingungen statt. Das Diskussionsklima hatte sich im Vergleich zum Parlamentarischen Rat gewandelt. Die Auseinandersetzung mit der Rolle der Justiz in der Zeit vor 1945 war inzwischen in den Hintergrund getreten, und der politische Charakter der Verfassungsgerichtsbarkeit wurde von den Vertretern der sozialen Mehrheitsdemokratie nicht mehr so stark betont wie in den ersten Nachkriegsjahren. Die SPD hatte als größte Opposi-

---

26 PR Akten und Protokolle Bd. 13/II, S. 1520–1522.
27 A. a. O., S. 1318 sowie Laufer, a. a. O. (Fn. 2), S. 81 f.
28 Niclauß, a. a. O. (Fn. 14), S. 239–243 u. 246.

tionspartei an einer schnellen Einrichtung des BVerfG großes Interesse und legte zum Jahresende 1949 einen Gesetzentwurf vor. Trotzdem standen sich zu Beginn der Beratungen über das Gesetz zum Bundesverfassungsgericht die ursprünglichen Positionen gegenüber: Die Regierungsparteien traten zum Beispiel für eine paritätische Besetzung des Gerichts mit Bundesrichtern und „anderen Mitgliedern" ein. Letztere sollten zum Richteramt oder zum höheren Verwaltungsdienst befähigt sein. Die Sozialdemokraten lehnten diese Bedingung ab und schlugen außerdem die Wahl der nichtrichterlichen Mitglieder für die Dauer der Wahlperiode des Bundestages vor. Ein Teil der Bundesrichter sollte nach dem Regierungsvorschlag auf Lebenszeit ernannt werden. Die SPD strebte für alle Richter eine kürzere Amtszeit an.

Regierung und Opposition wollten allerdings ein „Majoritätsgesetz" zum BVerfG vermeiden. Die Fraktionen bildeten deshalb einen aus fünf Bundestagsabgeordneten bestehenden Unterausschuss. Hier gelang es nach intensiven Beratungen, die zahlreichen Meinungsverschiedenheiten zu einem Kompromiss zu verbinden. Der politische Charakter des BVerfG blieb auf Grund des Wahlverfahrens seiner Richter und der Mehrheit der nichtrichterlichen Mitglieder in den Senaten bestehen. Während die Regierungsfraktionen die juristische Ausbildung als Qualifikation für alle Mitglieder des Gerichts durchsetzten, erreichten die Sozialdemokraten, dass der Bundestag „seine" Richter durch einen Wahlmännerausschuss bestimmt. Die Verfassungsbeschwerde wurde auf Initiative der SPD in das Gesetz aufgenommen und durch ein Antragsrecht für Gemeinden ergänzt. Am 1. Februar 1951 beschloss der Deutsche Bundestag das Gesetz über das Bundesverfassungsgericht mit den Stimmen aller Fraktionen mit Ausnahme der KPD.

Wer beeinflusst hier wen?

Die westdeutsche Staatsrechtslehre und das Bundesverfassungsgericht während der 1950er und 1960er Jahre

Frieder Günther

Am 26. September 1951, als das Bundesverfassungsgericht (BVerfG) in Karlsruhe feierlich eröffnet wurde, begann für die deutsche Staatsrechtslehre ein neues Zeitalter.[1] Sie galt bis dahin als oberste Autorität der Verfassungsinterpretation. Ausdruck ihres weitreichenden Wirkungsanspruchs war etwa der 1922 erfolgte Zusammenschluss zur „Vereinigung der Deutschen Staatsrechtslehrer" und die alljährliche Publikation ihrer wissenschaftlichen Verbandstagung unter dem Titel „Veröffentlichungen der Vereinigung der Deutschen Staatsrechtslehrer". Die prominentesten Staatsrechtslehrer hatten zudem im Jahre 1932 auf spektakuläre Weise Einfluss auf die Zukunft der Weimarer Republik genommen, indem sie nach dem Preußenschlag im Prozess „Preußen contra Reich" vor dem Staatsgerichtshof als Gutachter oder Berater gewirkt hatten.[2] Im Jahre 1951 rückte die Staatsrechtslehre hingegen von einem Tag auf den nächsten in die zweite Reihe. Ein Gericht war nun berufen, nicht wie die Staatsrechtslehre informell, sondern autoritativ als Verfassungsorgan zu wirken und – im Vergleich zum Weimarer Staatsgerichtshof – mit erheblich erweiterten Kompetenzen Verfassungsstreitigkeit auf verbindliche Weise zu entscheiden.

Einige Staatsrechtslehrer hatten diese Entwicklung vorausgesehen und dem Bedeutungsverlust der eigenen Disziplin gegenzusteuern versucht, indem sie ihre eigene Kan-

---

1 Vgl. zur bundesdeutschen Staatsrechtslehre allgemein: Stolleis, Michael: Geschichte des öffentlichen Rechts in Deutschland. Bd. 4: Staats- und Verwaltungsrechtswissenschaft in West und Ost 1945–1990. München 2012; Lepsius, Oliver: Die Wiederentdeckung Weimars durch die bundesdeutsche Staatsrechtslehre. In: Gusy, Christoph (Hrsg.), Weimars lange Schatten – „Weimar" als Argument nach 1945, Baden-Baden 2003, S. 354–394; Möllers, Christoph: Der vermisste Leviathan. Staatstheorie in der Bundesrepublik. Frankfurt/Main 2008; Günther, Frieder: Denken vom Staat her. Die bundesdeutsche Staatsrechtslehre zwischen Dezision und Integration 1949–1970. München 2004.

2 Vgl. zur Staatsrechtslehre der Weimarer Zeit an erster Stelle Stolleis, Michael: Geschichte des öffentlichen Rechts in Deutschland. Bd. 3: Staats- und Verwaltungsrechtswissenschaft in Republik und Diktatur 1914–1945. München 1999, S. 74–245.

didatur als Richter am BVerfG betrieben.[3] Tatsächlich hatten aber nur drei Personen, die zuvor als Professor für Öffentliches Recht gelehrt hatten, damit Erfolg: Gerhard Leibholz (1901–1982), der 1938 nach England emigriert war und seit 1947 wieder in Göttingen lehrte, Ernst Friesenhahn (1901–1974), der seit 1938 in Bonn als Professor tätig war und in deutlicher Distanz zum Nationalsozialismus gestanden hatte, und Martin Drath (1902–1976), der als Sozialdemokrat 1933 seine Dozentenstellung verloren hatte und 1948 an die Freie Universität Berlin berufen worden war.

An dieser Stelle soll gezeigt werden, dass die „Entthronung der Staatsrechtswissenschaft durch die Verfassungsgerichtsbarkeit"[4] aber nur die eine Seite der Medaille darstellte. Tatsächlich verschwand die Staatsrechtslehre auch nach der Gründung des BVerfG nicht in der Bedeutungslosigkeit, sondern zwischen beiden Institutionen setzte ein befruchtender Transfer von Konzepten und Ideen ein. Von Anfang an griffen beide Seiten auf die Konzepte des jeweils anderen zurück. Während der 1950er Jahre verlief der weit größere Teil dieses Transfers allerdings einseitig in eine Richtung, indem primär das BVerfG über seine Rechtsprechung die Staatsrechtslehre beeinflusste und hier teilweise politisch-ideelle Grundhaltungen veränderte. Dies sollte sich in den 1960er Jahren ändern, nachdem in der Staatsrechtslehre ein tief greifender Wandlungsprozess eingesetzt hatte. Nun begann ein ausgeglichener Prozess der gegenseitigen Beeinflussung und Befruchtung, über den die Staatsrechtslehre wieder eine größere Wirkung auf das Verfassungssystem entfaltete. Dieser Prozess war alles andere als konfliktfrei, auf Dauer konnte sich ihm aber keine der beiden Seiten entziehen. Er soll im Folgenden so skizziert werden, dass die jeweils markanten Veränderungen hervortreten.

1 Die 1950er Jahre: Das BVerfG setzt neue Akzente

Die 1950er Jahre waren für die westdeutsche Staatsrechtslehre primär ein Jahrzehnt der Rückbesinnung auf die Weimarer Wissenschaftstradition. Aus dem Rückblick erschienen die 1920er Jahre, in denen der viel beachtete staatsrechtliche Methodenstreit stattgefunden hatte, als eine Hochphase der eigenen Disziplin. Damals hatte man Recht und Politik als absolut unvereinbare, antagonistische Begriffe verstanden; im Sinne eines exekutivischen Staatsdenkens sollte ein unantastbarer Eigenbereich der Staatsführung vor Infragestellungen durch die Judikative und Legislative verteidigt werden. Bestätigung fand diese Haltung noch einmal in der Schlussphase der Weimarer Republik, als die politischen Parteien scheinbar verhindert hatten, dass die Reichsregierung dringend notwendige Entscheidungen fällen konnte.[5] Vor diesem Hintergrund beurteilte man später

---

3   Vgl. z. B. Günther, a. a. O. (Fn. 1), S. 96.
4   Schlink, Bernhard: Die Entthronung der Staatsrechtswissenschaft durch die Verfassungsgerichtsbarkeit. In: Der Staat 28 (1989), S. 161–172.
5   Vgl. hierzu neuerdings u. a. Blasius, Dirk: Weimars Ende. Bürgerkrieg und Politik 1930–1933. Göttingen 2005.

auch den Plan des Parlamentarischen Rates, ein BVerfG mit weitreichenden Kompetenzen zu errichten, überaus kritisch. Unbedachte und übereifrige Aktivitäten einer solchen Institution, die gegenüber allen staatlichen Instanzen den Vorrang der Verfassung durchsetzen konnte, mussten aus einer solchen Sicht in schwierigen Zeiten, mit denen im Jahre 1949 noch allenthalben fest gerechnet wurde, in die Staatskrise führen.

Bereits im Jahre 1950, als das BVerfG noch nicht errichtet war, hatte sich die „Vereinigung der Deutschen Staatsrechtslehrer" auf einer Tagung mit dem Thema „Die Grenzen der Verfassungsgerichtsbarkeit"[6] auseinandergesetzt und in ihrer Mehrheit eine klare Schranke verfassungsgerichtlicher Kompetenz errichtet. Das BVerfG sei für rein politische Fragen nicht zuständig. Entgegen dem rechtsstaatlichen Rigorismus des Grundgesetzes, welcher die Gefahr in sich berge, den Weg in den Justizstaat zu weisen, müsse das BVerfG weise Zurückhaltung üben. Die Frage war auf der Staatsrechtslehrertagung vor allem, ob die Grenzen verfassungsgerichtlicher Kompetenz im Sinne Carl Schmitts nur mit dem Begriff des Politischen hinreichend begründet seien[7] oder ob es konkreterer Kriterien bedürfe, wie z. B. das eindeutige Fehlen rechtlicher Regelungen, das Vorhandensein einer Vielzahl von Interessengegensätzen oder das Vorliegen einer primär moralischen Frage.[8] Doch diese beiden Positionen unterschieden sich nur in Nuancen. Beiden ging es an erster Stelle darum, die Regierung und teilweise auch den Gesetzgeber als per se politische Instanzen in politischen Fragen vor der Überprüfung durch das BVerfG zu bewahren. Bei der breiten Mehrheit der Staatsrechtslehrer war es im Jahre 1950 also letztlich wie in der Weimarer Zeit die jeweilige Vorstellung vom Politischen, die als Grenze verfassungsgerichtlicher Kompetenz fungierte. Um diese einzuhalten, solle sich das BVerfG solcher Konzeptionen wie der „political question"-Doktrin, der „rule of reasonableness" oder der „judicial self restraint" bedienen, die der US-amerikanische Supreme Court in seiner Rechtsprechung entwickelt hatte, um den anderen Verfassungsorganen im politischen Prozess den Vorrang einzuräumen.

Mit diesem so einhellig und unmissverständlich vorgebrachten Votum wollte die Staatsrechtslehre das BVerfG sogleich in seine Grenzen weisen. Nachdem das Gericht seine Arbeit aufgenommen hatte, machte es aber rasch deutlich, dass es sich in seiner Arbeit nicht einschüchtern lassen wollte und dass mit dem Begriff des Politischen kaum eine praktikable Kompetenzbegrenzung vorzunehmen war. Vor allem da die SPD Verfassungsklagen als legitimen Bestandteil ihrer Oppositionspolitik betrachtete, kam es immer wieder dazu, dass das BVerfG Fragen, die das westdeutsche Gemeinwesen auf existentielle Weise betrafen, juristisch zu entscheiden hatte, so beispielsweise den Streit

---

6   Kaufmann, Erich/Drath, Martin: Die Grenzen der Verfassungsgerichtsbarkeit. In: VVDStRL 9 (1952), S. 1–133 (mit Aussprache). Vgl. hierzu allgemein von Bülow, Birgit: Die Staatsrechtslehre der Nachkriegszeit (1945–1952). Berlin 1996, S. 62–80; Stolleis, Geschichte, Bd. 4, a. a. O. (Fn. 1), S. 212.
7   So vor allem Schneider, Hans: Gerichtsfreie Hoheitsakte. Ein rechtsvergleichender Bericht über die richterliche Nachprüfbarkeit von Hoheitsakten. Tübingen 1951, S. 27–47; Krüger, Herbert: Der Regierungsakt vor den Gerichten. In: DÖV 3 (1950), S. 536–541.
8   So vor allem Grewe, Wilhelm. In: VVDStRL 9 (1952), S. 123 f.

um den Beitritt zur Europäischen Verteidigungsgemeinschaft bzw. um die Wiederbewaffnung in den Jahren 1952/53, um das Saar-Statut 1954/55, um das KPD-Verbot im
Zeitraum von 1951 bis 1956 und um die „Deutschland-Fernseh-GmbH" 1960/61. Hierbei
zeigte sich, dass das Gericht in der Praxis eine juristische Entscheidung zu fällen hatte,
auch wenn ihm eine Frage mit primär politischem Charakter vorgelegt wurde, ob es nun
wollte oder nicht. Im Streit zwischen dem BVerfG und der Bundesregierung im Jahre
1952, inwieweit dem Gericht der Charakter eines obersten Verfassungsorgans zukomme,
beanspruchten folglich die Richter ausdrücklich, mit ihrer Rechtsprechung weitgehend
in den Bereich des Politischen hineinzuwirken, auch wenn sie eine Juridizierung der Politik vermeiden wollten.[9]

Als die Staatsrechtslehre diese zwangsläufige Entwicklung in der Rechtsprechung des
BVerfG erkannte, stimmte sie in der Auseinandersetzung rasch einen weniger scharfen
Ton an. Man sah ein, dass das BVerfG im bundesdeutschen Gewaltenteilungssystem
im Vergleich mit der deutschen Verfassungsgeschichte eine neuartige Stellung einnahm.
Auch wenn an der Unterscheidung zwischen Recht und Politik weiterhin festgehalten
wurde, setzte sich damit doch bei weiten Teilen der Staatsrechtslehre allmählich die Einsicht durch, dass mit Hilfe dieses Gegensatzes die Kompetenzen des BVerfG nicht hinreichend bestimmt werden konnten.[10] Das Gericht hatte in dieser Auseinandersetzung
also einen ersten Sieg errungen.

Ein weiterer Anlass, sich gegenüber dem BVerfG mit lautstarker Kritik zu Wort zu
melden, war dessen 131er-Entscheidung vom Dezember 1953.[11] Es ging hier um die bri-

---

9   Der Bericht des Berichterstatters an das Plenum des Bundesverfassungsgerichts zur „Status"-Frage vom
    29. 3. 1952. In: Der Status des Bundesverfassungsgerichts. Material – Gutachten, Denkschriften und Stel-
    lungnahmen mit einer Einleitung von Gerhard Leibholz. In: JöR 6 (1957), S. 109–221, hier S. 120–137;
    Denkschrift des Bundesverfassungsgerichts vom 27. 6. 1952. In: Ebd., S. 144–148, hier S. 144 f. Vgl. zu-
    dem Wesel, Uwe: Der Gang nach Karlsruhe. Das Bundesverfassungsgericht in der Geschichte der Bun-
    desrepublik. München 2004, S. 76–82; Stolleis, Geschichte, Bd. 4, a. a. O. (Fn. 1), S. 156–158.
10 Vgl. z. B. Scheuner, Ulrich: Der Bereich der Regierung. In: Rechtsprobleme in Staat und Kirche. Fest-
    schrift für Rudolf Smend zum 70. Geburtstag, 15. Januar 1952, Göttingen 1952, S. 253–301, hier S. 275 f.,
    290–301; ders.: Probleme und Verantwortungen der Verfassungsgerichtsbarkeit in der Bundesrepublik.
    In: DVBl 67 (1952), S. 293–298; Bachof, Otto: Grundgesetz und Richtermacht. Tübingen 1959.
11 BVerfGE 3, 58. Vgl. zum Zustandekommen des 131er-Gesetzes bzw. zur Entscheidung des Bundesver-
    fassungsgerichts: Wengst, Udo: Beamtentum zwischen Reform und Tradition. Beamtengesetzgebung
    in der Gründungsphase der Bundesrepublik Deutschland 1948–1953. Düsseldorf 1988, S. 152–252; Gra-
    ner, Curt: Der öffentliche Dienst in den 50er Jahren: Politische Weichenstellungen und ihre sozialge-
    schichtlichen Folgen. In: Schildt, Axel/Sywottek, Arnold (Hrsg.), Modernisierung im Wiederaufbau.
    Die westdeutsche Gesellschaft der 50er Jahre, Bonn 1993, S. 759–790, hier S. 769–778; Frei, Norbert:
    Vergangenheitspolitik. Die Anfänge der Bundesrepublik und die NS-Vergangenheit. München 1999,
    S. 69–100; Dreier, Horst: Verfassungsstaatliche Vergangenheitsbewältigung. In: Badura, Peter/Dreier,
    Horst (Hrsg.), Festschrift 50 Jahre Bundesverfassungsgericht. Bd. 1, Tübingen 2001, S. 159–208, insbe-
    sondere S. 168–170; Wesel, a. a. O. (Fn. 9), S. 140–147; Menzel, Jörg: Vergangenheitsbewältigung in der
    frühen Judikatur des Bundesverfassungsgerichts: Beamten- und Gestapo-Urteil. In: Henne, Thomas/
    Riedlinger, Arne (Hrsg.), Das Lüth-Urteil aus (rechts-)historischer Sicht. Die Konflikte um Veit Har-
    lan und die Grundrechtsjudikatur des Bundesverfassungsgerichts, Berlin 2005, S. 225–235; Stolleis, Ge-
    schichte, Bd. 4, a. a. O. (Fn. 1), S. 161–164.

sante Frage der Verfassungsmäßigkeit des Ausführungsgesetzes zu Art. 131 GG, welches in einem langwierigen Gesetzgebungsverfahren entstanden war und das Schicksal von Personen regelte, die nach dem 8. Mai 1945 aus dem öffentlichen Dienst ausgeschieden waren. Betroffen waren Vertriebene, Flüchtlinge und andere frühere Beschäftige, die entweder aufgrund von Entnazifizierungsverfahren ihre Anstellung verloren hatten oder deren Dienststellen weggefallen waren. Der Gesetzgeber hatte – entsprechend den Forderungen der Beamten-, Verdrängten- und Vertriebenenverbände – von wenigen Ausnahmen abgesehen ihre Wiederverwendung bzw. Versorgung angeordnet und sich damit generell für die Wahrung der personellen Kontinuität des deutschen Beamtentums über den Bruch von 1945 entschieden. Trotz dieser auf Integration und sozialer Absicherung bedachten Gesetzgebung klagten Einzelne mit der Begründung, dass durch die Bestimmungen des 131er-Gesetzes ihre fortbestehenden Beamtenrechte nicht angemessen berücksichtigt worden seien. In seiner Entscheidung erklärte das Gericht daraufhin, dass aus verfassungsrechtlicher Sicht im Moment der deutschen Kapitulation alle bis dahin bestehenden Beamtenverhältnisse erloschen seien und folglich das Ausführungsgesetz zu Art. 131 GG die Beamtenverhältnisse für die Nachkriegszeit auf konstitutive Weise regeln konnte. Der Gesetzgeber war also bei seiner Regelung nicht verpflichtet gewesen, auf die herkömmlichen Rechte des einzelnen Beamten Rücksicht zu nehmen.

Die Staatsrechtslehre reagierte hierauf mit regelrechten Entrüstungsstürmen. Das Gericht hatte sich nicht darauf beschränkt, eine juristisch-dogmatische Argumentation zu liefern, sondern dem Urteil historisch-politische Aussagen über den ideologisch korrumpierten Charakter des Beamtentums in der Zeit des Nationalsozialismus angefügt. Nachdem der Bundesgerichtshof bereits zuvor das „geschichtliche Werturteil" des BVerfG mit deutlichen Worten als falsch kritisiert und diesem seine These vom unpolitischen Charakter des Beamtentums auch in der Zeit nach 1933 entgegengestellt hatte,[12] entschied der Vorstand der Staatsrechtslehrervereinigung, auf der Tagung von 1954 in Tübingen das Thema „Die Berufsbeamten und die Staatskrisen"[13] zu behandeln. Die große Mehrheit machte denn auch aus ihrer Ablehnung der Entscheidung des BVerfG keinen Hehl, ging es doch hier für viele um ein Stück persönlicher Vergangenheitsbewältigung, da sie in der Zeit des Nationalsozialismus als Beamte an der Universität oder in einem anderen Bereich tätig gewesen waren. Auch wenn der Tenor des Urteils, dem allein rechtliche Verbindlichkeit zukomme, womöglich aus praktischen Erwägungen heraus zu billigen sei, habe das Gericht auf verfassungsrechtlich unzulässige Weise entschieden und seine richterlichen Kompetenzen bei Weitem überschritten.[14] Die Beamten seien in der Zeit nach 1933 genauso wie heute eine parteipolitisch unabhän-

---

12   BGHZ 13, 265.
13   Naumann, Richard/Spanner, Hans: Die Berufsbeamten und die Staatskrisen. In: VVDStRL 13 (1955), S. 88–194 (mit Aussprache).
14   So speziell Forsthoff, Ernst. In: VVDStRL 13 (1955), S. 161 f.

gige und allein staatsbezogene Instanz gewesen. Auch von dem Gegenargument Ernst Friesenhahns[15] – selbst Richter in dem in dieser Sache unbeteiligten zweiten Senat des BVerfG –, dass das Gericht hier berechtigterweise eine historisch-soziologische Wertung vorgenommen habe, die dem Streitgegenstand allein gerecht werde, ließ sich die Mehrheit nicht umstimmen.

Dass das BVerfG auch in diesem Fall nicht bereit war, sich von der vehementen Kritik aus der Staatsrechtslehre beeindrucken oder gar einschüchtern zu lassen, zeigte es in seiner Gestapo-Entscheidung von 1957,[16] in der es sich zwar ausführlich mit der Kritik an seiner früheren Entscheidung auseinandersetzte, gleichzeitig aber seine Auffassung vom zwangsläufig nationalsozialistisch infiltrierten Beamtentum in der Zeit nach 1933 noch einmal bestätigte. Als Beispiel hierfür diente ausdrücklich die Professorenschaft, und es fehlte auch nicht ein Seitenhieb hinsichtlich personeller Kontinuitäten innerhalb der juristischen Fakultäten:

> „Der an sich verständliche Wunsch einzelner Autoren, von ihren früheren, jetzt auch von ihnen selbst missbilligten Äußerungen abzurücken, darf nicht dazu führen, diese Äußerungen auch in ihrem *damaligen* Aussagewert zu verkleinern."[17]

Trotz des offenkundig politischen Charakters dieses Konfliktes zeigt sich also auch hier deutlich, dass das BVerfG bei der Auseinandersetzung um die Deutungshoheit in Verfassungsfragen im Vergleich zur Staatsrechtslehre nunmehr am längeren Hebel saß und sich kaum aufgrund eines anders lautenden Mehrheitsvotums der Staatsrechtslehre veranlasst sah, von seiner Rechtsprechung abzuweichen.

Maßgeblichen inhaltlichen Einfluss gewann das BVerfG gegenüber der Staatsrechtslehre vor allem auf dem Gebiet des Parteienrechts und der Grundrechte. So fand die Parteienstaatslehre des Verfassungsrichters Gerhard Leibholz durch die Rechtsprechung des BVerfG immer wieder eine wirkmächtige Verbreitung.[18] Aus Leibholz' Sicht hatte sich die traditionelle repräsentative Demokratie zum modernen Parteienstaat gewandelt; politische Parteien waren in die Sphären des Staates aufgerückt und stellten mittlerweile für das gesamte politische System die zentrale Institution dar. Trotz vereinzelter Kritik verstärkte dieser Ansatz in der Staatsrechtslehre doch die Überzeugung, dass die im Parlament vertretenen Parteien ein unverzichtbares Element der politischen Willensbildung darstellten, auch wenn diese Aussage meist mit den beiden Einschränkungen versehen wurde, dass sie sich zum einen am Gemeinwohl zu orientieren hätten und ihr Einfluss nicht überhand nehmen dürfe.[19] Auf diese Weise überwanden die Staats-

---

15 Friesenhahn, Ernst. In: VVDStRL 13 (1955), S. 162–171.
16 BVerfGE 6, 132.
17 BVerfGE 6, 132 (176 f.) (Hervorhebung im Original).
18 Vgl. z. B. BVerfGE 1, 208 (225); 2, 1 (72–74); 4, 27 (30); 5, 85 (133 f.); 8, 51 (63); 12, 276 (280).
19 Vgl. Scheuner, Ulrich: Die institutionellen Garantien des Grundgesetzes. In: Wandersleb, Hermann (Hrsg.), Recht – Staat – Wirtschaft. Bd. 4, Düsseldorf 1953, S. 88–119, hier S. 102–106; Menger, Chris-

rechtslehrer die für die Weimarer Zeit noch charakteristische Parteienskepsis und vollzogen den durch Art. 21 GG vorgenommenen Bruch mit der deutschen Verfassungstradition im Nachhinein mit. In ähnlicher Weise ist das fast einhellige Umschwenken der Staatsrechtslehrer bei der Interpretation des Rechtes auf freie Entfaltung der Persönlichkeit in Art. 2 Abs. 1 GG als rechtliche Gewährleistung der allgemeinen menschlichen Handlungsfreiheit oder bei der auf Heinrich Triepel und Gerhard Leibholz zurückgehenden Deutung des Gleichheitssatzes in Art. 3 Abs. 1 GG in Richtung eines Willkürverbotes zu erklären. Zwar gab es bereits zuvor in der staatsrechtlichen Literatur einzelne Stimmen, die entsprechende Interpretationsansätze, welche sich hier eng an die Rechtsprechung des US-amerikanischen Supreme Court anlehnten, propagierten, aber erst nach der Entscheidung des BVerfG[20] bildete sich die neue Ansicht in der Staatsrechtslehre als fast einhellige Meinung heraus.[21]

Nicht zuletzt kommt in diesem Zusammenhang der wertbezogenen Rechtsprechung des BVerfG eine entscheidende Bedeutung zu. Vor allem in seiner Lüth-Entscheidung leitete das Gericht aus dem Grundrechtsabschnitt eine objektive Wertordnung ab, die die Geltungskraft der Grundrechte grundsätzlich verstärkte, sodass diese für alle Bereiche des Rechts Wirkung entfalteten.[22] Zahlreiche Staatsrechtslehrer, die zuvor einem

---

tian-Friedrich: Zur verfassungsrechtlichen Stellung der deutschen politischen Parteien. In: AöR 78 (1952/53), S. 149–162; Giese, Friedrich: Parteien als Staatsorgane. Bemerkungen zum Plenarbeschluß des Bundesverfassungsgerichts vom 20. Juli 1954. In: AöR 80 (1955/56), S. 377–379; Kaiser, Joseph H.: Die Repräsentation organisierter Interessen. Berlin 1956; von Mangoldt, Hermann: Das Bonner Grundgesetz. Berlin/Frankfurt/Main 1953, S. 144–148; von Mangoldt, Hermann/Klein, Friedrich: Das Bonner Grundgesetz. Bd. 1. 2. Aufl., Berlin/Frankfurt/Main 1957, S. 613–624; Henke, Wilhelm: Die Parteien im Staat des Bonner Grundgesetzes. Art. 21 und der Bericht der Parteienrechtskommission. In: DÖV 11 (1958), S. 646–651. Vgl. des Weiteren von Bülow, a. a. O. (Fn. 6), S. 35–61; Mintzel, Alf: Der akzeptierte Parteienstaat. In: Broszat, Martin (Hrsg.), Zäsuren nach 1945. Essays zur Periodisierung der deutschen Nachkriegsgeschichte, München 1990, S. 75–94, hier S. 78–80; Hecker, Jan: Die Parteienstaatslehre von Gerhard Leibholz in der wissenschaftlichen Diskussion. In: Der Staat 34 (1995), S. 287–311; Morlok, Martin: Entdeckung und Theorie des Parteienstaates. In: Gusy, a. a. O. (Fn. 1), S. 238–255; Kaiser, Anna-Bettina (Hrsg.): Der Parteienstaat. Zum Staatsverständnis von Gerhard Leibholz. Baden-Baden 2013; Stolleis, Geschichte, Bd. 4, a. a. O. (Fn. 1), S. 322–330.

20 BVerfGE 1, 14 (52); 6, 32 (36 f.).

21 Vgl. zu Art. 2 Abs. 1 GG: Scholz, Rupert: Das Grundrecht der freien Entfaltung der Persönlichkeit in der Rechtsprechung des Bundesverfassungsgerichts. In: AöR 100 (1975), S. 80–130, 265–290; Peters, Hans: Das Recht auf freie Entfaltung der Persönlichkeit in der höchstrichterlichen Rechtsprechung. In: Constantopoulos, D. S./Wehberg, Hans (Hrsg.), Gegenwartsprobleme des internationalen Rechts und der Rechtsphilosophie. Festschrift für Rudolf Laun zu seinem siebzigsten Geburtstag, Hamburg 1953, S. 669–678. Vgl. zu Art. 3 Abs. 1 GG: Ipsen, Hans Peter: Gleichheit. In: Neumann, Franz L./Nipperdey, Hans Carl/Scheuner, Ulrich (Hrsg.), Die Grundrechte. Handbuch der Theorie und Praxis der Grundrechte. Bd. 2: Die Freiheitsrechte in Deutschland, Berlin 1954, S. 111–198.

22 BVerfGE 7, 198 (205). Unter direkter Bezugnahme auf von Mangoldt/Klein, a. a. O. (Fn. 19), Bd. 1, S. 86–90, 93. Vgl. des Weiteren Henne/Riedlinger, a. a. O. (Fn. 11); hier vor allem den Beitrag von Henne, Thomas: „Von 0 auf Lüth in 6 ½ Jahren". Zu den prägenden Faktoren der Grundsatzentscheidung, S. 197–222. Zudem Jarass, Hans Dieter: Die Grundrechte: Abwehrrechte und objektive Grundsatznormen. Objektive Grundrechtsgehalte, insbes. Schutzpflichten und privatrechtsgestaltende Wirkung. In:

Naturrechtsansatz gefolgt waren, schwenkten in der zweiten Hälfte der fünfziger Jahre in die vom BVerfG durch die Lüth-Entscheidung vorgegebene Richtung um. Die Interpretation des Grundgesetzes als einer systematisch angelegten, objektiven Wertordnung entwickelte sich somit in der Staatsrechtslehre rasch zur herrschenden Lehre, sodass die Grundrechte eine erheblich erweiterte Wirkkraft erhielten.[23] Unterschiedliche Ansichten gab es lediglich zu den beiden Fragen, inwiefern erstens die Grundrechte tatsächlich als ein lückenloses Wertsystem zu verstehen seien, und zweitens, wie weit die aus dem Begriff der objektiven Wertordnung abgeleitete Ausstrahlungswirkung der Grundrechte wirklich ging und inwiefern diese – wie in der Lüth-Entscheidung angedeutet – auch auf dem Gebiet des Privatrechts eine Drittwirkung entfalteten.[24] Grundsätzliche Kritik äußerten zu diesem Zeitpunkt allein Staatsrechtslehrer aus dem Umkreis von Carl Schmitt (1888–1985), dem früheren „Kronjuristen des Dritten Reiches". Für sie führte die Herleitung einer systematischen Wertordnung zu einer verhängnisvollen weltanschaulichen Infiltrierung des gesamten Rechtssystems.[25]

Die Rechtsprechung des BVerfG übte also während der 1950er Jahre eine ungemeine Wirkung auf die Staatsrechtslehre aus. Das Gericht betrieb einen kritischen Umgang mit der nationalsozialistischen Vergangenheit, es förderte die Stellung politischer Parteien im Verfassungssystem und stärkte die Wirkkraft der Grundrechte. Aufgrund seiner zentralen Position zwang es die Staatsrechtslehre, sich mit seinen Argumenten auseinanderzusetzen und förderte damit längerfristig Grundhaltungen, die gegenüber den Entscheidungen des Gerichts zumindest adaptionsfähig waren – schließlich konnte man sich nun auf höchstrichterliche Autorität berufen. Hier wirkte es sich aus, dass ins BVerfG 1951 bewusst Personen berufen worden waren, die gegenüber der nationalsozialistischen Ideologie von Anfang an kritisch eingestellt gewesen waren; mehrere Bundesverfassungsrichter der ersten Generation hatten nach 1933 ihren Beruf verloren und einzelne sahen sich sogar zur Emigration gezwungen.[26] Für sie stellte das parlamentarische Regierungssystem des Grundgesetzes nun schlichtweg die richtige Antwort auf die jüngste Vergangenheit dar. Gegenüber einer Staatsrechtslehre, deren breite Mehrheit nach 1933 zumindest als kooperierende Funktionselite gewirkt hatte und die dem neuen Grundgesetz zunächst vor allem Skepsis entgegenbrachte, entfaltete sie somit eine freiheitsfördernde, liberalisierende Wirkung. Das BVerfG beförderte in der Staatsrechts-

---

Badura/Dreier, a.a.O. (Fn. 11), Bd. 2, S. 35–53; Wesel, a.a.O. (Fn. 9), S. 162–176; Stolleis, Geschichte, Bd. 4, a.a.O. (Fn. 1), S. 165–167, 216–246.

23 Vgl. Stern, Klaus: Das Staatsrecht der Bundesrepublik Deutschland. Bd. III/1. München 1988, S. 903 f.

24 Vgl. z.B. Dürig, Günter: Art. 1 Abs. III. In: Maunz, Theodor/Dürig, Günter, Grundgesetz. Kommentar, München 1958 ff. (Loseblattsammlung), Rn. 127–133 (Stand: 1958); Leisner, Walter: Grundrechte und Privatrecht. München 1960.

25 Z.B. Schmitt, Carl: Die Tyrannei der Werte. In: Säkularisation und Utopie. Ebracher Studien. Ernst Forsthoff zum 65. Geburtstag, Stuttgart u.a. 1967, S. 37–62; Forsthoff, Ernst: Moderne Wertverwirklichung. In: DÖV 18 (1965), S. 619 f.

26 Vgl. Ley, Richard: Die Erstbesetzung des Bundesverfassungsgerichts. In: ZParl 13 (1982), S. 521–541.

lehre während der 1950er Jahre eine Grundhaltung, die dem parlamentarisch-freiheit-lichen Geist des Grundgesetzes angemessen war.

2 Die 1960er Jahre: Eine Staatsrechtswissenschaft im Wandel tut sich mit Kritik hervor

Die Situation sollte sich in den 1960er Jahren grundlegend ändern. Im Vergleich zu den Jahren des Wiederaufbaus wirkte das BVerfG nach dem Ende der Ära Adenauer ein Stück weit konservativer. Die wichtigsten Verfahrens- und Methodenfragen waren mittlerweile geklärt, zudem waren die überkommenen Schranken der Rechtsordnung, an die die posttotalitäre Gesellschaft noch allenthalben gestoßen war, überwiegend ab-gebaut. Insgesamt erschien die Freiheit nun also als gesicherter als in der ersten Nach-kriegsjahren. Insofern trat – wie Michael Stolleis dies pointiert formuliert hat – die libe-ralisierende und modernisierende Rolle des BVerfG etwas in den Hintergrund, und das Gericht mutierte mehr und mehr „zum Verteidiger der etablierten Ordnung gegen allzu weit gehende Reformvorhaben."[27]

Zur gleichen Zeit vollzog sich in der bundesdeutschen Staatsrechtslehre ein funda-mentaler Umdenkprozess, durch welchen der zunächst vom BVerfG angestoßene Weg seine Fortsetzung fand.[28] Es rückte eine jüngere Generation von Staatsrechtlern in Pro-fessorenstellen auf, die um das Jahr 1930 herum geboren war und die nun einen grund-legenden Wandel ihrer Disziplin erreichen wollte. Den Angehörigen dieser Generation erschien der herkömmliche Wissenschaftsbetrieb als harmonistisch und verstaubt. Sie strebten an, in einer rein wissenschaftlichen Auseinandersetzung die Dinge endlich beim Namen nennen zu können. Aus einem modernisierenden Impuls heraus wollten sie zeitgemäße Antworten auf aktuelle verfassungsrechtliche Problemstellungen finden. Von zentraler Bedeutung ist es in diesem Zusammenhang, dass manche der jüngeren Staatsrechtslehrer einen längeren Studienaufenthalt im westlichen Ausland – zumeist in den USA – verbracht hatten und dort in direkten Kontakt mit dem dortigen Verfas-sungsdenken gekommen waren. Sie hatten vor Ort eine andere Rechtstradition kennen-gelernt, die angesichts der aktuellen Problemlagen in Deutschland eine attraktive Al-ternative zur traditionellen deutschen verfassungsrechtlichen Dogmatik darstellte. Vor diesem Erfahrungshintergrund setzten sie sich nach ihrer Rückkehr besonders dafür ein, dass staatsrechtliche Konzepte in Umlauf kamen, die mit dem anglo-amerikani-schen Denken zumindest kompatibel waren. In eine solche Richtung wies beispielsweise das materiale Rechtsstaatsverständnis, das Konzept des Pluralismus, wonach neben Par-teien auch Interessenverbänden im Verfassungssystem eine zentrale Stellung zukommt, das Bestreben, den traditionellen Etatismus in den Hintergrund zu drängen und die

---

27 Stolleis, Geschichte, Bd. 4, a. a. O. (Fn. 1), S. 155 f.
28 Vgl. Günther, a. a. O. (Fn. 1), S. 211–326, Stolleis, Geschichte, Bd. 4, a. a. O. (Fn. 1), S. 305–496.

herkömmliche Trennung von Staat und Gesellschaft zu überwinden, oder auch die Forderung, im Verwaltungsrecht endlich den Gesetzesvorbehalt vollständig durchzusetzen.

Auf der Grundlage solcher innovativer Ideen erhielt auch die Kritik der Staatsrechtslehre an der Rechtsprechung des BVerfG einen neuen Schub. Selbstverständlich
nahm man auch weiterhin die Karlsruher Entscheidungen zur Kenntnis und arbeitete
mit ihnen. Doch hiermit gaben sich die Staatsrechtslehrer nicht länger zufrieden. Auf
der Basis einer fundierten, auf westeuropäisch-atlantischen Einflüssen beruhenden
Grundüberzeug wollte man auf die Verfassungsentwicklung nun einen möglichst breiten Einfluss gewinnen. Wer in den 1950er Jahren noch harsche Kritik am BVerfG geübt
hatte, stand rasch im Verdacht, die Realitäten des Grundgesetzes und damit die Pfeiler
des bundesdeutschen Staates schlechtreden zu wollen. Dies hatte sich nun geändert. Der
verfassungsrechtliche Grundkonsens war soweit vorangeschritten, dass auch grundsätzlich ansetzende Kritik am BVerfG als etwas Konstruktives aufgefasst und zur Grundlage
einer produktiven und dynamischen Debatte gemacht werden konnte.

Die Kritik dieser Staatsrechtslehrer betraf an erster Stelle die wertbezogene, auf ein
System zielende Grundrechtsdogmatik des BVerfG, die Ende der 1950er Jahre entwickelt worden war, um die Bedeutung der Grundrechte generell zu verstärken, und in der
Staatsrechtslehre rasch Anklang gefunden hatte. Nun entstand unter den Staatsrechtslehrern allmählich ein Unbehagen, dass, wenn auf der Grundlage der Grundrechte ein
lückenloses und hierarchisch gegliedertes Anspruchssystem konstruiert, ihre Bedeutung überspannt und damit der Juridizierung aller Lebensbereiche Vorschub geleistet
würde. Aus einem westeuropäisch-atlantischen Blickwinkel bestand die Herrschaft des
Rechts, dennoch bezogen sich Menschenrechte traditionell nur auf besonders wichtige
und besonders gefährdete Sachverhalte im Verhältnis zwischen Individuum und Staat.
Erste kritische Stimmen äußerten sich schon im Jahre 1958 nach dem Apotheken-Urteil
des BVerfG,[29] da man die Freiheit des Gesetzgebers, Regelungen zu treffen, die diesem
angemessen und sinnvoll erschienen, auf übertriebene Weise eingeschränkt sah.[30] Solche Einwände setzten sich fort. Speziell jüngere Staatsrechtslehrer aus dem Umkreis des
Göttinger Staats- und Kirchenrechtlers Rudolf Smend (1882–1975) kritisierten von nun
an immer wieder den vom BVerfG verwendeten Begriff des Wertsystems. Die Grundrechte waren für sie kein lückenloses Anspruchssystem, sondern sie waren als einzelne
historisch garantierte Freiheitsverbürgungen Elemente einer zusammenhängenden, objektiven Ordnung, die als ethische Grundlage dem gesamten Gemeinwesen ihren Stem-

---

29 BVerfGE 7, 377. Das Bundesverfassungsgericht setzte in dieser Entscheidung dem Gesetzgeber bei Ein-
    griffen in die Berufsausübungsfreiheit gemäß Art. 12 Abs. 1 GG enge Grenzen und erlaubte dementspre-
    chend einem approbierten Apotheker, eine Apotheke zu eröffnen.
30 Z. B. Scheuner, Ulrich: Das Grundrecht der Berufsfreiheit. In: DVBl 73 (1958), S. 845–849; Lerche, Peter:
    Zum Apotheken-Urteil des Bundesverfassungsgerichts. In: BayVBl 4 (1958), S. 231–235; Bachof, Otto:
    Zum Apothekenurteil des Bundesverfassungsgerichts. In: JZ 13 (1958), S. 468–471; Forsthoff, Ernst: Zur
    Problematik der Verfassungsauslegung. Stuttgart 1961, S. 20 f.

pel aufdrückte, ohne damit die gesetzgeberische Freiheit übermäßig einzuschränken.[31] Angesichts solcher kontinuierlichen Kritik überrascht es nicht, dass das BVerfG mehr und mehr von den Begriffen „Wertsystem" und „objektive Wertordnung" abrückte und seit den 1970er Jahren stattdessen nur noch von den Grundrechten als Elementen einer objektiven Ordnung sprach. Vermutlich äußerte sich hier auch der Einfluss des 1975 zum Bundesverfassungsrichter gewählten Konrad Hesse (1919–2005), eines Schülers von Rudolf Smend, der von da an die Möglichkeit nutzte, – ähnlich wie vor ihm Gerhard Leibholz – seine als Staatsrechtslehrer entwickelten Konzepte in die Rechtsprechung des Gerichts direkt einfließen zu lassen.

Dass die Staatsrechtslehre auch in der Lage war, gegenüber Karlsruhe notfalls vehemente Gegenwehr zu leisten, wurde vor allem in ihrer Reaktion auf die Hessen-Entscheidung des BVerfG zur Frage der Parteienfinanzierung von 1966 deutlich. In den vergangenen Jahren war von einzelnen Staatsrechtslehrern verstärkt Kritik an der Parteienstaatslehre von Gerhard Leibholz geübt worden, der das BVerfG immer noch folgte. Politische Parteien, so die Kritik, besäßen zwar einen Öffentlichkeitscharakter, ihre Einfügung in die organisierte Staatlichkeit sei auf der Grundlage des Grundgesetzes aber ausgeschlossen.[32] Nun hatte die Landesregierung Hessen vor dem BVerfG gegen die direkte Finanzierung der im Bundestag vertretenen Parteien durch Zuteilung aus dem Bundeshaushaltsplan geklagt. In Abkehr von seiner bis dahin praktizierten, an die Parteienstaatslehre von Leibholz angelehnten Rechtsprechung, betonte das Gericht daraufhin den allein gesellschaftlichen bzw. staatsfreien Charakter politischer Parteien und erklärte dementsprechend – abgesehen von der Wahlkampfkostenerstattung – jegliche staatliche Parteienfinanzierung für unzulässig.[33] Einstimmig war der Protest der Staatsrechtslehrer, die sich nun auch hierauf zu Wort meldeten.[34] Das BVerfG sei einem un-

---

31 Ehmke, Horst: Prinzipien der Verfassungsinterpretation. In: VVDStRL 20 (1963), S. 53–102, hier S. 82–86, 89; Scheuner, Ulrich: Pressefreiheit. In: VVDStRL 22 (1965), S. 1–100, hier S. 37–40, 51 f., 204; Hesse, Konrad: Grundzüge des Verfassungsrechts der Bundesrepublik Deutschland. Karlsruhe 1967, S. 118–121; Bäumlin, Richard: Das Grundrecht der Gewissensfreiheit. In: VVDStRL 28 (1970), S. 3–32, hier S. 19; Müller, Friedrich: Normstruktur und Normativität. Zum Verständnis von Norm und Wirklichkeit in der juristischen Hermeneutik, entwickelt an Fragen der Verfassungsentwicklung. Berlin 1966, S. 126, 213. Vgl. z. B. auch die erheblich grundsätzlicher ansetzende Kritik: Böckenförde, Ernst-Wolfgang: Grundrechtstheorie und Grundrechtsinterpretation. In: NJW 27 (1974), S. 1529–1538, hier S. 1533 f.
32 Z. B. Rechtliche Ordnung des Parteiwesens. Probleme des Parteiengesetzes. Bericht der vom Bundesminister des Innern eingesetzten Parteienrechtskommission. 2. Aufl., Frankfurt/Main 1958; Hesse, Konrad: Die verfassungsrechtliche Stellung der politischen Parteien im modernen Staat. In: VVDStRL 17 (1959), S. 11–52; Henke, Wilhelm: Das Recht der politischen Parteien. Göttingen 1964.
33 BVerfGE 20, 56 (96–119).
34 Hesse, Grundzüge, a. a. O. (Fn. 31), S. 73 f.; Häberle, Peter: Unmittelbare staatliche Parteienfinanzierung unter dem Grundgesetz – BVerfGE 20, 56. In: JuS 7 (1967), S. 64–74; Tsatsos, Dimitris: Die Finanzierung politischer Parteien. In: ZaöRVR 26 (1966), S. 371–389, insbesondere S. 377–379, 383; Rauschning, Dietrich: Zur Methode der Entscheidung des Bundesverfassungsgerichts über die staatliche Parteienfinanzierung. In: JZ 22 (1967), S. 346–351, insbesondere S. 347 f.; Zwirner, Henning: Die Rechtsprechung des Bundesverfassungsgerichts zur Parteienfinanzierung. In: AöR 93 (1968), S. 81–135, insbesondere S. 109–132; Scheuner, Ulrich: Parteiengesetz und Verfassungsrecht. In: DÖV 21 (1968), S. 88–94, hier

zeitgemäßen Trennungsdenken hinsichtlich der Bereiche Staat und Gesellschaft verhaftet. Beide Bereiche stünden heute nicht mehr isoliert nebeneinander, sondern seien auf vielfältige Weise miteinander verflochten. So besäßen Parteien, wenn sie gemäß Art. 21 Abs. 1 Satz 1 GG beim offenen Prozess der politischen Willensbildung mitwirkten, einen öffentlichen Charakter und seien damit sowohl mit dem Staat als auch mit der Gesellschaft verbunden. Folglich sei eine staatliche Parteienfinanzierung nicht gänzlich ausgeschlossen. Angesichts dieser massiven und wohlbegründeten Kritik sah sich das BVerfG schon zwei Jahre später gezwungen, von seinen Grundsätzen aus dem Jahre 1966 abzurücken und nach Klagen verschiedener kleiner Parteien insbesondere gegen die Regelung der Wahlkampfkostenerstattung eine – allerdings stark reglementierte – staatliche Parteienfinanzierung entsprechend dem neuen Parteiengesetz wiederum für zulässig zu erklären.[35]

3   Fazit: Kein bloßer Bundesverfassungsgerichtspositivismus in der Staatsrechtslehre

Im Jahre 1989, also 40 Jahre nach Gründung der Bundesrepublik und nach Inkrafttreten des Grundgesetzes, war es Zeit, Bilanz zu ziehen. Damals erschien ein viel beachteter Aufsatz des Bonner Staatsrechtslehrers Bernhard Schlink (geb. 1944), in dem er scharfe Kritik am neuen Bundesverfassungsgerichtspositivismus in der Staatsrechtslehre übte, welcher sich seit 1951 herausgebildet habe. Die Staatsrechtslehrer hätten sich dazu degradieren lassen, nur noch Dezisionen des obersten Gerichts zu systematisieren und sie in eine kohärente Dogmatik einzubauen:

> „Karlsruhe locuta, causa finita – das sprichwörtlich gewordene Aperçu bringt das Neu- und Andersartige in ein Bild, bei dem das BVerfG ex cathedra spricht und die Vertreter der entthronten Staatsrechtswissenschaft an seinen Stufen stehen."[36]

Es dürfte an dieser Stelle deutlich geworden sein, dass in den 1950er und 1960er Jahren zwar von einem Bedeutungsverlust, nicht aber von einem völligen Zurücktreten der Staatsrechtslehre gesprochen werden kann. Als sich in der Staatsrechtslehre zu Beginn der 1960er Jahre innovative Strömungen bemerkbar machten, die – trotz aller Tradi-

---

S. 90, Fn. 20; Randelzhofer, Albrecht: Probleme des Parteienrechts. Zum Urteil des Bundesverfassungsgerichts über die Vorschriften des Parteiengesetzes. In: JZ 24 (1969), S. 533–541, hier S. 533–535.

35 BVerfGE 24, 300 (334–362).

36 Schlink, a. a. O. (Fn. 4), S. 168. Vgl. in diesem Zusammenhang auch die in eine ähnliche Richtung zielende Äußerung von Rudolf Smend aus dem Jahre 1961: „Das Grundgesetz gilt nunmehr praktisch so, wie das Bundesverfassungsgericht es auslegt, und die Literatur kommentiert es in diesem Sinne." In: Smend, Rudolf: Das Bundesverfassungsgericht. In: ders., Staatsrechtliche Abhandlungen und andere Aufsätze, 3. Aufl., Berlin 1994, S. 581–593, hier S. 582.

tionsverhaftung – tatsächlich einen weitreichenden Bruch mit der nach Bonn hinübergeretteten Weimarer Wissenschaftstradition vollzogen, entwickelte die Disziplin eine seit 1933 nicht mehr gekannte Breitenwirkung, der sich auch das BVerfG nicht entziehen konnte. Gerade jene Fragenkomplexe, in denen das BVerfG während der 1950er Jahre ein Umdenken angeregt hatte, griffen die Staatsrechtslehrer jetzt auf und setzten hier wiederum neue Akzente, die auch in Karlsruhe längerfristig Widerhall fanden.

Der Aufsatz von Schlink ist angesichts dieser Entwicklung also weniger als eine historische Analyse, sondern vielmehr als eine engagierte Gegenwartsbeschreibung der Staatsrechtslehre im Jahre 1989 zu verstehen, was natürlich seinen Wert nicht mindert. Für unsere aktuelle Situation kann damit aber eine optimistischere Perspektive formuliert werden: Wenn die Staatsrechtslehre über ein überzeugendes theoretisches Rüstzeug verfügt, ist sie nicht zum Bundesverfassungsgerichtspositivismus verdammt, sondern durchaus in der Lage, auch unter dem Grundgesetz auf die Verfassungsgerichtsbarkeit einen bedeutenden Einfluss auszuüben. Davon zeugen die 1960er Jahre.

„Smend oder Hennis"

Bedeutung, Rezeption und Problematik der ‚Lüth-Entscheidung' des Bundesverfassungsgerichts von 1958[1]

Thomas Henne

1

Es waren Worte wie Donnerhall, 1940–44 von Deutschlands Kinoleinwänden Millionen von Zuschauern entgegengeschleudert, während die Entrechtung, Exklusion und Ermordung der Juden ihre letzte Phase erreicht hatte. Es waren seit der Uraufführung 1940 rund 20 Millionen Kinozuschauer, die Veit Harlans antisemitischen NS-Propaganda-film „Jud Süß" und dessen Ende gesehen hatten. Und es war unter anderem die folgende melodramatisch und sadomasochistisch aufgeladene Schlussszene, die haften blieb:

Nachdem im Film Jud Süß Oppenheimer eine Frau vergewaltigt hat, wird er aufgrund eines (angeblichen) Reichskriminalgesetzes angeklagt: Das Gesetz laute, so der Film: „So aber ein Jude mit einer Christin sich fleischlich vermenget, soll er durch den Strang vom Leben zum Tode gebracht werden."[2] Nach der Hinrichtung aufgrund dieses Gesetzes erfolgt die Verkündung: „Für ganz Württemberg gilt hiermit der Juden-bann. [...] Mögen unsere Nachfahren an diesem Gesetz ehern festhalten, auf daß ih-

---

1   Der Aufsatz führt Überlegungen fort, die publiziert sind in Henne, Thomas/Riedlinger, Arne (Hrsg.), Das Lüth-Urteil in (rechts-)historischer Sicht. Die Konflikte um Veit Harlan und die Grundrechtsjudi-katur des Bundesverfassungsgerichts, Berlin 2005 und bei Henne, Thomas: Der Umgang der Justiz mit Veit Harlans „Jud Süß" seit den 1950er Jahren: Prozesse, Legenden, Verdikte. Straf-, Zivil-, Verfassungs-und Urheberrecht im Einsatz gegen den kaum gezeigten Verdiktsfilm, in: Przyrembel, Alexandra/Schö-nert, Jörg (Hrsg.), „Jud Süß". Biographie, literarische Figur, antisemitisches Zerrbild, Frankfurt/M. 2006, S. 257 ff.

2   Zu dieser Klimax antisemitisch motivierter Geschichtsverfälschungen und zur angeführten, angebli-chen Norm eines „Reichskriminalgesetzes": Schmauder, Stephan: Antisemitische Propaganda in Veit Harlans Historien-Film-Melodram Jud Süß (1940), in: Henne/Riedlinger, a. a. O. (Fn. 1), S. 79 ff. (95 ff.); ebd. S. 80 Fn. 4 auch ein Nachweis für die Zuschauerzahl.

nen viel Leid erspart bleibe an ihrem Gut und Leben und an dem Blut ihrer Kinder und Kindeskinder."[3]

Zur gleichen Zeit rollten die Deportationszüge nach Auschwitz.

2

Ging es nach 1945 um Harlan, ging es folglich immer auch um seinen Film ‚Jud Süß‘: Nicht nur in den – erster Schritt – Strafverfahren der Nachkriegszeit, bei denen Harlan mehrfach und auch letztlich einen Freispruch erreichen konnte. Es ging auch um den ‚Jud Süß‘, als kurz danach Erich Lüth – zweiter Schritt – den Konflikt auf die Ebene der Ziviljustiz verlagerte: Sein Boykottaufruf war zwar unmittelbar gegen Harlans Nachkriegsfilme gerichtet, aber nicht wegen deren Inhalt, sondern es ging wiederum um den ‚Jud Süß‘-Film. Als Harlans Filmfirmen mit ihrer Klage gegen Lüth auf Unterlassung vorläufig erfolgreich waren, folgte – dritter Schritt – die verfassungsrechtliche Auseinandersetzung, die 1958 mit einer Entscheidung zugunsten von Lüth endete – jenem Urteil, das heute als ‚Lüth-Urteil‘ bekannt ist.[4]

3

Spricht man über die Bedeutung dieses Lüth-Urteils, sind Superlative üblich[5] und auch angemessen: Es war eine „sanfte Revolution", wie Friedrich Kübler kürzlich im Rückblick festgestellt hat;[6] es war ein wichtiger früher Versuch der „Vergangenheitsbewältigung" in der Ära Adenauer,[7] zudem *der* Beitrag des BVerfG zur Liberalisierung der Bundesrepublik;[8] veränderte den zivilrechtlichen Ehrenschutz grundlegend und konkretisierte wichtige Fragen zur Dogmatik des Art. 5 GG (Meinungsfreiheit) – vor allem

---

3 Ein Protokoll des z. Zt. nur sehr selten aufgeführten Films ist zugänglich z. B. bei Knilli, Friedrich: „Jud Süß". Filmprotokoll, Programmheft und Einzelanalysen, Berlin 1983 und zuvor (gekürzt) bei Hollstein, Dorothea: „Jud Süß" und die Deutschen. Antisemitische Vorurteile im nationalsozialistischen Spielfilm, Frankfurt/M. 1983, S. 270 ff.

4 BVerfGE 7, 198 ff. (Urteil des 1. Senats v. 15.1.1958); gekürzt abgedruckt in: NJW 1958, S. 257 ff.; DÖV 1958, S. 153 ff. (mit Anm. von Günter Dürig, S. 194 ff.), MDR 1958, S. 146; BayVBl 1958, S. 109, VerwRspr 10, S. 419 und JZ 58, S. 125 (mit Anm. Bernhard Wolff, S. 202 f.); die Urteilsanmerkung des Präsidenten des Bundesarbeitsgerichts, Hans C. Nipperdey, in: DVBl 1958, S. 445 ff. Eine ausführliche deskriptive Zusammenfassung bei Kogon, Eugen: Ein bemerkenswertes Urteil, in: Frankfurter Hefte, Jg. 13 (1958), S. 233 ff.

5 Einige Beispiele bei Henne/Riedlinger, a. a. O. (Fn. 1), S. 1 f.

6 Kübler, Friedrich: Lüth: eine sanfte Revolution, in: KritV 2000, S. 313 ff.

7 Dazu Miosga, Caren: Der Kampf des politischen Publizisten Erich Lüth gegen Veit Harlan: ein früher Versuch zur „Vergangenheitsbewältigung" in der Ära Adenauer, Magisterarbeit, Univ. Hamburg 1998.

8 Dazu jetzt umfassend Herbert, Ulrich (Hrsg.): Wandlungsprozesse in Westdeutschland. Belastung, Integration, Liberalisierung, Göttingen 2002.

aber wurde das Urteil zur „Fundamentaltheorie über die Grundrechte".[9] Den Voraussetzungen für diese außerordentliche Wirkung soll im Folgenden nachgegangen werden –
verbunden mit einem Blick auf jene heute kaum noch bekannte Entscheidungsalternative, vor der das Gericht stand: „Smend oder Hennis"?

4

Die Bedeutung dieser Weichenstellung kann kaum unterschätzt werden, hat doch der
vom BVerfG im Lüth-Urteil präferierte Weg die fundamentale Drittwirkung der Grundrechte in der bundesdeutschen Rechtsordnung verankert. Auch wenn man Sonderwegs-
theorien nicht für weiterführend hält, ist mit der Stärke der Wertgebundenheit der bundesdeutschen Rechtsordnung und ihrer Verzahnung von Verfassungs- und einfachem
Recht, verbunden mit den weitreichenden Instrumenten des BVerfG, ein Alleinstel-
lungsmerkmal des deutschen Rechts jedenfalls in Europa beschrieben. Ausgangspunkt
für all dies war eine im Lüth-Urteil vollendete *Neu*rezeption[10] von Rudolf Smends in der
Weimarer Zeit entwickelter, damals antipositivistischer Grundrechtstheorie.[11]

Der zeitgenössische Gegenentwurf stammte von Wilhelm Hennis, damals gerade bei
Rudolf Smend zum Dr. jur. promoviert[12] und im Büro des SPD-„Kronjuristen" Adolf
Arndt für die Bearbeitung der Verfassungsbeschwerde von Erich Lüth zuständig. Hennis hatte 1952 in einem maßgeblich von ihm verfassten Schriftsatz an das Karlsruher
Gericht eine umfassend begründete Entscheidungsalternative angeboten.[13] Das Gericht
folgte diesem Vorschlag jedoch gerade nicht, Hennis wechselte – wie damals nicht wenige junge sozialdemokratische Juristen – zur Politikwissenschaft, und Adolf Arndt war
in einem späteren Schriftsatz (ohne Hennis' Beteiligung) taktisch versiert genug, auf die
offenbar in einer mündlichen Verhandlung angekündigte spätere Linie des Lüth-Urteils

---

9   Wahl, Rainer: Lüth und die Folgen. Ein Urteil als Weichenstellung für die Rechtsentwicklung, in: Henne/
    Riedlinger, a. a. O. (Fn. 1), S. 371 ff. (371).
10 Dass unter den – im Vergleich zur Weimarer Republik – strukturell grundsätzlich anderen Umständen
    der frühen Bundesrepublik (z. B. Verfassungsgericht, Grundrechte an der Spitze des Verfassungstextes,
    zeitgenössische Diskreditierung des staatsrechtlichen Positivismus und damit Fortfall der bislang domi-
    nierenden Lehre) keine Rezeption, sondern nur eine Neurezeption von Smend möglich war, wäre m. E.
    stärker zu akzentuieren bei der konzisen Analyse von van Ooyen, Robert Chr.: Der Begriff des Politi-
    schen des Bundesverfassungsgerichts, Berlin 2005, S. 138 f.
11 Zu Smends Grundrechtstheorie soweit ersichtlich erstmals ausführlich: Ruppert, Stefan: Geschlossene
    Wertordnung? Zur Grundrechtstheorie Rudolf Smends, in: Henne/Riedlinger, a. a. O. (Fn. 1), S. 327 ff.
    Dort ist die Literatur zu Smend umfassend nachgewiesen; außerdem jetzt Bickenbach, Christian: Ru-
    dolf Smend, in: JuS 2005, S. 588 ff.
12 Hennis' Dissertation ist jüngst im Druck erschienen: Das Problem der Souveränität. Ein Beitrag zur
    neueren Literaturgeschichte und gegenwärtigen Problematik der politischen Wissenschaften (1951), Tü-
    bingen 2003.
13 Abgedruckt bei Henne/Riedlinger, a. a. O. (Fn. 1), S. 493 ff.

einzuschwenken.[14] Hennis, heute Doyen der deutschen Politikwissenschaft, blieb aber bei seiner Linie und distanzierte sich noch 2003 „im Namen des ‚Büros Arndt‘" von den Inhalten des Lüth-Urteils.[15]

Die Alternative „Smend oder Hennis" ist jedoch alles andere als überholt, denn jüngst hat ausgerechnet der Europäische Gerichtshof für Menschenrechte (EGMR)[16] die damalige Grundthese von Hennis zurück in die Diskussionen über bundesdeutsche Rechtsdogmatik gebracht – ohne Berufung auf Hennis, aber mit einer verblüffenden Ähnlichkeit. Es führt zwar kein Weg zurück zur entscheidungsoffenen Situation von 1958; einmal beschrittene Pfade können nicht zurückgegangen werden,[17] obwohl die Inhalte des Lüth-Urteils nach wie vor heftig angegriffen werden. Doch weil nun mit BVerfG und EGMR zwei heute teilweise konkurrierende Institutionen für „Smend oder Hennis" stehen, lohnt sich ein Blick auf die damalige Entstehung der Entscheidungsalternativen um so mehr.

5

Hennis' Entwurf war eine Reaktion auf die Entscheidung der Zivilgerichtsbarkeit im „Fall Lüth". 1950, der „Jud Süß"-Regisseur Veit Harlan war vom Vorwurf eines „Verbrechens gegen die Menschlichkeit" endgültig freigesprochen worden, hatte Erich Lüth zum Boykott eines Nachkriegsfilms von Veit Harlan aufgefordert. Der Publizist Lüth, Sozialdemokrat und Hamburger Senatsdirektor, war in der NS-Zeit einer, wie er selbst später schrieb, „biedermännischen und hausbackenen Arbeit"[18] nachgegangen.[19] Sein Schweigen in dieser Zeit empfand Lüth zeit seines Lebens als Schuld,[20] und an ihr hat er sich – als die 1950er Jahre vom Schweigegebot dominiert wurden – mit all seiner publi-

---

14 Schriftsatz v. 15.11.1957, abgedruckt bei Henne/Riedlinger, a.a.O. (Fn. 1), S. 535 ff. (536): Es gibt „gewisse Dritt-Wirkungen der Grundrechtsbestimmungen, weil sie zugleich objektives [sic!] Recht sind, auch für das Verhalten innerhalb der privaten Sphäre." 1959, also nach dem Lüth-Urteil, war auch Arndt ein Kritiker des Lüth-Urteils, vgl. ders.: Grundfragen einer Reform der deutschen Justiz, in: ders., Gesammelte Juristische Schriften, München 1976, S. 343 ff. (350 f.).

15 Hennis, Wilhelm: Lüth – und anderes, in: Henne/Riedlinger, a.a.O. (Fn. 1), S. 187 ff. (193); ähnlich zuvor ders.: Integration durch Verfassung? Rudolf Smend und die Zugänge zum Verfassungsproblem nach 50 Jahren unter dem Grundgesetz, in: Vorländer, Hans (Hrsg.), Integration durch Verfassung, Wiesbaden 2002, S. 267 ff. (282 f.).

16 EGMR III. Sektion, Urteil v. 24.06.2004, in: NJW 2004, S. 2647 ff. = JZ 2004, S. 1015 = GRUR 2004, S. 1051 = DVBl 2004, S. 1091.

17 Dazu Wahl, Rainer: Lüth und die Folgen. Ein Urteil als Weichenstellung für die Rechtsentwicklung, in: Henne/Riedlinger, a.a.O. (Fn. 1), S. 371 ff.

18 Kretschmann, Carsten: Schuld und Sühne. Annäherungen an Erich Lüth, in: Henne/Riedlinger, a.a.O. (Fn. 1), S. 47 ff. (51).

19 Offenbar autobiographische Züge trägt sein bislang kaum beachtetes Werk: Yvonne erobert Paris, Hamburg 1949.

20 Zum Umgang mit dieser Schuld vgl. Lüths Autobiographien: Viel Steine lagen am Weg. Ein Querkopf berichtet, Hamburg 1966 und ders.: Ein Hamburger schwimmt gegen den Strom, Hamburg 1981.

zistischen Kraft abgearbeitet. Hier also nahm es ein Nicht-Täter, ein Nicht-Held auf sich, darüber nicht zu schweigen.

Wohl bewusst hatte Lüth mit dem Boykottaufruf seinen langjährigen Konflikt mit Veit Harlan auf die Ebene der *Zivil*justiz verlagert. Und schon in dem zivilrechtlichen Eilverfahren, mit dem Harlans Filmfirmen eine Unterlassungsverfügung gegen Lüth erreichen wollten, ging es vorrangig um die Einschätzung des ‚Jud Süß'-Films von Harlan. Lüths zivilrechtlichen Niederlagen folgte eine um so stärkere Solidarisierung in der Öffentlichkeit; die bereits große Resonanz auf Harlans Strafverfahren fand ihre Fortsetzung und führte unter anderem zu Demonstrationen gegen Harlan, Schlagstockeinsätzen gegen seine Gegner, Vortragsreisen von Harlan und anderem. Lüth und Harlan fochten für ihre je eigene Geschichtspolitik: Schuldannahme oder Schlussstrich.

Das Urteil im zivilrechtlichen Hauptsacheverfahren korrelierte hingegen mit einer dritten Möglichkeit: Jenem herrschenden Schweigekonsens, der individuelles Schweigen über die eigene NS-Vergangenheit mit Abgrenzung zum Nationalsozialismus in der öffentlichen Kommunikation verband.[21] Daher waren für die Hamburger Zivilrichter, von denen viele NS-Karrieren hinter sich hatten,[22] Boykottaufrufe im politischen Meinungskampf unzulässig: „Das Gericht ist seinem Wesen nach nicht dazu berufen, eine politische Entscheidung zu treffen."[23] Immerhin lagen die politisch motivierten Boykottaktionen ausgerechnet der Nazis gegen jüdische Geschäfte noch nicht lange zurück. Lüth müsse sich stattdessen zurückhalten, denn, so die Meinung der Ziviljustiz, „bei einer ruhigen, von politischer Leidenschaft freien Betrachtungsweise ist nicht einzusehen, warum das Wiederauftreten Harlans als Filmregisseur die Empfindungen der Angehörigen und Freunde der ermordeten Juden verletzen müßte."[24] Jedenfalls sei Lüths „eigenmächtige Beschränkung" von Harlans Grundrecht, als Filmregisseur zu arbeiten, ein Verstoß „gegen die guten Sitten".[25] Lüths Boykottaufruf war in dieser Sichtweise, um die heutige Diktion zu verwenden, nicht verhältnismäßig – er hatte nicht, wie der Sache nach (auch) damals von der Rechtsprechung verlangt („Constanze I")[26] und von den meisten öffentlichen Institutionen befolgt wurde, das mildeste Mittel gewählt.

Die Hamburger Gerichte verfügten bei ihren Entscheidungen gegen Lüth neben der Übereinstimmung mit der Rechtsprechung der obersten Zivilgerichte noch über einen

---

21 Hans Globke, NS-Rassegesetzkommentator und nach 1945 langjährig hoher Regierungsbeamter, verkörperte die Möglichkeiten bei Beachtung dieses Schweigekonsens vielleicht am eindringlichsten.
22 Dazu Henne/Riedlinger, a. a. O. (Fn. 1), S. 576 ff.
23 Die Hauptsache-Entscheidung des LG Hamburg v. 22. 11. 1951 (zeitgenössisch nicht publiziert) ist abgedruckt bei Henne/Riedlinger, a. a. O. (Fn. 1), S. 481 ff.; das Zitat ebd. S. 482.
24 Ebd. S. 484.
25 Ebd. S. 486.
26 Wer „in einen fremden Rechtskreis […] störend eingreifen will, [hat] besonders sorgfältig zu prüfen, ob die Rechtsverletzung, die er begehen will, zur sachgemäßen Interessenwahrung nach Schwere und Ausmaß erforderlich ist." BGHZ, 3, 270 (273) = JZ 52, S. 227 ff. (229) (mit Anm. H. Kleine) = NJW 52, S. 660 (661) = MDR 52, S. 91 (92) – „Constanze I", Urteil des 1. Zivilsenats v. 26. 10. 1951 (als „Constanze II" wird heute BGHZ 14, 163 bezeichnet).

weiteren Trumpf: Sie beriefen sich maßgeblich auf die Ausführungen im Standardkommentar zum „Gesetz gegen den unlauteren Wettbewerb" (UWG) in der Weimarer Zeit.[27] Dessen Autor, Rudolf Callmann, war nach 1933 wegen der antijüdischen Verfolgung in der NS-Zeit emigriert und nach 1945 als Präsidiumsmitglied des *Council of Jews from Germany* mit Wiedergutmachungsfragen befasst.[28] Diese Referenz verschafft den Hamburger Richtern zusätzliche Sicherheit bei ihrer Entscheidung, die Lüths Boykottaufruf für illegal erklärte.

6

„Das konnte doch wohl nicht wahr sein", konstatierte der damalige Assessor Dr. jur. Wilhelm Hennis,[29] nahm es mit den Hamburger Gerichten und auch mit dem Bundesgerichtshof auf und schrieb in seinem Schriftsatz[30] forsch, aber letztlich zutreffend:

> „Für die Allgemeinheit und die Gesamtentwicklung einer rechtsstaatlichen Demokratie in Deutschland wird es von geschichtsbildender Bedeutung sein, ob Lüth sagen durfte, was er gesagt hat, oder ob ihm der Mund verboten werden konnte."[31]

Mit den Begründungsfiguren der BGH-Rechtsprechung, der aus heutiger Sicht „berühmt-berüchtigten" „Constanze I"-Entscheidung[32] und auch mit zivilrechtlichen Normen setzte sich Hennis daher nicht auseinander, sondern beurteilte den Boykottaufruf von Lüth *ausschließlich verfassungsrechtlich.* Jene heute so prägende Drittwirkung des Verfassungsrechts für das Zivilrecht war also bei Hennis' Ansatz gerade nicht vorhanden, genauso wenig jene zeitgenössische phänomenologische Wertphilosophie, die später Eingang in das Lüth-Urteil fand.[33] Erst recht blieb die vorrangig vom damali-

---

27 Vgl. die Urteilsabdrucke bei Henne/Riedlinger, a.a.O. (Fn. 1), S. 461 und 475.

28 Röder, Werner (Hrsg.): Biographisches Handbuch der deutschsprachigen Emigration nach 1933, Bd. 1, München 1980, S. 565.

29 So jedenfalls die Erinnerung von Hennis 1983, vgl. ders.: Lüth – und anderes, in: Henne/Riedlinger, a.a.O. (Fn. 1), S. 193.

30 An dem Schriftsatz von Lüths Anwalt Adolf Arndt v. 4.2.1952 war Hennis als damaliger Assistent Arndts maßgeblich beteiligt, sodass dieser Schriftsatz hier zur sprachlichen Vereinfachung als „sein" Werk bezeichnet wird. Auch in Politikwissenschaft als Beruf (in: Hennis, Regieren im modernen Staat, Tübingen 2000, S. 397 ff. [405]) schreibt Hennis: „diese Beschwerdeschrift habe ich, bis auf forensische Zutaten Arndts, ganz allein […] ausgearbeitet." Der Schriftsatz ist abgedruckt bei Henne/Riedlinger, a.a.O. (Fn. 1), S. 493 ff.

31 Ebd., S. 501.

32 Zu dieser Entscheidung oben bei Fn. 26; die zitierte Einschätzung bei Münchener Kommentar-BGB/Wagner, 4. Aufl. 2004, § 823 BGB Rn. 196.

33 Vgl. dazu auch Günther, Frieder: Wer beeinflusst hier wen? Die westdeutsche Staatsrechtslehre und das Bundesverfassungsgericht während der 1950er und 1960er Jahre, in diesem Band S. 163 ff.

gen BGH-Präsidenten Hermann Weinkauff verfochtene und viel diskutierte katholisch-neuthomistische Naturrechtsrenaissance[34] außen vor.

Hennis' zentrale These lautete stattdessen: In der *öffentlichen* Sphäre muss die Rechtsordnung mehr und anderes erlauben als in der *privaten*. Einerseits ist, so Hennis „die öffentliche Meinung [...] der Atem der Demokratie, ohne den sie als Government *by public opinion* nicht bestehen kann", andererseits gebe es ein „privates Dasein und irgendeine Art des Broterwerbs".[35] In dieser Sicht ist die grundgesetzlich geschützte Meinungsfreiheit, so der Schlusssatz von Hennis' Schriftsatz,

> „die Freiheit des geistigen Handelns in der Demokratie und die zulässige Mitgestaltung der öffentlichen [sic!] Meinung"[36]

Ein faszinierender Vorschlag zur juristischen Zweiteilung von Privatheit und Öffentlichkeit, zur rechtsdogmatischen Differenzierung von „geistigem Handeln in der Demokratie" und zweitklassigem Handeln in einer (vagen) zweiten Kategorie, die für Lüths Boykottaufruf allerdings auch ohne genauere Grenzziehung evident nicht einschlägig war.

All dies war aber nicht in offenem Gegensatz zu Smend entwickelt worden; vielmehr hatte Hennis offensiv eine Übereinstimmung mit Rudolf Smend belegt – jedoch unter auffälliger Nichtberücksichtigung der gemeinschafts- und gruppenbezogenen Ausführungen Smends. Hier zeigt sich besonders die Auswirkung der *Neu*rezeption Smends: In der Weimarer Republik war die Integrationslehre Smends noch gegen die herrschende positivistische, durchgängig wertrelativistische Staatsrechtslehre formuliert und von dieser Opposition geprägt. Nachdem die Weimarer Positivisten nach 1945 und zum Zeitpunkt von Hennis' Schriftsatz noch nahezu unwidersprochen diskreditiert waren, weil angeblich der Positivismus die Juristen in der NS-Zeit wehrlos gemacht habe,[37] gab es nach 1945 so gut wie keinen Anschluss an den in der Weimarer Zeit noch dominanten staatsrechtlichen Positivismus. In Hennis' Lesart bestand also keine Notwendigkeit, die

---

34 Dazu u. a. (allerdings weitestgehend ohne Einbeziehung der Reaktion des BVerfG): Kaufmann, Arthur: Die Naturrechtsrenaissance der ersten Nachkriegsjahre – und was daraus geworden ist, in: Stolleis, Michael (Hrsg.), Die Bedeutung der Wörter, München 1991, S. 105 ff. (zuvor ders. zu diesem Thema u. a. im Art. „Rechtsphilosophie", in: Görres-Gesellschaft (Hrsg.), Staatslexikon, Bd. 4, 7. Aufl., Freiburg 1988 und in Einführung in Rechtsphilosophie und Rechtstheorie der Gegenwart, 4. Aufl. 1985); Kühl, Kristian: Rückblick auf die Renaissance des Naturrechts nach dem 2. Weltkrieg, in: Köbler, Gerhard u. a. (Hrsg.), Geschichtliche Rechtswissenschaft [...]. Freundesgabe für Alfred Söllner [...], Gießen 1990, S. 331 ff.; Neumann, Ulfrid: Rechtsphilosophie in Deutschland seit 1945, in: Simon, Dieter (Hrsg.), Rechtswissenschaft in der Bonner Republik, Frankfurt/M. 1994, S. 145 ff.; Mohnhaupt, Heinz: Zur „Neugründung" des Naturrechts nach 1945, in: Schröder, Horst u. a. (Hrsg.), Rechtsgeschichtswissenschaft in Deutschland 1945 bis 1952, Frankfurt/M. 2001, S. 97 ff.; Wieacker, Franz: Privatrechtsgeschichte der Neuzeit, 2. Aufl., Göttingen 1967, S. 601 ff.

35 Schriftsatz von Hennis (Fn. 30), S. 509 bzw. 510.

36 Ebd., S. 512.

37 Diese apologetische Legende begann erst zu zerfallen mit Rüthers, Bernd: Die unbegrenzte Auslegung, 1. Aufl., Tübingen 1968.

zur Abwehr des Wertrelativismus formulierte materiale Offenheit und Gemeinschaftsbezogenheit von Smends Integrationslehre zu rezipieren.

Jedenfalls im Ergebnis, also der Falllösung unter Zurückdrängung des Zivilrechts,[38]
deckte sich dieser Ansatz übrigens mit den zeitgenössisch ebenfalls viel diskutierten
Vorschlägen des Bundesarbeitsgerichts (BAG), das unter seinem Präsidenten Hans-Carl
Nipperdey eine sog. „unmittelbare Drittwirkung" des Verfassungsrechts verfochte.[39]

Anfang 1952 formuliert, ruhten Hennis' Ausführungen aber für lange Jahre im
BVerfG. Die Demonstrationen gegen Harlan flauten ab, Hennis verabschiedete sich in
Richtung Politikwissenschaft,[40] und das BVerfG kam wegen einer zu hohen Geschäfts-
last[41] erst 1958 zu einer Entscheidung. Diese musste schon deshalb symbolisch sein, weil
inzwischen eine Wiederholung des ursprünglichen Boykottaufrufs evident entfiel –
Harlans damaliger Nachkriegsfilm war längst in die Archive gewandert.[42] Noch wichtiger für die steigende symbolische Bedeutung war, dass 1958 jene Epoche begann, in der
sich der geschichtspolitische Kontext wesentlich änderte[43] und die Verfolgung von NS-
Tätern eine neue Dimension erreichte; die Gründung der Ludwigsburger Zentralstelle
und der Ulmer Einsatzgruppenprozess seien als Stichworte erwähnt. Harlans strafrechtlicher Freispruch, obwohl prozessrechtlich nicht Verfahrensgegenstand, musste unter
diesen Umständen zu einer Stellungnahme herausfordern. Und schließlich hatte kurz
vor dem Lüth-Urteil des BVerfG ein Steuerschuldner mit Billigung der zuständigen Behörde versucht, eine Kopie des ‚Jud Süß'-Films just in Karlsruhe just an einen jüdischen
Kaufmann zu veräußern, was für einen Skandal gesorgt hatte.[44] Es ging, politisch gese-

---

38 In Hennis' Worten: Es kann „die Frage nach der Zulässigkeit der Äußerungen des Beschwerdeführers
    einzig und allein nach Art. 5 GG entschieden" werden (ebd., S. 501).

39 Es gibt eine „unmittelbare privatrechtliche Wirkung der grundrechtlichen Bestimmungen, die für den
    Verkehr der Rechtsgenossen in einer freiheitlichen und sozialen Gemeinschaft unentbehrlich sind", so
    das „Zölibats-Urteil", Urteil des 1. Senats v. 10.5.1957, BAG, in: NJW 1957, S. 1688 ff. (1689 linke Spalte
    oben) = BAG 6, 274; AP Nr. 1 zu Art. 6 GG Ehe und Familie. Ausführlich dazu Henne, Thomas: Die
    neue Wertordnung im Zivilrecht, speziell im Familien- und Arbeitsrecht (Vortrag auf dem Rechts-
    historikertag 2004), in: Stolleis, Michael (Hrsg.), Die Bonner Republik. Älteres Recht und neues Grund-
    gesetz, Berlin 2006 (im Druck).

40 „Anfang Juni [1952] brach ich meine Zelte im ‚Büro Arndt' ab [...] An der ganzen weiteren Entwicklung
    des Verfahrens habe ich keinen Anteil." Hennis, Lüth (Fn. 29), S. 193.

41 Zur Kritik an Ernst-Wolfgang Böckenfördes anderer Einschätzung vgl. Henne, Thomas: Von 0 auf ‚Lüth'
    in 6 ½ Jahren, in: Henne/Riedlinger, a. a. O. (Fn. 1), S. 197 ff. (217).

42 Oder eben gerade nicht; offenbar sind aufgrund des zeitgenössisch großen Erfolges des Films in
    Deutschland die Filmrollen der „Unsterblichen Geliebten" nicht überliefert; der Film ist auch – anders
    als andere Harlan-Filme der 1950er Jahre – nicht bei einschlägigen Händlern erhältlich. Leichter zu-
    gänglich ist nur eine Version mit niederländischen Untertiteln.

43 Die Bedeutung dieses Epochenwechsels wird häufig eher unterschätzt: „Ich bin eigentlich ein 58er", gibt
    der in den 1960er Jahren führende SDS-Aktivist und meist als ‚68er' bekannte Christian Semler an (In-
    terview, abgedruckt in: Cohn-Bendit, Daniel, Wir haben sie so geliebt, die Revolution, 2. Aufl., Berlin
    2001, S. 108). Umfassend zu diesem rechtspolitischen Umbruch (und im Anschluss an Norbert Frei)
    jetzt von Miquel, Marc von: Ahnden oder amnestieren? Westdeutsche Justiz und Vergangenheitspolitik
    in den sechziger Jahren, Göttingen 2004.

44 Dazu ausführlich Henne, Der Umgang der Justiz (Fn. 1), S. 273 ff.

hen, im Fall des Erich Lüth vorrangig noch immer um Harlans Film; es war in dieser
(verfassungsprozessrechtlich nicht ganz korrekten[45]) Perspektive der „Lüth-Harlan-Fall",
wie der Verfassungsrechtler Christian Starck 1968 titelte.[46]

7

Also mit Smend und einer materialen, wertorientierten Grundrechtstheorie für Erich
Lüth und gegen Hennis. Das BVerfG vollendete im Lüth-Urteil die bereits in früheren Urteilen begonnene[47] antitotalitaristische, anti-naturrechtliche Konstituierung einer
materialen, gemeinschaftsbezogenen Grundwerte-Ordnung. An Smend anknüpfend,[48]
wurde dessen Verständnis von Meinungsfreiheit und dessen Ansatz einer Integrationswirkung der Verfassung übernommen, diese Werte aber vor allem mit dem zeitgenössischen Antitotalitarismus aufgefüllt. Die genuin antiliberale, antiparlamentarische Position Smends der 1920er Jahre mutierte bei dieser Neurezeption zur Grundlegung einer
liberalen, parlamentarischen Demokratie.

Das Ziel des Boykottaufrufs wurde daher auf der wertbeladenen Ebene des „deutschen Ansehens" diskutiert,[49] die Regietätigkeit Harlans als „verbleibende moralische
Problematik" kaum verhüllt in Widerspruch zu den Grundwerten gesehen.[50] Vom
„grundrechtlichen Wertsystem", Regelung „für das Zusammenleben in einer großen
Gemeinschaft"[51] unter dem „Grundgesetz, das keine wertneutrale Ordnung sein will",
und anderen Wortkombinationen mit „Wert-" ist nicht weniger als 36 Mal in dem Urteil
die Rede. Die seitdem vielzitierten Festlegungen zur Drittwirkung[52] vollendeten diese
Wertdurchdringung der Rechtsordnung.

---

45 „Gegenstand [des Verfassungsbeschwerdeverfahrens] ist ein Fall Lüth, kein Fall Harlan", schrieb schon
    1952 Lüths Anwalt Arndt (Schriftsatz v. 30.7.1952, abgedruckt bei Henne/Riedlinger, a. a. O. (Fn. 1),
    S. 517 ff. [517]). Harlan war am Verfahren nicht beteiligt und erhielt nur Gelegenheit zur Äußerung, damals § 94 Abs. 3 BVerfGG.

46 Starck, Christian: Verfassungsrecht in Fällen, Bd. 2: Meinungs- und Pressefreiheit, Baden-Baden 1968,
    S. 3.

47 Dazu Henne, Von 0 auf ,Lüth' in 6 ½ Jahren (Fn. 41).

48 Und zugleich an den jungen Tübinger Verfassungsrechtler Günter Dürig, aber das ist ein anderes, bislang leider aus neuerer Sicht kaum bearbeitetes Thema.

49 „Dem deutschen Ansehen hat nichts so geschadet wie die grausame Verfolgung der Juden durch den
    Nationalsozialismus. [...] Der Beschwerdeführer konnte also in dem Wiederauftreten Harlans einen
    im Interesse [...] des deutschen Ansehens in der Welt zu beklagenden Vorgang sehen." (BVerfGE 7, 198
    [216]).

50 Ebd.

51 Beide Zitate ebd. S. 220.

52 „Keine bürgerlich-rechtliche Vorschrift darf in Widerspruch zu [dem grundrechtlichen Wertsystem stehen, wobei die Generalklauseln] die ,Einbruchstellen' der Grundrechte in das bürgerliche Recht" sind
    (ebd., S. 205 f.).

Später wenig beachtet, versuchte aber das Karlsruher Gericht sofort die Grenzen seines Lüth-Urteils aufzuzeigen, nämlich just an einem ebenfalls von Arndt vertretenen, ebenfalls aus Hamburg stammenden Fall. Ein Mieter, der an der Außenwand ein „Wahlpropagandaplakat in der Größe 86 × 120 cm" angebracht hatte, musste das Plakat aufgrund einer Unterlassungsklage des Vermieters entfernen, denn derartige Wahlwerbung sei in einer Wohngegend „nicht Sitte".[53] Doch waren nicht die eigentumsrechtlichen Beeinträchtigungen des Vermieters wesentlich geringer als jene, die Harlan aufgrund des Boykottaufrufs in seiner Berufsfreiheit erleiden sollte? Und zielte nicht gerade Lüths Verhalten auf einen Grundrechtseingriff, während der plakatierende Mieter nur unvermeidbarerweise in die Grundrechte des Vermieters eingriff? Das BVerfG verzichtete auf derartige Vergleiche; die fehlende antitotalitaristische Ausrichtung des Falles schloss die materiale Aufladung aus. Der bloße Bezug des Hamburger Mieters zur parlamentarischen Demokratie reichte nicht.

8

Wo blieb Hennis' Ansatz? Einige (heute wenig zitierte) Textstellen im Lüth-Urteil belegen zwar eine hohe Übereinstimmung von Feststellungen des BVerfG mit Hennis' oben vorgestellter Unterscheidung zwischen Meinungsäußerungen zu Gemeinwohl- und zu privaten Fragen.[54] Durch die Hinzufügung der Drittwirkung der Grundrechte und die materiale Aufladung auch des Grundrechts auf Meinungsfreiheit war Hennis' Weg jedoch gerade nicht beschritten worden. Fast 50 Jahre lang.

9

Dann revitalisierte der Europäische Gerichtshof für Menschenrechte (EGMR) die Thesen von Hennis für die deutsche Rechtsdogmatik. Prinzessin Caroline von Monaco, durch ihre Gerichtsverfahren seit vielen Jahren Antreiberin der Rechtsfortbildung im Deliktsrecht, hatte 2004 nach einer Niederlage beim BVerfG Erfolg beim EGMR. Die

---

53 BVerfGE 7, 231 ff., Entscheidung des 1. Senats v. 15.1.1958 (also vom Tag des Lüth-Urteils).

54 Es gibt einen „Wert, den das Grundrecht der freien Meinungsäußerung für die freiheitliche Demokratie gerade dadurch besitzt, daß es die öffentliche Diskussion über Gegenstände von allgemeiner Bedeutung und ernstem Gehalt gewährleistet […] Wenn es darum geht, daß sich in einer für das Gemeinwohl wichtigen Frage eine öffentliche Meinung bildet, müssen private und namentlich wirtschaftliche Interessen einzelner grundsätzlich zurücktreten. Diese Interessen sind darum nicht schutzlos; denn der Wert des Grundrechts zeigt sich gerade auch darin, daß jeder von ihm Gebrauch machen kann." Hätte das BVerfG deshalb nicht den erwähnten Vermieter darauf verweisen müssen, ebenfalls Plakate aus seinem Fenster zu hängen?

Veröffentlichung von etlichen Privatphotos von Caroline war, so ein heftig angefeinde-
tes Urteil von 2004, rechtswidrig.

Um den Schutz vor Pressephotographen zu bestimmen, lehnte der EGMR die langjährig angewandte Unterscheidung im deutschen Recht zwischen „absoluten" und „relativen Personen der Zeitgeschichte" ab. Die Differenzierung erfolgte stattdessen vom
Verletzer her: Die Presse hat, so das Straßburger Gericht, „Informationen und Ideen
über alle Fragen von öffentlichem Interesse zu vermitteln", doch muss, um den Schutz
der Meinungsfreiheit zu genießen, zu „einer öffentlichen Diskussion über eine Frage allgemeinen Interesses" beigetragen werden.[55] „Meinungsäußerung […] ist staatsbildende
Teilnahme am öffentlichen Leben durch geistiges Wirken zu dem Ziel, das Volk zu überzeugen und zu einem bestimmten Verhalten zu veranlassen" – das hätte der Folgesatz
des EGMR sein können, stammt aber aus Hennis' erwähntem Schriftsatz aus den 1950er
Jahren.[56] Damit inhaltlich übereinstimmend formulierte das Straßburger Gericht aber:
Es ist also „grundsätzlich zu unterscheiden zwischen einer Berichterstattung über Tatsachen – auch umstrittene –, die einen Beitrag zu einer Diskussion in einer demokratischen Gesellschaft leisten und Personen des politischen Lebens zum Beispiel bei Wahrnehmung ihrer Amtsgeschäfte betreffen, und einer Berichterstattung über Einzelheiten
des Privatlebens einer Person, die zudem, wie hier, keine solchen Aufgaben hat."[57]

Hennis' konkludente Herabstufung von Äußerungen, die nicht zur politischen Willensbildung beitragen, war im Lüth-Fall unproblematisch und ohne Auswirkung geblieben. Beim Fall von Prinzessin Caroline war aber nun jene zweite Kategorie der
nicht-demokratiebezogenen Äußerungen einschlägig, die von Hennis und dem EGMR
nahezu übereinstimmend mit Bezug auf öffentliches Leben und Demokratie formuliert
worden war. Die alternative Begründung zum Lüth-Urteil, die Hennis formuliert hatte,
war über das Straßburger Gericht fünfzig Jahre später doch noch in die deutsche Dogmatik eingebracht worden.

Mehr noch: Die bundesdeutsche Justiz hat die wesentlichen Straßburger Vorgaben
inzwischen übernommen. „Dies ist nicht einfach", monierte zwar das Berliner Kammer-
gericht Ende 2004 und wies darauf hin, dass nach der bisherigen Rechtsprechung die
Publikation eines Photos, das die Begleiterin eines bekannten Musikers zeigt, rechtmäßig war.[58] Doch wegen der „Völkerrechtsfreundlichkeit der Verfassung" ist jetzt auch vor
deutschen Gerichten maßgeblich, ob ein „Beitrag zu einer Debatte von allgemeinem Interesse" vorliegt – oder eben nicht, wie bei Photos zur Begleiterin eines Musikers.[59]

---

55 EGMR, in: NJW 2004, S. 2649 (Nr. 58 bzw. 60). Weitere Publikationsnachweise zu diesem Urteil oben
    Fn. 16.
56 Hennis, Schriftsatz (Fn. 30), S. 508 f.
57 EGMR, in: NJW 2004, S. 2649 (Nr. 63).
58 KG, in: GRUR 2005, S. 79 ff., Urteil v. 29.10.2004 („Lebenspartnerin v. Herbert Grönemeyer II"); das
    Zitat S. 80. Das Urteil ist auch publiziert in: NJW 2005, S. 605 ff.
59 Die Zitate in KG, in: GRUR 2005, S. 80 bzw. 81.

10

Wenn das Lüth-Urteil mit Hilfe rechtsthistorischer Analysen historisiert wird, ist damit die Frage seiner Richtigkeit nicht entschieden. Doch Historisierung verschiebt die Darlegungslast: Wer sich heute auf das Urteil beruft, muss – nach der Historisierung des Lüth-Urteils – begründen, warum er oder sie die Thesen noch immer für richtig hält, obwohl das Urteil einem weitestgehend überwundenen historischen Kontext entstammt, obwohl es auf einer genuin antiliberalen und antiparlamentarischen „Integrationslehre" aufbaut, einer problematischen Demokratietheorie verpflichtet ist und obwohl es zutiefst von der entsetzten Reaktion auf die in den Straf- und Zivilurteilen so spürbare, aber heute nur noch historisch bedeutsame Selbstexkulpation von NS-Tätern geprägt ist.

Und mit dem Blick auf „Hennis oder Smend" wird nunmehr auch deutlich, dass schon zur Zeit des Lüth-Verfahrens eine alternative Begründung für eine Entscheidung zugunsten von Erich Lüth bestand. Just diese Begründung ist nunmehr über den EGMR, wenn auch ohne Berufung auf Hennis, in die deutsche Rechtsdogmatik eingebracht und wird seit neuestem allgemein befolgt. Also ein wesentliches Argument mehr gegen die Begründung des Lüth-Urteils.

Das Bundesverfassungsgericht und die Regierung Adenauer – vom Streit um den Status zur Anerkennung der Autorität

Oliver W. Lembcke

1 „Karlsruhe"

Nur wenige Menschen sind heute noch der Meinung, die „ehemalige Residenzstadt" sei ein Ort „dörflicher Einsamkeit". Aber just der erste Präsident des Bundesverfassungsgerichts (BVerfG), Hermann Höpker Aschoff, sah sich zu Beginn seiner Amtszeit dorthin „verbannt", wie er an den Bundesjustizminister schrieb, mit dem er freundschaftlich verbunden war.[1] Über die Jahre ist die Stadt zum Begriff geworden;[2] nicht so sehr zum Inbegriff einer badischen Metropole, sondern als Synonym der Verfassungsgerichtsbarkeit.

Institutionen haben ihren Ort und ihre eigene Ordnung; sie erfüllen nicht nur spezifische Funktionen, sie stellen auch einen Wert dar, einen „Selbstwert im Dasein" (Arnold Gehlen). Diese Formulierung erinnert daran, dass man Institutionen nicht beliebig organisieren oder reformieren kann, ohne sie als Institution in Frage zu stellen. Mit der Bezeichnung „Karlsruhe" wird jenes Moment der institutionellen Eigenart zum Ausdruck gebracht, das über den Bereich des Organisatorischen hinausgeht (s. 2). Die Eigenart der Institution BVerfG lässt sich dabei besonders anschaulich an seiner Anfangsphase studieren. Es ist verschiedentlich versucht worden, die Geschichte des Gerichts in Phasen einzuteilen, zumeist orientiert an den unterschiedlichen Krisenzeiten des Verfassungsgerichts. Der Konflikt mit der Adenauer-Regierung nimmt aber insofern eine

1 Der Status des Bundesverfassungsgerichts. Material – Gutachten, Denkschriften und Stellungnahmen mit einer Einleitung von Gerhard Leibholz (= „Status"). In: JöR 6/1957, S. 149–156, hier S. 156. Den weiteren Ausführungen liegt die folgende Arbeit zugrunde – Lembcke, Oliver W.: Hüter der Verfassung. Eine institutionentheoretische Studie zur Autorität des Bundesverfassungsgerichts, Tübingen 2007.
2 Siehe zum Synonym Karlsruhe für das BVerfG Roellecke, Gerd: „Karlsruhe". In: Etienne, François/ Schulze, Hagen (Hrsg.), Deutsche Erinnerungsorte, München 2001, S. 549–564.

Sonderstellung innerhalb seiner „Streitgeschichte"[3] ein, als es sich gleich zu Beginn mit
der Herausforderung konfrontiert sah, in den anstehenden Entscheidungen seine gerichtliche Unabhängigkeit beweisen und jeden Anschein der Parteilichkeit vermeiden
zu müssen (s. 3). Hierin liegt ein Schlüssel zum Verständnis des Konflikts, denn es waren – aus der Warte der Verfassungsrichter betrachtet – Auseinandersetzungen um Anerkennung, die im Ergebnis maßgeblich zur Autorität des Gerichts beigetragen haben
(s. 4).

2   Selbsterfindung des Verfassungsgerichts

Es liegt auf der Hand, dass eine Regierung gleich welcher Couleur an einer starken Verfassungsgerichtsbarkeit, zumindest im praktischen Tagesgeschäft der Regierungsarbeit,
kein Interesse hat. Zu den institutionellen Interessen der Verfassungsgerichtsbarkeit
zählt hingegen vor allem die Fähigkeit, sobald wie möglich ihre Unabhängigkeit von
den „Schöpfern" der eigenen Institution unter Beweis zu stellen und die Idee der Verfassungsgerichtsbarkeit „zum Leben" zu bringen. Was darunter im Falle des BVerfG konkret zu verstehen war, zeigte sich, als vom Präsidenten Höpker Aschoff am 27. Juni 1952
die sogenannte Statusdenkschrift an die obersten Bundesorgane übersandt wurde.

2.1   Anliegen der Statusdenkschrift

Vordergründig bestand das Anliegen dieser Denkschrift darin, die „verfassungswidrige
Staatspraxis" der anderen Verfassungsorgane im Umgang mit dem Verfassungsgericht
zu beenden, die sich in einer Reihe von Technika offenbarte. Dahinter stand jedoch die
Schlüsselfrage, ob und in welcher Weise sich das BVerfG von anderen Gerichten unterscheidet und welche Bedeutung dieser Unterschied für seinen Rang unter den „höchsten Verfassungsorganen" besitzt. Die Denkschrift war daher eine Kampfansage an jene,
die sich einem machtvollen Hüter der Verfassung in den Weg stellen wollten. Sie war
aber darüber hinaus eine Absage an die Tradition des Weimarer Reichs- und Staatsgerichtshofs. Das BVerfG kennt als Institution „kein Vorbild", so hieß es bereits pro-
grammatisch in der Ansprache des Präsidenten Höpker Aschoff bei seiner Amtseinfüh-
rung am 28. September 1951.[4]

Ihrem Anspruch nach folgerichtig beginnt die Statusdenkschrift mit der Feststellung,
dass das BVerfG „oberster Hüter der Verfassung" ist – und versteht darunter ein „mit

---

3   Häußler, Richard: Der Konflikt zwischen Bundesverfassungsgericht und politischer Führung. Ein Bei-
     trag zu Geschichte und Rechtsstellung des Bundesverfassungsgerichts, Berlin 1994, S. 22–74.
4   Das Bundesverfassungsgericht, Karlsruhe 1963, S. 1–4.

höchster Autorität ausgestattetes Verfassungsorgan".[5] Diesem Postulat gewinnt das Gericht eine Reihe von Forderungen ab, deren Leitgedanken sich in drei Punkten zusammenfassen lassen: Erstens ist mit dem Status eines Verfassungsorgans irgendeine Form der organisatorischen Abhängigkeit von einem anderen Verfassungsorgan unvereinbar, wie sie die Behandlung als eine Bundesbehörde zur Folge hätte. Das betrifft auch die Aufsicht über die Justizverwaltung des BVerfG, welche durch das Verfassungsgericht und nicht durch das Ministerium wahrgenommen werden muss. Zweitens ist das Verfassungsgericht selbständig in seiner Bewirtschaftung, weswegen auch ein eigener Haushalt als Einzelplan in den Gesamtetat einzustellen ist. Drittens schließen sich das Amt der Verfassungsrichter und der Beamtenstatus wechselseitig aus. Verfassungsrichter haben keinen Dienstvorgesetzten, sind dementsprechend auch keiner Disziplinargewalt unterworfen und nur dem Gewissen, der Geschäftsordnung sowie der Praxis, wie sie sich am Verfassungsgericht herausgebildet hat, verpflichtet. Richter, so die Denkschrift, sind die Verfassungsrichter nur der Funktion nach, dem Status nach sind sie Träger eines Verfassungsorgans – im Gegensatz zur abgeleiteten Stellung anderer Richter.

Mit dieser „Mängelliste" korrespondiert nach Auffassung des BVerfG die Verpflichtung des Gesetzgebers und der Regierung, für Abhilfe zu sorgen; um nur einige Aspekte zu nennen: Haushalt als eigener Einzelplan im Haushaltsplan des Bundes nebst eigener Bewirtschaftung der veranschlagten Haushaltmittel; Einweisung der gewählten Richter in die Planstellen durch den Präsidenten; Ernennung und Entlassung der Beamten des BVerfG sowie Abschluss der Dienstverträge durch den Präsidenten etc.[6]

Für sich betrachtet scheinen die einzelnen Punkte kaum den Aufwand – und die politischen Kosten – einer Denkschrift zu rechtfertigen. Aber eine solche Betrachtung übersieht, dass es sich eben nicht allein um einen Forderungskatalog handelte. Es ging dem Verfassungsgericht um seinen Status, genauer um die faktische Anerkennung des Status auf Seiten der anderen Verfassungsorgane, vor allem der Bundesregierung. Dafür wollte das Gericht streiten – und dafür hat es den für ein Gericht sehr ungewöhnlichen Weg gewählt, nämlich ein Gutachten in eigener Sache zu verfassen, um damit ohne Anstoß von außen eine Rechtsfrage zu entscheiden. Vor allem auf den zweiten Gesichtspunkt kam es den Richtern an: Denn genau betrachtet, war man gar nicht an einer Auseinandersetzung über die einzelnen Rechtsfragen interessiert; aus ihrer Sicht waren sämtliche Rechtsfragen bereits entschieden – eben dadurch, dass das Verfassungsgericht seine Auffassung dazu mitteilte.

---

5   Vgl. Status, a.a.O. (Fn. 1), S. 144 sowie die folgende Zusammenfassung ebd., S. 145–147.
6   Vgl. Status, a.a.O. (Fn. 1), S. 148.

2.2 Zwei Bilder der Verfassungsgerichtsbarkeit

Die Regierung Adenauer hat den vom Verfassungsgericht beanspruchten Status von Anfang an bestritten. Bereits der Umstand, dass ein Rechtsgutachten im Auftrage des Bundesjustizministeriums die Denkschrift des Verfassungsgerichts einer näheren Prüfung
unterziehen sollte, stellt einen kaum verhüllten Versuch dar, dem Gericht seinen Status
streitig zu machen. Das Gutachten wurde von dem renommierten Staatsrechtslehrer Richard Thoma erstellt und am 15. März 1953 vorgelegt:[7] Thoma verneint darin kurz und
bündig die vom Verfassungsgericht behauptete verfassungswidrige Staatspraxis, um
dann ausführlich die „Reformvorschläge" des Verfassungsgerichts auf ihre Tauglichkeit
zu prüfen und anhand von eigenen Reformvorschlägen dem Verfassungsgericht wie
der (Fach-)Öffentlichkeit vorzuführen, dass die „Reformvorschläge" des Verfassungsgerichts angesichts der eigentlichen Probleme der Verfassungsgerichtsbarkeit unter dem
Grundgesetz Kleinigkeiten seien.[8]

Thomas Argumentation blieb ganz wesentlich der traditionellen Sicht auf die deutsche Rechtsstaatlichkeit verpflichtet und versuchte, aus dieser Warte den Rang und die
Organisation des Verfassungsgerichts zu bestimmten, während sich die Verfassungsrichter als Repräsentanten einer bisher in Deutschland nicht verwirklichten Verfas-
sungsstaatlichkeit verstanden wissen wollten. In dem Statusstreit setzten sich mithin
jene Auseinandersetzungen über den Charakter der deutschen Verfassungsgerichtsbarkeit fort, die in den vorangegangenen Beratungen über das Grundgesetz nicht zu
einem tragfähigen Abschluss geführt werden konnten.[9] Im Wesentlichen standen sich
zwei Verständnisse der Verfassungsgerichtsbarkeit gegenüber: Auf der einen Seite befanden sich diejenigen, welche die Verfassungsgerichtsbarkeit als einen Zweig innerhalb der gesamten Gerichtsbarkeit verstanden wissen wollten. Für sie war das Verfassungsgericht ein *Fachgericht* für Verfassungsstreitigkeiten, vergleichbar den anderen
Fachgerichten und im Rang *neben* ihnen stehend. Einer der prominentesten Vertreter
war Walter Strauss, Mitglied im Ausschuss für Fragen der Verfassungsgerichtsbarkeit
und Rechtspflege und späterer Staatssekretär im Bundesjustizministerium unter Dehler.[10] Das Interesse der anderen Seite bestand vor allem darin, eine möglichst starke
Verfassungsgerichtsbarkeit zu errichten, die nicht nur mit weitreichenden Kompetenzen zur umfassenden Kontrolle des politischen Prozesses ausgestattet ist, sondern auch

---

7   Vgl. Status, a. a. O. (Fn. 1), S. 161–194 (Rechtsgutachten Thoma). Siehe außerdem Schiffers, Reinhard:
    Grundlegung der Verfassungsgerichtsbarkeit. Das Gesetz über das Bundesverfassungsgericht vom
    12. März 1951, Düsseldorf 1984, S. 467–486.
8   Vgl. Status, a. a. O. (Fn. 1), S. 182 f.
9   Vgl. hierzu ausführlich Laufer, Heinz: Verfassungsgerichtsbarkeit und politischer Prozeß. Studien zum
    Bundesverfassungsgericht der Bundesrepublik Deutschland, Tübingen 1968, S. 35–93.
10 Aufschlussreich in diesem Zusammenhang ist für den Parlamentarischen Rat gedachte Vorlage, die von
    Strauss erstellt und später mit dem Titel „Die oberste Bundesgerichtsbarkeit" (Heidelberg 1949) publi-
    ziert wurde.

den nach dieser Auffassung angemessenen Rang erhält, nämlich als Verfassungsorgan *hervorgehoben* aus der übrigen Gerichtsbarkeit. Für sie verkörperte das Verfassungsgericht, anders als das Oberste Bundesgericht, die Überwindung des Unrechtsregimes sowie den Neubeginn eines politischen Gemeinwesens und hatte daher an der „Dignität" des Grundgesetzes teil, wie Carlo Schmid es einmal ausdrückte.[11]

2.3 Status der Statusdenkschrift

Dass sich letztlich das BVerfG mit seiner Sichtweise gegenüber der ablehnenden Haltung der Bundesregierung – samt der sie stützenden Parlamentsmehrheit – durchsetzen konnte, dürfte vor allem mit der eigentümlichen Selbstreferenz institutioneller Macht zusammenhängen: Denn im Grunde genommen war es das Verfassungsgericht selbst, das den Unterschied zu den vorangegangenen Streitigkeiten während der Grundgesetzberatungen über den Rang der Verfassungsgerichtsbarkeit markierte. Nachdem eine Institution zur Interpretation der Verfassung etabliert worden war, lässt sich nur noch über Interpretationen, aber nicht mehr über die Interpretationsmacht streiten.

Ganz in diesem Sinne lautete die Entgegnung des Verfassungsgerichts in den „Bemerkungen" vom 3. Juni 1953 zum Rechtsgutachten von Thoma, dass es sich um ein „entscheidendes Mißverständnis"[12] handele, wollte man in der Statusdenkschrift unverbindliche Vorschläge zur Reform der Verfassungsgerichtsbarkeit sehen. Vielmehr hat ein Hüter der Verfassung „mit letzter Verbindlichkeit für Volk und Staat die ihm durch das Grundgesetz zur Beurteilung zugewiesenen Streitigkeiten und Meinungsverschiedenheiten zu entscheiden."[13] Soll heißen: Der Status des Verfassungsgerichts entscheidet über den Status der Denkschrift. Entsprechend unduldsam heißt es in der Denkschrift: Der verfassungswidrige Zustand „muß daher so bald als möglich aufhören."[14]

Adenauer und Dehler fanden ab Mitte 1953 für ihre Politik gegenüber dem Verfassungsgericht im Parlament keine Mehrheiten mehr. Statt dessen vollzog der Gesetzgeber Schritt für Schritt nach, was das Verfassungsgericht ihm gegen die „reparaturbedürftigen" Verfassungswidrigkeiten vorgeschrieben hatte.[15] Dieses Ende im Statusstreit war weder zwingend noch zufällig, aber es war entscheidend für das neue Bild vom Hüter der Verfassung, neben dem jenes von Adenauer und Dehler „alt" aussah, wie die Restauration einer überholten Vorstellung der Weimarer Staatsgerichtsbarkeit.

---

11 PR-Drs. 340 (Carlo Schmid).
12 Status, a. a. O. (Fn. 1), S. 194.
13 Status, a. a. O. (Fn. 1), S. 198.
14 Status, a. a. O. (Fn. 1), S. 148.
15 Vgl. z. B. Status, a. a. O. (Fn. 1), S. 211 f. u. 217. Zu den einzelnen Änderungen siehe Leibholz, Gerhard: Der Status des Bundesverfassungsgerichts. In: Das Bundesverfassungsgericht, Karlsruhe 1971, S. 31–58, S. 50–57.

3   Anerkennungskämpfe

Der Statusstreit bildete den Auftakt, nicht das Ende der Auseinandersetzungen zwischen der Adenauer-Regierung und dem BVerfG. Dass das Verfassungsgericht seine Rolle als Hüter der Verfassung beanspruchte, hieß nicht, dass der Kanzler bereit war, diesen Anspruch auch in praxi anzuerkennen, um so weniger in genuin politischen Fragen wie der Wiederbewaffnung Deutschlands. Für Adenauer hing daran das Schicksal der Nation,[16] es ging mithin um eine genuin politische Angelegenheit, die sich seiner Auffassung nach der verfassungsgerichtlichen Überprüfung weitgehend entzog. Zeitlich eng mit der Statusfrage verknüpft, stellte diese Kontroverse eine der größten Herausforderungen für die Autorität des Verfassungsgerichts dar, denn das Verfassungsgericht musste klug zu Werke gehen, um nicht zwischen die parteipolitischen Fronten zu geraten (3.1). Nur auf diese Weise konnte es gelingen, seine Position als Hüter der Verfassung in der andauernden Reformdebatte zu behaupten (3.3) und ein Prestigeprojekt der Regierung wie das Deutschland-Fernsehen in die verfassungsrechtlichen Schranken zu weisen (3.2).

3.1   Streit um die Wiederbewaffnung

Der Normenkontrollantrag der Opposition, gestellt am 31. Januar 1951,[17] richtete sich „vorbeugend" gegen die Zustimmungsgesetze zu den EVG-Verträgen und kleidete den politischen Widerstand in die verfassungsrechtliche These, dass das Grundgesetz keine Streitkräfte vorsehe und die Wiederbewaffnung Deutschlands daher verfassungswidrig sei (BVerfGE 1, 281 und E 1, 396). Darüber hinaus handele es sich bei der Wiederbewaffnung um einen so erheblichen Vorgang, dass er grundgesetzändernden Charakter habe und daher der Zustimmung einer Zweidrittelmehrheit im Parlament bedürfe.[18] Ein halbes Jahr später wurde diese Normenkontrolle zwar zurückgewiesen, weil nach Auffassung des Verfassungsgerichts Gesetzesentwürfe nicht Gegenstand einer Normenkontrolle sein könnten.

Da der Antrag aufgrund der mangelnden Zulässigkeit, nicht jedoch aus inhaltlichen Gründen vom Verfassungsgericht abgewiesen wurde, war nach Lage der Dinge klar, dass die SPD nach Karlsruhe für einen zweiten Versuch zurückkehren würde, sobald dafür die Voraussetzungen vorlägen.[19] Daher bestand in den Augen der Regierung die Gefahr, dass die so entscheidende Frage der Wiederbewaffnung vor dem „falschen" Se-

---

16   Vgl. Adenauers „Schicksals"-Rede vor dem Deutschen Bundestag am 3. Dezember 1952; BT-Prot. I, S. 240.

17   Zu den verschiedenen Anträgen und ihren Abänderungen siehe von der Heydte, Karl August (Hrsg.): Der Kampf um den Wehrbeitrag, 3 Bde., München 1952, 1953 und 1958.

18   Vgl. Heydte, a. a. O. (Fn. 17), Bd. 1, S. 11–14.

19   Zu den neuerlichen Anträgen vgl. Heydte, a. a. O. (Fn. 17), Bd. 2, S. 144–165, Bd. 3, S. 166 ff.

nat erneut verhandelt werden würde. Unter Zugzwang wurde von Adenauer und Dehler zunächst die Idee entwickelt, einen Gutachtenantrag durch den Bundespräsidenten
Heuß stellen zu lassen, der vor dem Plenum – und nicht allein vom Ersten Senat – verhandelt werden müsste.

Im Dezember gewann dann jedoch der Kampf um den „richtigen" Senat eine weitere Dimension, als sich die Regierung kurzerhand entschloss, mit einem zusätzlichen
Antrag ein Organstreitverfahren zu betreiben (BVerfGE 2, 143).[20] Im Herbst 1952 kursierten Gerüchte über das Anfang Dezember anstehende Verfahren. Denn es hatte im
Vorfeld der Entscheidung mindestens zwei Hinweise auf die zu erwartenden – und für
die Regierung enttäuschenden – Abstimmungsergebnisse im Plenum gegeben. Diese
Hinweise haben auf Seiten der Regierung dazu beigetragen, das Verfassungsgericht als
politisch gespalten anzusehen und mit einem verfassungsgerichtlichen Veto gegenüber
dem Ziel der Wiederbewaffnung zu rechnen.[21] Gefangen in der Angst vor den „roten"
Richtern, von denen man doch gehofft hatte, sie mehrheitlich in dem angeblich weniger bedeutsamen Ersten Senat versammelt zu haben, fügten sich die folgenden Versuche auf Regierungsseite ganz in die Logik der antizipierten Reaktion: Man hoffte, durch
Drohungen das Verfassungsgericht und vor allem die vom „Geist des Sozialismus"[22] be-
seelten Verfassungsrichter einzuschüchtern und ihnen dadurch die politischen Grenzen
aufzuzeigen.[23]

Zu dieser Strategie gehörte u. a. auch die Idee, einen zweiten Gang nach Karlsruhe
anzutreten und durch ein Organstreitverfahren über die Frage der Verfassungsmäßigkeit der EVG-Verträge die politische Frage der Wiederbewaffnung in den Zweiten Senat
zu bringen, von dem sich die Regierung eine für sie günstigere Entscheidung versprach.
Ihren rein taktischen Charakter konnte diese Vorgehensweise jedoch kaum verbergen:
Denn bei Lichte besehen, begehrte die Bundesregierung kaum etwas anderes, als das
Recht der Mehrheit, sich mit den Stimmen der Mehrheit durchzusetzen. Sie musste sich
aber vom BVerfG darüber belehren lassen, dass Mehrheit und Minderheit für sich genommen keine antragsbefugten Organteile sind – nicht zuletzt, weil sie sich in einem
dynamischen Willensbildungsprozess erst bilden müssen.[24] Diese Entscheidung bedeutete zwar noch nicht das Ende der Verfahren über die Wiederbewaffnung in Karlsruhe,
aber sie zog doch zunächst einen Schlussstrich unter die akute Kontroverse zwischen
dem Verfassungsgericht und der Regierung.

Im Vergleich dazu war jedoch die Verhandlung über das Plenargutachten des Bundespräsidenten noch grundlegender für die Autorität des Gerichts (BVerfGE 2, 79).

---

20 Siehe hierzu Laufer, a. a. O. (Fn. 9), S. 473 f.
21 Zu den Hintergründen siehe Baring, Arnulf: Außenpolitik in Adenauers Kanzlerdemokratie. Bonns
    Beitrag zur Europäischen Verteidigungsgemeinschaft, München/Wien 1969, S. 234–240.
22 So Dehler im Oktober 1952 auf dem Parteitag der FDP, zitiert nach Baring, a. a. O. (Fn. 21), S. 251.
23 Vgl. Dehlers Bemerkungen über „das Ende der deutschen Verfassungsjustiz" im Bulletin Nr. 185 vom
    26. November 1952.
24 Vgl. bereits die Leitsätze 3, 10–12 von BVerfGE 2, 143.

Denn die Senate drohten zum „Spielball" der jeweiligen Lager zu werden. Das Gericht wollte aber „nicht im Spiele der Zuständigkeiten seine Autorität verlieren" und sah sich deswegen gezwungen, „grundsätzliche Verfahrensregeln auf[zu]stellen, die sich aus dem Grundgedanken des Gesetzes über das Bundesverfassungsgericht ergeben" (E 2, 86). Das hieß vor allem, sich auf § 16 Abs. 1 BVerfGG zu stützen, der die Voraussetzungen für das Anrufen des Plenums regelt und die Einheitlichkeit der Rechtsprechung garantieren soll. Danach darf ein Senat nicht von der Rechtsauffassung eines anderen Senats abweichen, sofern diese Frage bereits von einem anderen Senat entschieden worden ist. Mit einem schlichten *argumentum a fortiori* stellten die Verfassungsrichter klar, dass ein Senat „erst recht" nicht gegenüber der Rechtsauffassung des Plenums abweichen darf (E 2, 90). Die Entscheidung wurde vom Plenum des BVerfG mit deutlicher Mehrheit von zwanzig zu zwei Stimmen gefällt; sie fand in der Literatur weniger aufgrund ihrer luziden juristischen Begründung Zustimmung, sondern weil sie vor allem geeignet war, sich aus der politischen „Umklammerung" zu befreien.[25]

Auf der Grundlage dieser Entscheidung sollte das Verfahren fortgeführt werden. Aber Adenauer, besorgt in Karlsruhe gänzlich zu scheitern, überzeugte den Bundespräsidenten davon, den Gutachtenauftrag zurückzuziehen. In der Öffentlichkeit wurde dieser Rückzug überwiegend als Beweis des Misstrauens gegenüber dem Verfassungsgericht bewertet – nicht ohne Grund, wie Dehlers bekannt gewordene Bemerkung, die Entscheidung sei ein „Nullum", deutlich machte.[26] Ein Fehler von Dehler mit Folgen, da die schlechte Presse Adenauer nötigte, nach einem klärenden Gespräch mit Höpker Aschoff eine Ehrenerklärung zugunsten des BVerfG abzugeben.[27]

Der Burgfrieden hielt jedoch nicht lang. Nachdem im Mai der Zweite Senat die Organklage der Bundesregierung zurückgewiesen hatte, ließ sich Dehler zu neuerlichen Invektiven hinreißen. Sein Anspruch, als Bundesjustizminister Wächter des BVerfG zu sein, brachte ihm nicht nur öffentliche Kritik von seinen Gegnern ein, auch seine Parteifreunde äußerten Zweifel an seiner Amtsführung. Als besonders bitter dürfte es Dehler empfunden haben, dass Höpker Aschoff – sein alter Weggefährte – effektive Schritte zur Verteidigung seines Gerichts unternahm: Zunächst wies der Präsident in einer Rundfunkrede den Justizminister zurecht, dass ihm keine Wächterrolle gegenüber dem Verfassungsgericht zukomme.[28] Dann machte er hinter verschlossenen Türen klar, dass eine neuerliche Berufung Dehlers ins Kabinett, seinen, Höpker Aschoffs, Rücktritt zur Folge hätte – statt dessen kam es nicht mehr zum neuerlichen Amtsantritt Dehlers.[29]

---

25 Vgl. die Kommentare von Häußler, a. a. O. (Fn. 3), S. 35 und Wild, Michael: BVerfGE 2, 79 – Wiederbewaffnung III. Das BVerfG und „Hohe Politik". In: Menzel, Jörg (Hrsg.), Verfassungsrechtsprechung, Tübingen 2000, S. 65–69, S. 68 f.
26 Baring, a. a. O. (Fn. 21), S. 250.
27 „Nach den Unterredungen Höpker Aschoffs". In: FAZ v. 22. Dez. 1952.
28 „Höpker Aschoff weist die Kritik Dehlers zurück". In: FAZ v. 16. März 1953, S. 1.
29 Häußler, a. a. O. (Fn. 3), S. 37.

3.2 Fernsehstreit

Das Verhältnis zwischen Regierung und Verfassungsgericht blieb nach dem Statusstreit und der Kritik an den Entscheidungen zur Wiederbewaffnung gespannt, im Grunde bis zum Ende der Ära Adenauer; dies zeigte sich u. a. in den Verhandlungen über das Reichskonkordat (BVerfGE 6, 309) und die Parteienfinanzierung (E 8, 51) sowie in den Reaktionen auf die verfassungsgerichtlichen Entscheidungen. Den Höhepunkt – und zugleich einen gewissen Abschluss – erreichten die Spannungen mit der Urteilsschelte der Regierung an dem Urteil zum Deutschland-Fernsehen.[30] Bekannt geworden ist Adenauers Bemerkung während der Haushaltsdebatte vom 8. März 1961, das Kabinett sei sich „darin einig, daß das Urteil falsch ist, meine Damen und Herren".[31]

In der Sache ging es darum, ob die Bundesregierung ihr Interesse, den direkten Einfluss auf den Rundfunk zu vergrößern, gegen den Widerstand der Bundesländer durchsetzen konnte: Im September 1959 hatte das Bundeskabinett den Entwurf eines Gesetzes über den Rundfunk verabschiedet, der neben der Gründung der „Deutschen Welle" und des „Deutschlandfunks" auch ein zweites deutsches Fernsehprogramm vorsah, das sogenannte Deutschland-Fernsehen. Mangels Beteiligung von Länderseite blieb die Bundesrepublik Alleingesellschafter der eigens dafür ins Leben gerufenen GmbH, deren verfassungsgemäße Einrichtung zuerst von Hamburg und dann auch von Bremen, Hessen und Niedersachsen vor dem BVerfG bezweifelt wurde.[32] Nach Auffassung dieser Länder hat die Bundesregierung damit sowohl gegen die Organisationsgrundsätze in Art. 5 Abs. 1 S. 2 GG und die Regelungen des Art. 30 GG als auch gegen den Grundsatz des bundesfreundlichen Verhaltens verstoßen, während diese ihr Vorgehen u. a. durch Art. 73 Nr. 7 GG gedeckt sah und darüber hinaus argumentierte, Rundfunk sei im Grunde keine Frage der öffentlichen Verwaltung und zudem gehöre diese Aufgabe kraft Natur der Sache zur Kompetenz des Bundes.[33]

Das BVerfG schloss sich der Ländermeinung an und untermauerte diese Auffassung mit Argumenten, die bis heute zu den Grundsätzen der Rundfunkordnung zählen.[34] Den Nerv der Regierung dürfte das Verfassungsgericht dabei aber nicht allein durch den für Adenauer enttäuschenden Ausgang des Fernsehstreits getroffen haben. Zur Urteilsschelte trug sicher auch die Begründung bei, mit der das Verfassungsgericht das Vorgehen Adenauers, insbesondere die Verletzung des bundesfreundlichen Verhaltens „verurteilte". Aber gerade weil das Verfassungsgericht – nota bene der Zweite Senat – die Kraft fand, den Plänen Adenauers kompromisslos einen Strich durch die Rechnung

---

30 Zur Dokumentation dieser Auseinandersetzung siehe Zehner, Günther: Der Fernsehstreit vor dem Bundesverfassungsgericht. Eine Dokumentation des Prozeßmaterials, 2 Bde., Karlsruhe 1964.

31 BT-Prot. III, S. 8308.

32 Vgl. hierzu Laufer, a. a. O. (Fn. 9), S. 448 ff.

33 Vgl. BVerfGE 12, 205 (216 ff.).

34 Für eine kurze Würdigung siehe Müller-Terpitz, Ralf: BVerfGE 12, 205 – Deutschland-Fernsehen. In: Menzel, Jörg (Hrsg.), Verfassungsrechtsprechung, 2000, S. 122–128.

zu machen und dabei auch Grundsätzliches zur Rundfunkordnung sowie zur föderativen Ordnung zu sagen, ging es unbeschadet und im Ergebnis gestärkt aus dieser Auseinandersetzung hervor.[35] Bezeichnenderweise wurde der Schlusspunkt vom damaligen Verfassungsgerichtspräsidenten Gebhard Müller gesetzt, als dieser in einer öffentlichen Erklärung die Regeln für eine in Form und Inhalt angemessene Kritik am Verfassungsgericht aufstellte, an die sich die Kritiker fürderhin zu halten haben.[36]

3.3 Reformquerelen

Müller war es auch, der – damals noch in seiner Funktion als Ministerpräsident Baden-Württembergs – mit seinem Vorschlag die Hängepartie in der Reformdebatte um das BVerfG beendete. Während das Verfassungsgericht in einigen Punkten eine Entlastung von seiner Arbeitsbelastung anstrebte,[37] ging es Adenauer hauptsächlich darum, den Einfluss auf die Besetzung des Gerichts und damit letztlich auch auf die Rechtsprechung zu vergrößern.[38] Daher wurde die Reformdiskussion bald zu einer Wahlrechtsdiskussion mit dem Ziel, die beiden Senate nach amerikanischem Vorbild zusammenzulegen, auf neun Richter zu verringern (und dabei den Anteil an Berufsrichtern zu erhöhen) sowie die Richterwahl mit einfacher Mehrheit einzuführen.

Vor allem der letzte Aspekt spielte eine wesentliche Rolle in den nachfolgenden Auseinandersetzungen zwischen Regierung und Opposition. Denn diese fürchtete ihren Einfluss bei der Auswahl der Verfassungsrichter gänzlich einzubüßen, jene hingegen wollte zumindest erreichen, dass die relative Mehrheit nach dem ersten Wahlgang über die Auswahl der Richter entscheide,[39] im Zweifel auch über den Umweg eines Beirates.[40] Für das Verfassungsgericht stand sein Ansehen als unabhängiges Gericht auf dem Spiel; Leibholz sprach gar von der Gefahr eines „Regierungsgerichts".[41] Das Problem pendelte in den zuständigen Ausschüssen von Bundestag und Bundesrat rund ein Jahr bis zum erwähnten Kompromissvorschlag des späteren Präsidenten des BVerfG vom Juli 1956: Sein Vorschlag hatte im Wesentlichen eine Verkleinerung des Gerichts von zwölf auf zehn (und perspektivisch acht) Verfassungsrichtern je Senat und eine Absenkung des

---

35 Vgl. hierzu die Studie von Lembcke, Oliver: Über das Ansehen des Bundesverfassungsgerichts. Ansichten und Meinungen der öffentlichen Meinung 1951–2001, Berlin 2006.

36 Vgl. Häußler, a. a. O. (Fn. 3), S. 52.

37 Siehe hierzu Geiger, Willi: Zur Reform des Bundesverfassungsgerichts. In: Maunz, Theodor (Hrsg.), Vom Bonner Grundgesetz zur gesamtdeutschen Verfassung. FS Hans Nawiasky, München 1956, S. 211–236.

38 Vgl. etwa Gotto, Klaus/Kleinmann, Hans-Otto/Schreiner, Reinhard (Hrsg.): Im Zentrum der Macht. Das Tagebuch von Staatssekretär Lenz, 1951–1953, Düsseldorf 1989, S. 279, 293, auf den auch Häußler, a. a. O. (Fn. 3), S. 40 (m. w. N.) verweist.

39 Vgl. Laufer, a. a. O. (Fn. 9), S. 176–180.

40 Zur Idee eines Beirates vgl. Häußler, a. a. O. (Fn. 3), S. 44 f.

41 „Bedenken aus Karlsruhe". In: FAZ v. 18. Juni 1955, S. 4.

Wahlquorums auf zwei Drittel der Stimmen im Bundestag – respektive im zuständigen Wahl(männer)ausschuss – zum Inhalt; anstelle des Beirates, einst als Machtinstrument der Regierung gedacht, erhielt das BVerfG ein unverbindliches Vorschlagsrecht.

Diese Lösung hält bis heute. Sie hat damals der Regierung eine leichte Verschiebung zu ihren Gunsten bei den anstehenden Richterwahlen eingebracht – legt man die Parteizugehörigkeit oder die Parteinähe der Verfassungsrichter zugrunde. Aber diese Vorteile konnten die herben Enttäuschungen nicht verhindern, die nicht nur die Adenauer-Regierung mit „ihrem" Senat des BVerfG machen musste. Der Streit um die Wiederbewaffnung und das Deutschland-Fernsehen sind hierfür nur zwei Beispiele für eine Geschichte, die sich auch in der Ära nach Adenauer fortsetzte und in der das Verfassungsgericht gerade in der Auseinandersetzung mit der Regierung seine Autorität bilden konnte.

4 Autorität von Institutionen

Institutionen entstehen und entwickeln sich im Banne einer richtungweisenden Idee, einer „idée directrice", wie der französische Rechtslehrer Maurice Hauriou im Anschluss an Claude Bernard formulierte.[42] Diese Leitidee liegt den Institutionen zugrunde, und auf ihre Verwirklichung bleiben sie ausgerichtet in dem Bestreben, über den formalen Status ihrer Gründung hinauszugelangen und das zu werden, was sie ihrer Leitidee nach sein sollen. Ob ihnen dies gelingt, erweist sich erst in den Handlungen, mit denen die Institution ihre Leitidee zur Geltung bringt und auf diese Weise ihre ursprüngliche soziale Resonanz lebendig hält.[43] Was heißt das für die Verfassungsgerichtsbarkeit?

Einer Verfassung ist ihr Anspruch auf normative Geltung eingeschrieben, und zwar unabhängig davon, um welche Verfassung es sich handelt. Gleichwohl zeigt das Verhältnis von Anspruch und Wirklichkeit, dass die Normativität von Verfassungen prekär ist. Eben aus diesem Grund entsteht die Idee des Vorrangs der Verfassung und ihrer Institutionalisierung.[44] Die Institution umfasst Geltung, Verbindlichkeit und Wirksamkeit als drei Momente der Verfassung – und verkörpert deren Einheit in der Praxis des gesellschaftlichen Zusammenlebens: die Normativität der Verfassung als Maßstab der verbindlichen Entscheidungen des Verfassungsgerichts, mit denen die Vorgaben der Verfassung sozial wirksam werden und sich gerade auch im politischen Bereich durchsetzen können. Neben dieser im Grundsatz eher funktionalen Perspektive erweist sich der institutionelle Eigenwert der Verfassungsgerichtsbarkeit unmittelbar daran, dass

---

42 Hauriou, Maurice: Die Theorie der Institution und zwei andere Aufsätze von Maurice Hauriou (hrsg. von Roman Schnur), Berlin 1967, S. 27–66, v. a. S. 34–36 u. 47. Im Folgenden geht es nur um die von Hauriou so bezeichneten Personeninstitutionen (S. 34) im Unterschied zu den Sachinstitutionen (S. 35).

43 Hauriou, a. a. O. (Fn. 42), S. 49.

44 Zum Vorrang der Verfassung siehe u. a. Wahl, Rainer: Der Vorrang der Verfassung. In: Der Staat 20/ 1981, S. 485–516.

sich die Entscheidungen des Gerichts nicht als eine bloße Ableitung aus der Verfassung verstehen lassen. Ins Allgemeine gewendet: Die Institution kann nicht durch die praktische Vernunft ersetzt werden, da diese nicht ihrerseits dafür Sorge tragen kann, dass die allgemein als richtig erkannten Vorgaben in der Praxis auch ihre entsprechende Umsetzung erfahren. Institutionen wie die der Verfassungsgerichtsbarkeit lassen sich mithin selbst als eine Forderung der praktischen Vernunft verstehen.[45]

Vor diesem Hintergrund wird deutlich, dass sich Verfassungsgerichte nicht auf ihre Kontrolltätigkeit beschränken lassen. Ihre Existenz im Institutionengefüge bedeutet den Einzug einer höheren Ebene in die Rechtsordnung, ohne dafür auf das Naturrechtsdenken zurückgreifen zu müssen. Entsprechend der Idee vom Verfassungsvorrang lässt sich die Verfassung mit Luhmann als ein „autologischer" Text bezeichnen: Sie „sagt ich zu sich selbst"[46] – und nur die Verfassungsrichter wissen „letztgültig", was die Verfassung will und was nicht. Dieser geltungstheoretisch komplexe Befund ist auch in praktischer Hinsicht nicht ohne Tücken: Denn es stellt sich die Frage, wie dieser Anspruch auf „vorrangiges" Wissen in tatsächliche Interpretationsmacht verwandelt werden kann, ohne „eigenmächtig" zu handeln oder so zumindest zu erscheinen. Ob Durchsetzungswille oder Wille zum gemeinschaftlichen Handeln, beides kann einer Institution nicht gerecht werden, deren Aufgabe darin besteht, das Handeln anderer Akteure an Maßstäben zu messen – auch wenn diese nicht unmittelbar zur Hand sind, sondern der kreativen Entwicklung bedürfen. Aber eben hierin besteht der Ausgangspunkt für die spezifische Interpretationsmacht der Verfassungsgerichtsbarkeit: In Fragen der Verfassung muss es das Verfassungsgericht besser wissen als andere Institutionen oder Akteure, darin liegt seine eigentliche Aufgabe. Und diejenige Form der Macht, die sich mit einem Wissen verbindet, das sich durch überlegenen Umgang mit einer Sache auszeichnet, heißt Autorität.[47]

Autorität muss erworben werden, nicht jedoch durch gemeinsames Handeln, sondern durch Unterordnung. Der Andere erkennt die Überlegenheit der Autorität freiwillig durch Unterordnung an – andernfalls hat Autorität keinen Bestand.[48] Denn Gewalt einzusetzen oder anzudrohen, ist mit dem Begriff der Autorität unvereinbar, weil dadurch das Moment der Freiwilligkeit zerstört würde. Die Anerkennung erspart somit

---

45 Vgl. Wieland, Wolfgang: Aporien der praktischen Vernunft, Frankfurt a. M. 1989, S. 36.

46 Luhmann, Niklas: Verfassung als evolutionäre Errungenschaft. In: Rechtshistorisches Journal 9/1990, S. 176–220, hier S. 187.

47 Zur Bedeutung der Autorität bezogen auf die Verfassungsgerichtsbarkeit: Lembcke, Oliver W.: Autorität der Verfassungsgerichtsbarkeit – eine Skizze in vergleichender Absicht, in: Christian Boulanger und Michael Wrase (Hrsg.): Politik des Verfassungsrechts. Interdisziplinäre und vergleichende Perspektiven auf die Rolle und Funktion von Verfassungsgerichten. Baden-Baden 2013, S. 34–62. Siehe zur Begriffsgeschichte der Autoritätsidee vor allem Arendt, Hannah: Was ist Autorität? In: Dies.: Zwischen Vergangenheit und Zukunft. Übungen im politischen Denken I, (Hrsg. von Ursula Ludz), München/Zürich 1994, S. 159–200.

48 Vgl. Gadamer, Hans-Georg: Wahrheit und Methode, (Gesammelte Werke, Taschenbuchausgabe, Bd. 1: Hermeneutik I), Tübingen 1999, S. 284.

der Autorität, Zwangsmittel anwenden zu müssen; sie ist das Proprium wahrer Autorität. Aber die Autorität wäre keine, wenn man sie nicht als eine Repräsentantin von Normen und Werten ansähe. Die Überlegenheit im Umgang mit einer Sache fällt nur dann ins Gewicht, wenn die Sache einen Wert darstellt – und dieser Wert für den Anerkennenden auch eine Bedeutung hat. Aus der Verbindung von Normen und Werten einerseits und dem richtigen Umgang mit ihnen andererseits resultiert die „Wertschätzung" der Autorität.[49] Sie erscheint als Garant für die angemessene Beurteilung von Dingen, die einem wichtig sind, weshalb man sich ihrem Urteil (gern) anschließt. In diesem Sinne lässt sich auch ein Verfassungsgericht als eine Autorität verstehen.

Konflikte zwischen der Politik und der Verfassungsgerichtsbarkeit sind nichts Außergewöhnliches, wie sich vergleichenden Analysen entnehmen lässt, sie können aber gerade zu Beginn einer solchen Institution einen quasi existentiellen Charakter annehmen. Das BVerfG musste sich in dieser Auseinandersetzung mit der Regierung Adenauer behaupten, und gerade deswegen ist es ihm gelungen, als Autorität angesehen zu werden. Dieser Prozess der Autoritätsbildung, der sich als prägend für die heutige Rolle des Verfassungsgerichts im politischen System der Bundesrepublik erweisen sollte, ist jedoch von den Verfassungsrichtern der ersten Generation selbst in Gang gebracht worden, als sie ihren Anspruch, Hüter der Verfassung zu sein, erstmalig formulierten und die anderen Akteure im politischen System mit diesem Anspruch konfrontierten – eine Konfrontation, die im Kern ein politischer Kampf um Anerkennung war.

---

49 Sofsky, Wolfgang/Paris, Rainer (1994): Figurationen sozialer Macht. Autorität – Stellvertretung – Koalition, Frankfurt a. M. 1994, S. 26 f.

Bundesverfassungsgericht und sozialliberale Koalition unter Willy Brandt

Der Streit um den Grundvertrag

Klaus Joachim Grigoleit

1 Einführung

Der „Konflikt zwischen Bundesverfassungsgericht und politischer Führung"[1] ist in der Kontrollfunktion der Verfassungsgerichtsbarkeit programmiert. Er manifestierte sich im resignierenden Adenauerwort „dat ham wir uns so nicht vorjestellt",[2] in einer Bombendrohung des Justizministers Dehler[3] und in vergleichsweise zurückhaltender Gefolgschaftsverweigerung der Bayerischen Staatsregierung im Kruzifixstreit.[4] Nur in der Ära der sozialliberalen Reformpolitik drohte der Konflikt ernsthaft zu eskalieren, der berühmte Ausspruch über die „acht Arschlöcher in Karlsruhe",[5] hatte einen durchaus ernsten Hintergrund.

In die Regierungszeit von Bundeskanzler *Brandt* fiel 1971 der Wechsel im Präsidentenamt von *Gebhard Müller* zu *Ernst Benda* und die Wahl von *Martin Hirsch* als Nachfolger für *Gerhard Leibholz* im Zweiten Senat durch den Bundestag. Mit der Wahl des ehemaligen Innenministers Benda zum Präsidenten erkaufte sich die Regierung mit der Wahl des SPD-Politikers Hirsch eine politische Machtverschiebung im Zweiten Senat, die eine Annäherung an die neuen politischen Mehrheitsverhältnisse herstellte und deren Bedeutung angesichts der absehbaren Auseinandersetzungen vor dem Senat

---

1   Häußler, Richard: Der Konflikt zwischen Bundesverfassungsgericht und politischer Führung, 1994.

2   Lamprecht, Rolf: Zur Demontage des Bundesverfassungsgerichts, 1996, S. 126.

3   Vgl. zur Drohung Dehlers, er werde das Gericht „eigenhändig in die Luft sprengen": Hoffmann, Dirk: Das Bundesverfassungsgericht im politischen Kräftefeld der frühen Bundesrepublik., HistJb 120 (2000), S. 227/253.

4   Vgl. dazu skandalisierend: Lamprecht, a. a. O. (Fn. 2), S. 39 ff.; Wahl, Rainer: Quo vadis – Bundesverfassungsgericht?, in: Guggenberger/Würtenberger (Hrsg.), Hüter der Verfassung oder Lenker der Politik, 1998, S. 81/84 f.; zu Recht relativierend: Limbach, Jutta: Die Akzeptanz verfassungsgerichtlicher Entscheidungen, 1997, S. 6 f.

5   Dazu Lamprecht, a. a. O. (Fn. 2), S. 128 ff.

den Beteiligten durchaus bewusst war.[6] Weitere personelle Veränderungen fielen in die Kompetenz des Bundesrats.

Während die gerichtliche Auseinandersetzung um die innenpolitischen Reformen der sozialliberalen Koalition weitgehend erst in die Regierungszeit von *Helmut Schmidt* fielen[7] und dort mit dem Streitgespräch zwischen dem Bundeskanzler und dem Gerichtspräsidenten *Benda* 1978[8] einen medialen Höhepunkt fanden,[9] wurde der „Streit um den Grundvertrag",[10] in dessen Zusammenhang die Verbalinjurie gefallen sein soll, und damit um das Kernstück der „neuen Ostpolitik" in der Regierungszeit von Bundeskanzler Brandt geführt. Der Streit zog sich über mehrere Eskalationsstufen hin und brachte die Republik an den Rand ihrer bislang wohl einzigen Verfassungskrise. Weder zuvor noch danach stellte sich im ausbalancierten Regierungssystem unter dem Grundgesetz so unverhüllt die Machtfrage. Nachfolgend sollen die verfassungsgerichtlichen Entscheidungen vor dem Hintergrund des äußeren Geschehensablaufs analysiert und auf ihre Aussagekraft für die Rolle des Bundesverfassungsgerichts (BVerfG) im politischen System untersucht werden.[11]

2   Der Streit um den Grundvertrag

2.1   Historische Ausgangspunkte

Mit der Konsolidierung der beiden deutschen Staaten 1954/55 entstand ein Status quo, der der bisher konfrontativen Blockpolitik die Grundlage entzog.[12] Die entspannende Ausgestaltung des Status quo wurde zum Grundmotiv der internationalen Politik. Spätestens seit „Sputnik-Schock" 1957[13] und Mauerbau 1961 fand eine „aggressive" Wieder-

---

6   Vgl. Dopatka, Friedrich-Wilhelm: Das Bundesverfassungsgericht und seine Umwelt, 1982, S. 45 f.; Häußler, a. a. O. (Fn. 1), S. 52 f., jeweils m. w. N.

7   Nur das „Hochschulurteil" vom 29. 5. 1973, BVerfGE 35, 79, erging in der Amtszeit von Willy Brandt; vgl. dazu Biehler, Gerhard: Sozialliberale Reformgesetzgebung und Bundesverfassungsgericht, 1990, S. 91 ff.

8   Vgl. Häußler, a. a. O. (Fn. 1), S. 72 ff.

9   Vgl. zum Vorwurf eines unzulässigen „judicial activism" gegen die Reformpolitik etwa Schueler, H.: Die Konterkapitäne von Karlsruhe; wird Bonn von den Verfassungsrichtern regiert?, Die Zeit Nr. 9, 1978, S. 9 f.; Vogel, Hans-Jochen: Videant judices! Zur aktuellen Kritik am Bundesverfassungsgericht, DÖV 1978, S. 665; von Beyme, Klaus: Das politische System der Bundesrepublik Deutschland, 11. Aufl. 2010, S. 422 f.; Biehler, a. a. O. (Fn. 7), S. 196 ff. (passim); Dopatka, Friedrich-Wilhelm: Zur Bedeutung des Bundesverfassungsgerichts in der politischen und gesellschaftlichen Entwicklung der Bundesrepublik 1951–1978, in: Däubler/Küsel (Hrsg.), Verfassungsgerichtsbarkeit und Politik, 1979, S. 31/44 ff.; Zusammenfassung der Auseinandersetzungen bei Häußler, a. a. O. (Fn. 1), S. 64 ff.

10   Umfassend dokumentiert in: Cieslar, Eve/Hampel, Johannes/Zeitler, Franz-Christoph (Hrsg.): Der Streit um den Grundvertrag. Eine Dokumentation, 1973.

11   Ausführlicher zum Ganzen: Grigoleit, Klaus Joachim: Bundesverfassungsgericht und Deutsche Frage, 2004, S. 255 ff.

12   Vgl. Görtemaker, Manfred: Geschichte der Bundesrepublik Deutschland, 2004, S. 333.

13   Görtemaker, a. a. O. (Fn. 12), S. 355.

vereinigungspolitik auch im westlichen Bündnis keine Rückendeckung mehr.[14] Ersten Anzeichen einer Öffnung unter *Adenauer*[15] folgten in der Großen Koalition unter *Kiesinger* das Ende der „Hallsteinzeit"[16] und erste Kontakte zur DDR-Führung auf Regierungsebene. Ob eine CDU-geführte Regierung wirklich bereit war, den Politikwechsel zu vollziehen, erscheint jedoch zweifelhaft.[17] Erst die nach der Bundestagswahl 1969 gebildete sozialliberale Koalition vollzog die unvermeidliche Richtungsänderung.

Den Dreh- und Angelpunkt der „neuen Ostpolitik" bildete die Situation in Berlin schon deshalb, weil das am 3. September 1971 unterschriebene Viermächte-Abkommen über Berlin,[18] erst in Kraft treten konnte, nachdem die Bundesrepublik durch den Abschluss von Gewaltverzichtsabkommen ihren ernsthaften Willen zur Entspannung demonstriert hatte. Die Bundesrepublik sollte sich mit der Verschiebung der deutschen Ostgrenze auf die Oder-Neiße Linie und mit der Koexistenz der beiden deutschen Staaten abfinden.

Schon die zur Erfüllung des ersten Teils geschlossenen „Ostverträge"[19] führten trotz deutschlandpolitischer Vorbehalte im Bundestag zu heftigen Auseinandersetzungen, die letztlich zum gescheiterten Misstrauensvotum gegen Bundeskanzler *Brandt* vom 27. April 1972 führten.[20] Parallel zu den Verhandlungen um die Ostverträge nahm die Bundesregierung auf der Grundlage der Regierungserklärung vom 28. Oktober 1969[21] Sondierungsgespräche mit der DDR auf, um die Beziehungen „besonderer Art" der beiden Staaten in Deutschland zu regeln. Diese führten zunächst zu einem Verkehrsabkommen, das ohne Gegenstimmen bei nur neun Enthaltungen am 22. September 1972 im Bundes-

---

14 Vgl. Wenger, Andreas: Der lange Weg zur Stabilität, VfZ 46 (1998), S. 69; Conze, Eckart: Konfrontation und Détente, VfZ 46 (1998), S. 269.

15 Vgl. zur Diskussion um Adenauers Versuche, die deutschlandpolitische Stagnation zu überwinden: Morsey, Rudolf: Die Bundesrepublik Deutschland, 5. Aufl. 2007, S. 58 f., 179 ff. (m. w. N.).

16 Wiederaufnahme der Beziehungen zu Jugoslawien 1967; dazu Winkler, Heinrich-August: Der lange Weg nach Westen, Bd. II, 2010.

17 Baring, Arnulf: Machtwechsel, Die Ära Brandt-Scheel, 1983, zit. nach der Taschenbuch-Ausgabe, 1998, S. 237; Bender, Peter: Episode oder Epoche, Zur Geschichte des geteilten Deutschland, 3. Aufl. 1997, S. 172 f.; abweichend Hildebrand, Klaus: Von Erhard zur Großen Koalition, 1984, S. 323 ff.

18 Vgl. zum Vier-Mächte-Abkommen (abgedruckt in: von Münch [Hrsg.], Dokumente des geteilten Deutschlands, Bd. 2, 1974, S. 94) ausführlich: Schiedermair, Hartmut: Der völkerrechtliche Status Berlins nach dem Viermächte-Abkommen vom 3. September 1971, 1975; zu seiner Einbindung in die Ostpolitik: Schöllgen, Gregor: Die Außenpolitik der Bundesrepublik Deutschland, 3. Aufl. 2004, S. 112 ff.

19 Vertrag zwischen der Bundesrepublik Deutschland und der Union der Sozialistischen Sowjetrepubliken v. 12. August 1970 (BGBl. II S. 353) und Vertrag zwischen der Bundesrepublik Deutschland und der Volksrepublik Polen v. 7. Dezember 1970 (BGBl. II S. 1127).

20 Vgl. zu den Umständen des Scheiterns bereits Baring, a. a. O. (Fn. 17), S. 473 ff.; Winkler, Der Lange Weg, a. a. O. (Fn. 16), S. 298 f.; Schöllgen, Gregor: Willy Brandt, 2013, S. 194 f.

21 Abgedruckt in: von Münch, Dokumente, a. a. O. (Fn. 18), S. 167 (Auszug); vgl. hierzu Baring, a. a. O. (Fn. 17), S. 290 ff.; Schöllgen, Willy Brandt, a. a. O. (Fn. 20), S. 171.; Hillgruber, Andreas: Deutsche Geschichte 1945–1986, Die „deutsche Frage" in der Weltpolitik, 8. Aufl. 1995, S. 109 f.; Stern, Klaus: Staatsrecht der Bundesrepublik Deutschland, Bd. V, 2000, S. 1486.

tag ratifiziert wurde.[22] Der damit scheinbar erzielte deutschlandpolitische Grundkonsens zerfiel aber sogleich wieder, als am 8. November 1972 der „Vertrag über die Grundlagen der Beziehungen zwischen der Bundesrepublik Deutschland und der Deutschen Demokratischen Republik" paraphiert und veröffentlicht wurde.[23] Der nach seiner Präambel „unbeschadet der unterschiedlichen Auffassungen der Bundesrepublik Deutschland und der Deutschen Demokratischen Republik zu grundsätzlichen Fragen, darunter zur nationalen Frage" geschlossene Vertrag sah die Entwicklung „gutnachbarliche(r) Beziehungen auf der Grundlage der Gleichberechtigung" vor und bekräftigte die „Unverletzlichkeit" der innerdeutschen Grenze. Dem Vertrag beigefügt war der „Brief zur Deutschen Einheit".

Unter dem Eindruck der Auseinandersetzungen wurde die Bundestagswahl 1972 als Plebiszit für den Grundvertrag gewertet.[24] Die deutschlandpolitisch zerrissene Opposition im Bundestag[25] hatte nach dem Wahlergebnis deshalb beschlossen, den Kampf nicht durch einen „Gang nach Karlsruhe" fortsetzen zu wollen.[26] Hinter der bayerischen Staatsregierung sammelte sich jedoch das Lager derer, die den Kampf gegen den Machtwechsel nicht aufgaben, sondern die Entscheidung durch das BVerfG suchten.[27] Auf der anderen Seite war die Bundesregierung, durch den Wahlerfolg wie die internationale Anerkennung der Ostpolitik bestärkt, entschlossen, diese nun zügig umzusetzen.

2.2 Die Entscheidungen des BVerfG zum Grundvertrag

2.2.1 Die Entscheidungen im Vorfeld

Die Polarisierung spiegelte sich im Vorfeld der Hauptsacheentscheidung bereits in den Entscheidungen über je zwei Anträge auf Ablehnung des Richters *Rottmann* wegen Befangenheit sowie auf Erlass einer einstweiligen Anordnung gegen die Ratifizierung des Grundvertrages. Wenige Tage vor der ersten Entscheidung des Zweiten Senats des BVerfG über eine Aussetzung des weiteren Ratifizierungsverfahrens beantragte die

---

22 Vertrag zwischen der Bundesrepublik Deutschland und der Deutschen Demokratischen Republik über Fragen des Verkehrs v. 26. Mai 1972; mit Anlagen abgedruckt in: von Münch (Hrsg.), Dokumente, a. a. O. (Fn. 18), S. 246 ff.

23 Mit allen Anlagen abgedruckt in: von Münch (Hrsg.), Dokumente, a. a. O. (Fn. 18), S. 301 ff.; zu den vorausgegangenen Vertragsverhandlungen ausführlich: Baring, a. a. O. (Fn. 17), S. 548 ff.; zur Bewertung des Vertrags etwa Bracher, Karl Dietrich/Jäger, Wolfgang/Linke, Werner: Republik im Wandel, 1969–1974. Die Ära Brandt, 1986, S. 224.

24 Görtemaker, a. a. O. (Fn. 12), S. 562 f.

25 Vgl. Winkler, Der lange Weg, a. a. O. (Fn. 16), S. 313

26 Vgl. Kriele, Martin: Recht und Politik in der Verfassungsrechtsprechung, NJW 1976, S. 777/779.

27 Vgl. zur Diskussion in der CDU Haftendorn, Helga: Sicherheit und Entspannung, Zur Außenpolitik der Bundesrepublik Deutschland 1955–1982, 1986, S. 393 ff.; Stüwe, Klaus: Die Opposition im Bundestag und das Bundesverfassungsgericht, 1997, S. 227 ff.; Häußler, a. a. O. (Fn. 1), S. 55.

Bayerische Staatsregierung den Ausschluss des Richters *Rottmann* wegen Befangenheit, weil dieser zustimmend über die Ostpolitik der Bundesregierung referiert habe. Das BVerfG wies den Antrag im Ergebnis einstimmig zurück, weil ein Vortrag zu tagespolitischen Themen ohne unmittelbaren Bezug zum Streitgegenstand nicht ausreiche, um die besonderen Voraussetzungen für die Befangenheit von Verfassungsrichtern zu begründen.[28]

Dass der dadurch abgewehrten Veränderung der Mehrheitsverhältnisse im Senat ausschlaggebende Bedeutung zukommen konnte, erwies der Beschluss über den ersten Aussetzungsantrag vom 4. Juni 1973:[29] Nach Auffassung von vier Senatsmitgliedern wäre der Antrag der Bayerischen Staatsregierung wegen offensichtlicher Unbegründetheit[30] oder jedenfalls geringer Erfolgsaussichten abzuweisen gewesen. Die übrigen vier Richter hielten die Frage der Verfassungsmäßigkeit des Grundvertrags für „noch offen", die Erforderlichkeit seiner „verfassungskonformen Auslegung" aber für „noch offener".[31] Das Ratifizierungsverfahren müsse deshalb gestoppt werden, weil andernfalls vollendete Tatsachen die Kompetenzen des BVerfG irreparabel überspielen würden.[32] Zu der Skepsis gegenüber dem Vertrag trat also entscheidend der verfassungsrichterliche Selbstbehauptungswillen gegenüber dem als unangemessen empfundenen Druck der Bundesregierung. Im Hinblick auf noch ausstehende Ratifikationsschritte beließ der Senat es aber einstimmig bei einem kaum verklausulierten Appell an die Bundesregierung, der Entscheidung in der Hauptsache nicht vorzugreifen.[33]

Mit der zügigen Fortsetzung des Ratifikationsverfahrens machte die Bundesregierung jedoch deutlich, dass sie weder auf die Gegner des Vertrags, noch auf die Befindlichkeiten der Verfassungsrichter irgendwelche Rücksicht zu nehmen gewillt war.[34] Nur aus Presseerklärungen wurde bekannt, dass der Notenaustausch bereits am 20. Juni erfolgen sollte. Damit war genau die Situation eingetreten, für die die Meinungsdifferenz im Zweiten Senat ausschlaggebende Bedeutung erlangen musste.

---

28 BVerfGE 35, 171; darin abweichende Meinung Wand (175 ff.), der im Ergebnis zwar zustimmt, aber Besonderheiten des Befangenheitsrechts für Verfassungsrichter nicht anerkennt; vgl. dazu Geck, Wilhelm Karl: Wahl und Amtsrecht der Bundesverfassungsrichter, 1986, S. 79 ff.; Pestalozza, Christian: Verfassungsprozeßrecht, 3. Aufl. 1991; § 2 Rn. 48; Heusch, Andreas, in: Umbach, Dieter C./Clemens, Thomas/ Dollinger, Franz-Wilhelm (Hrsg.), BVerfGG, Mitarbeiterkommentar, 2. Aufl. 2005, § 19 Rn. 10 ff.

29 BVerfGE 35, 193.

30 BVerfGE 35, 193 (195); kritisch dazu Tomuschat, Christian: Auswärtige Gewalt und verfassungsgerichtliche Kontrolle, DÖV 1973, S. 801/802; Friesenhahn, Ernst: Hüter der Verfassung?, ZRP 1973, S. 188 (190 f.

31 BVerfGE 35, 193 (199).

32 BVerfGE 35, 193 (198 ff.).

33 Ebd., 200 f.

34 In diesem Zusammenhang dürfte der zuerst von Reißmüller in der F.A.Z. v. 27. 6. 1973, S. 1 kolportierte Ausspruch von den „acht Arschlöchern in Karlsruhe" die Position der Bundesregierung treffend charakterisieren, unabhängig davon, ob er tatsächlich gefallen ist oder von der F.A.Z. böswillig als bloßes Gerücht verbreitet wurde (so die bei Lamprecht, a. a. O. (Fn. 2), S. 128 ff., geäußerte Vermutung); zu den daraus entstandenen Verwicklungen: Häußler, a. a. O. (Fn. 1), S. 62 f.

In dieser Situation gab der Senat mit vier gegen drei Stimmen einem erneuten Ablehnungsantrag gegen den Richter Rottmann statt.[35] Dieser hatte in einem privaten Brief, der gezielt in die Öffentlichkeit lanciert worden war, geäußert, er sehe die These vom Fortbestand des Reichs für illusionär und von der Wirklichkeit widerlegt an. Mit der Entscheidung hatte sich die Spaltung des Senats also vorverlagert und der Antragstellerin war es scheinbar gelungen, die Mehrheitsverhältnisse rechtzeitig vor der am 18. Juni 1973 ergangenen zweiten Aussetzungsentscheidung[36] zu kippen.

Allerdings war durch das namentlich zu zeichnende Minderheitsvotum zum Befangenheitsantrag die Spaltung des Gerichts entlang der Grenzen der parteipolitischen Zugehörigkeit erstmalig in der Geschichte „amtlich" bekannt geworden.[37] Eine nachfolgende Sachentscheidung entlang der durch die Ausschließung veränderten parteipolitischen Mehrheitsfronten hätte die manipulative Wirkung des Ausschließungsverfahrens offenbart und die institutionelle Glaubwürdigkeit des Gerichts in Frage gestellt. Eine Aussetzungsentscheidung mit vier zu drei Richterstimmen hätte kaum judikative Autorität beanspruchen können, sondern wäre als politisch motivierte Wiederholung des gescheiterten Misstrauensvotums von 1972 unter ähnlich dubiosen Begleitumständen und vor dem Hintergrund der noch frischen Ergebnisse der Bundestagswahl geradezu als „legaler Putsch" stigmatisiert gewesen. Angesichts der demonstrativen Entschlossenheit der Bundesregierung war das Risiko der Verfassungskrise evident.

Schon aus Gründen des institutionellen Selbstschutzes war die Notwendigkeit senatsinterner Kompromissbildung unabweisbar. Nur eine Entscheidung über die senatsinternen Parteigrenzen hinweg konnte als Richterspruch und damit als Ausübung legitimer judikativer Gewalt Gefolgschaft erwarten. Angesichts der überaus klaren Positionierung der in die Minderheit geratenen Senatsmitglieder im ersten Aussetzungsbeschluss blieb dafür aber wenig Spielraum. Der einvernehmliche Ärger des Senats über den mangelnden Respekt der Bundesregierung vor dem Gericht konnte als kleinster gemeinsamer Nenner ohne Unterfütterung in der Sache kaum eine Stattgabe rechtfertigen. Jedenfalls im Ergebnis musste die neue Senatsmehrheit deshalb den „geordneten Rückzug" antreten.[38]

Der Antrag auf Erlass einer einstweiligen Anordnung wurde einstimmig zurückgewiesen. Die Senatsmehrheit durfte ihre inhaltliche Skepsis zwar der Begründung, nicht aber dem Ergebnis zugrundelegen. Zur „goldenen Brücke" wurde der von der Bundes-

---

35 BVerfGE 35, 246; zum ungewöhnlich scharfen Minderheitsvotum (ebd., 257) vgl. Geck, a. a. O. (Fn. 28), S. 83; Heusch, in Umbach/Clemens/Dollinger, a. a. O. (Fn. 28), Rn. 12 m. w. N.
36 BVerfGE 35, 257.
37 Vgl. Jäger, York: Entscheidungsverhalten und Hintergrundfaktoren der Bundesverfassungsrichter, ZRP 1987, S. 360, nach dessen Erhebung der Rottmann-Beschluss seit der Einführung des Minderheitsvotums 1970 das erste Beispiel für die „vollständige Differenzierung eines Senats in Fraktionsblöcke" war und bis zum Ende des Erhebungszeitraumes (1986) das einzige blieb; s. auch Landfried, Christine: Bundesverfassungsgericht und Gesetzgeber, 2. Aufl. 1996, S. 16.
38 Schoch, Friedrich/Wahl, Rainer: Die einstweilige Anordnung des Bundesverfassungsgerichts in außenpolitischen Angelegenheiten, FS Benda, 1995, S. 265/285.

regierung herausgestellte Zusammenhang zwischen dem Grundvertrag und der gleichzeitigen Aufnahme beider deutscher Staaten in die Vereinten Nationen:[39] Die Aufrechterhaltung dieses Zusammenhanges sei, so der Senat, „von elementarer Bedeutung für die von der Bundesrepublik und der Bundesregierung unaufgebbare Rechtsposition, daß zwischen den beiden deutschen Staaten ein näheres und besonderes Verhältnis zueinander besteht."[40] Bei einer Aussetzung der Ratifikation könnte die Aufnahme der DDR in die Vereinten Nationen ohne begleitende innerdeutsche Vereinbarung nicht ausgeschlossen werden. Dies gelte es um den Preis vollendeter Tatsachen zu vermeiden.

Mit dieser sachlich kaum tragfähigen Begründung[41] waren die Würfel auch für die Hauptsache gefallen. Der Grundvertrag trat mit allen völkerrechtlichen Wirkungen uneingeschränkt in Kraft. Das BVerfG selbst ging davon aus, dass der Hauptsacheentscheidung nur noch „eine für die innerstaatliche Ordnung und für die Rechtsposition der Bundesregierung bei den Verhandlungen über die Folgeverträge maßgebliche Bedeutung" zukomme.[42]

2.2.2 Das Grundvertragsurteil

Der politischen Polarisierung, der manifesten Spaltung des Senats und der völkerrechtlichen Wirkungslosigkeit seiner Entscheidung hatte auch das sechs Wochen später ergangene Urteil in der Hauptsache Rechnung zu tragen. Die gemeinsame Begründung des Grundvertragsurteils dient ersichtlich dem Ziel, keine der hergebrachten deutschlandpolitischen Grundsätze aufzugeben, andererseits aber aus keinem dieser Grundsätze Rechtsfolgen abzuleiten, die dem Grundvertrag und der neuen Ostpolitik entgegenstanden.[43]

Dies spiegelt sich insbesondere in der zentralen „deutschlandtheoretischen" These von der „Teilidentität" der Bundesrepublik mit dem Deutschen Reich.[44] Diese „bemerkenswerte Interpretation der historisch-politischen Wirklichkeit"[45] machte zwar aus den verschiedenen Deutschlandtheoremen einen „unbekömmlichen Brei".[46] Sie ermöglichte

---

39 Nach der DDR (12. Juni) hatte die Bundesregierung am 15. Juni, also am Tag vor der mündlichen Verhandlung über die Aussetzungsentscheidung die Aufnahme in die Vereinten Nationen beantragt; der Bundesjustizminister hatte dem Gericht mitgeteilt, dass das Beitrittsverfahren nicht weiter aufgehalten werden könne; vgl. Cieslar/Hampel/Zeitler (Hrsg.), Der Streit um den Grundvertrag, a. a. O. (Fn. 10), S. 90 ff.

40 BVerfGE 35, 257 (262 f.).

41 Vgl. Häußler, a. a. O. (Fn. 1), S. 60 f.; Kriele, Martin: Unabhängige Entscheidung, ZRP 1973, S. 193.

42 BVerfGE 35, 257 (263); Karl Friedrich Fromme sprach sogar davon, dass die Entscheidung in der Hauptsache zu einer wirkungslosen „Seminararbeit" degradiert worden sei, zit. nach Friesenhahn, Ernst: Hüter der Verfassung?, ZRP 1973, S. 188/189.

43 Vgl. Kewenig, Wilhelm A.: Auf der Suche nach einer Deutschlandtheorie, DÖV 1973, S. 797.

44 BVerfGE 36, 1 (16).

45 So Schöllgen, Außenpolitik, a. a. O. (Fn. 18), S. 123.

46 So Scheuner, Ulrich: Die staatsrechtliche Stellung der Bundesrepublik, DÖV 1973, S. 581/583; vgl. zur Kritik etwa Kewenig, a. a. O. (Fn. 43), S. 799 ff.; Bernhardt, Rudolf: Deutschland nach 30 Jahren Grund-

aber in der Rechtsfolge, einerseits darauf zu beharren, die DDR nicht als Ausland anzusehen, sie aber andererseits als gleichberechtigten Staat und Völkerrechtssubjekt anzuerkennen und damit „das Abschließen des Vertrags" als „faktische Anerkennung besonderer Art" zu verstehen.[47] Das Wiedervereinigungsgebot aus der Verfassung wurde zwar bestätigt und konkretisiert,[48] der Grundvertrag aber nicht als „Teilungsvertrag", sondern als „erster Schritt in Richtung auf die Reorganisation Deutschlands" interpretiert.[49]

Das Gericht stellte sich damit der Ostpolitik der sozialliberalen Koalition in ihrem Kern nicht entgegen. Das Festhalten an der „kunstvoll mumifizierten Rechtsperson Gesamtdeutschland (Deutsches Reich)" mit „schneewittchengleicher Existenz" mochte als „Flucht vor Geschichte und Wirklichkeit" kritikwürdig erscheinen.[50] Entscheidend war aber, dass das Gericht diese Mumie zwar weiter präparierte und vorführte, sie aber nicht zum Leben erweckte und gegen die Ostpolitik in Stellung brachte.

In der Würdigung des Vertrags wich das Urteil von einer insoweit durchaus konzilianten Linie insbesondere im Hinblick auf die innerdeutsche Grenze ab, indem es diese Grenze als eine „staatsrechtliche Grenze (…) ähnlich denen, die zwischen den Ländern der Bundesrepublik verlaufen", einstufte. Nur in dieser Qualifizierung sei die Grenzanerkennung verfassungskonform. Diese Parallelisierung war rechtlich wie tatsächlich geradezu absurd.[51] Das Gericht hätte es dabei belassen können, die unbestrittene und angesichts des Grenzregimes unbestreitbare Besonderheit der Grenze als solche ebenso zu konstatieren, wie es die Besonderheit der Beziehungen zwischen den beiden deutschen Staaten konstatiert hatte. Mit der gezielten Provokation wollte das Gericht offenbar klarstellen, dass der Grundvertrag unter keinen Umständen als Anerkennung des durch Mauer, Stacheldraht und Schießbefehl gekennzeichneten Grenzregimes der DDR verstanden werden konnte, sondern im Gegenteil dieses Grenzregime mit dem Grundvertrag „schlechthin unvereinbar" war, der Vertrag also geradezu einen Titel dafür abgab, „diese unmenschlichen Verhältnisse zu ändern."[52] Da die Entschärfung des Grenzregimes selbstverständlich ein zentrales Anliegen aller Deutschlandpolitik war, richtete sich die Provokation also nicht gegen die Ostpolitik und war insoweit im Senat konsensfähig.

Für das Grundvertragsurteil kennzeichnend wurden jedoch die Begründungspassagen, die über die Vertragswürdigung selbst hinausgehend perspektivische Vorgaben für

---

gesetz, VVDStRL 38 (1980), S. 12; Lewald, Walter: Die verfassungsrechtliche Lage Deutschlands, NJW 1973, S. 2265; Oppermann, Thomas: „Deutschland als Ganzes", in: FS Berber, 1973, S. 377/388.

47 BVerfGE 36, 1 (17, 22 f.).

48 Ebd., 17 ff.

49 Ebd., 17 ff., 25 f.

50 Vgl. Tomuschat, Christian: Auswärtige Gewalt und verfassungsgerichtliche Kontrolle. Einige Bemerkungen zum Verfahren über den Grundvertrag, DÖV 1973, S. 801/804.

51 Besonders kritisch gegenüber der Realitätsferne der Entscheidung, die gerade in diesem Punkt „schockierend" sei: Zweigert, Konrad: Einige rechtsvergleichende und kritische Bemerkungen zur Verfassungsgerichtsbarkeit, in: FG 25 Jahre Bundesverfassungsgericht, 1976, Bd. 1, S. 74.

52 BVerfGE 36, 1 (35).

die weitere Entwicklung der innerdeutschen Beziehungen, insbesondere im Hinblick auf die Staatsbürgerschaft und die im Grundvertrag vorgesehenen Folgeverträge entwickelten.

Im Hinblick auf die Frage der Staatsangehörigkeit stellte sich das Gericht ungeachtet der Protokollerklärung der Bundesrepublik, derzufolge Staatsangehörigkeitsfragen „durch den Vertrag nicht geregelt worden" seien, auf den Standpunkt, es sei dadurch „die Frage nicht ausgeräumt", „ob der Vertrag nicht *Auswirkungen* auf die Staatsangehörigkeit" habe und „welche dieser Auswirkungen im Widerspruch (…) mit grundgesetzlichen Vorschriften" stünden.[53] Durch die Unterscheidung von Regelung und „Auswirkung" konstruierte das Gericht einen unklaren Zusammenhang, der die Grenze zwischen Urteilsbegründung und obiter dictum verwischte.[54] Dieser unklare Zusammenhang steht in auffälligem Missverhältnis zu der Tatsache, dass das Gericht gerade hinsichtlich der Staatsbürgerschaftsfrage den Eindruck erweckte, der Vertrag bedürfe einer verfassungskonform einschränkenden Auslegung. Ohne Bezugnahme auf einzelne Vertragspassagen erklärte es pauschal und hypothetisch jedes Vertragsverständnis, das den staatsbürgerlichen Status der Bürger der DDR verkürzte, für „eindeutig im Widerspruch zum Grundgesetz". Der Vertrag bedürfe „daher, um verfassungskonform zu sein, der Auslegung, (…) daß – unbeschadet jeder Regelung des Staatsangehörigkeitsrechts in der Deutschen Demokratischen Republik – die Bundesrepublik Deutschland jeden Bürger der Deutschen Demokratischen Republik, der in den Schutzbereich der Bundesrepublik und ihrer Verfassung gerät, gemäß Art. 116 Abs. 1 und 16 GG als Deutschen wie jeden Bürger der Bundesrepublik behandelt."[55]

Diese rein vorsorgliche verfassungskonforme Gesamtauslegung[56] verdeutlicht zum einen das Misstrauen jedenfalls der Senatsmehrheit gegenüber der politischen Ernstlichkeit des Protokollvorbehalts. Zum anderen verweist die Zuspitzung darauf, dass auch für die Senatsminderheit das Festhalten an der gesamtdeutschen Staatsangehörigkeit die unübersteigbare Essentiale aller zukünftigen Deutschlandpolitik zu bleiben hatte.

Bezeichnenderweise unterlegte das Gericht die Bedeutung der deutschen Staatsangehörigkeit jedoch nicht deutschlandpolitisch, etwa als verbliebene Grundlage deutscher Gesamtstaatlichkeit oder als Vorleistung auf eine Wiedervereinigung,[57] sondern grundrechtlich. Ihre Bedeutung ergab sich für das Gericht „insbesondere" daraus, „dass

---

53 BVerfGE 36, 1 (30) (Hervorhebung im Original).
54 Vgl. Rupp-von Brünneck, Wiltraut: Wie weit reicht die Bindungswirkung des Grundvertragsurteils des Bundesverfassungsgerichts?, in: von Münch u. a. (Hrsg.), Finis Germaniae, 1977, S. 62/69 f.
55 BVerfGE 36, 1 (30 f.).
56 Kritisch zu Recht Rupp-v. Brünneck, Diskussionsbeitrag, in: von Münch u. a. (Hrsg.), Finis Germaniae, a. a. O. (Fn. 54), S. 76 f.; Schuppert, Gunnar-Folke: Verfassungsgerichtsbarkeit und Politik, ZRP 1973, S. 257/260, der darauf hinweist, dass nur die gesetzgeberische Auslegung auf ihre Verfassungskonformität zu prüfen war.
57 So noch etwa BVerfGE 2, 266 (277 f.) in Bezug auf den Schutzbereich des Art. 11 GG.

ein Deutscher, wann immer er in den Schutzbereich der staatlichen Ordnung der Bundesrepublik Deutschland gelangt, (…) einen Anspruch darauf hat, nach dem Recht der Bundesrepublik Deutschland vor deren Gerichten sein Recht zu suchen." Er genieße „den vollen Schutz der Gerichte der Bundesrepublik und alle Garantien der Grundrechte des Grundgesetzes. (…) Jede Verkürzung des verfassungsrechtlichen Schutzes, den das Grundgesetz gewährt durch den Vertrag oder eine Vereinbarung zur Ausfüllung des Vertrags, wäre grundgesetzwidrig."[58]

Der Senat bemühte sich damit unverkennbar um eine Abgrenzung der Sphären. Indem er die Staatsangehörigkeit als Anknüpfungspunkt des grundrechtlichen Rechtsschutzes behandelte, legitimierte der Senat den eigenen Zugriff und beschränkte den der politischen Organe. Die verfassungskonforme Auslegung des Grundvertrages wurde als notwendig dargestellt, um einen drohenden Eingriff der Bundesregierung in die grundrechtsschützenden Kompetenzen des BVerfG abzuwehren. Letztlich durfte die Bundesregierung also die DDR als Staat anerkennen, sie durfte die „anderen Deutschen" jedoch nicht der schützenden Jurisdiktion des BVerfG entziehen.

Im Zusammenhang der politischen Zuspitzung des Verfahrens stellt die Staatsangehörigkeitspassage den letztlich gelungenen Befreiungsschlag dar. Paradoxerweise befreite gerade die Tatsache, dass die Staatsangehörigkeit im Grundvertrag gar nicht geregelt worden war, das Gericht aus der Ohnmacht, zu der es durch das entschlossene Vorgehen der Bundesregierung und durch die Unabweislichkeit der zweiten Aussetzungsentscheidung verurteilt war. Indem es die grundrechtsschützende Bedeutung der Staatsangehörigkeit in den Vordergrund stellte, entzog es sich dem deutschlandpolitischen Streit und überwand zugleich seine innere Spaltung. Damit waren in der Staatsangehörigkeitsfrage die Grundlagen hergestellt, auf denen das Gericht legitimen Eigenstand gegenüber der Regierung demonstrieren konnte. Die rechtlich mit keinem Wort begründete und mit der Anerkennung des Protokollvorbehalts kollidierende Behauptung, der Grundvertrag bedürfe hinsichtlich seiner „Auswirkungen" auf Fragen der Staatsangehörigkeit einer verfassungskonformen Auslegung, ist danach in allererster Linie als Akt verfassungsgerichtlicher Selbstbehauptung zu verstehen.

Diese Bewertung wird durch die Ausführungen zu möglichen Inhalten von Folgevereinbarungen[59] gestützt. Auch diese Passagen mögen ein gewisses Misstrauen gegen die Entschlossenheit der Bundesregierung bezeugen, der Diktatur im anderen Teil Deutschlands mit der gebotenen Entschiedenheit entgegenzutreten.[60] Ihr rechtlicher Gehalt beschränkt sich aber im Wesentlichen darauf klarzustellen, dass die Geltung der

---

58 BVerfGE 36, 1 (30 f.).
59 BVerfGE 36, 1 (33 ff.).
60 Besonders deutlich wird dies, wenn das Gericht die „verfassungsmäßige Pflicht" der Bundesregierung behauptet, „das öffentliche Bewußtsein nicht nur für die bestehenden Gemeinsamkeiten, sondern auch dafür wachzuhalten, welche weltanschaulichen, politischen und sozialen Unterschiede" zwischen den beiden deutschen Staaten bestehen; vgl. ebd., 34; Blumenwitz, Dieter: Die Bedeutung des Bundesverfassungsgericht-Urteils zum Grundvertrag, in: Deutscher Bundestag (Hrsg.), Materialien der Enquête-

Grundrechte nicht zur Verhandlungsmasse deutsch-deutscher Entspannungsbemühungen gehöre: So dürfe das vorgesehene Post- und Fernmeldeabkommen keine Verkürzung der Garantien aus Art. 10 und 5 GG enthalten und weder die Rundfunkfreiheit noch die Vereinigungsfreiheit könne unter Verweis auf den Geist des Grundvertrages deshalb eingeschränkt werden, weil ihre Ausübung von der DDR als Einmischung in ihre inneren Angelegenheit verstanden werde.[61]

Mit dem ausdrücklich vom Gericht in Anspruch genommenen Grundsatz des „judicial self-restraint" war es kaum vereinbar, zukünftig allenfalls vorstellbares Verhalten der Vertragsparteien auf seine Verfassungskonformität zu überprüfen, nur weil sie sich zur Begründung möglicherweise auf den verfahrensgegenständlichen Vertrag berufen könnten.[62] Auch ist nicht erkennbar, dass das Gericht konkreten Anlass zu den genannten Feststellungen gehabt hätte, also einen sich bereits ankündigenden Verfassungsstreit vorbeugend befrieden wollte. Vielmehr erscheint hier – wie in der Frage der Staatsangehörigkeit – offensichtlich, dass das Gericht seine Relevanz demonstrieren wollte. Die thematisierten „Folgewirkungen" des Vertrages waren nicht durch die Ratifikation bereits verbindlich präjudiziert und standen also wirksamer „Kontrolle" offen. Der Senat war handlungsfähig, weil die Festlegung der Minderheit sich nicht auf denkbare Folgewirkungen des Vertrags bezog und weil sich der Grundrechtsmaßstab dem deutschlandpolitischen Streit entzog.

Die besonders kritischen Passagen des Grundlagenurteils, auf die sich in erster Linie der Eindruck stützen lässt, das BVerfG habe sich – trotz der Antragsabweisung im Ergebnis – der Regierung entgegengestellt, verdeutlichen damit geradezu paradigmatisch Macht und Ohnmacht des Gerichts. In der politisch zugespitzten Auseinandersetzung um Grundfragen der Deutschlandpolitik wurde das Gericht politisch in die Zange genommen und unter starken Druck gesetzt. Dies führte zu einer Spaltung innerhalb des Spruchkörpers und zur Erosion seiner juridischen Legitimationsgrundlagen. Es geriet – nicht zuletzt durch das eigene Verhalten in den Vorfeldentscheidungen – in den Verdacht, sich politisch instrumentalisieren zu lassen und wurde konsequent von einer in besonderem Maße demokratisch legitimiert und entschlossen handelnden Regierung politisch überrollt. Auf diese Demonstration seiner Ohnmacht reagierte das Gericht mit einem Akt der vergewissernden Selbstbehauptung. Es zog sich grollend aus der politischen Arena in die unangegriffene Bastion der Grundrechte zurück und kündete deren entschlossene Verteidigung an.

Kommission, Bd. V/1, 1995, S. 522/529, sieht hierin eine „klare Absage" an die Formel „Wandel durch Annäherung".

61 BVerfGE 36, 1 (33 f.)

62 Zutreffend bezeichnet Bothe, Michael: Bundesverfassungsgericht und Außenpolitik, in: FS Bernhardt, 1995, S. 755/761, den gerichtlichen Hinweis auf den self-restraint als „Euphemismus"; kritisch insoweit auch Rupp-von Brünneck, a. a. O. (Fn. 54), S. 65; Schuppert, a. a. O. (Fn. 56), S. 260; Kriele, Martin: Recht und Politik in der Verfassungsrechtsprechung, NJW 1976, S. 777/780.

Dieser institutionellen Selbstbehauptung diente auch die vielfach kritisierte Schluss-
sentenz des Urteils, derzufolge sich die Bindungswirkungen aus § 31 Abs. 1 BVerfGG auf
„(a)lle Ausführungen der Urteilsbegründung" erstrecken sollte.[63] Es lässt sich durchaus
daran zweifeln, ob das Gericht damit wirklich eine Kompetenz-Kompetenz zur Bestimmung der Reichweite der Bindungswirkungen aus § 31 Abs. 1 BVerfGG in Anspruch
nahm.[64] Viel plausibler erscheint, dass das Gericht dadurch die Bedeutung des Vertrags
„auch als Rahmen für die künftigen Folgeverträge" würdigte und deshalb gerade den
Passagen über die weitere Entwicklung der innerdeutschen Beziehungen und deren im
Urteil gesetzte grundrechtlichen Grenzen tragende Bedeutung zusprechen wollte[65] und
damit die Relevanz seiner Beteiligung abzusichern suchte. Diesem Versuch der Gewinnung staatsrechtlicher Relevanz entspricht der unmittelbar anschließende Versuch, die
eigene Auslegung des Vertrags trotz dessen vorhergegangener Ratifikation und nicht
ohne Widerspruch zu den gegenläufigen Erkenntnissen der beiden Aussetzungsent-
scheidungen[66] auch für die DDR völkerrechtliche Verbindlichkeit zu verschaffen.[67]

3   Bewertung

In der Staatsrechtslehre ist das Urteil weit verbreitet,[68] das BVerfG habe durch das
Grundvertragsurteil in „staatsmännischer Weitsicht"[69] gegen den politischen Prozess
und insbesondere gegen die Ostpolitik der sozialliberalen Koalition unter *Willy Brandt*
das „Wiedervereinigungsziel tatsächlich offengehalten" und damit maßgeblich zu der
Entwicklung beigetragen, die letztlich zur Überwindung der Teilung und zur Wiedervereinigung der deutschen Staaten führte. Der Streit um den Grundvertrag gehört
danach zu den politischen Grundsatzentscheidungen, durch die sich das Gericht als
„maßgeblichen Faktor in der politisch-geschichtlichen Entwicklung" und als „macht-

---

63 BVerfGE 36, 1 (36).

64 So etwa Rupp-von Brünneck, a. a. O. (Fn. 54), S. 62; Kriele, a. a. O. (Fn. 62), S. 779.

65 Wie hier: Bahlmann, Kai: Fünf Jahre Grundvertragsurteil, in: Zieger (Hrsg.), Fünf Jahre Grundvertragsurteil des Bundesverfassungsgerichts, 1979, S. 33 f.

66 BVerfGE 35, 193 (198 ff.; 257/263); zu diesem Widerspruch auch Häußler, a. a. O. (Fn. 1), S. 60 m. Fn. 123.

67 BVerfGE 36, 1 (36); kennzeichnend insoweit die postwendende Zurückweisung durch DDR-Staats-
sekretär Michael Kohl: „Für uns ist ein Urteil eines Gerichts der BRD irrelevant", zit. nach Hacker, Jens:
Diskussionsbeitrag, in: Zieger (Hrsg.), Fünf Jahre Grundvertragsurteil, a. a. O. (Fn. 65), S. 51/54 und dessen Einlassung: „Auch wenn Kohl insoweit zuzustimmen ist, (…) hätte man ein wenig Respekt vor dem
höchsten deutschen Gericht (…) erwarten können.

68 Vgl. Stern, a. a. O. (Fn. 21), S. 1505, 1841 f.

69 So insbesondere auch Blumenwitz, a. a. O. (Fn. 60), S. 522; Oppermann, Thomas: Von der Bonner zu einer Berliner Republik, in: Heckel (Hrsg.), Die innere Einheit Deutschlands inmitten der europäischen
Einigung, 1996, S. 53/69 f. (Zitat: S. 70).

voller Teilnehmer am politischen Prozess"[70] qualifiziert. Diese Bewertung ist letztlich wenig plausibel.

Sicher trifft es zu, dass das BVerfG im Verfahren über den Grundvertrag wie in keinem Verfahren zuvor oder danach in den Mittelpunkt einer extrem polarisierten politischen Auseinandersetzung geriet und mit unabschätzbarer Folgewirkung über die Zulässigkeit einer der wichtigsten politischen Richtungswechsel in der Geschichte der Republik zu entscheiden hatte. Die Fokussierung der rechtswissenschaftlichen Beschäftigung auf die Entscheidung beruht darüber hinaus auch darauf, dass in der Auseinandersetzung um den Grundvertrag die Steuerungsfähigkeit der von der Staats- und Völkerrechtslehre entwickelten und entfalteten und bis in die 60er Jahre hinein der operativen Politik instrumentell zugrunde gelegten Theorien zur Rechtslage Deutschlands in Frage stand, die *Willy Brandt* mehrfach abschätzig als „Formelkram" abgetan hatte, mit dem Zusatz, der Kreml sei nun einmal kein Amtsgericht.[71] Es ging also auch um Macht- und Ansehensverlust der Staatsrechtslehre in der Politik. Gerade die daraus resultierende „Eigenbeteiligung" stand und steht aber offenbar einer distanzierten und deshalb unvoreingenommen ausgewogenen Bewertung der Entscheidung erschwerend entgegen.[72]

Diese Besonderheiten lassen aber gerade keinen Rückschluss auf eine besondere, die Politik der sozialliberalen Koalition korrigierend bestimmende Bedeutung der Grundvertragsentscheidung zu, sondern standen ihr geradezu im Wege. Die durch die vielschichtige Verflechtung von staatsrechtlicher Konstruktion und Deutschlandpolitik entstandene und unter dem Druck der politischen Konfrontation im Vorfeld der Hauptsacheentscheidung evident zu Tage getretene Prädisposition des Gerichts bewirkte einen Verlust legitimierenden juridischen Eigenstandes, der die Möglichkeit wirksamer verfassungsgerichtlicher Einflussnahme von vornherein eng begrenzte. Im Ergebnis stand eine Entscheidung, die einerseits unter erheblichen Defiziten juridischer Überzeugungskraft an hergebrachten Grundsatzpositionen festhielt, auf dieser Grundlage aber die Ergebnisse des politischen Prozesses weder umfassend legitimieren wollte noch wirksam korrigieren konnte. Andererseits versuchte das Gericht die durch Prädisposition und politischen Druck entstandene Blockade zu umgehen und durch einen Rückzug auf seine grundrechtsschützende Funktion Eigenstand zu gewinnen und Relevanz zu demonstrieren. Die auf dieser Grundlage formulierte Kritik lief aber der Sache nach ins Leere: Jedenfalls aus historischer Perspektive gibt es keinerlei Anhaltspunkte dafür, die sozialliberale Ostpolitik einer freiheitsgefährdenden Kollaboration mit den Staaten

---

70 Vgl. Schulze-Fielitz, Helmut: Wirkung und Befolgung verfassungsgerichtlicher Entscheidungen, FS 50 Jahre Bundesverfassungsgericht, Bd. 1, 2001, S. 385/400, 408.

71 Zit. nach Baring, a. a. O. (Fn. 17), S. 335.

72 Dies gilt natürlich erst recht und evident für unmittelbar am Verfahren Beteiligte, vgl. etwa Blumenwitz, Fünf Jahre Grundvertragsurteil des Bundesverfassungsgerichts, in: Zieger (Hrsg.), a. a. O. (Fn. 65), S. 7; ders., a. a. O. (Fn. 60), S. 522.

des Ostblocks zu verdächtigen.[73] Insofern hat das Grundvertragsurteil weder die sozialdemokratischen Bundeskanzler *Brandt* und *Schmidt,* noch danach die Bundesregierung
unter *Kohl* daran gehindert, die Politik gegenüber der DDR zu treiben, die sie für richtig
hielten.[74] Wenn gleichwohl insbesondere von Kritikern der „neuen Ostpolitik" die integrative Wirkung der Grundvertragsentscheidung hervorgehoben wurde,[75] so verweist
dies auf die tief greifenden Ressentiments, die der Politik der sozialliberalen Koalition
insgesamt und ihrer Ostpolitik insbesondere teilweise entgegengebracht wurden und
sich offensichtlich in der verfassungsgerichtlichen Kritik artikuliert sahen.

Der Streit um den Grundvertrag machte damit die Grenzen deutlich, die dem
BVerfG und seinem vielfach proklamierten Anspruch auf Teilhabe an der Staatsleitung[76]
gezogen sind. Die Spaltung des Zweiten Senats entlang der Parteigrenzen im Vorfeld
der Grundvertragsentscheidung und die manipulative Wirkung, die unter diesen Umständen der Ausschließung eines Richters zukommen musste, offenbarte die politische
Kodierung der gerichtlichen Auseinandersetzung. Damit war aber die juridische Legitimationsgrundlage erodiert, auf die allein das Gericht die Autorität seiner Entscheidungen stützen kann. Dem drastisch formulierten politischen Machtanspruch einer durch
Neuwahlen demokratisch legitimierten Bundesregierung hatte das Gericht unter diesen
Voraussetzungen nichts entgegenzusetzen. Mit seinem Rückzug in die unangegriffene
Festung der Grundrechte vermied das BVerfG eine Verfassungskrise mit unabsehba-

---

73 Dass auch die SPD ganz im Gegenteil auf demonstrative Abgrenzung Wert legte und dadurch – und
    nicht etwa durch eine ideologische Annäherung – tatsächlich Freiheitsbeschränkungen entstanden, war
    bei vorurteilsloser Betrachtung schon der Mitwirkung an dem sog. „Radikalenerlass" und dem von Ri-
    chard Löwenthal erarbeiteten und von der Parteiführung verabschiedeten „Abgrenzungsbeschluss" in
    aller Deutlichkeit zu entnehmen; vgl. dazu Baring, a. a. O. (Fn. 17), S. 426 ff. (Abgrenzungsbeschluss)
    und 465 ff. (Radikalenerlass); Schöllgen, Willy Brandt, a. a. O. (Fn. 20), S. 167 (Radikalenerlass); Wink-
    ler, a. a. O. (Fn. 16), S. 302 f. (Abgrenzungsbeschluss). Unzulässig ist es demgegenüber, die insoweit teil-
    weise fragwürdige Entwicklung der Partei in den 80er Jahren auf die Ostpolitik zurückzuprojizieren.
    Dass die Regierungspolitik von solcher „Unzuverlässigkeit" frei blieb, dafür hat – ohne jedes Zutun des
    Bundesverfassungsgerichts – das Wahlvolk wirksam gesorgt.
74 So zutreffend: Wewer, Göttrik: Das Bundesverfassungsgericht – eine Gegenregierung? Argumente zur
    Revision einer überkommenen Denkfigur, in: Blanke, Bernhard/Wollmann, Hellmut (Hrsg.), Die alte
    Bundesrepublik. Kontinuität und Wandel, Leviathan, Sonderheft 12/1991, S. 310/325; unbelegt dagegen
    die Einschätzung von Bothe, a. a. O. (Fn. 62), S. 763, das Urteil habe der bundesdeutschen Politik „jede
    Flexibilität genommen".
75 Vgl. etwa Hacker, Jens: Die Deutschlandpolitik der SPD/FDP-Koalition 1969–1982, in: Deutscher Bun-
    destag (Hrsg.), Materialien der Enquêtekommission, Bd. V 2, 1489/1534; ders., Diskussionsbeitrag, in:
    Zieger (Hrsg.), Fünf Jahre Grundvertragsurteil, a. a. O. (Fn. 65), S. 51/52; Bahlmann, Kai, a. a. O. (Fn. 65),
    S. 23/26.
76 Vgl. statt vieler Papier, Hans-Jürgen: Teilhabe an der Staatsleitung, F.A.Z. v. 23. 5. 2000, S. 15; Benda,
    Ernst/Klein, Eckart: Verfassungsprozeßrecht, 2. Aufl. 2001, Rn. 63; Herzog, Roman: Teilung und Bal-
    lung von Macht im Grundgesetz, in: Kirchhof/Commers (Hrsg.), Deutschland und sein Grundgesetz,
    1993, S. 435; Starck, Christian: Das Bundesverfassungsgericht in der Verfassungsordnung und im po-
    litischen Prozeß, FS 50 Jahre Bundesverfassungsgericht, 2001, S. 1/4 f.; Scholz, Rupert: Fünfzig Jahre
    Bundesverfassungsgericht, Aus Politik und Zeitgeschichte, B 37-38/2001, S. 6; Herdegen, Matthias: In-
    formalisierung und Entparlamentisierung politischer Entscheidungen, VVDStRL 62 (2003), S. 7/25.

rem Ausgang. Darin lag die eigentliche „staatsmännische Weitsicht" des Grundvertragsurteils. Darüber hinaus konnten die mit einigem Schlachtenlärm geführten Rückzugsgefechte als Teilerfolg der politischen Opposition integrative Wirkung beanspruchen und trugen möglicherweise zum späteren „ostpolitischen Godesberg" der CDU bei.[77]

Der Streit um den Grundvertrag in der Ära der sozialliberalen Koalition unter Willy Brandt zeigt exemplarisch, dass das BVerfG nur sehr begrenzt als „Player" im politischen Prozess oder gar als „Gegenregierung" taugt. Gerade die „politische" Besetzung des Gerichts verhindert wirkungsvoll seine Politisierung. Wo die juridische Überzeugungskraft verfassungsgerichtlicher Entscheidungen endet und das Abstimmungsverhalten der Richter erkennbar durch ihre parteipolitische Zugehörigkeit geleitet ist, verlässt das Gericht seine in der Verfassung verankerte Legitimationsbasis. Gegen eine machtbewusste, demokratisch legitimierte Regierung kann das Gericht unter diesen Umständen einen offenen Konflikt kaum durchstehen.

---

77 Vgl. zur Kontinuität der Deutschlandpolitik unter Kanzler Kohl Bender, Peter: Die „neue Ostpolitik",
4. Aufl. 1996, S. 217 ff.; Görtemaker, a. a. O. (Fn. 12), S. 707 f.; Schöllgen, Außenpolitik, a. a. O. (Fn. 18),
S. 122, 128 f.

Crisis! What Crisis?
Der „Kruzifix-Beschluss" und seine Folgen

Gary S. Schaal

1   Fragestellung[1]

Das Bundesverfassungsgericht (BVerfG) geriet Mitte der 1990er Jahre in das Kreuzfeuer der öffentlichen Kritik.[2] Anlass hierfür waren die „Soldaten sind Mörder"-Entscheidung sowie insbesondere der „Kruzifix"-Beschluss.[3] Eine intensive, über Monate andauernde Debatte wurde über Letzteren in den Massenmedien ausgetragen und mehrere Groß-kundgebungen und Demonstrationen fanden in München statt. Darüber hinaus – und einmalig in der Geschichte des BVerfG – riefen führende bayrische Politiker, so u. a. Hans Maier, „die Schulen des Freistaates dazu auf, den Spruch zu ignorieren"[4]. Am Tag der Urteilsverkündung bekräftigte Edmund Stoiber, dass es auch in Zukunft die Mög-lichkeit geben werde, Kreuze in Klassenzimmern aufzuhängen.[5] Die Kritik wurde so vehement artikuliert, dass Jutta Limbach davon sprach, dass die Grenzen des Erträg-lichen erreicht seien.[6] Etliche Kommentatoren diagnostizierten die schwerste Krise des BVerfG seit seiner Gründung – eine Krise, von der befürchtet wurde, dass sie bleibende Schäden nicht nur bei der Institution BVerfG, sondern auch an der politischen Kultur der Bundesrepublik hinterlassen würde. Diese Einschätzung vertrat u. a. der ehemalige Verfassungsrichter Ernst-Wolfgang Böckenförde knapp ein Jahr nach dem Beginn des

1   Einen herzlichen Dank an Dieter Fuchs und Roxana Kath für konstruktive Anmerkungen zu einer ersten Fassung des Beitrages.
2   Vgl. Wesel, Uwe: Der Gang nach Karlsruhe: Das Bundesverfassungsgericht in der Geschichte der Bundesrepublik. München 2004. Wesel, Uwe: Die zweite Krise. In: Die Zeit, 29. 09. 1995, S. 13–15.
3   BVerfGE (1993,1) vom 16. 5. 1995, veröffentlicht am 10. 08. 1995.
4   Der Tagesspiegel, 14. 08. 1995.
5   Ursula Knapp. In: Frankfurter Rundschau, 11. 08. 1995.
6   Limbach, Jutta: Die Grenzen sind erreicht (Interview). In: Der Spiegel 35/1995, S. 34.

Kruzifix-Konflikts: „Das Bundesverfassungsgericht ist heute nicht mehr das, was es bis zum 10. August war."[7]

Im Folgenden soll vor dem Hintergrund, dass diese Diagnosen deutlich von dem damaligen, emotional sehr aufgewühlten, Zeitgeschehen beeinflusst waren, mit fast 20 Jahren Distanz eine sachliche Bestandsaufnahme vorgenommen werden: Worin genau bestand die „Krise" des BVerfG, die im Anschluss an die Veröffentlichung des Kruzifix-Beschlusses diagnostiziert wurde? Hat sie wirklich jene fatalen Konsequenzen ausgelöst, die von Böckenförde beschrieben wurden? Um diese Fragen beantworten zu können, werden im Folgenden ausgewählte Ergebnisse einer Diskursanalyse der massenmedialen Berichterstattung zum Kruzifix-Beschluss präsentiert. Die Interpretation der Daten erfolgt im Kontext einer kulturwissenschaftlichen Institutionentheorie im Anschluss an Hans Vorländer und André Brodocz.

Im ersten Schritt werden die theoretischen, methodischen und sachlichen Grundlagen der Analyse präsentiert (1). Eine zentrale Einsicht der empirischen Diskursanalyse ist, dass nicht *ein* Diskurs über den Kruzifix-Beschluss geführt wurde, sondern *drei* thematisch sehr unterschiedliche. Die Konfiguration dieser Diskurse wird im zweiten Schritt präsentiert. Der Fokus dieses Beitrages liegt jedoch auf der Rekonstruktion der Debatte über konstitutionelle Leitideen (2). Abschließend erfolgt unter ergänzendem Rekurs auf empirische Daten zum Vertrauen der Bürger in das BVerfG eine tentative Einschätzung der Folgen des Kruzifix-Konfliktes für das BVerfG. Konkret wird die These vertreten, dass die Krisenrhetorik aus Anlass des Kruzifix-Beschlusses aufgrund der institutionellen Stellung des Gerichts unangemessen war (3).

2   Grundlagen der Analyse

2.1   Instrumentelle und symbolische Geltungsdimension des BVerfG

Ein angemessenes Verständnis der *Krise* des BVerfG ergibt sich aus einer institutionentheoretischen Bestimmung seiner Aufgaben.[8] Institutionen besitzen in dieser Theorieperspektive zwei Geltungsdimensionen: eine instrumentelle und eine symbolische. Auf der instrumentellen Ebene besteht die zentrale Aufgabe des BVerfG in der autoritativen und letztverbindlichen Entscheidung über rivalisierende Deutungen des Grundgesetzes

---

7   Böckenförde, zitiert nach Süddeutsche Zeitung, 17. 05. 1996.
8   Vgl. Vorländer, Hans: Die Verfassung. Idee und Geschichte. München 2004; Gebhardt, Jürgen: Die Idee der Verfassung: Instrument und Symbol. In: Kimmel, Adolf (Hrsg.), Verfassungen als Fundament und Instrument der Politik, Baden-Baden 1995, S. 9–24; Brodocz, André: Die symbolische Dimension der Verfassung: ein Beitrag zur Institutionentheorie. Wiesbaden 2003 und Lembcke, Oliver: Hüter der Verfassung. Eine institutionentheoretische Studie zur Autorität des Bundesverfassungsgerichts. Tübingen 2008.

und damit in der Herstellung von Erwartungsstabilität bei den Rechtsunterworfenen. Als letztverbindlicher Interpret der Verfassung sichert das Gericht daher in instrumenteller Perspektive die normative *Geltung* und die faktische *Gültigkeit* des Grundgesetzes. In symbolischer Perspektive bringt das BVerfG die konstitutionellen Leitideen des Grundgesetzes im Zuge seiner Verfassungsrechtsprechung symbolisch zur Darstellung. Damit leistet das Gericht einen wichtigen Beitrag zur Integration des politischen Gemeinwesens, da es die zentralen politischen Werte und Normen, auf denen die Gesellschaft ruht, verdeutlicht.[9] Dies setzt jedoch nicht notwendigerweise eine homogene Gesellschaft voraus, die einmütig und einstimmig die so symbolisch repräsentierten Leitideen als ‚die ihren' wahrnimmt. Vielmehr kann auch eine konflikthafte Aneignung erfolgen.[10] In Diskursen über umstrittene Deutungen der Verfassung erarbeiten sich die Bürger diskursiv ihr Verständnis der konstitutionellen Grundlagen.[11] Die instrumentelle und die symbolische Dimension sind nicht unabhängig voneinander zu analysieren – gleichwohl können sie in ihrem Geltungserfolg auseinander fallen. So kann – wie im Fall des Kruzifix-Beschlusses – auf der formal-rechtlichen Ebene eine Entscheidung des Gerichts von den entsprechenden Institutionen des Staates befolgt werden, ohne jedoch als authentischer Ausdruck der politischen Identität des Gemeinwesens auf der symbolischen Ebene Akzeptanz zu finden. Die relevante Frage lautet, welche Konsequenzen ein punktuelles oder dauerhaftes Auseinanderfallen von instrumenteller und symbolischer Geltungsdimension besitzt, denn genau dieser Fall liegt beim Kruzifix-Beschluss vor.[12]

---

9   Vgl. Frankenberg, Günter: Zur Rolle der Verfassung im Prozess der Integration. In: Schuppert, Gunnar Folke/Bumke, Christian (Hrsg.), Bundesverfassungsgericht und gesellschaftlicher Grundkonsens, Baden-Baden 2000, S. 31–58; Vorländer, Hans (Hrsg.), Integration durch Verfassung. Wiesbaden 2002; Schaal, Gary S./Friedel, Sabine/Endler, Andreas: Die Karlsruher Republik. Der Beitrag des Bundesverfassungsgerichts zur Entwicklung der Demokratie und zur Integration der bundesdeutschen Gesellschaft. Bonn 2000; Limbach, Jutta: Die Integrationskraft des Bundesverfassungsgerichts. In: dieselbe: Im Namen des Volkes. Macht und Verantwortung der Richter. Stuttgart 1999, S. 148–164.

10 Vgl. Schaal, Gary S./Ritzi, Claudia: Das Grundgesetz als umkämpfte Ordnung. Deutungsmuster in der massenmedialen Berichterstattung anlässlich der Jubiläumstage des Grundgesetzes. In: Behemoth, 3 (2010) 1, S. 101–131.

11 Vgl. Schaal, Gary S.: Vier normative Konzeptionen von Integration qua Verfassung. In: Vorländer, Integration, a. a. O. (Fn. 9), S. 71–99 sowie Schaal, Gary S./Lancaster, Kelly/Struwe, Alexander: Deutungsmacht und Konfliktdynamiken – Eine Analyse der Akzeptanz von Entscheidungen des Bundesverfassungsgerichts. In: Wrase, Michael/Boulanger, Christian (Hrsg.): Die Politik des Verfassungsrechts, Baden-Baden 2013, S. 187–215.

12 In der hier gebotenen Kürze kann weder der Krisenbegriff genauer ausgeführt noch die empirischen Indikatoren dafür näher spezifiziert werden. Daher muss hier der Hinweis ausreichen, dass als Krisenindikatoren erstens das dauerhafte Auseinanderfallen der symbolischen und instrumentellen Geltungsdimension und zweitens das dauerhafte Sinken des Vertrauens der Bürger in das Bundesverfassungsgericht verstanden werden.

2.2   Der empirische Ansatz

Im Kern des Kruzifix-Konfliktes stehen *Geltungsbehauptungen* – rivalisierende Deutungen des Grundgesetzes, die für sich selbst jeweils in Anspruch nehmen, die instrumentell-juristisch richtige und die symbolisch-identitär zutreffende zu sein. Die *autoritative* Deutung legt das BVerfG in der Urteilsbegründung vor. Die rivalisierenden Deutungen manifestieren sich im öffentlichen, politischen und massenmedialen Diskurs über die Entscheidung.

Die Geltung und Akzeptanz des Kruzifix-Beschlusses kann entweder auf der individuellen Ebene oder der Ebene der ‚öffentlichen Meinung' analysiert werden. Obwohl beide in einem systematischen Zusammenhang stehen, müssen sie analytisch getrennt werden. Der Beitrag fokussiert die Analyse der öffentlichen Meinung. Denn jenseits einer kleinen Gruppe von Juristen, Journalisten, Politikern und Intellektuellen kennt die überwältigende Mehrheit aller Bundesbürger das Bundesverfassungsgericht nur vermittelt über die Massenmedien. Im Spiegel der Massenmedien wird daher seine Integrationsleistung für die Bürger im Sinne einer Beobachtung zweiter Ordnung sichtbar. Wie nehmen also die Bürger das Gericht und seine Entscheidungen aus einer Perspektive wahr? Die Wahrnehmung kann in drei Phasen eingeteilt werden, die für die Bewertung der Integrationsleistung relevant sind. In der ersten Phase muss ein Konflikt über die Bedeutung einer Norm existieren, die verfassungsrechtlich geklärt werden kann/soll. In der zweiten Phase entscheidet das Bundesverfassungsgericht und legt damit eine autoritative Interpretation der strittigen Norm vor. In der dritten Phase schließlich wird die Entscheidung von der Öffentlichkeit wahrgenommen.

Differenziert man entsprechend der Konsens-Konsens-Dichotomie, so kann der Streit um die Bedeutung einer Norm in der ersten Phase in der Öffentlichkeit bekannt sein (ÖK1) oder nicht (KK1) (vgl. Abb. 1). Nach der Verkündigung der Entscheidung kann die Entscheidung Akzeptanz finden (KK2), oder sie

Abbildung 1

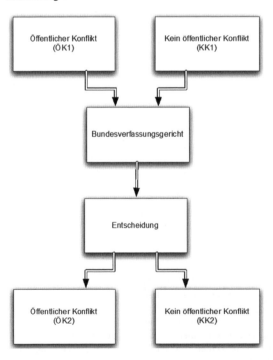

kann auf Kritik stoßen (ÖK2).[13] Dies sind die grundlegenden Zustände, die ein Verfahren vor dem Bundesverfassungsgericht einnehmen kann. Die Kombination dieser vier Zustände führt zu vier Verlaufsformen eines Prozesses vor dem Verfassungsgericht, deren Integrationsleistung von den beiden Integrationsmodellen unterschiedlich bewertet wird. Die Typen und deren unterstellte Integrationsleistung sollen im Folgenden skizziert werden.

- Typ 1 (ÖK1/KK2): Ein Streit über die (Be-)deutung einer Norm, dem vorgehend massenmedial vermittelt gesamtgesellschaftliche Aufmerksamkeit zuteil wurde, wird durch eine Entscheidung des Bundesverfassungsgerichts beigelegt. Ein Zustand der Rechtsunsicherheit – der zugleich auch immer eine Situation der Unsicherheit in Bezug auf die dahinterliegenden Werte und Normen ist – wird durch die Entscheidung in einen der Rechtssicherheit transformiert. Zugleich wird damit der Bedeutungsgehalt der Werte und Normen öffentlich aktualisiert – und somit eine autoritative Interpretation der Bedeutung ‚unserer‘ Werte vorgelegt (Beispiel: Entscheidung über das Luftsicherheitsgesetz).
- Typ 2 (KK1/KK2): Ein Streit über die (Be-)deutung einer Norm, der vorgängig nicht massenmedial diskutiert wurde, wird autoritativ entschieden und findet die Akzeptanz der Bürger (Standardfall).
- Typ 3 (ÖK1/ÖK2): In diesem Fall liegt vorgängig ein massenmedial vermittelter Streit über die (Be-)deutung einer Norm vor, der durch eine autoritative Entscheidung nicht beigelegt werden kann. Die Diskussion um eine ‚richtige‘ Interpretation der strittigen Norm wird in der Öffentlichkeit auch nach der Entscheidung fortgesetzt (Beispiel: Erste Entscheidung zur Abtreibung).
- Typ 4 (KK1/ÖK2): In diesem Fall eröffnet das Bundesverfassungsgericht mit seiner Entscheidung einen massenmedialen Diskurs über die ‚richtige‘ Interpretation einer Norm, die in der Öffentlichkeit zuvor nicht als umstritten wahrgenommen wurde. Das Gericht trägt in diesem Fall gleichsam den Konflikt in die Gesellschaft (Beispiel: Kruzifix-Entscheidung).

Das Konsensmodell der Integration würde die Typen 1 und 2 als Integrationserfolg werten, das Konfliktmodell die Typen 3 und 4. Ob sie aus der Perspektive der Bürger tatsächlich integrativ wirk(t)en, ist eine empirische Frage.

Daher wird im Folgenden eine Diskursanalyse der veröffentlichten Meinung in den Massenmedien vorgelegt,[14] in deren Zentrum die Analyse von *Argumenten* steht, da sich v. a. über sie die Geltung und Akzeptanz des Deutungsangebotes des BVerfG erschlie-

---

13 Mit Kritik ist eine länger andauernde kontroverse Debatte in der Öffentlichkeit gemeint. Dass die vor Gericht unterlegene Partei die Entscheidung in der Regel öffentlich kritisiert, ist noch kein Konflikt.

14 Vgl. Neidhardt, Friedhelm: Öffentlichkeit, öffentliche Meinung, soziale Bewegungen. In: Neidhardt, Friedhelm (Hrsg.), Öffentlichkeit, öffentliche Meinung, soziale Bewegungen. KZfSS Sonderheft 34, Opladen 1994, S. 7–41, hier: S. 25–26.

ßen lässt. Um eine Debatte zu analysieren, ist es notwendig, die an ihr beteiligten Akteure in den Blick zu nehmen: Welche Akteure haben wann welche Argumente vertreten, und wie wurden diese Argumente in der Diskussion aufgegriffen und bewertet? Besitzt die Debatte einen ‚Gravitationspunkt‘, so dass empirisch fundiert diagnostiziert werden kann, ob sich ein Deutungsangebot durchsetzen konnte?

Die Analyse der Krise des Bundesverfassungsgerichts im Kontext des Kruzifix-Beschlusses muss daher die Form einer Diskursanalyse annehmen.[15] Hierzu erfolgte eine Analyse aller in der *Süddeutschen Zeitung* und der *Frankfurter Allgemeinen Zeitung* publizierten Artikel und Leserbriefe in der Zeit vom 10. August 1995 bis zum 10. November 1995 (N = 463).[16] Codiert wurden alle in der Debatte publizierten *Argumente,* die *Begründungen* für die Argumente sowie die *Bewertung* der Argumente. Mit dieser sehr differenzierten Form der Analyse kann beschrieben werden, welche Argumente in der Diskussion sind und welcher Akteur in welcher Form auf sie Bezug genommen hat.[17] Darüber hinaus wurde codiert, für welche Handlungsoption (Kreuze hängen lassen, Einzelfallentscheidung, Kreuze abnehmen) welcher Akteur votierte.

2.3   Der Kruzifix-Beschluss

Das Gericht entschied im Kruzifix-Beschluss mit einer Mehrheit von fünf zu drei Stimmen, dass die staatlich verordnete Anbringung von Kreuzen in einer staatlichen Pflichtschule gegen Art. 4. Abs. 1 GG verstößt und somit § 13 Abs. 1 Satz 3 der Schulordnung für die Volksschulen in Bayern in der Fassung vom 21. Juni 1983 nichtig ist.[18] Es begründete seine Entscheidung (unter C II) mit der in Art. 4 Abs. 1 GG garantierten Glaubensfreiheit, die sowohl die positive – d. h. die Ausübung von Religion – als auch die negative, d. h. die Möglichkeit, gerade *nicht* an „kultischen Handlungen eines nicht geteilten

---

15   Alle im Folgenden präsentierten empirischen Daten entstammen einer Diskursanalyse der Berichterstattung in der *FAZ* und der *SZ,* die vom Teilprojekt I „Verfassung als institutionelle Ordnung des Politischen" (Leitung: Prof. Dr. Hans Vorländer) des Dresdner Sonderforschungsbereiches 537 „Institutionalität und Geschichtlichkeit" durchgeführt wurden. Die Darstellung der Forschungsmethodik würde den Rahmen dieses Aufsatzes sprengen (vgl. dafür Schaal, Gary S.: Diskursanalyse des Kruzifix-Beschlusses. Ein Methodenbericht. Dresdner Beiträge zur Politischen Theorie und Ideengeschichte, 8/1999).

16   Ergänzend hierzu wird partiell auf die Ergebnisse einer quantitativen Analyse der Berichterstattung über den Kruzifix-Beschluss in der *FAZ* zurückgegriffen.

17   So kann z. B. beschrieben werden, dass Akteur X das Argument des BVerfG, wonach in pluralen Gesellschaften nur die Neutralität des Staates die friedliche Koexistenz der Bürger garantieren kann, aufgegriffen hat, ihm jedoch vehement widersprach, da Deutschland ein christlich fundiertes Gemeinwesen ist.

18   „Die Schule unterstützt die Erziehungsberechtigten bei der religiösen Erziehung der Kinder. Schulgebet, Schulgottesdienst und Schulandacht sind Möglichkeiten dieser Unterstützung. In jedem Klassenzimmer ist ein Kreuz anzubringen. Lehrer und Schüler sind verpflichtet, die religiösen Empfindungen aller zu achten." (VSO, § 13 Abs. 1 Satz 3).

Glaubens" teilnehmen zu müssen, umschließt.[19] Im Angesicht einer Pluralität religiöser Weltanschauungen innerhalb der Bevölkerung kann der Staat „die friedliche Koexistenz nur gewährleisten, wenn er selber in Glaubensfragen Neutralität bewahrt" (16).[20] Unter Rekurs auf einschlägige Kirchenlexika argumentiert das Gericht, dass das Kreuz nicht Symbol einer christlich geprägten Abendländischen Kultur ist, sondern spezifischer christlich-religiöser Überzeugungen. Die staatlich verordnete Anbringung von Kreuzen verletzt daher die staatliche Neutralität in weltanschaulichen Fragen, bekennt sich der Staat doch damit affirmativ zu *einer* Religion. Gleichwohl reflektiert das Gericht auch auf die kulturelle Dimension der christlichen Religion und konstatiert, dass „die kulturell vermittelten und historisch verwurzelten Wertüberzeugungen und Einstellungen nicht abzustreifen [sind], auf denen der gesellschaftliche Zusammenhang beruht und von denen auch die Erfüllung seiner eigenen Aufgaben abhängt. Der christliche Glaube und die christlichen Kirchen sind dabei [...] von überragender Prägekraft gewesen. Die darauf zurückgehenden Denktraditionen, Sinnerfahrungen und Verhaltensmuster können dem Staat nicht gleichgültig sein" (22). Er darf sich jedoch nicht affirmativ zu ihnen *in einem religiösen Sinne* verhalten. Zusammenfassend basiert die Entscheidung des BVerfG damit auf zwei Hauptargumentationslinien. Zum einen der Leitidee der religiös-weltanschaulichen Neutralität des Staates und zum anderen der grundgesetzlichen Garantie der (negativen) Religionsfreiheit.

2.4 Neutralität als konstitutionelle Leitidee

Die Entfaltung der konstitutionellen Ordnungsvorstellung „Neutralität des Staates in religiösen Fragen" erfolgte in der Rechtsprechung des BVerfG in mehreren Entscheidungen.[21] Sie beginnt 1965 mit den staatskirchenrechtlichen Entscheidungen und stabilisiert sich spätestens 1972.[22] Im Jahr der Kruzifix-Entscheidung hat Konrad Hesse die Neutralität in den Rang eines Verfassungsprinzips gehoben: „Als Grundelement objektiver demokratischer und rechtsstaatlicher Ordnung bekundet die Glaubens-, Be-

---

19 Vgl. für eine ausführlichere Darstellung des Streitgegenstandes und der Urteilsbegründung Czermak, Gerhard: Zur Unzulässigkeit des Kreuzes in der Schule aus verfassungsrechtlicher Sicht. In: Brugger, Winfried/Huster, Stefan (Hrsg.), Der Streit um das Kreuz in der Schule. Zur religiös-weltanschaulichen Neutralität des Staates. Baden-Baden 1998, S. 13–40.

20 Daher interpretierten etliche Autoren die Entscheidung als Ausdruck eines liberalen Demokratieverständnisses. Vgl. hierzu Brugger, Winfried: Zum Verhältnis von Neutralitätsliberalismus und liberalem Kommunitarismus. Dargestellt am Streit über das Kreuz in der Schule. In: Brugger/Huster, a.a.O. (Fn. 17), S. 109–154; Huster, Stefan: Die religiös-weltanschauliche Neutralität des Staates. Das Kreuz in der Schule aus liberaler Sicht. In: Brugger/Huster, a.a.O. (Fn. 17), S. 69–108 und Schaal, Gary S.: Die Integrationsleistung ethisch neutraler Verfassungen. In: Vorgänge, 38/1999, Heft 2, S. 24–32.

21 Vgl. für den Aufstieg von Neutralität zu einem Verfassungsprinzip Nolte, Achim: Das Kreuz mit dem Kreuz. In: Jahrbuch des öffentlichen Rechts der Gegenwart, 48/2000, S. 87–116, hier S. 109–113.

22 Vgl. Schlaich, Klaus: Neutralität als verfassungsrechtliches Prinzip, Tübingen 1972.

kenntnis- und Kultusfreiheit die religiöse und weltanschauliche Neutralität des Staates als Voraussetzung eines freien politischen Prozesses und als Grundlage heutiger Rechtsstaatlichkeit."[23] Nolte fasst die herrschende Meinung fünf Jahre später folgendermaßen zusammen: „Damit trägt es [das Neutralitätsprinzip] in gleicher Weise wie die übrigen in Art. 20 GG niedergelegten Grundsätze wie das Demokratieprinzip, das Bundesstaatsprinzip, das Rechtsstaatsprinzip und das Sozialstaatsprinzip den Rechtsstaat des Grundgesetzes. Ebenfalls unter den Schutz der Ewigkeitsgarantie des Art. 79 Abs. 3 GG gestellt, steht es als gleichwertiges Staatsprinzip mit Verfassungsrang neben den anderen."[24] Der Kruzifix-Beschluss befindet sich damit in der Tradition der stehenden Rechtsprechung des BVerfG.

3   Eine Diskursanalyse der Kruzifix-Debatte

Der Kruzifix-Beschluss stellt eine Konfliktdynamik des Typs 4 dar, denn die Kruzifixdebatte war selbst für das Konflikte gewöhnte BVerfG eine bemerkenswert konfliktive Debatte. Dies zeigt sich bereits am Umfang der Berichterstattung in den Massenmedien. Während die durchschnittliche publizistische Aufmerksamkeitsspanne in einer der fünf überregionalen Qualitätszeitungen von einem Artikel für unkontroverse Entscheidungen bis zu 15 Artikeln innerhalb einer Zeitspanne von maximal zwei Wochen für konfliktive Entscheidung reicht,[25] erschienen sowohl in der *SZ* als auch der *FAZ* jeweils fast 100 redaktionelle Artikel zum Kruzifixbeschluss – und ein Vielfaches davon an Leserbriefen. Bemerkenswert ist darüber hinaus die Zyklizität der Diskussion. So flammte die Diskussion um den 19. 8. 95 und den 12. 10. 95 wieder auf, obwohl sie zuvor bereits beendet schien. Dies ist aus publizistischer Perspektive sehr ungewöhnlich. Erklärt werden kann dieser Verlauf einerseits mit der *inneren Logik* der unterschiedlichen Diskurse, die inhaltlich aufeinander aufbauen. Andererseits existieren externe Faktoren, die der Debatte immer wieder neue Energie zuführen, so u. a. der Parteitag der CSU am 8./9. Sep. 1995.

Wie bereits angedeutet wurde, wäre es falsch, von *einer* Debatte zu sprechen. Eine Diskursanalyse der Berichterstattung zum Kruzifix-Beschluss kann vielmehr zeigen, dass drei distinkte Diskurse geführt wurden. Erstens ein Diskurs über die Geltung und Gültigkeit der konstitutionellen Leitidee „Neutralität des Staates in religiösen Fragen", zweitens ein Diskurs über die Institution BVerfG und drittens ein Metadiskurs über die Konsequenzen der ersten beiden Diskurse für die politische Kultur der Bundesrepublik Deutschland. Die drei Diskurse wurden jedoch nicht mit gleicher Intensität geführt.

---

23 Hesse, Konrad: Grundzüge des Verfassungsrechts der Bundesrepublik Deutschland. Heidelberg 1995, S. 159.

24 Nolte, a. a. O. (Fn. 19), S. 111.

25 Vgl. Vorländer, Hans/Schaal, Gary S.: Integration durch Verfassungsrechtsprechung? Das Bundesverfassungsgericht und die Akzeptanz seiner Rechtsprechung. In: Vorländer, Integration, a. a. O. (Fn. 9), S. 343–374.

Abbildung 2 Publizierte Argumente über die Zeit in *FAZ* und *SZ* (nur redaktioneller Teil)*

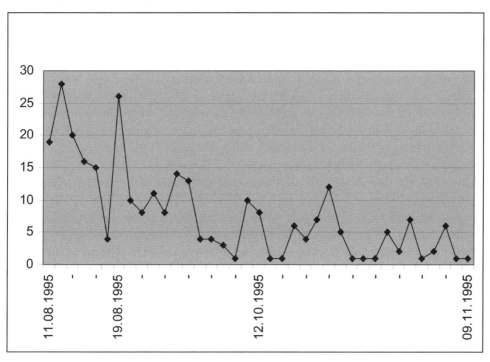

* Codiereinheit ist das Argument, nicht der Artikel. Die Tabelle weist die Anzahl der kumulierten Argumente pro Tag für beide Zeitungen aus.

Quelle: Dresdner Kruzifix-Datensatz. Eigene Berechnungen. N = 286

Tabelle 1 Quantitatives Verhältnis der drei Diskurse in der *SZ**

Diskurs über konstitutionelle Leitideen	Diskurs über die Institution	Metadiskurs politische Kultur
52%	26%	22%

* Die Tabelle weist das Verhältnis der Argumente aus, die in der *SZ* zu den drei Diskursen publiziert wurden. Aufgenommen wurden nur redaktionelle Beiträge, keine Leserbriefe.

Quelle: Dresdner Kruzifix-Datensatz. Eigene Berechnungen. N = 280

Die meisten Argumente wurden im Leitidee-Diskurs vertreten. Der Leitidee-Diskurs umfasst einerseits alle Argumente und deren Begründungen, die das BVerfG in seiner Entscheidung selbst geliefert hat. Andererseits wurden jene Argumente berücksichtigt, welche die Geltung der Leitidee „staatliche Neutralität" in Frage stellen und die christliche Fundierung des deutschen oder des bayerischen Gemeinwesens betonen. Innerhalb weniger Tage erfolgte eine Ausweitung des Diskursthemas. Die Institution BVerfG sowie die juristische Qualifikation seiner Richter stand im Mittelpunkt des zweiten Diskurses. Kritiker der Entscheidung, prominent vor allem Waigel, warfen öffentlich die Frage auf, wie eine so weit reichende Entscheidung mit einer so knappen Mehrheit getroffen werden konnte. Im Zuge dieser Kritik wurde, wenn auch eher zwischen den Zeilen, Kritik am Modus der Richterwahl artikuliert.[26] Die Kritik am Modus der Richterwahl zielte letztlich darauf ab, dass bei der Wahl der Richter mehr Wert darauf gelegt werden sollte, dass die Wertvorstellungen zwischen dem zu wählenden Richter und der Bevölkerungsmehrheit nicht zu divergent sein sollen. Die Kritik am Modus der Richterwahl wurde auch von den Befürwortern des Kruzifixbeschlusses in die öffentliche Diskussion gebracht. So forderten die Rechtspolitiker der SPD und der FDP Schily und Hirsch am 23. August 1995, dass der Bundestag die Richter des BVerfG mit einer Zweidrittelmehrheit wählen sollte, um so „politische Kungelei"[27] zu verhindern und damit insgesamt „mehr Transparenz" zu erzeugen – auch in der Hoffnung, umstrittene Entscheidungen auf diese Weise näher an die Lebenswirklichkeit der Bevölkerung heranzuholen. Diese Diskussion führte nicht nur zu einer Richter- und Institutionenschelte, sondern stellte vereinzelt die Kompetenz und die exzeptionelle Stellung des Gerichts im institutionellen Gefüge Deutschlands grundsätzlich in Frage. Die institutionelle Radikalität dieses Diskurses führte zum dritten Diskursfeld – einem Metadiskurs über die Konsequenzen der ersten beiden Debatten für die politische Kultur Deutschlands. Die Debatte wurde mit diesem Diskurs gleichsam selbstreflexiv – sie fragte, welche dauerhaften Schäden diese hochkonfliktive Form der Thematisierung des Gerichts und seiner Entscheidung für seine Stellung im institutionellen Gefüge und für seine Anerkennung seitens der Bürger haben würde. Prototypisch hierfür ist die Einschätzung Massings, wonach die Akzeptanzkrise des BVerfG 1995 „[...] die legitimatorischen Grundlagen des bundesrepublikanischen Demokratie-Systems längerfristig durchaus in Frage stellen könnte"[28].

Vor diesem Hintergrund ist es nicht verwunderlich, dass dem Kruzifixbeschluss auch innerhalb der juristischen und politikwissenschaftlichen Fachöffentlichkeit große Aufmerksamkeit zuteil wurde. Die fachjuristische Diskussion kreiste maßgeblich um Fra-

---

26 Dies lag nahe, da die katholischen Richter sich für die Verfassungskonformität von Kreuzen in Schulen in einem Minderheitenvotum ausgesprochen hatten.

27 *SZ*, 24. 08. 1995, S. 1.

28 Massing, Otwin: Anmerkungen zu einigen Voraussetzungen und (nichtintendierten) Folgen der Kruzifix-Entscheidung des Bundesverfassungsgerichts. In: PVS 4/1995, S. 719–731, hier S. 721.

gen der juristischen Korrektheit des Urteils[29], der Kontinuität bzw. Diskontinuität der Verfassungsrechtsprechung im Bereich der staatlichen Neutralität[30], partiell auch um die Frage, ob das BVerfG als *juristische* Institution die Kompetenz besitzt, den *religiösen* Bedeutungsgehalt des Kreuzes zu bestimmen.[31]

Der erste Diskussionsstrang kreist um zwei rivalisierende politische Ordnungsvorstellungen. Einerseits das autoritative Deutungsangebot des BVerfG, wonach der Staat in religiösen Fragen neutral sein soll, andererseits die von den Gegnern des Beschlusses vertretene Position, dass das bundesrepublikanische Gemeinwesen ein christliches sei und sich der Staat daher nicht neutral verhalten dürfe. Diese Einschätzung wird auch durch eine Meinungsumfrage nahegelegt, die Allensbach kurz nach der Veröffentlichung des Beschlusses, gleichsam in der ‚heißen Phase' der Kruzifix-Debatte, durchgeführt hatte:

Gleichwohl ist Vorsicht geboten, die Daten at face value zu nehmen. Dies folgt aus Ungenauigkeiten im Wording der Frage – so wurden Einstellungen zur generellen Anbringung von Kruzifixen und nicht zur staatlich verordneten abgefragt. Auch liegen Ergebnisse einer Studie von Forsa vor, in denen sich in den neuen Bundesländern nur 7 % und in den alten 33 % der Befragten für religiöse Symbole in der Schule aussprachen.[32]

Tabelle 2	Einstellung zum Kruzifixbeschluss	
Richtig	**Falsch**	**Unentschieden**
22 %	54 %	24 %

Quelle: Allensbacher Archiv, IfD-Umfrage 6019

Eine prominente Kritik innerhalb dieses Debattenstranges fokussiert auf die Frage, ob das Gericht das Grundgesetz richtig interpretiert hat – mithin, ob überhaupt eine Leitidee „Neutralität" im Grundgesetz zu finden sei. Diese Position wird von Busche, Redakteur bei der *SZ*, prototypisch artikuliert: „Das Unfassliche an diesem Urteil ist der Mangel an formaler Bildung, der bei diesen Juristen erkennbar wird. [...] Doch auch, wenn man die Richter für über-

---

29 Vgl. für eine der wenigen zustimmenden Positionen Czermak, a. a. O. (Fn. 17), sowie für die mehrheitlich ablehnenden Stellungnahmen Isensee, Josef: Religionsfreiheit vor dem Kreuz – Der Kruzifix-Beschluss des Bundesverfassungsgerichts und die Regeln der Grundrechtsauslegung. In: PoStu, Sonderheft 46 2/1995, S. 19–31; Geis, Max-Emanuel: Zur Zulässigkeit des Kreuzes in der Schule aus verfassungsrechtlicher Sicht. In: Brugger/Huster a. a. O. (Fn. 17), S. 41–58 und Hufen, Friedhelm: Anbringen von Kreuzen in staatlichen Pflichtschulen als Verstoß gegen Art. 4 Abs. 1 GG. In: Guggenberger, Bernd/Würtenberger, Thomas (Hrsg.), Hüter der Verfassung oder Lenker der Politik? Das Bundesverfassungsgericht im Widerstreit. Baden-Baden 1998, S. 161–172, jeweils mit weiteren Literaturnachweisen.

30 Vgl. Lerche, Peter: Die Kreuz-Entscheidung – Kontinuität oder Bruch bisheriger Entscheidungslinien des Bundesverfassungsgerichts? In: PoStu, Sonderheft 46, 2/1995, S. 32–39.

31 Diese Frage wird v. a. von Religionswissenschaftlern gestellt. Vgl. Berger, Klaus: Das Kreuz als öffentliches Symbol. In: Brugger/Huster a. a. O. (Fn. 17), S. 165–172 und Maier, Hans: Leidlose Welt? Zwölf Thesen aus katholischer Sicht zu Kreuz, Konfession und Schule. In: Brugger/Huster a. a. O. (Fn. 17), S. 173–178.

32 Vgl. Frankfurter Rundschau vom 19. 08. 1995.

fordert hält, Operationen schon der einfachen Denkschule zu bewältigen [...], so wäre doch hier schon durch bloßes Starren auf das Grundgesetz der Fall anders zu entscheiden gewesen" (Busche in *SZ* vom 11. Aug. 1995, S. 4) und zwar mit dem Blick auf die Präambel, da dort bereits Gott angerufen werde. Diese Anrufung umfasst den gesamten Staat – und damit auch die Schulen. Der sichtbare Ausdruck hiervon sind die als verfassungswidrig eingestuften Kruzifixe in den Klassenzimmern.

Eine weitere Kritik setzt an den gesellschaftlichen Folgen dieser Entscheidung an. Die normative Idee hinter dieser Kritik artikuliert Stoiber, wenn er beanstandet, dass die Verfassungsrichter die „Friedensstiftung vernachlässigen"[33]. Hierbei handelt es sich um ein zentrales und wiederkehrendes Motiv der Kritiker auf der Ebene der Entscheidung: Die Verfassungsrichter sollen nicht nur Recht sprechen, sondern den gesellschaftlichen Frieden sichern und so zur *Integration* der Bundesrepublik beitragen. Integration wird in der Diskussion jedoch dominant als *werthafte* Integration, d.h. über einen substanziellen Konsens hinsichtlich zentraler, kollektiv geteilter Werte und Normen verstanden. Die Vorstellung, dass Gesellschaften sich prozedural und über die Betonung von liberalen Grund- und Abwehrrechten integrieren – wie das BVerfG es *partiell* auch macht – ist in diesem Diskurs nicht dominant geworden.

In der Literatur wird mehrheitlich die Einschätzung vertreten, dass das autoritative Deutungsangebot des BVerfG gescheitert sei, d.h., dass auf der *symbolischen Ebene* ein normativer Geltungsanspruch nicht in faktische Gültigkeit überführt werden konnte.[34] Diese Einschätzung wird durch die Ergebnisse der Diskursanalyse mehrheitlich gestützt und substantiiert. Festzuhalten ist zunächst, dass in dem Diskurs über konstitutionelle Ordnungsvorstellungen nur 21 % aller artikulierten Argumente Bezug auf die Begründungen des Kruzifix-Beschlusses nahmen, während die überwältigende Mehrheit, nämlich 79 %, das Argument adressierten, dass Deutschland ein christlich fundiertes Gemeinwesen sei. Der Diskurs wurde also nicht auf dem argumentativen Grund der Entscheidung des BVerfG geführt (denn auch die negative Adressierung der Idee der Neutralität würde ja einen Bezug zur Gerichtsentscheidung darstellen), sondern losgelöst davon. Angesichts der *Auctoritas* des Gerichts und seiner Entscheidungen kann dies durchaus als Indiz dafür gewertet werden, dass das Deutungsangebot auf der symbolischen Ebene gescheitert ist.

Daher ist interessant, den Fokus zu verändern und danach zu fragen, ob überhaupt eine diskursive Situation vorlag. Dass die Massenmedien den anspruchsvollen normativen Anforderungen eines habermasianischen Öffentlichkeitskonzepts nicht gerecht werden können, ist für die Bundesrepublik bereits mehrfach empirisch gezeigt worden.[35] Eine Annäherung an ein realitätskompatibleres Diskurskonzept besteht darin,

---

33 Stoiber in der Süddeutschen Zeitung vom 14. Aug. 1995, S. 2.

34 Vgl. hierfür Vorländer, Hans: Verfassung und politische Kultur. Anmerkungen aus aktuellem Anlass. In: Gebhardt, Jürgen (Hrsg.), Verfassung und politische Kultur, Baden-Baden 1999, S. 75–84.

35 Vgl. Gerhards, Jürgen/Neidhardt, Friedhelm/Ruckt, Dieter: Zwischen Palaver und Diskurs. Strukturen öffentlicher Meinungsbildung am Beispiel der deutschen Diskussion zur Abtreibung. Opladen 1998;

dass minimal die Argumente des ‚Diskursgegners' aufgegriffen werden müssen. Nur dann entsteht ein Diskurs – anderenfalls werden nur die eigenen Positionen öffentlich proklamiert. Das empirische Projekt hat daher zwischen den Argumenten selbst und der Bewertung von Argumenten systematisch unterschieden. Die folgende Tabelle dokumentiert, wie die konstitutionelle Leitidee „Neutralität" und die politische Ordnungsvorstellung „christliche Fundierung des Gemeinwesens" im Diskurs bewertet werden.

Tabelle 3   Haltungen zu den Leitideen „Neutralität" und „Christliche Fundierung"

Intensive Zustimmung	Zustimmung	Neutral	Ablehnung	Intensive Anlehnung
		Neutralität		
58 %	6 %	6 %	9 %	21 %
		Christliche Fundierung		
66 %	16 %	3 %	8 %	8 %

Quelle: Dresdner Kruzifix-Datensatz. Eigene Berechnungen. N = 105

Deutlich wird zunächst, dass die beiden Diskurse unterschiedliche deliberative Qualitäten besitzen. Der Neutralitätsdiskurs zeichnet sich durch eine relativ größere argumentative Ausgewogenheit aus, d. h., dass auch Gegner der Neutralität diese Leitidee adressierten und deren Geltung mit Argumenten in Frage stellten. Anders beim zweiten Diskurs: Dieser scheint vor allem von Befürwortern der Idee der christlichen Fundierung des Gemeinwesens geführt worden zu sein. Kritiker – also Verfechter der Neutralitätsidee – haben sich an diesem Diskurs so gut wie gar nicht beteiligt. Die differenziertere Analyse des Diskurses zeigt, dass ein Drittel aller Argumente, die die Neutralität als konstitutionelle Ordnungsvorstellung überhaupt adressieren, darin *keine* konstitutionelle Leitidee erkannten. Die Position des Gerichtes war im massenmedialen Diskurs eine eindeutige Minderheitenposition und das Deutungsangebot des BVerfG kann mithin auf der symbolischen Geltungsdimension als gescheitert angesehen werden: Die Bürger und die am Diskurs beteiligten Eliten bestritten, dass es sich bei der Neutralität um eine konstitutionelle Leitidee ‚ihres' politischen Gemeinwesens handelt.

„Die Aufgabe des Verfassungsgerichts besteht nicht in der Friedensstiftung, sondern in der Durchsetzung der Verfassung. Wenn seine Entscheidungen den gesellschaftlichen Frieden wiederherstellen, ist das ein beglückendes Ereignis, über das man froh sein darf"[36]. Mit dieser Einschätzung steht Grimm, seines Zeichens selbst ehemaliger

---

Gerhards, Jürgen: Diskursive versus liberale Öffentlichkeit. Eine empirische Auseinandersetzung mit Jürgen Habermas. In: KZfSS 1/1997, S. 1–34.

36 Grimm, zitiert nach Limbach, a. a. O. (Fn. 9), S. 157.

Verfassungsrichter, jedoch eher allein. Es gehört zum *common sense* innerhalb der Politik- und der Rechtswissenschaft, dass das BVerfG einen Beitrag zur Integration der bundesdeutschen Gesellschaft leisten soll, ja das auf dem Gericht sogar die letzten großen Integrationshoffnungen ruhen.[37] Vor dem Hintergrund dieser Erwartungshaltung ist es nicht verwunderlich, wenn die Entscheidungen des BVerfG auf der symbolischen Ebene bewertet werden. Vor dieser Folie wurde auch der Kruzifix-Beschluss bewertet. Nicht nur, dass er keinen aktiven Beitrag zur Integration geleistet habe, viel schlimmer: Er treibe die Gesellschaft sogar noch auseinander, da er die vitalen Ressourcen des Gemeinwesens in Form seiner christlichen Traditionen unterminiere.[38]

Trotz der konstitutiven Verbindung von symbolischer und instrumenteller Geltungsdimension resultieren aus nicht eingelösten Geltungsbehauptungen auf der instrumentellen Ebene weitaus ernsthaftere Probleme für die Institution BVerfG als auf der symbolischen Ebene. Auf der instrumentellen Ebene ist die Aussage des Kruzifix-Beschlusses eindeutig: Die staatlich verordnete Anbringung von Kruzifixen in staatlichen Pflichtschulen ist verfassungswidrig. Die institutionelle Autorität, ja seine Stellung im institutionellen Gefüge hängt davon ab, dass auf der instrumentellen Ebene Geltungsbehauptungen in Gültigkeit überführt werden. Es wurde bereits darauf hingewiesen, dass einige bayerische Politiker öffentlich bekundeten, dem Beschluss nicht Folge zu leisten. Dies stellte ein absolutes Novum in der bundesdeutschen Geschichte dar und war auch Anlass zur Sorge ob der politischen Kultur. Die entscheidende Frage lautet: War der Aufruf zum Entscheidungsboykott singulär oder fand er Anhänger? Die Ergebnisse der Diskursanalyse verdeutlichen, dass es zu einem – aus der Geltungsperspektive des BVerfG – gefährlichen Spillover von der Kritik auf der symbolischen zur Kritik auf der instrumentellen Geltungsdimension gekommen ist.

Beunruhigend ist, dass 40 % aller publizierten Handlungsoptionen dazu tendierten, den Beschluss des Gerichts nicht zu respektieren – sei es in der moderaten Variante einer „Einzelfallentscheidung" oder in der hoch-konfliktiven Variante des Aufrufes zum Boykott der Entscheidung. Die Auseinandersetzung auf der symbolischen Geltungsebene gehört zur diskursiven Kultur der Bundesrepublik – sie tritt auf und bietet doch, zumindest wenn daraus kein Dauerzustand wird, keinen Anlass zur Sorge. Der Boykottaufruf auf der instrumentellen Ebene überschreitet jedoch eine sehr sensible Grenze.

Tabelle 4   Handlungsoptionen*

Kreuze-abhängen	Einzelfall-entscheidung	Hängen-lassen
60 %	19 %	21 %

* Ausgewiesen sind alle im Beobachtungszeitraum in der *SZ* publizierten Argumente (inkl. Leserbriefe).

Quelle: Dresdner Kruzifix-Datensatz. Eigene Berechnungen. N = 96

---

37   Vgl. Schaal, Gary S.: Integration durch Verfassung und Verfassungsrechtsprechung? Berlin 2000.
38   Isensee, a. a. O. (Fn. 29).

Abbildung 3   Relative Häufigkeit der Berichterstattung in der *FAZ*, der *SZ*, der *taz* und der *ZEIT* über den Suchstring „Bundesverfassungsgericht + Kruzifix"

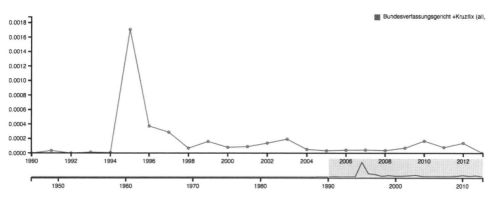

Quelle: Eigene Berechnungen auf Basis des ePol-Korpus (www.epol-projekt.de).

Ein wichtiger Parameter der eingangs eingeführten Konflikttypologie ist die Entwicklung konfliktiver Thematisierungen von Entscheidungen des Bundesverfassungsgerichts bzw. von Leitideen, die in Entscheidungen adressiert werden über die Zeit. Eine empirische Längsschnittanalyse der Konfliktintensität der Berichterstattung über die Kruzifix-Entscheidung würde den Rahmen dieser Darstellung sprengen. Daher wurde eine Proxyanalyse durchgeführt. Hierzu wurde auf Basis eines Volltextkorpus, der alle Artikel, die in der *ZEIT*, der *SZ* und in der *taz* von 1990 bis 2012 publiziert wurden sowie einem Randomsample von Artikeln aus der *FAZ* aus dem gleichen Zeitraum eine Häufigkeitsanalyse mit der Syntax „Bundesverfassungsgericht + Kruzifix" durchgeführt. Die Suche ergab 563 Artikel über alle Zeitungen, in denen die Wörter Bundesverfassungsgericht und Kruzifix vorkamen. Eine stichpunktartige Durchsicht erbrachte, dass diese Suchanfrage zu ca. 90 % thematisch einschlägige Artikel hervorbrachte. Abbildung 3 visualisiert die Suchergebnisse nach Publikationsjahr.[39]

Die Abbildung 3 verdeutlicht, dass die (kritische) Thematisierung nur sehr punktuell erfolgte und die Diskussion über die Entscheidung des Bundesverfassungsgerichts nach 1995 quasi abgeschlossen war. Die Peaks in den Jahren 2010 und 2012 können u. a. mit der Berichterstattung über die Entscheidung des Europäischen Gerichts zur Verfassungskonformität von Kruzifixen in italienischen Schulen erklärt werden, in denen häufig auch auf die Entscheidung des Bundesverfassungsgerichts rekurriert wird.

Weitere Einsichten können gewonnen werden, wenn der Ort der Publikation in der Zeitung betrachtet wird.

---

39   In Abbildung 3 ist die *relative* Häufigkeit der gefundenen Artikel im Verhältnis zur Gesamtzahl aller Artikel, die in diesem Jahr in allen Zeitungen publiziert wurden, abgetragen.

Abbildung 4   Ort der Berichterstattung in der *FAZ,* der *SZ,* der *taz* und der *ZEIT*
über den Suchstring „Bundesverfassungsgericht + Kruzifix", absolute Zahlen.

Section (absolute)

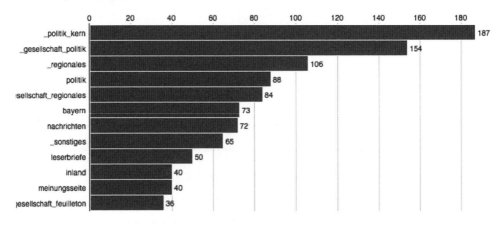

Betrachtet man die absoluten Häufigkeitsangaben in Abbildung 4, wird deutlich, dass
die Berichterstattung maßgeblich in den Politikteilen der Zeitungen erfolgte. Die Frage,
wer wir sein wollen, wurde primär politisch diskutiert. Das Feuilleton und die Kul-
turteile der Zeitungen spielen zwar auch eine quantitative Rolle, doch tritt diese hinter
die Berichterstattung in den Politikteilen zurück. Dies ist insofern bemerkenswert, als
dass das Feuilleton als jener institutionalisierte Reflexionsort angesehen werden kann,
in dem die Gesellschaft über sich selbst nachdenkt.

4   Crisis! What Crisis?

Abschließend soll der Frage nachgegangen werden, ob der Kruzifix-Konflikt in einem
sinnvollen Verständnis des Konzepts als Krise des Verfassungsgerichts angesehen werden kann.[40] Die Frage nach der Krise impliziert jene nach sinnvollen empirischen Indikatoren für ihre Identifikation. Im Folgenden werden die im Beitrag diskutierten Phänomene als Komponenten eines *aggregativen Krisenbegriffs* zusammengefasst.
    Ausgangspunkt vieler Krisendiagnosen des BVerfG ist die kontroverse Berichterstat-
tung über eine Entscheidung sowie die sich daran anschließende konfliktive Diskussion

---

40 Vgl. für eine Diskussion der Kategorie „Krise" für die empirisch arbeitenden Sozialwissenschaften
    Merkel, Wolfgang, 2014: Ist die Krise der Demokratie eine Erfindung?, in: Reder, Michael/Cojocaru,
    Mara-Daria (Hrsg.): Zukunft der Demokratie: Ende einer Illusion oder Aufbruch zu neuen Formen?,
    Stuttgart, 25–46.

in der massenmedial vermittelten Öffentlichkeit. Die konfliktive Thematisierung ist jedoch allein nicht ausreichend, um eine Krise anzuzeigen. Folgt man der Differenzierung
in eine symbolische und eine instrumentelle Geltungsdimension von Entscheidungen,
so besteht ein weiterer Baustein einer Krisendiagnose in der Unfähigkeit des Gerichtes,
seine Geltungsbehauptungen in Gültigkeit zu überführen. Dies trifft dabei für die instrumentelle Dimension in höherer Dringlichkeit zu als für die symbolische. Die Krise zeigt
sich auf der Ebene der Geltung der Institution als Ganzes jedoch erst in einer temporalen
Dimension: Wenn die instrumentelle und die symbolische Geltungsdimension dauerhaft
auseinandertreten oder sogar beide dauerhaft oder lang anhaltend nicht mehr in Gültigkeit überführt werden, liegt zweifellos eine Krise vor. Diese Krise zeigt sich jedoch nicht
nur – und sicherlich noch nicht einmal maßgeblich – auf der Ebene der öffentlichen
Diskurse, sondern findet seine Entsprechung einerseits in den Einstellungen der Bürger zum BVerfG sowie andererseits im Umgang der politischen Eliten mit dem Gericht.

Im Rückgriff auf diesen aggregativen Krisenbegriff erscheint es mit Blick auf einen
größeren Beobachtungszeitraum nicht nur hinsichtlich des Kruzifix-Konfliktes, sondern generell problematisch, von einer Krise des BVerfG zu sprechen. Zu inflationär
war die Verwendung „Krise" für das BVerfG. Dies lässt sich anhand der Kruzifix-Kon-
troverse besonders deutlich zeigen. Da vielfach die Auffassung vertreten wird, dass das
BVerfG 1995 seine größte Krise durchlebte, gilt im Umkehrschluss, dass wenn es in diesem Fall unberechtigt war, von einer Krise zu sprechen, dies auch für viele – wenn auch
nicht alle – anderen ‚Krisensituationen' zutrifft. Die Beweisführung für dieses Argument
kann aufgrund mangelnder empirischer Daten nur indirekt erfolgen.

Als erster Indikator sollen wieder Themen- und Thematisierungszyklen in den bereits genannten Printmedien dienen. Als Suchstrings werden „Bundesverfassungsgericht +Krise" genutzt. Die erste Abbildung visualisiert die *relative* Häufigkeit des Auftretens des Suchstrings „Bundesverfassungsgericht +Krise"

Abbildung 5 Relative Häufigkeit der Berichterstattung in der *FAZ*, der *SZ*, der *taz* und der *ZEIT*
über den Suchstring „Bundesverfassungsgericht + Krise"

Heatmap: Bundesverfassungsgericht +Krise

Abbildung 6   Absolute Häufigkeit der Berichterstattung in der *FAZ*, der *SZ*, der *taz* und der *ZEIT*
über den Suchstring „Bundesverfassungsgericht + Krise"

Heatmap: Bundesverfassungsgericht +Krise

Der genutzte Suchstring reflektiert nur die *manifeste* Thematisierung einer Krise, nicht
die latente Thematisierung. Letztere müsste mit einer differenzierteren Suchstrategie
identifiziert werden. Unabhängig von dieser wichtigen Einschränkung können Perioden der krisenhaften Thematisierung des Bundesverfassungsgerichts identifiziert werden, die mit den gängigen Periodisierungen in der Literatur weitgehend kompatibel
sind. Hierzu gehören die strittige Gründungsperiode, die konflikthaften späten 1970er
Jahre und die konfliktbehaftete Entscheidung über die Volkszählung. Die mittleren
1990er Jahre sind jedoch hinsichtlich der Publikationsquantität unauffällig – doch genau in diese Phase fallen viele hochkonfliktive Entscheidungen und nicht zuletzt auch
der hier intensiver diskutierte Kruzifix-Beschluss. Diese Irritation kann aufgeklärt werden, wenn nicht relative, sondern *absolute* Häufigkeiten über den Suchstring betrachtet
werden, wie sie in der Abbildung 6 visualisiert werden.

Deutlich wird hier, dass die 1990er Jahre historisch den Beginn einer sich quantitativ
sehr deutlich intensivierenden Krisenberichterstattung markieren. Es ist diese absolute
Zunahme an Krisenartikeln, die für Zeitgenossen den Eindruck nahegelegt hat, dass
eine qualitativ neue Phase in der Auseinandersetzung mit der Institution Bundesverfassungsgericht begonnen hat. Eine Phase, die bis heute anhält. Dieses Datum darf jedoch
inhaltlich nicht überstrapaziert werden. Vielmehr muss diese Entwicklung im Kontext
anderer Daten gelesen werden, so z. B. die Entwicklung des Vertrauens in das Bundesverfassungsgericht und Inhaltsanalysen der publizierten Artikel. Beginnen wir mit dem
zweiten Kontext und nehmen den Faden der Differenzierung in symbolische und instrumentelle Geltungsdimension des Gerichts wieder auf.

Das Auseinanderfallen von Geltung und Gültigkeit würde sich erstens in einer kontinuierlichen, hochkonfliktiven Thematisierung von Entscheidungen des Gerichts zei-

Abbildung 7   Entwicklung der Meinung über das Bundesverfassungsgericht 1974–2002

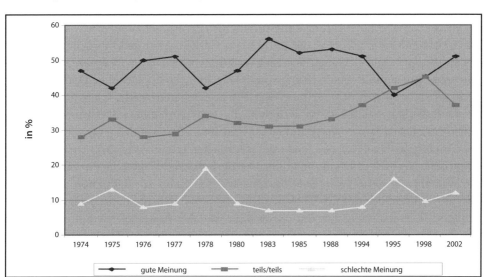

Quelle: eigene Berechnungen

gen. Dies ist nicht der Fall. Vielmehr herrscht wieder ein kritisch-respektvoller Ton in der Berichterstattung über das Gericht. Ebenso sind auf der instrumentellen Geltungsdimension nach dem Kruzifix-Konflikt keine ernsthaften politischen Boykottaufrufe artikuliert worden. Insofern waren die Befürchtungen, dass das Gericht an *Auctoritas* verloren hat und damit das institutionelle Gefüge in Deutschland in eine Schieflage gerät, unbegründet.[41]

Auf einer anderen Ebene jedoch schien – zumindest aus der Perspektive der Zeitzeugen – wirklich eine Krise vorzuliegen. Die Einstellungen der Bürger zum BVerfG hatten sich zum Ende des Jahres 1995 deutlich verändert. Die Institution, die zuvor von allen politischen und juristischen Institutionen das größte Vertrauen genoss, fiel auf das Niveau anderer Institutionen zurück.

Doch zeigt sich auch hier, dass es sich nur um einen *kurzfristigen* Einbruch der „guten Meinung" über das BVerfG handelt. Bereits 1998 haben sich die Vertrauenswerte wieder erholt und 2002 befindet sich das Gericht wieder auf einem Vertrauensniveau, das auf dem hohen Stand der 1980er Jahre ist. Zudem kann nicht allein das Sinken der „guten Meinung" als Krisenindikator gewertet werden. Sinnvoll erscheint es vielmehr, hierfür die „schlechte Meinung" heranzuziehen – und diese hatten 1995 nur ca. 15 % der

---

41   Vgl. Vorländer, Hans: Der Interpret als Souverän: Die Macht des Bundesverfassungsgerichts beruht auf einem Vertrauensvorschuss, der anderen Institutionen fehlt. In: Frankfurter Allgemeine Zeitung vom 17. 4. 2001, S. 14.

Befragten. Daher kann von einer *dauerhaften* Krise des Gerichts im Anschluss an den Kruzifix-Konflikt nicht gesprochen werden.[42]

Mehr noch: Die Entwicklung der Einstellungen der Bürger zum BVerfG verdeutlicht die *Zyklizität* des Verhältnisses der Bürger zum Gericht. Analoge Einbrüche in den Vertrauenswerten lassen sich auch 1975 und 1978 finden, jeweils als Reaktion auf die kritische massenmediale Thematisierung von Entscheidungen des Gerichts. Doch zeigt sich auch, wie schnell sich das Vertrauensverhältnis regeneriert hatte. Diese Tatsache verweist auf die Notwendigkeit, die Krisendiagnose ins Verhältnis mit dem *Aufgabenprofil* des Gerichts zu setzen. Aufgrund seiner institutionellen Stellung ist das BVerfG dazu *prädestiniert,* in den kritischen Fokus des öffentlichen Interesses gerückt zu werden. Die empirische Vertrauensforschung konnte wiederholt zeigen, dass die *parteipolitisch* inspirierte Thematisierung von Entscheidungen des Gerichts zur Reduktion des Vertrauens führte, die jedoch nur für die Dauer der entsprechenden Thematisierung anhält. Die kritische Thematisierung von Entscheidungen ist daher *kein* Krisensymptom, sondern Resultat des Aufgabenprofils des Gerichtes. Der Vertrauensvorschuss, den die Bürger dem Gericht gewähren, wird es höchstwahrscheinlich auch in Zukunft davor bewahren, dauerhaften Schaden bei Entscheidungskonflikten zu nehmen.

Ein relevanter Faktor für die weitere Entwicklung des Vertrauens in das Bundesverfassungsgericht besteht schließlich darin, wie sich das Gericht aus der Perspektive der Bürger in einem neuen Spannungsfeld positioniert. Hans Vorländer argumentiert, dass das hohe Vertrauen in das Gericht u. a. damit zu erklären ist, dass es als Anwalt des Bürgers wahrgenommen wird, als eine Institution *gegen* den Staat. Vor dem Hintergrund von Prozessen der politischen und juristischen Kompetenzverlagerung von der nationalstaatlichen zur EU-Ebene stellt sich die Frage, wie die Bürger die Rolle des Bundesverfassungsgerichts in diesem Prozess einschätzen. Angesichts europaskeptischer Überzeugungen auch bei demokratieaffinen Bürgern könnte die neue Spannungslinie zwischen dem Nationalstaat (als Hort der Demokratie) und der EU (als bürokratische Struktur) verlaufen, wobei das Bundesverfassungsgericht als Wahrer und Hüter (nationalstaatlicher) Demokratie konstruiert wird.

---

42 In den 2000er Jahren verbleibt das Vertrauen in das Bundesverfassungsgericht auf hohem Niveau. Da die Interviewfragen sich bei den genutzten Studien geändert haben, kann jedoch kein integrierter Datensatz vorgelegt werden.

Konfliktlagen des Bundesverfassungsgerichts mit den Regierungen Schröder und Merkel, 1998–2013

Sascha Kneip

1 Einleitung: Verfassungsgerichtsbarkeit, Konflikt und Demokratie

Es gehört zum Wesen der demokratischen Verfassungsgerichtsbarkeit, gelegentlich in Konflikt mit der Politik zu geraten. Die Tatsache, dass Verfassungsgerichte letztverbindlich über die Verfassungsmäßigkeit politischen Handelns und gesetzgeberischen Tuns zu urteilen befugt sind, bringt es beinahe zwangsläufig mit sich, dass ihre Urteile in schöner Regelmäßigkeit öffentlich kritisiert und mitunter auch einmal schlicht für „falsch"[1] erklärt werden. Die aus dieser Konstellation resultierenden Konfliktlagen zwischen Politik und Verfassungsgerichtsbarkeit sind in der Verfassung systematisch angelegt; von Politik und Öffentlichkeit werden sie in der Regel mit besonderer Aufmerksamkeit bedacht, sind sie doch der sichtbarste Ausdruck des – vermeintlichen – demokratischen Paradoxons, dass in der rechtsstaatlichen Demokratie die demokratisch schwächer legitimierten Akteure die demokratisch stärker legitimierten kontrollieren.

Auch das Bundesverfassungsgericht hat in seiner nun schon über sechzigjährigen Geschichte regelmäßig Konflikte mit der Politik ausfechten und aushalten müssen. Manchmal hat es sie sogar gesucht oder doch zumindest in Kauf genommen, was im Rückblick seinem Ansehen und seiner Stellung im Staatsgefüge eher genützt als geschadet haben dürfte. Die geläufigen Charakterisierungen des Bundesverfassungsgerichts

---

[1] So bekanntlich schon Bundeskanzler Konrad Adenauer im Jahre 1961 („Das Kabinett war sich darin einig, dass das Urteil des Bundesverfassungsgerichts falsch ist, meine Damen und Herren") anlässlich des Urteils des Bundesverfassungsgerichts zum „Deutschland-Fernsehen" (BVerfGE 12, 205). Vgl. Wesel, Uwe: Der Gang nach Karlsruhe. Das Bundesverfassungsgericht in der Geschichte der Bundesrepublik, München 2004, S. 120.

als ‚Nebenregierung'[2], als ‚Ersatzgesetzgeber'[3], ‚Vetospieler'[4] oder ‚entgrenztes Gericht'[5] belegen aufs trefflichste die auch im demokratischen Verfassungsstaat der Bundesrepublik prinzipiell angelegte Spannung zwischen Verfassungsgerichtsbarkeit und Politik – und die faktisch machtvolle Position des Gerichts innerhalb dieses Gefüges.

Konflikte zwischen unterschiedlichen Akteuren und Streit um die ‚richtigen' politischen und rechtlichen Maßnahmen gehören notwendig zu den Wesensmerkmalen pluralistischer demokratischer Gesellschaften. Betrachtet man in diesem Sinne auch die Auseinandersetzung über die richtige Auslegung der Verfassung als ein zentrales Merkmal liberaler Demokratien, kann man verfassungsrechtlichen Konflikten sogar eine systemstabilisierende Wirkung zuschreiben: Indem der Gesetzgeber (wie auch andere politische Akteure, Bürger oder normale Gerichte) mit dem Verfassungsgericht um die korrekte Ausgestaltung der Verfassung ringt, erbringen die Akteure gemeinsam eine funktionale Leistung zur Stabilisierung der Demokratie.[6] Allerdings sind öffentlich ausgetragene Konflikte für die beteiligten Akteure selbst keineswegs unproblematisch. Gerät das Verfassungsgericht zu häufig in Konflikt mit den handelnden politischen Akteuren, läuft es Gefahr, langfristig die Folgebereitschaft für seine Entscheidungen in Politik und Gesellschaft zu verlieren. Die hohe empirische Legitimität des Bundesverfassungsgerichts beruht nicht zuletzt auf der Akzeptanz seiner Urteile; in ausgeprägten Konfliktsituationen zwischen Gericht und Politik kann gerade diese aber durchaus leiden, wie die bisherigen (wenigen) größeren Krisen des Bundesverfassungsgerichts zumindest andeuten. Umgekehrt haben sich auch für die politischen Akteure konflikthafte Konstellationen mit dem Bundesverfassungsgericht in der Vergangenheit meist nicht ausgezahlt. Da das Gericht seit Jahrzehnten mit deutlich höheren Vertrauensressourcen ausgestattet ist als nahezu alle politischen Akteure – den Bundespräsidenten einmal ausgenommen –, riskieren Regierung und Parlamentsmehrheit im Konfliktfall, weiter an Reputation und empirischer Legitimität einzubüßen. Kurzum: Konflikte zwischen Bundesverfassungsgericht und Politik sind systemisch angelegt, mitunter notwendig und empirisch nicht unüblich, bergen aber für beide Seiten gewisse Risiken.[7]

---

2   Vgl. Wewer, Göttrik: Das Bundesverfassungsgericht – eine Gegenregierung? Argumente zur Revision einer Denkfigur. In: Blanke/Nullmeier (Hrsg.), Die alte Bundesrepublik. Kontinuität und Wandel, Leviathan Sonderheft 12/1991, Wiesbaden 1991, S. 310–335.

3   Scholz, Rupert: Das Bundesverfassungsgericht: Hüter der Verfassung oder Ersatzgesetzgeber? In: Aus Politik und Zeitgeschichte (APuZ) B 16/1999, S. 3–8; Blasberg, Georg: Verfassungsgerichte als Ersatzgesetzgeber. Entscheidungsaussprüche bei Normenkontrollen von Bundesverfassungsgericht und Corte Costituzionale, Frankfurt am Main 2003.

4   Wagschal, Uwe: Verfassungsgerichte als Vetospieler in der Steuerpolitik. In: Becker/Zimmerling (Hrsg.), Politik und Recht. PVS-Sonderheft 36/2006, Wiesbaden, S. 559–584.

5   Jestaedt, Matthias/Lepsius, Oliver/Möllers, Christoph/Schönberger, Christoph: Das entgrenzte Gericht. Eine kritische Bilanz nach sechzig Jahren Bundesverfassungsgericht, Berlin 2011.

6   Vgl. zu den unterschiedlichen definitorischen Konnotationen des Konfliktbegriffes z. B. Schmidt, Manfred G.: Wörterbuch zur Politik. Stuttgart 1995, S. 495–496.

7   Uwe Wesel (a. a. O., Fn. 1) benennt als die beiden großen Krisen des Karlsruher Gerichts die Auseinandersetzung mit der Regierung Adenauer um die Wiederbewaffnung 1952 sowie den – in der Rückschau

Wie sich die Konfliktlagen zwischen Bundesverfassungsgericht und Exekutive darstellen und wie sie sich über die letzten 15 Jahre entwickelt haben, will der vorliegende Beitrag empirisch untersuchen. Insbesondere soll nach Entwicklungen und Mustern im Zusammenspiel von Gericht und Politik gesucht und danach gefragt werden, welche Kontinuitäten und Brüche im Verhältnis der Akteure festzustellen sind. Dabei soll auch die Frage eine Rolle spielen, ob unterschiedliche Regierungskonstellationen einen Einfluss auf die Konflikthaftigkeit dieses Verhältnisses haben. Zunächst werden dafür Konfliktlagen zwischen Bundesverfassungsgericht und Politik nach Politikbereichen unterschieden und untersucht, bevor Auseinandersetzungen über die Rolle und den Status des Bundesverfassungsgerichts näher betrachtet werden. Hier sollen auch die Unterschiede zwischen den Regierungen Schröder (Rot-Grün) sowie Merkel I (Große Koalition) und Merkel II (Schwarz-Gelb) im Umgang mit dem Gericht einer näheren Prüfung unterzogen werden.

2   Konfliktlagen zwischen Bundesverfassungsgericht und Politik

Konfliktlagen zwischen Verfassungsgericht und Politik können sich auf unterschiedliche Art manifestieren. Der offensichtlichste Ausdruck eines (zunächst nur potenziellen) Konflikts ist erstens das Annullierungsverhalten eines Gerichts. Erklärt ein Gericht Normen und Handlungsweisen politischer Akteure für verfassungswidrig, kommt hierin nichts anderes zum Ausdruck als ein Konflikt um die richtige Auslegung von Verfassungsnormen, der letztlich autoritativ durch das Verfassungsgericht aufgelöst wird – manchmal zur Zufriedenheit der am Konflikt beteiligten Akteure, manchmal auch nicht. Konflikte können sich zweitens auch auf der Ebene formaler Kompetenzauseinandersetzungen zeigen. Beschränkt ein Verfassungsgericht die Handlungsmöglichkeiten der Exekutive und stärkt es die Rechte der parlamentarischen Opposition oder einzelner Abgeordneter gegenüber Parlament und Regierung, setzt es sich ebenfalls potenziell in Konflikt mit den Inhabern der parlamentarischen (Mehrheits-)Macht. Drittens schließlich können Konflikte in der öffentlichen Auseinandersetzung über Rolle und Status der Verfassungsgerichtsbarkeit selbst sichtbar werden. Die eingangs zitierten Charakterisierungen des Bundesverfassungsgerichts als ‚Nebenregierung‘ oder ‚Vetospieler‘ bringen einen Konflikt über die korrekte Rolle des Bundesverfassungsgerichts in der bundesdeutschen Demokratie zum Ausdruck, der latent immer vorhanden ist, aber nicht im-

---

nur leichten und kurzfristigen – Legitimationsverlust des Gerichts nach den politisch umstrittenen Urteilen der Jahre 1994/95 („Freigabe von Haschisch“, „Soldaten sind Mörder“, „Sitzblockade“, „Kruzifix“). Bei der Krise der 1990er Jahre bleibt aber meist unbeachtet, dass der Legitimationsverlust der politischen Akteure infolge der öffentlichen Auseinandersetzungen ebenfalls beträchtlich war und diese keineswegs vom Ansehensverlust des Gerichts profitierten. Vgl. zur Krisenfrage auch Schaal, Gary S.: Crisis! What Crisis? – Der ‚Kruzifix-Beschluss‘ und seine Folgen; in diesem Band ab S. 209.

Abbildung 1   Verfahrenseingänge und Annullierungshäufigkeit, 1990–2013

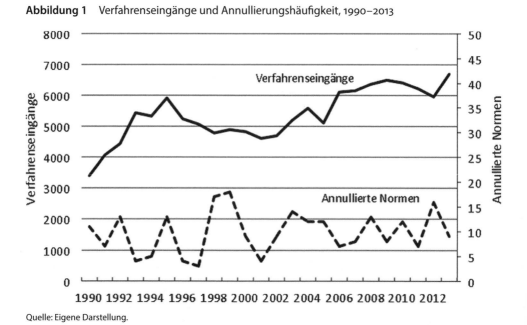

Quelle: Eigene Darstellung.

mer offen ausbricht. Alle drei Konfliktebenen sollen für die Beantwortung der Frage nach den Konfliktlagen zwischen Gericht und Politik Beachtung finden.

Betrachtet man zunächst nur die statistische Häufigkeit von Normannullierungen durch das Bundesverfassungsgericht, kann von übermäßiger Konflikthaftigkeit im Verhältnis zum Gesetzgeber keine Rede sein. Gemessen an den deutlich gestiegenen Verfahrenseingängen in Karlsruhe seit dem Jahr 1990 ist die Anzahl der jährlichen Normannullierungen als eher moderat zu bezeichnen. Seit dem Jahr 2000 bewegt sich die Annullierungshäufigkeit zwischen 5 und 10 Normen pro Jahr, was auch im internationalen Vergleich einem eher moderaten bis mittleren Interventionsverhalten entspricht.[8] Eine besondere Konflikthaftigkeit des Verhältnisses zwischen Gericht und Politik aufgrund häufiger oder sogar gestiegener Normannullierungen kann also ebenso wenig festgestellt werden wie eine generell zunehmende ‚Justizialisierungsdichte' der deutschen Politik (vgl. Abbildung 1).

Allerdings gibt die deskriptive Statistik hier nur einen Teil der Wirklichkeit wieder. Denn zum einen verfügt das Bundesverfassungsgericht – etwa über das Instrument verfassungskonformer Auslegung von Normen – über Möglichkeiten, den Gesetzgeber zu disziplinieren, ohne eine Norm formal annullieren zu müssen. Zum anderen enthüllen

---

8   Vgl. z. B. Kneip, Sascha: Rolle und Einfluss des Bundesverfassungsgerichts in international vergleichender Perspektive. In: Zeitschrift für Politik (ZfP), 1/2013, S. 72–89.

die Zahlen zunächst nicht, welche konkreten Konflikte vor Gericht ausgetragen worden sind und wie wichtig diese unter (partei-)politischen Gesichtspunkten für die beteiligten Akteure gewesen sind. Um dies beurteilen zu können, ist ein Blick auf die konkreten Verfahren notwendig.

2.1 Konfliktlagen nach Politikfeldern: Kompetenzkonflikte und Normenkontrollverfahren

Betrachtet man die Konfliktlagen zwischen Bundesverfassungsgericht und Politik der letzten 15 Jahre hinsichtlich der inhaltlich behandelten Materien, lassen sich solche Politikfelder unterscheiden, in denen kontinuierliche Konflikte zwischen Gericht und Politik sichtbar werden, solche, in denen keine oder kaum Konflikte zu beobachten sind, und solche, in denen neu aufkommende Konfliktthematiken bearbeitet werden.

Zu den Themenbereichen, die seit jeher von einem eher konflikthaften Verhältnis zwischen Gericht und Politik geprägt sind, gehört an erster Stelle die *Innen- und Rechtspolitik*. Dies ist nicht weiter verwunderlich, berührt gerade dieser Politikbereich doch in besonderem Maße die im Grundgesetz tief verankerten liberalen Grund- und Bürgerrechte. Auffällig ist aber doch die relative Häufigkeit, mit der das Bundesverfassungsgericht seit 1998 insbesondere im Bereich der Sicherheitspolitik Vorhaben des Gesetzgebers korrigiert und annulliert hat. Zwar hatte das Karlsruher Gericht – im Jahr 1999, kurz nach dem Amtsantritt der ersten rot-grünen Koalition – das noch unter der Regierung Helmut Kohls verabschiedete „Verbrechenbekämpfungsgesetz" weitgehend passieren lassen, das dem Bundesnachrichtendienst eine verdachtsunabhängige Telefonüberwachung ermöglichte.[9] In der Folgezeit blieben aber nur noch wenige Gesetzesvorhaben zur Inneren Sicherheit in Karlsruhe unbeanstandet. Zu den ganz oder teilweise für verfassungswidrig erklärten Gesetzen in diesem Bereich gehören beispielsweise die Regelungen zur akustischen Wohnraumüberwachung (‚Großer Lauschangriff'[10]), zum europäischen Haftbefehl,[11] zum Luftsicherheitsgesetz,[12] zur automatisierten Abfrage von Kontostammdaten,[13] zu sogenannten ‚Online-Durchsuchungen',[14] zur automatisierten Erfassung von Kraftfahrzeugkennzeichen,[15] zum bayerischen Versammlungsgesetz,[16] zur Vorratsdatenspeicherung,[17] zum manuellen Auskunftsverfahren des Telekommuni-

---

9   BVerfGE 100, 313.
10   BVerfGE 109, 279.
11   BVerfGE 113, 273.
12   BVerfGE 115, 118.
13   BVerfGE 118, 168.
14   BVerfGE 120, 274.
15   BVerfGE 120, 378.
16   BVerfGE 122, 342.
17   BVerfGE 125, 260.

kationsgesetzes[18] und zur Antiterrordatei.[19] Zwar bemühte sich das Bundesverfassungsgericht durchaus, den Spielraum des Gesetzgebers und der Exekutive nicht unnötig zu beschneiden (so etwa vor allem im Bereich der polizeilichen Gefahrenabwehr, wo es in konkreten Fällen wie der Handyüberwachung von Journalisten, der Verwendung von GPS-Daten zur Strafverfolgung, verdeckten Ermittlungen der Polizei oder E-Mail-Beschlagnahmungen eine durchaus großzügige Anwendung der Verhältnismäßigkeitsprüfung walten ließ), insgesamt kann aber doch konstatiert werden, dass nahezu kein größeres gesetzgeberisches Vorhaben im Bereich der Inneren Sicherheit nicht zumindest teilweise nach Karlsruher Intervention korrigiert oder gar beerdigt werden musste.[20]

Zu den ‚Evergreens' der als konflikthaft perzipierten Politikbereiche gehört zweitens die *Europapolitik*. Die großen europapolitischen Leitentscheidungen des Bundesverfassungsgerichts der 1970er, 1980er und 1990er Jahre fanden zunächst mit dem in der Öffentlichkeit wie in der Wissenschaft heftig kritisierten „Lissabon-Urteil" ihre Fortsetzung, in dem das Gericht unter anderem die verfassungsrechtlichen Grenzen der europäischen Integration aus Sicht des Grundgesetzes zu definieren und den Gesetzgeber festzulegen versuchte.[21] Im Zuge der „Euro-Rettungspolitik" wurde das Gericht in der Folgezeit überdies unfreiwillig zu einem der zentralen europapolitischen Akteure, indem es über den Umweg der deutschen Zustimmungsgesetze indirekt über wesentliche europäische Rettungsmaßnahmen (mit) zu befinden hatte. So hatte es über die sogenannte ‚Griechenlandrettung' und die ‚Zypern-Hilfen' zu entscheiden, über den ‚Euro-Rettungsschirm', über die Ratifizierung des ESM-Vertrages und den ‚Fiskalpakt' sowie über die (geplanten) unbeschränkten Ankäufe von Staatsanleihen durch die Europäische Zentralbank (EZB). Letzteres hält das Bundesverfassungsgericht bekanntlich für einen eindeutigen Fall von ultra-vires-Handeln durch die Europäische Zentralbank. Es hat die Frage – zum ersten Mal in seiner Geschichte – dem Europäischen Gerichtshof (EuGH) zur Vorabentscheidung vorgelegt.[22]

Betrachtet man die europapolitischen Entscheidungen des Bundesverfassungsgerichts der jüngsten Vergangenheit näher, so kann von ‚Konflikthaftigkeit' allenfalls im Fall des Lissabon-Urteils die Rede sein. Während dieses der Politik klare verfassungsrechtliche Integrationsgrenzen zu setzen versucht, sind die Entscheidungen zur Euro-Rettungspolitik – zur Enttäuschung der Klägerinnen und Kläger – nahezu alle von kooperativem Geist geprägt. Dies ist insofern überraschend, als gerade im Nach-

---

18 BVerfGE 130, 151.

19 BVerfGE 133, 277.

20 Dieser Befund ist insofern nicht überraschend, als das Bundesverfassungsgericht seit Aufnahme seiner Tätigkeit den Schutz liberaler Abwehrrechte vergleichsweise strikt kontrolliert hat; die – insbesondere nach den Terroranschlägen vom 11. September 2001 – festzustellende Zunahme tendenziell freiheitseinschränkender Gesetzesvorhaben hat die Konflikthaftigkeit zwischen Gericht und Politik in diesem Politikfeld deutlich ansteigen lassen.

21 BVerfGE 123, 267.

22 BVerfG, 2 BvR 2728/13 vom 14. 01. 2014, http://www.bverfg.de/entscheidungen/rs20140114_2bvr272813. html (Abruf: 11. 7. 2014).

klang des Lissabon-Urteils größere Konflikte zwischen Gericht und Politik zumindest erwartbar waren. Allerdings hat das Bundesverfassungsgericht die Verfahren zum Anlass genommen, die Beteiligungs- und Entscheidungsrechte des Bundestages als dem zentralen demokratischen Entscheidungsgremium auch in der Europapolitik deutlich zu stärken. So hat es zum Beispiel die umfangreiche Übertragung der Entscheidungsbefugnisse des Deutschen Bundestages auf ein geplantes Sondergremium des Haushaltsausschusses (,9-er Sondergremium') verhindert (BVerfGE 130, 318) und wiederholt verfassungsrechtliche Verstöße gegen die Unterrichtungsrechte des Bundestags durch die Bundesregierung festgestellt (z. B. BVerfGE 131, 152). Materiell hat es der Politik aber keine unüberwindbaren Hürden errichtet. Ein potenziell hohes Konfliktniveau in diesem Politikfeld wurde also durch formale Zugeständnisse (Stärkung der Rechte des Bundestags und seiner Ausschüsse gegenüber der Exekutive) und Outsourcing (Vorlage an den EuGH) moderiert. Gerade im Vergleich zur Europarechtsprechung der 1970er und 1990er Jahre kann also eine gewisse Entspannung festgestellt werden.

Ein in den 1990er Jahren zwischen Verfassungsgericht und Politik ebenfalls deutlich umkämpftes Politikfeld war die *Steuer-, Finanz- und Sozialpolitik*. Insbesondere der Zweite Senat hatte mit Urteilen zum steuerfreien Existenzminimum, zur Vermögenssteuer, zur Erbschaftssteuer und schließlich zum Familienleistungsausgleich deutlichen Gestaltungseifer erkennen lassen, was dem Gericht – nicht ganz zu Unrecht – die Kritik einbrachte, zu sehr in die Entscheidungsprärogativen des Gesetzgebers hineinzuregieren.[23] Allerdings war das Urteil zum Familienleistungsausgleich[24] vom November 1998 auch das vorerst letzte seiner Art. Unter Rot-Grün billigte das Bundesverfassungsgericht den Einstieg in eine ökologische Steuerreform[25] und umfangreiche Reformmaßnahmen im Gesundheitssektor.[26] Auch die große Gesundheitsreform der Großen Koalition 2007 blieb unangetastet.[27] Während der Regierungszeit der zweiten Großen Koalition erklärte es zudem zwar das Erbschaftssteuergesetz wegen einer gleichheitsrechtswidrigen Ermittlung der Bemessungsgrundlage in Teilen für mit der Verfassung unvereinbar, verzichtete aber darauf, seinerseits selbst detaillierte Regelungen zu erlassen.[28] Nicht stattgegeben hat es zudem einer Verfassungsklage der Fraktionen von CDU/CSU und FDP gegen den rot-grünen Bundeshaushalt von 2004[29] und der Klage des Landes Berlin ge-

23 Siehe statt vieler z. B. Wieland, Joachim: Der Vermögensteuerbeschluß – Wende in der Eigentumsrechtsprechung? In: Guggenberger/Würtenberger: Hüter der Verfassung oder Lenker der Politik? Das Bundesverfassungsgericht im Widerstreit, Baden-Baden 1998, S. 173–188; Schneider, Hans-Peter: Acht an der Macht! Das Bundesverfassungsgericht als ,Reparaturbetrieb' des Parlamentarismus? In: Neue Juristische Wochenschrift (NJW) 18/1999, S. 1303–1305.
24 BVerfGE 99, 216.
25 BVerfGE 110, 274.
26 Z. B. BVerfGE 113, 167.
27 BVerfGE 123, 168.
28 BVerfGE 117, 1.
29 BVerfGE 119, 96.

gen den Länderfinanzausgleich.[30] Fiskalisch wie politisch ‚teurer' wurden aus Sicht der Politik nur die verfassungsrichterlichen Beanstandungen der Ausgestaltung der Pendlerpauschale[31] und der Hartz-IV-Regelsätze.[32] Während die erste Entscheidung deutliche Steuermindereinnahmen zur Folge hatte (und von Seiten der Politik entsprechende Kritik nach sich zog), bedeutete die zweite Entscheidung zunächst lediglich politische Mehrkosten, da das Gericht zwar eine Neugestaltung der Berechnungsgrundlage der Hartz-IV-Sätze verlangte, seinerseits jedoch keine inhaltlichen Vorgaben machte. Entsprechend moderat fiel auch die Reaktion der politisch Verantwortlichen aus. Interessant ist, dass das Bundesverfassungsgericht es auch in weiteren Hartz-IV-Fällen unterlassen hat, in die Entscheidungshoheit des Gesetzgebers einzugreifen. So erklärte es sowohl die Anrechnung des Kindergelds und von BAföG-Leistungen auf Hartz-IV-Leistungen als auch die Abschaffung der Arbeitslosenhilfe zum 1. Januar 2005 für mit der Verfassung vereinbar.[33] Auch billigte es die volle Anrechnung der Verletztenrente auf Hartz-IV-Leistungen sowie die entsprechende Anrechnung einer Einkommensteuererstattung. Die Berücksichtigung der Elternzeit bei der Berechnung des Elterngeldes ließ es ebenso passieren wie die Ausgestaltung des Elterngelds als Einkommensersatzleistung. Kurzum: Das Politikfeld Steuer-, Finanz- und Sozialpolitik scheint viel von seiner Konflikthaftigkeit verloren zu haben, die es noch in den 1990er Jahren hatte. Das Bundesverfassungsgericht hat sich kaum in gesetzgeberische Belange eingemischt und weitgehend Abstand davon genommen, selbst detaillierte materielle Vorgaben zu machen, die es dem Vorwurf der ‚Ersatzgesetzgebertätigkeit' aussetzen könnten.

Ein seit Mitte der 1990er Jahre zunächst im politischen Spektrum selbst relevanter gewordenes Konfliktfeld ist jenes der *Außen- und Verteidigungspolitik*. Abgesehen von den einschlägigen Urteilen zur Wiederbewaffnung der 1950er Jahre war das Bundesverfassungsgericht in diesem Politikbereich über die Jahre hinweg kaum mit relevanten Fällen befasst. Dies änderte sich allerdings mit der Wiedererlangung der vollen staatlichen Souveränität der Bundesrepublik im Zuge der deutsch-deutschen Wiedervereinigung und den verstärkten militärischen Aktivitäten der Bundesrepublik im Rahmen der NATO und der Vereinten Nationen nach 1990. Nachdem das Bundesverfassungsgericht im Jahr 1994 in verfassungsfortbildender Weise einen Parlamentsvorbehalt für den Einsatz bewaffneter Streitkräfte statuiert hatte (‚AWACS/Somalia'[34]), war es in der Folgezeit häufiger mit der Frage der Verfassungsmäßigkeit militärischer Einsätze befasst. Während der rot-grünen Regierungszeit hatte es etwa über die Teilnahme am NATO-Einsatz im Kosovo zu befinden,[35] über die Zustimmung der Bundesregierung zur neuen

---

30 BVerfGE 116, 327.
31 BVerfGE 122, 210.
32 BVerfGE 125, 175.
33 BVerfGE 128, 90.
34 BVerfGE 90, 286.
35 BVerfGE 100, 266.

NATO-Strategie[36] und über die Beteiligung deutscher Soldaten an AWACS-Aufklärungsflügen über der Türkei im Vorfeld des dritten Irakkriegs.[37] In allen drei Fällen bekräftigte und präzisierte Karlsruhe zwar seine Konzeption der Bundeswehr als Parlamentsheer, ließ jenseits dessen der Exekutive aber vergleichsweise großen Freiraum. Diese Linie setzte sich auch während der Regierungszeit der zweiten Großen Koalition fort. Hier lehnte das Bundesverfassungsgericht im Verfahren der Einstweiligen Anordnung wie im Hauptverfahren Klagen gegen den Afghanistan-Einsatz und eine weitere Klage gegen den Kosovo-Einsatz der Bundeswehr ab.[38] Ebenfalls abschlägig beschieden wurde eine Klage gegen den Bundeswehreinsatz beim G-8-Gipfel in Heiligendamm.[39] Allerdings entschied es – mit fünfjähriger Verspätung – im oben angeführten Fall der AWACS-Aufklärungsflüge über der Türkei, dass die (damalige rot-grüne) Bundesregierung die Parlamentsrechte verletzt hatte, indem sie nicht die Entscheidung des Parlaments eingeholt hatte, und präzisierte damit ein weiteres Mal die Reichweite des selbst statuierten Parlamentsvorbehalts.[40] In die Zeit der Regierung Merkel II fällt schließlich der Plenumsbeschluss des Bundesverfassungsgerichts zum Luftsicherheitsgesetz, in dem Karlsruhe den Einsatz der Bundeswehr im Innern teilweile neu justierte.[41] Insgesamt betrachtet birgt das Politikfeld Außen- und Verteidigungspolitik heute überraschend wenig verfassungspolitisches Konfliktpotenzial. Die Einführung des Parlamentsvorbehalts fand in Politik wie Wissenschaft breite Unterstützung, jenseits dessen blieb die Handlungsfreiheit der Exekutive zugleich einigermaßen unbeschränkt oder wurde (im Fall des Luftsicherheitsgesetzes) sogar erweitert. Konflikte in diesem Politikfeld wurden zwar in der Politik, nicht aber zwischen Gericht und Politik sichtbar. Die vergleichsweise häufigen Organstreitverfahren und Anträge auf einstweilige Anordnung zeigen, dass zwischen Regierung und Opposition heftig umstrittene politische Positionen häufig erst vom Bundesverfassungsgericht befriedet werden könnten. Das Gericht selbst agierte aber eher in einer klassischen Schiedsrichterrolle, ohne selbst zum beteiligten Konfliktakteur zu werden.

Ein vergleichsweise neues und zumindest von Teilen der Politik heftig umkämpftes Konfliktfeld ist die *Gleichstellungspolitik,* und hier insbesondere die Gleichstellung homosexueller Partnerschaften. Zwar hat das Bundesverfassungsgericht schon seit Langem die Rechte sexueller Minderheiten als besonders schutzwürdig eingestuft und verteidigt.[42] Mit der Einführung des Rechtsinstituts der eingetragenen Lebenspartnerschaft zwischen homosexuellen Paaren durch die rot-grüne Bundesregierung im Jahr

---

36 BVerfGE 104, 151.
37 BVerfGE 108, 34; einstweilige Anordnung.
38 BVerfGE 117, 359; 118; 111; 118, 244; 124, 267.
39 BVerfGE 126, 55.
40 BVerfGE 121, 135.
41 BVerfGE 132, 1.
42 So zum Beispiel in der ständigen Rechtsprechung des Gerichts zur Rechtsstellung Transsexueller, siehe z. B. schon BVerfGE 49, 286; 88, 87; 116, 243 oder 121, 175.

2001 und der Billigung dieser Regelung durch das Bundesverfassungsgericht im Sommer 2002[43] scheint aber insbesondere das Verhältnis zwischen dem Gericht und den Unionsparteien CDU und CSU deutlich konfliktiver geworden zu sein. Vor allem, nachdem das Gericht in der Folgezeit in immer mehr Rechtsbereichen – in folgerichtiger Weiterführung seines grundlegenden Urteils zum Lebenspartnerschaftsgesetz – eine Beendigung von Diskriminierungstatbeständen forderte (so z. B. bei der ‚Hinterbliebenenversorgung im öffentlichen Dienst‘,[44] beim ‚Familienzuschlag für Beamte‘,[45] bei der ‚Grunderwerbsteuer‘,[46] der ‚Sukzessivadoption‘[47] und beim ‚Ehegattensplitting‘[48]), geriet es in zum Teil heftige öffentliche Auseinandersetzungen mit Teilen der Unionsparteien (siehe auch Abschnitt 2.2). Kern der Auseinandersetzungen war der altbekannte Vorwurf, dass gesellschaftliche Grundentscheidungen nicht mehr von der Politik, sondern von den Verfassungsrichterinnen und -richtern getroffen würden. Dieser Vorwurf ist insofern zumindest überzogen, als der Ausgangspunkt der Karlsruher Interventionstätigkeit ja gerade in einer eminent politischen Entscheidung zu finden ist: der grundlegenden Entscheidung der rot-grünen Bundesregierung, homosexuelle Partnerschaften rechtlich anzuerkennen.[49] Der manifest gewordene Konflikt ist also keiner zwischen dem Gericht und ‚der Politik‘, sondern einer zwischen dem Gericht und relevanten Teilen eines zentralen Regierungsakteurs. Gleichwohl ist es aber wohl nicht übertrieben zu behaupten, dass es vor allem dieser Bereich der Gleichstellungspolitik ist, in dem heute die grundlegendsten Konflikte zwischen dem Bundesverfassungsgericht und (Teilen) der Politik sichtbar werden.

Von den bislang betrachteten Politikfeldern, die über den gesamten Beobachtungszeitraum hinweg das Verhältnis von Bundesverfassungsgericht und Politik bestimmten und prägten, lassen sich solche Policybereiche unterscheiden, die ausschließlich oder hauptsächlich mit einer bestimmten Regierungskonstellation verbunden sind. Während der Regierungszeit der rot-grünen Bundesregierung beispielsweise führte die *Hochschulpolitik* zu besonders konflikthaften Auseinandersetzungen zwischen Gericht und Regierung, da Karlsruhe sowohl die Einführung der Juniorprofessur als auch das bundesrechtliche Verbot von Studiengebühren wegen fehlender Gesetzgebungskompetenz des Bundes für verfassungswidrig erklärte.[50] Mit diesen Entscheidungen brachte das Bundesverfassungsgericht prestigeträchtige Reformvorhaben der damaligen Bundesregierung zu Fall, die zuvor schon zwischen dem rot-grün-dominierten Bundestag

---

43 BVerfGE 105, 313.
44 BVerfGE 124, 199.
45 BVerfGE 131, 239.
46 BVerfGE 132, 179.
47 BVerfGE 133, 59.
48 BVerfGE 133, 377.
49 Vgl. ausführlicher Kneip, Sascha: Von rügenden Richtern und richtenden Rügen: Das Bundesverfassungsgericht und die Regierung Merkel II. In: Saalfeld/Zohlnhöfer (Hrsg.), Politik im Schatten der Krise: Eine Bilanz der Regierung Merkel 2009–2013, Wiesbaden 2014 (i. E.).
50 BVerfGE 111, 226; 112, 226.

und dem unionsdominierten Bundesrat politisch höchst umstritten waren. Gleiches gilt
für ein weiteres Reformprojekt der damaligen Bundesregierung, die Neufassung des *Zu-
wanderungsrechts*. Auch hier geriet Karlsruhe zwischen die politischen Fronten, indem
es über die formale Verfassungsmäßigkeit des umstrittenen Gesetzes befinden musste.
Bekanntlich verneinte das Bundesverfassungsgericht mehrheitlich, dass das Gesetz verfassungskonform zustande gekommen war[51], und stärkte damit faktisch die Position der
unionsregierten Bundesländer gegen die rot-grüne Bundesregierung. Weder die Hoch-
schul- noch die Zuwanderungspolitik spielten im Verhältnis des Gerichts zu späteren
Bundesregierungen eine ähnlich prominente Rolle.

Spezifische Konfliktlagen mit der zweiten Großen Koalition sind auf den ersten Blick
kaum zu erkennen. Allenfalls manche der oben schon genannten Urteile und Beschlüsse
zur Inneren Sicherheit weisen auf ein besonderes Konfliktniveau zwischen Gericht und
Regierung bzw. zwischen Gericht und Innenministerium hin. Was sich zur Zeit der Regierung Merkel I aber als Konfliktfeld (wieder) auftut, ist der Bereich des *Wahl- und
Parteienrechts*. Hatte es hier während der rot-grünen Regierungszeit kaum relevante
Konfliktlagen gegeben, erklärte das Bundesverfassungsgericht zwischen 2005 und 2009
gleich drei Entscheidungen des Gesetzgebers in diesem Bereich für verfassungswidrig:
Es erklärte den Ausschluss der Steuerbefreiung von Zuwendungen an kommunale Wählervereinigungen als Verstoß gegen die Chancengleichheit der Parteien für verfassungswidrig[52] und beanstandete den Effekt des negativen Stimmgewichts im Bundeswahl-
gesetz[53] sowie die Zulassung rechnergesteuerter Wahlgeräte (,Wahlcomputer'[54]). Auch
die später unter der christlich-liberalen Regierung Merkel II erarbeitete Neufassung
des Bundeswahlgesetzes, die den Effekt des negativen Stimmgewichts verhindern sollte,
fand kurz vor Ende der 17. Legislaturperiode keine Zustimmung in Karlsruhe: Das Bundesverfassungsgericht erklärte zentrale Teile des Gesetzes für mit der Verfassung unvereinbar und nichtig.[55]

Diese von Seiten der Politik deutlich kritisierte Entscheidung bereitete einen weiteren Konflikt zwischen Bundesverfassungsgericht und Politik im Bereich des Wahlrechts
vor, der schließlich mit der Rechtsprechung zur Sperrklausel im Europawahlgesetz offen ausbrach. Nachdem das Bundesverfassungsgericht schon im November 2011 die
5 %-Sperrklausel im Europawahlgesetz gekippt hatte,[56] erklärte es im Frühjahr 2014 auch
die als Reaktion auf das Urteil implementierte 3 %-Hürde für verfassungswidrig.[57] Insbesondere die Unionsparteien kritisierten beide Entscheidungen heftig und warfen dem
Gericht – bezeichnenderweise nicht zuletzt den unionsnominierten Richterinnen und

---

51 BVerfGE 106, 310.
52 BVerfGE 121, 108.
53 BVerfGE 121, 266.
54 BVerfGE 123, 39.
55 BVerfGE 131, 316.
56 BVerfGE 129, 300.
57 BVerfG, 2 BvE 2/13 vom 26. 2. 2014.

Richtern – Kompetenzanmaßung vor.[58] Im Grunde spiegelt die Entscheidung aber keine
Konfliktlage des Bundesverfassungsgerichts mit einer bestimmten Regierungskonstellation oder Partei wider, sondern zeigt einen Konflikt mit der gesamten etablierten politischen Klasse. Mit Ausnahme der Partei „Die Linke" hatten alle im Bundestag vertretenen Parteien sowohl die 5 %- als auch die 3 %-Hürde im gesamten Verfahren als
verfassungskonform verteidigt. Fragen des Wahlrechts haben sich in den letzten Jahren
also durchaus als deutlich konflikthafter als in der Vergangenheit erwiesen. Dies ist zum
Teil schlicht der Konjunktur der nach Karlsruhe gelangten Verfahren geschuldet, zum
Teil aber auch dem – demokratietheoretisch nicht zu beanstandenden – Verständnis
des Bundesverfassungsgerichts, gerade in solchen für die Demokratie so grundlegenden
Fragen wie der Verfassungsmäßigkeit des Wahlrechts besonders strenge Prüfungsmaßstäbe anlegen zu müssen.

Abschließend sei noch ein Blick auf einen Teilbereich der Politik gelenkt, in dem
das Bundesverfassungsgericht weniger als Konfliktpartei, sondern eher als klassischer
Schiedsrichter tätig gewesen ist: das *Parlamentsrecht*. Die in diesem Bereich ausgefoch-
tenen kompetenzrechtlichen Verfahren bergen durchaus ein gewisses Konfliktpotenzial,
da mit der formalen Zuständigkeitszuschreibung implizit meist auch inhaltliche Erlaub-
nisse und Beschränkungen verbunden sind. Wer zur Entscheidung befugt ist, kann – bis
zum Beweis einer eventuellen Verfassungswidrigkeit seines Handelns – seine inhaltliche Position erst einmal implementieren. Aus Sicht der Exekutive können daher auch
vermeintlich formale kompetenzrechtliche Streitverfahren Konflikte mit dem Bundesverfassungsgericht begründen. Auf die Kompetenzstreitigkeiten zwischen der Exekutive und Teilen des Bundestags über außen- und verteidigungspolitische Prärogativen
ist oben bereits ebenso verwiesen worden wie auf die Stärkung der Kompetenzen des
Bundestags und seiner Ausschüsse im Zuge der Eurorettungspolitik. Das Bundesverfassungsgericht hat aber auch in weiteren Verfahren die Gelegenheit genutzt, die parlamentarischen (Minderheiten)rechte zu stärken. Schon zur Zeit der Regierung Schröder
hat es die Rechte der Opposition bei der Besetzung der Bundestagsbank im Vermittlungsausschuss und in parlamentarischen Untersuchungsausschüssen gestützt.[59] Während der Großen Koalition verpflichtete Karlsruhe die Regierung unter anderem zur
Auskunftserteilung im BND-Untersuchungsausschuss[60] und zur Beantwortung parlamentarischer Anfragen in Angelegenheiten der Nachrichtendienste des Bundes.[61] Weitere Organklagen, etwa zur Auskunftspflicht der Bundesregierung im Bereich der Fi-
nanzmarktaufsicht oder zu den Panzergeschäften mit Saudi-Arabien, sind derzeit noch
anhängig, haben aber durchaus Aussicht auf Erfolg. Kurzum: Das Bundesverfassungs-

---

58 Vgl. z. B. DER SPIEGEL vom 06. 04. 2014: Ärger über liberale Urteile: CDU will Rechte der Verfas-
    sungsrichter beschränken; http://www.spiegel.de/politik/deutschland/cdu-will-rechte-des-bundesver-
    fassungsgerichts-beschraenken-a-962804.html (Abruf: 10. 07. 2014).
59 Z. B. BVerfGE 105, 197; 112, 118.
60 BVerfGE 124, 78.
61 BVerfGE 124, 161.

gericht hat über die letzten vier Legislaturperioden hinweg sehr deutlich die Rechte des Parlaments, seiner Abgeordneten und insbesondere seiner Oppositionsfraktionen gestärkt. Es ist dadurch nicht in offenen Konflikt mit der Exekutive getreten, hat ihr aber durchaus den ein oder anderen parlamentarischen Stein vor die Türe gerollt.

2.2 Konflikte über Rolle und Status des Bundesverfassungsgerichts

Die bisherige Diskussion hat zu zeigen versucht, dass sich die objektiven Konfliktlagen zwischen dem Bundesverfassungsgericht und der Politik über die Zeit nur in moderatem Umfang verändert haben. Konflikte in der Innen- und Rechtspolitik blieben unverändert, das Konfliktniveau in der Steuer-, Finanz- und Sozialpolitik wie in der Europapolitik hat leicht abgenommen, neu hinzugekommen ist der Konflikt über die Gleichstellung sexueller Minderheiten. Die Rechtsprechung selbst, so könnte man argumentieren, blieb unabhängig von den spezifischen Regierungskonstellationen über die Zeit hinweg relativ konstant. Was sich aber mit den unterschiedlichen Regierungen durchaus verändert hat, sind der Konfliktmodus und die unterschiedlichen Rollen, in denen sich Gericht und Politik befinden. Zur Zeit der rot-grünen Koalition von 1998 bis 2005 wurde das Bundesverfassungsgericht gezielt von der Opposition eingesetzt, um rot-grüne Reformpolitiken über den Umweg des Verfassungsrechts zu verhindern beziehungsweise rückgängig zu machen. Es war also ein klassischer konditionaler Vetospieler, der immer wieder gezielt gegen die Regierung eingesetzt wurde. Entsprechend hoch war das Konfliktniveau in manchen Politikbereichen (Hochschulpolitik, Zuwanderungsrecht). Insgesamt gelang es dem Bundesverfassungsgericht aber, durch ausgewogene Urteile in anderen Politikbereichen (Außenpolitik, Gleichstellungspolitik, Sozialpolitik, Umweltpolitik) potenzielle Konflikte mit der Regierung auf mittlerem Niveau zu halten.[62] Getrieben war dieses vergleichsweise hohe Konfliktniveau nicht durch einen besonderen Aktivismus des Gerichts, sondern durch die Kombination aus verstärkter Reformpolitik durch die Bundesregierung und gleichzeitiger Instrumentalisierung des Bundesverfassungsgerichts durch die Opposition zur Verhinderung dieser Politik.

Ganz anders stellt sich sowohl das Konfliktniveau als auch das Verhältnis zwischen den Akteuren zur Zeit der Großen Koalition dar. Während die Oppositionsparteien das Bundesverfassungsgericht vor allem in kompetenzrechtlichen Fragen anriefen und darauf bedacht waren, sich gegen die parlamentarische Übermacht der Großen Koalition formal zur Wehr zu setzen, beschränkte sich das Gericht selbst darauf, seine Rechtsprechung moderat weiterzuentwickeln, ohne in größere Konflikte mit den politisch Handelnden zu geraten. Die Rolle des Gerichts lässt sich in dieser Phase am ehesten als

---

62 Vgl. Kneip, Sascha: Anschieber oder Bremser? Das Bundesverfassungsgericht und die Reformpolitik der rot-grünen Bundesregierung. In: Egle/Zohlnhöfer (Hrsg.): Ende des rot-grünen Projektes. Eine Bilanz der Regierung Schröder 2002–2005, Wiesbaden 2007, S. 215–238.

Schiedsrichterrolle beschreiben, die vor allem um die Rechte der parlamentarischen, aber auch der gesellschaftlichen Minderheiten bemüht war.

Dies änderte sich allerdings dezidiert in der Regierungszeit der christlich-liberalen Regierung zwischen 2009 und 2013. Insbesondere die Unionsparteien stellten in dieser Phase immer häufiger die Rolle und den Status des Verfassungsgerichts öffentlich in Frage, da sie das Gericht in der Gleichstellungspolitik und auch im Bereich des (nationalen wie europäischen) Wahlrechts seine Kompetenzen überschreiten sahen. Der Vorwurf, das Bundesverfassungsgericht betreibe auf illegitime Weise Gesellschaftsliberalisierung, mag zwar wenig substantiiert erscheinen; dies ändert aber nichts an der Feststellung, dass die Beziehung zwischen Gericht und Unionsparteien häufig von latentem bis offenem Konflikt geprägt war. Allerdings bringt dies ausdrücklich keine generelle Konfliktlage „des Gerichts" mit „der Politik" zum Ausdruck, sondern vor allem die Enttäuschung desjenigen christdemokratischen Teils der Politik, der bedauert, dass bestimmte gesellschaftliche und politische Liberalisierungen von Karlsruhe nicht verhindert worden sind.

Insgesamt betrachtet lässt sich damit festhalten, dass sich die objektiven Konfliktlagen über die Zeit zwar nicht verändern; die großen Linien der Rechtsprechung bleiben relativ konstant und das objektive Konfliktniveau in unterschiedlichen Politikfeldern verändert sich nur in geringem Maße. Allerdings variieren die subjektiven Konfliktlagen aus Sicht der Akteure über die Zeit doch deutlich. Die rot-grüne Bundesregierung lernte das Bundesverfassungsgericht teils als Vetospieler, teils als unterstützenden Akteur kennen; der Großen Koalition trat das Gericht als Anwalt der Minderheiten gegenüber, focht aber keine grundlegenden Kämpfe um materielle Politiken aus; der Unionsteil der schwarz-gelben Bundesregierung wiederum stieß sich deutlich vernehmbar an einem vermeintlichen gesellschaftsliberalisierenden Gestaltungseifer des Bundesverfassungsgerichts. Diese subjektiv empfundenen Konfliktlagen speisen sich weniger aus rechtlichen, als vielmehr aus originär politischen Faktoren: den Reformbemühungen einer Regierung selbst, der Reaktion der politischen Opposition hierauf – und den unterschiedlichen politischen Vorstellung davon, wie eine angemessene Rolle des Bundesverfassungsgerichts aussehen sollte.

3   Fazit

Konflikt und Streit gehören ebenso zur pluralistischen Demokratie wie Auseinandersetzungen zwischen Verfassungsgericht und Politik um die ‚richtige' Auslegung der Verfassung. Kann der Streit durch autoritative Entscheidung des Verfassungsgerichts für alle Beteiligten zufriedenstellend gelöst werden, können aus ihm sogar systemstabilisierende Wirkungen erwachsen.

Mit Blick auf das Bundesverfassungsgericht fällt als ein zentraler, systematisch angelegter Konfliktbereich jener der Innen- und Rechtspolitik, und hier insbesondere die Sicherheitspolitik auf. Während nahezu alle hier untersuchten Regierungen zu dezidierten Gesetzesverschärfungen in diesem Bereich neigten,[63] hat das Bundesverfassungsgericht seine über Jahre entwickelte liberale Rechtsprechungslinie auch nach den neu aufkommenden Antiterrordiskussionen der 2000er Jahre aufrechterhalten. Verfassungsrechtliche Konflikte zwischen Gericht und Politik waren vor diesem Hintergrund nahezu unausweichlich, dem Schutz der Verfassung letztlich aber überaus dienlich. Im Bereich der Steuer-, Finanz- und Sozialpolitik ist hingegen eher eine Absenkung des Konfliktniveaus zu beobachten. Anders als noch in den 1990er Jahren hat Karlsruhe mehr und mehr Abstand davon genommen, selbst die materiellen Inhalte in diesen Bereichen zu präjudizieren. Vielmehr hat sich das Gericht auf eine eher formale Folgerichtigkeitsprüfung verlegt, die dem Gesetzgeber mehr Spielraum lässt und mögliche Konflikte zwischen der judikativen und der exekutiven Gewalt von vornherein dämpft. Gleiches gilt mit Abstrichen auch für die Europa- und die Eurorettungspolitik, wo sich das Bundesverfassungsgericht vor allem darauf kaprizierte, die demokratischen Rechte des Bundestages zu stärken, ohne zugleich den Handlungsspielraum der Exekutive zu sehr einzuschränken; für die Außen- und Verteidigungspolitik ist Ähnliches zu beobachten. Ein neu hinzugetretenes Konfliktfeld ist aber ohne Zweifel der Bereich der Gleichstellung homosexueller Partnerschaften, der auch für die nächsten Jahre ein erhöhtes Konfliktniveau erwarten lässt.

Keine der Konfliktlagen hat bislang zu einer ernsten ‚Krise' des Bundesverfassungsgerichts geführt, und dies ist auch für die Zukunft nicht zu erwarten. Eher ist zu vermuten, dass es dem Bundesverfassungsgericht gelingen wird, auch weiterhin durch moderate Interventionen Konflikt und Streit in der bundesdeutschen Demokratie zu moderieren und dadurch auch zukünftig – auch in Bezug auf die konservativen Segmente der Unionsparteien – systemintegrativ zu wirken.

---

63 Dies gilt nur eingeschränkt für die Regierung Merkel II, in der die FDP Gesetzesverschärfungen in diesem Bereich weitgehend verhindern konnte.

Teil 4
Bundesverfassungsgericht
im politischen Prozess II:
Akteure und Funktionen

Die Deutungsmacht
des Bundesverfassungsgerichts

Hans Vorländer

1 Hat das Bundesverfassungsgericht Macht?

Ungewöhnlich ist es, nach der Macht der Verfassungsgerichtsbarkeit zu fragen. Verfassungsgerichte, so die orthodoxe Auffassung, sagen das, was in der Verfassung steht, allenfalls legen sie die in der Verfassung enthaltenen Rechtsnormen aus. Auch ist es so, dass Verfassungsgerichte in der Regel nicht selbst tätig werden können, sie werden von Klägern oder Beschwerdeführern angerufen. Das Grundgesetz der Bundesrepublik Deutschland sieht hierfür eine Reihe von Verfahren vor, von der individuellen Verfassungsbeschwerde über die abstrakte und konkrete Normenkontrolle bis zu verfassungsgerichtlichen Verfahren, Streitigkeiten zwischen dem Bund und den Ländern, aber auch zwischen den Ländern, zu entscheiden. *Prima facie* also kommt der Tätigkeit der Verfassungsgerichtsbarkeit zwar Bedeutung, aber kaum Macht im eigentlichen Sinne des Wortes zu.

Dieser erste Eindruck wird durchaus von den Annahmen und Aussagen gedeckt, die sich in der Geschichte des politischen Denkens und in der Auseinandersetzung mit der rechtsprechenden Gewalt finden und die das Bild der Judikative bis auf den heutigen Tag geprägt haben. Da ist zum einen das berühmte Diktum von Montesquieu, nach dem Richter nichts anderes als der „Mund des Gesetzes" sind. Richter sagen, was in den Gesetzen steht, die Gesetze aber selbst werden vom Gesetzgeber, von der legislativen Macht, gegeben. Montesquieu geht indes noch einen Schritt weiter und bezeichnet die Macht der Judikative als „en quelque façon nulle".[1] Denn, so seine Überlegung, die Judikative besitzt auch keine ausführende Gewalt, ihre Judikate bedürfen, um durchgesetzt zu werden, des langen exekutiven Armes. Dieser Argumentation folgend, befand Alexander Hamilton in den *Federalist Papers* apodiktisch, dass die Judikative nicht auf die

---

1 Montesquieu: De l'esprit des lois, in: Œuvres complètes. Paris 1964 [1748], S. 588 f. (L.XI, ch VI).

Ressourcen von „Schwert" und „Börse" zurückgreifen könne,[2] also, anders als Exekutive und Legislative, weder Zwangsgewalt anwenden noch mittels der Budgetgewalt Einfluss nehmen und Handeln verwehren könne. Eine Durchsetzungs- oder Verfügungsmacht, eine Verteilungs- oder Verhinderungsmacht, wie sie exekutive oder legislative Gewalten besitzen, kann der Verfassungsgerichtsbarkeit folglich kaum zugesprochen werden. Und doch scheint der Verfassungsgerichtsbarkeit eine spezifische Macht zu Eigen zu sein, die zumindest Effekte erzeugt, die der exekutiven oder legislativen Verfügungs- oder Vetomacht nahe kommen.[3]

2   Ein Machtfaktor im politischen System

Schon eine kurze episodische Geschichte des Bundesverfassungsgerichts (BVerfG) lässt die „machtvolle" Stellung des BVerfG in ihrer historischen Genese deutlich werden. Das BVerfG, 1951 eingerichtet, erklärte sich in der so genannten Status-Denkschrift, die 1952 von Gerhard Leibholz verfasst, dann an die politischen Verfassungsorgane gerichtet und 1953 veröffentlicht worden war, selber zum „Verfassungsorgan".[4] Offensichtlich war es der Verfassungsgerichtsbarkeit wichtig, auf einer Stufe mit den anderen Gewalten zu stehen und zugleich die besondere Aufgabe, nämlich die Verfassung auszulegen und anzuwenden, im Status eines „Verfassungsorgans" ausüben zu können. Erstaunlich war und bleibt, dass sich nur anfänglich schwacher politischer Protest erhob, der aber die „Selbstermächtigung" des BVerfG zum Verfassungsorgan nicht in Frage stellte, sie hingegen im Zuge späterer Novellen des Bundesverfassungsgerichtsgesetzes und des Grundgesetzes ratifizieren sollte.[5] War damit die Machtstellung einer „Institution ohne Tradition"[6] behauptet und anerkannt worden, so konnte das BVerfG auch früh, in dem berühmten „Lüth"-Urteil von 1958[7], nicht nur einen prägenden Einfluss auf die Ausge-

---

2   Federalist Paper Nr. 78. In: Hamilton, Alexander/Madison, James/Jay, John: The Federalist Papers, herausgegeben von Clinton Rossiter. New York 1961, S. 465.

3   Hierzu und zum Folgenden umfassend Vorländer, Hans: Deutungsmacht – Die Macht der Verfassungsgerichtsbarkeit. In: ders. (Hrsg.), Die Deutungsmacht der Verfassungsgerichtsbarkeit. Wiesbaden 2006, S. 9–34.

4   Denkschrift des Bundesverfassungsgerichts (27.6.1952). Die Stellung des Bundesverfassungsgerichts. Gerichtet an Bundespräsident, Präsidenten von Bundestag und Bundesrat sowie Bundesregierung, veröffentlicht am 19.1.1953, in: Juristenzeitung 8, 5 (1953), S. 157–158 (wiederabgedr. in Journal des Öffentlichen Rechts N.F. 6 (1957), S. 144–148). Herrmann, Dietrich: Akte der Selbstautorisierung als Grundstock institutioneller Macht von Verfassungsgerichten. In: Vorländer, Hans (Hrsg.), Die Deutungsmacht der Verfassungsgerichtsbarkeit. Wiesbaden 2006, S. 141–173; Laufer, Heinz: Verfassungsgerichtsbarkeit und politischer Prozeß. Studien zum Bundesverfassungsgericht der Bundesrepublik Deutschland. Tübingen 1968, S. 254–334.

5   Verankerung der Verfassungsbeschwerden im Grundgesetz. Neunzehntes Gesetz zur Änderung des Grundgesetzes, 29.1.1969 (Änderung der Art. 93 u. 94 GG).

6   Limbach, Jutta: Das Bundesverfassungsgericht. München 2001, S. 11, 14.

7   BVerfGE 7, 198 – Lüth (15.1.1958).

staltung der Grundrechte im Verhältnis zwischen Bürger und Staat gewinnen, sondern zugleich auch seine Suprematie gegenüber der ordentlichen (Fach-)Gerichtsbarkeit dokumentieren.

Anfang der 1960er Jahre scheiterte das Adenauersche Projekt eines regierungsnahen Fernsehsenders in Karlsruhe. Das BVerfG hatte festgestellt, dass die Rundfunkgesetzgebung Sache der Länder sei und dass damit dem Bund die Kompetenz für die Gründung eines „Regierungsfernsehens" fehlte. Obwohl Bundeskanzler Adenauer erklärt hatte, das Kabinett habe einstimmig beschlossen, das Urteil des BVerfG sei „falsch", konnte sich das Verfassungsgericht des Angriffs der Bundesexekutive erwehren, indem der Präsident des BVerfG, Gebhard Müller, festhielt, dass kein Verfassungsorgan befugt sei zu beschließen, ein Spruch des BVerfG entspreche nicht dem Verfassungsrecht.[8] Das BVerfG konnte seine Stellung behaupten, und das galt auch in der „Verfassungskrise" der 1970er Jahre, als das Karlsruher Verfassungsgericht Reformprojekte der sozialliberalen Mehrheit des Deutschen Bundestages stoppte.[9] Die Wehrdienstnovelle, die Reform des Abtreibungsparagrafen des Strafgesetzbuches, die Hochschulmitbestimmung, der Grundlagenvertrag – diese und andere Entscheidungen setzten das BVerfG den Vorwürfen des „Obergesetzgebers", der „Konterkapitäne von Karlsruhe", der „Usurpation von evidenten Aufgaben des Gesetzgebers" und der „Entmächtigung des Parlaments" aus.[10] Hier war es nicht der Konflikt mit der Exekutive, sondern der mit dem Gestaltungswillen des Bundesgesetzgebers, der die institutionelle Stellung des BVerfG herausforderte. Erst die Entscheidung zur Unternehmensmitbestimmung von 1979[11] befriedete das Verhältnis zwischen Politik und BVerfG wieder. Rückblickend betrachtet, ging das

---

8   BVerfGE 12, 205 – Deutschland-Fernsehen (28. 2. 1961); Adenauer vor dem Bundestag, 8. 3. 1961, Bundestagsprotokolle, 3. Wahlperiode, S. 8308; Entgegnung Müllers vom 15. 3. 1961 bei Laufer: Verfassungsgerichtsbarkeit und politischer Prozeß, a. a. O. (Fn. 4), S. 473.

9   BVerfGE 39, 1 – Schwangerschaftsabbruch I (25. 2. 1975), BVerfGE 35, 79 – Hochschul-Urteil (29. 5. 1973), BVerfGE 36, 1 – Grundlagenvertrag (31. 7. 1973), BVerfGE 40, 296 – Abgeordnetendiäten (5. 11. 1975), BVerfGE 44, 125 – Öffentlichkeitsarbeit (2. 3. 1977), BVerfGE 45, 1 – Haushaltsüberschreitung (25. 5. 1977), BVerfGE 44, 249 – Beamtenkinder (30. 3. 1977), BVerfGE 48, 127 – Wehrpflichtnovelle (13. 4. 1978). Vgl. dazu auch Vogel, Hans-Jochen: Videant Judices! Zur aktuellen Kritik am Bundesverfassungsgericht. In: Die Öffentliche Verwaltung 31 (1978), 18, S. 665–668; und Vorländer, Hans: Verfassung und Konsens. Der Streit um die Verfassung in der Grundlagen- und Grundgesetz-Diskussion der Bundesrepublik Deutschland. Untersuchungen zu Konsensfunktion und Konsenschance der Verfassung der pluralistischen und sozialstaatlichen Demokratie. Berlin 1981.

10 Schueler, Hans: Die Konterkapitäne von Karlsruhe. Wird Bonn von den Verfassungsrichtern regiert? In: Die Zeit 24. 2. 1978, S. 9–11; Leicht, Robert: Die Obergesetzgeber von Karlsruhe. In: Süddeutsche Zeitung 17. 4. 1978, S. 4; Zweigert, Konrad: Einige rechtsvergleichende und kritische Bemerkungen zur Verfassungsgerichtsbarkeit. In: Starck, Christian (Hrsg.), Bundesverfassungsgericht und Grundgesetz. Tübingen 1976. Band I, S. 74; Ministerpräsident Holger Börner in einer Rede vor dem rechtspolitischen Kongress der SPD in Kassel 21.5. 1978, wiedergegeben in der Aktuellen Stunde des Hessischen Landtages vom 31. 5. 1978, Sten. Protokolle des Hess. Landtags, 8. WP, 78. Sitzung, S. 4743.

11 BVerfGE 50, 290.

BVerfG als Sieger aus dem Machtkampf hervor.[12] Dass das BVerfG im Laufe seiner Geschichte eine überragende Bedeutung in der politischen Auseinandersetzung gewonnen hatte, machten schließlich jene Entscheidungen in den 1990er Jahren deutlich, die auf ein sehr geteiltes Echo in der veröffentlichten und öffentlichen Meinung stießen. Der Erste Senat löste durch die Sitzblockadenentscheidung, die Soldaten-sind-Mörder-Beschlüsse und durch den Kruzifix-Beschluss in weiten Bevölkerungskreisen erheblichen Unmut aus.[13] Hier waren es also nicht Exekutive und Legislative, sondern große Teile der politischen Öffentlichkeit, die die bundesdeutsche Verfassungsgerichtsbarkeit kritisierten.

Diese episodischen Beispiele zeigen, dass das BVerfG ein Machtfaktor im politischen System geworden ist. Es ist nicht nur, wie die Verfassung es gebietet, Streitschlichter und Schiedsrichter im politischen Machtkampf[14], es ist auch zu einem politischen Akteur geworden. Es gestaltet, indirekt zwar nur, aber doch auch nachhaltig, ganze Politikbereiche mit: Steuerpolitik, Familienpolitik, Sozialpolitik, Rentenpolitik, Hochschulpolitik.[15] Hier ist das Verfassungsgericht ein *policymaker* und als solches in den politischen Machtkampf verstrickt.[16] Damit wäre die herausragende Stellung der deutschen Verfassungsgerichtsbarkeit aber noch unzureichend umschrieben. Ebenso bedeutend ist die Rolle, die die Verfassungsgerichtsbarkeit für die konkrete Ausgestaltung, auch die verändernde Fortschreibung der Grundlagen politischer Ordnung, also die eigentliche *polity*, spielt. Zum einen übernimmt sie hier die Aufgabe eines Hüters der konstitutionellen Kompetenz- und Verfahrensordnung. Zum anderen bestimmt das deutsche BVerfG ganz wesentlich über die Interpretation und Anwendung der Grund- und Bürgerrechte die Räume öffentlicher Freiheit und politischer Beteiligung, die Grenzen öffentlicher Macht und die Sphäre privater Freiheit der Bürger. In nicht wenigen Fällen hat das BVerfG über Entscheidungen zur Meinungs- und Pressefreiheit, über die Urteile zur Stellung von Medien und Parteien und über die Rechtsprechung zu konfligie-

---

12 Nach der einstweiligen Anordnung zur Volkszählung (BVerfGE 64, 67 vom 13.4.1983) titelte der Spiegel, indem er zugleich den Präsidenten des BVerfG, Ernst Benda, machtvoll ins Bild rückte: „Der Spruch von Karlsruhe: Bonn ausgezählt." DER SPIEGEL 37, 16 (18.4.1983).

13 BVerfG 1 BvR 1423/92 „Soldaten sind Mörder" (25.8.1994), BVerfGE 92, 1 – Sitzblockaden II (10.1.1995), BVerfGE 93, 1 – Kruzifix (16.5.1995), BVerfGE 93, 266 – „Soldaten sind Mörder" II (10.10.1995).

14 Schneider, Hans-Peter: Richter oder Schlichter? Das Bundesverfassungsgericht als Integrationsfaktor. In: Aus Politik und Zeitgeschichte Nr. 16 (16. April 1999), S. 9–19. Lhotta, Roland: Vermitteln statt Richten: Das Bundesverfassungsgericht als judizieller Mediator und Agenda-Setter im LER-Verfahren. In: Zeitschrift für Politikwissenschaft 12, 3 (2002), S. 1073–1098.

15 BVerfGE 93, 121 – Vermögensteuer (22.6.1995), BVerfGE 99, 216 – Familienlastenausgleich II (10.11.1998), BVerfGE 100, 1 – Rentenüberleitung I (28.4.1999), BVerfGE 106, 62 – Altenpflege (24.10.2002), BVerfGE 111, 226 – Juniorprofessur (27.7.2004).

16 Dahl, Robert A.: Decision-Making in a Democracy: The Supreme Court as a National Policy-Maker. In: Journal of Public Law 6 (1957), 2, S. 279–295; Limbach, Jutta: Das Bundesverfassungsgericht als politischer Machtfaktor. In: dies., Im Namen des Volkes. Stuttgart 1999, S. 127–147; Lhotta, Roland: Das Bundesverfassungsgericht als politischer Akteur: Plädoyer für eine neo-institutionalistische Ergänzung der Forschung. In: Swiss Political Science Review 9, 3 (2003), S. 142–153.

renden Grundrechtskonkretisierungen eine konstitutive Bedeutung für die Grundlagen der bundesdeutschen Demokratie gewonnen. Gerade in diesen Bereichen manifestiert sich eine überragende, „machtvolle" Stellung der Verfassungsgerichtsbarkeit, nicht zuletzt in einer Rolle, die ihre ehemalige Präsidentin, Jutta Limbach, als „Bürgergericht"[17] charakterisierte.

Die Macht des BVerfG erklärt sich nur zu einem Teil aus den formalen Kompetenzen des Artikels 93 des Grundgesetzes. Entscheidend ist der herausgehobene institutionelle Rang, der auch den Unterschied zwischen Verfassungsgerichtsbarkeit und der ordentlichen Gerichtsbarkeit markiert. Beide interpretieren und wenden Rechtsnormen und Gesetze an, die Verfassungsgerichtsbarkeit aber ist, soweit Verfassungsfragen berührt sind, den obersten Fachgerichten vorgeordnet. Doch erschöpft sich darin der besondere institutionelle Charakter des BVerfG keineswegs. Hinzu kommt die Vorrangstellung gegenüber den politischen Institutionen. Im Konfliktfall gehen die Judikate des BVerfG vor, weshalb sich Exekutive und Legislative den höchstrichterlichen Entscheidungen fügen müssen. Nun ist damit aber keineswegs garantiert, dass sie dies auch tun. Denn wenn die Verfassungsgerichtsbarkeit nicht über die notwendigen Sanktionsmittel verfügt, um ihre Entscheidung tatsächlich auch durchsetzen zu können, wäre es Exekutive und Legislative theoretisch unbenommen, die Entscheidungen und Urteile zu ignorieren oder, wie der bayerische Ministerpräsident feinsinnig die Kruzifix-Entscheidung kommentierte, „sie zu respektieren, aber inhaltlich nicht zu akzeptieren".[18] Hier stellt sich also die Machtfrage, und die Macht des BVerfG würde sich empirisch dann genau darin zeigen, dass die politischen wie auch die judikativen Institutionen den Entscheidungen des BVerfG folgen und sich den Entscheidungen in ihrem faktischen Verhalten auch fügen. Da aber das BVerfG keine unmittelbare Sanktionsfähigkeit mit der Befugnis besitzt, die Folgebereitschaft zu erzwingen, muss die Macht der Verfassungsgerichtsbarkeit letztlich auf anderen Voraussetzungen beruhen.

3 Was ist Deutungsmacht?

Das BVerfG deutet die Verfassung. Es verleiht den grundlegenden Ordnungsvorstellungen des politischen Gemeinwesens Ausdruck. Diese Deutungsvorstellungen sind in den Rechtsnormen der Verfassung kodiert. Sie bedürfen aber einer Ausdeutung und Anwendung im Konfliktfall. So kann eine jede Entscheidung des Verfassungsgerichts als Deutungsangebot verstanden werden, das, nicht zuletzt mittels der tragenden Entscheidungsgründe, um Anerkennung der Streitparteien und Befolgung durch Gesellschaft

---

17 Limbach, Jutta: Arbeit im Bundesverfassungsgericht, in: Das Bundesverfassungsgericht in Karlsruhe. Architektur und Rechtsprechung, hrsg. vom Verein der Richter des Bundesverfassungsgerichts e. V. Basel/Boston/Berlin 2004, S. 61.
18 Süddeutsche Zeitung, 9. 9. 1995.

und Politik wirbt. Prinzipiell besteht eine institutionelle Konkurrenz von Verfassungsgerichtsbarkeit und den politischen Institutionen von Gesetzgebung und Exekutive um
die Deutung der Verfassung. Im Wege der Gesetzgebung können Aufträge, die der Verfassungsgeber der einfachen Gesetzgebung auferlegt hat, eingelöst werden. Auch lassen
sich Gesetzgebung und deren administrative Umsetzung als Ausgestaltung der in der
Verfassung nur als Rahmen rechtlich normierten Ordnung verstehen, weshalb legislati-
ves und exekutives Handeln immer konkretisierende Verfassungsinterpretation *in praxi*
ist. Damit besitzen die politischen Institutionen einen Interpretationsvorsprung, der indes im Konfliktfall in den Interpretationsvorrang der Verfassungsgerichtsbarkeit mündet. Das BVerfG ist von seiner Aufgabe und Funktion der autoritative, letztverbindliche
Interpret der Verfassung und stellt deshalb mit seinen Entscheidungen immer auch den
Anspruch auf die Hoheit über die verbindliche Deutung.[19]

Wenn folglich das Deutungsangebot der Verfassungsrichter in einem konkreten Fall
Zustimmung von den politischen Institutionen und der Öffentlichkeit erhält, dann kann
von der Akzeptanz einer Entscheidung gesprochen werden. Über eine Folge von zu-
stimmungsfähigen Entscheidungen baut sich so ein generalisiertes Vertrauen in die Institution der Verfassungsgerichtsbarkeit auf, das nicht mehr allein von der konkreten
Spruchpraxis abhängig ist.[20] Auf diese Weise etabliert sich verfassungsrichterliche Deutungsmacht, die, will sie wirksam bleiben, sowohl das Vermögen des Gerichts, im Einzelfall überzeugen zu können, wie auch den Glauben des Publikums, die verfassungsdeutende Institution sei legitim, voraussetzt. Bei dieser Deutungsmacht handelt es sich
folglich um eine „weiche" Form der Ausübung von Macht, die gleichwohl in der Lage
ist, nachhaltig zu wirken. Sie ist eine Macht mit Veto-, Verhinderungs- und auch Kon-
formitäts*effekten*. So kann die Drohung, „nach Karlsruhe zu gehen", ausreichen, um ver-
fassungswidriges Tun zu unterlassen oder verfassungsgemäßes Handeln zu initiieren.

Die Deutungsmacht des BVerfG beruht damit vor allem auf der Autorität der Verfassungsgerichtsbarkeit als autoritativem Verfassungsinterpreten.[21] Hat damit das Verfassungsgericht ein starkes Argument auf seiner Seite, nämlich „für" die Verfassung zu

---

19 Vgl. ausführlich zu diesen Zusammenhängen: Vorländer, Hans: Die Suprematie der Verfassung. Über
    das Spannungsverhältnis von Demokratie und Konstitutionalismus. In: Leidhold, Wolfgang (Hrsg.),
    Politik und Politeia. Formen und Probleme politischer Ordnung, Würzburg 2000, S. 373–383 und Vor-
    länder, Hans: Der Interpret als Souverän. Die Macht des Bundesverfassungsgerichts beruht auf einem
    Vertrauensvorschuß, der anderen Institutionen fehlt. In: Frankfurter Allgemeine Zeitung, 17. 4. 2001,
    S. 14.
20 Vgl. dazu die seit den 1950er Jahren unregelmäßig erscheinenden Allensbacher Jahrbücher der De-
    moskopie, herausgegeben von Elisabeth Noelle und Renate Köcher; sowie Vorländer, Hans/Schaal,
    Gary: Integration durch Institutionenvertrauen? Das Bundesverfassungsgericht und die Akzeptanz
    seiner Rechtsprechung. In: Vorländer, Hans (Hrsg.), Integration durch Verfassung. Wiesbaden 2002,
    S. 343–374.
21 Vgl. hierzu Vorländer, Hans: Gründung und Geltung. Die Konstitution der Ordnung und die Legitimi-
    tät der Konstitution. In: Melville, Gert/Vorländer, Hans (Hrsg.), Geltungsgeschichten. Über die Stabili-
    sierung und Legitimierung institutioneller Ordnungen. Köln/Weimar/Wien 2002, S. 243–263.

sprechen, so ist doch die tatsächliche Deutungsmacht in vielen Hinsichten konditioniert. Zum einen ist die Deutungsmacht des BVerfG von der Wirkungsmächtigkeit der Verfassung selbst abhängig. So ist das BVerfG immer darauf angewiesen, dass der von ihr gedeuteten Verfassung jener hohe symbolische Gehalt zugeschrieben wird, durch den sich die Deutung der Verfassung zu einem Akt von Macht, von Deutungsmacht, steigert. Erst wenn das Grundgesetz integrativ wirkt[22] und ihm ein hohes Maß an Zustimmung entgegengebracht wird, transformiert sich die kommunikative Macht der gedeuteten Verfassung in die Deutungsmacht ihres Interpreten. Zum zweiten ist ja auch der Interpret der Verfassung immer darauf angewiesen, dass der Adressat der Interpretation seine Autorität anerkennt. Gerade weil die Verfassungsgerichtsbarkeit nicht auf dem Mittel physischer Zwangsgewalt wie die Exekutive, auch nicht auf die Mittel monetärer Verteilungsgewalt wie die Legislative rekurrieren kann, muss der autoritative Status der verfassungsdeutenden Institution im Machtfeld konkurrierender Institutionen erst etabliert und dann stetig behauptet werden. Deshalb beruht die Anerkennung des Interpreten durch den Adressaten wie auch die Erzeugung von Deutungsmacht vor allem auf den institutionellen Praktiken zwischen Verfassungsgericht und den – im engeren Sinne – politischen Institutionen, zwischen Verfassungsgericht und ordentlicher Gerichtsbarkeit sowie zwischen Verfassungsgericht und Öffentlichkeit. Daraus folgt drittens, dass das Verfassungsgericht zwar nur sehr bedingt die Prozesse der Erzeugung eigener Deutungsmacht beeinflussen kann. Gleichwohl kann es jedoch jenseits des eigenen Vermögens, im einzelnen Entscheidungsfall überzeugen zu können und Akzeptanz zu finden, institutionelle Praktiken der Rechtsprechung und Strategien der Eigendarstellung und Selbstlegitimierung entwickeln, die ihr helfen, Deutungsmacht zu gewinnen und zu erhalten.

4 Wie die Deutungsmacht des Bundesverfassungsgerichts entstanden ist

In empirischer Hinsicht liegt der Deutungsmacht und ihren Ressourcen ein komplexes Zusammenspiel von symbolisch-kommunikativen Voraussetzungen, instrumentellen Rahmenbedingungen und praktischen Auswirkungen zugrunde, das Anerkennung verfassungsgerichtlicher Autorität gewähren, aber auch verwehren kann. So musste auch das BVerfG seine Deutungsmacht vor allem in den Beziehungen zu den gewählten Institutionen, der Legislative und Exekutive, aber auch zu den Institutionen der rechtsprechenden Gewalt und schließlich zur Öffentlichkeit etablieren und behaupten.[23]

---

22 Vgl. Vorländer, Hans: Integration durch Verfassung? Die symbolische Bedeutung der Verfassung im politischen Prozeß. In: ders. (Hrsg.), Integration durch Verfassung, Wiesbaden 2002, S. 9–40.
23 Vgl. hierzu die Beiträge in: Vorländer, Deutungsmacht der Verfassungsgerichtsbarkeit, a. a. O. (Fn. 4).

Wie ein Paukenschlag musste es in der Frühphase der Bundesrepublik Deutschland gewertet werden, dass das BVerfG in seiner Status-Denkschrift die Gleichrangigkeit als Verfassungsorgan für sich reklamierte und dabei auf die Logik des Grundgesetzes, das den interpretativen Vorrang bereits enthielt, verweisen konnte. Die Machtprobe mit der Bundesregierung, vor allem mit Justizminister Dehler, konnte das BVerfG für sich entscheiden, weil Bundestag und Bundesrat die Feststellung des Statusberichts akzeptierten. Auch konnte sich das BVerfG in seiner Etablierungsphase auf die Fachöffentlichkeit verlassen, die zum einen den Statusbericht positiv aufnahm, zum anderen eine Stärkung der Verfassungsgerichtsbarkeit befürwortete. Auch die Opposition im Bund hatte ein großes Interesse an einer starken Verfassungsgerichtsbarkeit, sah sie doch in ihr ein Unterpfand für die verfassungsrechtliche Auseinandersetzung um die Wiederbewaffnung, genauso wie die Ministerpräsidenten der Länder, die im BVerfG eine Gewähr gegen eine zu starke Zentralregierung sahen. Ende der 1950er Jahre schien der Status des BVerfG kaum noch ernsthaft bestritten zu werden.[24]

Das galt im Übrigen auch für das Verhältnis zu den Obersten Bundesgerichten. In der Einrichtungsphase des BVerfG war zunächst die Hierarchiefrage nicht geklärt, in Streitfällen, bei denen Fachgerichte Gesetze und Verordnungen wegen Zweifeln an ihrer Verfassungsmäßigkeit beim BVerfG vorlegten, wurden vom jeweils zuständigen Bundesgericht Gutachten erstellt und diese Gutachten oftmals auch veröffentlicht. Dadurch war der Entscheidungsspielraum des BVerfG erheblich eingeengt. Zudem hatte sich das BVerfG in jener Phase auch mit mehreren Bundesgerichten in einem inhaltlichen Dissens befunden. Auch hier wurde das BVerfG „eigenmächtig" tätig, indem der Erste Senat 1955 ein Ende der für die Gerichte „wesensfremden" Gutachten beschloss. Der Protest der Präsidenten der Oberen Bundesgerichte lief leer, weil es dem BVerfG gelang, den Bundesgesetzgeber für sein Anliegen zu gewinnen, woraufhin die Novelle des Bundesverfassungsgerichtsgesetzes die Gutachten abschaffte. Die Autorität des BVerfG gegenüber den rechtsprechenden Instanzen war somit eindeutig institutionell und prozedural gestärkt worden.

Nach dieser Etablierungsphase verfassungsgerichtlicher Deutungsmacht musste das BVerfG seine Autorität in der öffentlichen Auseinandersetzung mit den anderen Gewalten zu behaupten suchen. Vor allem die 1970er Jahre sahen eine Reihe von politischen, auch institutionellen Konflikten im Zusammenhang mit der kritischen Verfassungsrechtsprechung gegenüber Legislative und Exekutive. Dabei wurde sehr wohl die Deutungsmacht der Verfassungsgerichtsbarkeit, vor allem ihre Interpretationsprärogative bestritten. Nicht selten fanden in dieser Konfliktphase Versuche der politischen Institutionen statt, das BVerfG zu instrumentalisieren, indem, in diesen Zeiten starker politischer Polarisierung zwischen Parteien sowie zwischen Regierung und parlamenta-

---

24 Laufer: Verfassungsgerichtsbarkeit und politischer Prozeß, a. a. O. (Fn. 4), S. 254–334; Wesel, Uwe: Der Gang nach Karlsruhe. Das Bundesverfassungsgericht in der Geschichte der Bundesrepublik. München 2004, S. 76–82; Herrmann: Akte der Selbstautorisierung, a. a. O. (Fn. 4), S. 141–173.

rischer Opposition, das BVerfG angerufen wurde, um den politischen Gegner auf dem Feld des Verfassungsrechts eine Niederlage zuzufügen, die sich auf dem Feld der politischen oder gesellschaftlichen Auseinandersetzung nicht erreichen ließ. In dieser Periode fanden jene wechselseitigen Schuldzuweisungen der „Politisierung der Verfassungsjustiz" und der „Verrechtlichung der Politik" statt.[25] Paradoxerweise aber, so zeigt die historische Bilanz, stärkte der Konflikt um die Judikatur die Deutungsmacht des BVerfG. Dies liegt vor allem darin begründet, dass zum einen gerade die politische Anrufung die Rolle der Verfassungsgerichtsbarkeit verdeutlicht und zum anderen die Verfassungsgerichtsbarkeit sich selbst zum Schiedsrichter und Schlichter im politischen Konflikt zu inszenieren versteht. Aus dieser Konfliktphase der 1970er Jahre ging also das BVerfG gestärkt hervor, weshalb in der Folge die Deutungsmacht nicht mehr prinzipiell in Frage gestellt wurde.

Hinzu tritt, dass das BVerfG selber im Laufe der Zeit eine institutionelle Praxis ausgebildet hat, die ihre Stellung als Interpret der Verfassung zu befestigen und Deutungsmacht zu beweisen vermochte. Dabei kommt es dem BVerfG schließlich – wie allen starken Verfassungsgerichtsbarkeiten – zugute, als Repräsentant des ursprünglichen Verfassungsgebers wie auch als Sprecher der Verfassung auftreten zu können. Das BVerfG „verkörpert" die Verfassung, ihren Wandel und ihre fortdauernde Interpretationsnotwendigkeit. Insofern ist das BVerfG wie eine jede Verfassungsgerichtsbarkeit das Scharnier zwischen der Ursprungsverfassung und der jeweilig geltenden Verfassung. Als autoritativer Interpret ist das BVerfG die entscheidende Institution, die Verfassung auf Dauer zu halten. Allerdings läuft eine jede Verfassungsgerichtsbarkeit auch Gefahr, ihre Sonderstellung bei der Interpretation der Verfassung zu überziehen und in der Öffentlichkeit den Eindruck hervorzurufen, dass sie sich selbst an die Stelle der Verfassung setzt. Insofern ist hier die Bewahrung verfassungsgerichtlicher Deutungsmacht auch immer ein Balanceakt, die Differenz zwischen Ursprungsverfassung und Verfassungstext und die selbstständige verfassungsauslegende und verfassungsfortbildende Tätigkeit nicht allzu deutlich hervortreten zu lassen. Verfassungsgerichte, so auch das BVerfG, disziplinieren sich selbst, nach innen hin versuchen sie, durch ihre Interpretationsmethoden, die Rechtsprechungskohärenz, die Herausstellung von Präjudizien und, daraus folgend, die Herausbildung einer institutionellen Eigengeschichte die schriftlichen Begründungen anerkennungswürdig zu halten und die institutionelle Sonderdarstellung zu demonstrieren. Das BVerfG ist auch bemüht, eine besondere Form der institutionellen Eigendarstellung zu pflegen. Wenn Entscheidungen „im Namen des Volkes" ergehen, so versucht das BVerfG immer deutlich zu machen, dass hier allein die Verfassung ausgelegt, also allein dem Willen des Verfassungsgebers oder des die Verfassung ändernden Gesetzgebers Rechnung getragen wird. Wenn „Karlsruhe gesprochen" hat,

---

25 Vgl. hierzu Vorländer: Verfassung und Konsens, a. a. O. (Fn. 9); Grimm, Dieter: Verfassungsrechtlicher Konsens und politische Polarisierung in der Bundesrepublik Deutschland. In: Haungs, Peter (Hrsg.), Verfassung und politisches System, Stuttgart 1984, S. 35–42.

dann entkleidet sich verfassungsrichterliche Entscheidungspraxis hier, wo sie zugleich hinter der Verfassung zurücktritt, der eigenen Körperlichkeit. Die Interpretation wird nicht schon am einzelnen Verfassungsrichter, sondern in entpersonalisierter, in entsubjektivierter Form verkündet. Das gilt nicht für alle Verfassungskulturen, in der legalistischen Kultur der Bundesrepublik Deutschland, die der Objektivitätsbehauptung des Rechts zu folgen bereit ist, lebt auch das BVerfG vom Charisma des Amtes, weniger, wie in den USA, vom personalen Charisma des einzelnen Verfassungsrichters.[26]

Der öffentlichen Zurückhaltung, die vom Verfassungsgericht und seinen Richtern erwartet wird, entspricht auch die Restriktion der Öffentlichkeit im und beim BVerfG selbst. Erst seit kurzem darf beim deutschen Verfassungsgericht auch massenmedial durch das Fernsehen berichtet werden, aber nur dann, wenn eine Entscheidung des Verfassungsgerichts öffentlich verkündet wird. Der Zugang der Medienöffentlichkeit bleibt somit auf einen kleinen Kreis interessierter und zumeist sachkundiger Medienvertreter beschränkt. Zur weitergehenden Invisibilisierung gehört auch, dass das BVerfG im Grundsatz keine Öffentlichkeitsarbeit betreibt. Erst seit den öffentlichen Auseinandersetzungen um die so genannte Kruzifix-Entscheidung und die Entscheidung „Soldaten sind Mörder" hat sich das BVerfG zur Einstellung einer Pressesprecherin verstanden.

Wird hier die Tätigkeit des interpretierenden Verfassungsrichters nur ausschnittweise sichtbar – für den Bürger spielt sie im Arkanum des Rechts –, so findet auf der anderen Seite eine demonstrativ sichtbare Inszenierung des kollektiven richterlichen Spruchkörpers statt. Die Rituale des Einzugs des Hohen Gerichts in den großen Saal des BVerfG, die Respektbezeugung von Parteien und Publikum, die Verkündungspose sind Mechanismen verfassungsgerichtlicher Selbstinszenierung, die die Autorität des Verfassungsgerichts und der von ihr autoritativ gedeuteten Verfassung sicht- und spürbar werden lassen. Von dieser Auratisierung der Rechtssphäre und ihrer fallweisen Verkörperung durch die in würdevoller Distanz zur Politik agierenden, in roter Robe die Entscheidungen verkündenden Richterschaft profitiert ganz ohne Frage die Institution der Verfassungsgerichtsbarkeit. Auf diese Weise inszeniert sich verfassungsrichterliche Deutungsmacht, die, will sie wirksam bleiben, den Glauben des Publikums, die verfassungsdeutende Institution spreche als Stellvertreterin der Verfassung, voraussetzt.

---

26 Vorländer, Hans: Hinter dem Schleier des Nichtpolitischen. Das unsichtbare Verfassungsgericht. In: Melville, Gert (Hrsg.): Das Sichtbare und das Unsichtbare der Macht. Institutionelle Prozesse in Antike, Mittelalter und Neuzeit. Köln/Weimar/Wien 2005, S. 113–127.

5 Das Vertrauen der Öffentlichkeit als Machtressource des Bundesverfassungsgerichts

Für die Beziehung des BVerfG zur Öffentlichkeit stellt sich die Frage nach den Ressourcen der Deutungsmacht als Frage nach dem Institutionenvertrauen, das ihm entgegengebracht wird. Es lässt sich zeigen, dass das BVerfG ein hohes generalisiertes Institutionenvertrauen genießt (Abb. 1), das momentane Erschütterungen und Akzeptanzverweigerungen bei Einzelentscheidungen zu absorbieren vermag. Konkrete Entscheidungen, ihre Akzeptanz oder ihre Ablehnung schlagen kaum auf das hohe generelle Vertrauen durch (Abb. 2, nächste Seite).

Nun zeigt die bisherige Praxis, dass nicht alle Entscheidungen zu Konflikten führen; genau genommen handelt es sich nur um eine kleine Minderheit. Darüber hinaus werden keineswegs alle Entscheidungen, gerade einmal die Hälfte, überhaupt in der Öffentlichkeit wahrgenommen. Wie umstritten eine Entscheidung ist, liegt keineswegs an der Entscheidungsmaterie selbst, sondern hängt von der öffentlichen Debatte ab, vor allem von der Berichterstattung der Massenmedien. Dabei lassen sich verschiedene Gattungen umstrittener Entscheidungen identifizieren.[27]

Abbildung 1 Vertrauen in das BVerfG 1984–2004

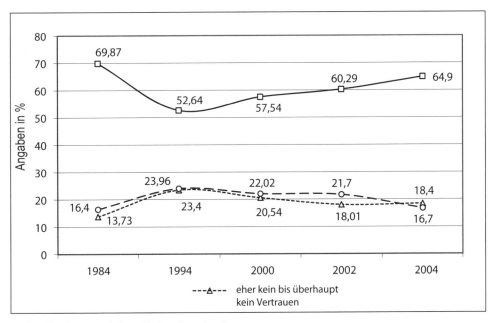

Quelle: Allbus (1984–2002), eigene Umfrage/Ipsos (2004)

---

27 Vorländer, Der Interpret als Souverän, a. a. O. (Fn. 19); Vorländer/Schaal, Integration durch Institutionenvertrauen?, a. a. O. (Fn. 20).

Abbildung 2   Vertrauen in das BVerfG/Konfliktive Entscheidungen

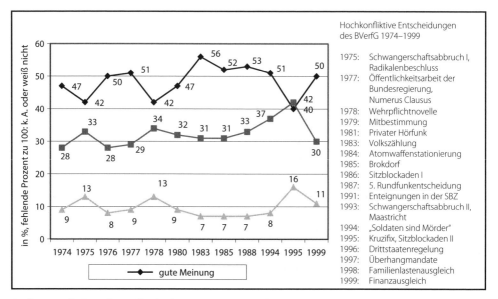

Quelle: Institut für Demoskopie, Allensbach; eigene Zusammenstellung

Eine Tendenz zur Konflikthaftigkeit scheinen jene Entscheidungen zu besitzen, die eine soziomoralische Konfliktlinie berühren. Bei solchen Entscheidungsmaterien kann nicht davon ausgegangen werden, dass sie auf unbestrittene Akzeptanz stoßen. Beispiele sind hier die Entscheidung zum Schwangerschaftsabbruch oder der Kruzifix-Beschluss. Sie zeigen zugleich die Grenzen der Interpretationsmacht der Bundesverfassungsrichter auf. Trifft – wie in der Kruzifix-Entscheidung – das Verfassungsgericht die soziokulturelle, religiöse Vorstellungswelt des – bayerischen – Adressaten nicht, läuft das Interpretationsangebot leer. Die Akzeptanz eines verfassungsrichterlichen Deutungsangebotes ist also in pluralistischen Gesellschaften nicht von selbst gegeben, weshalb prinzipiell ein Spannungsverhältnis zwischen der autoritativen Deutungsmacht des BVerfG und der gesellschaftlichen Akzeptanz konkreter Entscheidungen besteht.

Ähnliches scheint für Entscheidungen zu gelten, die in ein parteipolitisch polarisiertes Umfeld fallen. Konflikte sind immer dort vorgezeichnet, wo sich gesellschaftliche und politische Lager um brisante politische Themen gebildet haben, wo eine im parlamentarischen Gesetzgebungsprozess unterlegene Gruppe das BVerfG anruft. Die Auseinandersetzung um die Reformgesetze der sozialliberalen Regierungskoalition in den 1970er Jahren, von der Ostpolitik über die Gesellschafts- und Bildungspolitik bis hin zur Wehrpolitik, haben dies deutlich gezeigt. In beiden Kontexten, dem soziomorali-

Abbildung 3 Institutionenvertrauen

Wie sehr vertrauen Sie der jeweiligen Institution?

Institution	Vertrauen
Polizei	4,95
Bundesverfassungsgericht	4,94
Bundespräsident	4,7
Justiz	4,52
Fernsehen	4,07
Zeitung	4,07
Bundesrat	3,95
staatliche Verwaltung	3,93
Verbände und Interessengruppen	3,76
Bundestag	3,7
Bundesregierung	3,4
Parteien	2,97

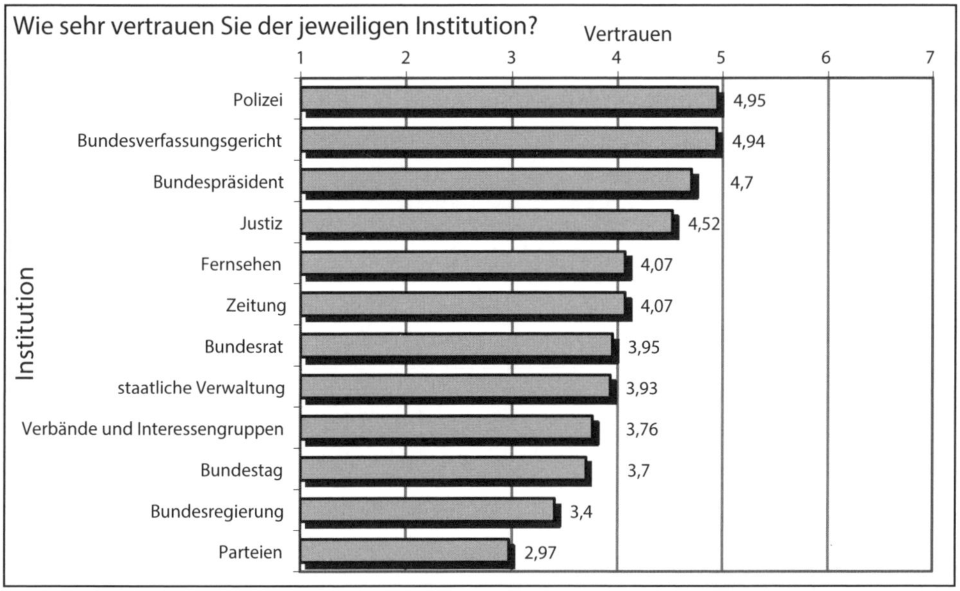

Skala von 1 = „ganz und gar kein Vertrauen" bis 7 = „volles Vertrauen"

Quelle: Eigene Grundlage/IPSOS 2004

schen und dem parteipolitisch polarisierten Umfeld, kann die Entscheidungspraxis des BVerfG nicht immer befriedend oder streitschlichtend, sondern sehr wohl auch konfliktverlängernd wirken.

Von einem eher niedrigen Grad der Konflikthaftigkeit sind solche Entscheidungen, die im „technischen" Bereich des Staatsorganisationsrechtes anzusiedeln sind. Von hoher Aufmerksamkeit und öffentlicher Wahrnehmung begleitet, jedoch von ebenfalls niedriger Konflikthaftigkeit sind Entscheidungen, die das Verfassungsgericht als Anwalt des Bürgers, zum Teil auch gegen das politische System und seine Akteure, auszeichnen. Das Beispiel ist hier die Entscheidung zur Volkszählung, die ein Gesetz, das mit fast einstimmiger Mehrheit des Deutschen Bundestages verabschiedet worden war, im Interesse der vom Datenschutz gebotenen „informationellen Selbstbestimmung" des Bürgers für verfassungswidrig erklärte. Ähnlich verhält es sich dort, wo das BVerfG zum Ausfallbürgen für die Politik wird und der Untätigkeit der Legislative durch eigene Entscheidungen abhilft, wie es im Familien- und Steuerrecht geschehen ist.

Das hohe generalisierte Institutionenvertrauen zeigt sich demnach als eine Machtressource, die bislang nicht nachhaltig durch Konflikte um einzelne Entscheidungen des Gerichts beschädigt oder verbraucht worden ist. Im Gegenteil: von den maßgeblichen Verfassungsorganen der grundgesetzlichen Ordnung genießt das Verfassungsgericht, in

Ost- wie Westdeutschland, einen Vertrauensvorsprung vor den anderen, im engeren Sinne politischen Institutionen wie der Gesetzgebung, der Exekutive oder den politischen Parteien (Abb. 3).[28] Das generalisierte Vertrauen gegenüber der Institution der Verfassungsgerichtsbarkeit ist die entscheidende, den Mangel an Zwangsgewalt kompensierende Machtressource des BVerfG.

---

28 Eigene Ergebnisse einer repräsentativen Bevölkerungsumfrage zu Vertrauen, Performanz, Responsivität und symbolischer Selbstdarstellung von Bundestag und Bundesverfassungsgericht, im Auftrag des Dresdner Sonderforschungsbereichs 537 „Institutionalität und Geschichtlichkeit" durchgeführt von der IPSOS GmbH Mölln Okt./Nov. 2004. Siehe hierzu Vorländer, Hans/Brodocz, André: Das Vertrauen in das Bundesverfassungsgericht. Ergebnisse einer repräsentativen Bevölkerungsumfrage. In: Vorländer, Hans (Hrsg.), Die Deutungsmacht der Verfassungsgerichtsbarkeit, Wiesbaden 2006, S. 259–296.

Warum mögen die Deutschen
ihr Verfassungsgericht so sehr?

Werner J. Patzelt

Die Deutschen mögen – so alle demoskopischen Befunde[1] – ihr Verfassungsgericht sehr. Doch warum?[2] Das wird im Folgenden gezeigt. Kern der Antwort ist ein Vergleich des beliebten Bundesverfassungsgerichts (BV) mit dem viel weniger geschätzten Bundestag (BT). Die überwiegend zugrunde liegenden, bundesweit repräsentativen Daten (n = 1 835)[3] aus dem Jahr 2004 zeigen Zusammenhänge, die auch heute noch bestehen dürften.

1   Siehe – neben den Allensbacher Jahrbüchern für Demoskopie – v. a. Schaal, Gary S.: Vertrauen, Verfassung und Demokratie. Wiesbaden 2004, v. a. S. 75–152; Patzelt, Werner J.: Warum verachten die Deutschen ihr Parlament und lieben ihr Verfassungsgericht? In: Zeitschrift für Parlamentsfragen 36, 2005, S. 517–538; ders.: „Weiche Faktoren" institutioneller Macht. Einschätzungen von Bundestag und Bundesverfassungsgericht im Vergleich. In: Melville, Gert/Rehberg, Karl-Siegbert (Hrsg.): Dimensionen institutioneller Macht. Köln u. a. 2012, S. 217–251; Vorländer, Hans: Die Deutungsmacht des Bundesverfassungsgerichts. In: van Ooyen, Robert Chr./Möllers, Martin H. W. (Hrsg.): Das Bundesverfassungsgericht im politischen System. Wiesbaden 2006, S. 189–199; Vorländer, Hans/Brodocz, André: Das Vertrauen in das Bundesverfassungsgericht. In: Vorländer, Hans (Hrsg.): Die Deutungsmacht der Verfassungsgerichtsbarkeit. Wiesbaden 2006, S. 259–295; Lembcke, Oliver W.: Über das Ansehen des Bundesverfassungsgerichts. Ansehen und Meinungen in der Öffentlichkeit 1951–2001. Berlin 2006; Köcher, Renate: Das Bollwerk. In: Frankfurter Allgemeine Zeitung, Nr. 195, 22. August 2012, S. 10.
2   Erklärungen bieten u. a. Vorländer, Hans/Schaal, Gary, Integration durch Institutionenvertrauen? Das Bundesverfassungsgericht und die Akzeptanz seiner Rechtsprechung. In: Vorländer, Hans (Hrsg.): Integration durch Verfassung. Wiesbaden 2002, S. 343–374; Vorländer/Brodocz, Vertrauen (Fn. 1); Patzelt, Warum verachten die Deutschen … (Fn. 1); und ders.: „Weiche Faktoren" (Fn. 1). Zu sonstigen Theoriekontexten siehe v. a. die Beiträge in Offe, Claus/Harman, Martin (Hrsg.): Vertrauen. Die Grundlagen des sozialen Zusammenhangs. Frankfurt a. M./New York 2001, sowie in Schmalz-Bruns, Rainer/Zintl, Reinhard (Hrsg.): Politisches Vertrauen. Soziale Grundlagen reflexiver Kooperation. Baden-Baden 2002.
3   Durchgeführt wurde diese Umfrage im ehemaligen Dresdner SFB 537 ‚Institutionalität und Geschichtlichkeit' vom Verfasser zusammen mit Hans Vorländer. Die Datenerhebung (computerunterstützte persönliche Interviews; deutschlandweit repräsentatives ADM-Mastersample für Personen ab 18 Jahren; Feldzeit: 19.10.–12.11. 2004) sowie die Aufbereitung des Datensatzes besorgte IPSOS; zur Datenanalyse

1   Das Ansehen des Bundesverfassungsgerichts

Abb. 1 zeigt, dass während der letzten 40 Jahre jeder zweite Deutsche vom BV eine (sehr) gute Meinung hatte, nur knapp jeder zehnte Deutsche eine schlechte Meinung. Das ist eine überwältigend positive Bilanz. Auf ihr gründet die Autorität des BV.[4] Allerdings gab es auch Einbrüche, etwa 1975, 1978, 1994/95. Deren Erklärung (im Abschn. 2.2) liefert einen Teil der gesuchten Antwort.

Einen anderen Teil liefert die Tab. 1. Sie zeigt, wo das BV in der Vertrauenspyramide politischer Institutionen stand und steht: ziemlich an der Spitze.[6] Dort findet es sich gemeinsam mit Institutionen, die normativ wie faktisch oberhalb oder außerhalb der Parteipolitik agieren. Unten aber liegen Institutionen, die Parteien sind oder von Parteien geprägt werden. Auf den mittleren Plätzen stehen die Vermittler und Kommentatoren des politischen Geschehens. Clusteranalysen, auch solche unter Einschluss der Daten aus Tab. 2, bestätigen eine solche Gruppenbildung.[7]

Ein erster wichtiger Faktor für die Entstehung und Erhaltung politischen Vertrauens scheint also die *Nähe bzw. Ferne einer Institution zu den Parteien* zu sein, gewissermaßen ihr ‚parteilicher' oder ‚überparteilicher' Charakter. Polizei und Justiz, BV und Bundespräsident, allesamt dem Anspruch nach überparteilich, profitieren anscheinend von nachgewiesener Glaubwürdigkeit dieses Anspruchs. Für unseren Rechtsstaat ist das ein großes Kompliment, doch für unsere politische Kultur eine Last. Gerade die demokratisch – d. h.: durch freie Wahlen – am besten legitimierten Institutionen, nämlich die Parteien, gelten nämlich als besonders wenig vertrauenswürdig und kontaminieren nachgerade die von ihnen getragenen Institutionen. Obendrein erweisen weitere Ergebnisse (Abschn. 2.4), dass es gerade der für pluralistische Demokratie erforderliche und von den Parteien offen ausgetragene politische Streit ist, der den Deutschen den Eindruck von ihren Parteien und den parteigetragenen Institutionen so folgenreich verdirbt und sowohl das Vertrauen in BT und BV (siehe Tab. 2) als auch die Zufriedenheit mit der Arbeit und Selbstdarstellung beider Institutionen nach unten zieht.

---

und allen Einzelbefunden siehe Patzelt, Werner J.: Warum mögen die Deutschen ihr Verfassungsgericht um soviel mehr als ihr Parlament? Unveröffentlichtes Analysepapier, 98 S., 2004, erhältlich vom Verfasser. Publiziert sind die Ergebnisse in den in Fn. 1 zitierten Arbeiten von Patzelt und Vorländer/Brodocz.

4   Siehe hierzu auch Lembcke, Oliver W.: Hüter der Verfassung. Eine institutionentheoretische Studie zur Autorität des Bundesverfassungsgerichts. Tübingen 2007, und Vorländer, Deutungsmacht (Fn. 1).

5   Allensbacher Zahlen verwenden auch Lembcke, Ansehen (Fn. 1), S. 19, und Vorländer, Deutungsmacht (Fn. 1), S. 198. Die publizierten Zahlen stimmen aber nicht immer überein. Hier werden, soweit vorliegend, die in den Allensbacher Jahrbüchern nachgewiesenen Zahlen verwendet.

6   2012 hatten 75 % der Deutschen (sehr) viel Vertrauen in das BV, 63 % in den Bundespräsidenten, 41 % in den Bundesrat, 39 % in den Bundestag, 38 % in die Bundesregierung, ganze 17 % in die Parteien; siehe Köcher, Bollwerk (Fn. 1).

7   Zu allen Details der Analyse siehe Patzelt, Warum mögen die Deutschen … (Fn. 3).

Abbildung 1 Welche Meinung haben die Deutschen vom Bundesverfassungsgericht?

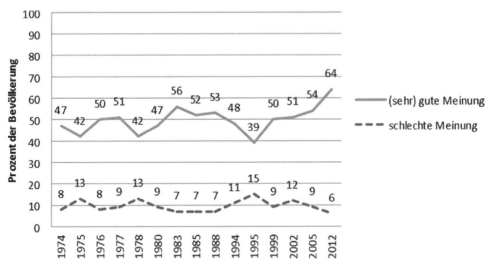

Quelle: Institut für Demoskopie, Allensbach[5]

Tabelle 1 Persönliches und vermutetes Vertrauen zu ausgewählten Institutionen 2004

Vertrauen zu …	persönliches Vertrauen	bei der Bevölkerung allgemein vermutetes Vertrauen
Polizei	5,0	4,9
Bundesverfassungsgericht	4,9	4,9
Bundespräsident	4,7	4,7
Justiz	4,6	4,6
Fernsehen	4,1	4,6
Zeitungen	4,1	4,5
Bundesrat	4,0	4,1
staatliche Verwaltung	3,9	4,0
Verbände und Interessengruppen	3,8	4,0
Bundestag	3,7	3,8
Bundesregierung	3,4	3,5
Parteien	3,0	3,2

Legende: Angegeben sind Mittelwerte von siebenstufigen Einschätzungsskalen zwischen 1 = 'ganz und gar kein Vertrauen' und 7 = 'volles Vertrauen'; Quelle: Dresdner SFB-Umfrage 2004; siehe Anm. 3.

Tabelle 2   Persönliche Vertrauenslage und Gesamtbewertung von Parlament und
Verfassungsgericht

	persönliches Vertrauen (erfragt zu Beginn des Interviews)		Zufriedenheit mit Arbeit und Selbst- darstellung beider Institutionen	
	BT	BV	BT	BV
(1) ganz und gar kein Vertrauen/ ganz und gar unzufrieden	8,7	2,9	7,5	1,7
2	12,8	4,9	14,0	5,4
3	20,7	10,6	24,6	11,6
4 = Mittelkategorie	28,3	16,7	33,2	28,1
5	18,4	21,4	15,2	27,8
6	8,8	28,0	4,8	19,6
(7) volles Vertrauen/völlig zufrieden	2,3	15,5	0,7	5,7
Mittelwert	3,7	4,9	3,5	4,6

Legende: Erhoben wurden die Daten auf siebenstufigen Einschätzungsskalen; angegeben sind Spaltenprozent;
Quelle: Dresdner SFB-Umfrage 2004; siehe Anm. 3.

2   Prägefaktoren des Vertrauens zum Verfassungsgericht

2.1   Urteile über das politische System

Nicht nur hängt das persönliche Vertrauen stark mit der Gesamtbewertung zusammen
(BV: r = .56, BT: r = .50).[8] Auch hat mehr Vertrauen zum BV, wer ebenfalls dem BT mehr
vertraut (r = .56), und bewertet das BV besser, wer das ebenfalls beim BT tut (r = .46).
Anscheinend wirkt da im Hintergrund eine *allgemeine Wahrnehmung* unserer politischen Ordnung. Tatsächlich steht *beiden* Institutionen positiver gegenüber, wer Demokratie allgemein sowie den Rechtsstaat stärker befürwortet; wer mit dem grundsätzlichen, obendrein mit dem aktuellen Funktionieren unseres Staates zufriedener ist; wer
die allgemeine wirtschaftliche Lage in Deutschland als besser beurteilt; ja sogar, wer mit
unserem politischen Personal zufriedener ist.[9]

---

8   Jeweils Pearsons' r. Aufgrund der stets großen Fallzahlen sind selbst Korrelationen im Bereich von
     r = .10 auf dem 5 %-Niveau signifikant. Also ist die Angabe von Signifikanzniveaus verzichtbar.
9   Zu den Korrelationskoeffizienten und den genauen Formulierungen der Items siehe Patzelt, „Weiche
     Faktoren" (Fn. 1).

Tabelle 3   Faktoren populärer Einschätzungen von BT und BV

	Ladungszahlen (nach Varimax-Rotation)	
	Faktor 1: Gründe guter Einschätzung des BT	Faktor 2: Gründe guter Einschätzung des BV
pers. Vertrauen zum Bundestag	.69	.30
pers. Vertrauen zum Bundesverfassungsgericht	.38	.63
Gesamtevaluation Bundestag	.61	.29
Gesamtevaluation Bundesverfassungsgericht	.31	.62
Einschätzung allgemeine wirtschaftlichen. Lage	.63	.07
Zufriedenheit mit gegenwärtigem politischen Personal	.82	.08
Systemzufriedenheit – tagespolitisch überformt	.83	.16
Systemzufriedenheit – allgemein	.72	.36
Demokratieakzeptanz	.12	.81
Rechtsstaatsakzeptanz	.06	.83

Quelle: Dresdner SFB-Umfrage 2004; siehe Anm. 3.

Die Antworten zu diesen sechs Korrelaten lassen sich valide zu einer Gesamtskala ‚Systembewertung/Systemakzeptanz' zusammenfassen.[10] Auch die Werte der Deutschen auf dieser Skala hängen stark mit ihrem persönlichen Vertrauen zu BV ($r = .51$) und BT ($r = .57$) zusammen, desgleichen mit der Gesamtbewertung beider Institutionen ($r = .43/.50$). Also speist sich die grundsätzliche Vertrauens- und Ansehenslage von BV und BT klar aus allgemeinen Einschätzungen der Bürger zu den Grundprinzipien, zur Funktionsweise, zu den Politikerergebnissen und zu den konkret handelnden Politikern ihres Staates. Allerdings ist Einschätzung des BV viel weniger eng als die des BT an die Einschätzung der *konkreten* Leistungen unseres politischen und wirtschaftlichen Systems gekoppelt.[11]

Das führen auch die Ergebnisse einer Faktorenanalyse vor Augen, in die sowohl die sechs Items der Skala ‚Systembewertung/Systemakzeptanz' als auch die Variablen zur Vertrauens- und Bewertungslage von BT und BV einbezogen wurden.[12] Tab. 3 zeigt, dass für ein positives Urteil über das BV – neben allgemeiner Systemzufriedenheit –

---

10   Additiver Index; Cronbachs $\alpha = .79$.

11   Das zeigen hier aus Platzgründen übergangene Korrelationskoeffizienten; sie finden sich in Patzelt, „Weiche Faktoren" (Fn. 1).

12   KMO = .84; die zwei extrahierten Faktoren erklären 58 % der Varianz.

im Grunde nur die *Akzeptanz zentraler Systemgrundsätze* maßgeblich ist, nämlich des Rechtsstaats- und des Demokratieprinzips, während ein positives Urteil über den BT sehr stark nicht nur von allgemeiner Systemzufriedenheit geprägt wird, sondern ebenso von einer positiven Einschätzung der tagespolitischen Performanz des politischen Systems, der wirtschaftlichen Lage und des politischen Personals.

Das BV verdankt sein Vertrauenskapital allem Anschein nach der Bereitschaft, diese Institution von allgemein akzeptierten Prinzipien her zu verstehen. Das macht das BV – ganz anders als den BT – vom Auf und Ab realer wirtschaftlicher, gesellschaftlicher und politischer Entwicklungen recht unabhängig. Zwar ist es fair, dass die Bürger an beide Institutionen unterschiedliche Maßstäbe anlegen. Doch es sind deren Aufgaben eben auch unterschiedlich leicht zu meistern. Dabei schadet es dem BT, wenn die Bürger, wie so oft, mit der Politik unzufrieden sind – und dem BV, wenn seine Urteile manchmal mit der öffentlichen Meinung übers Kreuz geraten.

2.2 ‚Repräsentation des Volkswillens'

Deutsche Gerichtsurteile ergehen „im Namen des Volkes". Nicht nur beschließen die volksgewählten Parlamente jene Gesetze, anhand welcher zu judizieren ist; sondern es gründet die Autorität eines Gerichts auch darin, dass seine Urteile nicht dauerhaft oder grob dem widersprechen, was dem Volk als ‚gerecht' oder ‚richtig' einleuchten will. In einer Demokratie lässt sich das auch bei Gerichten auf den Begriff einer ‚Repräsentation des Volkswillens' bringen.[13] Kommt es dabei zu ‚Repräsentationsmängeln', so wirkt sich das demoskopisch nachweisbar aus – gerade auch in der Ansehensbilanz des BV.

Hinter dem in Abb. 1 erkennbaren ‚Tief' des Jahres 1975 stand etwa, dass ein im Februar 1975 publiziertes Urteil zum Schwangerschaftsabbruch die von der sozialliberalen Koalition beschlossene Fristenregelung für verfassungswidrig erklärte und damit auf heftige öffentliche Kritik traf: Nur 32 % der Deutschen begrüßten dieses Urteil, 50 % bedauerten es.[14] Auch erklärte das BV im Juli des gleichen Jahres die Überprüfung von Beamten auf extremistische Einstellungen für verfassungskonform, was ebenfalls Em-

---

13   Eine Repräsentationsbeziehung entsteht zwischen ‚Prinzipalen' und ‚Agenten' genau dann, wenn (a) die ‚Agenten' im Interesse der ‚Prinzipale' agieren, doch dies in responsiver Weise; wenn (b) ‚Agenten' und ‚Prinzipale' unabhängig voneinander handeln können, so dass jederzeit Konflikte zwischen ihnen möglich sind; und wenn (c) die ‚Agenten' es durch wirkungsvolle Verbindung von Responsivität und (kommunikativer) Führung schaffen, scharfe Konflikte selten, häufige Konflikte aber nicht allzu heftig zu machen (vgl. Pitkin, Hannah F.: The concept of representation. Berkeley/Los Angeles 1967, S. 209 f.). Dieser Repräsentationsbegriff erfasst alles für Repräsentation Wesentliche, gleich ob es sich bei den ‚Agenten' um Abgeordnete oder um (Verfassungs-)Richter handelt. Wie Fall der letzteren sich das Konfliktpotential zwischen dem Volk als ‚Prinzipal' und dessen ‚Agenten' ausnehmen kann, zeigt Vorländer, Deutungsmacht (Fn. 1), S. 197–199.

14   Schaal, Vertrauen (Fn. 1), S. 133 f.

pörung auslöste.[15] Nicht anders steht es um das ‚Tief' von 1978: Im Dezember 1977 hatte das BV – dem Zeitgeist zuwider – eine Regelung außer Kraft gesetzt, mit welcher die sozialliberale Koalition die ‚Gewissensprüfung' bei Wehrdienstverweigerung abgeschafft und eine ‚Verweigerung per Postkarte' eingeführt hatte.

Auf gleiche Weise kam es zum ‚Tief' von 1995. Schon im Vorjahr hatte das BV Gerichtsurteile aufgehoben, welche die öffentliche Verbreitung der Parole „Soldaten sind Mörder" unter Strafe gestellt hatten. Das hielten 54 % der Deutschen für einen Skandal, während nur 26 % fanden, jenen Satz „muss man sagen können".[16] Im Februar 1995 judizierte das BV, friedliche Sitzblockaden wären keine strafbare Nötigung. Das kritisierte zwar nur eine Minderheit der Bevölkerung, doch öffentlichkeitswirksam ein Großteil der Unionspolitiker und der Rechtswissenschaft.[17] Und im August erklärte das BV – Bezug nehmend auf die weltanschauliche Neutralität des Staates – eine Vorschrift der bayerischen Volksschulordnung für verfassungswidrig, nach welcher in jeder Schulklasse ein Kreuz anzubringen sei. Nur 22 % der Deutschen meinten damals, die Kreuze abzuhängen sei richtig, während 54 % das für falsch hielten.[18]

Vertrauen verliert das BV offensichtlich dann, wenn seine Urteil einem Großteil der Bevölkerung – und vorher: der öffentlichen Meinung[19] – nicht einleuchten. Umgekehrt gewinnt das BV an Vertrauen, wenn es streitschlichtend Grundsätze hervorhebt, die Zustimmung finden. Das ‚Hoch' von 1983 scheint nämlich vom ‚Volkszählungsurteil' aus dem gleichen Jahr bewirkt worden zu sein. Es beendete eine heftige Kampagne gegen die – gesetzlich vorgesehene – neue Volkszählung. Das BV schaffte es damals, beiden Seiten Recht zu geben: Die Volkszählung konnte stattfinden – doch unter Einschränkungen, zu deren Begründung das BV unter allgemeinem Beifall aus der Verfassung ein Grundrecht auf „informationelle Selbstbestimmung" ableitete.[20]

Ähnlich kann man den steilen Ansehensaufstieg nach 2005 verstehen. 2009 hatte die Krise der Eurozone begonnen, in deren Verlauf die im Maastricht-Vertrag verankerte Nicht-Beistands-Regelung aufgegeben wurde, Deutschland erhebliche Zahlungs- und Bürgschaftsverpflichtungen für andere Euroländer einging, die Bundesregierung den BT unter Zustimmungs- und Zeitdruck setzte, ja im Volk Zukunftssorgen entstanden. Um einer – wie es vielen schien – allzu willfährigen Regierung Zügel anzulegen, riefen einzelne Abgeordnete und Bürger mittels Organstreit, abstrakter Normenkontrolle und Verfassungsbeschwerde das BV an. Dessen Beschlüsse bekräftigten wichtige Mitwirkungsrechte des BT bei der Euro-Politik und umrissen die Grenzen nationalstaatlicher Souveränitätsübertragung an die EU. Damit wurde, allem Anschein nach, das BV einem

---

15 Ebenda, S. 134 f.
16 Ebenda, S. 141.
17 Zahlen ebenda.
18 Ebenda, S. 142.
19 Siehe hierzu ebenda, S. 135, sowie den Abschn. 2.3.
20 Unter den Deutschen stieg anschließend die Akzeptanz der Volkszählung deutlich; siehe ebenda, S. 138.

verbreiteten Unbehagen ob der vorgeblich „alternativlosen" Regierungspolitik gerecht – und gewann drastisch an Vertrauen.

2012 fanden es jedenfalls 68 % der Deutschen für gut, dass über die Beteiligung ihres Landes am Euro-Rettungsschirm das BV entscheiden würde, während nur 17 % meinten, diese Entscheidung solle allein von der Politik getroffen werden.[21] Dahinter stand die Sorge von 63 % der Deutschen, ihr Land werde sich mit der Beteiligung am Rettungs-schirm wirtschaftlich übernehmen; nur 13 % hielten dies für unwahrscheinlich. Im Üb-rigen befürchteten 50 % der Befragten, das Grundgesetz werde bald keine Bedeutung mehr haben, weil immer mehr auf europäischer Ebene geregelt werde.[22] Entsprechend meinten 71 %, das BV solle darüber entscheiden, „welche Befugnisse Deutschland an die Europäische Union überträgt", was nur 27 % nicht so haben wollten. Das führt zum plausiblen Schluss: Es wirkt das BV auf die Deutschen wie „ein Bollwerk, das natio-nale Interessen und die im Grundgesetz festgeschriebene politische und gesellschaftli-che Ordnung des Landes schützt".[23]

Jedenfalls weiß derzeit wieder ein großer Teil der Deutschen die eigene Werteord-nung und Meinung in Übereinstimmung mit dem Verfassungsgericht und vertraut des-halb dessen Deutungsmacht.[24] 43 % bekundeten 2012 solche Übereinstimmung, wäh-rend nur 19 % eine ‚große Kluft' empfanden und 38 % sich unentschieden gaben. 1995, am Vertrauenstiefpunkt des BV, war das ziemlich anders: Je ein Drittel der Antworten entfiel auf jede dieser Antwortvorgaben. Das vor Augen, erkennt man – wie beim Par-lament – ‚Repräsentation des Volkswillens' als einen entscheidenden Faktor von Ver-trauen zum Verfassungsgericht.[25]

2.3 Medienberichterstattung

Woher aber weiß ‚das Volk', was in seinem Namen judiziert wird – und wie dies zu eige-nen Sichtweisen passt? Die wichtigste Informationsquelle sind zweifellos die Medien.[26]

---

21 Zu allen diesen Zahlen siehe Köcher, Bollwerk (Fn. 1).
22 Bloß 31 % sahen das nicht so.
23 Köcher, Bollwerk (Fn. 1).
24 Zu diesem Konzept und seiner analytischen Verwendung siehe Vorländer, Deutungsmacht (Fn. 1), v. a. S. 192–196.
25 Lembcke, Ansehen (Fn. 1), S. 16, formulierte das so: „Das Ansehen, das eine Autorität genießt, ist … nicht voraussetzungslos: Sie muss den Erwartungen der Öffentlichkeit entsprechen, will sie ihr Anse-hen nicht verlieren".
26 In der SFB-Erhebung von 2004 zeigte sich: Mit zunehmendem politischen Interesse informiert man sich häufiger – und schreibt sich dann auch besseres politisches Wissen zu – aus Zeitungen/Zeitschrif-ten (r = .43; Korrelation mit ‚besseres Wissen': r = .43) und Radio/Fernsehen (r = .47; r = .40); fühlt man sich – verständlicherweise – durch die Massenmedien auch besser über BT und BV informiert (r = .32/.20); und empfindet man die mediale Darstellung des BV – nicht aber des BT – auch als leicht posi-tiver (r = .18/.01). Insgesamt fühlen sich die Deutschen aus den Medien besser über den BT als über das BV informiert (Mittelwerte auf 7er-Skalen: BT 4,4/BV 3.6), und kommt dabei – so ihr Eindruck – der

Glücklicherweise liegt eine Studie zu Darstellungsleistung und Tenor der Presseberichterstattung zwischen 1951 und 2001 vor.[27] Sie zeigt, dass sich die Nachrichten über das BV seit 1971 sprunghaft vermehrt haben, wobei nicht erst damals, sondern schon in 1950er Jahren mehr Berichterstattung auch mehr *kritische* Berichterstattung meinte. Im Einzelnen zeigt das die Abb. 2. Sie erschließt, in welchem publizistischen Klima sich die Bevölkerungsmeinung zum BV entwickelte: Es war in jenen Jahren der Anteil positiver Berichterstattung besonders niedrig, bzw. der Anteil negativer Berichterstattung besonders hoch, in denen laut Abb. 1 das Ansehen des BV auf Tiefpunkten war (1975, 1978/79, 1995).

In der Dresdner Studie von 2004 ließ sich der Zusammenhang von Medientenor und Institutionenvertrauen auch noch direkt nachweisen: Die Deutschen vertrauen BT und BV um so stärker, bewerten auch die Leistungen beider Institutionen um so höher und loben deren ‚institutionellen Charakter'[28] umso mehr, je besser eine Institution dem *Eindruck der Befragten nach* in den genutzten Medien dargestellt wurde. Auffällig ist, dass gerade beim BV eine als positiv wahrgenommene Mediendarstellung besonders stark mit persönlichem Vertrauen (BV: r = .35; BT: r = .28) und einer positiven Beurteilung einhergeht (BV: r = .44; BT: r = .29). Warum ist das so?

2.4   Der „institutionelle Charakter"

Große Erklärungskraft erschließt das Konzept des „institutionellen Charakters".[29] Es führt zu Fragen nach der Einschätzung von Gemeinwohl- und Gerechtigkeitsorientierung, Kompetenz und Sachlichkeit, sowie von Zeit-, Kosten- und Wirkungseffizienz einer Institution. Die – in Tab. 4 – zusammengestellten Antworten sind sehr erfreulich für das BV, doch niederschmetternd für den BT.

Das Verfassungsgericht erscheint als die in jeder Hinsicht bessere Institution. Nach Ansicht der Deutschen bemüht sich das BV um gerechte Entscheidungen, arbeitet mit Sachverstand und gekonnt, trägt Meinungsverschiedenheiten sachlich aus, setzt Parteiinteressen gerade nicht an die erste Stelle, erzielt mit seinen Entscheidungen die gewünschten Wirkungen und erfüllt seine Aufgaben außerdem in halbwegs angemessener Zeit. Alles das wünscht sich das Volk von der Politik – und erkennt vieles davon am BT gerade nicht: Er arbeite nicht mit sonderlichem Sachverstand oder wirklich gekonnt,

---

BT schlechter weg als das BV (Mittelwerte auf 7er-Skalen: BT 4,1/BV 4,7). Eine Erklärung, die über den ‚Negativismus der Massenmedien' hinausreicht, findet sich im Abschn. 2.4.

27 Lembcke, Ansehen (Fn. 1), v. a. S. 33–61.

28 Siehe hierzu den Abschn. 2.4. Der Zusammenhang zwischen als positiv wahrgenommener medialer Darstellung und einem Urteil über den institutionellen Charakter beträgt beim BV r = .42, beim BT r = .41.

29 Es wurde entwickelt von Hibbing, John R./Theiss-Morse, Elizabeth: Congress as Public Enemy. Public Attitudes toward American Political Institutions. Cambridge 1995.

Abbildung 2   Prozentuale Verteilung positiver und negativer Berichterstattung über das BV

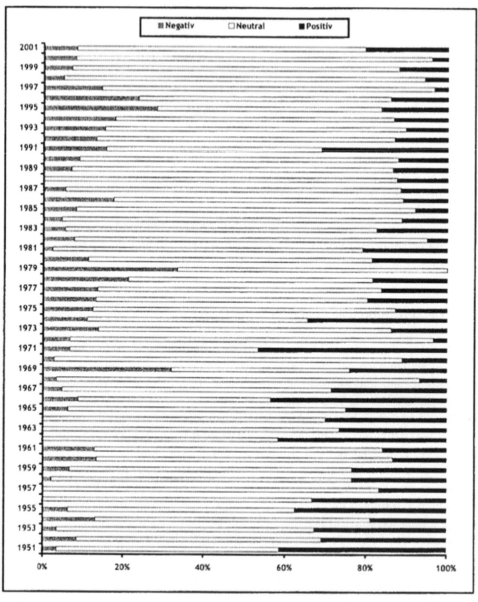

Quelle: Lembcke, Ansehen des Bundesverfassungsgerichts, a. a. O., S. 47

Tabelle 4   Einschätzungen zum „institutionellen Charakter" von BV und BT

	Der BT …	Das BV …
bemüht sich um gerechte Entscheidungen	3,9	5,5
arbeitet mit Sachverstand und gekonnt	3,6	5,3
trägt Meinungsverschiedenheiten sachlich aus	3,4	5,3
setzt nicht Parteiinteressen an die erste Stelle	3,3	5,2
erzielt mit seinen Entscheidungen auch die gewünschten Wirkungen	3,6	4,9
lässt sich bei seinen Entscheidungen vom Gemeinwohl leiten und nicht von denInteressen einiger durchsetzungskräftiger Gruppen	3,3	4,9
erledigt seine Aufgaben in angemessener Zeit	3,2	4,1
arbeitet kostengünstig	2,4	3,6

Legende: Angegeben sind die Mittelwerte von siebenstufigen Beurteilungsskalen, mit 1 = „Diese Behauptung ist völlig falsch!" und 7 = „Diese Behauptung ist völlig richtig!" – Quelle: Dresdner SFB-Umfrage 2004; s. Anm. 3.

trage Meinungsverschiedenheiten nicht allzu sachlich aus, stelle kaum des Gemeinwohls willen die Interessen durchsetzungskräftiger Gruppen oder von Parteien zurück – und erfülle Aufgaben weder in angemessener Zeit noch kostengünstig. Zwar bemühe er sich halbwegs um gerechte Entscheidungen – erziele aber nur teilweise die gewünschten Wirkungen. Vor so düsterem Hintergrund hebt sich das BV wie eine Lichtgestalt ab.

Valide lassen sich die in Tab. 4 zusammengestellten Beurteilungsmaßstäbe additiv zu einer ‚Charakterskala' zusammenfassen, und zwar sowohl zu einer einzigen als auch zu gesonderten für BV und BT.[30] Die Tab. 5 zeigt, dass wohl viele Deutsche einen solchen ‚Charaktermaßstab' tatsächlich gebrauchen: Eindeutig und sehr stark hängt die Beurteilung des institutionellen Charakters der jeweiligen Institution mit jenem Vertrauen zusammen, das man ihr entgegenbringt, sowie mit jenem Gesamturteil, das man über sie fällt.

Bei der Einschätzung seines institutionellen Charakters profitiert das BV offenkundig – neben der allgemeinen Systemzufriedenheit – von der normativen Wertschätzung des Demokratie- und Rechtsstaatsprinzips. Dieses letztere bringt das BV auch noch zu einem dichten symbolischen Ausdruck.[31] Vom Demokratieprinzip, auch vom Parlament unübersehbar symbolisiert, sollte zwar ebenfalls der BT profitieren. Doch so ist es nicht.

---

30 Gemeinsame Skala: Cronbachs α = .89; Charakterskala BV: α = .88; Charakterskala BT: α = .89. Gemäß den Ausgangsdaten wird der institutionelle Charakter des BT auch insgesamt um vieles schlechter eingeschätzt als der des BV: Auf der jeweils von 8 (= sehr schlecht) bis 56 (= sehr gut) reichenden ‚Charakterskala' hat der BT einen Mittelwert von 26,5, das BV von 38,3.

31 Siehe dazu Patzelt, „Weiche Faktoren" (Fn. 1).

Tabelle 5   Folgen und Ursachen von Urteilen über den „institutionellen Charakter" von BT und BV

Folge/Ursache	Beurteilung des institutionellen Charakters des …	
	BT	BV
persönliches Vertrauen zum BT	.52	(.40)
persönliches Vertrauen zum BV	(.22)	.55
Gesamtbewertung BT	.49	(.30)
Gesamtbewertung BV	(.17)	.58
Systemzufriedenheit – allgemein	.36	.42
Systemzufriedenheit – tagespolitisch überformt	.44	.33
Zufriedenheit mit dem aktuellen politischen Personal	.56	.29
Einschätzung der wirtschaftlichen Lage	.33	.22
Demokratieakzeptanz	.11	.41
Rechtsstaatsakzeptanz	.14	.31
vermutete Responsivität der Institution	.58	.22
vermutete Beeinflussbarkeit der Institution	.31	.10
als positiv wahrgenommene Darstellung des BT in den Medien	.41	(.22)
als positiv wahrgenommene Darstellung des BV in den Medien	(.14)	.42

Legende: Angegeben sind r-Koeffizienten; eingeklammert sind inhaltlich wenig aussagekräftige Werte. Quelle: Dresdner SFB-Umfrage 2004; siehe Anm. 3

Anscheinend missfällt vielen Deutschen an ihm, dass Demokratie in der Praxis eben nicht Überparteilichkeit, sachliche Auseinandersetzungen sowie vorzügliche Zeit- und Kosteneffizienz bedeutet, sondern auf Parteipolitik hinausläuft und mit ihr große Transaktionskosten einhergehen (vgl. Abschn. 1). Das eben vergällt das Urteil über den institutionellen Charakter des BT. Im Grunde macht es seine mit großen *politischen* Herausforderungen verbundene Stellung im *realen* Leben dem BT schwer, auf die Deutschen attraktiv zu wirken, während das BV im Abglanz von *Prinzipien* erstrahlen kann.

2.5 Institutionelle Performanz

Und anhand welcher zugeschriebener und wie gewichteter Aufgaben beurteilen die Deutschen nun die *Praxis* von BV und BT? Das zeigt die Tab. 6.[32] Aus ihr sind für eine Erklärung der Vertrauenslage des BV vor allem die folgenden Beobachtungen wichtig.

Erstens ist vom BV viel weniger als vom BT bekannt, es habe gesellschaftliche Konflikte offen *auszutragen;* und obendrein wird dem BV deutlicher als dem BT die Aufgabe zugeschrieben, Konflikte durch Entscheidungen zu *beenden.* Zerstrittenheit und Konflikte sind den meisten Deutschen aber politisch wenig willkommen. Zum Vorteil des BV gelten den Bürgern die politischen Konflikte tatsächlich als vor allem vom BT auszutragen, was auch genau so ist. Hingegen wirkt die den Deutschen so willkommene Rückkehr zu einem ‚streitfreien Zustand‘ als Leistung eher des BV. Vermutlich deswegen hinterfragen sie auch nicht den – ihnen sehr wohl bewussten – großen Einfluss des BV auf das politische Geschehen in Deutschland:[33] 56 % der Deutschen hielten ihn für ‚gerade richtig‘, nur 5 % für ‚zu groß‘, 14 % gar für ‚zu gering‘.[34] Das ist eine ganz andere Lage des BV, als sie in den 1970er Jahren bestand: Mit Begriffen wie „Obergesetzgeber" oder „Konterkapitän von Karlsruhe" bedacht, wurde es einer „Entmächtigung des Parlaments" und der „Usurpation von evidenten Aufgaben des Gesetzgebers" geziehen.[35]

Zweitens erachtet man – mit Recht – vor allem den BT als dafür zuständig, die Vielfalt der Interessen und Wünsche des Volkes widerzuspiegeln, dessen Ansichten zur Grundlage von Entscheidungen zu machen und den Willen der Volksmehrheit durchzusetzen. Das aber gerät zur Austragung von Konflikten, und manchmal widersprechen Parlamentsentscheidungen mit guten Gründen dem empirisch vorfindbaren Volkswillen. Zudem wird dem BT weniger als dem BV die Aufgabe zugeschrieben, auch gegen den Willen des Volkes zu entscheiden, falls das als sinnvoll erscheint. Und selbst dem BV schlägt solches Abweichen zum Nachteil aus, wie sich im Abschn. 2.2 zeigte.

Drittens – ebenfalls zu Recht – gilt vor allem der BT als zuständig für das Voranbringen gesellschaftlicher Reformen und für die Sorge um das Gemeinwohl. Geht es mit derlei nicht richtig voran, so trifft die Kritik das Parlament. Und nötigenfalls rückt dann das BV, von der Opposition angerufen, Misslungenes wieder zurecht. Ohnehin wird ihm stärker als dem BT die Aufgabe zugeschrieben, für Gerechtigkeit zu sorgen.

---

32 Zu den mit ihr verbundenen methodischen Herausforderungen siehe Patzelt, „Weiche Faktoren" (Fn. 1).

33 2012 hielten 66 % der Deutschen diesen Einfluss für (sehr) groß, nur 8 % für (sehr) gering; siehe Köcher, Bollwerk (Fn. 1).

34 Ebenda. Die auf 100 % fehlenden Antworten entfallen jeweils auf ‚unentschieden/keine Angabe‘. Es ist also zu einfach, wenn Lembcke, Ansehen (Fn. 1), auf S. 20 formuliert: „Bekanntlich besitzen diejenigen politischen Institutionen, die nur wenig mit dem politischen Tagesgeschäft konfrontiert sind und überdies auch nur über eine begrenzte Macht verfügen, einen ‚Bonus‘ bei Meinungsumfragen. Der Bundespräsident ist hierfür ein gutes Beispiel." Doch im Unterschied zum Bundespräsidenten hat das BV sehr wohl Macht – und zwar eine, die von der Bevölkerung solange gewünscht wird, wie sie ihre Mehrheitsmeinung mit der des Gerichts übereinstimmen fühlt.

35 Siehe Vorländer, Deutungsmacht (Fn. 1), S. 190.

Tabelle 6 Aufgaben und Aufgabenerfüllung von BT und BV in der Wahrnehmung der Deutschen

	Bundestag				Bundesverfassungsgericht			
	gekannt (%)	Wichtigkeitsurteil (Mittel)	Performanzurteil (Mittel)	Differenz: Performanz – Wichtigkeit	gekannt (%)	Wichtigkeitsurteil (Mittel)	Performanzurteil (Mittel)	Differenz: Performanz – Wichtigkeit
gesellschaftliche Konflikte offen austragen	30	5,7	4,2	−1,5	11	5,2	4,3	−0,9
gesellschaftliche Konflikte durch Entscheidungen beenden	31	5,8	4,0	−1,8	41	5,9	5,1	−0,8
Willen der Mehrheit des Volkes durchsetzen	53	5,9	3,4	−2,5	26	5,7	4,4	−1,3
Minderheiten schützen	36	5,9	4,4	−1,5	37	6,0	5,2	−0,8
Gesellschaftliche Reformen voranbringen	59	5,9	3,9	−2,0	17	5,6	4,6	−1,0
Gesetze beschließen	72	6,0	4,8	−1,2	26	5,7	5,1	−0,6
Gesetze überprüfen	37	6,0	4,3	−1,7	70	6,3	5,5	−0,8
Regierung kontrollieren	46	6,2	4,3	−1,9	37	6,2	4,8	−1,4
in religiösen Fragen Neutralität des Staates sichern	22	5,9	4,7	−1,2	24	6,1	5,3	−0,8
für Gerechtigkeit sorgen	43	6,3	3,8	−2,5	54	6,4	5,1	−1,3
Ziele und Werte des GG verwirklichen	51	6,3	4,5	−1,8	58	6,4	5,6	−0,8
Vielfalt des Volkes, seiner Ansichten und Interessen widerspiegeln	41	6,0	3,8	−2,2	14	5,9	4,7	−1,2
Wünsche und Ansichten des Volkes zur Grundlage von Entscheidungen machen	42	6,1	3,5	−2,6	21	5,9	4,6	−1,3

	Bundestag				Bundesverfassungsgericht			
	gekannt (%)	Wichtig-keitsurteil (Mittel)	Perfor-manzurteil (Mittel)	Differenz: Performanz – Wichtigkeit	gekannt (%)	Wichtig-keitsurteil (Mittel)	Perfor-manzurteil (Mittel)	Differenz: Performanz – Wichtigkeit
mit Argumenten auf die öffentliche Meinung einwirken	29	5,7	4,2	–1,5	9	5,6	4,5	–0,9
für stabile Regierung sorgen	49	6,1	4,0	–2,1	17	6,0	4,4	–1,6
für das Gemeinwohl sorgen	50	6,2	3,7	–2,5	23	6,1	4,7	–1,4
gegen den Willen des Volkes ent-scheiden, falls das als die bessere oder richtige Lösung erscheint	16	5,4	4,4	–1,0	22	5,6	5,2	–0,4
Mittel	*41,5*	*6,0*	*4,1*	*–1,9*	*29,8*	*5,9*	*4,9*	*–1,0*
im Durchschnitt herausgelegte Karten	*7*				*5*			

Legende: Angegeben sind a) die Prozentanteile durchschnittlich gekannter Aufgaben beider Institutionen sowie der Mittelwert dieser Prozentanteile, erhoben über ‚herausgeleg-te Karten'; b) Mittelwerte der auf siebenstufigen Beurteilungsskalen gemessenen Einschätzungen der Wichtigkeit der einzelnen Aufgaben sowie das Mittel dieser Mittelwerte (7 = sehr wichtig, 1 = ganz unwichtig); c) Mittelwerte der auf siebenstufigen Beurteilungsskalen gemessenen Einschätzungen, wie gut die jeweilige Aufgabe erfüllt würde, sowie das Mittel dieser Mittelwerte (7 = sehr gut, 1 = gar nicht gut); d) die Differenzen zwischen dem Performanzurteil und der Wichtigkeitsvermutung zu jeder bekannten Parlaments-aufgabe. – Quelle: Dresdner SFB-Umfrage 2004; siehe Anm. 3

Auf diese Weise wirkt das BV wie eine verlässliche ‚letzte Instanz‘, der BT hingegen wie eine – immer wieder zur Ordnung zu rufende – Ansammlung von Streithähnen.

Viertens werden beim BT zwar die allermeisten gekannten Aufgaben für ziemlich wichtig gehalten, doch allen voran solche Aufgaben, die gerade das nicht das erfassen, was ein Parlament *konkret* tut. Beim BV werden hingegen jene Aufgaben für besonders wichtig gehalten, die nicht nur in jeder Hinsicht populär sind (wie die Verwirklichung der Ziele und Werte des Grundgesetzes oder das Sorgen für Gerechtigkeit und Gemein- wohl), sondern die vom Gericht auch noch *ohne nach außen gekehrte Konflikte* und *mit unbestrittener Autorität erfüllt* werden können. Letzteres gilt gerade für die beim BV als so wichtig eingestuften Aufgaben der Gesetzeskontrolle und eines Agierens als Ge- gengewicht zur Regierung: Nicht als politischer Mitakteur, sondern als der Parteipoli- tik übergeordnete und vom Parteienstreit nicht kontaminierte Oberinstanz wird das BV wahrgenommen. Also passen beim BV – anders als beim BT – die Verhaltenserwartun- gen der Deutschen vorzüglich zu dem, was es wirklich tun kann und auch tut.

Fünftens erfüllt, nach Meinung der Deutschen, der BT nur sehr durchschnittlich seine Aufgaben, deutlich besser hingegen das BV.[36] Dessen Performanz wird nur dort als unterdurchschnittlich angesehen, wo dem BV zuvor Aufgaben zugeschrieben wurden, welche es gar nicht hat: Gewährleistung einer stabilen Regierung, offenes Austragen ge- sellschaftlicher Konflikte, bewusstes Einwirken auf die öffentliche Meinung, Durchset- zung des Mehrheitswillens der Bevölkerung. Recht positiv schneidet das BV gerade bei seinem Kerngeschäft ab: Verwirklichung der Ziele und Werte des Grundgesetzes; Kon- trolle der Regierung durch einen Vetospieler im System horizontaler Gewaltenteilung; Sicherung der Neutralität des Staates in religiösen Fragen; Schutz von Minderheiten; Sorge um Gerechtigkeit; Beendigung von Konflikten durch Entscheidungen. Beim BV beurteilt man alles das, was es wirklich tun muss, als auch gut getan – während beim BT alles das als eher schlecht getan gilt, was man von ihm jenseits bloßen Funktionierens erwartet.

Eben das zeigt sich besonders deutlich beim Vergleich zwischen den Mittelwerten der Wichtigkeit, welche die Deutschen den einzelnen Aufgaben von BV und BT zuwei- sen, und den Mittelwerten ihres Urteils darüber, wie gut diese Aufgaben wohl erfüllt werden: –1,0 beträgt das Mittel der Mittelwertdifferenzen beim BV, während es beim BT mit –1,9 in knapp der doppelten Größe liegt. Obendrein werden beim BV sonder- liche Ist/Soll-Unterschiede nur bei solchen Aufgaben empfunden, die entweder ohne- hin nicht Sache dieser Institution sind oder bei welchen das BV nur nachsorgend tätig wird. Also können derartige ‚Performanzlücken‘ dem BV kaum zum Nachteil gereichen. Im Endeffekt erscheint das BV, im Vergleich mit dem BT, es dem Deutschen als die viel ‚stimmigere‘ Institution.

---

36 Mittelwerte der auf siebenstufigen Einschätzungsskalen erhobenen durchschnittlichen Performanz- beurteilungen: BT 4,1 vs. BV 4,9.

2.6   Weitere Faktoren

Geschlecht und Alter, oft mit politischen Einstellungen und Handlungsweisen einhergehend, haben auf das Vertrauen zu BV und BT oder auf deren Gesamtbeurteilung keine Wirkung. Das gilt im Grunde auch für den Grad, zu dem man sich vom Wirken dieser Institutionen im persönlichen Leben betroffen fühlt.[37] Wenig einflussreich ist ferner, wie sehr man den BT oder das BV von anderen Instanzen kontrolliert empfindet oder wünscht. Drei Zusammenhänge sind allerdings bemerkenswert.

Erstens stehen die Anhänger protestierender Parteien am linken oder rechten Rand sowohl dem BV als auch dem BT klar negativer gegenüber als die Anhänger systemtragender Parteien. Im Hintergrund wirkt hier, dass Bewertung und Akzeptanz des bestehenden politischen Systems am Rand und in der Mitte des politischen Spektrums unterschiedlich ausfallen.

Zweitens wirkt sich alles, was mit den verschieden akzentuierten politischen Teilkulturen Ost- und Westdeutschlands zu tun hat, auch in den – mittlerweile abklingenden[38] – Ost/West-Unterschieden beim Verhältnis zu BV und BT aus.[39] Im Hintergrund steht, dass Bewertung und Akzeptanz des bundesdeutschen Systems im Osten immer noch geringer ausfallen als im Westen.[40]

Drittens geht ein positiveres Verhältnis zu BV und BT (schwach) einher mit besserem Bildungsstand und (etwas) stärker mit praktiziertem politischem Interesse, desgleichen mit jenem größeren politischen Wissen[41], zu dem bessere Bildung und aktiveres Interesse führen.[42] Hinzu kommt, dass gerade den politisch Interessierten auch etliche jener Maßnahmen auffallen, mit welchen BV und BT der Öffentlichkeit den Zweck und die Besonderheiten ihrer Institution zu vermitteln versuchen.[43] Politische Bildung tut also ihre Wirkung.

---

37 Siehe zu diesen Befunden auch Vorländer/Brodocz, Vertrauen (Fn. 1), v. a. S. 277–285.

38 1994 vertrauten 61 % der Altbundesbürger dem BV, doch nur 35 % der Neubundesbürger; 2002 waren die entsprechenden Werte 64 % und 53 %. Stets wurde auch in Ostdeutschland dem BV viel mehr vertraut als Parlament und Regierung; siehe Lembcke, Ansehen (Fn. 1), S. 21–23.

39 Zwar unterscheiden sich die in der SFB-Studie von 2004 untersuchten Merkmalszusammenhänge bei Ost- und Westdeutschen kaum; sie entfalten aber ihre Wirkungen auf sehr unterschiedlichen Niveaus der allgemeinen Systembewertung.

40 So die demoskopischen Daten, zusammengestellt etwa bei Patzelt, Werner J.: Politische Kultur und innere Einheit. In: Jesse, Eckhard/Sandschneider, Eberhard (Hrsg.): Neues Deutschland. Baden-Baden 2008, S. 27–54, und ders.: Demokratievertrauen und Demokratieakzeptanz in den neuen Ländern. In: Vogel, Bernhard (Hrsg.): Politische Kultur in den neuen Ländern. St. Augustin/Berlin 2008, S. 7–36.

41 Allensbacher Daten aus dem Jahr 2012 zeigen überdies, dass ein im Vergleich mit der Bevölkerung insgesamt weit größerer Anteil der politisch Interessierten zu wissen meint, das BV habe in den letzten Jahren an Bedeutung gewonnen (62 % vs. 33 %; ‚nicht viel geändert': 28 % vs. 35 %; unentschieden/keine Angabe: 5 % vs. 27 %), oder dass das BV heute häufiger Entscheidungen der Politik aufhebe als früher (64 % vs. 48 %; ‚nicht viel geändert': 22 % vs. 26 %; unentschieden/keine Angabe: 10 % vs. 21 %). Siehe Köcher, Bollwerk (Fn. 1).

42 Siehe die schon in Anm. 26 zitierten Befunde.

43 Siehe Patzelt, Warum mögen die Deutschen … (Fn. 3), S. 31–33, 39 f.

3   Woher kommt Institutionenvertrauen?

Warum mögen die Deutschen ihr Verfassungsgericht so sehr? Die Abb. 3 stellt die auf-
gedeckten Prägefaktoren zusammen[44] und formuliert eine Erklärungstheorie, die keineswegs auf das BV beschränkt ist, sondern ebenso gut den kontrastierenden Vergleichsfall des BT erfasst – und vermutlich viele weitere Fälle auch. Als Theorie mit
verallgemeinerndem Anspruch wurde sie aus den Ergebnissen der SFB-Studie abgeleitet und anhand weiterer Befunde *plausibilisiert;* doch sie anhand einer neuen Erhebung
regressionsanalytisch zu quantifizieren und pfadanalytisch zu testen, ist eine noch ausstehende Aufgabe. Aber jetzt schon lässt sich erkennen: Zwar kann man klar und anhand anschaulicher Ursachen angeben, auf welche Weise so großes Vertrauen zum BV
entsteht und viel weniger Vertrauen zum BT; doch man muss akzeptieren, dass diese
Zusammenhänge nicht einfach, sondern komplex sind. Das sollte künftig davon abhalten, bei Erklärungen von Institutionenvertrauen eher auf theoretische Sparsamkeit als
auf empirische Triftigkeit auszugehen.

Abbildung 3   Was alles prägt auf welche Weise das Vertrauen zu unseren politischen
Institutionen?

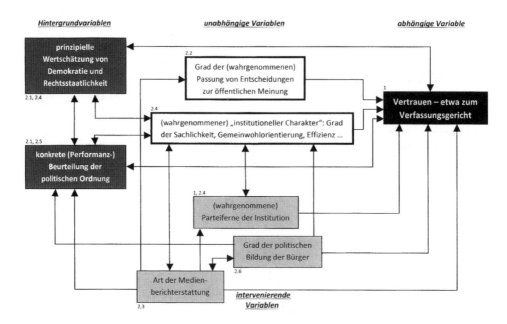

---

44 Die Ziffern geben jene Abschnitte dieses Beitrags an, in welchen die entsprechenden Variablen und ihre
    Zusammenhänge erörtert werden.

Lässt sich dieser Theorieskizze auch Praxisnützliches entnehmen? Gewiss. Erstens wird sich an den identifizierten Prägefaktoren des Institutionenvertrauens so schnell nichts ändern. Also können wir davon ausgehen, dass die Deutschen weiterhin ihr Verfassungsgericht ziemlich mögen, doch ihr Parlament – und zumal die es tragenden Parteien – auch künftig eher verachten werden. Zweitens ist klar: Solange sich das BV an öffentlich hochgeschätzten Leitwerten orientiert und die Niederungen unpopulärer politischer Entscheidungen meidet, kann es an Glanz kaum einbüßen. Das ist gut für Deutschlands „Hüter der Verfassung". Doch was besagt es über die Deutschen und ihre politische Kultur, dass sie gerade diese Institution so sehr über jene anderen Institutionen erheben, die – wie es sich für eine Demokratie auch gehört – unmittelbar auf Wahlen und auf pluralistischem Streit gründen? Liebt das Volk im Grunde … einen konstitutionellen Monarchen?

Die Verfassungsbeschwerde

Christoph Gusy

Am Anfang der Diskussion um die Verfassungsbeschwerde standen überwiegend rechtsstaatlich-grundrechtssichernde Funktionen. Längst sind aber weitere auch politische, namentlich demokratisch-partizipatorische Züge hinzugekommen.[1]

1 Das Bundesverfassungsgericht und die Verfassungsbeschwerden: Vom Kampf um den eigenen Status zum Kampf um die eigene Funktionsfähigkeit

Das Bundesverfassungsgericht (BVerfG) kam unter den Verfassungsorganen als letztes. Es nahm seine Rechtsprechung zu einem Zeitpunkt auf, an welchem diejenigen Organe, deren Handeln das Gericht auf seine Verfassungsmäßigkeit kontrollieren sollte, bereits in Tätigkeit waren. Verfahren, Routinen und Kooperationen hatten sich bereits herausgebildet. Deshalb kam den Auseinandersetzungen um den Status des neuen Gerichts vergleichsweise große Bedeutung zu. Es ging um nicht mehr und nicht weniger, als dass das BVerfG seinen Kontrollanspruch auch wirksam durchsetzen konnte. Deshalb kam der Tatsache besondere Bedeutung zu, dass das Gericht seine Kompetenzen weit definieren konnte und dafür auch – ungeachtet mancher Krisen – hinreichend Akzeptanz unter den anderen Staatsorganen fand; ein Ergebnis das freilich seinerzeit im Verhältnis von Recht, Politik und öffentlicher Meinung erst erkämpft werden musste.[2] Hier hat

---

1 Der Beitrag nimmt Gedanken auf, die ich bei Badura, Peter/Dreier, Horst: Festschrift 50 Jahre Bundesverfassungsgericht, Bd. I, Tübingen 2001, S. 641, entwickelt habe.

2 Dazu historisch Baldus, Manfred: Frühe Machtkämpfe – Zu den historischen Gründen der Autorität des Bundesverfassungsgerichts in: Henne, Thomas/Riedlinger, Arne (Hrsg.), Das Lüth-Urteil aus (rechts-)historischer Sicht, Berlin 2005, S. 237; politikwissenschaftlich von Beyme, Klaus: Das Bundesverfassungsgericht aus der Sicht der Politik- und Gesellschaftswissenschaften, in: Badura/Dreier

die Verfassungsbeschwerde ein eigenes Kapitel in der Erfolgsgeschichte des Gerichts geschrieben.

Die Verfassungsbeschwerde war nie unumstritten.[3] Der Parlamentarische Rat hat ihre Einführung abgelehnt. Zuvor hatte Art. 98 Nr. 8 HChE eine Zuständigkeit des BVerfG für Entscheidungen „über Beschwerden wegen Verletzung der durch dieses Grundgesetz gewährleisteten Grundrechte" vorgeschlagen, um so „den Grundrechten ihren vollen Charakter als subjektive Rechte zu geben".[4] In einer offenbar eher von Hektik als von planvoller Entscheidungsvorbereitung geprägten Atmosphäre sah die Mehrheit damals den Rechtsschutz durch die Fachgerichte – bis hin zum geplanten Obersten Bundesgericht – als ausreichend an und warnte vor „Überjuridifizierung" und Überlastung des BVerfG. Dagegen argumentierte die Minderheit schon seinerzeit mit „rechtsstaatlichen Gründen", der Subsidiarität der Verfassungsbeschwerde und der Möglichkeit, das neue Instrument auf Grundrechtsklagen gegen Gesetze zu beschränken.

Unterblieb so die Aufnahme der Verfassungsbeschwerde in das Grundgesetz, so war jene Entscheidung kaum mehr als eine Vertagung des Problems, da zugleich der Gesetzgeber ermächtigt wurde, dem BVerfG weitere Aufgaben zuzuweisen (Art. 93 Abs. 2 GG). Dementsprechend setzte sich der Streit bei den Beratungen des § 90 BVerfGG fort. Hier standen sich die grundsätzlich ablehnende Haltung auf der Grundlage der Argumente des Parlamentarischen Rates einerseits und die – von Sachverständigen unterstützte – befürwortende Haltung namentlich der Bundesregierung, A. Arndts und zahlreicher Abgeordneter der CDU/CSU und der FDP gegenüber.[5] Dagegen fand der Kompromissvorschlag einer bloßen *Grundrechtsklage gegen Gesetze* außerhalb des Bundesrates kaum Zustimmung. Umstritten war namentlich die *Erstreckung der Verfassungsbeschwerde auf Maßnahmen von Exekutive und Justiz.* Hierfür wurden erneut die Bedeutung der Grundrechte und rechtsstaatliche Argumente herangezogen. Bei den Fachgerichten sei die Grundrechtsfrage nur eine unter mehreren Rechtsfragen. Hier biete ein verselbstständigtes Verfahren vor einer verselbstständigten Instanz eine erhöhte Durchsetzungschance. Auch sei der gerichtliche Rechtsschutz noch lückenhaft. Daneben wurden aber

---

(Hrsg.), FS BVerfG a.a.O., S. 493; in größerem Kontext Massing, Otwin: Politik als Recht – Recht als Politik, Baden-Baden 2005.

3   Frühere, historisch nicht stets einfach vergleichbare „Vorläufer" beschreiben Boulanger, W.: Die geschichtlichen Grundlagen der heutigen Verfassungsbeschwerde, Diss. 1954; Zuck, Rüdiger: Das Recht der Verfassungsbeschwerde, 4. Aufl., München 2013, Rn. 133 ff.; zum Recht der Bundesländer; Zuck ebd., Rn. 215 ff.

4   S. dazu Bericht in: JöR 1, 669 ff.; Säcker, Horst: Die Verfassungsgerichtsbarkeit im Konvent von Herrenchiemsee, in: Festschrift für Wolfgang Zeidler, Bd. 1, Berlin 1987, S. 265 (zum Konvent von Herrenchiemsee); Laufer, Karl: Verfassungsgerichtsbarkeit und politischer Prozeß, Tübingen 1968, S. 81 f. (zum Parlamentarischen Rat).

5   Entwürfe: BT-Drs. 1/788 (Bundesregierung), 1/328 (SPD); BR-Drs. 189/50 (Bundesrat). Zum Gesetzgebungsverfahren Geiger, Willi: Gesetz über das BVerfG, Berlin 1952, S. 272 ff.; Roemer, Walter: Das Gesetz über das Bundesverfassungsgericht, in: JZ 1951, S. 193; Hain, Sabine: Die Individualverfassungsbeschwerde nach Bundesrecht. Von den Vorarbeiten zu einer deutschen Verfassung bis zur Aufnahme der Verfassungsbeschwerde ins Grundgesetz, Berlin 2002.

auch schon demokratische Argumente herangezogen. Sie betrafen zunächst die Mobilisierung der Bürger für eine aktive Teilnahme am Verfassungsleben, dann aber auch die legitimierende Wirkung abweisender Entscheidungen im Verfassungsbeschwerdeverfahren. Am Ende wurde auf eine Anrufung des Vermittlungsausschusses nicht zuletzt deshalb verzichtet, um die Errichtung des BVerfG nicht zu verzögern.

Seitdem trat das neue Instrument – namentlich in der Form der Urteilsverfassungsbeschwerde – seinen Siegeszug an. Am Anfang war der dafür zuständige 1. Senat stark belastet, während der für alle anderen Verfahrensarten zuständige 2. Senat nur wenige Streitigkeiten zu erledigen hatte.[6] Inzwischen ist die Belastung zwischen den Spruchkörpern längst ausgeglichen, der hohe Anteil an Verfassungsbeschwerden aber geblieben. Von den 200 965 Anträgen, die bis zum 31. 12. 2012 eingegangen sind, waren 194 005 (= 96,53 %) Verfassungsbeschwerden. Dieser Trend ist bis in die jüngste Zeit ungebrochen. Dabei konzentrierten sich die Eingänge auf die von Anfang an umstrittenen Beschwerden gegen Gerichtsentscheidungen, allein zwischen 1991 und Ende 2012 immerhin 107 955. Die früher als Alternative erwogene „Grundrechtsklage" unmittelbar gegen Gesetze ist im Alltagsbetrieb des Gerichts quantitativ die Ausnahme geblieben.

Der offenkundige „Siegeszug" der Verfassungsbeschwerde gefährdet aber zugleich die Grundlagen des eigenen Erfolges. Das gilt zunächst für das Verfahren selbst. Der hohen Zahl gestellter Anträge kontrastiert eine auffallend geringe Erfolgsquote von insgesamt (1951–2012) 2,4 %. Nach einem kurzen relativen „Höhenflug" Anfang der 90er Jahre lag seit 1995 der Anteil stattgebender Entscheidungen nie über 3 %. Daraus resultiert das *Enttäuschungsargument*: Die Erfolgsquoten seien derart niedrig, dass die Bürger beim BVerfG höchstens dem Anspruch nach wirksamen Grundrechtsschutz, real hingegen ganz überwiegend die Erfolglosigkeit ihrer Bemühungen und damit Enttäuschungserlebnisse erführen. So werde das Verfahren seinem eigenen hohen Anspruch nicht gerecht. Noch weiter reicht ein anderer Aspekt: *Die Flut der Verfassungsbeschwerden gefährde die Verfassungsgerichtsbarkeit insgesamt.* Durch die Vielzahl der Eingänge würden die Richter mit einer großen Zahl von Einzelfragen oft geringerer Bedeutung für das Verfassungsrecht konfrontiert und in ihrer Arbeitskapazität derart in Anspruch genommen, dass für andere, wichtigere Aufgaben nicht hinreichend Zeit bleibe.[7] Dadurch stiegen die durchschnittliche Verfahrensdauer und der Zeitdruck auch bei grundlegenden Entscheidungen zu Lasten der Qualität und damit der Legitimation des Gerichts insgesamt. Das so beschriebene *Dilemma des Verfassungsbeschwerdeverfahrens* begründet Forderungen nach Einschränkung, wenn nicht gar Abschaffung des Rechtsbehelfs.[8] Nach wie vor gefährdet die Antragsflut die Basis des eigenen Erfolges, näm-

---

6   Einzelheiten nach: BVerfG, Jahresstatistik 2012.
7   So die Bilanz von Böckenförde, Ernst-Wolfgang: Die Überlastung des BVerfG, in: ZRP 1996, S. 281–284.
8   Überblick in: Bundesministerium der Justiz (Hrsg.): Entlastung des Bundesverfassungsgerichts, 1998, S. 32 ff.; dazu Benda, Ernst: Entlastung des Bundesverfassungsgerichts – Vorschläge der Entlastungskommission, Baden-Baden 1998. S. a. Voßkuhle, in: von Mangoldt, Hermann/Klein, Friedrich/Starck, Christian (Hrsg.): Kommentar zum Grundgesetz, Bd. 3, 6. Aufl., 2010, Art. 93 Rn. 166; Kauffmann, Pe-

lich die Funktionsfähigkeit des Gerichts und die Effektivität des Verfahrens. Dieses Dilemma, welches bereits bei der Schaffung des Instituts der Sache nach diskutiert worden ist, ist also geblieben. Damit stellen sich die dahinter stehenden Grundfragen des Verfassungs(prozess)rechts stets neu.

2 Funktionen der Verfassungsbeschwerde

Die zentralen Funktionen der Verfassungsbeschwerde wurden bereits in den Debatten um ihre Einführung angesprochen. Sie sind in der Folgezeit von Rechtsprechung und Rechtswissenschaft weiterentwickelt worden.

2.1 Rechtsschutzfunktion

Die ursprüngliche Funktion der Verfassungsbeschwerde lag und liegt in der Wahrung und prozessualen Geltendmachung der Grundrechte als subjektive Rechte. Diese Rechtsschutzfunktion beschreibt zentral *Individualrechtsschutz*, also nicht den Schutz der objektiven Rechtsordnung, sondern denjenigen der Rechte der Menschen. Jene Intention wird bereits in der Formulierung des Art. 93 Abs. 1 Nr. 4a GG deutlich, wenn dort die Notwendigkeit der Geltendmachung einer Verletzung eigener Rechte als Voraussetzung der Statthaftigkeit des Antrags genannt wird.[9] Die Menschen sind demnach nicht nur Berechtigte materieller Garantien, sondern auch Träger formeller Rechte zu deren Durchsetzung und Verwirklichung. In diesem Sinne ist die Verfassungsbeschwerde der formelle Schlussstein zur Durchsetzung materieller Grundrechte. Dadurch unterscheidet sich das Verfahren nach §§ 90 ff. BVerfGG von nahezu allen anderen Verfahren vor dem BVerfG, welche zwar die Integrität der Verfassungsordnung allgemein, nicht aber speziell den Schutz der Rechte von Menschen und Bürgern bezwecken. Ganz in diesem Sinne hat das Gericht den Rechtsschutzcharakter dieses Verfahrens nahezu lückenlos ausgebaut. Das gilt zunächst für die *Verfassungsbeschwerdefähigkeit*.[10] Hier erscheint die Verfassungsbeschwerde als „spezifischer Rechtsbehelf des Bürgers gegen

---

ter: Die Abschaffung der Urteilsverfassungsbeschwerde, in: RuP 1998, S. 31 ff.; Pestalozza, Christian: Verfassungsprozeßrecht. Die Verfassungsgerichtsbarkeit des Bundes und der Länder mit einem Anhang zum Internationalen Rechtsschutz, 3. Aufl., München 1991, § 12 Rn. 7; Zuck, Verfassungsbeschwerde a. a. O., Rn. 324 ff.; s. a. Thoma, Richard: Rechtsgutachten betreffend die Stellung des Bundesverfassungsgerichts, in: JöR 1956, S. 161, 184 f.; Kloepfer, Michael: Ist die Verfassungsbeschwerde unentbehrlich? In: DVBl 2004, S. 676–680.

9   S. etwa BVerfGE 21, 362, 367; 39, 302, 312; 79, 203, 209; s. a. BVerfGE 108, 251.

10 Dazu näher Ruppert, in: Umbach, Dieter C./Clemens, Thomas/Dollinger, Faranz-Wilhelm (Hrsg.), Bundesverfassungsgerichtsgesetz, 2. Aufl., Heidelberg 2005, § 90 Rn. 16 ff.; Lechner, Hans/Zuck, Rüdiger: Bundesverfassungsgerichtsgesetz Kommentar, 6. Aufl., 2011, Art. 90 Rn. 1 ff.; Zuck, Verfassungsbeschwerde a. a. O., Rn. 620 ff.; Gusy, Christoph: Die Verfassungsbeschwerde, Heidelberg 1988, Rn. 43.

den Staat".[11] Jene Formulierung ist aber nicht in allen Punkten strikt wörtlich zu verstehen: „Bürger" im genannten Sinne sind danach alle Grundrechtsträger. Da es hierzu an einer einheitlichen Regelung fehlt, richtet sich diese nach der Auslegung des konkreten Grundrechts. Es konstituiert eine – ggf. relative – *Grundrechtsfähigkeit* natürlicher Personen. Im Regelfall gilt ein Grundrecht als Menschenrecht, begründungsbedürftige Ausnahme ist hingegen der Charakter eines auf Deutsche beschränkten „Deutschen"- bzw. „Bürger"-Rechts.[12] Auch hinsichtlich juristischer Personen des Privatrechts wird die Grundrechtsfähigkeit in weitem Umfang bejaht.[13] Anderes gilt hingegen für juristische Personen des öffentlichen Rechts,[14] sofern hier nicht das Grundgesetz ausnahmsweise besondere rechtliche Zuweisungen enthalte[15] oder aber die öffentlich-rechtliche Organisation der juristischen Person nur der Form nach bestehe, aber keine rechtliche Sonderstellung und damit eine anderen Grundrechtsträgern vergleichbare „grundrechtstypische Gefährdungslage" begründe.[16]

Demgegenüber zeigt die Entscheidungspraxis zur *Antragsbefugnis* ein ambivalentes Bild. Einerseits lässt § 90 BVerfGG die Verfassungsbeschwerde ausschließlich zur Geltendmachung bestimmter, enumerativ aufgezählter subjektiver Rechte mit Verfassungsrang zu. Dazu zählen nicht nur die traditionellen Grundrechte, welche Freiheit und Gleichheit des Einzelnen schützen, sondern auch im Grundgesetz gewährleistete politische Rechte des Aktiv-Status.[17] Dadurch betont gerade das BVerfG den Charakter der Verfassungsbeschwerde als Rechtsschutzverfahren. Diese Einschätzung wird noch verstärkt durch die Anforderungen an die Geltendmachung jener Rechte. Die Geltendmachung der Selbstbetroffenheit soll vor allem die Geltendmachung der Rechte anderer,[18]

---

11 BVerfGE 4, 27, 30; 6, 445, 448; 96, 231, 239.

12 S. a. BVerfGE 83, 37, 51 f.

13 Ausdrücklich z. B. BVerfGE 3, 383, 391; 6, 273, 277; 15, 256, 261.

14 BVerfGE 15, 298, 302: Die Verfassungsbeschwerde ist „kein Mittel zur Austragung von Meinungsverschiedenheiten zwischen Staatsorganen, sondern sie ist nur dem Einzelnen zur Verfolgung seiner Rechte gegen den Staat gegeben." Grundsätzlich BVerfGE 61, 100 ff. u. ö.; krit. dagegen etwa Bethge, Herbert: Grundrechtsträgerschaft juristischer Personen – Zur Rechtsprechung des Bundesverfassungsgerichts (I), in: AöR 1979, S. 54, 94 ff.; Broß, Siegfried: Zur Grundrechtsfähigkeit juristischer Personen des öffentlichen Rechts, in: VerwArch 1986, S. 65, 72 ff.; Dreier, Ralf: Zur Grundrechtssubjektivität juristischer Personen des öffentlichen Rechts, in: Achterberg, Norbert (Hrsg.): Öffentliches Recht und Politik. Festschrift für Hans Ulrich Scupin zum 70. Geburtstag, Berlin 1973, S. 86 ff.; von Mutius, Albert: in: Jura 1983, 30, 39; Stern, Klaus: Das Staatsrecht der Bundesrepublik Deutschland, Bd. III/1, München 1988, S. 1149 ff.

15 BVerfGE 15, 256, 262, für Universitäten und Fakultäten; 31, 314, 322, für Rundfunkanstalten; zu den Grenzen BVerfGE 59, 231, 259; 77, 65, 72. S. a. BVerfGE 6, 49 f.; 13, 139 f., für Art. 101 Abs. 1 S. 2; 103 Abs. 1 GG.

16 BVerfGE 70, 1, 15 ff.; s. a. BVerfG, NVwZ 1994, S. 262; NJW 1996, S. 1588. Zwischen beiden Polen bewegt sich die Entscheidungspraxis zur Grundrechtsträgerschaft öffentlicher Unternehmen; s. BVerfGE 45, 63, 80; BVerfG, NJW 1990, S. 1783.

17 Dazu grundlegend BVerfGE 4, 27, 30; 6, 445, 448; 96, 231, 239.

18 BVerfGE 25, 256, 263; 72, 122, 131; krit. Cornils, Matthias: Prozeßstandschaft im Verfassungsbeschwerdeverfahren, in: AöR 2000, S. 45–69.

insbesondere Verbandsklagen,[19] ausschließen. Auch das Erfordernis der „Gegenwärtigkeit" der Betroffenheit[20] betont den Charakter des Verfahrens als Instrument zur Abwendung aktueller Verletzungen subjektiver Rechte und nicht zur Durchsetzung des objektiven Verfassungsrechts.

Doch zeigt umgekehrt die Auslegung der Antragsbefugnis auch Unterschiede zwischen dem Verfassungsbeschwerdeverfahren und der allgemeinen Rechtsschutzgarantie (Art. 19 Abs. 4 GG). Letztere bezieht sich auf Schutz und Durchsetzung sämtlicher subjektiven Rechte unabhängig davon, welchen Rang sie in der Rechtsordnung einnehmen.[21] Dahinter bleibt § 90 BVerfGG zurück. Er begründet ein spezifisches Verfahren gerade zur Verwirklichung und Durchsetzung der Grundrechte des GG. Genau darin liegt der schon bei Schaffung des BVerfGG diskutierte Hauptzweck des Verfahrens, während derselbe Zweck bei den anderen Gerichten eben nur ein Anliegen unter mehreren sei. Insoweit ist das BVerfG tatsächlich als Fachgericht in Verfassungs- bzw. Grundrechtsfragen konzipiert.

Jener Unterschied zeigt sich augenfällig bei der Zurückhaltung einer Einbeziehung anderer als grundgesetzlicher Menschenrechtsgarantien in das Verfassungsbeschwerdeverfahren. Trotz der Erkenntnis von der zunehmenden Bedeutung etwa der EMRK wurden deren Garantien früher gar nicht und danach erst allmählich ergänzend herangezogen.[22] Im Unterschied zur Rechtsweggarantie begründet § 90 BVerfGG eben *kein allgemeines Rechtsschutzverfahren, sondern ein spezifisches Grundrechtsschutzverfahren.*

Noch deutlicher werden die Unterschiede bei der Konkretisierung des Gegenstands des Verfassungsbeschwerdeverfahrens. Trotz identischer Terminologie des Grundgesetzes („öffentliche Gewalt") dominieren jedenfalls in der Rechtsprechung die Unterschiede, nicht die Gemeinsamkeiten. Hier wird Art. 19 Abs. 4 S. 1 GG als Rechtsweggarantie nahezu ausschließlich gegen Maßnahmen der Exekutive, nicht hingegen solche der Legislative[23] und der Justiz konzipiert.[24] Hingegen wird derselbe Begriff im Verfas-

---

19 BVerfGE 27, 326, 333; 31, 275, 280; 35, 348, 352; 79, 1, 19; vorsichtiger BVerfGE 77, 263, 269.

20 S. gegen zukünftige Beeinträchtigungen BVerfGE 1, 9, 102; 60, 360, 37; gegen vergangene Beeinträchtigungen BVerfGE 47, 327, 365; 87, 181, 194 f.

21 BVerfGE 78, 214, 226; 96, 100, 114 f.

22 Ablehnend BVerfGE 4, 110, 111; 6, 389, 440; 10, 271, 274; 41, 149; 64, 157; 74, 128. Ergänzend bzw. bisweilen schon daneben zieht allerdings BVerfGE 74, 358, 370, s. a. BVerfGE 84, 384, 395, 111, 307, 317 u. ö. die EMRK heran.

23 BVerfGE 24, 33, 49 ff.; 367, 401; 25, 352, 365; 45, 297, 334; 75, 108, 165. Krit. etwa Schenke, in: Dolzer, Rudolf/Vogel, Klaus/Graßhof, Karin (Hrsg.), Bonner Kommentar zum Grundgesetz (BK). Loseblattwerk, Heidelberg, Stand: 2005, Art. 19 Abs. 4 Rn. 249 ff.; Schmidt-Aßmann, in: Maunz, Theodor/Dürig, Günter u. a.: Grundgesetz, Loseblatt-Kommentar, München, Stand: 2013, Art. 19 Abs. 4 Rn. 90, 93 ff.; Krebs, in: von Münch, Ingo/Kunig, Philip (Hrsg.), Grundgesetz-Kommentar, Bd. 1, 6. Aufl., München 2012, Art. 19 Abs. 4 Rn. 62; Schulze-Fielitz, in: Dreier, Horst (Hrsg.), Grundgesetz-Kommentar, Bd. 1, Art. 1–19, 3. Aufl., Tübingen 2013, Art. 19 Abs. 4 Rn. 43.

24 BVerfGE 11, 263, 265; 49, 329, 340; 75, 76, 90; 76, 93, 98; krit. etwa Lorenz, Dieter: Der Rechtsschutz des Bürgers und die Rechtsweggarantie, München 1973, S. 241 ff.; Voßkuhle, Andreas: Rechtsschutz gegen den Richter, München 1993, S. 147 ff., 255 ff.

sungsbeschwerdeverfahren weit verstanden und auf nahezu sämtliche Akte der deutschen „Staatsgewalt" i. d. S. Art. 20 Abs. 2 GG bezogen. Insbesondere soll es nicht darauf ankommen, welcher Zweig der Staatsgewalt die Maßnahme erlassen hat. Damit können Verfassungsbeschwerden grundsätzlich gegen alle Handlungen und Unterlassungen von Gesetzgebung, vollziehender Gewalt und Rechtsprechung eingelegt werden.[25] Doch bleiben die Überschneidungen vordergründig: Infolge der Subsidiaritätsklauseln des Art. 94 Abs. 2 S. 2 GG, § 90 Abs. 2 BVerfGG ist es gerade die Existenz des Art. 19 Abs. 4 GG, welche beide Verfahren auseinanderrückt. Da gegen Maßnahmen der Exekutive, welche in Rechte Dritter eingreifen können, wegen der Rechtsschutzgarantie umfassender Rechtsschutz vor den Fachgerichten besteht, sind Verfassungsbeschwerden unmittelbar gegen die Zweite Gewalt praktisch stets unzulässig.[26] Im Ergebnis stellt sich somit die Rechtsweggarantie als Rechtsschutzinstrument gegen die Exekutive, die Verfassungsbeschwerde hingegen als außerordentlicher Rechtsbehelf gegen Legislative („Rechtsnormverfassungsbeschwerde") und Justiz („Urteilsverfassungsbeschwerde") dar.

Diese gesetzlich angeordnete Arbeitsteilung ist geeignet, das Verfassungsbeschwerdeverfahren einerseits und die Rechtsschutzgarantie andererseits als ein Verhältnis wechselseitiger Ergänzung zu qualifizieren. Sie ist geeignet, die Funktion der Verfassungsbeschwerde als subjektives Rechtsschutzverfahren zu illustrieren. Hier zeigt sich eine gewisse Nähe zu Art. 19 Abs. 4 GG. Doch betont gerade die Rechtsprechung des BVerfG ungeachtet der grundsätzlichen Erkenntnis jener Nähe die Besonderheiten des „außerordentlichen Rechtsbehelfs" und damit zugleich die Distanz zwischen beiden Verfahren. Dies illustriert auch die Ausgestaltung der Verfassungsbeschwerde gegen Gerichtsentscheidungen: Hier ist das verfassungsgerichtliche Verfahren mehr und anderes als die Fortsetzung des fachgerichtlichen Rechtsschutzes durch eine zusätzliche Instanz.

Größere Eigenständigkeit im Hinblick auf den Rechtsschutzzweck zeigt die Handhabung des Verfassungsprozessrechts in der Praxis. Ungeachtet des Streits um die „Verfahrensautonomie des Gerichts",[27] die „Eigenständigkeit des Verfassungsprozessrechts"[28] oder die „Eigenart des verfassungsgerichtlichen Verfahrens"[29] werden die zahlreichen

---

25 Einzelheiten bei Kley/Rühmann a. a. O., Rn. 30 ff.; Zuck, Verfassungsbeschwerde a. a. O., Rn. 506 ff.; Gusy a. a. O., Rn. 18 ff.

26 Paradigmatisch BVerfGE 98, 218, 219, wo sich die Verfassungsbeschwerde in der Sache gegen eine Maßnahme der Exekutive richtete, aber formal gegen die Beschlüsse der Gerichte im einstweilen Rechtsschutzverfahren gerichtet werden musste. Die Verfassungsbeschwerde kann sich im Regelfall allenfalls gegen die gerichtliche Bestätigung einer Maßnahme der Verwaltung richten; s. BVerfGE 3, 379; 6, 388; 20, 267. Unmittelbar gegen Maßnahmen der vollziehenden Gewalt sind demnach Verfassungsbeschwerden nur in Fällen zulässig, in denen die Justiz ihre Nachprüfungskompetenz (rechtswidrig) verneint; s. etwa BVerfGE 25, 352, 361; 30, 108, 110.

27 Dazu Zembsch, Günther: Verfahrensautonomie des Bundesverfassungsgerichts, Köln 1971; einschränkend Engelmann, Klaus: Prozeßgrundsätze im Verfassungsprozeßrecht, Berlin 1977.

28 Dazu Häberle, Peter: Die Eigenständigkeit des Verfassungsprozeßrechts, in: JZ 1973, S. 451–455.

29 BVerfGE 32, 288, 291; s. a. BVerfGE 88, 382, 383: „Besonderheiten des verfassungsgerichtlichen Verfahrens"; Schlaich/Korioth, Das Bundesverfassungsgericht, 9. A., 2012, Rn. 54.

Lücken des BVerfGG in der Praxis nicht durch eine eindimensionale Übernahme von Regeln geschlossen, welche etwa dem Art. 19 Abs. 4 GG oder aber den Prozessordnungen der Fachgerichtsbarkeiten entnommen sind. Vielmehr werden hier aus der Formel vom „außerordentlichen Rechtsbehelf" durchaus konkrete Folgerungen hergeleitet, welche Unterschiede zwischen dem Verfassungsbeschwerdeverfahren einerseits und den fachgerichtlichen Rechtsschutzverfahren andererseits erkennbar werden lassen. Die bekanntesten Beispiele sind der *fehlende Suspensiveffekt*[30] und der *fehlende Devolutiveffekt*[31] der Anrufung des BVerfG. Auch die ältere Rechtsprechung, welche die Wiedereinsetzung bei Fristversäumnis grundsätzlich ablehnte, berief sich auf den „besonderen Charakter der Verfassungsbeschwerde".[32] Grundsätzliche Unterschiede zwischen dem fachgerichtlichen Rechtsweg und der Nachprüfung durch das BVerfG werden auch dort diskutiert, wo letzterer der Charakter als „Superrevisionsinstanz" abgesprochen wird.[33] Schließlich wird auch der viel diskutierte, aber trotz aller Bemühungen noch nicht eindeutig geklärte Gedanke der „Subsidiarität" der Verfassungsbeschwerde jedenfalls dort, wo diese nicht ausdrücklich auf eine Gesetzesnorm zurückgeführt werden kann, auch auf die Idee vom „außerordentlichen Rechtsbehelf" gestützt.[34]

Die Diskussion um die Rechtsschutzfunktion der Verfassungsbeschwerde zeigt: Rechtsprechung und Rechtswissenschaft sind sich der Nähe jener Funktion zur allgemeinen Rechtsweggarantie des Art. 19 Abs. 4 GG bewusst.[35] Zwar zeigen sich durchaus Parallelen, doch scheinen umgekehrt auch zahlreiche Besonderheiten des Verfassungsbeschwerdeverfahrens aufzutreten. Im Überschneidungsfall geht der Rechtsschutzeffekt beim BVerfG nahezu niemals über denjenigen der Fachgerichte hinaus, bleibt aber umgekehrt in vielen Details hinter ihm zurück. Die Besonderheiten der Verfassungsbeschwerde liegen weniger darin, dem Betroffenen „eine Instanz mehr" zu gewähren,[36] auch wenn sich solche Effekte häufen, sofern das BVerfG im Wege der „Pannenhilfe" ausnahmsweise fehlende Rechtswege ersetzt. Jene Besonderheiten liegen vielmehr darin, Rechtsschutz gerade als spezifischen Grundrechtsschutz zu gewährleisten. Doch berührt sich hier die Rechtsschutzfunktion bereits mit den anderen Funktionen.

---

30 S. etwa Zuck, Verfassungsbeschwerde a. a. O., Rn. 20 ff.; Gusy a. a. O., Rn. 308.

31 Zuck, Verfassungsbeschwerde a. a. O., Rn. 23.

32 Dazu etwa noch BVerfGE 4, 309, 313 (Zitat S. 314); 9, 104, 115; 28, 256 ff.; 50, 381, 384.

33 Auf diesen Gedanken weist namentlich Zuck, Verfassungsbeschwerde a. a. O., Rn. 27 (Nachw.), hin.

34 Voßkuhle a. a. O., Rn. 169.

35 Aus der Sicht des Europarats ist das BVerfG Teil des deutschen Rechtsschutzsystems gegen den Staat; s. Frowein, Jochen A./Peukert, Wolfgang: Europäische Menschenrechtskonvention. Kommentar, 3. Aufl., Kehl 2009, Art. 35 Rn. 24.

36 Sehr weitgehend BVerfGE 94, 166, 212 ff.; dagegen zu Recht abw. Votum, in: BVerfGE 94, 223, 224 ff. Zur Kontrolldichte Kenntner, Markus: Vom „Hüter der Verfassung" zum „Pannenhelfer der Nation"? Zur Kontrolldichte im Verfahren der Urteilsverfassungsbeschwerde, in: DÖV 2005, S. 269–280.

2.2   Fortbildung des Verfassungsrechts

Neben die Rechtsschutzfunktion der Verfassungsbeschwerde tritt selbstständig ihre Funktion als Verfahren zur Fortbildung des Verfassungsrechts. Diese Dimension knüpft an die Rechtsprechung zu den Grundrechten an. Danach erschöpft sich der Gehalt der Freiheits- und Gleichheitsrechte nicht in ihrer Bedeutung als Abwehrrechte der Bürger gegen den Staat. Vielmehr werden sie darüber hinaus – wie das gesamte übrige Verfassungsrecht auch – als objektiv-rechtliche Elemente der grundgesetzlichen Ordnung qualifiziert.[37] Dementsprechend betont das BVerfG die Funktion der Verfassungsbeschwerde, „das objektive Verfassungsrecht zu wahren sowie seiner Auslegung und Fortbildung zu dienen".[38] Diese Bedeutung ist keine bloße Folgewirkung des subjektiven Rechtsschutzes. Gewiss gilt: Wer Grundrechte als Individualrechte schützen will und hierzu ein besonderes, gerichtliches Verfahren schafft, bewirkt dadurch notwendig die Folge einer konkretisierenden und rechtsfortbildenden Funktion des Verfassungsrechts. Die Bedeutung der „Verfassungsbeschwerde als spezifisches Rechtsschutzmittel des objektiven Verfassungsrechts"[39] ist darüber hinaus zumindest geeignet, die Ausgestaltung des Rechtsschutzziels wie auch des Verfahrensrechts zu prägen. Sie ist also nicht bloßes Akzidenz oder Folge des Rechtsschutzzwecks, sondern daneben zugleich ein zusätzliches Element, welches das Verfahren mitkonstituiert und -prägt. Jene objektive Funktion der Verfassungsbeschwerde zeigte sich schon in der Entscheidung für die Schaffung eines eigenständigen BVerfG. Die *organisatorische und personelle Verselbstständigung der Verfassungsgerichtsbarkeit* war im Parlamentarischen Rat umstritten gewesen. In der Diskussion war es insbesondere um die Frage gegangen, ob Rechtsschutz gegen den Staat bei dem damals geplanten Obersten Bundesgericht konzentriert werden oder aber zwischen diesem und dem zu schaffenden Verfassungsgericht geteilt werden sollte.[40] Befürworter und Gegner einte schon damals die Auffassung, dass die Antwort auf jene Frage weitreichende inhaltliche und methodische Konsequenzen mit sich bringen würde. Insbesondere würde die Verfassungsgerichtsbarkeit voraussichtlich in höherem Maße von politischen Aspekten geprägt sein als das Oberste Gericht. Auch sollte das BVerfG – im Gegensatz zum StGH der Weimarer Republik[41] – keine bloße Nebenfunktion der sonstigen Gerichtsbarkeit sein und deshalb auch nicht ausschließlich oder überwiegend mit Richtern anderer Gerichte gleichsam als Nebenfunktion besetzt

---

37   Seit BVerfGE 7, 198, 205.

38   S. z. B. BVerfGE 79, 365, 367; 85, 109, 113; 98, 218, 243.

39   BVerfGE 33, 247, 258 f.; 45, 63, 74; 81, 278, 290.

40   Diskussion in: JöR 1, 669 ff.; s. schon oben 1.

41   Dazu Dreier, Horst: Verfassungsgerichtsbarkeit in der Weimarer Republik, in: Simon, Thomas u.a,. (Hrsg.): Schutz der Verfassung: Normen, Institutionen, Höchst- und Verfassungsgerichte, 2014, S. 318; Gusy, Christoph: Die Weimarer Reichsverfassung, Tübingen 1997, S. 209 ff.

werden.[42] In diesem Sinne war die Entscheidung für eine eigenständige, institutionell (Art. 92 GG)[43] und personell mehrheitlich von der tradierten Justiz gesonderte Verfassungsgerichtsbarkeit (s. § 4 BVerfGG a. F.; § 2 Abs. 3 BVerfGG n. F.) identisch mit der Vorentscheidung für eine inhaltliche und methodische Verselbstständigung der Verfassungsrechtsprechung. Diese verselbstständigte Verfassungsinterpretation prägte seit der Schaffung des Gerichts auch seine Entscheidungen im neuen Verfassungsbeschwerdeverfahren. Alsbald kam es zu einer Reihe wegweisender Entscheidungen, welche nicht nur der Verfassungsinterpretation neue Wege aufzeigten, sondern zugleich die Bindung der gesamten Staatsgewalt und damit auch der Gerichte an die neue Verfassung einforderte und hierfür zugleich inhaltliche Leitlinien wies. Hier seien nur einige, markante Beispiele angeführt. Dazu zählte etwa die Erstreckung der Nachprüfungskompetenz im Verfassungsbeschwerdeverfahren über die unmittelbare Grundrechtsprüfung hinaus auf sonstigen Verfassungsnormen,[44] die Inanspruchnahme der eigenen Nachprüfungskompetenz auch für Entscheidungen der ordentlichen Gerichte am Maßstab der Grundrechte als Elemente eines „objektiven Wertesystems",[45] schließlich aber auch das Beharren auf dem Gestaltungsanspruch und dem Primat des Grundgesetzes gegenüber altem, als politisch alternativlos qualifiziertem Recht und einer auf seinem Boden stehenden Rechtsprechung.[46] Hier und in anderen Fällen prägte die Entscheidung für die Verselbstständigung von Verfassungsgericht und Verfassungsinterpretation zugleich die Verselbstständigung der Funktion auch der neuen Verfassungsbeschwerde.

Die explizite gesetzliche Anerkennung der objektiven Funktion der Verfassungsbeschwerde erfolgte spätestens mit der Einführung des Annahmeverfahrens, als die „Klärung einer verfassungsrechtlichen Frage" als ein selbstständiger Annahmetatbestand neben den erkennbar vom Rechtsschutzgedanken geprägten Zweck der Vermeidung eines „schweren und unabwendbaren Nachteils" trat.[47] Jene Gesetzesfassung lag auch der verfassungsrechtlichen Anerkennung des Annahmeverfahrens durch Art. 94 Abs. 2 S. 2 GG zu Grunde. In der Folgezeit wurde der objektive Verfahrenszweck durch den zwingenden Annahmetatbestand der „grundsätzlichen verfassungsrechtlichen Bedeutung" (§ 93a Abs. 2 Nr. 1 BVerfGG) noch stärker hervorgehoben und präzisiert. Die von Anfang an erkennbar am Gedanken der Entlastung des BVerfG orien-

---

42 Das Weimarer Konzept hatte dazu geführt, dass die Methoden des StGH bei aller Einsicht in die Besonderheiten einer Verfassungsrechtsprechung stark an diejenigen der Fachgerichte angenähert blieb. Dazu Gusy, WRV a. a. O., S. 215 f.

43 Zur Entscheidung des GG für die Verselbstständigung des BVerfG Stern, in: BK, Art. 93 Rn. 2 ff.; zur Richtersoziologie v. Beyme a. a. O., S. 497 ff.; van Ooyen, Robert, RuP 2011, 142; ganz grundlegend Kranenpohl, Uwe: Hinter dem Schleier des Beratungsgeheimnisses, 2010.

44 BVerfGE 6, 32, 37 ff.

45 BVerfGE 7, 198.

46 BVerfGE 10, 59, 66 ff.

47 § 91a BVerfGG i. d. F. des BundesG v. 21.7.1956, BGBl I 662. Zur Gesetzesgeschichte Graßhoff, in: Schmidt-Bleibtreu, in: Maunz, Theodor/Schmidt-Bleibtreu, Bruno/Klein, Franz/Ulsamer, Gerhard u. a.: Bundesverfassungsgerichtsgesetz aaO., § 93a Rn. 3 ff.

tierten Bestimmungen lassen den objektiven Zweck nicht mehr bloß als externe Grenze der Verwirklichung des Rechtsschutzzwecks erscheinen. Vielmehr werden sie zugleich als interne, konstituierende Elemente des Verfassungsbeschwerdeverfahrens gedeutet. Sie markieren demnach nicht bloß die Grenzen des Art. 93 Abs. 1 Nr. 4a GG, sondern prägen zugleich dessen Inhalt mit. In diesem Sinne gehen sie teilweise über die Rechtsschutzfunktion hinaus, teilweise sind sie aber auch geeignet, diese einzuschränken. Das gilt zunächst für die Sachentscheidungsvoraussetzungen, welche nicht allein von Rechtsschutzelementen, sondern auch von darüber hinausgehenden objektiv-rechtlichen Anforderungen geprägt sind. Einschränkend wirkt hier das *Annahmeverfahren*,[48] welches gem. § 93 Abs. 2a BVerfGG die Entscheidung über die Verfassungsbeschwerde auch von objektiv-rechtlichen Voraussetzungen abhängig macht.[49] Das Annahmeverfahren kombiniert so subjektiv-rechtliche und objektiv-rechtliche Entscheidungsvoraussetzungen und stellt damit eine verfahrensrechtliche Restriktion des Rechtsschutzzwecks dar. Eine ganz umgekehrte Funktion kommt dem objektiv-rechtlichen Merkmal der „allgemeinen Bedeutung" in § 90 Abs. 2 BVerfGG zu. Es durchbricht die *Subsidiarität der Verfassungsbeschwerde* und erweitert dadurch auf Grund objektiv-rechtlicher Kriterien die Entscheidungskompetenzen des Gerichts. Eine Überlagerung der Rechtsschutzelemente im Verfassungsbeschwerdeverfahren durch objektive Funktionen findet sich auch bei der Rechtsprechung zur Dispositionsbefugnis des Beschwerdeführers[50] und zur Erledigung des Verfahrens.[51] Schließlich werden objektiv-rechtliche Überlagerungen aber auch aus den Regelungen über die Entscheidungstenorierung, namentlich des § 95 Abs. 1 S. 2, Abs. 3 S. 2 BVerfGG. Sie gehen über die Verwirklichung des Rechtsschutzzwecks des einzelnen Verfahrens durchaus hinaus.[52] Eine Überlagerung subjektiv-rechtlicher durch objektiv-rechtliche Funktionen findet sich auch in neueren Kammerentscheidungen. Sie gehen bisweilen dazu über, stattgebende Entscheidungen nach § 93c BVerfGG in Fällen eines fehlenden oder zweifelhaften „besonders schweren Nachteils" für den Beschwerdeführer zu vermeiden. Stattdessen finden sich in Begründungen ablehnender Entscheidungen nach § 93b BVerfGG Rechtsausführungen, welche jedenfalls Wiederholungen der angegriffenen Maßnahme möglichst ausschließen sollen.[53] Auf diese Weise wird dem subjektiven Rechtsschutzbegehren des Beschwerdeführers nicht entsprochen, wohl aber darüber hinausgehend dem objektiv-rechtlichen Ziel einer Fortentwicklung und Durchsetzung des Verfassungsrechts Rechnung getragen.

---

48 Dazu Uerpmann, in: Badura/Dreier a. a. O., S. 673.
49 Diese Anforderung ist durch Art. 94 Abs. 2 S. 2 GG gerechtfertigt; s. Stern, Klaus: Das Staatsrecht der Bundesrepublik Deutschland, Bd. III/2, München 1994, S. 1284; Meyer, in: von Münch, Ingo/Kunig, Philip (Hrsg.), Grundgesetz-Kommentar, Bd. 2, 6. Aufl., München 2012, Art. 94, Rn. 35.
50 Dazu näher BVerfGE 98, 218, 242 f.
51 Grundlegend Fröhlinger, Margot: Die Erledigung der Verfassungsbeschwerde. Zugleich ein Beitrag zum Verhältnis des Verfassungsprozeßrechts zum sonstigen Prozeßrecht, Baden-Baden 1982, S. 206 ff.
52 Eingehend hierzu Zuck, Verfassungsbeschwerde a. a. O., Rn. 89 f., der ähnliches ebd., Rn. 93 ff., auch für § 31 Abs. 2 BVerfGG annimmt.
53 S. etwa BVerfG, NJW 2000, S. 2413, 2414 f.

Die viel diskutierte *Frage nach dem Verhältnis der subjektiven und der objektiven Funktion des Verfahrens* zueinander stellt sich demnach nicht primär als Problem von Inhalt und Grenze, sondern vielmehr als Auslegungs- und Abwägungsproblem bei der Beurteilung der Zulässigkeit und der Annahmefähigkeit eines Rechtsschutzantrages. Dabei dominiert die Suche nach Konkordanz der Art. 93 Abs. 1 Nr. 4a GG und 94 Abs. 2 Nr. 2 GG sowie der in ihnen geschützten Rechtsgüter sowie nach Kohärenz der Grundsätze für ihre Zuordnung. Hier sind die verfassungsrechtlichen und die gesetzlichen Maßstäbe durchaus offen. Das BVerfG geht eher pragmatisch vor: So finden sich Fälle, in welchen der Vorrang der objektiven Verfahrenszwecke betont wird.[54] Auf der Grundlage dieser Praxis besteht Einmütigkeit, dass das Gericht auch die Annahme zulässiger und begründeter Verfassungsbeschwerden ablehnen darf.[55] Umgekehrt zeigen zahlreiche Fälle verfassungsgerichtlicher „Pannenhilfe", dass das Gericht auch bei Anträgen ohne grundsätzliche verfassungsrechtliche Bedeutung Abhilfe zu schaffen bereit ist. Hier hat nicht zuletzt die Schaffung des § 93c BVerfGG[56] das Gericht auf pragmatische Weise der Notwendigkeit enthoben, eine grundsätzliche Zuordnung subjektiver und objektiver Verfahrenszwecke zu versuchen.

2.3   Mobilisierung der Bürger für die Durchsetzung des Verfassungsrechts

Neben die beiden genannten tritt zunehmend eine weitere Funktion: *Die Mobilisierung der Bürger für die Durchsetzung des Verfassungsrechts.*[57] Sie war bereits in den Beratungen zur Einführung der Verfassungsbeschwerde jedenfalls thematisiert. Danach sollte dem neuen Institut eine mehrfache Funktion zukommen. Dort sollte sie der „wirksamen Verteidigung" und dem „unverbrüchlichen Schutz" der Grundrechte als „Kernstück einer freiheitlichen Verfassung" dienen. Dadurch war zentral die Rechtsschutzfunktion angesprochen, andere Funktionen aber jedenfalls nicht ausgeschlossen. Darüber hinaus sollte das neue Verfahren aber auch die „aktive Teilnahme des Bürgers" an der Verwirklichung der Demokratie fördern. Dem Einzelnen solle „das Bewusstsein und die Möglichkeit" gegeben werden, als Subjekt und Verteidiger eines der Demokratie wesentlichen Elementes dem Staat gegenübertreten zu können. Als dieses wesentliche Element wurde ausdrücklich die grundrechtlich geschützte „persönliche Freiheit" bezeichnet.[58] Demnach sollte die Verfassungsbeschwerde auch ein Instrument der Teil-

---

54 Etwa BVerfGE 98, 218, 242; s. ähnlich BVerfGE 79, 365, 367 ff.; 85, 109, 113.
55 Zum Meinungsstand Zuck, Verfassungsbeschwerde a. a. O., Rn. 1019.
56 Zur Entstehung Graßhoff a. a. O., § 93c Rn. 1 ff.; Schemmer, in: Clemens/Umbach/Dollinger, a. a. O., § 93c Rn. 1 ff.
57 Grundlegend zu dieser Funktion Masing, Johannes: Die Mobilisierung des Bürgers für die Durchsetzung des Rechts. Europäische Impulse für eine Revision der Lehre vom subjektiv-öffentlichen Recht, Berlin 1997.
58 Zitate nach Geiger: BVerfGG a. a. O., S. 273, 274.

nahme der Bürger am Staat darstellen. Darin deutete sich schon damals eine mehrfache Zweckrichtung des neuen Verfahrens an: Zunächst sollte es durchaus traditionell zur Verwirklichung des Individualrechtsschutzes, also subjektiver Rechte von natürlichen und juristischen Personen auf ihren eigenen Antrag hin, bestimmt sein. Neben jenem, gleichsam egoistischen Verfahrenszweck stand von Anfang an aber auch ein weiterer, gleichsam altruistischer Verfahrenszweck: Die Antragsteller sollten daran mitwirken, das Grundgesetz im Staat zu verwirklichen. Schon bei der Schaffung des BVerfG wurde auch der *edukatorische Effekt* einer Stärkung des „Bemühens der Staatsorgane um die Wahrung der Grundrechte" angesprochen.[59] Spätere Deutungen waren geeignet, die Eigenständigkeit der neuen Verfahrensfunktion stärker herauszuarbeiten. Das Grundgesetz ist – etwa in der Formulierung von der „Verfassung als öffentlicher Prozess" – längst nicht mehr bloß eine Angelegenheit des Staates und seines „Staats-Rechts". Vielmehr reicht sie – namentlich mit ihren Grundrechten – in traditionell als Sphäre der „Gesellschaft" beschriebene Bereiche hinein und erscheint so als eine normative Grundordnung des gesamten Gemeinwesens. In diesem Sinne kann sie nur wirksam werden, wenn nicht nur der Staat, sondern auch die Bürger sie mit Leben erfüllen und in die Realität umsetzen.[60] Namentlich Freiheit und Demokratie können nur existieren, wenn sie von den Berechtigten gelebt werden. Die normative Verankerung einer freiheitlichen Demokratie in einer Verfassung ist so überaus voraussetzungsvoll. Eine solche Ordnung lebt von Leistungen, welche vom Verfassungsrecht vorausgesetzt, aber in ihr selbst nicht zum Thema gemacht werden. Nur wenn die Bürger freiwillig jene Handlungen vornehmen, welche erforderlich sind, einen freien, offenen, kommunikativen, organisierten demokratischen Prozess hervorzubringen, kann eine staatliche Ordnung funktionieren, welche das Grundgesetz organisieren und garantieren soll.[61]

In diesem Prozess kommt der Verfassungsbeschwerde eine wichtige Rolle zu: Sie öffnet das demokratische Verfahren der Teilhabe der Bürger am Verfassungsleben in verfahrensrechtlicher Hinsicht. Bei dem höchsten Gericht zur Wahrung und Durchsetzung des Grundgesetzes, dem BVerfG, sollen die obersten Staatsorgane nicht als Verfahrensbeteiligte unter sich bleiben.[62] Vielmehr sollen hier auch die Grundrechtsträger – ohne Rücksicht auf ihre Rolle als „Bürger" oder als Träger von Menschenrechten – Zugang zum Prozess justizieller Verfassungsverwirklichung erhalten. Die hier genannte Funktion der Verfassungsbeschwerde ist geeignet, rechtsstaatliche und demokratische Ge-

---

59 Dazu Geiger: BVerfGG a.a.O., S. 273, 274. In den Erörterungen wurde die besondere Bedeutung des Verfassungsrechts ebenso hervorgehoben wie die Wirkung verfassungsgerichtlicher Entscheidungen über den Einzelfall hinaus.

60 Grundlegend etwa Häberle, Peter: Die offene Gesellschaft der Verfassungsinterpreten. Ein Beitrag zur pluralistischen und „prozessualen" Verfassungsinterpretation, in: JZ 1975, S. 297–305; ders.: in: ZfP 1969, S. 273; ders., in: Häberle, Peter (Hrsg.), Verfassung als öffentlicher Prozeß, 3. Aufl., Berlin 1998, S. 121.

61 Näher hierzu Müller, Friedrich: Wer ist das Volk? Die Grundfrage der Demokratie – Elemente einer Verfassungstheorie, Berlin 1997.

62 S. etwa Voßkuhle a.a.O., Art. 93 Rn. 164; vergleichend Häberle, Peter: Die Verfassungsbeschwerde im System der bundesdeutschen Verfassungsgerichtsbarkeit, in: JöR 1997, S. 91, 107 ff.

danken miteinander zu verbinden. Die Berufung auf eigene Grundrechte ist nach wie vor notwendige Zugangsvoraussetzung zum verfassungsgerichtlichen Verfahren mit den geschilderten subjektiven und objektiven Funktionen. Doch längst beschränkt sich das so eröffnete Verfahren keineswegs ausschließlich auf Durchsetzung und Schutz jener Rechte. Vielmehr geht es darüber weit hinaus. Schon ganz prinzipiell öffnet die Verfassungsbeschwerde verfahrensrechtlich den Bürgern einen Weg zur Initiierung der institutionell und damit auch inhaltlich verselbstständigten Verfassungsinterpretation durch das BVerfG. Ein Anknüpfungspunkt hierfür ist die Nachprüfung der Rechtmäßigkeit von Grundrechtseingriffen. Da hier nicht nur die Grundrechte, sondern auch objektiv-rechtliche Verfassungsnormen wie etwa Kompetenz- oder Verfahrensregeln als Prüfungsmaßstab herangezogen werden können,[63] reicht so die Nachprüfungskompetenz im Verfahren über die Durchsetzung der Beachtung subjektiver Individualrechte weit hinaus. Dieser bisweilen kritisierte Effekt[64] muss nicht notwendig als Ausuferung des Individualrechtsschutzes qualifiziert werden, sondern kann auch als eine Grundlage der hier beschriebenen zusätzlichen Funktion der Verfassungsbeschwerde angesehen werden. Ähnliches gilt, wenn das BVerfG auf dem Umweg über die Nachprüfung zivilgerichtlicher Urteile und die „Wertordnung des GG" die Grundrechte nicht nur als Grundregeln des Staat-Bürger-Verhältnisses, sondern jedenfalls auch als Organisationsnormen der Gesellschaft qualifiziert, welche die Voraussetzungen freien – genauer: staatsfreien – sozialen und politischen Handelns im Gemeinwesen mitbestimmen.[65] Auch hier geht verfassungsgerichtliche Grundrechtsverwirklichung über den Schutz subjektiver Individualrechte gegen staatliche Eingriffe weit hinaus. Das gilt letztlich aber auch dort, wo die Grundrechte zugleich als Verfahrensregeln für staatliches Handeln gedeutet werden, welche den Input politischer Willensbildung vom Volk zum Staat garantieren.[66]

Die insgesamt noch wenig ausgelotete Mobilisierungsfunktion der Verfassungsbeschwerde zeigt: Das tradierte Bild eines Gegeneinander von demokratischer Mehrheitsentscheidung und justiziellem Minderheitenschutz löst sich allmählich auf. Beide Verfahren stehen eher in einem Komplementärverhältnis. Ebenso wie Petitionen[67] können Verfassungsbeschwerden zu einem Instrument der Partizipation der Menschen am politischen Leben werden. Ihre Informationsfunktion, ihre Indikatorwirkung für Akzeptanzdefizite und ihre Initiativwirkung für partiell weitreichende Gestaltungsauf-

---

63 Seit BVerfGE 6, 32, 37 ff.

64 Prominente Kritik bei Hesse, Konrad: Grundzüge des Verfassungsrechts der Bundesrepublik Deutschland, 20. Aufl., Heidelberg 1999, Rn. 427.

65 S. etwa 7, 198, 204 ff.; 25, 256, 263 ff.; 35, 2102, 2119; 42, 163, 168; 61, 1, 6, 11 ff.; 73, 261, 268 f.; 84, 192, 195; 98, 365, 395.

66 So schon früh BVerfGE 4, 27, 30.

67 Dazu Graf Vitzthum, Wolfgang: Petitionsrecht und Volksvertretung. Zu Inhalt und Schranken des parlamentarischen Petitionsbehandlungsrechts, Rheinbreitbach 1985, S. 45 ff.; Rühl, Ulli F. H.: Der Umfang der Begründungspflicht von Petitionsbescheiden, in: DVBl 1993, S. 14, 16 ff.; Masing a. a. O., S. 166 ff.

träge namentlich an den Gesetzgeber sind weitere Ausprägungen dieser eigenständigen Funktion.[68]

3   Die Zukunft der Verfassungsbeschwerde

Die Zukunft der Verfassungsbeschwerde ist ungewiss: Nicht selten ertönt die Forderung nach ihrer Abschaffung. Die Diskussion bezieht allerdings zumeist nur einzelne Aspekte ein. Sie darf sich jedenfalls nicht einseitig auf die Frage beschränken, ob Fachgerichte oder supranationale Menschenrechtsinstanzen wie etwa der Europäische Gerichtshof für Menschenrechte[69] dem Bürger nicht bereits hinreichenden Rechtsschutz gewähren. Und sie darf sich auch nicht allein darauf beziehen, ob nicht auch andere Verfahrensarten beim BVerfG für die Fortentwicklung des Verfassungsrechts ausreichend seien. Zu berücksichtigen ist vielmehr auch die Mobilisierungsdiskussion: Soll das Verfassungsgericht ausschließlich eine Instanz sein, welche in der Tradition älterer Staatsgerichtshöfe allein Staatsorganen und Körperschaften des öffentlichen Rechts offen steht? Und soll das Grundgesetz ausschließlich auf Initiative derart exklusiver Zirkel ausgebaut und konkretisiert werden? Wer das nicht will, muss für die grundsätzliche Beibehaltung des Verfassungsbeschwerdeverfahrens eintreten.

---

68 Weitere verwaltungsprozessrechtliche Erwägungen bei Wegener, Bernhard W.: Rechtsschutz für gesetzlich geschützte Gemeinwohlbelange als Forderung des Demokratieprinzips?, in: Demokratie und Freiheit 1999, S. 19 ff., 38 f.

69 Näher Grewe, Constance/Gusy, Christoph (Hrsg.): Menschenrechte in der Bewährung. Die Rezeption der Europäischen Menschenrechtskonvention in Frankreich und Deutschland im Vergleich, Baden-Baden 2005.

Bundesverfassungsgericht und Opposition

Klaus Stüwe

1   Einleitung

„Es gibt nicht nur eine Diktatur des Einzelnen, es kann auch eine Diktatur der parlamentarischen Mehrheit geben, und davor wollen wir einen Schutz haben in der Form des Staatsgerichtshofs."[1] Als sich Konrad Adenauer im Jahr 1948 bei den Vorberatungen über eine künftige westdeutsche Verfassung für die Schaffung einer starken Verfassungsgerichtsbarkeit aussprach, ahnte er nicht, dass das Bundesverfassungsgericht (BVerfG) schon wenige Jahre später der mächtigste institutionelle Vetospieler[2] gegenüber einer von ihm geführten Bundesregierung werden würde – ein Vetospieler, der die Machtverteilung zwischen der Regierung und ihrem parlamentarischen Widersacher, der Opposition, nachhaltig verändern sollte. Zwar hat sich das BVerfG vor allem als Instrument des Grundrechtsschutzes und als Garant der verfassungsrechtlichen Ordnung bewährt. Daneben erlangte das Gericht aber vom Beginn seiner Tätigkeit an auch Bedeutung als Mittel im politischen Kampf.[3] Insbesondere die Opposition versucht immer wieder, mit Hilfe des BVerfG ihre aus der Minderheitsposition resultierende Schwäche zu überwinden. Da ihr das Verfassungsprozessrecht eine Reihe von Zugangsmöglichkeiten zum Karlsruher Gericht eröffnet, ist die Opposition in die Lage versetzt, das verfassungsgerichtliche Verfahren als Kontrollinstrument gegen die Regierung und die sie tragende Bundestagsmehrheit einzusetzen.

---

1   Zonenbeirat (Hrsg.): Der Zonenbeirat zur Verfassungspolitik. Hamburg 1948 (als Manuskript gedruckt), S. 35.
2   Tsebelis, George: Veto Players. How Political Institutions Work. Princeton, N. J. 2002; mit Blick auf Verfassungsgerichte vgl. Alivizatos, Nicos: Judges as Veto Players, in: Herbert Döring (Hrsg.): Parliaments and Majority Rule in Western Europe. Frankfurt (Main) 1995, S. 566–591.
3   Vgl. Stüwe, Klaus: Recht und Politik beim Bundesverfassungsgericht, in: Breit, Gotthart (Hrsg.), Recht und Politik. Schwalbach/Ts. 2005, S. 41 ff.

So sah sich die Regierung Adenauer schon wenige Tage nach der Gründung des Gerichts mit einer Reihe von Verfassungsklagen konfrontiert, mittels derer die damalige SPD-Opposition versuchte, parlamentarische Niederlagen nachträglich noch in verfassungsgerichtliche Siege umzuwandeln. In einigen Fällen war die Opposition dabei sogar erfolgreich, was Konrad Adenauer zu dem Stoßseufzer veranlasst haben soll: „Dat ham wir uns so nich vorjestellt."[4]

Den nachfolgenden Bundesregierungen erging es nicht anders. Mit Ausnahme der Regierung der ersten Großen Koalition (1966–1969) wurde bisher noch jede Bundesregierung bei großen politischen Kontroversen von der Opposition vor die Schranken des Karlsruher Gerichts gebracht. Ähnlich wie der Bundesrat entwickelte sich das BVerfG zu einem Vetospieler, dessen Funktionalisierung zur Strategie jeder im politischen Prozess unterlegenen Oppositionspartei gehört. Der „Gang nach Karlsruhe"[5] ist zu einem üblichen Mittel der Opposition in der Auseinandersetzung mit der Regierung geworden. Die *ex post*-Kontrolle via BVerfG ist für die Opposition besonders dann attraktiv, wenn sie – z. B. in der Gesetzgebung – *ex ante* keinen Einfluss gegenüber der Regierung bzw. der parlamentarischen Mehrheit gehabt hatte. Mit anderen Worten: Die verfassungsgerichtliche Option wird vor allem dann relevant, wenn die Opposition auch im Bundesrat keine Mehrheit besitzt und deshalb nach anderen Kontrollmöglichkeiten suchen muss. Der Begriff Opposition ist hier allerdings in einem weiteren Sinn zu verstehen. Als Antragsteller solcher Verfahren traten bisher nicht nur die Minderheitsfraktionen des Bundestags auf, sondern auch einzelne Abgeordnete, oppositionelle Parteien sowie „oppositionelle" Landesregierungen.

Vom BVerfG selbst wurde seine Funktionalisierung durch die Opposition bereits 1953 im Urteil zum EVG-Vertrag ausdrücklich anerkannt: „Das parlamentarische System beruht auf dem Kampf der freien Meinungen, die sowohl über die politische als auch über die rechtliche Seite vorgetragen werden können."[6] Mehr noch: Nach der Rechtsprechung des BVerfG ist es nicht nur das Recht der Opposition, außer ihren politischen auch ihre verfassungsrechtlichen Bedenken geltend zu machen, „sondern im parlamentarisch-demokratischen Staat geradezu ihre Pflicht". Dabei ging das Gericht eindeutig davon aus, dass „die zwischen Regierungskoalition und Opposition streitigen Verfassungsfragen vor dem Bundesverfassungsgericht ausgetragen werden können". Es dreht sich also nur noch um die Frage „wann und in welcher Verfahrensart."[7] Dies soll im zweiten Abschnitt dieses Beitrags geklärt werden. Der dritte Abschnitt soll deutlich machen, dass die Existenz einer starken Verfassungsgerichtsbarkeit auch Vorwirkungen entfaltet, die in erster Linie der Opposition zu Gute kommen, bevor abschließend nach

---

4   Zitiert bei Geiger, Willi: Verfassungsentwicklung und Verfassungsgerichtsbarkeit. Düsseldorf 1965, S. 19.
5   Vgl. Wesel, Uwe: Der Gang nach Karlsruhe. Das Bundesverfassungsgericht in der Geschichte der Bundesrepublik. München 2004.
6   BVerfGE 2, 143 (172).
7   BVerfGE 2, 178.

Chancen und Grenzen einer Funktionalisierung des BVerfG durch die Opposition gefragt wird.

2   Antragsmöglichkeiten der Opposition

Ohne Zweifel ist das BVerfG eines der mächtigsten Gerichte der Welt,[8] und das öffentliche Vertrauen in seine Entscheidungen ist groß.[9] Allerdings darf es als Gericht nur auf Antrag tätig werden. Wer soll das verfassungsgerichtliche Verfahren in Gang setzen können? Die Träger politischer Macht – die Regierung und die Parlamentsmehrheit – sind normalerweise nicht an verfassungsgerichtlicher Kontrolle interessiert. Wer regiert, will nicht kontrollieren, sondern gestalten. Anders verhält es sich mit der Opposition, die von der politischen Macht ausgeschlossen ist. Sie will kontrollieren, sie *muss* die Regierung kontrollieren, wenn sie ihr ultimatives Ziel, den Machtwechsel, erreichen will.[10] So liegt das politische Interesse, auch die verfassungsrechtlichen Grenzen der regierenden Mehrheit zu kontrollieren, vornehmlich bei der Opposition. Von daher ist es für die Wirksamkeit verfassungsgerichtlicher Kontrolle von entscheidender Bedeutung, dass nicht nur der Regierung, sondern auch der Opposition Antragswege im Verfassungsprozessrecht offen stehen.

Aus guten Gründen ermöglicht deshalb die Ordnung des Grundgesetzes der Opposition eine Reihe von Antragschancen beim BVerfG. Da die Opposition als solche im Verfassungsrecht der Bundesrepublik nicht institutionalisiert ist, sieht das Verfassungsprozessrecht zwar kein Antragsrecht „der Opposition" vor dem Verfassungsgericht vor, dennoch können oppositionelle Antragsteller eine Reihe von Antragsmöglichkeiten nutzen.

2.1   Organstreit

Eine erste Möglichkeit sind Anträge im Organstreitverfahren nach Art. 94 Abs. 1 Nr. 1 GG. Das BVerfG entscheidet hier über die Auslegung des Grundgesetzes „aus Anlass von Streitigkeiten über den Umfang der Rechte und Pflichten eines obersten Bundes-

---

8   Dies wird vor allem von internationalen Politikwissenschaftlern betont. Vgl. Kommers, Donald: The Federal Constitutional Court in the German Political System, in: Comparative Political Studies 26 (1994), S. 470; Vanberg, Georg: The Politics of Constitutional Review in Germany. Cambridge 2005.

9   Vgl. Vorländer, Hans und Brodocz, André: Das Vertrauen in das Bundesverfassungsgericht. Ergebnisse einer repräsentativen Bevölkerungsumfrage, in: Vorländer, Hans (Hrsg.): Die Deutungsmacht des Bundesverfassungsgerichts. Wiesbaden 2006, S. 259–298.

10 In der Literatur werden der Opposition nach der klassischen Studie Dolf Sternbergers üblicherweise die Funktionen Kritik, Kontrolle und Alternative zugewiesen; Vgl. Sternberger, Dolf: Lebende Verfassung. Studien über Koalition und Opposition. Meisenheim 1956, S. 134 ff. Umfassend zur Opposition Helms, Ludger: Politische Opposition. Opladen 2002.

organs oder anderer Beteiligter, die durch dieses Grundgesetz oder in der Geschäftsordnung eines obersten Bundesorgans mit eigenen Rechten ausgestattet sind". Zu den Antragsberechtigten gehören die obersten Bundesorgane sowie Teile dieser Organe, wie z. B. Ausschüsse des Bundestags, einzelne Abgeordnete, Fraktionen und Gruppen des Bundestags. Nach ständiger Rechtsprechung[11] des BVerfG sind darüber hinaus auch politische Parteien antragsberechtigt. Diese stellen „andere Beteiligte" im Sinne des Art. 93 Abs. 1 Nr. 1 GG dar, allerdings nur „wenn und soweit sie um Rechte kämpfen, die sich aus ihrem besonderen verfassungsrechtlichen Status ergeben".[12]

An sich sind Organstreitigkeiten in zahlreichen Kombinationen von Beteiligten möglich.[13] In der politischen Praxis hat sich jedoch gezeigt, dass das Organstreitverfahren nicht von den Inhabern staatlicher Macht zur Verteidigung ihrer Kompetenzen genutzt wird, sondern primär von denjenigen Beteiligten, die von der Macht ausgeschlossen sind. Das Organstreitverfahren erlangt deshalb vor allem Bedeutung, wenn Fragen der Chancengleichheit der Parteien und des Minderheitenschutzes berührt sind oder wenn die politischen Mitwirkungschancen vor allem auch der parlamentarischen Opposition beeinträchtigt scheinen. Letzteres hat das BVerfG selbst in mehreren Entscheidungen anerkannt, indem es den Organstreit als „Schutz der Parlamentsminderheit"[14] bezeichnete, der „dem parlamentarischen Gegenspieler der Regierungsmehrheit den Rechtsweg zum Bundesverfassungsgericht eröffne (…)".[15]

Eine Auswertung[16] der Entscheidungen des Bundesverfassungsgerichts zeigt, dass fast alle Organstreitverfahren von oppositionellen Antragstellern initiiert werden: Von den 102 zwischen 1951 und 2013 dokumentierten Organklagen waren 78 (76 %) von Antragstellern eingereicht worden, die sich in irgendeiner Form im politischen Gegensatz zur jeweiligen Regierungskoalition befanden. Dazu gehörten vor allem Antragsteller, die den Parteien der parlamentarischen Minderheit angehörten (51 Anträge), aber auch oppositionelle Parteien, die im Bundestag nicht vertreten waren (6). Lediglich 9 der bisher entschiedenen Organklagen wurden von Antragstellern eingereicht, die parteipolitisch in der Nähe der Regierungskoalition standen,[17] ein Verfahren wurde vom Bundes-

---

11 BVerfGE 44, 125 (136 f.); 60, 53 (61 ff.); 73, 1 (27 ff.); 73, 40 (65 ff.); 74, 44 (48 ff.).
12 BVerfGE 44, 125 (137).
13 Aufstellung bei Maunz-Dürig-Herzog-Scholz: Grundgesetz. Kommentar, Art. 93, Rn. 11.
14 BVerfGE 68, 1 (77); vgl. auch BVerfGE 45, 1 (29), zuletzt BVerfGE 90, 286 (344).
15 BVerfGE 90, 286 (344).
16 Gezählt wurden die in der Entscheidungssammlung des BVerfG bis einschließlich Bd. 133 (2013) als erledigt aufgeführten Verfahrenseingänge.
17 Dabei handelte es sich um folgende Eingänge: 2 BvE 4/52 (EVG-Vertrag); 2 BvE 1/53 (Rechte des Bundesrats); 2 BvE 1,2,3,4/83 (Auflösung des Bundestags); 2 BvE 2/90 (Einigungsvertrag); 2 BvE 5/93 (AWACS-Einsatz); 2 BvE 4,7/05 (Auflösung des Bundestags).

rat initiiert.[18] Angesichts dieses Befundes ist die These, das Organstreitverfahren sei ein „ausgesprochen oppositionelles Instrument"[19] durchaus berechtigt.

Drei Typen oppositioneller Organklagen sind zu unterscheiden. Der *erste Typ* sind Organklagen einzelner Abgeordneter des Deutschen Bundestags. Die meisten solcher Anträge richteten sich gegen Maßnahmen, durch welche die Antragsteller ihre Rechte als Abgeordnete verletzt oder gefährdet sehen konnten: es ging z. B. um die Beschränkung des Rederechts der Abgeordneten (BVerfGE 10, 4), um die Beteiligungsrechte fraktionsloser Abgeordneter (BVerfGE 80, 188; 87, 207), um die Überprüfung von Abgeordneten auf eine Tätigkeit für den Staatssicherheitsdienst der DDR (BVerfGE 94, 351) oder die Rechtsstellung der Abgeordneten bei der Wahrnehmung der haushaltspolitischen Gesamtverantwortung des Deutschen Bundestages im Rahmen des europäischen Stabilisierungsmechanismus zur Bewältigung der Finanzkrise 2010/11 (BVerfGE 130, 318).

Der *zweite Typ* oppositioneller Organklagen erfolgt über das Klagerecht der Fraktionen und Gruppen. Diese sind zum einen befugt, im eigenen Namen Rechte, die dem Bundestag als Ganzem gegenüber einem Antragsgegner zustehen können, geltend zu machen. Sie handeln insofern in Prozessstandschaft[20] für das Gesamtparlament. Dazu gehörten z. B. 1951 die Klage der SPD-Fraktion zum Abschluss des Petersberger Abkommens ohne Gesetz,[21] der CDU/CSU-Fraktion zur Notkompetenz des Bundesfinanzministers[22] (1974), der Grünen-Fraktion zur Aufstellung der Pershing-II-Raketen ohne Gesetz[23] (1983), der Fraktionen von SPD und FDP zum AWACS- und Somalia-Einsatz der Bundeswehr (1992/93),[24] der PDS wegen der Zustimmung der Bundesregierung zum neuen strategischen Konzept der NATO[25] (1999) oder der Fraktionen von FDP, der Linken und B90/Die Grünen wegen der Verweigerung der Herausgabe von Unterlagen durch die Bundesregierung im BND-Untersuchungsausschuss (2007).[26]

Zum anderen sind die Fraktionen und Gruppen aber auch Träger eigener Rechte, die ihnen vom Grundgesetz und der Geschäftsordnung des Bundestags eingeräumt sind. Zur Geltendmachung dieser Rechte steht ihnen ebenfalls die Organklage offen. So klagte z. B. 1951 die SPD-Fraktion wegen des von der Regierungsmehrheit beschlossenen § 96 GOBT,[27] 1984 stritt die Grünen-Fraktion um ihre Mitwirkung an der Beratung des

---

18 2 BvE 2/66 (Ansprüche nach dem Haager Abkommen).

19 So Stern, Klaus: Art. 93, Rn. 76, in: Abraham, Hans Jürgen u. a. (Hrsg.), Kommentar zum Bonner Grundgesetz. Heidelberg 1990.

20 Vgl. BVerfGE 2, 143 (160); 45, 1 (28 f.); 76, 100 (125); 68, 1 (65); 70, 324 (351); 90, 286 (343 f.). Wie das BVerfG in seiner Entscheidung BVerfGE 84, 304 klargestellt hat, sind Gruppen strukturell den Fraktionen ähnlich, so dass die folgenden Ausführungen zu den Fraktionen auch für die Gruppen gelten.

21 2 BvE 3/51 – BVerfGE 1, 351.

22 2 BvE 1/74 – BVerfGE 45, 1.

23 2 BvE 13/83 – BVerfGE 68, 1.

24 2 BvE 3/92, 5.7.8/93 – BVerfGE 90, 286.

25 2 BvE 6/99 – BVerfGE 104, 151.

26 2 BvE 3/07 99 – BVerfGE 124, 78.

27 BVerfGE 1, 144 – Behandlung der Finanzvorlagen.

Etats der Nachrichtendienste,[28] 1991 machte die Gruppe PDS/LL ihr Recht auf eine ge-
schäftsordnungsgemäße Ausstattung geltend[29] und 2002 klagte die CDU/CSU-Bundes-
tagsfraktion wegen der Zusammensetzung des Vermittlungsausschusses.[30]

Der *dritte Typ* oppositioneller Verfahrensinitiativen im Organstreit entfällt auf die
politischen Parteien. Der Rechtsschutz durch das Organstreitverfahren erstreckt sich
allerdings nur auf die vorparlamentarische Phase, in der die Parteien durch den Wahlkampf und die Listenaufstellung bei der politischen Willensbildung mitwirken. „Typische" Organklagen politischer Parteien richten sich deswegen meistens gegen Sperrklauseln und Unterschriftenquoren. Die meisten Verfahren wurden dabei von Parteien
beantragt, die zum Zeitpunkt des Antrags nicht im Bundestag vertreten waren, sondern
sich entweder auf Landesparlamente beschränkten oder lediglich kleinere Splitterparteien darstellten.[31] Aber auch Parteien der Bundestagsopposition traten als Antragsteller
auf: Im Jahr 1976 klagte erstmals die CDU gegen einen „Eingriff der Bundesregierung
in den Bundestagswahlkampf".[32] Die Grünen nutzten in den 1980er Jahren das Antragsrecht politischer Parteien, um in mehreren Anträgen die gesetzlichen Regelungen zur
Parteienfinanzierung[33] anzugreifen. Im Jahr 1990 klagten sie auf dem gleichen Wege gegen die 5 %-Sperrklausel zur ersten gesamtdeutschen Bundestagswahl.[34] Die PDS versuchte im Jahr 1991, die Unterstellung ihres Vermögens unter die Verwaltung der Treu-
handanstalt zu verhindern.[35]

2.2   Abstrakte Normenkontrolle

Im Gegensatz zum Organklageverfahren handelt es sich bei der abstrakten Normenkontrolle eigentlich nicht um ein kontradiktorisches Verfahren. Bei der abstrakten Normenkontrolle geht es um die Gültigkeit einer Norm, um die „Klärung der verfassungsrechtlichen Lage".[36] In Gang gesetzt werden kann das Verfahren von den in Art. 93 Abs. 1
Nr. 2 GG genannten Antragsberechtigten, wenn diese „Meinungsverschiedenheiten
oder Zweifel" über die Verfassungsmäßigkeit einer Norm geltend machen. Die ange-

---

28   BVerfGE 70, 324.
29   BVerfGE 84, 304.
30   2 BVE 3/02 – BVerfGE 112, 118.
31   Die rechtsradikale NPD versuchte im Jahr 2012 sogar, im Wege des Organstreits ihre Verfassungsmäßig-
     keit feststellen zu lassen. Dies wurde vom BVerfG zurückgewiesen. 2 BvE 11 12 – BVerfGE 133, 100.
32   2 BvE 1/76 – BVerfGE 44, 125.
33   2 BvE 5/83 – BVerfGE 73, 1; 2 BvE 2/84 – BVerfGE 73, 40; 2 BvE 2/89 – BVerfGE 85, 264; eine Organklage
     von B90/GR (2 BvE 4/94) wurde von den Antragstellern zurückgenommen.
34   2 BvE 3/90 – BVerfGE 82, 322.
35   2 BvE 3/91 – BVerfGE 84, 290.
36   BVerfGE 1, 396 (413).

zweifelte Norm muss rechtlich existent sein, was eine präventive Normenkontrolle – „an der jede Opposition in erster Linie interessiert sei dürfte"[37] – ausschließt.[38]

Als bloßes objektives Verfahren, das nicht das subjektive Rechtsschutzinteresse des Antragstellers, sondern nur die Norm als solche bzw. deren Vereinbarkeit mit dem Grundgesetz zum Gegenstand hat, kennt das Verfahren formal keine Prozessparteien und keinen Antragsgegner. In der Verfassungspraxis aber erweisen sich viele Verhandlungen in abstrakten Normenkontrollverfahren trotzdem als höchst streitig und kontrovers. Insbesondere die mündlichen Verhandlungen lassen genügend Raum, den Verfassungskonflikt gewissermaßen in den Rollen von Antragsteller und Antragsgegner auszutragen. Schon immer ist die abstrakte Normenkontrolle deshalb als „wichtiges Kontrollinstrument der Opposition"[39] verstanden worden. Und nicht anders als bei den Organklagen werden die Urteile mitunter als Sieg oder Niederlage des einen oder anderen politischen Lagers gehandelt.

Diese auch in der Öffentlichkeit gängige Interpretation der abstrakten Normenkontrolle als verfassungsgerichtliches Streitverfahren folgt aus der Konzeption des Verfahrens. Die Befugnis des BVerfG, über die Geltung von Normen zu entscheiden, ist nämlich nicht nur von Bedeutung für die Sicherung der verfassungsmäßigen Rechtsordnung. Sie ist unbestreitbar auch von höchst politischem Gewicht, geht es doch um die Frage, ob eine im Gesetzgebungsverfahren getroffene Entscheidung vor dem Grundgesetz Bestand hat. Da das Parlament seine Gesetzgebungstätigkeit auf der Grundlage von Mehrheitsbeschlüssen ausübt, können die vom Grundgesetz zugelassenen Antragsteller parlamentarischen Mehrheitsentscheidungen entgegentreten. Die abstrakte Normenkontrolle bewirkt insofern eine erhebliche Beeinträchtigung des demokratischen Mehrheitsprinzips.[40] Diese Tatsache hat bekanntlich von jeher Kritik bei den Gegnern der Verfassungsgerichtsbarkeit hervorgerufen.[41]

Daraus ergibt sich auch, dass de facto nicht das Parlament als Ganzes Adressat des Verfahrens ist, sondern – als die eigentlichen Entscheidungsträger im Gesetzgebungsverfahren – die Regierungsmehrheit bzw. die Regierung. Diese werden nicht an einer verfassungsgerichtlichen Kontrolle ihrer Entscheidungen interessiert sein – die Regierung wird wohl kaum die Überprüfung eines von „ihrer" parlamentarischen Mehrheit beschlossenen Gesetzes anstoßen, und sie wird sich auf der anderen Seite gegen dementsprechende Versuche anderer Antragsteller wehren. Regierung und Regierungs-

---

37 Schneider, Hans-Peter: Die parlamentarische Opposition im Verfassungsrecht der Bundesrepublik Deutschland. Frankfurt 1974, S. 221 f.

38 Vgl. schon BVerfGE 1, 396 (405 ff.).

39 Wieland, Joachim: Art. 93, in: Horst Dreier (Hrsg.), Grundgesetz-Kommentar. Tübingen 2013, Rn. 55.

40 Dies bemerkte bereits Alexander Hamilton im Federalist No. 78, wo die Gerichtshöfe als „Bollwerke einer eingeschränkten Verfassung gegen Übergriffe seitens der Legislative" bezeichnet werden.

41 Die Gegner der Normenkontrolle behaupten, sie beschneide die Souveränität des Parlaments und usurpiere die gesetzgeberische Gewalt, z. B. Schmitt, Carl: Der Hüter der Verfassung. Berlin 1931.

mehrheit sind also gewissermaßen natürliche Antragsgegner im Normenkontrollverfahren.

Dies macht die Frage nach der Antragsberechtigung zu einem wichtigen Thema, erhält der potentielle Antragsteller dadurch doch die Chance, legislative Aktivitäten der Parlamentsmehrheit verfassungsgerichtlich kontrollieren und möglicherweise sogar rückgängig machen zu lassen. Der Umkehrschluss der Feststellung, dass die Regierung und Regierungsmehrheit „natürliche Antragsgegner" darstellen, führt zu der These, dass die abstrakte Normenkontrolle von ihrer Konzeption her ein ausgesprochen oppositionelles Instrument sein muss.[42]

Die Auswertung der amtlichen Entscheidungssammlung des Karlsruher Gerichts bestätigt diese These. Geht man von der parteipolitischen Bindung der Antragsteller aus, dann wurde bis 2013 eine deutliche Mehrzahl – 88 von 135 – der in der Entscheidungssammlung des BVerfG dokumentierten Anträge zur abstrakten Normenkontrolle von oppositionellen Antragstellern eingereicht. In einigen Fällen waren die Antragsteller zwar parteipolitisch identisch oder teilidentisch mit den Bundesregierungsparteien. Diese Verfahren betrafen jedoch überwiegend Landesrecht, vorkonstitutionelles Recht und Satzungen, richteten sich also meistens nicht gegen Bundesgesetze.[43]

Dieser Befund führt zu der Frage, auf welchem Wege die Opposition die abstrakte Normenkontrolle in Gang setzen kann. Im Gegensatz zum Organstreit ist der Kreis der potentiellen Antragsteller bei der abstrakten Normenkontrolle genau festgeschrieben und limitiert: Es gibt nur bestimmte, abschließend aufgezählte,[44] Antragsbefugte. Antragsberechtigt sind nach Art. 93 Abs. 1 Nr. 2 GG bzw. § 76 Abs. 1 BVerfGG nur die Bundesregierung, eine Landesregierung oder ein Viertel (bis 1. Dezember 2009: ein Drittel) der gesetzlichen Mitgliederzahl des Bundestags. Der Kreis der Antragsbefugten ist nicht – wie bei der Organklage – im Wege der Interpretation erweiterungsfähig.

Einem potentiellen oppositionellen Antragsteller stehen zwei Wege offen, die abstrakte Normenkontrolle anzustoßen: auf der parlamentarischen Ebene als ein Viertel (bis 1. Dezember 2009: ein Drittel) der Mitglieder des Bundestags oder auf der föderativen Ebene als „oppositionelle" Landesregierung. Statistisch betrachtet, fällt die erste Möglichkeit kaum ins Gewicht. Lediglich 23 Anträge in der abstrakten Normenkontrolle wurden bis Ende 2013 aus der Mitte des Bundestags eingereicht, und davon waren nur 14 Anträge der parlamentarischen Opposition. Die übrigen gingen von Mehrheitsfraktionen aus und richteten sich gegen Landesgesetze[45] sowie gegen ein ohne Frak-

---

42 Vgl. Stüwe, Klaus: Die Opposition im Bundestag und das Bundesverfassungsgericht. Baden-Baden 1997, S. 77 ff.

43 So beantragte beispielsweise die Landesregierung von Niedersachsen im Jahr 2002 ein Normbestätigungsverfahren, um die Verfassungsmäßigkeit einer Regelung des Niedersächsischen Beamtengesetzes überprüfen zu lassen; 2 BvF 3/02 – BVerfGE 119, 247.

44 BVerfGE 21, 52 (53).

45 2 BvF 2/89 – BVerfGE 83, 37; 2 BvF 3/89 – BVerfGE 83, 60; 1 BvF 1/85, 1/88 – BVerfGE 83, 238; 1 BvF 1/96 – BVerfGE 104, 305; 2 BvF 4/03 – BVerfGE 119, 247.

tionszwang verabschiedetes Gesetz;[46] ein Antrag wurde von allen Fraktionen gemeinsam eingereicht.[47] Die parlamentarische Opposition ist demnach gerade einmal in 10 % aller Anträge als Antragstellerin in der abstrakten Normenkontrolle aufgetreten. Aus diesem quantitativen Befund zu folgern, Normenkontrollanträge aus den Reihen der parlamentarischen Opposition hätten in der Geschichte der Bundesrepublik nur wenig Bedeutung gehabt, wäre jedoch verfehlt. Viele aufgrund solcher Anträge ergangene Entscheidungen – erinnert sei hier nur an die Urteile zum Saarstatut,[48] zur Neuregelung des Paragraphen 218[49] und zur Wehrpflichtnovelle[50] – führten zu wichtigen, für den Ausbau der Verfassungsordnung maßgeblichen, Entscheidungen.

Mit Ausnahme zweier Anträge, bei denen Landesgesetze betroffen waren, richteten sich alle Oppositionsanträge gegen Bundesgesetze, bei deren Verabschiedung die jeweilige Opposition im Bundestag eine parlamentarische Niederlage erlitten hatte.[51] Und bei fast allen Verfahren ging es um Themen, die für die antragstellende Oppositionspartei von beträchtlichem Symbolwert waren, weil sie die Grundorientierung ihrer Partei in bestimmten Politikbereichen betrafen – z.B. in der Außenpolitik, bei der Abtreibungsfrage und bei der Regelung der Kriegsdienstverweigerung. Die Vermutung, dass der Ursprung solcher abstrakter Normenkontrollanträge vor allem politisch motiviert sei,[52] ist deshalb nicht ohne weiteres von der Hand zu weisen. Angesichts der geringen Zahl oppositioneller Verfahrensinitiativen kann jedoch von einem ständigen Missbrauch nicht die Rede sein.[53]

Dass die Zuerkennung eines Antragsrechts für eine qualifizierte Minderheit des Bundestags die Kontrollmöglichkeiten der parlamentarischen Opposition gegenüber der Regierung erweitert, ist offensichtlich. Zugleich aber hat die Festlegung der Antragsbefugnis auf ein Viertel (bis 1. Dezember 2009: ein Drittel) der Mitglieder des Bundestags auch eine einschränkende Wirkung: Parlamentarischen Minderheiten von geringerer Zahl ist ein Normenkontrollantrag verwehrt. Dies ist insbesondere in Zeiten Großer Koalitionen[54] ein Problem. So war z.B. während der Großen Koalition 1966–1969 die FDP-Opposition mit nur 50 Abgeordneten weit davon entfernt, die für die Antrags-

---

46 2 BvF 5/92 – BVerfGE 88, 205 (Neuregelung des § 218).

47 1 BvF 1/61 – BVerfGE 20, 150 (Sammlungsgesetz von 1934).

48 BVerfGE 4, 157.

49 BVerfGE 39, 1.

50 BVerfGE 48, 127.

51 Im Verfahren gegen den EVG-Vertrag war das Vertragsgesetz zum Zeitpunkt des Antrags noch nicht verabschiedet. Der Antrag wurde deshalb für unzulässig erklärt.

52 So z.B. Starck, Christian: Das Bundesverfassungsgericht im politischen Prozeß der Bundesrepublik. Tübingen 1976, S. 15.

53 Vgl. Stüwe, Klaus: Der Gang nach Karlsruhe. Die Opposition im Bundestag als Antragstellerin vor dem Bundesverfassungsgericht, in: Zeitschrift für Parlamentsfragen 4 (1997), S. 557.

54 „Große Koalition" ist kein Rechtsbegriff. Meistens versteht man darunter eine Regierungskoalition der (beiden) stärksten Fraktionen im Parlament. Im Deutschen Bundestag gab es bislang drei Große Koalitionen, gebildet von CDU/CSU und SPD: 1966 bis 1969, 2005 bis 2009 und seit 2013. Zum Begriff vgl. Gerd Strohmeier, Große Koalitionen in Deutschland und Österreich, in: ZPol 19 (2009), S. 5–37.

befugnis erforderliche Zahl von Abgeordneten (172) hinter sich zu vereinigen. In der 16. Legislaturperiode des Deutschen Bundestags (2005–2009) brachten die Oppositionsfraktionen (FDP, Bündnis90/Die Grünen und Die Linke) mit zusammen 166 Sitzen ebenfalls nicht das erforderliche Quorum von 205 Abgeordnetenmandaten auf. Und auch im 18. Deutschen Bundestag (seit 2013) stellen die Oppositionsfraktionen Bündnis90/Die Grünen und Die Linke nur rund ein Fünftel der Abgeordneten.

Faktisch kann somit die abstrakte Normenkontrolle in Zeiten Großer Koalitionen nicht als Kontrollinstrument der parlamentarischen Opposition genutzt werden. Um deren Antragschancen zu verbessern,[55] wurde zwar am 1. Dezember 2009 das erforderliche Quorum von „einem Drittel" auf „ein Viertel" der gesetzlichen Mitgliederzahl herabgesetzt;[56] die in Opposition stehende FDP hatte einen entsprechenden Gesetzesentwurf bereits 2005 eingebracht. Doch auch dieses Quorum erwies sich im 18. Deutschen Bundestag als zu hoch: Die Oppositionsfraktionen Die Linke und Bündnis 90/Die Grünen kamen nach den Bundestagswahlen vom September 2013 auf zusammen 127 Abgeordnete; 158 Parlamentarier wären nötig gewesen, um das Viertelquorum zu erreichen. Grüne und Linke versuchten zwar, durch eine Änderung des Bundesverfassungsgerichtsgesetzes doch noch ein Antragsrecht zu erhalten, doch dieser Gesetzesentwurf[57] scheiterte an der Bundestagsmehrheit.

Der bei weitem größte Anteil an Verfahrensinitiativen in der abstrakten Normenkontrolle entfällt auf „oppositionelle" Landesregierungen. Bis auf wenige Ausnahmen richteten sich die meisten dieser Anträge gegen von der jeweiligen Bundestagsmehrheit beschlossene Bundesgesetze. Dabei ging es in einer Reihe von Verfahren eigentlich um föderative Interessen. Dazu gehören z. B. der Antrag zweier Landesregierungen zur Zustimmungsbedürftigkeit eines Gesetzes[58] oder die Anträge mehrerer Landesregierungen zum Sozialhilfegesetz,[59] zum Länderfinanzausgleich[60] oder zur Abschaffung der Studienbeiträge.[61]

Bei einigen Anträgen von „Oppositionsländern" kann man jedoch vermuten, dass sie stellvertretend für die Bundestagsopposition eingebracht wurden, die wegen ihrer

---

55   Ein anderer Grund war die Anpassung an das Ein-Viertel-Quorum der Subsidiaritätsklage gemäß Art. 23 Abs. 1a GG; Vgl. dazu Jochen Rozek § 76 Rdnr 11, in: Theodor Maunz, Bruno Schmidt-Bleibtreu, Franz Klein und Herbert Bethge (Hrsg..): Bundesverfassungsgerichtsgesetz. 40. Ergänzungslieferung 2013.

56   Gesetz vom 8.10.2008; BGBl. I 2008, 1926..

57   Deutscher Bundestag – 18. Wahlperiode – Drucksache 18/380. Die beiden Oppositionsfraktionen beantragten, nach § 76 Abs. 1 BVerfGG folgenden Absatz 1a einzufügen: „Einen Antrag nach Absatz 1 können auch mindestens zwei Fraktionen des Deutschen Bundestages, die nicht die Bundesregierung tragen, gemeinsam stellen, auch wenn diese nicht ein Viertel der Mitglieder des Bundestages repräsentieren."

58   BVerfGE 37, 363.

59   BVerfGE 22, 180.

60   BVerfGE 72, 330; 86, 148.

61   BVerfGE 112, 226.

geringen zahlenmäßigen Stärke keine Aktivlegitimation besaß. Ein Nachweis fällt hier allerdings sehr schwer, da sich die Verfahrensbeteiligten in dieser Frage meist äußerst bedeckt halten. Einer der wenigen Hinweise auf die Praxis findet sich im Sitzungsprotokoll der SPD-Fraktion im Bundestag vom 22. März 1955. Die Fraktion beschloss damals, einen Normenkontrollantrag wegen des Saarstatuts einzureichen. „Falls das erforderliche Drittel der Mitglieder des Bundestages zur Unterzeichnung der Klage nicht zustande käme, sollte die Klage von einer sozialdemokratischen Landesregierung eingebracht werden (…)".[62]

In anderen Fällen reichten, möglicherweise um die Rechtsauffassung der Opposition mit massiverer Präsenz vor Gericht und damit mit größerem Nachdruck vertreten zu können, die parlamentarische Opposition und einige „Oppositionsländer" parallele, gleichgerichtete Anträge in Karlsruhe ein.[63] Bei den großen Parteien gibt es Abstimmungsprozesse zwischen Parteileitung und/oder Bundestagsfraktion auf der einen und Landesregierungen auf der anderen Seite darüber, ob und in welcher Form Normenkontrollanträge gestellt werden sollten. Die Antragsbefugnis von Landesregierungen erweitert somit die verfassungsgerichtlichen Kontrollchancen derjenigen Oppositionsparteien, die in mindestens einem Bundesland die Regierung führen.

2.3 Bund-Länder-Streit

Nach Art. 93 Abs. 1 GG entscheidet das BVerfG auch bei „Meinungsverschiedenheiten über Rechte und Pflichten des Bundes und der Länder" (Nr. 3) sowie „in anderen öffentlich-rechtlichen Streitigkeiten zwischen dem Bunde und den Ländern (…) soweit nicht ein anderer Rechtsweg gegeben ist" (Nr. 4). In beiden Fällen ist der Bund-Länder-Streit als kontradiktorisches Verfahren ausgestaltet, in welchem sich der Bund und ein Land gegenüberstehen. Antragsteller und Antragsgegner sind gemäß § 68 BVerfGG für den Bund die Bundesregierung und für ein Land die jeweilige Landesregierung. Anträge aus der Mitte des Bundestags heraus sind demnach ausgeschlossen.

In der Judikatur des BVerfG spielen die föderativen Streitigkeiten nur eine geringe Rolle. Seit 1951 hat das Gericht lediglich 18 Entscheidungen nach Art. 93 Abs. 1 Nr. 3 GG gefällt.[64] Im selben Zeitraum wurden „andere öffentlich-rechtliche Streitigkeiten" nach Nr. 4 nur zwischen Ländern, nicht aber zwischen Bund und Ländern entschie-

---

62 Weber, Petra (Bearb.): Die SPD-Fraktion im Deutschen Bundestag. Sitzungsprotokolle 1949–1057. Zweiter Halbband, 1993, S. 173 (Anm. 20).

63 Im Verfahren zum § 218 StGB, BVerfGE 39, 1 (Mitglieder der CDU/CSU-Fraktion und 5 Landesregierungen); zur Wehrpflichtnovelle, BVerfGE 46, 337 (Mitglieder der CDU/CSU-Fraktion und 3 Bundesländer); zur Kriegsdienstverweigerung BVerfGE 69, 1 (Mitglieder der SPD-Fraktion und 4 Landesregierungen).

64 BVerfGE 1, 14; 4, 115; 6, 309; 8, 122; 11, 6; 12, 205; 13, 54; 21, 312; 41, 291; 81, 310; 84, 25; 85, 164; 92, 203; 94, 297; 95, 250; 99, 361; 102, 167; 116, 271.

den.[65] Dennoch hat die Beobachtung, dass der Bund-Länder-Streit zum Austrag von Konflikten zwischen Bundesregierung und Opposition herangezogen werden kann,[66] theoretisch ihre Berechtigung. Aufgrund der Ausgestaltung des Verfahrens als kontradiktorische Streitigkeit und aufgrund der Antragsbefugnis von Landesregierungen ist denkbar, dass nicht nur rein rechtlich-föderale Konflikte, sondern auch die zwischen Bundesregierung und Opposition politisch streitigen Verfassungskontroversen vor dem BVerfG ausgetragen werden.

In der Praxis wird der Bund-Länder-Streit allerdings kaum als Kontrollinstrument der Opposition genutzt. Die Verfahrensstatistik allein ist in diesem Zusammenhang nicht sehr aussagekräftig. Von den 18 bisher erledigten Bund-Länder-Streitverfahren wurden zwar 9 von „oppositionellen" Landesregierungen initiiert, also von solchen, die parteipolitisch mit der Bundesregierung nicht identisch waren. Bei der Mehrzahl dieser Verfahren handelte es sich jedoch offensichtlich um Streitigkeiten, bei denen parteipolitische Gegensätze im Bund – wenn überhaupt – keine dominante Rolle spielten. Die meisten Anträge richteten sich nicht gegen die Bundesregierung als Exponentin einer politischen Richtung, sondern gegen Maßnahmen der Bundesverwaltung.

Nur in zwei Fällen haben Oppositionsländer mehr oder weniger eindeutig versucht – im Abstand von fast 30 Jahren – echte parteipolitische Konflikte mit der Bundesregierung mittels des Bund-Länder-Streitverfahrens auszutragen. Der erste Versuch wurde im Jahr 1960 von SPD-Ländern gegen die Pläne der Regierung Adenauer unternommen, eine bundeseigene „Deutschland-Fernsehen-GmbH" zu gründen.[67] Das zweite von einem „Oppositionsland" initiierte Bund-Länder-Streitverfahren, das sich ganz offensichtlich am parteipolitischen Gegensatz zwischen Regierungskoalition und Opposition entzündete, war im Jahr 1988 der Streit zwischen dem SPD-regierten Nordrhein-Westfalen und der christlich-liberalen Bundesregierung um eine Teilgenehmigung für das Kernkraftwerk des Typs „Schneller Brüter" in Kalkar.[68]

2.4 Verfassungsbeschwerde

Das BVerfG hat schon mehrmals klargestellt, dass die Verfassungsbeschwerde nach Art. 93 Abs. 1 Nr. 4a GG „kein Mittel zur Austragung von Meinungsverschiedenheiten zwischen den Staatsorganen, sondern (…) nur dem Einzelnen zur Verfolgung seiner

---

65 Sieht man von der Entscheidung BVerfGE 1, 299 ab, die heute wegen der Zuständigkeit des Bundesverwaltungsgerichts nicht mehr ergehen könnte; vgl. dazu Leisner, W.: Bund-Länder-Streit, in: Starck, a. a. O. (Fn. 45), S. 261.

66 So Schneider, Hans-Peter: Die parlamentarische Opposition im Verfassungsrecht der Bundesrepublik Deutschland. Frankfurt 1974, S. 225.

67 BVerfGE 12, 205.

68 BVerfGE 84, 25.

Rechte gegen den Staat gegeben [ist]".[69] Die Verfassungsbeschwerde soll ein Instrument des Individualrechtsschutzes sein. Dementsprechend macht es das Verfassungsprozessrecht der parlamentarischen Opposition sehr schwer, die Verfassungsbeschwerde für den Austrag politischer Konflikte zu funktionalisieren. Da eine Oppositionsfraktion oder -gruppe als solche nicht Trägerin von Grundrechten sein kann, besitzt sie selbst ohnehin keine Beschwerdebefugnis. Eben so wenig ist ihr eine Prozessstandschaft zur Geltendmachung fremder Rechte möglich. Im Falle einer Verletzung ihrer verfassungsmäßigen Rechte könnten allenfalls politische Parteien eine Verfassungsbeschwerde beantragen. Die Erfordernis der unmittelbaren und gegenwärtigen Betroffenheit und die Beschränkung auf das Geltendmachen eigener Grundrechte der Parteien setzen diesem Weg jedoch sehr enge Grenzen. Nach der bisherigen Rechtsprechung des BVerfG können sich Parteien nur auf Art. 3 GG (Gleichheitsgrundsatz) und Art. 38 Abs. 1 GG (Wahlprinzipien) berufen. Das Antragsrecht der Parteien bei der Verfassungsbeschwerde wurde deshalb bisher höchst selten und nur von kleinen Splitterparteien wahrgenommen,[70] denen es hauptsächlich um die Wettbewerbsgleichheit der Parteien ging.

Trotzdem kann im Prinzip auch die Verfassungsbeschwerde als oppositionelles Kontrollinstrument genutzt werden. Obwohl der Opposition selbst eine Beschwerdebefugnis verwehrt ist, „(…) wird in jede durchdachte Oppositionsstrategie die Frage gehören, ob (…) die Unterstützung einer Verfassungsbeschwerde erfolgversprechend sein kann."[71] Tatsächlich ist es verfassungsrechtlich zulässig, dass eine Oppositionspartei einen oder mehrere antragsberechtigte Personen bei ihren Verfassungsklagen unterstützt. Die Grünen unterstützten beispielsweise im Jahr 1983 mehrere Verfassungsbeschwerden gegen den Beschluss der Regierung Kohl, amerikanische Mittelstreckenraketen auf dem Gebiet der Bundesrepublik zu stationieren.[72] Im Jahr 2012 unterstützte Die Linke, die als Fraktion selbst Organklage wegen der fehlenden Beteiligung des Bundestags bei der Einrichtung des Euro-Rettungsfonds ESM eingereicht hatte, zahlreiche ähnlich gerichtete Verfassungsbeschwerden.[73] Und fast 6 000 Personen reichten 2013 im Rahmen einer koordinierten Aktion der Piratenpartei Verfassungsbeschwerden gegen die so genannte Bestandsdatenauskunft im Zusammenhang mit der Neufassung des Telekommunikationsgesetzes ein.[74]

Dennoch ist die Verfassungsbeschwerde für die verfassungsgerichtlichen Kontrollaktivitäten der Opposition nur von geringer Bedeutung. Denn auf diesem Wege können nur Grundrechtsverletzungen, nicht aber mögliche andere Verfassungsverstöße angegriffen werden. Die Verfassungsbeschwerde kann darüber hinaus in der Regel erst

---

69 BVerfGE 15, 298 (302); 43, 142 (148).
70 Z. B. BVerfGE 3, 384 (GB/BHE, Landesverband Nordrhein-Westfalen); 47, 198 (KPD/ML, KBW, KPD).
71 Dopatka, Friedrich-Wilhelm: Das Bundesverfassungsgericht und seine Umwelt. Berlin 1982, S. 90 f.
72 BVerfGE 66, 39.
73 Urteil vom 18. März 2014: 2 BvR 1390/12, 2 BvR 1421/12, 2 BvR 1438/12, 2 BvR 1439/12, 2 BvR 1440/12, 2 BvR 1824/12, 2 BvE 6/12.
74 1 BvR 1873/13.

dann eingelegt werden, wenn der bei den anderen Gerichten offenstehende Rechtsweg bis zur letzten Instanz voll ausgeschöpft wurde. Der Einsatz des Verfassungsgerichts ist dann nicht mehr kalkulierbar, und die meisten Verfahren gelangen mit erheblicher zeitlicher Verzögerung nach Karlsruhe. Die Urteile kommen folglich von dort oft viel zu spät, um noch für die Auseinandersetzung mit der Regierung instrumentalisiert werden zu können.

3 Vorwirkungen

Die Tätigkeit des BVerfG begründet ihre Wirksamkeit nicht erst *ex post*. Das Vorhandensein einer verfassungsgerichtlichen Kontrollinstanz hat vielmehr auch Vorwirkungen, die sich entfalten, ohne dass das Gericht überhaupt in Aktion treten müsste. So wird das Risiko verfassungsgerichtlicher Kontrolle oft von vornherein in das politische Spannungsfeld miteinbezogen. Die umfassende Prüfungskompetenz des BVerfG – und damit zugleich die Möglichkeit oppositioneller Verfahrensinitiativen – wird im politischen Prozess antizipiert.

Insbesondere bei der Vorbereitung eines Gesetzesvorhabens wird der Prüfung der Vereinbarkeit der geplanten Norm mit der Verfassung ein besonderes Augenmerk geschenkt. Schon um eine nachträgliche Entwertung des eigenen Handelns zu vermeiden, orientieren sich Regierung und Mehrheitsfraktionen an früheren und zu erwartenden Entscheidungen des BVerfG und ziehen die mögliche Verfassungswidrigkeit eines Vorhabens ins Kalkül.

Dies hat natürlich Konsequenzen für die verfassungsgerichtlichen Kontrollchancen der Opposition. Zum einen wird es der Opposition in den meisten Fällen sehr schwer fallen, der Regierung einen eindeutigen Verfassungsbruch vorwerfen zu können. Dies wird ihr umso schwerer gelingen, je behutsamer die Regierungen bei ihren Aktionen vorgeht (und umso leichter, je reformfreudiger eine Regierung sich zeigt). Jede Opposition wird aber den Weg nach Karlsruhe normalerweise nur beschreiten, wenn ihre Rechtszweifel Aussicht auf verfassungsgerichtliche Bestätigung haben.

Zum anderen kann die Antizipation der verfassungsgerichtlichen Kontrolle manchmal dazu führen, dass die Regierung bei wichtigen Vorhaben vorsorglich die Vorstellungen des potentiellen Klägers – etwa der stärksten Oppositionspartei – berücksichtigt oder sich von vornherein zu einem Kompromiss bereiterklärt. So bezog z. B. die sozialliberale Koalition, deren Reformpolitik in den 1970er Jahren wiederholt vom BVerfG gebremst worden war, bei der Ausarbeitung des Mitbestimmungsgesetzes von 1976 die CDU/CSU-Opposition ausdrücklich mit ein.

Eine weitere Vorwirkung der Verfassungsgerichtsbarkeit ist die oppositionelle Drohung. Hans Kelsen hatte bereits im Jahr 1929 erkannt, dass oft schon die Drohung mit der Anrufung des Verfassungsgerichts genügt, um verfassungsrechtlich bedenkliche Vorhaben der Regierung zu verhindern: „In der Hand der Minorität kann schon die bloße Drohung mit der Anfechtung vor dem Verfassungsgericht ein geeignetes Instrument sein, verfassungswidrige Interessenverletzungen durch die Majorität (…) zu verhindern".[75] Beispiele für solche oppositionellen Drohungen finden sich bei vielen umstrittenen Politikvorhaben. Im Streit der Regierung Kohl mit der SPD-Opposition um den Einsatz der Bundeswehr außerhalb des NATO-Bündnisgebietes (1992/93) betonte etwa SPD-Fraktionschef Hans-Ulrich Klose in einer Rede im Bundestag: „Wenn es nicht anders möglich ist, muss das Bundesverfassungsgericht in dieser Frage Klarheit schaffen".[76]

Je eindringlicher und lauter die Drohungen vorgebracht werden, desto größer sind die Chancen, dass die Regierung vor riskanten Projekten zurückschreckt oder sie nicht weiter verfolgt. Insbesondere bei Fragen, in denen die verfassungsrechtliche Lage noch ungeklärt ist oder bei denen sich die Judikatur der Verfassungsrichter schlecht prognostizieren lässt, wird die Regierung das Wagnis einer verfassungsgerichtlichen Kontrolle vermeiden. Die bloße Klagedrohung kann somit zu einer Verengung des politischen Handlungsspielraums der Regierung, in manchen Fällen sogar zu einer gewissen Lähmung der Politik führen. Denkbar ist aber auch, dass es auch hier zur Aushandlung von Kompromissen kommt: Die Regierungsmehrheit weicht dann vor der Drohung mit dem „Gang nach Karlsruhe" zurück und berücksichtigt die Vorstellungen der Opposition, und im Gegenzug verzichtet diese auf die Anrufung des Gerichts.

4   Chancen und Grenzen

Da im parlamentarischen Regierungssystem die Regierung und die mit ihr in einer Aktions- und Funktionseinheit verbundene parlamentarische Mehrheit die eigentliche politische Gestaltungsmacht darstellen, muss die Kontrolle der staatlichen Macht vornehmlich eine Kontrolle der Regierung und der Regierungsmehrheit sein. Als an der Regierung nicht beteiligte Parlamentsminderheit soll diese Aufgabe vor allem die parlamentarische Opposition übernehmen, die der Regierungsmehrheit kritisch entgegentritt und zugleich alternative und innovative Konzepte in den politischen Prozess einbringt. Wegen ihrer Minderheitsposition ist die Kontrolltätigkeit der Opposition jedoch nie mit einer unmittelbaren Sanktion verbunden. Will sie Handlungen der Regierung bzw. der Parlamentsmehrheit verhindern oder rückgängig machen, ist sie auf die Einschaltung eines Mitkontrolleurs angewiesen. Dies kann – aufgrund verschiedener Zugangsmöglichkeiten der Opposition zum verfassungsgerichtlichen Verfahren – das BVerfG sein. Da das BVerfG kontrollierend tätig werden soll und die Opposition zugleich ein Kontrollinteresse gegenüber Regierung und Parlamentsmehrheit besitzt,

---

75 Kelsen, Hans: Wesen und Entwicklung der Staatsgerichtsbarkeit, in: VVDStRL 5 (1929), S. 104; vgl. dazu auch Vanberg, Georg: The Politics of Constitutional Review in Germany. New York 2005, S. 90.
76 Deutscher Bundestag: Stenographischer Bericht 8/2173 C.

ist die Opposition gleichsam eine „natürliche Antragstellerin" im verfassungsgerichtlichen Prozess.

Dies ist nicht nur systemlogisch und legitim, sondern auch von Vorteil für die Sicherung der Verfassungsordnung. Die Einhaltung verfassungsrechtlicher Normen wird
am besten gewährleistet, wenn sich ein politisches Interesse mit ihnen verbindet. In der
parlamentarischen Demokratie liegt das politische Interesse, die verfassungsrechtlichen
Grenzen der regierenden Mehrheit zu kontrollieren, vornehmlich bei der Opposition.
Dass sie das Instrument der verfassungsgerichtlichen Klage auch als Mittel im politischen Kampf einsetzt, schließt nicht aus, dass im Ergebnis die normative Kraft der Verfassung gestärkt wird. Ein parlamentarisches Regierungssystem, das sich – im Gegensatz zum Westminster-Modell – zum Vorrang der Verfassung bekennt und dem durch
die Errichtung eines Verfassungsgerichts institutionellen Ausdruck verleiht, muss sich
deshalb auch zu Klagemöglichkeiten der Opposition vor diesem Verfassungsgericht bekennen.

Entgegen dem Eindruck, der mitunter in der Öffentlichkeit entstehen mag, ist die
Zahl der von der Opposition initiierten verfassungsgerichtlichen Verfahren freilich relativ klein. Rund 98 % der Entscheidungen des BVerfG ergehen aufgrund von Verfassungsbeschwerden einzelner Bürger und aufgrund von Richtervorlagen.[77] Die Opposition setzt das verfassungsgerichtliche Verfahren also eher selten in Gang. Dies liegt zum
einen daran, dass der Opposition in Deutschland neben dem Bundesverfassungsgericht
noch eine Reihe weiterer Kontrollinstrumente zur Verfügung stehen, z. B. in Form parlamentarischer Minderheitenrechte oder auch durch den Bundesrat. Die Opposition in
den Regierungssystemen anderer Länder klagt zum Teil viel häufiger.[78] Zum anderen
dürfte die oben erwähnte Vorwirkung der Verfassungsgerichtsbarkeit dazu führen, dass
die Zahl der Oppositionsklagen nicht besonders groß ist.

Auch die Erfolgsbilanz oppositioneller Verfahrensinitiativen vor dem BVerfG ist
nicht besonders groß.[79] Verfahrensanträge parlamentarischer Minderheiten führten in
der Vergangenheit meistens zu einer verfassungsgerichtlichen Niederlage der Opposition, Klagen ,oppositioneller' Landesregierungen hatten dagegen eine knappe positive
Erfolgsbilanz. Dieser rein quantitative Befund macht freilich keine Aussagen über die
rechtliche und politische Bedeutung der einzelnen verfassungsgerichtlichen Entscheidungen. Denn offensichtlich haben einige von der Opposition initiierte Verfahren ent-

---

77 Nach der Jahresstatistik 2013 des BVerfG waren zwischen 1951 und 2013 96,54 Prozent der Verfahrens-
    eingänge Verfassungsbeschwerden (Art. 93 Abs. 1 Nr. 4a und 4b GG) und 1,8 Prozent konkrete und ab-
    strakte Normenkontrollen (Art. 100 Abs. 1 und Art. 93 Abs. 1 Nr. 2 GG).
78 Vgl. mit Blick auf Frankreich: Hönnige, Christoph: Verfassungsgericht, Regierung und Opposition: Die
    Vergleichende Analyse eines Spannungsdreiecks. Wiesbaden 2007, v. a. S. 205 ff.
79 Dazu ausführlich Stüwe, Klaus: Der Veto-Spieler in Karlsruhe. Der Erfolg oppositioneller Klagen vor
    dem Bundesverfassungsgericht 1951–2000, in: Oberreuter, Heinrich/Kranenpohl, Uwe/Sebaldt, Martin
    (Hrsg.), Der Deutsche Bundestag im Wandel. Ergebnisse neuerer Parlamentarismusforschung. Wiesba-
    den 2001, S. 145 ff.

scheidend zum Ausbau der Verfassungsordnung beigetragen. Zudem konnten auch die als unbegründet zurückgewiesenen Oppositionsklagen vielfach eine Klarstellung verfassungsrechtlicher Zweifelsfragen herbeiführen.

Aber auch wenn die statistische Erfolgsquote oppositioneller Klagen insgesamt eher niedrig ist – im Prinzip kann die Opposition immer hoffen, Mehrheitsentscheidungen mit Hilfe des BVerfG zu stoppen. Und umgekehrt ist das BVerfG, das nicht von sich aus tätig werden kann, auf den Widerspruchsgeist der Opposition angewiesen. Die Aktionsmöglichkeiten der Opposition vor dem BVerfG sollten deshalb nicht geschwächt oder beseitigt werden, etwa durch die Einschränkung der Antragsberechtigung oder durch die Streichung einzelner Verfahrensarten. Abzulehnen ist insbesondere die immer wieder geforderte Abschaffung der abstrakten Normenkontrolle. Zum einen zeigt der empirische Befund, dass angesichts der wenigen von der parlamentarischen Opposition initiierten Verfahren bisher kaum von einem ständigen „Missbrauch" der abstrakten Normenkontrolle gesprochen werden kann. Die Abschaffung oder die Erschwerung des Zugangs zur abstrakten Normenkontrolle nähme der Opposition zum anderen die wirksamste rechtliche Kontrollmöglichkeit gegenüber der Regierungsmehrheit. Dies würde zu einer weiteren Schwächung der Kontrollfähigkeit der parlamentarischen Minderheit führen und möglicherweise zur Folge haben, dass das Klima zwischen Regierung und Opposition „neurotisiert und hysterisiert" würde.[80]

Aber auch die in Zeiten der Großen Koalition gern erhobene Forderung nach einer Erweiterung des Antragsrechts, z. B. durch eine erneute Herabsetzung des Antragsquorums im Verfahren der abstrakten Normenkontrolle, erscheint wenig sinnvoll. Es macht wenig Sinn, die Antragsberechtigung immer wieder den herrschenden parlamentarischen Mehrheitsverhältnissen anzupassen. Man sollte nicht übersehen, dass das Antragsquorum dem Schutz der Arbeitsfähigkeit des Parlaments und der Regierung dienen soll.[81] Ein Antragsrecht in der abstrakten Normenkontrolle gehört zudem nicht zu den verfassungsrechtlich zu garantierenden Funktionsvoraussetzungen der parlamentarischen Opposition. Im Übrigen ist die Möglichkeit, ein Normenkontrollverfahren zu initiieren, auch anderen Akteuren eröffnet (den Landesregierungen, im Rahmen der konkreten Normenkontrolle den Gerichten), so dass eine richterliche Überprüfung von Gesetzen auch in Zeiten Großer Koalitionen gesichert sein dürfte.

Die Funktionalisierung des BVerfG durch die Opposition hat indessen unzweifelhaft auch ihre Grenzen. Die Opposition ist durch die Verfassungsgerichtsbarkeit zwar in die Lage versetzt, ihre schwache Position als Minderheit im Bundestag zu kompen-

---

80 So Rasehorn, Thomas: Aus einer kleinen Residenz. Zum Selbstverständnis des Bundesverfassungsgerichts, in: Däubler, Wolfgang/Küsel, Gudrun (Hrsg.): Verfassungsgericht und Politik. Reinbek 1979, S. 167.

81 Vgl. Cancik, Pascale: Kurzgutachten Wirkungsmöglichkeiten Opposition (16. 10. 2013), https://www.gruene-bundestag.de/fileadmin/media/gruenebundestag_de/themen_az/innenpolitik/131016_Grosse_Koalition_Kurzgutachten_Cancik.pdf.

sieren. Dies gelingt ihr aber, ohne vom Wähler zur Mehrheit gemacht worden zu sein.[82] Die Opposition besitzt für die Anrufung des BVerfG wohl eine rechtsstaatliche, aber keine demokratische Legitimation. Diese besitzt jedoch die parlamentarische Mehrheit, die vom Wähler beauftragt ist, ihre politischen Ziele und Gesetzgebungsprojekte zu realisieren. Die Bedeutung des Ausgangs von Wahlen nähme ab, wenn die Opposition das Handeln und die Gesetzgebungsvorhaben der demokratisch legitimierten Mehrheit ständig der politischen Diskussion entzöge und durch fortwährende Verfassungsklagen das Verfassungsgericht zum eigentlichen Entscheidungsorgan machte. Eine permanente Instrumentalisierung des Gerichts im politischen Kampf könnte zu einer Schwächung der parlamentarischen Demokratie führen.

Wenn die Opposition die Auseinandersetzung mit der Regierungsmehrheit ausschließlich mit verfassungsgerichtlichen Argumenten führte und das Parlament dadurch gezwungen wäre, Politik nur noch „mit Blick nach Karlsruhe"[83] zu machen, bestünde nicht zuletzt die Gefahr der Verrechtlichung der Politik.[84] Zwar ist es nicht von Nachteil für den Bestand der Verfassungsordnung, wenn politische Entscheidungen schon frühzeitig auf ihre Verfassungskonformität hin überprüft werden. Dies darf jedoch nicht dazu führen, dass die politischen Organe statt einer eigenen Beurteilung der verfassungsrechtlichen Lage nur noch nach Regelungen suchen, die in der Rechtsprechung des BVerfG vorgezeichnet erscheinen. Ein Immobilismus der Politik wäre die Folge.

Zudem könnte die Verfassungsgerichtsbarkeit Schaden nehmen, wenn sie aufgrund oppositioneller Initiativen die Rolle eines ständigen Ersatzgesetzgebers oder einer permanenten Nebenregierung übernehmen würde.[85] Im Gegensatz zum Supreme Court der USA muss sich das BVerfG auch zu Rechtsfragen mit hochpolitischem Charakter äußern. Vor allem die in einem solchen Verfahren Unterlegenen neigen dann oft dazu, dem BVerfG vorzuwerfen, es habe seine Kompetenzen entweder in unzulässiger Weise ausgedehnt oder aber aus politischer Rücksicht nicht voll ausgeschöpft.[86] Das BVerfG kann dem nicht entgehen. Mit der Zahl der Verfassungsprozesse nimmt immer auch die Kritik am Gericht selbst zu. Karlsruhe ist aufgrund der Vielzahl von Anträgen ohnehin überlastet: Manche Verfahren dauern lang, und Gerichtsentscheidungen werden mit-

---

82 Darauf verweist auch Schlaich, Klaus: Das Bundesverfassungsgericht. Stellung, Verfahren, Entscheidungen. München, 4. Aufl., 1994, S. 316.

83 Geiger, Willi: Zwischen Recht und Politik, in: Die politische Meinung, Mai/Juni 1979, S. 51.

84 Die drohende Justizialisierung der Politik wird zunehmend auch zum Thema von Studien zu Gerichten anderer Länder. Vgl. Dotan, Yoav und Hofnung, Menachem: Legal Defeats – Political Wins.Why Do Elected Representatives Go to Court? In: Political Research Quarterly 38 (2005), S. 75–103; Aydın-Çakır, Aylin: Judicialization of Politics by Elected Politicians: The Theory of Strategic Litigation, in: Political Research Quarterly 67 (2014), S. 489–503.

85 Vgl. dazu Sweet Stone, Alec: Governing with Judges. Constitutional Politics in Europe. Oxford 2000.

86 Georg Vanberg will sogar nachweisen, dass das BVerfG bei seiner Urteilsfindung strategisch denkt und beispielsweise die öffentliche Meinung berücksichtigt; Vanberg, Georg: The Politics of Constitutional Review in Germany. Cambridge 2005.

unter von den politischen Ereignissen überholt. Das im Jahr 2007 von allen damaligen Oppositionsfraktionen beantragte Organklageverfahren zum BND-Untersuchungsausschuss[87] lief z. B. über zwei Jahre, und eine Entscheidung fiel erst, als der der Ausschuss längst aufgelöst war. Das verfassungsgerichtliche Verfahren kann deshalb kein Mittel sein, dessen sich die Opposition im politischen Alltag bedient. Vor der Verfassungsklage müssen die politischen Kontrollinstrumente ausgenutzt werden. Der „Gang nach Karlsruhe" bleibt als ultima ratio.

---

87 BVerfGE 124, 78.

Die Wahl der Bundesverfassungsrichter und ihre Folgen für die Legitimität der Verfassungsgerichtsbarkeit

Christine Landfried

1 Einleitung: Fragestellung und Hypothese

Der weitreichende Einfluss des Bundesverfassungsgerichtes (BVerfG) auf die politische Willensbildung und Entscheidungsfindung in Deutschland ist wissenschaftlich gut belegt.[1] Es wurde insbesondere untersucht, welche Mechanismen im Verhältnis von BVerfG und Bundestag zu einer für die repräsentative Demokratie unangemessenen Verrechtlichung von Politik führen. Vergleichende Analysen zur Verfassungsgerichtsbarkeit in westlichen Demokratien[2] und zur globalen Ausbreitung der Richtermacht liegen vor.[3] Nur selten hingegen haben sich Politik- und Rechtswissenschaftler mit der Wahl und noch seltener mit der Auswahl der Verfassungsrichter beschäftigt.

Es gibt zwei Gründe für dieses Defizit in der Forschung. Zum einen kommen wenig Informationen über die konkreten Umstände der Auswahl und Wahl der Mitglieder des BVerfG an das Licht der Öffentlichkeit. Zum anderen ist es herrschende Meinung, dass die Art und Weise der Wahl der Richter keine Folgen für die inhaltliche Arbeit in den Senaten des BVerfG habe. Zwar dominierten die beiden großen Parteien die Wahl der Verfassungsrichter nach dem Prinzip des „do ut des",[4] und der Proporz der beiden gro-

1 Kommers, Donald: The Constitutional Jurisprudence of the Federal Republic of Germany, Durham: Duke University Press 2. Aufl. 1997; Landfried, Christine: Bundesverfassungsgericht und Gesetzgeber, Baden-Baden: Nomos 2. Aufl. 1996.

2 Stone Sweet, Alec: Governing with Judges, Oxford: Oxford University Press 2000; v. Brünneck, Alexander: Verfassungsgerichtsbarkeit in den westlichen Demokratien. Ein systematischer Verfassungsvergleich, Baden-Baden: Nomos 1992.

3 Tate, C. Neal/Vallinder, Torbjörn (Hrsg.): The Global Expansion of Judicial Power, New York/London: New York University Press 1995.

4 Häberle, Peter: Das Bundesverfassungsgericht als Muster einer selbständigen Verfassungsgerichtsbarkeit. In: Badura, Peter/Dreier, Horst (Hrsg.), Festschrift 50 Jahre Bundesverfassungsgericht, Tübingen: Mohr Siebeck 2001, S. 325.

ßen Parteien CDU und SPD werde in der Regel bei der Besetzung der Richterstühle eingehalten. Doch nach der Wahl sei die parteipolitische Orientierung der Richter für die
Willensbildung und Entscheidungsfindung nicht mehr ausschlaggebend.[5] Warum sollte
man sich für die Wahl der Richter interessieren, wenn diese Wahl ohnehin keine große
Bedeutung für die spätere Arbeit der Richter am BVerfG besitzt?

Im folgenden Beitrag gehe ich von der *Prämisse* aus, dass die Art und Weise der
Wahl der Bundesverfassungsrichter die Rechtsprechung stärker beeinflusst als dies nach
der herrschenden Meinung angenommen wird.[6] Eine Analyse der Richterwahl ist daher für das Verständnis der Rolle der Verfassungsgerichtsbarkeit in einer repräsentativen Demokratie sehr wohl von Interesse.[7] Es stellt sich die Frage, weshalb die politischen Parteien bei der Richterwahl derart großen Wert auf den Parteienproporz legen,
wenn die parteipolitische Orientierung der Richter für die Rechtsprechung so gar keine
Rolle spielt.

Es ist freilich nicht hinreichend, bei einer Analyse der Richterwahl allein die Parteipolitik im Blick zu haben.[8] Denn ein politischer und damit auch parteipolitischer Einfluss bei den Richterwahlen ist legitim, solange dieser Einfluss „in einer der Verfassung
gemäßen Weise domestiziert" ist.[9] Wenn wir das politische Moment als die „spezifische
Rationalität der Verfassungsgerichtsbarkeit"[10] anerkennen, dann kommt es in einer repräsentativen Demokratie in erster Linie darauf an, dass der parteipolitische Einfluss
auf die Wahl der Verfassungsrichter in einen demokratischen und transparenten Aus-
wahl- und Wahlprozess eingebunden ist.

Die *theoretische Frage* meines Beitrages lautet also: Welches sind die Bedingungen
der Möglichkeit einer demokratischen Prinzipien entsprechenden Verfassungsrichterwahl? Die *empirische Frage* lautet: Erfüllen die Modalitäten der Wahl der Verfassungsrichter diese Bedingungen? Die empirische Frage bezieht sich dabei sowohl auf die
rechtlichen Regelungen als auch auf die Umsetzung dieser Regelungen.

---

5   Helms, Ludger: Entwicklungslinien der Verfassungsgerichtsbarkeit in der parlamentarischen Demokra-
    tie der Bundesrepublik Deutschland. In: Jesse, Eckhard/Löw, Konrad (Hrsg.), 50 Jahre Bundesrepublik
    Deutschland, Berlin: Duncker & Humblot 1999, S. 148: „Die Mehrheit der relevanten Beobachter geht
    davon aus, daß die Parteimitgliedschaft von Bewerbern bzw. deren spezifischer Nominierungshinter-
    grund keinen entscheidenden Einfluß auf die spätere Spruchpraxis von Richtern hatte."
6   So auch Mary L. Volcansek für den italienischen Corte Costituzionale: Political Power and Judicial Re-
    view in Italy. In: Comparative Political Studies 26 (1994), S. 494.
7   Vgl. Landfried, Christine: The Selection Process of Constitutional Court Judges in Germany. In: Malle-
    son, Kate/Russell, Peter H. (Hrsg.), Appointing Judges in an Age of Judicial Power. Critical Perspectives
    fromaround the World, Toronto, Buffalo, London: University of Toronto Press 2006, S. 196–210.
8   von Beyme, Klaus: Das Bundesverfassungsgericht aus der Sicht der Politik- und Gesellschaftswissen-
    schaften. In: Badura/Dreier, a. a. O. (Fn. 4), S. 498.
9   Preuß, Ulrich K.: Die Wahl der Mitglieder des BVerfG als verfassungsrechtliches und -politisches Pro-
    blem. In: Zeitschrift für Rechtspolitik 1998, Nr. 10, S. 389. Vgl. v. Brünneck, Verfassungsgerichtsbarkeit
    in den westlichen Demokratien, a. a. O. (Fn. 2), S. 34.
10 Preuß, Die Wahl der Mitglieder des BVerfG als verfassungsrechtliches und -politisches Problem, a. a. O.
    (Fn. 9), S. 389.

Der heuristische Zugriff, um zu klären, welche Struktur für die Wahl der Verfassungsrichter in einer Demokratie angemessen ist, liegt in dem vorausgesetzten *Zusammenhang zwischen der Richterwahl und der Legitimität der Verfassungsrechtsprechung*. Je demokratischer, transparenter und offener für Differenz die Wahlverfahren sind, desto höher ist die Legitimität, über die die Richter *qua Wahl* in ihrer Arbeit verfügen. Mögliche Folgen des parteipolitischen Einflusses bei der Wahl der Verfassungsrichter für die Inhalte der Verfassungsrechtsprechung sind also nur ein Aspekt im Rahmen eines komplexen Zusammenhanges zwischen Richterwahl und Legitimität der Verfassungsgerichtsbarkeit. Es ist die *Hypothese* des Beitrages, dass die gegenwärtigen Modalitäten der Wahl der Richter des BVerfG die Bedingungen für eine Verfassungsgerichtsbarkeit, die demokratische Legitimität besitzt, nicht in hinreichendem Maße erfüllen.

In einem ersten Schritt der Argumentation werden die Bedingungen genannt, die es ermöglichten, dass die Wahl der Verfassungsrichter die demokratische Legitimität der Verfassungsgerichtsbarkeit begründete. In einem zweiten Schritt werden die empirischen Befunde zur Auswahl und Wahl der Verfassungsrichter dargestellt und am Maßstab der genannten Bedingungen beurteilt. Abschließend werden in einem dritten Schritt Vorschläge entwickelt, die geeignet scheinen, die legitimitätserzeugende Kraft der Wahl der Bundesverfassungsrichter zu erhöhen.

2 Theoretische Annahmen: Die Bedingungen für die Legitimität der Verfassungsgerichtsbarkeit

Die Richter des BVerfG sprechen das letzte Wort in Streitfragen über die Interpretation des Grundgesetzes. Diese „authentische Verfassungsinterpretation"[11] verleiht den Richtern eine beträchtliche Macht in der politischen Gestaltung.[12] Daraus folgt, dass die Wahlverfahren geeignet sein müssen, die weitreichende politische Macht der Richter demokratisch zu legitimieren. Nach Artikel 20 Absatz 2 Grundgesetz bedarf alle öffentliche Gewalt der Rückbindung an den Willen des Volkes. „Das gilt auch für die öffentliche Gewalt des BVerfG."[13]

Demokratische Verfahren wiederum sind ohne Transparenz nicht denkbar. Diese Transparenz ist sowohl für die Wahl der Verfassungsrichter als auch für die Auswahl der Kandidaten zu gewährleisten. Die erste Bedingung für die Gewinnung von Legitimität qua Wahl der Verfassungsrichter ist die Transparenz des Auswahlprozesses. Die zweite Bedingung ist ein demokratisches Verfahren der Richterwahl selbst. Die dritte Bedingung für ein hohes Maß an demokratischer Legitimität der Verfassungsgerichtsbarkeit

---

11 Böckenförde, Ernst-Wolfgang: Die Methoden der Verfassungsinterpretation – Bestandsaufnahme und Kritik. In: NJW 29 (1976), S. 2099.
12 Massing, Otwin: Politik als Recht – Recht als Politik, Baden-Baden: Nomos 2005, S. 49.
13 Preuß, Die Wahl der Mitglieder des BVerfG als verfassungsrechtliches und -politisches Problem, a. a. O. (Fn. 9), S. 392.

ist die Beachtung von sozialer, beruflicher und parteipolitischer Differenz bei der Auswahl und Wahl der Verfassungsrichter. Auch wenn die demokratische Legitimität der Verfassungsgerichtsbarkeit nicht voraussetzt, dass alle gesellschaftlichen Interessen im BVerfG repräsentiert sind, so ist es für die Urteilsfindung im Bereich der vielfältigen verfassungsrechtlichen Fragen sinnvoll, wenn die Richter ein breites Spektrum in der sozialen Herkunft, der beruflichen Erfahrung und der politischen Orientierung repräsentieren.[14]

Die vierte Bedingung für ein hohes Maß an demokratischer Legitimität der Verfassungsgerichtsbarkeit ist die Beachtung der Differenz zwischen politischer und rechtlicher Entscheidungsfindung im Bewusstsein der politischen Rolle des Verfassungsgerichtes. Das BVerfG ist ein politisches Leitungsorgan und zugleich ein Gericht.[15] Die Willensbildung und Entscheidungsfindung im BVerfG muss sich daher von der Willensbildung und Entscheidungsfindung im Bereich der Politik unterscheiden. Für die Aufgabe des Verfassungsgerichtes, die Verfassung authentisch zu interpretieren, ist es von Nachteil, wenn sich Richter wie Politiker und Politiker wie Richter verhalten. Die Verfassungsgerichtsbarkeit bedarf also der Unabhängigkeit und einer spezifischen Arbeitsweise, die sich von Politik unterscheidet.[16] Gerade durch die Differenz zwischen Politik und Verfassungsgerichtsbarkeit wird die Rationalität der politischen Entscheidungen in einer repräsentativen Demokratie erhöht. Der Trend zu einer Verrechtlichung der Politik bringt die notwendige Differenz zwischen politischer und verfassungsgerichtlicher Arbeitsweise zum Verschwinden.[17] Es konnte gezeigt werden, dass Abgeordnete im Gesetzgebungsprozess zunehmend wie Verfassungsrechtler argumentieren. Am Ende bedeute das Regieren mit Richtern auch ein Regieren wie Richter.[18] Auf diese Weise

---

14 Die These Otwin Massings in einem jetzt wieder veröffentlichten Aufsatz aus dem Jahre 1970, die „Einheitlichkeit des Interessenstandpunktes" der Verfassungsrichter, die auf ihrer sozialen Herkunft und einer systemadäquaten Ausbildung beruhe, mache deutlich, dass mit dem Verfassungsgericht „das alte Gespenst einer Klassenjustiz in neuartiger Verkleidung auftaucht", halte ich für übertrieben. Vgl. Massing, Politik als Recht – Recht als Politik, a. a. O. (Fn. 12), S. 126.

15 Preuß, Die Wahl der Mitglieder des BVerfG als verfassungsrechtliches und -politisches Problem, a. a. O. (Fn. 9), S. 390.

16 Preuß, Ulrich K.: Politik aus dem Geiste des Konsenses. Zur Rechtsprechung des Bundesverfassungsgerichts. In: Merkur 41 (1987), S. 6 beschreibt die paradoxe Situation des Gerichtes: „seine Macht beruht auf der Akzeptanz seiner Entscheidungen durch jene, die es kontrollieren soll. Es ist daher nur formal Gericht, insofern es die Bindung an einen Text und die Interpretation eines Textes gleichsam inszeniert; aber sein entscheidendes Charakteristikum liegt darin, daß es sich die Autorität für seine Entscheidungen selbst beschaffen muß." Um sich diese Autorität zu beschaffen, bedarf es nach Preuß der „Distanz zum rein politischen Diskurs." Inwieweit diese Distanz gleichwohl dazu führt, dass die Entscheidungen des Gerichtes, so Preuß, „stets um die reale gesellschaftliche und politische Macht oszillieren"(S. 12) oder inwieweit die Distanz zur Politik auch „Gegenmacht" des Gerichtes ermöglicht, ist nur empirisch zu beantworten.

17 Shapiro, Martin/Stone Sweet, Alec: The New Constitutional Politics of Europe. In: Comparative Political Studies 26 (1994), S. 403 sprechen von „judicialized legislative deliberation."

18 Stone Sweet, Governing with Judges, a. a. O. (Fn. 2), S. 204.

Tabelle 1 Bedingungen für die Legitimität der Verfassungsgerichtsbarkeit

Unabhängige Variablen		Abhängige Variable
1. Transparenz der Auswahl der Richter,	→	
2. Demokratische Verfahren der Richterwahl,	→	
3. Differenz in der sozialen Herkunft, der Ausbildung, der beruflichen und politischen Erfahrung der Richter,	→	
4. Differenz zwischen politischer und rechtlicher Entscheidungsfindung,	→	Das Maß an demokratischer Legitimität der Verfassungsgerichtsbarkeit
5. Differenz zwischen Entscheidungen über Prozesse und Entscheidungen über Inhalte als Kriterium zur Bestimmung der Kompetenzen des Bundesverfassungsgerichtes,	→	
6. Vertrauen der Bürger in das Bundesverfassungsgericht.	→	

wird die Chance, durch ein Verfassungsgericht und rechtliche Verfahren die Problemlösungskapazität in einer Demokratie zu erhöhen, verschenkt.

Die fünfte Bedingung für eine legitime Verfassungsrechtsprechung ist eine der politischen Ordnung des Grundgesetzes gemäße Kompetenzverteilung zwischen Parlament und Verfassungsgericht. Kompetenzüberschreitungen der Verfassungsrichter gefährden die repräsentative Demokratie ebenso wie der ständige Gang der Abgeordneten „nach Karlsruhe" und die Vorwirkung möglicher späterer Urteile im Gesetzgebungsprozess. Die Kriterien, die das Grundgesetz für die Aufgabenteilung zwischen Parlament und Verfassungsgericht vorgibt, lassen sich mit den Funktionen beider Institutionen verknüpfen. Entscheiden Verfassungsrichter über die Verfassungsmäßigkeit politischer Prozesse, dann sind die Kompetenzen des Gerichtes groß und die Kompetenzverteilung verschiebt sich zugunsten des Verfassungsgerichtes.[19] Entscheiden Verfassungsrichter über die Verfassungsmäßigkeit politischer Inhalte, dann ist der Gesetzgeber am Zuge und die Kompetenzverteilung verschiebt sich zugunsten des Parlamentes. Es ist also die Differenz zwischen Prozessen und Inhalten der Politik, die als Kriterium für die Arbeitsteilung zwischen Parlament und Verfassungsgericht gelten kann.

Die sechste Bedingung für eine legitime Verfassungsrechtsprechung ist das Vertrauen der Bürger in das BVerfG. Werden die Bürger nach ihrem Vertrauen in Institutionen befragt, dann schneidet das BVerfG sehr viel besser ab als der Bundestag, der Bundesrat, die Bundesregierung oder die politischen Parteien.[20] Um so wichtiger ist es, dass sich die Parteien- und Politikerverdrossenheit nicht über intransparente und undemokratische Wahlen der Verfassungsrichter auf das Verfassungsgericht überträgt.

---

19 Ely, John H.: Democracy and Distrust. A Theory of Judicial Review, Cambridge: Harvard University Press, 4. Aufl. 1982, S. 74.

20 Vorländer, Hans/Brodocz, André: Das Vertrauen in das Bundesverfassungsgericht. In: Vorländer, Hans (Hrsg.), Die Deutungsmacht der Verfassungsgerichtsbarkeit, Wiesbaden: VS Verlag für Sozialwissenschaften 2006, S. 261.

Die ersten drei unabhängigen Variablen, die das Maß an Legitimität der Verfassungsgerichtsbarkeit beeinflussen – Transparenz der Auswahl der Richter, demokratische
Verfahren der Wahl der Richter und Beachtung der Differenz in Sozialprofil, beruflicher
und politischer Erfahrung – betreffen das hier zu behandelnde Thema der Auswahl und
Wahl der Verfassungsrichter. Wie sieht es in der Realität mit diesen Faktoren aus?

3   Empirische Befunde: Auswahl und Wahl
     der Bundesverfassungsrichter

Das Verfahren für die Auswahl und Wahl der Verfassungsrichter wird in Artikel 94 des
Grundgesetzes und den Paragraphen 3 bis 10 des Bundesverfassungsgerichtsgesetzes
festgelegt. Nach der Verfassung wird die Hälfte der 16 Richter durch den Bundestag und
die andere Hälfte durch den Bundesrat mit einer 2/3 Mehrheit für eine einmalige Amtszeit von 12 Jahren gewählt. Die Kandidaten müssen die Befähigung zum Richteramt
besitzen und mindestens 40 Jahre alt sein. Wer diese Voraussetzungen erfüllt und sich
schriftlich bereit erklärt, Mitglied des BVerfG zu werden, wird in die Vorschlagsliste des
Justizministeriums aufgenommen (§ 8 Abs. 1 BVerfGG). Neben dieser Liste gibt es eine
weitere Liste für Kandidaten, die von einer Bundestagsfraktion, der Bundesregierung
oder einer Landesregierung für das Amt eines Verfassungsrichters vorgeschlagen werden (§ 8 Abs. 2 BVerfGG). In den zwei Senaten des „Zwillingsgerichtes" müssen jeweils
drei Mitglieder wenigstens drei Jahre an einem obersten Gerichtshof des Bundes gearbeitet haben (§ 2 Abs. 3 BVerfGG).

Über die Realität der Richterwahl schreibt einer der besten Kenner des Verfassungsgerichtes:

> „Der Weg der Richter nach Karlsruhe ist geheimnisumwittert. Ihre Auslese ist streng vertrau-
> lich, ihre Biographie der Öffentlichkeit oft unbekannt, ihre Wahl wird in kleinem Kreise ab-
> gesprochen: Wenn die höchsten Richter der Republik neu zu bestimmen sind, wird…, wie
> manche Kritiker meinen, die Verfassung vorübergehend außer Kraft gesetzt."[21]

Es widerspricht in der Tat dem Grundgesetz, dass der Bundestag, der die Hälfte der Ver-
fassungsrichter wählen soll, diese wichtige Aufgabe an einen Ausschuss delegiert hat.[22]
Die demokratisch gewählten Abgeordneten des Bundestages „repräsentieren in ihrer
Gesamtheit das Volk, nur diese Gesamtheit ist Volksvertretung."[23] Wichtige Aufgaben

---

21 Lamprecht, Rolf: Vom Mythos der Unabhängigkeit. Über das Dasein und Sosein der deutschen Richter,
    Baden-Baden: Nomos 2. Aufl. 1996, S. 72.
22 Dies wurde schon oft von Wissenschaftlern und Journalisten kritisiert. Die Kritik blieb jedoch folgen-
    los.
23 Preuß, Die Wahl der Mitglieder des BVerfG als verfassungsrechtliches und -politisches Problem, a. a. O.
    (Fn. 9), S. 390.

wie die Wahl der Verfassungsrichter kann der Bundestag daher auch nur in seiner Gesamtheit erfüllen und nicht an einen Ausschuss delegieren. Somit findet die Wahl der Hälfte der Verfassungsrichter auf verfassungswidrige Weise statt.

Doch auch die Mitglieder des Bundestagswahlausschusses bilden nicht das Entscheidungszentrum für die Wahl der Verfassungsrichter. Ausschlaggebend sind wenige Politiker der beiden großen Parteien, die in der Regel gar nicht dem Wahlausschuss angehören. Der Wahlausschuss beschließt dann mit 2/3 Mehrheit, „was zwischen Spitzenfunktionären von CDU/CSU und SPD vorher ausgehandelt wurde."[24] Die Mitglieder des Wahlausschusses sind „zur Verschwiegenheit über die ihnen durch ihre Tätigkeit im Wahlausschuß bekanntgewordenen persönlichen Verhältnisse der Bewerber sowie über die hierzu im Wahlausschuß gepflogenen Erörterungen und über die Abstimmung verpflichtet." (§ 6 Abs. 4 BVerfGG).

Das Ergebnis dieses wenig demokratischen und völlig intransparenten Verfahrens ist der strikt durchgehaltene Proporz der beiden großen Parteien bei der Wahl der Verfassungsrichter. „Die Devise heißt: zwei links, zwei rechts."[25] Regieren die beiden großen Parteien mit einem kleineren Koalitionspartner, dann kann es sein, dass zugunsten des kleineren Partners auf einen Richterstuhl verzichtet wird (vgl. Tabellen 2–5).

Der Parteienproporz ist ein Indiz für das Anliegen der Politik, Richter der eigenen gesellschaftspolitischen Grundeinstellung für das Gericht auszuwählen. Ein Indiz für den tatsächlichen Einfluss der Parteipolitik auf die Inhalte der Rechtsprechung ist damit noch nicht gewonnen. Dieser Einfluss lässt sich nur durch eine Analyse konkreter Urteile belegen.[26]

Am Beispiel der Rechtsprechung zur Parteienfinanzierung lässt sich zeigen, dass es in diesem Politikfeld Hinweise für einen Zusammenhang zwischen der parteipolitischen Zusammensetzung des BVerfG und der Verfassungsrechtsprechung gibt. Ein entscheidender Wandel der Rechtsprechung fand mit der Entscheidung des Gerichtes zur Parteienfinanzierung vom 9. April 1992 statt. Mit dieser Entscheidung legten die Richter des Zweiten Senates des BVerfG ein Veto gegen die steuerliche Privilegierung der Großspender ein. Während der Zweite Senat des BVerfG am 14. Juli 1986 noch urteilte, es sei verfassungsgemäß, Spenden an politische Parteien bis zu einer Höhe von 100 000 DM steuerlich zu berücksichtigen,[27] waren die Richter sechs Jahre später einstimmig der

---

24 Starck, Christian: Das Bundesverfassungsgericht in der Verfassungsordnung und im politischen Prozeß. In: Badura/Dreier, a. a. O. (Fn. 4), S. 32.

25 Lamprecht, Vom Mythos der Unabhängigkeit, a. a. O. (Fn. 21), S. 70.

26 Brun-Otto Bryde ist zuzustimmen, dass Generalisierungen zur Korrelation zwischen Parteinähe der Richter und den Ergebnissen der Rechtsprechung schwer möglich sind. Die Verfassungsgerichtsbarkeit in der Rechtssoziologie. In: Brand, Jürgen/Strempel, Dieter (Hrsg.), Soziologie des Rechts. Festschrift für Erhard Blankenburg zum 60. Geburtstag, Baden-Baden: Nomos 1998, S. 496.

27 BVerfGE 73, 40.

Tabelle 2 Bundesverfassungsrichter und Parteizugehörigkeit 1951–1983 – *Erster Senat*

	1951	1954	1955	1956	1959	1962	1963	1965	1967
Höpker-Aschoff (FDP)	Wintrich (CDU)				Müller (CDU)				
Kurt Zweigert (CDU)	Heck (CDU)								
Heiland (SPD)						Haager (SPD)			
Scholtissek (CDU)									Brox (CDU)
Wessel (SPD)						Berger (SPD)			Zeidler (SPD)
Scheffler							Rupp von Brünneck (SPD)		
Stein (CDU)									
Ritterspach (CDU)									
Drath (SPD)									
Lehmann (SPD)									
Konrad Zweigert (SPD)		Kutscher (SPD)							
Ellinghaus (SPD)									

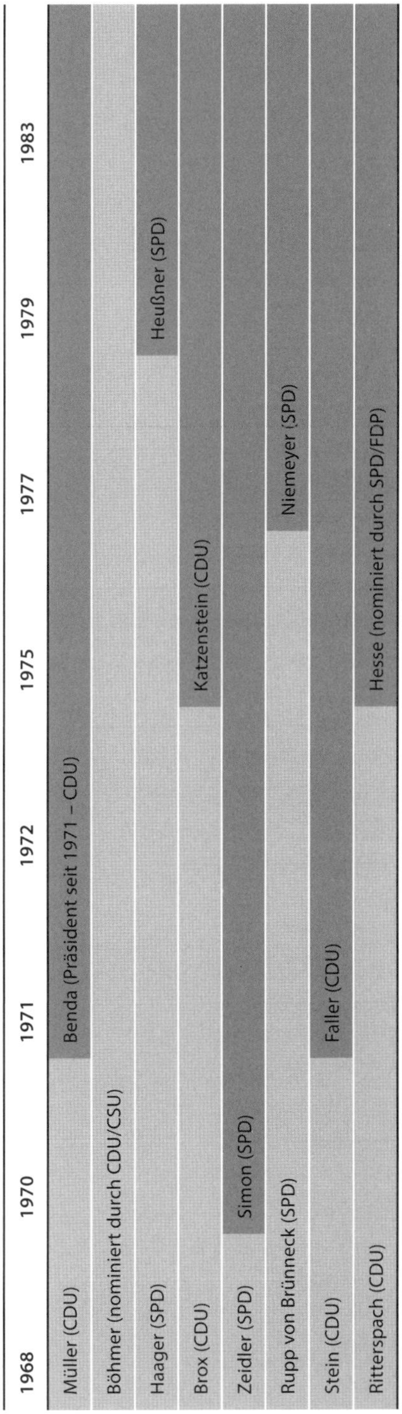

1968	1970	1971	1972	1975	1977	1979	1983

Müller (CDU)

Böhmer (nominiert durch CDU/CSU)

Haager (SPD)

Brox (CDU)

Zeidler (SPD)

Simon (SPD)

Rupp von Brünneck (SPD)

Stein (CDU)

Faller (CDU)

Ritterspach (CDU)

Benda (Präsident seit 1971 – CDU)

Katzenstein (CDU)

Niemeyer (SPD)

Hesse (nominiert durch SPD/FDP)

Heußner (SPD)

Tabelle 3   Bundesverfassungsrichter und Parteizugehörigkeit 1951–1983 – *Zweiter Senat*

	1951	1952	1956	1961	1963	1965	1967
Katz (SPD)				Wagner (SPD)			Seuffert (SPD)
Hennecka							
Wolff			Kutscher (SPD)				
Klaas (SPD)					Geller (CDU)		
Leibholz							
Federer							von Schlabrendorff (CDU)
Rupp (SPD)							
Geiger (CDU)							
Leusser (CDU)		Schunck (CDU)					
Friesenhahn							
Fröhlich							
Roediger (DP)							

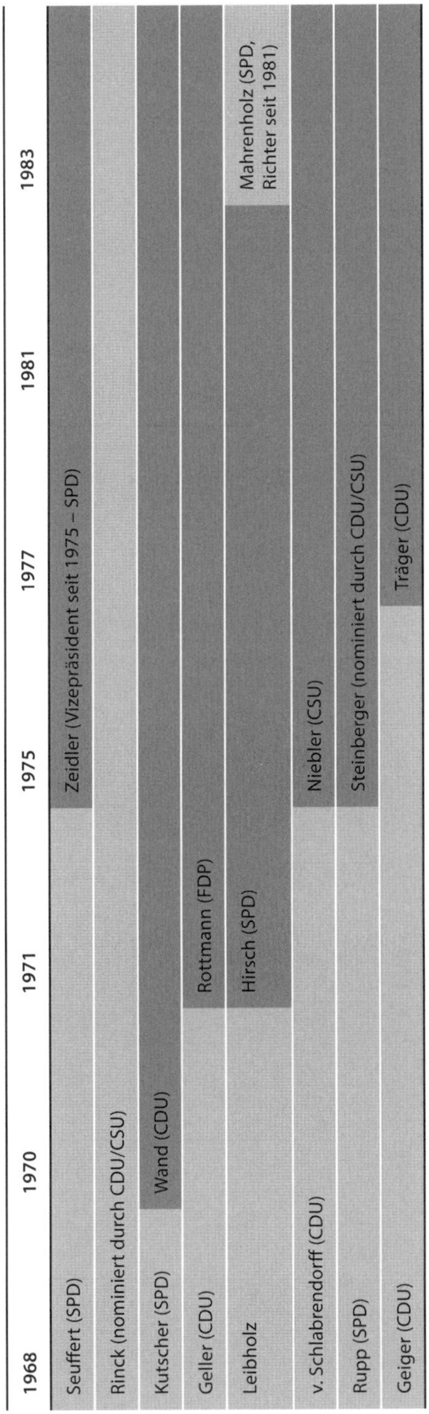

1968 1970 1971 1975 1977 1981 1983

Seuffert (SPD)

Zeidler (Vizepräsident seit 1975 – SPD)

Rinck (nominiert durch CDU/CSU)

Kutscher (SPD)

Wand (CDU)

Geller (CDU)

Rottmann (FDP)

Leibholz

Hirsch (SPD)

Mahrenholz (SPD, Richter seit 1981)

v. Schlabrendorff (CDU)

Niebler (CSU)

Rupp (SPD)

Steinberger (nominiert durch CDU/CSU)

Geiger (CDU)

Träger (CDU)

Tabelle 4 Bundesverfassungsrichter und Parteizugehörigkeit 1983–2006 – *Erster Senat*

1983	1986	1987	1989	1991	1994
Benda (CDU) – Herzog (CDU)					Haas (CDU)
Böhmer – Niedermaier (beide nominiert durch CDU/CSU)	Seidl (nominiert durch CSU)				
Heußner (SPD)			Kühling (SPD)		
Katzenstein (CDU)		Söllner (CDU)			
Simon (SPD)		Dieterich (SPD)			Jäger (SPD)
Niemeyer (SPD)			Seibert (SPD)		
Faller (FDP) – Henschel (CDU)					
Hesse (nominiert durch SPD/FDP)		Grimm (nominiert durch SPD)			

1995	1998	1999	2001	2002	2004	2006
Haas (CDU)						
Seidl (nominiert durch CSU)	Papier (Präsident seit 2002 – CSU)					
Kühling (SPD)			Bryde (nominiert durch die Grünen)			
Steiner (CDU)						
Jäger (SPD)					Gaier (SPD)	
Seibert (SPD)		Hohmann-Dennhardt (SPD)				
Hömig (nominiert durch FDP)						
Grimm (nominiert durch SPD)	Hoffmann-Riem (nominiert durch SPD)					

Tabelle 5 Bundesverfassungsrichter und Parteizugehörigkeit 1983–2006 – *Zweiter Senat*

1983	1986	1987	1989	1991	1994
Zeidler (SPD)					
Rinck (nominiert durch CDU/CSU)	Graßhof (nominiert durch SPD)	Franßen (SPD)		Sommer (SPD)	
Wand (CDU) – Klein (CDU)					
Rottmann(SPD) – Böckenförde (FDP)					
Mahrenholz (SPD)					Limbach (SPD)
Niebler (CSU)		Kruis (CSU)			
Steinberger (nominiert durch CDU/CSU)		Kirchhof (nominiert durch CDU)			
Träger (CDU)			Winter (CDU)		

1996	1998	1999	2001	2002	2005	2006
Sommer (SPD)				Gerhardt (nominiert durch SPD)		
Graßhof (nominiert durch SPD)	Osterloh (SPD)					
Jentsch (CDU)					Landau (CDU)	
Hassemer (Vizepräsident seit 2002 – SPD)						
Limbach (Präsidentin seit 1994 – SPD)				Lübbe-Wolff (SPD)		
Kruis (CSU)	Broß (CDU)					
Kirchhof (nominiert durch CDU)		di Fabio (nominiert durch CDU)				
Winter (CDU)			Mellinghoff (CDU)			

Meinung, dieses Steuerprivileg für Großspender sei mit dem Gebot der gleichen Teilhabe der Bürger an der politischen Willensbildung nicht vereinbar.[28]

Im Gegensatz zu früheren Änderungen seiner Rechtsprechung zur Parteienfinanzierung hat der Zweite Senat des BVerfG den Wandel deutlich gekennzeichnet. Diese Fähigkeit zur Selbstkorrektur lässt sich auf einen Personalwechsel des Senates zurückführen.[29] An der Entscheidung von 1992 wirkten nur noch 3 Richter mit, die auch schon 1986 Mitglieder des Zweiten Senates waren. Von diesen drei Richtern hatte wiederum nur ein Richter das Mehrheitsvotum von 1986 mitgetragen, während zwei Richter abweichender Meinung waren.

Der Personalwechsel hatte darüber hinaus zu einer leichten Stärkung der sozialdemokratischen Kräfte im Senat geführt. Im Juli 1986 gehörten 5 Richter des Zweiten Senates der CDU und CSU an oder waren von der CDU/CSU nominiert. Nur 3 Richter waren Mitglied der SPD. Im April 1992 hingegen hielten sich die Kräfte zwischen CDU/CSU und SPD mit 4 zu 4 die Waage. Es lässt sich argumentieren, dass sozialdemokratische Richter eher als konservative Richter eine steuerliche Privilegierung von Großspendern ablehnen. Der Personalwechsel in Verbindung mit einer Stärkung des linken Lagers im Zweiten Senat hat den Wandel der Rechtsprechung zur Parteienfinanzierung von einer Privilegierung der Großspender zu einer strikten Beachtung des formalen Gleichheitssatzes bei der steuerlichen Berücksichtigung von Parteispenden ermöglicht. Der Einfluss der parteipolitischen Orientierung der Richter auf die Inhalte der Rechtsprechung lässt sich freilich nur mit Argumenten der Plausibilität und nicht kausal begründen.

Für den Zusammenhang zwischen der Wahl der Verfassungsrichter und dem Maß an demokratischer Legitimität der Verfassungsrechtsprechung ist neben der parteipolitischen Orientierung die berufliche Erfahrung der Richter relevant. Die Berufserfahrung der ersten Generation der Verfassungsrichter war ausgesprochen vielseitig. 1951 waren unter den damals 24 Verfassungsrichtern 10 ehemalige Rechtsanwälte und 6 Verfassungsrichter, die berufliche Erfahrung in der Wirtschaft bzw. in Verbänden vorzuweisen hatten. 5 Richter besaßen politische Erfahrung in Parlamenten und zusätzlich in exekutiven Ämtern, zwei Richter hatten vor ihrer Zeit in Karlsruhe exekutive Ämter inne, und ein Richter war Mitglied in der Verfassungsgebenden Versammlung von Württemberg-Hohenzollern. 1983 waren unter den nun 16 Verfassungsrichtern nur noch zwei ehemalige Rechtsanwälte. Berufliche Erfahrung in der Wirtschaft oder in Verbänden hatte kein im Jahr 1983 amtierender Verfassungsrichter. Vor ihrer Wahl zum Bundesverfassungsrichter hatten 2 Richter politische Erfahrung in Exekutive und Legislative, und ein Richter hatte exekutive Funktionen wahrgenommen. Hatte die Vielfalt an beruflicher Erfahrung der Verfassungsrichter im Zeitraum von 1951 bis 1983 schon

---

28 BVerfGE 85, 264.
29 Landfried, Christine: Parteienfinanzierung: Das Urteil des Bundesverfassungsgerichtes vom 9. April 1992. In: Zeitschrift für Parlamentsfragen 23 (1992), S. 446.

abgenommen,[30] so hat sich dieser Trend seitdem noch verstärkt. 2006 gibt es unter den amtierenden Verfassungsrichtern nur noch einen ehemaligen Rechtsanwalt. Kein Verfassungsrichter hat berufliche Erfahrung in der Wirtschaft oder in Verbänden. 3 Richter haben Erfahrung in exekutiven Ämtern (vgl. Tabellen 6 und 7).

Während die Zahl der Richter mit beruflicher Erfahrung in einer Anwaltskanzlei, in der Wirtschaft und in Parlamenten abgenommen hat, stieg die Zahl der Richter mit einer Justiz-, Verwaltungs-und Hochschulkarriere.[31] Parallelen zwischen der „Bürokratisierung des Gerichts"[32] und einer Verengung der politischen Erfahrung der Verfassungsrichter auf den exekutiven Bereich einerseits und einer wachsenden Bedeutung der Exekutive im politischen System der Bundesrepublik andererseits sind zu erkennen.[33]

Der empirische Befund lässt sich auf den Nenner bringen: Auswahl und Wahl der Bundesverfassungsrichter zeigen Defizite an Transparenz, an demokratischer Legitimität und an Differenz der beruflichen und politischen Erfahrung. Die Transparenz wird durch die Beteiligung nur weniger Personen bei der Kandidatenauswahl und die geringe Information der Öffentlichkeit über die Kandidaten beeinträchtigt. Die indirekte demokratische Legitimität derjenigen Richter, die durch den Bundestag zu wählen sind, ist durch die Delegation dieser wichtigen Aufgabe an einen Ausschuss eingeschränkt. Die Differenz der politischen und beruflichen Erfahrung der Bundesverfassungsrichter wird durch den strikten Proporz der beiden großen Parteien bei der Wahl und durch die abnehmende Vielfalt der beruflichen Erfahrung der Richter verkürzt. Jutta Limbach, ehemalige Präsidentin des BVerfG, stellte die rhetorische Frage: „Ist nicht die Chance, daß alle Meinungen und Interessen Gehör finden, und das Erfahrungsaufgebot am größten, wenn Menschen unterschiedlicher Herkunft, Glaubens und Weltanschauung, nicht zu vergessen Geschlechts an einem Richtertisch beieinander sitzen?"[34]

4   Überlegungen zu einer Reform der Wahl der Verfassungsrichter

Der Weg zu einer demokratischen, transparenten und Differenz achtenden Wahl der Mitglieder des BVerfG ist nicht in einer „möglichst parteineutralen und apolitischen Richterauswahl" zu suchen.[35] Wie eingangs betont, ist es gerade die spezifische Rationa-

---

30 Landfried, Bundesverfassungsgericht und Gesetzgeber, a. a. O. (Fn. 1), Tabellen I.5 bis I.8.

31 Landfried, Bundesverfassungsgericht und Gesetzgeber, a. a. O. (Fn. 1), S. 29.

32 Bryde, Brun-Otto: Verfassungsentwicklung, Stabilität und Dynamik im Verfassungsrecht der Bundesrepublik Deutschland, Baden-Baden: Nomos 1982, S. 153.

33 Vgl. zu dem Wandel hinsichtlich der geschlechtsbezogenen Zusammensetzung des Gerichtes Helms, Entwicklungslinien der Verfassungsgerichtsbarkeit in der parlamentarischen Demokratie der Bundesrepublik Deutschland, a. a. O. (Fn. 5), S. 151.

34 Limbach, Jutta: Die Akzeptanz verfassungsgerichtlicher Entscheidungen. In: Brand/Strempel, a. a. O. (Fn. 26), S. 219.

35 Ebd.

Tabelle 6 Berufliche und politische Erfahrung der im Jahre 2006 amtierenden Bundesverfassungsrichter (Erster Senat)

Name	Berufliche Tätigkeit zum Zeitpunkt der Wahl	Zusätzlich Politische Betätigung in Exekutive und/oder Legislative	Zusätzlich Berufliche Erfahrung in der Justiz und/oder der Verwaltung	Zusätzlich Berufliche Erfahrung als Anwalt und/oder Notar	Zusätzlich Berufliche Erfahrung in der Lehre bzw. der Forschung
Hans-Jürgen Papier (Präsident)	Professor für öffentliches Recht		Richter im Nebenamt am Oberverwaltungsgericht NW		Studienleiter der Verwaltungsakademie Ostwestfalen-Lippe
Evelyn Haas	Richterin am Bundesverwaltungsgericht		Referatsleiterin in der niedersächsischen Staatskanzlei		
Dieter Hömig	Richter am Bundesverwaltungsgericht		Beamter im Innenministerium		
Udo Steiner	Professor für öffentliches Recht		Richter im Nebenamt am Oberverwaltungsgericht NW		
Christine Hohmann-Dennhardt	Ministerin für Wissenschaft und Kunst in Hessen	Justizministerin in Hessen	Richterin an Sozialgerichten		Lehrauftrag an der Universität Frankfurt/Main
Wolfgang Hoffmann-Riem	Professor für öffentliches Recht	Justizsenator der Freien und Hansestadt Hamburg		Rechtsanwalt	
Brun-Otto Bryde	Professor für öffentliches Recht und Politische Wissenschaft				
Reinhard Gaier	Richter am Bundesgerichtshof				

Tabelle 7 Berufliche und politische Erfahrung der im Jahre 2006 amtierenden Bundesverfassungsrichter (Zweiter Senat)

Name	Berufliche Tätigkeit zum Zeitpunkt der Wahl	Zusätzlich Politische Betätigung in Exekutive und/ oder Legislative	Zusätzlich Berufliche Erfahrung in der Justiz und/ oder der Verwaltung	Zusätzlich Berufliche Erfahrung als Anwalt und/ oder Notar	Zusätzlich Berufliche Erfahrung in der Lehre bzw. der Forschung
Winfried Hassemer (Vizepräsident)	Hessischer Datenschutzbeauftragter				Professor für öffentliches Recht
Siegfried Broß	Richter am Bundesgerichtshof		Rechtsabteilung der Bayerischen Staatskanzlei		Lehrtätigkeit in Speyer
Lerke Osterloh	Professorin für öffentliches Recht		Beamtin im Innenministerium		
Udo di Fabio	Professor für öffentliches Recht		Beamter in der Kommunalverwaltung		
Rudolf Mellinghoff	Richter am Bundesfinanzhof		Referatsleiter im Justizministerium MV		
Gertrude Lübbe-Wolff	Professorin für öffentliches Recht		Leiterin des Umweltamtes Bielefeld		
Michael Gerhardt	Richter am Bundesverwaltungsgericht		Bayerisches Staatsministerium des Inneren		
Herbert Landau	Staatssekretär im Hessischen Justizministerium	Persönlicher Referent des hessischen Justizministers	Richter am Bundesgerichtshof		

lität der Verfassungsgerichtsbarkeit, sowohl Gerichtshof als auch Verfassungsorgan zu sein.[36] Worum es geht, ist eine Wahl der Bundesverfassungsrichter, die durch ihre Gestaltung die demokratische Legitimität der Verfassungsgerichtsbarkeit begründet. Die Wahl der Verfassungsrichter durch Bundestag und Bundesrat hat eine nur indirekte demokratische Legitimation der Richter zur Folge. Aus diesem Grund wäre es geboten, dass die Verfassungsrichter, die vom Bundestag gewählt werden, unmittelbar vom Plenum und nicht ein weiteres Mal „indirekt" von einem Ausschuss des Bundestages gewählt werden.

Sodann müsste sehr viel mehr Transparenz bei der Auswahl und Wahl der Verfassungsrichter gewährleistet sein. Mehr Transparenz hätte das Ziel, eine öffentliche Debatte über die wichtige Wahl der Verfassungsrichter zu ermöglichen. Die Notwendigkeit der Publizität der Auswahl und Wahl der Verfassungsrichter ergibt sich aus Artikel 94 Grundgesetz: Verfassungsrichter werden nicht berufen, sondern je zur Hälfte vom Bundestag und vom Bundesrat gewählt. Die demokratische Verantwortlichkeit der Richter verlangt die „Publizität des der Wahlentscheidung vorausgehenden Auswahlverfahrens, in dem die Kandidaten Auskunft über sich zu geben haben."[37] Es wurde daher vorgeschlagen, eine öffentliche Anhörung der Kandidatinnen und Kandidaten vor einem Ausschuss des Bundestages durchzuführen. Der Ausschuss würde auf der Basis der Anhörungen mit einer 2/3 Mehrheit eine Vorschlagsliste für die zu wählenden Verfassungsrichter verabschieden. Es wäre dann die Aufgabe des Plenums des Bundestages, aus der Vorschlagsliste die Mitglieder des BVerfG zu wählen.[38]

Warum aber sollte man nicht gleich das Plenum des Bundestages zum Ort der Anhörung der Kandidaten für das Amt einer Verfassungsrichterin oder eines Verfassungsrichters machen? Es wird befürchtet, eine Anhörung im Plenum führe lediglich zu einer Inszenierung von Öffentlichkeit und nehme der Öffentlichkeit ihr kritisches Potential.[39] Diese Gefahr besteht aber auch bei einer Anhörung im Ausschuss. Die Bedeutung der Wahl der Verfassungsrichter für die Legitimität der Verfassungsrechtsprechung legte es nahe, dass die Anhörung der Kandidaten und die Wahl gleichermaßen im Plenum des Bundestages stattfinden. Für die vom Bundesrat zu wählenden Verfassungsrichter sollte es ebenfalls eine öffentliche Anhörung der Kandidaten geben. Die Öffentlichkeit käme durch solche Anhörungen im Bundestag und im Bundesrat am ehesten zu ihrem Recht, die Wahlen der Verfassungsrichter informiert zu kritisieren und zu kontrollieren.

Die Realität der Wahlen der Mitglieder des BVerfG ist jedoch von der Möglichkeit, die Öffentlichkeit in den Prozess der Richterwahlen einzubeziehen, weit entfernt. „Verschwiegenheit" heißt die Devise des Wahlverfahrens im Bundestag nach § 6 des Bun-

---

36 Preuß, Die Wahl der Mitglieder des BVerfG als verfassungsrechtliches und -politisches Problem, a. a. O. (Fn. 9), S. 390.
37 Ebd., S. 394.
38 Ebd.
39 Ebd.

desverfassungsgerichtsgesetzes. „Offenheit und Öffentlichkeit" müsste die Devise lauten, wenn die Wahl der Verfassungsrichter als Quelle demokratischer Legitimität geeignet sein sollte.

Fernsehen, Demokratie und Verfassungsgerichtsbarkeit

André Brodocz & Steven Schäller

In der Geschichte des deutschen Fernsehens erhält das Bundesverfassungsgericht häufig nur eine Nebenrolle.[1] Dabei wird jedoch übersehen, dass unser Fernsehen ohne das Bundesverfassungsgericht heute vermutlich ganz anders aussähe. Denn das Fernsehen ist konstitutiver Bestandteil unserer Rundfunkordnung,[2] die in erheblichem Maße durch die Rechtsprechung des Bundesverfassungsgerichts geprägt wurde. Möglich wurde dieser Einfluss des Bundesverfassungsgerichts nicht zuletzt deshalb, weil es an eindeutigen Formulierungen im Grundgesetz zum Fernsehen mangelt. Die in diesen Konflikten zu klärenden Fragen bezogen sich im Hinblick auf die Rundfunkordnung vor allem auf fünf Aspekte: den Charakter des Grundrechts auf freie Berichterstattung, die föderale Regelung der Gesetzgebungskompetenz zwischen Bund und Ländern, die Staatsfreiheit, das duale Rundfunksystem und die Finanzierung der öffentlich-rechtlichen Anstalten. Durch bislang elf Rundfunkentscheidungen[3] hat das Bundesverfassungsgericht die aktuelle Verfassung des Fernsehens in Deutschland mitgestaltet. Die ersten beiden Entscheidungen von 1961 und 1971 klärten zunächst, wer in welchem Maße für die Rundfunkgesetzgebung zuständig ist. Bei den vier folgenden Entscheidungen zwischen 1981 und 1991 sowie der jüngsten Entscheidung von 2007 standen dann landesgesetzliche

---

1 So etwa bei Knut Hickethier: Phasenbildung in der Fernsehgeschichte. Ein Diskussionsvorschlag, in: Helmut Kreuzer/Helmut Schanze (Hrsg.): Fernsehen in der Bundesrepublik Deutschland: Perioden – Zäsuren – Epochen. Heidelberg 1991, S. 11–37.

2 Vgl. für eine kurze Einführung in das Thema Rundfunk Rainer Mathes/Wolfgang Donsbach: Rundfunk, in: Elisabeth Noelle-Neumann/Winfried Schulz/Jürgen Wilke (Hrsg.): Publizistik, Massenkommunikation. Frankfurt/M. 2004, S. 546–596. Das Verhältnis von Rundfunk und Staatsrecht beleuchtet einführend Reinhart Ricker: Medienrecht, in: Noelle-Neumann/Schulz/Wilke, Publizistik, Massenkommunikation, S. 241–264.

3 Die Zählungen der Rundfunkentscheidungen variieren. Wir entscheiden uns hier für eine Nummerierung in zeitlicher Abfolge der dargestellten Entscheidungen und übernehmen damit die unter Juristen weitestgehend übliche Zählung.

Regelungen im Zusammenhang mit privaten Rundfunkanbietern und deren Verhältnis zu den öffentlich-rechtlichen Rundfunkanstalten auf dem Prüfstand. Schließlich befassten sich vier Entscheidungen zwischen 1992 und 2007 mit der Finanzierungsgrundlage der öffentlich-rechtlichen Rundfunkanstalten. Darüber hinaus hat sich das Bundesverfassungsgericht 1994, 2001 und 2007 in drei Entscheidungen damit beschäftigt, ob das Fernsehen mit Ton- und Filmaufnahmen aus Gerichtssälen berichten darf.

Im Folgenden wird rekonstruiert, wie das Bundesverfassungsgericht an unserem heutigen Bild vom Fernsehen beteiligt war. Zuerst werden wir darlegen, wie aus dem Grundrecht auf freie Berichterstattung ein implizites Grundrecht auf Fernsehen entwickelt worden ist (1). Dessen Verwirklichung muss der Staat garantieren. Zwar hat das Bundesverfassungsgericht dem Bundesgesetzgeber die Hoheit über die öffentlich-rechtlichen Sendeanstalten zugunsten der Bundesländer entzogen (2), doch bleiben die Sendeanstalten aufgrund der „Staatsfreiheit" auch den Ländern gegenüber unabhängig (3). Trotz dieser Unabhängigkeit vom Staat sind private Fernsehanbieter dem Bundesverfassungsgericht zufolge nicht grundsätzlich ausgeschlossen (4). Doch verlieren die öffentlich-rechtlichen Sender wegen deren Existenz auch nicht ihren Anspruch auf eine staatliche Unterstützung in Form von Fernsehgebühren (5). Obwohl das Bundesverfassungsgericht damit die organisatorischen Strukturen und ihre inhaltliche Ausfüllung insgesamt gesehen stetig liberalisiert hat, hat es die eigenen Türen für eine Berichterstattung aus Gerichtssälen eher geschlossen gehalten (6), was abschließend die Frage aufwirft, warum sich das Bundesverfassungsgericht quasi ein Persönlichkeitsrecht auf das eigene Bild vorbehält (7).

1   Das implizite Grundrecht auf freies Fernsehen

Dass sich das Grundrecht aus Art. 5 I 2 GG von anderen Grundrechten unterscheidet, hat das Bundesverfassungsgericht bereits in der 1. Rundfunkentscheidung, dem Urteil zu Adenauers Deutschland-Fernsehen,[4] festgestellt. Mit der so genannten „Sondersituation" begründet das Bundesverfassungsgericht den Unterschied zu anderen Grundrechten, die sich durch ihren individuellen subjektiv-rechtlichen Gehalt auszeichnen. Die „Sondersituation" des Rundfunk- und Fernsehmarktes ist durch technisch knappe Frequenzen sowie durch einen hohen finanziellen Aufwand gekennzeichnet.[5] Da Hörfunk und Fernsehen eine herausragende Stellung für den demokratietheoretisch so bedeutsamen Prozess der öffentlichen Kommunikation einnehmen, ergeben sich aus der Sondersituation zwei Konsequenzen, die das Bundesverfassungsgericht in nachfolgenden

---

4   BVerfGE 12, 205. Vgl. dazu Ralf Müller-Terpitz: BVerfGE 12, 205 – Deutschland-Fernsehen. Ein Backenstreich für Adenauer!, in: Jörg Menzel (Hrsg.): Verfassungsrechtsprechung. Hundert Entscheidungen des Bundesverfassungsgerichts in Retrospektive. Tübingen 2000, S. 122–128.

5   BVerfGE 12, 205 (261), BVerfGE 57, 295 (322–324).

Entscheidungen aufgegriffen, spezifiziert und weiterentwickelt hat. Die erste Konsequenz ist die vom Bundesverfassungsgericht formulierte Aufgabe für den Staat, in diesen Markt ordnend einzugreifen. Die zweite – und für den Charakter des Grundrechts sehr viel bedeutendere – Konsequenz ist die Ausweitung des Grundrechts auf die Rundfunk- und Fernsehanstalten sowie die Konstruktion der Rundfunkfreiheit als „dienendes" Grundrecht. Damit wird es seines primär subjektiv-rechtlichen Gehalts entkleidet und für die „unmittelbar dem durch die Grundrechte geschützten Lebensbereich"[6] zugeordneten Sendeanstalten geöffnet. Diese erhalten dadurch das Recht, vor dem Bundesverfassungsgericht Verfassungsbeschwerde einzulegen.[7] Der dienende Charakter der Rundfunkfreiheit kommt in ihrer grundlegenden Bedeutung für die freiheitliche und pluralistische Demokratie zum Ausdruck.[8] Die Bürger haben danach quasi ein implizites Grundrecht auf freie Rundfunk- und Fernsehsender. Denn diese sind eine Grundvoraussetzung für den Prozess der öffentlichen Kommunikation, der Meinungsbildung der Staatsbürger und der Selbstverständigung einer demokratischen Gesellschaft. Die Freiheit von Rundfunk und Fernsehen zu gewährleisten, ist die Aufgabe des demokratischen Staates.

2   Die Gesetzgebungskompetenz der Länder über das Fernsehen

Die Kompetenz zur Gesetzgebung im Rundfunkbereich war in der Bundesrepublik zunächst nicht umstritten. Die Besatzungsmächte hatten in ihren Zonen unabhängige Rundfunkanstalten errichtet, die sich im Kompetenzbereich der Länder befanden.[9] Daraus war jedoch zunächst nicht zu schließen, dass der Bund keine Gesetzgebungskompetenz im Rundfunkbereich besäße. Erst in der Auseinandersetzung um Adenauers Pläne eines vom Bund veranstalteten Fernsehprogramms wurde diese Frage verfassungsrechtlich akut. Die Regierung Adenauer berief sich im Streit mit den Ländern auf den Art. 73 Nr. 7 GG. Diese Norm gab dem Bund ausschließliche Gesetzgebungskompetenzen im Bereich Post- und Fernmeldewesen. Daraus leitete die Regierung Adenauer das verfassungsmäßige Recht ab, eine Rundfunk- und Fernsehanstalt auf der Basis von Bundesgesetzen ins Leben rufen zu können. Der konkrete Streit entzündete sich am eigenmächtigen Vorgehen Adenauers. Dieser wollte nicht nur die Front der Länder parteipolitisch spalten, sondern auch die Grundlagen für einen Fernsehsender schaffen, der

---

6   BVerfGE 31, 314 (322).
7   Vgl. Martin Wilhelmi: Verfassungsrechtliche Probleme des öffentlich-rechtlichen Rundfunks in den neuen Bundesländern. Lokale Grundversorgung, Staatsfreiheit, Finanzierung. Berlin 1995 (hier: S. 30–32). Vgl. auch zu dem Charakter der Rundfunkanstalten als Sachwalter einer öffentlich-rechtlichen Aufgabe Reinhart Ricker: Kommunikationspolitisch relevante Urteile des Bundesverfassungsgerichts seit 1967, in: Publizistik 21 (1976), S. 411–434 (hier: S. 425–426).
8   BVerfGE 57, 295 (319–322), BVerfGE 73, 118 (152).
9   BVerfGE 12, 205 (210–212).

nur noch eine geringe Unabhängigkeit von der Bundesregierung aufwies. Man befürchtete deshalb einen regierungseigenen Sender, der die Bevölkerung mit der „offiziellen Sichtweise" der Bundesregierung vertraut machen sollte.[10] Dies wäre nicht zuletzt für die Entwicklung der noch jungen bundesdeutschen Demokratie höchst bedenklich gewesen.

Das Bundesverfassungsgericht lehnte den Anspruch der Zuständigkeit des Bundes für die Rundfunkgesetzgebung ab. Denn die Kompetenzen des Bundesgesetzgebers beziehen sich gemäß Art. 73 Nr. 7 GG allein auf die technische, nicht aber auf die inhaltliche Seite von Rundfunk und Fernsehen.[11] Da das Grundgesetz keine weitere Regelung getroffen habe, fallen die Kompetenzen zur gesetzlichen Regelung naturgemäß den Ländern zu. Diese wiederum seien verpflichtet, unter den Bedingungen der „Sondersituation" gesetzgeberisch aktiv zu werden, um die Rundfunkfreiheit zu gewährleisten. Die Gesetzgebungskompetenz für den Rundfunk und das Fernsehen liegt also bei den Ländern und wurde vom Bundesverfassungsgericht zugleich mit einem Auftrag zum gestaltenden Eingriff in deren Ordnung verbunden.[12]

3   Die Freiheit der Fernsehanstalten

Die Freiheit der Fernseh- und Rundfunkanstalten zeigt sich für das Bundesverfassungsgericht in deren Freiheit vom Staat. Mit dieser sogenannten „Staatsfreiheit" verbindet das Bundesverfassungsgericht bestimmte Annahmen über die Grundlagen einer freiheitlichen Demokratie. Dazu gehört der Prozess der öffentlichen Kommunikation, der die Grundlage von Information, Meinungsbildung und Selbstverständigung eines demokratischen Gemeinwesens bildet. Dieser Prozess soll unabhängig vom Staat und ohne Kontrolle durch staatliche Organe ablaufen.[13] Wird also auf Grund der Sondersituation das Eingreifen des Staates notwendig, so darf dies nur geschehen, um den Prozess der öffentlichen Kommunikation zu schützen.[14] Schon in der 1. Rundfunkentscheidung hatte das Bundesverfassungsgericht die mangelnde Unabhängigkeit der Deutschland

---

10 Vgl. Heinz Laufer: Verfassungsgerichtsbarkeit und politischer Prozeß. Tübingen 1968 (hier: S. 447–478) und Müller-Terpitz, BVerfGE 12, 205 – Deutschland-Fernsehen (Fn. 4).

11 BVerfGE 12, 205 (225–230).

12 Vgl. dazu auch Birgit Schumacher: Kommunikationspolitisch relevante Urteile des Bundesverfassungsgerichts seit 1976, in: Publizistik 32 (1987), S. 405–421 (hier: S. 413–415).

13 BVerfGE 31, 314 (329–330).

14 Zunächst sah das Bundesverfassungsgericht nur die Freiheit der Berichterstattung mit der Gründung der Deutschland Fernsehen GmbH durch den Staat gefährdet (vgl. BVerfGE 12, 205 (262)). In späteren Entscheidungen rückte dann der Prozess der öffentlichen Kommunikation insgesamt als ein schützenswertes öffentliches Gut in den Mittelpunkt des gesetzlichen Gestaltungsauftrages (vgl. BVerfGE 57, 295 (320).

Fernsehen GmbH von staatlichen Organen kritisiert.[15] Der Staat hat zwar die Aufgabe, gesetzliche Regelungen zur Organisation der Rundfunk- und Fernsehsender zu erlassen. Diese gesetzlichen Regelungen sind aber wiederum an bestimmte verfassungsrechtliche Kriterien gebunden. Unter diesen Kriterien ist zuallererst die Staatsfreiheit zu nennen.

Jedoch endet das Gebot der Staatsfreiheit nicht schon bei den Organisationsstatuten der Rundfunk- und Fernsehsender. Denn wie sich in der Praxis zeigte, konnte sich der Versuch staatlicher Einflussnahme auch auf andere Bereiche ausdehnen. Dazu gehörte beispielsweise die Vergabepraxis von Rundfunklizenzen an private Anbieter durch staatliche Behörden. So war in der 3. Rundfunkentscheidung eine Norm des saarländischen Rundfunkgesetzes zur Vergabe von Rundfunklizenzen an private Anbieter strittig. Das Bundesverfassungsgericht erklärte diese Norm für unvereinbar mit dem Grundgesetz, weil der staatlichen Behörde ein Ermessensspielraum bei der Vergabe der Lizenzen eingeräumt wurde. Dieser Ermessensspielraum könne dazu führen, dass sich Rundfunkanbieter, die sich auf eine Lizenz bewerben, durch vorauseilenden Gehorsam dem politischen Willen der Entscheidungsträger anpassen. Deswegen müsse der Ermessensspielraum bei der Vergabe von Lizenzen nicht nur sehr gering gehalten werden. Es seien auch sachfremde Erwägungen aus diesem Ermessensspielraum auszuschalten. So dürften beispielsweise nur solche Erwägungen einfließen, die sich an den Erfordernissen der Rundfunkfreiheit orientieren. Die gesetzlichen Regelungen, die das Saarland dazu getroffen hatte, gaben der Landesregierung einen zu großen Spielraum. Durch das in Frage stehende Gesetz wurden zwar Bedingungen aufgestellt, die ein Bewerber zu erfüllen hatte. Der Gesetzgeber hatte aber, so das Bundesverfassungsgericht, „jegliche Regelung der Frage unterlassen, was zu geschehen habe, wenn der Bewerber jenen Bedingungen genügt".[16] Im vorliegenden Streitfall erfüllte der Bewerber die Bedingungen, jedoch erteilte ihm die Landesregierung dennoch nicht die gewünschte Lizenz. Dieser Ermessensspielraum war nicht mit dem Grundgesetz vereinbar, da er den Grundsatz der Staatsfreiheit und damit die verfassungsrechtlich vorgeschriebene Freiheit von Rundfunk- und Fernsehsendern verletzt.[17]

Ein weiterer Aspekt der Staatsfreiheit betrifft die Eigentumsfrage bei Rundfunkanstalten. Bereits in der 1. Rundfunkentscheidung zum Deutschlandfernsehen hatte das Bundesverfassungsgericht die Beteiligung des Bundes (und auch der Länder) an Rundfunk-

---

15 „Die Gesellschaft (die Deutschland Fernsehen GmbH, AB/StS) ist also völlig in der Hand des Staates. Sie ist ein Instrument des Bundes, sie wird Kraft der verfassungsmäßigen Kompetenzen der Bundesregierung und des Bundeskanzlers von diesen beherrscht" (BVerfGE 12, 205 (263)).

16 BVerfGE 57, 295 (328).

17 In der 4. Rundfunkentscheidung hatte das Bundesverfassungsgericht sich erneut dem verfassungsrechtlichen Problem einer Landesbehörde zu stellen, die durch Gesetz dazu bestimmt war, Sendeerlaubnisse auszustellen. Das Bundesverfassungsgericht stellte nochmals klar, dass der Gesetzgeber grundsätzlich dazu befugt ist, eine Landesbehörde mit dieser Aufgabe zu bestellen. Allerdings müssen die Entscheidungen der Behörde an gesetzliche Bestimmungen gebunden sein, ihre Handlungs- und Wertungsspielräume sind zu minimieren und sachfremde Erwägungen auszuschalten. Vgl. dazu auch Schumacher, Kommunikationspolitisch relevante Urteile des Bundesverfassungsgerichts seit 1976 (Fn. 12), S. 417.

anstalten ausgeschlossen. Doch wie sieht es bei Parteien als Anteilseignern aus? Diese Frage stellte sich erst sehr spät mit der Entscheidung zur Beteiligung von Parteien an privaten Rundfunkanbietern aus dem Jahr 2008.[18] So ist die Staatsfreiheit auch dann beeinträchtigt, wenn Parteien durch ihre Anteile an Rundfunkanbietern einen beherrschenden Einfluss auf deren Programmgestaltung ausüben können. Im Umkehrschluss bedeutet dies jedoch auch, dass Beteiligungen von Parteien an Rundfunkanbietern nicht in jedem Fall vom Grundgesetz ausgeschlossen werden. Verbietet daher ein Landesgesetzgeber, wie es der hessische Landesgesetzgeber getan hat, jegliche Beteiligung von politischen Parteien an privaten Rundfunkanbietern, so beschneidet er deren Rechte in unzulässiger Weise. Parteien können dann Anteile halten, wenn ihre Beteiligung an den Rundfunkanbietern so gering ist, dass ein beherrschender Einfluss auf die Programmgestaltung nicht gegeben ist.[19]

4   Das private und öffentliche Fernsehen

Mit dem Begriff des „dualen Rundfunksystems" reagierte das BVerfG 1987 auf neue Entwicklungen im bundesdeutschen Rundfunk- und Fernsehmarkt. Zwar führte der aus der Sondersituation resultierende gesetzliche Gestaltungsauftrag zu einem Monopol der öffentlich-rechtlichen Rundfunkanstalten. Jedoch hat das BVerfG schon in seiner 1. Rundfunkentscheidung deutlich gemacht, dass private Anbieter auf dem Rundfunk- und Fernsehmarkt zulässig sind.[20] Es brauchte dann allerdings noch einmal etwa zwanzig Jahre bis sich technischer Fortschritt, politischer Wille und die wirtschaftliche Situation zu der neuen Konstellation auf dem Rundfunkmarkt verdichteten: die Konkurrenz von öffentlich-rechtlichen mit privaten Fernsehsendern. Das BVerfG hat sich in vier Rundfunkentscheidungen – von der 3. bis zur 6. Rundfunkentscheidung – mit entsprechenden landesgesetzlichen Regelungen beschäftigt. Strittig waren dabei die Regelungen zur Zulassung privater Anbieter, das Verhältnis zwischen öffentlich-rechtlichen Anstalten und privaten Anbietern sowie die staatliche Gewährleistungspflicht der Rundfunkfreiheit, die in einer „Fürsorgepflicht" für die öffentlich-rechtlichen Rundfunk- und Fernsehanstalten mündet.

Mit der Zulassung privater Anbieter stellte sich die Frage nach der Daseinsberechtigung der öffentlich-rechtlichen Anstalten neu. Wenn die neuen technischen Möglichkeiten eine Vielzahl von Veranstaltern zulassen, warum sollten dann noch die öffentlich-rechtlichen Anstalten als vom Staat unabhängige Träger der Rundfunkfreiheit existieren? So bedeutete doch gerade die Freisetzung der Potentiale eines privat betriebenen Rundfunks und Fernsehens eine zusätzliche Informations-, Meinungsbildungs-

---

18   BVerfGE 121, 30.
19   BVerfGE 121, 30 (50–68, insbesondere 52–53).
20   Vgl. die bis dahin wenig beachtete Passage aus der 1. Rundfunkentscheidung (BVerfGE 12, 205 [262]).

und Unterhaltungsvielfalt. Das Bundesverfassungsgericht gab auf dieses Legitimations-problem der öffentlich-rechtlichen Sendeanstalten zwei Antworten: Zunächst war es der Ansicht, dass die Sondersituation nicht schon allein wegen der fallenden technischen Beschränkungen obsolet wird.[21] Unter dem Aspekt der finanziellen Hürden sei eine Sicherung der Meinungsvielfalt nicht gegeben. Nur finanzstarke Betreiber seien in der Lage, den hohen Aufwand für die Veranstaltung eines Fernsehsenders zu sichern. Der Prozess der öffentlichen Kommunikation habe sich als so bedeutsam für eine freiheitliche Demokratie erwiesen, dass öffentlich-rechtliche Rundfunk- und Fernsehanstalten in ihrem Bestand weiterhin geschützt werden müssen.[22] Allein aus seinem Charakter ergäbe sich, dass ein privater Fernsehanbieter nicht in der Lage ist, die hohen verfassungsrechtlichen Ansprüche an den öffentlichen Kommunikationsprozess einzulösen. Es entspräche vielmehr den Marktgesetzen, dass private Anbieter ein massenattraktives Programm gestalten, mit dem hohe Zuschauerzahlen gewonnen werden, um entsprechende Werbeeinnahmen zu erzielen. Demgegenüber besäßen die öffentlich-rechtlichen Anstalten einen Programmauftrag, der den verfassungsrechtlichen Ansprüchen an den öffentlichen Kommunikationsprozess entspricht.[23]

Auf dieser Gegenüberstellung der Leistungen der öffentlich-rechtlichen Anstalten im Vergleich zu den privaten Anbietern gründet das Bundesverfassungsgericht sodann den Begriff der „Grundversorgung".[24] Die Grundversorgung ist eine wichtige Voraussetzung für das Gelingen des öffentlichen Kommunikationsprozesses. Der Begriff der Grundversorgung beinhaltet drei Elemente: Erstens muss eine Übertragungstechnik bereitgestellt werden, die den Empfang von Rundfunk- und Fernsehprogrammen allen Bürgern gleichermaßen ermöglicht. Zweitens müssen dazu auch inhaltliche Programmstandards implementiert werden, die dem Programmauftrag in vollem Maße entsprechen. Und drittens müssen schließlich organisatorische und verfahrensrechtliche Vorkehrungen getroffen werden, die die bestehende Meinungsvielfalt angemessen widerspiegeln und sichern.[25]

Offensichtlich werden diesem Begriff der Grundversorgung private Anbieter nicht gerecht. Für sie gelten dementsprechend geringere Standards: der sogenannte „Grundstandard".[26] Die Grundversorgung dagegen ist Angelegenheit der öffentlich-rechtlichen Anstalten. Das bedeutet, dass Rundfunk und Fernsehen in ihrer Gesamtheit ein Garant für die umfassende individuelle und öffentliche Meinungsbildung sind.

---

21 BVerfGE 57, 295 (322–324).

22 BVerfGE 73, 118 (158).

23 Vgl. zur demokratietheoretischen Rechtfertigung eines demokratisch kontrollierten Fernsehens auch Cass R. Sunstein: Das Fernsehen und die Öffentlichkeit, in: Lutz Wingert/Klaus Günther (Hrsg.): Die Öffentlichkeit der Vernunft und die Vernunft der Öffentlichkeit. Festschrift für Jürgen Habermas. Frankfurt a. M. 2001, S. 678–701.

24 BVerfGE 73, 118 (157). Vgl. zum Begriff der Grundversorgung auch Schumacher, Kommunikationspolitisch relevante Urteile des Bundesverfassungsgerichts seit 1976 (Fn. 12), S. 419.

25 BVerfGE 74, 297 (326).

26 BVerfGE 73, 118 (160).

Solange allein die privaten Anbieter die individuelle und öffentliche Meinungsbildung in ihrer Vielfalt nicht gewährleisten können, bleibt die Grundversorgung Aufgabe der öffentlich-rechtlichen Sendeanstalten. Für die Arbeit der privaten Anbieter ist der Umkehrschluss aus dieser Regel aber viel bedeutender: Solange die öffentlich-rechtlichen Sender die Grundversorgung abdecken, ist der hohe Maßstab der Grundversorgung nicht an die privaten Anbieter anzulegen.[27]

Aus dem Maßstab der Grundversorgung ergeben sich für das so getaufte „duale Rundfunksystem"[28] programmatische, organisatorische und finanzielle Konsequenzen. Für die Organisation der öffentlich-rechtlichen Sender und die Ausgestaltung ihres Programms gilt Binnenpluralismus. Dies bezieht sich zum einen auf die Organisationsstatuten, die in angemessener Weise die Vertretung der gesellschaftlichen Interessengruppen gewährleisten sollen. Zum anderen hat dies für ihr Programm zur Konsequenz, dass es in seiner Gesamtheit ausgewogen sein muss.[29] Für die öffentlich-rechtlichen Rundfunkanstalten ergeben sich zudem aus dem dualen Rundfunksystem bestimmte Vorrechte gegenüber den privaten Anbietern. So haben sie eine Bestandsgarantie, die es ihnen ermöglicht, für zukünftige technologische Entwicklungen im Rundfunkbereich offen zu sein und in der Ausdehnung ihrer Aufgaben auf diese Bereiche geschützt zu werden.[30] Schließlich ist als letzter aber sehr wichtiger Vorteil gegenüber den Privaten die Finanzierung der öffentlich-rechtlichen Sendeanstalten zu nennen. Ihre finanziellen Bedürfnisse müssen von staatlicher Seite gesichert werden.[31] Umgekehrt haben private Rundfunkanbieter gerade keinen Anspruch auf eine solche Form der Finanzierung, da sie in der Regel dem Auftrag der Grundversorgung nicht vollumfänglich entsprechen. Erst das für eine freiheitlich-demokratische Ordnung wichtige Ziel der Grundversorgung rechtfertigt gegenüber den entgeltpflichtigen Bürgern die Erhebung einer Gebühr zur Finanzierung der öffentlich-rechtlichen Rundfunkanstalten.[32] Eine solche Rechtfertigung sieht das Bundesverfassungsgericht vor allem dann gegeben, wenn in den Landesmediengesetzen insbesondere der zweite und dritte Aspekt der Grundversorgung – also die Implementierung von inhaltlichen Programmstandards sowie organisatorische und verfahrensrechtliche Vorkehrungen zur Sicherung der Meinungsvielfalt – entsprechend den Anforderungen aus Art. 5 Abs. 1 GG geregelt werden.

---

27 BVerfGE 73, 118 (159, 168–169).
28 BVerfGE 74, 297 (335).
29 BVerfGE 73, 118 (169–171).
30 BVerfGE 83, 238 (298). Vgl. dazu auch Ralf Müller-Terpitz: BVerfGE 83, 238 – 6. Rundfunkurteil. Der Erste Senat stärkt die Stellung des öffentlich-rechtlichen Rundfunks, in: Menzel, Verfassungsrechtsprechung (Fn. 4), S. 456–461. Ab 2007 verlangen die öffentlich-rechtlichen Sender mit diesem Argument des Bundesverfassungsgerichts auch Gebühren von Bürgern, die via Internet Zugang zu ihren Inhalten haben.
31 BVerfGE 73, 118 (158).
32 BVerfGE 114, 371 (393).

5 Die Fernsehgebühren

Die nächsten drei Rundfunkentscheidungen des Bundesverfassungsgerichts beschäftigten sich mit der Finanzierung des öffentlich-rechtlichen Rundfunks und Fernsehens – und damit indirekt auch mit der Gewährleistungs- und Fürsorgepflicht des Staates (unmittelbar für den öffentlichen Kommunikationsprozess und damit mittelbar) für die öffentlich-rechtlichen Sender. In der 7. Rundfunkentscheidung stellt das Bundesverfassungsgericht fest, dass die Finanzierung der öffentlich-rechtlichen Sender primär auf den Einnahmen der Gebühren für Rundfunk und Fernsehen basiert. Darüber hinaus gehörten dazu in einem sehr viel geringeren Maße aber auch Werbeeinnahmen. Jedoch sei der Gesetzgeber nicht verpflichtet, die Einnahmen der öffentlich-rechtlichen Sender auch durch Werbung zu sichern. Zwar würden Werbeeinnahmen eine größere Unabhängigkeit von der Politik und deren Einflussnahme bedeuten. Dennoch lasse sich das Recht auf Werbeeinnahmen für öffentlich-rechtliche Anstalten nicht aus dem Grundgesetz ableiten. Aus dem Grundgesetz sei lediglich der Anspruch herzuleiten, dass die Tätigkeit der öffentlich-rechtlichen Sender vom Gesetzgeber hinreichend gesichert sein muss.[33] Maßgeblich sei hierbei das „Erforderlichkeitskriterium":[34] Unter dieses Kriterium fällt der Finanzbedarf für jene Programme, die zur Erfüllung der „spezifischen Funktionen des öffentlich-rechtlichen Rundfunks erforderlich sind".[35] Dazu gehören zunächst die Aufgaben, die sich für die öffentlich-rechtlichen Anstalten aus dem Grundversorgungsauftrag ergebenen. Darüber hinaus aber haben sie auf der Grundlage ihrer Programmautonomie das Recht, selbständig festzulegen, welche Aufgaben die Grundversorgung übersteigen und dennoch zu ihren unerlässlichen spezifischen Funktionen gehören.[36]

In dieser vom Bundesverfassungsgericht getroffenen Regelung steckten erhebliche Unklarheiten, die folgerichtig zur 8. Rundfunkentscheidung führten. Strittig war das Verfahren zur Gebührenfestsetzung, dessen Vereinbarkeit mit dem Grundgesetz vom Bayerischen Verwaltungsgerichtshof in Frage gestellt wurde. Zwar ist das Verfahren zur Festsetzung der Gebühren, so wie es praktiziert wurde, in Form einer staatsvertraglichen Vereinbarung mit anschließender Umsetzung in Landesrecht verfassungsgemäß. Dennoch machte das Bundesverfassungsgericht wichtige Einschränkungen. Es schlug ein dreistufiges Verfahren vor, das dann später durch einen Staatsvertrag auch umgesetzt wurde. Danach melden in einem ersten Schritt die öffentlich-rechtlichen Sender ihren Finanzbedarf an. Dieser Finanzbedarf wird im zweiten Schritt von einer auf gesetzlicher Grundlage arbeitenden unabhängigen Kommission geprüft. Kriterien dieser Prüfung sind die Erforderlichkeit und die Wirtschaftlichkeit der von den öffentlich-

---

33 BVerfGE 74, 297 (342).
34 BVerfGE 87, 181 (202–203).
35 Wilhelmi, Verfassungsrechtliche Probleme des öffentlich-rechtlichen Rundfunks (Fn. 7), S. 38.
36 Vgl. Mathias Schwarz: Überblick über die seit 1987 vom Bundesverfassungsgericht erlassenen kommunikationspolitisch bedeutsamen Entscheidungen, in: Publizistik 44 (1999), S. 1–34 (hier: S. 19–21).

rechtlichen Anstalten geplanten Programmmaßnahmen. Im dritten Schritt schließlich entscheidet der Gesetzgeber über die Gebührenhöhe. Er kann dabei nur vom angemeldeten Finanzbedarf abweichen, wenn er nachprüfbare Gründe für seine Entscheidungen angibt. Dafür kommen aber nur „Gründe in Betracht, die vor der Rundfunkfreiheit Bestand haben. Programmliche und medienpolitische Zwecke scheiden (…) in diesem Zusammenhang aus".[37]

Diese Formulierung der Hürden für ein Eingreifen der Akteure der Rundfunkpolitik mag hinreichend deutlich genug gewesen sein. Sie hat jedoch nicht verhindern können, dass die Landesgesetzgeber bereits 2004 mit dem 8. Rundfunkänderungsstaatsvertrages von den Empfehlungen der unabhängigen Kommission zur Ermittlung des Finanzbedarfs der Rundfunkanstalten (KEF) abwichen und statt der empfohlenen 1,09 € eine Erhöhung um nur 0,88 € beschlossen hatten. Dagegen legten die in der ARD zusammengeschlossenen Landesrundfunkanstalten, das Zweite Deutsche Fernsehen und das Deutschlandradio Verfassungsbeschwerde ein. In der 9. Rundfunkentscheidung war das Bundesverfassungsgericht daher dazu aufgefordert, den Spielraum der Politik bei der Ausgestaltung der Rundfunkgebühren noch genauer zu konkretisieren und die programmlichen und medienpolitischen Zwecke als Eingriffshürden weiter zu qualifizieren.[38] Dazu arbeitet das Bundesverfassungsgericht zunächst noch einmal den spezifischen Sinn der Gebührenfinanzierung heraus: Diese sorgt für die Funktionsfähigkeit der öffentlich-rechtlichen Rundfunkanbieter, die mit der Gebühr vom Rundfunkmarkt abgekoppelt werden sollen. Denn erst aus dieser Abkoppelung vom Markt folgt die Fähigkeit der öffentlich-rechtlichen Rundfunkanstalten, das Programm an den normativen Erwartungen der Grundversorgung auszurichten und nicht an den kommerziell verwertbaren, aber für die Vielfalt der öffentlichen Meinung sicher nicht unproblematischen Einschaltquoten.[39] Daraus ergeben sich für die Akteure der Rundfunkpolitik Eingriffsschranken in die Ausgestaltung der Rundfunkgebühr. So soll die KEF eine unabhängige Ermittlung der Höhe der Rundfunkgebühren ermöglichen. Nachträgliche Korrekturen sind für die Landesgesetzgeber dennoch möglich. Jedoch gibt es qualifizierte und unqualifizierte Gründe für eine solche Korrektur. Nicht geeignet sind die oben schon genannten programmlichen und medienpolitischen Zielsetzungen. Dafür hat der Landesgesetzgeber mit der allgemeinen Rundfunkgesetzgebung andere Instrumente zur Hand.[40] Zu den qualifizierten Gründen für eine Korrektur des von der KEF ermittelten Finanzbedarfs zählt das Bundesverfassungsgericht den unbeeinträchtigten Informationszugang[41] sowie die Zumutbarkeit und Angemessenheit der Belastung der Rundfunkteilnehmer durch die Gebührenhöhe. Jedoch dürften diese Gründe nicht ein-

---

37 BVerfGE 90, 60 (103–104).
38 BVerfGE 119, 181.
39 BVerfGE 119, 181 (219–220).
40 BVerfGE 119, 181 (221).
41 Das Bundesverfassungsgericht denkt bei diesem Punkt insbesondere an eine Gebühr, die in einer Höhe ausfällt, mit der der Informationszugang von vornherein versperrt ist (vgl. BVerfGE 119, 181 (227)).

fach von der Politik pauschal ins Feld geführt werden. Vielmehr bedarf es bei einem korrigierenden Eingriff der Landesgesetzgeber in den Gebührenvorschlag der KEF hinreichend substantiierter Begründungen, die eine solche Korrektur auch rechtfertigen können. Mit dem 8. Rundfunkänderungsstaatsvertrag und der Absenkung der von der KEF vorgeschlagenen Gebührenhöhe haben sich die Landesgesetzgeber jenseits des grundgesetzlich angemessenen Spielraums bewegt. Insbesondere die Begründungen für die Absenkung sind aus Sicht des Bundesverfassungsgerichts nicht geeignet gewesen, den Ausgleich zwischen dem Finanzbedarf der öffentlich-rechtlichen Rundfunkanstalten einerseits und dem Bedürfnis der Gebührenzahler nach einer angemessenen Belastung andererseits herbeizuführen.[42]

6 Das Gerichtsfernsehen

Die für die Demokratie konstitutive Freiheit der Rundfunk- und Fernsehberichterstattung stößt ausgerechnet im Gericht an ihre Grenzen. Auch daran war das Bundesverfassungsgericht maßgeblich beteiligt. Relevant für dieses Problem sind zwei Entscheidungen des Bundesverfassungsgerichts zu Fernsehaufnahmen im Gerichtssaal[43] sowie die Neufassung des § 17a BVerfGG, die zeitlich zwischen beiden Entscheidungen liegt. In beiden Fällen hatten Fernsehanstalten gegen sitzungspolizeiliche Beschlüsse der Strafkammern des Landgerichts Berlin Verfassungsbeschwerde eingelegt, weil diese ihnen auf der Grundlage des Gerichtsverfassungsgesetzes (§ 169 Satz 2 GVG) Fernsehaufnahmen im Zusammenhang mit Strafgerichtsprozessen gegen ehemalige Mitglieder der politischen Führung der DDR untersagt hatten. Strittig war in beiden Verfahren, ob das gesetzliche Verbot von Fernsehkameras im Gerichtssaal während mündlicher Verhandlungen und Urteilsverkündigungen mit der grundgesetzlich garantierten Freiheit der Berichterstattung vereinbar ist. In den beiden Verfahren um die Verfassungsmäßigkeit von Fernsehaufnahmen im Gerichtssaal hat das Bundesverfassungsgericht implizit damit auch seine eigene Rolle (mit)verhandelt.

Um die beiden Streitfälle zu entscheiden, musste das Bundesverfassungsgericht einerseits eine Rechtsgüterabwägung für die Freiheit der Berichterstattung „unter der Beachtung verfassungsrechtlicher Vorgaben wie insbesondere des Rechtsstaats- und Demokratieprinzips und des Schutzes der Persönlichkeit"[44] vornehmen. Andererseits hatte es festzustellen, ob sich die – durch Einfügung von § 169 Satz 2 GVG schon 1964 erlassene – Begrenzung der Öffentlichkeit auf die sogenannte „Saalöffentlichkeit"[45] innerhalb des verfassungsmäßigen Entscheidungsspielraums des Gesetzgebers bewegte.

---

42 BVerfGE 119, 181 (226–227).
43 Im Einzelnen handelt es sich dabei um BVerfGE 91, 125 (Fernsehaufnahmen im Gerichtssaal I) und um BVerfGE 103, 44 (Fernsehaufnahmen im Gerichtssaal II).
44 BVerfGE 103, 44 (61).
45 BVerfGE 103, 44 (65).

Nach diesen beiden Entscheidungen des Bundesverfassungsgerichts sind Aufnahmen in Bild und Ton auch weiterhin gemäß des § 169 GVG ausgeschlossen, und die demokratische Öffentlichkeit bleibt in einem Gerichtssaal während der Verhandlung auf die Saalöffentlichkeit beschränkt.[46]

Allerdings hatte das Bundesverfassungsgericht in der ersten Entscheidung zu Fernsehaufnahmen im Gerichtssaal festgestellt, dass eine Lösung zulässig sei, die zwei Anforderungen gerecht wird: Einerseits muss ein sehr hohes öffentliches Interesse an der Gerichtsverhandlung existieren, andererseits dürfen die Persönlichkeitsrechte der vor Gericht auftretenden Personen nicht verletzt und der ordnungsgemäße Ablauf des Verfahrens nicht gefährdet werden.[47] Eine solche Lösung ist die sogenannte Pool-Lösung für Fernsehaufnahmen aus dem Gerichtssaal unmittelbar *vor* einer mündlichen Verhandlung.[48] Dabei einigen sich die Journalisten auf ein Team, das Ton- und Filmaufnahmen in begrenztem Umfang herstellt und diese allen anderen Journalisten kostenlos zur Verfügung stellt. Damit wäre sowohl ein großes Interesse der Öffentlichkeit befriedigt als auch der ordnungsgemäße Ablauf des Verfahrens nicht gefährdet.

Diese beiden Anforderungen müssen im Zweifelsfall und unter Berücksichtigung des Verhältnismäßigkeitsprinzips gegeneinander abgewogen werden. Da die Rundfunkfreiheit ein besonders schützenswertes Gut ist, kann sie Einschränkungen nur in gegenläufigen Grundrechtspositionen finden. Das Persönlichkeitsrecht aller Verfahrensbeteiligten ist ein dafür geeignetes Grundrecht. Wenn aber dem Schutz der Persönlichkeitsrechte auch auf anderem Wege genüge getan werden kann, beispielsweise durch Anonymisierung, dann sind Gerichte dazu verpflichtet, die Berichterstattung im Rahmen einer Pool-Lösung vor und nach der Verhandlung zuzulassen.[49]

Für das Bundesverfassungsgericht hat sein Zweiter Senat bereits im Mai 1993 einstweilige Rahmenbedingungen für das Gerichtsfernsehen erlassen. Seit Juli 1995 durfte zudem das Verkünden der Urteilsgründe in Fernsehen und Rundfunk gesendet werden. Erst 1998 hat jedoch der Gesetzgeber auch das BVerfGG dieser bis dahin vom Gerichtsverfassungsgesetz abweichenden Praxis angepasst. Seitdem sind Ton- und Filmaufnah-

---

46 Siehe zu den Einschränkungen der Rundfunkfreiheit im Bereich der Judikative auch Ina Maria Pernice: Öffentlichkeit und Medienöffentlichkeit. Die Fernsehberichterstattung über öffentliche staatliche Sitzungen am Beispiel von Bundestag und Bundesrat, Gerichten und Gemeinderäten. Berlin 2000, S. 131–163; Matthias Kuß: Öffentlichkeitsmaxime der Judikative und das Verbot von Fernsehaufnahmen im Gerichtssaal. Berlin 1999. Vgl. für einen Vergleich der verschiedenen nationalstaatlichen Regelungen Yvonne Braun: Journalistische Kultur auf der Anklagebank Rahmenbedingungen für Court-TV in Großbritannien, USA und Deutschland, in: Marcel Machill (Hrsg.): Journalistische Kultur. Rahmenbedingungen im internationalen Vergleich. Opladen 1997, S. 25–52.

47 Vgl. BVerfGE 91, 125 (137–139).

48 Vgl. zur praktischen Umsetzung dieser Pool-Lösung André Brodocz/Steven Schäller: Hinter der Blende der Richterbank. Über den Tag der offenen Tür am Bundesverfassungsgericht, in: Hans Vorländer (Hrsg.): Die Deutungsmacht der Verfassungsgerichtsbarkeit. Wiesbaden 2006, S. 235–258 (hier: S. 239–240).

49 BVerfGE 119, 309 (320–330).

men im Bundesverfassungsgericht vor der mündlichen Verhandlung bis zur Feststellung der Anwesenheit der Verfahrensbeteiligten *und* zur Urteilsverkündung zugelassen. Zwar betrachtete die Bundesregierung bei ihrer Stellungnahme im Verfahren zu „Fernsehaufnahmen im Gerichtssaal II" die Regelung des § 17a BVerfGG als einen ersten Schritt, „um Erfahrungen mit einer erweiterten Medienöffentlichkeit der Gerichtsverhandlung zu gewinnen".[50] Doch widersprach das Bundesverfassungsgericht dieser Ansicht in seiner Entscheidung entschieden. Es beharrt auf einer „Sonderregelung",[51] die nicht ohne weiteres auf die einfache Gerichtsbarkeit übertragbar sei, weil sich das Bundesverfassungsgericht als Verfassungsorgan an der Schnittstelle zwischen Politik und Recht befinde. Aus dieser besonderen Position heraus und auf Grund des ganz anders gestalteten verfassungsgerichtlichen Verfahrens sei ausnahmsweise eine begrenzte Öffnung hin zu einer Fernsehberichterstattung möglich.

An dieser Stelle wird deutlich, dass sich das Bundesverfassungsgericht einerseits selbst als einen Sonderfall innerhalb des Justizwesens ansieht. Andererseits pocht es auf die Grenzen der bisherigen Verfassungsrechtsprechung zur Fernsehöffentlichkeit im Gerichtssaal, die auch der demokratische Gesetzgeber nicht ohne weiteres übergehen darf. Denn auch wenn es in „Fernsehaufnahmen im Gerichtssaal I" den Zutritt zum Gerichtssaal im Rahmen einer Pool-Lösung für Fernsehjournalisten ermöglichen wollte, so nahm es die Einschränkung des hohen Rechtguts des Persönlichkeitsschutzes nur als Ausnahme und aufgrund der besonders hohen zeitgeschichtlichen Bedeutung in Kauf. Für übliche und alltägliche Gerichtsverfahren können solche Gründe nicht geltend gemacht werden, da der Schutz der Persönlichkeit bedeutend schwerer wiegt.

7 Schluss: Warum nimmt sich das BVerfG ein Recht auf das eigene Bild?

Explizit formuliert das Grundgesetz kein Grundrecht auf Fernsehen, dennoch verfügen wir zumindest implizit über ein solches. Ausdrücklich enthält das Grundgesetz auch keine Freiheit für Fernsehanstalten, dennoch wird sie ihnen zugesichert. Ebenso wenig schreibt das Grundgesetz Privatfernsehen und Fernsehgebühren wortwörtlich vor, dennoch darf beides nicht verboten werden. Das Grundgesetz stellt einzig und allein fest, dass „die Pressefreiheit und die Freiheit der Berichterstattung durch Rundfunk und Film [...] gewährleistet [werden]" (Art. 5 I 2 GG). Die Rechtsprechung des Bundesverfassungsgerichts zum Fernsehen zeigt auf diese Weise sehr anschaulich, wie eine an sich starre Rechtsordnung im Angesicht des sozialen Wandels durch Interpretation, d.h.

---

50 BVerfGE 103, 44 (57).
51 BVerfGE 103, 44 (70).

durch Richterrecht, flexibel gehalten und somit kontinuiert werden kann.[52] Gesetzeslücken werden durch Analogie geschlossen, vorhandene Rechtssätze lassen sich systematisch und teleologisch fortbilden. Zumindest im Verfassungsrecht ist das Richterrecht allerdings ambivalent. Es eröffnet nicht nur rechtliche Handlungsweisen im Fall von Konflikten, für die es keine eigenen Regeln gibt. Zugleich besteht die Gefahr, dass es dadurch die Handlungsfähigkeit des demokratischen Gesetzgebers über den Verfassungstext hinaus einschränkt. So kennen wir nämlich auch kein explizit grundgesetzliches Verbot des Gerichtsfernsehens, trotzdem sind Kameras im Gerichtssaal verboten. Deutlich werden hier die politischen Auswirkungen der Deutungsmacht des Bundesverfassungsgerichts für die Handlungsfähigkeit des demokratischen Gesetzgebers.[53] Während das Bundesverfassungsgericht andernorts die Öffentlichkeit als demokratische Grundvoraussetzung verteidigt, sperrt sie das Bundesverfassungsgericht im eigenen Fall im Gerichtsaal ein. Nur wer einer mündlichen Verhandlung persönlich beiwohnt, erhält die Gelegenheit, sich selbst ein *Bild* von der Urteils*findung* zu machen.[54] Paradoxerweise scheint es so, als ob sich die Richter ein Persönlichkeitsrecht auf das eigene Bild vorbehalten, obwohl doch gerade die richterliche Amtsausübung unabhängig von den Personen sein soll, die dieses Amt besetzen.[55] Institutionell grenzt sich das Bundesverfassungsgericht auf diese Weise von der Politik ab. Denn: „Die audiovisuelle Präsenz von Verfassungsrichtern in der politischen Arena ist nicht nur nicht erwünscht, sie scheint auch die Überschreitung einer Grenze darzustellen, die das System der Politik vom System des Rechts trennt."[56]

---

52 Vgl. dazu auch Steven Schäller: Gute Erfahrungen – schlechte Erfahrungen. Präsumtive Präjudizienbindung im gewaltenteiligen Rechtsstaat, in: André Brodocz (Hrsg.): Erfahrung als Argument. Zur Renaissance eines ideengeschichtlichen Grundbegriffs, Baden-Baden 2007.

53 Siehe zur Macht des Bundesverfassungsgerichts auch André Brodocz: Lüth und die Deutungsmacht des Bundesverfassungsgerichts, in: Thomas Henne/Arne Riedlinger (Hrsg.): Das Lüth-Urteil aus (rechts-) historischer Sicht. Die Konflikte um Veit Harlan und die Grundrechtsjudikatur des Bundesverfassungsgerichts. Berlin, 2005, S. 271–289; sowie die Beiträge in Hans Vorländer (Hrsg.): Die Deutungsmacht der Verfassungsgerichtsbarkeit. Wiesbaden 2006.

54 Vgl. für den konkreten Ablauf einer mündlichen Verhandlung bereits ausführlich Brodocz/Schäller, Hinter der Blende der Richterbank (Fn. 48), S. 237–247.

55 Siehe für eine institutionentheoretische Diskussion der daraus resultierenden Folgen für das institutionelle Gedächtnis des Bundesverfassungsgerichts André Brodocz: Warum darf Karl-Dieter Möller nicht live aus der Arena des Bundesverfassungsgerichts berichten?, in: Günter Frankenberg/Peter Niesen (Hrsg.): Bilderverbot. Recht, Ethik und Ästhetik der öffentlichen Darstellung. Münster 2004, S. 121–136.

56 Hans Vorländer: Hinter dem Schleier des Nichtpolitischen. Das unsichtbare Verfassungsgericht, in: Gert Melville (Hrsg.): Das Sichtbare und das Unsichtbare der Macht. Institutionelle Prozesse in Antike, Mittelalter und Neuzeit. Köln/Weimar/Wien 2005, S. 113–127 (hier: S. 115).

Pressearbeit und Diskursmacht des Bundesverfassungsgerichts

Christian Rath

Einleitung

Das Bundesverfassungsgericht ist Gegenstand und Akteur politischer Diskurse. Dieser Beitrag beschreibt zum einen die Pressearbeit des Bundesverfassungsgerichts. Zum anderen handelt er von der Diskursmacht des Bundesverfassungsgerichts, das in der Lage ist, durch seine Rechtsprechung die politische Atmosphäre auch dann nachhaltig zu verändern, wenn es in der Sache nur wenig beanstandet.

1 Pressearbeit des Bundesverfassungsgerichts

1.1 Bedeutung der Medienberichterstattung

Ohne die Berichterstattung von Medien und Journalisten wäre die Rechtsprechung des Bundesverfassungsgerichts in ihrer Wirkung vor allem auf juristische Fachkreise beschränkt. Parallel zur Entwicklung in der Fachjustiz hat deshalb auch das Bundesverfassungsgericht seine Pressearbeit professionalisiert.

Von besonderer Bedeutung sind für das Bundesverfassungsgericht die in Karlsruhe aktiven juristisch und rechtspolitisch orientierten Journalisten. Sie stellen sicher, dass über Entscheidungen des Gerichts nicht nur politisch (das heißt hier vor allem: in den Kategorien von Sieg und Niederlage) berichtet wird, sondern auch fachlich. Indem sie auch die Entstehung und Begründung einer Entscheidung darstellen, wird diese eher als Rechtsprechung wahrgenommen. Dies hilft bei der öffentlichen Wahrnehmung des

Bundesverfassungsgerichts als Institution jenseits der Politik – die einen Gutteil der hohen Akzeptanz des Bundesverfassungsgerichts erklärt.[1]

Auch indirekt vermitteln die Karlsruher Korrespondenten die Rechtsprechung des Bundesverfassungsgerichts und verstärken dabei deren Wirkung. Wenn im Vorfeld eines Gesetzgebungsprojektes gestritten wird, ob dieses verfassungskonform ist oder nicht, sind sie oft als Analytiker involviert. Entweder sie interviewen Professoren oder Ex-Verfassungsrichter zu dieser Frage oder sie beantworten sie unter Analyse der bisherigen Karlsruher Rechtsprechung selbst. Das gleiche gilt für die Folgen von Karlsruher Entscheidungen. Wenn das Bundesverfassungsgericht ein Gesetz beanstandet hat und der Gesetzgeber eine Neuregelung in Angriff nimmt, liegt die Frage nahe, ob der entsprechende Gesetzentwurf den Vorgaben der Verfassungsrichter gerecht wird oder nicht. Da sich das Gericht hierzu nicht selbst äußern kann, haben auch hier die Karlsruher Korrespondenten eine wichtige Rolle als mittelbares Sprachrohr.

Das Bundesverfassungsgericht ist eine verletzliche Institution. Der Gesetzgeber kann im Bundesverfassungsgerichtsgesetz die Befugnisse des Bundesverfassungsgerichts und die Stellung der Richter gestalten. Durch Änderung von Artikel 91 Grundgesetz wären sogar grundlegende Einschnitte in die Karlsruher Befugnisse denkbar. Wenn das Gericht überlastet ist, benötigt es zudem Hilfe vom Gesetzgeber. Seit den Auseinandersetzungen der Adenauer-Ära ist dem Bundesverfassungsgericht bewusst, dass es nur mit Hilfe der Öffentlichkeit und der Medien seine starke Stellung verteidigen kann. Die Presse wurde so quasi zur „Schutztruppe des Gerichts", analysierte der langjährige Karlsruher Spiegel-Korrespondent Rolf Lamprecht.[2]

Die Karlsruher Korrespondenten sind aber nicht nur Vermittler, Verstärker und Verteidiger der Karlsruher Rechtsprechung, sondern auch die ersten (unabhängigen) Kritiker. Lange bevor die Wissenschaft sich eines Urteils annimmt, müssen die Korrespondenten die Entscheidung analysieren oder kommentieren.

1.2   Die Karlsruher Journalisten

Ein Großteil der Berichterstattung über das Bundesverfassungsgericht und seine Urteile wird von einem festen Kreis von Journalisten verantwortet, der entweder in Karlsruhe wohnt oder regelmäßig anreist. Diese Journalisten haben sich in der Justizpressekonferenz Karlsruhe (JPK)[3], einem eingetragenen Verein, zusammengeschlossen. Die JPK vertritt die Interessen der Journalisten gegenüber der Justiz und organisiert Veranstaltungen. Zurzeit hat die JPK 29 Vollmitglieder und 30 Gastmitglieder. Die Gastmitglieder berichten nur gelegentlich über die Karlsruher Gerichte.

---

1   Rath, Christian: Der Schiedsrichterstaat – Die Macht des Bundesverfassungsgerichts. Berlin 2013, S. 37 f.
2   Taz, 26. 4. 2012.
3   Zur Entstehungsgeschichte: www.justizpressekonferenz.de/?Geschichte.

Der Anteil der Juristen unter den JPK-Mitgliedern ist hoch. Viele berichten schon jahrzehntelang aus Karlsruhe und kennen die Rechtsprechung des Gerichts entsprechend gut. Während die Verfassungsrichter maximal zwölf Jahre bleiben, haben die Karlsruher Korrespondenten in der Regel eine längere „Amtszeit". Auch das ermöglicht eine Begegnung auf Augenhöhe.

Natürlich können auch Journalisten ohne JPK-Anbindung über das Bundesverfassungsgericht berichten. Faktisch spielt dies aber keine große Rolle, da fast jedes ernst zu nehmende Medium über einen spezialisierten Korrespondenten verfügt. Kleinere Medien greifen auf Agenturberichte zurück, die aber in der Regel auch in Karlsruhe von spezialisierten Journalisten verfasst werden. Derzeit sind drei Nachrichtenagenturen[4] regelmäßig beim Bundesverfassungsgericht vertreten.

1.3   Die Pressesprecher des BVerfG

Die Pressesprecher – bis auf den derzeitigen Amtsinhaber Bernd Odörfer waren es ausschließlich Frauen[5] – schreiben die Pressemitteilungen des Gerichts (s. u.) und stehen Journalisten (in der Regel telefonisch) für Fragen aller Art zur Verfügung.[6] Solche Anfragen kommen von Journalisten aus der ganzen Republik, nicht nur von den JPK-Korrespondenten. Je nach Bedarf erläutern die Pressesprecher die einfachsten Grundlagen des verfassungsgerichtlichen Verfahrens oder die kompliziertesten Feinheiten einer konkreten Entscheidung. Im Zweifel fragen sie bei den wissenschaftlichen Mitarbeitern im zuständigen Dezernat nach.

Lange Zeit hatte das Bundesverfassungsgericht keinen richtigen Pressesprecher. Karlsruher Journalisten wussten immerhin, dass sie sich mit Fragen an die beiden Präsidialräte – hohe Verwaltungsbeamte des Gerichts – wenden konnten.

Erst 1996 installierte die damalige Gerichtspräsidentin Jutta Limbach eine Pressesprecherin – zunächst als persönliche Referentin, um Widerstand im Gericht zu umgehen. Erst nach einigen Monaten war Uta Fölster offizielle Sprecherin des Gerichts. Die Neuerung erfolgte nach der letzten großen Legitimitätskrise des Bundesverfassungsgerichts, die auf die Beschlüsse zum Pazifistenslogan „Soldaten sind Mörder" bzw. zu Kruzifixen an bayerischen Schulen folgte.

Die Pressesprecher sind in der Regel Richter, die aus der Justiz kommen, vom jeweiligen Gerichtspräsidenten ausgewählt werden und nur zwei bis drei Jahre in der Pressestelle des Bundesverfassungsgerichts bleiben. In der Regel schließt sich eine glänzende

---

4   Es sind dpa, afp und Reuters. Die inzwischen verschwundenen Agenturen ap und ddp hatten ebenfalls eigene Korrespondenten in Karlsruhe, nach der kurzlebigen Vereinigung zu dapd sogar zwei.

5   Uta Fölster, Carola von Paczensky, Gudrun Schraft-Huber, Dietlind Weinland, Anja Kesting, Judith Blohm.

6   Außerdem unterstützen sie die Richter bei ihrer Pressearbeit, zum Beispiel indem sie Interviews redigieren. Weitere Aufgaben bestehen in der allgemeinen Öffentlichkeitsarbeit.

Karriere in der ordentlichen Justiz an. Die große Fluktuation hat sich aufgrund der Qualitäten der Amtsinhaber bisher nicht als Problem erwiesen.

1.4 Pressemitteilungen

Das Bundesverfassungsgericht veröffentlicht pro Jahr rund hundert Pressemitteilungen. Bei den meisten Mitteilungen handelt es sich um die Darstellung von Entscheidungen des Gerichts. Sie haben derzeit in der Regel den folgenden Aufbau: Im ersten Absatz wird das Thema und Ergebnis der Entscheidung mitgeteilt, dann folgt eine kurze Übersicht über „Sachverhalt und Verfahrensgang". Anschließend werden die „wesentlichen Erwägungen" des Senats oder der Kammer mitgeteilt. Dabei wird in der Regel der Original-Wortlaut in den Kernaussagen zusammengefasst. Es findet, außer teilweise im ersten Absatz, keine Übersetzung in nicht-juristische Sprache statt. Dies bleibt Aufgabe der Journalisten. Eine Pressemitteilung umfasst in der Regel zwei bis vier Druckseiten, bei besonders komplexen Urteilen bis zu zehn Druckseiten. Die Pressemitteilungen bedürfen (gemäß § 32 der BVerfG-Geschäftsordnung) der Billigung des Berichterstatters und des jeweiligen Senatsvorsitzenden.

Abschließende Senatsentscheidungen werden stets per Pressemitteilung publik gemacht, Kammerentscheidungen nur ausnahmsweise. Welche Beschlüsse per Pressemitteilung bekannt gemacht werden, entscheidet der Berichterstatter. Wenn es bei politisch brisanten Entscheidungen keine Pressemitteilung gab und diese auf anderem Weg bekannt werden (zum Beispiel über die Beschwerdeführer), führt dies zu Unmut bei den Medien. Bei Beschlüssen zugunsten von Rechtsextremisten ist dies schon mehrfach vorgekommen.[7]

Mündliche Verhandlungen werden ebenfalls per Pressemitteilung angekündigt. Darin wird der Sachverhalt und das Rechtsproblem umrissen. Außerdem werden die Akkreditierungsbedingungen für Journalisten mitgeteilt und die Teilnahmemöglichkeiten für Bürger bekannt gemacht. Etwas versteckt am Ende der Mitteilung findet sich meist schon eine Gliederung der mündlichen Verhandlung. Diese regt Journalisten oft zu Spekulationen über die zu erwartende Schwerpunktsetzung des Gerichts an.

Per Pressemitteilung werden auch Besuchskontakte mit anderen Gerichten und Institutionen vermeldet. Dabei wird zum Beispiel offen gelegt, wenn es zu Gesprächen des Bundesverfassungsgerichts mit dem Europäischen Gerichtshof, der Bundesregierung oder Kirchenvertretern kommt. Gesprächsinhalte werden in der Regel nicht mitgeteilt.

Die Pressemitteilungen des Bundesverfassungsgerichts werden per E-Mail an einen Verteiler von über 600 Empfängern verschickt. Zu den Empfängern gehören neben

---

7   Z. B. 1 BvR 150/03 – Ruhm und Ehre der Waffen-SS, 1 BvR 1565/05 – schwarz-rot-senf – und 1 BvR
    1753/03 – Frank Rennicke.

Journalisten und Medien auch Ministerien und Universitäten. Wer den Newsletter des Bundesverfassungsgericht abonniert, erhält die Pressemitteilungen ebenfalls, wenn auch etwas zeitversetzt. Außerdem werden die Pressemitteilungen auf der Homepage des Gerichts veröffentlicht. Sie dienen also auch der Information der allgemeinen Öffentlichkeit.

Urteile und Beschlüsse werden am gleichen Tag wie die entsprechenden Pressemitteilungen auf der Homepage des Bundesverfassungsgerichts unter „Entscheidungen" veröffentlicht. Dort werden vereinzelt auch Entscheidungen publiziert, zu denen keine Pressemitteilung erging.

International besonders wichtige Entscheidungen werden der globalen Öffentlichkeit seit einigen Jahren auch per englisch-sprachiger Pressemitteilung bekannt gemacht. In seltenen Fällen werden auch ganze Urteile in englischer Sprache veröffentlicht, dies soll noch ausgeweitet werden.

1.5 Mündliche Verhandlungen

Die meisten Verfahren am Bundesverfassungsgericht werden im schriftlichen Wege erledigt. Die Öffentlichkeit erhält keine Kenntnis über Zeitpunkt und Gang der Beratungen, sondern wird erst mit der fertigen Entscheidung konfrontiert.

Knapp ein Dutzend Verfahren pro Jahr werden dagegen mündlich verhandelt. Bei manchen Streitsachen ist die mündliche Verhandlung obligatorisch (zum Beispiel bei Organklagen), es sei denn die Beteiligten verzichten hierauf. Meist aber setzt das Gericht selbst die mündliche Verhandlung an, insbesondere um den Sachverhalt im Gespräch mit den Beteiligten näher aufzuklären, um Sachverständige zu hören und/oder wegen der großen öffentlichen Bedeutung des Falles. Wenn ein Verfahren mündlich verhandelt wurde, muss auch das Urteil mündlich verkündet werden.

Journalisten können die Verhandlungen und Verkündungen auf einer speziellen Tribüne verfolgen. Dort sind auch Laptops erlaubt. Außerdem gibt es eine Ton-Übertragung in einen Arbeitsraum für Journalisten.

Der lebendigere Termin ist die mündliche Verhandlung. Hier kristallisiert sich im Rechtsgespräch heraus, welche Fragen für das Urteil entscheidend werden. Oft kommen neue interessante Informationen zutage. Häufig kann auch schon über das mögliche Urteil spekuliert werden. Anhaltspunkte geben die Einführung des federführenden Richters und die Richterfragen im Verlauf der Verhandlung.

Noch größer ist das Interesse der auftraggebenden Medien aber an einer Urteilsverkündung, weil hier Fakten geschaffen werden. Die Urteilsverkündung findet meist mehrere Monate nach der Verhandlung statt. Bei der Verkündung wird das Urteil vom Senatsvorsitzenden und dem Berichterstatter weitgehend vollständig verlesen. Persönliche Anwesenheit lohnt sich für Journalisten, weil viele Prozessbeteiligte anschließend im Gericht für Statements und Diskussionen zur Verfügung stehen.

1.6   Kontakte zu Richtern

Kontakte zwischen Journalisten und Richtern finden in der Regel in formellem Rahmen statt. So organisiert das Gericht jeweils im Frühjahr einen Jahrespresseempfang, bei dem alle 16 Verfassungsrichter anwesend sind. Zu diesem Anlass werden auch die Verfahren bekanntgegeben, die die beiden Senate im laufenden Jahr erledigen wollen. Beim Empfang hält der Präsident des Gerichts eine kleine Rede und der Vorsitzende der Justizpressekonferenz eine größere Rede. Anschließend können in großer Runde Fragen an die Richter gestellt werden. Den Rest des Abends stehen und sitzen Journalisten und Richter in wechselnden Gruppen zusammen, um vertrauliche Gespräche zu führen.

Hinzu kommen in unregelmäßigen Abständen Feierstunden des Bundesverfassungsgerichts, bei denen ausscheidende Richter verabschiedet und neue Richter eingeführt werden. Hier sind wiederum alle Richter anwesend. Ein Empfang mit informellen Gesprächsmöglichkeiten schließt sich an.

Weitere Gesprächsmöglichkeiten ergeben sich bei den regelmäßigen Veranstaltungen der JPK. Unter dem Titel „Jour fixe" lädt die JPK etwa monatlich Rechtspolitiker, Richter und Rechtswissenschaftler zu Diskussionsveranstaltungen ein. Im Publikum sind häufig auch Richter des Bundesverfassungsgerichts. Die Veranstaltungen finden in der Regel sogar in den Räumen des Bundesverfassungsgerichts statt.

Daneben dürfte es auch informelle (Telefon-)Kontakte von einzelnen Journalisten zu bestimmten Richtern geben, bei denen ad hoc über konkrete vergangene oder bevorstehende Verfahren gesprochen wird.

Ziel all dieser Gespräche ist die Verbesserung der journalistischen Analysefähigkeit. Mit substanziellen Erläuterungen kann nur rechnen, wer in der Lage ist, niveauvolle Fragen zu stellen. Kein Ziel ist es, exklusive Vorabinformationen zu geben und zu erhalten, um damit journalistische Scoops zu erzeugen. Journalisten, die dies versuchen, würden den weiteren Zugang zu den Richtern verlieren, da diese hieran in der Regel kein Interesse haben. Auch die soziale Kontrolle unter den Karlsruher Journalisten begünstigt ein Klima, in dem die Wahrung von diskreten Informationen möglich ist. Das journalistische Klima in Karlsruhe ist also deutlich anders als dasjenige in Berlin.

Wenn Medien ein BVerfG-Urteil vorab melden (was nur alle paar Jahre vorkommt), sind in der Regel nicht Karlsruher Journalisten die Quelle. Vermutlich haben dann Verfassungsrichter ihnen bekannte Politiker vorab eingeweiht, welche wiederum in unvorsichtiger Weise Berliner oder Münchener Journalisten informierten.

1.7   Interviews

Manche Richter, insbesondere Präsident und Vizepräsident, sind gelegentlich zu Interviews bereit. Es gibt aber auch viele Verfassungsrichter, die grundsätzlich keine Interviews geben.

Typische Themen solcher Interviews sind abstrakte Verfassungsfragen, die Stellung des Gerichts oder bereits ergangene Entscheidungen. Gelegentlich nutzen Richter solche Interviews aber auch zu politisch relevanten Interventionen.

So ermunterte 2005 – also zwei Jahre nach dem gescheiterten ersten NPD-Verbotsverfahren – Gerichtspräsident Hans-Jürgen Papier in einem BILD-Interview die Politik, einen neuen Verbotsantrag zu stellen. Am gleichen Wochenende argumentierte sein Vize Winfried Hassemer im Spiegel in die gleiche Richtung. Angeblich war dies nicht koordiniert.

Auch in der Aufregung nach dem Lissabon-Urteil, das 2009 die weitere EU-Integration erschwerte, versuchten Verfassungsrichter mit Interviews die Wogen zu glätten. Sollte ein neues Grundgesetz erforderlich werden, müsse dieses „nicht völlig neu geschrieben" werden, versicherte Andreas Voßkuhle. Und sein Kollege Peter Michael Huber präzisierte, die Grundgesetzänderung könne sich „auf wenige geänderte Sätze" beschränken.

2 Diskursmacht des Bundesverfassungsgerichts

Grundsätzlich wirkt das Bundesverfassungsgericht, indem es aus Anlass konkreter Rechtsstreitigkeiten das Grundgesetz auslegt, um dann Normen oder Urteile an diesem Maßstab zu messen. Über diese Urteile wird diskutiert und manchmal auch gestritten. Insofern ist das Bundesverfassungsgericht immer auch Teil des gesellschaftlichen Diskurses.

Doch auch jenseits der konkreten Urteile beeinflusst das Bundesverfassungsgericht die politische Atmosphäre.

2.1 Thematisierung

Dies beginnt schon mit der Frage, wie schnell sich Karlsruhe einer Sache annimmt. Denn das Gericht unterliegt keinerlei Regeln, in welcher Reihenfolge es seine Fälle erledigt. Wenn ein Verfahren schnell vorangetrieben und anderen Klagen vorgezogen wird, ist dies bereits eine verfassungspolitische Entscheidung.

So kann schon die Aufnahme eines Verfahrens in die jährlich erstellte Liste der „zu erledigenden Verfahren"[8] deutliche politische Wirkungen zeitigen. Entweder beeilt sich die Politik nun tatsächlich, ein Problem zu lösen. Oder sie fällt in Erstarrung und erklärt, erst einmal auf den Ausgang des Karlsruher Verfahrens warten zu wollen. Jeden-

---

8 Die Liste wird auf der Homepage des Bundesverfassungsgerichts veröffentlicht – unter „Aufgaben, Verfahren und Organisation", dort ganz am Ende.

falls rückt Karlsruhe schon mit der Listung des Falles ein Thema auf der politischen Agenda nach oben.

Auch die Entscheidung für eine mündliche Verhandlung (s. o.) hat eine hohe Thematisierungswirkung. Schon im Vorfeld der Verhandlung gibt es Presseberichte, erst recht am Verhandlungstag selbst, und bis zur Urteilsverkündung bleibt der Ausgang des Verfahrens im Gespräch. So kann Karlsruhe die Öffentlichkeit auf ein Urteil vorbereiten und damit dessen politische Relevanz und Akzeptanz erhöhen.

2.2   Aufwertung

Vor allem mit Hilfe von mündlichen Verhandlungen kann das Gericht Diskursteilnehmer aufwerten und ihnen eine Bühne bieten. So können etwa die EU-Skeptiker, die im Bundestag nur eine randständige Rolle innehaben, als Kläger vor dem Bundesverfassungsgericht wie gleichberechtigte Kontrahenten von Bundesregierung und Bundestag agieren.

In Verfahren zum Datenschutz werden regelmäßig Vertreter des Chaos Computer Clubs als Sachverständige eingeladen. Seit ihnen das Gericht damit einen Seriositätsstempel verpasste, werden sie in Medien wie der FAZ geradezu hofiert.

2.3   Stimmungswandel

Zwei Politikfeldern hat sich das Bundesverfassungsgericht in den letzten zwei Jahrzehnten besonders intensiv gewidmet: der Inneren Sicherheit und der EU-Integration. Auf beiden Feldern hat das Gericht durch seine Urteile die innenpolitische Stimmung gewandelt.

2.3.1   Innere Sicherheit

Nicht alle, aber viele neue Sicherheitsgesetze wurden in den letzten Jahren vom Bundesverfassungsgericht beanstandet. Die wichtigsten Urteile betrafen den großen Lauschangriff (2004), das präventive Abhören von Telefonen (2005), die präventive Rasterfahndung (2006), die Online-Durchsuchung von Computern (2008), den automatischen Abgleich von Kfz-Kennzeichen mit dem Fahndungscomputer (2008), die Vorratsdatenspeicherung (2010) und die Anti-Terror-Datei (2013).

Dabei hat das Bundesverfassungsgericht keine neue polizeiliche Ermittlungsmaßnahme generell verhindert. In der Regel hat das Gericht nur höhere Hürden für den Einsatz oder sonstige Detailkorrekturen verlangt.[9] Mit nur kleinen Veränderungen

---

9   Ausführlich dazu Rath, Schiedsrichterstaat, S. 61 f.

konnte die Verhältnismäßigkeit der Mittel dann doch hergestellt werden. Der Gesetzgeber musste nur eine Strafrunde drehen und die kritisierten Bestimmungen entsprechend den Karlsruher Vorgaben nachbessern. In der Regel haben die Sicherheitsbehörden also im Kern doch das bekommen, was sie haben wollen, nur etwas abgespeckt und etwas verspätet.[10]

Allerdings hat die regelmäßige Beanstandung von Gesetzen der Inneren Sicherheit die Bevölkerung sensibilisiert und die Abgeordneten gewarnt: Auch beim nächsten Überwachungsgesetz mussten sie wieder mit einem imageschädlichen Rüffel aus Karlsruhe rechnen. Die Medien dramatisierten die Serie der Beanstandungen zusätzlich. Nach jedem Urteil musste sich die Politik vorwerfen lassen, dass sie auf die Terrordrohung mit Übereifer und Rechtsblindheit antworte. Aus dem Gewinnerthema „Terrorbekämpfung" wurde binnen weniger Jahre ein Verliererthema. Bei der Bundestagswahl 2009 verzichtete die CDU/CSU im Wahlkampf ganz auf Law-and-Order-Forderungen. Und nach der Wahl wurde der kompromisslose Wolfgang Schäuble als Innenminister ersetzt. Karlsruhe hatte die Stimmung gedreht.

2.3.2 EU-Integration

Auch bei Fragen der EU-Integration hat sich Karlsruhe im Ergebnis stets konstruktiv verhalten und alle größeren politischen EU-Projekte abgesegnet. Vom Maastrichter Vertrag (1993) und dem Einstieg in die Währungsunion (1998) über den Lissabon-Vertrag (2009) bis zu den Rettungsschirmen EFSF (2011) und ESM (2013) lehnte Karlsruhe alle Klagen im Kern ab.[11] Alle umstrittenen Verträge konnten ohne Änderung unterschrieben werden.

Nicht einmal die von den Sicherheitsgesetzen bekannten „Strafrunden" verlangte des Bundesverfassungsgericht vom Gesetzgeber. Schließlich wäre es verantwortungslos, bei Verträgen von bis zu 28 Staaten eine Neuverhandlung heikler Punkte zu verlangen. Allenfalls die Änderung deutscher Begleitgesetze oder die Abgabe von Vertragsinterpretationen konnte relativ gefahrlos eingefordert werden. 2014 legte das Bundesverfassungsgericht dem Europäischen Gerichtshof Fragen zur Politik der Europäischen Zentralbank zur Vorabentscheidung vor. Ob dies am Ende eskalierende oder deeskalierende Wirkung haben wird, ist noch offen.

Auffällig war der oft EU-skeptische Unterton der Karlsruher Rechtsprechung:

---

10 Ausnahme ist die Vorratsdatenspeicherung. Grund dafür war aber nicht das Urteil des Bundesverfassungsgerichts, das nur Detailkorrekturen einforderte, sondern die widerspenstige damalige Justizministerin Sabine Leutheusser-Schnarrenberger, die auf Zeit spielte, sowie der Europäische Gerichtshof, der Anfang 2014 die zugrundeliegende EU-Richtlinie für nichtig erklärte.

11 Ausführlich dazu Rath, Schiedsrichterstaat, S. 63 ff.

- So maß sich das Bundesverfassungsgericht seit dem Maastricht-Urteil ein Kontrollrecht über den Europäischen Gerichtshof an und weitete dieses im Lissabon-Urteil sogar noch aus.
- Das Europäische Parlament wurde mit wechselnden Begründungen abgewertet.
- Die souveräne deutsche Staatlichkeit sieht Karlsruhe in der Ewigkeitsklausel des Grundgesetzes geschützt.

Die radikale Rhetorik der Verfassungsrichter prägte den politischen Diskurs mehr als die eher konstruktiven Ergebnisse. EU-Skeptiker von links und rechts konnten sich nun – unter Berufung auf Karlsruhe – als Hüter des Grundgesetzes präsentieren, während Befürworter eines europäischen Bundesstaats plötzlich als Gegner der Verfassung dastanden. Die Richter hatten damit die Rollenverhältnisse auf den Kopf gestellt.

2.3.3 Reflex oder Absicht

Verfolgen die Verfassungsrichter also eine diskurspolitische Agenda? Zielt ihre Rechtsprechung nicht nur auf die Lösung konkreter Rechtsstreitigkeiten, sondern auch auf eine gesellschaftliche Gesamtwirkung ihrer Urteile?

Zu beweisen ist das nicht. Die Verfassungsrichter als Akteure weisen solche Thesen weit von sich. Sie betonen vielmehr, solche Wirkungen hätten sie weder geplant noch vorhergesehen noch gewollt. Sie hätten keine Agenda.

Plausibel könnte daher sein, dass sich die Richter, soweit sie politische Überlegungen anstellen, vor allem als kritische Akzeptanzbeschaffer sehen. „Nur wenn die Bürger das Vertrauen haben, dass bestimmte Grenzen nicht überschritten werden, sind sie bereit, weitere Integrationsschritte hinzunehmen", sagte zum Beispiel Präsident Andreas Voßkuhle auf dem Deutschen Juristentag 2012.[12]

Dass sie auf diesem Wege zwar die Akzeptanz einzelner Projekte sichern, aber zugleich die Akzeptanz der generellen Richtung mindern, ist vielen Verfassungsrichtern auch aufgefallen. Zwar wollen sie darin nur einen unbeabsichtigten Reflex ihrer Rechtsprechung sehen. Da die Richter aber nicht gegensteuern, scheinen sie über die Entwicklung auch nicht unglücklich zu sein und ihre Diskursmacht zumindest billigend in Kauf zu nehmen.

---

12 Taz, 22. 9. 2012.

Das Bundesverfassungsgericht und die Frauen[*]

Christine Hohmann-Dennhardt

1 Gleichberechtigung, der gemeinsame Nenner

Ein „und" allein ist unvollkommen, ihm fehlt der Sinn. Doch setzt es sich zwischen zwei Begriffe, dann kann es Welten zusammenfügen, die sonst getrennt betrachtet werden, kann Verbindungen herstellen, die Neugierde wecken, worin solch Allianz begründet liegt. So ergeht es auch dem Bundesverfassungsgericht (BVerfG), wenn es mit einem „und" die Frauen an seine Seite gestellt erhält. Was hat das BVerfG mit den Frauen zu tun, was haben die Frauen mit diesem Gericht gemein, stellt sich damit die Frage. Nicht allzu lange muss man hier suchen, um beide auf einen gemeinsamen Nenner zu bringen: die Gleichberechtigung. Sie ist das Banner, unter dem Frauen einst antraten und sich auch heute noch vereinen, um für sich gleiche Rechte und Positionen in Staat, Familie und Beruf zu reklamieren, sie war der Schlüssel, der ihnen die Tore ins Berufsleben und zum Studium öffnete, und sie machte ihnen damit auch den Weg zum Richteramt bis hin zum BVerfG frei, sodass einige von ihnen dort Platz nehmen konnten. Dem BVerfG wiederum ist die Gleichberechtigung vom Grundgesetz als verfassungsrechtlicher Maßstab in die Hand gegeben worden, anhand dessen es im Laufe seiner Rechtsprechung viele, dem Gesetzgeber richtungweisende Entscheidungen getroffen hat. Dabei kann man mit Fug und Recht von einem Wechselspiel zwischen dem BVerfG und den Frauen reden: ohne Frauen gäbe es nicht das Gleichberechtigungsgebot in unserer Verfassung, ohne dieses hätte das BVerfG den Frauen nicht zu ihren Rechten verhelfen können, und Frauen wiederum haben in diesem Gericht das Ihre dazu beigetragen, der Gleichberechtigung Nachdruck zu verleihen.

---

[*] Der Beitrag ist von der 1. Auflage unverändert übernommen.

2   Wechselseitige Impulsgebung

Diesen Prozess wechselseitiger Impulsgebung in puncto Gleichberechtigung gilt es zunächst in seinem Verlauf und seinen wesentlichen Ergebnissen nachzuzeichnen.

Es waren, wie schon angedeutet, Frauen, die bei Entstehen der Bundesrepublik den
ersten Anstoß dafür gaben. Allen voran ist hier die Rechtsanwältin für Familienrecht
und Politikerin Elisabeth Selbert zu nennen, die als eines der vier weiblichen Mitglieder des vierundsechzigköpfigen Parlamentarischen Rates in dieser verfassungsgebenden Versammlung den Antrag stellte, die Gleichberechtigung von Männern und Frauen
im Grundgesetz zu verankern. Doch bei der Mehrheit des Rates stieß diese Forderung
zunächst auf wenig Gegenliebe. Gewarnt wurde vor den unabsehbaren Folgen eines
mit Verfassungsrang ausgestatteten Gleichberechtigungsgebotes insbesondere für das
damals bestehende Ehe- und Familienrecht[1] – eine aus vornehmlich männlicher Sicht
erklärliche und durchaus richtige Befürchtung, wie sich später zeigte. Streiterprobt in
Sachen Emanzipation brachte dies Elisabeth Selbert in Aktion. Sie zog alle taktischen
Register, um in dieser Frage einen Stimmungswechsel herbeizuführen. So mahnte sie
nicht nur laut und auch außerhalb des Parlamentarischen Rates vernehmlich an, dass
die Frau, die während der Kriegsjahre auf den Trümmern gestanden und den Mann
an der Arbeitsstelle ersetzt habe, einen moralischen Anspruch darauf habe, auf allen
Rechtsgebieten dem Manne gleichgestellt und wie der Mann bewertet zu werden.[2] Sie
appellierte zudem an die Frauensolidarität und rief öffentlich zum Protest auf, der nicht
ausblieb, die verfassungsgebende Versammlung waschkörbevoll mit Petitionen zu-
deckte und starken Eindruck bei deren Mitgliedern hinterließ.[3] Und schließlich war
es auch der Kompromissvorschlag, den Elisabeth Selbert in die Debatte einführte, der
überzeugte und mit dazu beitrug, dass das Gleichberechtigungsgebot schließlich doch
Eingang in Art. 3 Abs. 2 des Grundgesetzes fand. Es war Art. 117 GG, den sie zusammen
mit der späteren Verfassungsrichterin Wiltraud Rupp-von Brünneck, die damals Georg
August Zinn bei seiner Arbeit im Parlamentarischen Rat assistierte, kreiert hatte,[4] der
dann Art. 3 Abs. 2 GG als Übergangsvorschrift zur Seite gestellt wurde und bestimmte,
dass der Gleichberechtigung entgegenstehendes Recht noch bis Ende März 1953 weitergelten konnte. Damit war der Grundstein für den Bau eines Rechts und einer Wirklichkeit gelegt, in denen Männer und Frauen sich als Gleiche begegnen können. Denn
seitdem ist der Gesetzgeber von Verfassungs wegen gehalten, Recht zu schaffen, das der
Gleichberechtigung nicht zuwiderläuft, und Sorge dafür zu tragen, dass gleiches Recht
nicht diskriminierend wirkt, wo es auf ungleiche Realitäten trifft. Und aufgrund von

---

1   Parlamentarischer Rat: Verhandlungen des Hauptausschusses Bonn 1948/49 (1950), 17. Sitzung vom 3.12.
     1948, S. 206 f.
2   Parlamentarischer Rat, a.a.O. (Fn. 1), S. 206.
3   Parlamentarischer Rat, a.a.O. (Fn. 1), 42. Sitzung vom 18.1.1949, S. 539.
4   Siehe: Böttger, Barbara: Das Recht auf Gleichheit und Differenz, Elisabeth Selbert und der Kampf der
     Frauen um Art. 3 II Grundgesetz, Münster 1990, S. 165.

Art. 92 bis 94 GG wurde das BVerfG etabliert, das seitdem über die Einhaltung der Verfassung und damit auch des Gleichberechtigungsgebotes zu wachen hat.

Wiederum war es dort eine Frau, die das Heft der Gleichberechtigung in die Hand nahm und es mit ihrer Handschrift füllte: Erna Scheffler, eine der ersten Frauen, denen man 1928 ein Richteramt anvertraut hatte, die 1933 als Halbjüdin aus diesem Amt entlassen worden war und nach dem Krieg wiederum zu den ersten Richterinnen der neuen Republik gehört hatte.[5] Sie war die erste und lange Zeit einzige Frau unter damals noch dreiundzwanzig Verfassungsrichtern, die 1951 bei Konstituierung des BVerfG in dessen Ersten Senat einzog und dort die Zuständigkeit für das Ehe- und Familienrecht erhielt, auf dessen Felde in den Folgejahren der Streit um die Gleichberechtigung in besonderem Maße ausgetragen wurde. Man mag spekulieren, ob ihre Wahl nicht ein gutes Stück Alibifunktion hatte, um wenigstens an einem Beispiel die Unvoreingenommenheit gegenüber Frauen unter Beweis zu stellen. Man mag sich fragen, ob die Zuweisung gerade dieses familienrechtlichen Dezernats an Erna Scheffler der herkömmlichen Meinung geschuldet war, von Familie verstehe eine Frau am meisten, weil dort ihr eigentlicher Platz sei.[6] Gewiss ist aber, dass Erna Scheffler selbst keine Einwände dagegen erhoben hat, im Gegenteil zufrieden damit gewesen ist, und gewiss ist ebenso, dass man gewusst hatte, mit ihrer Wahl eine engagiert für die Rechte der Frauen eintretende Richterin an den Senatstisch gesetzt zu haben, hatte sie doch kurze Zeit zuvor 1950 auf dem Juristentag eine flammende Rede gehalten, in der sie aufgelistet hatte, was es alles im Recht zu ändern galt, um der Gleichberechtigung von Mann und Frau genüge zu tun.[7] Nun konnte sie von der Richterbank aus dem Gesetzgeber bei der Erledigung dieser verfassungsrechtlichen Hausaufgabe auf die Finger schauen. Und das tat sie mit wachem akribischem Blick.

3   Die Rechtsprechung des Gerichts zur Gleichberechtigung

Doch zunächst geschah erst einmal nichts. Der Gesetzgeber ließ die ihm mit Art. 117 GG gesetzte Frist zur Überarbeitung des noch vom Patriarchat geprägten Ehe- und Familienrechts des Bürgerlichen Gesetzbuchs verstreichen, sodass das OLG Frankfurt dem BVerfG die Frage stellte, ob es denn angehen könne, dass nunmehr das dem Gleichberechtigungsgrundsatz entgegenstehende Familienrecht ohne ein entsprechendes Anpassungsgesetz außer Kraft gesetzt sei. Bei ihrer darauf antwortenden ersten Grundsatzentscheidung fanden die Verfassungsrichter mit Hilfe von Erna Scheffler als Berichterstatterin deutliche Worte. Sie stellten klar, dass diese Verfassungsnorm nicht

---

5   Jaeger, Renate: Erna Scheffler, in: Deutscher Juristinnenbund (Hrsg.), Juristinnen in Deutschland, Die Zeit von 1900 bis 2003, 4.Aufl., Baden-Baden 2003, S. 197 ff.

6   Vgl.zum Frauenbild der damaligen Zeit: Vaupel, Heike: Die Familienrechtsreform in den fünfziger Jahren im Zeichen widerstreitender Weltanschauungen, Baden-Baden 1999, S. 112 ff.

7   Scheffler, Erna: Verhandlungen des 38. DJT (1950), S. B4.

nur Programmsatz, sondern unmittelbar wirkende Rechtsnorm sei, die Mann und Frau auch im Familienrecht gleichberechtigt stelle. Damit rückten sie zurecht, was in den parlamentarischen Debatten zuvor von vielen bestritten worden war, und erklärten: „Ob der Geschlechtsunterschied heute noch als rechtlich erheblich anzusehen ist, kann nicht mehr gefragt werden. Diese Frage stellen hieße die vom Grundgesetz getroffene politische Entscheidung in die Hände des Gesetzgebers zurückspielen und Art. 3 Abs. 2 GG seiner rechtlichen Bedeutung entkleiden."[8]

Dies setzte Zeichen und war Auftakt für viele dann folgende Entscheidungen, mit denen das Gericht Frauen diskriminierendes Recht aufhob, den Gesetzgeber korrigierte und ihm bei zögerlichem Vorangehen in Sachen Gleichberechtigung Beine machte. So erklärte es das vom Gesetzgeber auch bei der ersten Überarbeitung des Familienrechts noch belassene Alleinvertretungsrecht des Vaters gegenüber den ehelichen Kindern für unvereinbar mit dem Gleichberechtigungsgebot,[9] forderte die Reform des Kindschaftsrechts mit gleichberechtigter Elternverantwortung zum Wohle des Kindes ein,[10] untersagte die steuerliche Zusammenveranlagung von Ehegatten,[11] setzte die bäuerliche Erbfolge mit ihrem Vorrang des männlichen Geschlechts außer Kraft,[12] beschrieb die verfassungsrechtlich geschützte Ehe als gleichberechtigte Partnerschaft von Mann und Frau bei gleicher Teilhabe am gemeinsam Erwirtschafteten,[13] und veranlasste den Gesetzgeber mehrfach, das Namensrecht so zu gestalten, dass auch Frauen sich in ihrem Namen wiederfinden, ihren Namen im Falle der Heirat behalten und ihn an ihre Kinder weitergeben können.[14] Und es forderte im Verlaufe seiner Rechtsprechung die Gleichberechtigung auch im Erwerbsleben ein, erklärte hier rechtliche Einschränkungen oder Zugangsbarrieren für unvereinbar mit Art. 3 Abs. 2 GG[15] und betonte, dass es bei dieser Grundrechtsnorm auch darum ginge, die Lebensverhältnisse von Männern und Frauen anzugleichen, überkommene Rollenverteilungen, die zu Nachteilen für Frauen führten, nicht durch staatliche Maßnahmen zu verfestigen sowie faktische Benachteiligungen von Frauen rechtlich zu berücksichtigen und durch begünstigende Regelungen auszugleichen.[16]

Insofern war die 1994 erfolgende Ergänzung von Art. 3 Abs. 2 GG um den Satz: „Der Staat fördert die tatsächliche Durchsetzung der Gleichberechtigung von Frauen und Männern und wirkt auf die Beseitigung bestehender Nachteile hin" nur eine verfassungsrechtliche Fixierung dessen, was das BVerfG schon vorher als Gebot der Gleich-

---

8   BVerfGE 3, 225, (239 f.).
9   BVerfGE 10, 59.
10 BVerfGE 35, 382 (408).
11 BVerfGE 6, 55.
12 BVerfGE 15, 337.
13 BVerfGE 57, 361; 105, 1.
14 BVerfGE 84, 9;104, 373.
15 BVerfGE 92, 91.
16 BVerfGE 85, 191.

berechtigung aus dieser Grundrechtsnorm interpretiert hatte. Auch diese verfassungsrechtliche Bekräftigung der Rechtsprechung des BVerfG ging wiederum auf eine Initiative von Frauen in der Gemeinsamen Verfassungskommission von Bund und Ländern zurück, die nach der Wiedervereinigung mit dem Auftrag geschaffen worden war, Vorschläge für die Transformation des Grundgesetzes in eine gesamtdeutsche Verfassung zu erarbeiten. Zu ihnen gehörten u. a. die spätere Präsidentin des BVerfG Jutta Limbach und ich.[17] Und wieder einmal konnte der zunächst in der Kommission bestehende Widerstand der Mehrheit gegen eine verfassungsrechtliche Klarstellung, dass das Gleichberechtigungsgebot den Abbau nicht nur rechtlicher, sondern auch faktischer Diskriminierung fordert und erlaubt, Frauen gezielt zu fördern, um bestehende Nachteile auszugleichen, nur durch die Beharrlichkeit der Initiatorinnen und eine bundesweite Kampagne gebrochen werden, in der auch diesmal Frauen und ihre Verbände nun die Gemeinsame Verfassungskommission massenhaft mit der Forderung nach einer entsprechenden Ergänzung von Art. 3 Abs. 2 GG eindeckten. Die hierzu erfolgten Eingaben beeindruckten die Kommissionsmitglieder ersichtlich, führten die Gegner einer solchen Verfassungsergänzung in Rechtfertigungsnöte und schließlich zu der dann gefundenen Kompromissformulierung, wie sie in Art. 3 Abs. 2 GG Eingang gefunden hat.[18] Diesen Ball des Verfassungsgesetzgebers fing das BVerfG sogleich in seiner Rechtsprechung auf und warf ihn dem Gesetzgeber in Folge mehrfach mit der Ermahnung zurück, das Gleichberechtigungsgebot erstrecke sich nach nunmehr ausdrücklicher Klarstellung durch die Novellierung von Art. 3 Abs. 2 GG auch auf die gesellschaftliche Wirklichkeit. Faktische Nachteile, die hier vorfindbar typischerweise Frauen treffen, sei der Gesetzgeber berechtigt, durch begünstigende Regelungen auszugleichen.[19] Und es wies schließlich darauf hin, dass schützende Regelungen zugunsten von Frauen durchaus auch diese benachteiligende Effekte haben können. Der Gesetzgeber habe solch möglichen, faktischen Diskriminierungen, die von Schutzgesetzen zugunsten von Frauen ausgehen können, zu begegnen und sie so weit wie möglich durch geeignete Regelungsmechanismen auszugleichen. Eine solche faktische Diskriminierung hat das Gericht in der durch die finanzielle Belastung des einzelnen Arbeitgebers mit den Kosten des Mutterschaftsgeldes bewirkten Skepsis und Zurückhaltung von Arbeitgebern gesehen, Frauen im gebärfähigen Alter einzustellen, und hat deshalb den Gesetzgeber verpflichtet, die Kostentragungslast für diesen notwendigen Schutz von Frauen so zu regeln, dass sie nicht mehr Einstellungshemmnis für Frauen ist.[20]

Betrachtet man insgesamt die in den nun 55 Jahren des Bestehens des BVerfG zurückgelegte Wegstrecke in Richtung Gleichberechtigung, so kann man in der Rechtspre-

---

17 Zum Beratungsverlauf: Bremers, Markus: Die Gemeinsame Verfassungskommission. Vorgabe, Diskussion, Ergebnisse und Einschätzung, Bonn 1994, S. 92 ff.

18 Die Kommission erreichten zu Art. 3 Abs. 2 107 589 Eingaben, siehe Deutscher Bundestag (Hrsg.), Bericht der Gemeinsamen Verfassungskommission, Zur Sache 5/93, Bonn 1993, S. 96 ff., 246.

19 BVerfGE 92, 91.

20 BVerfGE 109, 64.

chung des Gerichts entlang des jeweiligen gesellschaftlichen Diskursstandes zu diesem Thema mehrere Phasen ausmachen, in denen fortentwickelt wurde, was das Gleichberechtigungsgebot fordert. Verstand man es zu Beginn zunächst insbesondere als Gebot der Verhinderung von Benachteiligungen, die aus der Andersartigkeit von Mann und Frau herrühren, legte man später seinen Schwerpunkt auf die Notwendigkeit, rechtlichen Differenzierungen auf Grund des Geschlechts entgegenzuwirken, um schließlich auch die sozialen Unterschiede der Geschlechter in den Blick zu nehmen und zum Ansatzpunkt für eine nach Art. 3 Abs. 2 GG gebotene Angleichung der Lebenslagen durch gesetzgeberische Interventionen zu machen.[21] Dabei ist für jeden dieser Entwicklungsschritte zu konstatieren, dass das Gericht, anders als bei anderen Grundrechten, gerade beim Gleichberechtigungsgebot häufig die Rolle des den Gesetzgeber wie die Gesellschaft treibenden Motors eingenommen hat, oft weit dem Zeitgeist mit seinen vielfach noch in alten Rollenbildern von Mann und Frau verhafteten Einstellungen vorauseilend. Damit hat es maßgeblich mit dafür gesorgt, dass nicht nur unmittelbar geschlechtsdiskriminierendes Recht mittlerweile fast gänzlich beseitigt ist, sondern es hat auch das gesellschaftliche Bewusstsein dafür geschärft, dass Gleichberechtigung herzustellen auch im Faktischen eine permanente Aufgabe ist, bei der mit rechtlichen Instrumenten immer wieder justiert werden muss, um die Gleichheit von Mann und Frau an der gesellschaftlichen Realität auszuloten.

4 Die Vorreiterrolle des Gerichts und ihre Gründe

Wie aber lässt sich diese Vorreiterrolle des BVerfG in puncto Gleichberechtigung erklären? Betrachtet man seine Zusammensetzung, trifft man über Jahre hin mit einer Ausnahme auf Männer, die hier Recht gesprochen haben. Waren diese etwa besonders fortschrittliche Geister, die, anders als viele ihrer jeweiligen Zeit- und Geschlechtsgenossen auf der politischen Bühne, aus eigener Einsicht in die verfassungsrechtliche Notwendigkeit der Gleichberechtigung mit Nachdruck rechtliche und gesellschaftliche Bahnen geebnet haben? Oder ist es möglich, dass schon eine einzige Richterin in ihren Reihen eine Bewusstseinsschärfung für das berechtigte Anliegen von Frauen nach gleichen Rechten hat bewirken können?

Sicherlich erhöht die Fokussierung des Blicks von Verfassungsrichtern auf die ausschließlich für ihre Entscheidungsfindung maßgeblichen Maßstäbe der Verfassung die Sensibilität, Verletzungen von Grundrechten zu erkennen und diese dann der zugewiesenen Aufgabe gemäß jenseits sonstiger politischer Erwägungen für unvereinbar mit der Verfassung zu erklären. Dies gilt umso mehr, wenn Verfassungsverstöße recht offenkundig ins Auge springen, wie dies nach Aufnahme des Gleichberechtigungsgebots in das Grundgesetz zunächst bei vielen Rechtsnormen der Fall war. Aber auch als es

---

21 Siehe Sacksofsky, Ute: Das Grundrecht auf Gleichberechtigung, Baden-Baden 1991, S. 95 ff.

darum ging, mittelbaren Diskriminierungen auf die Spur zu kommen, war das Auge
der männlichen Verfassungsrichter wachsam, wie viele Entscheidungen unter Beweis
stellen. Hätte deshalb die Rechtsprechung des BVerfG zur Gleichberechtigung vielleicht
den gleichen Lauf auch ohne Richterinnen genommen? Ebenso wie diese Frage müßig
ist, weil sie nur mit Spekulationen beantwortet werden kann, wäre es vermessen zu behaupten, der besondere Sensus des Richterkollegiums für das Anliegen der Gleichberechtigung sei allein auf die Überzeugungskraft der jeweiligen Richterinnen zurückzuführen, auch wenn sie noch so sehr bestechend gewesen sein mag, wie dies nicht nur
Erna Scheffler, sondern den meisten ihrer Nachfolgerinnen nachgesagt wurde. Solch
schlichte Zusammenführung von Ursache und Wirkung schmeichelte zwar den Richterinnen, bricht sich aber schon an ihrer Zahl und darüber hinaus an dem Umstand, dass
auch ihren männlichen Kollegen die Kunstfertigkeit des Argumentierens nicht abgesprochen werden kann. So gab es bis weit in die achtziger Jahre im ganzen Gericht nur
einen Richtersessel im Ersten Senat, der mit einer Frau besetzt war. Allerdings ist an
diesem Sessel bemerkenswert, dass auf ihm bis auf den heutigen Tag nach Erna Scheffler mit Wiltraud Rupp-von Brünneck, Gisela Niemeyer, Helga Seibert und nun mir in
ununterbrochener Reihenfolge Richterinnen Platz genommen haben, die für das Familienrecht und die Einhaltung von Art. 6 GG zuständig waren, also für ein Feld, auf dem
in besonderem Maße der Gleichberechtigung der Weg geräumt werden musste. Erst
1986 zog dann mit Karin Graßhof die erste Richterin auch in den Zweiten Senat ein, sodass nun etwas spöttisch das Wort von den Schneewittchensenaten die Runde machte.[22]
Und es dauerte weitere acht Jahre, bis schließlich 1994 mit Jutta Limbach eine zweite
Richterin auf der Richterbank des Zweiten Senats Platz nahm, die kurz danach erste
Präsidentin des Gerichts wurde, und der Erste Senat mit Helga Seibert, Renate Jaeger
und Evelyn Haas ab dieser Zeit sogar drei Richterinnen in seinen Reihen zählte. Dieser
Frauenanteil von immerhin über 30 Prozent hat sich inzwischen wieder auf 25 Prozent
reduziert. Zum jetzigen Zeitpunkt gibt es in jedem der zwei achtköpfigen Senate zwei
Richterinnen, im Ersten Evelyn Haas und mich, im Zweiten Lerke Osterloh und Gertrude Lübbe-Wolff.

5   Die Frage nach dem Einfluss der Richterinnen auf die Rechtsprechung

Woran lässt sich überhaupt ermessen, welchen Einfluss die Richterinnen in Sachen
Gleichberechtigung auf die Rechtsprechung des BVerfG ausgeübt, welche Rolle sie im
Senat gespielt und mit welchem Selbstverständnis sie ihr Amt ausgefüllt haben? Dies zu
ergründen ist schon deshalb schwierig, weil den einzelnen Entscheidungen die Urheberschaft ihres Inhalts nicht entnommen werden kann. Sie sind ein Gemeinschaftswerk, bei

---

22 Der Begriff wird einem Mitglied der Karlsruher Justizpressekonferenz zugeschrieben.

dem das Beratungsgeheimnis den Verlauf der jeweiligen Entstehung verhüllt und damit auch nicht preisgibt, welche Mitglieder des Senats mit welchen Argumenten zur Entscheidungsfindung beigetragen oder gar die Entscheidung maßgeblich geprägt haben. Auch kann der Inhalt einer Entscheidung nicht auf die Person des Berichterstatters oder der Berichterstatterin zurückgeführt und ihm oder ihr zugute gehalten werden. Zwar hat der Berichterstatter über die Auswahl der Fälle, die er in den Senat einbringt, einen durchaus gewichtigen Einfluss auf das, worüber der Senat entscheidet. Deshalb war und ist es für die Frage der Gleichberechtigung nicht unbedeutend, dass für das Gebiet des Familienrechts stets Richterinnen zuständig gewesen sind. Und der Berichterstatter hat auch insoweit die Vorhand, als er dem Kollegium mit dem zumeist sehr umfangreichen Votum einen Entscheidungsvorschlag unterbreitet und damit Argumente vorgibt, mit denen sich die anderen auseinandersetzen müssen. Doch hieraus lässt sich keineswegs schließen, welchen Verlauf dann die Beratung nimmt, welche Richtung sie durch wessen Argumentation einschlägt und auf wessen Beiträge schließlich die Entscheidung fußt. Zu der Unergründlichkeit, was sich hinter den Türen der Beratungszimmer abspielt, gesellt sich als weitere Schwierigkeit, dass es nur wenig Material gibt, das Rückschlüsse auf den Einfluss der einzelnen Richterinnen im Senatsgefüge ziehen lässt. Und schließlich bringt auch die eigene Betroffenheit Erklärungsnöte mit sich. Wer als Verfassungsrichterin seine Vorgängerinnen sowie ehemalige und derzeitige Kolleginnen betrachtet, macht dies durch eine persönlich gefärbte Brille und tut gut daran, mit seinen Innensichten und subjektiven Wertungen Zurückhaltung zu üben. Dennoch will ich versuchen, eine Antwort auf die Frage zu geben, was die Richterinnen im BVerfG gerade im Hinblick auf die Gleichberechtigung bewirkt haben.

Dabei bedarf es zunächst der Rechtfertigung, über Frauen als „spezifische Wesen" in diesem Gericht zu reflektieren, könnten sie dabei doch allzu leicht in eine Schublade gesteckt werden, auf der das Schild „typisch weiblich" steht. Das erinnerte fatal an die Einschätzung, Frauen seien weitestgehend Gefühlseinflüssen unterworfen, was ihre sachliche Auffassungsgabe beeinträchtige, mit der ihnen einstmals der Weg zum Richteramt versperrt werden sollte,[23] und widerspräche zum einen ihrer Verschiedenheit, zum anderen ihrer erkämpften Gleichheit mit dem Manne. Aber es gibt nicht nur den kleinen Unterschied zwischen den Geschlechtern, sondern auch und noch immer Besonderheiten, die die Stellung der Frau im Beruflichen wie Familiären kennzeichnen und sie zugleich prägen. Das gilt auch für das BVerfG.

---

23 von Hasseln, Sigrun: Die Zulassung der Frau zum Richteramt – Thema des 4. Richtertages 1921, in: Deutsche Richterzeitung 1984, S. 12.

6 Besonderheiten und Gemeinsamkeiten

Will man diesen Besonderheiten nachspüren und betrachtet unter diesem Vorzeichen die bisherigen Richterinnen des BVerfG, dann lassen sie sich gewiss nicht über einen Kamm scheren, doch kann man bei aller Unterschiedlichkeit einige interessante Gemeinsamkeiten entdecken, die durchaus mit dem Thema Gleichberechtigung zu tun haben.

Allerdings darf nicht übersehen werden, dass sie aus mehreren Generationen mit jeweils anderem gesellschaftlichem Hintergrund stammen, der nicht ohne Einfluss auf ihren beruflichen Werdegang und ihre Einstellung gewesen ist. So begann Erna Scheffler, die den Reigen der Richterinnen eröffnete, ihr juristisches Studium sieben Jahre, nachdem zum ersten Mal überhaupt eine Frau an einer Hochschule zum Studium zugelassen worden war, und schloss es kurz vor dem ersten Weltkrieg mit einer Promotion ab, weil zur damaligen Zeit Frauen noch keinen Zugang zum Juristischen Staatsexamen hatten, während Gertrude Lübbe-Wolff, derzeit (dienst)jüngste Richterin des BVerfG, nicht nur Rechtsprofessorin ist, sondern davon berichten kann, mit welcher Selbstverständlichkeit ihr wissenschaftliches Umfeld reagiert hat, als sie während des Erklimmens der wissenschaftlichen Karriere ihre Kinder bekam und gemeinsam mit ihrem Mann Beruf und Familie unter einen Hut bringen musste.[24] Zwischen diesen beiden Erfahrungswelten liegen die nicht zu übersehenden Fortschritte in Sachen Gleichberechtigung, die dazu geführt haben, dass Frauen heute über ihr Leben selbst entscheiden können, ohne zuvor noch rechtliche Barrieren aus ihrem Weg räumen zu müssen. Gleichberechtigung ist mittlerweile salonfähig geworden, hat den Blick von Frauen geweitet und ihr Selbstbewusstsein gestärkt. Doch obwohl sie längst in der Qualifizierung mit den Männern gleichgezogen haben, schaffen es immer noch nur wenige Frauen, die Spitzenplätze in Wissenschaft, Staat und Wirtschaft zu erklimmen.[25] Die Gründe dafür liegen zum einen in der weiterhin bestehenden Skepsis, die ihnen entgegenschlägt, Investitionen in sie könnten fehlschlagen, falls sich bei ihnen Kinder einstellen, zum anderen in dem Umstand, dass ihnen immer noch zumeist allein die familiäre Verantwortung für Kinder aufgebürdet wird, die sie beim beruflichen Aufstieg mit Männern oft nicht mithalten lässt.[26]

Mit diesen Vorbehalten und Handikaps sehen sich alle Frauen konfrontiert, auch die, die erfolgreich dagegen angekämpft haben und es nach oben geschafft haben. Solche Erfahrung aber prägt Sichtweisen und zwingt dazu, sich mit seiner Rolle als Frau auseinanderzusetzen, sich ins Verhältnis zu Männern zu setzen, denen Frau umso öfter allein

---

24 Lübbe-Wolff, Gertrude: Wie kriegen Sie das bloß hin? in: Biller-Andorno, Nikola/Jakovljevic, Anna-Karina/Landfester, Katharina/Lee-Kirsch, Min Ae: Karriere und Kind, Frankfurt/New York 2005, S. 218 (221).

25 Statistisches Bundesamt: Pressemitteilung vom 22.März 2005: Frauen stellen 21% der Positionen mit umfassenden Führungsaufgaben wie Geschäftsführer.

26 Siehe: BMFSFJ (Hrsg.): Wo bleibt die Zeit? Bonn 2003, S. 25.

oder in deutlicher Minderheit gegenüber steht, je höher die Etage ist, die sie erreicht. Deshalb ist nicht verwunderlich, dass eins auffällt, lässt man den Reigen der Richterinnen des BVerfG Revue passieren. Sie stammen zwar aus verschiedenen Generationen und Berufsfeldern und weisen eine breite Palette von Rechtsgebieten als ihr Spezialwissen aus, doch fast alle haben sich in Abhandlungen mit dem Thema Gleichberechtigung auseinandergesetzt oder über das eigene Selbstverständnis als Frau und Richterin reflektiert, wenn auch in unterschiedlich starken lilanen Schattierungen.

7   Die Richterinnen und die Gleichberechtigung

Von Erna Scheffler, die nach dem Krieg ihre richterliche Tätigkeit wieder aufnehmen konnte, zunächst in der Zivilgerichtsbarkeit, von der sie jedoch nach ihrer Eheschlie-ßung mit Georg Scheffler, der Richter am Oberlandesgericht Düsseldorf wurde, in die Verwaltungsgerichtsbarkeit wechseln musste, wissen wir nicht nur aus ihrem Vortrag auf dem Juristentag 1950 in Frankfurt, sondern auch aus einer langen Liste von Auf-sätzen und Vorträgen sowie ihrem Engagement in zahlreichen Frauenverbänden so auch den Soroptimistinnen, deren Karlsruher Gruppe sie mitgründete,[27] dass sie sich Zeit ihres Lebens für die Gleichberechtigung der Geschlechter stark gemacht hat. In einem bemerkenswerten Vortrag ging sie, um nur einen als Beispiel anzuführen, im Jahre 1969 historisch rückblickend auf das Thema „Zum Verhältnis von Frau und Politik" ein, um den Gründen nachzuspüren, warum Frauen trotz der von ihnen erkämpften Rechte noch immer so wenig in der Politik präsentiert sind. Drei Momente machte sie als Grund dafür aus: das Leitbild, Image, das der Gesellschaft und der Frau selbst vor-schwebe und mit „Frau Saubermann" umschrieben werden könne, die mangelnde Zeit, die der Frau angesichts ihrer ewigen Doppelrolle in Familie und Beruf zur Verfügung stehe, und schließlich die Abhängigkeit weiblicher Karrieren von der Mehrheitsposition der Männer, bei der Frauen für den Erfolg noch immer ein paar Punkte mehr aufweisen müssten als ihre männlichen Konkurrenten. Ihre Schlussfolgerung daraus lautete, über Erziehung müsse ein neues Leitbild für Frauen geschaffen werden, Mütter bedürften institutioneller Hilfe durch Kindergärten und Tagesschulen, müssten ihre Hausmacht stärken und überall und immer Propaganda, Propaganda und nochmals Propaganda für das als notwendig erkannte Neue machen.[28]

Wiltraud Rupp-von Brünneck, deren berufliche Karriere nach dem Krieg mit einer Einstellung als Referentin im Hessischen Justizministerium unter Georg August Zinn begann, der bald Ministerpräsident wurde und dem sie als Leiterin der Abteilung für

---

27 Deutscher Juristinnenbund (Hrsg.), Röwekamp, Marion: Juristinnen – Lexikon zu Leben und Werk, 1. Aufl. Baden-Baden 2005, S. 350.
28 Scheffler, Erna: Zum Verhältnis von Frau und Politik, in: Informationen für die Frau, 18. Jg. Nr. 7/8 Juli/ August 1969, S. 6 (9 ff.).

Bundesratsangelegenheiten in die Staatskanzlei folgte, bis sie 1963 in das BVerfG gewählt wurde, hat sich neben ihrer Zuständigkeit für das Familienrecht einem breiten Spektrum von Themen, insbesondere auch der Bedeutung des Sozialstaatsgebotes gewidmet.[29] Auch für sie aber war das Thema Gleichberechtigung Kontinuum, bei dem sie ebenfalls neben den notwendigen rechtlichen Korrekturen vor allem die tatsächliche Gleichberechtigung einforderte, dabei die listigen Praktiken anprangerte, durch entsprechende Tarifgestaltungen die Lohngleichheit zu sabotieren, und staatliche wie gesellschaftliche Vorkehrungen einforderte, um die unzumutbare Doppelbelastung der Frau durch Beruf und Haushalt und die sich daraus ergebenden Frustrationen zu verhindern. Dabei wies sie auch auf die Unterrepräsentanz von Frauen auf Leitungsebene hin und beklagte, dass in zahllosen Gremien mit bedeutsamer Funktion überhaupt keine oder nur eine sog. „Konzessionsfrau" zu finden sei.[30] Unvergesslich bleibt in diesem Zusammenhang auch ihr mit Helmut Simon verfasstes Dissenting zur Fristenlösung beim Schwangerschaftsabbruch. Hierin hat sie nicht nur kritisiert, dass die Senatsmehrheit aus einer objektiven Wertentscheidung des Grundgesetzes die Pflicht des Gesetzgebers zum Erlass von Strafnormen hergeleitet hatte. Sie hat auch auf die Besonderheit hingewiesen, dass in der Person der Schwangeren eine singuläre Einheit von Täter und Opfer vorliege. Der Schwangeren werde weit mehr abverlangt als nur ein Unterlassen. Sie solle nicht nur die mit dem Austragen der Leibesfrucht verbundenen tief greifenden Veränderungen ihrer Gesundheit und ihres Wohlbefindens hinnehmen, sondern besonders auch die mütterliche Verantwortung für die weitere Entwicklung des Kindes tragen. Die Weigerung der Schwangeren, die Menschwerdung ihrer Leibesfrucht in ihrem Körper zuzulassen, sei deshalb nicht allein nur nach dem natürlichen Empfinden der Frau, sondern auch rechtlich etwas wesentlich anderes als die Vernichtung selbständig existenten Lebens.[31] Damit gab sie dem Anliegen all der Frauen, die sich zu dieser Zeit unter dem Motto „Mein Bauch gehört mir" formierten, eine verfassungsrechtliche Begründung und ein Musterbeispiel für die Synthese von weiblicher Vernunft und juristischer Logik, wie es Eva Maria von Münch ausgedrückt hat.[32]

Gisela Niemeyer, die vor ihrer Ernennung zur Verfassungsrichterin Präsidentin des Finanzgerichts in Düsseldorf gewesen war, hat sich dem ihr dann als Berichterstatterin anvertrauten Familienrecht mit enormem Einsatz in vielen Senatssachen, etwa zur Eherechtsreform mit dem Übergang vom Verschuldens- auf das Zerrüttungsprinzip und zum Versorgungsausgleich, ebenso wie in zahlreichen Abhandlungen gewidmet. Dabei hat sie durchaus kritische Anmerkungen zu feministischen Ansätzen formuliert, weil diese mit der Hervorhebung der Besonderheit der Frau die historische Errungenschaft der rechtlichen Gleichheit in Frage stellten,[33] und hat sich distanzierend zu Wünschen

---

29 Siehe nur das Dissenting von Wiltraud Rupp-von Brüneck, in: BVerfGE 36, 247 ff.
30 Rupp-von Brüneck, Wiltraud: Qualität des Lebens in verfassungsrechtlicher Sicht, 1974, S. 139 (159).
31 BVerfGE 39, 68 (79 f.).
32 von Münch, Eva Maria: Ein bißchen Alibi-Frau, in: Die Zeit vom 11. April 1980.
33 Niemeyer, Gisela: Bedarf es einer Änderung des Art. 1 Abs. 1 GG? in: FuR 3/92, S. 145 (146).

nach einem generellen Antidiskriminierungsgesetz geäußert, allerdings auch ihre besondere Rolle im BVerfG reflektiert und über ihre mögliche Alibifunktion gemutmaßt, wäre sie keine Frau, so wäre sie wahrscheinlich nie Verfassungsrichterin geworden.[34] Dass sie wohl auch taktisch mit ihrer fraulichen Außenseiterposition umgegangen ist, wird an den Worten deutlich, mit denen Roman Herzog sie bei ihrer Verabschiedung charakterisiert hat: als Repräsentantin des Menschlichen, bei der er sich nie ganz sicher gewesen sei, ob die große Bewunderung, die sie vor den Meistern großer verfassungsrechtlicher Schlachtgemälde an den Tag gelegt habe, immer ganz echt gewesen sei.[35]

Karin Graßhof, promoviert mit einer familienrechtlichen Arbeit und auch später vornehmlich auf diesem Felde publizierend, hatte ebenfalls eine richterliche Laufbahn hinter sich, bei der sie einem Familiensenat des OLG Köln angehörte und zuletzt Richterin am BGH war, bevor sie 1989 als erste Richterin in den Zweiten Senat des BVerfG gewählt wurde, was damals durchaus als frauenpolitisches Signal gemeint war. Umso mehr ist sie kritisch betrachtet worden, als sie sich bei der zweiten Schwangerschaftsabbruchentscheidung des Jahres 1993 insbesondere hinsichtlich der Frage, ob die Kosten für einen Schwangerschaftsabbruch von den gesetzlichen Krankenversicherungen getragen werden dürfen, nicht den Dissentings von drei Kollegen anschloss, die dies bejahten, weil sie keinen zwingenden verfassungsrechtlichen Hinderungsgrund dafür sahen.[36] Damit erschien sie als weibliches Zünglein an der Waage, das die Aufhebung dieser gesetzlichen Regelung bewirkte.[37] Demgegenüber hat Karin Graßhof später angedeutet, sie habe in die Beratung durchaus Gesichtspunkte aus Sicht der Frauen eingebracht und damit wohl bewirkt, dass der dann gefundene Kompromiss, trotz mangelnder Feststellung der Rechtmäßigkeit einer Abtreibung diese straffrei zuzulassen, überhaupt möglich geworden sei.[38] Und noch einmal hatte sie sich am Ende ihrer verfassungsrichterlichen Tätigkeit mit dem Thema Schwangerenhilfe zu befassen, diesmal in der interessanten Konstellation zusammen mit zwei weiteren Richterinnen im Ersten Senat, dem sie wegen Befangenheit eines dortigen Richters zugelost worden war. Hierbei ist deutlich zutage getreten, dass Frauen auch bei einem solchen Thema durchaus unterschiedlicher Auffassung sein können. Während sie und Evelyn Haas zusammen mit Hans-Jürgen Papier in einem Dissenting die Senatsmehrheit nicht nur für ihre kompetenzrechtlichen Ausführungen zur Unzuständigkeit des bayerischen Landesgesetzgebers für ergänzende Regelungen zum bundesgesetzlichen Schwangerschaftskonfliktgesetz kritisierten, sondern in einer bundesrechtlichen Anordnung, Spezialkliniken keine besonderen Auflagen zu erteilen, auch eine Verletzung des Untermaßverbotes betreffend den Schutz des werden-

---

34   von Münch, Eva Maria, a. a. O. (Fn. 32).
35   Herzog, Roman: Ansprache in der Feierstunde des Bundesverfassungsgerichts am 18. Dezember 1989, Karlsruhe, S. 8.
36   BVerfGE 88, 338 ff. und 359 ff.
37   Langen, Heike: Karin Graßhof, in: Großfeld, Bernhardt/Roth, Herbert (Hrsg.), Verfassungsrichter, Münster, Hamburg 1995, S. 297 (306).
38   Graßhof, Karin: Harte Positionen bis zum Ende, Interview in: focus 45/1998, S. 66 f.

den Lebens sahen[39], setzte Renate Jaeger zusammen mit Jürgen Kühling in ihrem Dissenting dazu den Kontrapunkt. Sie hielten den Landesgesetzgeber in keinerlei Hinsicht für kompetent, auf diesem Gebiet Regelungen zu treffen und sahen in dem Erlaubnisvorbehalt, unter den das bayerische Gesetz den ärztlichen Abbruch gestellt hatte, einen nicht zu rechtfertigenden Eingriff in die ärztliche Berufsfreiheit.[40]

Helga Seibert, die 1989 Gisela Niemeyer auf den familienrechtlichen Richterstuhl des Ersten Senates nachfolgte, hatte zuvor in der SPD-Bundestagsfraktion, als wissenschaftliche Mitarbeiterin bei dem Verfassungsrichter Martin Hirsch und langjährig im Bundesjustizministerium gewirkt, in dem sie zuletzt mit der Leitung des Grundsatzreferats betraut war. Sie kennzeichneten ihr rechtspolitisches Engagement, ihre glänzenden Fremdsprachenkenntnisse, ihr bescheidenes Auftreten wie ihre umfassenden Kenntnisse der verfassungsgerichtlichen, nicht nur deutschen, sondern insbesondere auch amerikanischen Rechtsprechung.[41] Als bei ihrer Wahl das Stichwort „Quotenfrau" fiel, empfand sie dies nicht als verletzend, sondern hielt es im Gegenteil für legitim und besonders wichtig, bei der Besetzung des BVerfG eine gewisse Frauenquote zu erreichen, um damit gravierende Missverhältnisse bei der Besetzung der Richterpositionen zu korrigieren.[42] Nun zuständig für das Familienrecht, zeigte sie sich als Verfechterin der Gleichberechtigung, auch als es um die Aufwertung der Rechtstellung von Vätern nichtehelicher Kinder ging, und zog in einigen Aufsätzen rechtspolitische Linien, die nicht nur der Gesetzgeber aufgriff, sondern die sich auch so in Entscheidungen des Senats wiederfanden, dass Dieter Schwab davon sprach, sie habe diese Entscheidungen inspiriert.[43]

Renate Jaeger hatte längst die richterliche Karriereleiter in der Sozialgerichtsbarkeit bis hin zum Bundessozialgericht erklommen und sich dort einen Namen gemacht, als sie in den Ersten Senat gewählt wurde und dort zuständig gewesen ist für das Recht der freien Berufe. Aus ihrem frauenpolitischen Engagement hat sie Zeit ihres Lebens keinen Hehl gemacht. Das beweisen zahlreiche Vorträge und Aufsätze sowie ihr Engagement im Deutschen Juristinnenbund. Als Beispiel dafür sei nur ihr Beitrag „Frauen verändern die Justiz – verändern Frauen die Justiz?" benannt.[44] Hierin hat sie den Voraussetzungen für eine Einflussnahme von Frauen auf Entscheidungsfindungen nachgespürt, auch das Verhalten von Frauen kritisch betrachtet und als Erfolgsrezept für das Durchsetzen aus einer Minderheitenposition angegeben, Frau müsse den Eindruck von Sicherheit und Überzeugtheit machen und so Kompetenz ausstrahlen, neben einem rigiden Verhaltensstil einen flexiblen Verhandlungsstil vertreten, um den Eindruck von Arroganz und Dogmatismus zu vermeiden, müsse die eigene Position fremdnützig vertreten, weil bei

---

39 BVerfGE 98, 329 ff.
40 BVerfGE 98, 359 ff.
41 Limbach, Jutta: Helga Seibert: in: NJW 1999, S. 1840.
42 Muth, Susanne: Helga Seibert, in: Großfeld/Roth a. a. O. (Fn. 37), S. 425 (433).
43 Schwab, Dieter: Helga Seibert zum Gedenken, in: FamRZ 1999, S. 909.
44 Jaeger, Renate: Frauen verändern die Justiz – verändern Frauen die Justiz? in: Streit 1/98, S. 3 ff.

Minderheiten hohes Eigeninteresse vermutet werde, und hilfreich sei schließlich auch gelegentlich, auf externe Autoritäten Bezug zu nehmen oder Aussagen von Männern zu zitieren. Ich glaube, ich verrate kein Beratungsgeheimnis, dass sie sich selbst stets mit großem Erfolg an dieses Rezept gehalten hat und deshalb wegen ihrer Durchsetzungskraft gelobt wie auch manchmal gefürchtet worden ist. Ich jedenfalls habe das geistige Florettspiel mit ihr genossen.

Jutta Limbachs Parteinahme für die Gleichberechtigung und ihren Einfluss nicht nur im Gericht muss man nicht lang beschreiben, weil beides der Öffentlichkeit jenseits ihrer zahlreichen Veröffentlichungen zu diesem Thema allein schon durch die Art ihres Auftretens als erste Präsidentin des BVerfG deutlich sichtbar geworden ist. Sie hat dreierlei in dieses Amt mitgebracht: ihre umfassenden und fundierten rechtlichen und soziologischen Kenntnisse über das Themenfeld Familie und Frauen als Professorin, ihre Erfahrungen aus der Politik und ihre immense Ausstrahlung. Und sie hat dieses Amt betont als Frau ausgeübt, hat lächelnd in so charmanter Weise erklärt, sie sei Feministin, dass sie diejenigen Lügen gestraft hat, die bei diesem Stichwort an verbissene, die Fahne der Frauen schwenkende und Barrikaden stürmende Emanzen denken,[45] und hat ihr frauenpolitisches Engagement in so einleuchtende, oft auch selbstironische Begründungen gepackt,[46] dass sie viele damit hat überzeugen können. Mit der hohen Akzeptanz, die sie als Persönlichkeit in der Bevölkerung gefunden hat, hat sie zugleich vortrefflich unter Beweis gestellt, dass auch eine Frau ein solch hohes Amt souverän ausüben kann, und damit nicht nur der Gleichberechtigung gewaltigen Vorschub geliefert, sondern auch Frauen Mut gemacht wie Ansporn gegeben und Männern Respekt abgezollt. Und von ihrer Durchsetzungskraft wie Autorität im Gericht, ihrem Stil, Dinge voranzutreiben und zur Entscheidung zu führen, zeugen die beiden Beschlüsse, die die Senate ihr zu Ehren in Trauer um ihr Ausscheiden getroffen haben.[47]

Der noch kleine Reigen der insgesamt 11 Verfassungsrichterinnen gegenüber bisher 80 Richtern endet mit den vieren, die derzeit dem Gericht angehören und über die Näheres auszuführen ich mich in Zurückhaltung übe, weil kollegiale Nähe die nötige Beobachtungsdistanz vermissen lässt, man dabei allzu leicht in Gefahr gerät, ein Stück Beratungsgeheimnis preiszugeben, und über sich selbst zu schreiben ins subjektive Dilemma führt.

Deshalb sei nur angemerkt, dass Evelyn Haas, die vor ihrer Wahl zur Verfassungsrichterin die Stufenleiter der Verwaltungsgerichtsbarkeit bis zum Richteramt beim Bundesverwaltungsgericht hochgeklommen und einige Zeit in der niedersächsischen

---

45 Limbach, Jutta: Frauenprobleme fordern zur Solidarität heraus, Jutta Limbach über modernen Feminismus, Interview in: Stuttgarter Zeitung vom 4. Februar 1995.

46 Vgl. nur: Limbach, Jutta: Juristinnen im Wissenschaftsbetrieb – Feminisierung der Jurisprudenz?, in: Rust, Ursula (Hrsg.), Juristinnen an den Hochschulen – Frauenrecht in Lehr und Forschung, Baden-Baden 1997, S. 15 ff.

47 Fölster, Uta/Stresemann, Christina (Hrsg.): Recht so, Jutta Limbach, Baden-Baden 2002, S. 13 ff. und 23 ff.

Staatskanzlei als Referatsleiterin tätig gewesen ist, zwar im Gericht für das Steuerrecht und weite Teile des öffentlichen Bau-, Boden- und Raumplanungsrecht zuständig ist, aber ebenfalls gerade für das Familienrecht und seinen von der Gleichberechtigung gesetzten Vorgaben besonderes Interesse zeigt und ihre Meinung zum Schutz der Ehe in einem Dissenting zum Ausdruck gebracht hat.[48]

Mich selber führte der berufliche Weg von einer Tätigkeit im wissenschaftlichen Bereich zunächst etliche Jahre auf verschiedene Positionen in der Sozialgerichtsbarkeit und dann in die Politik, in der ich auf kommunaler Ebene als Dezernentin der Stadt Frankfurt für Soziales, Jugend und Wohnungswesen und später auf Landesebene als Justizministerin und danach als Ministerin für Wissenschaft und Kunst agierte, bevor ich zur Bundesverfassungsrichterin gewählt wurde. Meine Berührung mit dem Thema Gleichberechtigung geschah im Faktischen zu Beginn meines Jurastudiums, als mir die damals noch herrschende Skepsis gegenüber der Tauglichkeit von Frauen für dieses Fach entgegenschlug und ich mich oftmals nur von männlichen Kommilitonen und ausschließlich männlichen Professoren umgeben sah. Die rechtliche Auseinandersetzung begann dann 1979, als ich einen Gutachtenauftrag vom Bundesinnenministerium erhielt, rechtsvergleichend der Frage nachzugehen, ob Anti-Diskriminierungsgesetze mit dem Grundgesetz vereinbar seien.[49] Dem folgten bis heute etliche weitere Beiträge, zuletzt die Festrede für den Kongress des Deutschen Juristinnenbundes 2005 zum Thema „Gleichberechtigung im Familienrecht".[50] Ansonsten lässt sich meine Einstellung zum Thema unschwer aus diesem Beitrag ablesen.

Und den langen Veröffentlichungslisten der beiden Staatsrechtslehrerinnen im Zweiten Senat, Lerke Osterloh und Gertrude Lübbe-Wolff kann man entnehmen, dass auch sie das Thema Gleichberechtigung zu ihrem gemacht haben.

Dabei richtet Lerke Osterloh ihr analytisches Auge gern auf die dogmatische Festigung und Fortentwicklung dieser Grundrechtsnorm, wobei sie offenlegt und Position bezieht, wo sich derzeit in der verfassungsrechtlichen Debatte die Geister scheiden: in der Bewertung der verfassungsrechtlichen Relevanz tatsächlicher defizitärer Lagen, die immer noch vermehrt bei Frauen anzutreffen sind. Als letztlich entscheidend für die Gleichberechtigung sieht sie aber die Entwicklung einer die Gleichberechtigung schützenden Infrastruktur an, die mangels originärer subjektiver Leistungsansprüche verfassungsrechtlich nicht einklagbar seien, sondern politisch durchgesetzt werden müssten.[51]

---

48 BVerfGE 105, 359 ff.

49 Hohmann-Dennhardt, Christine/Mallmann-Döll, Hannelore: Funktion und Bedeutung einer Kommission zur Überwachung des Gleichheitsgrundsatzes im Arbeitsleben, Rechtsvergleichende Studie zur Frage der Einführung einer solchen Kommission in der Bundesrepublik unter besonderer Berücksichtigung der bisherigen Erfahrungen in Großbritannien, den USA und in den skandinavischen Ländern, Frankfurt 1977.

50 Hohmann-Dennhardt, Christine: Gleichberechtigung im Familienrecht, in: Forum Familienrecht, Heft 1/2 2006, S. 15 ff.

51 Osterloh, Lerke: Der Gleichberechtigungsauftrag des Grundgesetzes (Art. 3 Abs. 2 GG) und seine Verwirklichung – zur Rechtsprechung des Bundesverfassungsgerichts, in: de Boor, Wolfgang/Haffke, Bern-

Außerdem ist sie bekannt dafür, mit kritischem Blick und Ironie, zuweilen auch Sarkasmus die subtilen Mechanismen zu analysieren und aufzudecken, mit denen Männer sich die Dominanz zu erhalten versuchen, wenn sie Argumenten von Frauen aus dem Weg gehen wollen.

Gertrude Lübbe-Wolff wiederum hat zum Thema auch sehr persönliche Anmerkungen gemacht. So hat sie in dem Aufsatz „Wie kriegen Sie das bloß hin?"[52] ihren eigenen beruflichen Werdegang mit seinen Tücken wie Überraschungen und seinen Auswirkungen auf ihren Familienalltag mit ihrem Mann und schließlich vier Kindern geschildert. Dabei hat auch sie in bescheidener Hintanstellung ihrer hohen intellektuellen Fähigkeiten zugestanden, dass für ihre Karriere die Tatsache eine wichtige Rolle gespielt habe, dass inzwischen ein gewisser Anteil an Frauen auch in wichtigen Positionen als wünschenswert gilt und darin eine Kompensation von Berücksichtigungsnachteilen anderer Art gesehen.[53] Und die sich selbst gestellte Frage „Was ist weiblich?" hat sie anhand des Beispiels beantwortet, auf einer Tagung einmal auf männliches Erstaunen gestoßen zu sein, als sie dem Argument, autofreie Wohngebiete schränkten die Mobilität ein, entgegenhielt, auch Autoverkehr führe zu Mobilitätseinschränkungen, nämlich von Kindern. Und sie hat resümiert, jede Gesellschaft profitiere davon, wenn ihre Mitglieder fähig sind, sich in Perspektiven hineinzuversetzen, die nicht unmittelbar die eigenen sind. Vielen gelte diese Fähigkeit als weiblich. Sie hielte es da mit Hegel. Für den wäre sie ein wesentliches Element dessen, was Bildung ausmacht. Als bildungsfähig dürften wohl auch Männer gelten. Nur wüssten viele von ihnen noch nicht, dass auch Kinderhüten bilde. Und von denen, die es wüssten, zeigten viele an diesem Punkt ausgeprägten Mut zur Bildungslücke.[54]

8   Fazit

Ich zitiere diesen Beitrag meiner Kollegin, weil er uns mit seiner schönen Illustration eines Blickwechsels hinführt zu einer Antwort auf die Frage, welchen Einfluss die Richterinnen auf die Rechtsprechung des BVerfG zur Gleichberechtigung genommen haben.

Gewiss ist, dass bisher alle Richterinnen sich nicht nur durch besondere Kenntnisse und Fähigkeiten ausgezeichnet, sondern auch über eine besondere Durchsetzungskraft verfügt haben, sonst hätten sie auch gar nicht den langen beruflichen Weg bis hinauf zum Gipfel des BVerfG geschafft. Das wird nicht nur eindrucksvoll durch ihre Biographien unterstrichen, sondern hat stets auch spätestens bei ihrem Ausscheiden aus dem

---

hard/Rode, Irmgard Antonia (Hrsg.), Schriftenreihe des Instituts für Konfliktforschung, Heft 23, Die Gleichberechtigung der Frau in einer sich wandelnden Gesellschaft – Chancen und Risiken, Köln 2002, S. 13 ff.

52 Lübbe-Wolff, Gertrude: Wie kriegen Sie das bloß hin?, a. a. O. (Fn. 24), S. 218 ff.

53 Lübbe-Wolff, Gertrude, a. a. O. (Fn. 24), S. 224.

54 Lübbe-Wolff, Gertrude: Was ist weiblich?, in: Die Zeit vom 3. März 2005.

Gericht in den auf sie gehaltenen Abschiedsreden seinen anerkennenden Ausdruck gefunden. Und gewiss ist auch, dass sie alle es im Laufe ihrer beruflichen Karriere, die sie von Stufe zu Stufe in immer größere Minderheitenposition gebracht hat, gelernt haben, eine solche Situation durch geschicktes Taktieren und gekonntes Ausspielen ihrer Fähigkeiten zu meistern. Doch all dies unterscheidet sie noch nicht allzu sehr von ihren männlichen Kollegen, die solche Talente für den beruflichen Aufstieg ebenfalls benötigen, auch wenn sie sie weniger deutlich unter Beweis stellen müssen, um Anerkennung zu finden und selbstverständlicher davon ausgehen, sie zu besitzen.

Das Besondere, das die Richterinnen mitgebracht haben und das sie unterscheidet von ihren männlichen Kollegen, sind vielmehr ihre Sichtweisen aus der Perspektive weiblicher Erfahrungen, die sie auf ihrem beruflichen wie familiären Lebensweg gewonnen haben. Diese Erfahrungen beruhen auf ihrer Sozialisation, dem spezifischen Umgang mit ihnen als Frau, auf der Skepsis, mit der ihnen gerade als Frau mit Karrierewünschen noch häufig begegnet wird, beruhen auf der Notwendigkeit, sich als Frau immer noch damit auseinandersetzen und entscheiden zu müssen, welche Rolle in Beruf und Familie frau einnehmen will oder wie sie beides, berufliches Fortkommen und ggf. Kinder, für sich vereinbaren kann, was Männern noch wie selbstverständlich vorgezeichnet ist, steht ihnen doch der Wunsch nach beruflichem Erfolg schon in die Wiege geschrieben, ohne Zweifel hegen zu müssen, diesen bei Gründung einer Familie möglicherweise hintanstellen zu müssen, Und sie beruhen schließlich, zumindest bei der Mehrzahl der Richterinnen, auf der alltäglichen Bewältigung des Spagats zwischen Kindern und Karriere, aber auch auf der Bereicherung mit Einsichten und Erkenntnissen, die sie beim Zusammenleben mit Kindern erfahren. So sind alle, ob gewollt oder zwangsläufig, mit dem Thema Gleichberechtigung aus eigenem Erleben vertraut, wurden durch Betroffenheit dafür sensibilisiert und haben Position dazu beziehen müssen. In solchermaßen anders geprägter „Sichtweise" der Dinge liegt das Besondere, mit dem die Richterinnen Einfluss auf die Rechtsprechung genommen haben und nehmen. Denn sie stellen diese andere Perspektive, in Argumente umgemünzt, zur Debatte, bereichern damit die Diskussion mit neuen, ihren männlichen Kollegen unvertrauten Aspekten, mit denen diese sich auseinandersetzen müssen. Dies zwingt zur Reflexion über eigene Sichtweisen, weitet den Blick des gesamten Senats, eröffnet neue Möglichkeiten, eingefahrene Argumentationsmuster zu hinterfragen und verbreitert so die Palette der Erkenntnisse, auf die eine Entscheidung bauen kann. Schon allein dies verändert den Diskussionsverlauf und nimmt Einfluss auf die Entscheidung. Und gesellt sich dazu noch eine gute Portion fraulicher Überzeugungsfähigkeit, kann durchaus gelingen, mit Argumenten aus weiblicher Sicht die Entscheidung maßgeblich zu prägen. In diesem, durch die Richterinnen erweiterten Blickhorizont und in der Offenheit der Richter gegenüber den daraus erwachsenden Erkenntnissen liegt meines Erachtens der Grund und das Erfolgsrezept dafür, dass das BVerfG der Gleichberechtigung so konsequent den Weg geebnet hat.

So zeigt sich, dass vom Wechselspiel zwischen dem BVerfG und den Frauen beide profitiert haben: es hat nicht nur die Emanzipation der Frauen außer- und innerhalb des

Gerichts befördert, sondern auch die des Gerichts von Standpunkten, die nur die männliche Seite des Lebens abbilden. Das erst lässt Vielfalt erkennen und so mit Gleichheit paaren, dass Gleichberechtigung daraus erwachsen kann. Wünschen wir dem Gericht und den Frauen deshalb eine Fortsetzung dieser erfolgreichen Liaison und dafür viele Frauen in seinen Reihen.

Interne Einflussfaktoren auf Entscheidungen des Bundesverfassungsgerichts

Uwe Kranenpohl

Die öffentliche Erörterung aufsehenerregender Entscheidungen des Bundesverfassungsgerichts (BVerfG) gestaltet sich meist gleichförmig: Kaum ist die Entscheidung verkündet, kommentieren die tagesaktuellen Medien, wer „Sieger" und „Verlierer" seien bzw. was die Entscheidungen für den „einfachen Bürger" bedeuteten. Später widmet sich dann der juristische Fachdiskurs der Einordnung der Entscheidung in die Rechtsprechungslinie des Gerichts. Trotz einer gewissen „Personalisierung" der Berichterstattung über das BVerfG[1] bleibt aber der eigentliche Entscheidungsprozess weitgehend außer Blick.

Ein wesentlicher Grund dafür ist zum einen das Beratungsgeheimnis nach § 193 GVG, aber wohl auch ein gewisses Desinteresse der Staatsrechtslehre an den Bedingungen zur Herstellung verfassungsgerichtlicher Entscheidungen. Bezeichnenderweise stammen Forschungsansätze, die die Entscheidungsentstehung näher beleuchten, deshalb eher aus den Sozialwissenschaften oder der – in den Rechtswissenschaften in jüngster Zeit in eine Randlage geratenen – Rechtssoziologie.[2] Gleichwohl sind mittlerweile aber Aussagen über den Prozess der Entscheidungsentstehung im BVerfG möglich. Als zentrale Einflussfaktoren auf den Entscheidungsprozess innerhalb des BVerfG sind anzusehen: die Rolle des Berichterstatters (1.), die Ausrichtung der Senatsberatungen (2.), die Tendenz zur Rechtsprechungskontinuität (3.) sowie die „unscharfe" Dog-

1   Vgl. für erste tentative Hinweise: Kranenpohl, Uwe: Hinter dem Schleier des Beratungsgeheimnisses. Der Willensbildungs- und Entscheidungsprozess des Bundesverfassungsgerichts. Wiesbaden 2010, S. 278–285.
2   Vgl. etwa Wrase, Michael/Boulanger, Christian (Hrsg.): Die Politik des Verfassungsrechts. Interdisziplinäre und vergleichende Perspektiven auf die Rolle und Funktion von Verfassungsgerichten, Baden-Baden 2013.

matik des BVerfG (4.).[3] Damit konzentriert sich die Darstellung auf Faktoren, die als „intern" klassifiziert werden können, weil sie entweder in der Organisationsstruktur des Gerichts angelegt sind oder von den Richtern des BVerfG als interne Leitlinien des gerichtlichen Handelns angesehen werden.

1   Der Berichterstatter als „Herr des Verfahrens"

Die beim BVerfG eingehenden Schriftsätze werden zunächst durch Mitarbeiter der Gerichtsverwaltung gesichtet. Üblicherweise entscheiden dann die Präsidialräte, welchem Berichterstatter der einzelne Fall nach der Geschäftsverteilung des BVerfG bzw. seiner Senate zuzuleiten ist.[4] Der Berichterstatter und sein Dezernat, d. h. üblicherweise drei ihm zugewiesene Wissenschaftliche Mitarbeiter, verfügen hinsichtlich der weiteren Behandlung des Falles über weitgehende Autonomie. Allenfalls wird vom Berichterstatter erwartet, die eingehenden Anträge (jährlich im Schnitt gut 300 pro Dezernat) bei Zeiten einer Entscheidung durch das vorgesehene Richterkollegium – sei es Senat oder Kammer – zuzuführen.

Mit welcher Priorität und Intensität die einzelnen Fälle bearbeitet werden, liegt aber weitgehend in der Autonomie des Berichterstatters. Er bleibt also weitgehend „Herr des (Einzel-)Verfahrens" und kann schlicht durch die bevorzugte Behandlung bestimmter Verfahren und die gleichzeitige Hintanstellung anderer einen gewissen Einfluss ausüben. Auch erlaubt ihm diese Autonomie üblicherweise, ihn interessierende Fälle intensiver vorzubereiten. Ein externer Zeitdruck vermag eigentlich nur in Fällen mit großer Öffentlichkeitswirkung zu entstehen oder wenn kraft Natur der Sache (wie z. B. bei den Prozessen über die Auflösung des Bundestages) eine zeitnahe Entscheidung erforderlich ist.

Dem Berichterstatter ist es bei den Verfahren der Verfassungsbeschwerde auch überlassen zu entscheiden, ob wegen grundsätzlicher Bedeutung der Senat mit der Angelegenheit zu befassen ist, denn die Kammer kann entscheiden, wenn die Annahmevoraussetzungen nicht vorliegen und die Annahme zur Entscheidung daher abgelehnt wird (§ 93b S. 1 i. V. m. § 93a II BVerfGG). Darüber hinaus kann die Kammer nach § 93c BVerfGG der Verfassungsbeschwerde unter bestimmten Voraussetzungen auch stattgeben.[5] Erzielt der Berichterstatter in der dreiköpfigen Kammer allerdings keine Einstimmigkeit hinsichtlich seiner Einschätzung, wird der Fall letztendlich doch im Senat verhandelt (§ 93d III S. 1 BVerfGG).

---

3 Vgl. für eine breitere Darstellung insbesondere Kranenpohl, Schleier (Fn. 1). Die Befunde stammen aus einer Befragung von dreißig (ehemaligen) Richtern des BVerfG (vgl. zur Methode S. 64–79).

4 Vgl. zu den wenigen Ausnahmen: Kranenpohl, Schleier (Fn. 1), S. 85 f., 106.

5 Vgl. Herzog, Roman: Senat und Kammer. In: Däubler-Gmelin, Herta, et al. (Hrsg.), Gegenrede. Aufklärung – Kritik – Öffentlichkeit. Festschrift für Ernst Gottfried Mahrenholz. Baden-Baden 1994, S. 899–907, S. 900.

In jedem Fall hat der Berichterstatter aber ein Votum für das entscheidende Richter-kollegium zu erstellen. Dieses Votum hat allerdings in Kammer- und Senatsverfahren unterschiedlichen Stellenwert.

Das Votum für eine Senatsberatung hat primär die Aufgabe, die Entscheidungsbera-tung vorzustrukturieren. Daher enthält es nicht nur einen Tenorierungsvorschlag, son-dern auch eine ausführliche Begründung und mitunter sehr umfangreiche Materialien. Hervorzuheben ist dabei selbstverständlich der Bezug zur bisherigen Rechtsprechung des BVerfG, die einschlägige – mitunter auch nichtjuristische – Fachliteratur[6] und gege-benenfalls auch Prozessakten der fachgerichtlichen Ausgangsverfahren. So werden den Senatskollegen vor der Senatsberatung neben dem Beschlussvorschlag unter Umstän-den mehrere Aktenordner zugestellt.

Dies verdeutlicht die primäre Funktion des Votums: Es soll den betreffenden Fall zu-nächst einmal erschließen und die mitberatenden Richter auf einen angemessenen In-formationsstand bringen. Im BVerfG wird es zudem als selbstverständliche Pflicht jedes Richters angesehen, sich mit Hilfe dieser Materialien auf die Beratungen vorzubereiten.[7] Selbstverständlich kann der Berichterstatter aber schon durch die Anlage des Votums die Beratung in eine spezifische Richtung lenken. Er schlägt mit seiner Strukturierung „Schneisen" in den Fall und in vielen Fällen wird der Senat – Qualität vorausgesetzt – den gebahnten Wegen gerne folgen.

Kammerberatungen sind dagegen viel stärker von Schriftlichkeit geprägt, da üb-licherweise im Umlaufverfahren entschieden wird. Daher erfüllen die Voten hier we-niger eine diskursvorbereitende Funktion, sondern haben vor allem darzulegen, dass sich die Entscheidung im Rahmen der bisherigen Rechtsprechung bewegt. Insofern be-schränkt sich die Mitberatung mitunter eher auf eine Plausibilitätskontrolle, so dass der Einfluss des Berichterstatters bei diesen Verfahren noch wächst. Andererseits sind seinem Gestaltungswillen durch den Zwang zu *stare decisis* im Kammerverfahren aber auch starke Bande angelegt.

In jedem Fall ist aber zu konstatieren, dass der Berichterstatter über Expertenwis-sen zum Fall verfügt, über die Jahre der Dezernatszuständigkeit beträchtliche Expertise zum Rechtsgebiet entwickelt (selbst wenn er ursprünglich andere Schwerpunkte hatte) und somit über beträchtlichen Einfluss verfügt.

---

6   Vgl. Hoffmann-Riem, Wolfgang: Die Klugheit der Entscheidung ruht in ihrer Herstellung – selbst bei der Anwendung von Recht. In: Scherzberg, Arno (Hrsg.), Kluges Entscheiden. Disziplinäre Grundlagen und interdisziplinäre Verknüpfungen. Tübingen 2006, S. 3–23, S. 14.

7   Vgl. Hoffmann-Riem, Klugheit (Fn. 6), S. 14. § 23 II BVerfGGO sieht dementsprechend vor, dass zwi-schen Verteilung des Votums und Beratung bzw. mündlicher Verhandlung mindestens zehn Tage liegen sollen.

2   Die Senatsberatungen als Forum „ausgewogener kritischer Deliberation"

Der Einfluss des Berichterstatters bricht sich allerdings insbesondere bei Senatssachen an der Ausrichtung des Beratungsprozesses am Leitbild der „ausgewogenen kritischen Deliberation".[8] Der Senat behandelt ein Verfahren mindestens zweimal: Zunächst berät er aufgrund des vom Berichterstatter vorgelegten Votums und fällt eine Entscheidung, später tritt er auch über den vom Berichterstatter gefertigten Entscheidungstext in die Leseberatung ein.

Nach Zustellung des Votums und nachdem allen Richtern Zeit gegeben worden ist, dieses durchzuarbeiten, findet zunächst die Entscheidungsberatung statt. Diese kann sich über mehrere Sitzungen erstrecken und gegebenenfalls auch durch eine mündliche Verhandlung unterbrochen werden:

> „Der eigentliche Streitplatz im BVerfG sind die Beratungszimmer der beiden Senate im doppelstöckigen Richtertrakt. Am quadratischen Richtertisch sitzen sich die Acht gegenüber, um im vierzehntägigen Turnus Verfassungsbeschwerden, Richtervorlagen oder Organstreitigkeiten zu beraten."[9]

Die Entscheidungsberatung ist damit das zentrale Element des verfassungsgerichtlichen Verfahrens beim BVerfG. Wesentlich ist ihre diskursive Ausrichtung: Es wird einerseits erwartet, dass sich tatsächlich alle Richter an der Beratung beteiligen, andererseits ist sie als entscheidungsoffen definiert, d. h. weder präjudiziert der Berichterstatter die Entscheidung, noch finden Vorabsprachen der Richter über ihr Verhalten in der Beratung statt.[10]

An den Vortrag des Berichterstatters können sich in der Entscheidungsberatung harte Diskussionen anschließen, in denen bewusst und aktiv nach möglichen Schwächen im vom Berichterstatter vorgelegten Votum geforscht wird. Ziel der Diskussionen ist es nicht zu ermitteln, ob dem vorgelegten Entscheidungsvorschlag zugestimmt werden kann, sondern einen Beitrag zur qualitativen Verbesserung des Votums zu leisten.

Von zentraler Bedeutung für den Charakter der Entscheidungsberatung ist dabei ihre Vertraulichkeit, da lediglich die acht Senatsrichter teilnehmen. Dies erlaubt es den Beteiligten, sich voll und ganz auf den deliberativen Diskurs einzulassen, da eine Auf-

---

8   *Balanced critical deliberations* ist eines von sieben *group interaction patterns.* Vgl. Stern, Eric K./Sundelius, Bengt: Understanding Small Group Decision in Foreign Policy: Process Diagnosis and Research Procedure. In: Hart, Paul't/Stern, Eric K./Sundelius, Bengt (Hrsg.), Beyond Groupthink. Political Group Dynamics and Foreign Policy-Making, Ann Arbor MI 1997, S. 123–150.

9   Limbach, Jutta: Arbeit im Bundesverfassungsgericht. In: Verein der Richter des Bundesverfassungsgerichts (Hrsg.), Das Bundesverfassungsgericht in Karlsruhe. Architektur und Rechtsprechung, Basel etc. 2004, S. 45–64, S. 51 f.

10   Vgl. Hoffmann-Riem, Klugheit (Fn. 6), S. 14 f.

gabe der eigenen Position angesichts besserer Argumente keinen Ansehensverlust nach sich ziehen kann. Zudem erlaubt sie auch größere Kreativitätspotentiale, da Argumente, die sich letztlich als untauglich erweisen, keinen Ansehensverlust in der Öffentlichkeit nach sich ziehen.[11]

Eine ähnliche Ambivalenz zeigt sich auch bezüglich der in der Beratung zugelassenen Argumente: Einerseits ist die Beratung ein Diskurs innerhalb eines gerichtlichen Spruchkörpers und kann daher nur juristisch „anschlussfähige" Argumente als gültig ansehen. Andererseits sind aber gerade verfassungsgerichtlich relevante Rechtsbegriffe hochgradig unbestimmt und deutungsoffen.

Ergänzt wird das Primat der Vertraulichkeit durch einen Vorbehalt der Mehrheitsregel: Zwar entscheiden die Senate mit Mehrheit, so dass für eine Entscheidung kein Konsens erforderlich ist. Zugleich orientieren sich die Senate aber sehr stark am Ideal einer einvernehmlichen Entscheidung, da dadurch nach Ansicht der Richter Überzeugungskraft und Akzeptanz erhöht werden. Zudem weisen psychologische Untersuchungen über die unterschiedlichen Entscheidungsregeln im angelsächsischen Jury-System darauf hin, dass unter Konsenserfordernissen ein Problem länger und intensiver erörtert wird – und sogar die Tendenz, dass einzelne Beteiligte ihre Auffassung ändern, zunimmt.[12] Ebenso erhöht die Existenz abweichender Positionen offenkundig die Problemlösungskapazität des Gremiums.[13] Die – mitunter auch mehrfach unterbrochene – Beratung wird deshalb solange fortgeführt, bis der Senat entweder Einvernehmen über die Entscheidung erzielen kann oder alle Richter der Überzeugung sind, dass auch eine weitere Beratung dieses Einvernehmen nicht mehr herstellen wird. Die Möglichkeit der Entscheidung durch Mehrheitsbeschluss verhindert aber andererseits, dass nicht mehr die Problemlösung im Vordergrund steht, sondern die Beteiligten lediglich nach einem „faulen" Kompromiss im Sinne des „*bargaining*" suchen.[14]

3 Kontinuität der Rechtsprechung

Alle Richter vertreten die Auffassung, das BVerfG habe sich schon unter dem Gebot der Rechtssicherheit, wenn es denn irgend ginge, bei einer konkreten Entscheidung in die

---

11 Vgl. Hoffmann-Riem. Klugheit (Fn. 6), S. 15 f.

12 Vgl. Nemeth, Charlan Jeanne: Interactions Between Jurors as a Function of Majority vs. Unanimity Decision Rules. In: JASP 1977, S. 38–59, S. 53–55.

13 Vgl. Nemeth, Charlan Jeanne: Differential Contributions of Majority and Minority Influence. In: Psychol. Rev. 1986, S. 23–32, S. 28; Nemeth, Charlan Jeanne: Minority Dissent as a Stimulant to Group Performance. In: Worchel, Stephen/Wood, Wendy/Simpson, Jeffry A. (Hrsg.), Group Process and Productivity, Newbury Park CA/London/New Delhi 1992, S. 95–111, S. 100–102.

14 Kaplan, Martin F.: The Influencing Process in Group Decision Making. In: Hendrick, Clyde (Hrsg.), Group Processes, Newbury Park CA etc. 1987; S. 189–212, S. 203.

Kontinuität der bisherigen Rechtsprechung zu stellen.[15] Auch unterliegt das Gericht in seiner Rechtsprechung einer Selbstbindung über die von ihm aus dem GG entwickelten Verfassungsprinzipien, die gerichtsintern kaum noch in Frage gestellt werden können – schon weil Karlsruhe die Einhaltung auch als ein Instrument der Selbstkontrolle im Rahmen eines *judicial self-restraint* ansieht.[16] Angesichts solcher Vorgaben verringern sich selbstverständlich die tatsächlichen Gestaltungsmöglichkeiten in einer konkreten Situation und von der Freiheit des „blauen Himmels" bleibt für den einzelnen Richter möglicherweise nicht mehr viel übrig.

Jede Umsteuerung der Rechtsprechung stellt für das BVerfG eine Herausforderung dar, weshalb die Entscheidung schon aus legitimatorischer Perspektive gut begründet werden muss.[17] Konsistenz der Rechtsprechung ist nach einer Untersuchung zu Folgeentscheidungen auch eher die Ausnahme als die Regel.[18] Bezeichnenderweise rekurriert Karlsruhe deshalb besonders stark auf seine bisherige Rechtsprechung, wenn es – wie etwa im Fall der Neuschöpfung eines „Grundrechts auf informationelle Selbstbestimmung" in der Volkszählungs-Entscheidung (BVerfGE 65, 1) – Neuland betritt.[19]

Umso nützlicher ist es für Karlsruhe, wenn es in seiner bisherigen Entscheidungspraxis bereits signalisieren konnte, dass eine Frage umstritten ist und deshalb die Möglichkeit eines Wandels der Rechtsprechung besteht. Tatsächlich hat im Gefolge von Entscheidungen, bei denen wegen Stimmengleichheit im Senat kein Verfassungsverstoß festgestellt werden konnte, das BVerfG mehrmals seine Rechtsprechung geändert.[20] Mit Blick auf Erfahrungen im US-amerikanischen Supreme Court wird auch Sondervoten

---

15 Aus kritischer Perspektive wird diese Orientierung allerdings als „spezifische Mythologisierung des *status quo*" beanstandet, so etwa: Lietzmann, Hans: Alltagsmythen in der Rechtsprechung des Bundesverfassungsgerichts. In: Raiser, Thomas/Voigt, Rüdiger (Hrsg.), Durchsetzung und Wirkung von Rechtsentscheidungen. Die Bedeutung der Implementations- und Wirkungsforschung in der Rechtswissenschaft, Baden-Baden 1990, S. 219–225, S. 220.

16 Vgl. Kranenpohl, Schleier (Fn. 1), S. 341–343.

17 Einige Fälle offensichtlichen Wandels der Rechtsprechung behandelt Seyfarth, Georg: Die Änderung der Rechtsprechung durch das Bundesverfassungsgericht, Berlin 1998, S. 94–182.

18 Vgl. Hönnige, Christoph: Impliziter Verfassungswandel durch das Bundesverfassungsgericht in gesellschaftlichen und politischen Fragen. In: Hönnige, Christoph/Kneip, Sascha/Lorenz, Astrid (Hrsg.), Verfassungswandel im Mehrebenensystem, Wiesbaden 2011, S. 249–271, S. 261 (Tab. 2). Der Befund sollte allerdings insofern vorsichtig interpretiert werden, als „Folgeentscheidungen" des Senats insbesondere bei Verfassungsbeschwerden nur dann erforderlich sind, wenn eine Modifikation der Rechtsprechung vorgesehen ist, da die Kammern gem. § 93c BVerfGG gegebenenfalls stattgeben können.

19 Vgl. Schäller, Steven (2006): Präjudizien als selbstreferentielle Gestaltungsressource des Bundesverfassungsgerichts. In: Vorländer, Hans (Hrsg.): Die Deutungsmacht der Verfassungsgerichtsbarkeit, Wiesbaden, S. 205–234, S. 232.

20 Etwa bei der Frage nach der Verfassungsmäßigkeit von Durchsuchungen in Presseräumen (BVerfGE 20, 162 – Spiegel; BVerfGE 42, 212 – Quick/Durchsuchungsbefehl) oder der strafrechtlichen Bewertung von Sitzblockaden (BVerfGE 73, 206; BVerfGE 92, 1). Vgl. dazu Frommel, Monika: Systematische Verzerrungen bei der Umsetzung gesetzlicher Strafdrohungen – dargestellt am Beispiel der bereichsspezifischen Gewaltbegriffe der Strafverfolgungsinstanzen. In: Raiser/Voigt (Hrsg.), Durchsetzung (Fn. 15), S. 121–142.

mitunter Signalwirkung für einen Wandel der Rechtsprechung zugewiesen, doch der Erfahrungssatz, demzufolge jedes *dissenting vote* von heute potentiell ein Urteil von morgen sei,[21] findet beim BVerfG kaum Bestätigung:

- Für einen solchen Umschwung kann vor allem die Einschätzung der verfassungsrechtlich zulässigen Höhe steuerrechtlich geförderter Zuwendungen an politische Parteien angeführt werden. Dass sich innerhalb von sechs Jahren die von nur zwei Richtern in einer *dissenting opinion* (BVerfGE 73, 40 [103] – 3. Parteispenden-Urteil) 1986 vertretene Auffassung zur – wie der Senat eigens betonte – einmütigen Position des Senats wandeln konnte (BVerfGE 85, 264 [328] – Parteienfinanzierung II), stellt gleichwohl den eindeutigen Sonderfall dar.[22]
- Hinsichtlich der Frage, ob sozialrechtliche Ansprüche als Eigentum im Sinne des Art. 14 GG anzusehen sind, schwenkte das BVerfG mit seiner ersten Entscheidung zum Versorgungsausgleich (BVerfGE 53, 257) im Jahre 1980 auf eine Linie ein, die bereits 1971 von Waltraud Rupp-v. Brünneck in einem Sondervotum (BVerfGE 32, 111 [129] – Österreichfälle) vorgezeichnet wurde.[23] Die Entscheidung zitiert diese *dissenting opinion* aber nicht.

Ausschlaggebend war in beiden Fällen wohl die geänderte personelle Zusammensetzung der Senate: An beiden Parteispendenentscheidungen wirkte neben den beiden *dissenters* Ernst-Wolfgang Böckenförde und Ernst Gottfried Mahrenholz lediglich Hans H. Klein mit, den Bedeutungswandel von Art. 14 GG vollzogen lediglich Böhmer und Helmut Simon mit.[24]

Selbst wenn die Richter eines Senats eine Rechtsprechungsänderung beabsichtigten, liegt es aber weitgehend außerhalb ihres Einflusses, ob ein solches Signal zur potentiellen Änderung der Rechtsprechungslinie bereits gegeben werden konnte. Daher setzt der Senat oft eine mündliche Verhandlung an, wenn er meint, die Öffentlichkeit auf einen Wandel oder eine Akzentverschiebung in der Rechtsprechung hinweisen zu müssen.[25]

---

21 Vgl. Lamprecht, Rolf: Richter contra Richter. Abweichende Meinungen und ihre Bedeutung für die Rechtskultur, Baden-Baden 1992, S. 19 f.; Häberle, Peter: Verfassungslehre als Kulturwissenschaft am Beispiel von 50 Jahren Grundgesetz. In: APuZ 16/1999, S. 20–30, S. 24 f.

22 Dies konstatiert mit Blick auf die 70er und 80er Jahre auch: Geiger, Willi: Abweichende Meinungen zu Entscheidungen des Bundesverfassungsgerichts, Tübingen 1989, S. IV. Vgl. zur durchaus schwankenden Rechtsprechung des BVerfG zur Parteienfinanzierung auch: Lovens, Sebastian: Stationen der Parteienfinanzierung im Spiegel der Rechtsprechung des Bundesverfassungsgerichts. In: ZParl 2000, S. 285–298.

23 Vgl. Katzenstein, Dietrich: Die bisherige Rechtsprechung des Bundesverfassungsgerichts zum Eigentumsschutz sozialrechtlicher Positionen. In: Brandt, Willy, et al. (Hrsg.), Ein Richter, ein Bürger, ein Christ. Festschrift für Helmut Simon, Baden-Baden 1987, S. 847–864, S. 849.

24 Insofern überschätzt Lamprecht wohl die Bedeutung der Sondervoten für die Entwicklung der Rechtsprechung des BVerfG. Vgl. Lamprecht, Richter (Fn. 21), S. 20.

25 Die mündliche Verhandlung hat aber nicht allein eine „Sensibilisierungsfunktion", sondern ihr wird insbesondere Bedeutung für die Sachaufklärung zugeschrieben. Vgl. Kranenpohl, Schleier (Fn. 1), S. 100–103.

Üblicherweise kann so – selbst wenn Karlsruhe in einer konkreten Rechtsfrage seine bisherige Entscheidungspraxis ändern will –, ein gewisses Maß an Rechtssicherheit gewahrt werden, da die neue Praxis zumindest für kundige Beobachter absehbar ist.

4   „Unscharfe" Verfassungsdogmatik

Die beträchtlichen Beschränkungen durch die angestrebte Kontinuität der Rechtsprechung werden allerdings durch die dogmatische „Unschärfe" verfassungsrechtlicher Begriffe und Konzepte teilweise ausgeglichen.[26] Dies liegt zunächst einmal daran, dass zahlreiche verfassungsrechtliche Rechtsbegriffe allgemein gehalten und deutungsoffen sind,[27] so dass

> „was die Verfassung im Einzelfall ihrem Wortlaut nach offenzulassen scheint, das Gericht im Wege konkretisierender Normausfüllung mit möglichst plausiblen Argumenten ‚nachliefern' [muss]."[28]

Diese dogmatische Unschärfe, die den Karlsruher Richtern für „vertretbare Entscheidungen" Spielraum lässt, ist aber zugleich ein Kunstgriff.[29] Sie erlaubt es dem BVerfG trotz aller Bindung an die selbst entwickelte Verfassungsdogmatik, sich durch die „Durchmischung der im Prinzip subsumptionsfähigen Verfassungskonkretisierungen"[30] mit Abwägungselementen, Kontrolldichten und Rechtsfolgenabschätzungen einen zwar nicht beliebig ausweitbaren, jedoch auch nicht eindeutig beschränkten aktuellen Gestaltungsspielraum einzuräumen.[31] Auch relativ unbestimmte Argumentationsfiguren aus

---

26 Vgl. Roellecke, Gerd: Referat II. In: Verfassungsgerichtsbarkeit, Gesetzgebung und politische Führung. Ein Cappenberger Gespräch, Köln 1980, S. 24–42, S. 33.

27 Vgl. Brodocz, André: Chancen konstitutioneller Identitätsstiftung. Zur symbolischen Integration durch eine deutungsoffene Verfassung. In: Vorländer, Hans (Hrsg.), Integration durch Verfassung, Wiesbaden 2002, S. 101–119, S. 106–116; Ebsen, Ingwer: Das Bundesverfassungsgericht als Element gesellschaftlicher Selbstregulierung. Eine pluralistische Theorie der Verfassungsgerichtsbarkeit im demokratischen Verfassungsstaat, Berlin 1985, S. 48–68; Häberle, Peter: Die Funktionenvielfalt der Verfassungstexte im Spiegel des „gemischten" Verfassungsverständnisses. In: Haller, Walter, et al. (Hrsg.), Im Dienst an der Gemeinschaft. Festschrift für Dietrich Schindler zum 65. Geburtstag, Basel/Frankfurt a. M. 1989, S. 701–710.

28 Schneider, Hans-Peter: Richter oder Schlichter? Das Bundesverfassungsgericht als Integrationsfaktor. In: APuZ 16/1999, S. 9–19, S. 11.

29 Vgl. Kranenpohl, Uwe: Die Bedeutung von Interpretationsmethoden und Dogmatik in der Entscheidungspraxis des Bundesverfassungsgerichts. In: Der Staat 2009, S. 385–407.

30 Ebsen, Ingwer: Der Beitrag des Bundesverfassungsgerichts zum politischen Grundkonsens. In: Schuppert, Gunnar Folke/Bumke, Christian (Hrsg.), Bundesverfassungsgericht und gesellschaftlicher Grundkonsens, Baden-Baden 2000, S. 83–109, S. 90.

31 Vgl. Ebsen, Beitrag (Fn. 30), S. 89–91; Voigt, Rüdiger: Recht – Spielball der Politik? Rechtspolitologie im Zeichen der Globalisierung. 4. Aufl., Baden-Baden 2000, S. 19, 27 f.

der Dogmatik des BVerfG haben die Funktion, dem Gericht die Möglichkeit zu Eingriffen zu ermöglichen. Im Ergebnis folgt Karlsruhe damit – wie kritisch angemerkt wurde – eher einer „Situationskasuistik"[32], die aber nur um den Preis unterentwickelter Systematik zu haben ist:

> „Die […] Dominanz von ‚Abwägung' im argumentatorischen Arsenal des BVerfG [ist] ein Mittel zur Verhinderung dogmatischer Festlegung. Dies mag man als ‚Flexibilität' begrüßen – auch hier ist mit der Analyse noch keine praktische Kritik verbunden –; unausweichlich ist aber, dass insoweit die geringe rechtliche Determinierung durch Wortsinn und historischen Sinn der Verfassung kaum durch den dritten juristischen Erkenntnisgegenstand, das dogmatische System, ausgeglichen wird."[33]

Ähnliches gilt nach Auffassung von Thomas Gawron und Ralf Rogowski auch für das Verhältnismäßigkeitsprinzip:

> „So gestattet das Verhältnismäßigkeitsprinzip der Verfassung außerordentlich elastische Grundrechtsprüfungen, die sowohl ‚nach innen', also in das BVerfG, als nach ‚außen', also gegenüber dem parlamentarischen Gesetzgeber, Autonomieräume bewahren."[34]

Argumentationsfiguren wie Abwägung, aber auch das „Judizieren aus Bildern"[35] erlauben es Karlsruhe aber nicht nur, offensiv einzugreifen, wenn die Richter eine übermäßige Grundrechtsverletzung wahrnehmen – bzw. wahrzunehmen glauben –, sondern gegebenenfalls auch auf Maßnahmen verzichten zu können – insbesondere wenn die Entscheidungsfolgen zu berücksichtigen sind.[36] Relativ unbestimmte Argumentationsfiguren haben damit auch die Funktion, keine Handlungspflichten zu kreieren, die aus

---

32 Vgl. Ebsen, Selbstregulierung (Fn. 27), S. 72.

33 Ebsen, Selbstregulierung (Fn. 27), S. 89.

34 Gawron, Thomas/Rogowski, Ralf: Drei Seiten des Bundesverfassungsgerichts. In: Blanke, Bernhard/Wollmann, Hellmut (Hrsg.), Die alte Bundesrepublik. Kontinuität und Wandel, Opladen 1991, S. 336–353, S. 345.

35 Vgl. etwa: Anter, Andreas: Ordnungsdenken in der Rechtsprechung des Bundesverfassungsgerichts. Wertordnung, Ordnungsmacht und Menschenbild des Grundgesetzes. In diesem Band ab S. 196 ff.; Badura, Peter: Verfassung, Staat und Gesellschaft in der Sicht des Bundesverfassungsgerichts. In: Badura, Peter/Dreier, Horst (Hrsg.), Festschrift 50 Jahre Bundesverfassungsgericht, Bd. 2, Tübingen 2001, S. 897–912; Becker, Ulrich: Das „Menschenbild des Grundgesetzes" in der Rechtsprechung des Bundesverfassungsgerichts, Berlin 1996; Gallwas, Hans-Ulrich: Das Menschenbild in Entscheidungen des Bundesverfassungsgerichts. In: Oerter, Rolf (Hrsg.), Menschenbilder in der modernen Gesellschaft. Konzeptionen des Menschen in Wissenschaft, Bildung, Kunst, Wirtschaft und Politik, Stuttgart 1999, S. 55–64; Geiger, Willi: Menschenrecht und Menschenbild in der Verfassung der Bundesrepublik Deutschland. In: Zeidler, Wolfgang/Maunz, Theodor/Roellecke, Gerd (Hrsg.), Festschrift Hans Joachim Faller, München 1984, S. 3–15.

36 Vgl. Kranenpohl, Schleier (Fn. 1), S. 367–399.

Sicht der Karlsruher Richter nicht angezeigt wären.[37] Insbesondere die Rechtsfigur der Abwägung zielt darauf ab, Entscheidungsspielräume für das BVerfG zu eröffnen und zu erhalten, deren Schließung durch eine allzu strikte Dogmatik für das Gericht und die Richter eine Gefahr darstellt.

Die Vielfalt der Methoden zur Verfassungsinterpretation und die „unscharfe" Dogmatik erlauben es dem Gericht damit situations- und problemadäquat auf verfassungsrechtliche und -politische Gegenstände zu reagieren. Sie ermöglichen es dem Gericht aber andererseits, seine knappen Ressourcen gerade bei den zahlreichen Verfassungsbeschwerden und Richtervorlagen relativ autonom einzusetzen und sich auf die Ahndung als eklatant erkannter Verstöße zu beschränken. Insofern stellt das BVerfG auch keine übermäßigen Ansprüche an die Systematik seiner Entscheidungsdogmatik:

> „Es ist nicht Aufgabe des Gerichts, Wissenschaft zu betreiben. [...] Selbst wenn es gelegentlich so klingt, als habe das Gericht eine Ordnung, etwa die ‚Wertordnung des Grundgesetzes' im Auge, ist es nicht gemeint im Sinne einer geschlossenen Rechtssystematik, die ihrerseits eindeutige und klare, rechtlich zwingende Folgerungen für die Auslegung der Grundrechte und für ihr Verhältnis zueinander zuließe."[38]

In Form einer nur begrenzt berechenbaren Karlsruher Rechtsprechung ist für die Optionen, die sich durch die „unscharfe" Dogmatik eröffnen, allerdings ein beträchtlicher Preis zu zahlen. Insgesamt ist dieser aber wohl vertretbar: Zunächst erlauben es die gewonnenen Freiheitsgrade dem Gericht, in der konkreten Situation angemessen zu reagieren. Zudem fällt es Karlsruhe angesichts dieser Unbestimmtheit leichter, seine Rechtsprechung neu auszutarieren, um auf veränderte – bzw. verändert wahrgenommene – Problemlagen flexibel zu reagieren, ohne sein Postulat der Beibehaltung der Rechtsprechung zwecks Berechenbarkeit zu verletzen.

5   Fazit

Die kurze Darstellung mag deutlich gemacht haben, dass die „Entscheidungsherstellung" im BVerfG durch widerstreitende Prinzipien geprägt ist. So praktiziert das Gericht eine hochgradige Arbeitsteilung, die insbesondere dem Berichterstatter eine starke Position zur Präformation der Entscheidung einräumt. Andererseits sehen alle Richter zumindest Senatsentscheidungen als gemeinsam erstellte Produkte an, für deren Güte jeder Richter abseits der durch die Geschäftsverteilung geregelten Zuständigkeit eine Verant-

---

37 Vgl. Schneider, Hans-Peter: Verfassungsgerichtsbarkeit und Gewaltenteilung. Zur Funktionsgerechtigkeit von Kontrollmaßstäben und Kontrolldichte verfassungsgerichtlicher Entscheidung. In: NJW 1980, S. 2103–2111, S. 2109 f.

38 Geiger, Willi: Vom Selbstverständnis des Bundesverfassungsgerichts, Hannover 1979, S. 5.

wortung hat. Ebenso sind auch die Senatsberatungen durch die Suche nach einer argumentativ ermittelten Konsensentscheidung bestimmt, da auf diese Weise nach Ansicht
der Richter eine hohe Qualität der Entscheidungen sichergestellt werden kann, während das Festhalten an der Mehrheitsentscheidung andererseits den Übergang in den
Beratungsmodus des nicht mehr problemorientierten *bargaining* verhindert.[39] Schließlich sieht sich das Gericht zwar an *stare decisis* gebunden, doch erlaubt die „Unschärfe"
der verfassungsrechtlichen Dogmatik dem Gericht immer wieder Modifikationen seiner
Rechtsprechung auch ohne explizite Aufgabe der bisherigen Linie. Zudem vermag das
BVerfG über diese „Offenheit" auch situationsadäquat auf aktuelle Herausforderungen
zu reagieren – sei es durch Aktivismus oder Zurückhaltung.

---

39 In ähnlicher Weise wird auch das Prinzip der Vertraulichkeit der Richterberatungen durch die Möglichkeit einer teilweisen Transparenz durch Bekanntgabe von Abstimmungsergebnissen und Sondervoten
modifiziert.

Die Wissenschaftlichen Mitarbeiter des Bundesverfassungsgerichts

Rüdiger Zuck

1 Das Bundesverfassungsgericht als Kammer-Gericht

Das BVerfG hat Autorität. Ihm wird Respekt entgegengebracht. Sein Ansehen gilt als unangefochten.[1] Die Erwartung, das BVerfG sei in Deutschland der endgültige Hüter der Gerechtigkeit ist völlig ungebrochen und wird durch die gelegentlich aufschäumenden Diskussionen um Schwangerschaftsabbruch, Soldaten sind Mörder, Kruzifix oder die Rechtschreibreform nicht geschmälert.[2] Der Ausbau der deutschen Verfassungsgerichtsbarkeit hat auch international Vorbildcharakter. Und die Grundrechtsrechtsprechung des BVerfG hat maßstabsbildend auf die Europäische Grundrechte Charta und das Verständnis der EMRK gewirkt. Weithin sichtbar steht das BVerfG im Licht. Aber das BVerfG ist janusköpfig. Es gibt noch ein anderes BVerfG. Es liegt weitgehend im Dunkeln. Es ist dies das eigentliche BVerfG.[3] Seine Arbeitskraft wird durch durchschnittlich mehr als 6 000 Verfassungsbeschwerden p. a. gebunden. Es entscheidet darüber nicht selbst, d. h. in den zwei Senaten, sondern in sechs Kammern. Diese sind zwar

---

1 Das beruht auf Umfragen in der Bevölkerung. Die schätzt Sportidole und Medienstars immer höher ein als, sagen wir, den Papst, Einstein oder Goethe. Der tägliche Umgang mit Verfassungsbeschwerden zeigt, dass der Durchschnittsbürger von der Existenz des BVerfG wenig oder nichts weiß, von den europäischen Gerichten ganz zu schweigen: Selbst Anwälte verwechseln EuGH und EGMR.

2 Auch das ist nicht überraschend. Die Beteiligten am – häufig genug kanalisierten – Volkszorn sind nicht identisch mit den Verfassungsbeschwerdeführern, die sich für ihren Fall selbstverständlich ein anderes BVerfG wünschen.

3 Das Gericht selbst beschreibt als seine eigentliche Aufgabe, von der es, wie es sagt, durch unprofessionelle Verfassungsbeschwerden ferngehalten werde, „grundsätzliche Verfassungsfragen" zu entscheiden, siehe dazu die Nachweise bei Graßhof, in: Maunz, Theodor/Schmidt-Bleibtreu, Bruno/Klein, Franz/Ulsamer, Gerhard u. a., Bundesverfassungsgerichtsgesetz, Loseblattwerk, München, Stand: 2004, Rn. 26 zu § 34 BVerfGG. § 90 Abs. 1 Satz 1 BVerfG ist das Gegenteil zu entnehmen: Das BVerfG soll sich mit den Jedermann-Verfassungsbeschwerden beschäftigen, und zwar mit dem anwaltsfreien Jedermann.

auch „Das BVerfG[4]", aber ihre Entscheidungen erwachsen (außerhalb der wenigen Entscheidungen nach § 93c BVerfGG) weder in materieller Rechtskraft noch binden sie. Die Kammerrechtsprechung ist, bezogen auf die einzelnen Kammern, in ihrer Entwicklung nicht konstant. Die Kammern entscheiden zudem auch untereinander unterschiedlich. Diese Kammer-Tätigkeit macht das wahre BVerfG aus. Es ist ein Kammer-Gericht.[5] Von den im Jahr 2013 entschiedenen 6 238 Verfassungsbeschwerden waren 91 erfolgreich, was einer Quote von 1,46 % entspricht.[6] Fast alle Entscheidungen gem. § 93d BVerfGG ergehen ohne jede Begründung.[7] Das kann zudem jahrelang dauern. Man kann eine solche Entscheidung allerdings durch einen Antrag auf Erlass einer einstweiligen Anordnung (§ 32 BVerfGG) oder durch einen PKH-Antrag erheblich beschleunigen. Solche Anträge haben selten Erfolg. Sie bewirken im Regelfall die Nichtannahme der Verfassungsbeschwerde zur Entscheidung, verbunden mit dem Zusatz, damit erledige sich der gestellte Antrag nach § 32 BVerfGG oder auf Gewährung von PKH. Ausführliche Begründungen von Nichtannahmebeschlüssen sind selten.[8] Die Kammern im Ersten Senat bevorzugen die sog. Tenor-„Begründung", die in ihrer klassischen Form lautet: „Die Verfassungsbeschwerde wird nicht zur Entscheidung angenommen, weil sie unzulässig ist"[9] Ob diese Tenorbegründungen inzwischen durchgehend um einen Erläuterungssatz, etwa „weil sie verfristet ist", ergänzt werden[10], ist noch nicht verlässlich geklärt. Die „nackte" Tenorbegründung ist nicht nur in der Sache begründungslos. Sie bringt zudem dem Verfassungsbeschwerdeanwalt erhebliche Probleme.[11] Der Beschwerdeführer selbst meint nun, wenn er die Verfassungsbeschwerde nur selbst gemacht hätte, wäre sie wenigstens zulässig gewesen. Für den Instanzanwalt ist die Tenorbegründung ebenfalls peinlich, weil er offenbar den falschen Experten für das Verfassungsbeschwerdeverfahren ausgesucht hat. Für ihn führt überdies das Verdikt der Unzulässigkeit zu der naheliegenden Vermutung, dass ein Kunstfehler vorgelegen haben muss. Ursache für

---

4   Dollinger, in: Umbach, Dieter C./Clemens, Thomas/Dollinger, Franz-Wilhelm (Hrsg.), Bundesverfassungsgerichtsgesetz (BVerfGG), 2. Aufl. 2005, Rn. 6 zu § 15a BVerfGG n. w. N.

5   Zuck, Die Bedeutung der Kammerrechtsprechung des Bundesverfassungsgerichts in Verfassungsbeschwerdesachen, EuGRZ 2013, 662. Man muss sich fragen, ob ein individuelles Rechtsschutzmittel, das über Jahrzehnte hinweg mit einer Erfolgsquote von 1,5 bis 2,5 % arbeitet, ein wirkliches individuelles Rechtsschutzmittel ist. Notwendig bleibt es nur, wenn man es als Anstoßfaktor für die Aktualisierung und Fortbildung des objektiven Verfassungsrechts versteht.

6   Jahresstatistik 2013, 20.

7   Ausweislich der Jahresstatistik 2013, S. 18 trifft das auf 94 % der entsprechenden Entscheidungen des Zweiten Senats zu und auf 63 % der Entscheidungen des Ersten Senats.

8   Siehe dazu die Zusammenstellung aller in bverfg.de veröffentlichten Kammerentscheidungen in Verfassungsbeschwerdesachen des Jahres 2011 bei Zuck (Fn. 49). Die Feststellung Voßkuhles, Jahresstatistik 2013, Vorwort, im Ersten Senat seien 37,3 % der Kammerentscheidungen „mit zum Teil erheblichem Aufwand begründet worden", ist deshalb nur dann zutreffend, wenn man den „Teil" als fast vernachlässigbare Größe versteht.

9   Erster Senat 956 Tenorbegründungen, Zweiter Senat 105.

10 Zuck (Fn. 5), S. 662.

11 Zuck, Der Rechtsanwalt im Verfassungsbeschwerdeverfahren, NJW 2013, 2248 (2249).

die dem Beschwerdeführer attestierte Unzulässigkeit seiner Verfassungsbeschwerde ist in den meisten Fällen die Feststellung der Kammer, die Verfassungsbeschwerde sei nicht hinreichend substantiiert gewesen (§§ 23 Abs. 1 Satz 2, 92 BVerfGG).[12] Es ist nahezu ausgeschlossen, dem in Verfassungsbeschwerdesachen im Allgemeinen nicht tätigen Instanzanwalt den umfangreichen Katalog der Substantiierungsrechtsprechung des BVerfG auch nur einigermaßen verständlich zu machen.[13] Es gibt neben der Tenorbegründung aber noch eine höflichere „Begründungs"-Variante. Sie wird eingesetzt, wenn eine besonders ausführlich begründete Verfassungsbeschwerde nicht zur Entscheidung angenommen wird. Sie besteht aus durchschnittlich vier Sätzen, die den Inhalt der §§ 93a, 93b BVerfGG umschreiben, mit dem Zusatz, ein Grundrechtsverstoß sei nicht dargetan worden. Die für den Beschwerdeführer selbst kaum verständliche Begründungsarmut[14] korrespondiert mit der wenig zeitgenössischen Intransparenz des Kammerverfahrens. Der Beschwerdeführer erfährt das Aktenzeichen, aber er weiß nicht, bei welcher Kammer er sich befindet, er weiß nicht, wer der Berichterstatter ist[15] und er hat auch keine Ahnung, ob – nach geraumer Zeit – das Verfahren inzwischen beim Senat liegt, vom allgemeinen Verfahrensstand ganz zu schweigen. Instanzanwälte, die das so gewöhnt sind, bitten dann um eine telefonische Nachfrage. Das ist jedoch ein aussichtsloses Unterfangen. Mit dem Berichterstatter, dessen Namen man von der Telefonzentrale nicht ohne weiteres erfährt, bekommt man – verständlicherweise – keinen Kontakt. Der Wissenschaftliche Mitarbeiter teilt mit, es sei – wohl – zutreffend, dass er die Sache bearbeite. Er dürfe aber aufgrund seiner bloßen Mitarbeiterstellung nichts sagen, schon gar nichts zum Verfahrensstand und zur Verfahrensdauer. Es überrascht nicht, dass es auch keinen – für die Öffentlichkeit bestimmten – E-Mailzugang zum BVerfG gibt. Die Instanzgerichtsbarkeit hat dem elektronischen Rechtsverkehr längst den Weg bereitet. Das BVerfG bleibt davon jedoch ausgenommen. Das alles ist fest etabliert. Für ein Gericht, das die Gewährleistungen der Verfassung gerade auch für die Bürgerinnen und Bürger mit ständigem Leben erfüllt, also eine lebendige Verfassung sichern will, ist diese Enthaltsamkeit jedoch kaum nachvollziehbar.

Fehlende Transparenz betrifft nicht nur das Verfahren. Sie schlägt sich auch in der Veröffentlichungspraxis nieder. Kammerentscheidungen gelangen in die Amtliche Sammlung BVerfGK[16], je nach Leserkreis und Interessenlage in der Fachpresse

---

12 Siehe dazu umfassend Pia Lange, Darlegungs- und Substantiierungspflichten im Verfassungsbeschwerdeverfahren, 2012.

13 Siehe dazu Lübbe-Wolff, EuGRZ 2004, 669; Zuck, Das Recht der Verfassungsbeschwerde, 4. Aufl. 2013, Rn. 823 ff.; Kleine-Cosack, Verfassungsbeschwerden und Menschenrechtsbeschwerde, 3. Aufl. 2013, Rn. 702 ff.

14 Zuck, Vom Winde verweht: § 93d BVerfGG und menschliche Schicksale, in: ders. Juristischer Zeitgeist, 2007, S. 93 ff.

15 Das BVerfGG kennt die Berichterstatterin nicht.

16 Sie hat jetzt (Anfang 2014) Band 19 erreicht (mit einem Stand 28.06.2012, also zeitlich erheblich zurückliegend).

(dort also eher dem Zufallsprinzip folgend), ziemlich verlässlich allerdings in juris[17], vor allem aber in bverfg.de. Dort werden die inhaltlich begründeten Entscheidungen in der Regel innerhalb eines Monats von der Pressestelle des BVerfG eingestellt. Welche Entscheidungen Aufnahme in bverfg.de finden und wie sie zu diesem Zweck beschaffen sein müssen, erschließt sich jedoch für den Nutzer nicht. Es fehlt wohl an jeglichen Veröffentlichungsregeln. Offenbar hat aber meine heftige Kritik am Wildwuchs in bverfg.de[18] dazu geführt, dass kaum noch Nichtannahmebeschlüsse in bverfg.de aufgenommen werden. Aus insgesamt etwas mehr als 100 Entscheidungen im Jahr 2012 sind, mit abnehmender Tendenz, nur noch 70 Entscheidungen übrig geblieben.[19] Das BVerfG sollte bedenken, dass Internet-Informationen wegen ihrer leichten Zugänglichkeit heute selbstverständlich sind und von jedermann genutzt werden. Wenn also mit bverfg.de ein solcher jedermann zugänglicher kostenfreier Informationszugang vorhanden ist, sollte er auch professionell eingerichtet und betrieben werden.

Die mit den Begründungs- und Informationsdefiziten verbundene Intransparenz hat zudem negative Folgen in Bezug auf den Geschäftsanfall beim BVerfG. Der Verfassungsbeschwerdeanwalt ist als einer der rund 160 000 in Deutschland zugelassenen Anwälte ein Jedermann-Anwalt. Er teilt mit dem Beschwerdeführer dessen Eigenschaften. Die insgesamt geringe Zahl von Verfassungsbeschwerden erschwert es außerordentlich, die erforderlichen Erfahrungen zu sammeln. Die Intransparenz des Verfassungsbeschwerdeverfahrens steht den sonst auch mit verlorenen Verfahren verbundenen Lerneffekten entgegen. Das hat auf der Anwaltsseite Prognosemängel zur Folge. Da eine Verfassungsbeschwerde im Regelfall ohne jede Begründung verloren geht, fällt die edukative Funktion der Verfassungsbeschwerde[20] aus. Darunter leidet aber auch ihre Aufgabe, der spezifische Rechtsbehelf des Bürgers zu sein.[21] Denn wenn der Anwalt als berufener Berater und Vertreter des Bürgers in allen Rechtsangelegenheiten (§ 3 BRAO) seine Aufgaben nicht sachgerecht wahrnehmen kann, geht das zu Lasten eben dieses Bürgers.

Die damit verbundenen Rechtsunsicherheiten machen das gesamte Recht der Verfassungsbeschwerde zu einem unbekannten Land. Das dunkle, uneinsehbare und weitgehend unkalkulierbare BVerfG, das wahre und eigentliche BVerfG, in dem das reale Verfassungsrecht stattfindet[22], ist das Gericht der WiMis, die mit ihren 64 Personen[23],

---

17 Juris ist aber nicht kostenfrei. Zu weiteren mit juris verbundenen Problemen siehe Zuck, (Fn. 5), S. 663.

18 Zuck (Fn. 11), S. 2248; ders. (Fn. 5), S. 663 f.

19 Das führt dann z. B. dazu, dass der außerordentlich umfangreich begründete Beschluss der Ersten Kammer des Zweiten Senats vom 05. 11. 2013 – 2 BvR 1579/11 zwar in NJW 2014, 532 Eingang gefunden hat, nicht aber in bverfg.de. Auch hier bleibt allerdings die weitere Entwicklung abzuwarten.

20 Zweigert, JZ 1952, S. 321.

21 Zuck, Das Recht der Verfassungsbeschwerde, 4. Aufl. 2013, Rn. 9 ff.

22 Kirchberg, Christian/Zuck, Rüdiger: Die Nobody-Organklagen gegen die Bundestagsauflösung – ein Erfahrungsbericht, in: NJW 2005, S. 3401.

23 40 % der WiMis sind Frauen. Aus Gründen leichterer Lesbarkeit bleibe ich bei Genus statt Sexus, vgl. Zuck, Rüdiger: Die RechtsanwältIn: Genus oder Sexus?, in: NJW 1994, S. 2808 f.; ebenso verfahre ich beim Begriff des Bundesverfassungsrichters.

das Kammer-Gericht funktionsfähig halten und damit das Versprechen des § 90 Abs. 1 Satz 1 BVerfGG einlösen.

2 Historie

Der Einsatz wissenschaftlicher Hilfskräfte in der Gerichtsbarkeit, insbesondere bei den obersten Bundesgerichten ist nichts Besonderes.[24] So war die Beschäftigung von WiMis beim BVerfG zunächst überhaupt kein Thema, weil es ursprünglich nur *einen* WiMi gab, im Jahr 1952 dann sechs und, weil damals nur der Erste Senat für Verfassungsbeschwerden zuständig war, nur bei diesem. Als im Jahr 1956 auch der Zweite Senat auf Grund des 1. ÄndG zum BVerfGG[25] für Verfassungsbeschwerden zuständig wurde, erhöhte sich die Zahl der WiMis ständig. Im Jahr 1971 gab es 21 WiMis[26], 1984 30[27], im Jahr 1993 schon 48[28], 1995 dann 50[29], jetzt[30] sind es 64. Die zahlenmäßige Entwicklung entspricht dem Verfassungsbeschwerdeeingang. Soweit im Bundeshaushalt bei den Erläuterungen zu Titel 422.02 von 65 beamteten Hilfskräften die Rede ist, rührt das daher, dass hier auch Haushaltsmittel für beamtete Hilfskräfte gezahlt werden, die nicht WiMis sind. Aus unterschiedlichen Gründen entspricht die Zahl der zu einem bestimmten Stichtag beim BVerfG tätigen WiMis nicht immer der kalkulierten Zahl von 64. So sind zurzeit vier weibliche MiMis in Teilzeit tätig. Echte Halbtagsstellen gibt es allerdings nicht. In beiden Senaten hat jedes Dezernat vier WiMis.

---

24 Zum „juristischen Hilfsarbeiter" siehe früher schon Bichelmaier, Der juristische Mitarbeiter an den obersten Deutschen Gerichten, 1970 und etwa Stelkens/Panzer, in: Schoch, Friedrich/Schmidt-Aßmann, Eberhard/Pietzner, Rainer/Bier, Wolfgang (Hrsg.), Verwaltungsgerichtsordnung (VwGO), München, Stand 2011, Rn. 5 zu § 10 VwGO; Kissel, Otto R./Mayer, Herbert: Gerichtsverfassungsgesetz, Kommentar, 7. Aufl. München 2013, Rn. 3 zu § 124 GVG; Rn. 26 zu § 193 GVG.

25 Vom 21.07.1956, BGBl I 662.

26 Meine erste Auflage zum Recht der Verfassungsbeschwerde aus dem Jahr 1973 (nunmehr 4. Aufl., München 2013) gönnt ihnen gerade einen Halbsatz (S. 96). In DÖV 1974, S. 305 war der „3. Senat" jedoch schon ein eigenständiger Gegenstand (s. Zuck, Rüdiger: Der „3. Senat" am Bundesverfassungsgericht, in: DÖV 1974, S. 305–307).

27 Klein, Hans H.: Der Dritte Senat am Bundesverfassungsgericht, in: Umbach, Dieter C./Urban, Richard/Fritz, Roland u. a. (Hrsg.), Das wahre Verfassungsrecht. Zwischen Lust und Leistung, Gedächtnisschrift für F. G. Nagelmann, Baden-Baden 1984, S. 377 ff. (383), davon drei Frauen.

28 Gehle, in: Umbach/Clemens/Dollinger, a. a. O. (Fn. 4), Rn. 20 vor §§ 93a ff. BVerfGG.

29 Zuck, Rüdiger: WiMis – Die Gesetzlosen, in: NJW 1996, S. 1656.

30 März 2014 lt. Mitteilung des Direktors beim BVerfG, Peter Weigl; ihm sei gedankt.

Tabelle 1

Jahr	bis 1956	1968	ab 1976	ab 1978	1991	ab 1993	ab 2006
Anzahl der Verfassungsbeschwerden	800	1 600	2 500	z. T. deutlich über 3 000	4 000	z. T. deutlich über 5 000	z. T. deutlich über 6 000

3   Rechtsstatus der Wissenschaftlichen Mitarbeiter

Die – eigentlich dürftigen – Fakten sind bekannt.[31] Ich fasse sie hier nur zusammen: Das Gesetz schweigt. § 13 Abs. 1 GO[32] sagt: „Die Wissenschaftlichen Mitarbeiter unterstützen die Richter, denen sie zugewiesen sind, bei deren dienstlicher Tätigkeit. Sie sind dabei an die Weisungen des Richters gebunden." Im Bundeshaushalt werden für die Bezahlung der WiMis in Kapitel 19 unter Titel 42202 (Bezüge und Nebenleistungen der beamteten Hilfskräfte) und bei Titel 42709 (Vergütungen und Löhne für Arbeitskräfte mit befristeten Verträgen) die entsprechenden Mittel ausgewiesen. Die Kalkulation der Haushaltsmittel erfolgt auf der Basis der feststehenden Anzahl der WiMis durch eine geschätzte Mischkalkulation der in Betracht kommenden Besoldungs- und Vergütungsgruppen anhand der Personalkostensätze des Bundesministeriums der Finanzen. Gemäß § 13 Abs. 2 GO ist jeder Richter berechtigt, seine WiMis selbst auszuwählen. Das geschieht auch so, teils auf Grund persönlicher Kontakte, teils auf Grund von Empfehlungen der Landesjustizverwaltungen oder auf Anfrage bei Hochschulen/Wissenschaftlichen Instituten. Neu hinzutretende Richter übernehmen den vorhandenen Bestand der WiMis. Grundvoraussetzung für die Tätigkeit als WiMi sind das zweite Staatsexamen und – in der Regel – hervorragende Examensnoten.[33] Das Gros der WiMis kommt aus der Verwaltungsgerichtsbarkeit und der ordentlichen Gerichtsbarkeit. Richter, Staatsanwälte und Beamte werden zeitlich befristet an das BVerfG abgeordnet. Sie erhalten ihre Bezüge aus ihrem statusmäßig fortbestehenden Dienstverhältnis. Der Bund ist erstattungspflichtig (§ 27 Abs. 4 BBG). WiMis an Universitäten (dort in der Regel mit einem Zeitvertrag nach BAT 2a) erhalten für ihre Tätigkeit beim BVerfG einen zeitlich

---

31 Wieland, Joachim: Der Beitrag der Wissenschaftlichen Mitarbeiter im Entscheidungsprozess des Bundesverfassungsgerichts (BVerfG), in: Ellermann, Rolf (Hrsg.), Verfassungsgerichte im Vergleich, Gummersbach 1988, S. 258 ff.; Graßhof, in: Maunz/Schmidt-Bleibtreu/Klein/Ulsamer, a. a. O. (Fn. 3), Rn. 11 ff. zu § 93b BVerfGG; Gehle, in: Umbach/Clemens/Dollinger, a. a. O. (Fn. 4), Rn. 19 ff. vor §§ 93a ff. BVerfGG.

32 Zu ihrer Rechtsqualität siehe Schmidt, Thorsten Ingo: Die Geschäftsordnungen der Verfassungsorgane als individuell-abstrakte Regelungen des Innenrechts, in: AöR 2003, S. 608.

33 Siehe dazu weiter Wieland, a. a. O. (Fn. 31), S. 258 (S. 260 ff.); Gehle, in: Umbach/Clemens/Dollinger, a. a. O. (Fn. 4), Rn. 21 vor §§ 93a ff. BVerfGG.

befristeten Arbeitsvertrag (nach BAT 2b).[34] Richter, Beamte und Staatsanwälte können während ihrer Zeit beim BVerfG im Rahmen ihres fortbestehenden Dienstverhältnisses befördert werden. Einige Länder behandeln die Zeit beim BVerfG als Erprobungszeit (im Sinne einer Abordnung zum OLG). Universitätsangehörige haben im Allgemeinen eine Rückkehrzusage.

Die Tätigkeiten innerhalb des jeweiligen Dezernats werden vom zuständigen Richter im Rahmen seiner dienstlichen Aufgaben (§ 13 Abs. 1 GO) bestimmt. Auch wenn die Bearbeitung von Verfassungsbeschwerden die Hauptbeschäftigung der WiMis darstellt: Selbstverständlich werden sie bei Bedarf von ihrem Richter auch in allen anderen Tätigkeitsbereichen eingesetzt, also z. B. bei der Vorbereitung von Senatsentscheidungen, der Stellungnahme zu vorliegenden Voten oder in den übrigen Bereichen verfassungsgerichtlicher Zuständigkeit. Auch die Binnenorganisation ist von Dezernat zu Dezernat verschieden. Üblich ist die Aufteilung nach (einfach-)rechtlichen Sachgebieten. Es bilden sich aber unabhängig davon Herrschaftsstrukturen heraus, mit dienstältesten WiMi bis hin zu einer Art Vorsitzenden der „Wissenschaftlichen Mitarbeiter-Kammer". Ich habe einmal – in Abwesenheit des Berichterstatters – mit einem WiMi ein einstweiliges Anordnungsverfahren abgewickelt, das vor allem daran litt, dass der „Kammer-Vorsitzende" in Urlaub war und der einfach-rechtliche Sachverhalt nicht in den Zuständigkeitsbereich des dann – lediglich hilfsweise – zuständigen WiMis fiel. Weil das von der Rechtsordnung so nicht vorgesehen ist, wird ein solcher Sachverhalt nie bestätigt werden. Auch über die Tätigkeit des WiMis nach außen entscheidet sein Richter. Insbesondere im organisatorischen Bereich geschieht das (auch mit eigener Unterschrift des WiMis) zur Vorbereitung einer Entscheidung nach § 93c BVerfGG oder einer mündlichen Verhandlung nicht selten. Diese ausführende Tätigkeit ist so unproblematisch wie die von Justizangestellten, die i. A. gerichtliche Mitteilungen in der Instanzgerichtsbarkeit unterschreiben. Zum Ende der Tätigkeit des WiMis erstellt der zuständige Richter eine dienstliche Beurteilung (§ 13 Abs. 3 GO). Die Tätigkeit beim BVerfG ist durchweg karrierefördernd.[35]

---

34 Nach dem TVöD hat das ab 01.10.2005 zu einer Zuordnung in die Vergütungsgruppen 13 oder 14 geführt (vgl. Anlage 2 TVÜ-Bund).

35 Böttcher, Hans-Ernst: Einige sozio-biographische Anmerkungen zur Herkunft und zum Verbleib der Mitglieder des Dritten Senats, in: Umbach/Urban/Fritz, a. a. O. (Fn. 27), S. 357 ff.; neuere Untersuchungen fehlen. Geändert hat sich nichts.

4   Funktion und Bedeutung der Wissenschaftlichen Mitarbeiter

4.1

a. Wir wissen nicht viel über die Tätigkeit der WiMis.[36] Sie bewegen sich im Arkanum des Kammer-Gerichts. Amtierende Bundesverfassungsrichter haben wenig Interesse, die wahre Rolle der WiMis darzustellen, schmälerten sie doch dadurch ihr eigenes Machtverständnis.[37] WiMis dienen ihrem Herrn innerhalb des asymmetrischen Stab-Linie-Verhältnisses.[38] Anderes als Apologetisches kann man von ihnen nicht erwarten.[39] Natürlich hat sich bei ihnen Korpsgeist entwickelt. Er schlägt sich in einem Sprecher/einer Sprecherin der WiMis nieder, in einer Vielzahl gemeinsamer Veranstaltungen, in der – gelegentlich etwas albernen – Anrufung des legendären „Ersten Wissenschaftlichen Mitarbeiters F. G. Nagelmann[40], in Kommentaren[41] und in der Belletristik[42] nieder. Dass diese Gruppe von 64 Personen „Das (reale) BVerfG" darstellt, lässt sich aus ihrer Außenwirkung dennoch nicht erschließen.

b. Zwei Dinge stehen außer Frage.
Die Parallelität von Verfassungsbeschwerde-Eingangszahlen und der Zahl der WiMis belegt zwingend deren zentrale Aufgabe, die Jedermann-Verfassungsbeschwerde zu gewährleisten. Es hat niemand bisher auch nur den Versuch unternommen, die weitgehend deckungsgleichen Zahlen, die Böckenförde[43], ich[44] und Lamprecht[45] vorgelegt haben, zu widerlegen. Etwas mehr als 400 Verfassungsbeschwerden je Berichterstatter und 800 weitere vom Berichterstatter mit zu verantwortende Verfassungsbeschwerden machen es denknotwendig unmöglich, das in eigener Leistung zu erbringen: Es bleiben je Verfassungsbeschwerde nur Minuten. Die übliche Antwort lautet deshalb, der Richter behalte die Verantwortung für jede einzelne Verfassungsbeschwerde[46]: Das ist gänz-

---

36 Siehe dazu Massing, Otwin: Zur Rolle und Funktion der Wissenschaftlichen Mitarbeiter im Entscheidungsprozess des Bundesverfassungsgerichts (BVerfG) oder: Eine juristische „black box" als Forschungsgegenstand, in: Ellermann, a. a. O. (Fn. 31), S. 276 ff.

37 Ausgeschiedene Bundesverfassungsrichter sind deutlicher, vgl. Böckenförde, Ernst-Wolfgang: Die Überlastung des BVerfG, in: ZRP 1996, S. 281–284.

38 Massing, a. a. O. (Fn. 36), S. 282.

39 Das zeigt schon die Gedächtnisschrift für F. G. Nagelmann: Umbach/Urban/Fritz, a. a. O. (Fn. 27), S. 345 ff.

40 Z. B. in Umbach/Clemens/Dollinger, a. a. O. (Fn. 4), Anm. zu § 99 BVerfGG.

41 Umbach, Dieter C./Clemens, Thomas (Hrsg.): Grundgesetz, Mitarbeiterkommentar, Bd. 1 u. 2, Heidelberg 2002; Umbach/Clemens/Dollinger, s. o. Fn. 4.

42 Vgl. z. B. (Henschel-Mitarbeiter) Hiwi, Hendrik: Leichen im Keller des Bundesverfassungsgerichts. Kriminalroman. Baden-Baden 1997 und ders.: Verfassungslyrik. Baden-Baden 2001.

43 A. a. O. (Fn. 37), S. 281.

44 A. a. O. (Fn. 29), S. 1656.

45 Lamprecht, Rolf: Ist das BVerfG noch gesetzlicher Richter?, in: NJW 2001, S. 419.

46 Graßhof, a. a. O. (Fn. 3), Rn. 11 zu § 93b BVerfGG.

lich unbestritten, denn der Richter unterschreibt die Entscheidung. Der Umstand, dass er die Verantwortung trägt, ändert aber nichts daran, dass er etwas unterschreibt, was er – ich sage das so vorsichtig wie möglich – in einer Reihe von Fällen nicht kennt. Was er kennt, ist das Votum des WiMis. Es ist undenkbar, dass er die Fülle der häufig umfangreichen, ungegliederten und vor allem gänzlich unbehelflichen Verfassungsbeschwerden gelesen hat (und alle dazugehörigen Gerichtsentscheidungen und sonstigen Unterlagen).[47] Mit anderen Worten: Die richterliche Verantwortung muss blanko übernommen werden. Dem formalen Verfassungsrecht ist damit Genüge getan. Das reale Verfassungsrecht bleibt außerhalb des GG. Das wird durch die Information von Hansel, eines ehemaligen WiMis, bestätigt.[48] Sicher: Der Berichterstatter unterschreibt schon das Votum des WiMis. Wie gerechtfertigt die damit verbundene Verantwortungsübernahme ist, soll einerseits vom Vertrauen auf die Leistungsfähigkeit und Erfahrung des WiMis abhängen, andererseits von der Bedeutung der Sache. Aber besonderes Vertrauen ist für eine gerichtliche Entscheidung kein verfassungsrechtlich tragfähiges Fundament, und wie man die Bedeutung einer Sache aus der bloßen Lektüre eines Votums erschließen kann, ist nicht nachvollziehbar. Was die beiden anderen Kammermitglieder mit ihrer Unterschrift verantworten, bleibt zudem ein Rätsel. Man kann die Probe aus Exempel leicht machen. Ich habe seit 2009 jede in bverfg.de veröffentlichte Nichtannahmeentscheidung nicht nur gelesen, sondern auch kommentiert.[49] Es gibt dort eine nennenswerte Zahl von Voten (in Form von Nichtannahmebeschlüssen), bei denen man sich fragt, wie ein Bundesverfassungsrichter so etwas unterschreiben kann.

c. Man kann auch etwas anderes einräumen: Wenigstens 80 %[50] aller Verfassungsbeschwerden sind entweder unzulässig oder offensichtlich unbegründet.[51] Das wird durch die Diskussion um die sog. Mutwillensgebühr bestätigt. Schluckebier, die Auffassung des Gerichts artikulierend, ist davon ausgegangen, rund 2 000 Verfassungsbeschwerden p. a. seien als mutwillig einzustufen.[52] Um diese Verfassungsbeschwerden zu erledigen, muss man nicht Richter sein, erst recht nicht, wenn – der offiziellen Version fol-

---

47 Auf den gängigen Hinweis, das könne ein Außenstehender nicht wissen, merke ich an, dass ich allein für die Lektüre der maßgeblichen Unterlagen (von der einfach-rechtlichen und verfassungsrechtlichen Rechtslage ganz zu schweigen) bis zu einem Tag und mehr brauche.

48 Lenz/Hansel, BVerfGG, 2013, § 90 Rn. 39 f.

49 Zuck, Die Rechtsprechung des Bundesverfassungsgerichts in Verfassungsbeschwerdesachen des Jahres 2009 (LexisNexis 2010), des Jahres 2010 (LexisNexis), des Jahres 2011 (Heymanns 2012), die Jahre 2012 und 2013 (nicht veröff.).

50 Zuck, NJW 2013, 2248 (2250).

51 Ich gehe davon aus, dass der Sachverhalt dem der Menschenrechtsbeschwerde vergleichbar ist, siehe dazu Jaeger, Renate: Menschenrechtsschutz im Herzen Europas – zur Kooperation des Bundesverfassungsgerichts mit dem Europäischen Gerichtshof für Menschenrechte und dem Gerichtshof der Europäischen Gemeinschaften, in: EuGRZ 2005, S. 193–204 (201).

52 Schluckebier, ZRP 2012, 133; krit. dazu Zuck, ZRP 2012, 219; Kleine-Cosack, Verfassungsbeschwerden und Menschenrechtsbeschwerde, 3. Aufl. 2013, Rn. 143.

gend – nur über die Annahme zur Entscheidung entschieden wird. Die raschen, häufig umfangreichen und stets sachkundigen Belehrungsschreiben der AR-Referentinnen[53] zeigen, dass das möglich ist. Das Argument lautet deshalb, wenn, um die Alltagsbehelligung durch unvernünftige Beschwerdeführer zu bewältigen, WiMis eingesetzt würden, entstehe daraus kein wesentlicher Nachteil, selbst wenn der Richter nur eine Pro-forma-Unterschrift leistet. Per Saldo stimmt das sicherlich. Die Verfassungsbeschwerde ist aber immer noch ein Mittel des Individual-Rechtsschutzes.[54] Wenn uns der Rechtsstaat noch eine Verpflichtung sein soll, darf nicht eine einzige (eigentlich zur Entscheidung anzunehmende) Verfassungsbeschwerde einem per Saldo-Denken zum Opfer fallen.

d. Die Arbeit der WiMis wird jedoch mit ihrer Bearbeitung von Verfassungsbeschwerden, die nicht zur Entscheidung angenommen werden, nicht hinreichend beschrieben. Die WiMis wirken auch an den Kammerentscheidungen nach § 93c BVerfGG mit. Hier wird allerdings im Regelfall die Handschrift des Berichterstatters deutlich. Im Jahr 2013 hat es 91 Kammerbeschlüsse nach § 93c BVerfGG gegeben.[55] Das sind fast acht Entscheidungen im Monat, großzügig gerechnet in jedem Senat *eine* Entscheidung in der Woche, also erkennbar mit erheblichem Aufwand verbunden, schon deshalb, weil in diesen Fällen die Anhörbeteiligten angeschrieben und ihre Stellungnahmen verarbeitet werden müssen. Dazu kommt die Vorbereitung von Senatsentscheidungen.[56] Wegen der grundsätzlichen Bedeutung dieser Entscheidungen, aber auch im Hinblick darauf, dass sich das Ansehen eines Richters gerade in solchen Entscheidungen widerspiegeln kann, binden sie die vorhandene Arbeitskraft, natürlich auch der WiMis, in erheblichen Umfang, denn sowohl bei den Kammerentscheidungen nach § 93c BVerfGG als auch bei den Senatsentscheidungen wirken sie vorbereitend und unterstützend mit, allerdings in einem berichterstatterbezogenen Umfang und infolgedessen nach außen nicht quantifizierbar. Dass WiMis auch zur Vorbereitung von Vorträgen und wissenschaftlichen Veröffentlichungen der Richter zugezogen werden (können), versteht sich. Auf diesem Sektor sind

---

53 Diese leisten ebenso unverzichtbare wie bewundernswerte Arbeit. Zuck, Wie bürgernah ist das Bundesverfassungsgericht, DÖV 2008, 322 (325).

54 Statt aller: Lenz/Hansel, BVerfGG, 2013, § 90 Rn. 7, BVerfGE 126, 1 (17).

55 71 dieser Entscheidungen sind in juris dokumentiert. Bezogen auf diese Zahl stehen 40 Entscheidungen des Zweiten Senats gegenüber 34 Entscheidungen des Ersten Senats. Im Zweiten Senat liegt das Schwergewicht bei der Kontrolle von Strafvollzugs- und Maßnahmevollzugsregelungen, im Ersten Senat sind es die Entscheidungen zum rechtlichen Gehör und zur Gewährung von PKH. Auffällig ist, dass Gerichtsentscheidungen aus dem anwaltlichen Alltagsgeschäft (Familienrecht, Mietrecht, Arbeitsrecht) praktisch nicht auftauchen, und bei den Maßstabnormen fällt die routinemäßig gerügte Verletzung des Gebots des effektiven Rechtsschutzes (Art. 19 Abs. 4 GG, allgemeiner Justizgewährungsanspruch aus Art. 2 Abs. 1 GG i. V. m. Art. 20 Abs. 3 GG) fast völlig aus. Wollte man bei diesen geringen Zahlen von einer „Konjunktur" sprechen, so läge sie in Fragen der Meinungsfreiheit und den Problemen des informationellen Selbstbestimmungsrechts.

56 Für 2012 (BVerfGE 130–132) 34 Entscheidungen.

die WiMis aber auch selbst aktiv.[57] Insgesamt kann deshalb das Gewicht der Tätigkeit der WiMis im BVerfG nicht hoch genug eingeschätzt werden.

e. In diesem Zusammenhang stellt sich die Frage nach der Leistungsfähigkeit der WiMis. Man kann zwar davon ausgehen, dass die Interessenlage der Bundesverfassungsrichter und die allgemeinen Auswahlkriterien dafür sorgen, dass nur qualifizierte Juristen als WiMis tätig werden. Dafür dient zumindest ihre häufig herausgehobene Tätigkeit nach Beendigung ihres Wirkens in Karlsruhe als Beleg. Dennoch bleiben Zweifel, soweit es um die Bewältigung der konkreten Aufgaben eines WiMis geht. Hervorgehoben worden ist, dass für die Auswahl eines WiMis vor allem seine Fachkenntnisse im einfachen Recht eine Rolle spielen.[58] Nun zeigt allerdings der Geschäftsverteilungsplan, dass die Palette des einfachen Rechts in jedem Dezernat sehr weit reicht. Es wird sich als unvermeidlich erweisen, dass der WiMi bezogen auf seine mitgebrachte Sachkunde im einfachen Recht, „fachfremd" arbeiten muss. Da das BVerfG keine einfach-rechtlichen Streitigkeiten zu Ende führt, sondern Grundrechtsrügen behandelt, liegt der Schwerpunkt der Arbeit eines WiMis im Verfassungsrecht. Hier bringt der WiMi, wenn er nicht als wissenschaftlicher Assistent eines Verfassungsrechtlers an das BVerfG gewechselt hat, gar nichts mit. Selbst in dieser Konstellation ist aber das als Fallrecht ausgestaltete Verfassungsprozessrecht für ihn notwendigerweise ein Buch mit sieben Siegeln.[59] Was aber kann in drei Jahren geleistet werden? In der juristischen Außenwelt geht man davon aus, dass ein junger Jurist durchschnittlich zwei Jahre braucht, bis er das Handwerkszeug seiner konkreten Berufsausübung soweit beherrscht, dass man ihn einigermaßen sorgenfrei allein arbeiten lassen kann. Zuzugeben ist, dass die WiMis keine Berufsanfänger sind. Aber nicht alle kommen aus der Richterschaft, und niemand war als Verfassungsrichter tätig. Selbst wenn man die Tätigkeit eines WiMis mit der vertrauensvollen Situation vergleicht, die für den wissenschaftlichen Assistenten eines Professors oder des persönlichen Referenten eines Ministers gegeben ist, sich also darauf zurückzieht, dass der WiMi auch gar nicht als Richter tätig wird, ändert das nichts daran, dass er wie ein Verfassungsrichter arbeiten muss. Um das zu lernen, geht viel Zeit von den drei Jahren verloren und es gibt viel Leerlauf. Gerade tüchtige, aber unerfahrene junge Leute neigen dazu, einen Fall in all seinen Feinheiten aufzuschlüsseln (das kann man an manchen ausführlich begründeten Nicht-Annahmeentscheidungen wegen Unbegründetheit der

---

57 Verwiesen sei – etwa – auf den Mitarbeiterkommentar zum BVerfGG von Umbach/Clemens/Dollinger (Hrsg.), 2. Aufl. 2005, dessen 3. Aufl. derzeit vorbereitet wird und auf Rensen/Brink, Linien der Rechtsprechung des Bundesverfassungsgerichts, erörtert von den Wissenschaftlichen Mitarbeitern, Bd. 1, 2009; Emmenegger/Wiedmann (Hrsg.), Bd. 2, 2011. Die beiden Leitlinien-Bände enthalten eine Vielzahl instruktiver und hilfreicher Informationen aus der „Werkstatt" des BVerfG.

58 Wieland, a. a. O. (Fn. 31), S. 262.

59 Folgt man Lübbe-Wolff, AnwBl. 2005, 509 wird es das auch bleiben, denn was Ordinarien und professionelle Verfassungsbeschwerdeanwälte ihr Leben lang nicht schaffen können, nämlich mit den Verästelungen der Kammerrechtsprechung fertig zu werden, wird in drei Jahren auch keinem WiMi gelingen.

Verfassungsbeschwerde sehen), obwohl es im Rahmen des § 93a BVerfGG in den meisten Fällen durchaus genügen würde, den gordischen Knoten durchzuhauen. Die WiMis produzieren infolgedessen einen Teil der Mehrarbeit selbst, zu deren Bewältigung sie gedacht sind.

4.2

a. Die Bedeutung der WiMis steht außer Frage. Sie konkretisieren in der Realität den wahren und wichtigsten Tätigkeitsbereich des BVerfG, Kammer-Gericht in Verfassungsbeschwerdesachen zu sein.[60] Ohne WiMis liefe § 90 Abs. 1 Satz 1 BVerfGG leer. Auch wenn die Verfassungsbeschwerde als individuelles Rechtsschutzmittel nur noch geringe praktische Bedeutung hat: Damit wird sichergestellt, dass die Verfassungsbeschwerde die gesamte jeweils anstehende verfassungsrechtliche Problematik zum BVerfG transportiert.[61]

Die Bedeutung der WiMis für die Arbeit des BVerfG wird im Übrigen nicht dadurch relativiert, dass, wie schon erwähnt, Nichtannahmebeschlüsse gelegentlich anfängerhaft wirken. Zum einen darf nicht übersehen werden, dass die ursprünglich einzigen Adressaten eines Nichtannahmebeschlusses nur der Beschwerdeführer und ggf. sein Rechtsvertreter sind. Ein Nichtannahmebeschluss ohne Sachverhalt oder mit pauschalen Feststellungen kann von ihnen in der Regel leicht nachvollzogen werden (auch wenn sie das Ergebnis missbilligen). Dass eine schon offensichtlich unzulässige Verfassungsbeschwerde nicht nur so beurteilt, sondern auch noch um ihre Unbegründetheit ausführlich ergänzt wird, ist eine prozessuale Irrung, die für das Ergebnis irrelevant bleibt. Und dann darf man nicht übersehen, dass von der gesetzgeberischen Konzeption her ein Nichtannahmebeschluss keine Sachentscheidung darstellt, sondern nur den fehlenden Zugang zum Gericht feststellt. Wenn man das nach § 93d BVerfGG ohne jede Begründung darstellen darf, verliert die Art und Weise einer dennoch gegebenen Begründung deutlich an Stellenwert.

Man kann auch rügen, dass es, bezogen auf den konkreten Fall, nicht selten ein Begründungs-Übersoll gibt. Entscheidungserhebliche Maßstäbe, z. B. zum rechtlichen Gehör oder zur Rechtsanwendungsgleichheit, werden gerne in vollem Umfang unter Verwendung von Textbausteinen aufgeschrieben, obwohl es nur auf einen Ausschnitt aus dem jeweiligen verfassungsrechtlichen Kontrollmaßstab ankommt. Das sollte man allerdings in den meisten dieser Fälle den WiMis nicht anlasten. Insbesondere die aus-

---

60 Zuck, EuGRZ 2013, S. 662 (668).
61 Weil das so ist, ist die stereotype Bemerkung, das BVerfG werde doch nur auf Antrag tätig, so richtig sie formal ist, völlig realitätsblind. Das BVerfG hat jeden verfassungsrechtlichen Sachverhalt auf dem Tisch. Es muss nur auswählen, und das tut das Gericht auch ganz unbefangen, insbesondere dort, wo es einen Fall entscheiden will, obwohl die prozessualen Voraussetzungen und/oder der Vortrag des Beschwerdeführers dafür eigentlich zu dürftig sind.

führlich begründeten Nichtannahmebeschlüsse haben sich – entgegen dem gesetzgeberischen Konzept – zu einem negativen Pendant zu den § 93c-Entscheidungen entwickelt. Das betrifft nicht in erster Linie den Beschwerdeführer, denn dieser müsste sich auch mit einer begründungslosen Entscheidung zufrieden geben. Es ist vielmehr eine didaktische Funktion, die hier zum Tragen kommt. Die Kammer will den Instanzgerichten deutlich machen, worauf sie zu achten haben. So können sich – etwa – Familiengerichte, Strafvollstreckungskammern und PKH-Entscheidungsinstanzen auf verfassungskonformes richterliches Handeln einrichten.[62] Das Problem fallübergreifender Judikate wird in erster Linie bei bverfg.de deutlich. Was ursprünglich, wie gezeigt, nur für den Beschwerdeführer und seinen Rechtsberater gedacht war, wird durch die Veröffentlichung Allgemeingut, taugt dafür aber nicht immer.

b. Wenig beachtet worden ist bislang ein weiterer Aspekt, der sich aus der Rückkehr der WiMis in ihre frühere Tätigkeit ergibt. Das BVerfG wird nicht müde zu betonen, dass die Instanzgerichte die primären Hüter der Grundrechte sind[63] und das darf man zwanglos, auch wenn die praktische Bedeutung wegen § 90 Abs. 2 BVerfGG gering ist, auf Staatsanwälte und Beamte übertragen. Die meisten Instanzgerichtsbarkeiten haben jedoch nur geringe Neigung, sich mit Grundrechten zu beschäftigen. Die Anwälte, denen insgesamt das Verfassungsrecht fern liegt, fördern diese Neigung in der Regel auch nicht. Und wenn das doch geschieht, ist das Bestreben des Instanzrichters unverkennbar, die Problematik einer Verfassungsbeschwerde gegen die Endentscheidung zu überlassen.[64] Je mehr Fachleute auf dem Gebiet des Verfassungsrechts in die Basisfunktionen der Rechtsanwendung integriert sind, desto mehr wird das Verständnis für die Bedeutung des Verfassungsrechts wachsen.

---

62 Das ist, wie die sich ständig wiederholenden Kammerentscheidungen zu identischen Sachverhalts-Lagen zeigen, jedoch ein mühseliges Verfahren. Man muss dazu nur die Begründungen der Instanzgerichte lesen. Wenn sie sich auf rechtliches Gehör oder das Prinzip der Verhältnismäßigkeit beziehen, zitieren sie instanzgerichtliches Schrifttum und die dort enthaltenen Hinweise auf die Rechtsprechung des BVerfG, die in diesen Quellen vielfach aus früheren Auflagen fortgeschrieben wird. Dann ist man beim rechtlichen Gehör immer noch bei BVerfGE 70 ff.; Kammerentscheidungen fehlen nahezu immer.

63 St. Rspr., vgl. etwa BVerfGE 107, 395 (413) – Plenum.

64 Die konkrete Normenkontrolle hat das BVerfG inzwischen erfolgreich beseitigt. Es gab 2013 gerade noch einen Neuzugang im von 18 Verfahren. Kein Instanzrichter kann angesichts seiner Arbeitsbelastung die wirklich horrenden Zulässigkeitsvoraussetzungen für konkrete Normenkontrolle erfüllen, vgl. dazu Lechner/Zuck, BVerfGG, 6. Aufl. 2011, § 80 Rn. 31.

5   Kritik

5.1

Die Kritik an der Intransparenz des Systems und des praktizierten Rückzugs hinter eine Verfahrenslogik, die sich auf eine verantwortende Unterschrift des Richters bezieht, verweist auf eine Metaebene: Es ist ausgeschlossen, ein System mit Argumenten in Frage zu stellen, wenn es für eine solche Kritik keine organisierten Interessen gibt. Die Abgeordneten finden in ihren Verfahren immer genügend Aufmerksamkeit und sie finden auch immer ihren Berichterstatter. Die Professoren von Rang und Namen, in Verfassungsbeschwerdesachen durchweg so selten erfolgreich wie alle anderen auch, profitieren vom Ordinarienquorum des BVerfG. Auch sie haben regelmäßig Zugang zum Berichterstatter. Die Anwaltschaft ist – aufs Ganze gesehen – nach dem Zufallsprinzip beim BVerfG tätig. Angesichts der geringen Zahl von durchschnittlich 6 000 Verfassungsbeschwerden auf 160 000 Anwälte ist der Zugang zum BVerfG berufspolitisch bedeutungslos. Und die Beschwerdeführer selbst setzen sich begrifflich aus der Summe je einzelner Beschwerdeführer zusammen. Wer soll sich ihrer annehmen? Also bleibt alles wie es ist.

5.2

a. Mir geht es um drei Punkte. Die Verfassungsbeschwerde ist zu wichtig, um sie im Dunklen zu lassen. Das kann sich das Bürgergericht[65] nicht leisten. Das passt auch nicht zum sog. Edukationseffekt der Verfassungsbeschwerde[66], und vor allem: Es wird dem Jedermann-Versprechen des § 90 Abs. 1 Satz 1 BVerfGG nicht gerecht. Eine offene Gesellschaft verdient eine offene Verfassungsgerichtsbarkeit. Das Kammer-Gericht sollte die nach Eingang der Verfassungsbeschwerde zuständige Kammer ebenso offen legen, wie den zuständigen Berichterstatter. So gut der Beschwerdeführer später den Namen des zuständigen WiMis erfährt, so gut könnte man ihm auch diesen zusammen mit dem Aktenzeichen mitteilen.[67]

b. Das alles wird es nicht geben, in erster Linie deshalb nicht, weil das BVerfG für solche Lösungen nicht gewonnen werden kann. Aber etwas könnte man wirklich tun, nämlich

---

65 Häberle, Peter: Die Verfassungsbeschwerde im System der bundesdeutschen Verfassungsgerichtsbarkeit, in: JöR 1997, S. 89–135 (114); Graf Vitzthum, Wolfgang: Annahme nach Ermessen bei Verfassungsbeschwerden?, in: JöR 2005, S. 319 ff. (329); Zuck, DÖV 2008, 322.
66 Besser: Diskursfunktion, vgl. Lechner/Zuck, a. a. O. (Fn. 38), Rn. 12a zu § 90 BVerfGG.
67 So jetzt im Ergebnis auch Lenz/Hansel, BVerfGG, 2013, § 90 Rn. 41.

die Grauzonentätigkeit derjenigen, die das BVerfG als Kammer-Gericht überhaupt erst funktionsfähig machen, im BVerfGG zu regeln.[68]

c. Wenn die Tätigkeit der WiMis in Nichtannahmebeschlüssen über bverfg.de schon öffentlich wird – und bverfg.de ist als zeitnahes Medium für die Kenntnis der Entscheidungspraxis des BVerfG eine unverzichtbare Hilfe – dann sollte man die damit verbundene Transparenz auch professionell gestalten. Es muss – intern – konkrete Regelungen für die Aufnahme und den (formalen) Inhalt für die Aufnahme eines begründeten Nichtannahmebeschlusses in bverfg.de geben.

---

68 So unverändert wie schon in NJW 1996, 1656 (s. Fn. 29) und jetzt Lechner/Zuck, a. a. O. (Fn. 58), Rn. 16 vor § 93a BVerfGG, ebenso Lenz/Hansel, BVerfGG, 2013, § 90 Rn. 38.

Kontingenz und Geheimnis

Die Veröffentlichung der Sondervoten beim Bundesverfassungsgericht

Hans J. Lietzmann

Die Einführung und die Praxis der „Sondervoten" beim Bundesverfassungsgericht (BVerfG) verdeutlichen dessen politischen und gesellschaftlichen Charakter: das BVerfG ist eine Institution der „politischen Gesellschaft".

Bei den „Sondervoten" zu den Entscheidungen des BVerfG handelt es sich bekanntlich um die Stellungnahmen der bei der Abstimmung über das Urteil unterlegenen Richter/innen. Diese „Sondervoten umfassen jene Urteilsbegründungen, die in dem Urteil selbst keine Berücksichtigung gefunden haben und sie sind für die konkrete Entscheidung ohne Belang. Die „Sondervoten" aber dienen der Dokumentation der innergerichtlichen Opposition.

Die überstimmten Richter wenden sich in ihren „Sondervoten" meist gegen das gesamte Urteil ihrer Kollegen, also sowohl gegen den Urteils-Tenor als auch gegen dessen genauere Begründung (Dissenting Vote); bisweilen opponieren sie aber auch nur gegen die von der Mehrheit durchgesetzte Begründung der Entscheidung (Concurring Oppinion). In beiden Fällen können die überstimmten Mitglieder des Gerichtes ihre oppositionelle Meinung schriftlich dokumentieren und mit dem Mehrheitsurteil gemeinsam in der offiziellen Entscheidungssammlung veröffentlichen. Aber auch nur dann, wenn sie dies wirklich tun, erfährt die Öffentlichkeit von diesen „Abweichenden Meinungen" und damit von dem Dissens innerhalb des Verfassungsgerichtes; verzichtet die Richter-Opposition hingegen auf ihr Recht der schriftlichen Dokumentation oder wird das gesamte Urteil gar nicht erst in den Entscheidungsbänden veröffentlicht, so bleibt auch der innergerichtliche Streit vor den Augen des Publikums verborgen. Die „Sondervoten" werden dann nicht Gegenstand der institutionell-politischen Debatte, werden nicht zum Argument in der politischen Auseinandersetzung um das höchstrichterliche Urteil und sie gehen nicht in die staats- bzw. verfassungsrechtliche Fachdebatte ein.

Wenn von „Sondervoten" die Rede ist, so sind also immer nur die *veröffentlichten* Sondervoten gemeint. Insofern geht und ging es in dem politischen Streit um die „Sondervoten" nie um die *Zulassung* von „Sondervoten" beim Verfassungsgericht – die gab es als intern archivierte Dokumente von Anbeginn an und unbestritten immer[1] –, sondern es ging um die Frage ihrer *Veröffentlichung.* Es handelte sich damit immer schon um eine Frage von Geheimnis und Öffentlichkeit[2] in der verfassungsgerichtlichen Politik. Ihre Einführung im Jahre 1971 war eine solche Gradwanderung zwischen Geheimnis und Öffentlichkeit.

1 Verfassungsgericht und „politische Gesellschaft"

Was daran kennzeichnet das Gericht nun als eine Institution der *„politischen Gesellschaft"*[3] und als Organ des „politischen Konstitutionalismus"[4]?

Als *„politisch"* tritt das Verfassungsgericht mittels der „Sondervoten" hervor, weil es den „politischen", d. h. den strittigen und legitimationsbedürftigen Entscheidungsprozess offen legt, in dem es seine Urteile bildet: es verdeutlicht in den Dissenting Votes, dass das Urteil (und zwar z. T. „um ein Haar") auch ganz anders hätte ausfallen können. Es zeigt, dass es als das höchste Gericht auch ganz anders hätte entscheiden können; es hebt die Kontingenz seines Urteils hervor und es dokumentiert diese Kontingenz für das politische Gedächtnis.

Das BVerfG legt damit die Aura vorpolitischer Wahrheitsfindung ab. Es dementiert damit zugleich jeden Ewigkeitscharakter und jede Eindeutigkeit der Verfassung. Es holt die Verfassung hinein in den politischen Entscheidungsprozess und es zerstört die traditonalistische Erwartung eines quasi-monarchischen Zentrums in der Mitte der Republik, die mit seiner Errichtung verbunden war.

Als *„gesellschaftlich"* hingegen erweist sich das Verfassungsgericht darin, dass in den „Sondervoten" unterschiedliche, pluralistische und gleichermaßen legitime Sichtweisen auf einen Streitfall zur Darstellung gelangen. Es bringt damit die gesellschaftliche Vielfalt möglicher Sichtweisen zum sinnbildlichen und schriftlichen Ausdruck. Das BVerfG legt so den Habitus eines den gesellschaftlichen Konflikten entzogenen „Staats"-Organs ab und repräsentiert nicht mehr – wie es von konservativer staatsrechtlicher Seite von ihm verlangt wurde[5] – eine übergesellschaftliche Rationalität; es ist nun nicht mehr das „von aller unreinen Subjektivität gereinigte", „über uns allen stehende Objektive" (Erich

---

1 Anonymus.: Das Votum im Panzerschrank. In: Die Dritte Gewalt, 11. Jg., Nr. 10/1. 5. 1960, 2 ff.
2 Hölscher, Lucian: Öffentlichkeit und Geheimnis. Eine begriffsgeschichtliche Untersuchung zur Entstehung der Öffentlichkeit in der frühen Neuzeit. Stuttgart 1979.
3 Greven, Michael Th.: Die politische Gesellschaft. Kontingenz und Dezision als Probleme des Regierens und der Demokratie. Opladen 1999.
4 Lietzmann, Hans J.: Politik und Verfassung: Politischer Konstitutionalismus. In: Ders. (Hrsg.), Moderne Politik. Politikverständnisse im 20. Jahrhundert. Opladen 2001, 237–262.; Ders.: Das Bundesverfassungsgericht. Eine sozialwissenschaftliche Studie über Wertordnung, Dissenting Votes und funktionale Genese. Opladen 1988.
5 Vgl. Lietzmann, Das Bundesverfassungsgericht, a. a. O. (Fn. 4), S. 13 ff., 19 ff.

Kaufmann), sondern es gibt sich in der innergerichtlichen Opposition seiner „Sonder-voten" als Teil der pluralen Gesellschaft und ihrer konkreten Diskurse und Divergenzen zu erkennen.

Politisch zeigt sich das Verfassungsgericht also, weil es den Charakter seiner Urteile als aktive Entscheidungen und als wertende Unterscheidungen verdeutlicht; *gesellschaft-lich* wird sein Gestus dadurch, dass sich die Kriterien dieser wertenden Unterscheidun-gen (zwischen verfassungsgemäß und verfassungswidrig) nolens volens aus dem Reper-toire der gesellschaftlich gängigen Pluralität speisen.

Mit der nachträglichen und umstrittenen Einführung der „Sondervoten" war ein existentieller Wandel des gerichtlichen Erscheinungsbildes, auch ein Wandel der Selbst-Inszenierung des Gerichtes verbunden. Es war dies ein Wandel der politischen und so-zialen Praxis des Gerichtes als politischer Institution, der begleitet wurde von einem sich schleichend verändernden Verständnis auch der Mehrheit seiner Richter. Diese wa-ren (und sind) die politischen Akteure in dieser Arena; sie treiben den institutionellen Wandel voran (oder hemmen ihn). In der Frage der von ihnen mehrheitlich befürwor-teten „Sondervoten" geben sie sich Ende der 60er Jahre als gegenüber der Öffentlichkeit legitimationspflichtig zu erkennen, – ihre Urteile erscheinen nach aussen (objektiv) als rechtfertigungsbedürftig: sie werden (das ist für sie als Richter in der deutschen Nach-kriegszeit historisch neu) zu Personen der *politischen* Zeitgeschichte.

Aber auch innergerichtlich und subjektiv veränderte sich ihre politische und sym-bolische Rolle. Sie werden auch selbst als politisch-individuell Handelnde erkennbar. Sie haben juristisch und moralisch für ihre Urteile einzustehen. Sie erkennen das und handeln danach. Sie sind nun nicht mehr Teil eines anonym handelnden gerichtlichen Spruch-„Körpers", sondern ihre richterliche Praxis bekommt einen neuen, einen zu-rechenbaren und *gesellschaftlichen* Sinn. Das ändert über die handelnden Akteure auch die Ausdrucksform der Urteilspraxis insgesamt und seiner gerichtlichen Symbolik[6].

2   Geheimnis und Öffentlichkeit

Seit dem 4. Änderungsgesetz zum Bundesverfassungsgerichtsgesetz (BVerfGG) im Jahr 1970 regelt der dort eingefügte 2. Absatz des § 30 BVerfGG, dass Richter ihre abwei-chenden Meinungen zu einem Urteil und/oder zu seiner Begründung „in einem Son-dervotum niederlegen (können)"; „das Sondervotum ist der Entscheidung (bei ihrer Veröffentlichung, HJL) anzuschließen". Davon noch einmal unabhängig können die ein-zelnen, urteilenden Senate „das Stimmenverhältnis mitteilen", mit dem das Urteil be-

---

6   Abélès, Marc: Mises en scène et rituels: un approche critique/Politische Inszenierungen und Rituale in kritischer Sicht. In: Ders./Rossade, W. (Hrsg.), Politique Symbolique en Europe, Berlin 1993, S. 35–78; Lietzmann, Hans J.: Alltagsmythen in der Rechtsprechung des BVerfG. In: Raiser, Th./Voigt, R., Durch-setzung und Wirkung von Rechtsentscheidungen. Baden-Baden 1990, S. 219–226.

schlossen wurde. In einer Geschäftsordnung des Gerichtes werden dann die weiteren Feinheiten des Procederes geregelt (§ 56 GOBVerfG).

Auch in diesem Regelungskomplex geht es also nicht um die sachliche Frage einer generellen Zulässigkeit der „Sondervoten", sondern um das Geheimnis, das um sie gemacht wird bzw. um den konkreten Modus seiner endgäultigen Aufdeckung. Es geht um Geheimnis oder Öffentlichkeit verfassungsgerichtlicher Rechtsprechung; es geht um den Habitus des Gerichtes, um die öffentliche Wirkung, die es erzielen möchte und erzielen darf. Und es geht dabei zugleich um den inner-verfassungsgerichtlichen Diskurs und um sein öffentliches Erscheinungsbild. Und es geht darum, welche Mittel zur Gestaltung der öffentlichen Inszenierung des Gerichtes jeweils eingesetzt werden: So wurde geregelt, dass es keiner Mehrheit des gesamten Senates mehr bedürfe, um die Sondervoten der Minderheit zur Veröffentlichung zuzulassen (das klingt abenteuerlich, war aber die Praxis in einem Teil der Landsverfassungsgerichte); aber es wurde bestimmt, dass es doch einer zusätzlichen Mehrheit bedurfte, um das genaue Stimmenverhältnis und damit die Relationen innerhalb des Gerichtes zu offenbaren[7]. Das alles sind – wie so oft in Geschäftsordnungen – eben keine Kleinigkeiten.

Seit jeher, und nicht nur von unverbesserlichen Traditionalisten, wird – wie schon erwähnt – für das BVerfG ein Status reklamiert, eine „eigene, den politischen Auseinandersetzungen entrückte und unabhängige Instanz" zu sein[8]. Bestätigend wird hierfür der institutionelle Grundsatz des BVerfGG bemüht: „Das Bundesverfassungsgericht ist ein den anderen Verfassungsorganen gegenüber selbständiger und unabhängiger Gerichtshof" (§ 1 Abs. 1 BVerfGG[9]). Neben der formellen und der programmatisch-normativen Unabhängigkeit – der unabhängigen „Teilhabe an der Staatsleitung"[10] – wird dabei (gegen alle politikwissenschaftliche Evidenz sowie gegen jede pragmatische Alltagsklugheit) regelmäßig auch dessen tatsächliche Unabhängigkeit behauptet[11]. Insofern bestand und besteht ein fortwährendes Anliegen darin, der behaupteten verfassungsgerichtlichen Autonomie – wenn schon nicht nachholend zur Realität – so doch wenigstens zum *Ausdruck* zu verhelfen. D.h. aber diese „regulative Fiktion" des Gerichts bedarf der beständigen institutionellen oder semantischen Pflege[12].

Dieser fiktiven Vorstellung eines politisch unabhängigen Gerichtshofes und dem Anliegen, diese Fiktion performativ zum Ausdruck zu bringen, entsprach schon tra-

---

7 Lietzmann, Das Bundesverfassungsgericht, a.a.O. (Fn. 4).

8 So Grimm, Dieter: Verfassungsrechtlicher Konsens und politische Polarisierung in der Bundesrepublik Deutschland. In: Ders., Die Zukunft der Verfassung, Frankfurt/M. 1991, S. 298–312 (303).

9 Starck, Christian: Das Bundesverfassungsgericht in der Verfassungsordnung und im politischen Prozeß. In: Badura, P./Dreier, H. (Hrsg.), Festschrift 50 Jahre Bundesverfassungsgericht Bd.1, Tübingen 2001, S. 1–32; Wesel, Uwe: Die Hüter der Verfassung. Frankfurt/M 1996.

10 Starck, Das Bundesverfassungsgericht in der Verfassungsordnung und im politischen Prozess, a.a.O. (Fn. 9), S. 5.

11 Lietzmann, Alltagsmythen, a.a.O. (Fn. 6).

12 Frank, Thomas/Koschorke, Albrecht/Lüdmann, Susanne/de Mazza, Ethel Matala: Des Kaisers neue Kleider. Über das Imaginäre politischer Herrschaft. Frankfurt/M 2002, S. 73 ff.

ditionell ein Anspruch auf die Reservierung eines gegenüber der Öffentlichkeit abgeschirmten „Arkan"-Bereiches, – also einer abgeschlossenen, der öffentlichen Wahrnehmung nicht zugänglichen Zone richterlich-politischen Entscheidens. Der „Schutz des
Beratungsgeheimnisses" und die Abgeschlossenheit des richterlichen Verhandlungs-
und Abwägungsprozesses sowie das Geheimnis um die innergerichtlichen Argumentationen, Konkurrenzen, Alternativen und Kontroversen machen dieses „arcanum imperii" aus. Es entspringt aber nicht allein einem rein funktionalistischen Impuls politischer
Herrschaft (auch wenn dies über lange Zeit in der politischen Soziologie vorwiegend
so interpretiert wurde; meine frühere Analyse folgt streckenweise diesem damaligem
mainstream[13]), sondern es dient auch der Inszenierung des Selbstbildes durch die politischen Akteure, – die Rechtspolitiker und Richter. Die Rituale richterlicher Arkanpoli-
tik helfen auch, die interne „Verzauberung" des verfassungsgerichtlichen Praxis vor dem
eigenen Selbstbild aufrecht zu erhalten, ohne die die gewissermaßen „naive", rechtsdogmatische Ausübung dieser politischen Rolle kaum möglich wäre. Das Wissen um
die Brüchigkeit der richtlichen Entschiedenheit in den politischen Streitfragen und die
Wahrnehmung der Pluralität und der Alternanz des politischen Arguments gebiert auch
bei den Akteuren den Wunsch nach der Geheimhaltung der Diskurse. Dieser Wunsch
wird in dem Ritual traditionellen „richterlichen Beratungsgeheimnisses" mystifiziert; es
gehört zu den gängigen Inszenierungen politischer Herrschaft[14]. Dieses Geheimnis ist
ein vormodernes Ritual in einer modernen Gesellschaft; es dient aber wie viele Rituale
nicht nur vormodernen Zwecken. Denn z. B. gäbe es auch in modernen Gesellschaften
„ohne Kultus und Rituale … keinen (politischen, HJL) Glauben und keine republika-
nische Tugend mehr"; es herrschte ein entzaubertes Regime, in dem der Gesellschaftsvertrag sich angesichts funktionaler Notwendigkeiten verflüchtigt(e)"[15]. So leistet jede
traditionelle Inszenierung und jedes überlieferte politische Ritual dennoch auf die eine
oder andere Weise seinen Tribut an die Gesellschaften seiner Zeit.

Das Privileg des geschützten Beratens nimmt die Rechtsprechung seit der frühen
Neuzeit, als die vormals öffentlichen Gerichtsverfahren der mittelalterlich-germani-
schen Tradition abgeschafft wurden, für sich in Anspruch. Die Volksöffentlichkeit der
gerichtlichen Entscheidungen erwies sich damals angesichts der territorialen Ausweitung der Herrschaft als nicht mehr beherrschbar; die Fürsten setzten anstelle dessen
professionelle und bürokratisch rekrutierte Richter als Beauftragte ein, die freilich auf
keine unmittelbare herrschaftliche Autorität mehr bauen konnten. Das Regime löst sich
aus seiner Personalität und wird zu institutioneller Herrschaft und aus den öffentlichen
Verfahren der „Dorfversammlungen" entwickeln sich zu jener Zeit peu á peu Verfahren,
die in den verschlossenen „Kammern" oder „Kabinetten" von den Beratern der Fürsten („geheimen Räten") und von Geheimnisträgern der Herrschaft („Sekretarii") un-

---

13 Lietzmann, Das Bundesverfassungsgericht, a. a. O. (Fn. 4).
14 Abélès, Mises en scène et rituels, a. a. O. (Fn. 6).
15 Prost zitiert bei Abélès, Mises en scène et rituels, a. a. O. (Fn. 6), S. 75.

ter sich ausgemacht und anschließend vom Herrscher selbst oder (später) von einem
amtlichen Richter verkündet wurden. Die Entpolitisierung und die Anonymisierung
der Richter und der Urteile war der (gar nicht so geheime) politische Strukturplan dieses Introvertierungsunternehmens[16]. Gleichzeitig war dies ein soziokultureller Prozess
der juristischen Professionalisierung des Verfahrens, einer Übertragung der richterlichen Aufgaben von den Laien auf Fachleute, der sich schließlich in der Reichskammer-
gerichtsordnung von 1495 und weiteren landestypischen Verfahrensordnungen niederschlug[17].

Schon rein äußerlich setzte dieser Prozess darin Zeichen, dass er den individuell erkennbaren und sozial identifizierbaren Richter der Maskerade der Talare vereinheitli-
chend unterwarf. Zugleich aber erschuf er in diesen Ritualen eine neue sozio-politische
Praxis, die äußerlich von höherer Objektivität getragen schien und die intern größere
Fairnis als die personale Fürstenherrschaft symbolisch in Aussicht stellte. Sie wirkte
nicht ohne Grund vertrauenswürdiger und war deshalb auch gesellschaftlich ganz unumstritten; personelle Herrschaft – das ist der sozio-kulturelle Hintergrund – geriet ihr
gegenüber in Misskredit. Aus der Perspektive politischer Herrschaft erwies sich diese
bürokratisierte Gerichts-Praxis zudem als „flexibler", „innovationsfähiger" und von
größerer „Problemverarbeitungskapazität" (was ihre autoritative Attraktivität bis in den
gegenwärtigen Verfassungsdiskurs sichert[18]).

Die traditionellen Gerichtsverfahren der germanischen Tradition waren noch an
einen eng begrenzten öffentlichen Diskurs gebunden gewesen[19]. Deren Urteile ergingen
gleichsam als von einem „Teil des Volkes" gefällt und mehrheitlich. Sie benötigten daher keine weitere Begründung, denn die augenfällige Mehrheit war der Grund (wie in
jedem anglo-amerikanischen Geschworenenprozess…). Die neuzeitlichen „Kammergerichte" mitsamt ihren „arcana imperii" konnten sich auf eine solche selbst-evidente
Schlüssigkeit und Legitimation nicht mehr berufen; sie waren auf den Ausweis einer legitimen, d. h. in sich selbst schlüssigen, rationalen und nachvollziehbaren Begründung
angewiesen.

Erst mit diesem politischen und sozio-kulturellen Umbruch überhaupt erscheinen
Gerichtsentscheidungen als begründungspflichtig: Es ist deshalb das 16. und 17. Jahrhundert, in dem es zugleich zu einer Auflösung der öffentlichen Gerichtsverfahren, zu
einer entpersonalisierten politischen Symbolik sowie gleichzeitig zur Herausbildung der
Kabinettspolitik und damit auch der geheim gehaltenen Gerichtsverfahren kommt. Der
haupsächliche Anlass dieser Anonymisierung politischer Herrschaft lag freilich weniger in dem strikten Geheimhaltungswillen (den gab es auch!) als vielmehr in dem Er-

---

16 Foucault, Michel: Wahnsinn und Gesellschaft. Frankfurt/M. 1973, S. 136; Foucault, Michel: In Verteidi-
    gung der Gesellschaft. Frankfurt/M. 1999.
17 Hölscher, Öffentlichkeit und Geheimnis, a. a. O. (Fn. 2), S. 19.
18 Roellecke, Gerd: Sondervoten. In: Badura, P./Dreier, H. (Hrsg.), Festschrift 50 Jahre Bundesverfassungs-
    gericht Bd.1, Tübingen 2001, S. 363–384 (374).
19 Vgl. Foucault, In Verteidigung der Gesellschaft, a. a. O. (Fn. 16), S. 133.

fordernis territorial ausgreifender Herrschaftsorganisation. Mit der territorialen Ausweitung der Regime konnte die politische Herrschaft nicht mehr überall unmittelbar und persönlich präsentiert und ausgeübt werden; mit ihr ging daher notwendigerweise eine Welle der Beauftragung, der Bürokratisierung und der Entpersönlichung politischer Entscheidungen einher. Kaum wurde dieser Prozess durch Misstrauen oder Missbilligung auf Seiten der Untertanen begleitet; „Publizität", „Transparenz" oder „Öffentlichkeit" betreten sowohl als Begriffe und als auch als soziale Bedürfnisse und politische Forderungen erst erheblich später, im 18. Jahrhundert und mit dem Beginn der Demokratieansprüche, die politische Bühne[20].

3 Kontingenz und Kalkül

Das politische Bedürfnis nach einem richterlichen Beratungsgeheimnis steht in dem gleichen Zusammenhang, der auch dazu führt, dass über politische Raffinesse und Strategie, über Täuschung und Überredungskunst in der Politik in vielfältiger Weise nachgedacht und geschrieben wird: Lag doch schon in dem frühneuzeitlichen Ruf nach dem Ende der personalistischen „Dramatisierung" und nach größerer Mittelbarkeit politischer Herrschaft, z. B. nach der Bindung auch der Herrscher an ein sie zügelndes Naturrecht, eine erste Bekundung von Misstrauen durch die Untertanen. Die Herrschaft begegnete diesem Ansinnen mit ausgeklügelten neuen Strategien der Geheimhaltung und der Intransparenz: sie entwickelte zum ersten Mal auch innenpolitisch eine „diffizile Kunst des politischen Kalküls"[21]. Sie reagierte auf den gegen sie gerichteten Argwohn mit der richtigen Annahme, alleine mittels der unverstellten Wahrheit politisch nicht mehr reüssieren zu können. Mit Hilfe einer Institutionalisierung der „Kammern", der „Kammergerichte" und der „Kabinette" wurde deshalb (durchaus auch mit der Absicht einer aristotelisch „guten", den Menschen dienlichen, „Politik" zum Durchbruch zu verhelfen) die Geheimhaltung eingeführt. Die politische Vernunft der obrigkeitlichen politischen Akteure, die „Staatsraison" nahm für sich in Anspruch, sich vor der Unvernunft der Gesellschaften zu schützen: sie wahrt ihr Entscheidungsmonopol und organisiert ihren politischem Gestaltungswillen. Das ist die Klugheitsregel des 16. Jahrhunderts. Darin lag freilich auch eine Sicherung und Introvertierung des unmittelbaren Machtinteresses, das voraussetzungslos annimmt, selbst die besten und richtigsten Erkenntnisse zu besitzen. Denn Eines war fundamental neu: Der politische Prozess wurde als kontingent erfahren; ihn zu steuern, erforderte vermeintlichen Fernblick, Erfahrung und auch Klugheit. Politik war neuerdings mit Risiken besetzt. Es konnten Fehler ge-

20 Hölscher, Öffentlichkeit und Geheimnis, a. a. O. (Fn. 2); Ders.: Neue Annalistik. Umrisse einer Theorie der Geschichte. Göttingen 2003; Koselleck, Reinhard: Vergangene Zukunft der frühen Neuzeit. In: Ders., Vergangene Zukunft. Frankfurt/M 1989, S. 17–37.
21 Koselleck, Vergangene Zukunft der frühen Neuzeit, a. a. O. (Fn. 20).

macht werden und es war nicht mehr alles durch göttliche Vorsehung unabänderlich bestimmt. Dieses neue historische „Wissen", diese neue Sichtweise war das „Neue" an der frühen Neuzeit[22]:

> „De futuribus contingentibus non est determinata veritas" (Guiccardini, Ricordi[23]).

Das angestrengte Bemühen um das „politische Kalkül" und auch die Neueinrichtung jener dem politischen Kalkulieren gewidmeten Institutionen geschah aber nicht aus sich selbst heraus. Die Gesellschaften empfanden sich vielmehr auf neue Weise auf das Kalkulieren der politischen Abläufe angewiesen. Die politischen Entscheidungen zeigten sich abhängig von dem kunstvollen, diffizielen und gelehrten politischen Kalkül. Der naive Glaube auf Gottes ausgleichenden Willen, der die Welt – so oder so – lenkte und zusammenhielt, löste sich auf und es kam – durchaus als Bedrohung wahrgenommen – zunehmend und neuerdings darauf an, was politisch durch die Berater entschieden und von umsichtigen Herrschern durchgesetzt wurde. Die Zeit der „Fürstenspiegel" und der herrschaftlichen Beratungsliteratur brach an. Um in dem politischen „Labyrinth der Bewegung" (wie Lorenz von Stein diese Perspektive später einmal treffend umschrieb[24]), als das die politische Umwelt neu erfahren wurde, nicht die Orientierung zu verlieren, glaubte man sich angewiesen auf eine „kühne Mischung aus Politik und Prophetie"[25]; zumindest aber schien es ausgemacht, sich auf die tradierte Erfahrung, auf Alltagsklugheit und auf naives politisches Weltverstehen nicht länger mehr verlassen zu wollen. In dem Maße, wie man das Ungewohnte, das Unseriöse und das Umweghafte denken und entscheiden zu müssen glaubte, verbarg man die inhaltliche Planung und die materiellen Richtungsentscheidungen nicht nur vor dem politischen Gegner, sondern auch vor der skeptischen, für unaufgeklärt gehaltenen Öffentlichkeit.

Es galt daher als Teil der neuzeitlichen Klugkeitsregel, sich von den äußeren Bedingungen, auch den gesellschaftlichen Konventionen und Moden, unabhängig zu machen und einen autonomen Handlungsraum zu bewahren. Dies umso deutlicher und umso strikter, je mehr die politischen Umwelten Anspruch auf Teilhabe an den politischen Entscheidungen einforderten. Es liegt in der Konsequenz dieser Erwicklung, dass mit dem Beginn der Demokratisierung sich diese Anstrengungen noch einmal verstärkten. Die Herausbildung von gegenüber der Demokratisierung autonomen und in sich abge-

---

22 Koselleck, Vergangene Zukunft der frühen Neuzeit, a. a. O. (Fn. 20); Koselleck, Reinhard: „Erfahrungsraum" und „Erwartungshorizont" – zwei historische Kategorien. In: Ders., Vergangene Zukunft. Zur Semantik geschichtlicher Zeiten, Frankfurt/M 1979, S. 349–375; Hölscher, Öffentlichkeit und Geheimnis, a. a. O. (Fn. 2).

23 Zitiert bei Koselleck, Vergangene Zukunft der frühen Neuzeit, a. a. O. (Fn. 20), S. 28.

24 von Stein, Lorenz: Geschichte der sozialen Bewegung in Frankreich von 1789 bis zum heutigen Tage. 3 Bände, 1850. Nachgedruckt: Darmstadt 1959, Bd. I, S. 65.

25 Koselleck, Vergangene Zukunft der frühen Neuzeit, a. a. O. (Fn. 20), S. 33; Ders.: Über die Verfügbarkeit der Geschichte. In: Ders., Vergangene Zukunft. Frankfurt/M 1989, S. 260–277.

schlossenen Institutionen hat hierin ihre innere genealogische Geschichte. D. h. neben dem unmittelbaren, äußeren Aspekt der Herrschaftssicherung, setzt sie politisch-sozial an dieser integralen Tradition und diesen inneren politisch-strategischen Besorgnissen der Regime und (!) der Gesellschaften an: beiden Seiten kam es darauf an, gegenüber den kontingenten Zeitläufen abgeschirmte, möglichst autonome politische Akteure als Bewahrer und Regulateure der „Welt", d. h. der Kernelemente eines kontinuierlichen status quo, zu institutionalisieren. Die Tatsache, dass beide Seiten, Herrschaft und Untertanen bis weit in das 20. Jahrhundert hinein diese Besorgnis teilten, sicherte die Zustimmung der Gesellschaften zu den sich erneuernden Formen der Herrschaftssicherung, auch obwohl diese und soweit diese auf die Kosten ihrer eigenen Partizipation an den politischen Entscheidungen gingen.

Hierin liegt das gesellschaftlich geteilte Kalkül, dass sich hinter der Rede vom „Hirten des Seins"[26] oder dem „Hüter der Verfassung"[27], auch dem Wunsch nach politischer „Führerschaft" verbirgt (zumal bei Carl Schmitts „Hüter der Verfassung", die „Verfassung" ganz ausdrücklich als normative Grund- und Seinsordnung und nicht als verfassungsgesetzlicher Textkorpus verstanden wird[28]). Politische Institutionen und deren politische Hauptaufgabe werden dadurch bestimmt, dass es ihnen gelingt, das grundsätzlich aufrecht zu erhalten und mittelfristig zu garantieren, was ich schon früher (Toni Negri abwandelnd) als *grundlegende Konvention der Gesellschaft* bezeichnet habe: „die Gewißheit der Zukunft … derzufolge die Wirkungen (politischen Handelns, HJL) den Erwartungen entsprechen" sowie die Instrumente und Prozesse, solche Gewissheit herzustellen[29] (Günter Frankenberg hat diesen Begriff und sein Verständnis sympathischer Weise, wenn auch leider ohne sich die Mühe des Zitats zu machen (sic!), zu einer zentralen These seiner Habilitation werden lassen[30] und dafür hohe Anerkennung im Fach bekommen[31]). Gerade hinter der Schaffung einer verschriftlichten Verfassung, d. h. einer *staatsrechtlichen* Verschriftlichung der normativ gedachten „Verfassung" oder Grundordnung, stand nämlich als Kalkül der Versuch einer *politischen* Kontingenzbewältigung. Durch die Formulierung einer entpolitisierten und enthistorisierten rechtlichen Ordnung (eines „Politischen Konstitutionalismus[32]) mochte die Stabilität und Gleichmäßigkeit der politischen Entwicklung gegen alle Wirrungen und Befürchtungen (das „Labyrinth der Bewegung", L. v. Stein) gewährleistet werden.

---

26 Heidegger, Martin: Über den Humanismus. Frankfurt/M. 1949, S. 29.
27 Schmitt, Carl: Das Reichsgericht als Hüter der Verfassung. In: Die Reichgerichtspraxis im dt. Rechtsleben. Bd. 1, Berlin 1929, S. 154–178.
28 Schmitt, Carl: Verfassungslehre. Berlin 1928.
29 Vgl. Lietzmann, Das Bundesverfassungsgericht, a. a. O. (Fn. 4), S. 65.
30 Frankenberg, Günter: Die Verfassung der Republik. Autorität und Solidarität in der Zivilgesellschaft. Baden-Baden 1996, S. 231 und passim.
31 Preuß, Ulrich K.: Rezension v. G. Frankenberg, Verfassung der Republik. In: Kritische Justiz, 29. Jg., 1996, S. 552–555 (553, 555).
32 Lietzmann, Politik und Verfassung, a. a. O. (Fn. 4).

Diese Genealogie bildet schließlich auch noch den (Hinter-)Grund für das politische Kalkül oder die sozio-kulturelle politische Rationalität, der noch das BVerfG nach 1945 seine Entstehung verdankte. Es sollte in den Augen der Verfassungsväter in der chaotischen, politischen Umbruchsituation nach dem Ende des 2. Weltkrieges und des Nationalsozialismus die Stabilität und die Kontinuität der neuerlichen Republikgründung gewährleisten[33]. Dass sich die Kontingenz des politischen Prozesses dabei aus der Angst bereits vor der souveränen Gesetzgebung des erst noch zu bildenden Bundestages und vor allem den noch sich gründenden Parteien speiste, ist der zeittypische Aspekt.

Das, was sich damals als die „Lehre aus Weimar" und als volkspädagogische Skepsis gegenüber der jungen Demokratie inszenierte, war zugleich auch als antidemokratischer Affekt der damaligen politischen Elite durchaus erkennbar. Dem demokratischen Wildwuchs der repräsentativen Demokratie sollten durch das Verfassungsgericht die wuchernden Triebe herausgeschnitten werden: aus den Debatten des parlamentarischen Rates trat dieses politische Kalkül einer „gesellschaftssanitären Funktion" des BVerfG in aller Klarheit hervor. Damit es selbst diesem Kalkül möglichst gerecht würde, gab man dem Gericht von Anbeginn an einen möglichst vorpolitischen Habitus und positionierte es möglichst weit am Rande des politischen Diskurses und suggerierte, es sei „der politischen Auseinandersetzung entrückt"[34]; als Bedrohung gespensterte die Politisierung des Gerichts dennoch durch die gesamte Debatte um die grundgesetzlichen Institutionen[35].

Eine der ganz wesentlichen Voraussetzungen, die dem Verfassungsgericht im Sinne dieses politischen Kalküls bereits 1949 mit auf den Weg gegeben wurden, war das Geheimnis der richterlichen Beratung, die Anoymität der gerichtlichen Abstimmung und – sogar – die Anonymisierung der an dem Urteil beteiligten Richter und Richterinnen: das BVerfG veröffentlichte seine Urteile in den ersten Jahren ohne jede Personalie und alleine mit den sog. „tragenden", d. h. den mehrheitlich formulierten, Gründen[36]. So wähnte es sich selbst außerhalb des politischen Prozesses, – wie ein Kind, das, nur weil es sich die Augen zuhält, glaubt, es würde nicht mehr gesehen... . Und so wollte es der „Abgründigkeit des Politischen", wie mancher das noch heute in romantischer Emphase nennt, „zivilisierend" beikommen[37].

---

33 Lietzmann, Hans J.: Vater der Verfassungsväter? Carl Schmitt und die Verfassungsgründung in der Bundesrepublik Deutschland. In: Ders./Hansen, K., Carl Schmitt und die Liberalismuskritik. Opladen 1988, S. 107–119; Ders., Das Bundesverfassungsgericht, a. a. O. (Fn. 4); zur Stabilitätssicherung durch Verfassungsgericht in Umbruchsituationen der 90er Jahre vgl. Hesse, Joachim Jens/Schupert, Gunnar Folke/Harms, Katharina (Hrsg.), Verfassungsrecht und Verfassungspolitik in Umbruchsituationen. Baden-Baden 1999.

34 Grimm, Verfassungsrechtlicher Konsens und politische Polarisierung, a. a. O. (Fn. 8).

35 Vgl. Lietzmann, Das Bundesverfassungsgericht, a. a. O. (Fn. 4).

36 Heyde, Wolfgang: Das Minderheitenvotum des überstimmten Richters. Bielefeld 1966; Lietzmann, Das Bundesverfassungsgericht, a. a. O. (Fn. 4); Roellecke, Sondervoten, a. a. O. (Fn. 18).

37 Preuß, Ulrich K.: Verfassungsrechtliche Steuerung der politischen Führung? In: Hesse/Schupert/Harms (Hrsg.), Verfassungsrecht und Verfassungspolitik in Umbruchsituationen. Baden-Baden 1999,

Das BVerfG stellt sich der Herausforderung, den populär-politischen Überschuss und die Kontingenz politischer Prozesse, d. h. das politische Risiko moderner Gesellschaften, verfassungspolitisch zu kompensieren. Das war und ist sein politisches Kalkül. Niemand freilich konnte versprechen, dass dies gelingt! War das Gericht wohl überrascht, sich plötzlich selbst inmitten und als Teil dieses kontingenten politischen Getümmels des 20. Jahrhunderts zu erleben?

4 Die Veröffentlichung der Sondervoten

Als der ehemalige Verfassungsrichter Konrad Zweigert 1968 vor dem Juristentag für die Veröffentlichung der Sondervoten am BVerfG eintrat, tat er dies unter der reformerischen Parole, dass sich „Publizität und Geheimhaltung in der Demokratie … zueinander wie Regel und Ausnahme" verhielten. Er traf damit den Ton der Zeit („mehr Demokratie wagen…") und setzte – anders als R. Lamprecht in seiner flott geschriebenen, aber wissenschaftlich eher ärgerlichen Dissertation nahe legt[38] – einen deutlichen Kontrapunkt zu dem bis dahin prägenden Selbstbewusstsein und der 17-jährigen Praxis des BVerfG. Das hatte sich bis dato ja fast ausschließlich darauf konzentriert, die „Autorität der Entscheidung" und das Pathos der Endgültigkeit und Eindeutigkeit seiner Urteile zu pflegen.

Sowohl bei der Beratung des Verfassungsgerichtsgesetzes 1951 als auch bei der Debatte um die Veröffentlichung der Sondervoten bei der Reform des Richtergesetzes 1961 hatte es ja erfolglose Ansätze zu einer Reform bereits gegeben. In diesen Debatten war (auch von Verfassungsrichtern) wiederholt hervorgehoben worden, dass die politische Wirksamkeit des BVerfG eben gerade nicht in der „überwältigenden Argumentation" seiner Urteile, sondern in der „autoritäre(n) Beseitigung des Zweifels" liege[39]. Bestärkt wurde diese Haltung durch ein grundsätzliches und striktes Misstrauen sowohl gegenüber der Mehrzahl der Bevölkerung, der pauschal „Unreife und Unverständnis" unterstellt wurde, als auch speziell gegenüber der Presse, von der keine faire und abwägende Berichterstattung erwartet wurde.

Beides mündete auf Seiten des Gerichtes in einer Selbststilisierung, in der es sich als die Institutionalisierung einer idealisierten, reinen Staatlichkeit im Hegelschen Sinne – als die überindividuelle „Wirklichkeit der sittlichen Idee" – verstand. Der fehlerhaften Politik und der kurzsichtigen Gesellschaft setzte es einen „myth of immacu-

---

S. 283–296 (294); Ders., Der Begriff der Verfassung und ihre Beziehung zur Politik. In: Ders. (Hrsg.), Zum Begriff der Verfassung. Die Ordnung des Politischen. Frankfurt/M 1994, S. 7–37 (27).

38 Lamprecht, Rolf: Richter contra Richter. Abweichende Meinungen und ihre Bedeutung für die Rechtskultur. Baden-Baden 1992, S. 25.

39 Lietzmann, Das Bundesverfassungsgericht, a. a. O. (Fn. 4), S. 54 ff.

late truth" (March/Olson[40]) entgegen, mit dem es den substanziellen Verfassungskern zu wahren beanspruchte. In seinem Weltbild formulierte es die „Gegenüberstellung einer weitgehend durch Utilitarismus und Egoismus geprägten Gesellschaft … und eines tugendhaften, deliberativen und weisen (Gerichtes, das) die popularen Energien filtert, managt und läutert"[41].

Allerdings bekam dieses Selbstbild auch schon früh erste Risse, die erkennen ließen, dass das gesamte Sujet, aus dem es sich speiste, brüchig war: Unterstellte dieses Selbstbild doch, dass immer dann, wenn kein innergerichtliches Abstimmungsergebnis veröffentlicht werde, die uninformiert und naiv gehaltene Öffentlichkeit wie selbstverständlich davon ausgehen werde, das BVerfG werde wohl einstimmig das Urteil tragen. Oder anders: Das BVerfG ging davon aus, ein Urteil werde gerade dann/dadurch als eindeutig und autoritativ rezipiert, dass niemand erfahre, wie es genau zustande gekommen sei. Die politische Realität der Gesellschaft folgte allerdings dieser Mythenbildung nicht, sondern funktionierte schon in der unmittelbaren Nachkriegszeit bisweilen gerade anders herum: Bereits bei der frühen heftigen politischen Auseinandersetzung zwischen dem Gericht und der Bundesregierung um die Zulässigkeit der Wiederbewaffnung der Bundesrepublik 1952, als das Gericht die Bundesregierung trotz der aufgeheizten Stimmung des Korea-Krieges deutlich in die Schranken verwies (Kanzler Adenauer: „Dat ham wir uns so nich vorjestellt!" Justizminister Dehler: „Dieser Beschluß ist ein Nullum!"[42]), lag für die Öffentlichkeit jede andere Annahme näher, als dass das Gericht die CDU/FDP-Regierung *einmütig* zur „Staatsraison" gerufen hätte. Dass der entsprechende Plenumsbeschluss aber tatsächlich fast einstimmig (20:2) ergangen war, dass erschien nun gerade dem Verfassungsgericht in dieser Situation wichtig und mitteilenswert[43]. Es stärkte seine Autorität durch Veröffentlichung des deutlichen Abstimmungsergebnisses, – die politische Realität hatte das politische Kalkül korrigiert!

Das Gleiche ereignete sich kurz darauf in einem harten Konflikt zwischen dem Verfassungsgericht einerseits und dem Bundesgerichtshof sowie der Beamtenlobby andererseits, als um die Behandlung und die Privilegien der ehemaligen Reichs- und NS-Beamtenschaft in der neuen Republik gestritten wurde. Auch in diesem Institutionenstreit (um das „G 131", das Ausführungsgesetz zu Art. 131 GG, das die Beamtenrechte regelte) stärkte das BVerfG seine Autorität dadurch, dass es das einstimmige Abstimmungsergebnis durchsickern ließ. So wurde auch hier das politische Kalkül der Intransparenz von der Wirklichkeit der konkreten – d. h. gesellschaftlichen – Konflikte überholt und korrigiert.

---

40 Zitiert bei Haltern, Ulrich: Integraton als Mythos. Zur Überforderung des Bundesverfassungsgerichts. In: Jahrbuch für Öffentliches Recht (n. F.), 45. Jg. 1997, S. 32–88, S. 72.

41 Haltern, Integraton als Mythos, a. a. O. (Fn. 40), S. 39.

42 Vgl. Lamprecht, Rolf/Malanowski, Wolfgang: Richter machen Politik. Auftrag und Anspruch des Bundesverfassungsgerichts. Frankfurt/M 1979, S. 14 ff.

43 Lietzmann, Das Bundesverfassungsgericht, a. a. O. (Fn. 4), S. 101 ff.; Heyde, Das Minderheitenvotum des überstimmten Richters, a. a. O. (Fn. 36), S. 110 ff.

Es ging aber nicht immer nur um die öffentliche Hervorhebung einer politisch eher unerwarteten Einigkeit. In einer ganzen Reihe weiterer Verfahren ließ das Gericht – auf unterschiedlichste Weise und bisweilen nur für Eingeweihte erkennbar – in Formulierung, Form und Varianz seiner Urteile deutlich, dass es innerhalb des Gerichts heftige Auseinandersetzungen und stark divergierende Abstimmungen gegeben hatte. Dabei ging es immer auch um das Ausmaß, in dem die Richterschaft gespalten war; besonders jene Verfahren, in denen nach der Geschäftsordnung bei Stimmengleichheit (4 : 4) die Verfassungsbeschwerden abgelehnt werden mussten, erwiesen sich hier als Katalysatoren neuer Praktiken und Strategien.

Als der 1. Senat des Verfassungsgerichtes 1966 in der Frage der Durchsuchung der Redaktionsräume des „Spiegel" wegen eines Berichts über korrupte Praktiken des Verteidigungsministers Franz-Josef Strauss wieder einmal politisch und juristisch in zwei Hälften gespalten war, zerbrach der gerichtliche Habitus endgültig: das Gericht veröffentlichte beide Begründungen gleichberechtigt nebeneinander und erklärte die eine nurmehr *formell* zu der die Ablehnung der Verfassungsbeschwerde tragenden Urteilsformel[44]. Der Damm, der das politische Kalkül der Nichtöffentlichkeit innerhalb des Gerichtes schützte, war damit für immer gebrochen und das Plenum des Verfassungsgerichtes befürwortete 1967 in einer internen Abstimmung einen Appell an den Bundesgesetzgeber, die Abfassung und Veröffentlichung von Sondervoten für das BVerfG endgültig zuzulassen. Die Mitglieder des Gerichtes zogen damit die Konsequenz daraus, dass sie als politisch Handelnde, d. h. als unmittelbar in den politischen Prozess einbezogene Akteure, nicht länger die Fiktion eines oberhalb des gesellschaftlichen Pluralismus angesiedelten Entscheidungs„körpers" aufrecht erhalten konnten und wollten. Der fiktive, in sich geschlossene „Körper" zerfiel in seine pluralistischen Einzelteile; er zeigte sich in seiner pluralistischen Realität. Und die Richter *wollten* sich auch in ihrer Pluralität zu erkennen geben.

Es ist dies der Moment, in dem die „soziale Magie" (Bourdieu) des Gerichtes als eines autoritativen und monolithischen Spruchkörpers seine gesellschaftliche Glaubwürdigkeit endgültig verloren und aufgegeben hatte; das politische Kalkül hatte sein institutionelles Medium verloren. Dass dies in den späten 60er Jahren geschah, als die gesamte westdeutsche Republik ihren Charakter, ihre Werte und Orientierungen neu sortierte und ausrichtete, ist nicht besonders überraschend. Man sollte aber das eine *nicht* für eine *kausale* Folge des anderen halten; vielmehr entwickelte sich beides in dem gemeinsamen Prozess und mittels der Dynamik einer sich insgesamt politisierenden und pluralisierenden Gesellschaft. Beides geschah im Zuge der sich sukzessive weiter herausbildenden „politischen Gesellschaft", in der auch das „Geheimnis", die „Publizität" und „Transparenz" sowie die „Staatlichkeit" und ihr politisches Kalkül neu geordnet werden.

---

44 Lietzmann, Das Bundesverfassungsgericht, a. a. O. (Fn. 4); Lamprecht, Richter contra Richter, a. a. O. (Fn. 38), S. 106.

Erklärungsbedürftig ist allerdings, ob es einen spezifischen Anlass gab, dass sich der Wandel *dieses* politischen Kalküls gerade in *diesem* Moment vollzog.

Eine der ganz wesentlichen politikwissenschaftlichen Erklärungen findet sich darin, dass auch die bisherigen Verteidiger des verfassungsgerichtlichen „arcanums" und die Apologeten seiner abgeschirmten, verfassungsjuristischen „Staatlichkeit" sich mit dem Gedanken der Veröffentlichung der Sondervoten aus sehr spezifischen Gründen anzufreunden begannen. Waren sie doch bisher diejenigen gewesen, die in den Senaten des Verfassungsgerichts sowohl personell, als auch inhaltlich die Mehrheit stellten und deshalb von deren Geheimhaltung am meisten profitiert hatten; selbst dort, wo sie nicht den ganzen Senat hatten überzeugen können, wurde doch „das Gericht" als Spruch„körper" mit ihrer Meinung in der Öffentlichkeit identifiziert. Diese Perspektive aber veränderte sich mit dem Ende der 60er Jahre! In der Verfassungspolitik – wie überall – wurde der Konservatismus zu einer Meinung unter anderen. Das Feld des politischen Prozesses pluralisierte sich. Und auch die Konservativen selbst pluralisierten sich im Zuge dieser Entwicklung in divergente und konkurrierende Branchen; es erging dem Konservatismus nun wie den Liberalen, den Sozialisten und anderen politischen Richtungen auch. So kam es, dass gerade die konservativen Justizpolitiker der Bundesrepublik gegen Ende der 60er Jahre sich auch der spezifischen *Chance,* die in der Möglichkeit des Sondervotums und seiner Veröffentlichung lag, neu bewusst wurden. Aus ihren Reihen vernahm man nun die sich ganz auf den Zeitgeist und seine Herausforderungen beziehenden Argumentationen, dass die Veröffentlichung der Sondervoten „ein Gebot der Klugheit" und ein „Gebot der Stunde" sei. Diese böte die Möglichkeit, „in Zeiten der Gefahr einer Gerichtsmehrheit, die sich von den Pressionen der öffentlichen Meinung oder lautstarker Gruppen beeinflussen (lasse, dieser) mit echtem Mut entgegen zu treten". Es wurde also den unterschiedlichen politischen Lagern offenbar, dass auch das Gericht und die Richter sich nicht mehr länger außerhalb des politischen Prozesses bewegten; dass sie längst in diesen vollständig eingebunden waren. Auch, dass die Mehrheit innerhalb des Gerichtes durchaus wechselhaft sein werde. Man könnte sagen: Die populare „Unreife" und das „Unverständnis" in der äußerlichen Gesellschaft, die allgemeine, öffentliche Meinungsbildung und deren politischer Pluralismus, drohte auf die Interna des Gerichtes erkennbar durchzuschlagen; die Richter waren sich untereinander zu dem geworden, vor dem sie sich gemeinsam hatten abschirmen wollen[45]. Sie waren Teil der politischen Gesellschaft und sie teilten deren Risiken.

Jenseits einer vielleicht vordergründigen politischen Strategie setzt sich in jenen Jahren aber auch eine Sichtweise durch, die das ursprüngliche politische Kalkül in besonderer Weise und radikal in Frage stellte. Denn statt eines angestrebten „myth of immaculate truth" (March/Olson), statt einer „sozialen Magie" der Einmütigkeit (Bourdieu), die das Gericht zu einem ewigen Korrektiv politischer Fehler der gesellschaftlichen Dynamik sollte werden lassen, geriet die Irrtumsanfälligkeit, die objektive Fallibilität auch

---

45 Lietzmann, Das Bundesverfassungsgericht, a. a. O. (Fn. 4)

der höchstrichterlichen Urteile in den Fokus der Debatte; deren Kurzsichtigkeit, deren möglicher politischer Opportunismus und – vor allem – die offensichtliche Tatsache, dass in den meisten politischen Streitfragen, die vor Gericht landen, eine eindeutig richtige Entscheidung ohnehin kaum zu finden ist. Die Verfassungsrechtsprechung verließ also auch aus ihrem Selbstverständnis heraus den Arkanbereich ihres idealisierten Himmels der sittlichen Wirklichkeit und säkularisierte sich politisch: sie erkannte sich als „Menschenwerk … und als solches belastet mit menschlichen Unzulänglichkeiten"[46].

Die Kontingenz politischen Handelns greift in dieser Auseinandersetzung nach dem Selbstbewusstsein des Verfassungsgerichtes; sein vorpolitischer und den politischen Prozessen enthobener status schwindet. Auch scheint es nunmehr für die Richter anerkennenswert und legitimationsfördernd, „ihre Zweifel in aller Offenheit darzulegen"[47]. Das Gericht beansprucht also Teilhabe an einem allgemeinen, sozio-kulturellen Wandel, der die Kontingenz und Unabsehbarkeit politischer Planungen, Entscheidungen und Prozesse zunehmend unterstellt. Hatte es zuvor seinen Habitus auf die „autoritative Beseitigung des Zweifels" gegründet, befallen es diese Zweifel nun selbst in einem solchen Maße, dass es sich diese alte Rolle nicht mehr wirklich zutraut. Hatte es zuvor seine Anerkennung aus einen Legitimationsglauben, den es „eher undemokratischen Traditionen verdankte"[48], so ist das Anerkenntnis der Fallibilität zwar keine Anerkenntnis der Demokratie, doch eine realistische Anrechnung der Kontingenz moderner politischer Gesellschaften und auch ein realistisches Eingeständnis der beschränkten Prognose- und Handlungsmacht dieser Institution[49]. Zurecht spricht daher Guggenberger von einer in den vergangenen zwanzig Jahren sich sukzessive vollziehenden, „nachholenden Politisierung" des BVerfG[50]; zwar war auch das ursprüngliche Kalkül der „Geheimhaltung" politisch motiviert, doch wird der Anspruch des Gerichtes, vorpolitisch zu wirken, in diesem Prozess seitdem einer fortschreitenden Erosion unterworfen. Sein Habitus wird politisiert. In ihm werden sowohl das politische Kalkül selbst, als auch das politische Eigenverständnis des Gerichtes als Institution wie seiner einzelnen Richter beständig neu justiert.

---

46 Zweigert, zitiert bei Lietzmann, Das Bundesverfassungsgericht, a. a. O. (Fn. 4), S. 21.

47 Zweigert, ebd.

48 Bryde, Brun-Otto: Integration durch Verfassungsgerichtsbarkeit und ihre Grenzen. In: Vorländer, H. (Hrsg.), Integration durch Verfassung. Wiesbaden 2002, 329–342 (340); ähnlich Vorländer, Hans: Der Interpret als Souverän. Die Macht des Bundesverfassungsgerichts beruht auf einem Vertrauensvorschuß, der anderen Institutionen fehlt. In: Frankfurter Allgemeine Zeitung v. 17. 4. 2001.

49 Lietzmann, Hans J.: Reflexiver Konstitutionalismus und Demokratie. Die moderne Gesellschaft überholt die Verfassungsrechtsprechung. In: Guggenberger, B./Würtenberger, Th. (Hrsg.), Hüter der Verfassung oder Lenker der Politik? Das Bundesverfassungsgericht im Widerstreit. Baden-Baden 1998, S. 233–261.

50 Guggenberger, Bernd: Zwischen Konsens und Konflikt: Das Bundesverfassungsgericht und die Zukunftsfähigkeit der Gesellschaft. In: Ders./Würtenberger, Th. (Hrsg.), Hüter der Verfassung oder Lenker der Politik? Das Bundesverfassungsgericht im Widerstreit. Baden-Baden 1998, S. 202–232 (211).

Auch wenn das Gericht durch diesen Anerkennens- und Wandlungsprozess nicht zu einer genuin demokratischen Institution zu werden vermag, so bleibt doch jede weitere, schrittweise Öffnung hin zur Gesellschaft (wie vor den Sondervoten bereits die nachträgliche Einführung der Verfassungsbeschwerde an dem als „Staatsgerichtshof" konzipierten BVerfG[51]) vermutlich unwiederuflich. Auch zeigt die Politisierung des Gerichtes seitdem eine ganze Reihe weiterer Phänomene. Vor allem schreitet aber der Auflösungsprozess der ehemaligen Arkanbereiche und die Inkorporierung des Gerichtes in die Gesellschaft unaufhaltsam fort[52].

An der Entwicklung der Sondervoten lässt sich dieser Prozess besonders markant erkennen. War nämlich in der Zeit von 1971 bis 2000 im Durchschnitt nur 6,3 % der Urteilsveröffentlichungen ein Sondervotum beigefügt, so hat sich dieser Prozentsatz in den fünf seitdem vergangenen Jahren auf 16,8 % mehr als verdoppelt[53]. Diese Quote hat sich damit auch (anders als noch kürzlich beschwichtigend behauptet[54]) deutlich in den zweistelligen Prozentbereich hineingearbeitet: von den 145 Entscheidungen wurden alleine 20 mit einem Sondervotum versehen. Wenn man darüber hinaus in Rechnung stellt, dass bei wichtigen, strukturbildenden „Schlüsselentscheidungen" in einem noch viel größerem Maße von den Sondervoten Gebrauch gemacht wird[55], erhöht sich die Quote um ein Vielfaches. Gegenläufig zeigt sich allerdings auch, dass das Gericht sein politisches Kalkül insofern neu definiert, als es scheinbar wieder dazu übergeht, sein konkretes Abstimmungsergebnis der Öffentlichkeit vorenthalten zu wollen; so, als ob mittels der neuerlichen Intransparenz wieder eine heimliche Eindeutigkeit des Urteilsprozesses und damit eine Wiederbelebung des traditionellen Kalküls suggeriert werden sollte[56].

Zugleich ist aber doch der Drang des Gerichtes, seine Argumentation, seine Vorgehensweise und seine Urteilskriterien der Öffentlichkeit kund und verständlich zu machen, an vielen Einzelheiten (die fast alle ihre Einführung in der Amtsperiode der Präsidentin Jutta Limbach hatten) erkennbar: besonders auffallend war dort neben der Schaffung einer Pressesprecherin die Öffnung der mündlichen Verhandlung für die Öffentlichkeit wie auch die Fernsehübertragung immer größerer Arbeitssequenzen des Gerichtes bis hin zur Live-Übertragung von Urteilsbegründungen auf dem öffentlich-rechtlichen Fernsehkanal „Phoenix". All dies scheint sich aber nicht wirklich stilbildend

---

51 Lietzmann, Das Bundesverfassungsgericht, a. a. O. (Fn. 4)
52 Lietzmann, Reflexiver Konstitutionalismus und Demokratie, a. a. O. (Fn. 49).
53 www.bundesverfassungsgericht.de/text/statistik_2000 (März 2006).
54 Helms, Ludger: Ursprünge und Wandlungen der Verfassungsgerichtsbarkeit in den konsolidierten liberalen Demokratien. In: Zschr. für Politik 53. Jg 2006, H. 1, S. 50–73 (65).
55 von Beyme, Klaus: Der Gesetzgeber. Der Bundestag als Entscheidungszentrum. Opladen 1997; Ders.: Das Bundesverfassungsgericht aus der Sicht der Politik- und Gesellschaftswissenschaften. In: Badura, P./ Dreier, H. (Hrsg.), Festschrift 50 Jahre Bundesverfassungsgericht Bd.1, Tübingen 2001, S. 493–505.
56 Roellecke, Sondervoten, a. a. O. (Fn. 18), S. 364.

auf den Habitus des Gerichtes und auf seine Akzeptanz in der Öffentlichkeit ausgewirkt zu haben[57].

Doch die Politisierung des BVerfG und die Vergesellschaftung seiner politischen Wahrnehmung schreiten unvermindert fort[58]. Und dies nicht erst seit die Hysterie um das umstrittene Kruzifix-Urteil und die mit ihm einher gehenden Aufrufe zum „Widerstand" durch die üblicherweise staatstragenden Vertreter des bayerische Katholizismus. So sind mittlerweile besorgte Appelle von den Karlsruher Richtern und ihrem derzeitigen Präsidenten Papier zu hören, die weniger auf die Inszenierung und Neuordnung des eigenen Habitus abstellen, als vielmehr darauf insistieren, das Gericht von Seiten der übrigen politischen Institutionen, vorwiegend dem Parlament und der Regierung, nicht länger mit politischen Gestaltungs- und Korrekturaufgaben zu überfordern. Insofern scheint an die Stelle der Gestaltung des eigenen politischen Kalküls (in der Ära Limbach) der Aufruf getreten zu sein, das Gericht – zumindest ein wenig – aus der üblich gewordenen Verantwortung zu entlassen. Denn auch innerhalb des Gerichts wird wahrgenommen, dass die Kritik an dem Gericht zunehmend „schriller" wird[59]. Es sieht deutlich so aus, als habe auch das Verfassungsgericht – selbst wenn „keine andere Institution in Sicht ist, die die Integrationsleistungen des Bundesverfassungsgerichts ... übertreffen könnte"[60] – die Grenzen seiner Integrationsfähigkeit weitgehend erreicht. Es wäre durchaus nicht ausgeschlossen, dass sich die politisch soziale Praxis moderner Demokratien, dass sich die „politische Gesellschaft" und das BVerfG schon mittelfristig als imkompatibel, ihr Zusammenleben zumindest als unproduktiv erweisen könnte. Insofern delegitimiert nicht nur der demokratische *Anspruch* der Moderne das politische Kalkül des autoritativen BVerfG[61]; sondern es kommen sich auch die *Praxis* einer modernen Gesellschaft, die – als „politische Gesellschaft" – alle Verteilungsfragen der Gegenwart einer kontroversen und legitimationsbedürftigen politischen Unterscheidung unterwirft, und die Praxis eines Verfassungsgerichts, das nach Wegen einer vorpolitischen und verfassungsjuristischen Streitschlichtung sucht, substanziell in die Quere.

---

57 Limbach, Jutta: Die Akzeptanz verfassungsgerichtlicher Entscheidungen. In: Brand, J./Strempel, D. (Hrsg.), Soziologie des Rechts. Baden-Baden 1998, S. 207–221.

58 Limbach, Jutta: Missbrauch des Bundesverfassungsgerichtes durch die Politik? In: Gegenwartskunde 48. Jg. 1995, S. 11–23; Schulze-Fielitz, Helmut: Das Bundesverfassungsgericht in der Krise des Zeitgeistes. Archiv des öffentl. Rechts, 122. Jg. 1997, S. 1–26; Ders.: Das Verfassungsgericht und die öffentliche Meinung. In: Schuppert, G. F./Bumke, Chr. (Hrsg.), Bundesverfassungsgericht und gesellschaftlicher Grundkonsens. Baden-Baden 2000, S. 111–144.

59 Papier, Hans-Jürgen: Teilhabe an der Staatsleitung. Verfassungsgerichtsbarkeit und Politik. In: Frankfurter Allgemeine Zeitung v. 23. 5. 2000.

60 Neidhardt, Friedhelm: Formen und Funktionen gesellschaftlichen Grundkonsenses. In: Schuppert, G. F./ Bumke, Chr. (Hrsg.), Bundesverfassungsgericht und gesellschaftlicher Grundkonsens. Baden-Baden 2000, S. 15–30.

61 Lietzmann, Reflexiver Konstitutionalismus und Demokratie, a. a. O. (Fn. 49).

Ordnungsdenken in der Rechtsprechung des Bundesverfassungsgerichts
Wertordnung, Ordnungsmacht und Menschenbild des Grundgesetzes

Andreas Anter

Die Rolle des Hüters der Ordnung wird dem Bundesverfassungsgericht (BVerfG) weder in der Verfassungstheorie noch in der Verfassungspraxis streitig gemacht, auch wenn es heute zum guten Ton gehört, ein Zuviel an richterlicher Macht zu beklagen. Von einem Hüter der Ordnung darf man annehmen, dass er eigene Vorstellungen von der Ordnung hegt, zumal die Verfassungsrichter naturgemäß von bestimmten dogmatischen und ordnungspolitischen Traditionen geprägt sind.[1] So kommt es nicht von ungefähr, wenn in den Entscheidungen des BVerfG auch spezifische Ordnungsvorstellungen zu erkennen sind, zu denen etwa Postulate der „Gerechtigkeit" und „Freiheit" gehören, aber auch die Formeln von der „Wertordnung" und dem „Menschenbild" des Grundgesetzes. In einigen Fällen bezieht sich das Gericht auf positive Verfassungsnormen, in anderen Fällen auf Maximen ungeschriebenen Verfassungsrechts oder überpositiven Rechts, die als Ordnungsprinzipien herangezogen werden.

Die folgenden Überlegungen behandeln vier Topoi, die das Gericht als Ordnungsformeln verwendet: das „Menschenbild des Grundgesetzes" (1), das ungeschriebene Verfassungsrecht (2), die „Wertordnung des Grundgesetzes" (3) und die „Ordnungsmacht" des Staates (4). Dabei stehen folgende Fragestellungen im Vordergrund: Wie werden diese Formeln in der Rechtsprechung begründet? In welchem Verhältnis stehen sie zueinander? Inwieweit kann man von einem Ordnungsdenken des Gerichts sprechen? Und inwieweit ist dieses Denken entscheidungsrelevant?

---

[1] Vgl. Böckenförde, Ernst-Wolfgang: Verfassungsgerichtsbarkeit. Strukturfragen, Organisation, Legitimation. In: NJW 52 (1999), S. 9–17, 10.

1   Das „Menschenbild des Grundgesetzes"

Jedes Ordnungsdenken ist anthropologisch grundiert und enthält Aussagen über die menschliche Natur. Dies zeigt sich auch in den Entscheidungen des BVerfG, die mit dem „Menschenbild des Grundgesetzes" argumentieren.[2] Auch wenn dort nur vom Menschenbild des *Grundgesetzes* die Rede ist, handelt es sich um Interpretationen, die Rückschlüsse auf das eigene Denken zulassen. Worin aber besteht dieses Menschenbild, und welche Ordnungsvorstellungen verbinden sich mit ihm? Aufschlussreich ist in dieser Hinsicht bereits jene Entscheidung, in der die Formel zum ersten Mal auftaucht. In ihrer dogmatischen Klarheit scheint sie keine Fragen offenzulassen: „Das Menschenbild des Grundgesetzes ist nicht das eines isolierten souveränen Individuums; das Grundgesetz hat vielmehr die Spannung Individuum – Gemeinschaft im Sinne der Gemeinschaftsbezogenheit und Gemeinschaftsgebundenheit der Person entschieden".[3]

Vor allem in der frühen Spruchpraxis ist der Hang des BVerfG zu erkennen, große Worte gelassen auszusprechen. Im zitierten Urteil wird nichts anderes gesagt, als dass eines der Kernprobleme der Gesellschaftstheorie, das Spannungsverhältnis von Individuum und Gemeinschaft, unter dem Grundgesetz „entschieden", also gelöst sei. Wenn das Gericht den Menschen als Gemeinschaftswesen definiert, greift es zu einem klassischen Topos des politischen Denkens, mit dem noch eine weitere Implikation verbunden ist: dass die Freiheit des Einzelnen, wie es in einer späteren Entscheidung heißt, nicht „prinzipiell unbegrenzt" sei.[4] Auch damit folgt das Gericht scheinbar einer grundlegenden Prämisse des Ordnungsdenkens: dass Ordnung nämlich nur durch Einschränkung der Freiheit möglich sei.[5]

Die Menschenbildformel, die sich ab dem zitierten Investitionshilfeurteil über Jahrzehnte durch die Spruchpraxis zog und im Mitbestimmungsurteil schließlich zur ständigen Rechtsprechung erklärt wurde,[6] provozierte eine Flut von Literatur, die sich bis heute um eine Deutung bemüht.[7] Kaum ein Grundgesetzkommentar verzichtet auf eine

---

2   BVerfGE 4, 7 (15 f.); 12, 45 (51); 24, 119 (144); 27, 1 (6); 28, 175 (189); 30, 1 (20); 30, 173 (193); 32, 98 (107); 33, 1 (10 f.); 35, 202 (225); 50, 166 (175); 50, 290 (353); 56, 363 (384); 83, 130 (143); 109, 133 (151). Vgl. auch 109, 279 (391).

3   BVerfGE 4, 7 (15 f.).

4   BVerfGE 45, 187 (227).

5   Vgl. nur Horkheimer, Max: Bedrohungen der Freiheit. In: ders. u. a., Über die Freiheit, Stuttgart/Berlin 1965, S. 7–26, 13. Dazu Anter, Andreas: Die Macht der Ordnung. Aspekte einer Grundkategorie des Politischen, 2. Aufl., Tübingen 2007, S. 97 ff.

6   BVerfGE 50, 290 (353).

7   Vgl. aus der Literatur der letzten beiden Dekaden: Häberle, Peter: Das Menschenbild im Verfassungsstaat, 4. Aufl., Berlin 2008; Stolleis, Michael: Das Menschenbild der Verfassung. In: Duncker, Hans-Rainer (Hrsg.), Beiträge zu einer aktuellen Anthropologie, Stuttgart 2006, S. 369–378; Schmidt-Preuß, Matthias: Menschenwürde und „Menschenbild" des Grundgesetzes. In: de Wall, Heinrich/Germann, Michael (Hrsg.), Bürgerliche Freiheit und Christliche Verantwortung. FS für Christoph Link zum 70. Geb., Tübingen 2003, S. 921–942, 930 ff.; Schünemann, Bernd: Das „Menschenbild des Grundgesetzes" in der Falle der Postmoderne und seine überfällige Ersetzung durch den „homo oecologicus".

klärende Auseinandersetzung, obwohl die Formel im Grundgesetz nicht einmal vorkommt.[8] So wurde sie zu einem feststehenden Begriff in der Literatur, ja zu einem „festen Bestandteil der Verfassungsinterpretation".[9]

Ist aber das Menschenbild, das vom BVerfG postuliert wird, auch wirklich das Menschenbild des Grundgesetzes? Hier bietet sich ein interessanter philologischer Befund. Das Gericht übernahm in seinem Urteil fast wörtlich eine Formulierung aus einem Aufsatz seines Mitglieds Josef Wintrich, der sich allerdings auf das Menschenbild in der Bayerischen Landesverfassung bezog.[10] Das vom Gericht apostrophierte „Menschenbild des Grundgesetzes" stammt in Wahrheit also aus der Interpretation der Bayerischen Landesverfassung. Interessant sind überdies zwei Formulierungen, die bei Wintrich wie auch im BVerfG-Urteil in Anführungszeichen stehen: „prinzipiell unbegrenzt" und „isoliertes" Einzelwesen. Hier handelt es sich um Zitate von Carl Schmitt. Sie fanden Eingang in das BVerfG-Urteil, allerdings ohne dort ausgewiesen zu sein. Dass die Quelle im Urteil nicht angeführt wurde, ist nicht verwunderlich, denn in jener Zeit war es nicht opportun, Schmitt zu zitieren. Wintrichs Schmitt-Adaption war zudem denkbar ambivalent. Vordergründig wandte er sich hier gegen Schmitts Beschreibung des für den bürgerlichen Rechtsstaat konstitutiven Grundrechtsgedankens, dass „die Freiheitssphäre des Einzelnen prinzipiell *unbegrenzt*" sei. Da die Grundrechte überdies für jedermann ohne Rücksicht auf die Staatsangehörigkeit gelten, waren sie für Schmitt die „Rechte des isolierten Einzelmenschen".[11] Zieht man aber in Betracht, dass Schmitt alles

---

In: ders. u. a. (Hrsg.), Das Menschenbild im weltweiten Wandel der Grundrechte, Berlin 2002, S. 3–31; Schmitt Glaeser, Walter: Dauer und Wandel des freiheitlichen Menschenbildes. In: Geis, Max-Emanuel/Lorenz, Dieter (Hrsg.), Staat, Kirche, Verwaltung. FS für Hartmut Maurer zum 70. Geb., München 2001, S. 1213–1227; Brenner, Michael: Rahmenbedingungen des Menschenbildes im Gemeinschaftsrecht. In: Isensee, Josef/Lecheler, Helmut (Hrsg.), Freiheit und Eigentum. FS für Walter Leisner zum 70. Geb., Berlin 1999, S. 19–37) Enders, Christoph: Die Menschenwürde in der Verfassungsordnung. Zur Dogmatik des Art. 1 GG, Tübingen 1997, S. 17 ff., 45 ff.; Becker, Ulrich: Das ‚Menschenbild des Grundgesetzes' in der Rechtsprechung des Bundesverfassungsgerichts, Berlin 1996; Benda, Ernst: Menschenwürde und Persönlichkeitsrecht. In: ders. u. a. (Hrsg.), Handbuch des Verfassungsrechts der Bundesrepublik Deutschland, 2. Aufl. Berlin/New York 1995, S. 161–190, 163 ff.

8 Vgl. Dreier, Horst: Art. 1. In: ders., Grundgesetz-Kommentar, Bd. 1, 3. Aufl., Tübingen 2013, Rn. 167 f.; Herdegen, Matthias: Art. 1 Abs. 1. In: Maunz/Dürig, Grundgesetz-Kommentar, 69. Aufl., München 2013, Rn. 28; Sachs, Michael: Vor Art. 1. In: ders., Grundgesetzkommentar, 6. Aufl., 2011, Rn. 61; v. Münch, Ingo: Vorb. Art. 1–19. In: v. Münch/Kunig, Grundgesetz-Kommentar, Bd. 1, 5. Aufl., München 2005, Rn. 55; Denninger, Erhard: Art. 19 Abs. 2. In: AK-GG, Bd. 1, 3. Aufl. Neuwied 2001, Rn. 14.

9 Enders: Die Menschenwürde in der Verfassungsordnung (Fn. 7), S. 18.

10 Wintrich, Josef: Über Eigenart und Methode verfassungsgerichtlicher Rechtsprechung. In: Verfassung und Verwaltung in Theorie und Wirklichkeit. FS für Wilhelm Laforet zum 75. Geburtstag, München 1952, S. 227–249, 235: „Die Freiheit des einzelnen ist nicht ‚prinzipiell unbegrenzt', weil der Mensch nicht ‚isoliertes' Einzelwesen, sondern … gemeinschaftsgebunden ist." – Wintrich, seit 1947 Mitglied des Bayerischen Verfassungsgerichtshofs, war von 1954 bis zu seinem Tod 1958 Präsident des BVerfG. Zu Werk und Person vgl. Maunz, Theodor: Ringen um ein wertgebundenes Recht: Der Präsident des Bundesverfassungsgerichts Dr. Josef Marquard Wintrich. In: JöR 33 (1984), S. 167–174. Zur Herkunft der Formel siehe Becker, a.a.O. (Fn. 7), S. 47 ff.

11 Schmitt, Carl: Verfassungslehre, München/Leipzig 1928, S. 158 u. 164.

andere als ein Apologet der „prinzipiell unbegrenzten" Freiheit war, dann wird klar, dass Wintrich sich hier keineswegs von ihm distanzierte. Im Gegenteil, er wollte den „isolierten Einzelmenschen" wieder in die Gemeinschaft führen und die „Freiheitssphäre des Einzelnen" begrenzen.

Die Menschenbildformel ist also erstens bayerisch grundiert und zweitens von Carl Schmitts Grundrechtsdeutung inspiriert. Gleichwohl konnte sie sich in der geistesgeschichtlichen Lage der frühen Bundesrepublik wirkungsvoll entfalten. Denn mit Blick auf ihre ideengeschichtlichen Wurzeln ist noch ein dritter Topos aus dem Urteil signifikant: die Formel von der „Spannung Individuum – Gemeinschaft". Auch bei dieser Formel handelt es sich um ein Zitat, diesmal jedoch von Dietrich Schindler, der die Spannung „Individuum – Gemeinschaft" als den Kern des Ordnungsproblems bezeichnete.[12] Das BVerfG stimmte der Auffassung des Zürcher Rechtsgelehrten nur insoweit zu, als es jene Spannung für ein gesellschaftliches Kernproblem hielt; im Übrigen aber hielt das Gericht sie unter dem Grundgesetz für „entschieden", und zwar im Sinne der Gemeinschaftlichkeit des Menschen.

Wie wenig jene „Spannung" indes unter dem Grundgesetz gelöst ist, zeigt nicht nur die Vielzahl der Streitverfahren, die sich an ihr entzünden, sondern auch die Vielfalt der Auslegungen. So blieb auch die Menschenbildformel in einer steten „Spannung" verhaftet. Ein konsistentes Menschenbild lässt sich jedenfalls aus der Judikatur nicht ablesen – allzu inkongruent sind die verschiedenen Konkretisierungen,[13] die sich zwischen den Polen der Gemeinschaftsbezogenheit[14] und der freien Persönlichkeitsentfaltung[15] bewegen. Neben dem Gemeinschaftsaspekt betont das BVerfG stets mit gleicher Entschiedenheit die Eigenverantwortlichkeit des Menschen.

Gewiss: weder aus dem Grundgesetz noch aus der Rechtsprechung würde sich ein Menschenbild destillieren lassen, das ein widerspruchsfreies, kohärentes Ganzes bilden würde. Aus dieser Not kann man allerdings eine Tugend machen, wenn man die Offenheit des Menschenbildes als großen Vorzug von Judikatur und Verfassung preist. Diese Strategie verfolgt insbesondere Peter Häberle, der die Existenz verschiedener Menschenbilder im Grundgesetz konstatiert und die Flexibilität und „Pluralität der Menschenbilder" als große Errungenschaft von Verfassung und Rechtsprechung sieht.[16] Die

---

12 Schindler, Dietrich: Verfassungsrecht und soziale Struktur, 2. Aufl., Zürich 1944, S. 30. – Schindler stützt sich auf Rudolf Smend, den späteren Patron des Bundesverfassungsgerichts, womit sich der Kreis wieder schließt.

13 Dazu Becker, a.a.O. (Fn. 7), S. 44 f. – Matthias Herdegen moniert die „Blässe des grundgesetzlichen Menschenbildes" (Herdegen, a.a.O. [Fn. 8], Art. 1 Abs. 1, Rn. 28), Horst Dreier die „fehlende Konturenschärfe" der Formel (Dreier, a.a.O. [Fn. 8], Art. 1, Rn. 167).

14 BVerfGE 12, 45 (51); 28, 175 (189); 33, 1 (10 f.); 109, 133 (151).

15 BVerfGE 7, 198 (205); 21, 362 (372); 30, 173 (193); 32, 98 (107); 52, 131 (168 f.).

16 Häberle, a.a.O. (Fn. 7), S. 62. – Polemisch Helmut Ridder, der die Formel als Staatsreligion verspottet („Das Menschenbild des Grundgesetzes". Zur Staatsreligion der Bundesrepublik Deutschland. In: Demokratie und Recht 7 [1979], S. 123–134).

große Mehrheit der Kommentatoren plädiert – mit verschiedenen Akzenten – für ein pluralistisches Verständnis.[17]

Von Pluralität und Flexibilität zu sprechen, zumal in Verfassungsdingen, macht sich immer gut. Wer würde schon für Monismus und Inflexibilität eintreten? Zwar würde niemand dem Grundgesetz ein monistisches Menschenbild attestieren, aber man muss sich klar machen, welche Implikationen mit der Annahme einer Menschenbildvielzahl in der Verfassung verbunden sind. Wenn es lauter verschiedene Menschenbilder im Grundgesetz gäbe, würde die Menschenbildformel als Argument obsolet. Die Pluralisierung des Begriffs würde ihn letztlich überflüssig machen. Es steht zwar außer Frage, dass jedem Recht „eine Vorstellung vom Menschen zugrunde" liegt,[18] aber im Falle des Grundgesetzes sind es erkennbar verschiedene Vorstellungen. Dies zeigt sich bereits im Blick auf den Prozess der Verfassunggebung. Es ist unwahrscheinlich, dass die Mitglieder des Parlamentarischen Rates ein einheitliches Menschenbild vor Augen hatten und dieses anschließend im Grundgesetz fixierten. Vielmehr prallten hier heterogene Vorstellungen aufeinander. Deren kleinster gemeinsamer Nenner aber dürfte in der Tat darin gelegen haben, dass der Mensch ein *animal sociale* ist – ein klassischer Topos des politischen Denkens.[19]

Auch wenn es unter den Mitgliedern des Parlamentarischen Rates sicherlich einen anthropologischen Minimalkonsens gab, bleibt das Problem der inkonsistenten Spruchpraxis des BVerfG bestehen. In der verfassungsrechtlichen Literatur werden zu diesem Problem harmonisierende Lösungen angeboten, etwa eine „mittlere Linie",[20] eine „*Balance*" von Individualismus und Gemeinschaftsbezogenheit.[21] Die Wahrheit liegt zwar meistens in der Mitte, aber in diesem Fall muss man sich fragen, wie aussagekräftig ein solcher Kompromiss sein kann. Angesichts ihres geringen Aussagewerts spricht einiges dafür, die Formel in der Rechtsprechung besser zu vermeiden.[22] In der Tat wird sie nur noch selten vom BVerfG verwendet. Diese Zurückhaltung steht wiederum in einem erstaunlichen Kontrast zu der anhaltenden Prominenz der Formel in der Literatur. Ihre Präsenz spricht jedenfalls dafür, dass sie ein Kernproblem des Verfassungsrechts berührt, das nach wie vor aktuell ist: die Frage der überpositiven Kriterien des Rechts.

---

17 Vgl. Dreier, a. a. O. (Fn. 8), Art. 1, Rn. 167; Herdegen, a. a. O. (Fn. 8), Art. 1 Abs. 1, Rn. 28; Stolleis, a. a. O. (Fn. 7), S. 370 ff.; Denninger: AK-GG, Art. 19 Abs. 2, Rn. 14.

18 Schmitt Glaeser, a. a. O. (Fn. 7), S. 1214.

19 Entsprechend sind in der Literatur Äquivalente wie die des *zoon politikón* oder des *homo politicus* sehr verbreitet; vgl. Schmidt-Preuß, a. a. O. (Fn. 7), S. 935; Becker, a. a. O. (Fn. 7), S. 41; Kopp, Ferdinand: Das Menschenbild im Recht und in der Rechtswissenschaft. In: Bartlsperger, Richard u. a. (Hrsg.), Rechtsstaat, Kirche, Sinnverantwortung. FS für Klaus Obermayer zum 70. Geb., München 1986, S. 53–64, 62; Geiger, Willi: Menschenrecht und Menschenbild in der Verfassung der Bundesrepublik Deutschland. In: Zeidler, Wolfgang u. a. (Hrsg.), FS Hans Joachim Faller, München 1984, S. 3–15, 13.

20 Benda, a. a. O. (Fn. 7), S. 164.

21 Schmidt-Preuß, a. a. O. (Fn. 7), S. 934.

22 So Dreier, a. a. O. (Fn. 8), Art. 1, Rn. 168; Stolleis, a. a. O. (Fn. 7), S. 374.

2   Ungeschriebenes Verfassungsrecht und überpositives Recht

In seiner Frühzeit ließ das BVerfG keinen Zweifel an seiner Überzeugung von der Existenz überpositiven Rechts erkennen. Schon in einer der ersten Entscheidungen bekannte es sich emphatisch zur „Existenz überpositiven, auch den Verfassungsgesetzgeber bindenden Rechts", das auch für die Verfassungsinterpretation relevant sei.[23] Mit dieser antipositivistischen Haltung korrespondierte ein Ordnungsdenken, das sich zugleich am Gesichtspunkt der „Natur der Sache"[24] und am Kriterium der Gerechtigkeit[25] orientierte. Demnach habe das überpositive Recht die Funktion, dem Gesetzgeber Grenzen zu setzen, so dass Recht nicht zu Unrecht wird und die Prinzipien der Gerechtigkeit gewahrt bleiben. Folgt man der frühen Karlsruher Spruchpraxis, dann kann überpositives Verfassungsrecht gegebenenfalls sogar über einer positiven Verfassungsnorm stehen: „Die Norm einer Verfassung kann dann nichtig sein, wenn sie grundlegende Gerechtigkeitspostulate, die zu den Grundentscheidungen dieser Verfassung selbst gehören, in schlechthin unerträglichem Maße mißachtet."[26]

Entsprechend hat das BVerfG gelegentlich mit Ordnungsformeln argumentiert, bei denen naturrechtliche Anklänge nicht zu überhören sind, etwa wenn es heißt, der Gesetzgeber dürfe bei seinen Entscheidungen die „allgemeinen Gerechtigkeitsvorstellungen der Gemeinschaft nicht mißachten".[27] Auch in diesem Fall wird das Recht an Ordnungsvorstellungen gebunden, die in der Gemeinschaft allgemein akzeptiert werden. Der Richter ist daher bei gewandelten Verhältnissen gegebenenfalls nicht mehr an eine überholte gesetzliche Norm gebunden. Eine Gesetzesnorm stehe im Kontext der „gesellschaftlich-politischen Anschauungen" und müsse sich „mit ihnen wandeln"; bei einem „Konflikt der Norm mit den materiellen Gerechtigkeitsvorstellungen einer gewandelten Gesellschaft kann sich der Richter nicht mit dem Hinweis auf den unverändert gebliebenen Gesetzeswortlaut entziehen".[28] Trotz der anfänglich freimütigen Bekenntnisse zur Existenz überpositiven Rechts mied das Gericht indes den Begriff des Naturrechts, ja distanzierte sich sogar von ihm. Schon allein angesichts der „Vielfalt der Naturrechtslehren" sei es nicht möglich, die Rechtsprechung an naturrechtlichen Vorstellungen zu

---

23 BVerfGE 1, 14 (18). Zurückhaltender schon 1, 208 (233); 2, 237 (265); 3, 288 (321).

24 Dazu Anter, Andreas: Die „Natur der Sache" und der Hüter der Verfassung. Tradition und Verfassungspraxis einer rechtspolitischen Formel. In: ZfP 51 (2004), S. 277–294.

25 Zu dessen normbegründendem Charakter siehe Robbers, Gerhard: Gerechtigkeit als Rechtsprinzip. Über den Begriff der Gerechtigkeit in der Rechtsprechung des Bundesverfassungsgerichts, Baden-Baden 1980, S. 51ff.

26 BVerfGE 3, 225.

27 BVerfGE 9, 338 (349); gleichlautend 13, 225 (228); 24, 104 (109); 28, 324 (347); 32, 260 (268); 34, 269 (287); 37, 67 (81); 42, 64 (72).

28 BVerfGE 34, 269 (288 f.). Ein ähnliches Bild geben die Ausführungen zum Begriff der öffentlichen Ordnung, der auf „ungeschriebene Regeln" verweise, „deren Befolgung nach den jeweils herrschenden … sozialen und ethischen Anschauungen als unerlässliche Voraussetzung eines geordneten menschlichen Zusammenlebens" gesehen wird (BVerfGE 111, 147 [156]).

orientieren.[29] Damit zog sich das Gericht auf eine sichere Position zurück, zumal auch das Grundgesetz nichts darüber sagt, ob es ein Naturrecht überhaupt gibt.

Die Positionen des BVerfG zur Frage des überpositiven Rechts stehen in deutlicher Analogie zu denen des ungeschriebenen Verfassungsrechts. Das Gericht stellte bereits in einer seiner ersten Entscheidungen klar, „daß das Verfassungsrecht nicht nur aus den einzelnen Sätzen der geschriebenen Verfassung besteht, sondern auch aus gewissen sie verbindenden, innerlich zusammenhaltenden allgemeinen Grundsätzen und Leitideen, die der Verfassungsgesetzgeber ... nicht in einem besonderen Rechtssatz konkretisiert hat".[30] Ähnlich wie beim „Menschenbild des Grundgesetzes" handelt es sich nicht um eine positive Norm, sondern um eine „Leitidee", die sich aus der Ordnung des Ganzen ergibt.

Hier wird die Existenz ungeschriebenen Verfassungsrechts betont und als Kriterium der Rechtsprechung legitimiert. Auch in späteren Entscheidungen bekräftigte das BVerfG seine Überzeugung von der Existenz eines solchen Rechts[31] und hob vor allem dessen Bedeutung als notwendiges Korrektiv und Ordnungsleitlinie hervor: „Das Recht ist nicht mit der Gesamtheit der geschriebenen Gesetze identisch. Gegenüber den positiven Satzungen der Staatsgewalt kann unter Umständen ein Mehr an Recht bestehen, das ... dem geschriebenen Gesetz gegenüber als Korrektiv zu wirken vermag".[32] Diese Position gehört zu jenen Formeln, mit denen das BVerfG in den ersten Jahrzehnten eine durchaus antipositivistische Haltung untermauerte. Wenn das Gericht allerdings einschränkend forderte, der Richter müsse sich bei der Heranziehung ungeschriebenen Rechts „von Willkür freihalten" und seine Entscheidungen mit „rationaler Argumentation" begründen,[33] dann machte es den schmalen Grat deutlich, auf dem man sich hier bewegt. Der Begriff des „ungeschriebenen Verfassungsrechts" ist in der Literatur denn auch bis heute unklar geblieben,[34] nicht zuletzt, weil er die Frage offen lässt, wer dieses Recht verbindlich definiert und wie latente Kollisionen zwischen einzelnen Prinzipien zu lösen sind.

3 Die „Wertordnung des Grundgesetzes"

Die Formel des „ungeschriebenen Verfassungsrechts" hat eine Lückenfüllerfunktion, denn sie wird in Anschlag gebracht, wenn es an einer positiven Norm fehlt. Ähnlich verhält es sich mit der Formel der „Wertordnung des Grundgesetzes", die das BVerfG häu-

---

29 BVerfGE 10, 59 (81).
30 BVerfGE 2, 380 (403).
31 BVerfGE 6, 309 (328); 41, 1 (12); 51, 222 (234); 60, 162 (167); 67, 369 (377); 80, 244 (255).
32 BVerfGE 34, 269 (287).
33 BVerfGE 34, 269 (287).
34 So das Resümee von Wolff, Heinrich Amadeus: Ungeschriebenes Verfassungsrecht unter dem Grundgesetz, Tübingen 2002, S. 177 ff., hier 187.

fig verwandt und in ständiger Rechtsprechung vertreten hat.[35] Entsprechend reichhaltig wird sie in der Literatur kommentiert.[36] Hinter dieser Formel steht die Vorstellung, dass die positiven Normen und das ungeschriebene Verfassungsrecht eine „Wertordnung" bilden, die zugleich eine Wert*rang*ordnung sei. Dies betrifft nicht nur die innere Struktur des Grundgesetzes, sondern auch alle weiteren Rechtsbereiche, denn für das Gericht ist die gesamte Rechtsordnung ein Wertsystem, an dessen Spitze die Verfassung steht. Vor allem in der Karlsruher Frühzeit wurden die „Werte", mit Friedrich Gottl zu reden, zum „Wort der Worte".[37] Worin aber besteht die Wertordnung des Grundgesetzes? Das BVerfG hat sie bereits zu Beginn seiner Tätigkeit präzisiert und konstatiert, ihr liege „die Vorstellung zugrunde, daß der Mensch in der Schöpfungsordnung einen eigenen selbständigen Wert besitzt und Freiheit und Gleichheit dauernde Grundwerte der staatlichen Einheit sind. Daher ist die Grundordnung eine wertgebundene Ordnung."[38]

Das Grundgesetz ist in der Tat keine wertneutrale Ordnung. Die Mitglieder des Parlamentarischen Rates waren Vertreter bestimmter – wenn auch keineswegs einheitlicher – Werthaltungen und Ordnungsvorstellungen, die in der Verfassung ihren Niederschlag fanden. Entsprechend ist auch die Rechtsprechung von politischen, sozialen und religiösen Ordnungs- und Wertvorstellungen geprägt.[39] Die Legitimität des Werturteils ist allerdings in der Jurisprudenz ebenso wie in anderen Wissenschaften umstritten. Die

---

35 Vgl. BVerfGE 2, 1 (12); 6, 32 (41); 7, 198 (205); 10, 59 (81); 12, 45 (51); 21, 362 (372); 24, 119 (124); 27, 1 (6); 27, 253 (283); 30, 173 (193); 33, 303 (330); 34, 269 (281); 47, 327 (369); 49, 24 (56); 52, 131 (168); 52, 223 (247); 81, 242 (254).

36 Vgl. Dreier, a. a. O. (Fn. 8), Vorbemerkungen vor Art. 1, Rn. 82; Herdegen, a. a. O. (Fn. 8), Art. 1 Abs. 1, Rn. 23; Rüthers, Bernd u. a.: Rechtstheorie, 7. Aufl. München 2013, S. 443 ff.; Müller, Friedrich/Christensen, Ralph: Juristische Methodik, Bd. 1, 11. Aufl. Berlin 2013, S. 80 ff.; Alexy, Robert: Theorie der juristischen Argumentation, 7. Aufl., Frankfurt/M. 2012, S. 22 ff.; Sachs, a. a. O. (Fn. 8), Vor Art. 1, Rn. 66 u. 123; Sprenger, Gerhard: Von der Wahrheit zum Wert, Stuttgart 2010, S. 125–146; Detjen, Joachim: Die Werteordnung des Grundgesetzes, Wiesbaden 2009; Rensmann, Thilo: Wertordnung und Verfassung, Tübingen 2007, S. 43 ff.; Di Fabio, Udo: Grundrechte als Werteordnung, in: JZ 59 (2004), S. 1–8; Starck, Christian: Zur Notwendigkeit einer Wertbegründung des Rechts, in: ders., Freiheit und Institutionen, Tübingen 2002, S. 9–28; Di Fabio, Udo: Das Recht offener Staaten, Tübingen 1998, S. 75 ff.; Böckenförde, Ernst-Wolfgang: Zur Kritik der Wertbegründung des Rechts. In: ders., Recht, Staat, Freiheit, Frankfurt/M. 1991, S. 67–91, 81 ff.; ders.: Geschichtliche Entwicklung und Bedeutungswandel der Verfassung (1984). In: ders., Staat, Verfassung, Demokratie, Frankfurt/M. 1991, S. 29–52, 47 ff.; ders.: Grundrechtstheorie und Grundrechtsinterpretation (1974), ebd., S. 115–145, 129 ff.; Goerlich, Helmut: Wertordnung und Grundgesetz. Kritik einer Argumentationsfigur des Bundesverfassungsgerichts, Baden-Baden 1973.

37 Gottl, Friedrich: Die Herrschaft des Wortes. Untersuchungen zur Kritik des nationalökonomischen Denkens, Jena 1901, S. 87.

38 BVerfGE 2, 1 (12).

39 Dies kommt auch im oben zitierten Begriff der „Schöpfungsordnung" zum Ausdruck, der wie kaum ein anderer für die Vorstellung guter und vollkommener Ordnung steht. Er ist allerdings auf die Frühzeit des Gerichts begrenzt. Erst zwanzig Jahre später greift es noch einmal auf ihn zurück (BVerfGE 39, 1 [67]). Ein Pendant findet er, wenn der Staat als „eine von Gott gestiftete Erhaltungsordnung" bezeichnet wird, allerdings nur in einem Minderheitenvotum (BVerfGE 33, 23 [37], abweichende Meinung des Richters v. Schlabrendorff).

Gegenreaktionen auf die Wertordnungslehre ließen nicht lange auf sich warten; sie korrespondierten nicht zuletzt mit dem Anti-Wert-Affekt, den Carl Schmitt und Teile seiner Schule kultivierten.[40] In Verfassungslehre und Rechtstheorie wird bis heute moniert, die wertende Betrachtung sei subjektivistisch, verdunkle die Verfassungsinterpretation oder liefere diese gar einer undurchschaubaren Wertlehre aus.[41] Man fährt schweres Geschütz gegen den „juristisch entbehrlichen, philosophiegeschichtlich belasteten und im übrigen begrifflich unscharfen" Wertbegriff auf, der als „subjektiv-irrationaler" Begriff nichts in der Rechtswissenschaft zu suchen habe.[42]

Ist es aber überhaupt möglich, die Werte aus der Rechtswissenschaft zu exkommunizieren? Schließlich hat die Disziplin elementar mit Wertungen zu tun. Ihr Gegenstand, das Recht, ist ein Produkt von Wertsetzungen, seine Auslegung ist immer zugleich eine Wertentscheidung, und selbst der geschichtliche Sinn von Rechtsnormen wird erst im Blick auf die ihnen zugrundeliegenden Werte deutlich.[43] Jede Rechtsordnung beruht auf bestimmten Wertsetzungen, jedes Recht auf einem Werturteil des Gesetzgebers.[44] Da weder Rechtsetzung noch Rechtsprechung ohne Wertentscheidungen überhaupt möglich sind, kann man auch nicht so tun, als ob die juristische Arbeit völlig wertfrei sein könnte.

Wer aber von Werten spricht, darf von Wertkollisionen nicht schweigen. Ideengeschichtlich trat das Problem der Werte überhaupt erst mit der Erfahrung und dem Bewusstsein von Wertkollisionen auf den Plan, wie an der Entstehung der Wertphilosophie in den ersten Jahrzehnten des 20. Jahrhunderts abzulesen ist.[45] Es wäre zwar abwegig, die Wertordnungslehre des BVerfG mit den Bemühungen der materialen Wertphilosophie gleichzusetzen, aber es besteht zumindest insofern eine Analogie, als es dem Gericht darum ging, mögliche Kollisionen zwischen einzelnen Verfassungswerten zu begegnen. Die anfängliche Attraktivität der Wertordnungslehre hatte nicht zuletzt damit zu tun, dass man sich von ihr eine Rationalisierung, wenn nicht eine Lösung jenes Problems versprach. So wie Nietzsche gefordert hatte, die Philosophie habe die „Rangord-

---

40 Vgl. Schmitt, Carl: Die Tyrannei der Werte, Plettenberg 1960 (Privatdruck); abgedr. in: Schmitt, Carl/ Jüngel, Eberhard/Schelz, Sepp, Die Tyrannei der Werte, Hamburg 1979, S. 9–43.

41 Vgl. Müller/Christensen, a. a. O. (Fn. 36), S. 80 ff.; Böckenförde, Zur Kritik der Wertbegründung, a. a. O. (Fn. 36), S. 81 ff.; ders., Grundrechtstheorie, a. a. O. (Fn. 36), S. 131 ff.; Goerlich, a. a. O. (Fn. 36), S. 133 ff.; Podlech, Adalbert: Wertungen und Werte im Recht. In: AöR 95 (1970), S. 185–223.

42 Müller/Christensen, a. a. O. (Fn. 36), S. 81.

43 Vgl. Starck, a. a. O. (Fn. 36), S. 13.

44 Rüthers u. a., a. a. O. (Fn. 36), S. 577. Dazu auch Rensmann, a. a. O. (Fn. 36), S. 25 ff.; Sprenger, a. a. O. (Fn. 36), S. 125 ff.; Alexy, a. a. O. (Fn. 36), S. 22 ff.; Starck, a. a. O. (Fn. 36), S. 9 ff.; Rüthers, Bernd: Rechtsordnung und Wertordnung. Zur Ethik und Ideologie im Recht, Konstanz 1986; Winkler, Günther: Wertbetrachtung im Recht und ihre Grenzen, Wien/New York 1969, S. 40 ff.

45 Vgl. Scheler, Max: Der Formalismus in der Ethik und die materiale Wertethik (1913/16). Gesammelte Werke, Bd. 2, Bern/München 1954; Hartmann, Nicolai: Ethik, Berlin/Leipzig 1926.

nung der Werte" zu bestimmen,[46] arbeitete sich das Gericht in den ersten Jahrzehnten an der Aufgabe ab, die selbstpostulierte Wertordnung des Grundgesetzes zu präzisieren.

Werte sind handlungsleitende Standards, die eine Entscheidung zwischen Handlungsalternativen erleichtern sollen. Sie sind Orientierungspunkte, die dazu dienen sollen, sich zurechtzufinden. Insofern haben sie elementar mit dem Wesen des Rechts zu tun. Es ist jedoch zu bezweifeln, ob sie sich zu einer Wertordnung – die ja nach dem Verständnis des BVerfG zugleich eine Rangordnung ist – hierarchisieren lassen. So kann Ernst-Wolfgang Böckenförde keine Lösung des Kollisionsproblems erkennen, da es bisher nicht gelungen sei, eine rational plausible Rangordnung der Werte zu entwickeln.[47] Auch die Kommentarliteratur bleibt überwiegend skeptisch: Die Staatsrechtslehre habe „die methodischen Herausforderungen der Wertordnungs-‚Dogmatik' bis heute nicht befriedigend zu bewältigen vermocht";[48] auch das BVerfG habe eine solche Wertordnung bislang „nicht im Sinne einer Wert*rang*ordnung nachzuweisen vermocht".[49] Daher kommt es nicht von ungefähr, wenn das Gericht inzwischen lieber mit neutraleren Ausdrücken wie dem der verfassungsrechtlichen Grundentscheidung argumentiert, auch wenn es sich hier letztlich nur um Äquivalente handelt.

Die Wertordnungsformel, die begriffsgeschichtlich auf Rudolf Smend rekurriert,[50] diente in der Frühzeit des Gerichts nicht zuletzt dazu, die junge demokratische Ordnung zu legitimieren und sie von totalitären Systemen abzugrenzen. Nicht zufällig wird sie zum ersten Mal im SRP-Verbotsurteil verwandt.[51] So wie es zum Wesen jeder Ordnung gehört, die eigene Existenz behaupten zu wollen, liegt auch der „Wertordnung des Grundgesetzes" ein elementarer Selbstbehauptungswille zugrunde. Es geht darum, die eigene Existenzbedingung zu sichern, zu der nicht zuletzt die Garantie des politischen Wettbewerbs gehört. Denn Demokratie bedeutet, wenn irgend etwas, dann das „Offenhalten von Möglichkeiten zukünftiger Wahl".[52] Dies ist auch ein entscheidender Punkt in der Begründung des KPD-Verbotsurteils, wo der Aspekt der Legitimität in den Vordergrund rückt. Gegenüber den Apologeten des damals feindlichen Systems argumen-

---

46 Nietzsche, Friedrich: Zur Genealogie der Moral (1887). In: ders., Werke in drei Bänden, Hrsg. v. Karl Schlechta, Bd. II, München 1982, S. 761–900, 798.

47 Böckenförde, Grundrechtstheorie, a. a. O. (Fn. 36), S. 132. Er steht den Werten im Recht ohnehin ablehnend gegenüber. „Wertordnung" ist für ihn nur eine „Verhüllungsformel für richterlichen bzw. interpretatorischen Dezisionismus" (ebd., S. 135). Er stützt sich auf Goerlich, a. a. O. (Fn. 36), S. 133 ff. – Josef Isensee steht der „Begriffswolke der objektiven Wertordnung" kritisch gegenüber (Isensee, Das Grundrecht als Abwehrrecht und als staatliche Schutzpflicht, in: HStR, Bd. IX, 3. Aufl. Heidelberg 2011, Rn. 171).

48 Herdegen, a. a. O. (Fn. 8), Art. 1 Abs. 1, Rn. 23.

49 Sachs, a. a. O. (Fn. 8), Vor Art. 1, Rn. 66; skeptisch auch Dreier, a. a. O. (Fn. 8), Vorbemerkungen, Rn. 82.

50 Vgl. Smend, Rudolf: Verfassung und Verfassungsrecht (1928). In: ders., Staatsrechtliche Abhandlungen und andere Aufsätze, 3. Aufl., Berlin 1994, S. 265. – Dazu auch Günther, Frieder: Denken vom Staat her. Die bundesdeutsche Staatsrechtslehre zwischen Dezision und Integration, München 2004, S. 193 ff.

51 BVerfGE 2, 1 (12).

52 Luhmann, Niklas: Die Zukunft der Demokratie. In: Der Traum der Vernunft. Vom Elend der Aufklärung. Zweite Folge, Darmstadt/Neuwied 1986, S. 207–217, 207.

tiert das Gericht: „Die Ordnung in der Bundesrepublik ist legitim", weil sie „auf demokratische Weise zustande gekommen und seit ihrem Bestehen immer wieder in freien Wahlen vom Volke bestätigt worden" sei. Zudem beruhe sie auf der Tradition, die „von den großen Staatsphilosophen der Aufklärung über die bürgerliche Revolution zu der liberal-rechtsstaatlichen Entwicklung des 19. und 20. Jahrhunderts geführt … hat. Die sich hieraus ergebenden Wertsetzungen werden von der übergroßen Mehrheit des deutschen Volkes aus voller Überzeugung bejaht. Hieraus erwächst dieser Ordnung die innere Verbindlichkeit, die das Wesen der Legitimität ausmacht."[53]

Wenn hier die Bejahung der Wertsetzungen als Legitimitätsgrundlage verstanden wird, rückt die Wertordnungsformel in einen unmittelbaren Zusammenhang mit der Legitimitätsfrage. Das BVerfG hat sich mit ihr seit der frühen Rechtsprechung beschäftigt. Da eine Verfassung nur dann Bestand haben kann, wenn sie akzeptiert wird, kann sie auch nur diejenigen Werte setzen, die allgemein für legitim gehalten werden. Mit Blick auf Wertkonflikte hat das Gericht schon früh eine salomonische Formel gefunden: Das Grundgesetz „nimmt aus dem Pluralismus von Zielen und Wertungen … gewisse Grundprinzipien der Staatsgestaltung heraus, die, wenn sie einmal auf demokratische Weise gebilligt sind, als absolute Werte anerkannt" sind.[54] Dies ist zugleich der Versuch einer Synthese von Wertepluralismus und Werteabsolutismus.

4 Wertordnung und staatliche „Ordnungsmacht"

Was aber geschieht, wenn einzelne Verfassungswerte miteinander kollidieren? Seit seinen ersten Entscheidungen war das BVerfG mit dieser Frage konfrontiert. Im Blick auf diese Frage befindet sich der Staat in einer Doppelrolle. Einerseits kollidiert das Wesen des Staates potentiell mit dem Wesen der Grundrechte, denn diese sind, wie das Gericht betont, „Abwehrrechte des Bürgers gegen den Staat. Das ergibt sich aus der geistesgeschichtlichen Entwicklung der Grundrechtsidee … Diesen Sinn haben auch die Grundrechte des Grundgesetzes, das mit der Voranstellung des Grundrechtsabschnitts den Vorrang des Menschen und seiner Würde gegenüber der Macht des Staates betonen wollte."[55] Bei einem Konflikt zwischen den Forderungen des Staates und dem Gewissen des Einzelnen räume die Verfassung, wie das Gericht in einem anderen Urteil unterstreicht, „dem Schutz des freien Einzelgewissens in bemerkenswert weitgehender Weise den Vorrang ein".[56] Von entscheidender Bedeutung ist in dieser Hinsicht die Selbstbegrenzung des Staates, die in einer Reihe von Entscheidungen eine gewichtige Rolle spielt, zumal sie als Teil der Wertordnung definiert wird. Das Grundgesetz sei eine

---

53 BVerfGE 5, 85 (379).
54 BVerfGE 5, 85 (139); vgl. auch 2, 1 (12).
55 BVerfGE 7, 198 (204 f.).
56 BVerfGE 12, 45 (54). In diesem Kontext geht es zwar in erster Linie um Art. 4 Abs. 3 GG, aber die Urteilsbegründung lässt auch generelle Schlüsse zu.

„wertgebundene Ordnung", welche „die öffentliche Gewalt begrenzt. Durch diese Ordnung soll die Eigenständigkeit, die Selbstverantwortlichkeit und die Würde des Menschen in der staatlichen Gemeinschaft gesichert werden".[57] Staatliche Macht ist demnach
per definitionem eine sich selbst begrenzende Macht, ein Topos, der seit Georg Jellineks
Selbstbindungslehre zum kanonischen Bestand der Staatslehre zählt.[58]

Das aber ist nur eine Seite der Medaille. Denn nach Ansicht des Gerichts ist es dem
Staat andererseits nicht verwehrt, „verfassungsrechtlich geschützte Rechtsgüter auf
Kosten anderer Güter" zu bewahren; vielmehr sei eine verfassungsrechtliche Abwägung immer dann „unausweichlich, wenn sonst die staatlichen Organe die ihnen nach
dem Grundgesetz ... obliegenden Aufgaben nicht mehr sachgerecht wahrnehmen können. Dabei ist nach der ständigen Rechtsprechung des Bundesverfassungsgerichts davon auszugehen, daß die verfassungsmäßige Ordnung ein Sinnganzes bildet, ein Widerstreit zwischen verfassungsrechtlich geschützten Belangen mithin nach Maßgabe der
grundgesetzlichen Wertordnung ... zu lösen ist."[59] Das BVerfG führt hier die Wertordnungsformel ins Feld, um das Selbsterhaltungsrecht der Ordnung zu betonen. Wenn die
Funktionsfähigkeit staatlicher Organe bedroht ist, dann haben die staatlichen Belange
den Vorrang. Dieses Prinzip gilt für jede Ordnung. Steht die Existenz auf dem Spiel,
dann ist zugunsten der Existenzerhaltung zu entscheiden. Denn man kann von einer
Ordnung nicht verlangen, dass sie sich um den Preis der Verteidigung ihrer Prinzipien
selbst aufgibt.

Das generelle Problem aber bleibt im demokratischen Verfassungsstaat immer vi-
rulent, da dieser sich ja durch die Garantie jener Prinzipien legitimiert. Entsprechend
bleibt auch der prinzipielle Widerspruch in der Argumentation des BVerfG bestehen.
Auf der einen Seite postuliert das Gericht die Begrenzung der Staatsgewalt und den
Vorrang der Grundrechte gegenüber der Staatsmacht.[60] Auf der anderen Seite fordert
es die Fügungsbereitschaft des Einzelnen gegenüber dem Staat, der nicht umsonst als
„Ordnungsmacht"[61] bezeichnet wird.

Das Grundgesetz ist keine Staatsbibel, aus der man eine widerspruchsfreie Botschaft
entnehmen könnte. Aber so wie die Theologie die Aufgabe hat, Exegese zu betreiben,
hat auch das BVerfG versucht, die dogmatisch komplizierten Verhältnisse zu erschlie-

---

57 BVerfGE 6, 32 (40); mit Verweis auf BVerfGE 2, 1 (12 f.); 5, 85 (204 f.).

58 Die „Selbstbeschränkung des Staates gegenüber dem einzelnen" gehört für ihn zum Wesen der mo-
    dernen Staatlichkeit (Jellinek: Allgemeine Staatslehre [1900], 3. Aufl., Berlin 1922, S. 326). Dazu Kers-
    ten, Jens: Georg Jellinek und die klassische Staatslehre, Tübingen 2000, S. 409 ff.; Möllers, Christoph:
    Skizzen zur Aktualität Georg Jellineks. In: Paulson, Stanley L./Schulte, Martin (Hrsg.), Georg Jelli-
    nek, Tübingen 2000, S. 155–171, 163 ff.; Anter, Andreas: Modernität und Ambivalenz in Georg Jellineks
    Staatsdenken. In: ders. (Hrsg.), Die normative Kraft des Faktischen, Baden-Baden 2004, S. 37–59, 47 ff.
    Vgl. allgemein zur Selbstbindungslehre Winterhoff, Christian: Verfassung – Verfassunggebung – Ver-
    fassungsänderung, Tübingen 2007, S. 226 ff.

59 BVerfGE 49, 24 (55 f.), mit Verweis auf BVerfGE 28, 243 (261); 30, 1 (19); 30, 173 (193); 34, 269 (287).

60 BVerfGE 7, 198 (205).

61 BVerfGE 49, 24 (56 f.).

ßen. Dies spiegelt sich etwa in der fast skrupulös formulierten Legitimation des Staates: „Weil er der *freien Selbstbestimmung aller* unter Gewährleistung von Frieden und Ordnung einen institutionellen Rahmen verbürgt, kommt dem Staat Hoheitsgewalt, d. h. die Macht zu, Akte zu setzen, die für alle verbindlich sind".[62] Wenn das BVerfG hier die Legitimität staatlicher Herrschaft aus der Fähigkeit ableitet, Frieden und Ordnung zu garantieren, argumentiert es in der klassischen Tradition neuzeitlichen politischen Denkens. Von Hobbes unterscheidet sie sich nur insofern, als dieser bekanntlich mit der „freien Selbstbestimmung aller" wenig im Sinn hatte. Das Grundproblem aber bleibt zwangsläufig bestehen, nämlich einen Ausgleich zwischen der Freiheit des Einzelnen und der Ordnung des Staates zu finden.[63] Erst relativ spät hat das Gericht das Verhältnis von Grundrechten und Staat als einen kausalen Zusammenhang formuliert und den Staat als *conditio sine qua non* der Grundrechte definiert: Ein „geordnetes menschliches Zusammenleben" setzt „eine funktionierende staatliche Ordnung voraus, welche die Effektivität des Grundrechtsschutzes überhaupt erst sicherstellt".[64] Wenn der Staat aber die Bedingung der Möglichkeit der Grundrechtsgarantie ist, kommt ihm letztlich der Primat zu.

5 Die Anatomie der Ordnungsmacht

Der Staat spielt im Ordnungsdenken des BVerfG eine zentrale Rolle. Vor allem die frühe Rechtsprechung lässt gelegentlich den Eindruck entstehen, als ob man sich in einem staatstheoretischen Seminar befände. Bis in die Gegenwart ist die Judikatur von allgemeinen Positionen zum Wesen des modernen Staates durchzogen.[65] Diese Positionen reichen meist weit über den Rahmen der jeweils konkreten Fälle hinaus. Hier wird oft genug deutlich, welche unmittelbare Relevanz die Staatstheorie für die Rechtsprechung haben kann, denn von den Parteiverboten über das Maastricht-Urteil bis heute haben die Entscheidungen die ordnungspolitische Verfasstheit der Bundesrepublik maßgeblich beeinflusst. Über Jahrzehnte war die Rechtsprechung von der Vorstellung geprägt, der Staat zeichne sich durch die Trinität von Staatsgebiet, Staatsvolk und Staatsgewalt aus.[66] Hier folgte das Gericht der Drei-Elemente-Lehre Georg Jellineks, die über ein Jahrhundert lang die deutsche Staatswissenschaft beherrschte.[67] Das Problem dieser

---

62 BVerfGE 44, 125 (142).
63 Vgl. die klare Sicht in BVerfGE 33, 23 (41).
64 BVerfGE 81, 278 (292).
65 Vgl. van Ooyen, Robert Chr.: Der Begriff des Politischen des Bundesverfassungsgerichts, Berlin 2005, S. 14 ff.; Alshut, Jörg: Der Staat in der Rechtsprechung des Bundesverfassungsgerichts, Berlin 1999.
66 Repräsentativ BVerfGE 2, 266 (277); 36, 1 (16); 77, 137 (150).
67 Jellinek, a. a. O. (Fn. 57), S. 394 ff.; dazu Kersten, Jens: Warum Georg Jellinek? Georg Jellinek und die Staats- und Europarechtslehre der Gegenwart. In: Anter, Andreas (Hrsg.), Die normative Kraft des Faktischen, S. 175–199, 187 ff.; Kettler, Dietmar: Die Drei-Elemente-Lehre. Ein Beitrag zu Jellineks Staatsbegriff, seiner Fortführung und Kritik, Diss. jur., Münster 1995.

Lehre besteht allerdings darin, dass sie zwar die Elemente benennt, aus denen der Staat besteht, aber nichts über seine Natur oder seine Eigenschaften sagt. In späteren Urteilen hat das Gericht daher jene Eigenschaften genauer benannt und den Staat als einen „Entscheidungs- und Verantwortungszusammenhang" definiert, durch den „sich das Volk nach der Idee der Selbstbestimmung aller in Freiheit und unter der Anforderung der Gerechtigkeit seine Ordnung" setze und deshalb „Hoheitsmacht" beanspruchen könne.[68] Nimmt man die einzelnen Elemente dieser Definition genauer in den Blick, dann treten vier Elemente hervor, die den Staat legitimieren: Selbstbestimmung, Freiheit, Gerechtigkeit und Ordnung; dazu tritt noch das Merkmal, welches sein Wesen ausmacht: die „Hoheitsmacht".

Während das BVerfG hier noch der Terminologie der älteren Staatslehre verpflichtet ist und von „Hoheitsmacht" spricht, hat es sich wenige Jahre später einer eher staatssoziologischen Begrifflichkeit angeschlossen und den Staat als Inhaber des Gewaltmonopols definiert.[69] Auf dieser Basis kommt das Gericht nicht nur zu historischen Ausführungen über das Wesen des Gewaltmonopols, sondern argumentiert auch hinsichtlich des Verbots nichtstaatlicher Gewalt kompromisslos: Eine „Rechtsordnung, die nach Überwindung des mittelalterlichen Faustrechts die Ausübung von Gewalt nicht zuletzt im Interesse schwächerer Minderheiten beim Staat monopolisiert hat", müsse auf dem Gewaltverbot „strikt bestehen".[70] Hinter diese Position geht das Gericht nicht mehr zurück. Selbst bei Entscheidungen, die nur am Rande mit dem Staat zu tun haben, argumentiert es nun mit dem Kern moderner Staatlichkeit, nämlich einer monopolisierten Gewalt, die jeden konkurrierenden Gewaltanspruch zu unterbinden vermag.

Wird dieser Anspruch dauerhaft in Frage gestellt, steht zwangsläufig die staatliche Existenz auf dem Spiel. Einen solchen Fall beobachtet das BVerfG in Bürgerkriegslagen, wenn das staatliche Gewaltmonopol fortschreitend ausgehöhlt wird, bis hin zu dem Punkt, an welchem die staatliche Ordnung „prinzipiell aufgehoben" ist: „Eine solche Situation liegt etwa dort vor, wo sich terroristische Angriffe verbreitet und wiederholt gegen die staatlichen Sicherheitskräfte und ... gegen die eigene Bevölkerungsgruppe richten und diese Angriffe den Staat in der Weise überfordern, daß der Staat vielmehr mit militärisch-kriegerischen Mitteln reagieren muß und dabei auf absehbare Zeit außerstande ist, Leben, Freiheit und Eigentum seiner Bürger verläßlich zu schützen. Wo eine derartige Krisensituation gegeben ist, gerät der Staat ... in eine dem offenen Bürgerkrieg vergleichbare Lage: Er verliert zunehmend das Gesetz des Handelns als übergreifende und effektive Ordnungsmacht."[71] Das entscheidende Stichwort ist hier die „Ordnungsmacht". Plastisch beschreibt das BVerfG den Zerfall von Staatlichkeit, wie er sich in vielen Ländern Afrikas und Asiens

---

68 BVerfGE 44, 125 (142).
69 BVerfGE 61, 126 (136).
70 BVerfGE 69, 315 (360).
71 BVerfGE 80, 315 (341).

kontinuierlich vollzieht und sich vor nicht langer Zeit auch in Europa auf dem Balkan abgespielt hat.[72] Diese Entwicklung hat seit dem späten 20. Jahrhundert selbst in den ehedem staatskritischen Teilen der Sozialwissenschaften zu einer Neubewertung der Staatlichkeit geführt.[73] Denn nicht die staatliche, sondern die nichtstaatliche Gewalt macht „den Großteil der ‚barbarischen' Phänomene aus, die uns heute beunruhigen. Ungezügelte ... Gewaltsamkeit ist zunächst das Kennzeichen von Konfliktformen, die sich nicht in intakten Staaten zutragen, sondern in den zeitgenössischen Ruinen von Staatlichkeit."[74] Der springende Punkt, auf den das BVerfG immer wieder zurückkommt, ist die staatliche Ordnungsgarantie. Dabei ist klar, dass es selbst in befriedeten Gesellschaften keine absolute Gewaltfreiheit geben kann. Denn es ist „keiner staatlichen Ordnungsmacht möglich ..., einen lückenlosen Schutz vor Unrecht und Gewalt ... zu garantieren".[75]

Die anhaltende Präsenz staatstheoretischer Reflexionen in der Rechtsprechung zeigt auch die folgende, fast lehrbuchartige Formulierung: „Staaten stellen in sich befriedete Einheiten dar, die nach innen alle Gegensätze, Konflikte und Auseinandersetzungen durch eine übergreifende Ordnung in der Weise relativieren, daß diese unterhalb der Stufe der Gewaltsamkeit verbleiben und die Existenzmöglichkeiten des Einzelnen nicht in Frage stellen."[76] Hier werden zwei Kriterien der Staatlichkeit formuliert: die Ordnungsgarantie und das Gewaltverbot. Im Laufe der Jahrzehnte hat sich das Gericht immer stärker auf diese beiden Kriterien des Staates konzentriert. Dabei ist zu beobachten, wie sich die Rechtsprechung in den achtziger Jahren von einer juristisch geprägten Staatsauffassung löst und sich einer historisch-empirischen Betrachtungsweise zuwendet, die letztlich an Max Webers Perspektive anknüpft.[77]

Nicht zuletzt unter dem Eindruck der prekären Entwicklung der Staatlichkeit in der sog. Dritten Welt rückte bereits in den siebziger Jahren die Fragilität von Sicherheit und Ordnung in das Blickfeld des BVerfG. Die Legitimität des modernen Staates, der historisch als Sicherheitsagent entstand, stützt sich in erster Linie darauf, Sicherheit und Ordnung dauerhaft garantieren zu können.[78] So macht auch das BVerfG deutlich, dass

---

72 Vgl. Ghani, Ashaf/Lockhart, Clare: Fixing Failed States: A Framework for Rebuilding a Fractured World, Oxford 2009.

73 Vgl. Senghaas, Dieter: Der Leviathan in diesen Zeiten. In: Leviathan 36 (2008), S. 175–190.

74 Offe, Claus: Moderne „Barbarei": Der Naturzustand im Kleinformat? In: Miller, Max/Soeffner, Hans-Georg (Hrsg.), Modernität und Barbarei, Frankfurt/M. 1996, S. 258–289, 271.

75 BVerfGE 81, 58 (66); gleichlautend 83, 216 (236 f.).

76 BVerfGE 80, 315 (334).

77 Vgl. Weber, Max: Wirtschaft und Gesellschaft, 5. Aufl. Tübingen 1985, S. 29 f. – Dazu Anter, Andreas: Max Webers Theorie des modernen Staates, 3. Aufl. Berlin 2014, S. 36 ff.; Gutmann, Thomas/Pieroth, Bodo (Hrsg.): Die Zukunft des staatlichen Gewaltmonopols, Baden-Baden 2011; Baldus, Manfred: Staatliche Gewaltmonopole in: Mehde, Veith u. a. (Hrsg.), Staat, Verwaltung, Organisation, Berlin 2011, S. 3–16; Colliot-Thélène, Catherine: Das Monopol der legitimen Gewalt. In: Anter, Andreas/Breuer, Stefan (Hrsg.), Max Webers Staatssoziologie. Baden-Baden 2007, S. 39–55.

78 Dazu Anter: Die Macht der Ordnung (Fn. 5), S. 103 ff.; Stoll, Peter Tobias: Sicherheit als Aufgabe von Staat und Gesellschaft, Tübingen 2003; Glaeßner, Gert-Joachim: Sicherheit und Ordnung. In: Berliner

der Staat seine Legitimität verliert, wenn er nicht mehr für die Sicherheit der Bürger und die öffentliche Ordnung sorgen kann: „Die Sicherheit des Staates als verfaßter Friedens- und Ordnungsmacht und die von ihm zu gewährleistende Sicherheit seiner Bevölke- rung sind Verfassungswerte, die mit anderen im gleichen Rang stehen und unverzicht- bar sind, weil die Institution Staat von ihnen die eigentliche und letzte Rechtfertigung herleitet."[79] Damit wird die Sicherheit nicht nur als die entscheidende Legitimitätsquelle, sondern auch als die Existenzgrundlage des Staates definiert. Diese Sichtweise ist in der heutigen Staats- und Verfassungslehre wie auch in der politischen Ideengeschichte weitgehend unstrittig. Schon Hobbes erklärte, man könne „nicht mehr von einem Staat sprechen", wenn dieser keine Sicherheit mehr garantiere.[80]

Die Rechtsprechung des BVerfG wartet nicht mit spektakulären staatstheoretischen Positionen auf, sondern folgt weitgehend der herrschenden Meinung in der Staats- und Verfassungslehre. Dies ist hier nicht zu kritisieren. Der Preis für die hohe Akzeptanz der richterlichen Urteile sind Begründungsformeln, die wissenschaftliches Allgemein- gut sind. Angesichts der Orientierung des Gerichts am staatstheoretischen Konsens ist allerdings die These von der „Entthronung der Staatsrechtswissenschaft durch die Verfassungsgerichtsbarkeit"[81] zu relativieren. Denn die Verfassungsgerichtsbarkeit folgt ihrerseits meist nur der herrschenden Meinung in der Staatsrechtswissenschaft.

6 Abschließende Bemerkung

Verfolgt man die Entwicklung der Menschenbild- und der Wertordnungsformel wie auch die des ungeschriebenen Verfassungsrechts, dann zeigt sich eine gemeinsame Ten- denz: Sie befinden sich auf einem lang anhaltenden Rückzug. Dafür sehe ich insbeson- dere bei der Wertordnungsformel[82] zwei Gründe. Zum einen war sie zu einem vieldis- kutierten Reizwort avanciert, mit dem sich das Gericht offenbar dogmatisch nicht mehr belasten wollte; zum anderen hatte die Formel ihre Mission erfüllt. Nachdem die Ord- nung des Grundgesetzes etabliert war, war es kaum noch notwendig, die Formel legiti- mierend ins Feld zu führen. Entsprechend griff das BVerfG immer seltener auf sie zu-

Journal für Soziologie 11 (2001), S. 337–358; Bauman, Zygmunt: Die Krise der Politik, Hamburg 2000, S. 29 ff.

79 BVerfGE 49, 24 (56 f.).

80 Hobbes, Thomas: Vom Bürger (1658). In: ders., Vom Menschen/Vom Bürger, Hrsg. v. Gawlick, Günter, Hamburg 1959, S. 152. – Grundlegend zum Verhältnis Staat und Sicherheit: Isensee, Josef: Das Grund- recht auf Sicherheit. Zu den Schutzpflichten des freiheitlichen Verfassungsstaates, Berlin/New York 1983

81 Schlink, Bernhard: Die Entthronung der Staatsrechtswissenschaft durch die Verfassungsgerichtsbarkeit. In: Der Staat 28 (1989), S. 161–172, 168 ff.

82 Dazu Vorländer, Hans: Integration durch Verfassung? Die symbolische Dimension der Verfassung im politischen Integrationsprozeß. In: ders. (Hrsg.), Integration durch Verfassung, Wiesbaden 2002, S. 9–40, 29; Starck, a. a. O. (Fn. 36), S. 27; Hesse, Konrad: Grundzüge des Verfassungsrechts der Bun- desrepublik Deutschland, 20. Aufl., Heidelberg 1999, S. 4.

rück. Das wiederum bedeutet nicht, dass sich die Wertfrage erledigt hätte, denn jede Verfassungsinterpretation beinhaltet zwangsläufig eine Wertentscheidung.

Die Judikatur des BVerfG ist zweifellos als ein Teil der Selbstbeschreibung des politischen Systems zu sehen. In den Karlsruher Entscheidungen kommt das Selbstbild einer Gesellschaft zum Ausdruck, die sich als liberal und pluralistisch versteht, wie sich nicht zuletzt in der Distanzierung von autoritärem Staatshandeln zeigt.[83] Wenn in der Rechtsprechung von Ordnungs- und Wertvorstellungen die Rede ist, dann sind sie zumeist historisch kontextualisiert. Das Gericht hebt zwar invariante Verfassungswerte wie die Menschenwürde und die Freiheit hervor, nimmt aber ansonsten davon Abstand, fixe oder ein für allemal feststehende Ordnungsprinzipen zu postulieren.[84] Vielmehr betont es stets die Pluralität und Wandelbarkeit von Ordnungsvorstellungen. Was indes um so deutlicher bekräftigt wird, ist die Unverzichtbarkeit des Staates als konstitutive „Ordnungsmacht". Mit Anschütz zu reden: Der Pluralismus hört hier auf.

---

83 BVerfGE 65, 1 (50).
84 Daher gibt es eigentlich keinen Anhaltspunkt für die These, dass das BVerfG „grundlegende Mythen über die Gestalt der sozialen Ordnung" formuliere (so jedoch Blankenagel, Alexander: Tradition und Verfassung. Neue Verfassung und alte Geschichte in der Rechtsprechung des Bundesverfassungsgerichts, Baden-Baden 1987, S. 158). Vielmehr werden die Ordnungsinhalte durch die historisierende Sichtweise des BVerfG eher relativiert.

Der Beitrag des Bundesverfassungsgerichts zur Demokratisierung der Bundesrepublik

Brun-Otto Bryde

1 Verfassungsgericht und Demokratie

Wenn die Themen Verfassungsgerichtsbarkeit und Demokratie in Beziehung gesetzt werden wie im Titel dieses Beitrags, geschieht dies traditionell eher mit der kritischen Frage nach der Vereinbarkeit von gerichtlicher Politikkontrolle mit den Prinzipien der Demokratie. Dieser, in Weimar noch leidenschaftlich geführte Disput,[1] hatte in der Bundesrepublik nie dieselbe Bedeutung wie im Ausland.[2] Jedenfalls die Position einer grundsätzlichen Unvereinbarkeit von Verfassungsstaat und Demokratie[3] spielt in der Bundesrepublik keine wichtige Rolle. Die Kritik an einem zu großen Übergreifen des Bundesverfassungsgerichts (BVerfG) in den politischen Prozess hat zwar seine Geschichte begleitet,[4] ist aber eher schwächer geworden. Das Loblied auf das BVerfG ei-

---

1   Apelt, Willibalt: Geschichte der Weimarer Reichsverfassung, 1946, S. 300, 343 f.; Neumann, Franz: Gegen ein Gesetz über die Nachprüfung der Verfassungsmäßigkeit von Reichsgesetzen, Die Gesellschaft 6 (1929), S. 517 ff. Anliegen gerade auch der verfassungsloyalen Minderheit der Staatsrechtler war es, den Spielraum des neuen republikanischen Gesetzgebers nicht gegenüber dem des monarchischen zu verkleinern.

2   Souveräne Diskussion der theoretischen Ansätze zum Verhältnis von Demokratie und Verfassungsgerichtsbarkeit bei Volkmann, Uwe, Bausteine zu einer demokratischen Theorie der Verfassungsgerichtsbarkeit in: Bäuerle, Michael/Dann, Philipp/Wallrabenstein, Astrid (Hrsg.), Demokratie-Perspektiven, Tübingen 2013, S. 119 ff.; vgl. auch den Überblick bei Fricke, Carsten: Zur Kritik an der Staats- und Verfassungsgerichtsbarkeit, Frankfurt/M. 1995, S. 158 ff.

3   Lietzmann, Hans J.: „Reflexiver Konstitutionalismus" und Demokratie. In: Guggenberger, Bernd/Würtenberger, Thomas (Hrsg.), Hüter der Verfassung oder Lenker der Politik? Das Bundesverfassungsgericht im Widerstreit. Baden-Baden 1998, S. 233 ff.

4   Repräsentativ für die Kritik in den 70er Jahren, vor allem angesichts der Konfrontation des Gerichts mit sozial-liberalen Reformgesetzen: Lamprecht, Rolf/Malanowski, Wolfgang: Richter machen Politik. Auftrag und Anspruch des Bundesverfassungsgerichts. Frankfurt/M. 1979, und die Beiträge in Däubler, Wolfgang/Küsel, Gudrun, Verfassungsgericht und Politik, Reinbek 1979; zur – anders gelagerten – Kri-

nes kritischen Juristen wie Uwe Wesel[5] ist dafür ein gutes Indiz.[6] Als Verfassungsrichter sieht man sich jedenfalls häufiger wegen zu großer Zurückhaltung als wegen zu starkem Eingreifen kritisiert.[7] In jüngerer Zeit haben aber vor allem die Europa-Entscheidungen des 2. Senates wieder eine Diskussion über die Grenzen der Verfassungsgerichtsbarkeit angeregt.[8]

In der internationalen Diskussion ist die Position einer grundsätzlichen Unvereinbarkeit des richterlichen Prüfungsrechts mit dem Demokratieprinzip zwar wichtiger,[9] aber auch nicht mehr so bedeutend wie früher. Obwohl die Achtung vor dem demokratischen Gesetzgeber in der Theorie noch immer als Argument gegen ein richterliches Prüfungsrecht thematisiert wird,[10] hat in der Verfassungspraxis die richterliche Politikkontrolle einen weltweiten Siegeszug angetreten.[11]

Das hat gute Gründe. Vor allem die Entwicklung der Menschenrechtsidee nach dem 2. Weltkrieg hat zu einer konstitutionalistischen Wende der Demokratietheorie geführt, bei der die Menschenrechte und ihr Schutz durch unabhängige Gerichte nicht mehr als Hindernis für die Durchsetzung von Mehrheitsentscheidungen sondern als konstitutives Element einer verfassungsstaatlichen Demokratie gesehen werden.[12] Die Verfassung als Grundordnung des Gemeinwesens legt fest, wie Gemeinschaftsentscheidungen zu Stande kommen und bestimmt den Bereich, in dem sich die Bürgerinnen keiner

tik in den 90er Jahren den Band von Guggenberger/Würtenberger, a.a.O. (Fn. 3); zuletzt Ooyen, Robert Chr. van: Der Begriff des Politischen des Bundesverfassungsgerichts, Berlin 2005, S. 180 ff.

5 Wesel, Uwe: Der Gang nach Karlsruhe. Das Bundesverfassungsgericht in der Geschichte der Bundesrepublik, München 2004.

6 Auch Klaus von Beymes Beitrag, Das Bundesverfassungsgericht aus der Sicht der Politik- und Gesellschaftswissenschaften. In: Badura, Peter/Dreier, Horst (Hrsg.): Festschrift 50 Jahre Bundesverfassungsgericht. Bd. 1, S. 493–505, ist eher milde gestimmt.

7 Bryde, Brun-Otto: Verfassungsgerichtsbarkeit in der Demokratie, in EuGRZ 2011 S. 237; Auch das hat, wie Fricke, a.a.O. (Fn. 2), zeigt, Tradition.

8 Auch im Gericht selbst vgl. die Sondervoten von Lübbe-Wolff und Gerhard (BVerfG 2 BvR 2729/13 u. a vom 14.1. 2014) ; kritische Reflexionen auch bei Jestaedt, Matthias/Lepsius, Oliver/Möllers, Christoph/Schönberger, Christoph: Das entgrenzte Gericht, Berlin 2011

9 Eine logisch stringente Grundsatzkritik des richterlichen Prüfungsrechts aus demokratietheoretischer Perspektive findet sich bei Dahl, Robert A.: Democracy and its Critics, New Haven/London 1989, S. 187 ff.; Aus neuerer Zeit die viel beachtete Kampfschrift von Tushnet, Mark: Taking The Constitution Away From The Courts, Princeton, NJ 1999.

10 Vgl. die Nachweise zur internationalen Diskussion bei Kälin, Walter: Verfassungsgerichtsbarkeit in der Demokratie, Bern 1987, S. 77; Klug, Heinz: Constituting Democracy, Law, Globalism and South Africa's Political Reconstruction, Cambridge 2000, S. 18 ff.; Laurence H. Tribe: American Constitutional Law, New York 2000, S. 24 ff.; zu Skandinavien: Mors, Wolff-Michael: Verfassungsgerichtsbarkeit in Dänemark, Baden-Baden 2002; zur niederländischen Reformdiskussion: Alkema, Evert A.: Constitutional Law, in: Chorus et. al. (ed.), Introduction to Dutch Law, The Hague 1999, S. 323.

11 Bryde, Brun-Otto: Constitutional Courts, in: International Encyclopedia of the Social and Behavioral Sciences, Amsterdam u. a. (Elservier), (2. Auflage erscheint demnächst).

12 Zum Zusammenhang der internationalen Entwicklung und der Verfassungsentwicklung vgl. Bryde, Brun-Otto: Konstitutionalisierung des Völkerrechts und Internationalisierung des Verfassungsrechts, in: Der Staat 42 (2003), S. 61 ff.

Mehrheitsentscheidung zu unterwerfen brauchen. Das verlangt, dass die vereinbarten Verfahren auch eingehalten werden, Staatsorgane sich im Rahmen ihrer Zuständigkeiten und Befugnisse halten und Grundrechte nicht verletzen. Das lässt sich mit Hilfe von unabhängiger richterlicher Kontrolle gut institutionalisieren. Zwar lassen sich Verfassungsstaat und gerichtliche Politikkontrolle nicht einfach identifizieren. Funktionierende demokratische Verfassungsstaaten wie Großbritannien, Neuseeland, die Schweiz, die Niederlande und skandinavische Staaten haben bewiesen, dass eine Verfassung auch ohne (oder mit sehr zurück genommener) richterlicher Kontrolle einen stabilen Rahmen des politischen Prozesses bilden kann. Aber in diesen Fällen ist die Verfassung durch eine stabile demokratische politische Kultur, Traditionen und Konventionen abgesichert, die sich nicht ohne weiteres transferieren lassen und im Übrigen ist auch hier richterliche Kontrolle auf dem Vormarsch.[13] Für viele Staaten müsste die Frage, ob die normative Kraft der Verfassung auch ohne effektive und unabhängige Kontrollinstanz gesichert wäre, eher skeptisch beantwortet werden.

2   Bundesverfassungsgericht und Demokratiegründung in Westdeutschland

Das gilt insbesondere in verfassungsrechtlichen Umbruchsituationen, in denen eine verfassungsstaatliche Demokratie an die Stelle einer vordemokratischen Herrschaftsordnung tritt. In einer solchen Situation muss sich die neue Verfassung gegen eine Rechts- und politische Kultur durchsetzen, die noch tief von der vorhergehenden Ordnung geprägt ist. Dass sich in dieser Situation traditionelle Orientierungen der Eliten in Justiz und Verwaltung gegen die neue Verfassung wenden und diese von der alten Rechtskultur überwältigt wird, ist nicht ausgeschlossen, rechtssoziologisch sogar eher wahrscheinlich.[14] In Deutschland ist die Weimarer Republik ein gutes Lehrbeispiel.[15] In Weimar ist es nie gelungen, die Verfassung gegen die überkommenen Rechtstraditionen durchzusetzen. Oft zitiert wird der selbstbewusste Satz des Verwaltungsrechtlers Otto Mayer „Verfassungsrecht vergeht, Verwaltungsrecht besteht".[16] Die Vorstellung, das Recht einer obrigkeitsstaatlichen Monarchie brauche sich in einer demokratischen Republik nicht zu ändern, haben die meisten Vertreter anderer Rechtsdisziplinen für ihr Fach entsprechend geteilt. Soweit erfolgreich versucht wurde, die Grundrechte trotz der herrschenden Lehre von der nur programmatischen Bindung des Gesetzgebers gegen den Gesetzgeber in Stellung zu bringen, geschah dies nicht im Dienst der neuen Verfas-

---

13   Vgl. Fn. 11.

14   Bryde, Brun-Otto: Die Verfassungsgerichtsbarkeit in der Rechtssoziologie, in: Brand, Jürgen/Strempel, Dieter (Hrsg.), Soziologie des Rechts. Festschrift für Erhard Blankenburg zum 60. Geburtstag, Baden-Baden: Nomos 1998, S. 491 ff. (503).

15   Sontheimer, Kurt: Antidemokratisches Denken in der Weimarer Republik, München 1978, S. 63 ff.

16   Mayer, Otto: Deutsches Verwaltungsrecht, I. Band, Vorwort zur dritten Auflage (1924), Berlin 1969.

sung, sondern zum Beispiel mit der Lehre von der Institutsgarantie ganz im Gegenteil im Interesse des überkommenen einfachen Rechts, das in die Verfassung hineingelesen und als Schranke für den demokratischen Gesetzgeber aufgebaut wurde. Dass sich dieser Vorgang in der Bundesrepublik wiederholen würde, war nicht ausgeschlossen.

Aus der Sicht von heute macht man sich vielleicht nicht hinreichend klar, wie wenig sicher der Erfolg des zweiten (oder dritten, wenn man 1848 mitzählt) Anlaufs zur Demokratie war. Demokratische Traditionen waren verschüttet, die Weimarer Republik war gescheitert, eine ganze Generation war nationalsozialistisch indoktriniert worden. Die Anfänge empirischer Forschung über die politische Kultur in Deutschland zeigen eine sehr autoritäre, deutlich anti-pluralistische Haltung. Der Nationalsozialismus war zwar erledigt, aber undemokratische, autoritäre und anti-pluralistische Traditionen sind in Deutschland älter als 1933. Die Gefahr für die deutsche Demokratie lag daher nach 1949 auch nicht in einer Rückkehr des Faschismus (die extreme Rechte blieb angesichts des politischen und moralischen Totalbankrotts des NS-Regimes sogar auf Dauer schwächer als in anderen europäischen Staaten), als in einer Kontinuität des Obrigkeitsstaates.

Dass es anders kam, hat viele Gründe, aber auch das BVerfG hatte seinen Anteil, der nicht überschätzt werden sollte, aber auch nicht unterschätzt werden darf. Eine autoritätsgläubige politische Kultur verträgt sich nämlich mit einem mächtigen Verfassungsgericht. Nach dem Zusammenbruch von Diktaturen ist häufig nicht nur die alte Politik, sondern Politik überhaupt delegitimiert, nach dem Ende einer Einheitspartei drängt es die Bürger nicht besonders zum demokratischen Engagement in einem Parteienstaat. Als neutral empfundene Experten für die neue Ordnung haben in dieser Situation eine potentiell starke Stellung. Das bedeutete für das BVerfG bei der Neugründung der deutschen Demokratie eine einzigartige Position: es konnte mit einer Autorität, die ihm teilweise aus undemokratischen Traditionen zugewachsen war, am Aufbau der jungen Demokratie mitwirken. Juristische und administrative Eliten wären möglicherweise wie in Weimar wiederum geneigt gewesen, den Anspruch der neuen Verfassung im Sinne obrigkeitsstaatlicher Traditionen zu verharmlosen. Adolf Arndts Schrift vom „nicht erfüllten Grundgesetz" illustriert das mit heute kaum noch nachvollziehbaren Beispielen,[17] und rechtssoziologische Untersuchungen über die deutsche Justiz aus diesen Jahren[18] liefern Erklärungen. Das BVerfG stand damals sehr viel stärker als heute in deutlicher Distanz zur normalen Justiz. Für die erste Richtergeneration galt das besonders deshalb, weil bei ihrer Auswahl stärker als bei allen anderen Staatsorganen auf eine unbelastete Vergangenheit geachtet wurde, während die personelle Kontinuität in den Fachgerichtsbarkeiten groß war. Bewusste NS-Gegner waren prominent vertreten, einschließlich von Vertretern der Emigration wie Leibholz, die in anderen Zweigen der Staatsgewalt

---

17   Arndt, Adolf: Das nicht erfüllte Grundgesetz, Tübingen 1960.
18   Dahrendorf, Ralf: Bemerkungen zur sozialen Herkunft und Stellung der Richter an Oberlandesgerichten, in: Hamburger Jb. für Wirtschafts- und Gesellschaftspolitik 5 (1960), S. 260 ff.

keine große Rolle spielten.[19] Die Entschlossenheit, es diesmal besser zu machen, einer demokratischen und pluralistischen Verfassung Gewicht zu geben, sie gegen obrigkeitsstaatliche Traditionen durchzusetzen, eine westliche Demokratie zu begründen, waren Erna Scheffler[20] und ihre Kollegen fest entschlossen.

Das ist ihnen auf bemerkenswerte Weise gelungen.

Mit dem Lüth-Urteil[21] hat das Gericht in deutlichem Gegensatz zu Weimar die Grundrechte zu „Richtlinien und Impulsen" für die gesamte Rechtsordnung erhoben und damit eine erneute Überwältigung der Verfassung durch die überkommenen Traditionen des einfachen Rechts verhindert und die Konstitutionalisierung des Rechtssystems, seinen Umbau nach Maßgabe der Verfassungsprinzipien eingeleitet.[22]

Auch wenn man die Leibholz'sche Parteienstaatsjudikatur[23] für überzogen hält, muss man anerkennen, welche symbolische Bedeutung sie in einer Gesellschaft hatte, die Parteien eher als Bedrohung der Einheit des Volkes ansah. Weder die Bedeutung von Meinungsfreiheit gegenüber traditionellen Strafrechts- und Zivilrechtslehren noch die rechtsstaatliche Durchdringung besonderer Gewaltverhältnisse wären in vergleichbarer Weise durchgesetzt worden, wenn es Sache von Justiz und Verwaltung allein gewesen wäre, und nicht das BVerfG nachdrücklich die Werte der Verfassung gegen obrigkeitsstaatliche und vormoderne Traditionen gestellt hätte, die noch tief verwurzelt waren.

In dieser Rolle in der Verfassungstransformation wirkte das BVerfG auch international als Vorbild. Es ist daher auch kein Zufall, dass bei der Demokratieneugründung in Portugal und Spanien und den Reformstaaten Mittel- und Osteuropas die Verfassungsgerichtsbarkeit ebenso eine zentrale Rolle in der Durchsetzung der neuen Verfassung spielte, wie in Südafrika nach Ende der Apartheid[24] (und dass in allen diesen Fällen das Karlsruher Beispiel einflussreich war).

---

19 Kommers, Donald P.: Judicial Politics in West Germany, Beverly Hills 1976, S. 194; Bryde, Brun-Otto: Verfassungsentwicklung, Stabilität und Dynamik im Verfassungsrecht der Bundesrepublik Deutschland, Baden-Baden 1982, S. 153.

20 Zu ihr Hohmann-Dennhardt, Christine in diesem Band.

21 BVerfGE 7, 198; vgl. dazu auch Henne, Thomas/Riedlinger, Arne (Hrsg.), Das Lüth-Urteil aus (rechts-)historischer Sicht. Die Konflikte um Veit Harlan und die Grundrechtsjudikatur des Bundesverfassungsgerichts. Berlin 2005.

22 Bryde, Brun-Otto: Programmatik und Normativität der Grundrechte, in: Handbuch der Grundrechte, Bd. 1, Heidelberg 2004, S. 697 ff.

23 Grundlegend gleich im ersten Band BVerfGE 1, 208.

24 Bryde, Brun-Otto: Die Rolle der Verfassungsgerichtsbarkeit in Umbruchsituationen, in: Hesse, Joachim Jens/Schupert, Gunnar Folke/Harms, Katharina (Hrsg.), Verfassungsrecht und Verfassungspolitik in Umbruchsituationen. Zur Rolle des Rechts in staatlichen Transformationsprozessen in Europa, Baden Baden 1999, S. 197 ff.

3   Sicherung des demokratischen Prozesses

Das majoritäre Dilemma bleibt dem Thema Demokratie und Verfassungsgerichtsbarkeit trotzdem erhalten. Die Rechtfertigung der demokratischen Mehrheitsregel, nach der in einer Herrschaftsordnung von Gleichen die Präferenzen von 51 mehr wiegen als die von 49,[25] ist auf der Ebene logischer Deduktion mit einem richterlichen Prüfungsrecht nicht bruchlos zur Übereinstimmung zu bringen. Auf der Ebene politischer Praxis und historischer Erfahrung gelingt das hingegen durchaus. Wirklich zwingend gilt die Mehrheitsregel nämlich nur in homogenen Systemen, in denen sich die Interessen der 51 %, die die Mehrheit bilden, nicht wesentlich von denen der Überstimmten unterscheiden. Verfassungsstaatliche Schranken parlamentarischer Mehrheitsherrschaft ziehen die Konsequenzen daraus, dass diese Voraussetzung anders als in Rousseaus idealtypischer Lokaldemokratie tatsächlich nirgends gegeben ist, und Minderheiten – einschließlich der „minority of one" des Individuums – des Schutzes gegen Mehrheitsentscheidungen bedürfen.[26]

Noch größerer Konsens als über die Rechtfertigung des richterlichen Prüfungsrechts durch den Grundrechtsschutz besteht über dessen Aufgabe, den demokratischen Prozess selbst zu schützen. Schon gleich zu Beginn der Diskussion über „judicial restraint" schrieb Justice Stone in der berühmten Footnote 4 in US v. Carolene Products:[27] bei grundsätzlicher Pflicht zu „judicial restraint" sollte eine verschärfte Prüfung erfolgen von „legislation which restricts those political processes which can ordinarily be expected to bring about repeal of undesirable legislation". Knapper hat es ein amerikanischer Politologe formuliert: „The ballot box is the cure for ills that can be cured by voting. The Court, however, must act to preserve the ballot box."[28]

Diese Aufgabe hat das Gericht in der Geschichte immer wieder vor Herausforderungen gestellt; überwiegend ist es ihnen gerecht geworden.

3.1   Sicherung des formalen demokratischen Willensbildungsprozesses

Dabei sind allerdings gerade im Kern des formalen demokratischen Willensbildungsprozesses, dem Wahlrecht, seiner Kontrollkompetenz durch die Grundentscheidung des Parlamentarischen Rates in Art. 38 Abs. 3 GG Grenzen gezogen, das Wahlrecht dem einfachen Gesetzgeber zu überlassen, und zwar nicht nur – sinnvollerweise – die tech-

---

25   Dahl, a. a. O. (Fn. 5).
26   Bryde, Brun-Otto: Das Verfassungsprinzip der Gleichheit, Hallesche Universitätsreden 2, Halle-Wittenberg 2012 S. 17.
27   304 US 144 (1938).
28   Krislov, Samuel: The Supreme Court in the Political Process, New York 1965, S. 114.

nischen Einzelheiten, sondern auch – sehr viel problematischer – die grundlegenden Systementscheidungen.[29]

Das Verfassungsgericht könnte daher, entgegen Forderungen der Literatur, nicht dem Gebot der Wahlrechtsgleichheit ein Verbot des Mehrheitswahlrechts entnehmen, dem Gebot der unmittelbaren Wahl ein Verbot starrer Listen und wohl auch nicht dem Gebot der Geheimheit ein Verbot der Briefwahl.

Dagegen hat es immer wieder Verstöße gegen die Wahlrechtsgleichheit und die Chancengleichheit korrigiert und zwar in den Situationen, in denen der politische Prozess zur Ausnutzung von Mehrheiten verführt, zum Beispiel die Bevorzugung von Parteien gegen freie Wählervereinigungen,[30] der Parlamentsparteien gegen die Außenseiter[31] oder Unabhängige,[32] der Parteien der alten Bundesrepublik gegen die Nachfolgepartei der SED.[33]

Mit zwei wichtigen Einschränkungen der Wahlrechtsgleichheit hat es sich allerdings schwerer getan.

Zum einen die 5%-Sperrklausel. Im Parlamentarischen Rat war man noch der Meinung, dass eine solche Hürde nur durch die Verfassung eingeführt werden könnte.[34] Das mit den Stimmen von SPD und kleinen Parteien im Parlamentarischen Rat verabschiedete Wahlgesetz sah demgemäß auch keine Sperrklausel vor. Sie wurde erst durch die von den Militärgouverneuren mit der Überarbeitung beauftragten Ministerpräsidenten eingefügt.[35] Das BVerfG hat das gebilligt,[36] und die durch die 5%-Klausel geförderte Konzentrierung des Parteiensystems wird häufig als wesentlicher Beitrag zur Stabilität der deutschen Demokratie angesehen. Allerdings hat das Gericht den in Sperrklauseln liegenden Verstoß gegen die Wahlrechtsgleichheit, zu dessen Rechtfertigung es eines „zwingenden" Grundes bedürfe, nur unter Verweis auf die Weimarer Republik aus staatspolitischen Notwendigkeiten gerechtfertigt. Das verlangt die ständige Überprüfung, ob diese ausnahmsweise wegen zwingender staatspolitischer Erfordernisse zulässige Durchbrechung der Wahlrechtsgleichheit noch notwendig ist. Statt dessen hat sich die Anerkennung der Zulässigkeit der 5%-Klausel verselbständigt und das BVerfG hat

---

29 BVerfGE 6, 104 (111); vgl zur Entstehungsgeschichte: von Doemming, Klaus-Berto/Füsslein, Rudolf Werner/Matz, Werner: Entstehungsgeschichte der Artikel des Grundgesetzes, JöR N. F. 1 (1951), S. 1, 351 f.; kritisch Meyer, Hans, in: Isensee, Josef/Kirchhof, Paul (Hrsg.), Handbuch des Staatsrechts, Band II, 2. Aufl., Heidelberg 1998, § 37 Rn. 31 ff.

30 BVerfGE 11, 351.

31 BVerfGE 24, 300.

32 BVerfGE 41, 399.

33 BVerfGE 82, 322.

34 JöR N. F. 1 (Fn. 5), S. 351 ff.

35 Lange, Erhard H. M.: Wahlrecht und Innenpolitik: Entstehungsgeschichte und Analyse der Wahlgesetzgebung und Wahlrechtsdiskussion im westlichen Nachkriegsdeutschland 1945–1956, Meisenheim 1975, S. 397 ff.

36 BVerfGE 1, 208 (248, 256 ff.), st. Rspr.

die Sperrklausel zunächst auch für Wahlen bestätigt, für die die ursprüngliche Rechtfertigung kaum trägt (Kommunalwahlen,[37] Europawahlen[38]). Für Kommunalwahlgesetze
sind Landesverfassungsgerichte davon inzwischen mit Recht abgerückt,[39] für Europawahlen hat das Gericht diese Auffassung selbst aufgegeben.[40]

Eine andere aktuell wichtige – und vom BVerfG zunächst zugelassene[41] – Durchbrechung der Wahlrechtsgleichheit ist die Zulassung von Überhangmandaten. Waren
Überhangmandate in der alten Bundesrepublik eher ein Randproblem, so hat sie die
Wahlgeographie nach der Wiedervereinigung bei den drei letzten Wahlen zu einer sehr
schwerwiegenden Verzerrung des Erfolgswertes gemacht. Das hat das Gericht inzwischen erkannt.[42]

Auch wenn das BVerfG daher nicht alle problematischen Aspekte des deutschen
Wahlrechts beseitigen konnte oder wollte, hat es insgesamt zu einer Situation beigetra-
gen, in der eine korrekte Abhaltung von Wahlen in Deutschland nicht gefährdet ist. Die
Wahlurne in Deutschland ist sicher.

3.2 Grundrechtsschutz für Demokratie

Viel wichtiger und grundlegender als die Rechtsprechung zum Wahlrecht und anderen Aspekten des formalen Regierungssystems ist aber der Beitrag des BVerfG zur Sicherung eines robusten demokratischen Willensbildungsprozesses. Freiheit der Wahl
ist nur gewährleistet, wenn die Wähler ihr Urteil in einem freien, offenen Prozess der
Meinungsbildung gewinnen und fällen können.[43] Die formal korrekte Abhaltung von
Wahlen ist nicht frei, wenn die Minderheit keine Chance hat, Mehrheit zu werden, weil
Medien und öffentlicher Meinungsbildungsprozess von den Herrschenden dominiert
werden.

Die Grundlage für ein grundrechtliches, nicht auf formale Legitimationsstränge be-
schränktes Demokratieverständnis hat das Gericht schon im KPD-Urteil[44] gelegt. Die
Aufnahme dieser Entscheidung in einen Bericht über den Beitrag des Gerichts zur
Demokratisierung ist nicht unproblematisch. Durch das Verbot der KPD wurde eine
wichtige Position aus dem politischen Spektrum in der Frühzeit der Bundesrepublik
verbannt. Dass Kommunisten nunmehr polizeilich und nicht politisch bekämpft wur-

---

37 BVerfGE 6, 104 (114 ff.) .
38 BVerfGE 51, 222 (249).
39 VerfGBerlin, JR 1998, S. 147; VerfGH NRW, DVBl 1999, S. 1271
40 BVerfGE 129,300; BVerfG 2 BvE 2/13 u. a. vom 26. 2. 2014
41 Wenn auch nur mit Stimmengleichheit : BVerfGE 95, 335.
42 BVerfGE 131, 316
43 BVerfGE 44, 125 (139).
44 BVerfGE 5, 85.

den[45], hat die Demokratisierung der bundesdeutschen Gesellschaft nicht gefördert. Hier wie auch in anderen Entscheidungen[46] war auch das BVerfG nicht immun gegen den Zeitgeist im Kalten Krieg. Aber die in diesem Urteil entwickelte Demokratietheorie war trotzdem zukunftsweisend und dies vielleicht gerade wegen des Prüfungsauftrags im konkreten Fall. Das Gericht hatte sich nämlich mit dem Vortrag der Kommunisten auseinanderzusetzen, dass sie ihr Ziel auf streng legalen Weg mittels Wahlen erreichen wollten, und dass die „Diktatur des Proletariats" als demokratische Herrschaft der Mehrheit, die soziologisch damals ja noch aus Arbeitern und Bauern bestand, über die Ausbeuter zu verstehen sei. Demgegenüber definiert das Gericht Demokratie von den Menschen her als Selbstbestimmung aller.

„Vielmehr gestalten die Menschen selbst ihre Entwicklung durch Gemeinschaftsentscheidungen, die immer nur in größter Freiheit zu treffen sind. Das ermöglicht und erfordert aber, daß jedes Glied der Gemeinschaft freier Mitgestalter bei den Gemeinschaftsentscheidungen ist. Freiheit der Mitbestimmung ist nur möglich, wenn die Gemeinschaftsentscheidungen – praktisch Mehrheitsentscheidungen – inhaltlich jedem das größtmögliche Maß an Freiheit lassen, mindestens aber ihm stets zumutbar bleiben.

Aber der Mehrheitsentscheidung geht die Anmeldung der Forderungen der Minderheit und die freie Diskussion voraus, zu der die freiheitliche demokratische Ordnung vielfältige Möglichkeiten gibt, die sie selbst wünscht und fördert, und deshalb auch für den Vertreter von Minderheitsmeinungen möglichst risikolos gestaltet. Da die Mehrheit immer wechseln kann, haben auch Minderheitsmeinungen die reale Chance, zur Geltung zu kommen.

Weil Unzufriedenheit und Kritik mannigfache, selbst drastische Ausdrucksmöglichkeiten besitzen, zwingt die Einsicht in die Labilität ihrer Position die Mehrheit selbst, die Interessen der Minderheit grundsätzlich zu berücksichtigen.

Daß diese Ordnung funktionieren, daß sie das Gesamtwohl schließlich in einer für alle zumutbaren Weise verwirklichen könne, wird durch ein System rechtlich gesetzter oder vorausgesetzter Spielregeln sichergestellt, die sich auf Grund der geschilderten Prinzipien in einer langen historischen Entwicklung ergeben haben. Die mannigfach gesicherte politische Meinungs- und Diskussionsfreiheit und die Vereinigungsfreiheit führen zum Mehrparteiensystem und zum Recht auf organisierte politische Opposition."[47]

Bemerkenswert – und richtig – an diesen Ausführungen ist insbesondere die starke Verbindung von Grundrechten und Demokratie: Demokratie ist nicht nur ein organisato-

---

45 von Brünneck, Alexander: Politische Justiz gegen Kommunisten in Deutschland, Frankfurt/M. 1978.

46 Z. B. der berühmten Elfes-Entscheidung (BVerfGE 6, 32), die zwar für die Grundrechtsdogmatik grundlegend ist, den konkreten Fall hingegen mit der Bestätigung eines Ausreiseverbots gegen einen pazifistischen Gegner der Wiederbewaffnung völlig falsch entscheidet. Damals gab es noch keine dissenting opinion, der Verfasser weiß aber, dass das Ergebnis im Gericht umstritten war.

47 BVerfGE 5, 85 (198 f.).

risches Legitimationsmodell, ein System von Wahlen und Abstimmungen, sondern vor allem ein lebendiger Prozess, an dem idealtypisch alle beteiligt sind. Die jeweilige Mehrheit herrscht, aber die Minderheit kann, auch während sie Minderheit ist, Mitwirkung beanspruchen. Das hat die spätere Rechtsprechung des Senats zu den Kommunikationsgrundrechten tief geprägt, das Wort von den „drastischen Ausdrucksmöglichkeiten" weist bereits auf spätere Entscheidungen, z. B. die Brokdorf-Entscheidung[48] hin. Gegenüber diesem zukunftsweisenden pluralistischen und menschenrechtlichen Demokratieverständnis ist die spätere Verengung von Demokratie zur Herrschaft eines Staatsvolkes durch den 2. Senat[49] ein Rückschritt, der die Bewältigung heutiger Herausforderungen der Demokratie nicht erleichtert.[50]

3.2.1 Meinungs- und Versammlungsfreiheit

Dieser Zusammenhang zwischen Demokratie und Kommunikationsgrundrechten ist für die Rechtsprechung des Gerichts grundlegend geblieben.

Im Lüth-Urteil, das in seiner Bedeutung für die Konstitutionalisierung der deutschen Rechtsordnung schon erwähnt wurde, das aber auch ein emphatisches Bekenntnis des Gerichts zur „grundlegenden Bedeutung der Meinungsäußerungsfreiheit für den freiheitlich-demokratischen Staat" enthält, heißt es:

> „Das Grundrecht auf freie Meinungsäußerung ist als unmittelbarster Ausdruck der menschlichen Persönlichkeit in der Gesellschaft eines der vornehmsten Menschenrechte überhaupt (un des droits les plus précieux de l'homme nach Artikel 11 der Erklärung der Menschen- und Bürgerrechte von 1789). Für eine freiheitlich-demokratische Staatsordnung ist es schlechthin konstituierend, denn es ermöglicht erst die ständige geistige Auseinandersetzung, den Kampf der Meinungen, der ihr Lebenselement ist (BVerfGE 5, 85 [205]). Es ist in gewissem Sinn die Grundlage jeder Freiheit überhaupt, ,the matrix, the indispensable condition of nearly every other form of freedom' (Cardozo)."[51]

Das BVerfG hat an dieser Wertung nicht nur in Fällen festgehalten, in denen es – wie im Konflikt des Nazi-Opfers Lüth mit dem Nazistar Harlan – offenkundige Sympathie mit

---

48 BVerfGE 69, 315.
49 BVerfGE 83, 37; 83, 60 – Ausländerwahlrecht; 93, 37 – Personalvertretung SH; differenzierter BVerfGE 107, 59 – Wasserverbände; zur Kritik Bryde, Brun-Otto: Die bundesrepublikanische Volksdemokratie als Irrweg der Demokratietheorie, in: StaatsWissStaatsPrax 1994, S. 305 ff.; Beiträge in Kritische Justiz (Hg), Demokratie und Grundgesetz, 2000; van Ooyen, a. a. O. (Fn. 4), S. 90 ff.; zur Diskussion vgl. auch Hanebeck, Alexander: Bundesverfassungsgericht und Demokratieprinzip, DÖV 2004, S. 901 ff.
50 Leider hat der Staatsgerichtshof Bremen die Chance die 15 Jahre alten Argumente des BVerfG zu hinterfragen, trotz eines überzeugenden Sondervotums von Ute Sacksofsky nicht genutzt: Urteil vom 31.1. 2014 (St 1/13)
51 BVerfGE 7, 198 (208).

dem Beschwerdeführer hatte, sondern – viel kritisiert – auch wenn es um Meinungen am Rande des politischen Spektrums ging.[52]

Ebenso bemerkenswert für eine eher auf Ruhe und Ordnung fixierte deutsche Tradition ist die Fürsorge des Gerichts für so unordentliche Dinge wie Demonstrationen. In der Brokdorf-Entscheidung wird die Bedeutung der Versammlungsfreiheit für die Demokratie als Recht, „das auch und vor allem andersdenkenden Minderheiten zugute kommt", herausgestellt und ausdrücklich auf „beunruhigende" Formen erstreckt: „Es gehören auch solche mit Demonstrationscharakter dazu, bei denen die Versammlungsfreiheit zum Zwecke plakativer oder aufsehenerregender Meinungskundgabe in Anspruch genommen wird."[53] Das wird in den Entscheidungen zu Blockadeaktionen[54] spektakulär – und nicht unbedingt in Übereinstimmung mit der öffentlichen Meinung – bestätigt. Und auch hier erstreckt das Gericht – gegen viel Kritik – den Schutz des Grundrechts auf rechtsradikale Außenseiter.[55]

3.2.2 Medienordnung

Vielleicht noch bemerkenswerter – und im internationalen Vergleich origineller – war, wie früh das Gericht den Zusammenhang von Medienordnung und Demokratie erkannte. Der demokratische Prozess ist in westlichen Demokratien nicht nur und nicht mehr in erster Linie durch die Staatsmacht gefährdet. Größere Gefahren drohen, wenn durch die Zusammenballung und den politisch einseitigen Einsatz privater Medienmacht die notwendige pluralistische Meinungsvielfalt gefährdet wird.

Verfassungsrechtlich stellen sich private Einflussnahmen im Unterschied zu staatlichen Beeinflussungsversuchen allerdings zunächst einmal als Grundrechtsausübung dar. Auch der Einsatz von Medienmacht im politischen Prozess ist grundrechtlich durch Art. 5 GG geschützt. Die Pressefreiheit erlaubt auch die einseitige, demagogische und unfaire Pressekampagne. Die Logik der demokratischen Grundrechtsordnung verlässt sich darauf, dass im pluralistischen Markt der Meinungen alle zu Wort kommen, Unsachlichkeiten und Einseitigkeiten sich damit gegenseitig ausgleichen. Aber je mehr im Zuge von Konzentrationsprozessen Monopole entstehen, ist diese Logik gefährdet.

Der – hellsichtige – Ansatz des BVerfG im Fernsehurteil[56] war es, jedenfalls für das Medium Rundfunk und Fernsehen, dem Grundrecht des Art. 5 GG objektivrechtliche Prinzipien für die Gewährleistung von Meinungspluralismus zu entnehmen. Auch eine

---

52 BVerfGE 67, 213 – anachronistischer Zug, zuletzt etwa BVerfGE 113, 63 „Junge Freiheit". In BVerfGE 124, 300 hat das Gericht allerdings aufgrund der deutschen Geschichte die Strafbarkeit der Verherrlichung der nationalsozialistischen Gewaltherrschaft (§ 130 Abs. 4 StGB) gehalten.

53 BVerfGE 69, 315 (343).

54 BVerfGE 92, 1; 104, 92.

55 BVerfGE 111, 147.

56 BVerfGE 12, 205 (260 ff.); das Urteil hatte auch wegen seiner Bereitschaft, sich mit der mächtigen Adenauer-Regierung anzulegen, für die Statur des Gerichts im neuen Staat besondere Bedeutung.

pluralistische Ausgestaltung der Presselandschaft ist für eine Verwirklichung der Funktion der Pressefreiheit in der Demokratie unerlässlich. Anders als für den Rundfunk sollen hier bisher – auch grundrechtsdogmatisch – die Marktkräfte den Pluralismus garantieren, was zumindest die Bekämpfung übermäßiger Pressekonzentration mithilfe des Wettbewerbsrechts verlangt.[57] Ob das ausreicht, inhaltlichen Pluralismus zu garantieren, ist allerdings nicht sicher. Die Diskussion der Forderungen einer demokratisch-funktionalen Auslegung des Art. 5 GG auch für die Pressefreiheit bleibt daher auf der Tagesordnung.

4 Minderheitenschutz

Verfassungsgerichtsbarkeit muss Minderheiten nicht nur gegen Grundrechtsverletzungen der Mehrheit schützen, in der Demokratie muss sie diesen viel grundlegender auch die Teilhabe am politischen Prozess sichern. Auch diese Aufgabe verträgt keinen „judicial restraint". Wiederum hat Justice Stone in Carolene Products den Weg gewiesen und lehnt richterliche Zurückhaltung ab bei „statutes directed at particular religious ... national ... or racial minorities"... „prejudice against discrete and insular minorities may be a special condition, which tends seriously to curtail the operation of those political processes ordinarily to be relied upon to protect minorities, and which may call for correspondingly more searching judicial inquiry".

Die wichtigste derartige Minderheit sind in der Bundesrepublik heute die Einwanderer (vor allem – um die Sache beim Namen zu nennen – türkische Einwanderer muslimischen Glaubens). Nicht nur, dass die Politik sich ihrer Belange nicht annimmt, sie kann vielmehr sicher sein, dass sie für Aktionen gegen sie Beifall bei den Wählern der Mehrheitsgesellschaft bekommt. Bei der Inklusion dieser Minderheit in den demokratischen Prozess war das BVerfG mit seinen Entscheidungen zum Ausländerwahlrecht[58] nicht sehr hilfreich. Das gilt nicht einmal so sehr wegen des Ergebnisses – darüber, ob ein Ausländerwahlrecht ohne Verfassungsänderung möglich war, konnte man mit guten Gründe streiten.[59] Für die Demokratie der Bundesrepublik problematisch war, dass den Befürwortern eine Verletzung des Demokratieprinzips vorgehalten wurde, obwohl es deren Ziel war, ein Demokratiedefizit zu beseitigen. Es sollte nämlich eigentlich nicht

---

57 BVerfGE 20, 162 (176).
58 BVerfGE 83, 37; 83, 60.
59 Ich selbst habe damals als Prozessvertreter des Schleswig-Holsteinischen Landtages (zusammen mit Edzard Schmidt-Jortzig für die schleswig-holsteinische Landesregierung, Helmut Rittstieg für die hamburgische Bürgerschaft und Hans-Peter Schneider für den Hamburger Senat) für die Zulässigkeit gestritten. Die Gegenpostion wurde von Josef Isensee (für die CDU/CSU Bundestagsfraktion) und Hans-Jürgen Papier (für die Bundesregierung) vertreten. Dokumentiert sind die Stellungnahmen – mit umfassendem Nachweis des damaligen Literaturstandes – in: Isensee, Josef/Schmidt-Jortzig, Edzard (Hrsg.), Das Ausländerwahlrecht vor dem Bundesverfassungsgericht, Heidelberg 1993.

streitig sein, dass der Ausschluss dieser Minderheit die deutsche Demokratie schädigt. Nach den Zahlen des Statistischen Bundesamtes hatten im Jahre 2013 9,46 % der Einwohner der Bundesrepublik keine deutsche Staatsangehörigkeit, in sechs Bundesländern sind es mehr als 10 %, in einigen Gemeinden über 25 %, und es geht um Menschen, die überwiegend schon in der zweiten oder dritten Generation in Deutschland leben. Ein politisches System, in dem annähernd ein Zehntel, für die gemeindliche Demokratie ein Viertel, in manchen Stadtteilen die Mehrheit der von politischen Entscheidungen Betroffenen, auf deren Zustandekommen keinen Einfluss haben, widerspricht dem Ideal der freien Selbstbestimmung aller grundlegend.

Das BVerfG hat das durchaus gesehen und festgestellt, dass die Auffassung der Verteidiger des Ausländerwahlrechts, die demokratische Idee verlange „Kongruenz zwischen den Inhabern demokratischer politischer Rechte und den dauerhaft einer bestimmten staatlichen Herrschaft Unterworfenen", im Ansatz zutreffend sei.[60] Wegen der vom Gericht angenommenen notwendigen Verbindung von Staatsangehörigkeit und Wahlrecht muss diese Kongruenz aber über das Staatsangehörigkeitsrecht erreicht werden.

Diese implizite Aufforderung des Gerichts, das Auseinanderfallen von Wahlberechtigten und Herrschaftsunterworfenen durch Reform des Staatsangehörigkeitsrechts zu beseitigen, ist nur zögernd erfüllt worden.[61] Vielfache Versuche zu einer Reform des Staatsangehörigkeitsrechts wurden politische verhindert, und als politische Mehrheiten da waren, musste die erste rot-grüne Bundesregierung den Reformversuch mit dem Regierungswechsel in Hessen aufgrund von Roland Kochs Unterschriftenkampagne – einem der Tiefpunkte des Umgangs deutscher Politiker mit den Zuwanderern[62] – und dem Verlust der Mehrheit im Bundesrat (der gleichzeitig die Reform verhinderte) teuer bezahlen. Über den verfehlten Zwischenschritt des Optionsmodells[63] ist erst heute – 15 Jahre nach der Aufforderung des Bundesverfassungsgerichts – ein deutlicher Fortschritt im Staatsangehörigkeitsrecht erreicht, wenn auch noch immer mit Einschränkungen, die wohl in der Praxis keine zu große Rolle spielen werden, aber unnötige Diskriminierungen enthalten.

5   Demokratie von Oben?

Die Herausgeber hatten mir für diesen Beitrag den Titel „Demokratie von Oben?" vorgeschlagen. Ich habe ihn nicht gewählt, sondern mich auf den von ihnen als Untertitel vorgeschlagenen Bericht über einen Beitrag des Bundesverfassungsgerichts zur Demo-

---

60 BVerfGE 83, 37 (52).
61 Zum Staatsangehörigkeitsrecht: Wallrabenstein, Astrid: Untertan, Bürger oder Volkszugehöriger? Staat 38 (1999), S. 260 ff.
62 Aus der Sicht eines solchen Zuwanderers: Stefanidis, Alexandros: Beim Griechen, 2010, S. 225 f.
63 Dazu Wallrabenstein, Astrid: Schriftliche Stellungnahme in Bundestag, 18. Wahlperiode, Protokoll Nr. 18/14; S. 111, Ausschussdrucksache 18 (4) 91 E.

kratisierung beschränkt. Demokratie von oben kann es nämlich nicht wirklich geben. Die guten Absichten der Demokraten im neu errichteten BVerfG wären als verordnete Demokratie wirkungslos geblieben. Ihren Beitrag haben sie geleistet, indem sie geholfen haben, einen pluralistischen demokratischen politischen Prozess frei zu setzen und Denkbarrieren aus einer obrigkeitsstaatlichen deutschen Tradition aus dem Weg zu räumen. Aber eine lebendige Demokratie schaffen können nur die Bürgerinnen und Bürger selbst.

Bundesverfassungsgericht und Wahlrecht

Hans Meyer

1 Die Besonderheit autoritativer Rechtsprechung zum Wahlrecht

Im Rahmen seiner Rechtsprechungskompetenz kann das Bundesverfassungsgericht (BVerfG) gestützt auf das von ihm auszulegende Grundgesetz die gesetzlich formulierte Sachpolitik der jeweiligen Parlamentsmehrheit verwerfen oder beschränken, vielleicht auch mögliche verfassungskonforme Varianten aufzeigen. Es sind jeweils punktuelle Eingriffe, die zudem selten die Realisierung eines Politikziels auf Dauer unmöglich machen. Beim Wahlrecht geht es dagegen nicht um die Gestaltung von Sachpolitik, sondern um die Entscheidung über Machtchancen der politischen Akteure. Wahlrecht organisiert den Machterwerb selbst, und zwar nur diesen. Bei seiner Gestaltung sind die agierenden Politiker, als Gruppe und als Einzelne, in einer sehr elementaren Weise betroffen. Es geht immer auch um ihre Chancen der weiteren Mitwirkung im Parlament, für viele um ihre „berufliche" Sicherheit sowie für alle um die Mehrheits- und damit um die Umsetzungschance für die gewünschte Politik. Wenn man die negative Färbung ausschalten könnte, würde man sagen, die beteiligten Akteure und das sind nicht nur die Parlamentarier, sondern auch ihre Hilfskräfte in den Fraktionsverwaltungen, in den Ministerien und gelegentlich auch in der Bundestagsverwaltung sind essentiell befangen. Weniger unschön könnte man sagen, sie haben ein geschärftes Auge für die Eigeninteressen und für die Interessen der von ihnen präferierten politischen Linie. Die Rechtsprechung ist, freilich gedämpft, nicht frei von entsprechenden Rücksichten.

Wie auch sonst, kann das BVerfG nur auf Antrag hin tätig werden. Der Strauß möglicher Verfahren ist aber beim Wahlrecht außerordentlich umfangreich. Neben der Normenkontrolle schon einer qualifizierten Parlamentsminderheit oder Richtervorlagen gibt es die Organklage, die für kleinere Oppositionsfraktionen sich anbietet, und die Verfassungsbeschwerde, die sogar jedem Wahlberechtigten offensteht. Zunehmend ist die Wahlprüfungsbeschwerde, ein im Verfahren etwas verkommenes Instrument,[1] vom Gericht für Hinweise an den Wahlgesetzgeber genutzt worden. Neben dem Bundestag können auch 16 Landtage bei ihrer Gesetzgebung über Landtags- wie Kommunalwahlen das Grundgesetz strapazieren. Bei einem solchen Fächer von Anfechtungsmöglichkeiten und bei den ebenso vitalen wie gegenläufigen Interessen der vielfältigen Akteure ist es nicht verwunderlich, dass sich das BVerfG in einer Fülle von Entscheidungen mit Wahlrechtsgestaltungen befassen musste. Unter den Einzelkomplexen der Staatsorganisation hat das Wahlrecht mit 146[2] die weitaus meisten Entscheidungen provoziert; das verwandte Parlamentsrecht dürfte es nur auf eine niedrige zweistellige Zahl bringen. Die drohende Korrektur durch das Gericht mag dazu beigetragen zu haben, dass die jeweilige Parlamentsmehrheit wenigstens versucht, die Opposition einzubinden. Nicht immer reicht das, um vor Gericht ungeschoren davon zu kommen. Die Befriedung des oligopolistischen Clubs der Parlamentsparteien ist noch keine Garantie für Verfassungstreue.

2   Die Maßstäbe bei der Verfassungsprüfung des Wahlrechts

Das Grundgesetz verlangt vom Parlamentswahlrecht nur die fünf klassischen Eigenschaften: es muss allgemein, unmittelbar, frei, gleich und geheim sein. Es fehlen jedoch Vorgaben zur Grundstruktur des Wahlrechts, zum Wahlsystem. Die Abstinenz des Parlamentarischen Rates resultierte aus der Uneinigkeit von Union und DP[3] auf der einen Seite, die für ein striktes Mehrheitswahlrecht fochten, und SPD, FDP, KPD und Zentrum, die für ein Verhältniswahlsystem eintraten. Mangels Konsenses musste das Wahlsystem einfachgesetzlich geregelt werden. Selbst der Versuch scheiterte, für eine Verhältniswahl kraft Verfassung[4] eine Sperrklausel zu erlauben. Ohne ausdrücklichen Auftrag entwarf der Parlamentarische Rat das erste Wahlgesetz. Man entschied sich als Grundsystem für die Verhältniswahl, die, wie das „endgültige" Wahlgesetz seit 1956 for-

---

1   Für den Bundestag existiert keine Frist, so dass er schon einmal zwei Jahre über einen Einspruch brüten kann; selbst das Gericht hat schon prekäre Einsprüche nach Ablauf der Wahlperiode für erledigt erklärt. 2008 führte ein Wahleinspruch wegen des „negativen Stimmgewichts" zum Erfolg (BVerfGE 121, 266–317). Die eingeräumte Korrekturfrist von drei (!) Jahren und damit die Erlaubnis einer Wahl auf verfassungswidriger Grundlage kann freilich nur als Zugeständnis an unionsnahe Richter erklärt werden; die Politik unternahm übrigens zwei Jahre nichts. Das Wahlprüfungsgesetz stellte 2012 klar, dass jegliche „Verletzung von Rechten bei der Vorbereitung und Durchführung der Wahl" zu prüfen sei, nicht nur wie vorher solche, die Einfluss auf die Zusammensetzung des Bundestages haben können. Die Entscheidungen legen sich regelmäßig nur Wirkung für die Zukunft bei. So in BVerfGE 130, 212 ff. (Wahlkreiseinteilung).
2   Hinzu kommen noch 36 Entscheidungen vor allem zum Wahlrecht in nicht parlamentarischen Bereichen.
3   Die Deutsche Partei setzte auf sichere Hochburgen in Hamburg und in Niedersachsen.
4   Eine Verfassungserlaubnis wurde auch von den großen Parteien im Rat für notwendig gehalten, weil es um einen Eingriff in die Wahlgleichheit gehe: s. JöR 1, 342 zu Fn. 40.

muliert, „mit einer Personenwahl verbunden" ist (§ 1 Abs. 1 S. 2 BWahlG). Die bei ihr gewonnenen Direktmandate wurden nämlich auf das verhältnismäßige Kontingent der jeweiligen Partei angerechnet; mögliche Überhänge sollten aber erhalten bleiben. Mit Billigung der Besatzungsmächte fügten die Ministerpräsidenten eine Sperrklausel ein. Damit war die Systemfrage entschieden. Dass die Abkehr von der Verhältniswahl einem nach diesem, auch in den Ländern präferierten System gewählten Parlament politisch unmöglich ist, musste 1968 selbst eine sehr große Koalition mit fast 90 % der Mandate zur Kenntnis nehmen.[5]

Dem Gericht stellte sich die Frage, ob und wie es sich zur Systementscheidung des einfachen Gesetzgebers stellen sollte, vor allem aber, welche Bindungen dafür aus den verfassungsrechtlich verbürgten Wahlgrundsätzen folgen. Bei vieren von ihnen gibt es keine besonderen Schwierigkeiten. Allgemeinheit, Unmittelbarkeit, Freiheit und Geheimheit der Wahl stellen keine spezifisch systemischen Anforderungen, wohl aber solche an die Ausgestaltung im Einzelnen. Das hat zu einer Reihe wichtiger Entscheidungen des Gerichts geführt.

Anderes gilt für das Gebot der Gleichheit der Wahl. In der ersten großen Entscheidung zum Wahlrecht steht der Satz: „Es gibt Wahlverfahren, wie die Mehrheitswahl, die als unbedingt demokratisch angesehen werden, bei denen die politischen Anschauungen großer Teile des Volkes im Parlament unvertreten bleiben…".[6] Diese zutreffende, für eine moderne Demokratie aber schwerlich akzeptable Aussage hat das Gericht nicht wiederholt, jedenfalls aber für die Dichotomie Mehrheitswahl-Verhältniswahl den Schluss gezogen, dass die Bedeutung der *verfassungsgebotenen* Wahlgleichheit sich nach der *einfachgesetzlichen* Auswahl des Wahlsystems richtet, bei der Verhältniswahl also etwas Anderes, nämlich erheblich Anspruchsvolleres verlange als bei der Mehrheitswahl. Zum Schwur wäre es für diese Konstruktion gekommen, als die erste große Koalition mit der Einführung der Mehrheitswahl zu scheitern drohte und man mindere Formen mehrheitsbildender Wahlsysteme erörterte. Galt nun für Dreier-, Vierer- oder auch Zwölfer-Wahlkreise die strengere Wahlgleichheit der Verhältniswahl oder die rudimentäre der Mehrheitswahl? Das Gericht kam nie in die Verlegenheit, in einem solchen Fall Farbe zu bekennen,[7] also zu klären, ob die faktische Sperre eines Mehrmandatssystems unzulässig höher lag als die bei der Verhältniswahl tolerierte Sperre von nur 5 %.

---

5   Selbst die Einführung eines Grabenwahlsystems, bei dem wenigstens die Hälfte Abgeordneten ausschließlich nach dem Mehrheitsprinzip zu wählen gewesen wäre, scheiterte an den eigenen Abgeordneten, obwohl die „Wahlrechtsreform" auch als Rechtfertigung für die Koalition galt. Es gab zu viele potentielle Verlierer.

6   BVerfGE 1, 208, 248.

7   Die Gutachter Roman Herzog u. Jochen Abr. Frowein rechtfertigten den Eingriff in die Wahlgleichheit in Mehrmandatswahlkreisen mit dem zulässigen noch höheren Eingriff bei einer Mehrheitswahl und waren damit der Dichotomie von Mehrheits- und Verhältniswahl entronnen, lieferten aber zugleich das Verfassungsgebot der Wahlgleichheit dem einfachen Gesetzgeber aus (Rechtsgutachten zu der Vereinbarkeit der Verhältniswahl in kleinen Wahlkreisen (Dreier-Wahlkreissystem) mit dem Grundgesetz, 1968, S. 17/18 bzw. S. 59.

Obwohl wir nun schon seit 65 Jahren ein Verhältniswahlrecht haben, über ein Mehrheitswahlrecht also nie zu judizieren war und das Gericht von vorne herein die Berufung auf den größeren Eingriff in die Wahlgleichheit bei der Mehrheitswahl zu Gunsten
eines lockeren Gebrauchs bei der Verhältniswahl abgeschnitten hat, wird es bis heute
nicht müde, ohne jegliche Begründung zu betonen, der Gesetzgeber könne auch ein
Mehrheitswahlrecht einführen.[8] Im strengen Sinne sind das obiter dicta ohne bindende
Wirkung. Verstehen kann man sie nur als den Versuch, den jeweiligen Anhängern eines Mehrheitswahlrechts im Senat und außerhalb wenigstens symbolisch entgegen zu
kommen.

3   Die allgemeine Wahl

Der Grundsatz der Allgemeinheit der Wahl war der Vorläufer des später aufgekomme-
nen Grundsatzes der Gleichheit der Wahl, hat die gleiche Struktur[9] und beschränkt sich
heute auf die Wahlberechtigung. Themen sind der individuelle Ausschluss der Wahlberechtigung, das Wahlrecht von „Auslandsdeutschen" und besonders brisant das „Ausländerwahlrecht". Ein solches Thema könnte auch das Wahlalter werden.

Randprobleme ergeben sich beim Ausschluss vom Wahlrecht durch Richterspruch,
bei der Anordnung der Betreuung und bei der richterlicher Einweisung in ein psychia-
trisches Krankenhaus (§ 13 BWahlG).[10] Das Gericht wurde nie angerufen, hat aber ne-
benher auch diese Beschränkungen, weil „von jeher" anerkannt, für unbedenklich erklärt.[11] Diesen schwerlich befriedigenden Rekurs allein auf die Tradition als Beweis des
geforderten zwingenden Grundes einer Einschränkung der Allgemeinheit der Wahl hat
das Gericht später nicht mehr wiederholt.

Dagegen ist das Wahlrecht der am Wahltag nicht im Wahlgebiet lebenden Deutschen
(Auslandsdeutsche) zunehmend ausgedehnt worden. Zuletzt hat das Gericht mit einem

---

8   S. z. B. BVerfGE 121, 266, 296. Nur noch wenige demokratische Staaten in der Welt haben die Mehrheits-
    wahl beibehalten und in der EU haben auch solche Staaten für die Europawahl in ihrem Land das Ver-
    hältniswahlsystem akzeptiert. Sollte in einer erwachsenen Demokratie das Parlament wirklich frei sein,
    ein Wahlsystem auszuwählen, bei dem auch nach der Erkenntnis des Gerichts „große Teile des Volkes
    im Parlament unvertreten bleiben" (BVerfGE 1, 208, 248)? Grundsätzlicher zum Thema Meyer, Hans:
    Wahlsystem und Verfassungsordnung, Frankfurt 1973, S. 159 ff.
9   BVerfGE 99, 1, 13: „Allgemeinheit und Gleichheit sichern die vom Demokratieprinzip vorausgesetzte
    Egalität der Staatsbürger". Begrenzungen verlangen eine zwingenden Grund (BVerfGE 36, 139, 141; 132,
    39 ff. Rn. 24).
10 Die Aberkennung kraft Richterspruchs stammt noch aus einer Zeit, als das Wahlrecht als staatsbürger-
    liches Ehrenrecht angesehen wurde; in der Praxis spielt sie kaum eine Rolle mehr. Die automatische
    Aberkennung kraft Anordnung der Betreuung ist unzulässig, weil der Richter bei der Betreuungsent-
    scheidung die mangelnde Fähigkeit einer rationalen Wahlentscheidung nicht zu prüfen hat. Eine für
    eine Wahlrechtsänderung zu späte Anhörung im Innenausschuss am 3. 6. 2013 (Prot. Nr. 17/108 mit
    schriftl. Stellungnahmen) führte zu nichts.
11 BVerfGE 36, 139, 141 f.

sehr diffizilen Urteil[12] eine Änderung des § 12 Abs. 2 BWahlG erzwungen. Die Staatsangehörigkeit als solche ist danach kein hinreichender Grund für die Wahlberechtigung.[13]

Das *Wahlalter* ist durch Art. 38 GG für die Bundestagswahl auf 18 Jahre festgelegt. Es gibt aber auf kommunaler und Landesebene in Deutschland, aber auch im europäischen Ausland Tendenzen einer Absenkung auf 16 bzw. 14 Jahre, die irgendwann den Bund erreichen werden. Er ist zudem mit Bestrebungen konfrontiert, ein noch weitergehendes *„Kinderwahlrecht"* einzuführen. Beides ist ein Problem der Allgemeinheit der Wahl. Wenn bei den Wahlen zu den Landesparlamenten durchweg des Wahlalter gesenkt und damit auch 16- oder 14-Jährigen die Wahlmündigkeit zugesprochen wird, könte das Gericht den Gesetzgeber, falls er nicht von sich aus reagiert, zum Schutze der demokratischen Homogenität im Bundesstaat gestützt auf das Gebot der Allgemeinheit der Wahl wenigstens zu einer Überprüfung der Festlegung auf 18 Jahre auffordern. Wie die Praxis zeigt, eignen sich zum Anstoß Wahlprüfungsbeschwerden oder Richtervorlagen.

Politisch noch brisanter ist unter dem Stichwort *Ausländerwahlrecht* die Zulassung ansässiger Nichtdeutscher zur Wahl. Auch bei ihm kalkulieren die verschiedenen politischen Richtungen zu Recht oder Unrecht Vorteile oder Nachteile. Es ist Anlass eines bedeutenden, dem Gericht aber nicht zur Ehre gereichenden Urteils.[14] Die politische Brisanz zeigt schon die ungewöhnliche Konstruktion, dass neben der Oppositionsfraktion CDU/CSU im Bund ein Land, nämlich Bayern, gegen ein (schleswig-holsteinisches) Landesgesetz klagte. Dieses wollte zur Kommunalwahl längere Zeit im Lande ansässige Bürger aus einer Reihe von solchen Ländern zulassen, die dies ihrerseits auch für Deutsche vorsahen. Das Urteil geht von Art. 20 Abs. 2 GG aus, wonach alle Staatsgewalt „vom Volke" ausgeht und „vom Volke in Wahlen … ausgeübt" wird, sieht darin aber nicht das Demokratieprinzip, sondern das Nationalstaatsprinzip normiert. Zu diesem Zweck ergänzt es den Verfassungstext „Volk" schlicht um das Wort „deutsche",[15] erstreckt dies über Art. 28 Abs. 1 Satz 2 GG nicht nur auf Landtags- sondern auch auf Kommunalwahlen und kommt so zu einem Verbot des kommunalen Ausländerwahlrechts. Dass schon der Parlamentarische Rat trotz fehlender Staatsbürgerschaft Flüchtlinge deutscher Volkszugehörigkeit zur Wahl zugelassen und der erste Bundestag das Wahlrecht sogar auf deren nichtdeutsche Verwandte ausgedehnt hatte, beide also offensichtlich anderer Ansicht waren, störte den Senat nicht. Sein Problem war aber, dass er damit die „strikt nationalstaatliche Demokratie" zum „Grundsatz" im Sinne des Art. 79 Abs. 3 GG gemacht hatte, der auch durch Verfassungsänderung nicht „berührt" werden darf. Schon längst traten aber gestandene europäische Nationalstaaten für ein Kommu-

---

12 BVerfGE 132, 39–60 mit einem scharfen Sondervotum der Richterin Lübbe-Wolff (S. 60–71).
13 Das rechtfertige die „Intregrationsfunktion" der Wahl, die deren „Kommunikationsfunktion" einschließe, BVerfGE 132, 39, 50 Rn. 32.
14 BVerfGE 83, 37–59.
15 Es ist aber ein Unterschied, ob man als „Volk" im Sinne der Demokratie nur primär, was selbstverständlich ist, oder notwendig exklusiv die Gemeinschaft der Staatsangehörigen ansieht.

nalwahlrecht von EU-Bürgern ein. Das Dilemma „löst" der Senat, indem er schlicht konstatiert, Art. 79 GG stehe nicht im Wege, wenn ein solches kommunales Ausländerwahlrecht durch Verfassungsänderung eingeführt werde (S. 59). Auch nur der Versuch einer Begründung fehlt, die Unbegründbarkeit war dem Senat offensichtlich bewusst: Art. 79 Abs. 3 GG normiert eine Sperre gerade für Verfassungsänderungen.

4   Die unmittelbare Wahl

Ursprünglich gegen ein Wahlmännersystem gerichtet, hat der Grundsatz nur noch geringe praktische Bedeutung. Er soll sichern, dass bei der Besetzung des Parlaments nur der Wählerentscheid und die vorher festgelegten Umsetzungsregeln für die Stimmen in Mandate maßgebend sind. So verbietet BVerfGE 3, 45, 51 die Bestimmung eines Nachrückers durch eine Wählervereinigung nach Erschöpfung der Reserveliste.[16] Die starre Liste und die Listenwahl als solche werden dagegen zu Recht nicht als ein Verstoß angesehen.[17] Die fehlende Unmittelbarkeit ist entscheidend, als der Senat ein halbes Jahr nach der heftigen Entzweiung über die Bewertung von Überhangmandaten[18] einmütig ein Nachrücken beim Ausfall eines Direktkandidaten einer Partei untersagte, solange sie Überhänge besitze, weil der Nachrücker nicht durch die Zweitstimmen mitgewählt sei.[19] In dem wichtigen Urteil über negative Stimmgewichte[20] wird der widersinnige Effekt, dass eine Stimme für eine Partei bei dieser zum Verlust eines Sitzes führen kann, als Verstoß auch gegen das Unmittelbarkeitsgebot gewertet.

5   Die geheime Wahl

Die Geheimheit der Wahl dient dem Schutz des Wählers bei der Stimmabgabe vor sozialem Druck des Staates wie Privater und garantiert so eine freie Wahl als „unabdingbare Voraussetzung für die demokratische Legitimation des Gewählten".[21] Die Briefwahl hat BVerfGE 59, 119–128 trotz Gefährdungen noch akzeptiert, aber Verfahrensänderungen angeregt. Der kontinuierlich Zunahme der Briefwähler auf über 24 % bei der Wahl 2013 stellt jedoch die Briefwahl, die auch den Wahltermin diffus werden lässt, unter Le-

---

16 Ähnlich BVerfGE 7, 77–86 u. 47, 253, 279 f.
17 BVerfGE 7, 63–75 bzw. 21, 355, 356.
18 BVerfGE 95, 355 ff.
19 BVerfGE 97, 317, 326 f. Das Argument überzeugt als solches, der Senat übersieht freilich das Problem, dass nicht feststeht, ob gerade der ausgeschiedene Direktgewählte auf einem Überhang gesessen hat.
20 BVerfGE 121, 266, 307/308.
21 BVerfGE 99, 1, 13.

gitimationsdruck. Die nicht unerheblichen Unterschriftenquoren, die „neue" Parteien[22] für Landeslisten und für Kreiswahlvorschläge aufbringen müssen, hat das Gericht auch unter dem Aspekt der geheimen Wahl geprüft, die Geheimhaltung politischer Präferenzen im Vorfeld der Wahl zwar auch von Art. 38 GG geschützt angesehen,[23] Einschränkungen aber sehr großzügig behandelt.[24]

6 Die freie Wahl

Als einen „dem demokratischen Prinzip immanenten Grundsatz" bezeichnet das BVerfG[25] die freie Wahl, die schon eine freie Kandidatenaufstellung und deren Nachweis ebenso erfordere wie eine rechtzeitige Veröffentlichung der Wahlvorschläge.[26] Die Freiheit beim Wahlakt wird vor allem durch die geforderte Geheimheit der Wahl garantiert. Da der Wahl eine längere Zeit zunehmender, kommunikativer Pression auf die Wähler vorauszugehen pflegt, ist die Differenzierung zwischen zulässigem und unzulässigem Druck schwierig. Nichtamtliche Wahlbeeinflussung ist nur ausnahmsweise unzulässig. Zu geringwertigen Geschenken eines Wahlbewerbers verhielt sich das BVerfG neutral, weil es an einem möglichen Einfluss auf die Zusammensetzung des Bundestages fehle.[27] Massive Wahlwerbung von Unternehmen mit Drohungen von Entlassungen oder Einstellungssperren wird nur an § 108b StGB „Wählerbestechung" gemessen und damit die Chance vertan, für unzulässigen sozialen Druck bei der Wahlwerbung eine Hürde zu errichten.[28] Der privaten Presse ist erlaubt, auch bei einer Monopolstellung einseitig Stellung zu beziehen; für den Anzeigenteil wird dies noch offen gelassen.[29]

Zur amtlichen Wahlbeeinflussung hat mit dem Stichwort „Öffentlichkeitsarbeit der Regierung versus Wahlpropaganda" das BVerfG in E 44, 125–197 (mit drei Sondervoten) ein wichtiges Urteil für den Bundesbereich erlassen, das bis heute auch Auswirkung auf die Länder und Kommunen hat. Obgleich es vor allem die „Chancengleichheit der Parteien" bemüht, geht es um die „von Zwang und unzulässigem Druck" freie Wahl (S. 139). „Öffentlichkeitsarbeit der Regierung findet dort ihre Grenze, wo die Wahlwerbung beginnt" (S. 151). Da das Gericht auch für „die heiße Phase des Wahlkampfs" keine eindeutige Grenze findet und mit der Bestimmung des Wahltages nur einen Anhaltspunkt liefert (S. 153), garantiert der politische Druck, die Wiederwahl auch unter Einsatz amt-

---

22 Das sind nach § 18 Abs. 2 BWahlG solche, die nicht im Bundestag oder einem Landtag seit der letzten Wahl mit mindesten fünf Abgeordneten vertreten waren, also praktisch alle Neugründungen. Sie haben für Landeslisten bis zu 2 000 Unterschriften aufzubringen.
23 BVerfGE 3, 19, 32; 3, 383, 396.
24 Siehe die berechtigte Kritik bei Frowein, Jochen Abr.: BVerfG und Wahlrecht, AöR 99 (1974) S. 72, 105.
25 E 47, 253, 283.
26 BVerfGE 79, 161, 166.
27 BVerfGE 21, 196,198 f.
28 BVerfGE 66, 369, 380 ff.
29 BVerfGE 42, 53, 62 und enger E 48, 53, 62.

licher Mittel zu erreichen, auf allen drei Ebenen häufig Gerichtsverfahren, vor allem in Ländern und Kommunen.

7   Die gleiche Wahl

Der politisch brisanteste der Wahlgrundsätze ist die gleiche Wahl, weil sie Regelungen zu Lasten von Wettbewerbern grundsätzlich untersagt. Während früheste Entscheidungen bei der Erörterung der Zulässigkeit von Eingriffen noch vom „Ermessen des Gesetzgebers"[30] sprechen und in der mittleren Phase der Rechtsprechung „besondere, rechtfertigende, zwingende Gründe" verlangt werden, ist ein Eingriff nach der neuesten Formel nur aus Gründen erlaubt, „die durch die Verfassung legitimiert und von einem Gewicht sind, das der Wahlgleichheit die Waage halten kann".[31] Psychologisch interessant ist, dass das Gericht einen Eingriff in die Wahlgleichheit oft verharmlosend als „Modifikation" oder „Differenzierung" bezeichnet.

Wie alle Wahlgrundsätze bezieht er sich auf die Institution Wahl als solche, vor allem auf die vier Personal-Kategorien der Wahlvorschlagsberechtigten, der Kandidaten, der Wahlberechtigten und der Wähler; er umfasst grundsätzlich auch das Vorfeld der eigentlichen Wahl. So unterliegen dem Gebot einer gleichen Wahl die Unterschriftenquoren, die „neue" Wettbewerber[32] aufbringen müssen, um an der Wahl teilzunehmen, die Regeln über Wahlsendezeiten und die mittlerweile in die allgemeine Staatsfinanzierung der Parteien eingeflossene Wahlkampfkostenerstattung, die Regeln, die zu unterschiedlichen Größen von Wahlkreisen, zu negativen Stimmgewichten oder zu Überhangmandaten führen oder die Sperrklauseln und die Verteilungsregeln im Einzelnen. Die „gleiche Wahl" berührt dabei notwendig die Wahlsystematik.

Die Rechtsprechung zu den *Unterschriftenquoren* hat sich seit 1960 nicht mehr entwickelt. Obwohl das Gericht einmal ein zu hohes Quorum[33] und die Schlechterstellung von Parteien und Wählergruppen, die schon im kommunalen Vertretungsorgan vertreten waren, für verfassungswidrig erklärt hat,[34] beruht seine Interpretation noch auf Ermessensvorstellungen und Anleihen an die Rechtslage in der Weimarer Republik. Es gehe zwar nicht um die Verhinderung einer zu starken Segmentierung des Parlaments, sondern nur um den Schutz der Wähler vor einer aussichtslosen Stimmabgabe, gleichwohl sei ein Unterschriftenquorum grundsätzlich zulässig. Diese Rechtsprechung entstand vor dem Parteiengesetz, das erst 1967 erlassen wurde.[35] § 2 Abs. 1 PartG verlangt

---

30 Dass bei der Konkretisierung der Wahlgrundsätze „ein weiter Ermessensspielraum" (BVerfGE 3, 19, 24) bestehe, ist schon bald aufgegeben worden.
31 BVerfGE 129, 300, 320.
32 Dazu zählen auch solche, die bei der letzten Wahl nicht erfolgreich waren (§§ 18, 20, 27 BWahlG).
33 BVerfGE 3, 19, 28.
34 BVerfGE 12, 10, 29.
35 Weil das Gericht die Staatsfinanzierung der Parteien ohne gesetzliche Grundlage nicht mehr tolerierte.

aber von einer Partei eine hinreichend feste Organisation und ausreichende Gewähr für die Ernsthaftigkeit, auf die politische Willensbildung auch durch Teilnahme an den Wahlen Einfluss zu nehmen. Dann kann sie der Bundeswahlausschuss nach § 18 Abs. 4 BWahlG nicht ablehnen. Nach der neuen Konzeption des Gerichts ist daneben aber kein Platz mehr für ein Unterschriftenquorum von „Parteien".

Keine überzeugende Haltung hat das BVerfG zur Frage der *Wahlsendungen durch den öffentlich-rechtlichen Rundfunk* gefunden. Es anerkennt, dass die Wahlgleichheit bei staatlichen Leistungen eine strikt-formale Gleichbehandlung – so auch die Grundlage des § 5 Abs. 1 S. 1 PartG –, gebietet,[36] setzt aber gleichwohl auf die Einschränkungsgründe, die schon für die Unterschriftenquoren und für die Sperrklauseln aktiviert worden sind, ohne zu sehen, dass vor allem letztere mehr als hinreichend sind, um eine Parteizersplitterung im Parlament zu vermeiden, wie eine 60-jährige Wahlrechtsgeschichte beweist. Beließe es das Gericht dabei, würde das Interesse der etablierten Parteien zu einer deutlichen Kürzung der Sendezeiten führen.[37]

Die *Wahlkampfkostenpauschale* war das weidlich genutzte Schlupfloch, das das Gericht beim Verbot staatlicher Parteifinanzierung öffnete.[38] Auch hier wurde nicht die Regel strikter formaler Gleichbehandlung, sondern die Ausnahme die Regel, wobei man sich fehlerhaft auf den an sich eingängigen Spruch berief, den Gesetzgeber treffe nach dem Gleichheitssatz nicht die Pflicht, „dass die sich aus der unterschiedlichen Größe, Leistungsfähigkeit und politischen Zielsetzung der Parteien ergebenden Unterschiede durch einen hoheitlichen Eingriff ausgeglichen werden".[39] Der Spruch bezog sich nämlich lediglich und korrekt auf einen entsprechenden Eingriff des Staates in ein privates Rundfunkwesen, nicht aber auf staatliche Leistungen. Die geltende staatliche Parteifinanzierung umfasst unausgesprochen auch die Wahlfinanzierung, hat sich aber formal von ihr gelöst, und orientiert einen Teil am leicht gewichteten Wahlerfolg (§ 18 Abs. 3 PartG). Sie begünstigt den status quo mit leichten Vorteilen für kleinere Parteien.

Bei der „*Wahlkreiseinteilung*" verlangt die Wahlgleichheit wegen des geforderten gleichen Gewichts der Erststimme" möglichst gleich große Wahlkreise".[40] Maßgebend ist danach die Zahl der Wahlberechtigten.[41] Das Abstellen auf die deutsche Wohnbevölkerung wird nur akzeptiert, wenn die entsprechenden Minderjährigenzahlen die Zahl der Wahlberechtigten in etwa abbilden, was aber bei einer Reihe von Wahlkreisen nicht der Fall sei;[42] das Urteil verlangt eine Korrektur.[43]

---

36 BVerfGE 14, 121, 133; 47, 198, 227.
37 Siehe eingehender Meyer, Hans: Wahlgrundsätze, Wahlverfahren, Wahlprüfung, HStR Bd. III, 3. Aufl. 2005, § 46 Rn. 63–70.
38 BVerfGE 20, 56, 113.
39 BVerfGE 14, 121, 134.
40 BVerfGE 130, 212, 225.
41 BVerfGE 130, 212, 230.
42 BVerfGE 130, 212, 232 f.
43 BVerfGE 130, 212, 236.

Die „Personenwahl", die das System mit der Verhältniswahl verbindet, wird durch
die Technik der Mehrheitswahl in Wahlkreisen realisiert, über die im Regelfall die Hälfte
der Abgeordneten durch die Erststimme bestimmt werden. Sie sind bis auf (unausge-
glichene) Überhänge zugleich von den Zweitstimmen ihrer Partei gedeckt.[44] Die *Überhangmandate* haben das Gericht häufig beschäftigt. Eine zunehmend restriktive Einstellung[45] wird 1997 von vier Richtern aufgekündigt, indem Überhangmandate bis zur
Fraktionsstärke zugelassen werden, was erstmals zu einem gespaltenen Urteil führt.[46]
Ein Jahr später wird aber einstimmig dem Überhang ein Makel angelastet, der bei Aus-
scheidens eines Direktgewählten einer Überhangpartei ein Nachrücken verbiete.[47] Der
Eingriff in die Wahlgleichheit wird 1997 nicht an den sonst vertretenen Voraussetzungen
gemessen, sondern mit einem eingängigen Zitat der ersten Entscheidung zur Sache
rechtfertigt:[48] „Die mit der Zulassung von Überhangmandaten notwendig verbundene
Differenzierung des Stimmgewichts findet in diesem besonderen Anliegen der personalisierten Verhältniswahl ihren letzthin rechtfertigenden Grund".[49] Da es sich damals
um externe, also echte Überhangmandate handelte, hieß das im Kontext: das überhän-
gende Direktmandat muss wegen der Wahlgleichheit nicht geopfert werden. Später gab
es aber nur interne, also unechte Überhänge, da sie auf Bundesebene den proportiona-
len Anspruch der Partei auf Mandate gar nicht überstiegen. Bei Anrechnung auf diesen
Anspruch der Partei hätte es keinen Überhang mehr gegeben. Da bei Landtagswahlen
Überhänge ausgeglichen werden, erweist sich der angegebene, wenn auch missverstan-
dene Grund als nicht valide. Gleichwohl setzten die Anhänger von Überhängen im Senat im letzten einschlägigen Urteil eine wenn auch um die Hälfte reduzierte Erlaubnis
von Überhängen durch;[50] die gewundene Argumentation, die nicht beachteten Konsequenzen, falls zwei Parteien Überhänge erzielen, vor allem aber die viel breiter dargelegten stärkeren Gegenargumente lassen freilich vermuten, dass die Überzeugung von
der Notwendigkeit einer einstimmigen Entscheidung stärker war als die Überzeugung
in der Sache. Die Politik sah das jedenfalls so und führte unter Einbezug der Opposition
bei der Novelle 2013 Ausgleichsmandate ein. Damit dürfte das Kapitel Überhänge politisch erschöpft und das Gericht um eine Baustelle, die ihm nicht viel Ehre eingebracht
hat, erleichtert sein.[51]

---

44 BVerfGE 97, 317, 324. Es wird oft übersehen, dass alle regulären 598 Sitze nach dem Zweitstimmenerfolg
    zugeteilt werden, aber erst auf die Listen verteilt werden, nachdem die gewonnenen Direktmandate der
    jeweiligen Partei abgezogen worden sind.
45 BVerfGE 7, 63, 75: „nur in engen Grenzen zulässig"; eine Analyse der Rechtsprechung bis BVerfGE 122,
    304–315 findet sich bei Meyer, Hans: Die Zukunft des Bundestagswahlrechts, 2010, 37–52.
46 Mit zwei vollständig getrennten Begründungen: BVerfGE 95, 335, 348–367 bzw. 367–407.
47 BVerfGE 97, 317, 324. Obwohl das Gesetz das vorsah; die Unmittelbarkeit der Wahl war also garantiert.
48 BVerfGE 95, 335, 358.
49 BVerfGE 7, 63, 74/75.
50 BVerfGE 131, 316–376.
51 Nicht freilich das Kapitel „Vergrößerung des Bundestages".

Auch bei der brisanten Rechtsprechung zu den *Sperrklauseln* findet sich eine ähnliche Entwicklung von zögerlichem Beginn über zunehmender doktrinärer Verhärtung zum Wachsen neuer Sensibilität. Ganz früh[52] schottet der Senat sich mit den Worten „Das Grundgesetz schweigt zu diesem Punkt" von der Entstehungsgeschichte ab,[53] orientiert sich an einem „gemeindeutschen Satz", der natürlich von denselben Interessenten stammte, zieht aber bei 5 % eine Grenze für „den gegenwärtigen Zeitpunkt" und kassiert eine 7,5 %-Sperre. Vier Jahre später dominiert aber schon eine doktrinäre Sicht bei der Bewertung kommunaler Sperrklauseln. Obwohl schon drei große Länder problemlos ohne Sperrklauseln auskommen, liege es im „Ermessen", solche in NRW einzuführen.[54] Der Höhepunkt doktrinärer Behandlung der Frage ist das erste Urteil zum Europawahlrecht.[55] Ein starker und keineswegs europapolitischer Beweggrund für die Sperre lässt sich in der damaligen Gesetzesbegründung fest machen, „nicht ohne Not Veränderungen im bestehenden Parteiensystem der Bundesrepublik hervor(zu)rufen".[56] Nach diesem Urteil schien es so, als sei die Sperrklausel eine Garantie für die Qualität eines Parlaments. Sensibler wird die Rechtsprechung mit und nach dem Urteil zum Einigungswahlrecht, das vor allem die Erstreckung der 5 %-Klausel auf die beigetretenen Gebiete, die gegen jede ostdeutsche Regionalpartei gerichtet war, für verfassungswidrig erklärte.[57] Nicht überraschen konnte nach dieser Entwicklung, dass die Sperre zur Europawahl keine Gnade mehr finden würde[58] und die unkluge[59] Trotzhaltung, es mit 3 % gleichwohl zu versuchen, ohne Erfolg blieb.[60] Vollständig und mit tatkräftiger Hilfe von Landesverfassungsgerichten, denen sich schließlich BVerfGE 120, 82–125 angeschlossen hat, ist die Sperre im Kommunalwahlrecht verschwunden.

Die hochkomplizierte Struktur eines auf Länder ausgerichteten, aber mit einem länderübergreifenden Ausgleich für die Parteien arbeitenden Wahlsystems hat zu dem Phänomen des *negativen Stimmgewichts* geführt, das erst nach der Nachwahl in Dresden 2005 mit Warnungen an die CDU-Wähler, ihrer Partei nicht zu viele Zweitstim-

---

52 BVerfGE 1, 208–261.
53 Dabei war der Parlamentarische Rat von der Notwendigkeit einer Verfassungsermächtigung für eine Sperrklausel überzeugt und hat sie abgelehnt.
54 BVerfGE 6, 104, 120.
55 BVerfGE 51, 222–257. Es hat zu Recht ganz überwiegend Kritik gefunden (s. Meyer, a. a. O. (Fn. 19), Rn. 153).
56 BT-Drucks. 8/361 S. 12.
57 BVerfGE 82, 322–352.
58 BVerfGE 129, 300–355.
59 Auch die sorgfältig ausgesuchten Wissenschaftler mussten in der Anhörung vor Risiken warnen.
60 Urteil v. 26. 2. 2014, NVwZ 2014, 439 ff.; eingehend und zutreffend ist die Würdigung bei Kahl, Wolfgang/Bews, James: Die Verfassungswidrigkeit der Drei-Prozent-Sperrklausel bei Europawahlen, DVBl. 2014, S. 737–746. Unverständnis äußert Bernd Grzeszick (NVwZ 2014, 537), der freilich schon bei der Verteidigung der 5 %-Sperrklausel vor Gericht unterlegen war. Dass aus Deutschland lediglich zwei Abgeordnete wegen des Wegfalls der 3 %-Sperre als Fraktionslose im Parlament der 751 sitzen, steht in einem gewissen Kontrast zur alarmistischen Sicht des Autors und bestätigt, dass es der Politik mehr um den Schutz des deutschen Parteiensystems als um das europäische Parlament ging.

men zu geben, ins allgemeine Bewusstsein rückte und zu einem Verdikt in BVerfGE 121, 266–317 führte.

Zugunsten des kleineren Koalitionspartners wurde bei der Novelle 2011 das an sich unbestrittene *Verteilungsverfahren* Saint-Laguë/Schepers durch Zusatzmandate „verbessert", was BVerfGE 131, 316, 345 f. zu Recht als gleichheitswidrig erkannte.

8   Ausblick

Noch in dieser Legislaturperiode muss das Parlament die Wahlkreiseinteilung korrigieren. Obwohl die Vorschläge durch eine vom Bundespräsidenten berufene unabhängige Kommission zu erstellen sind (§ 3 Abs. 2 u. 3 BWahlG), der Bundestag aber entscheidet, und die betroffenen Wahlkreisabgeordneten und meist auch ihre Konkurrenten, soweit sie über die Liste in den Bundestag gelangt sind, von Veränderungen vital betroffen sein können, ist nicht sicher, ob eine verfassungskonforme Lösung gefunden wird.

Die Aufforderung aus dem Jahr 2008, „das für den Wähler kaum noch nachzuvollziehende Regelungsgeflecht der Berechnung der Sitzzuteilung im Deutschen Bundestag auf eine neue, normenklare und verständliche Grundlage zu stellen",[61] hat das Parlament mit der noch unverständlicheren Fassung des § 6 BWahlG 2013 mehr als verfehlt.

Es liegt am fehlenden Mut der Ministerialbürokratie, sich von alten Formulierungsschablonen zu befreien und die Darstellung klarer zu strukturieren, und an der Politik, die das System überfordert. Unser Wahlsystem will nämlich zu viele Fliegen mit einer Klappe schlagen. Es kennt mit Verhältnisregel und Mehrheitsregel gleich zwei gegenläufige Verteilungsprinzipien. Es ist länderweise organisiert, will aber zugleich eine bundesweite Stimmenauswertung. Es kennt zwei unterschiedlich organisierte Stimmen, die gesplittet abgegeben werden können, ohne dass der splittende Wähler die positive Wirkung im Voraus kalkulieren könnte. Es kennt eine vom Parlament 1996 mühsam gefundene Größe des Bundestages („unter 600"), von dem es zugleich zunehmend, und mit der neuen Regelung vom Mai 2013 schon ganz erheblich und natürlich nach oben abweicht.

Das führt zur dritten Baustelle. Da die in § 6 Abs. 1 bis 4 BWahlG irreführend schon „erste Verteilung" genannte Vorrechnung den politischen Sinn hat, die Überhänge, und zwar in jedem Land zu fixieren, und damit das Maß des notwendigen Ausgleichs festzulegen, wird die in Bayern dominante CSU, die im übrigen Bundesgebiet nicht antritt, leicht zum Maßstab für den Umfang des Ausgleichs. In dem für den Ausgleich maßgebenden Bundesvergleich erhielt sie z. B. 2013 nur 7,4 % der Stimmen. Daher führt schon ein einziger CSU-Überhang zu einem wenigstens zehnfachen Ausgleich. Es gab aber drei CSU-Überhänge. Bei einem stärken Rückgang von Zweitstimmen – und davor sind auch dominante Parteien nicht mehr gefeit –, kann das zu einem weitaus erheblicheren

---

61   BVerfGE 121, 266, 316.

Aufwuchs an Mandaten führen. Der Fraktionsvorsitzende der Union will das verhindern. Ob das verfassungskonform gelingt, wird vermutlich erst das BVerfG zu entscheiden haben.

Die Parteiverbotsverfahren vor dem Bundesverfassungsgericht

Robert Chr. van Ooyen

1 „Wehrhafte Demokratie"

Es gibt gute Gründe für und wider die „wehrhafte Demokratie", deren schärfste Waffe sicherlich das Verbot einer Partei nach Art. 21 GG ist. Befürworter sprechen von der spezifisch deutschen „Lehre aus Weimar". So wurden mit dem Vereinsverbot (Art. 9 Abs. 2 GG), der Grundrechtsverwirkung (Art. 18), vor allem aber mit dem Parteiverbot Vorkehrungen getroffen, dass der zweite Versuch einer demokratischen Republik nicht am politischen Extremismus scheitert – zumindest soweit es die verfassungsrechtlichen Vorgaben betrifft. Parteiverbote wirkten abschreckend auf das extremistische Umfeld und Demokratie sei schließlich kein „Selbstmordkommando". Kritiker wenden dagegen ein, dass die „Wehrlosigkeit" Weimars eher ein – wohl konservativer – Mythos sei[1]; dass ein Parteiverbot jenseits symbolischer Politik praktisch wirkungslos und es überdies nach gut sechzig Jahren stabiler demokratischer Tradition längst an der Zeit sei, diesen deutschen „Sonderweg" zu verlassen. Denn gefestigte liberal-demokratische Gesellschaften kennen zumeist nur den strafrechtlichen Schutz der rechtsstaatlichen Demokratie. Gegenüber dem Extremismus setzen sie auf die politische Auseinandersetzung und vertrauen auf die „Selbstreinigungskräfte" einer offenen Gesellschaft. Richtig ist, so hat es schon der Staats- und Demokratietheoretiker Hans Kelsen formuliert, dass das Konzept der „wehrhaften Demokratie" mit einem massiven Eingriff in die pluralistische

---

[1] Der Parlamentarische Rat aber nahm Weimar einfach als „wehrlose" Republik wahr; vgl. Niclauß, Karlheinz: Der Weg zum Grundgesetz, Paderborn u. a., 1998, S. 202 ff. Ob zu Recht, wird inzwischen bestritten bzw. erheblich differenzierter beurteilt; vgl. grundlegend: Gusy, Christoph: Weimar – die wehrlose Republik?, Tübingen 1991; allgemein Grünthaler, Matthias: Parteiverbote in der Weimarer Republik, Frankfurt u. a. 1995; Stein, Katrin: Parteiverbote in der Weimarer Republik, Berlin 1999; Möllers/van Ooyen: Parteiverbotsverfahren, 4. Aufl., Frankfurt a. M. 2013; Gerlach, Jutta: Verbieten oder Nichtverbieten?; in: Möllers/van Ooyen: JBÖS 2012/13, S. 195 ff.

Gesellschaft verbunden, wenn nicht sogar zu ihr im Widerspruch steht.[2] Zwar geht es auf Überlegungen zurück, die demokratische deutsche Politikwissenschaftler und Verfassungsrechtler wie Karl Loewenstein gerade angesichts des Scheitern Weimars formulierten. Loewenstein, liberaler Demokrat und Schüler von Max Weber, hatte als einer der ganz wenigen Staatsrechtler die Weimarer Republik mit Leidenschaft verteidigt, war früh zu einer pluralistischen Sicht von „Staat" und „Volk" und damit nach „Westen" durchgedrungen und hatte schließlich in den 30er Jahren im Exil seine „militant democracy" des Demokratieschutzes entwickelt.[3] Doch etwas weiter zurückverfolgt erinnert es an die „Freund-Feind-Konzeption" des Politischen eines Carl Schmitt[4] oder überhaupt an ein Instrumentarium, wie es eher für Diktaturen typisch scheint.[5] Jedenfalls tun sich liberal-pluralistische Positionen damit schwer angesichts einer deutschen geschichtlichen Tradition, die unter Bismarck vom Katholiken bis zum Sozialdemokraten so ziemlich alles zum „Staatsfeind" deklarierte, was in Opposition stand.[6] Und gerade die NS-Diktatur bediente sich ja nach dem „Freund-Feind-Muster" der Parteiverbote als eines ihrer ersten Mittel, um die totalitäre Macht zu festigen. So mag man die Tatsache, dass es nach den beiden Parteiverboten der 50er Jahre zunächst über Jahrzehnte keine weiteren Verfahren mehr gegeben hat, auch als Ausdruck der „Normalisierung" bundesdeutscher Demokratie begreifen – und den Rückgriff hierauf seit den 90er Jahren für den einer neuerlichen Verunsicherung in der deutschen politischen Kultur.[7]

Die Rechtsprechung des BVerfG weist in diesem Kontext kein einheitliches Muster auf. Zu groß ist die Zeitspanne, zu unterschiedlich sind die bei den jeweiligen Verfahren konkret aufgeworfenen und diskutierten Fragen. Eines jedoch lässt sich jenseits die-

---

2   Vgl. Kelsen, Hans: Verteidigung der Demokratie (1932); jetzt in: Kelsen: Verteidigung der Demokratie, Neuausgabe, Tübingen 2006, S. 229 ff.; zur Demokratietheorie Kelsens vgl. van Ooyen: Der Staat der Moderne, Berlin 2003; van Ooyen: Hans Kelsen und die offene Gesellschaft, Wiesbaden 2010.

3   Vgl. Loewenstein, Karl: Militant Democracy and Fundamental Rights; in: APSR, 1937, S. 417 ff. und S. 638 ff.; Loewenstein: Legislative Control of Political Extremism in European Democracies; in: Columbia Law Review, 1938, S. 591 ff. und S. 725 ff.; vgl. Lang, Markus: Karl Loewenstein, Stuttgart 2007; van Ooyen (Hrsg.): Verfassungsrealismus, Baden-Baden 2007; Stoffregen, Matthias: Von der Repression zur Rechtsstaatlichkeit; in: van Ooyen, ebd., S. 157 ff.

4   Vgl. Schmitt, Carl: Der Begriff des Politischen, 6. Aufl., Berlin 1996; zur „Wehrhaftigkeit" vgl. die einschlägige Stelle bei Schmitt: Legalität und Legitimität, 5. Aufl., Berlin 1993, S. 46 f. (hier gegen den Positivismus von Anschütz); vgl. auch Schmitt: Weiterentwicklung des totalen Staates in Deutschland (1933); jetzt in: Ders.: Positionen und Begriffe im Kampf mit Weimar – Genf – Versailles 1923–1939, 3. Aufl., Berlin 1993, S. 212 f.

5   Loewenstein dagegen verfolgte ein Konzept „militanter Demokratie", das längst nicht so weit ging wie das der „wehrhaften" des Grundgesetzes.

6   Vgl. einführend z. B. Stein, Katrin: Parteiverbote in der deutschen Verfassungsgeschichte vom Vormärz bis zum Ende der Weimarer Republik; in: ZParl, 2001, S. 536 ff.; kritisch zum Konzept der „wehrhaften" Demokratie vgl. Meier, Horst: Parteiverbote und demokratische Republik, Baden-Baden 1993; Leggewie, Claus/Meier, Horst: Republikschutz, Reinbek 1995.

7   In diesem Kontext daher interessant der Vorschlag einer „flexible Response", der die Feststellung durch das BVerfG von der Folge des Verbots trennt; vgl. Scherb, Armin: Feststellung der Verfassungswidrigkeit ohne Parteiverbot!; in: RuP, 2002, S. 173 ff. (s. u. Kap. 6).

ser gewissen „Unberechenbarkeit" eines fast jeden Verfahrens generalisieren: Das Gericht ist gerade in den Parteiverbotsverfahren ein im politischen Prozess mit Mitteln des Rechts und der staatstheoretischen Vorverständnisse wie selbstverständlich politisch agierendes Verfassungsorgan. Dabei hat es die verfassungsrechtlichen Maßstäbe situativ differenziert und sogar neu kreiert, die Hürden für ein Parteiverbot zugleich – auch in Richtung des Vereinsverbots – nach unten verschoben, und ist selbst – wie zuletzt beim internen Streit um das erste NPD-Verfahren deutlich auch nach außen sichtbar – vom pluralistischen Prozess erfasst worden.

2 Begriff der fdGO und Parteienstaatslehre von Leibholz: SRP-Verbot (1952)

„1. Die SRP als politische Partei missachtet… die wesentlichen Menschenrechte, besonders die Würde des Menschen… Vor allem die von ihr betriebene Wiederbelebung des Antisemitismus belegt das nachdrücklich.

2. … Sie bekämpft… das für die freiheitliche Demokratie wesentliche Mehrparteienprinzip.

3. Die innere Organisation der SRP… ist von oben nach unten im Geiste des Führerprinzips aufgebaut…

4. Die SRP ist in ihrem Programm, ihrer Vorstellungswelt und ihrem Gesamtstil der früheren NSDAP wesensverwandt… Daß die SRP sich selbst als Nachfolgeorganisation der NSDAP fühlt, zeigt sich in der personellen Zusammensetzung der Führungsschicht… und in der unverhohlenen Glorifizierung Hitlers"[8].

Angesichts dieses eindeutigen Befunds ergab sich die Begründung des Verbots der Sozialistischen Reichspartei relativ gesehen ohne größere Mühe und juristische Komplikationen, zumal dem BVerfG infolge von Beschlagnahmungen reichlich belastendes, internes Material von Partei und Funktionären zur Verfügung stand. Im Unterschied zu dem kurz darauf von der Bundesregierung „symmetrisch" und parallel eingeleiteten KPD-Verfahren[9], das schließlich fast fünf Jahre dauern und zu einer opulenten Begründung führen sollte, war das gegen die SRP binnen Jahresfrist erledigt und der von Adenauer befürchtete außenpolitische Schaden begrenzt worden.[10] Abgesehen davon, dass sich das Gericht kurz mit einigen formellen Einwänden der SRP auseinander zu setzen

---

8 BVerfGE 2,1 – SRP-Verbot (68 ff.).

9 Beide Anträge der Bundesregierung erfolgten im November 1951; die SRP-Entscheidung erging am 23.10. 1952, die gegen die KPD dagegen erst am 17.08.1956.

10 Vgl. Schwarz, Hans-Peter: Adenauer. Der Aufstieg: 1876–1952, 2. Aufl., Stuttgart 1986, S. 844; Rensmann, Thilo: BVerfGE 2,1 – SRP; BVerfGE 5, 85 – KPD; in: Menzel, Jörg (Hrsg.): Verfassungsrechtsprechung, Tübingen 2000, S. 56 f.

hatte[11], liest sich daher die Entscheidung in weiten Teilen als bloße Dokumentation, in der zwecks Beweisführung aus den einschlägigen SRP-Quellen zitiert wird. Gleichwohl ist die Entscheidung in dreifacher Perspektive bis heute von Interesse:

Zum ersten Mal findet sich hier das Verständnis des Grundgesetzes als „wertgebundene Ordnung".[12] Dieser „Wertordnungsgedanke", in der KPD-Entscheidung wieder aufgenommen, wird zum „Schlüsselbegriff in der Judikatur" des BVerfG[13], beeinflusst im weiteren Verlauf vor allem die Dogmatik in der Grundrecht-Rechtsprechung und bleibt bis heute in seiner etatistischen „Schlagseite" umstritten.[14] Inwieweit sich in dieser ideengeschichtlichen Spur sogar Parallelen zum „Verwaltungsstaatskonzept" der „Daseinsvorsorge" ziehen lassen, das der Schmitt-Schüler Ernst Forsthoff in den 30er entwickelte[15], oder dann doch eher über den Smend-Schüler und Verfassungsrichter Gerhard Leibholz[16] Smendsche Positionen Pate gestanden haben, mag hier offen bleiben[17]; in beiden Fällen ergeben sich jedoch Rezeptionslinien zu einem konservativ-paternalistischen Verständnis von Staat und Verfassung.[18]

Von dieser „Wertordnung" ausgehend führte das Verfassungsgericht zweitens den in Art. 21 Abs. 2 GG bestimmten Prüfungsmaßstab für die Verfassungswidrigkeit von Parteien einer begrifflichen Klärung zu. So ergab sich die bis heute rechtlich maßgebliche Definition der „freiheitlichen demokratischen Grundordnung" als Summe der in der Verfassung konkretisierten Kernelemente von Rechtsstaats- und Demokratieprinzip; oder, in der etwas umständlichen Diktion des Gerichts selbst als

> „… eine Ordnung…, die unter Ausschluß jeglicher Gewalt- und Willkürherrschaft eine rechtsstaatliche Herrschaftsordnung auf der Grundlage der Selbstbestimmung des Volkes nach dem Willen der jeweiligen Mehrheit und der Freiheit und Gleichheit darstellt. Zu den grundlegenden Prinzipien dieser Ordnung sind mindestens zu rechnen: die Achtung vor den im Grundgesetz konkretisierten Menschenrechten, vor allem vor dem Recht der Persönlichkeit auf Leben und freie Entfaltung, die Volkssouveränität, die Gewaltenteilung, die Verant-

---

11 Mit dem Versuch der SRP, durch Selbstauflösung das Verfahren zu unterlaufen, mit der Frage einer nicht fristgerechten Verfassungsrichterwahl und der unmittelbaren Anwendbarkeit von Art. 21 GG infolge des erst Jahre später verabschiedeten Parteiengesetzes nach Art. 21 Abs. 3 (vgl. hierzu auch die Leitsätze 1, 4 und 6 der Entscheidung).

12 BVerfGE 2, 1 (12).

13 Rensmann (Fn. 10), S. 63.

14 Vgl. aktuell aus liberaler Sicht Ladeur, Karl-Heinz: Kritik der Abwägung in der Grundrechtsdogmatik, Tübingen 2004.

15 Ebd., S. 25 f.

16 Zu Leibholz vgl. ausführlich Wiegandt, Manfred H.: Norm und Wirklichkeit, Baden-Baden 1995.

17 Vgl. allgemein: Henne, Thomas/Riedlinger, Arne (Hrsg.): Das Lüth-Urteil aus (rechts-)historischer Sicht, Berlin 2005; hier insb. Ruppert, Stefan: Geschlossene Wertordnung?, S. 327 ff.; Günther, Frieder: Denken vom Staat her, München 2004.

18 Zu den staatstheoretischen Rezeptionslinien bis in die aktuelle Rechtsprechung hinein vgl. van Ooyen: Der Begriff des Politischen des Bundesverfassungsgerichts, Berlin 2005; Integration, Wiesbaden 2014 sowie Die Staatstheorie des Bundesverfassungsgerichts und Europa, 5. Aufl., Baden-Baden 2014.

wortlichkeit der Regierung, die Gesetzmäßigkeit der Verwaltung, die Unabhängigkeit der Gerichte, das Mehrparteienprinzip und die Chancengleichheit für alle politischen Parteien mit dem Recht auf verfassungsmäßige Bildung und Ausübung einer Opposition".[19]

Dabei, so stellt Thomas Henne zu Recht heraus, betrieb das BVerfG entgegen der Argumentationslinie der Bundesregierung, die SRP einfach als Nachfolgeorganisation der NSDAP zu verbieten, einen insgesamt nicht notwendigen Begründungsaufwand. In der oben zitierten Definition griff es außerdem auf eine „zuvor bereits bestehende strafrechtliche Norm" zurück: Ohne hierauf überhaupt hinzuweisen, wurde diese nahezu wörtlich übernommen, „faktisch zu Verfassungsrecht erhöht" und „so zugleich die Definitionskompetenz für die verfassungsrechtlichen Grundentscheidungen von Bonn nach Karlsruhe zurückgeholt".[20] Vor dem Hintergrund des „Status-Streits" schimmern hier offensichtlich die machtpolitischen Ambitionen des Gerichts durch, sich im „Kräftefeld" von Regierung und Parlament, aber auch gegen die „Konkurrenz" der naturrechtlich orientierten Rechtsprechung des BGH zu positionieren.[21] Dieser hatte z. B. im Streit um die sog. „131", der im weiteren Verlauf noch zwischen BGH und BVerfG eskalieren sollte, auch mit „metaphysisch-naturrechtlich begründeten" Argumenten die Fortgeltung der Beamtenverhältnisse trotz NS-Diktatur postuliert.[22]

Schließlich dokumentiert die Entscheidung schon früh den immer wieder nachweisbaren Einfluss herausragender und politisch ambitionierter Richterpersönlichkeiten auf einzelne Entscheidungen oder gar ganze Materien der Verfassungsrechtsprechung[23]: Leibholz, so Wilhelm Hennis, „war ein Mann von großem persönlichen Zauber, er verfügte über Charisma".[24] Während seiner zwanzigjährigen Richtertätigkeit zählte Leibholz zu denen, die „der Karlsruher Institution ihren Stempel aufdrücken konnten"[25] und bis zu seinem spektakulären Ausschluss wegen Befangenheit aus einem Verfahren zur

---

19 BVerfGE 2, 1 (12 f.); so dann auch der 2. Leitsatz der Entscheidung.

20 Henne, Thomas: „Von 0 auf Lüth in 6 ½ Jahren"; in: Henne/Riedlinger (Fn. 17), S. 208 f.

21 Vgl. auch Menzel, Jörg: Vergangenheitsbewältigung in der frühen Judikatur des Bundesverfassungsgerichts; Baldus, Manfred: Frühe Machtkämpfe; beide in: Henne/Riedlinger (Fn. 17), S, 225 ff. bzw. S. 237 ff.; zu den politischen Hintergründen bei den Verfahren um den EVG-Vertrag und zum eskalierenden Konflikt mit Justizminister Dehler vgl. schon Baring, Arnulf: Außenpolitik in Adenauers Kanzlerdemokratie, München – Wien 1969, S. 221 ff.

22 Menzel, Jörg: BVerfGE 3, 58 – Beamtenurteil; in: Menzel. (Fn. 10), S. 71; zum zeitgeschichtlichen Hintergrund vgl. Frei, Norbert: Vergangenheitspolitik, 2. Aufl., München 1997, S. 54 ff.

23 Zum Einfluss z. B. von Ernst-Wolfgang Böckenförde – und damit auch von Carl Schmitt – auf die neuere Rechtsprechung zum Demokratieprinzip vgl. van Ooyen: Begriff des Politischen (Fn. 18), S. 90 ff.; van Ooyen: „Volksdemokratie" und „Präsidialisierung" – Schmitt-Rezeption im liberal-konservativen Etatismus; in: Voigt, Rüdiger (Hrsg.): Der Staat des Dezisionismus, Baden-Baden, 2007, S. 39 ff.; van Ooyen: Staatstheorie, 5. Aufl. (Fn. 18).

24 Hennis, Wilhelm: Der „Parteienstaat" des Grundgesetzes; in: Hennis: Auf dem Weg in den Parteienstaat, Stuttgart 1998, S. 117.

25 Wiegandt (Fn. 16), S. 73; vgl. auch van Ooyen: Die Parteienstaatslehre von Gerhard Leibholz; in: JJZG 2006/07 (Bd. 8), S. 359 ff.; Kaiser, Anna-Bettina (Hrsg.): Der Parteienstaat, Baden-Baden 2013.

Zulässigkeit staatlicher Parteienfinanzierung Mitte der 60er Jahre war das BVerfG seiner noch in der Weimarer Zeit entwickelten Parteienstaatslehre gefolgt.[26] Im Zweiten Senat war er zuständig für die Materien des Parlaments-, Parteien- und Wahlrechts.[27] Wenngleich das SRP-Verfahren beim Ersten Senat anhängig war, so trug es doch seine Handschrift:

> „Berichterstatter war damals unter anderem auch Herr Zweigert. Und ich erinnere mich eines gemeinsamen Zusammenseins bei Höpker-Aschoff – das war damals der Präsident des Gerichts –, wo dieser sagte: ‚Wir sind in einer heiklen Lage, wir wollen eigentlich gern die Partei verbieten, wir haben aber noch nicht den richtigen Dreh, wie wir diese Entscheidung sachgerecht begründen können.' Und da habe ich zu Höpker-Aschoff gesagt: ‚Ich glaube, Ihnen eine Begründung dafür liefern zu können.' Und ich habe mich dann mit Zweigert zurückgezogen und habe Zweigert die Gründe im einzelnen versucht darzulegen, die nach meiner Meinung die Verfassungswidrigkeitserklärung dieser Sozialistischen Reichspartei begründen sollten…'".[28]

In einem Punkt war dabei die Entscheidung des Zweiten Senats noch konsequenter als ursprünglich von Leibholz vertreten, nämlich in der Frage der Behandlung der parlamentarischen Mandate verfassungswidriger Parteien.[29] Die SRP saß ab 1950 mit zwei Abgeordneten im Deutschen Bundestag und war auf Landesebene in Niedersachsen und Bremen seit 1951 vertreten.[30] In der SRP-Entscheidung kam das BVerfG nun zu der Auffassung, dass die Mandate auf Bundes- und Landtagsebene fortfallen[31] – eine Schlussfolgerung, die sich aus der konsequenten Anwendung der „Parteienstaatslehre" von Leibholz eigentlich automatisch ergibt, setzt man mit dieser voraus, dass die „parteienstaatliche Massendemokratie… das Surrogat der unmittelbaren Demokratie im Flächenstaat" ist.[32] Denn, so Leibholz schon 1929:

> „Der heutige Parteienstaat ist bei Lichte besehen eine Erscheinung der unmittelbaren Demokratie. Es besteht kein Unterschied, ob die Aktivbürgerschaft selbst… oder eine unmittelbar

---

26 Wiegandt, ebd., S. 185.

27 Vgl. ebd., S. 66.

28 Leibholz in einem Interview des NDR vom 17. 03. 1982; zitiert nach Wiegandt (Fn. 16), S. 269.

29 Wiegandt, ebd., S. 212, verweist darauf, dass Leibholz wohl im Laufe der „Formulierung" der Entscheidung seine Meinung geändert haben muss.

30 Die Bundestagsmandate ergaben sich aufgrund des Wechsels zweier Abgeordneten der „Deutschen Konservativen Partei – Deutschen Reichspartei"; in Bremen hatte die SRP 7,7 %, in Niedersachsen sogar 11 % errungen.

31 Vgl. BVerfGE 2, 1 Leitsatz 7 der Entscheidung; vgl. bis heute § 46 BWahlG.

32 Leibholz, Gerhard: Die Grundlagen des modernen Wahlrechts (1932); jetzt in: Leibholz: Strukturprobleme der modernen Demokratie, Neuausgabe der 3. Aufl., Frankfurt a. M. 1974, S. 23.

von… den Parteiorganisationen abhängige Volksvertretung die maßgeblichen politischen Entscheidung trifft".[33]

Vor diesem Hintergrund der Parteiendemokratie als „rationalisierte Erscheinungsform der plebiszitären Demokratie"[34] kann es dann sinnvoller Weise kein freies Mandat mehr im Sinne des Art. 38 Abs. 1 GG geben. Im Wortlaut ging die SRP-Entscheidung zwar nicht soweit. Die These der Identität von „Volk", „Parteien" und „Staat", die bei Leibholz zugrunde liegt, wurde jedoch bei der Auslegung von Art. 21 GG implizit übernommen. Dabei zeigte sich das Gericht zugleich wenig zimperlich, dies auch gegen den ausdrücklichen Willen des Gesetzgebers anzuordnen:

> „Mit dieser Auslegung des Art. 21 GG verliert Art. 38 GG nicht seine eigene Bedeutung. Richtig verstanden bestätigt er vielmehr diese Auslegung insofern, als der Abgeordnete einer verfassungswidrigen Partei nicht ‚Vertreter des ganzen Volkes' sein kann".[35]

Und: „Das Bundesverfassungsgericht verkennt nicht, dass das Problem des Mandatsverlustes bei den Vorarbeiten zu dem Gesetz über das Bundesverfassungsgericht gesehen und erörtert worden ist; das Schweigen des Gesetzes hierzu kann wohl so gedeutet werden, daß man diese Folge nicht hat ziehen wollen. Da wie erörtert, der Mandatsverlust sich unmittelbar aus Art. 21 GG ergibt, können diese Erwägungen des Gesetzgebers mit Rücksicht auf den Vorrang der Verfassung keine Rolle spielen".[36]

Das mag vom verfolgten Zweck der Bekämpfung der nazistischen SRP und daher vom Ergebnis her betrachtet zwar befriedigen. Auch ist es ohne Zweifel ein Verdienst von Leibholz gewesen, angesichts der Parteienfeindlichkeit der Weimarer Staatslehre der bedeutsamen Rolle der Parteien für die Massendemokratie im Bereich der Verfassungsrechtsprechung zum Durchbruch verholfen zu haben. Doch geschieht dies – ähnlich wie bei seinem „Statusbericht" zum BVerfG – mit einer „falschen" Dogmatik: nämlich um den Preis der „Verstaatlichung"[37] der Parteien infolge seiner höchst problematischen „identitären Demokratietheorie" in der Spur von Rousseau und Carl Schmitt.[38] Und so hat seine „Parteienstaatslehre" „die Rechtsprechung des Bundesverfassungsgerichts bis zum heutigen Tag… belastet".[39]

---

33 Leibholz: Das Wesen der Repräsentation und der Gestaltwandel der Demokratie im 20. Jahrhundert, 3. Aufl., Berlin 1966, S. 118.
34 Leibholz, Strukturprobleme (Fn. 32), S. 93.
35 BVerfGE 2, 1 (74).
36 Ebd. (75); Stelle mit etwas anderer Bewertung auch bei Wesel, Uwe: Der Gang nach Karlsruhe, München 2004, S. 88.
37 Vgl. BVerfGE 2, 1 (73).
38 Vgl. van Ooyen: Die Parteienstaatslehre von Gerhard Leibholz (Fn. 25).
39 Hennis (Fn. 24), S. 123 f.

3   Marxismus und Wiedervereinigung: KPD-Verbot (1956)

In der zweiten Entscheidung wurde diese Linie zum Verständnis der Parteien auf der
Grundlage der fdGO als „Wertsystem" „absoluter Werte"[40] fortgeführt. Als neue Problematik kam nun jedoch hinzu, dass die KPD vor allem die drei folgenden Argumente gegen die rechtliche Zulässigkeit eines Verbots in Stellung brachte:

- Der Marxismus-Leninismus wäre nicht einfach eine politische Meinung, sondern
  eine objektiv bewiesene, wissenschaftliche Theorie,
- ein Verbot würde dem verfassungsrechtlichen Auftrag der Wiedervereinigung widersprechen und
- schließlich würde man sich ja zur Legalität der fdGO bekennen, da die proletarische
  Revolution und Diktatur auf einen Zeitpunkt nach der Wiedervereinigung „vertagt"
  worden wäre.

In diesem Zusammenhang behauptete die KPD zudem, dass ihre aktuellen Sozialisie-
rungsforderungen nicht über das hinaus gingen, was sich selbst in bürgerlichen Partei-
programmen („Ahlener Programm" der CDU von 1947) widerspiegelte und sogar im
Grundgesetz (Art. 15) bzw. auf Landesebene (insb. Art. 41 Hessische Landesverfassung)
verfassungsrechtlich verankert war. Dabei konnte sie auch aus der Sicht des BVerfG über
ein bloßes „Lippenbekenntnis" hinaus eine gewisse „Ehrlichkeit" für ihr Bekenntnis zur
fdGO reklamieren, das sich so gesehen „objektiv" aus der marxistischen Lehre selbst ergab:

> „Denn ihre nur scheinbar doppeldeutige Haltung... folgt zwingend aus ihrer gesamten po-
> litischen Lehre. Danach liegt es in der Dialektik der Geschichte, dass im Schoße einer in
> sich widersprüchlichen Gesellschaft... die Kräfte wachsen, die zur Überwindung der Gesell-
> schaft selbst führen, dass also ihre eigene innere ‚antagonistische' Widersprüchlichkeit über
> sie selbst hinausführt zu einer höheren Gesellschaftsform – zum Sozialismus-Kommunis-
> mus... Das kann auch in Wahlen zur Volksvertretung geschehen... So sind also grundsätzli-
> che Feindschaft gegen die bestehende Ordnung und gleichzeitiger Gebrauch dieser Ordnung
> kein Widerspruch im Verhalten der KPD, sondern durch die Dialektik der Geschichte nach
> kommunistischer Doktrin selbst gefordert."[41]

Zeigte sich hier ein wesentlicher Unterschied zur Strategie der „legalen Machtergreifung" der NSDAP, an die sich die Richter wohl erinnert fühlten, so resultierte doch genau hieraus auch, dass für das Verfassungsgericht zwischen aktuellem Bekenntnis zur
fdGO und Herbeiführen einer kommunistischen Gesellschaftsordnung nach der Wie-

---

40 BVerfGE 5, 85 (139).
41 Ebd. (333).

dervereinigung und damit nach der Geltungsdauer des Grundgesetzes kein Trennstrich gezogen werden konnte. Damit erwies sich das Bekenntnis als Teil des Kampfes gegen die fdGO:

> „Deshalb stehen alle Erklärungen der KPD, sie wolle das Grundgesetz im Interesse der Werktätigen benutzen, sie wolle es ausschöpfen, ja verteidigen…, sie wolle nur eine im Rahmen der freiheitlichen demokratischen Grundordnung mögliche, bessere Demokratie verwirklichen…, der Tatsache nicht entgegen, dass sie zugleich die freiheitliche demokratische Grundordnung mindest zu beeinträchtigen strebt. Diese Ordnung hat für die KPD lediglich den Wert eines Instruments, um sie letzten Endes selbst zu beseitigen."[42]

Vor diesem Hintergrund ergab sich auch die zur Opulenz ausufernde Begründung. Denn nun wurde der Nachweis geführt, dass letztlich die Lehren von Marx, Engels, Lenin und Stalin nicht mit dem Konzept des demokratischen Rechtsstaats im Sinne des Grundgesetzes kompatibel sind, dass die KPD hieran festhielt und dass sie, einschließlich ihrer Wiedervereinigungspolitik (s. u.), schon jetzt eine am „Klassenkampf" ausgerichtete, mit der fdGO unvereinbare Politik betrieb. In weiten Teilen liest sich daher die Begründung wie aus einem politikwissenschaftlichen Hauptseminar mit ausführlicher Textexegese marxistischer Schriften und kommunistischer Parteiquellen.[43] Dieser Nachweis gelang dem Verfassungsgericht bei der stalinistisch ausgerichteten KPD trotz vereinzeltem Durchscheinen des autoritären „Zeitgeistes" der 50er Jahre[44] auch aus heutiger Sicht durchaus überzeugend. Daher – soweit man Parteiverbote im Rahmen des Konzepts der „wehrhaften Demokratie" nicht aus radikaldemokratischer oder auch praktischer Sicht überhaupt ablehnt – kann man über das viel zitierte „Kopfschütteln" beim Verbot der KPD nur den Kopf[45] schütteln.[46] Fraglich bleibt aber, ob das Verbot angesichts der schon mit der Bundestagswahl von 1953 zu beobachtenden sinkenden Bedeutung der KPD[47] aus heutiger Sicht noch dem Maßstab der Verhältnismäßigkeit standhalten würde, der als Verfassungsgrundsatz jedoch erst später in der Rechtsprechung des BVerfG ausformuliert wurde.

---

42 Ebd. (333 f.); vgl. ebd. (336 ff.); vgl. auch die Leitsätze 8 und 9; und zwar einschließlich des von der KPD bemühten „Widerstandsrechts"; vgl. ebd. (358 ff.) und Leitsatz 10.

43 Vgl. auch Rensmann (Fn. 10), S. 61.

44 So etwa, wenn die starke Betonung der außerparlamentarischen Aktivitäten seitens der KPD schon als Ablehnung der fdGO gedeutet wurde; vgl. BVerfGE 5, 85 (231 f.).

45 Dabei unterließ die KPD nicht einmal während des Prozesses ihre haarsträubende „Agitprop"; vgl. Bundesregierung (Hrsg.): Verfahren gegen die KPD vor dem Bundesverfassungsgericht, Teile I und II, o. J.

46 Das gilt freilich nicht für eine Reihe anderer Maßnahmen des Kampfes gegen den Kommunismus; vgl. z. B.: Justizministerium des Landes NW (Hrsg.): Politische Strafjustiz 1951–1968, Juristische Zeitgeschichte, Bd. 7, o. O. 1998.

47 Hier erreichte die KPD nur noch 2,2 % gegenüber 5,7 % bei der 1. Bundestagswahl; auf Landesebene war sie Mitte der 50er Jahre bloß noch in Bremen und Niedersachsen parlamentarisch vertreten.

Dem Argument vom Marxismus als wissenschaftlicher Theorie, die sich mit dem rechtlichen Maßstab nach Art. 21 Abs. 2 GG gar nicht prüfen ließe, räumte das Gericht dagegen recht schnell beiseite:

> „Soweit es sich hierbei… um Wissenschaft im Sinne des Art. 5 Abs. 3 GG handelt, ist diese Wissenschaft als solche selbstverständlich frei, sie kann vorgetragen, gelehrt, weiterentwickelt, allerdings auch diskutiert und bekämpft werden. Sie ist nicht Gegenstand dieses Verfahrens… Sie kann… als solche niemals gegen die freiheitliche demokratische Grundordnung verstoßen".[48]

Da diese Lehren auf der anderen Seite „zu planmäßiger Bekämpfung" der fdGO führen könnten, soweit sie sich „in praktischem Handeln niederschlagen" sollten[49], sah man sich hierdurch auch vor die Schwierigkeit gestellt, zwischen kommunistischer politischer Agitation gegen die fdGO und der Verbreitung einer wissenschaftlichen Lehre abzugrenzen.[50] Zugleich wollte man angesichts der Strategie der KPD den Prüfungsmaßstab hinsichtlich der in Art. 21 Abs. 2 GG genannten Begriffe „beeinträchtigen"/ „beseitigen" genauer bestimmen. Gegenüber der SRP-Entscheidung führte das Gericht daher einen – bis heute gültigen – weiteren Prüfungsmaßstab ein: die „aktiv kämpferische, aggressive Haltung", die zur Ablehnung der FdGO hinzutreten muss, jedoch andererseits nicht erst – wie der Begriff auf den ersten Blick suggerieren mag – erfüllt ist, wenn schon durch ein „konkretes Unternehmen" Strafgesetze verletzt worden sind bzw. Militanz vorliegt.[51] Mit dieser Akzentverschiebung verlagerte das Verfassungsgericht insgesamt in erheblicher Weise die „Eingriffsschwelle weit in den Bereich der Gefahrenvorsorge".[52]

Auch in zeitlicher Hinsicht uferte das Verfahren aus und schien vom Verfassungsgericht sogar verschleppt zu werden, da einige Richter des Ersten Senates „Zweifel an der politischen Opportunität" des KPD-Verbots hatten.[53] Inwieweit „das Gericht im Hinblick auf die Anfang der fünfziger Jahre gelegentlich vorscheinende Perspektive gesamtdeutscher Wahlen zunächst im stillschweigenden Einverständnis mit der Bundes-

---

48 BVerfGE 5, 85 (145 f.).
49 Ebd. (146).
50 Und deren Einfluss auf den Wissenschaftsbegriff der Sozialwissenschaften zugleich unübersehbar war und zum Teil bis in die Staatsrechtslehre selbst hinein reichte. Man denke etwa an die klassische Arbeit von Beard, Charles A.: Eine ökonomische Interpretation der amerikanischen Verfassung (1913), Frankfurt a. M. 1974; in Deutschland an Wolfgang Abendroth; vgl. hierzu Hüttig, Christoph/Raphael, Lutz: Die „Marburger Schule(n)" im Umfeld der westdeutschen Politikwissenschaft 1951–1975; in: Bleek, Wilhelm/Lietzmann, Hans J. (Hrsg.): Schulen in der deutschen Politikwissenschaft, Opladen 1999, S. 293 ff.; aber auch: Fraenkel, Ernst: Zur Soziologie der Klassenjustiz (1927); in: Gesammelte Schriften, Bd. 1, Baden-Baden 1999, S. 177 ff.
51 BVerfGE 5, 85 Leitsatz 5; vgl. auch 5, 85 (141 ff.) sowie die Leitsätze 6 und 7.
52 Rensmann (Fn. 10), S. 61.
53 Ebd.

regierung den zeitlichen Ablauf des Verfahrens ‚feinsteuerte'", bliebe noch genauer zu prüfen[54]:

> „Dass aber der Beginn der mündlichen Verhandlung trotz des ungewöhnlichen Drängens der Bundesregierung erst angesetzt wurde, nachdem Adenauer von seiner Moskaureise zurückgekehrt und nachdem der Senatspräsident Wintrich sich bei Adenauer persönlich versichern ließ, dass die Bundesregierung am Verbotsantrag festhalten wolle, spricht dafür, dass jedenfalls das BVerfG die aus dem Verbotsverfahren resultierende Gefahr einer politischen Verschärfung des Ost-West-Konflikts sah und nach Möglichkeit vermeiden wollte".[55]

So gesehen lassen sich die ersten beiden Leitsätze der Entscheidung dann als deutliche Warnung an Adenauer interpretieren, in der das Gericht mit der „normativen Verankerung des Wiedervereinigungsgebotes… der nun als zu einseitig empfundenen Regierungspolitik Grenzen aufzuzeigen versuchte[56]". Und Adenauer, der die sowjetische Initiative hinsichtlich einer Wiedervereinigung für einen bloßen Trick Stalins hielt[57], hatte andererseits nach Ablehnung der Klagerücknahme den politischen Druck auf das Gericht noch erheblich verschärft: Mit seiner parlamentarischen Mehrheit ließ er durch Änderung des Bundesverfassungsgerichtsgesetzes die Zuständigkeit für Parteiverbotsverfahren einfach auf den Zweiten Senat übertragen und setzte auch noch für das laufende Verfahren dem Ersten Senat eine Frist. Dieser ließ sich das Heft nicht aus der Hand nehmen und entschied das Verfahren kurz vor Ablauf dieser Frist durch das Verbot der KPD. Erst nach über zehn Jahren wurde 1968 mit der Großen Koalition im Rahmen eines Treffens zwischen Justizminister Heinemann und kommunistischen Vertretern der Weg frei für die „Neugründung" in Form der DKP, die nicht unter das mit der Entscheidung ausgesprochene Verbot einer Ersatzorganisation fallen sollte.[58] Inzwischen hatte sich nicht nur der „Zeitgeist" geändert, sondern man wollte angesichts der erstarkenden NPD aus „Symmetriegründen" auch nicht mehr am Verbot festhalten.[59]

Rechtlich dagegen war das Argument der KPD, ein Verbot würde die Wiedervereinigung insbesondere im Hinblick auf die Durchführung gesamtdeutscher Wahlen verhindern, vom Verfassungsgericht einschließlich der völkerrechtlichen Bezüge des Potsdamer Abkommens wiederum relativ schnell abgehandelt. Wenngleich angesichts der

---

54 Ebd., mit Verweis auf die Auffassung von Hans-Peter Schwarz.
55 Grigoleit, Klaus J.: Bundesverfassungsgericht und deutsche Frage, Tübingen 2004, S. 242.
56 Ebd., S. 246.
57 Hier insb. die „Stalin-Note" vom 10. März 1952; vgl. Schwarz, Hans-Peter (Hrsg.): Die Legende von der verpassten Gelegenheit, Stuttgart – Zürich 1982; in die Zeit des Verfahrens fällt auch die Aushandlung des sowjetischen Truppenabzugs unter der Bedingung der dauernden Neutralität Österreichs 1955.
58 Wenn nicht der Erste Senat bis zum 31.08.1956 entschieden hätte; vgl. Rensmann (Fn. 10), S. 58 f. bzw. m. w. N. S. 62.
59 Vgl. Flemming, Lars: Das NPD-Verbotsverfahren, Baden-Baden 2005, S. 38; zu den Erwägungen der Bundesregierung bzgl. eines weiteren Verfahrens gegen die Deutsche Reichspartei (DRP) 1953 und 1959/60 sowie gegen die NPD 1968/69 vgl. ebd. S. 40 bzw. S. 90 ff.

vom Gericht artikulierten eigenen Bedenken wenig überzeugend, führte es sophistisch aus, dass das alles gar nicht von juristischem Belang wäre:

> „Nach dem derzeitigen Stand… ist nicht damit zu rechnen, dass die Wiedervereinigung ohne eine völkerrechtliche Vereinbarung zwischen den bisherigen Besatzungsmächten erreicht werden kann… Da die Besatzungsmächte in diesen Fragen kraft ihrer… übergeordneten Besatzungsgewalt handeln würden, könnte keine Maßnahme, die sie zur Wiedervereinigung Deutschlands für geboten halten und demgemäß unter sich vereinbaren, von einem Urteil, dass die Verfassungswidrigkeit der KPD feststellt, behindert werden…".[60]

Und: „Ein Urteil des Bundesverfassungsgerichts würde vielmehr nur für den vom Grundgesetz zeitlich und sachlich beherrschten Raum wirken".[61]

Daher: „Ein Verbot der Kommunistischen Partei Deutschlands steht der Wiederzulassung einer kommunistischen Partei im Falle gesamtdeutscher Wahlen rechtlich nicht entgegen".[62]

Das war entweder „naiv" oder „unehrlich": Überzeugender wäre es gewesen, entweder einzuräumen, dass hier ein untrennbarer Zusammenhang bestehen würde[63] oder aber überhaupt – wie Adenauer – offen davon auszugehen, dass Chancen einer freien Wiedervereinigung unter diesen Bedingungen des Ost-West-Konfliktes völlig unrealistisch wären.

4 „Kaltes Parteiverbot"[64] und Begriff der „Scheinpartei" bei Scholz: FAP- und NL-Beschluss (1994)

Während die Verbote von KPD und SRP im öffentlichen Diskurs immer noch präsent sind, scheinen die Verfahren gegen die „Nationale Liste" (NL) und gegen die „Freiheitliche Deutsche Arbeiterpartei" (FAP) selbst während des NPD-Verfahrens völlig vergessen – obwohl sie in der Begründung und rechtspolitischen Implikation bemerkenswert sind. Denn das Verfassungsgericht beschloss in überraschender Weise, dass NL und FAP gar keine Parteien waren. Ohne die Verfassungswidrigkeit überhaupt zu prüfen,

---

60 BVerfGE 5, 85 (130 f.).
61 Ebd. (131).
62 Ebd., Leitsatz 3.
63 Oder glaubte man etwa selbst angesichts der eigenen „Bauchschmerzen" beim KPD-Verbot im Hinblick auf eine vermeintlich realistische Chance der Wiedervereinigung die UdSSR würde trotzdem einfach die Zustimmung geben?
64 Vgl. van Ooyen: „Kaltes Parteiverbot" – das NPD-Verfahren im rechtspolitischen Rückblick des FAP-Beschlusses; in: van Ooyen/Möllers (Hrsg.): Die Öffentliche Sicherheit auf dem Prüfstand, Frankfurt a. M. 2002, S. 121 ff.

scheiterte daher das Verfahren schon an der Zulässigkeit. Doch vom Ergebnis her schienen auch die verblüfften Antragsteller zufrieden: Da NL und FAP nun gar keine Parteien im Rechtssinne waren, fielen sie nicht mehr unter den mit Art. 21 Abs. 2 GG verbundenen privilegierten Status. So konnte der jeweils zuständige Innenminister diese einfach über das Vereinsverbot nach Art. 9 Abs. 2 GG direkt selbst auflösen. Und das Verfassungsgericht seinerseits schien zufrieden, weil man die heikle Klippe der begrifflichen Abgrenzung von Partei und Verein – und damit von Parteiverbotsverfahren nach Art. 21 Abs. 2 oder Vereinsverbot nach Art. 9 Abs. 2 GG – in einer Weise umschifft hatte, die es den mit Beginn der 90er Jahre aufkommenden rechtsextremistischen Vereinigungen in Zukunft nicht erlauben würde, sich unter den Schutz des Parteienprivilegs zu begeben, um hierüber ein drohendes Vereinsverbot durch den Innenminister auszuheben.[65] Gleichwohl fragt es sich, ob die Entscheidungen des Gerichts nicht doch eher als problematisch zu bewerten sind:

Im September 1993 reichten der Hamburger Senat sowie Bundesregierung und Bundesrat Anträge zur Feststellung der Verfassungswidrigkeit der NL bzw. der FAP im Sinne von Art. 21 Abs. 2 GG ein.[66] Im Vergleich zu der auf den Raum Hamburg beschränkten NL war die FAP eine „bundesweit" tätige und die größere Organisation. Die nachfolgenden Ausführungen rekurrieren daher nur auf den FAP-Beschluss des Verfassungsgerichts, zumal die Ausführungen zur NL analog und in der Begründung sogar noch etwas kürzer ausfielen.[67]

Die FAP, im März 1979 in Baden-Württemberg gegründet, hatte seitdem an Wahlen auf Bundes- und Landesebene teilgenommen – wenn auch mit dem äußerst geringen Erfolg von 0,00–0,07 % Stimmenanteil.[68] Sie war eindeutig rechtsextremistisch mit starker, schon in den Symbolen ausgedrückter Affinität zum Nationalsozialismus.[69] Die Antragsteller führten daher in ihrer Argumentation in Anlehnung an die vom BVerfG aufgestellten Prüfungsmaßstäbe aus, die FAP wäre als Partei verfassungswidrig[70], weil die fdGO ablehnend und sogar wesensverwandt mit der NSDAP, dies schließlich in einer aktiv kämpferischen und aggressiven Weise, die bis zur Militanz reichte. Die FAP dagegen bestritt ihrerseits nicht nur die Verfassungswidrigkeit, weil man sich längst von nationalsozialistischen Traditionssträngen in der Partei getrennt und sich zum Grund-

---

65 Vgl. z. B. Vereinsverbote nach Art. 9 Abs. 2 GG durch den BMI in 1992 gegen die „Nationalistische Front", „Deutsche Alternative" und „Nationale Offensive".

66 Nach § 43 Abs. 2 BVerfGG ist eine Landesregierung klagebefugt, wenn sich die Organisation auf das Gebiet ihres Landes beschränkt. Zuvor war es 1991, 1992 und 1993 zu massiven rechtsextremistischen/fremdenfeindlichen Gewalttaten gekommen („Hoyerswerda" – „Rostock-Lichtenhagen" – „Mölln" – „Solingen").

67 Vgl. BVerfGE 91, 262 (Parteienbegriff I/NL-Beschluss).

68 An der Bundestagswahl 1987 und an den Landtagswahlen in Baden-Württemberg (1980, 1984, 1988), Bremen (1987), Hamburg (1986) und Nordrhein-Westfalen (1985, 1990).

69 So z. B. die Parteiflagge: weißer Kreis auf rotem Rechteck; statt des Hakenkreuzes ein schwarzer Zahnradkranz; zur Einschätzung vgl. z. B. BMI (Hrsg.): Verfassungsschutzbericht 1993, Bonn 1994, S. 106 ff.

70 Vgl. auch zum folgenden BVerfGE 91, 276 (Parteienbegriff II/FAP-Beschluss).

gesetz bekannt hätte. Sie argumentierte darüber hinaus, dass sie wegen ihres nur marginalen Einflusses auf die politische Willensbildung weder bisher noch in absehbarer Zukunft überhaupt eine Gefahr für die fdGO darstellte, sodass ein Verbot gegen den Grundsatz der Verhältnismäßigkeit verstoßen würde. Wer den Verbotsantrag der Bundesregierung beim ersten NPD-Verbotsverfahren studiert, stellt fest, dass man über die Maßstäbe aus den Parteiverbotsurteilen der 50er Jahre hinaus, hier den Nachweis zu erbringen suchte, dass ein Verbot wegen der Gefährlichkeit der NPD auch angemessen wäre. Der Verhältnismäßigkeitsgrundsatz steht zwar nicht ausdrücklich in der Verfassung, ist jedoch nach ständiger Rechtsprechung des Verfassungsgerichts ein Kernelement des in Art. 20, 28 GG allgemein verankerten Rechtsstaatsprinzips:

> „Den ungeschriebenen Grundsatz der Verhältnismäßigkeit hat das Bundesverfassungsgericht erst nach den beiden stattgebenden Entscheidungen zum Parteiverbot umfassend auf alles staatliche Eingriffshandeln erstreckt. Insofern ist die verfassungsrechtliche Lage nicht mehr die gleiche wie in den 50er Jahren. Heute ist daher... in Rechnung zu stellen, dass das Bundesverfassungsgericht ähnlich wie bei Eingriffen in die Freiheitssphäre der Bürger auch bei dem schwerwiegenden Instrument des Parteiverbots den Verfassungsgrundsatz der Verhältnismäßigkeit zur Geltung bringen könnte".[71]

Verfassungswidrigkeit, aktiv kämpferische aggressive Haltung und Verhältnismäßigkeit eines Verbots – all dies interessierte das BVerfG in seiner damaligen FAP-Entscheidung vom November 1994 jedoch in keiner Weise. Insoweit ist es richtig, wenn festgestellt wird, dass sich aus den Beschlüssen zu FAP und NL keine „neue(n) Erkenntnisse für die juristischen Anforderungen an Parteiverbote... gewinnen (ließen)".[72]

Das Gericht problematisierte aber die Frage, ob die FAP die Voraussetzungen erfüllte, um überhaupt als Partei gelten zu können. Der Zweite Senat begnügte sich daher mit dem Nachweis, dass aus Wahlbeteiligung der FAP auf Bundes- und Landesebene allein nicht schon die Parteiqualität folgte – auch wenn hinsichtlich des Begriffs der Partei zunächst festgestellt wurde:

> „Der Parteibegriff wird demnach maßgeblich geprägt durch die den Parteien von Verfassungs wegen zukommende Aufgabe der Mitwirkung an der politischen Willensbildung des Volkes, eine Funktion, die – zielend auf die Teilnahme an Parlamentswahlen auf der Ebene des Bundes oder eines Landes – das Wesentliche der Parteien ausmacht und ihre verfassungsrechtliche Sonderstellung gegenüber sonstigen politischen Vereinigungen erklärt".[73]

---

71 Verfassungswidrigkeit der NPD – Begründung des Antrags; abgedr. in: van Ooyen/Möllers (Fn. 64), S. 336.
72 So Lovens, Sebastian: Parteiverbote in der Bundesrepublik Deutschland; in: ZParl, 2001, S. 563.
73 BVerfGE 91, 276 (284); bloße Beteiligung an Kommunalwahlen („Rathausparteien") reicht daher nicht aus.

Denn der Prüfungsmaßstab war nach Meinung des Gerichts letztendlich die einfache gesetzliche Regelung des § 2 Parteiengesetzes, der „den Parteienbegriff des Art. 21 Abs. 1 GG durch diese Legaldefinition in verfassungsmäßiger Weise konkretisiert hat", zugleich „allerdings im Lichte des Art. 21 Abs. 1 GG ausgelegt und angewendet werden (muss)".[74]

Die Legaldefinition des Parteiengesetzes definiert jedoch die Wahlbeteiligung nur als notwendig, nicht als hinreichend. So geht die Parteieigenschaft bei einer Organisation verloren, wenn sie „sechs Jahre weder an einer Bundestagswahl noch an einer Landtagswahl mit eigenen Wahlvorschlägen teilgenommen hat".[75] Darüber hinaus bestimmt das Gesetz:

> „Parteien sind Vereinigungen von Bürgern, die dauernd oder für längere Zeit für den Bereich des Bundes oder eines Landes auf die politische Willensbildung Einfluß nehmen und an der Vertretung des Volkes im Deutschen Bundestag oder einem Landtag mitwirken wollen, wenn sie nach dem Gesamtbild der tatsächlichen Verhältnisse, insbesondere nach Umfang und Festigkeit ihrer Organisation, nach der Zahl ihrer Mitglieder und nach ihrem Hervortreten in der Öffentlichkeit eine ausreichende Gewähr für die Ernsthaftigkeit dieser Zielsetzung bieten".[76]

Man mag darüber streiten, ob die vom Gesetzgeber gewählte Ballung unbestimmter Rechtsbegriffe nicht eher Verwirrung stiftet als zur Klärung des Parteienbegriffs beiträgt.[77] Der Gesetzgeber hat damit Tür und Tor für die Möglichkeit eines „kalten Parteiverbots" geöffnet, da sich angesichts dieser vagen Begrifflichkeit vor allem bei kleinen politischen Organisationen recht einfach die Parteieigenschaft bestreiten lässt. Und das Verfassungsgericht war dem Gesetzgeber beim FAP-Beschluss auf dieses „Glatteis" gefolgt, indem es – wie oben zitiert – die gegenüber Art. 21 GG ja rangniedrigere Legaldefinition des Parteiengesetzes als Verfassungskonkretisierung interpretierte. So stellte das Gericht im Sinne des „Gesamtbilds" der nach § 2 PartG vorgegebenen Kriterien denn auch eher lapidar fest:

> „Gemessen an diesem Maßstab ist die Antragsgegnerin keine Partei. Zwar handelt es sich bei der FAP um eine Vereinigung von Bürgern, die – nach ihrer Satzung und ihrem Programm –

---

74 Ebd.
75 § 2 Abs. 2 PartG.
76 Ebd., Abs. 1.
77 Denn wie will man z. B. das „Gesamtbild" der „tatsächlichen Verhältnisse" ermitteln? Hat man sich dabei aufwendige politikwissenschaftliche Studien mit den Methoden empirischer Sozialforschung vorzustellen? Ganz zu schweigen von der Vorgabe der „Ernsthaftigkeit". Nach welchem Maßstab lässt sich dies festlegen – und zwar im Sinne einer „ausreichenden Gewähr"? Gilt überdies eine solche Feststellung nur für den Augenblick einer aktuellen Momentaufnahme oder müssen die letzten zwei, drei, vier usw. Jahre unter Einbezug einer kurz-, mittel- oder gar langfristigen Prognose (!) berücksichtigt werden?

auf die politische Willensbildung Einfluß nehmen und an der Vertretung des Volkes in den Parlamenten mitwirken will. Jedoch bietet die Antragsgegnerin nach dem Gesamtbild ihrer tatsächlichen Verhältnisse, wie es sich nach dem Vortrag der Verfahrensbeteiligten und dem vorliegenden Tatsachenmaterial darstellt, insbesondere nach Umfang und Festigkeit ihrer Organisation, nach der Zahl ihrer Mitglieder und nach ihrem Hervortreten in der Öffentlichkeit keine ausreichende Gewähr für die Ernsthaftigkeit dieser Zielsetzung".[78]

Das Verfassungsgericht führte zur Begründung insbesondere aus[79], dass es der FAP an Handlungs- und Aktionsfähigkeit fehlen, sie sich auf bloß interne Vereinsarbeit außerhalb der politischen Öffentlichkeit beschränken und an Unterstützung in der Bevölkerung mangeln würde. Dabei kehrte es das von der FAP mit Blick auf die Verhältnismäßigkeit selbst vorgetragene Argument der eigenen Bedeutungslosigkeit in recht eleganter Weise um: Nunmehr war die FAP sogar so bedeutungslos, dass sie noch nicht einmal eine Partei sein konnte. Denn bei diesem

„… Zustand absoluter Bedeutungslosigkeit… erweist sich der bekundete Wille zur politischen Einflussnahme und zur Mitwirkung an der Vertretung des Volkes in den Parlamenten als ein bloß vorgeblicher, mithin als Maskerade".[80]

Daher findet das „… besondere, wegen der herausgehobenen Stellung der politischen Parteien beim Bundesverfassungsgericht monopolisierte, vom allgemeinen Vereinsrecht abweichende Verbotsverfahren… auf sie keine Anwendung".[81]

Die FAP wurde dann durch den Bundesminister des Innern am 24. 02. 1995 als Verein, der sich gegen die verfassungsmäßige Ordnung richtet, verboten und aufgelöst.[82]

Faktisch hat das Gericht in seinem Beschluss jedoch einen neuen „Rechtsbegriff" geschaffen, der nun neben die Begriffe „Verein" und „Partei" tritt: nämlich den einer Vereinigung als „Scheinpartei", die sich mangels „Ernsthaftigkeit" den privilegierten Parteistatus nur erschleicht. Diese „Sophistik" mag „tricky" gewesen sein, um angesichts zahlreicher rechtsextremistischer Vereinigungen, die seit 1990 „Morgenluft" witterten, den Weg einer Aushebelung von Vereinsverboten durch „Flucht" in das Parteienprivileg abzuschneiden – katalysierte vielleicht aber auch die zunehmend zu beobachtende Gründung rechtsextremistischer Netzwerke überhaupt unterhalb formaler vereinsrechtlicher Strukturen ebenso wie den Zulauf zur NPD als Sammlungspartei des rechts-

---

78 BVerfGE 91, 276 (290).
79 Vgl. ebd. (290 ff.); z. B.: Schriftverkehr bloß über Postfächer; keine jährliche öffentliche Rechenschaftslegung; keine ausreichende Finanz- und Personaldecke.
80 BVerfGE, 91, 276 (293).
81 Ebd. (294).
82 Vgl. BMI: Verfassungsschutzbericht 1994, Bonn 1995; am selben Tag erfolgte auch das Verbot der NL durch den Hamburger Innensenator.

extremistischen Lagers.[83] Jedenfalls: So wie man auf dieser Seite die „Lücke" (zunächst) geschlossen hat, öffnet sie sich dann zugleich in umgekehrter Richtung für die Möglichkeit von „Parteiverboten" durch die Exekutive. Genau das kann jedoch wohl kaum im Sinne des Art. 21 GG sein, sodass es vom Standpunkt der „wehrhaften Demokratie" besser gewesen wäre, das Verfahren gegen die FAP durchzuziehen.

Verfolgt man diese Argumentation zurück auf ihre Urheberschaft und ihren ursprünglichen Kontext[84], so tritt die mit ihr verbundene problematische Ambivalenz noch deutlicher hervor: In die verfassungsrechtliche Diskussion ist sie einschließlich des Begriffs der „Pseudopartei"[85] rund zehn Jahre zuvor vom konservativen Staatsrechtler Rupert Scholz eingeführt worden – und zwar mit Bezug zu den „Grünen". Eine explizite Bezugnahme auf Scholz findet sich in der Gerichtsentscheidung zwar nicht. Scholz nimmt aber genau dieses Muster eines „kalten Parteiverbots" vorweg, indem er zu zeigen versuchte, dass die Grünen erstens als eine rein ökologische Ein-Punkt-Bewegung und wegen sonstiger mangelnder parlamentarischer „Ernsthaftigkeit" gar keine Partei wären:

> „Die Frage der Parteieigenschaft ist also primär und auch verfassungspolitisch zentral. Für alle anderen, nicht unter den Parteibegriff des Art. 21 GG fallenden Vereinigungen gilt allein der Verfassungsvorbehalt des Art. 9 Abs. 2 GG".[86]

> „Die Grünen/Alternativen deklarieren sich… gern als politische ,Bewegung'… ,Bewegungen' in diesem Sinne sind jedoch keine – oder noch keine – politischen Parteien. Denn der Begriff der politischen Partei fordert mehr als ein ,politisches Bewegtsein'. Der Begriff der politischen Partei fordert vielmehr – neben der Teilnahme an der politischen Willensbildung des Volkes allgemein – definitiv die ernsthaft und auf Dauer angelegte Bereitschaft, gesamtstaatliche Verantwortung vor allem auf der Grundlage der parlamentarischen Demokratie zu übernehmen".[87]

Dabei postulierte Scholz, dass selbst eine parlamentarische Vertretung für den Status als Partei gar nicht ausreichen würde:

> „Eine politische Organisation, die selbst ein in Wahlen erobertes parlamentarisches Mandat nicht selbst ernst nimmt, die dieses als bloßes ,Spielbein' oder als bloßes Instrument zur Kon-

---

83 Vgl. z.B. Gerlach, Jutta: Die Vereinsverbotspraxis der streitbaren Demokratie, Baden-Baden 2012, S. 150 ff.; 159 f.

84 Vgl. van Ooyen: „Vereinsverbote" gegen „Scheinparteien"?; in: RuP, 2004, S. 172 ff.

85 Scholz, Rupert: Krise der parteienstaatlichen Demokratie?, Juristische Gesellschaft Berlin, Heft 80, Berlin – New York 1983, S. 14.

86 Ebd., S. 36; allgemein vgl. auch S. 30.

87 Ebd. S. 28 f.; vgl. auch S. 32.

terkarierung der parlamentarischen Demokratie begreift, verkörpert keine politische Partei im Sinne des Art. 21 GG…".[88]

Und zweitens wären die „Grünen" als bloße politische Vereinigung u. a. wegen der Ablehnung des „freien Mandats" als Kernelement der Demokratie durch die Praxis des „Rotationsprinzips" zudem auch noch verfassungswidrig[89], sodass genau dieser Weg eines Verbots über Art. 9 Abs. 2 GG frei würde.[90]

5   „Staatsfreiheitsgebot" und Verfassungsschutz: NPD-Beschluss (2003)

„Von einer ‚Sachentscheidung' des Bundesverfassungsgerichts auf einen Parteiverbots-Antrag wurde eine Verfeinerung der Dogmatik des Parteiverbots erwartet. Dazu konnte es nun nicht kommen".[91] Das von Bundesregierung, Bundestag und Bundesrat Anfang 2001 – unter hohem öffentlichen Handlungsdruck – eingeleitete Verfahren[92] gegen die NPD ist eingestellt worden[93], „weil der Einstellungsantrag der Ag (d. h. der NPD, RvO) nicht die für eine Ablehnung erforderliche qualifizierte Zweidrittelmehrheit gefunden hat"[94], die das Gesetz über das BVerfG vorschreibt.[95] Vor dem Hintergrund der „V-Mann-Problematik", war eine „Sperrminderheit" von drei Richtern hinsichtlich des rechtsstaatlichen Gebots eines fairen Verfahrens „der Auffassung, dass ein nicht beheb-

---

88   Ebd., S. 42.

89   Vgl. ebd., S. 35 ff.

90   Vgl. ebd., S. 35 f.; Der Trick bei Scholz ist die Behauptung, dass die Akzeptanz der repräsentativen Demokratie (hier: des freien Mandats) nicht nur Merkmal sei im Hinblick auf die Verfassungswidrigkeit einer Partei nach Art. 21 Abs. 2 GG, sondern zugleich auch wesentliches Merkmal für die Parteieigenschaft selbst. Dem ist entgenzuhalten, dass dies wenn überhaupt nur Merkmal einer demokratischen Partei ist. Denn aus der Argumentation von Scholz würde ja folgen, dass alle extremistischen Partei, die in typischer Weise die repräsentative Demokratie ablehnen, gar keine Parteien mehr im Rechtsinne wären und als bloß politische, verfassungswidrige Vereinigungen unter Art. 9 Abs. 2 fielen. Dann aber hätte sich der Verfassungsgeber Art. 21 Abs. 2 GG überhaupt sparen können.

91   Fromme, Friedrich K.: Bestätigte Skepsis; in: RuP, 2003, S. 183; zur vorangehenden Kontroverse um das Verbot vgl. z. B. Meier, Horst/Leggewie, Claus (Hrsg.): Verbot der NPD oder mit Rechtsradikalen leben?, Frankfurt a. M. 2002.

92   Zu den Details und zur „Eigendynamik" im weiteren Verlauf der öffentlichen Debatte, die in der Breitenwirkung ihren Ausgangspunkt in einer Forderung des Bayerischen Innenministers Beckstein im Anschluss an den „Düsseldorfer Bombenanschlag" vom 27. 07. 2000 auf eine Gruppe russisch-jüdischer Immigranten nahm, vgl. Flemming (Fn. 59), S. 97 ff. Auf der Ebene des Vereinsverbot wurden 2000 u. a. die Gruppen „Blood & Honour", „White Youth" und „Skinheads Sächsische Schweiz" verboten.

93   Zur unmittelbaren Wirkung auf die NPD vgl. Fleming, Lars: Die NPD nach dem Verbotsverfahren; in: Backes/Jesse: E&D 2004, S. 144 ff.; zu den Ursachen des späteren Wahlerfolgs in Sachsen vgl. Steglich, Henrik: Die NPD in Sachsen, Göttingen 2005.

94   BVerfG: Pressemitteilung Nr. 22/2003 vom 18. März 2003.

95   Vgl. § 15 BVerfGG.

bares Verfahrenshindernis vorliegt".[96] Obgleich der „Bruch im Zweiten Senat… tief sein" musste[97] – angesichts der Kritik der vier Richter, die für ein Fortfahren plädiert hatten[98] – war der Zweite Senat insgesamt „verärgert und fühlte sich von den Antragstellern getäuscht".[99] Denn hierüber war man eher beiläufig und erst kurz vor der mündlichen Verhandlung durch einen Telefonanruf eines hohen Ministerialbeamten überhaupt informiert worden. Dieser Beamte des BMI teilte mit, dass eine der vom Gericht zur Anhörung geladenen Personen eine Aussagegenehmigung einer Verfassungsschutzbehörde vorlegen[100] würde.[101] Hierauf setzte das BVerfG im Januar 2002 die für den Februar geplanten Termine der mündlichen Verhandlung ab. Inwieweit diese frühe Einstellung des Verfahrens schon damit zusammenhing, dass wegen der tiefen Meinungsverschiedenheiten im Senat ein Scheitern des Verfahrens wegen der nicht erreichbaren 2/3-Mehrheit ohnehin drohte, kann nur gemutmaßt werden.[102]

Für die Entscheidung spielte der Grundsatz des „Staatsfreiheitsgebots" eine wesentliche Rolle.

> „Die Beziehungen zwischen den Staatsorganen und den politischen Parteien stehen unter dem Verfassungsgebot der grundsätzlich staatsfreien und offenen Meinungs- und Willensbildung vom Volk zu den Staatsorganen… Art. 21 GG hat die Parteien als verfassungsrechtlich notwendige Instrumente für die politische Willensbildung des Volkes anerkannt und sie in den Rang einer verfassungsrechtlichen Institution erhoben… Gleichwohl gehören die Parteien nicht zu den Staatsorganen…".[103]

---

96 BVerfGE 107, 339 (356) – NPD-Verbotsverfahren; nämlich die Richter Hassemer, Broß und die Richterin Osterloh (360).

97 So Hans-Peter Bull, einer der Prozessbevollmächtigten der Bundesregierung: Verfehltes Verfahren, Niederlage der Demokratie oder Sieg der Toleranz?; in: Möllers/van Ooyen: JBÖS 2002/2003, S. 197.

98 Nämlich die Richter Sommer, Jentsch, Di Fabio und Mellinghoff; vgl. BVerfGE 107, 339 (378).

99 Bull (Fn. 97), S. 201.

100 Zu den Einzelheiten der „V-Mann-Affäre", in deren Verlauf dann noch weitere „U-Boote" auftauchten, über die das Verfassungsgericht nur „scheibchenweise" informiert wurde, vgl. Flemming (Fn. 59), S. 185 ff.; aus Sicht der Antragsteller vgl. Bull (Fn. 97), S. 197 ff., vgl. auch BVerfGE 107, 339 (346 ff.).

101 Schon zuvor hatte die NPD einen „Teilerfolg" erringen können; zum Beschluss des BVerfG vom Juni 2001 bzgl. der Durchsuchung und Beschlagnahme im Rahmen eines parallel laufenden strafrechtlichen Ermittlungsverfahrens der Berliner Justiz gegen Horst Mahler, zugleich einer der beiden Prozessvertreter der NPD, wegen Volksverhetzung vgl. BVerfGE 104, 38 ff. Dagegen wurde der Antrag Mahlers auf ein Vorabentscheidungsverfahren vor dem EuGH abgewiesen (vgl. BVerfGE 104, 214). Darüber hinaus reklamierte Mahler – wie schon 1957 die KPD – einen Verstoß gegen die EMRK. Zu dieser Problematik insb. bzgl. Art 11 EMRK (Versammlungs- und Vereinigungsfreiheit) vgl. Kugelmann, Dieter: Parteiverbote und EMRK; in: Grewe, Constance/Gusy, Christoph (Hrsg.): Menschenrechte in der Bewährung, Baden-Baden 2005, S. 244 ff. (s. u. Kap. 6). Zur Person Mahlers, der in seinen Stellungnahmen vor Gericht sich immer wieder zu abstrusen Verschwörungstheorien verstieg, die er auch über sein „Deutsches Kolleg" verbreitete, vgl. Jesse, Eckhard: Biographisches Porträt: Horst Mahler; in: Backes/Jesse: E&D 2001, S. 183 ff.

102 So u. a. die Kritik von Bull (Fn. 97), S. 207.

103 BVerfGE 107, 339 (361).

Und: „Vor diesem Hintergrund gebieten die rechtsstaatlichen Anforderungen an das Parteiverbotsverfahren... strikte Staatsfreiheit im Sinne unbeobachteter selbstbestimmter Willensbildung und Selbstdarstellung der Partei vor dem Bundesverfassungsgericht. Das verfassungsgerichtliche Parteiverbot, die schärfste und überdies zweischneidige Waffe des demokratischen Rechtsstaats gegen seine organisierten Feinde, braucht ein Höchstmaß an Rechtssicherheit, Transparenz, Berechenbarkeit und Verlässlichkeit des Verfahrens".[104]

Von hier aus führte die „Sperrminderheit" der drei Richter angesichts der Tätigkeit von V-Leuten bis über den Zeitpunkt der Antragstellung hinaus unmissverständlich aus:

„Die Beobachtung einer politischen Partei durch V-Leute staatlicher Behörden, die als Mitglieder des Bundesvorstandes oder eines Landesvorstandes fungieren, unmittelbar vor und während der Durchführung eines Verfahrens vor dem Bundesverfassungsgericht... ist in der Regel unvereinbar mit den Anforderungen an ein rechtsstaatliches Verfahren...".[105]

„... darf eine intensivere Beobachtung politischer Parteien mit nachrichtendienstlichen Mitteln jedenfalls nicht dazu führen, dass etwa eingeschleuste Bedienstete staatlicher Behörden gezielt und wirkungsvoll Einfluss auf die Willensbildung der Vorstände einer politischen Partei auf Bundes- oder Landesebene nehmen, so dass der Sache nach von einer Veranstaltung des Staates gesprochen und der Partei demgemäß ihr Status als Partei abgesprochen werden müsste".[106]

Und: „Nach allem kann von Staatsfreiheit der Führungsebenen der Antragsgegnerin nach Einleitung des Verbotsverfahrens keine Rede sein".[107]

Demgegenüber wies die unterliegende „Mehrheitsmeinung" dies im Prinzip als Verletzung der Justizgewährpflicht zurück, da Verfahrenshindernisse nur ausnahmsweise geltend gemacht werden sollten, nämlich nur „wenn eine angemessene Berücksichtigung des Verstoßes bei umfassender Gesamtwürdigung nicht mehr möglich ist".[108] Hierfür aber hätte das Verfahren gar nicht beendet werden dürfen, sondern das Gericht hätte durch Sachaufklärung und Beweisaufnahme sich überhaupt selbst erst ein konkretes Bild machen und dann eine solche abwägende „Gesamtwürdigung" vorneh-

---

104 Ebd. (369).
105 Ebd. (365); es sei denn zur „Abwehr akuter Gefahren... in extremen Ausnahmefällen" (370).
106 Ebd. (366).
107 Ebd. (375); hinzu kam, dass aus Sicht dieser Richter eine klare Zuordnung des von den Verfassungsschutzbehörden gesammelten Materials durch den „Quellenschutz" unmöglich, eine nachträgliche Offenlegung unter Ausschluss der NPD aber als rechtsstaatlich unzulässig abgelehnt wurde (vgl. 371 und 375 f.).
108 Ebd. (380, auch 386 ff.).

men müssen.[109] Und während der Standpunkt der „Sperrminderheit" schon fast auf die Alternative „beobachten" oder „verbieten" hinaus läuft, reklamierte demgegenüber die „Mehrheit", dass der Einsatz von V-Leuten auch in Führungsetagen solcher Parteien unumgänglich wäre – und zwar auch noch über den Zeitpunkt der Antragsstellung hinaus. Denn typischerweise verschleierten solche Parteien ihre wahren Absichten und nicht nur der staatliche Schutzauftrag könnte eine permanente Beobachtung erfordern, sondern schon allein die Tatsache, dass eine vorherige Einstellung die Ermittlung des aktuellen Bildes dieser Partei je nach Dauer des verfassungsgerichtlichen Verfahrens unmöglich machte. Inwieweit sich hier eine „mittlere" Lösung finden lässt zwischen dem von der Minderheit artikulierten liberalen Unbehagen „ausufernder" jahrzehntelanger Beobachtung, ja womöglich staatlicher Durchdringung von Parteien und den praktischen Notwendigkeiten, für ein Verfahren einfach ausreichend einschlägiges Material zu sammeln, bleibt weiter zu[110] diskutieren.[111] Unabhängig von diesem Streit innerhalb des Gerichts über das richtige Maß überrascht jedoch ein anderer Aspekt der Entscheidung, nämlich die Frage, inwieweit durch die Verletzung des „Staatsfreiheitsgebots" die Parteieigenschaft selbst betroffen würde. Während die „Sperrminderheit" im Senat von der Verletzung des Staatsfreiheitsgebots auf die Unmöglichkeit einer Weiterführung des Verfahrens schloss, kam die „Mehrheit", ebenfalls vom „Staatsfreiheitsgebot" ausgehend, zu einem Ergebnis, das unmittelbar an die Überlegungen zum Parteienbegriff aus den Verfahren gegen die FAP und NL anknüpfte. Nach Auffassung der „Mehrheit" eröffneten sich nun nur zwei Möglichkeiten: Entweder wäre der staatliche Einfluss auf die NPD durch den Verfassungsschutz gar nicht so erheblich, dass das Verfahren nicht trotzdem weitergeführt werden könnte. Diese Variante war dann auch die Einschätzung, der man im konkreten Fall der NPD tatsächlich folgte:

> „Eine staatliche Fremdsteuerung der Antragsgegnerin ist nicht ansatzweise erkennbar. Insbesondere ergeben sich aus der bekannt gewordenen Zusammenarbeit staatlicher Stellen mit Mitgliedern des Bundesvorstandes und der Landesvorstände der Antragsgegnerin keine An-

---

109 Hier gestützt auf eine „Pflicht" zur Beweiserhebung nach § 26 BVerfGG und u. a. auf die in den §§ 47 und 38 BVerfGG i. V. m. §§ 94 ff. StPO bereit gestellten Mittel der Beschlagnahme und Durchsuchung, um neue Beweismittel zu erheben, sowie die Möglichkeit, sich nach §§ 26 und 28 BVerfGG über den Geheimschutz hinwegzusetzen; vgl. ebd. (389).

110 Faktisch habe sich hiermit das Bundesverfassungsgericht aus den Parteiverbotsverfahren verabschiedet und damit Art. 21 Abs. 2 GG obsolet gemacht, da die von der Minderheitsmeinung geforderten Standards die Arbeit des Verfassungsschutzes im Hinblick auf zukünftige Verbotsverfahren unmöglich machten, so die Kritik von Bull (Fn. 97), S. 211, der sich zudem fragt, ob dies nicht mittelfristig sogar zum umgekehrten Effekt einer vollständigen Verlagerung der Extremismusbekämpfung auf die Exekutivbehörden führen könnte (S. 213 ff.).

111 Vgl. z. B. Michaelis, Lars O.: Politische Parteien unter der Beobachtung des Verfassungsschutzes, Baden-Baden 2000; in diesem Kontext vgl. auch noch einmal den Vorschlag von Scherb (Fn. 7), s. u. Kap. 6.

haltspunkte dafür, dass das politische Erscheinungsbild der Antragsgegnerin nicht mehr das Ergebnis eines offenen gesellschaftlichen Willensbildungsprozesses ist".[112]

Oder aber – und in der rechtspolitischen Konsequenz viel bemerkenswerter – der Einfluss wäre so groß, dass infolge der staatlichen „Steuerung" im Falle der NPD gar nicht mehr von einer „staatsfreien" Partei gesprochen werden könnte. Weil aber der Grundsatz der „Staatsfreiheit" hiernach eine notwendige Bedingung für die Parteiqualität ist, würde es sich dann bei der NPD gar nicht mehr um eine Partei handeln. Und genau das wurde von der „Mehrheitsmeinung" postuliert:

> „Überschreiten die Verfassungsschutzbehörden des Bundes und der Länder ihre legitimen Aufgaben und erreicht eine nachrichtendienstliche Beobachtung das Ausmaß einer maßgeblichen Steuerung des Parteiwillens in seiner Gesamttendenz, so kann es bereits an den Merkmalen einer Partei (vgl. § 2 PartG) fehlen und damit an einem möglichen Antragsgegner eines Verbotsverfahrens, weil Parteien grundsätzlich staatsfreie gesellschaftliche Zusammenschlüsse sind…".[113]

Daher, gewendet gegen das oben zitierte Argument der „Sperrminderheit" und unter explizitem Bezug zu den beiden „Parteibegriffs-Entscheidungen" von NL und FAP, ergab sich:

> „Selbst dann jedoch, wenn von einer inhaltlichen und programmatischen Fremdsteuerung der Antragsgegnerin auszugehen wäre, so folgte daraus kein Verfahrenshindernis; die Antragsgegnerin verlöre in diesem Fall als fremdgesteuerte Organisation ihre Parteiqualität. Der Verbotsantrag wäre deshalb in einer Entscheidung zur Sache als unzulässig zurückzuweisen (vgl. BVerfGE 91, 262 (266); 91, 276 (283))".[114]

So wäre dann wie schon beim „kalten Parteiverbot" der beiden Verfahren aus den 90er Jahren der Weg frei, die NPD als verfassungswidrige, aber bloße politische Vereinigung einfach nach Art. 9 Abs. 2 GG durch den Bundesinnenminister aufzulösen.[115] Radikal zu Ende gedacht bedeutet das jedoch nichts anderes, als sich überhaupt von Parteiverbotsverfahren zugunsten des schnell exekutierbaren Vereinsverbots zu verabschieden.

---

112 BVerfGE 107, 339 (381).
113 Ebd.
114 Ebd.
115 Aus dieser Sicht der „Mehrheit" ist demnach – polemisch formuliert – das Verfahren gegen die NPD nicht gescheitert wegen der vielen, sondern im Gegenteil gerade wegen der noch zu geringen Zahl an V-Leuten in führenden Funktionärspositionen.

6   „Flexible Response" vs. NPD-Verbotsverfahren „reloaded" (2013)

Was machen mit der NPD?[116] Die Bundesregierung hat aufgrund der ablehnenden Haltung der FDP keinen eigenen Verbotsantrag beim Verfassungsgericht gestellt; im Bundestag kamen keine hiervon unabhängigen politischen Mehrheiten zustande. Der Bundesrat steht schließlich alleine mit seiner Dezember 2013 eingereichten Klage da; verfassungsrechtlich ist das völlig unproblematisch, rechtspolitisch aber mag das Anlass genug sein, das Vorgehen gegen die NPD noch einmal zu überdenken.[117] Denn Die historische Bilanz der Parteiverbotsverfahren fällt insgesamt nicht überzeugend aus:

Das KPD-Verbot von 1956 geriet in der Dauer des Gerichtsprozesses und in der Opulenz seiner Begründung aus den Fugen; es blieb letztlich umstritten.[118] Abgesehen von der kurzen Überlegung der Bundesregierung die in einigen Landtags- und schon bei der Bundestagswahl fast erfolgreiche NPD Ende der 60er zu verbieten, verschwand das „schärfste Schwert" der „wehrhaften Demokratie" jahrzehntelang sogar in der Mottenkiste. Die Verfahren gegen die neo-nazistische FAP und NL zu Beginn der 90er endeten – auch zur Überraschung der Kläger – im Vereinsverbot. Das Gericht griff in die verfassungsrechtliche „Trickkiste", um die Strategie rechtsextremistischer Gruppierungen rechtspolitisch zu konterkarieren, die sich angesichts der Verhängung von Vereinsverboten durch die Exekutive einfach in das „Parteienprivileg" zu flüchten suchten. Ob der Staat bei diesem „Hase-und-Igel-Spiel" letztlich die Oberhand behalten hat, bleibt angesichts der Gründung „Freier Kameradschaften" unterhalb vereinsrechtlicher Strukturen und des Zulaufs zur NPD zu bezweifeln. Das NPD-Verfahren 2003 scheiterte schließlich wegen der „V-Leute-Problematik" an der Sperrminderheit von drei Richtern, die die erforderliche 2/3-Mehrheit zur Fortführung blockierten. Einzig das erste Verbot der nazistischen SRP von 1952 verlief „glatt".

Aus Sicht der Kläger kommen bei dem zweiten Verfahren gegen die NPD aber vor allem die folgenden Unwägbarkeiten hinzu:

1) Das Bundesverfassungsgericht – auch das zeigt die Geschichte der Verbotsverfahren – ist unberechenbar. Es hat immer wieder neue Prüfungsmaßstäbe herangezogen bzw. „erfunden", um situativ rechtspolitisch zu reagieren: die „aktiv-kämpferische, aggressive Haltung" im KPD-Verbot; das Prüfen der Partei-Eigenschaft beim FAP- und NL-Verfahren; das Staatsfreiheitsgebot und die Verwendung von Material des Verfassungsschutzes beim ersten NPD-Verfahren; beim laufenden sicherlich

---

116 Vgl. van Ooyen: Kein zweites Verfahren gegen die NPD; in: RuP, 2013, S. 84 ff.

117 Vgl. z. B. Backes, Uwe: NPD-Verbot: Pro und Contra; in: APuZ, 18-19/2012, S. 9 ff.

118 Vgl. Limbach, Jutta: „Ich hätte den KPD-Verbotsantrag abgelehnt"; Interview von Julia Albrecht mit Jutta Limbach, Präsidentin des Bundesverfassungsgerichts, in der taz vom 19. 08. 1996; jetzt in: Leggewie/Meier (Fn. 91), S. 180 ff.

auch den Verhältnismäßigkeitsgrundsatz, den es längst bei allen Grundrechtseingriffen prüft.[119]

2) Durch die Rechtsprechung des Europäischen Gerichtshofs für Menschenrechte zur Vereinbarkeit von Parteiverboten und EMRK gibt es eine zusätzliche Hürde: Der EGMR hat zwar das Konzept der „wehrhaften Demokratie" grundsätzlich gebilligt, in den Einzelfällen dann aber doch fast alle nationalen Verbote als unverhältnismäßig und damit als Verstoß gegen die EMRK beurteilt.[120] Dabei spielte die reale Gefährdung der demokratischen Ordnung, die von der Partei ausgehen muss, eine zentrale Rolle.[121] Letztlich handelt es sich um eine Prognoseentscheidung. Werden vor diesem Hintergrund die Verflechtungen der NPD mit der militanten Szene des Rechtsextremismus und die vereinzelten Verbindungen von NPD-Mitgliedern zum NSU ausreichen, die Gefährlichkeit einer verfassungsfeindlichen Partei zu beweisen, die bei Wahlen ihren Zenit schon wieder überschritten zu haben scheint?

3) Darüber hinaus könnte es zu einer weiteren verfassungsgerichtlichen Revision durch den Europäischen Gerichtshof kommen, denn die EU-Grundrechtscharta ist mit dem Lissabon-Vertrag als Primärrecht in Kraft getreten. Ob und wie der EuGH hierauf reagieren würde, ist unklar. Das Thema „Parteiverbot" aus dieser Perspektive wird auch in den Großkommentaren kaum thematisiert[122], obwohl die Grundrechtscharta im Unterschied zur EMRK die Bedeutung politischer Parteien im Artikel zur Versammlungs- und Vereinigungsfreiheit sogar ausdrücklich hervorhebt.[123]

4) Insgesamt sind Verbotsverfahren Hopp- oder Top-Entscheidungen. Hier ist zu beachten, dass auch das Bundesverfassungsgericht nach dem Grundsatz „im Zweifel

---

119 In der Kommentarliteratur gibt es jedoch auch Meinungen, die eine Prüfung der Verhältnismäßigkeit gerade im Falle von Art. 21 Abs. 2 GG für unzulässig halten, so z. B. Klein: Art. 21, Rn. 558; in: Maunz/Dürig, 2012 (64. Lfg.).

120 Vgl. Kugelmann (Fn. 101); Klamt, Martin: Die Europäische Union als Streitbare Demokratie, München 2011, S. 444; Kontopodi, Katarina: Rechtsprechung des EGMR zu Parteiverboten in der Türkei; in: Möllers/van Ooyen: Parteiverbotsverfahren (Fn. 1), hier 3. Aufl., 2011, S. 161 ff.; Grabenwarter, Christoph: NPD-Verbotsverfahren. Der Europäische Gerichtshof für Menschenrechte wird das Bundesverfassungsgericht im Fall eines NPD-Verbots wohl nicht korrigieren; in: FAZ vom 12.12.2012, Rubrik „Staat und Recht"; dagegen Rath, Christian: NPD lässt sich schwer verbieten. Ein Verbot könnte an der Rechtsprechung des Europäischen Gerichtshofs für Menschenrechte scheitern; in: taz vom 30.03.2012.

121 Grundlegend für die Prüfungsmaßstäbe ist hier das Urteil der Großen Kammer zum Verbot der türkischen Wohlfahrtspartei; vgl. Spieker genannt Döhmann, Indra: EGMR v. 13.2.2003 – Refah Partisi (Wohlfahrtspartei). Verbot einer staatsgefährdenden Partei; in: Menzel, Jörg u. a. (Hrsg.): Völkerrechtsprechung, Tübingen 2005, S. 597 ff.

122 Vgl. Knecht: Art. 12 Grundrechtscharta; Lienbacher/Kröll: Art. 10 EUV, Rn. 21 ff.; beide in: Schwarze: EU-Kommentar, 3. Aufl., 2012; Kunig: Art. 21, Rn. 10; in: von Münch/Kunig, 6. Aufl., 2012; Nettesheim: Art. 10 EUV; in: Grabitz/Hilf/Nettesheim, 2012 (47. Lfg.); Klein: Art 21, Rn. 241 ff. und 508 ff.; in: Maunz/Dürig, 2012 (64. Lfg.).

123 Vgl. Kugelmann (Fn. 101), S. 262. Ob sich das BVerfG dann der Kassation durch den EGMR oder EuGH beugen würde, ist offen – der Streit mit den europäischen Gerichtshöfen ginge hier dann wohl in eine neue Runde; vgl. allgemein van Ooyen: Die Staatstheorie des Bundesverfassungsgerichts und Europa (Fn. 18).

für die Freiheit" entscheidet (denkbar wäre allerdings auch, dass es nicht zuletzt mit Blick auf den EGMR eine neue, „mildere" Lösung findet und nur solche – wohl ostdeutschen – Landesverbände der NPD verbietet, in denen diese eben nicht inzwischen politisch marginalisiert, sondern im Gegenteil parlamentarisch vertreten und/ oder mit dem militanten Rechtsextremismus in besonderer Weise verzahnt ist[124]; dies vor allem dann, wenn es gelingen würde – wie in der Klageschrift beabsichtigt[125] – die Wesensverwandtschaft der NPD mit der NSDAP sogar aus bloß offenen Quellen überzeugend nachzuweisen).

Alle diese prozessualen Risiken sprechen jenseits der bekannten politischen Argumente für eine abgestufte Vorgehensweise. Armin Scherb prägte vor einigen Jahren hierfür den Begriff der „flexiblen Response" und sah als „angemessene erste Reaktionsstufe… (den) Ausschluß Der NPD von der staatlichen Wahlkampfkostenerstattung und die Aberkennung ihrer Förderungswürdigkeit über den Weg einer steuerlichen Abzugsfähigkeit von Parteispenden".[126]

Dieser Ansatz ist seitdem mehrfach auch im politischen Raum diskutiert worden.[127] In seinem für das niedersächsische Innenministerium 2008 angefertigten Gutachten kommt Volker Epping zu dem Ergebnis, dass eine solche Abschneidung verfassungsfeindlicher Parteien von der staatlichen Parteienfinanzierung trotz des Gebots der Chancengleichheit rechtlich möglich sei, wenn auch nur im Wege einer Verfassungs-

---

124 Das BVerfGG sieht diese Möglichkeit eines bloß partiellen Verbots von selbständigen Teilorganisationen selbst vor (§ 46); darunter ließen sich auch Landesverbände einer Partei fassen, so z. B. Kunig: Art. 21, Rn. 74; in: von Münch/Kunig: GGK 6. Aufl., München 2012.

125 „Bundesratspräsident Stephan Weil hat am 3. Dezember 2013 den Antrag auf Feststellung der Verfassungswidrigkeit der NPD durch die prozessbevollmächtigten Professoren Dr. Christoph Möllers und Dr. Christian Waldhoff beim Bundesverfassungsgericht in Karlsruhe einreichen lassen… In der rund 250 Seiten umfassenden Antragsschrift betonen die Prozessbevollmächtigten des Bundesrates, dass die NPD eine außerordentliche Nähe zum Nationalsozialismus hat und sich selbst in der Tradition der NSDAP sieht. Zudem ziele sie darauf ab, die freiheitlich demokratische Grundordnung der Bundesrepublik Deutschland im Ganzen zu beseitigen. Ihre Ideologie sei mit den zentralen Elementen der Verfassung daher unvereinbar. Sie verfolge das Ziel einer Abschaffung der Ordnung im ganzen Bundesgebiet und habe mit Hilfe der Gesamtorganisation auf lokaler Ebene bereits Beeinträchtigungen dieser Ordnung erreicht. Die Antragsschrift stützt sich maßgeblich auf allgemein zugängliche Materialien. Zudem sind Erkenntnisse über Aktivitäten der Partei durch offene Ermittlungsmaßnahmen der Polizei gewonnen worden. Zur Vertiefung der Tatsachenbasis wurden auch Ergebnisse sozialwissenschaftlicher Forschung einbezogen. Damit gibt es – anders als im ersten Verfahren zum Verbot der NPD – kein Problem mit der Einbeziehung sogenannter V-Leute. Die Quellenfreiheit des vorgelegten Materials wird von allen Innenministern bestätigt"; Bundesrat: NPD-Verbotsantrag in Karlsruhe eingereicht, 4. 12. 2003; http://www. bundesrat.de (download 28. 12. 2013).

126 Scherb (Fn. 7); differenzierend auch schon Kriele, Martin: Feststellung der Verfassungsfeindlichkeit von Parteien ohne Verbot; in: ZRP, 9/1975, S. 201 ff.

127 Vgl. m. w. N. Härtel, Andrea: Die Entwicklung des Instituts des Parteiverbots innerhalb der bundesrepublikanischen Konzeption „streitbarer Demokratie" vor und nach dem NPD-Verbotsverfahren; in: Möllers/van Ooyen: Parteiverbotsverfahren (Fn. 1), hier 3. Aufl., 2011, S. 99 ff.

änderung.[128] Dass dies mit der „Ewigkeitsklausel" des Art. 79 III GG nicht unvereinbar wäre, ergibt sich schon daraus, dass sonst das Parteiverbot nach Art. 21 II GG überhaupt selbst schon verfassungswidrig sein müsste, zumal der Ausschluss von der Finanzierung ohne Verbot eine „mildere" Maßnahme darstellt.[129] Auch Martin Morlok empfiehlt in seinem für die Friedrich-Ebert-Stiftung verfassten Gutachten letztendlich eine Änderung des Art. 21 GG.[130] Die Kompetenz zur Entscheidung wäre nach Epping am besten beim Bundestagspräsidenten aufgehoben, der ohnehin für die Zuweisung der Mittel an die Parteien zuständig sei, und so ein zeitraubendes Verfahren beim Bundesverfassungsgericht (zunächst) erspart bliebe.[131]

Über Letzteres ließe sich weiter streiten, zumal die Sache via Verfassungsbeschwerde dann schließlich doch dort landen würde. Sofern man nicht das Verfahren hierzu in der Antragsberechtigung und Entscheidungskompetenz dem des Parteiverbots nachbildete und sogar direkt hieran koppelte, wäre auch ein „mittlerer Weg" denkbar, etwa in Anlehnung an die Wahlprüfung nach Art. 41 GG: Der Bundestagspräsident entscheidet zunächst vollziehend über die Blockierung der Gelder, was aber mittels Beschwerde beim Bundesverfassungsgericht unmittelbar überprüft werden könnte.

Ohne sich der Illusion hinzugeben, den Rechtsextremismus damit allein bekämpfen zu können – zu bedeutsam ist die „freie", nicht partei- und vereinspolitisch organisierte Szene, zu stark rechtsextremistisches Gedankengut in die „Mitte" der Gesellschaft eingewandert – das Risiko schon vor dem Bundesverfassungsgericht wieder an einer Sperrminderheit zu scheitern, würde erheblich vermindert: Einer „milderen" Lösung ließe sich selbst bei grundsätzlichen Bedenken seitens einzelner Richter/innen pragmatisch doch eher zustimmen – zugleich auch der für den EGMR wichtige Verhältnismäßigkeitsgrundsatz besser einhalten. Und: Immerhin handelt es sich beim Umfang der staatlichen Zuwendungen an die NPD um rund 40 % ihres Gesamtbudgets.[132] Da extremistische Gruppierungen auf staatlichen Druck aber mit sog. „Verschiebebahnhöfen" reagieren, muss man sich darüber im Klaren sein, dass es nicht bei einem einzigen Verfahren gegen die NPD zur Aberkennung sämtlicher staatlichen Zuwendungen bleiben kann – denn „Die Rechte' (ist) in Bewegung".[133] Aber dieses Problem stellte sich bei einem NPD-Parteiverbotsverfahren natürlich erst recht.

128 Vgl. Epping, Volker: Rechtsgutachten über die Frage ob und unter welchen Voraussetzungen eine nicht nach Art. 21 Abs. 2 GG verbotene Partei von der staatlichen Parteienfinanzierung ausgeschlossen werden kann vom 14.11.2008.

129 Vgl. ebd., S. 36.

130 Vgl. Morlok, Martin u.a.: Parteienfinanzierung im demokratischen Rechtsstaats, 2009, S. 72 ff.

131 Vgl. Epping (Fn. 128), S. 58.

132 Vgl. Kulick, Holger: Die NPD trocken legen http://www.bpb.de/politik/extremismus/rechtsextremismus/41288/npd-trockenlegen, download vom 08.03.2013.

133 Brandstetter, Marc: „Die Rechte" in Bewegung; in: Blätter, 2/2013, S. 13 ff.; die um den Neo-Nazi Christian Worch neu gegründete Partei könnte nach der Fusion der DVU mit der NPD sonst zum neuen Sammelbecken werden, ebenso „pro-NRW".

Das Demonstrationsrecht des Bundesverfassungsgerichts in liberal-etatistischer Tradition zwischen Bürgerfreiheit und Staatsräson

Martin H.W. Möllers

1 Liberal-etatistische Tradition und die Entwicklung der Rechtsprechung des Bundesverfassungsgerichts zur Demonstrations- und Versammlungsfreiheit

Angelehnt an Georg Jellinek[1] werden die Grundrechte bis heute in der Rechtsprechung des Bundesverfassungsgerichts (BVerfG) als auf den Staat bezogene subjektiv-öffentliche „Abwehrrechte" von Bürgerinnen und Bürgern begriffen. Darüber hinaus können sie als sog. Elemente objektiver Wertordnung auch im „nichtstaatlichen", zivilrechtlichen Bereich eine – jedoch nur mittelbare – Wirkung zwischen Privatrechtssubjekten" entfalten, zumeist über die sog. Generalklauseln des BGB, die im Lichte der Grundrechte auszulegen sind.[2] Das ist seit dem Lüth-Urteil[3] ständige Rechtsprechung des BVerfG, zuletzt z. B. im Urteil des Ersten Senats vom 23. 11. 2010 zur Frage aufgegriffen, dass von der öffentlichen Hand beherrschte gemischtwirtschaftliche Unternehmen in Privatrechtsform ebenso wie im Alleineigentum des Staates stehende öffentliche Unternehmen, die in den Formen des Privatrechts organisiert sind, einer unmittelbaren Grundrechtsbindung unterliegen.[4] Diese systematische Konzeption der Grundrechte entblößt die Tatsache, dass durch ein staatsbezogenes Grundrechtsverständnis der Grundrechtsschutz eine „liberal-etatistische" Ambivalenz enthält: Auf der einen Seite lässt sich in der Recht-

---

1   Vgl. Jellinek, Georg: System der subjektiven öffentlichen Rechte, 2. Aufl., Tübingen 1919, unv. Nachdr., Darmstadt 1963.

2   van Ooyen, Robert Chr.: Der Begriff des Politischen des Bundesverfassungsgerichts, Berlin 2005, S. 22; vgl. Classen, Claus Dieter: Die Drittwirkung der Grundrechte in der Rechtsprechung des Bundesverfassungsgerichts; in: AöR 1997, S. 65 ff.

3   Vgl. BVerfGE 7, 198 – Lüth (1958).

4   BVerfG, 1 BvR 699/06 vom 22. 2. 2011, http://www.bverfg.de/entscheidungen/rs20110222_1bvr069906.html.

sprechung des BVerfG immer wieder „echte" Liberalität nachweisen, die sowohl den Konflikt mit den höchstrichterlichen Fachgerichten nicht scheut als auch den aktuellen Versuchungen des „Zeitgeistes" – in der Regel – widersteht, die Menschen- und Bürgerrechte angesichts angespannter Sicherheitslagen einfach drastisch einzuschränken. Andererseits verhält sich dieses Verständnis auf den Staat bezogener Abwehrrechte blind gegenüber allen „nichtstaatlichen" Formen von politischer Macht, sodass der Grundrechtsschutz hier leer läuft.[5] Dabei zeigt sich zugleich eine Traditionslinie der Grundrechtsinterpretation, die dem BVerfG nicht nur einen erheblichen Entscheidungsspielraum eröffnet, sondern seine Entscheidungen bisweilen ganz erheblich zulasten der individuellen Freiheit „staatsräsonistisch" kippen lässt.[6] Diese Ambivalenz des „liberalkonservativen Etatismus"[7] lässt sich nachfolgend exemplarisch an der Rechtsprechung zur Demonstrations- und Versammlungsfreiheit darstellen.

Die Versammlungsfreiheit nach Art. 8 GG hat heterogene Traditionen und Funktionen.[8] Im Vormärz fanden die bürgerlichen Mitwirkungsansprüche im Staat nur zögernd Anerkennung,[9] sodass die frühkonstitutionellen Verfassungen keine Versammlungsfreiheit kannten.[10] Erst die Paulskirchenverfassung[11] garantierte mit Art. VIII § 161 die Versammlungsfreiheit in der Öffentlichkeit unter freiem Himmel.[12] Die kurzfristig gewonnene Bürgerfreiheit wurde aber bereits seit der Reaktionsphase 1849 und im folgenden Kaiserreich erheblich beschränkt: Einerseits wurde sie nur noch als reines Abwehrrecht (status negativus) und nicht mehr auch als Freiheitsrecht begriffen, das eine Orientierung des Bürgers zum Staat hin (status activus[13]) einstuft. Andererseits wurde das Versammlungsrecht aus dem Staatsrecht heraus und in das Polizeirecht übergeführt.[14]

---

5   Vgl. van Ooyen, a. a. O. (Fn. 2), S. 23.

6   Vgl. z. B. Ladeur, Karl-Heinz: Meinungsfreiheit in der Rechtsprechung des Bundesverfassungsgerichts; in: Däubler, Wolfgang/Küsel, Gudrun (Hrsg.): Verfassungsgericht und Politik, Reinbek 1979, S. 102.

7   Zum Begriff vgl. van Ooyen, Robert Chr.: Die Staatstheorie des Bundesverfassungsgerichts und Europa. Von Solange über Maastricht zu Lissabon und Euro-Rettung, 5. Aufl., Baden-Baden 2014, S. 14.

8   Zur historischen Entwicklung vgl. Quilisch, Martin: Die demokratische Versammlung, Berlin 1970.

9   Vgl. Müller, Friedrich: Korporation und Assoziation, Diss., Berlin 1965, S. 86 ff. sowie 220 ff.

10   S. Gusy, in: von Mangoldt, Hermann/Klein, Friedrich/Starck, Christian (Hrsg.): Kommentar zum Grundgesetz in 3 Bänden, Band 1, Präambel, Art. 1–19, 5. Aufl., München 2005, Art. 8 GG, Rn. 2.

11   Ihr war das „Hambacher Fest" vom Mai 1832 voraus gegangen, das zu Recht als Meilenstein des Kampfes um mehr Demokratie in Deutschland gilt: Kurz zuvor hatte die bayerische Regierung noch das Fest mit der Begründung verboten, es handele sich um einen „Konvent deutscher Demagogen" und bereits die in der Einladung enthaltene Forderung nach „Abschüttelung innerer und äußerer Gewalt" besäße aufrührerischen Charakter. Vgl. dazu Kutscha, Martin: Demonstrationsfreiheit – historische Dimension und aktuelle Pläne zur Beschneidung eines unbequemen Grundrechts, in: http://www.vdj.de/Kriegsstaat/2002_kutscha_Demorecht.html vom 21. 01. 2006.

12   Zur Entwicklung vgl. Quilisch, a. a. O. (Fn. 8), S. 49.

13   Zu den klassischen Funktionen der Grundrechte vgl. schon Jellinek, a. a. O. (Fn. 1), S. 87, 94 ff.; s. auch Möllers, Martin H. W.: Polizei und Grundrechte. Ein Lehrbuch zu den Menschenrechten in der polizeilichen Praxis, 2. Aufl., Frankfurt am Main 2011, S. 19 ff.

14   Vgl. Gusy, a. a. O. (Fn. 10), Art. 8 GG, Rn. 3.

Art. 123 WRV knüpfte hingegen wieder an die Paulskirche an, wobei sich die Grundrechtsinterpretation „überwiegend in den Bahnen liberalen Rechtsstaatsdenkens[15]" bewegte. Denn auch in der WRV galt die Versammlungsfreiheit als polizeifest.[16] Es kam aber nicht zu einer Neubestimmung der Versammlungsfreiheit nach demokratischem Recht, wenn insbesondere Art. 123 Abs. 2 WRV bestimmte: „Versammlungen unter freiem Himmel können durch Reichsgesetz anmeldepflichtig gemacht und bei unmittelbarer Gefahr für die öffentliche Sicherheit verboten werden." Ab 1930 auf Grund der Notverordnungsvorschrift des Art. 48 Abs. 2 WRV[17] und während der gesamten Zeit des Nationalsozialismus gab es praktisch keine Versammlungsfreiheit.[18]

Der Parlamentarische Rat war sich zwar über die politische Bedeutung von Versammlungen und ihrer Freiheit einig, es lassen sich aber kaum Erwägungen zu ihrer Bedeutung in der repräsentativen Demokratie ausmachen. Vielmehr wurden die Eingriffsermächtigungen für Versammlungen unter freiem Himmel nach Art. 8 Abs. 2 GG ausgeweitet.[19] Bis zur ersten Grundsatzentscheidung des BVerfG zur Versammlungsfreiheit als demokratisches Mitgestaltungsrecht lässt sich – auch auf Grund der kurz dargelegten heterogenen Traditionen – kein einheitliches Bild bei der Interpretation der Versammlungsfreiheit festmachen. Es reicht von der „Angst vor Exzessen", die nicht zuletzt in den studentischen Massendemonstrationen Ende der 1960er Jahre wurzelte, bis hin zu „liberaloptimistischem Vertrauen"[20], das in der Versammlungsfreiheit institutionelle Garantien wähnte.[21] Otto Depenheuer sieht in der Versammlungsfreiheit den „Agregatzustand des Politischen" und zugleich „Demokratisches Gefährdungspotential" und „Polarisierende Drohgebärde".[22]

Die erste Grundsatzentscheidung des BVerfG zu Art. 8 GG ist der sog. „Brokdorf-Beschluss" vom 14. Mai 1985 (2).[23] Danach folgten noch eine Reihe weiterer Entscheidungen zum Demonstrationsrecht,[24] von denen der Wunsiedel-Beschluss (3) des Ersten

15 Gusy, a. a. O. (Fn. 10), Art. 8 GG, Rn. 4.

16 Vgl. Anschütz, Gerhard: Die Verfassung des Deutschen Reichs vom 11. August 1919, 14. Aufl., Berlin 1933, unv. Nachdr., Bad Homburg vor der Höhe 1960, Art. 123 Nr. 4. f WRV), S. 571.

17 S. Anschütz, a. a. O. (Fn. 16), Vorbemerkung zu Art. 123, 124 WRV, S. 565.

18 S. Gusy, a. a. O. (Fn. 10), Art. 8 GG, Rn. 4 am Ende.

19 Gusy, a. a. O. (Fn. 10), Art. 8 GG, Rn. 5.

20 Vgl. dazu Schulze-Fielitz, in: Dreier, Horst (Hrsg.), Grundgesetz Kommentar, Band I: Präambel bis Art. 19, 3. Aufl., Tübingen 2013, Art. 8 GG, Rn. 5; krit. dazu Kunig, in: von Münch, Ingo/Kunig, Philip (Hrsg.), Grundgesetz Kommentar, Band 1: Präambel bis Art. 69, 6. Aufl., München 2012, Art. 8 GG, Rn. 1.

21 Vgl. dazu Herzog, in: Maunz, Theodor/Dürig, Günter u. a.: Grundgesetz Kommentar, Loseblatt, 45. Lieferung, München 2005, Art. 8 Rn. 4. Herzogs Kommentierung erfolgte unmittelbar nach dem „Brokdorf-Beschluss" in der 26. Lieferung Ende der 1980er Jahre und ist erst im November 2006 überarbeitet worden.

22 Depenheuer, in: Maunz, Theodor/Dürig, Günter u. a.: Grundgesetz Kommentar, Loseblatt, 69. Lieferung, München 2013, Münch, Ingo Art. 8 GG, Rn. 4–6.

23 BVerfGE 65, 315–372 (– 1 BvR 233, 341/81 –).

24 BVerfGE 73, 206 ff. (Sitzblockaden I – Mutlangen), E 82, 236 ff. (Startbahn-West), E 84, 399 ff. (Versammlungsstörer), E 85, 69 ff. (Eilversammlung), E 87, 399 ff. (Versammlungsrecht), E 92, 1 ff. (Sitz-

Senats vom 4. November 2009[25] eine besondere Bedeutung hat und daher hier aufgegriffen wird. Mit ihm im Zusammenhang steht der Bielefeld-Beschluss[26] vom 12. Mai
2010 (4), eine Entscheidung der 1. Kammer des Ersten Senats. Daher wird diese Entscheidung ebenfalls näher untersucht. Schließlich wird noch das Fraport-Urteil des Ersten Senats vom 22. 2. 2011 (5) einer näheren Erörterung unterzogen.[27] Den Abschluss (6)
bildet eine Bewertung zu den Entscheidungen des Bundesverfassungsgerichts.

Dagegen werden die Entscheidungen zu den Sitzblockaden aus den Jahren 1986, 1995
und 2001 nicht weiter ausgeführt, weil die Sitzblockaden-Entscheidungen nicht in erster Linie die Versammlungsfreiheit nach Art. 8 GG, sondern das Verbot rückwirkender
Strafgesetze nach Art. 103 Abs. 2 GG betreffen.

2   Der Brokdorf-Beschluss vom 14. Mai 1985[28]

Nach Art. 8 Abs. 1 GG haben alle Deutschen „das Recht, sich ohne Anmeldung oder
Erlaubnis friedlich und ohne Waffen zu versammeln". Dennoch wurde allgemein bis
zur Grundsatzentscheidung des BVerfG 1985 überwiegend in der Bevölkerung davon ausgegangen, dass Versammlungen unter freiem Himmel einer Genehmigung des
Staatsapparats bedürfen. Wenn in den 1960er Jahren Studentinnen und Studenten in
der Absicht auf die Straßen gingen, friedlich ihren Protest gegen bestimmte Zustände
zu formulieren, wähnte die Mehrheit der übrigen Bevölkerung in diesem Tun Aufruhr
und Anarchie. Auch noch 20 Jahre später zu den Hochzeiten der Friedens- und Um-
weltbewegung hatten noch nicht alle Bevölkerungsteile die Versammlungsfreiheit als
demokratisches Grundrecht verinnerlicht. Sie stand in der verfassungsgerichtlichen
Rechtsprechung damit im Gegensatz zur Meinungsfreiheit, die schon viel länger als unentbehrliches und grundlegendes Funktionselement eines demokratischen Gemeinwesens anerkannt war:[29]

---

blockaden II), E 104, 92 ff. (Sitzblockaden III/Wackersdorf-Beschluss). Darüber hinaus sind weitere
Entscheidungen – im Rahmen von Verfassungsbeschwerden – ergangen, die zumeist gescheitert sind,
z. B. BVerfG, 1 BvQ 28/01 vom 12. 7. 2001 („Loveparade"/„Fuckparade", Beschluss zur Ablehnung der
Eilanträge durch die 1. Kammer des Ersten Senats, http://www.bverfg.de/entscheidungen/qk20010712_
1bvq002801.html). Eine „erfolgreiche" Entscheidung betrifft den Beschluss gegen freiheitsentziehende
Maßnahmen nach einer Castor-Sitzblockade vom 13. Dezember 2005 (– 2 BvR 447/05 –).

25 BVerfG, 1 BvR 2150/08 vom 4.11. 2009, http://www.bverfg.de/entscheidungen/rs20091104_1bvr215008.
    html.
26 BVerfG, 1 BvR 2636/04 vom 12.5. 2010, http://www.bverfg.de/entscheidungen/rk20100512_1bvr263604.
    html.
27 BVerfG, 1 BvR 699/06 vom 22.2. 2011, www.bverfg.de/entscheidungen/rs20110222_1bvr069906.html.
28 Die Entscheidung des BVerfG im Brokdorf-Beschluss betraf Demonstrationen gegen das Kernkraftwerk
    Brokdorf, die der damalige Innenminister Uwe Barschel mit allen Mitteln zu bekämpfen suchte.
29 Vgl. BVerfGE 7, 198 (208); 12, 113 (125); 20, 56 (97); 42, 163 (169).

„Sie gilt als unmittelbarer Ausdruck der menschlichen Persönlichkeit und als eines der vornehmsten Menschenrechte überhaupt, welches für eine freiheitliche demokratische Staatsordnung konstituierend ist; denn sie erst ermöglicht die ständige geistige Auseinandersetzung und den Kampf der Meinungen als Lebenselement dieser Staatsform".[30]

Dass die Versammlungsfreiheit als Bürgerrecht für die rechtsstaatliche Demokratie noch keine Anerkennung gefunden hatte, stand im Zusammenhang mit der falschen Annahme, dass Versammlungen unter freiem Himmel einer staatlichen Genehmigung oder Erlaubnis bedürfen. Diese Annahme ist nicht einfach nur mit dem in Deutschland noch überkommenen obrigkeitsstaatlichen Denken zu erklären.[31] Vielmehr hängt sie auch mit dem qualifizierten Vorbehalt in Art. 8 Abs. 2 GG zusammen, dass „für Versammlungen unter freiem Himmel … dieses Recht durch Gesetz oder auf Grund eines Gesetzes beschränkt werden" kann. Denn der Gesetzesvorbehalt weist auf das Versammlungsgesetz (VersG) des Bundes hin, das jedoch seit der Föderalismusreform 2006 ein Auslaufmodell ist und durch Versammlungsgesetze der Länder ersetzt wird, da die Gesetzgebungskompetenz für das Versammlungsrecht vom Bund auf die Länder überging.[32] Zwar schreibt § 14 VersG auch nur eine Anmelde- und keine Genehmigungspflicht für Versammlungen und Aufzüge unter freiem Himmel fest, gleichzeitig wird aber in § 15 VersG vorgesehen, dass nicht angemeldete Versammlungen oder Aufzüge aufgelöst werden können und nach § 26 VersG Veranstaltern oder Leitern solcher nicht angemeldeten, aber durchgeführten Versammlungen sogar Freiheitsstrafe droht.

Von diesen gesetzlich eingeräumten Möglichkeiten restriktiver Handhabung des Versammlungsrechts wurde insbesondere dann Gebrauch gemacht, wenn die in öffentlichen Versammlungen vorgebrachten „Anliegen" im Widerspruch zur Regierungslinie standen. Auch in dem der Grundsatzentscheidung zu Grunde liegenden Sachverhalt hatte der zuständige Landrat, als zahlreiche Bürgerinitiativen zu einer Großdemonstration am 28. Februar 1981 gegen den Bau des Kernkraftwerks in Brokdorf aufriefen, noch *vor Anmeldung* der Versammlung ein generelles Versammlungsverbot mittels Allgemeinverfügung für das Baugelände auf einer Fläche von etwa 210 km2 im Umkreis erlassen und dessen Sofortvollzug angeordnet.[33] Es war also überfällig, die Versammlungsfreiheit als unentbehrliches und grundlegendes Funktionselement der Demokratie herauszustellen.

---

30 BVerfGE 69, 315 (344 f.).
31 Vgl. dazu Zoll, Ralf (Hrsg.): Vom Obrigkeitsstaat zur entgrenzten Politik. Politische Einstellungen und politisches Verhalten in der Bundesrepublik seit den sechziger Jahren, Opladen 1999.
32 Vgl. das Gesetz zur Änderung des Grundgesetzes vom 28. August 2006, BGBl. I S. 2034.
33 „Diese Verfügung wurde mit polizeilichen Erkenntnissen begründet, aus denen sich ergeben habe, dass sich unter den erwarteten ca. 50 000 Demonstrationsteilnehmern eine erhebliche Zahl gewaltbereiter Personen befänden, die eine gewaltsame Besetzung und Zerstörung des Baugeländes und weitere Gewalttaten beabsichtigten.": Grimm, Dieter/Kirchhof, Michael (Hrsg.): Entscheidungen des Bundesverfassungsgerichts. Studienauswahl in 2 Bänden. Bearbeitet von Michael Eichberger, 2. Aufl., Tübingen 1997, Band 2, S. 48.

2.1   Die Versammlungsfreiheit als demokratisches Teilhaberecht

Tatsächlich nutzte der Erste Senat des BVerfG die herangetragene Verfassungsbeschwerde, im Rahmen der Überprüfung der entsprechenden Vorschriften des VersG
ausführlich die Bedeutung, Funktion und den Umfang der Versammlungsfreiheit zu
erörtern.[34] Das rief in der Literatur die Kritik hervor, die Ausführungen seien nicht wie
eine Gerichtsentscheidung, sondern eher wie eine Kommentierung zu lesen[35] und daher obiter dicta.[36]

Die Anerkennung der Versammlungsfreiheit als demokratisches Teilhaberecht
wurde durch das Gericht gleich im 1. Leitsatz festgeschrieben:

> „Das Recht des Bürgers, durch Ausübung der Versammlungsfreiheit aktiv am politischen
> Meinungs- und Willensbildungsprozess teilzunehmen, gehört zu den unentbehrlichen Funk-
> tionselementen eines demokratischen Gemeinwesens. Diese grundlegende Bedeutung des
> Freiheitsrechts ist vom Gesetzgeber beim Erlass grundrechtsbeschränkender Vorschriften so-
> wie bei deren Auslegung und Anwendung durch Behörden und Gerichte zu beachten."[37]

Damit übernahm das BVerfG Auffassungen in der Literatur, in der bereits anerkannt
war, dass Versammlungen wesentliches Element demokratischer Offenheit sind und die
Möglichkeit zur öffentlichen Einflussnahme auf den politischen Prozess bieten. Nach
Konrad Hesse z. B. enthalten Versammlungen ein Stück ursprünglich-ungebändigter
unmittelbarer Demokratie, das geeignet ist, den politischen Betrieb vor Erstarrung in
geschäftiger Routine zu bewahren.[38] Peter Häberle hält die Meinungs- und Versammlungsfreiheit sogar „von schlechthin konstituierender Bedeutung für jede Demokratie".[39]
Das BVerfG brachte es in seiner Entscheidung auf den Punkt und stufte das Grundrecht
der Versammlungsfreiheit nicht nur als Mittel der politischen Einflussnahme ein, sondern etablierte es als Ausdruck von unmittelbarer Demokratie und begründet dies so:

---

34 Pabel, Katharina: BVerfGE 69, 315 – Brokdorf. Zum Grundrecht der Versammlungsfreiheit, in: Menzel,
    Jörg (Hrsg.), Verfassungsrechtsprechung. Hundert Entscheidungen des Bundesverfassungsgerichts in
    Retrospektive, Tübingen 2000, S. 272–379, hier S. 373.

35 Vgl. dazu Gusy, Christoph: Lehrbuch der Versammlungsfreiheit, in: JuS 1986, S. 608–614; Schenke,
    Wolf-Rüdiger: Anmerkung zu: BVerfG, B. v. 14.05.1985 – 1 BvR 233/81, 341/81 –, in: JZ 1986, S. 35–37.

36 Vgl. allgemein Schlüter, Wilfried: Das Obiter dictum, München 1973; Wimmer, Ulrich: obiter dictum:
    Rechtswahlrecht, in: DRiZ 11/2004, S. 327; ders.: obiter dictum: Anonymisierung, in: DRiZ 2/2005, S. 63.
    Zur Funktion von obiter dicta vgl. Pestalozza, Christian: Verfassungsprozeßrecht. Die Verfassungsge-
    richtsbarkeit des Bundes und der Länder mit einem Anhang zum Internationalen Rechtsschutz, 3. Aufl.,
    München 1991, § 20 Rn. 31 ff.

37 BVerfGE 69, 315.

38 Hesse, Konrad: Grundzüge des Verfassungsrechts der Bundesrepublik Deutschland, 20. Aufl., Heidel-
    berg 1995.

39 Häberle, Peter: Europäische Verfassungslehre, 7. Aufl. Baden-Baden 2011, S. 309.

„…in einer Demokratie müsse die Willensbildung vom Volk zu den Staatsorganen und nicht umgekehrt verlaufen; das Recht des Bürgers auf Teilhabe an der politischen Willensbildung äußere sich nicht nur in der Stimmabgabe bei Wahlen, sondern auch in der Einflußnahme auf den ständigen Prozeß der politischen Meinungsbildung, die sich in einem demokratischen Staatswesen frei, offen, unreglementiert und grundsätzlich ‚staatsfrei‘[40] vollziehen müsse… Große Verbände, finanzstarke Geldgeber oder Massenmedien können beträchtliche Einflüsse ausüben, während sich der Staatsbürger eher als ohnmächtig erlebt. In einer Gesellschaft, in welcher der direkte Zugang zu den Medien und die Chance, sich durch sie zu äußern, auf wenige beschränkt ist, verbleibt dem Einzelnen neben seiner organisierten Mitwirkung in Parteien und Verbänden im allgemeinen nur eine kollektive Einflußnahme durch Inanspruchnahme der Versammlungsfreiheit für Demonstrationen."[41]

Entsprechend dieser Auffassung, die aber keineswegs ungeteilte Zustimmung hervorrief, weil vor allem bezweifelt wurde, dass durch das Veranstalten von Demonstrationen Staatsgewalt ausgeübt werde,[42] wurde der Versammlungsfreiheit einen besonderen Rang als Freiheit zur kollektiven Meinungskundgabe zugebilligt (S. 345) und sie gleichzeitig als Element des Minderheitenschutzes im parlamentarischen Repräsentativsystem (S. 347) eingeräumt. Entsprechend wurde das Selbstbestimmungsrecht des Veranstalters über Ort, Zeitpunkt, Art und Inhalt der Veranstaltung festgeschrieben:

„Als Abwehrrecht, das auch und vor allem andersdenkenden Minderheiten zugute kommt, gewährleistet Art. 8 GG den Grundrechtsträgern das Selbstbestimmungsrecht über Ort, Zeitpunkt, Art und Inhalt der Veranstaltung und untersagt zugleich staatlichen Zwang, an einer öffentlichen Veranstaltung teilzunehmen oder ihr fernzubleiben."[43]

Die demokratische Bedeutung des Grundrechts der Versammlungsfreiheit wurde mit entsprechenden Regelungen über die verfassungsmäßigen Anforderungen an Beschränkung, Verbot und Auflösung einer Versammlung flankiert.

---

40 Zum Begriff der Staatsfreiheit des demokratischen Willensbildungsprozesses siehe das Parteienfinanzierungsurteil vom 9. April 1992 (BVerfGE 85, 264–328).
41 BVerfGE 69, 315 (346 f.).
42 Vgl. Pabel, a. a. O. (Fn. 34), S. 375, Götz, Volkmar: Versammlungsfreiheit und Versammlungsrecht im Brokdorf-Beschluß des Bundesverfassungsgerichts, in: DVBl. 24/1985, S. 1347–1352.
43 BVerfGE 69, 315 (343).

2.2 Verfassungsrechtliche Anforderungen an Beschränkung, Verbot und Auflösung einer Versammlung

2.2.1 Liberalität im Brokdorf-Beschluss durch einen weiten Versammlungsbegriff

Weil das Grundrecht der Versammlungsfreiheit auch im Zusammenhang mit der freien Entfaltung der Persönlichkeit (Art. 2 Abs. 1 GG) steht, das gemeinsam mit der Vereinigungsfreiheit (Art. 9 GG) die Persönlichkeitsentfaltung in Gruppenform gewährleisten[44] und „Luftröhre" der Demokratie sein soll,[45] legte sich das BVerfG im Brokdorf-Beschluss auf einen weiten Versammlungsbegriff fest:

> Die Versammlungsfreiheit schützt „Versammlungen und Aufzüge – im Unterschied zu bloßen Ansammlungen oder Volksbelustigungen – als Ausdruck gemeinschaftlicher, auf Kommunikation angelegter Entfaltung."… „Dieser Schutz ist nicht auf Veranstaltungen beschränkt, auf denen argumentiert und gestritten wird, sondern umfaßt vielfältige Formen gemeinsamen Verhaltens bis hin zu nicht verbalen Ausdrucksformen. Es gehören auch solche mit Demonstrationscharakter dazu, bei denen die Versammlungsfreiheit zum Zwecke plakativer oder aufsehenerregender Meinungskundgabe in Anspruch genommen wird."[46]

2.2.2 Etatismus im Wackersdorf-Beschluss durch Eingrenzung des Versammlungsbegriffs

2001 hat das Bundesverfassungsgericht diesen weiten Versammlungsbegriff im Wackersdorf-Beschluss[47] allerdings wieder eingegrenzt und entschieden:

> „Für die Eröffnung des Schutzbereichs reicht es wegen seines Bezugs auf den Prozess öffentlicher Meinungsbildung nicht aus, dass die Teilnehmer bei ihrer gemeinschaftlichen kommunikativen Entfaltung durch einen beliebigen Zweck verbunden sind. Vorausgesetzt ist vielmehr zusätzlich, dass die Zusammenkunft auf die Teilhabe an der öffentlichen Meinungsbildung gerichtet ist. Versammlungen im Sinne des Art. 8 GG sind demnach örtliche Zusammenkünfte mehrerer Personen zur gemeinschaftlichen, auf die Teilhabe an der öffentlichen Meinungsbildung gerichteten Erörterung oder Kundgebung."[48]

---

44 Herzog, a. a. O. (Fn. 21), Art. 8 GG, Rn. 13.
45 Depenheuer, a. a. O. (Fn. 22), Art. 8 GG, Rn. 36.
46 BVerfGE 69, 315 (343).
47 BVerfGE 104, 92 – Wackersdorf- und Autobahnblockade vom 24. 10. 2001; BVerfG, 1 BvR 1190/90 vom 24. 10. 2001, http://www.bverfg.de/entscheidungen/rs20011024_1bvr119090.html.
48 BVerfG, 1 BvR 1190/90, a. a. O. (Fn. 47), Absatz-Nr. 39; vgl. auch Hong, Matthias: Die Versammlungsfreiheit in der Rechtsprechung des Bundesverfassungsgerichts; in: Rensen, Hartmut/Brink, Stefan (Hrsg.), Linien der Rechtsprechung des Bundesverfassungsgerichts – erörtert von den wissenschaftlichen Mitarbeitern, Berlin 2009, S. 155–197, hier S. 158 mit Verweis auf BVerfGE 104, 92 (104).

Die im 2. Leitsatz des Wackersdorf-Beschlusses aufgenommene Begriffsbestimmung[49] zur Versammlung war bereits durch die Richter Papier, Steiner und Hoffmann-Riem im Beschluss der 1. Kammer des Ersten Senats vom 12. 7. 2001 anlässlich der sog. „Love Parade" und der „Fuckparade" entwickelt worden. Sie hatten Anträge der jeweiligen Veranstalter der „Paraden" auf Erlass einstweiliger Anordnungen gegen die für sofort vollziehbar erklärten Entscheidungen des Polizeipräsidenten in Berlin, die „Fuckparade" und die „Love Parade" nicht als Versammlungen im Sinne des Versammlungsgesetzes anzusehen, abgelehnt.

2.2.3 Kritik an der Eingrenzung des Versammlungsbegriffs im Wackersdorf-Beschluss

Die Zurückweisung der Verfassungsbeschwerden im Wackersdorf-Beschluss wurde zwar vom gesamten Ersten Senat abgesegnet, allerdings waren drei Richterinnen und Richter mit der Begründung nicht einverstanden. Die Einengung des Versammlungsbegriffs monierte die Richterin Haas:

> „Ohne rechtliche Bedeutung ist es hier, dass die Meinungskundgabe ein die Öffentlichkeit bewegendes Thema betrifft. Die Demonstrationsfreiheit ist gewährleistet ungeachtet der Bedeutung des Themas für die Gesellschaft. Im Übrigen ist es oft nur eine Frage der Formulierung und der ihren eigenen Gesetzmäßigkeiten folgenden, der Öffentlichkeitswirkung verpflichteten Medienberichterstattung, ob aus einem wenig bedeutenden, etwa zunächst auch nur eigennützigen Thema ein ‚gesellschaftlich relevantes', wird. Dem Richter würde hier ein Bewertungsspielraum eröffnet, obwohl die Senatsmehrheit an anderer Stelle – zutreffend – betont, dass hinsichtlich des Demonstrationsthemas keine Wertungsspielräume eröffnet werden dürfen, weil sich der Staat neutral zu verhalten hat."[50]

Mit dieser Kritik bewegt sich Richterin Evelyn Haas auf die Meinung Otto Depenheuers zu, der alle „Persönlichkeitsentfaltungen in Gruppenform", also z. B. Konzerte, Sportveranstaltungen, „öffentliche Volksbelustigungen" dem Schutz des Art. 8 GG unterstellt wissen will.[51] Depenheuer spricht aber andererseits gleichzeitig den Versammlungen von Nichtdeutschen jeglichen grundrechtlichen Schutz ab, indem er aus der Ausgestaltung der Versammlungsfreiheit als Deutschengrundrecht ableitet, dass

> „…der eingeschränkten Gewährleistung die verfassungsrechtliche ‚Grundentscheidung' entnommen werden [kann], dass Ausländergruppen (wie z. B. Türken und Kurden, Schiiten und Sunniten, Inder und Pakistanis usw.) ihre in den heimatlichen Verhältnissen wurzelnden na-

---

49 2. Leitsatz zum Wackersdorf-Beschluss: BVerfG, 1 BvR 1190/90, a. a. O. (Fn. 47); vgl. auch Hong, a. a. O. (Fn. 48), ebd.

50 BVerfG, 1 BvR 1190/90, a. a. O. (Fn. 47), Absatz-Nr. 91 (BVerfGE 104, 115 (123)).

51 Depenheuer, a. a. O. (Fn. 22), Art. 8 GG, Rn. 47.

tionalen, religiösen und sonstigen Konflikte verfassungsrechtlich nicht auf deutschem Boden sollen austragen können. Das einfache Recht ist insofern im Lichte des Grundgesetzes und mithin ggf. auch einschränkend auszulegen.“[52]

Auch wenn Art. 8 GG ein Deutschengrundrecht ist, lässt sich daraus keineswegs eine „verfassungsrechtliche Grundentscheidung“ entnehmen, dass Ausländer „ihre in den heimatlichen Verhältnissen wurzelnden Konflikte“ nicht versammlungsmäßig „auf deutschem Boden sollen austragen können.“ Dieses Recht gewähren nicht nur die Versammlungsgesetze, die menschenrechtlich organisiert sind, sondern dieses ergibt sich auch aus Art. 2 Abs. 1 GG, Art. 12 Abs. 1 GrCh sowie Art. 11 Abs. 1 EMRK.

2.2.4 Erster Exkurs: Ideengeschichtlicher Hintergrund zu etatistisch-konservativen Entscheidungen in Staatsrechtslehre und beim Bundesverfassungsgericht

Die These vom Ausschluss von Ausländern, wie sie bei Depenheuer zu lesen ist, erinnert aus politikwissenschaftlicher Sicht unwillkürlich an die „Freund-Feind-Theorie“ des Politischen von Carl Schmitt – und an den „Doppelstaat“ von Ernst Fraenkel. Die etatistische Tradition, die vor allem Grundlage der konservativen Kritik am Pluralismus darstellt,[53] ist mit Gründung der Bundesrepublik Deutschland eigentlich zurückgedrängt worden. Denn faktisch hat sich das pluralistische System der Parteien und Verbände dank der Pluralismustheorie Fraenkels durchgesetzt.[54] Die etatistische Staatsideologie, die den Staat als politische Einheit eines Volkes begreift, sodass die Pluralismustheorie zwangsläufig eine „Theorie der Auflösung des Staates“ bzw. der „politischen Einheit“ sei,[55] wurde maßgeblich von Carl Schmitt in der deutschen Staatsrechtslehre verankert. Er sah durch die Pluralismustheorie Fraenkels schon das Ende des „Staats“ heraufziehen.[56]

---

52 Depenheuer, a. a. O. (Fn. 22), Art. 8 GG, Rn. 99. In Fn. 2 zu Rn. 99 übt Depenheuer konkret Kritik an der ‚Genehmigung‘ einer Großdemonstration‘ von Türken in Berlin vom 18. 3. 2006, die sich gegen eine öffentliche Thematisierung des Völkermords an Armeniern in Deutschland richtete, und „dies nicht von Staats wegen unterdrückt wird“.

53 Vgl. dazu Schoppe, Bernd: Pluralismus; in: Röhring/Sontheimer (Hrsg.), Handbuch des deutschen Parlamentarismus, München 1970, S. 395–398, hier S. 395.

54 Vgl. Sontheimer, Kurt/Bleek, Wilhelm/Gawrich, Andrea: Grundzüge des politischen Systems Deutschlands, Neuauflage, München 2007, S. 181 f.

55 Schmitt, Carl: Der Begriff des Politischen, 6. Aufl., Berlin 1996: S. 40, 41; zur Kritik dazu vgl. Fraenkel, Ernst: Pluralismus als Demokratietheorie des Reformismus (1972); in: von Brünneck (Hrsg.), Ernst Fraenkel. Gesammelte Schriften, Bd. 5, Demokratie und Pluralismus, Baden-Baden 2007, S. 344–353, hier S. 347.

56 Vgl. Schmitt, a. a. O. (Fn. 55), S. 10; zur Epoche der Staatlichkeit ausführlich Roth, Klaus: Genealogie des Staates. Prämissen des neuzeitlichen Politikdenkens, Berlin, 2003.

Die etatistisch-konservative Staatstheologie, die nicht zuletzt auf Jellinek[57] zurückgeht, hat ihre geistesgeschichtliche Wurzel in der Auslegung der Bibel[58] in den protestantischen Lehren durch Luther[59] und ist – wie das Beispiel Depenheuers zeigt – heute immer noch nicht aus der Staatslehre verbannt. Der Staat ist „bei Jellinek nicht nur Schöpfer des Rechts im Ausnahmezustand, sondern ihm kommt die ontische Qualität einer prima causa zu".[60] Die „Drei-Elemente-Lehre"[61] ist nach wie vor die ganz herrschende Lehre sowohl in den juristischen Staatsrechts-Lehrbüchern[62] als auch in den Kommentaren zum Grundgesetz.[63] Sie hat sich gegen die moderne *Staatslehre* des demokratischen Staatsrechtlers Kelsen,[64] der den Staat als normative, das gegenseitige Verhalten einer Vielheit von Menschen regelnde Ordnung begreift, durchsetzen können.

Auch das Bundesverfassungsgericht folgt der hergebrachten Definition des Begriffs „Staatsvolk" und grenzt ihn gegen den Begriff der „Bevölkerung" ab,[65] sodass immer

---

57 Jellinek, Georg: Allgemeine Staatslehre, 3. Aufl., Berlin 1914.
58 S. Röm. 13, 1–2: Brief des Apostels Paulus an die Römer, 13. Kapitel, welches das „Verhalten gegen die Obrigkeit" behandelt sowie 1 Petr 2, 13–14; Erster Petrusbrief, 2. Kapitel, das die „Erinnerung an die Würde des Lebensstandes in Christus" beschreibt; Übersetzung z. B. nach Karrer, Otto: Neues Testament. Übersetzt und erklärt von Otto Karrer, neubearbeitete Aufl., München 1959, S. 453 und S. 669.
59 Luther, Martin: „Von weltlicher Obrigkeit, wieweit man ihr Gehorsam schuldig sei", Wittenberg 1523; Text unter http://gutenberg.spiegel.de/buch/267/1 (7. 2. 2014). Nähere Ausführungen dazu bei Möllers, Martin H. W.: Die Traditionen politischer Kultur in Deutschland nach Ernst Fraenkel als (Vor-)Belastung des deutschen Parlamentarismus; in: van Ooyen, Robert Chr./Möllers, Martin H. W. (Hrsg.), (Doppel-)Staat und Gruppeninteressen – Pluralismus – Parlamentarismus – Schmitt-Kritik bei Ernst Fraenkel, Baden-Baden 2009, S. 207–249, hier S. 219 f.
60 van Ooyen, Robert Chr.: Die Entzauberung des Staates in demokratischer Absicht: Hans Kelsens Bedeutung für eine moderne Regierungs- und Verfassungslehre; in: Brunkhorst, Hauke/Voigt, Rüdiger (Hrsg.), Rechts-Staat. Staat, internationale Gemeinschaft und Völkerrecht bei Hans Kelsen, Baden-Baden 2008, S. 39–71, hier S. 47 m. w. N. in Fn. 39.
61 Jellinek, a. a. O. (Fn. 57), S. 180 f., 183. Zur Kritik an Jellinek vgl. van Ooyen, Robert Chr.: Der Staat der Moderne. Hans Kelsens Pluralismustheorie, Berlin 2003, S. 28 ff.
62 Vgl. z. B. Isensee, in: Isensee, Josef/Kirchhof, Paul (Hrsg.), Handbuch des Staatsrechts der Bundesrepublik Deutschland, Bd. II: Verfassungsstaat, 3. Aufl., Heidelberg 2004, § 15, Rn. 49 ff.; Ipsen, Jörg: Staatsrecht I: Staatsorganisationsrecht, 25. Aufl., München 2013, § 1, II.; Model, Otto/Creifelds, Carl: Staatsbürger-Taschenbuch: Alles Wissenswerte über Europa, Staat, Verwaltung, Recht und Wirtschaft mit zahlreichen Schaubildern, 33. Aufl., München 2013, S. 2 f.; Schmidt, Rolf: Staatsorganisationsrecht: sowie Grundzüge des Verfassungsprozessrechts und des Rechts der Europäischen Union, 13. Aufl., Grasberg 2013, 2. Kap., I. jeweils m. w. N.
63 Vgl. z. B. Windthorst, in: Sachs, Michael (Hrsg.), Grundgesetz, Kommentar, 6. Aufl., München 2011, Art. 91, Rn. 11; Volkmann, in: von Mangoldt, Hermann/Klein, Friedrich/Starck, Christian (Hrsg.): Kommentar zum Grundgesetz in 3 Bänden, Band 1, Präambel, Art. 1–19, 5. Aufl., München 2005, Art. 91 GG, Rn. 14.
64 Kelsen, Hans: Der soziologische und der juristische Staatsbegriff, 2. Neudruck der 2. Aufl. von 1928, Aalen 1981, S. 15 ff.; Kelsen, Hans: Allgemeine Staatslehre, 2. Neudruck von 1925, Wien 1993.
65 BVerfGE 83, 37 (50 ff.); darauf beruft sich im Übrigen auch Depenheuer, a. a. O. (Fn. 22), Art. 8 GG, Rn. 99. Zur Problematik s. Bryde, Brun-Otto: Der Beitrag des Bundesverfassungsgerichts zur Demokratisierung der Bundesrepublik in diesem Band; zum „*Volks*begriff" vgl. Fraenkel, Ernst: Reformismus und Pluralismus. Materialien zu einer ungeschriebenen politischen Autobiographie, zusammengestellt und herausgegeben von Falk Esche und Frank Grube, Hamburg 1973, S. 420 f.

noch das Inklusionsproblem der Demokratietheorie ungelöst ist; denn eine Mehrheitsherrschaft gibt keine Antwort auf die Frage, wie die Gruppe zusammengesetzt sein muss,
innerhalb derer die Mehrheit entscheidet.[66]

2.2.5 Zweiter Exkurs: Kritik an der richterlichen Auslegung des Gewaltbegriffs im Wackersdorf-Beschluss durch drei der acht Richterinnen und Richter

Im Anschluss an Richterin Haas rügten die Richterin Jaeger und der Richter Bryde
die Ausdehnung des Gewaltbegriffs durch die Mehrheit der Richter im Ersten Senat,
die in der Selbstfesselung und der Ankettung an eine andere Person bereits physische
Gewalt sahen, indem sie feststellten, dass nach „…der ständigen Rechtsprechung des
Bundesverfassungsgerichts … der Begriff der Gewalt in § 240 Abs. 1 StGB hinreichend
bestimmt [ist] im Sinne des Art. 103 Abs. 2 GG"[67] und die „…Auslegung und Anwendung dieses Begriffs in den angegriffenen Entscheidungen … nicht gegen Art. 103 Abs. 2
GG [verstößt]."[68] Jaeger und Bryde stellten fest:

> „Es leuchtet nicht ein, bereits die Selbstfesselung oder die Ankettung an eine andere Person
> nur deshalb als Gewalt im Sinne des § 240 StGB zu bezeichnen, weil die Handlung, die sich
> zunächst nur gegen die eigene Person oder gegen eine einverstandene andere Person rich-
> tet, Dritte zur Kraftentfaltung nötigt, wenn sie die Personen trennen oder einen Menschen
> vom Ort seiner Fixierung entfernen wollen. Auch in diesem Fall beruht die Zwangseinwir-
> kung nicht auf dem Einsatz von körperlicher Kraft, sondern auf geistig-seelischem Einfluss
> (vgl. BVerfGE 92, 1 <17>). Die Ablehnung des ‚vergeistigten' Gewaltbegriffs in der Entschei-
> dung BVerfGE 92, 1 lässt nicht den Umkehrschluss zu, dass bereits geringfügige, nicht ag-
> gressiv gegen etwaige Opfer eingesetzte physische Hilfsmittel der körperlichen Anwesenheit
> an einem Ort als ‚Gewalt' definiert werden könnten. Eine solche Auslegung entfernt sich
> zu weit vom Normtext; erst die hinzutretenden Dritten drücken einer bereits abgeschlosse-
> nen Handlung das dann strafrechtlich maßgebliche Gepräge auf, wohingegen die Gefessel-
> ten schlicht physisch anwesend sind. Die Grenze des Art. 103 Abs. 2 GG wird auf diese Weise
> nicht gewahrt. Die angegriffenen Entscheidungen tragen den verfassungsrechtlichen Über-
> legungen der – später ergangenen – Entscheidung des Bundesverfassungsgerichts zu § 240
> StGB (BVerfGE 92, 1) nicht Rechnung. Deshalb wäre ihre Aufhebung in den Verfahren 1 BvR
> 1190/90 und 1 BvR 2173/93 geboten. Die danach verfassungsrechtlich geforderte enge Ausle-

---

66 S. Möllers, a.a.O. (Fn. 59), S. 221f.; vgl. zur Problematik Bryde, Brun-Otto: Das Demokratieprinzip
des Grundgesetzes als Optimierungsaufgabe; in: Redaktion Kritische Justiz (Hrsg.), Demokratie und
Grundgesetz, Baden-Baden 2000, S. 59–70, hier S. 63 ff.; van Ooyen, Robert Chr.: Community policing:
Der Bürger zwischen Partizipation, Gemeinschaft und Instrumentalisierung; in: Möllers/van Ooyen
(Hrsg.), JBÖS 2002/03, Frankfurt a.M. 2003, S. 345–360, hier S. 352; ders.: Rechtsextremismus, Frem-
denfeindlichkeit und Integration; in: Recht und Politik 2/2001, S. 97–101, hier S. 98.
67 Unter Hinweis auf BVerfGE 73, 206 (232f.); 92, 1 (13f.).
68 BVerfG, 1 BvR 1190/90, a.a.O. (Fn. 47), Absatz-Nr. 29.

gung des Gewaltbegriffs in § 240 StGB ist auch geeignet, noch deutlicher als die Differenzierung der Senatsmehrheit zwischen strafrechtlicher ‚Gewalt'-definition und Gewalttätigkeit im Sinne des Versammlungsrechts solche Missverständnisse zu vermeiden, wie sie im Sondervotum der Richterin Haas aufscheinen. Die Beschwerdeführer üben ihre Grundrechte nicht mit Hilfe von Gewalt aus."[69]

Daraus folgerte die Richterin Haas:

„Die Prüfung der Rechtswidrigkeit eines Tuns dient nicht dem Ziel ‚übermäßige Sanktionen' zu verhindern, sondern der Vergewisserung, ob überhaupt eine strafrechtliche Sanktion verhängt werden kann. Bei Zugrundelegung der Rechtsauffassung der Senatsmehrheit, wonach die Nötigung zwar tatbestandsmäßig aber nicht rechtswidrig ist, kann die Verurteilung keinen Bestand haben. Daran ändert auch nichts, dass die Verwarnung keine Strafe ist (§ 59 Abs. 1 StGB)."[70]

Richterin Jaeger und Richter Bryde ergänzten insoweit:

„Zuzustimmen ist dem Senat darin, dass von den Angeketteten keine Gefahren für andere Personen oder Sachen ausgingen; die gemeinsame Meinungskundgebung war nicht unfriedlich im Sinne des Art. 8 GG. Insoweit teilen wir die Auffassung des Senats. Wenn aber mit der Senatsmehrheit festzustellen ist, dass die Strafgerichte bei der Verwerflichkeitsprüfung das zugunsten der Angeklagten streitende Grundrecht aus Art. 8 Abs. 1 GG vollständig vernachlässigt haben, lässt sich eine Aufhebung der angegriffenen Entscheidungen nicht mit Rücksicht auf den milden Strafausspruch vermeiden. Es ist allein Sache der Strafgerichte, die für Subsumtion und Abwägung bei der Verwerflichkeitsprüfung sowie schließlich die für die Strafzumessung bedeutsamen Umstände zu gewichten und hieraus Schlussfolgerungen zu ziehen. Sie können dem Strafgericht vom Bundesverfassungsgericht weder vorgegeben werden, wenn der Rechtsstreit nach Aufhebung zurückverwiesen wird, noch dürfen sie im Wege einer vorwegnehmenden pauschalen Folgenabschätzung ersetzt werden. Stellt sich ein tatbestandsmäßiges Verhalten unter Berücksichtigung von Art. 8 GG nicht als verwerflich dar, ist auch die mildeste Strafe übermäßig."[71]

Ob also mehr das liberale Prinzip die Sicht auf die Auslegung von Einzelproblemen entscheidet oder doch wieder das etatistisch-konservative, hängt faktisch von der Zusammensetzung des Senats ab. Liberalität erwiesen die Richter im Brokdorf-Beschluss aber, indem sie strenge Anforderungen an Verbot und Auflösung einer Versammlung setzten.

---

69 BVerfG, 1 BvR 1190/90, a. a. O. (Fn. 47), Absatz-Nr. 95.
70 BVerfG, 1 BvR 1190/90, a. a. O. (Fn. 47), Absatz-Nr. 85.
71 BVerfG, 1 BvR 1190/90, a. a. O. (Fn. 47), Absatz-Nr. 96.

2.2.6 Strenge Anforderungen des BVerfG an Verbot und Auflösung einer Versammlung im Brokdorf-Beschluss

Die strengen Anforderungen an Verbot und Auflösung einer Versammlung übertrug das BVerfG aber bereits auf die Beschränkungen der Versammlungsfreiheit mit dem Ziel, staatliche Eingriffe in das Grundrecht abzuwehren. Ausgangspunkt dafür war die Bestimmung, die Wechselwirkungslehre auch im Bereich der Versammlungsfreiheit anzuwenden:

> „Bei allen begrenzenden Regelungen hat der Gesetzgeber die erörterte, in Art. 8 GG verkörperte verfassungsrechtliche Grundentscheidung zu beachten; er darf die Ausübung der Versammlungsfreiheit nur zum Schutz gleichwertiger anderer Rechtsgüter unter strikter Wahrung des Grundsatzes der Verhältnismäßigkeit begrenzen."[72]

Unter diesen Voraussetzungen hielt das Gericht behördliche Maßnahmen mit dem Grundrecht für unvereinbar, wenn der Zugang zu einer Demonstration durch Behinderung von Anfahrten und schleppende vorbeugende Kontrollen unzumutbar erschwert oder ihren staatsfreien unreglementierten Charakter durch exzessive Observationen und Registrierungen[73] verändert. Damit verbot das BVerfG exzessive Polizeikontrollen im Vorfeld von Versammlungen.

Die in § 14 Abs. 1 VersG geregelte Anmeldepflicht für Versammlungen unter freiem Himmel war schon in Art. 123 Abs. 2 WRV (s. o. S. 450) ausdrücklich als zulässige Beschränkung der Versammlungsfreiheit festgeschrieben. Hintergrund ist, dass Versammlungen unter freiem Himmel Außenwirkungen entfalten und dadurch vielfach besondere Vorkehrungen – z. B. Verkehrsregelungen – erfordern.[74] Nach Meinung des Bundesverwaltungsgerichts (BVerwG) schränkt eine solche Vorschrift die Versammlungsfreiheit im Regelfall daher nur unerheblich ein.[75] Der Bundesgerichtshof (BGH)[76] und ebenso die ganz herrschende Literaturmeinung halten die Regelung ebenfalls für verfassungsgemäß. Das BVerfG relativiert jedoch diese Auffassung, indem es ergänzt:

> „Dem ist zuzustimmen, wenn dabei berücksichtigt wird, dass die Anmeldepflicht nicht ausnahmslos eingreift und dass ihre Verletzung nicht schon schematisch zum Verbot oder zur Auflösung einer Veranstaltung berechtigt."[77]

---

72 BVerfGE 69, 315 (348 f.).
73 vgl. dazu schon das „Volkszählungsurteil": BVerfGE 65, 1 (43).
74 Vgl. BT-Drucks. 8/1845, S. 10.
75 BVerwGE 26, 135 (137 f.).
76 Vgl. BGHSt 23, 46 (58 f.).
77 BVerfGE 69, 315 (350).

Das BVerfG bestätigt (S. 350) deshalb die herrschende Ansicht, dass bei Spontan-demonstrationen, die sich aus aktuellem Anlass augenblicklich bilden, die Pflicht zur rechtzeitigen Anmeldung entfällt.[78] Da das Grundrecht und nicht das Versammlungs-gesetz die Zulässigkeit von Versammlungen und Aufzügen verbürge, kann das VersG lediglich Beschränkungen vorsehen, die erforderlich sind. Deshalb kann eine Verlet-zung der Anmeldepflicht nicht schon automatisch zum Verbot oder zur Auflösung einer Veranstaltung führen.[79] Vielmehr müsse nach den zur Zeit des Erlasses der Verfügung erkennbaren Umständen die öffentliche Sicherheit oder Ordnung bei Durchführung der Versammlung oder des Aufzuges unmittelbar gefährdet sein, wie es auch § 15 Abs. 1 VersG bestimmt. Gleichzeitig definierte das Gericht die Begriffe „öffentliche Sicherheit" und „öffentliche Ordnung" (S. 352). Allerdings führte das BVerfG auch aus, dass diese Begriffserklärungen allein noch keine verfassungskonforme Gesetzesanwendung si-cherstellen:

> „Für die verfassungsrechtliche Beurteilung bedeutsam sind zwei Einschränkungen, die im Gesetz selbst angelegt sind und die zur Folge haben, dass Verbote und Auflösungen im we-sentlichen nur zum Schutz elementarer Rechtsgüter in Betracht kommen können, während eine bloße Gefährdung der öffentlichen Ordnung im allgemeinen nicht genügen wird."

Verbot oder Auflösung setzen nämlich zum einen als ultima ratio voraus, dass das mil-dere Mittel der Auflagenerteilung ausgeschöpft ist, andererseits ergibt sich aus dem Grundsatz der Verhältnismäßigkeit, dass die zuständigen Behörden nicht nur bei ihrem Ermessen in der Auswahl der Mittel, sondern ebenso beim Entschließungsermessen be-grenzt sind:

> „Die grundrechtlich geschützte Versammlungsfreiheit hat nur dann zurückzutreten, wenn eine Güterabwägung unter Berücksichtigung der Bedeutung des Freiheitsrechts ergibt, dass dies zum Schutz anderer gleichwertiger Rechtsgüter notwendig ist. Demgemäß rechtfertigt keinesfalls jedes beliebige Interesse eine Einschränkung dieses Freiheitsrechts; Belästigun-gen, die sich zwangsläufig aus der Massenhaftigkeit der Grundrechtsausübung ergeben und sich ohne Nachteile für den Veranstaltungszweck nicht vermeiden lassen, werden Dritte im allgemeinen ertragen müssen. Aus bloßen verkehrstechnischen Gründen werden Versamm-lungsverbote um so weniger in Betracht kommen, als in aller Regel ein Nebeneinander der Straßenbenutzung durch Demonstranten und fließenden Verkehr durch Auflagen erreich-bar ist."[80]

---

78 Vgl. etwa BVerwGE 26, 135 (138); Bay ObLG, in: NJW 1970, S. 479; Dietel, Alfred/Gintzel, Kurt/Kniesel, Michael: Demonstrations- und Versammlungsfreiheit. Kommentar zum Gesetz über Versammlungen und Aufzüge vom 24. Juli 1953. 14. Aufl., Köln 2005, § 14 VersG, Rn. 18 ff., insb. 21 f. m. w. N.

79 BVerfGE 69, 315 (351).

80 BVerfGE 69, 315 (353); zustimmend auch der EuGH mit Urteil vom 12. 06. 2003 (Rechtssache C-112/00), zit. nach Kutscha, Martin: Marktfreiheiten contra Grundrechte. Ein Urteil des Europäischen Gerichts-

Deshalb dürften Behörden insbesondere bei Erlass eines vorbeugenden Verbotes keine zu geringen Anforderungen an die Gefahrenprognose stellen, zumal ihr bei irriger Einschätzung noch die Möglichkeit einer späteren Auflösung verbleibe (S. 354). Ferner stellte das Gericht fest, dass das unfriedliche Verhalten einzelner Versammlungsteilnehmer nicht schon zur Auflösung einer Demonstration führen kann, denn:

> „Würde unfriedliches Verhalten Einzelner für die gesamte Veranstaltung und nicht nur für die Täter zum Fortfall des Grundrechtsschutzes führen, hätten diese es in der Hand, Demonstrationen ‚umzufunktionieren' und entgegen dem Willen der anderen Teilnehmer rechtswidrig werden zu lassen."[81]

Die Polizei habe den friedlichen Teil der Versammlung zu schützen, Provokationen und Aggressionsanreize zu unterlassen und mit dem Veranstalter der jeweiligen Versammlung zu kooperieren.

2.3   Kritische Würdigung des Brokdorf-Beschlusses

An der Entscheidung selbst ist zu bemängeln, dass das BVerfG sich hier scheute, dem Gesetzgeber aufzugeben, seine Rechtsvorschriften zu ändern oder zu ergänzen. Dies erfolgt erst heute im Zuge der Umsetzung der Föderalismusreform durch die Ländergesetzgebung. Dies erscheint aber insbesondere im Zusammenhang mit der Anmeldeverpflichtung nach § 14 Abs. 1 VersG notwendig zu sein. Das BVerfG begnügt sich damit, § 14 Abs. 1 VersG verfassungskonform auszulegen statt dem Gesetzgeber – bürgerfreundlich – aufzugeben, ihn für Fälle von Spontan- und Eilversammlungen zu ergänzen. Denn in einer späteren Entscheidung[82] hat das BVerfG auch für Eilversammlungen, die im Unterschied zu Spontanversammlungen zwar noch angemeldet werden, bei denen aber die Frist von 48 Stunden nicht eingehalten werden kann, bestimmt, dass die Anmeldepflicht des § 14 Abs. 1 VersG nicht gilt. Abgesehen davon, dass schon rechtsdogmatische Auslegungsprobleme auftreten,[83] ist zu bezweifeln, dass redliche Bürger, die eine entsprechende Versammlung planen, mal eben die Rechtsvorschrift im VersG verfassungskonform auslegen können, wenn sie – wie die meisten – kein rechtswissenschaftliches Hochschulstudium absolviert haben. Diese Bürger würden wohl eher auf die Ausübung ihres Grundrechts der Versammlungsfreiheit verzichten.

---

hofs stärkt die Versammlungsfreiheit, in: Müller-Heidelberg, Till u. a. (Hrsg.), Grundrechte-Report 2004. Zur Lage der Bürger- und Menschenrechte in Deutschland. Frankfurt am Main 2004, S. 93–96.

81   BVerfGE 69, 315 (361).
82   BVerfGE 85, 69 (76).
83   Vgl. dazu Pabel, a. a. O. (Fn. 34), S. 375 m. w. N.

Inzwischen hat das BVerfG den im Brokdorf-Beschluss vertretenen *weiten* Versammlungsbegriff wieder verengt und den Zweck auf die Teilhabe an der öffentlichen Meinungsbildung beschränkt.[84]

Positiv hervorzuheben ist, dass die liberale Brokdorf-Entscheidung auf die Rechtsprechung der Verwaltungsgerichte und letztlich damit auch auf die polizeilichen Maßnahmen erheblichen Einfluss genommen hat. Gab es noch in den ersten 1980er Jahren die berüchtigten „Kessel"[85], die einher gingen mit weiträumigen Absperrungen und Kontrollen sowie massenhafter Ingewahrsamsnahme, ist inzwischen vermehrt das Prinzip der Deeskalation bei der Polizei eingetreten.[86]

Allerdings führte diese und spätere versammlungsfreundlichen Grundentscheidungen des BVerfG auch dazu, dass Versammlungen und Aufmärsche von Rechtsextremisten durchgeführt werden konnten,[87] weil sie die Billigung der zuständigen Verwaltungsgerichte erhielten.[88] Dabei suchten und suchen sich die teilweise mit Reichskriegsflaggen und Landsknechtstrommeln[89] ausgerüsteten Neonazis geschichtsträchtige Orte und Zeitpunkte aus, wie etwa bei einem Marsch von Neonazis durch das Brandenburger Tor am 29. Januar 2000. Dieser Aufmarsch lag zwischen dem Holocaust-Gedenktag[90] und der Machtübernahme Hitlers 1933.[91] Nicht zuletzt die Realität öffentlicher Auftritte von Rechtsextremisten, in deren Gefolge gewaltbereite Autonome nicht weit sind, entfalteten politische Aktivitäten, das VersG von Grund auf zu überarbeiten und neu zu fassen. Problematisch war dabei aber vor allem die von der Föderalismuskommission vorgeschlagene Übertragung der Kompetenz zur Versammlungsgesetzgebung an die Bundesländer, da sie erhebliche Bedenken auslöste, ob – insbesondere bei Versammlungen und

---

84 BVerfG, 1. Kammer des Ersten Senats, BVerfGE 104, 92 (104); NJW 2001, 2459; krit. dazu Tschentscher, Axel: Versammlungsfreiheit und Eventkultur. Unterhaltungsveranstaltungen im Schutzbereich des Art. 8 I GG (Anmerkung zu: BVerfG, B. v. 12. 07. 2001 – 1 BvQ 30/01 –), in: NVwZ 11/2001, S. 1243–1246; vgl. auch Dietel/Gintzel/Kniesel, a. a. O. (Fn. 78), § 1 VersG Rn. 8; Pieroth, Bodo/Schlink, Bernhard: Grundrechte Staatsrecht II, 21. Aufl., Heidelberg 2005, Rn. 693; Depenheuer, a. a. O. (Fn. 22), Art. 8 GG, Rn. 39.

85 Bekannt geworden sind z. B. der „Hamburger Kessel", der „Mainzer Kessel" und der „Berliner Kessel": vgl. dazu Hofmann-Hoeppel, Jochen: Die Entwicklung der versammlungsrechtlichen Rechtsprechung seit den Urteilen von VG und LG Hamburg zum „Hamburger Kessel", in: DÖV 1992, S. 867–875.

86 Zu den Entwicklungen der polizeilichen Maßnahmen nach der Brokdorf-Entscheidung vgl. insb. Pabel, a. a. O. (Fn. 34), S. 377–378.

87 Vgl. dazu Röger, Ralf: Demonstrationsfreiheit für Neonazis? Analyse des Streits zwischen BVerfG und OVG NW und Versuch einer Aktivierung des § 15 VersG als ehrenschützende Norm, Berlin 2004, S. 12.

88 Einen Überblick über den exekutiven Umgang mit Versammlungen von Rechtsextremisten zu Beginn der 1990er Jahre gibt Höllein, Hans-Joachim: Das Verbot rechtsextremistischer Veranstaltungen, in: NVwZ 1994, S. 635.

89 Das Mitführen von Landsknechtstrommeln wurde von den Gerichten meistens verboten.

90 Das ist der 27. Januar, der Tag der Befreiung des Konzentrationslagers Auschwitz durch die Alliierten 1945. Der Holocaust-Gedenktag war 1996 durch Bundespräsident Roman Herzog zum nationalen Gedenktag in Deutschland erklärt worden.

91 Das ist der 30. Januar.

Aufzügen, bei denen die Landesgrenzen überschritten werden, – Rechtssicherheit und Rechtsanwendungsgleichheit (vgl. Art. 72 Abs. 2 GG) überhaupt noch gewahrt werden kann. Nachdem die Gesetzeskompetenz auf die Länder übergegangen war, änderte sich auch in der Realität auch durch die vereinzelt verabschiedeten Landesversammlungsgesetze nichts. Immer mehr meldeten die NPD und andere Rechtsextremisten Versammlungen auf Aufzüge an, welche die Verwaltungsgerichte und auch das BVerfG beschäftigten.

3   Der Wunsiedel-Beschluss vom 4. November 2009[92]

Die Richter des Ersten Senats[93] des Bundesverfassungsgerichts trafen mit dem Wunsiedel-Beschluss eine grundlegende Entscheidung zu Versammlungen von Rechtsextremisten. Ausgangspunkt dieses Verfassungsbeschwerdeverfahrens war eine für den 20. August 2005 angemeldete Veranstaltung unter freiem Himmel in der Stadt Wunsiedel, in der sich das Grab von Rudolf Heß befindet, mit dem Thema „Gedenken an Rudolf Heß" und dem zusätzlichen Motto „Seine Ehre galt ihm mehr als die Freiheit".[94]

Die polizeiliche und verwaltungsgerichtliche Verbotsverfügung bei der Wunsiedel-Versammlung stützte sich auf § 15 Abs. 1 VersG, der bestimmt: „(1) Die zuständige Behörde kann die Versammlung oder den Aufzug verbieten oder von bestimmten Auflagen abhängig machen, wenn nach den zur Zeit des Erlasses der Verfügung erkennbaren Umständen die öffentliche Sicherheit oder Ordnung bei Durchführung der Versammlung oder des Aufzuges unmittelbar gefährdet ist." Die Gefährdung der öffentlichen Sicherheit wurde in der Verletzung des § 130 Abs. 4 StGB gesehen: „(4) Mit Freiheitsstrafe bis zu drei Jahren oder mit Geldstrafe wird bestraft, wer öffentlich oder in einer Versammlung den öffentlichen Frieden in einer die Würde der Opfer verletzenden Weise dadurch stört, dass er die nationalsozialistische Gewalt- und Willkürherrschaft billigt, verherrlicht oder rechtfertigt." Der Erste Senat des BVerfG hielt die Verbotsverfügung für verfassungsgemäß, indem er – wie vom Bundesverwaltungsgericht im Wege der Auslegung von Meinungsäußerungen geurteilt – für vertretbar hält,

> „dass die rückhaltlose Glorifizierung von Rudolf Heß aus Sicht eines unvoreingenommenen und verständigen Publikums unter den konkreten Umständen nicht anders als eine uneingeschränkte Billigung der nationalsozialistischen Herrschaft im Ganzen – und damit insbe-

---

92 BVerfG, 1 BvR 2150/08 vom 4.11.2009, http://www.bverfg.de/entscheidungen/rs20091104_1bvr215008.
     html.

93 Mit der Richterin Hohmann-Dennhardt und den Richtern Papier, Bryde, Gaier, Eichberger, Schluckebier, Kirchhof und Masing.

94 BVerfG, 1 BvR 2150/08, a. a. O. (Fn. 25), Absatz-Nr. 7.

sondere auch der unter ihr verübten Menschenrechtsverletzungen – hätte verstanden werden können."[95]

Kernpunkt der Wunsiedel-Entscheidung des Verfassungsgerichts ist vor allem die Feststellung, dass § 130 Abs. 4 StGB mit dem Grundgesetz vereinbar ist, obwohl die Rechtsvorschrift kein „allgemeines Gesetz" i. S. d. Art. 5 Abs. 2, 1. Alt. GG ist. Seit dem Lüth-Urteil gilt, dass „allgemeine Gesetze" i. S. d. Art. 5 Abs. 2, 1. Alt. GG Normen sind, „die ‚nicht eine Meinung als solche verbieten, die sich nicht gegen die Äußerung der Meinung als solche richten', die vielmehr ‚dem Schutze eines schlechthin, ohne Rücksicht auf eine bestimmte Meinung, zu schützenden Rechtsguts dienen', dem Schutze eines Gemeinschaftswerts, der gegenüber der Betätigung der Meinungsfreiheit Vorrang hat".[96] Die Allgemeinheit des Gesetzes ist damit Ausdruck des Verbots der Ungleichbehandlung nach Art. 3 Abs. 3 Satz 1 GG.[97] Dagegen sind Gesetze, die sich gegen eine bestimmte Meinung als solche richten und ignorieren, dass niemand wegen seiner politischen Anschauungen benachteiligt oder bevorzugt werden darf, Sondergesetze.[98] § 130 Abs. 4 StGB stellt ein solches Sonderrecht dar, indem es die Billigung, Verherrlichung und Rechtfertigung lediglich der nationalsozialistischen Gewalt- und Willkürherrschaft, nicht aber anderer totalitärer Gewalt- und Willkürherrschaften unter Strafe stellt. So sieht es auch das BVerfG und stellt im 1. Leitsatz heraus, dass es sich um eine „Ausnahme vom Verbot des Sonderrechts für meinungsbezogene Gesetze" handelt. Sie sei gerechtfertigt, denn:

> „Angesichts des sich allgemeinen Kategorien entziehenden Unrechts und des Schreckens, die die nationalsozialistische Herrschaft über Europa und weite Teile der Welt gebracht hat, und der als Gegenentwurf hierzu verstandenen Entstehung der Bundesrepublik Deutschland ist Art. 5 Abs. 1 und 2 GG für Bestimmungen, die der propagandistischen Gutheißung der nationalsozialistischen Gewalt- und Willkürherrschaft Grenzen setzen, eine Ausnahme vom Verbot des Sonderrechts für meinungsbezogene Gesetze immanent."[99]

Mit dieser Interpretation beschreitet das BVerfG einen neuen Weg und kehrt von seiner bisherigen Rechtsprechung ab, bei der Karlsruhe – zuletzt in der bis ins Persönliche

---

95 BVerfG, 1 BvR 2150/08, a. a. O. (Fn. 25), Absatz-Nr. 108.
96 BVerfGE 7, 198 (209–210).
97 Schaefer, Jan Philipp: Wie viel Freiheit für die Gegner der Freiheit? – Zum Wunsiedel-Beschluss des Bundesverfassungsgerichts; in: Die Öffentliche Verwaltung (DÖV), 9/2010, S. 379–387, hier S. 383.
98 So schon Anschütz, Gerhard: Die Verfassung des Deutschen Reichs vom 11. August 1919, unveränderter Nachdruck der 14. Auflage 1933, Bad Homburg 1960, Art. 118 WRV Nr. 3, S. 554.
99 BVerfG, 1 BvR 2150/08, a. a. O. (Fn. 25), 1. Leitsatz.

hineinreichende Auseinandersetzung[100] mit dem OVG NRW[101] – es vehement ablehnte, in das Grundgesetz ein Meinungssonderrecht in Form eines Verfassungsvorbehalts „gegen neonazistische Anschauungen" hineinzuinterpretieren.[102] Die Ausnahme vom Verbot des Sonderrechts für meinungsbezogene Gesetze als Ausdruck einer verfassungsimmanenten Schranke „gegen Nazis" begründen die acht Richter zusätzlich damit:

> „…die propagandistische Gutheißung der historischen nationalsozialistischen Gewalt- und Willkürherrschaft mit all dem schrecklichen tatsächlich Geschehenen, das sie zu verantworten hat, […] ist […] mit anderen Meinungsäußerungen nicht vergleichbar und kann nicht zuletzt auch im Ausland tiefgreifende Beunruhigung auslösen."[103]

Daher halten sie § 130 Abs. 4 GG mit dem Grundgesetz für vereinbar. Dagegen stellte schon die letzte rechtsstaatliche Kommentierung zur Weimarer Reichsverfassung von Anschütz 1933 fest, dass zwar „Allgemeine Gesetze" im Sinne des Abs. 1 von Art. 118 WRV insbesondere „alle Strafgesetze" sind, aber nur, „sofern sie nicht bestimmte Meinungen als solche […] treffen wollen"[104]. Der Wunsiedel-Beschluss markiert daher eine Zäsur, die bereits ihre Kritiker gefunden hat.[105] Denn durch diese Entscheidung wird ausdrücklich Sonderrecht gegen rechtsextreme Ansichten gerechtfertigt. Das BVerfG verweigert ferner die Prüfung, ob nicht die Ansammlung der verschiedenen Straftat-

---

100 Persönliche Streitpunkte zwischen Bundesverfassungsrichter Wolfgang Hoffmann-Riem und Präsidenten des OVG NRW Michael Bertrams sind nachlesbar in: Hoffmann-Riem, Wolfgang: Die Luftröhre der Demokratie. Der Rechtsstaat ist stark genug, um auch die Demonstrationsfreiheit für Neonazis auszuhalten; in: Frankfurter Rundschau vom 11. 7. 2002, S. 14 sowie Bertrams, Michael: Demonstrationsfreiheit für Neonazis? Zur Kontroverse zwischen dem Oberverwaltungsgericht NRW und der 1. Kammer des Ersten Senats des Bundesverfassungsgerichts; in: Kraske, Bernd M. (Hrsg.), Pflicht und Verantwortung, Festschrift zum 75. Geburtstag von Claus Arndt, Baden-Baden 2002, S. 19–38.

101 S. dazu BVerfG, NJW 2001, 2076 ff. (2077); a. A. OVG NRW, NJW 2001, 2111 (2112); vgl. Röger, Ralf: Demonstrationsfreiheit für Neonazis? Analyse des Streits zwischen BVerfG und OVG NRW und Versuch einer Aktivierung des § 15 VersG als ehrenschützende Norm, Berlin 2004; Rühl, Ulli F. H.: „Öffentliche Ordnung" als sonderrechtlicher Verbotstatbestand gegen Neonazis im Versammlungsrecht?; in: Neue Zeitschrift für Verwaltungsrecht (NVwZ) 5/2003, S. 531–537.

102 Für Schaefer steht diese Meinungsänderung mit dem Richterwechsel von Wolfgang Hoffmann-Riem zu Johannes Masing in Verbindung: Schaefer, a. a. O. (Fn. 97), DÖV 9/2010, S. 383; er sieht das BVerfG „durch das ständige Trommelfeuer aus Münster mürbe geschossen": Schaefer, a. a. O. (Fn. 97), DÖV 9/2010, S. 384.

103 BVerfG, 1 BvR 2150/, a. a. O. (Fn. 25), Absatz-Nr. 66.

104 Anschütz, a. a. O. (Fn. 16), Art. 118 WRV Nr. 4. a), S. 555.

105 Vgl. insbesondere die exzellente staatstheoretische Analyse von Jan Philipp Schaefer, a. a. O. (Fn. 97); vgl. auch Volkmann, Uwe: Die Geistesfreiheit und der Ungeist – Der Wunsiedel-Beschluss des BVerfG; in: Neue Juristische Wochenschrift (NJW), 7/2010, S. 417–420. Dagegen unkritische Übernahme in den Kommentar von Antoni, Michael; in: Hömig, Dieter (Hrsg.), Grundgesetz für die Bundesrepublik Deutschland, 9. Aufl., Baden-Baden 2010, Art. 5 GG, Rn. 26.

bestände in § 130 StGB insgesamt einen additiven Grundrechtseingriff[106] ergibt,[107] und tritt vielmehr durch Bruch mit dem herkömmlichen Verständnis der Meinungsfreiheit für eine strafgesetzliche Gesinnungskontrolle ein.[108] Das heilt auch nicht die Beteuerung im zweiten Leitsatz:

> „Die Offenheit des Art. 5 Abs. 1 und 2 GG für derartige Sonderbestimmungen nimmt den materiellen Gehalt der Meinungsfreiheit nicht zurück. Das Grundgesetz rechtfertigt kein allgemeines Verbot der Verbreitung rechtsradikalen oder auch nationalsozialistischen Gedankenguts schon in Bezug auf die geistige Wirkung seines Inhalts."[109]

Das Grundrecht der Meinungsfreiheit schließt ein, dass Bürgerinnen und Bürger grundlegende Wertungen der Verfassung in Frage stellen dürfen[110], wobei dieses Recht im Endeffekt aber nicht schrankenlos sein kann.[111] Betont wurde durch das BVerfG, dass es kein Gebot geistiger Loyalität zum Grundgesetz gebe, dass die Geistesfreiheit sozusagen unbeschränkt sei[112] und Eingriffe in Art. 5 Abs. 1 GG nicht darauf gerichtet sein dürfen, „Schutzmaßnahmen gegenüber *rein geistig bleibenden Wirkungen* von bestimmten Meinungsäußerungen zu treffen."[113] „Allein die Wertlosigkeit oder auch Gefährlichkeit von Meinungen als solche ist kein Grund, diese zu beschränken (vgl. BVerfGE 90, 241 <247>)."[114]

Der Erste Senat sieht aber eine Beschränkung der Meinungsfreiheit dann als legitim an, wenn mit ihr das Ziel verfolgt wird, Rechtsgutverletzungen zu unterbinden. Dafür ist aber Voraussetzung, dass „die Schwelle zur individualisierbaren, konkret fassbaren Gefahr einer Rechtsverletzung überschritten"[115] wird. Dies sei insbesondere bei Meinungsäußerungen gegeben, die über die Überzeugungsbildung hinaus mittelbar auf

---

106 Zum Begriff vgl. Lücke, Jörg: Der additive Grundrechtseingriff sowie das Verbot der übermäßigen Gesamtbelastung des Bürgers; in: Deutsches Verwaltungsblatt (DVBl), 19/2001, S. 1469 ff.; Unter Grundrechtseingriffen können nicht nur punktuelle Beeinträchtigungen verstanden werden, sondern es ist in Einzelfällen notwendig, einen Grundrechtseingriff anzuerkennen, der mehrere punktuelle Grundrechtseingriffe, die jeweils für sich genommen noch als verhältnismäßig gelten können, zusammenfasst und zu einem mehrteiligen Gesamteingriff addiert. Ein solcher „additiver" Grundrechtseingriff wirkt sich wegen seines bündelnden Effektes dann auf den Grundsatz der Verhältnismäßigkeit aus und lässt diesen zu einem Verbot einer übermäßigen Gesamtbelastung des Bürgers werden.
107 Vgl. Schaefer, a.a.O. (Fn. 97), DÖV 9/2010, S. 380.
108 Vgl. Schaefer, a.a.O. (Fn. 97), DÖV 9/2010, S. 380 f.
109 BVerfG, 1 BvR 2150/08 vom 4.11.2009, 2. Leitsatz.
110 Vgl. BVerfG, 24.3.2001, 1 BvQ 13/01, NJW 2001, 2069 f.
111 Vgl. Volkmann, a.a.O. (Fn. 105), NJW 7/2010, S. 417 ff.
112 Anders aber der Zweite Senat in BVerfGE 28, 36 (48), der dort die Auffassung vertritt, dass die Bundesrepublik von ihren Bürgerinnen und Bürgern die „Verteidigung der freiheitlichen Ordnung erwartet und einen Missbrauch der Grundrechte zum Kampf gegen diese Ordnung nicht hinnimmt".
113 BVerfG, 1 BvR 2150/08, a.a.O. (Fn. 25), Absatz-Nr. 72 (am Anfang; Hervorhebung nicht im Original).
114 BVerfG, 1 BvR 2150/08, a.a.O. (Fn. 25), Absatz-Nr. 72 (am Ende).
115 BVerfG, 1 BvR 2150/08, a.a.O. (Fn. 25), Absatz-Nr. 73.

Realwirkungen angelegt sind. Die Beabsichtigung von Realwirkungen sieht das BVerfG vor allem bei Appellen zum Rechtsbruch, bei aggressiven Emotionalisierungen oder bei der Herabsetzung von Hemmschwellen, sodass rechtsgutgefährdende Folgen unmittelbar ausgelöst werden können.[116] Das BVerfG unterscheidet somit „rein geistige Wirkungen" und „rechtsverletzende Wirkungen". In dieser Unterscheidung zeigt sich (wieder einmal), dass rechtswissenschaftliche theoretische Abstraktionen in der Praxis untauglich sind. Denn diese Differenzierung ist bereits in der Theorie fehlerhaft, wie das Gericht selbst einräumt[117]:

> „Rein geistige Wirkungen und rechtsverletzende Wirkungen von Meinungsäußerungen stehen dabei nicht in strenger Alternativität zueinander. Sie sind nicht rein formal abgrenzbar und können sich überschneiden."[118]

Ungeachtet dieser Überschneidungen sieht das BVerfG in der Ausgestaltung des § 130 Abs. 4 StGB, dass diese Vorschrift geeignet ist, den öffentlichen Frieden in seinem Verständnis als Friedlichkeit der öffentlichen Auseinandersetzung zu schützen.[119] Denn

> „Bestraft wird damit das Gutheißen nicht von Ideen, sondern von realen Verbrechen, die in der Geschichte einmalig und an Menschenverachtung nicht zu überbieten sind."[120]

Die Kundgabe einer positiven Bewertung dieses Unrechtsregimes löse regelmäßig nicht nur Widerstand dagegen aus oder erzeuge Einschüchterung, sondern habe anderseits auch enthemmende Wirkung bei der angesprochenen Anhängerschaft solcher Auffassungen.[121] In der Versammlung in Wunsiedel sehen die acht Richter des Ersten Senats somit „rechtsverletzende Wirkungen", weil die Schwelle zur individualisierbaren, konkret fassbaren Gefahr einer Rechtsverletzung überschritten wurde. Dagegen beurteilen drei der acht Richter des Ersten Senats in ihrem Kammerbeschluss die Versammlung in Bielefeld offensichtlich nur in dem Sinne, dass sie „rein geistige Wirkungen" entfalte.

---

116 Ebd.
117 Im Ergebnis auch Schaefer, a. a. O. (Fn. 97), DÖV 9/2010, S. 381.
118 BVerfG, 1 BvR 2150/08, a. a. O. (Fn. 25), Absatz-Nr. 75.
119 BVerfG, 1 BvR 2150/08, a. a. O. (Fn. 25), Absatz-Nr. 80.
120 BVerfG, 1 BvR 2150/08, a. a. O. (Fn. 25), Absatz-Nr. 81 (am Anfang).
121 BVerfG, 1 BvR 2150/08, a. a. O. (Fn. 25), Absatz-Nr. 81 (am Ende).

4 Der Bielefeld-Beschluss vom 12. Mai 2010[122]

Anders als der Wunsiedel-Beschluss handelt es sich beim Bielefeld-Beschluss[123] um eine Entscheidung der 1. Kammer des Ersten Senats.[124] Anlass dieses Verfassungsbeschwerdeverfahrens war eine für den 2. März 2002 in Bielefeld angemeldete Versammlung unter freiem Himmel mit dem Motto „Die Soldaten der Wehrmacht waren Helden, keine Verbrecher". Die Versammlung sollte einen Gegenpol zur vom 27. Januar bis zum 17. März 2002 in Bielefeld gezeigten Ausstellung „Verbrechen der Wehrmacht. Dimensionen des Vernichtungskrieges 1941–1944" bilden.[125]

Polizei und Verwaltungsgerichte verboten ursprünglich diese Versammlung;[126] die Verbotsverfügung wurde aber von der 1. Kammer des Ersten Senats des BVerfG durch Wiederherstellung der aufschiebenden Wirkung des Widerspruchs aufgehoben.[127] Bereits diese Entscheidung ist im Lichte der Wunsiedel-Entscheidung nicht schlüssig: Denn die propagandistische Gutheißung des Vernichtungskrieges 1941–1944 der deutschen Wehrmacht als wesentlicher Teil der nationalsozialistischen Gewalt- und Willkürherrschaft mit all dem schrecklichen tatsächlich Geschehenen, das sie zu verantworten hat. Die Rechtsextremisten zielten in ihrer Versammlung darauf, die Verbrechen der Wehrmacht zu leugnen und die Soldaten als Helden zu feiern. Daher hegten die Veranstalter eher die Absicht, mit ihrer Versammlung Realwirkungen zu erzielen, aggressiv zu emotionalisieren und Hemmschwellen herabzusetzen, sodass rechtsgutgefährdende Folgen unmittelbar ausgelöst werden können. Hier stand das Gutheißen nicht von Ideen, sondern von realen Verbrechen, die in der Geschichte einmalig und an Menschenverachtung nicht zu überbieten sind, im Vordergrund. Das Gutheißen von realen Verbrechen war nicht zuletzt auch geeignet, im Ausland tiefgreifende Beunruhigung auszulösen. Es lässt sich daher nicht sachlich nachvollziehen, warum diese Veranstaltung in Bielefeld lediglich eine „rein geistige Wirkung" entfalten und von ihr keinerlei „rechtsverletzende Wirkungen" ausgehen sollte. Insofern ist bereits darin ein Widerspruch zum Wunsiedel-Beschluss ausmachen.

Noch am Tage des Erlasses der einstweiligen Anordnung durch die 1. Kammer des Ersten Senats des BVerfG, der die aufschiebende Wirkung des Widerspruchs gegen die Verbotsverfügung wiederherstellte, ordnete das Polizeipräsidium Bielefeld daraufhin für die Durchführung der Versammlung eine Reihe von Auflagen an, u. a. dass die Teilnehmer der Versammlung vor Beginn der Veranstaltung polizeilich durchsucht werden

---

122 BVerfG, 1 BvR 2636/04 vom 12. 5. 2010, http://www.bverfg.de/entscheidungen/rk20100512_1bvr263604. html.

123 BVerfG, 1 BvR 2636/04, a. a. O. (Fn. 26), Absatz-Nr. 1-32.

124 Mit den Richtern Kirchhof, Eichberger und Masing.

125 BVerfG, 1 BvR 2636/04, a. a. O. (Fn. 26), Absatz-Nr. 2.

126 VG Minden, Beschluss vom 27. 2. 2002 – 11 L 185/02 –, juris; OVG für das Land Nordrhein-Westfalen, Beschluss vom 1. 3. 2002 – 5 B 388/02 –, juris.

127 BVerfG, Beschluss der 1. Kammer des Ersten Senats vom 1. 3. 2002 – 1 BvQ 5/02 –, NVwZ 2002, S. 982.

sollten.[128] Die Durchsuchungsauflage wurde im Kammerbeschluss als verfassungswidrig angesehen, weil sie den freien Zugang zu der Versammlung behindere. Denn:

> „Eine polizeiliche Durchsuchung ist – zumal wenn sie pauschal jeden Versammlungsteilneh-
> mer erfasst – geeignet, einschüchternde, diskriminierende Wirkung zu entfalten, die Teilneh-
> mer in den Augen der Öffentlichkeit als möglicherweise gefährlich erscheinen zu lassen und
> damit potentielle Versammlungsteilnehmer von einer Teilnahme abzuhalten."[129]

Im Einklang mit dem Brokdorf-Beschluss[130] wurde auf die Gefahrenprognose abgestellt,
die im konkreten Fall erforderlich gewesen ist. Die Anforderungen an die Gefahrenprognose „lassen sich schwerlich losgelöst von den konkreten Umständen von Verfassungs
wegen vorschreiben, sondern können davon abhängen, wie weit […] eine Bereitschaft
der Veranstalter zu kooperativen Vorbereitungen besteht und ob Störungen nur von
dritter Seite oder durch eine kleine Minderheit befürchtet werden."[131]

Die Kammer unterstellt also, dass Störungen nur von dritter Seite ausgehen, nämlich von den Gegendemonstranten. Denn in den Augen der drei Bundesverfassungsrichter galt die Versammlung der Rechtsextremisten als „Nichtstörerin".[132] Dies ist aber
mit der Wunsiedel-Entscheidung nicht in Einklang zu bringen, die einen Verfassungs-
vorbehalt „gegen Nazis" im Grundgesetz ausmacht. Denn die Versammlung in Bielefeld
beinhaltete eine rückhaltlose Glorifizierung von Wehrmachtsverbrechen unter uneingeschränkter Billigung der nationalsozialistischen Herrschaft und damit insbesondere
auch der unter ihr verübten Menschenrechtsverletzungen. Insofern war bereits die Versammlung als solche die Störung und gefährdete die öffentliche Sicherheit oder Ordnung unmittelbar. Die Durchführung der Versammlung hätte zur Strafbarkeit der Versammlungsteilnehmer nach § 130 Abs. 4 StGB führen müssen. Daher kann von einer
„mangelhaften Gefahrenprognose"[133] faktisch nicht die Rede sein.

Mit dem Wunsiedel-Beschluss[134] hat das Bundesverfassungsgericht, das verfassungsimmanent politisch unerwünschte öffentliche Meinungsäußerungen „gegen rechts"
ausmacht und dadurch den Dammbruch zum Sonderrecht bei der Meinungsfreiheit
hinnimmt, den Sicherheitsbehörden und den Verwaltungsgerichten einen „Bärendienst"
erwiesen. Denn es wird damit zu rechnen sein, dass Rechtsextremisten weitere Versammlungen anmelden und dabei Orte und Zeitpunkte mit Bezug zum Nationalsozia-

---

128 BVerfG, 1 BvR 2636/04, a. a. O. (Fn. 26), Absatz-Nr. 4-5.
129 BVerfG, 1 BvR 2636/04, a. a. O. (Fn. 26), Absatz-Nr. 15.
130 BVerfGE 69, 315 ff. (353).
131 BVerfGE 69, 315 ff. (354).
132 BVerfG, 1 BvR 2636/04, a. a. O. (Fn. 26), Absatz-Nr. 27.
133 Aus der Pressemitteilung des BVerfG Nr. 37/2010 vom 10. Juni 2010 zum Bielefeld-Beschluss.
134 Nach dem Tod des Beschwerdeführers wurde das Verfahren von Amts wegen fortgesetzt: BVerfG, 1 BvR
   2150/08, a. a. O. (Fn. 25), Absatz-Nr. 41, 42. Vgl. zur Verfahrensfortsetzung bei Tod des Beschwerdeführers Schaefer, a. a. O. (Fn. 97), DÖV 9/2010, S. 379, Fn. 5.

lismus auswählen werden, um eine möglichst große Provokation zu erzielen. Ob solche Versammlungen dann „rein geistige Wirkungen" entfalten und von ihnen keinerlei „rechtsverletzende Wirkungen" ausgehen werden, wird nur schwer im Einzelfall zu ermitteln sein, da beide Wirkungsalternativen – wie das Bundesverfassungsgericht selbst einräumt – nicht rein formal abgrenzbar sind und sich überschneiden können.[135] Die Entscheidung für die eine oder andere Richtung wird somit letztlich von der persönlichen Einstellung der Entscheidungsträger abhängen und daher willkürlich sein.

5 Das Fraport-Urteil des Bundesverfassungsgerichts vom 22. Februar 2011[136]

Im Urteil des Bundesverfassungsgerichts vom 22. Februar 2011 stärkte der Erste Senat die Versammlungs- und Meinungsfreiheit mit der Begründung: „Ein vom Elend der Welt unbeschwertes Gemüt des Bürgers ist kein Belang, zu dessen Schutz der Staat Grundrechtspositionen einschränken darf".[137] Das Zitat war bereits in einem anderen Verfahren bezüglich der Pressefreiheit Begründungsgrundlage.[138]

Ausgangslage der verfassungsgerichtlichen Entscheidung waren folgende Ereignisse: Die Fraport Aktiengesellschaft, die mehrheitlich von der öffentlichen Hand gehalten wird,[139] betreibt den Flughafen Frankfurt und ist Eigentümerin des Flughafengeländes. Die Infrastruktur des Flughafens ist nicht nur auf die Abwicklung des Flugverkehrs gerichtet, sondern weist zahlreiche Gastronomiebetriebe und Ladengeschäfte sowie sonstige Einrichtungen auf, die für Konsum und Freizeitgestaltung bestimmt sind, sodass sie auch von anderen Personen als Fluggästen genutzt werden können. Für die Nutzung des Flughafengeländes hat die Fraport AG eine Flughafenbenutzungsordnung (FBO) aufgestellt, die vom Land Hessen genehmigt worden ist. Danach bedurfte es in der für das Verfahren maßgeblichen Fassung vom 1. Januar 1998 für Sammlungen, Werbungen sowie das Verteilen von Flugblättern und sonstigen Druckschriften der Einwilligung des Flughafenunternehmers (Nr. 4.2 FBO). Zuwiderhandlungen gegen die FBO oder gegen auf ihrer Grundlage ergangene Weisungen des Flughafenunternehmers können gemäß

---

135 BVerfG, 1 BvR 2150/08, a. a. O. (Fn. 25), Absatz-Nr. 75.

136 BVerfG, 1 BvR 699/06 vom 22. 2. 2011, www.bverfg.de/entscheidungen/rs20110222_1bvr069906.html.

137 BVerfG, 1 BvR 699/06, a. a. O. (Fn. 27), Absatz-Nr. 103.

138 Danach kann die Pressefreiheit gemäß Art. 5 Abs. 1 Satz 2, 1. Alt. GG eines Zeitschriftenverlegers verletzt werden, wenn dem Verleger die Veröffentlichung von Werbeanzeigen untersagt wird, für die der Werbende den Schutz der Meinungsfreiheit genießt: BVerfGE 102, 347 [364]; vgl. auch BVerfG, 1 BvR 1762/95 vom 12. 12. 2000, Absatz-Nr. 56, www.bverfg.de/entscheidungen/rs20001212_1bvr176295.html.

139 „Zum Zeitpunkt des den Anlass für den Zivilrechtsstreit bildenden „Flughafenverbots" gegenüber der Beschwerdeführerin im Jahr 2003 besaßen das Land Hessen, die Stadt Frankfurt am Main und die Bundesrepublik Deutschland zusammen circa 70 % der Aktien", BVerfG, 1 BvR 699/06 (Fn. 2) Absatz-Nr. 2. Inzwischen hat der Bund seine Anteile verkauft. Land und Kommune besitzen derzeit mit 52 % der Aktien immer noch die Mehrheit.

Nr. 9 FBO durch einen Verweis vom Flughafengelände geahndet und zur Anzeige ge-bracht werden.[140] Seit 2008 wurden in der FBO Versammlungen in den Gebäuden des Flughafens ausdrücklich generell für unzulässig erklärt.

Eine Aktivistin der „Initiative gegen Abschiebungen", hatte mit fünf weiteren Mit-gliedern in der Abflughalle des Frankfurter Flughafens im März 2003 an einem Ab-fertigungsschalter Flugblätter verteilt und von der Fraport AG ein „Flughafenverbot" mit dem Hinweis erteilt bekommen, dass gegen sie ein Strafantrag wegen Hausfrie-densbruchs erstattet werde, wenn sie erneut „unberechtigt" auf dem Flughafen ange-troffen werde.[141] Als Begründung wurde angegeben, dass mit der Fraport AG „nicht abgestimmte Demonstrationen im Terminal aus Gründen des reibungslosen Betriebs-ablaufes und der Sicherheit grundsätzlich nicht" geduldet würde.[142] Gegen das Flugha-fenverbot klagte die Aktivistin der „Initiative gegen Abschiebungen" erfolglos durch alle drei Instanzen, denn Amtsgericht, Landgericht und Bundesgerichtshof wiesen die Klage jeweils als unbegründet zurück. Vor dem BVerfG hatte die Verfassungsbeschwerde Er-folg, da mit dem Urteil des Ersten Senats alle Urteile aufgehoben wurden. Das Urteil entfaltet über diesen Einzelfall hinaus jedoch auch grundsätzliche Bedeutung in Bezug auf die Versammlungs- und die Meinungsfreiheit, die in zwei Leitsätzen durch das Ge-richt zusammengefasst wurden.

5.1   Die Leitsätze

5.1.1   Erweiterung der unmittelbaren Grundrechtsbindung auf gemischtwirtschaftliche Unternehmen in Privatrechtsform

In seinem ersten Leitsatz erweitert das Bundesverfassungsgericht die Grundrechtsbin-dung des Staates auch auf privatrechtlich organisierte Unternehmen, soweit sie mehr-heitlich im Eigentum des Staates stehen:

> „Von der öffentlichen Hand beherrschte gemischtwirtschaftliche Unternehmen in Privat-rechtsform unterliegen ebenso wie im Alleineigentum des Staates stehende öffentliche Unternehmen, die in den Formen des Privatrechts organisiert sind, einer unmittelbaren Grundrechtsbindung."[143]

---

140 Vgl. BVerfG, Pressemitteilung Nr. 97/2010 vom 19. Oktober 2010: www.bundesverfassungsgericht.de/presse mitteilungen/bvg10-097.html.

141 BVerfG, 1 BvR 699/06, a.a.O. (Fn. 27), Absatz-Nr. 9 f.

142 BVerfG, 1 BvR 699/06, a.a.O. (Fn. 27), Absatz-Nr. 10.

143 BVerfG, 1 BvR 699/06, a.a.O. (Fn. 27), 1. Leitsatz.

Die Grundrechtsgebundenheit des privaten Verwaltungshandelns ist – außer für das so genannte Verwaltungsprivatrecht[144] – in der Rechtswissenschaft nach wie vor umstritten.[145] Allerdings ist festzustellen, dass Art. 1 Abs. 3 GG keine Differenzierung vorsieht, sodass der Staat selbst bei Geschäften des täglichen Bedarfs und bei der Auftragsvergabe der Grundrechtsbindung unterliegen muss.[146] Denn der Staat handelt nicht als grundrechtsgeschützter Privater sondern im Gemeinwohlinteresse; dieses öffentliche Interesse ist damit die Grundmotivation allen staatlichen Handelns und auf keinen Fall die Privatnützigkeit.[147] Insofern ist von der Grundrechtsgebundenheit des privaten Verwaltungshandelns grundsätzlich auszugehen.[148]

Unbestritten ist daher die Annahme der Grundrechtsbindung für juristische Personen des Privatrechts, die im Alleineigentum des Staates liegen. Im Urteil des BVerfG ist die Sachlage jedoch insofern anders, als die Fraport AG neben den hoheitlichen Eigentümern im Jahre 2003 auch rund 30 % Eigentümer in privatem Streubesitz hatte, die inzwischen nach dem Verkauf der Bundesanteile sogar auf 48 % angewachsen ist.[149] Die Fraport AG ist somit ein gemischtwirtschaftliches Unternehmen. Die besondere Problematik könnte außerdem darin liegen, dass die öffentlichen Anteilseigentümer verschiedenen Trägern staatlicher Gewalt angehören, nämlich dem Bund, dem Land Hessen und der Kommune Frankfurt a. M., die ihrerseits über ein hundertprozentiges Tochterunternehmen beteiligt ist. Genau dieser Punkt der unterschiedlichen Träger stützt u. a. die Abweichende Meinung des Bundesverfassungsgerichtsrichters Wilhelm Schluckebier, der als Mitglied des Ersten Senats dessen Urteil als einziger nicht mitgetragen hat.

„Es liegt auf der Hand, dass die ‚öffentlichen Anteilseigentümer' – freilich je für sich grundrechtsgebunden – hinsichtlich des Flughafens divergierende, möglicherweise sogar gegenläufige Interessen verfolgen können, zumal sie auch von politisch unterschiedlichen Mehrheiten bestimmt sein können. Unter diesen Umständen geht es nicht an, die bloße Addition der Anteile verschiedener Träger staatlicher Gewalt unterschiedlicher staatlicher Ebenen auf mehr als 50 % für die unmittelbare Grundrechtsbindung der Gesellschaft selbst genügen zu lassen. Die vom Senat angenommene ‚Gesamtverantwortung' und ‚Beherrschung' läuft damit für den Ausgangsfall darauf hinaus, allein den Entschluss zur Beteiligung an der Aktiengesell-

---

144 Vgl. Höfling, in: Sachs, Michael (Hrsg.), Grundgesetz, Kommentar, 6. Aufl., München 2011, Art. 1, Rn. 102 m. w. N.

145 Zu den unterschiedlichen Auffassungen vgl. Ehlers, Dirk: Verwaltung in Privatrechtsform, Berlin 1984.

146 Anderer Ansicht schon Forsthoff, Ernst: Der Staat als Auftraggeber, Stuttgart 1993, S. 14; a. A. auch BGHZ 36, 91 [95 ff.].

147 Höfling, a. a. O. (Fn. 144), Art. 1, Rn. 103.

148 Vgl. Starck, in: von Mangoldt, Hermann/Klein, Friedrich/Starck, Christian (Hrsg.), Kommentar zum Grundgesetz in 3 Bänden, 6. Aufl., München 2010, Art. 1, Rn. 221; Jarass, in: Jarass, Hans D./Pieroth, Bodo: Grundgesetz für die Bundesrepublik Deutschland, Kommentar, 12. Aufl., München 2012, Art. 1, Rn. 25; Herdegen, in: Maunz, Theodor/Dürig, Günter u. a.: Grundgesetz Kommentar, Loseblatt, 69. Lieferung, München 2013, Art. 1, Rn. 95.

149 BVerfG, 1 BvR 699/06, a. a. O. (Fn. 27), Absatz-Nr. 2.

schaft als Grund für die ,Gesamtverantwortung' heranzuziehen. Das wird weder den gesell-schaftsrechtlichen noch den lebenstatsächlichen Gegebenheiten gerecht."[150]

Die Argumentation von Richter Schluckebier überzeugt nicht. Wie oben dargelegt ist Grundmotivation allen staatlichen Handelns *das öffentliche Interesse*. Dieses ist aber un-teilbar und unabhängig von parteipolitischen Belangen. In diesem *öffentlichen Inter-esse* ist der „Interessengleichlauf" zu sehen, von dem Schluckebier spricht. Dass erst eine verbindliche Koordination der Einflusspotentiale gesellschaftsrechtlich verankert sein muss, widerspricht der Ausgangslage, dass nämlich der Staat nicht als grundrechts-geschützter Privater, sondern als Sachwalter der Allgemeinheit[151] handelt.

Das Bundesverfassungsgericht hat somit die Grundrechtsbindung des Staates auch auf privatrechtlich organisierte Unternehmen erweitert, die (nur) mehrheitlich im Ei-gentum des Staates stehen, unabhängig davon, ob die öffentlichen Anteilseigentümer verschiedenen Trägern staatlicher Gewalt angehören. Durch diese Grundrechtsbindung hat das BVerfG die Versammlungsfreiheit und die Meinungsfreiheit räumlich zunächst ausgedehnt, indem es den Schutzbereich der Grundrechte in die Abfertigungshallen des Flughafengebäudes des Frankfurter Flughafens hinein erweitert und die Abfertigungs-hallen zu einem öffentlichen Forum erklärt. Begründet wird diese Ausdehnung damit, dass

> „die Kommunikationsfunktion der öffentlichen Straßen, Wege und Plätze zunehmend durch weitere Foren wie Einkaufszentren, Ladenpassagen oder sonstige Begegnungsstätten ergänzt wird."[152]

Das Gericht geht aber – in einem obiter dictum – noch weiter, indem es bei dieser Ge-legenheit seine rechtspolitische Auffassung mitteilt, dass sogar solche Kommunika-tionsräume, die gänzlich in privater Trägerschaft liegen, ebenfalls vom Schutzbereich der Versammlungsfreiheit erfasst werden, soweit Private im Wege der mittelbaren Dritt-wirkung in Anspruch genommen werden können.[153] Ob die Flächen sich in eigenen An-lagen befinden oder in Verbindung mit Infrastruktureinrichtungen stehen, ob sie über-dacht oder im Freien angesiedelt sind, sei grundrechtlich ebenso unerheblich wie die rechtliche Basis, nämlich, ob ein solcher Kommunikationsraum mit den Mitteln des öffentlichen Straßen- und Wegerechts oder des Zivilrechts geschaffen wird. Denn zwi-schen der Eröffnung eines Verkehrs zur öffentlichen Kommunikation durch den grund-rechtsverpflichteten Staat und der Versammlungsfreiheit bestehe ein unaufhebbarer

---

150 BVerfG, 1 BvR 699/06, a. a. O. (Fn. 27), Abweichende Meinung des Richters Schluckebier zum Urteil des Ersten Senats vom 22. Februar 2011, Absatz-Nr. 114.
151 Höfling, a. a. O. (Fn. 144), Art. 1, Rn. 103.
152 BVerfG, 1 BvR 699/06, a. a. O. (Fn. 27), Absatz-Nr. 68.
153 BVerfG, 1 BvR 699/06, a. a. O. (Fn. 27), Absatz-Nr. 68; vgl. auch Absatz-Nr. 124.

Zusammenhang.[154] Durch die Genehmigung des Staates, dass in Einkaufszentren und Ladenpassagen Verkehr zur öffentlichen Kommunikation eröffnet wird, werden Private im Wege der mittelbaren Drittwirkung in Anspruch genommen, sodass sie die Versammlungsfreiheit in ihren öffentlichen Kommunikationsräumen grundsätzlich zulassen müssen. Dem widerspricht in seiner abweichenden Meinung Richter Schluckebier:

„Gegenwärtig besteht kein Anlass zu befürchten, die Kommunikationsfunktion der herkömmlich im Allgemeingebrauch befindlichen öffentlichen Straßenräume werde ausgehöhlt oder gar systematisch zurückgeführt." Dies sei eine wertende Betrachtung, „die gegenwärtig empirisch nicht genügend belegt ist."[155]

Gegen diese Ansicht von Richter Schluckebier spricht jedoch, dass sich immer mehr Menschen gegen Einkaufspassagen wenden, die sich in Bahnhöfen und Flughäfen oder sonst außerhalb der Innenstädte etablieren, weil sie befürchten, dass diese die Innenstädte verwaisen lassen. Durch solche Einkaufszentren und Ladenpassagen entsteht also faktisch eine beachtliche „Kommunikationsraumkonkurrenz" zum öffentlichen Straßenraum als Versammlungsort. Denn zur Kommunikation benötigt man andere Menschen, die in den Innenstädten fehlen, wenn sie sich in den privaten Einkaufszentren und Ladenpassagen aufhalten.[156] Auch wenn nicht davon auszugehen ist, dass staatliches Handeln darauf abzielt, durch eine Privatisierung des öffentlichen Raums die für Versammlungen zur Verfügung stehenden Flächen merklich zu beschneiden. Das Urteil des BVerfG bestimmt jedenfalls, dass eben solche Absichten nicht zur Aufhebung der Grundrechtsbindung führen. Insofern ist das Urteil richtungsweisend. Es müssen sich künftig daher nicht nur Flughafen- und Bahnhofshallen auf Versammlungen einstellen, sondern auch weitere Foren wie Einkaufszentren, Ladenpassagen oder sonstige Begegnungsstätten. Hier sollen sich nach dem BVerfG auch die anderen Kommunikationsgrundrechte entfalten können.

Mit diesem Urteil wird allerdings kein Zutrittsrecht zu beliebigen Orten für die Versammlungsfreiheit verschafft. Orte, die der Öffentlichkeit nicht allgemein zugänglich sind oder die – wie etwa öffentliche Schwimmbäder oder Krankenhäuser – nach den äußeren Umständen Zugang nur zu bestimmten Zwecken gewähren, können auch nach

---

154 BVerfG, 1 BvR 699/06, a.a.O. (Fn. 27), Absatz-Nr. 68.

155 BVerfG, 1 BvR 699/06, a.a.O. (Fn. 27), Abweichende Meinung des Richters Schluckebier zum Urteil des Ersten Senats vom 22. Februar 2011, Absatz-Nr. 122.

156 Vgl. z.B. Hessische/Niedersächsische Allgemeine Zeitung vom 22.7.2011, „Einwohner protestieren gegen neues Einkaufszentrum"; in: www.hna.de/nachrichten/werra-meissner-kreis/witzenhausen/protest-letzter-sekunde-1330829.html; antenne Bayern online, „Protest gegen geplantes Einkaufszentrum wächst"; in: www.antenne.de/Protest-gegen-geplantes-Einkaufszentrum-waechst__classicrock_9141_news.html; Kölnische Rundschau online v. 3.9.2011, „Protestplakate gegen neues Einkaufszentrum" hinter der Bahn; in: www.rundschau-online.de/html/artikel/1314394030738.shtml; Welt-online vom 11.3.2010, „Handel protestiert mit verklebten Ladenschaufenstern" wegen eines Einkaufszentrums „Am Eisenbahndock" (alle abgerufen am 6.3.2012).

diesem Urteil nicht zur Durchführung von Versammlungen genutzt werden. Aus der Grundrechtsbindung ergibt sich daher nicht, dass Demonstrationen in Verwaltungs-gebäuden oder in eingefriedeten, der Allgemeinheit nicht geöffneten Anlagen durch die Versammlungsfreiheit nach Art. 8 Abs. 1 GG geschützt wird.[157] Die Durchführung von Versammlungen ist somit nur dort geschützt, „wo ein allgemeiner öffentlicher Verkehr eröffnet ist."[158]

5.1.2 Weitergehende Einschränkungen der Versammlungsfreiheit in Abfertigungshallen von Flughafengebäuden

Aber auch wenn das BVerfG auf der einen Seite den Schutzbereich der Versammlungs-freiheit in die Abfertigungshallen des Flughafengebäudes des Frankfurter Flughafens als öffentliches Forum ausdehnt, schränkt es diese in seinem zweiten Leitsatz wieder ein:

> „Die besondere Störanfälligkeit eines Flughafens rechtfertigt nach Maßgabe der Verhältnis-mäßigkeit weitergehende Einschränkungen der Versammlungsfreiheit, als sie im öffentlichen Straßenraum zulässig sind."[159]

Im Einzelnen stellt das BVerfG heraus, dass unberührt davon, dass die Versammlungs-gesetze maßgebliche Rechtsgrundlage der Befugnisse der Versammlungsbehörden für alle Orte allgemeinen kommunikativen Verkehrs sind, schon die Vorschriften des Bür-gerlichen Gesetzbuches herangezogen werden können, um die Versammlungsfreiheit im Sinne des Art. 8 Abs. 2 GG zu beschränken.

> „Das zivilrechtliche Hausrecht gemäß § 903 Satz 1, § 1004 BGB ist dementsprechend grund-sätzlich geeignet, Eingriffe in die Versammlungsfreiheit zu rechtfertigen."[160]

Wenn damit das Bundesverfassungsgericht ausdrücklich klarstellt, dass der Eigentümer nach § 903 Satz 1 BGB mit der Sache nach Belieben verfahren und andere von jeder Ein-wirkung ausschließen und nach § 1004 Abs. 1 BGB von dem Störer die Beseitigung der Beeinträchtigung verlangen und auf Unterlassung klagen kann, soweit das Eigentum in anderer Weise als durch Entziehung oder Vorenthaltung des Besitzes beeinträchtigt wird, bleibt von dem Grundrecht der Versammlungsfreiheit möglicherweise faktisch nicht mehr viel übrig.

Dagegen erweitert das Urteil des BVerfG den Schutzbereich der Meinungsfreiheit nach Art. 5 Abs. 1 Satz 1, 1. Alt. GG.

---

157 BVerfG, 1 BvR 699/06, a. a. O. (Fn. 27), Absatz-Nr. 65.
158 BVerfG, 1 BvR 699/06, a. a. O. (Fn. 27), Absatz-Nr. 66.
159 BVerfG, 1 BvR 699/06, a. a. O. (Fn. 27), 2. Leitsatz.
160 BVerfG, 1 BvR 699/06, a. a. O. (Fn. 27), Absatz-Nr. 79.

5.2 Keine Begrenzung des Schutzbereichs der Meinungsfreiheit auf öffentliche, der Kommunikation dienende Foren

Das BVerfG stellt zwar heraus, dass die Meinungsfreiheit nach Art. 5 Abs. 1 Satz 1, 1. Alt. GG dem Einzelnen keinen Anspruch eröffnet, sonst nicht zugängliche Orte zu betreten, sondern dass sie nur dort gewährleistet ist, wo die Bürgerinnen und Bürger tatsächlich Zugang haben. Im Unterschied zur kollektiv ausgeübten Versammlungsfreiheit ist jedoch die Meinungskundgabe eines Einzelnen, der in der Regel keinen besonderen, andere belästigenden Raumbedarf hat, nicht auf öffentliche Foren, die der Kommunikation dienen, begrenzt. Als Individualrecht steht die Meinungsfreiheit den Menschen vom Grundsatz her überall dort zu, wo sie sich gerade befinden.[161] Allerdings wird die Meinungsfreiheit in Art. 5 Abs. 2 GG u. a. durch die allgemeinen Gesetze beschränkt, zu denen das BVerfG ausdrücklich nochmals die Vorschriften des BGB einschließlich des aus § 903 Satz 1 und § 1004 BGB abzuleitenden Hausrechts zählt, auf das sich Flughafenbetreiber grundsätzlich stützen könnten.[162] Die Beschränkung der Meinungsfreiheit muss aber verhältnismäßig sein und berücksichtigen, dass die Meinungsfreiheit für eine freiheitlich demokratische Grundordnung konstituierende Bedeutung hat.[163]

Daraus ergibt sich nach Ansicht des BVerfG schließlich, dass eine Unterbindung von Meinungskundgaben durch Hausrecht nur dann ausgeübt werden darf, wenn sie öffentlichen Interessen dient. In Abfertigungshallen von Flughäfen kann ein solches öffentliches Interesse nur in der Gewährleistung der Sicherheit und Funktionsfähigkeit des Flugbetriebs gesehen werden. Da die Einschränkungen der Meinungskundgabe dem Verhältnismäßigkeitsgrundsatz genügen und daher zur Erreichung des Zwecks geeignet, erforderlich und angemessen sein müssen, sei es jedenfalls ausgeschlossen, entweder generell zu verbieten, dass Flugblätter im Flughafen verteilt werden, oder die Verteilung von einer Erlaubnis abhängig zu machen. Beschränkungen dürfen sich somit nur auf bestimmte Orte, Arten oder Zeitpunkte der Meinungskundgabe beziehen mit der Maßgabe, dass dadurch Störungen verhindert werden sollen.[164]

> „Deshalb kann das Verbot des Verteilens von Flugblättern insbesondere auch nicht auf den Wunsch gestützt werden, eine ‚Wohlfühlatmosphäre‘ in einer reinen Welt des Konsums zu schaffen, die von politischen Diskussionen und gesellschaftlichen Auseinandersetzungen frei bleibt. Ein vom Elend der Welt unbeschwertes Gemüt des Bürgers ist kein Belang, zu dessen Schutz der Staat Grundrechtspositionen einschränken darf."[165]

---

161 BVerfG, 1 BvR 699/06, a. a. O. (Fn. 27), Absatz-Nr. 98.
162 BVerfG, 1 BvR 699/06, a. a. O. (Fn. 27), Absatz-Nr. 100.
163 BVerfG, 1 BvR 699/06, a. a. O. (Fn. 27), Absatz-Nr. 101; vgl. auch schon BVerfGE 7, 198 (208 f.); 101, 361 (388); st. Rspr.
164 BVerfG, 1 BvR 699/06, a. a. O. (Fn. 27), Absatz-Nr. 102, 105.
165 BVerfG, 1 BvR 699/06, a. a. O. (Fn. 27), Absatz-Nr. 103; vgl. BVerfGE 102, 347 (364).

Ein Verteilungsverbot von Flugblättern ist daher weder dadurch gerechtfertigt, dass sich Dritte aufgrund ihnen unliebsamer Themen belästigt fühlen, noch dadurch, dass bestimmte Meinungsäußerungen vom Flughafenbetreiber „nicht geteilt, inhaltlich missbilligt oder wegen kritischer Aussagen gegenüber dem betreffenden Unternehmen als geschäftsschädigend beurteilt werden."[166] Hier kann somit nicht analog das Urteil des für das Grundstücksrecht zuständigen V. Zivilsenats des Bundesgerichtshofs vom 9. März 2012 herangeführt werden, in dem entschieden wurde, dass nicht nur Privatleute, sondern auch Unternehmen ihr Hausrecht grundsätzlich frei ausüben können und dass die Erteilung eines Hausverbots – im entschiedenen Fall für den Bundesvorsitzenden der NPD – als Ausdruck der Privatautonomie in der Regel auch nicht gerechtfertigt werden muss.[167] Zwar ergeben sich aus den Vorschriften des Allgemeinen Gleichbehandlungsgesetzes (AGG) keine Beschränkungen bei der Ausübung des Hausrechts, da der Gesetzgeber bewusst davon abgesehen hat, das Diskriminierungsverbot auf Benachteiligungen wegen politischer Überzeugungen zu erstrecken.[168] Wegen der Grundrechtsbindung könnte sich jedoch ein Veranstalter rechtsextremistischer Meinungskundgaben auf Art. 3 Abs. 3 GG mit Erfolg berufen, nach der niemand wegen seiner politischen Anschauungen benachteiligt werden darf.

5.3   Prognosen aus dem Urteil

Die Erweiterung des Schutzbereichs der Meinungsfreiheit nach Art. 5 Abs. 1 Satz 1, 1. Alt. GG auf alle öffentlichen, der Kommunikation dienenden Foren wird vermutlich dazu führen, dass das Flugblätterverteilen in Flughäfen und Bahnhöfen sowie Einkaufszentren, Ladenpassagen oder sonstigen Begegnungsstätten zunimmt. Hinweisschilder der Betreiber zum Beispiel in privaten Einkaufspassagen, die sich auf das Hausrecht stützen und verkünden, dass das Verteilen von Flugblättern grundsätzlich verboten ist oder einer Erlaubnis bedarf, sind nunmehr ohne Belang. Um die öffentliche Sicherheit nicht zu gefährden, kommt es darauf an, dass das Wachpersonal rechtzeitig über die neue Rechtslage aufgeklärt wird.

Spannender wird die Frage sein, ob damit zu rechnen ist, dass Flughafen- und Bahnhofshallen sowie Einkaufspassagen nun mit Versammlungsanmeldungen überhäuft werden. Denn das BVerfG hat ausdrücklich herausgestellt, dass auch Versammlungen nach Art. 8 Abs. 1 GG, in dem die Durchführung von Versammlungen grundsätzlich ohne Anmeldung oder Erlaubnis gewährleistet wird, nicht unter einen generellen Erlaubnisvorbehalt auf der Grundlage des Hausrechts gestellt werden dürfen. Keine ver-

---

166 BVerfG, 1 BvR 699/06, a. a. O. (Fn. 27), Absatz-Nr. 103.
167 BGH, Urteil vom 9. März 2012 – V ZR 115/11.
168 Bundesgerichtshof, Mitteilung der Pressestelle Nr. 32/2012 vom 9. 3. 2012; http://juris.bundesgerichtshof.de/ cgi-bin/rechtsprechung/document.py?Gericht=bgh&Art=en&Datum=2012-3&anz=5&pos=0&nr= 59510&linke d=pm&Blank=1.

fassungsrechtlichen Bedenken sieht das BVerfG hingegen bei einer Anzeigepflicht nicht nur gegenüber der zuständigen Behörde sondern auch gegenüber dem Flughafenbetreiber, die aber im letzten Fall auch kurzfristig vor Ort erfolgen könnte.[169]

„Verhältnismäßig ist diese jedoch nur, sofern sie nicht ausnahmslos gilt, sondern Spontan- oder Eilversammlungen zulässt, und ein Verstoß gegen die Anmeldepflicht nicht automatisch das Verbot der Versammlung zur Folge hat.“[170]

Die gerichtlich festgeschriebene doppelte Anmeldepflicht wird sich eher hemmend auf die Veranstaltung von Versammlungen in Abfertigungshallen von Flughäfen und Bahnhöfen auswirken, zumal das BVerfG mit Blick auf den Brokdorf-Beschluss das besondere Gefahrenpotential von Versammlungen in einem Flughafen mit seiner räumlichen Beengtheit der Terminals anerkennt und dafür das Mittel der Auflagen in den Fokus rückt. Es macht dafür sogar konkrete Vorschläge:

- Großdemonstrationen auf andere Stätten verweisen,
- Versammlungsteilnehmerzahl begrenzen,
- bestimmte Formen, Mittel oder Geräuschpegel einschränken,
- Blockadewirkungen verbieten,
- Zonen, in denen Versammlungen grundsätzlich die Sicherheit des Flugbetriebs unmittelbar gefährden und daher nicht erlaubt sind, ausdrücklich bezeichnen,
- das Mitführen von Gegenständen wie etwa Trillerpfeifen, Trommeln oder Megafonen verbieten, etc.[171]

Insofern wird mit einem Ansturm an Versammlungen und Demonstrationen eher nicht zu rechnen sein. Es bleibt aber zumindest noch die Frage, ob zu befürchten ist, dass sich nunmehr rechtsextremistische Aufzüge an diesen Orten häufiger einstellen werden und ob das Hausrecht für diesen Fall genügend Abwehrkraft entfaltet.

Würde es um das Verhältnis zwischen Privaten gehen – etwa um den Betreiber eines Ladens und einem NPD-Mitglied, gilt das Diskriminierungsverbot des Art. 3 Abs. 3 GG nicht unmittelbar. Im Rahmen der sog. mittelbaren Drittwirkung von Grundrechten hätte eine Abwägung mit den grundgesetzlich geschützten Interessen beider Parteien stattzufinden mit dem Ergebnis, dass dem Betreiber des Ladens der Vorrang einzuräumen ist. Denn das Verbot, den Laden zu betreten, betrifft den Rechtsextremisten nur in seiner Freizeitgestaltung. Demgegenüber geht es für den Betreiber des Ladens um das von ihm zu tragende wirtschaftliche Risiko für das Geschäftskonzept seines La-

---

169 BVerfG, 1 BvR 699/06, a. a. O. (Fn. 27), Absatz-Nr. 89.
170 BVerfG, 1 BvR 699/06, a. a. O. (Fn. 27), ebd.; vgl. mit Blick auf den Brokdorf-Beschluss BVerfGE 69, 315 (350 f.) sowie 85, 69 (74 f.)
171 BVerfG, 1 BvR 699/06, a. a. O. (Fn. 27), Absatz-Nr. 91 f.

dens. Daraus ergibt sich eine Rechtfertigung, ihm die Freiheit einzuräumen, solchen Kunden das Recht zum Zutritt zu verweigern, von denen er annimmt, dass die von ihnen vertretene – und für andere offenkundige – politische Auffassung (rechtsextremistisches Gedankengut) diesem Konzept abträglich sein.[172] In solchen Fällen ist es durchaus möglich, auf ein „Wohlfühlerlebnis" der übrigen Kunden abzustellen. Da aber die Betreiber von Flughäfen und Bahnhöfen sowie auch von Einkaufszentren, Ladenpassagen oder sonstigen Begegnungsstätten, die der öffentlichen Kommunikation dienen, mit diesem „Fraport-Urteil" einer Grundrechtsbindung unterliegen, könnte sich ein Veranstalter rechtsextremistischer Meinungskundgaben auf Art. 3 Abs. 3 GG mit Erfolg berufen. Ein entsprechendes Versammlungsverbot wäre also über das Hausrecht nicht mit der Verfassung vereinbar und daher wirkungslos.

Für Versammlungen mit rechtsextremistischen Meinungskundgaben gilt das Urteil des BVerfG aber auch im Übrigen in gleicher Weise, sodass keine andere Prognose wie für sonstige Versammlungen gemacht werden kann. Die doppelte Anmeldepflicht wird sich vermutlich eher hemmend auf die Veranstaltung von Versammlungen mit rechtsextremistischem Hintergrund in Abfertigungshallen von Flughäfen und Bahnhöfen auswirken. Andererseits könnten aber gerade Flughäfen, in denen sich im Regelfall viele Ausländer aufhalten, für Rechtsextremisten Anlassort sein, ihre Rassenideologie in Versammlungen und Aufzügen verbreiten zu wollen. Ob dies gelingt, bleibt im Lichte des ebenfalls vom Ersten Senat getroffenen „Wunsiedel-Beschlusses"[173] offen. Denn obwohl der Senat verfassungsimmanent im Grundgesetz politisch unerwünschte öffentliche Meinungsäußerungen „gegen rechts" ausgemacht hat und dadurch sogar den Dammbruch zum Sonderrecht bei der Meinungsfreiheit hinnimmt, im Einzelfall wird nur schwer zu ermitteln sein, ob Demonstrationen von Rechtsextremisten in Abfertigungshallen von Flughäfen „rein geistige Wirkungen" entfalten oder von ihnen „rechtsverletzende Wirkungen" ausgehen werden. Denn beide Wirkungsalternativen – wie das Bundesverfassungsgericht selbst einräumt – sind nicht rein formal abgrenzbar und können sich überschneiden.[174] Die Entscheidung für die eine oder andere Richtung wird somit letztlich von der persönlichen Einstellung der Entscheidungsträger abhängen und daher willkürlich sein. Dadurch, dass in solchen Fällen zwei Entscheidungsträger zuständig sind – nämlich die Behörde und der Flughafenbetreiber, da beiden gegenüber die Versammlungen angezeigt werden müssen –, besteht eine gewisse Chance, dass die Rechtsextremisten ihr Gedankengut zumindest nicht störungsfrei in Flughäfen und Bahnhöfen sowie Einkaufszentren, Ladenpassagen oder sonstigen Begegnungsstätten verbreiten können.

---

172 Vgl. dazu Bundesgerichtshof, a. a. O. (Fn. 168).
173 BVerfG, 1 BvR 2150/08, a. a. O. (Fn. 25), Absatz-Nr. 1-110.
174 BVerfG, 1 BvR 2150/08, a. a. O. (Fn. 25), Absatz-Nr. 75.

6 Die Entscheidungen des BVerfG zur Versammlungsfreiheit zwischen Bürgerfreiheit und Staatsräson

Die besprochenen Entscheidungen des BVerfG sind in den Zusammenhang mit dem Konzept der „Menschenbildformel" als Verfassungsinterpretation zu stellen, das in der Rechtsprechung des BVerfG immer wieder eine zentrale Rolle spielt. Dabei ist festzustellen, dass sie „als eine Rechtsschöpfung des höchsten deutschen Gerichts, die nicht auf die Verfassung gestützt werden kann"[175], sozusagen von „außen" dem Grundgesetz aufgedrückt worden ist.[176] Die mit etatistischer Schieflage versehene „Menschenbildformel" ist auf die verfassungsrechtlichen Arbeiten des früheren Verfassungsrichters Josef M. Wintrich zurückzuführen, der von 1954 bis zu seinem Tod 1958 Präsident des BVerfG war. Nach seinem Verständnis kommt sowohl dem einzelnen Menschen wie auch der staatlichen Gemeinschaft ein Eigenwert zu…:

> „Freiheit ist gemeinschaftlich, staatlich verfasste und gesicherte, insofern aber auch begrenzte Freiheit… Darin liegt die Kernaussage von Wintrichs Menschenbildformel. Es liegt in der Konsequenz dieses Freiheitsverständnisses, wenn Wintrich davon spricht, dass dem Recht, die den Freiheitsverbürgungen zugrundeliegenden Werte der Freiheit zu verwirklichen, die vorstaatliche Grundpflicht für jedermann entspreche, seine körperlichen und geistigen Kräfte so zu betätigen, wie es das Wohl der Gesamtheit erfordere. In Wintrichs Menschenbild korrespondieren vorstaatliche Grundrechte mit vorstaatlichen Grundpflichten."[177]

Das Bundesverfassungsgericht rezipiert zwar die „Objektformel"[178], die auf Kant zurückgeht,[179] reicht aber in seinen Entscheidungen über sie hinaus, indem es durch diese überhöhte etatistische Sicht das liberale Prinzip konterkariert:

> „Es werden zugleich auf verfassungsrechtlicher Ebene immanente Pflichten gegenüber dem als Eigenwert überhöhten Staat konstituiert und das freiheitssichernde Prinzip der Grundrechte droht zugunsten der Rechtfertigung staatlicher Eingriffe überhaupt umzukippen."[180]

---

175 Vgl. m. w. N. insgesamt Becker, Ulrich: Das ‚Menschenbild des Grundgesetzes' in der Rechtsprechung des Bundesverfassungsgerichts, Berlin 1996; vgl. auch Geddert-Steinacher, Tatjana: Menschenwürde als Verfassungsbegriff, Berlin 1990.

176 Becker, a. a. O. (Fn. 175), S. 99; van Ooyen, a. a. O. (Fn. 2), S. 27.

177 Becker, a. a. O. (Fn. 175), S. 71; Becker nennt drei Einflüsse, die wiederum Wintrich geprägt haben: Dietrich Schindler, die katholische Soziallehre und Art. 117 BayVerf, mit dessen Auslegung er sich als Mitglied des Bayerischen Verfassungsgerichtshofs beschäftigte.

178 Vgl. z. B. BVerfGE 27, 1 (7) „Mikrozensus"; BVerfGE 45, 187 (227) „lebenslange Freiheitsstrafe".

179 Vgl. Kant, Immanuel: Grundlegung zur Metaphysik der Sitten, unv. Nachdr. der 3. Aufl., Hamburg o. J. (1965), S. 50 (Rn. 428).

180 van Ooyen, a. a. O. (Fn. 2), S. 28, inkl. Fn. 79.

Der Eingriff in die Freiheit ist jetzt nicht mehr die Ausnahme, den es zu rechtfertigen gilt. Vielmehr werden die „Staatspflichten" des Bürgers zur Regel gemacht, die Freiheit wird zur Ausnahme von den „Staatspflichten". Im Gegensatz zur Weimarer Reichsverfassung, die noch „Grundrechte und Grundpflichten der Deutschen" postulierte, hat das Grundgesetz – abgesehen von Art. 6 Abs. 2 Satz 1 GG – auf Formulierungen über „Grundpflichten" verzichtet. Das BVerfG manifestiert jedoch in seinen Entscheidungen

> „…die Betätigung staatlicher Macht als ‚Tugendwächter', der die ‚Grundpflichten' inhaltlich definiert und ihre peinliche Einhaltung durch die ‚Untertanen' kontrolliert, bis hin zur Möglichkeit, Grundrechte bloß in Abhängigkeit der Erfüllung und Vorleistung der Pflichten zu *gewähren*."[181]

Das BVerfG wechselt in seinen Entscheidungen bei der Anwendung seiner „Menschenbildformel" zwischen „Individuum" und „Gemeinschaft" und betont die „Begrenzung bzw. Begrenzbarkeit menschlicher Freiheit".[182] Durch die Übernahme der Formulierung Wintrichs benutzt es

> „die dialektische, inhaltlich völlig unscharfe ‚Menschenbildformel' dazu benutzt, um die konkret zu beurteilenden Sachverhalte ohne weitere Mühe juristischer Begründung in die eine oder die andere Richtung zu subsumieren, also je nach Belieben mal freiheitssichernd zugunsten des Individuums, häufiger aber – freiheitsbeschränkend[183] – zugunsten der ‚Staatsräson'."[184]

---

181 van Ooyen, ebd.
182 Becker, a. a. O. (Fn. 175), S. 86.
183 Vgl. m. w. N. und zu einzelnen Urteilen Becker, a. a. O. (Fn. 175), S. 101 ff. und S. 114 f.
184 van Ooyen, a. a. O. (Fn. 2), S. 29.

Der Einfluss der Staatsrechtslehre auf die Rechtsprechung des Bundesverfassungsgerichts bei der Abwägung der Menschenwürde

Lauschangriff, Abhörurteil, Luftsicherheit, Sicherungsverwahrung

Martin H.W. Möllers

1 Einleitung

„Rechtsprechung und Literatur" ist in der Rechtswissenschaft ein feststehender Begriff, mit dem deutlich gemacht wird, dass herrschende Meinungen in der „Rechtsprechung" – insbesondere der Bundesgerichte – nicht zwingend mit denen in der wissenschaftlichen „Literatur" übereinstimmen müssen. Andererseits ist aber nicht von der Hand zu weisen, dass beide Bereiche sich gegenseitig beeinflussen. Vor allem beim Bundesverfassungsgericht (BVerfG) ergibt sich eine deutliche Schnittstelle: Denn sehr viele Richter rekrutieren sich aus Lehrstuhlinhabern. Von den derzeit 16 Richterinnen und Richtern beider Senate des BVerfG sind 11 Professoren, nämlich Vizepräsident Kirchhof, Gaier, Eichberger, Masing, Paulus, Baer, Britz aus dem Ersten Senat und Präsident Voßkuhle, Landau, Huber und König aus dem Zweiten Senat. Ihnen stehen die 5 Richterinnen und Richter Schluckebier aus dem Ersten Senat sowie Hermanns, Müller, Kessal-Wulf und Maidowski aus dem Zweiten Senat gegenüber.[1] Auch in Zukunft wird davon auszugehen sein, dass Lehrstuhlinhaber ins BVerfG einziehen werden. Wenn es Unterschiede zwischen der „Rechtsprechung" und der „Literatur" gibt, dann vor allem, weil die Forschung nicht zuletzt infolge gesellschaftlicher Entwicklungen nach neuen Wegen sucht.

Die seit dem 11. September 2001 immer bedrohlicher erscheinende weltweite Sicherheitslage führt dazu, dass sich auch in Deutschland Sicherheitsängste entwickeln, welche viele Bürgerinnen und Bürger bereit machen, ihre eigenen Menschenrechte zu Guns-

---

1 Angaben des BVerfG auf der Website unter: http://www.bundesverfassungsgericht.de/richter.html (29. 8. 2014).

ten einer vermuteten höheren öffentlichen Sicherheit herzugeben.[2] Forderungen nach „hartem Durchgreifen", denen die politischen Akteure mit „Anti-Terror-Paketen"[3] und Diskussionen um Fahndungsausweitungen (z. B. Einbindung von DNA-Probennahmen schon bei jeder erkennungsdienstlichen Behandlung[4]) nachkommen, beeindruckt offensichtlich auch die Wissenschaft in ihrer Abwägung von mehr „Freiheit" oder (noch) mehr „Sicherheit".[5]

Das subjektive Sicherheitsempfinden beeinflusst die akademische Argumentationsweise in Rechtsprechung und Literatur nicht erst heute und bewegt das „Begründungspendel" immer weiter auf den Pol „Sicherheit":[6] Ende der 1970er Jahre – zur Hochzeit des RAF-Terrorismus – sah das BVerfG die

> „Sicherheit des Staates als verfasster Friedens- und Ordnungsmacht und die von ihm zu gewährleistende Sicherheit seiner Bevölkerung" als „Verfassungswerte, die mit anderen im gleichen Rang stehen und unverzichtbar sind, weil die Institution Staat von ihnen die eigentliche und letzte Rechtfertigung herleitet."[7]

---

2   Z. B. in der Gesprächsrunde bei Sabine Christiansen in der ARD am Sonntag, den 21.11. 2004, applaudierte das Studiopublikum, als gefordert wurde, dass die Polizei in bestimmten Situationen foltern dürfen sollte. Zur Folterdiskussion vgl. Gintzel, Kurt: Die „unlösbare" Pflichtenkollision – ein Beitrag zur „Folterdiskussion" und zugleich eine Abgrenzung von Verwaltungszwang und Aussageerpressung. In: Die Polizei 2004, S. 249–280.

3   In den „Anti-Terror-Paketen" wurden allein im ersten Jahr seit den Anschlägen vom 11. September u. a. folgende Maßnahmen beschlossen: die Aufhebung des Religionsprivilegs im Vereinsgesetz (19. 9. 2001), die Erweiterung des „Anti-Terrorismus-Paragrafen" § 129a StGB (24. 9. 2001), Sicherheitsüberprüfungen auf Flughäfen, bei denen Erkenntnisse von BND, MAD und Verfassungsschutz genutzt werden dürfen, Ausweitung der Inhalte und der Nutzungsberechtigten des Ausländerzentralregisters (11. 1. 2002), sowie die Erfassung aller deutschen Bankkonten in einem Zentralregister, um den Terroristen die finanziellen Mittel zu sperren: vgl. dazu http://www.cilip.de/terror/gesetze.htm und http://online.wdr.de/online/news2/katastrophe_worldtradecenter/anti_terror_paket.phtml.

4   Das ZDF meldete am 17.1. 2005 auf seiner Website (http://www.zdf.de/ZDFheute/inhalt/2/0,3672,2250 210,00. html): „Nach der Aufklärung des Mordes an Rudolph Moshammer ist der Ruf nach einer Ausweitung der DNA-Analyse wieder lauter geworden. Politiker von Union und SPD forderten ihre häufigere Anwendung ebenso wie der BDK und die GdP. Die Grünen und die FDP lehnen dies mit Hinweis auf die Bürgerrechte ab."

5   Zum Thema vgl. z. B.: Denninger, Erhard: Fünf Thesen zur „Sicherheitsarchitektur", insbesondere nach dem 11. September 2001. In: Möllers, Martin H. W./van Ooyen, Robert Chr. (Hrsg.), JBÖS 2002/2003, Frankfurt am Main 2003, S. 253–264; Baldus, Manfred: Freiheit und Sicherheit nach dem 11. September 2001 – Versuch einer Zwischenbilanz. In: BDVR-Rundschreiben 02/2004, S. 61–65; Bull, Hans Peter: Freiheit und Sicherheit angesichts terroristischer Bedrohung – Bemerkungen zur rechtspolitischen Diskussion. In: Möllers/van Ooyen, JBÖS 2002/2003, S. 265–281; Brugger, Winfried: Freiheit und Sicherheit. Eine staatstheoretische Skizze mit praktischen Beispielen, Baden-Baden 2004.

6   So in seiner zweiten These Hassemer, Winfried: Zum Spannungsverhältnis von Freiheit und Sicherheit – Drei Thesen. In: vorgänge Nr. 159, 2002, S. 10 f.

7   BVerfGE 49, 24, hier S. 56 f. unter Bezugnahme auf BVerwGE 49, 202 (209).

Und in den 1980er Jahren wurde im Zusammenhang mit Linksterrorismus und organisierter Kriminalität von einem „Grundrecht auf Sicherheit" gesprochen,[8] das in Wettstreit mit den Freiheitsrechten tritt.[9] Ausgelöst durch einen Fall von polizeilicher Drohung mit Folter gegenüber einem Geiselnehmer im Jahre 2003[10] entbrannte eine „wissenschaftliche" Diskussion um ein staatliches „Recht auf Folter" – euphemistisch auch als „lebensrettende Aussageerzwingung[11]" bezeichnet –, an der sich neben Politiker auch die Wissenschaft beteiligte.

Es stellt sich daher die Frage, welche Bedeutung der in Art. 1 Abs. 1 Satz 1 GG normierten *Unantastbarkeit der Menschenwürde* heute noch beigemessen wird. Ursprünglich hatte staatliches Unrecht und politisch motivierte Gewalt nach der nationalsozialistischen Herrschaft zum verfassungsrechtlichen Schutz der Menschenwürde im Grundgesetz und zum politischen Konsens über bestimmte Menschenwürdestandards geführt.[12]

Deshalb soll einerseits untersucht werden, welche neueren Entwicklungen in der Literatur bezüglich der Menschenwürdestandards zu finden sind. Andererseits ist an Hand jüngster Rechtsprechung des BVerfG festzustellen, welchen Stellenwert die Verfassungsrichterinnen und -richter der Unantastbarkeit der Menschenwürde heute (noch) einräumen.

---

8 1982 forderte Josef Isensee ein solches Grundrecht in einem vor der Berliner Juristischen Gesellschaft am 24. November 1982 gehalten Vortrag, den er in einer erweiterten Fassung veröffentlichte: „Das Grundrecht auf Sicherheit. Zu den Schutzpflichten des freiheitlichen Verfassungsstaates", Berlin 1983. Gerhard Robbers propagierte das „Grundrecht auf Sicherheit" in seinem Beitrag „Sicherheit als Menschenrecht. Aspekte der Geschichte, Begründung und Wirkung einer Grundrechtsfunktion", Baden-Baden 1987.

9 So zumindest die Argumentation der Gegner eines „Grundrechts auf Sicherheit", z. B. Denninger, Erhard: Der gebändigte Leviathan, Baden-Baden 1990, S. 33, 47, 377; Kniesel, Michael: „Innere Sicherheit" und Grundgesetz. In: ZRP 1996, S. 482–489; Gusy, Christoph: Polizeirecht, 5. Aufl., Tübingen 2003, Rn. 74.

10 Im Mittelpunkt stand ein Vermerk des inzwischen verurteilten Polizei-Vizepräsidenten von Frankfurt am Main, in dem dieser angeordnet haben soll, den Kindesentführer „nach vorheriger Androhung, unter ärztlicher Aufsicht, durch Zufügen von Schmerzen, (keine Verletzungen) erneut zu befragen": S. dazu Pätzold, André: Ex-Polizeichef: Prozess wegen Folterdrohung. In: Die Welt.de, http://www.welt. de/data/2004/06/22/295059.html vom 24. 6. 2004.

11 Vgl. z. B. Kap. „VIII. Das Beispiel lebensrettende Aussageerzwingung" bei Brugger, Winfried: Freiheit und Sicherheit. Eine staatstheoretische Skizze mit praktischen Beispielen, Baden-Baden 2004, S. 56.

12 S. dazu genauer den ausgezeichneten Beitrag von Lembcke, Oliver: Menschenwürde: Subjektivität als objektives Prinzip. Verfassungstheoretische Bemerkungen zur gegenwärtigen Dogmatik der Menschenwürde im Grundgesetz. In: Härle, Wilfried/Preul, Reiner (Hrsg.), Marburger Jahrbuch Theologie XVII, Marburg 2005, S. 49–77.

2 Die Unantastbarkeit der Menschenwürde in Grundgesetzkommentierungen

Bis zur Neukommentierung des Art. 1 Abs. 1 GG durch Matthias Herdegen im Jahre 2003 im von Theodor Maunz und Günter Dürig 1958 begründeten Grundgesetzkommentar bildete die 45 Jahre lang von Dürig entwickelte Idee der positivrechtlichen Festlegung der Unantastbarkeit der Menschenwürde, wie sie wörtlich im ersten Satz des GG festgeschrieben ist, die nachhaltige Grundlage für Rechtsprechung und Literatur. Nach Dürig sollte der aus der Menschenwürde fließende Wert- und Achtungsanspruch sowie das von der Menschenwürde ausgehende Schutzgebot unantastbare Leitlinie für alles staatliche Handeln sein.[13] Dabei ging er bei der inhaltlichen Bestimmung des Begriffs der Menschenwürde von einem christlichen Verständnis aus.[14] Herdegen scheint diese unantastbare Leitlinie der Menschenwürde aufzulösen, wenn er schreibt, dass „Art und Maß des Würdeschutzes für Differenzierungen durchaus offen"[15] sind. Beide Auffassungen zur Unantastbarkeit der Menschenwürde sind daher zunächst zu sichten:

2.1 Die Unantastbarkeit der Menschenwürde nach Dürig

Die Menschenwürde wurde von Dürig im Unterschied zu den im Grundgesetz nachfolgenden subjektiven Grundrechten zur objektivrechtlichen Norm qualifiziert. Im Gegensatz zu allen Grundrechten sollte die Menschenwürde keiner verfassungsimmanenten Schranke unterliegen. Insbesondere für staatliches Handeln bildete die Menschenwürde vielmehr eine *absolute* staatliche Schranke, die weder ein hohes Strafverfolgungsinteresse noch die Aufrechterhaltung von öffentlicher Sicherheit oder Ordnung aushebeln

---

13 Vgl. Böckenförde, Ernst-Wolfgang: Die Würde des Menschen war unantastbar. Abschied von den Verfassungsvätern: Die Neukommentierung von Artikel 1 des Grundgesetzes markiert einen Epochenbruch. In: Deutscher Hochschulverband (Hrsg.), Glanzlichter der Wissenschaft. Ein Almanach, Saarbrücken 2003, S. 25–31, hier S. 26.

14 S. dazu Dürig, Günter: Die Menschenwürdeauffassung des Grundgesetzes. In: JR 1952, S. 259, 260 f.; vgl. dazu auch Will, Rosemarie: Christus oder Kant. Der Glaubenskrieg um die Menschenwürde. In: Blätter 10/2004, S. 1228–1241, hier S. 1230 f.; vgl. auch Starck, Christian, in: von Mangoldt, Hermann/Klein, Friedrich/Starck, Christian, Kommentar zum Grundgesetz, Band 1: Präambel, Artikel 1 bis 19, 5. Aufl., München 2005, Art. 1 Abs. 1 GG, Rn. 5. Ob christlich, philosophisch oder ethisch: Schon Theodor Heuss wies eine bestimmte Ideologie, Weltanschauung oder Religion zur Bestimmung der Menschenwürde ab; vgl. dazu Lembcke, a. a. O. (Fn. 12), S. 51.

15 Herdegen, Matthias: Art. 1 Abs. 1 GG, Rn. 50. In: Maunz, Theodor/Dürig, Günter u. a., Grundgesetz, Kommentar, Loseblatt, 43. Ergänzungslieferung, München 2004. In der 55. Ergänzungslieferung, München 2009, hat Herdegen seine Auffassung relativiert und einen absoluten, unabwägbaren Würdeanspruch z. B. bei Folter, Genozid oder Massenvertreibung konstatiert: Art. 1 Abs. 1 GG, Rn. 47 (so auch in: Maunz, Theodor/Dürig, Günter u. a., Grundgesetz, Kommentar, Loseblatt, 70. Ergänzungslieferung, München 2014).

konnte.[16] Der Staat wird in Art. 1 Abs. 1 Satz 2 1. Alt. GG dazu verpflichtet, die Menschenwürde zu achten.

> „Alle Staatsgewalt hat den Menschen in seinem Eigenwert, seiner Eigenständigkeit zu achten und zu schützen. Er darf nicht ‚unpersönlich‘, nicht wie ein Gegenstand behandelt werden, auch wenn es nicht aus Missachtung des Personenwertes, sondern ‚in guter Absicht‘ geschieht."[17]

Basis für Dürigs Interpretation ist die Annahme, dass Menschenwürde und Menschenrechte vor-positives Fundament der Verfassung sind. Tatsächlich hat der Begriff der Menschenwürde europäisch-geistesgeschichtlich betrachtet nicht nur eine antike und eine christlich-religiöse Wurzel, sondern erfährt seine besondere Bedeutung auch im Zeitalter der Aufklärung.[18] Danach ergibt sich die – gleiche – Würde aller Menschen auf Grund ihrer Kreatürlichkeit und basiert entweder auf ihrer Vernunft als natürlicher Eigenschaft und/oder der sittlichen Autonomie des Individuums. Die Menschenwürde ist somit untrennbar mit dem Menschsein verbunden. Daraus folgt, dass sie aller staatlichen Gewalt voraus geht und diese zugleich begrenzt.[19] Dürig formuliert dies so:

> „Jeder Mensch ist Mensch kraft seines Geistes, der ihn abhebt von der unpersönlichen Natur und ihn aus eigener Entscheidung dazu befähigt, seiner selbst bewusst zu werden, sich selbst zu bestimmen und sich und die Umwelt zu gestalten."[20]

Auch die Verfassung selbst, welche die Menschenwürde des Art. 1 Abs. 1 GG über Art. 79 Abs. 3 GG als unabänderlichen Verfassungsgrundsatz verankert und die Wertgebundenheit des Grundgesetzes in bewusster Abkehr von der sog. „Wertneutralität" der Weimarer Reichsverfassung festschreibt sowie damit zugleich auf die völlige Missachtung der

---

16 Vgl. dazu BVerfGE 32, 98 (108) (Gesundbeter); 50, 166 (175) (Ausweisung eines straffälligen Ausländers); 54, 341 (357) (Asylgewährung). Vgl. auch BVerfG NJW 2004, S. 739 (Sicherungsverwahrung); Benda, Ernst: Verständigungsversuche über die Würde des Menschen. In: NJW 2001, S. 2147 f.; Sendler, Horst: Menschenwürde, PID und Schwangerschaftsabbruch. In: NJW 2001, S. 2148–2150; Bremer, Xenia: Tote im Zelt – Plastination versus Bestattungszwang? In: NVwZ 2001, S. 167, hier S. 168 f.; Hintz, Elke/Winterberg, Michael: „Big Brother": Die modernen Superstars als „Reformer" der Verfassung. In: ZRP 2001, S. 293–197.

17 BVerfGE 30, 1 (40): Abweichendes Votum von drei der sieben Richter (Geller, Rupp und von Schlabrendorff) zum Urteil des Zweiten Senats vom 15.12.1970, welche die Ergänzung des Satzes 2 zu Art. 10 Abs. 2 GG für verfassungswidrig hielten, aber gegen die vier anderen Richter.

18 1673 eingeführt in Deutschland durch die Naturrechtslehre von Pufendorfs. Vgl. die letzte zu Lebzeiten des Autors erschienene Ausgabe: von Pufendorf, Samuel: De officio hominis et civis juxta legem naturalem libri duo. Editio quinta emendatior. Holmiae & Hamburgi. Stockholm und Hamburg 1693.

19 Vgl. dazu van Ooyen, Robert Chr.: „Menschenwürde" In: Möllers, Martin H.W. (Hrsg.), Wörterbuch der Polizei, München 2001, S. 1025 f. mit weiterführender Literatur.

20 Dürig, Günter, in: Maunz, Theodor/Dürig, Günter u.a., Grundgesetz, Kommentar, Loseblatt, München, Stand: 2002, Art. 1 Abs. 1 GG, Rn. 1.

Menschenwürde während des Nationalsozialismus reagiert,[21] geht von diesem vor-positiven Fundament der Menschenwürde und Menschenrechte aus, denn Art. 1 Abs. 2 GG lautet:

> „Das Deutsche Volk bekennt sich darum zu unverletzlichen und unveräußerlichen Menschenrechten als Grundlage jeder menschlichen Gemeinschaft, des Friedens und der Gerechtigkeit in der Welt."

Weil die Menschenwürde unantastbar ist, „darum" bekennt sich das Deutsche Volk zu den Menschenrechten. Aus der Formulierung „bekennt sich" ist grundsätzlich das vor-positive Recht abzuleiten, denn bekennen kann man sich nur zu etwas, was es schon gibt.

> „Die praktische positiv-rechtliche Bedeutung der Menschenwürdegarantie liegt mithin darin, dass sie einen verbindlichen Maßstab für alles staatliche Handeln aufstellt, Staatszweck und Staatsaufgabe einerseits bestimmt und andererseits begrenzt. Sie verpflichtet, nicht nur im Staat-Bürger-Verhältnis die Menschenwürde zu achten und zu schützen, sondern darüber hinaus die Gesamtrechtsordnung so zu gestalten, dass auch von außerstaatlichen Kräften … eine Verletzung der Menschenwürde rechtlich nicht stattfinden darf."[22]

Die faktische Umsetzung dieser Unantastbarkeit verankert Dürig in der so genannten Objektformel, wonach die Menschenwürde immer dann verletzt ist,

> „wenn der konkrete Mensch zum Objekt, zu einem bloßen Mittel, zur vertretbaren Größe herabgewürdigt wird".[23]

Diese Objektformel wurde aber schon 1971 vom BVerfG in seinem Abhörurteil relativiert:

> „Was den in Art. 1 GG genannten Grundsatz der Unantastbarkeit der Menschenwürde anlangt, der nach Art. 79 Abs. 3 GG durch eine Verfassungsänderung nicht berührt werden darf, so hängt alles von der Festlegung ab, unter welchen Umständen die Menschenwürde verletzt sein kann. Offenbar lässt sich das nicht generell sagen, sondern immer nur in Ansehung des konkreten Falles. Allgemeine Formeln wie die, der Mensch dürfe nicht zum bloßen

---

21 Vgl. dazu Will, a. a. O. (Fn. 14), S. 1233.
22 Böckenförde, Ernst-Wolfgang: Bleibt die Menschenwürde unantastbar? In: Blätter 10/2004, S. 1216–1227, hier S. 1217.
23 Dürig, a. a. O. (Fn. 20), Rn. 28, zitiert auch bei Herdegen, a. a. O., (Fn. 14), Art. 1 Abs. 1 GG, Rn. 33; s. a. Lembcke, a. a. O. (Fn. 12), S. 53 m. w. N.; vgl. auch (eingeschränkt) zustimmend Böckenförde, a. a. O. (Fn. 12), S. 27.

Objekt der Staatsgewalt herabgewürdigt werden, können lediglich die Richtung andeuten, in der Fälle der Verletzung der Menschenwürde gefunden werden können."[24]

Daraus ergibt sich, dass auch die auf Kants Sittenlehre[25] zurückzuführende Objektformel, die Dürig seit 1958 nicht mehr überarbeitet hat und daher bis 2003 als Standard im GG-Kommentar von Maunz/Dürig festgeschrieben blieb, im Einzelfall zu konkretisieren ist[26] und daher faktisch einer Interpretation, also einer Abwägung bedarf. Insbesondere vor dem Hintergrund, dass Voraussetzung der Menschenwürde die nur dem Menschen inne wohnende Autonomie ist, also das Ich-Bewusstsein, die Vernunft und die Fähigkeit zur Selbstbestimmung,[27] werden Fragen zum konkreten Inhalt der (unantastbaren) Menschenwürde immer dann gestellt, wenn es gerade an dieser Autonomie – wie z. B. bei Embryonen – fehlt. In diesen Fällen hat auch weder das BVerfG noch die Legislative den Schutz der Menschenwürde des Embryos konsequent durchgehalten.[28]

Die Konkretisierungsbedürftigkeit der Objektformel relativiert damit Dürigs Auffassung von der Unantastbarkeit der Menschenwürde. Dürig selbst hat diese Zweifel an der Unantastbarkeit der Menschenwürde nicht eindeutig aufgelöst. Es genügt ihm die Ansicht, dass der Begriff der Menschenwürde positivrechtlich ausgefüllt werden könne, indem im Konsenswege festzustellen sei, was gegen das Menschenwürdeprinzip verstößt.[29]

2.2 Die Unantastbarkeit der Menschenwürde nach Herdegen

Für die staatsrechtliche Betrachtung des Begriffs Menschenwürde stellt Matthias Herdegen weniger auf das naturrechtliche, vorstaatliche Fundament der Menschenwürde als vielmehr auf die Stellung in der Verfassung ab und begreift die Menschenwürde des Art. 1 Abs. 1 GG als positives Recht:

> „Für die staatsrechtliche Betrachtung sind jedoch allein die (unantastbare) Verankerung im Verfassungstext und die Exegese der Menschenwürde als *Begriff des positiven Rechts* maßgeblich."[30]

---

24 BVerfGE 30, 1–33, (25).
25 Vgl. dazu Ziegeler, Ernst: Kants Sittenlehre in gemeinverständlicher Darstellung. Leipzig 1919.
26 Vgl. dazu die Ausführungen bei Will, a. a. O. (Fn. 14), S. 1239.
27 Vgl. Dreier, Horst: Art. 1 GG, Rn. 69, in: ders. (Hrsg.), Grundgesetz-Kommentar, Band 1, Art. 1-19, 2. Aufl., Tübingen 2004.
28 So Will, a. a. O. (Fn. 14), S. 1237.
29 Dürig, Günter: Zur Bedeutung und Tragweite des Art. 79 Abs. III des Grundgesetzes. in: Spanner, Hans/ Lerche, Peter u. a. (Hrsg.), Festgabe für Theodor Maunz zum 70. Geburtstag am 1. September 1971. München 1971, S. 41 ff.
30 Herdegen, a. a. O., (Fn. 15), Art. 1 Abs. 1 GG, Rn. 17; Hervorhebung auch im Original (in: Maunz, Theodor/Dürig, Günter u. a., Grundgesetz, Kommentar, Loseblatt, 70. Ergänzungslieferung, München 2014 steht dieses Zitat in Rn. 20).

Die Menschenwürdegarantie wird dadurch nicht mehr als objektivrechtliche Norm betrachtet, nach der sich alles staatliche Handeln zu richten hat, sondern ebenfalls den verfassungsimmanenten Schranken unterworfen mit der Konsequenz, dass die Menschenwürdegarantie „beweglich und anpassungsfähig" wird.[31]

Herdegen benennt zwar diese Schwächen der Objektformel, hält aber ausdrücklich an ihr fest, weil er der Ansicht ist, dass es keinen überlegenen Interpretationsansatz gibt.[32] Als Lösung der Konkretisierungsbedürftigkeit der Objektformel sieht er aber eine „wertend-bilanzierende Konkretisierung" des Begriffs der Menschenwürde. Auch wenn Herdegen einräumt, dass „die kategorische Ächtung bestimmter Formen des staatlichen Terrors das Verfassungsverständnis"[33] prägt und dieses Verständnis „sich gegen die Öffnung des Würdegehalts und einer Diagnose der Würdeverletzung für irgendwelche Abwägungen"[34] sperrt, sieht er in der Berücksichtigung der „Finalität der Maßnahme" und der „Zweck-Mittel-Relation" eine Wertungs- und Abwägungsoffenheit bei Würdeanspruch und Verletzungsurteil.[35] Diese Abwägungsoffenheit relativiert Herdegen, indem er zunächst beispielhaft feststellt:

> „Der Schutz vor der Zufügung willensbeugenden Leides gehört zu den wenigen modal definierten Misshandlungen, die nach einem traditionellen Konsens ohne jeden Vorbehalt als Würdeverletzung gedeutet werden."[36]

Dennoch gibt Herdegen mit seiner Wertungs- und Abwägungsoffenheit die Überzeugung auf, dass staatliche Handlungen, die unmittelbar darauf abzielen, die Autonomie eines Menschen, also seinen Willen, zu brechen, generell eine Verletzung der Menschenwürde darstellen, indem er weiter fortsetzt:

> „Jedoch zerbricht dieser Konsens leicht bei jedem konkreten Szenario, an dem sich ein abwägungsfreier Würdeschutz der Rettung von Menschenleben in den Weg zu stellen scheint."[37]

Damit rechtfertigt er zwar nicht Auffassungen, die – wie bei Folter – eine Menschenwürdeverletzung als gerechtfertigt ansehen, wenn dadurch Leben anderer gerettet werden, sondern er vertritt die Auffassung, dass auf Grund bestimmter Umstände keine Menschenwürdeverletzung vorliege.[38]

---

31 Böckenförde, a.a.O. (Fn. 22), S. 1218; vgl. auch ders., a.a.O. (Fn. 13), S. 28.
32 Herdegen, a.a.O., (Fn. 15), Art. 1 Abs. 1 GG, Rn. 33.
33 Herdegen, a.a.O., (Fn. 15), Art. 1 Abs. 1 GG, Rn. 43.
34 Herdegen, ebd.
35 Herdegen, a.a.O., (Fn. 15), Art. 1 Abs. 1 GG, Rn. 44.
36 Herdegen, a.a.O., (Fn. 15), Art. 1 Abs. 1 GG, Rn. 45.
37 Herdegen, ebd.
38 Vgl. dazu Will, a.a.O. (Fn. 14), S. 1240.

Herdegen relativiert mit dieser juristischen Interpretation das absolute Folterverbot nach Art. 1 Abs. 1 und Art. 104 Abs. 1 Satz 2 GG und andere Formen des staatlichen Terrors, die bereits seit den Beratungen des Parlamentarischen Rates wegen Verstoßes gegen die Unantastbarkeit der Menschenwürde im gesellschaftlichen Konsens als absolut verboten gelten. In Herdegens Interpretation ist somit die Aufgabe von bereits errungenen Menschenwürdestandards verankert. Aber gerade bei Art. 1 GG kommt es darauf an, den Konsens darüber, was im Umgang mit uns selbst erlaubt ist, nicht zu durchkreuzen.[39]

In der Quintessenz ist festzustellen, dass die Konkretisierungsbedürftigkeit der Objektformel auch bei Günter Dürig keine absolute Unantastbarkeit der Menschenwürde bestehen lässt. Allerdings lässt diese Interpretation des Art. 1 Abs. 1 GG Menschenwürdestandards zu, die einem staatlichen Handeln Grenzen aufzeigt. Nach Matthias Herdegens Wertungs- und Abwägungsoffenheit würden sich dagegen solche Menschenwürdestandards, die es schon gibt, mindestens relativieren, wahrscheinlich aber auf Dauer gänzlich auflösen; neue hätten gar nicht erst die Chance zu entstehen. Denn wenn ausnahmslos alles staatliche Handeln wertungsoffen und abwägungsoffen sein soll, gibt es auch keine Maßnahmengrenzen mehr. Was dies praktisch bedeutet, soll an der „Folterdiskussion" kurz erläutert werden. Denn gerade hier macht sich unter den Grundgesetzkommentatoren zunehmend die Auffassung breit, dass zumindest „Folter aus Präventionsgründen" verfassungskonform sei. Christian Starck formuliert dies so:

> „Präventiv-polizeiliche Folter zur Gefahrenabwehr ist anders zu beurteilen als strafprozessuale Folter, die ausnahmslos verboten ist. ..."[40]

Zur Begründung ihrer Auffassungen bilden die Vertreter der „präventiven Folter" regelmäßig Fallkonstellationen, bei denen es um die Erzwingung von Aussagen mittels Misshandlung oder ihrer Androhung geht.

2.3 Wertungs- und Abwägungsoffenheit bei der Menschenwürdeunantastbarkeit im Zusammenhang mit Misshandlungen zur Aussageerzwingung bei der Polizei

In den juristisch-theoretischen Diskussionen um die Möglichkeit der Misshandlung von Festgenommenen bei der Polizei wird ausnahmslos unter Bildung entsprechender Beispiele vorausgesetzt, dass „die Polizei sich sicher" ist, mit der Androhung oder Durchführung von Folter Menschenleben retten zu können. Einen solchen konstruierten Fall gibt es in der Praxis tatsächlich aber nicht!

---

39   Will, a. a. O. (Fn. 14), S. 1241.
40   Starck, a. a. O. (Fn. 14), Rn. 79.

Muss denn noch gefoltert werden, wenn die Sachlage sicher ist, oder soll nicht vielmehr die letzte Unsicherheit durch Folter beseitigt werden? Gilt die rechtsstaatliche Unschuldsvermutung nicht mehr? Die Anordnung von Folter wird in allen Zukunftsfällen ausnahmslos nur auf Hypothesen beruhen, die mal mehr, mal weniger wahrscheinlich sind.[41] Selbst bei einem mutmaßlichen Straftäter, der ein Geständnis abgelegt hat und behauptet, das Versteck der Geisel zu kennen, aber nicht preis zu geben, steht noch nicht fest, ob dieser sich doch nur wichtig machen will. Wie weit würde ein Folterer in diesem Fall gehen, der mit seinem Tun eigene moralische Grenzen überschreitet und nun unter seinen Misshandlungen die Beteuerungen zu hören bekommt, dass der Tatverdächtige sich nur wichtig machen wollte?

Würde ein von der Polizei erwischter Täter wirklich eine Geisel elend in einem Erdloch verrecken lassen und damit riskieren, wegen besonderer Schwere der Schuld wahrscheinlich gar nicht mehr das Gefängnis verlassen zu können? Ist es nicht wahrscheinlicher, dass die Nichtpreisgabe des Aufenthaltsorts den Grund hat, dass die Geisel bereits tot ist und der Täter diese vollendete Katastrophe zu vertuschen sucht? Sicher in der Angelegenheit ist nur, dass in allen bisher bekannten Fällen zwar die Aufklärung des Sachverhalts durch verfassungswidrige Folterandrohung beschleunigt, ein Menschenleben aber in keinem einzigen Fall gerettet wurde.

In diesem Zusammenhang muss auch die Frage gestellt werden, ob es Polizeibeamten wirklich hilft, wenn die Gesellschaft anerkennt, dass in Einzelfällen staatliche Folter zulässig ist. Dann müssten die Polizisten in ihren Handlungen immer die Folter als legitimes Mittel einbeziehen. Denn die Ausübung einer unter bestimmten Voraussetzungen erlaubten Maßnahme ist ja nicht nur „Recht" des Staates, von dem er nach eigenem Ermessen Gebrauch macht oder nicht, sondern auch – bei entsprechenden Situationen – „Pflicht". Eine solche polizeiliche Kompetenzerweiterung hätte daher auch die Konsequenz, dass Angehörige von Geiseln per vorläufigem Rechtsschutz gerichtlich Folter durchsetzen könnten. Auch müsste ihnen die rechtliche Möglichkeit eingeräumt werden, bei Tod der Geisel Schadensersatz zu fordern, weil die Polizei nicht gefoltert hat. Ein klares absolutes Folterverbot hilft daher den Polizisten in ihrer täglichen Arbeit viel mehr.[42]

---

41 Auch im Fall Daschner wurde nur angenommen, mittels Folterandrohung könnte ein Leben gerettet werden. Tatsächlich war das entführte Kind bereits tot.

42 Welche Blüten die Abwägungsoffenheit der Menschenwürde gerade in Polizeikreisen treibt, ließ sich aus der Sendung von Sabine Christiansen „Frankfurter Folterprozess: Wie weit darf man gehen, um Leben zu retten?" am 21.11.2004 in der ARD miterleben: Rolf Jaeger, gelernter Polizist und Stellv. Bundesvorsitzender des Bunds deutscher Kriminalbeamter sowie Dieter Langendörfer, 1996 Chefermittler im Entführungsfall Reemtsma, fassten ihre Meinungen zum Folterverbot bei der Polizei jeweils in einem gewichtigen Satz zusammen, der auch noch einen Tag später im Internet nachzulesen war: „Eine professionelle Kriminalpolizei darf kein zahnloser Tiger sein" (Jaeger), „Daschner hatte kaum Möglichkeiten, anderes zu tun, wenn er als Polizist noch weiter in den Spiegel schauen wollte." (Langendörfer). Heißt das, dass die Polizei ohne Folter zum zahnlosen Tiger wird? Und Polizisten, die nicht foltern, können nicht mehr weiter in den Spiegel schauen, also mit einem guten Gewissen sich selbst

Weil „der Staat" kein objektives Etwas ist, sondern seine Maßnahmen und Grundrechtseingriffe von Menschen gemacht werden, die individuelle ethisch-moralische Grundsätze haben, müssen dem Staat im gesellschaftlichen Konsens Grenzen gesetzt werden. Denn „der Staat" darf nicht im Affekt, sondern muss wohlüberlegt handeln. Eine solche Grenze ist das absolute Folterverbot. Wenn ein einzelner Mensch im Namen des Volkes eine emotionale – objektiv falsche – Entscheidung getroffen hat, dann wird strafrechtlich per Gerichtsbeschluss festgestellt, ob ihn eine Schuld trifft. Das menschliche Verständnis für ein solches einzelnes Verhalten darf aber keinesfalls so weit gehen, dieses Verhalten als Normmaß für alle Zukunft dadurch zu rechtfertigen, indem eine Wertungs- und Abwägungsoffenheit verlangt wird. Sehr schnell ist damit die Tür zu staatlicher Willkür geöffnet. Denn wer soll zum Beispiel entscheiden, wann die Voraussetzungen vorliegen, dass entgegen Art. 104 Abs. 1 Satz 2 GG seelische oder körperliche Misshandlungen von festgehaltenen Personen verfassungsgemäß und insgesamt rechtens sind?

Festzuhalten bleibt, dass in der Staatsrechtslehre auf Grund von Einzelfällen Menschenwürdestandards zumindest bei der körperlichen oder seelischen Misshandlung von festgehaltenen Personen – entgegen Art. 104 Abs. 1 Satz 2 GG – aufgeben worden sind, sodass die Menschenwürde in diesen Fällen für antastbar gehalten wird.

Das BVerfG hat 2004 und 2005 ausführlich Stellung zur Menschenwürde genommen.[43] Die Entscheidungen betrafen allerdings nicht Fälle von „Folter", sondern von repressiven und präventiven „Lauschangriffen".[44]

3 Zum Verhältnis Menschenwürde und „Lauschangriff" in Rechtsprechung und Lehre

Um das Verhältnis von Menschenwürde und „Lauschangriff" in der Rechtsprechung aufzuspüren, sind zunächst die Entscheidungen des BVerfG danach zu untersuchen.

---

gegenübertreten? Auch der teilnehmende Wolfgang Bosbach, Stellv. Fraktionschef der CDU/CSU und als Volljurist Fachmann für rechts- und innenpolitische Fragen, meinte Bedenken gegen die Zulässigkeit von Folter bei der Polizei mit seiner These wegwischen zu können, „die Polizei habe doch einen guten Ruf!"

43 Die subjektiven Auffassungen der Richterinnen und Richter des BVerfG lassen sich nachlesen bei van Ooyen, Robert Chr.: Der Begriff des Politischen des Bundesverfassungsgerichts, Berlin 2005.

44 S. dazu Vormbaum, Thomas (Hrsg.) unter Mitarbeit von Asholt, Martin: Der Große Lauschangriff vor dem Bundesverfassungsgericht. Verfahren, Nachspiel und Presse-Echo, Münster 2005.

3.1 Menschenwürde und Abhörmaßnahmen in Entscheidungen des BVerfG

Der Zusammenhang der Unverletzlichkeit der Wohnung in der EMRK[45] mit dem „Privat- und Familienleben" sowie dem privaten „Briefverkehr" weist auf die besondere Bedeutung dieses Grundrechts hin,[46] das unverletzlich ist und deshalb in unmittelbarem Sinn- und Konkretisierungszusammenhang mit der Menschenwürde des Art. 1 Abs. 1 Satz 1 GG steht.[47] Ein menschenwürdiges Leben ist nämlich nur dann gewährleistet, wenn dem Menschen ein unantastbarer Persönlichkeitsbereich verbleibt, in dem er sich selbst besitzt und in Ruhe gelassen wird. Dies hatte das BVerfG schon 1969 in seinem „Mikrozensus-Urteil" festgestellt, in dem es ausführte, dass jeder Mensch „ein Recht auf Einsamkeit genießt".[48] Eine entsprechende Verbindung der Menschenwürde zum Allgemeinen Persönlichkeitsrecht des Art. 2 Abs. 1 GG wurde vom BVerfG im sog. „Volkszählungs-Urteil" bestätigt.[49] Insofern ist das Urteil des Ersten Senats des BVerfG vom 3. 3. 2004[50] und vom 27. 7. 2005[51] nur konsequent, wenn es fordert:

> „Zur Unantastbarkeit der Menschenwürde gemäß Art. 1 Abs. 1 GG gehört die Anerkennung eines absolut geschützten Kernbereichs privater Lebensgestaltung. In diesen Bereich darf die akustische Überwachung von Wohnraum zu Zwecken der Strafverfolgung (Art. 13 Abs. 3 GG) nicht eingreifen. Eine Abwägung nach Maßgabe des Verhältnismäßigkeitsgrundsatzes zwischen der Unverletzlichkeit der Wohnung (Art. 13 Abs. 1 i. V. m. Art. 1 Abs. 1 GG) und dem Strafverfolgungsinteresse findet insoweit nicht statt."[52]

> „Auf Grund des besonders engen Bezugs dieses Grundrechts zur Menschenwürde gewährt Art. 13 GG einen absoluten Schutz des Verhaltens in den Wohnräumen, soweit es sich als individuelle Entfaltung im Kernbereich privater Lebensgestaltung darstellt (vgl. BVerfGE 109, 279 <313 f.>). Für sie benötigt jeder Mensch ein räumliches Substrat, in dem er für sich sein

---

45 Text bei Randelzhofer, Albrecht (Hrsg.): Völkerrechtliche Verträge (Texte), 13. Aufl., Berlin 2013.
46 Allgemein dazu Papier, Hans-Jürgen, in: Maunz, Theodor/Dürig, Günter u. a., Grundgesetz, Kommentar, Loseblatt, 70. Ergänzungslieferung, München 2014, Art. 13; vgl. auch van Ooyen, Robert Chr.: In neuer Verfassung? Der Wandel des Grundgesetzes seit 1992. In: Abromeit, Heidrun/Nieland, Jörg-Uwe/ Schierl, Thomas (Hrsg.), Politik, Medien, Technik. Festschrift für Heribert Schatz, Wiesbaden 2001, S. 139–159.
47 van Ooyen, a. a. O. (Fn. 46), S. 148.
48 BVerfGE 27, 1 (6).
49 Einführend Peilert, Andreas: BVerfGE 65, 1 – Volkszählung. Das Recht auf informationelle Selbstbestimmung als Konkretisierung des allgemeinen Persönlichkeitsrechts. In: Menzel, Jörg (Hrsg.), Verfassungsrechtsprechung. Hundert Entscheidungen des Bundesverfassungsgerichts in Retrospektive, Tübingen 2000, S. 344–350.
50 BVerfG, 1 BvR 2378/98 vom 3. 3. 2004, Absatz-Nr. 1-373. Aus: http://www.bverfg.de/entscheidungen/ rs2004 0303_1bvr237898.html (Abruf: 29. 8. 2014).
51 BVerfG, 1 BvR 668/04 vom 27. 7. 2005, Absatz-Nr. 1-166. Aus: http://www.bverfg.de/entscheidungen/ rs2005 0727_1bvr066804.html (Abruf: 29. 8. 2014).
52 Zweiter Leitsatz des Urteils.

und sich nach selbst gesetzten Maßstäben frei entfalten, also die Wohnung bei Bedarf als ‚letztes Refugium' zur Wahrung seiner Menschenwürde nutzen kann (vgl. BVerfGE 109, 279 <314>)."[53]

Der Schutzbereich der Unverletzlichkeit der Wohnung ist nach herrschender Auffassung umfassend: Wohnung im Sinne von Art. 13 Abs. 1 GG ist jeder nicht allgemein zugängliche feststehende, fahrende oder schwimmende Raum, der zur Stätte des Aufenthalts oder des Wirkens von Menschen gemacht wird.[54] Grundsätzlich werden daher unter den Wohnungsbegriff des Grundrechts auch Arbeits-, Betriebs- und Geschäftsräume subsumiert sowie Privaträume von der Villa bis zum Zelt, Wohnmobile, Wochenendhäuser und Hausboote vom Schutzbereich erfasst.[55] Art. 13 Abs. 1 GG schützt die räumliche Privatsphäre. Bewohner sollen das Recht haben, in ihren Räumlichkeiten, die sie der allgemeinen Zugänglichkeit entziehen und unabhängig davon, ob sich darin stets und ausschließlich Privates ereignet,[56] in Ruhe gelassen zu werden.[57]

Durch „große" und „kleine" Lauschangriffe wird jedoch erheblich in die Funktion der Wohnung als *Zufluchtsort vor dem Zugriff anderer*, insbesondere bei Maßnahmen des Staates, eingegriffen. Terminologisch ist ein „*Großer* Lauschangriff" das Abhören und Aufzeichnen des in Wohnungen nicht öffentlich gesprochenen Wortes mittels technischer Mittel durch die Strafverfolgungsbehörden, also zu repressiven Zwecken. Dagegen handelt es sich um einen „*Kleinen* Lauschangriff", wenn diese genannten Maßnahmen von einem in der Wohnung anwesenden, verdeckt ermittelnden Beamten durchgeführt werden.[58]

Bei der Grundgesetzänderung des Art. 13 GG von 1998, die nunmehr das BVerfG entschieden hat,[59] ging es daher vor allem um die Frage, ob die Einfügung des „Großen Lauschangriffs" einen in Verbindung mit Art. 79 Abs. 3 GG unzulässigen Eingriff

---

53 BVerfG, Urteil vom 27.7.2005 (Fn. 50), Absatz-Nr. 161.
54 Papier, a.a.O. (Fn. 45), Art. 13, Rn. 10; Kunig, in: von Münch, Ingo/Kunig, Philip (Hrsg.), Grundgesetz-Kommentar, Band 1 (Präambel bis Art. 19), 5. Aufl., München, 2000, Art. 13, Rn. 1 ff.; anerkannt ist der weite Wohnungsbegriff auch im Strafverfahren: vgl. Weil, Stephan: Verdeckte Ermittlungen im Strafverfahren und die Unverletzlichkeit der Wohnung, ZRP 1992, S. 243–247, hier S. 244; Eisenberg, Ulrich: Straf(verfahrens-)rechtliche Maßnahmen gegenüber „Organisiertem Verbrechen", NJW 1993, S. 1033–1039, hier S. 1037.
55 Hofe, Gerhard: Abschied vom weiten Wohnungsbegriff des Art. 13 GG?, in: ZRP 1995, S. 169–171, hier S. 170.
56 BVerfGE 32, 54 (72) = NJW 1971, S. 2291 (2299); vgl. Weil, a.a.O. (Fn. 53), S. 244; Hund, Horst: Der Einsatz technischer Mittel in Wohnungen. Versuch einer verfassungskonformen Lösung, in: ZRP 1995, S. 334–338, hier S. 335.
57 BVerfGE 75, 318 (328); vgl. Kunig, a.a.O. (Fn. 53), Art. 13, Rn. 1.
58 Zur Terminologie vgl. Bockemühl, Jan: Zur Verwertbarkeit von präventiv-polizeilichen Erkenntnissen aus „Lauschangriffen" in Strafverfahren. „Von hinten durch die Brust ins Auge" – Die Legalisierung des „Großen Lauschangriffs" durch die Rechtsprechung des BGH?, in: JA 1996, S. 695–700, hier S. 697. Zur Herkunft des Begriffs „Lauschangriff" s. Kutscha, Martin: Der Lauschangriff im Polizeirecht der Länder, in: NJW 1994, S. 85–88.
59 BVerfG, Urteil vom 3.3.2004 (Fn. 50).

in die Menschenwürde vornimmt, die sich im „Kern" dieses Grundrechts konkretisiert. Auf Länderebene war das Abhören und Aufzeichnen des in Wohnungen nicht öffentlich gesprochenen Wortes mittels technischer Mittel für den Fall der Prävention bereits Anfang der 1990er Jahre in den Polizeigesetzen eingeführt und als verfassungskonform betrachtet worden. Eine Ausdehnung dieser Abhörmaßnahmen auch zum Zweck der Verfolgung schon begangener Straftaten galt jedoch nach allgemeiner Ansicht als durch Art. 13 GG alter Fassung nicht gedeckt.[60] Dies wurde insbesondere in der politischen Diskussion bis zur Gesetzesänderung deutlich.

3.2 Menschenwürde und Abhörmaßnahmen in der politischen Diskussion bis zur Gesetzesänderung

Noch vor den Terroranschlägen vom 11. September 2001 in den USA und vom 4. September 2004 in Russland,[61] die heute emotionsgeladene Auseinandersetzungen um grundrechtsbeschränkende Maßnahmen zu Gunsten der öffentlichen Sicherheit hervorrufen, gab es Ende der 1990er Jahre eine ebenfalls heftige Debatte.[62] Sie stand im Zusammenhang mit der damals als besonders bedrohlich empfundenen sog. „Organisierten Kriminalität" (OK), durch die sich politische Forderungen nach Schaffung weiterer polizeilicher Eingriffsbefugnisse etablierten.[63] Das Bedürfnis nach repressiven Abhörmaßnahmen wurde außerdem verstärkt, weil es eine uneinheitliche Länderpraxis im Bereich präventiv motivierter Lauschangriffe gab. Einige Länder nutzten z. B. den Umstand, dass jede Strafverfolgung gerade im Bereich der OK auch als Prävention begriffen werden kann. Teilweise wurde deshalb wegen der nicht exakten Trennung von Prävention und Repression der „Große Lauschangriff" durch die „Hintertür" eingeführt bzw. drohte, wenigstens teilweise eingeführt zu werden.[64]

---

60 Vgl. Schmidt-Bleibtreu, in: Schmidt-Bleibtreu, Bruno/Klein, Franz: Kommentar zum Grundgesetz für die Bundesrepublik Deutschland, 10. Aufl., Neuwied 2004, Art. 13, Rn. 2; Hömig, in: Seifert, Karl-Heinz/ Hömig, Dieter (Hrsg.): Grundgesetz für die Bundesrepublik Deutschland. Taschenkommentar, 7. Aufl., Baden-Baden 2003, Art. 13, Rn. 13; vgl. auch Papier, a. a. O. (Fn. 45), Art. 13, Rn. 71.

61 Geiselnahme in Beslan in Nord-Ossetien im Kaukasus, die mit Hunderten Toten (vor allem Kinder) endete.

62 S. Lange, Hans-Jürgen u. a.: Memorandum zur Entwicklung der Inneren Sicherheit in der Bundesrepublik Deutschland, Regensburg 1998, S. 46.

63 S. van Ooyen, a. a. O. (Fn. 46), S. 148.

64 Vgl. Kiefer, Thomas: Der landesrechtliche Lauschangriff auf dem verfassungsrechtlichen Prüfstand. In: Heesen, Dietrich/Lison, Hans-Georg/Möllers, Martin H. W. (Hrsg.), Der Bundesgrenzschutz im Spannungsfeld gesellschaftlicher Entwicklungen (Arbeiten zu Studium und Praxis im BGS, Band 2), Lübeck 1997, S. 71–78, hier S. 73 ff.

Den Befürwortern des „Großen Lauschangriffs" und ihren Argumentationen standen Verfassungsänderungsgegner[65] gegenüber, die aus dem Blickwinkel von Menschen- und Bürgerrechten nachweisen wollten, dass das Abhören von Wohnungen genau in den Bereich unantastbarer privater Rückzugsmöglichkeit eingreife.[66] Ihnen hielten die Befürworter einerseits die vergleichbaren Regelungen anderer Rechtsstaaten[67] sowie andererseits den Missbrauch des Grundrechts durch Kriminelle entgegen, bei denen herkömmliche Mittel der Verbrechensbekämpfung völlig versagten.[68] Außerdem warfen sie den Kritikern vor, „Freiheit" und „Sicherheit" des Bürgers in ideologisierter Weise gegeneinander auszuspielen.[69] Darüber hinaus erfolge die Einführung des „Großen Lauschangriffs" nicht nur durch Gesetz, sondern durch eine zulässige Verfassungsänderung.[70]

Im Wege einer von den Fraktionen der CDU/CSU, FDP und SPD gefundenen Kompromisslösung wurden im Grundrecht der Unverletzlichkeit der Wohnung nach Art. 13 GG die Abs. 3–6 eingeführt; textlich unverändert wurde der frühere Abs. 3 zu Abs. 7. Inhaltlich ist hervorzuheben, dass neben den hier enthaltenen Schranken grundsätzlicher richterlicher Anordnung mit der Berichtspflicht der Bundesregierung in Art. 13 Abs. 6 GG eine besondere parlamentarische Kontrolle verfassungsrechtlich abgesichert wurde, die analog auch auf Landesebene zu erfolgen hat.[71] Umstritten blieb bis zur Entscheidung des BVerfG in 2004, „ob die Einfügungen in Art. 13 die Grenzen wahren oder überschritten haben, welche Art. 79 III der Zulässigkeit von Verfassungsänderungen zieht."[72]

Abgesehen von dem in den Medien mobilisierten Widerstand gegen den Entwurf des Gesetzes zur Verbesserung der Bekämpfung der organisierten Kriminalität, der sich formierte, weil das Zeugnisverweigerungsrecht in dem Gesetzentwurf zum „Großen

---

65 Allen voran die damalige Bundesjustizministerin Sabine Leutheusser-Schnarrenberger; sie war schließlich aus Protest gegen die Pläne zum „Großen Lauschangriff" 1996 zurückgetreten und gehörte zum Kreis der Kläger in diesem Verfahren vor dem BVerfG.

66 Vgl. z. B. Leutheusser-Schnarrenberger, Sabine: Der „große Lauschangriff" – Sicherheit statt Freiheit. In: ZRP 1998, S. 87–91; Momsen, Carsten: Der „große Lauschangriff". Eine kritische Würdigung der neuen Vorschriften zur „elektronischen Wohnraumüberwachung". In: ZRP 1998, S. 459–463.

67 Die optische und akustische Überwachung von Räumen zur Strafverfolgung von organisierter Kriminalität wird z. B. in Belgien, Dänemark, Frankreich, zum großen Teil in Großbritannien (England und Wales), Italien, Luxemburg, Niederlande, Österreich, Schweiz und Spanien sowie in den USA angewandt: Schmidt-Bleibtreu, a. a. O. (Fn. 59), Art. 13, Rn. 1 am Ende.

68 Vgl. z. B. Lorenz, Frank Lucien: Aktionismus, Populismus? – Symbolismus! Zur strafprozessualen akustisch-/optischen Überwachung von Wohnungen. In: GA 1997, S. 51–71; vgl. auch Papier, a. a. O. (Fn. 45), Art. 13, Rn. 60.

69 S. van Ooyen, a. a. O. (Fn. 46), S. 148.

70 Vgl. z. B. Stümper, Alfred: Rechtspolitische Nachlese zum „Großen Lauschangriff". In: ZRP 1998, S. 463–465; Schily, Otto: Nachbesserungsbedarf bei der Wohnraumüberwachung? In: ZRP 1999, S. 129–132.

71 Vgl. van Ooyen, a. a. O. (Fn. 46), S. 148 f.

72 Kunig, a. a. O. (Fn. 53), Art. 13, Rn. 6.

Lauschangriff" unberücksichtigt war[73] und schließlich im Vermittlungsausschuss zur Nachbesserung führte,[74] wurden die verfassungsrechtlichen und gesetzlichen Änderungen „... nahezu ohne öffentliche Proteste vollzogen".[75] Dies zeigt deutlich, dass ein hoch sensibilisiertes Bedürfnis des Bürgers nach „Sicherheit" besteht, das sich angesichts des internationalen Terrorismus eher verstärkt. Tatsächlich aber steht dieses Sicherheitsbedürfnis in einem auffallenden Kontrast zu dem empirischen Befund der Entwicklung der „inneren Sicherheit", deren hochverflochtene Sicherheitsapparate während der letzten Jahrzehnte umfassend ausgebaut wurden.[76] Mit Spannung wurde daher die Entscheidung des BVerfG zum „Großen Lauschangriff" erwartet.

4   Die Entscheidung des BVerfG zum „Großen Lauschangriff"

Der Erste Senat des BVerfG hat mit Urteil vom 3. 3. 2004 entschieden, dass die in Art. 13 Abs. 3 GG im Jahr 1998 vorgenommene Verfassungsänderung nicht ihrerseits verfassungswidrig, sondern mit Art. 79 Abs. 3 GG vereinbar ist,[77] sodass die bis dahin umstrittene Einführung der Abs. 3–6 in Art. 13 GG nunmehr als mit der Ewigkeitsklausel vereinbar gilt. Dieses Ergebnis wird von fünf der sieben beteiligten Richter vertreten. In Bezug aber auf Art. 13 Abs. 3 GG, der akustische Abhörmaßnahmen zur Überwachung von Wohnraum aus Gründen der Strafverfolgung[78] regelt, kommen die beiden abweichenden Richterinnen[79] zur Rechtsauffassung, dass schon Art. 13 Abs. 3 GG verfassungswidrig sei. Zur Begründung geben sie an, dass sie der von der Senatsmehrheit angenommenen Möglichkeit, die Verfassungsmäßigkeit einer verfassungsändernden Norm durch deren verfassungskonforme Auslegung herzustellen, den Geltungsbereich des Art. 79 Abs. 3 GG in unzulässiger Weise einschränke.[80]

Aber einhellige Meinung bestand zwischen Mehrheit und Minderheit, eine Reihe von Vorschriften der Strafprozessordnung (StPO) zur Durchführung der akustischen Überwachung von Wohnraum zu Zwecken der Strafverfolgung für verfassungswidrig

---

73 Sodass das Abhören gerade auch der traditionell in der StPO geschützten Berufsgruppen (hier insb. Anwälte und Journalisten) ermöglicht schien.

74 Dazu van Ooyen, a. a. O. (Fn. 46), S. 149.

75 Dose, Nicolai: Der deutsche Rechtsstaat. In: Ellwein, Thomas/Holtmann, Everhard (Hrsg.), 50 Jahre Bundesrepublik Deutschland, in: PVS Sonderheft, Nr. 30, Wiesbaden 1999, S. 118–132.

76 Vgl. Lange, Hans-Jürgen: Innere Sicherheit im Politischen System der Bundesrepublik Deutschland, Opladen 1999, S. 422.

77 BVerfG, Urteil vom 3. 3. 2004 (Fn. 50), erster Leitsatz des Urteils.

78 Zur präventiven Wohnraumüberwachung vgl. Baldus, Manfred: Präventive Wohnraumüberwachungen durch Verfassungsschutzbehörden der Länder. Ein gesetzestechnisch unausgegorenes und verfassungsrechtlich zweifelhaftes Mittel zur Terrorismusbekämpfung?, in: NVwZ 11/2003, S. 1289–1296.

79 Jaeger und Hohmann-Dennhardt.

80 BVerfG, Urteil vom 3. 3. 2004 (Fn. 50), Absatz-Nr. 370.

zu erklären.[81] Der Gesetzgeber wurde in dem Urteil verpflichtet, einen verfassungsgemäßen Rechtszustand bis spätestens zum 30. 6. 2005 herzustellen.

> „Bis zu diesem Termin können die beanstandeten Normen nach Maßgabe der Gründe weiterhin angewandt werden, wenn gesichert ist, dass bei der Durchführung der Überwachung der Schutz der Menschenwürde gewahrt und der Grundsatz der Verhältnismäßigkeit eingehalten wird."[82]

Die Entscheidung des Ersten Senats betrifft im Wesentlichen den Schutz der Intimsphäre vor heimlichen akustischen Ausforschungen durch den Staat. In ihrem Urteil definieren die drei Richterinnen[83] und fünf Richter[84] einen Kernbereich der Unverletzlichkeit der Wohnung, der ausnahmslos dem staatlichen Zugriff entzogen ist. Das Gericht setzt mit dem Urteil dem Staat also eine absolute Grenze bei seinen Abhörmaßnahmen, die der Gesetzgeber so nicht vorgesehen hatte. Denn in den für verfassungswidrig erklärten Rechtsnormen der StPO waren weder Vorkehrungen getroffen worden, die dem Schutz der Intimsphäre dienen sollte, noch wurden die Abhörmaßnahmen auf besonders schwerwiegende Straftaten beschränkt.[85] Nunmehr stellte das Gericht aber fest, dass auch schwerwiegende Belange der Allgemeinheit Eingriffe in diesen engeren Bereich der Privatsphäre, die für eine „ausschließlich private – eine ‚höchstpersönliche' – Entfaltung"[86] dient, nicht rechtfertigen könnten.[87] Diese Entscheidung spiegelt sich mit Bezug auf Art. 10 Abs. 1 GG auch im Urteil v. 27. 7. 2005 wider:

> „Die nach Art. 1 Abs. 1 GG stets garantierte Unantastbarkeit der Menschenwürde fordert auch im Gewährleistungsbereich des Art. 10 Abs. 1 GG Vorkehrungen zum Schutz individueller Entfaltung im Kernbereich privater Lebensgestaltung. Bestehen im konkreten Fall tatsächliche Anhaltspunkte für die Annahme, dass eine Telekommunikationsüberwachung

---

81 Zur Thematik des Urteils vgl. die Ausführungen bei Sonnen, Bernd-Rüdegar: Der große Lauschangriff – teilweise verfassungswidrig. In: NKP 2/2004, S. 76–77; Sachs, Michael: Öffentliches Recht – Staatsorganisationsrecht. Grenzen der Verfassungsänderung – Grundrechte – „Großer Lauschangriff". In: JuS 6/2004, S. 522–527; Gusy, Christoph: Lauschangriff und Grundgesetz. In: JuS 6/2004, S. 457–462; Vahle, Jürgen: Zur (überwiegenden) Verfassungswidrigkeit des so genannten großen Lauschangriffs. In: DVP 8/2004, S. 342–343; Geis, Ivo: Angriff auf drei Ebenen: Verfassung, Strafprozessordnung und Überwachungspraxis. Die Entscheidung des BVerfG zum großen Lauschangriff und ihre Folgen für die Strafverfolgungspraxis. In: CR 5/2004, S. 338–343.
82 Pressemitteilung Nr. 22/2004 des Bundesverfassungsgerichts vom 3. 3. 2004: http://www.bundesverfassungsgericht.de/bverfg_cgi/pressemitteilungen/frames/bvg04-022.
83 Jaeger, Haas, Hohmann-Dennhardt.
84 Präsident Papier, Hömig, Steiner, Hoffmann-Riem, Bryde.
85 Vgl. dazu Roggan, Fredrik: Handbuch zum Recht der Inneren Sicherheit, Bonn 2003, S. 35–57.
86 BVerfG, Urteil vom 3. 3. 2004 (Fn. 50), Absatz-Nr. 118.
87 Vgl. Roggan, Fredrik: Unerhört?! – Große Lauschangriffe nach dem Verfassungsgerichtsurteil. In: CILIP 1/2004, S. 65–70, hier S. 65.

Inhalte erfasst, die zu diesem Kernbereich zählen, ist sie nicht zu rechtfertigen und muss unterbleiben."[88]

Bei seiner Entscheidung, ob auch der 1998 neu eingefügte Art. 13 Abs. 3 GG verfassungskonform ist, legte das BVerfG wiederum die Objektformel zu Grunde und erklärte:

> „So darf ein Straftäter nicht unter Verletzung seines verfassungsrechtlich geschützten sozialen Wert- und Achtungsanspruchs behandelt und dadurch zum bloßen Objekt der Verbrechensbekämpfung und Strafvollstreckung gemacht werden ..."[89]

Gleichzeitig wurde in Fortsetzung bisheriger Entscheidungen festgestellt, dass der Leistungskraft der Objektformel auch Grenzen gesetzt sind.[90] Die Verfassungsgemäßheit von Art. 13 Abs. 3 GG wurde u. a. dadurch begründet, dass die Vorschrift mit der Menschenwürdegarantie des Art. 1 Abs. 1 GG vereinbar ist[91] und die akustische Wohnraumüberwachung zu Strafverfolgungszwecken nur dann gegen die Menschenwürde verstößt, „wenn der Kernbereich privater Lebensgestaltung nicht respektiert wird."[92] Im Einzelnen gibt es vor:[93] Die Intimsphäre ist absolut geschützt. Die Anforderungen an die Rechtmäßigkeit der Wohnraumüberwachung steigt daher mit der Wahrscheinlichkeit, dass es zu höchstpersönlichen Gesprächen mit engsten Familienangehörigen, sonstigen engsten Vertrauten und einzelnen Berufsgeheimnisträgern kommt.[94] Als Konsequenz sieht das Gericht daher, dass die in Betriebs- und Geschäftsräumen geführten Gespräche nicht unter einer generellen Vermutung der Vertraulichkeit stehen. Der bisher weit verstandene Wohnungsbegriff wird somit in Bezug auf den Schutz des Art. 13 GG differenziert.[95] Im Unterschied zu Betriebs- oder Geschäftsräumen geht das BVerfG bei Privatwohnungen aber davon aus, dass ihnen typischerweise die Funktion als Rückzugsbereich der privaten Lebensgestaltung zukommt. Es kann daher von vornherein vermutet werden, dass der Menschenwürdegehalt des Wohnungsgrundrechts betroffen ist.

Deshalb müssen in diesen Fällen bereits Vorermittlungen ergeben haben, dass mit Wahrscheinlichkeit strafverfahrensrelevante Inhalte durch die Abhörmaßnahme registriert werden. Um aber den Menschenwürdegehalt des Wohnungsgrundrechts nicht zu verletzen, darf bei Privatwohnungen keine nur automatische Aufzeichnung der Gesprä-

---

88 BVerfG, Urteil vom 27. 7. 2005 (Fn. 50), Absatz-Nr. 162.

89 BVerfG, Urteil vom 3. 3. 2004 (Fn. 50), Absatz-Nr. 115.

90 BVerfG, Urteil vom 3. 3. 2004 (Fn. 50), Absatz-Nr. 116 mit Hinweisen auf frühere Entscheidungen.

91 BVerfG, Urteil vom 3. 3. 2004 (Fn. 50), Absatz-Nr. 112.

92 BVerfG, Urteil vom 3. 3. 2004 (Fn. 50), Absatz-Nr. 121.

93 Weitere Ausführungen bei Roggan, Fredrik: Lauschen im Rechtsstaat. Zu den Konsequenzen des Urteils des Bundesverfassungsgerichtes zum großen Lauschangriff – Gedächtnisschrift für Hans Lisken. Berlin 2004.

94 BVerfG, Urteil vom 3. 3. 2004 (Fn. 50), Absatz-Nr. 171.

95 Vgl. dazu auch Roggan, a. a. O. (Fn. 87), S. 66.

che durchgeführt werden. Denn sobald ein registriertes Gespräch den Charakter einer privaten bzw. intimen Kommunikation annehme, ist der absolut geschützte Kernbereich betroffen. Dies kommt nach Auffassung des Gerichts auch bei der Anwesenheit von engen Freunden in Betracht. In solchen Fällen von durch Privates bzw. Intimes „vergiftete Informationen" ist die Abhörmaßnahme ausnahmslos rechtswidrig und muss folglich abgebrochen werden.[96]

Die akustische Wohnraumüberwachung ist generell unzulässig bei Straftatbeständen, die den mittleren Kriminalitätsbereich nicht deutlich übersteigen.[97] Diesen sieht das BVerfG nur bei Straftaten, die als Höchststrafe mehr als fünf Jahre vorsehen.[98] Deshalb kommen Abhörmaßnahmen nach dem Urteil des BVerfG nicht mehr in Betracht, bei denen es vorher aber gesetzlich vorgesehen war, z. B. beim Verdacht der Geldwäsche, der Bestechlichkeit oder Bestechung, der Bildung einer kriminellen Vereinigung, selbst im besonders schweren Falle, oder bei der Unterstützung einer terroristischen Vereinigung.[99]

Schließlich werden durch das Urteil des BVerfG hohe Anforderungen an den Gesetzgeber bezüglich ggf. rechtswidrig erlangter Informationen aus derartigen Abhörmaßnahmen gestellt. Das Gericht verlangt umfassende Verwertungsverbote: Die erlangten Erkenntnisse, die gegen den Kernbereich des Wohnungsgrundrechts verstoßen, müssen nicht nur unverzüglich gelöscht, sondern dürfen auch nicht mittelbar verwertet werden.[100]

Indem das BVerfG die Intimsphäre zum Menschenwürdestandard erklärt, der in keinem Fall wert- und abwägungsoffen gehandhabt werden kann und daher nicht der Rechtsauffassung von Matthias Herdegen folgt, setzt es mit seiner Entscheidung dem Staat absolute Grenzen in Bezug auf die Möglichkeiten akustischer Wohnraumüberwachung zu Strafverfolgungszwecken. Es drängt sich dabei die Frage auf, welche Auswirkungen diese Grenzsetzung in der Praxis haben wird, d. h. wie viele Fälle möglicherweise künftig nicht mehr aufgeklärt werden können, weil die zunächst gesetzgeberisch eingeführte Kompetenzerweiterung durch das Urteil drastisch beschnitten wird:

Beim Grundsatz der Verhältnismäßigkeit ist im Zusammenhang mit der teilweisen Rücknahme der Kompetenzerweiterung für die Strafverfolgungsorgane, insbesondere für die Polizei, zu prüfen, ob diese – wie gerade aus Polizeikreisen in solchen Zusammenhängen immer wieder betont – dadurch nicht „zum zahnlosen Tiger werden",[101] weil sie nunmehr auf herkömmliche Mittel der Verbrechensbekämpfung zurückgreifen

---

96 BVerfG, Urteil vom 3. 3. 2004 (Fn. 50), Absatz-Nr. 246, 258.
97 BVerfG, Urteil vom 3. 3. 2004 (Fn. 50), Absatz-Nr. 228.
98 BVerfG, Urteil vom 3. 3. 2004 (Fn. 50), Absatz-Nr. 240.
99 Vgl. dazu Roggan, a. a. O. (Fn. 87), S. 66.
100 BVerfG, Urteil vom 3. 3. 2004 (Fn. 50), Absatz-Nr. 328 ff.
101 So der Stellv. Bundesvorsitzende des Bunds deutscher Kriminalbeamter Rolf Jaeger in der ARD-Sendung Sabine Christiansens v. 21. 11. 2004: „Frankfurter Folterprozess: Wie weit darf man gehen, um Leben zu retten?".

müssen.[102] Von 1998 bis 2001 wurden in 87 Strafverfahren Wohnungen abgehört. Davon waren insgesamt 50 Abhörmaßnahmen – also fast 60 % (!) – ohne Relevanz für das weitere Ermittlungsverfahren. Verteilt man diese 87 Fälle von Anordnungen zur akustischen Raumüberwachung zu Strafverfolgungszwecken auf 17 Polizeien des Bundes und der Länder über den Zeitraum von 4 Jahren, hat im Durchschnitt jede Polizei pro Jahr knapp 1,3 richterliche Anordnungen zur akustischen Überwachung veranlasst.[103] Die Begrenzung von staatlichen Abhörmaßnahmen durch das BVerfG betrifft faktisch also einen – unerwartet – seltenen Einsatz der akustischen Wohnraumüberwachung, der schon auf Grund des hohen personellen und finanziellen Aufwands sowie wegen technischer Probleme nicht häufiger durchgeführt wird.[104]

Dennoch: Schon 1971 befürchteten die vom Votum der Relativierung der Objektformel im Abhörurteil abweichenden Richter,[105] dass

> „unter bestimmten Voraussetzungen Hausdurchsuchungen ohne Zuziehung des Wohnungsinhabers und dritter Personen vorgenommen und dabei auch Geheimmikrofone unter Ausschluss des Rechtsweges angebracht werden dürften".[106]

Sie haben Recht behalten: Inzwischen verbreitet sich in der Gesellschaft immer mehr die Ansicht, „dass mit den mittlerweile entwickelten technischen Möglichkeiten auch deren grenzenloser Einsatz hinzunehmen ist"[107] – insbesondere, wenn es um das Sicherheitsbedürfnis der Bevölkerung geht (ein beredtes Beispiel ist auch die Diskussion um die Ausweitung von DNA-Analysen).[108]

5   Die Entscheidung des BVerfG zum „Luftsicherheitsgesetz"

Ob die inzwischen in der Literatur viel diskutierte Neukommentierung des Art. 1 Abs. 1 GG durch Matthias Herdegen erste Früchte bei den Entscheidungen des BVerfG tragen würde, sollte sich bei der Überprüfung der Neuregelung des Luftsicherheitsgesetzes be-

---

102 Vgl. z. B. Lorenz, Frank Lucien: Aktionismus, Populismus? – Symbolismus! Zur strafprozessualen akustisch-/optischen Überwachung von Wohnungen. In: GA 1997, S. 51–71; vgl. auch Papier, a. a. O. (Fn. 45), Art. 13, Rn. 60.
103 Zahlen nach BVerfG, Urteil vom 3. 3. 2004 (Fn. 50), Absatz-Nr. 203.
104 BVerfG, Urteil vom 3. 3. 2004 (Fn. 50), Absatz-Nr. 204.
105 S. oben Fn. 17.
106 BVerfGE 30, 1, Abweichende Meinung S. 46 f.
107 BVerfG, Urteil vom 3. 3. 2004 (Fn. 50), Abweichende Meinung, Absatz-Nr. 372.
108 Vgl. Schoch, Friedrich: Abschied vom Polizeirecht des liberalen Rechtsstaats? Vom Kreuzberg-Urteil des Preussischen Oberverwaltungsgerichts zu den Terrorismusbekämpfungsgesetzen unserer Tage, in: Staat 3/2004, S. 347–369; Kötter, Matthias: Subjektive Sicherheit, Autonomie und Kontrolle. Eine Analyse der jüngeren Diskurse des Sicherheitsrechts, in: Staat, 3/2004, S. 371–398; vgl. auch Baldus, Manfred: Freiheit und Sicherheit nach dem 11. September 2001. In: BDVR-Rundschreiben 02/2004, S. 61–65.

wahrheiten, da die ehemaligen (Bundes- bzw. Landes-)Innenminister Gerhart R. Baum und Burkhard Hirsch sowie zwei Piloten Verfassungsbeschwerde einreichen.

Ausgangspunkt für eine Neuregelung des Luftsicherheitsgesetzes waren für den Gesetzgeber nicht nur die Terroranschläge des 11. September 2001, sondern auch ein Ereignis am 5. Januar 2003, als ein entführter Motorsegler stundenlang über der Innenstadt von Frankfurt am Main kreiste.[109] Es schien notwendig zu werden, eine Rechtsgrundlage für den Abschuss von Zivilluftfahrzeugen zu schaffen. So trat am 15. Januar 2005 das Luftsicherheitsgesetz (LuftSiG) in Kraft.[110] Wegen des darin vorgesehenen Abschusses von Zivilluftfahrzeugen (§ 14 Abs. 3 LuftSiG) wurde es in der Öffentlichkeit viel diskutiert, zumal Bundespräsident Horst Köhler hiergegen erhebliche Bedenken geäußert hatte.[111] Schon im Gesetzgebungsverfahren war die gesetzliche Erlaubnis zur administrativ angeordneten Tötung Hunderter von unschuldigen Passagieren auf heftige Kritik gestoßen und führte folgerichtig zu einer Überprüfung durch das Bundesverfassungsgericht.[112]

Berichterstatter des Ersten Senats war Hans-Jürgen Papier, der diese Funktion auch schon beim Großen Lauschangriff ausübte.[113] Das Gericht hatte in seinem Urteil zum Luftsicherheitsgesetz die Rechtsvorschrift des § 14 Abs. 3 LuftSiG für verfassungswidrig erklärt und im dritten Leitsatz festgehalten:

> „3. Die Ermächtigung der Streitkräfte, gemäß § 14 Abs. 3 des Luftsicherheitsgesetzes durch unmittelbare Einwirkung mit Waffengewalt ein Luftfahrzeug abzuschießen, das gegen das Leben von Menschen eingesetzt werden soll, ist mit dem Recht auf Leben nach Art. 2 Abs. 2 Satz 1 GG in Verbindung mit der Menschenwürdegarantie des Art. 1 Abs. 1 GG nicht vereinbar, soweit davon tatunbeteiligte Menschen an Bord des Luftfahrzeugs betroffen werden."[114]

Denn:

> „Das menschliche Leben ist die vitale Basis der Menschenwürde als tragendem Konstitutionsprinzip und oberstem Verfassungswert… Jeder Mensch besitzt als Person diese Würde, ohne

---

109 Giemulla, Elmar M.: Das Luftsicherheitsgesetz; in: Möllers/van Ooyen (Hrsg.), Europäisierung und Internationalisierung der Polizei 3: Deutsche Positionen, JBÖS-Sonderband 1.3, 3. Aufl., Frankfurt a. M. 2011, S. 95–128, hier S. 108.

110 Gesetz zur Neuregelung von Luftsicherheitsaufgaben vom 11. Januar 2005 (BGBl. I S. 78).

111 So die Pressemitteilung: „Bundespräsident Horst Köhler unterzeichnet Luftsicherheitsgesetz – zugleich Zweifel an Verfassungsmäßigkeit von Einzelvorschriften"; in: http://www.bundespraesident.de/dokumente/-,2.6215 99/Pressemitteilung/dokument.htm (Abruf: 10. 1. 2005).

112 Vgl. Giemulla, a. a. O. (Fn. 109), S. 95.

113 Ausdrücklich gewürdigt in der „Ansprache von Bundespräsident Horst Köhler anlässlich der Verabschiedung des Präsidenten des Bundesverfassungsgerichts Herrn Prof. Dr. Hans-Jürgen Papier" am 16. 3. 2010; in: http://www.bundespraesident.de/SharedDocs/Reden/DE/Horst-Koehler/Reden/2010/03/20100316_Rede2.html (Abruf: 30. 8. 2014).

114 „Luftsicherheit I": Urteil des Ersten Senats des BVerfG im Internet: 1 BvR 357/05 vom 15. 2. 2006; in: http://www.bverfg.de/entscheidungen/rs20060215_1bvr035705.html (Abruf: 30. 8. 2014).

Rücksicht auf seine Eigenschaften, seinen körperlichen oder geistigen Zustand, seine Leistungen und seinen sozialen Status... Sie kann keinem Menschen genommen werden. Verletzbar ist aber der Achtungsanspruch, der sich aus ihr ergibt... Das gilt unabhängig auch von der voraussichtlichen Dauer des individuellen menschlichen Lebens...[115]

Dem Staat ist es im Hinblick auf dieses Verhältnis von Lebensrecht und Menschenwürde einerseits untersagt, durch eigene Maßnahmen unter Verstoß gegen das Verbot der Missachtung der menschlichen Würde in das Grundrecht auf Leben einzugreifen. Andererseits ist er auch gehalten, jedes menschliche Leben zu schützen. Diese Schutzpflicht gebietet es dem Staat und seinen Organen, sich schützend und fördernd vor das Leben jedes Einzelnen zu stellen; das heißt vor allem, es auch vor rechtswidrigen An- und Eingriffen von Seiten Dritter zu bewahren... Ihren Grund hat auch diese Schutzpflicht in Art. 1 Abs. 1 Satz 2 GG, der den Staat ausdrücklich zur Achtung und zum Schutz der Menschenwürde verpflichtet..."[116]

„...Schlechthin verboten ist damit jede Behandlung des Menschen durch die öffentliche Gewalt, die dessen Subjektqualität, seinen Status als Rechtssubjekt, grundsätzlich in Frage stellt..., indem sie die Achtung des Wertes vermissen lässt, der jedem Menschen um seiner selbst willen, kraft seines Personseins, zukommt... Wann eine solche Behandlung vorliegt, ist im Einzelfall mit Blick auf die spezifische Situation zu konkretisieren, in der es zum Konfliktfall kommen kann...[117]

...Nach diesen Maßstäben ist § 14 Abs. 3 LuftSiG auch mit Art. 2 Abs. 2 Satz 1 in Verbindung mit Art. 1 Abs. 1 GG nicht vereinbar, soweit vom Abschuss eines Luftfahrzeugs Personen betroffen werden, die als dessen Besatzung und Passagiere auf die Herbeiführung des in § 14 Abs. 3 LuftSiG vorausgesetzten nichtkriegerischen Luftzwischenfalls keinen Einfluss genommen haben."[118]

Mit diesem Urteil weicht das BVerfG von seiner früheren Entscheidung im Bereich der inneren Sicherheit bei der Terrorismusbekämpfung ab. Denn bei der alten „Schleyer-Entscheidung" von 1977[119] anlässlich der Bekämpfung des RAF-Terrorismus hatte der Erste Senat „den entführten Arbeitgeberpräsidenten für den Zweck gesamtstaatlicher Sicherheit zum Objekt staatlichen Handelns degradiert. Es hielt der Regierung alle Optionen offen, sodass es Schleyer indirekt opferte, weil ja das Scheitern einer rechtzeitigen Befreiung bei der Weigerung, die Forderungen der RAF zu erfüllen, einzukalkulieren war:"[120]

---

115 BVerfG, Urteil vom 15. 2. 2006 (Fn. 114), Absatz-Nr. 119. Vgl. BVerfGE 30, 173 (194) zum Anspruch des Menschen auf Achtung seiner Würde selbst nach dem Tod.

116 BVerfG, Urteil vom 15. 2. 2006 (Fn. 114), Absatz-Nr. 120.

117 BVerfG, Urteil vom 15. 2. 2006 (Fn. 114), Absatz-Nr. 121.

118 BVerfG, Urteil vom 15. 2. 2006 (Fn. 114), Absatz-Nr. 122.

119 BVerfGE 46, 160 – Schleyer.

120 van Ooyen, Robert Chr.: Das Bundesverfassungsgericht im Politikfeld Öffentliche Sicherheit: Von „Schleyer" zu „Luftsicherheit", von „Out of Area" zu „Parlamentsvorbehalt ‚Bundeswehreinsatz' G8-

„Art. 2 Abs. 2 Satz 1 in Verbindung mit Art. 1 Abs. 1 Satz 2 GG verpflichtet den Staat, jedes menschliche Leben zu schützen. Diese Schutzpflicht ist umfassend. Sie gebietet dem Staat, sich schützend und fördernd vor dieses Leben zu stellen… Wie die staatlichen Organe ihre Verpflichtung zu einem effektiven Schutz des Lebens erfüllen, ist von ihnen grundsätzlich in eigener Verantwortung zu entscheiden… Ihre Freiheit in der Wahl der Mittel zum Schutz des Lebens kann sich in besonders gelagerten Fällen auch auf die Wahl eines bestimmten Mittels verengen, wenn ein effektiver Lebensschutz auf andere Weise nicht zu erreichen ist. Entgegen der durchaus verständlichen Meinung des Antragstellers ist ein solcher Fall hier jedoch nicht gegeben. Die Eigenart des Schutzes gegen lebensbedrohende terroristische Erpressungen ist dadurch gekennzeichnet, daß die gebotenen Maßnahmen der Vielfalt singulärer Lagen angepaßt sein müssen. Sie können weder generell im voraus normiert noch aus einem Individualgrundrecht als Norm hergeleitet werden. Das Grundgesetz begründet eine Schutzpflicht nicht nur gegenüber dem Einzelnen, sondern auch gegenüber der Gesamtheit aller Bürger. Eine wirksame Wahrnehmung dieser Pflicht setzt voraus, daß die zuständigen staatlichen Organe in der Lage sind, auf die jeweiligen Umstände des Einzelfalles angemessen zu reagieren; schon dies schließt eine Festlegung auf ein bestimmtes Mittel aus. Darüber hinaus kann eine solche Festlegung insbesondere deshalb nicht von Verfassungs wegen erfolgen, weil dann die Reaktion des Staates für Terroristen von vornherein kalkulierbar würde. Damit würde dem Staat der effektive Schutz seiner Bürger unmöglich gemacht… Angesichts dieser verfassungsrechtlichen Lage kann das Bundesverfassungsgericht den zuständigen staatlichen Organen keine bestimmte Entschließung vorschreiben. Es liegt in der Entscheidung der Antragsgegner, welche Maßnahmen zur Erfüllung der ihnen obliegenden Schutzpflichten zu ergreifen sind.“[121]

1977 war es mit Art. 2 Abs. 2 Satz 1 in Verbindung mit Art. 1 Abs. 1 GG also doch vereinbar, wenn vom administrativen Handeln Personen – wie hier Martin Schleyer – betroffen werden, die auf die bestehende Situation keinen Einfluss genommen haben. Vielmehr wurde der Regierung völlig „freie Hand“[122] gegeben, ihre Maßnahmen zu treffen. So wurde Schleyer zum „Bürgeropfer“.[123] „Es ist natürlich auch situativ etwas anderes, ob man als Gericht ‚abstrakt‘, ohne tatsächliche Terroranschläge in Deutschland in Ruhe über das Luftsicherheitsgesetz befinden kann oder in einer Eil-Nachtsitzung

---

Gipfel“; in: Möllers/van Ooyen, Bundesverfassungsgericht und Öffentliche Sicherheit 1: Grundrechte, JBÖS-Sonderband 3.1, 3. Aufl., Frankfurt a. M. 2013, S. 19–36, hier S. 23.

121 BVerfGE 40, 160 (164 ff.) – Schleyer.

122 Vgl. Dederer, Hans-Georg: BVerfGE 46, 160 – Schleyer. Grundrechtliche Schutzpflicht des Staates für das menschliche Leben bei terroristischer Erpressung des Staates: Freie Hand für die Staatsleitung; in: Menzel, Jörg (Hrsg.): Verfassungsrechtsprechung. Hundert Entscheidungen des Bundesverfassungsgericht in Retrospektive, Tübingen 2000, S. 279 ff.

123 So Depenheuer, Otto: Das Bürgeropfer im Rechtsstaat. Staatsphilosophische Überlegungen zu einem staatsrechtlichen Tabu; in: Ders. u. a. (Hrsg.): Staat im Wort. Festschrift Josef Isensee, Heidelberg 2007, S. 43 ff.

über einen konkreten Erpressungsfall vor dem aufgeladenen Hintergrund des ‚Deutschen Herbstes'."[124]

Indem das BVerfG das menschliche Leben als die vitale Basis der Menschenwürde erklärt und zum tragenden Konstitutionsprinzip und oberstem Verfassungswert macht, der in keinem Fall wert- und abwägungsoffen gehandhabt werden kann und daher nicht der Rechtsauffassung von Matthias Herdegen folgt, setzt es mit seiner Entscheidung dem Staat absolute Grenzen in Bezug auf die Möglichkeiten, den Menschen durch die öffentliche Gewalt so zu behandeln, dass seine Subjektqualität, sein Status als Rechtssubjekt, grundsätzlich in Frage gestellt wird.

6   Die Entscheidung des BVerfG zur „Sicherungsverwahrung"

Die Entscheidung des BVerfG zur „Sicherungsverwahrung" ist deshalb von Bedeutung, weil die Frage zu klären war, ob auch für die Straftäter, die schwerwiegende Verletzungen durch Sexual- und andere Gewaltstraftaten begangen haben, ebenfalls Art. 1 GG gelten und somit deren Menschenwürde unangetastet bleiben soll. Denn die wegen solcher Taten Verurteilten sind nur ein Beispiel für Minderheiten, die in der Gesellschaft inzwischen wie selbstverständlich „auf der Strecke bleiben" und – wie Langzeitarbeitslose, Wohnungslose und Behinderte – abgewertet werden.[125]

Am 17. Dezember 2009 verkündete in Straßburg der Europäische Gerichtshof für Menschenrechte (EGMR) ein Urteil über die nachträgliche Verlängerung der Sicherungsverwahrung von Straftätern. Darin beanstandet der EGMR, dass der deutsche Gesetzgeber die ursprünglich vorgesehene Höchstfrist von 10 Jahren auch für solche Straftäter aufgehoben hat, die ihre Tat schon vor dem Zeitpunkt der Gesetzesänderung begangen hatten. Der EGMR sieht darin einen Verstoß gegen Art. 5 Abs. 1 (Recht auf Freiheit und Sicherheit) und Art. 7 Abs. 1 (Keine Strafe ohne Gesetz) der Konvention zum Schutze der Menschenrechte und Grundfreiheiten (Europäische Menschenrechtskonvention – EMRK).[126]

---

124 van Ooyen, a. a. O. (Fn. 120), S. 23.
125 Alex, Michael: Die Instrumentalisierung von entlassenen Sicherungsverwahrten für Ausgrenzungsstrategien; in: Neue Kriminalpolitik (NK) 2/2012, S. 42–44, hier S. 44; vgl. dazu auch die Langzeitstudie von Wilhelm Heitmeyer und seinem Team, in der die Ängste der Menschen, ihre Einstellung gegenüber schwachen Gruppen und der Demokratie dokumentiert sind. Sie weist nach, dass Teile des Bürgertums die Solidarität mit „denen da unten" aufkündigen und einen „eisigen Jargon der Verachtung" pflegen: Heitmeyer, Wilhelm (Hrsg.): Deutsche Zustände, Folge 10, edition suhrkamp, Berlin 2012.
126 Kammerurteil mit den sieben Richtern Peer Lorenzen (Dänemark), Präsident, Renate Jaeger (Deutschland), Karel Jungwiert (Tschechien), Mark Villiger (Liechtenstein), Isabelle Berro-Lefèvre (Monaco), Mirjana Lazarova Trajkovska („ehemalige jugoslawische Republik Mazedonien"), Zdravka Kalaydjieva (Bulgarien) vom 17. 12. 2009 über die Beschwerde-Nr. 19359/04 vom 24. Mai 2004.

Zuvor hatte das Bundesverfassungsgericht in Karlsruhe in seinem Urteil vom 5. Februar 2004[127] die Vereinbarkeit der Aufhebung der Höchstfrist auch für bereits abgeurteilte Straftäter mit dem Grundgesetz bestätigt und die nachträgliche Verlängerung der Sicherungsverwahrung über die zulässige Höchstdauer zur Tatzeitzeit hinaus gerechtfertigt. Im Beschluss vom 23. August 2006 bestätigte das BVerfG die Verfassungsmäßigkeit der nachträglichen Anordnung der Sicherungsverwahrung (§ 66b StGB).[128] Im Unterschied zum EGMR unterscheidet das BVerfG beim grundrechtsgleichen Recht des Art. 103 Abs. 2 GG zwischen „Strafen" und „Maßregeln der Besserung und Sicherung" nach dem StGB und beschränkt den

> „Anwendungsbereich von Art. 103 Abs. 2 GG […] auf staatliche Maßnahmen […], die eine missbilligende hoheitliche Reaktion auf ein rechtswidriges, schuldhaftes Verhalten darstellen und wegen dieses Verhaltens ein Übel verhängen, das dem Schuldausgleich dient."[129]

Das Urteil des EGMR kommt also nach dem Maßstab der Europäischen Menschenrechtskonvention zu einem anderen Ergebnis als das des BVerfG, sodass die Schutzfunktion des Art. 103 Abs. 2 GG, die sich aus den Entscheidungen des Bundesverfassungsgerichts entwickelt hat, zunächst analysiert (6.1) und mit der Schutzfunktion der entsprechenden Regelungen in der EMRK nach dem Urteil des EGMR verglichen werden muss (Kap. 6.2), bevor die unterschiedlichen Entscheidungsergebnisse im Lichte der deutschen Entwicklung der Vorschriften zur Sicherungsverwahrung einer politikwissenschaftlichen Bewertung der Abwägung zwischen „Täterschutz" und „Opferschutz" unterzogen werden können (Kap. 6.3). Dabei wird die Frage zu klären sein, ob und auf welche Weise auf rechtsstaatlicher Basis „der notwendige Schutz der Bevölkerung vor notorisch gefährlichen Straftätern mit dem unbedingten Ausnahmecharakter der Sicherungsverwahrung sachgerecht zum Ausgleich gebracht werden kann"[130] und welchen Kompromiss das Urteil des Bundesverfassungsgerichts nach der EGMR-Entscheidung gefunden hat (Kap. 6.4). Den Schlussteil bildet ein Ausblick zum „Abschied vom Sicherheitswahn" und eine Zusammenfassung (Kap. 6.5).

---

127 2 BvR 2029/01.
128 BVerfG, 2 BvR 226/06 vom 23. 8. 2006, www.bverfg.de/entscheidungen/rk20060823_2bvr 022606.html (Abruf: 21. 3. 2010).
129 Leitsatz 3 des Urteils BVerfG, 2 BvR 2029/01 vom 5. 2. 2004, http://www.bverfg.de/entscheidungen/rs2004 020 5_2bvr202901.html (Abruf: 30. 8. 2014).
130 Pressemitteilung des BMJ vom 17. 12. 2009: EGMR-Entscheidung zur Sicherungsverwahrung: Gewissenhafte Auswertung notwendig, unter www.bmj.bund.de (Abruf: 7. 2. 2010).

6.1 Die Schutzfunktion des Art. 103 Abs. 2 GG

Art. 103 Abs. 2 GG enthält als grundrechtsgleiches Recht, wie es sich aus Art. 94 Abs. 1 Nr. 4a GG ergibt, einerseits die Garantiefunktion des Strafgesetzes und bestimmt – umschrieben mit dem lateinischen Satz „nullum crimen, nulla poena sine lege" – daher „kein Verbrechen, keine Strafe ohne Gesetz". Die Vorschrift ist deshalb auch andererseits rechtssystematisch eine Schranken-Schranke hinsichtlich von Grundrechtsverkürzungen – insbesondere der Freiheit der Person nach Art. 2 Abs. 2 Satz 2 GG und der freien Entfaltung der Persönlichkeit nach Art. 2 Abs. 1 GG – durch Bestrafung. Wegen seiner überragenden Bedeutung für die Strafrechtsordnung wird dieser Grundsatz in § 1 StGB wortgleich wiederholt. Die Vorschrift dient der Sicherung der Rechtsstaatlichkeit im gerichtlichen Verfahren, insbesondere im Zusammenhang mit der Gewährleistung des effektiven Rechtsschutzes und des fairen Verfahrens und gibt materielle Garantien für das Strafverfahren.[131] Nach dieser Vorschrift kann eine Tat nur bestraft werden, wenn die Strafbarkeit gesetzlich bestimmt war, *bevor* die Tat begangen wurde. Zusammenfassend wird Art. 103 Abs. 2 GG auch als „Gesetzlichkeitsprinzip" bezeichnet,[132] das als Konkretisierung des Rechtsstaatsprinzips[133] insbesondere unter dem Gesichtspunkt der Rechtssicherheit und Menschenwürde für den gesamten Bereich der staatlichen Strafgewalt in Gesetzgebung und Rechtsprechung,[134] aber auch bezüglich der Verwaltung[135] gilt und die Bürgerinnen und Bürger vor willkürlicher Ausdehnung und Ausübung der staatlichen Strafgewalt schützen soll. Die in Art. 103 Abs. 2 GG verankerten rechtsstaatlichen Garantiegehalte stehen eng mit den Freiheitsrechten des Einzelnen in Zusammenhang und verstehen sich somit auch als Konsequenz des in Art. 3 Abs. 1 GG enthaltenen Willkürverbots.[136]

---

131 Vgl. Brüning, Christoph, in: Stern, Klaus/Becker, Florian (Hrsg.), Grundrechte-Kommentar, Köln 2010, Art. 103, Rn. 4 u. 8; so auch BVerfG, NJW 2001, 2531.

132 S. z. B. Kastner, Martin: Gesetzlichkeitsprinzip, in: Möllers (Hrsg.), Wörterbuch der Polizei, 2. Aufl., München 2010, S. 831 mit weiteren Nachweisen.

133 BVerfGE 7, 89 [92]; 47, 109 [120]; 95, 96 [130]; 109, 133 [171]; vgl. Pieroth, Bodo, in: Jarass, Hans D./Pieroth, Bodo (Hrsg.), Grundgesetz für die Bundesrepublik Deutschland, Kommentar, 10. Aufl., München 2009, Art. 103 Rn. 43; Schulze-Fielitz, Helmuth, in: Dreier, Horst (Hrsg.), Grundgesetz, Kommentar, 3 Bde., 2. Aufl., Tübingen 2008, Art. 103 Rn. 12.

134 Vgl. Degenhart, Christoph, in: Sachs, Michael (Hrsg.), Grundgesetz, Kommentar, 5. Aufl., München 2009, Art. 103 Rn. 53 mit weiteren Nachweisen.

135 Vgl. Schulze-Fielitz, Helmuth, in: Dreier, Horst (Hrsg.), Grundgesetz, Kommentar, 3 Bde., 2. Aufl., Tübingen 2008, Art. 103 Rn. 14.

136 S. BVerfGE 94, 372 [394]; BVerfG, NJW 2001, 1848 [1849]; vgl. Brüning, Christoph, in: Stern, Klaus/Becker, Florian (Hrsg.), Grundrechte-Kommentar, Köln 2010, Art. 103, Rn. 9.

6.1.1 Die rechtsstaatlichen Garantiegehalte des Gesetzlichkeitsprinzips

Insgesamt enthält Art. 103 Abs. 2 GG vier rechtsstaatliche Garantiegehalte, nämlich das Prinzip der Gesetzesbestimmtheit, den Bestimmtheitsgrundsatz, das Analogieverbot und das Rückwirkungsverbot.

Das *Prinzip der Gesetzesbestimmtheit* erfordert, dass die Voraussetzungen der Strafbarkeit in Parlamentsgesetzen verankert sein müssen. Denn nur der Gesetzgeber, nicht aber Exekutive und Judikative sollen über die Strafbarkeit entscheiden. Außerdem können nur dadurch die Menschen vorhersehen, welches Verhalten verboten und mit Strafe bedroht ist.[137] Voraussetzung dafür ist, dass die Strafgesetze hinsichtlich ihrer Tatbestandsvoraussetzungen und Rechtsfolgen ein Mindestmaß an inhaltlicher Bestimmtheit aufweisen („nullum crimen, nulla poena sine lege *stricta*"). Dieser *Bestimmtheitsgrundsatz* setzt somit voraus, dass Inhalt, Bedeutung und Tragweite sowie der daraus resultierende Anwendungsbereich der jeweiligen Strafvorschrift für die Bürgerinnen und Bürger hinreichend erkennbar sein müssen.[138] Dadurch versteht es sich von selbst, dass der Anwendungsbereich strafbegründender oder strafschärfender Vorschriften zu Lasten des Täters oder Teilnehmers[139] im *materiellen* Strafrecht nicht im Wege der *Analogie* erweitert werden darf.[140] Ebenso verbietet Art. 103 Abs. 2 GG der rechtsprechenden Gewalt, *gewohnheitsrechtlich* Straftatbestände oder Strafen zu begründen oder zu verschärfen („nullum crimen, nulla poena sine lege *scripta*").[141]

Schließlich beinhaltet der Schutz des Art. 103 Abs. 2 GG ein *Rückwirkungsverbot,* das hier für die nachträgliche Sicherungsverwahrung von besonderer Bedeutung ist. Es bedeutet, dass weder ein Gesetz noch ein Richter strafbegründenden oder strafschärfenden Bestimmungen rückwirkende Kraft beilegen dürfen. Dieses als absolutes, nicht un-

---

137 BVerfGE 67, 207 [224]; 87, 399 [411]; 105, 135 [153]; vgl. Pieroth, Bodo, in: Jarass, Hans D./Pieroth, Bodo (Hrsg.), Grundgesetz für die Bundesrepublik Deutschland, Kommentar, 10. Aufl., München 2009, Art. 103 Rn. 49.

138 Kastner, Martin: Gesetzlichkeitsprinzip, in: Möllers (Hrsg.), Wörterbuch der Polizei, 2. Aufl., München 2010, S. 831. Vgl. dazu z. B. BVerfG, NJW 1995, 1141 = NStZ 1995, 275 – 3. Sitzblockaden-Entscheidung und BVerfG, Beschl. v. 1. 9. 2008, Az. 2 BvR 2238/07 = JuS 2009, 78 – Kfz. als „Waffe".

139 Wohl aber zu seinen Gunsten: z. B. eine analoge Anwendung von Strafmilderungsvorschriften, vgl. BGHSt [GrS] 30, 105; vgl. Pieroth, Bodo, in: Jarass, Hans D./Pieroth, Bodo (Hrsg.), Grundgesetz für die Bundesrepublik Deutschland, Kommentar, 10. Aufl., München 2009, Art. 103 Rn. 50.

140 Vgl. zum Analogieverbot Degenhart, Christoph, in: Sachs, Michael (Hrsg.), Grundgesetz, Kommentar, 5. Aufl., München 2009, Art. 103 Rn. 69 mit weiteren Nachweisen; Kastner, Martin: Gesetzlichkeitsprinzip, in: Möllers (Hrsg.), Wörterbuch der Polizei, 2. Aufl., München 2010, S. 831; Pieroth, Bodo, in: Jarass, Hans D./Pieroth, Bodo (Hrsg.), Grundgesetz für die Bundesrepublik Deutschland, Kommentar, 10. Aufl., München 2009, Art. 103 Rn. 50.

141 Unbedenklich ist allerdings die Entstehung strafeinschränkenden Gewohnheitsrechts, etwa die gewohnheitsrechtliche Anerkennung gesetzlich nicht normierter Rechtfertigungs- oder Entschuldigungsgründe. S. Pieroth, Bodo, in: Jarass, Hans D./Pieroth, Bodo (Hrsg.), Grundgesetz für die Bundesrepublik Deutschland, Kommentar, 10. Aufl., München 2009, Art. 103 Rn. 50 mit Hinweisen auf die Rechtsprechung.

ter Abwägungsvorbehalten stehende[142] Verbot der Rückbewirkung von Rechtsfolgen[143] umfasst sowohl das „Ob" als auch das „Wie" der Strafbarkeit.[144] Es gilt im gesamten Bereich des *materiellen* Strafrechts.[145]

6.1.2 Die tatbestandliche Tragweite des Rückwirkungsverbots

§ 2 Abs. 6 StGB bestimmt, dass über Maßregeln der Besserung und Sicherung nach dem Gesetz zu entscheiden ist, das zur Zeit der Entscheidung gilt, wenn gesetzlich nichts anderes bestimmt ist. Daraus wird abgeleitet, dass die Maßregeln der Besserung und Sicherung ihrem Wesen nach kriminalrechtlich betrachtet keine Strafen darstellen sollen. Denn § 2 Abs. 6 StGB stellt ausdrücklich klar, dass das Rückwirkungsverbot für Maßregeln der Besserung und Sicherung nicht gilt. Damit sollen die Garantien des Rückwirkungsverbots nach Art. 103 Abs. 2 GG nur für Strafen gelten.

„Strafen" sind nach Auffassung des Bundesverfassungsgerichts von als „Strafe empfundenen Maßnahmen" abzugrenzen, die nicht die Schutzfunktion des Art. 103 Abs. 2 GG genießen sollen. Unter den Begriff der „Strafe" fallen danach alle staatlichen Maßnahmen, „die eine missbilligende hoheitliche Reaktion auf ein rechtswidriges, schuldhaftes Verhalten darstellen und wegen dieses Verhaltens ein Übel verhängen, das dem Schuldausgleich dient."[146] Damit soll nicht allein die Einbuße an Freiheit oder Eigentum als Übel eine „Strafe" darstellen, sondern es kommt nach juristischer Auffassung darauf an, „ob die Maßnahme nach Anlass und Zweck auf einem *strafrechtlichen Schuldvorwurf* aufbaut und die *vergeltende Sanktion* im Vordergrund steht."[147] Für „Strafe", zu de-

---

142 BVerfGE 95, 96 [131].

143 Degenhart, Christoph, in: Sachs, Michael (Hrsg.), Grundgesetz, Kommentar, 5. Aufl., München 2009, Art. 103 Rn. 71.

144 Jedoch wiederum nicht im Strafprozessrecht: Die rückwirkende Beseitigung von Prozessvoraussetzungen oder Prozesshindernissen, z. B. die Abschaffung der Verjährung im Jahre 1979 durch das 16. StrÄndG hinsichtlich noch nicht verjährter Mordtaten, ist also grundsätzlich zulässig, soweit nicht im Einzelfall – bei völlig abgeschlossenen Sachverhalten der Vergangenheit – aus dem rechtsstaatlichen Gedanken des Vertrauensschutzes etwas anderes folgt: Kastner, Martin: Gesetzlichkeitsprinzip, in: Möllers (Hrsg.), Wörterbuch der Polizei, 2. Aufl., München 2010, S. 831.

145 Vgl. Degenhart, Christoph, in: Sachs, Michael (Hrsg.), Grundgesetz, Kommentar, 5. Aufl., München 2009, Art. 103 Rn. 71 ff.; Pieroth, Bodo, in: Jarass, Hans D./Pieroth, Bodo (Hrsg.), Grundgesetz für die Bundesrepublik Deutschland, Kommentar, 10. Aufl., München 2009, Art. 103 Rn. 53.

146 BVerfG, 2 BvR 2098/08 vom 5. 8. 2009, Absatz-Nr. 21, in: www.bverfg.de/entscheidungen/rk20090805_2bvr209808.html (Abruf: 13. 3. 2010); vgl. auch BVerfGE 26, 186 [204]; 42, 261 [262]; 45, 346 [351]; 109, 133 [167]; 109, 190 [219].

147 So Brüning, Christoph, in: Stern, Klaus/Becker, Florian (Hrsg.), Grundrechte-Kommentar, Köln 2010, Art. 103, Rn. 52 m. w. N. auf BVerfG 109, 133 [171] und 110, 1 [14]; Hervorhebungen im Original in Fettdruck. So auch Nolte, Georg, in: Hermann von Mangoldt/Friedrich Klein/Christian Starck (Hrsg.): Kommentar zum Grundgesetz, 3 Bde., 5. Aufl., 2005, Art. 103 Rn. 108; im Ergbnis zustimmend zum Beispiel Pieroth, Bodo, in: Jarass, Hans D./Pieroth, Bodo (Hrsg.), Grundgesetz für die Bundesrepublik Deutschland, Kommentar, 10. Aufl., München 2009, Art. 103 Rn. 47; Degenhart, Christoph, in: Sachs, Michael (Hrsg.), Grundgesetz, Kommentar, 5. Aufl., München 2009, Art. 103 Rn. 58 mit Hinweisen auf

nen Hauptstrafen, Nebenstrafen und Nebenfolgen[148] nach §§ 38–45b StGB gehören[149], gilt das Rückwirkungsverbot absolut; das Bundesverfassungsgericht stellt für die Sicherungsverwahrung aber ausdrücklich fest:

> „Die Sicherungsverwahrung stellt demgegenüber eine präventive Maßnahme dar, deren Zweck es nicht ist, begangenes Unrecht zu sühnen, sondern die Allgemeinheit vor dem Täter zu schützen... Auch das Doppelbestrafungsverbot des Art. 103 Abs. 3 GG verbietet nur die erneute Bestrafung als missbilligende und vergeltende hoheitliche Reaktion auf schuldhaftes Unrecht; es betrifft nicht die Verhängung von Maßregeln der Besserung und Sicherung..."[150]

Dadurch entscheidet in Deutschland durch Richterrecht[151] die Judikative, dass die Schutzfunktion des Art. 103 Abs. 2 GG auf die Sicherungsverwahrung keine Anwendung findet.[152] Dagegen hat das Rückwirkungsverbot nach Art. 7 Abs. 1 EMRK im Urteil des EGMR einen anderen Maßstab.

6.2   Das Rückwirkungsverbot nach Art. 7 Abs. 1 EMRK im Urteil des EGMR

Vergleicht man Art. 103 Abs. 2 GG mit internationalen Bestimmungen, ist zunächst festzustellen, dass das Rückwirkungsverbot auch völkerrechtlich fest verankert ist und durch Art. 11 Nr. 2 der Allgemeinen Erklärung der Menschenrechte (AEMR), Art. 15 Abs. 1 des Internationalen Pakts über bürgerliche und politische Rechte (IPBPR) sowie durch Art. 7 Abs. 1 der Europäischen Konvention zum Schutze der Menschenrechte und Grundfreiheiten (Europäische Menschenrechtskonvention – EMRK) garantiert wird. Das Rückwirkungsverbot ist auch schon länger als allgemeiner Rechtsgrundsatz vom Gerichtshof der Europäischen Union (EuGH) anerkannt worden, der sich dafür ausdrücklich auf Art. 7 Abs. 1 EMRK bezog.[153] Seit dem Lissabonner Vertrag wird auf EU-Ebene das Rückwirkungsverbot in Art. 49 Abs. 1 der Charta der Grundrechte der Europäischen Union (Grundrechtecharta – GRC) gewährleistet.

---

ablehnende Meinungen; zurückhaltend, letztlich aber zustimmend formuliert ferner von Radtke, Henning/Hagemeier, Andrea, in: Epping, Volker/Hillgruber, Christian (Hrsg.), Grundgesetz, Kommentar, München 2009, Art. 103 Rn. 42.

148 Zur Abgrenzung von Nebenstrafe und Nebenfolge vgl. Kastner, Martin: Nebenfolgen; in: Möllers (Hrsg.), Wörterbuch der Polizei, 2. Aufl., München 2010, S. 1316–1317 m. w. N.

149 Degenhart, Christoph, in: Sachs, Michael (Hrsg.), Grundgesetz, Kommentar, 5. Aufl., München 2009, Art. 103 Rn. 58 m. w. N.

150 BVerfG, 2 BvR 2098/08 vom 5. 8. 2009 (Fn. 30), Absatz-Nr. 21.

151 Zur Bedeutung des Richterrechts vgl. Kastner, Martin: Richterrecht; in: Möllers (Hrsg.), Wörterbuch der Polizei, 2. Aufl., München 2010, S. 1619–1620 mit weiteren Literaturnachweisen.

152 Vgl. Krahl, Matthias: Zum Verhältnis von Strafrecht und Maßregelrecht am Beispiel der Sicherungsverwahrung; in: Kritische Vierteljahresschrift (KritV), 92 (2009), 3, S. 310–322.

153 EuGH, Slg. 1984, 2689 [2718].

Anders als nach deutscher Rechtsauffassung des Bundesverfassungsgerichts stellen die Richter im Urteil des EGMR heraus, dass die Verlängerung der Sicherungsverwahrung sehr wohl als eine nachträglich auferlegte zusätzliche Strafe angesehen werden muss, die gegen das Rückwirkungsverbot verstößt. Dazu verglich das Gericht zunächst die in anderen Mitgliedsländern des Europarats vertretene Unterscheidung zwischen Strafen und Sicherungsmaßregeln sowie Folgen dieser Unterscheidung und stellte fest:

> „Im Hinblick auf die Unterscheidung zwischen Strafen und Sicherungsmaßregeln in den Vertragsstaaten der Konvention sowie der Folgen, die sich aus der Einstufung der in Rede stehenden Sanktion ergeben, ist zu bemerken, dass ein und derselbe Maßregeltyp in einem Staat als zusätzliche Strafe und in einem anderen Staat als Sicherungsmaßregel eingestuft werden kann. Die Überwachung der Führung einer Person nach ihrer Entlassung gilt beispielsweise nach den Artikeln 131-36-1 ff. des französischen Strafgesetzbuches als eine zusätzliche Strafe und nach den Artikeln 215 und 228 des italienischen Strafgesetzbuches als eine Sicherungsmaßregel."[154]

Allerdings hat sich der französische Verfassungsrat in seiner Entscheidung vom 21. Februar 2008[155] entschieden, dass die Sicherungsverwahrung *nicht* auf der Schuld der verurteilten Person beruht, sondern das Ziel hat, die Täter daran zu hindern, rückfällig zu werden. Es hat darüber hinaus ausdrücklich festgestellt, dass diese Maßregel somit keine Strafe darstellt.[156] Letztlich wird damit im Ergebnis nach französischem Recht der Standpunkt eingenommen, den das deutsche Bundesverfassungsgericht zur Sicherungsverwahrung vertritt.[157]

Der französische Verfassungsrat vertrat aber – anders als das BVerfG – die Auffassung, dass die Sicherungsverwahrung im Anschluss an die Verbüßung der Freiheitsstrafe im Hinblick auf ihre freiheitsentziehende Art, die Dauer des Freiheitsentzugs, die Möglichkeit, sie unbegrenzt zu verlängern, und die Tatsache, dass sie im Anschluss an eine Verurteilung durch ein Gericht ausgesprochen wird, *nicht rückwirkend auf Personen angewandt werden dürfe,* die wegen Straftaten verurteilt wurden, die vor der Veröffentlichung des Gesetzes begangen wurden.[158] Daher weicht in diesem Punkt die Schlussfolgerung des französischen Verfassungsrats von der des deutschen Bundesverfassungsgerichts ab.

Dieser Unterschied führte aber schließlich zur Verurteilung der in Deutschland in § 67d Abs. 3 StGB eingeführten nachträglichen Verlängerung der Sicherungsverwah-

---

154 EGMR Nr. 19359/04 (5. Kammer) – Urteil vom 17. Dezember 2009 (in der Übersetzung des Bundesjustizministeriums), Nr. 74, Rn. 69, in: http://www.hrr-strafrecht.de/hrr/egmr/04/19359-04-1.php (Abruf: 13.3.2010).

155 Nr. 2008-562 DC, Journal officiel vom 26. Februar 2008, S. 3272.

156 Rn. 9 der Entscheidung.

157 So auch EGMR Nr. 19359/04 (5. Kammer) – Urt. v. 17. Dezember 2009 (Fn. 154), Nr. 75, Rn. 70.

158 Rn. 10 der Entscheidung (Fn. 154).

rung als Verletzungen des Rechts auf Freiheit nach Art. 5 EMRK und des Rückwirkungsverbots nach Art. 7 EMRK, sodass der Gerichtshof dem Beschwerdeführer deshalb eine Entschädigung von 50 000 € zuzüglich Zinsen zusprach.[159]

6.2.1 Die tatbestandliche Tragweite des Rückwirkungsverbots nach Art. 7 EMRK

Der EGMR begründet seine Auffassung damit, dass die Sicherungsverwahrung einer Strafe sehr wohl ähnlich sei und daher die formale Trennung zwischen Strafvollzug und Maßregelvollzug nicht maßgebend sein kann. Denn der Begriff der Strafe in Art. 7 EMRK ist autonom und nicht nach innerstaatlichem Recht auszulegen. Um einen effektiven Schutz zu gewährleisten, ist nicht nur auf die Erscheinung (die Bezeichnung) einer Maßnahme zu blicken. Der Gerichtshof muss selbst würdigen, ob eine Maßnahme nach ihrer Substanz an Art. 7 EMRK zu messen ist. Ausgangskriterium ist dabei, ob die Maßnahme *infolge der Verurteilung wegen einer Straftat* auftritt.[160] Dies ist deshalb zu bejahen, weil die Sicherungsverwahrung von den Strafgerichten immer im Zusammenhang mit einer Straftat angeordnet wird und die Vorschriften, die sie regeln, im „Gesetz über den Vollzug der Freiheitsstrafe und der freiheitsentziehenden Maßregeln der Besserung und Sicherung" (Strafvollzugsgesetz – StVollzG) enthalten sind. Die Sicherungsverwahrung ist an die Schuld des Täters gebunden. Das ergibt sich schon daraus, dass sie nach § 66 Abs. 1 StGB nur bei Vorliegen bestimmter früherer Straftaten verhängt und nicht gegen eine strafrechtlich nicht verantwortliche Person angeordnet werden darf.[161]

Die Sicherungsverwahrung bedeutet deshalb genau wie eine gewöhnliche Haftstrafe einen Freiheitsentzug. Das wird dadurch deutlich, dass nach § 130 StVollzG für die Sicherungsverwahrung die Vorschriften über den Vollzug der Freiheitsstrafe (§§ 3–126, 179–187 StVollzG) entsprechend gelten. Auch die Art und Weise, in der Unterbringungen in der Sicherungsverwahrung in Deutschland in der Praxis im Vergleich zu normalen Freiheitsstrafen vollzogen werden, zeigt augenfällig, dass Sicherungsverwahrte in regulären Strafvollzugsanstalten, wenn auch in separaten Abteilungen, untergebracht sind. Auch wenn ihnen minimale Verbesserungen bei den Haftbedingungen eingeräumt werden, wie etwa das Recht, eigene Kleidung zu tragen und die (komfortableren) Zellen noch zusätzlich auszustatten[162], ändert dies jedoch nichts an der grundlegenden Ähnlichkeit zwischen dem Vollzug einer normalen Haftstrafe und einer Unterbringung in der Sicherungsverwahrung. Dies lässt sich auch daraus ableiten, dass es im StVollzG nur sehr wenige Bestimmungen gibt (§§ 129–135 StVollzG), die sich speziell mit dem Vollzug von Sicherungsverwahrungsanordnungen befassen.[163]

---

159 EGMR Nr. 19359/04 (5. Kammer) – Urt. v. 17. Dezember 2009 (Fn. 154), am Ende.
160 S. dazu EGMR Nr. 19359/04 (5. Kammer) – Urt. v. 17. Dezember 2009 (Fn. 154), Nr. 126, Rn. 138.
161 EGMR Nr. 19359/04 (5. Kammer) – Urt. v. 17. Dezember 2009 (Fn. 154), Nr. 109, Rn. 120.
162 Vgl. dazu Feest, Johannes: Chancen im Vollzug oder „Chancenvollzug"?; in: Strafverteidiger (StV) 10/2008, S. 553–558, hier S. 554.
163 EGMR Nr. 19359/04 (5. Kammer) – Urt. v. 17. Dezember 2009 (Fn. 154), Nr. 127, Rn. 139.

Schließlich ist festzustellen, dass sich angesichts der tatsächlichen Situation von Sicherungsverwahrten gar nicht erkennen lässt, dass die Sicherungsverwahrung einem rein vorbeugenden und keinem Strafzweck diene. Denn neben dem Angebot für normale Langzeitgefangene gibt es derzeit keine besonderen, auf Sicherungsverwahrte gerichteten Maßnahmen, Instrumente oder Einrichtungen, die zum Ziel haben, die von ihnen ausgehende Gefahr zu verringern und damit ihre Haft auf die Dauer zu beschränken, die unbedingt erforderlich ist, um sie von der Begehung weiterer Straftaten abzuhalten.[164] Eine von den Richtern des EGMR, die sich damit den Feststellungen des Menschenrechtskommissars des Europarats und des Europäische Ausschusses zur Verhütung von Folter und unmenschlicher oder erniedrigender Behandlung oder Strafe anschließen, geforderte ausreichende psychologische Betreuung speziell für die Bedürfnisse von Häftlingen in der Sicherungsverwahrung gibt es nicht.[165] Insgesamt ist deshalb die deutsche Sicherungsverwahrung als „Strafe" anzusehen, sodass das Rückwirkungsverbot nach Art. 7 EMRK verletzt ist.

6.2.2 Die Legitimation von Freiheitsentziehungen nach Art. 5 EMRK

Das Recht auf Freiheit und Sicherheit gemäß Art. 5 EMRK wird nach Auffassung des EGMR durch § 67d Abs. 3 StGB deshalb verletzt, weil bei der nachträglichen Sicherungsverwahrung keine Legitimation von Freiheitsentziehungen vorliegen. Denn zulässige Gründe für die Freiheitsentziehung werden erschöpfend in Art. 5 Abs. 1 lit. a–f EMRK aufgelistet. Eine Freiheitsentziehung kann deshalb nur rechtmäßig sein, wenn sie von einem dieser Gründe erfasst wird.[166] Die Anwendbarkeit eines Grundes schließt jedoch nicht notwendigerweise die eines anderen aus. Eine Freiheitsentziehung kann ggf. nach mehr als einem der Buchstaben a–f gerechtfertigt sein.[167]

> „Im Sinne von §[168] 5 Abs. 1 Buchst. a ist der Begriff ‚Verurteilung' (englisch: ‚conviction') unter Berücksichtigung des französischen Textes (‚condamnation') so zu verstehen, dass er sowohl eine Schuldfeststellung bezeichnet, nachdem das Vorliegen einer Straftat in der gesetzlich vorgesehenen Weise festgestellt wurde (s. Guzzardi, a. a. O., Rdnr. 100), als auch die Auferlegung einer Strafe oder einer anderen freiheitsentziehenden Maßnahme (siehe van Droogenbroeck ./. Belgien, 24. Juni 1982, Rdnr. 35, Serie A Band 50)."[169]

---

164 EGMR Nr. 19359/04 (5. Kammer) – Urt. v. 17. Dezember 2009 (Fn. 154), Nr. 128, Rn. 140.

165 EGMR Nr. 19359/04 (5. Kammer) – Urt. v. 17. Dezember 2009 (Fn. 154), Nr. 129, Rn. 141.

166 S. u. a. Guzzardi ./. Italien, 6. November 1980, Rn. 96, Serie A Band 39; Witold Litwa ./. Polen, Individualbeschwerde Nr. 26629/95, Rn. 49, ECHR 2000-III; und Saadi ./. Vereinigtes Königreich [GK], Individualbeschwerde Nr. 13299/03, Rn. 43, InfAuslR 2006, 437–439; NVwZ 2007, 913–916.

167 EGMR Nr. 19359/04 (5. Kammer) – Urt. v. 17. Dezember 2009 (Fn. 38), Nr. 86, Rn. 95 m. w. N. auf frühere Entscheidungen des EGMR.

168 Gemeint ist Art.

169 EGMR Nr. 19359/04 (5. Kammer) – Urt. v. 17. Dezember 2009 (Fn. 38), Nr. 87, Rn. 96.

Art. 5 Abs. 1 lit. a EMRK legitimiert also nur Freiheitsentziehungen, die in einer substantiellen Verbindung mit der Verurteilung stehen. Dies ist im Fall der Aufhebung der früheren Zehnjahresfrist bei der Sicherungsverwahrung nicht gegeben, auch wenn dem Verurteilten im Urteil selbst keine Frist bestimmt wurde. Denn die Entscheidungen der Vollstreckungsgerichte, den Beschwerdeführer weiter in Haft zu halten, konnten nicht das Erfordernis der „Verurteilung" im Sinne von Art. 5 Abs. 1 lit. a EMRK erfüllen, da sie keine Schuldfeststellung mehr beinhalten.[170]

Auch die Frage, ob diese Freiheitsentziehung der nachträglichen Sicherungsverwahrung noch „*nach* Verurteilung" erfolgte, also ob noch ein hinreichender Kausalzusammenhang zwischen der ursprünglichen Verurteilung (1986) und der Fortdauer der Freiheitsentziehung (2001) bestand, wird durch das EGMR verneint. Ein solcher Kausalzusammenhang wird vom EGMR deshalb abgelehnt, weil nach alter Rechtsregelung zum Zeitpunkt der Verurteilung ein Täter für eine Dauer von höchstens zehn Jahren in der Sicherungsverwahrung untergebracht werden konnte. Unabhängig davon, ob er noch als für die Allgemeinheit gefährlich angesehen wurde, wäre er entlassen worden, wenn es nicht im Jahre 1998 eine Änderung des § 67d StGB gegeben hätte.

Da die Änderung des § 67d StGB nach Art. 7 EMRK gegen das Rückwirkungsverbot verstößt, ist damit letztlich auch eine Verletzung des Rechts auf Freiheit und Sicherheit gemäß Art. 5 EMRK gegeben.

6.3 Abwägung zwischen „Täterschutz" und „Opferschutz"

Das deutsche Strafrecht hat nach mehrfacher Bestätigung durch das Bundesverfassungsgericht[171] ein zweispuriges Sanktionssystem, bei dem Maßregeln der Besserung und Sicherung immer schon als Maßnahmen verstanden werden, die sich von der Strafe unterscheiden. Im Unterschied zur Strafe wird der Zweck der Sicherungsverwahrung nicht darin gesehen, eine strafrechtliche Schuld zu sühnen, sondern sie gilt als reine Präventionsmaßnahme, welche die Allgemeinheit vor einem gefährlichen Täter schützen soll, sodass nach dieser Rechtsauffassung der „Opferschutz" in den Fokus gestellt ist.[172]

Dagegen vertritt das Urteil des EGMR die Ansicht, dass die Sicherungsverwahrung ihrer Natur nach – zumindest auch – eine Strafe darstellt, weil diese Maßnahme von den Strafgerichten im Zusammenhang mit einer Straftat angeordnet wird sowie die Vorschriften, die sie regeln, im Strafvollzugsgesetz enthalten sind. Außerdem muss

---

170 EGMR Nr. 19359/04 (5. Kammer) – Urt. v. 17. Dezember 2009 (Fn. 38), Nr. 96, Rn. 106.

171 BVerfG, 2 BvR 2098/08 vom 5. 8. 2009, Absatz-Nr. 21, in: www.bverfg.de/entscheidungen/rk20090805_2bvr 209808.html (Abruf: 13. 3. 2010); vgl. auch BVerfGE 26, 186 [204]; 42, 261 [262]; 45, 346 [351]; 109, 133 [167]; 109, 190 [219].

172 Vgl. dazu Mushoff, Tobias: Verwahrvollzug light? Zur Bewertung von Longstay-Einrichtungen als Ansatz zur Überwindung der Legitimationsprobleme der Sicherungsverwahrung; in: Neue Kriminalpolitik (NK), 2/2008, S. 67–71, hier S. 67.

gesehen werden, dass die Sicherungsverwahrung an die Schuld des Täters gebunden ist, weil sie nur bei Vorliegen bestimmter früherer Straftaten verhängt und nicht gegen eine strafrechtlich nicht verantwortliche Person angeordnet werden darf.[173] Als Konsequenz daraus muss die Sicherungsverwahrung als freiheitsentziehende Maßnahme immer konkret mit einer Verurteilung des Täters verbunden sein, sodass das EGMR vor allem den „Täterschutz" in den Mittelpunkt rückt.

6.4 Der Kompromiss im Urteil des Bundesverfassungsgerichts vom 4.5.2011 nach der EGMR-Entscheidung

Mit seinem erneuten Urteil zur Sicherungsverwahrung nach der Entscheidung des EGMR hat das BVerfG auf verfassungs- und europarechtlicher Ebene einen Kompromiss zwischen dem strengen Rückwirkungsverbot des EGMR und seiner eigenen Rechtsprechung aus dem Jahr 2004, nach der das verfassungsrechtliche Rückwirkungsverbot für die Maßregel der Sicherungsverwahrung nicht gelten sollte, gefunden[174] und in seinem ersten Leitsatz zum Urteil des Zweiten Senats vom 4. Mai 2011 festgestellt:

> „1. Entscheidungen des Europäischen Gerichtshofs für Menschenrechte, die neue Aspekte für die Auslegung des Grundgesetzes enthalten, stehen rechtserheblichen Änderungen gleich, die zu einer Überwindung der Rechtskraft einer Entscheidung des Bundesverfassungsgerichts führen können."[175]

Bis dahin hatte der Zweite Senat festgestellt:

> „Der Wegfall der zehnjährigen Höchstfrist verletze weder die Menschenwürde (Art. 1 Abs. 1 GG) noch das Freiheitsgrundrecht (Art. 2 Abs. 2 Satz 2 GG), das strafrechtliche Rückwirkungsverbot (Art. 103 Abs. 2 GG) oder das rechtsstaatliche Vertrauensschutzgebot (Art. 2 Abs. 2 i. V. m. mit Art. 20 Abs. 3 GG)."[176]

Nunmehr hat das BVerfG in seiner Entscheidung von 2011 neue Perspektiven für eine therapieorientierte Sicherungsverwahrung aufgezeigt und bei der Gelegenheit unübersichtliche und rechtsstaatlich problematische Regelungen zu den Altfällen beseitigt. Dabei wurden alle Bestimmungen der Sicherungsverwahrung wegen Verletzung des Frei-

---

173 EGMR Nr. 19359/04 (5. Kammer) – Urt. v. 17. Dezember 2009 (Fn. 38), Nr. 109, Rn. 120.
174 Vgl. Schöch, Heinz: Sicherungsverwahrung im Übergang; in: NK 2/2012, S. 47–54, hier S. 50.
175 BVerfG, 2 BvR 2365/09 vom 4.5.2011, Absatz-Nr. 1-178; http://www.bverfg.de/entscheidungen/rs2011050 4_2bvr236509.html (Abruf: 1.9.2014).
176 BVerfG, Urteil vom 4.5.2011 (Fn. 175), Absatz-Nr. 13.

heitsgrundrechts aus Art. 2 Abs. 2 Satz 2 GG i. V. m. Art. 104 Abs. 1 GG wegen der zu geringen Unterscheidung zum Strafvollzug für verfassungswidrig erklärt.[177]

Das Gericht bemängelte, dass während der Strafhaft solcher Strafgefangener, bei denen bereits im Urteil die anschließende Sicherungsverwahrung angeordnet wurde, „nicht in ausreichendem Umfang auf eine Aussetzung des Maßregelvollzugs zur Bewährung hingearbeitet"[178] wurde und die Zeit des Strafvollzugs für die Strafgefangenen mit anschließender Sicherungsverwahrung häufig ungenutzt verstreicht. Beanstandet hat der Zweite Senat, dass von der Möglichkeit der Gewährung von Vollzugslockerungen, „die gerade auch der Vorbereitung der Entlassung dienen und zudem von besonderer Bedeutung im Hinblick auf die Prognose hinsichtlich der Gefährlichkeit des Betroffenen sind,"[179] nur äußerst restriktiv Gebrauch gemacht wurde und unbegleitet durchgeführte Maßnahmen wie Ausgang, Freigang und Urlaub nur in den seltensten Fällen gewährt werden.[180] Gerügt wurde ferner, dass den Betroffenen zum einen Vollzugslockerungen wie Ausgang und Urlaub oder die Unterbringung im offenen Vollzug regelmäßig nicht gewährt wurden, und zum anderen, dass die Strafgefangenen mit anschließender Sicherungsverwahrung von den Anstalten häufig nicht oder nur zweitrangig zu den notwendigen Therapien zugelassen worden waren.[181] „Gerade der frühzeitige Beginn einer Therapie – bereits in der Strafhaft – ist jedoch entscheidend, um die anschließende Sicherungsverwahrung zu vermeiden oder zumindest so kurz wie möglich zu halten."[182]

In Bezug auf die Menschenwürde stellte das BVerfG für Freiheitsstrafe und Maßregelvollzug differenziert fest:

> „(1) Freiheitsstrafe und Sicherungsverwahrung unterscheiden sich grundlegend in ihrer verfassungsrechtlichen Legitimation. Die Berechtigung des Staates, Freiheitsstrafen zu verhängen und zu vollziehen, beruht wesentlich auf der schuldhaften Begehung der Straftat. Nur weil der Täter in vorwerfbarer Weise Unrecht begangen hat, darf er zu einer Freiheitsstrafe verurteilt und deren Vollzug unterworfen werden. Dem liegt das Menschenbild des Grundgesetzes von einem zu freier Selbstbestimmung befähigten Menschen zugrunde, dem mit dem in der Menschenwürde wurzelnden Schuldprinzip Rechnung zu tragen ist… Das Schuldprinzip begrenzt in seiner strafzumessungsleitenden Funktion die Dauer der Freiheitsstrafe auf das der Tatschuld Angemessene. Die Schuld ist einer der legitimierenden Gründe und äußerste Grenze der Anordnung und des Vollzugs der Freiheitsstrafe. Die Berechtigung zur Anordnung und zum Vollzug freiheitsentziehender Maßregeln wie der Sicherungsverwahrung folgt demgegenüber aus dem Prinzip des überwiegenden Interesses… Anordnung und

---

177 Vgl. Schöch, a. a. O. (Fn. 174), S. 50.
178 BVerfG, Urteil vom 4. 5. 2011 (Fn. 175), Absatz-Nr. 125.
179 BVerfG, Urteil vom 4. 5. 2011 (Fn. 175), Absatz-Nr. 126; vgl. auch BVerfGE 109, 133 (165 f.), m. w. N.
180 BVerfG, Urteil vom 4. 5. 2011 (Fn. 175), Absatz-Nr. 126.
181 Vgl. Bartsch, Tillmann: Sicherungsverwahrung – Recht, Vollzug, aktuelle Probleme, Baden-Baden 2010, S. 245 ff.
182 BVerfG, Urteil vom 4. 5. 2011 (Fn. 175), Absatz-Nr. 125 am Ende.

Vollzug sind nur dann legitim, wenn das Sicherheitsinteresse der Allgemeinheit das Freiheitsrecht des Betroffenen im Einzelfall überwiegt…"[183]

Aus diesem Unterschied ergibt sich, dass der Zweck der Freiheitsstrafe vornehmlich in
einer repressiven Übelszufügung als Reaktion auf schuldhaftes Verhalten besteht und
u. a. dem Schuldausgleich dient.[184] Dagegen bezweckt der Maßregelvollzug allein die
zukünftige Sicherung der Gesellschaft und ihrer Mitglieder „vor einzelnen, aufgrund
ihres bisherigen Verhaltens als hochgefährlich eingeschätzten Tätern."[185] Da somit unterschiedliche Legitimationsgrundlagen und Zwecksetzungen für Freiheitsstrafe bzw.
Maßregelvollzug bestehen, ergeben sich in Bezug des Vollzugs der Sicherungsverwahrung Unterschiede auf zwei Ebenen:

> „Da sich der Maßregelvollzug allein aus dem Prinzip des überwiegenden Interesses rechtfer-
> tigt, muss er umgehend beendet werden, wenn die Schutzinteressen der Allgemeinheit das
> Freiheitsrecht des Untergebrachten nicht länger überwiegen. Dabei trifft den Staat die Ver-
> pflichtung, im Vollzug von Anfang an geeignete Konzepte bereitzustellen, um die Gefährlich-
> keit des Verwahrten nach Möglichkeit zu beseitigen."[186]

Der Zweite Senat des BVerfG hat seine Position des reinen „Opferschutzes" aus dem
Urteil von 2004 in seinem Urteil von 2011 nicht verfestigt, sondern auch einen Schutz
des Täters eingeräumt, indem der Staat verpflichtet wurde, die Gefährlichkeit von Sicherungsverwahrten nach Möglichkeit zu beseitigen und ihnen die Freiheit wieder einzuräumen, wenn die Schutzinteressen der Allgemeinheit das Freiheitsrecht des Untergebrachten nicht länger überwiegen.

6.5 „Abschied vom Sicherheitswahn" und Zusammenfassung

Deutschland versteht sich als freiheitlicher Verfassungsstaat, den nicht nur demokratische und rechtsstaatliche Prinzipien, sondern „vor allem anderen die Gewährung bestimmter Freiheits- und Gleichheitsrechte aus[zeichnen]."[187] Diese Freiheitsgewährleis-
tungen sind aber nur möglich, wenn Toleranz als Bürgertugend anerkannt ist. Denn das
Gewährleisten von Freiheit erbringt automatisch eine enorme Vielzahl an Unterschiedlichkeit der Einstellungen, Lebensstile und Wertmaßstäbe, die immer dann, wenn sie
aufeinanderprallen, wechselseitig als mehr oder weniger unerträgliche Zumutung emp-

---

183 BVerfG, Urteil vom 4.5.2011 (Fn. 175), Absatz-Nr. 104.
184 Vgl. dazu BVerfGE 109, 133 (173).
185 BVerfG, Urteil vom 4.5.2011 (Fn. 175), Absatz-Nr. 105.
186 BVerfG, Urteil vom 4.5.2011 (Fn. 175), Absatz-Nr. 107.
187 Dreier, Horst: Der freiheitliche Verfassungsstaat als riskante Ordnung; in: Rechtswissenschaft (RW),
   1/2010, S. 11–38, hier S. 13.

funden wird.[188] Für die im Staat Verantwortlichen ergibt sich daraus notwendig, eine solche Toleranz von den Bürgerinnen und Bürgern einzufordern. Insofern müssen auch Angehörige von Opfern ertragen, dass Täter, die größte Schuld auf sich geladen haben, die Chance zur Freilassung verbleiben muss.[189] Denn gerichtliche Kontrollinstanzen wie BGH, BVerfG und EGMR können alleine den „Sicherheitswahn" nicht begrenzen. Hier sind die Bürgerinnen und Bürger selbst gefragt.[190]

Die Sicherungsverwahrung wird in der Öffentlichkeit stets mit Sexualstraftätern in Zusammenhang gebracht. Tatsächlich aber trifft sie auch andere Straftäter, denn nach § 66 Abs. 1 Nr. 3 StGB geht es bei den Straftaten, die zur Sicherungsverwahrung führen können, nicht nur um Sexualdelikte. Vielmehr ordnet das Gericht neben der Strafe die Sicherungsverwahrung an, wenn die „Gesamtwürdigung des Täters und seiner Taten ergibt, dass er infolge eines Hanges zu erheblichen Straftaten, namentlich zu solchen, durch welche die Opfer seelisch oder körperlich schwer geschädigt werden *oder schwerer wirtschaftlicher Schaden* angerichtet wird, für die Allgemeinheit gefährlich ist."[191] Daher trifft eine Sicherungsverwahrung nicht nur Sexualstraftäter und Mörder, sondern auch andere Straftäter, wie etwa Diebe und Räuber, die vermehrt jahrzehntelang in Sicherungsverwahrung einsitzen.[192] Ihre Entlassungsprognose hängt an seidenen Fäden: Aus einem die Entlassung ablehnenden Gutachten für einen Sicherungsverwahrten, der wegen schweren Raubs verurteilt worden war:

„Die Entscheidung, von der Gesellschaft vereinbarte Regeln konsequent einzuhalten, scheint bei ihm zu diesem Zeitpunkt noch nicht gefallen zu sein, was er deutlich mit der Mitteilung dokumentierte, auch in Zukunft bei Rot die Straße zu überqueren."[193]

Wenn bei einem Räuber die Prognose bereits so ausfällt, dass sie aufgrund einer fragwürdigen Begründung zu weiterem Freiheitsentzug von mindestens zwei Jahren – bis zur nächsten Prognose[194] – führt und die Sicherungsverwahrung nicht beendet, welcher

---

188 Dreier, Horst: Der freiheitliche Verfassungsstaat als riskante Ordnung; in: Rechtswissenschaft (RW), 1/2010, S. 11–38, hier S. 37.

189 Vgl. Kett-Straub, Gabriele: Die Kombination von lebenslanger Freiheitsstrafe und Sicherungsverwahrung; in: Golddammer's Archiv für Strafrecht (GA) 10/2009, 586–602; hier S. 602.

190 Vgl. dazu Pollähne, Helmut: Und verwahre uns vor dem Bösen … Die Renaissance der Sicherungsverwahrung; in: Grundrechte-Report 2007, S. 69–74; hier S. 73.

191 Hervorhebung nicht im Original.

192 Z. B. Klaus Witt, verurteilt wegen schweren Raubs zu viereinhalb Jahren Gefängnis und bereits seit 11 Jahren im Vollzug, in der ZDF-Sendung ML Mona Lisa: Pecoraro, M./Pecher, K.: Für immer weggesperrt?; in: ZDF-Sendung ML Mona Lisa vom 14. 3. 2010; http://monalisa.zdf.de/ZDFde/inhalt/21/ 0,1872,8050357,00.html (Abruf: 20. 3. 2010).

193 Pecoraro, M./Pecher, K.: Für immer weggesperrt?; in: ZDF-Sendung ML Mona Lisa vom 14. 3. 2010; http://monalisa.zdf.de/ZDFde/inhalt/21/0,1872,8050357,00.html (Abruf: 20. 3. 2010).

194 Vgl. dazu Eisenberg, Ulrich: Zur (Nicht-)Geeignetheit psychiatrischer Gutachten vor Anordnung nachträglicher Sicherungsverwahrung: zugleich Besprechung von BVerfG, 2. Kammer des Zweiten Senats, Beschluss vom 04. 12. 2008 – 2 BvR 2333/08; in: Deutsche Richterzeitung (DRiZ), Bd. 87 (2009), 7,

Gutachter wird dann einem Mörder oder Sexualstraftäter eine positive Prognose aussprechen, wenn auch nur die geringste Gefahr eines Rückfalls besteht, der niemals völlig ausgeschlossen werden kann und bei dessen Eintreten der Gutachter zur Rede gestellt wird?[195]

Grundrechte schützen nicht nur potenzielle Opfer, sondern auch Täter. Nicht nur die Maßnahme des Wegsperrens, die ganz erheblich die Betroffenen belastet, ist die einzig geeignete Maßnahme zur Prävention. Zugunsten des „Opferschutzes" bleiben mindestens gleichwertig Maßnahmen zur Verstärkung der Führungsaufsicht sowie Anstrengungen bei der vorsorglichen Resozialisierung durch ausreichende psychologische Betreuung speziell für die Bedürfnisse von Häftlingen in der Sicherungsverwahrung bestehen.[196] Ferner können die Familie, Verwandte und Freunde dazu beitragen, die Aufnahme und Betreuung von Sicherungsverwahrten nach ihrer Entlassung aus dem Verwahrvollzug mit zu organisieren, sodass Vollstreckungsgerichte, Führungsaufsicht und Polizei gemeinsam sich daran machen, angemessene individuelle Konzepte für gerichtliche Auflagen für entlassene Sicherungsverwahrte zu entwickeln.[197] Dieser Weg verhindert gesellschaftlichen Ausschluss und dürfte auch die immer dann auftretende Angsthysterie verhindern, wenn gefährlichen Straftätern der Gefängnisausbruch gelingt.[198]

Zusammenfassend lässt sich feststellen: Der Zweite Senat des BVerfG hat seine Position des reinen „Opferschutzes" aus dem Urteil von 2004 in seinem Urteil von 2011 nicht verfestigt, sondern auch einen Schutz des Täters eingeräumt, ohne allerdings die Menschenwürde des Sicherungsverwahrten zu problematisieren. Immerhin wurde aber der

---

S. 219–222; Nowara, Sabine. Die Begutachtung zur Frage der Sicherungsverwahrung bzw. nachträglichen Sicherungsverwahrung; in: Arbeitsgemeinschaft Strafrecht des Deutschen Anwaltvereins/Detter, Klaus/Herdegen, Gerhard/Meyer-Goßner, Lutz/Nehm, Kay/Winkler, Walter (Hrsg.): Strafverteidigung im Rechtsstaat. 25 Jahre Arbeitsgemeinschaft Strafrecht des Deutschen Anwaltvereins, 2009, S. 713–720.

195 Vgl. „Tab. 2: Delikte bei Verurteilung zu Freiheitsstrafe ohne Bewährung und Strafmaß" bei Alex, Michael: Nachträgliche Sicherungsverwahrung – eine empirische erste Bilanz; in: Neue Kriminalpolitik (NK), 4/2008, S. 150–153, hier S. 151, in der die Einschätzung der Gefährlichkeit der Täter durch die Gutachter regelmäßig – selbst bei einem Strafmaß von (nur) 4 Monaten – „hoch" ausfällt. Alex kommt in seiner Untersuchung zu dem Ergebnis, dass 85 % der in Deutschland vermeintlich gefährlichen Gefangenen/Patienten unnötig untergebracht sind: ebd. S. 152. Vgl. Pollähne, Helmut/Rode, Irmgard (Hrsg.): Probleme unbefristeter Freiheitsentziehungen: lebenslange Freiheitsstrafe, psychiatrische Unterbringung, Sicherungsverwahrung, Berlin 2009.

196 Konkrete Vorschläge bei Bartsch, Tillmann/Kreuzer, Arthur: Auswirkungen stetiger Verschärfungen der Sicherungsverwahrungsvorschriften auf den Straf- und Maßregelvollzug; in: Strafverteidiger (StV) 1/2009, 53–56; hier S. 56.

197 Kreuzer, Arthur: Soforthilfe in jedem Fall. Demnächst müssen gefährliche Gefangene freigelassen werden – Was tun?; in: Frankfurter Allgemeine Zeitung vom 11.3.2010, S. 8; Rotthaus, Karl Peter: Ein ungewöhnlicher Weg zur Wiedereingliederung gefährlicher Sexualstraftäter: Die Circles of Support and Accountability; in: Bewährungshilfe – Soziales . Strafrecht . Kriminalpolitik (BewHi), 2/2009, S. 186–200.

198 Vgl. Graebsch, Christine: Der Gesetzgeber als gefährlicher Wiederholungstäter: empirische Erkenntnis über Kriminalprävention und Kriminalprognose im Recht der Sicherungsverwahrung sowie bei der ausländerrechtlichen Ausweisung; in: Müller, Henning Ernst/Sander, Günther M./Válková, Helena (Hrsg.), Festschrift für Ulrich Eisenberg zum 70. Geburtstag, München 2009, S. 725–740.

Staat verpflichtet, die Gefährlichkeit von Sicherungsverwahrten nach Möglichkeit zu beseitigen und ihnen die Freiheit wieder einzuräumen, wenn die Schutzinteressen der Allgemeinheit das Freiheitsrecht des Untergebrachten nicht länger überwiegen.

7 Ausblick

Insbesondere die beiden Urteile des Ersten Senats des BVerfG über den „Großen Lauschangriff" und das Urteil über die Neuregelung des Luftsicherheitsgesetzes zeigen, dass das BVerfG der Menschenwürde noch einen hohen Stellenwert einräumt und einem weiteren Abbau von Menschenwürdestandards aktuell nicht zustimmt. Ebenso hat das Gericht seine frühere rigide Entscheidung zur Sicherungsverwahrung zugunsten eines „freiheitsorientierten und therapiegerichteten Vollzugs" aufgegeben und damit den Straftätern letztlich ihre Menschenwürde zugebilligt. Damit scheint derzeit zumindest der Einfluss der Staatsrechtslehre auf die Rechtsprechung des Bundesverfassungsgerichts bei der Abwägung der Menschenwürde noch gering auszufallen.

Zu bedenken ist aber, dass auch in Zukunft Lehrstuhlinhaber ins BVerfG einziehen werden. Einige ihrer Auffassungen geben schon jetzt den Anstoß für populistische Diskussionen in den allabendlichen Talk-Runden des Fernsehens. Unter dem Eindruck des internationalen Terrorismus wird nicht nur der Ruf nach mehr Sicherheit immer lauter. Vielmehr ist darüber hinaus zu befürchten, dass die Abkehr von der Toleranz von Lebensformen anderer Menschen und die schwindende Akzeptanz pluralistischer Verschiedenheit auch vor den Richterinnen und Richtern des BVerfG nicht halt machen wird.[199]

Für zukünftige Urteile des BVerfG ist zu befürchten, dass Menschenwürdestandards, welche die Grundlage gesellschaftlicher Freiheit bilden, verloren gehen können, wenn die in der Lehre propagierte Wertungs- und Abwägungsoffenheit für alle Menschenwürdestandards Einzug in die Entscheidungen des BVerfG gehalten hat.

---

199 Zum Teil scheint sie schon eingetroffen: Vgl. dazu folgendes Zitat aus Di Fabio, Udo (Professor für Öffentliches Recht und seit 1999 Richter am BVerfG): Die Kultur der Freiheit. München 2005, S. 242 f.: „Ist es ein Menschenrechtsverstoß, wenn ein Staat Probleme darin sieht, jemanden zum Beamten zu ernennen, der kompromisslos vor Schulkindern ein Kopftuch tragen will …?".

Grundsatzentscheidungen zum Datenschutz im Bereich der inneren Sicherheit*

Rasterfahndung, Online-Durchsuchung, Kfz-Kennzeichenerfassung, Vorratsdatenspeicherung und Antiterrordatei in der Rechtsprechung des Bundesverfassungsgerichts

Hans Peter Bull

1 Die Entscheidungen im Überblick

Die Entscheidungen des Bundesverfassungsgerichts zum Datenschutz im Bereich der inneren Sicherheit haben Aufsehen erregt. Sie werden fast einhellig als „Sieg für den Datenschutz" und „für den Rechtsstaat" bezeichnet, und die Gesetzgeber werden heftig dafür gescholten, dass sie bei der Festlegung sicherheitsbehördlicher Befugnisse das Recht auf „informationelle Selbstbestimmung" nicht ernst genug genommen hätten. Die Medien haben sich des Themas mit all dem ihnen verfügbaren Pathos angenommen und die Auseinandersetzung auch als persönliches Fehlverhalten derjenigen Politiker dargestellt, die sich für neue Befugnisse der Behörden stark gemacht hatten. So meint ein Journalist, zwischen Parlament und Gericht habe sich eine „irritierende Arbeitsteilung" entwickelt: Die Innenpolitiker in Bund und Ländern schrieben „erst einmal munter ins Gesetz", was ihnen – und den Fahndern, den Geheimdienstlern und den Polizeipraktikern – an neuen Ermittlungsinstrumenten „so einfalle", und das Bundesverfassungsgericht stutze „die Maximalpositionen dann auf ein konstitutionell erträgliches Maß zurück". „Dieses abstruse staatsrechtliche Prinzip" ermögliche es der „Law-and-Order-Fraktion", sich „im Kampf gegen das Verbrechen als knallhart und konsequent zu inszenieren", und das Verfassungsgericht werde dabei „nicht nur zum Reparaturbetrieb einer hochtourig laufenden Gesetzgebungsmaschine, sondern gleich auch noch zur neuen ‚Apo' – zur außerparlamentarischen Opposition in roten Roben".[1]

---

*   Aktualisierte und überarbeitete Fassung meines Beitrages: Meilensteine auf dem Weg des Rechtsstaates, in: JBÖS 2008/2009, S. 317–331, auch in: JBÖS – Sonderband 3.1, 2012, S. 65–96.
1   Heinrich Wefing, Apo in roten Roben, in: DIE ZEIT Nr. 12 v. 13. 3. 2008 S. 1.

Bei solchem Aufwand an Emotion besteht besonderer Anlass, diese Judikatur genauer zu betrachten und sich zu fragen, welche Bedeutung und welche Wirkung sie unabhängig von dem personalisierten politischen Streit hat und in der Zukunft haben wird. Insbesondere die Entscheidungen des Ersten Senats vom 4. April 2006 zur Rasterfahndung,[2] vom 27. Februar 2008 zur Online-Durchsuchung privater Computer,[3] vom 11. März 2008 zur automatischen Erfassung von Kfz-Kennzeichen,[4] vom 2. März 2010 zur Vorratsdatenspeicherung[5] und vom 24. April 2013 zur Antiterrordatei[6] sind „Meilensteine" in dem Sinne, dass man sich daran orientieren muss. Aber das Ziel – der umfassend realisierte Rechtsstaat – ist nicht örtlich fixiert, sondern muss aus verschiedenen Perspektiven immer wieder neu bestimmt werden, und in gewissem Sinne ist der Weg wichtiger als das Ziel. Ob alle fünf Judikate auf lange Sicht als „große", dauerhaft wegweisende Entscheidungen angesehen werden, ist nicht so sicher.

1.1 Rasterfahndung nur bei konkreter Gefahr

Eine „präventive polizeiliche Rasterfahndung der in § 31 PolG NW 1990 geregelten Art" ist nach dem Urteil vom 4. April 2006 mit dem Grundrecht auf informationelle Selbstbestimmung nur vereinbar, wenn „eine konkrete Gefahr für hochrangige Rechtsgüter wie den Bestand oder die Sicherheit des Bundes oder eines Landes oder für Leib, Leben oder Freiheit einer Person gegeben ist"; „im Vorfeld der Gefahrenabwehr scheidet eine solche Rasterfahndung aus".[7] Wohlgemerkt: Nur über die präventive Rasterfahndung hat sich das BVerfG hier geäußert; ob eine Rasterfahndung zur Aufklärung begangener Straftaten verfassungskonform ist, hat es nicht untersucht.

Die historisch wichtigen Fälle der Fahndung nach RAF-Terroristen dienten der Strafverfolgung. Auch damals wurde bezweifelt, ob die zugrunde gelegten Rechtsgrundlagen (seinerzeit § 163 StPO) ausreichten.[8] Seit 1992 erlaubt § 98a StPO[9] ausdrücklich den maschinellen Abgleich und die dazu erforderliche Übermittlung personenbezogener Daten, wenn „zureichende tatsächliche Anhaltspunkte dafür" vorliegen, dass eine Straftat bestimmter Art – von Drogenkriminalität bis zu Taten gegen die sexuelle Selbst-

---

2   BVerfGE 115, 320.
3   BVerfGE 120, 274.
4   BVerfGE 120, 378.
5   BVerfGE 125, 260.
6   BVerfGE 133, 277.
7   BVerfGE 115, 320 Leitsatz 1.
8   Vgl. 3. Tätigkeitsbericht des Bundesbeauftragten für den Datenschutz, BT-Drs. 9/93, S. 50 ff., sowie 4. Tätigkeitsbericht, BT-Drs. 9/1243, S. 52.
9   I. d. F. d. G. v. 15.7.1992 (BGBl. I S. 1302).

bestimmung – „von erheblicher Bedeutung" begangen worden ist.[10] Von dieser Ermächtigung wurde viele Jahre lang kaum Gebrauch gemacht.[11]

Erst nach den Terroranschlägen in den USA vom 11. September 2001 änderte sich das. Einige Länder fügten eine Ermächtigung zur präventiven Rasterfahndung in ihre Polizeigesetze (wieder) ein.[12] In einigen Ländern wurde die „konkrete Gefahr" als Zulässigkeitsvoraussetzung gestrichen, also eine „polizeiliche Vorfeldbefugnis" geschaffen.[13] Nach dem 11. September 2001 führten die Landespolizeibehörden unter Beteiligung des Bundeskriminalamtes (BKA) „eine bundesweit koordinierte Rasterfahndung nach islamistischen Terroristen" durch; man wollte insbesondere „Schläfer" herausfinden, also Personen, die sich längere Zeit unauffällig verhalten, „um ihr kriminelles Vorhaben dann im entscheidenden Zeitpunkt überraschend und damit besonders wirkungsvoll verwirklichen zu können"[14]. Diese Rasterfahndung führte zu keinerlei Erfolg – was voraussehbar war, weil die Prüfungsmerkmale in diesem Fall mangels adäquater Anhaltspunkte notwendigerweise zu weit gefasst waren, also viel zu viele Personen erfassten – und weil eben kein Kriminalist erkennen kann, was jemand „im Schlaf" plant.

Das BVerfG hatte sich mit einer Verfassungsbeschwerde zu befassen, die gegen den nordrhein-westfälischen Teil der bundesweiten Aktion gerichtet war. Es hob Anordnungen des Amtsgerichts und des Oberlandesgerichts Düsseldorf über diese Rasterfahndung auf und machte dazu allgemeine Ausführungen, die (erst recht) auch für diejenigen Länder gelten, in denen die Voraussetzungen der Rasterfahndung „großzügiger" geregelt sind. Die Übermittlung und Verwendung von Daten könne für die davon Betroffenen „das Risiko begründen, Gegenstand staatlicher Ermittlungsmaßnahmen zu werden, das über das allgemeine Risiko hinausgeht, einem unberechtigten Verdacht ausgesetzt zu werden". „Informationsbezogene Ermittlungsmaßnahmen" könnten „im Falle ihres Bekanntwerdens eine stigmatisierende Wirkung für die Betroffenen haben und so mittelbar das Risiko erhöhen, im Alltag oder im Berufsleben diskriminiert zu werden".[15] Außerdem begründe die Rasterfahndung „für die Personen, in deren Grundrechte sie eingreift, ein erhöhtes Risiko, Ziel weiterer behördlicher Ermittlungsmaßnahmen zu werden". In diesem Zusammenhang berichtet das Gericht, dass aufgrund der Ergebnisse der Rasterfahndung in Hamburg 140 ausländische Studenten von der Polizei zu „Gesprächen" vorgeladen worden seien (ausdrücklich nicht als Beschuldigte oder Verdächtige, also auch ohne Folgepflicht).[16] Damit sagt der Senat implizit, dass die Notwendig-

---

10 Diese Vorschrift erlaubt sowohl die „negative" wie die „positive" Rasterfahndung, vgl. den letzten Halbsatz von § 98a Abs. 1 Satz 1: „um Nichtverdächtige auszuschließen oder Personen festzustellen, die weitere für die Ermittlungen bedeutsame Prüfungsmerkmale erfüllen".
11 BVerfGE 115, 320 (322).
12 Ebd.
13 BVerfGE 115, 320 (322 f.).
14 Ebd. S. 323.
15 BVerfGE 115, 320 (351).
16 BVerfGE 115, 320 (352).

keit der Gefahrenabwehr es in der Regel nicht rechtfertigte, „unverdächtige" Personen
in polizeiliche Aufklärungs- und Ermittlungsmaßnahmen einzubeziehen, selbst wenn
sich bei weiteren Nachforschungen ein Verdacht ergibt. Es wird strikt auf die *ex ante*-
Betrachtung abgestellt.[17]

1.2   Begrenzung der Online-Durchsuchung: Das „Computer-Grundrecht"

Mit dem Urteil vom 27. Februar 2008[18] hat das BVerfG entschieden, dass die Bestimmung des nordrhein-westfälischen Gesetzes, durch die der Verfassungsschutzbehörde
dieses Landes die „heimliche Infiltration eines informationstechnischen Systems" erlaubt wird,[19] gegen das Grundgesetz verstößt. Eine solche Infiltration, „mittels derer die
Nutzung des Systems überwacht und seine Speichermedien ausgelesen werden können",
ist nach dieser Entscheidung zwar nicht bedingungslos verboten, aber sie ist nur zulässig, wenn „tatsächliche Anhaltspunkte einer konkreten Gefahr für ein überragend wichtiges Rechtsgut bestehen". „Überragend wichtig" in diesem Sinne sind „Leib, Leben und
Freiheit der Person oder solche Güter der Allgemeinheit, deren Bedrohung die Grundlagen oder den Bestand des Staates oder die Grundlagen der Existenz der Menschen
berührt".[20] Der Gesetzgeber muss diese Maßnahme unter den Vorbehalt einer richterlichen Anordnung stellen und in dem Gesetz Vorkehrungen treffen, um den „Kernbereich privater Lebensgestaltung" zu schützen.[21]

Das Urteil behandelt außer der „Online-Durchsuchung" auch das „heimliche Beobachten und sonstige Aufklären des Internets, wie insbesondere die verdeckte Teilnahme an seinen Kommunikationseinrichtungen bzw. die Suche nach ihnen"; ein verfassungswidriger Eingriff in Grundrechte ist hier nur gegeben, wenn die staatliche Stelle
„nicht durch Kommunikationsbeteiligte zur Kenntnisnahme autorisiert ist". Öffentlich
zugängliche Kommunikationsinhalte darf der Staat – selbstverständlich, könnte man
hinzufügen – zur Kenntnis nehmen, und ebenso darf er sich an öffentlich zugänglichen
Kommunikationsvorgängen beteiligen.[22]

Der prägende Kern dieses Urteils ist in dem ersten Leitsatz komprimiert, den das
Gericht selbst vorangestellt hat: „Das allgemeine Persönlichkeitsrecht (Art. 2 Abs. 1
i. V. m. Art. 1 Abs. 1 GG) umfasst das Grundrecht auf Gewährleistung der Vertraulich-

---

17   S. dazu auch BVerfGE 115, 320 (357), wo festgestellt wird, dass von der Rasterfahndung „eine sehr große
     Ausgangsmenge von Personen betroffen sein" kann, „die aus ex ante-Sicht Unverdächtige oder Nicht-
     störer sind".
18   BVerfGE 120, 274.
19   Es handelt sich um § 5 Abs. 2 Nr. 11 des Gesetzes über den Verfassungsschutz in Nordrhein-Westfalen
     i. d. F. d. G. v. 20. 12. 2006 (GVOBl. S. 620), und zwar nur den zweiten dort geregelten Fall. Zu dem ers-
     ten Fall (heimliches Beobachten und sonstiges Aufklären des Internets) s. den folgenden Text.
20   Leitsatz 2 der Entscheidung.
21   Leitsatz 3.
22   Leitsatz 5.

keit und Integrität informationstechnischer Systeme".[23] Dieses Grundrecht ist „eine besondere Ausprägung" des allgemeinen Persönlichkeitsrechts, die vor Eingriffen in informationstechnische Systeme schützt, „soweit der Schutz nicht durch andere Grundrechte, wie insbesondere Art. 10 und 13 GG, sowie durch das Recht auf informationelle Selbstbestimmung gewährleistet ist".[24] Das Gericht erweitert den Schutz der räumlichen Privatsphäre auf den „virtuellen" Privatbereich in dem Speicher eines privat genutzten Computers – gleichgültig, wo sich dieses Gerät oder sein „Halter" gerade befindet.[25] Als Beispiele nennt das BVerfG „Mobiltelefone oder elektronische Terminkalender, die über einen großen Funktionsumfang verfügen und personenbezogene Daten vielfältiger Art erfassen und speichern können".[26] In dem zu entscheidenden Fall waren die Eingriffe verfassungsrechtlich nicht gerechtfertigt, weil die zugrunde liegende Rechtsnorm nicht bestimmt genug und nicht angemessen („verhältnismäßig") war und keine hinreichenden Vorkehrungen zum Schutz des Kernbereichs privater Lebensgestaltung enthielt.[27]

1.3   Unbestimmtheit der Vorschriften über die automatisierte Kennzeichen-Erfassung

Das Urteil vom 11. März 2008[28] betrifft eine ganz andere Konstellation. Während die „Infiltration" privater Computer einen gezielten Eingriff in die Sphäre einzelner Individuen darstellt, für die es stets einen auf diese Individuen bezogenen Anlass gibt, richtet sich die automatisierte Erfassung von Kennzeichen vorbeifahrender Wagen nicht gegen bestimmte einzelne Autofahrer, sondern ermöglicht die Überprüfung einer Vielzahl von Personen mit dem Ziel, aus dieser Menge diejenigen Einzelnen herauszufinden, die von der verantwortlichen Behörde gesucht werden und daher in polizeilichen Fahndungsdateien verzeichnet sind. Die „Zielpersonen" werden also erst durch den Abgleich der erkannten Kfz-Kennzeichen mit dem Fahndungsbestand festgestellt; die anderen „Erfassten" (also die, deren Kennzeichen „nicht im Fahndungsbestand enthalten" ist) interessieren nicht, ihre Daten (Bild und Kennzeichen) werden „umgehend" gelöscht.[29] Es handelt sich um einen „Fischzug" ähnlich der Rasterfahndung, bei dem die Mehrzahl der „Fische", also der zunächst gelesenen Kennzeichen, wieder in die Anonymität, in den unbehelligt dahinfließenden „Strom" zurückfällt und nur eine kleine Auswahl im „Netz" bleibt.

---

23 BVerfGE 120, 274 (LS 1 und S. 302, 313 ff.).
24 BVerfGE 120, 274 (302).
25 Ähnlich BVerfGE 120, 274 (311 f., 314).
26 BVerfGE 120, 274 (314).
27 BVerfGE 120, 274 (302, 315 ff., 318 ff.).
28 BVerfGE 120, 378.
29 Vgl. die Beschreibung in BVerfGE 120, 378 (379 f., 386, 390).

Das BVerfG hat die Bestimmungen des hessischen und des schleswig-holsteinischen Landesrechts, nach denen die automatisierte (elektronische) Erkennung von Kennzeichen zulässig ist, für verfassungswidrig erklärt, weil sie den rechtsstaatlichen Anforderungen der Bestimmtheit und Klarheit nicht genügten. Die „bloße Benennung des Zwecks, das Kraftfahrzeugkennzeichen mit einem gesetzlich nicht näher definierten Fahndungsbestand abzugleichen", genüge den Anforderungen an die Normenbestimmtheit nicht.[30] Da die Kennzeichenerfassung „je nach Verwendungskontext zu Grundrechtsbeschränkungen von unterschiedlichem Gewicht führen" kann,[31] müsse der Gesetzgeber „Anlass, Zweck und Grenzen des Eingriffs hinreichend bereichsspezifisch, präzise und normenklar" festlegen.[32] Das sei weder in Hessen noch in Schleswig-Holstein geschehen. Über die praktizierte Fahndung nach gestohlenen und nicht versicherten Fahrzeugen hinaus seien vielerlei andere polizeiliche Ermittlungen („Folgemaßnahmen") möglich, z. B. auch zur Strafverfolgung; ob diese zulässig seien, müsse aus der gesetzlichen Eingriffsgrundlage erkennbar sein.[33]

Außerdem sei der Grundsatz der Verhältnismäßigkeit nicht gewahrt, wenn die automatisierte Erfassung und Auswertung von Kennzeichen ermöglicht werde, ohne dass „konkrete Gefahrenlagen oder allgemein gesteigerte Risiken von Rechtsgutgefährdungen oder -verletzungen einen Anlass zur Einrichtung der Kennzeichenerfassung geben".[34] Dass die zur Fahndung ausgeschriebenen Kfz. gestohlen waren (und z. B. möglicherweise zur Begehung weiterer Straftaten benutzt werden sollten), gilt dem Senat offenbar nicht als „konkrete Gefahr".

1.4   Die Vorratsspeicherung von Telekommunikations-Verkehrsdaten

Mit der Verarbeitung einer großen Masse von Daten befasst sich auch ein ebenfalls unter dem Datum des 11. März 2008 ergangener Beschluss:[35] Das BVerfG verfügte durch einstweilige Anordnung, dass die Bestimmungen des Telekommunikationsgesetzes über die Pflicht zur Speicherung und Übermittlung von Telekommunikations-Verkehrsdaten (§§ 113a und 113b TKG) einstweilen nur in eingeschränkter Weise angewendet werden dürfen. Die Daten müssten zwar gespeichert werden, aber sie dürften nur an Strafverfolgungsbehörden übermittelt werden, die sich auf § 113a TKG in Verbindung mit § 100g Abs. 1 StPO berufen, und auch nur dann, wenn Gegenstand des Ermittlungsverfahrens

---

30   BVerfGE 120, 378 LS 3 und S. 409 ff.
31   BVerfGE 120, 378 (403).
32   BVerfGE 120, 378 (407 f.).
33   BVerfGE 120, 378 (404 ff., 407 ff.).
34   BVerfGE 120, 378 (427 ff.).
35   BVerfGE 121, 1; s. a. BVerfGE 121, 391; 122, 120; 123, 89; 124, 299 (Wiederholung der einstweiligen Anordnung); 122, 63 (Ablehnung einer weiteren einstweiligen Anordnung durch den Zweiten Senat). In der Entscheidung BVerfGE 122, 120 hat der Erste Senat seine einstweilige Anordnung inhaltlich erweitert.

eine Katalogtat im Sinne des § 100a Abs. 2 StPO ist und die Voraussetzungen des § 100a StPO vorliegen.[36] Eine Aussetzung der durch § 113a TKG angeordneten *Speicherung* hat der Senat jedoch zunächst nicht verfügt, weil nämlich mit der Bevorratung allein noch kein hinreichend schwerwiegender Nachteil verbunden sei.[37]

Das am 2. März 2010 ergangene Urteil in dieser Sache geht erheblich weiter. Zwar wird auch hier eingeräumt, dass „eine sechsmonatige, vorsorglich anlasslose" Speicherung von TK-Verkehrsdaten durch private Diensteanbieter „mit Art. 10 GG nicht schlechthin unvereinbar" sei. Jedoch verlange der Grundsatz der Verhältnismäßigkeit, dass „die gesetzliche Ausgestaltung einer solchen Datenspeicherung dem besonderen Gewicht des mit der Speicherung verbundenen Grundrechtseingriffs angemessen Rechnung trägt". Erforderlich seien daher „hinreichend anspruchsvolle und normenklare Regelungen hinsichtlich der Datensicherheit, der Datenverwendung, der Transparenz und des Rechtsschutzes".[38] Hinsichtlich der Datensicherheit müssten die gesetzlichen Regelungen „einen besonders hohen Sicherheitsstandard normenklar und verbindlich vorgeben".[39] Der Abruf und die unmittelbare Nutzung der Daten seien nur verhältnismäßig, „wenn sie überragend wichtigen Aufgaben des Rechtsgüterschutzes dienen", was sodann näher umschrieben wird.[40] Zulässig sei jedoch „eine nur mittelbare Nutzung der Daten zur Erteilung von Auskünften durch die Telekommunikationsdiensteanbieter über die Inhaber von Internetprotokolladressen" „für die Strafverfolgung, Gefahrenabwehr und die Wahrnehmung nachrichtendienstlicher Aufgaben", und zwar auch unabhängig von begrenzenden Straftaten- oder Rechtsgüterkatalogen (mit einer Modifikation für die Verfolgung bloßer Ordnungswidrigkeiten).[41]

Was nach der einstweiligen Anordnung nicht ohne weiteres zu erwarten war, ist die auf diese Überlegungen gestützte vollständige Nichtigerklärung der §§ 113a und 113b TKG wegen Verstoßes gegen Art. 10 Abs. 1 GG. Die Entscheidung war im Senat umstritten; die Nichtigerklärung (§ 95 Abs. 3 Satz 1 BVerfGG) ist nur mit 4 : 4 Stimmen beschlossen worden, und die Richter Schluckebier und Eichberger haben Abweichende Meinungen beigefügt. Sie halten die ursprüngliche Konzeption des Gesetzgebers für verfassungskonform und betonen, dass es angemessen gewesen wäre, die angegriffenen

---

36   BVerfGE 121, 1 (Entscheidungsformel zu 1.).
37   BVerfGE 121, 1 (19 f.).
38   BVerfGE 125, 260, Leitsätze 1 und 2. Kommentare dazu u. v. a.: Gerrit Hornung/Christoph Schnabel, DVBl 2010, 824; Alexander Roßnagel, NJW 2010, 238; ders., DuD 2010, 544; Sven-Erik Heun, CR 2010, 249; Jens Eckhardt/Marc Schütze, CR 2010. 225; Dietrich Westphal, EuZW 2010, 494; Heinrich Amadeus Wolff, NVwZ 2010, 751; Axel Henrichs, NJW-Aktuell Heft 14/2010 S. 22; Verf., NJW 12/2010 (Editorial).
39   Ebd. Leitsatz 4.
40   Ebd. Leitsatz 5.
41   Ebd. Leitsatz 6 und S. 340 ff. (dabei werden nur Auskünfte über den Inhaber eines bestimmten Anschlusses erteilt).

Regelungen bis zur gesetzlichen Neuregelung nach Maßgabe dessen, was in den einstweiligen Anordnungen verfügt war, weitergelten zu lassen.[42]

Inzwischen hat der EuGH die Auffassung des BVerfG bestätigt und die der deutschen Regelung zugrunde liegende gemeinschaftsrechtliche Richtlinie für nichtig erklärt.[43]

1.5 Die Entscheidung zur Antiterrordatei

Die Zuständigkeit zur Bekämpfung des Terrorismus ist in der Bundesrepublik auf mehrere Behörden verteilt, die bei ihren Ermittlungen nicht selten auf den gleichen Feldern,
in derselben „Szene" und denselben Gruppen tätig sind. Eine unkoordinierte Konkurrenz von Sicherheitsbehörden gefährdet das Ziel einer wirksamen Bekämpfung terroristischer Aktivitäten; die Einrichtung einer „Verbunddatei" von Polizeibehörden und
Nachrichtendiensten des Bundes und der Länder war daher ein zwingendes Gebot der
Sicherheitspolitik. Dass insbesondere die ständige Abstimmung zwischen Polizei und
Verfassungsschutz dringend nötig ist, lehrt u. a. auch die Aufarbeitung des skandalösen
Versagens verschiedener Stellen, die mit den Morden der Gruppe „Nationalsozialisti-
scher Untergrund" (NSU) befasst waren.[44] Mittels der Antiterrordatei sollen „bestimmte
Erkenntnisse aus dem Zusammenhang der Bekämpfung des internationalen Terrorismus, über die einzelne Behörden verfügen, für alle beteiligten Behörden schneller auf-
findbar und leichter zugänglich werden".[45] Wie diese Datei ausgestaltet sein und wie sie
genutzt werden darf, regelt das Antiterrordateigesetz.[46]

Das BVerfG erklärt die Errichtung einer solchen Verbunddatei zwar „in ihren
Grundstrukturen" für verfassungskonform, verlangt aber vom Gesetzgeber die Beachtung des „informationellen Trennungsprinzips" und beanstandet zahlreiche Einzelvorschriften des Gesetzes, weil sie nicht hinreichend bestimmt seien und nicht dem Übermaßverbot entsprächen.[47] Dem Gesetzgeber wurde eine Frist bis Ende des Jahres 2014
eingeräumt, um die Monita zu beseitigen; bis dahin gelten die für verfassungswidrig erklärten Vorschriften weiter.[48]

---

42 BVerfGE 125, 260 (364 und 380).
43 EuGH, Urteil vom 8. 4. 2014, NJW 2014, 2169 = NVwZ 2014, 709; dazu u. a. Jürgen Kühling, NVwZ 2014,
     681; Rudolf Streinz, JuS 2014, 758. S. a. das vorangegangene Votum des Generalanwalts Cruz Villalón
     vom 12. 12. 2013, BeckRS 2013, 82347.
44 Vgl. insbes. Thüringer Landtag, Drs. 5/8080 v. 16. 7. 2014: Bericht des Untersuchungsausschusses
     „Rechtsextremismus und Behördenhandeln", z. B. S. 334 ff., 392 ff., Zusammenfassung S. 1579 ff.
45 BVerfGE 133, 277 (280).
46 Gesetz zur Errichtung einer standardisierten zentralen Antiterrordatei von Polizeibehörden und Nach-
     richtendiensten von Bund und Ländern vom 22. Dezember 2006, BGBl. I S. 3409.
47 BVerfGE 133, 273 (277 ff., 320 ff. Rz. 105 ff.).
48 BVerfGE 133, 273 (278 f., 375 ff. Rz. 229 ff.).

1.6   Das Urteil zum Luftsicherheitsgesetz

Zur Rechtsmaterie „Innere Sicherheit" gehört im weiteren Sinne auch das Urteil, mit dem die im Luftsicherheitsgesetz enthaltene Ermächtigung der Bundeswehr für verfassungswidrig erklärt wird, Flugzeuge abzuschießen, die „als Tatwaffe gegen das Leben von Menschen eingesetzt werden sollen".[49] Entscheidungsmaßstab war hier nicht das Persönlichkeitsrecht, sondern das Recht auf Leben in Verbindung mit der Menschenwürdegarantie. Diese Entscheidung betrifft einen so ungewöhnlichen, höchstwahrscheinlich gar nicht beherrschbaren Fall,[50] dass sie als eine Mahnung zur Einsicht in die Grenzen des Machbaren verstanden werden muss, nicht aber als Handreichung für die sicherheitsbehördliche Praxis.

1.7   Zusammenhänge mit früheren Entscheidungen

Die fünf „Meilensteine" gehören zu einem größeren Ensemble von Entscheidungen, die das BVerfG in den letzten Jahren gefällt hat. Auch soweit diese Urteile spezielle Fallgruppen betreffen, beruhen sie überwiegend wohl auf einem gemeinsamen Grundverständnis, und es wird vielfach auf frühere Aussagen Bezug genommen.

Das meistzitierte Präjudiz ist nach wie vor das Volkszählungsurteil vom 15. Dezember 1983.[51] Das damals in den Rang eines Verfassungsbestandteils erhobene „Recht auf informationelle Selbstbestimmung" bildet weiterhin den Ausgangspunkt der einschlägigen Entscheidungen des BVerfG (und zahlloser anderer Gerichte, die mit informationsrechtlichen Fragen befasst sind). Die in der Literatur vorgetragene Kritik an dieser Konstruktion – es ist zu weit, als dass es hinreichend verlässliche Abgrenzungen erlaubte[52] – findet in der Judikatur keinen Niederschlag.

---

49 BVerfGE 115, 118 (119). S. a. den Plenarbeschluss vom 3. 7. 2012 (BVerfGE 132, 1), mit dem die Diskussion über den Einsatz der Streitkräfte im Innern fortgesetzt wird (dazu auch die Abweichende Meinung des Richters Gaier BVerfGE 132, 24).

50 Vgl. die Hinweise dazu in den Äußerungen von Sachverständigen zur Unsicherheit der nötigen Erkenntnisse, BVerfGE 115, 118 (154 ff.). S. in diesem Band Möllers: Der Einfluss der Staatsrechtslehre auf die Rechtsprechung des Bundesverfassungsgerichts bei der Abwägung der Menschenwürde, Kap. 5, ab S. 354.

51 BVerfGE 65, 1.

52 Ausführlich insbesondere Marion Albers, Informationelle Selbstbestimmung, 2005, S. 154, 162, 238, 355, 601 ff.; ferner Thomas Placzek, Allgemeines Persönlichkeitsrecht und privatrechtlicher Informations- und Datenschutz, 2006, S. 196, 212 f. und 254; Gabriele Britz, Informationelle Selbstbestimmung zwischen rechtswissenschaftlicher Grundsatzkritik und Beharren des Bundesverfassungsgerichts, in: Wolfgang Hoffmann-Riem, Offene Rechtswissenschaft, 2010, S. 561–596 mit zahlreichen weiteren Nachweisen in Fn. 2. S. a. H. P. Bull, Informationsrecht ohne Informationskultur?, in: RDV 2008, 47 (51); ders., Informationelle Selbstbestimmung – Vision oder Illusion? 2. Aufl. 2011, sowie Wolfgang Hoffmann-Riem, Informationelle Selbstbestimmung in der Informationsgesellschaft – Auf dem Wege zu einem neuen Konzept des Datenschutzes, AöR 123 (1998), S. 513 ff.

In dem Urteil zur Computer-Infiltration beruft sich der Erste Senat zunächst gar nicht auf das informationelle Selbstbestimmungsrecht, sondern geht zu dessen Wurzeln zurück, indem er aus dem grundgesetzlich gewährleisteten allgemeinen Persönlichkeitsrecht das bisher nicht so formulierte Recht auf „Gewährleistung der Vertraulichkeit und Integrität informationstechnischer Systeme" entnimmt, das *neben* dem Recht auf informationelle Selbstbestimmung und *neben* dem Schutz der Privatsphäre steht.[53] Vom Gegenstand und der Tendenz der Entscheidung her bedeutet dieses Urteil eine Fortsetzung des Urteils zum „Großen Lauschangriff".[54]

Auch das Erfordernis der Bestimmtheit und „Normenklarheit" von Eingriffsermächtigungen hat das BVerfG bereits in der Vergangenheit vielfach hervorgehoben, so in den Entscheidungen zu den Befugnissen des BND[55] und denen des Zollkriminalamtes[56], zum Niedersächsischen Polizeigesetz[57] und zur Abfrage von Kontostammdaten.[58] Insofern bringen die Entscheidungen zur Kfz-Kennzeichenerfassung und zur Antiterrordatei keinen neuen Maßstab ins Spiel, sondern setzen eine langfristige Linie des Gerichts fort.

Andere Begründungselemente finden sich in weiteren Entscheidungen wie denjenigen über die Herausgabe von Telekommunikations-Verbindungsdaten von Journalisten[59] und über die Beschlagnahme von Computerdaten einer Rechtsanwalts- und Steuerberaterkanzlei.[60] Dass das Interesse des Betroffenen an der Wahrung seines Fernmeldegeheimnisses auch durch eine „nicht ganz unerhebliche" Speicherung von Verkehrsdaten (nämlich bis zum neunten Tag eines jeden Monats) „in nicht ganz unerheblichem Ausmaß" berührt wird, hat die 1. Kammer des Ersten Senats bereits im Oktober 2006 entschieden.[61]

Allein auf das Fernmeldegeheimnis (Art. 10 GG) stellt das BVerfG im Vorratsdaten-Urteil ab. Das „aus Art. 2 Abs. 1 in Verbindung mit Art. 1 Abs. 1 GG folgende Recht auf informationelle Selbstbestimmung" komme neben Art. 10 GG nicht zur Anwendung; denn Art. 10 GG enthalte „eine spezielle Garantie, die die allgemeine Vorschrift verdrängt und aus der sich besondere Anforderungen für die Daten ergeben, die durch Eingriffe in das Fernmeldegeheimnis erlangt werden". Allerdings ließen sich „die Maß-

---

53 BVerfGE 120, 274 (302, 311 ff.).
54 BVerfGE 109, 279 mit Abw. Meinung der Richterinnen Jaeger und Hohmann-Dennhardt S. 382 ff. Dazu etwa Erhard Denninger, Verfassungsrechtliche Grenzen des Lauschens, ZRP 2004, 101 ff.; sowie Manfred Baldus, Der Kernbereich privater Lebensgestaltung – absolut geschützt, aber abwägungsoffen, JZ 2008, 218 ff.
55 BVerfGE 93, 118 und 100, 313.
56 BVerfGE 110, 33.
57 BVerfGE 113, 348.
58 BVerfGE 118, 168.
59 BVerfGE 107, 299 (ZDF-Recherchen in Sachen Dr. Jürgen Schneider).
60 BVerfGE 113, 29.
61 B. v. 27.10.2006, NJW 2007, 3055 (Leitsatz 4 in der Formulierung der Redaktion).

gaben, die das BVerfG aus Art. 2 Abs. 1 i. V. m. Art. 1 Abs. 1 GG entwickelt hat, weitgehend auf die speziellere Garantie des Art. 10 GG übertragen".[62]

2 Die wesentlichen Ansätze der Kritik

2.1 Allgemeine Einschätzung der Entscheidungen

Die generelle Richtung der neuen Judikatur ist einerseits zu begrüßen: Das Gericht hat die rechtsstaatlichen Anforderungen an die Erhebung und Verarbeitung personenbezogener Daten verschärft und präzisiert; es wirkt damit der Tendenz entgegen, alles technisch Machbare tatsächlich zu nutzen. Die Sicherheitsgesetzgebung der letzten Jahre und manche – nicht alle! – Ergänzungsabsichten gehen in der Tat sehr weit.[63] Über einen Teil der Entscheidungen muss jedoch gestritten werden. Zumindest die Begründungen sind in wichtigen Partien problematisch.[64]

Insgesamt tendiert das Gericht zu der Einschätzung, dass die Einbindung der Informations- und Kommunikationstechnik in den bestehenden rechtsstaatlichen Rahmen nicht wirksam genug und dass die diffusen Ängste vor dem Missbrauch von Informationen für unzulässige Zwecke und vor einer übermäßigen Überwachung der gesamten Bevölkerung durch die Sicherheitsbehörden begründet seien. Das führt in manchen Entscheidungen zu sehr strengen Auflagen, bei denen im Ergebnis die Sichtweise der Individuen stärker gewichtet wird als die Erfordernisse der Gefahrenabwehr und Strafverfolgung. Mit den wiederholten Aufforderungen an den Gesetzgeber, die Befugnisnormen enger und detaillierter zu formulieren, hat das BVerfG eine Flut von Änderungsgesetzen ausgelöst und die Überschaubarkeit und Klarheit des einschlägigen Rechts beeinträchtigt, was wiederum zu Defiziten seiner Umsetzung führen kann.

Die *Infiltration privater Computer* ist zu Recht um des Schutzes der Privatsphäre willen erschwert worden, aber Ausnahmen bleiben zugelassen. Die Umschreibung der „überragend wichtigen" Rechtsgüter (s. oben 1.2) lässt Raum für unterschiedlich weite Interpretationen, und die tatsächliche Voraussetzung (dass „bestimmte Tatsachen auf eine im Einzelfall durch bestimmte Personen drohende Gefahr für das überragend wichtige Rechtsgut hinweisen")[65] ist weniger streng als auf den ersten Blick erscheinen mag. Denkbar gewesen wäre auch, diesen ganz besonders schweren Eingriff in die Pri-

---

62 BVerfGE 125, 260 (309 f.) unter Hinweis auf BVerfGE 100, 313 (358 f.).

63 Beispiel: der von § 100g StPO in Bezug genommene Straftatenkatalog des § 100a Abs. 2 StPO. Das BVerfG hat § 100g Abs. 1 Satz 1 StPO als Verstoß gegen Art. 10 Abs. 1 GG angesehen (BVerfGE 125, 260, Entscheidungsformel zu 2.).

64 Zur generellen Kritik neuerer Entwicklungen in der Judikatur des BVerfG vgl. Bernhard Schlink, Abschied von der Dogmatik. Verfassungsrechtsprechung und Verfassungsrechtswissenschaft im Wandel, JZ 2007, 157 ff.; Martin Nettesheim, Postpolitik aus Karlsruhe, Merkur 781 (Juni 2014), S. 481 ff.

65 BVerfGE 120, 274, Leitsatz 2.

vatsphäre für ausnahmslos verfassungswidrig zu erklären[66] – die Abweichende Meinung in Sachen Wohnraumüberwachung[67] hätte dies nahe gelegt. Dafür spräche wohl die herrschende Ansicht von der Absolutheit des Menschenwürdeschutzes, der eine Abwägung mit anderen Rechtsgütern verbiete.[68]

Das Verbot der *Kfz-Kennzeichenerfassung* hingegen war alles andere als zwingend.[69] Der französische Conseil Constitutionnel hat eine ähnliche gesetzliche Regelung für verfassungsgemäß erklärt.[70] Das BVerfG hat eine technische Modalität der Polizeiarbeit – sozusagen das automatisierte Auge des Polizeibeamten[71] – für verfassungswidrig erklärt, die es den Behörden erleichtert, rechtmäßig gesuchte Personen ausfindig zu machen, und für alle anderen Betroffenen überhaupt keine Folgen hat. Der Senat ist dabei im Grunde über den Streitgegenstand hinausgegangen, indem er nicht nur die umstrittene Informationserfassung, sondern auch alle denkbaren Auswertungen und darauf aufbauenden „Folgemaßnahmen" bewertet (und tendenziell für unzulässig erklärt) hat.[72] Er ist insofern den Darstellungen der Beschwerdeführer gefolgt, die von weitgehend unrealistischen Annahmen und Befürchtungen ausgegangen waren. Nicht die geschehene oder bevorstehende Grenzüberschreitung, sondern deren bloße Mög-

---

66   So u. a. Verf., Freiheitspathos und Sicherheitspolitik, in: Recht und Politik 2008, 16; ders. (Fn. 52), RDV 2008, 47 (49).

67   BVerfGE 109, 382 (s. oben Fn. 54).

68   Gegen die Absolutheitsthese jedoch mit beachtlichen Argumenten Manfred Baldus (Fn. 54), JZ 2008, 218 ff. (224 f.).

69   In diesem Sinne (vor dem Urteil) auch José Martínez Soria, Grenzen vorbeugender Kriminalitätsbekämpfung im Polizeirecht, DÖV 2007, 779 ff. Anders jedoch für Österreich Gerhard Kunnert, Die fahrleistungsabhängige Maut nach dem Bundesstraßen-Mautgesetz 2002 („elektronische LKW-Maut") aus der Perspektive von Art 8 EMRK und § 1 DSG 2000, in: Dietmar Jahnel (Hrsg.), Datenschutzrecht und E-Government. Jahrbuch 2009, Wien/Graz 2009, S. 117 ff. (185 ff.); krit. dazu Verf., DVBl. 2010, 572 f.

70   Conseil Constitutionnel, Entscheidung Nr. 2005-532 DC vom 19. 1. 2006 zum Gesetz Nr. 2006-64 vom 23. 1. 2006, Journal Officiel v. 24. 1. 2006 (Vorabprüfung!). Nach diesem französischen Gesetz können Polizei und Zoll stationäre oder mobile Geräte zur automatisierten Kontrolle von Kfz-Kennzeichen unter Einschluss von Bildaufnahmen der Insassen an allen geeigneten Stellen des Staatsgebiets einsetzen. Diese Befugnis besteht unter bestimmten Bedingungen (besondere Anordnung) auch zur Aufrechterhaltung der öffentlichen Ordnung bei besonderen Ereignissen oder großen Menschenansammlungen. Der Conseil Constitutionnel sah hierin keinen Verstoß gegen Grundrechte oder das Rechtsstaatsprinzip. (Für diesen Hinweis danke ich Bodo Pieroth.) – Dass die Technik der Kennzeichenerkennung auch in London in großem Umfang eingesetzt wird (und zwar sowohl für die Erhebung der Citymaut als auch für Zwecke der „nationalen Sicherheit", erwähnt das BVerfG selbst (BVerfGE 120, 378 [380])

71   Es heißt in der Entscheidung einmal zutreffend, die Informationserhebung sei („bei einem auf solche Zwecke begrenzten Einsatz") „ein bloßes Hilfsmittel, um das gesuchte Fahrzeug zu finden" (BVerfGE 120, 378 [404]). Dass die Verwendung des Geräts zu anderen als den dort gemeinten Zwecken nicht mehr „Hilfsmittel" sein soll, ist schwer verständlich. Udo Kauß (DuD 2014, 627) hält demgegenüber die Entscheidung des BVerfG für einen datenschutzrechtlichen „Sündenfall" (S. 631), weil sie in den „Nicht-Treffern" keinen „Eingriff" erkenne; auf die sofortige Löschung könne man sich nicht verlassen.

72   Ein Einsatz „zu anderen Zwecken" (z. B. polizeiliche Beobachtung, Strafverfolgung, Observation) war nicht Gegenstand des Verfassungsrechtsstreits. Die entsprechenden Rechtsgrundlagen hätten bei der Auslegung des Begriffs „Fahndungsbestand" verfassungskonform eingeschränkt werden können.

lichkeit bildet in diesem Urteil das entscheidende Argument für die verfassungsgerichtliche Beurteilung.[73] Statt über die Möglichkeiten extensiver Fahndung zu spekulieren und mit dem Verbot der automatischen Erfassung pauschal auch alle *Auswertungen* zu verhindern (auch die nach seiner eigenen Ansicht zulässigen!),[74] hätte der Senat die verfassungskonforme Auslegung der Verarbeitungsermächtigungen präzisieren und die Aufgabe der Behörden sowie ihrer Aufsichtsinstanzen und der Fachgerichte betonen können, bei der Nutzung dieser Befugnisse auf die Einhaltung dieser Grenzen zu achten.

2.2 Der Eingriffsbegriff und die Eingriffsschwere

Der Kritik an der Rechtsfigur der „informationellen Selbstbestimmung" (s. oben 1.7) ist das BVerfG unausgesprochen ein Stück weit entgegengekommen, indem es in manchen Entscheidungen eine Prüfung vornimmt, ob die vorgesehenen Eingriffe in das informationelle Selbstbestimmungsrecht „von erheblichem Gewicht" sind;[75] damit wird eine realistischere Einschätzung möglich. Die alte Formel, dass es „unter den Bedingungen der elektronischen Datenverarbeitung kein schlechthin, also ungeachtet des Verwendungskontextes, belangloses personenbezogenes Datum mehr" gebe,[76] wird gleichwohl z. B. in dem Urteil zur Kennzeichenerfassung wiederholt.[77] Aus ihr haben manche herausgelesen, dass im Grunde jede Form des (automatisierten) Umgangs mit personenbezogenen Informationen (außer den eigenen) einen rechtfertigungsbedürftigen, potentiell verfassungswidrigen Freiheitseingriff bedeute.[78]

In den meisten Urteilen wird die Frage, ob ein Eingriff in das Recht auf informationelle Selbstbestimmung bzw. das Telekommunikationsgeheimnis vorliegt, ohne weiteres bejaht; denn dieses Recht wird ja als umfassend angesehen. Geprüft wird dann nötigenfalls die Schwere des Eingriffs.

Soweit es um Massendatenverarbeitung geht, wird zur Prüfung der Eingriffsintensität nicht nur auf die Folgen für die Rechte und Interessen des Einzelnen abgestellt. Ein besonders großes Gewicht des „Eingriffs" wird vielmehr auch daraus abgeleitet, dass eine Vielzahl von Personen betroffen ist. „Für die Beurteilung der Angemessenheit" einer Rasterfahndung sei „auch die Gesamtzahl der erfassten Personen zu berücksichtigen".[79] Das ist mit dem Sinn des Grundrechtsschutzes nicht vereinbar. Die gleichzeitige Be-

---

73   BVerfGE 120, 378 (397 f.).
74   Vgl. BVerfGE 120, 378 (403 f.).
75   S. etwa BVerfGE 115, 320 (347 ff. – Rasterfahndung). S. a. die Bemerkungen in BVerfGE 106, 275 (299) und 116, 202 (222) über „eingriffsgleiche" und bloße „Reflexwirkung" gesetzlicher Regelungen.
76   BVerfGE 65, 1 (45); 115, 320 (350); 118, 168 (185).
77   BVerfGE 120, 378 [399].
78   Nahe bei dieser Position: Spiros Simitis, in: FS für Dieter Simon, 2005, S. 511 (526 f.), und RDV 2007, 143 (152). Krit. insofern Verf., NJW 2006, 1617 (1618), und RDV 2008, 47 (50).
79   BVerfGE 115, 320 (357).

einträchtigung eines Grundrechts zahlreicher Personen wiegt vielleicht politisch, nicht aber rechtlich schwerer als der Eingriff in das Recht eines Einzelnen.

Gelegentlich prüft das BVerfG etwas sorgfältiger, worin die Bedeutung des Eingriffs liegt. Im Rasterfahndungs-Urteil geschieht das recht ausführlich, aber mit der schon beschriebenen inhaltlichen Tendenz, dass es sich um einen gewichtigen Eingriff handle.[80] Im Kennzeichenerfassungs-Urteil wird eingeräumt, dass ein Eingriff nicht vorliegt, wenn die erfassten Daten sofort automatisch wieder spurenlos gelöscht werden,[81] aber für „maßgeblich" wird erklärt,

> „ob sich bei einer Gesamtbetrachtung mit Blick auf den durch den Überwachungs- und Verwendungszweck bestimmten Zusammenhang das behördliche Interesse an den betroffen Daten bereits derart verdichtet hat, dass ein Betroffensein in einer einen Grundrechtseingriff auslösenden Qualität zu bejahen ist".[82]

„Gesamtbetrachtung", „Zusammenhang", „behördliches Interesse", „Verdichtung", „Betroffensein", „Qualität" – derart pauschale Begriffe sind ungeeignet, Eingriffe in konkrete Rechte trennscharf zu beschreiben. Wäre der zitierte Satz Teil einer Gesetzesvorschrift, so hätte das BVerfG ihn vermutlich wegen offensichtlicher Unbestimmtheit verworfen.

Bei der Vorratsdatenspeicherung stellt der Senat einen „besonders schweren Eingriff" fest;[83] als Gründe werden die große „Streubreite" der Maßnahme, die hohe Aussagekraft der Daten und die Erhöhung des Risikos genannt, Gegenstand von Ermittlungen zu werden.[84] Die Dissenter Schluckebier und Eichberger sehen dies in dem konkreten Streitfall anders: Die Speicherung der Verkehrsdaten wiege „im Vergleich zu inhaltsbezogenen Überwachungsmaßnahmen" deutlich geringer.[85] Generell ist jedenfalls die „Streubreite" – wie schon gesagt – für den Schutz von Individualrechtsgütern irrelevant; entweder ist der Einzelne betroffen, dann führt die parallele Betroffenheit anderer allenfalls zur prozessualen Verbindung der entsprechenden Beschwerden, oder er ist es nicht, dann ist kein Eingriff gegeben.

Der Richter Eichberger macht in seinem Votum auf eine typische Argumentationsweise der Senatsmehrheit aufmerksam, die er mit Recht für unangemessen hält: Die Verhältnismäßigkeitsprüfung der Senatsmehrheit leidet daran, dass sie bei ihrer Abwägung „stets von dem größtmöglichen Eingriff eines umfassenden, letztlich auf ein Bewegungs- oder Sozialprofil des betroffenen Bürgers abzielenden Datenabrufs ausgeht". Damit werde außer acht gelassen, „dass eine Vielzahl von Datenabfragen einzelne Er-

---

80 BVerfGE 115, 320 (347 ff.).
81 BVerfGE 120, 378 (399, 404).
82 BVerfGE 120, 378 (398).
83 BVerfGE 125, 260 (318).
84 BVerfGE 125, 260 (319, 320).
85 BVerfGE 125, 364 (365) (Schluckebier) sowie S. 380 (Eichberger).

eignisse, kurze Zeiträume und die Telekommunikationsbeziehungen nur einer oder weniger Personen (etwa die Telekommunikationsverbindungen einer Person an einem Tag oder auch nur in einer bestimmten Stunde) zum Gegenstand haben können". Einer solchen Datenabfrage komme „ersichtlich ein nur geringes, jedenfalls nicht mit dem Zugriff auf Kommunikationsinhalte vergleichbares Eigengewicht zu".

„Indem die Senatsmehrheit in jedwedem Datenabruf einen besonders schweren Eingriff in Art. 10 Abs. 1 GG sieht, ohne Rücksicht auf seinen konkreten Umfang im Einzelfall, und deshalb den Gesetzgeber generell zu sehr hohen Eingriffsschwellen für verpflichtet hält, gerät sie, auch wenn sie dies bestreitet, […] in einen Wertungswiderspruch dazu, dass gleichartige Daten, vom Senat unbeanstandet, durch die Behörden abgefragt werden dürfen, sofern sie nicht nach § 113a TKG, sondern von dem Diensteanbieter aus betrieblichen Gründen gespeichert sind."[86]

Mit diesen Anmerkungen zur Methodik der worst case-Argumentation hat Eichberger einen wesentlichen Grund dafür benannt, dass die datenschutzrechtliche Diskussion oft in einem befremdlich praxisfernen Stil geführt wird.

2.3 Das Grundsatzproblem der Vorratsdatenspeicherung: Einschüchterung als Freiheitseingriff?

Nicht zufällig waren und sind die Entscheidungen zur *Vorratsdatenspeicherung* besonders heftig umstritten. Bei diesem Thema reflektiert das BVerfG besonders deutlich die in der Öffentlichkeit geäußerten Sorgen um die Freiheitlichkeit des Gemeinwesens.

Das Gericht knüpft an frühere Aussagen an, nach denen das Grundrecht auf informationelle Selbstbestimmung auch dazu dienen soll, vor dem „Einschüchterungseffekt" zu schützen, „der entstehen und zu Beeinträchtigungen bei der Ausübung anderer Grundrechte führen kann, wenn für den Einzelnen nicht mehr erkennbar ist, wer was wann und bei welcher Gelegenheit über ihn weiß". „Die Freiheit des Einzelnen, aus eigener Selbstbestimmung zu planen und zu entscheiden", könne dadurch „wesentlich gehemmt werden".[87] Die Entscheidung über die einstweilige Anordnung spricht sogar von einem „erheblichen Einschüchterungseffekt".[88] Durch den Abruf der gespeicherten Daten verdichte und konkretisiere sich der in der Speicherung liegende Eingriff „zu einer möglicherweise irreparablen Beeinträchtigung".[89] Und als allgemeine Beurteilung fügt der Senat hinzu: „Je weiter die Befugnisse staatlicher Stellen insoweit reichen, desto

---

86 BVerfGE 125, 364 (383 f.).
87 BVerfGE 113, 29 (46) (Zweiter Senat); ähnlich schon das Volkszählungs-Urteil BVerfGE 65, 1 (43).
88 BVerfGE 121, 1 (20).
89 Ebd.

eher müssen die Bürger befürchten, dass diese Stellen ihr Kommunikationsverhalten überwachen".[90] In dem abschließenden Urteil zur Vorratsdatenspeicherung erklärt das Gericht, wie schon zitiert, die „anlasslose Speicherung von Telekommunikationsverkehrsdaten" sei „geeignet, ein diffus bedrohliches Gefühl des Beobachtetseins hervorzurufen, das eine unbefangene Wahrnehmung der Grundrechte in vielen Bereichen beeinträchtigen" könne.[91]

Diese Aussagen sind zunächst plausibel. Das aus Art. 2 Abs. 1 i. V. m. Art. 1 Abs. 1 GG entwickelte Persönlichkeitsrecht soll in der Tat auch die *Unbefangenheit der Kommunikation* schützen; insofern spielen subjektive Befindlichkeiten der Menschen eine Rolle. Aber es ist sehr unwahrscheinlich, dass in der Bundesrepublik Deutschland infolge der befristeten Speicherung von Telekommunikations-Verkehrsdaten eine diffuse Angst vor Überwachung um sich greift, und wenn dies tatsächlich geschehen sollte, dann nicht wegen polizeilicher oder geheimdienstlicher Maßnahmen zur Abwehr von Gefahren oder zur Strafverfolgung, sondern allenfalls wegen – tatsächlich nicht zu erwartender – *politischer* Verfolgung von Dissidenten oder Opponenten.[92] Stets ist es politisch motivierte Überwachung und Unterdrückung gewesen, die zur Entwicklung eines Klimas der Angst geführt hat.

Im Normalfall führt die Vorratsspeicherung nicht zu Maßnahmen der Gefahrenabwehr oder Strafverfolgung gegen Einzelne, und die von der Speicherung Betroffenen rechnen auch nicht mit solchen Maßnahmen. Dass solche ergriffen werden, ist die seltene Ausnahme. Die Nachteile, die dem Einzelnen durch die Verarbeitung der Telekommunikations-Verkehrsdaten drohen (polizeiliche Ermittlungen, Stigmatisierung o. ä.), treten also nur dann ein, wenn entweder mit ausreichendem Grund Ermittlungen aufgenommen wurden, oder wenn Behörden oder Unternehmen die vorhandenen Ermächtigungen zu weit auslegen oder die Daten ohne gesetzliche Grundlage über das zulässige Maß hinaus abrufen und verwenden. Im Urteil zur Kfz-Kennzeichenerfassung unterstellt das BVerfG in diesem Sinne, dass die Behörden die nicht vollkommen eindeutigen Befugnisnormen überdehnen würden. Die Frage, ob solche unangemessenen Praktiken *wahrscheinlich* sind oder nicht, wird nicht gestellt; wieder genügt dem Gericht die bloße *Möglichkeit*.

Das „Verbot der Datenspeicherung auf Vorrat" wird überdies vielfach falsch verstanden. Zu unterscheiden ist zwischen *Zweck* und *Anlass*. Es ist ein unbestrittener

---

90 Ebd.

91 BVerfGE 125, 260 (320). Entschieden ablehnend demgegenüber die Abweichende Meinung des Richters Eichberger, a. a. O. S. 364 (366).

92 Einen Fall von Überwachung wegen politischer Überzeugung durch eine US-amerikanische Behörde nennt Peter Schaar, Überwachung total, 2014, S. 99 mit Anm. 127. Danach hat eine parlamentarische Untersuchungskommission im Jahre 1976 (!) festgestellt, dass die Regierung „Bürger vielfach nur wegen ihrer politischen Überzeugungen heimlich überwacht" hat. Die aktuelle Debatte um die Enthüllungen von Edward Snowden bezieht sich stets nur auf Datensammlungen zur (extensiv verstandenen) Terrorismusabwehr.

Grundsatz des Datenschutzrechts, dass man Daten nicht ohne aktuelle Rechtfertigung für irgendwelche künftigen, noch nicht festgelegten Zwecke speichern darf. Tatsächlich kommt es aber kaum vor, dass Daten ohne jeden Verwendungszweck gesammelt werden (etwa aus „Liebhaberei" oder weil jemand vorsorglich unspezifisches „Material" gegen jemanden sammeln will). Werden Daten für die künftige Auswertung bei der Strafverfolgung gesammelt, so ist eben dies der *Zweck* der Speicherung – dass bei der Speicherung gerade noch kein aktueller Anlass zu dieser Nutzung bestand, ist kein Unzulässigkeitsgrund, sondern ist von vornherein mitbedacht und liegt in der Natur der Sache. Die Speicherung ermöglicht es der Polizei und der Justiz, bei späteren Ermittlungen Hinweise zu erarbeiten, aus denen auf Verdächtige geschlossen werden kann. Dann ist auch ein hinreichender *Anlass* gegeben. Vorher geschieht gar nichts mit diesen Daten. Solange niemand sie zur Kenntnis nimmt, sind sie, streng genommen, als *Informationen* nur *potentiell* vorhanden und können noch keine sozialen Wirkungen entfalten. – Übrigens ist auch die Speicherung von Daten durch Private z. B. über Geschäftspartner eine solche Vorsorgemaßnahme, deren Legitimität kaum bestreitbar ist: Auch wenn zunächst kein Anlass besteht, an der Zahlungsfähigkeit und -bereitschaft der Kunden zu zweifeln, kann niemand auf die sozusagen anonyme Abwicklung gegenseitiger Verträge ohne Angaben für den Fall der Nichtzahlung verwiesen werden.

Diese Argumente können freilich die Ängste der Menschen nicht ausräumen, die sich die Gefahren der vernetzten Informationsverarbeitung in dunklen Farben ausmalen (oder die von den durch Edward Snowden bekannt gemachten Praktiken des amerikanischen Geheimdienstes NSA auf die gleiche Praxis der deutschen Nachrichtendienste schließen). Es käme darauf an, die Situation in Deutschland genauer mit der in den USA zu vergleichen und dabei weder Horrorszenarien noch die Einschätzung ungeprüft zu übernehmen, die Dienste seien schlechthin unkontrollierbar. Auf dieser Basis ist nämlich gar keine juristische und politische Diskussion mehr möglich, sondern allenfalls noch Empörung oder Resignation.

Kein Gesetzgeber kann durch kluge Regeln jede nur denkbare Fehlentscheidung der Exekutive verhindern. Die ausführenden Staatsorgane sind stets verpflichtet, sich innerhalb ihres Befugnisrahmens zu halten, das Verhältnismäßigkeitsprinzip zu beachten und ihr Ermessen richtig auszuüben. Das BVerfG schließt bei seiner Prognose des behördlichen Verhaltens vom *worst case*[93] auf die Normalregelung; eine so konzipierte Regelung geht aber ihrerseits tendenziell über das Notwendige hinaus und ist in der praktischen Umsetzung zumindest unzweckmäßig.

Die Senatsmehrheit beschwört immer wieder die Gefahr der unerlaubten *Generalüberwachung*, indem sie von dem angeblichen Einschüchterungseffekt spricht und damit die diffusen Ängste erneut bestärkt, die gerade abgebaut werden müssten. Die dissentierenden Richter widersprechen insofern ausdrücklich: Angesichts der gesetz-

---

93 S. oben zu 2.2 a. E. und nochmals Eichberger, BVerfGE 125, 380 (383) sowie Schluckebier ebd. S. 364 (366) („Ausnahmefälle" dürfen nicht ausschlaggebend sein).

geberischen Konzeption der Datenspeicherung und der geltenden inhaltlichen und verfahrensmäßigen Hürden des Datenabrufs ist dieser Zusammenhang nicht begründet, jedenfalls empirisch nicht belegt.[94]

Nicht erörtert wird hier die europarechtliche Problematik der Entscheidung zur Vorratsdatenspeicherung, also insbesondere ob das BVerfG diese Sache dem EuGH hätte vorlegen müssen und welche Bedeutung das deutsche Urteil für die Entwicklung im übrigen Europa haben könnte.[95] Diese Frage ist durch die Entscheidung des EuGH vom 8. April 2014 überholt.[96] Der EuGH hat die inhaltlichen Feststellungen des BVerfG im Wesentlichen bestätigt, wenn auch mit anderer Begründung. Sein Urteil (wie auch das vorangehende Votum des Generalanwalts Cruz Villalon) verdiente eine eigene kritische Würdigung, die hier nicht angebracht ist.

2.4   Das Risiko der Einbeziehung in behördliche Ermittlungen

Das Gericht benutzt im Rasterfahndungs- und im Vorratsdaten-Urteil auch das Argument, dass die abgerufenen Verkehrsdaten „Grundlage eines Strafverfahrens und gegebenenfalls einer strafrechtlichen Verurteilung des Betroffenen werden, die ohne die Datenbevorratung und den Abruf der bevorrateten Daten nicht möglich gewesen wären".[97] Damit wird der Topos „Einschüchterung" sozusagen aus der Allgemeinheit der soziologischen Betrachtung in die Besonderheit der individuellen Betroffenheit übersetzt. Dieses Risiko besteht zwar, aber es bildet keinen Grund, die Datenerfassung für unzulässig zu halten.

Selbstverständlich darf Strafverfolgung nicht auf verfassungswidrigen Beweismitteln beruhen, und es ist in der Tat „zweifelhaft, ob sich der darin liegende Nachteil für den Betroffenen nach einer Nichtigerklärung der Vorschriften über Datenbevorratung und Datenabruf in jedem Fall vollständig beheben ließe."[98] Aber durch den Stil seiner Ausführungen erweckt das Gericht den Eindruck, als bestehe immerhin die Möglichkeit, dass Polizei, Staatsanwaltschaften und Gerichte die Telekommunikations-Verkehrsdaten zu massenhafter Verfolgung Unschuldiger nutzen, wenn nicht die Sicherheitsschranken verstärkt werden. Es schreibt z. B. – inhaltlich zutreffend, aber sprachlich in der Nachbarschaft der Fundamentalkritiker aller staatlichen Befugnisse –, von der Da-

---

94 Schluckebier, BVerfGE 125, 364 (366), und Eichberger, BVerfGE 125, 380 (383). Gegen die Behauptung eines „Generalverdachts" auch Jürgen Kühling, NVwZ 2014, 681 (683) m. Anm. 29.
95 Dazu u. a. Alexander Roßnagel, Das Bundesverfassungsgericht und die Vorratsdatenspeicherung in Europa, DuD 2010, 544 ff.; Kerstin Orantek, Die Vorratsdatenspeicherung in Deutschland, NJ 2010, 193 ff.; Dietrich Westphal, Leitplanken für die Vorratsdatenspeicherung, EuZW 2010, 494 ff.; krit. dagegen Heinrich Amadeus Wolff, Vorratsdatenspeicherung – Der Gesetzgeber gefangen zwischen Europarecht und Verfassung?, NVwZ 2010, 751 ff.
96 S. oben Fn. 43.
97 BVerfGE 121, 1 (22).
98 BVerfGE 121, 1 (22 f.).

tenbevorratung sei „annähernd jeder Bürger bei jeder Nutzung von Telekommunikationsanlagen betroffen, so dass eine Vielzahl von sensiblen Informationen über praktisch jedermann für staatliche Zugriffe verfügbar" sei[99] – ohne zu ergänzen, dass diese Art von „Betroffenheit" zunächst gar keine Beeinträchtigung bedeutet und dass eine entsprechende „Verfügung" über diese Daten tatsächlich nur bei einem minimalen Teil der Betroffenen in Betracht kommt, weil sich der Staat eben nicht aus schlichter Neugierde oder „Überwachungswut" für die Individuen interessiert. Indem die Mehrheit des Ersten Senats an anderer Stelle ausführlich hervorhebt, dass die Speicherung der Telekommunikationsverkehrsdaten „nicht als ein Schritt hin zu einer Gesetzgebung verstanden werden" darf, „die auf eine möglichst flächendeckende vorsorgliche Speicherung aller für die Strafverfolgung oder Gefahrenprävention nützlichen Daten zielt",[100] betont sie eine Selbstverständlichkeit, aber in einer Weise, als sei sie eben dies nicht. Der Senat schreibt, die Speicherung dürfe „auch nicht im Zusammenspiel mit anderen vorhandenen Daten zur Rekonstruierbarkeit praktisch aller Aktivitäten der Bürger führen". Wohl mit dem Blick auf die konkurrierende Zuständigkeit des EuGH fügt das BVerfG hinzu, es gehöre „zur verfassungsrechtlichen Identität der Bundesrepublik Deutschland, dass „die Freiheitswahrnehmung der Bürger nicht total erfasst und registriert werden darf".[101] Für welchen europäischen Staat gilt denn etwas anderes?

Dass die Polizei vielfach ermitteln muss, ohne bereits konkrete Verdachtsmomente gegen bestimmte Personen zu haben, ja dass sie oft überhaupt keine sicheren Anhaltspunkte für ihre Aufklärungsarbeit besitzt, ändert offensichtlich nichts an der strengen Auffassung des BVerfG. Damit wird die Frge ausgeklammert, wie denn der Staat seine grundrechtlichen Schutzpflichten gegenüber den durch Kriminalität bedrohten Bürgern erfüllen soll, wenn es ihm grundsätzlich schon verwehrt sein soll, mögliche Auskunftspersonen im Zusammenhang mit Gefahrenlagen oder zur Straftataufklärung auch nur zu befragen.

Die klarstellenden Ausführungen der Bundesregierung mit dem Hinweis auf die unabhängige gerichtliche Würdigung und die Regeln der prozessualen Beweiserhebung und Beweisverwertung[102] und die gleichgerichtete Stellungnahme des Bundesgerichtshofs[103] erwähnt der Senat in seinen Entscheidungsgründen nicht. Durch die einseitige Akzentuierung trägt er vermutlich selbst dazu bei, dass „die Unbefangenheit des Kommunikationsaustausches und das Vertrauen in den Schutz der Unzugänglichkeit der Telekommunikationsanlagen insgesamt"[104] beeinträchtigt werden.

---

99 BVerfGE 121, 1 (21).
100 BVerfGE 125, 260 (323 f.). Zustimmend Alexander Roßnagel, Die „Überwachungs-Gesamtrechnung" – Das BVerfG und die Vorratsdatenspeicherung, NJW 2010, 1238 (1240).
101 BVerfGE 125, 260 (324). Vgl. dazu das Lissabon-Urteil BVerfGE 123, 267 (350 ff.).
102 BVerfGE 125, 260 (293 ff.).
103 BVerfGE 125, 260 (300).
104 BVerfGE 121, 1 (21).

In der Rasterfahndungs-Entscheidung schreibt der Senat, dass „informationsbezogene Ermittlungsmaßnahmen im Falle ihres Bekanntwerdens eine stigmatisierende Wirkung für die Betroffenen haben und so mittelbar das Risiko erhöhen, im Alltag oder im Berufsleben diskriminiert zu werden".[105] Aber die Stigmatisierung bestimmter Bevölkerungsgruppen wird nicht durch die staatlichen Maßnahmen ausgelöst, sondern durch gesellschaftliche und mediale Vorgänge, die allenfalls dadurch verstärkt werden, dass Sicherheitsbehörden bei der Abwehr vermuteter Gefahren entsprechende (zu weite, daher fragwürdige) „Raster" anlegen. Bemühen sich die Behörden, die Fahndung oder zumindest deren Auswahlkriterien geheim zu halten, so verringern sie die Stigmatisierungsgefahr, erhöhen jedoch nach Ansicht der Richter die Intensität ihres Eingriffs.[106] Wird die Anordnung veröffentlicht, so „reduziert" dies die „Heimlichkeit der Maßnahme" und ermöglicht Rechtsschutz dagegen.[107]

2.5   Die Zweckbindung und ihre Grenzen

Das Gericht fordert – im Ansatz zu Recht – für jede Form von Datenverarbeitung eine hinreichend präzise Begrenzung der Verwendungszwecke.[108] Es geht aber nicht darauf ein, dass die in Betracht kommenden und legitimen Zwecke oft auf unterschiedlichem Abstraktionsniveau formuliert werden, und befasst sich nicht mit der Frage, ob nicht in bestimmten Konstellationen gerade auch eine Nutzung von Daten zu anderen als den ursprünglichen Zwecken geboten oder zumindest gestattet ist. So dürfen Daten, die rechtmäßig für die Gefahrenabwehr erhoben worden sind, unter bestimmten, zuvor festgelegten Voraussetzungen den Strafverfolgungsbehörden übermittelt werden – und umgekehrt müssen Gefahrenabwehrbehörden oft erst recht wissen, was zum Zwecke der Strafverfolgung gespeichert worden ist.

Von diesem Grundsatz gibt es eine Ausnahme, die das Verhältnis zwischen Polizeibehörden und Nachrichtendienste betrifft. Hier wird auf die Trennung der Informationsbestände geachtet, weil die Aufgaben, Befugnisse und Arbeitsweisen zu unterschiedlich sind, als dass von vornherein eine unbeschränkte Zusammenarbeit in Frage käme. Das Trennungsprinzip[109] beruht auf der Überlegung: Wer (fast) alles weiß, soll

---

105 BVerfGE 115, 320 (351). Krit. dazu und zu weiteren Details der Rspr.: Ruth Welsing, Das Recht auf informationelle Selbstbestimmung im Rahmen der Terrorabwehr. Darstellung anhand einer Untersuchung der präventiven Rasterfahndung, Hamburg 2009, S. 405.

106 BVerfGE 115, 320 (353).

107 BVerfGE 115, 320 (354). Zur Kritik dieser Argumentationsweise s. a. das Abweichende Votum der Richterin Haas BVerfGE 115, 320 (371 [372 ff.]) sowie Verf., Recht und Politik 2008, 16 (20 f.).

108 BVerfGE 125, 260 (327 ff.) m. w. N.; s. a. BVerfGE 120, 378 (429 f.).

109 Dazu BVerfGE 97, 198 (217); 100, 313 (369 f..); sowie Verf., Trennungsgebot und Verknüpfungsbefugnis, in: Reinhard Hendler/Martin Ibler/José Martínez Soria (Hrsg.), „Für Sicherheit, für Europa". FS für Volkmar Götz, 2005, S. 341 ff., und Martínez, Nachrichtendienste und Polizei, ebd. S. 359 ff.

nicht alles dürfen, und wer (fast) alles darf, soll nicht alles wissen.[110] In der sicherheits-
behördlichen Praxis ergibt sich freilich immer wieder Bedarf, auf die Erkenntnisse der
anderen Seite zuzugreifen (wenn sie denn vorhanden sind!); deshalb hat man die Antiterrordatei und andere Verfahren der Kooperation eingeführt. Rechtlich problematisch
ist nicht das Ob des gegenseitigen Austausches, sondern das Wie bzw. Wieviel. Wenn
der Geheimdienst seine Informationen mit technischen Mitteln wie dem Abhören der
Telekommunikation erlangt, soll die Polizei – solange sie diese Befugnis nicht hat – nicht
auf die gewonnenen Erkenntnisse zugreifen dürfen. Der Polizei wird damit ein gewisses
Maß an Informationsverzicht zugemutet, so wie es auch als Konsequenz anderer rechtsstaatlicher Verfahrensgarantien wie der Aussageverweigerungsrechte bekannt ist.

Dass dieses Prinzip aber nur äußerst schwer durchzuhalten ist, wenn es um schwere
Kriminalität geht, liegt auf der Hand und ist der Grund dafür, dass der Gesetzgeber in
den letzten Jahrzehnten auch der Polizei zunehmend Rechte zur geheimen Ermittlung
eingeräumt hat. Kritiker sehen darin eine Art „Vergeheimdienstlichung" der Polizei.[111]
Aber diese Kritik ist solange unbegründet, wie die Befugnisnormen angemessen auf die
polizeilichen (und eben nicht geheimdienstlichen) Aufgaben und den generellen rechtsstaatlichen Rahmen polizeilichen Handelns abgestellt werden. In der Zeit umfassender
elektronischer Kommunikation kann der Staat seine Sicherheitsbehörden nicht „düm-
mer" halten als es innerhalb dieses Rahmens möglich ist. Die rechtsstaatlichen Sicherungen polizeilicher Aufklärung müssen daher immer wieder neu justiert werden. Die
Funktion des Trennungsgebots, die Verfolgung Unverdächtiger durch die Nachrichtendienste zu verhindern, muss möglicherweise auf anderen rechtlichen Wegen als über
das strenge Trennungsgebot erfüllt werden.

2.6   Missbrauchsrisiko und Datensicherung

Als ein Grund, Datenverarbeitung einzuschränken oder ganz zu unterbinden, wird in
verschiedenen Zusammenhängen das Risiko genannt, dass unbefugte Dritte die gespeicherten Daten missbrauchen. Immer wieder wird die Sorge artikuliert, dass zu erlaubten Zwecken gespeicherte Daten letztlich zu anderen Zwecken genutzt würden, wenn
dies nicht durch strenge rechtliche Vorkehrungen verhindert würde. Das BVerfG führt
z. B. im Vorratsdaten-Urteil aus, dass die Speicherung einen „schwerwiegenden Eingriff"
darstelle und dass „die Missbrauchsmöglichkeiten, die mit einer solchen Datensammlung verbunden sind", deren belastende Wirkung verschärfen.[112] Angesichts der „Vielzahl verschiedener privater Anbieter, bei denen die Telekommunikationsdaten gespeichert werden", und der Schwierigkeit der Technikbeherrschung bestehe „zwangsläufig

---

110 Christoph Gusy, KritV 1994, 242 (243); ihm folgend Wolfgang Hetzer, ZRP 1999, 19 (23).
111 Vgl. etwa schon Hans Lisken, ZRP 1994, 264 ff.
112 BVerfGE 125, 260 (320).

die Gefahr von Schwachstellen und das Risiko von Manipulationen".[113] Anderseits sieht der Senat gerade in der Speicherung der Informationen bei privaten Stellen eine Methode, unzulässige Zugriffe einzuschränken.[114]

Es ist jedenfalls unangemessen, aus Sorge vor Missbrauch durch die beteiligten Beamten oder durch Dritte eine an sich angebrachte, nützliche Verwendung von Informationen und den entsprechenden Technikeinsatz ganz zu verbieten. Der gewöhnliche Weg, einem möglichen Missbrauch entgegenzutreten, besteht vielmehr darin, die Maßnahmen der Daten*sicherung* zu verbessern. So will es ja auch das BVerfG, wenn es Regelungen fordert, „die einen besonders hohen Sicherheitsstandard normenklar und verbindlich vorgeben".[115] Über deren Notwendigkeit besteht kein grundsätzlicher Streit; allenfalls die hohen Kosten sind bisweilen ein Argument gegen „hundertprozentige" Sicherungsmaßnahmen.

Diskussionsbedürftig ist aber, ob das Gericht nicht in dem Bestreben, „spezifische und verlässliche" Grenzen zu ziehen, zu weit gegangen ist. Zwar bekräftigt der Senat, dass die Verfassung die gebotenen Sicherheitsmaßnahmen nicht im Einzelnen „detailgenau" vorgibt.[116] Aber was dann folgt, ist eine viele Seiten lange Anweisung an den Gesetzgeber, wie er es richtig zu machen habe.[117] Der Senat bezeichnet sogar bestimmte „Instrumente" als „Kernelemente" der Datensicherung, die offenbar gesetzlich und nicht einmal durch Rechtsverordnung angeordnet werden sollen.[118] Die Sicherung der Daten ist aber im Grunde gar kein geeigneter Gegenstand von Rechtsnormen; es handelt sich um technische Vorschriften, Gebrauchsanweisungen. Werden sie gesetzlich genau ausgeformt, wird den Anwendern das Nachdenken über die zweckmäßigsten der in Betracht kommenden Mittel verboten; das ist kontraproduktiv.

In der Öffentlichkeit wird der Missbrauchsbegriff häufig so verstanden, dass auch erlaubte Verarbeitungsweisen darunter fallen, die einem Teil der Öffentlichkeit missfallen. In juristischen Argumentationen sollte ein präziser und enger Missbrauchsbegriff verwendet werden.

---

113 BVerfGE 125, 260 (320).

114 BVerfGE 125, 260 (321).

115 BVerfGE 125, 260 LS 3 und S. 325 ff.

116 BVerfGE 125, 260 (326).

117 Krit. dazu auch die Abweichende Meinung des Richters Schluckebier, BVerfGE 125, 364 (373) („nahezu vollständige" Einschränkung des gesetzgeberischen „Einschätzungs- und Gestaltungsspielraums", zu wenig „judicial self-restraint") und mit etwas anderem Akzent die des Richters Eichberger, ebd. S. 380 (381) („zu kleinteilig").

118 BVerfGE 125, 260 (327) (u. a. getrennte Speicherung der Daten, eine anspruchsvolle Verschlüsselung, Vier-Augen-Prinzip, revisionssichere Protokollierung von Zugriff und Löschung).

## 2.7	Zu geringes Gewicht von Strafverfolgung und Gefahrenabwehr

Die Notwendigkeiten der Strafverfolgung und Gefahrenabwehr werden vom BVerfG nicht hinreichend gewichtet. Verkannt wird vor allem, dass die Aufklärung von Gefahren und Straftaten nicht erst dann beginnen kann, wenn ein konkreter Verdacht gegen bestimmte Personen vorliegt. Das war schon beim Rasterfahndungsurteil zu kritisieren – diese Maßnahme dient ja gerade der Verdachts*gewinnung* und kann deshalb nicht an die Voraussetzung gebunden werden, dass schon ein konkreter Verdacht gegen bestimmte Personen vorliegt.[119] Soweit dennoch in den (landesgesetzlichen) Ermächtigungsgrundlagen ein konkreter Verdacht vorausgesetzt wird, kann dieses Tatbestandselement nicht dasselbe bedeuten wie in der polizeilichen Generalklausel; zwar genügt eine „allgemeine Bedrohungslage" oder „außenpolitische Spannungslage" nicht, aber es genügt „das Vorliegen weiterer Tatsachen, aus denen sich eine konkrete Gefahr, etwa für die Vorbereitung oder Durchführung terroristischer Anschläge, ergibt".[120]

In dem Urteil zur Kfz-Kennzeichenerfassung hält das BVerfG den Grundsatz der Verhältnismäßigkeit für verletzt, wenn „die gesetzliche Ermächtigung die automatisierte Erfassung und Auswertung von Kraftfahrzeugkennzeichen ermöglicht, ohne dass konkrete Gefahrenlagen oder gesteigerte Risiken von Rechtsgutgefährdungen oder -verletzungen einen Anlass zur Einrichtung der Kennzeichenerfassung geben". Die „stichprobenhafte Durchführung einer solchen Maßnahme" könne gegebenenfalls „zu Eingriffen von lediglich geringerer Intensität zulässig sein".[121] Damit übersieht das Gericht, dass der „Fahndungsbestand" eine Sammlung von Angaben über „konkrete Gefahrenlagen" und sogar eingetretene Störungen der öffentlichen Sicherheit darstellt; er umfasst ja die Meldungen über Rechtspflichtverletzungen verschiedener Art, die die polizeiliche Suche nach den betreffenden Personen rechtfertigen. Es ist nach bisher geltenden Maßstäben irrelevant, ob *zugleich andere* gesucht werden und ob der Betroffene in eine Stichprobe gerät oder ob eine Massenkontrolle stattfindet, etwa weil die Polizei das „gesteigerte Risiko von Rechtsgutgefährdungen oder -verletzungen" (durch den Betroffenen oder Dritte) festgestellt hat.

Systematisch angelegte Kontrollen, bei denen eine Vielzahl zufällig betroffener Personen ohne konkreten Verdacht überprüft wird, sind im Straßenverkehrsrecht seit langem zulässig.[122] Überprüfungen ohne konkreten Verdacht einer Straftat oder Störung sind auch in anderen Verwaltungsbereichen unverzichtbar. So können die Finanzbehörden Betriebsprüfungen ohne weitere Voraussetzungen vornehmen (§ 193 AO), und

---

119	Vgl. etwa Verf., Polizeiliche und nachrichtendienstliche Befugnisse zur Verdachtsgewinnung, in: FS für Peter Selmer, 2004, S. 29 (36 f.); auch in: ders., Datenschutz, Informationsrecht und Rechtspolitik, 2005, S. 296 (303). S. a. Welsing (Fn. 105), insbes. S. 323.

120	BVerfGE 115, 320 Leitsatz 2.

121	BVerfGE 120, 378 Leitsatz 4.

122	Vgl. § 36 Abs. 5 StVO: „Polizeibeamte dürfen Verkehrteilnehmer zur Verkehrskontrolle einschließlich der Kontrolle der Verkehrstüchtigkeit und zu Verkehrserhebungen anhalten".

die Träger der Rentenversicherung prüfen ebenfalls ohne weitere Voraussetzungen bei den Arbeitgebern, ob sie die Sozialversicherungsbeiträge richtig abgeführt haben (§ 28p SGB IV; s. a. § 28q) Unter bestimmten Voraussetzungen (die nicht mit den polizeirechtlichen Ermächtigungen übereinstimmen) sind auch umfassende Prüfungen zur Kontrolle der Lebensmittelhygiene oder der Einhaltung von Vorschriften des Umwelt- und des Seuchenrechts zulässig.[123] Die Abwägung – Eingriffe zum Schutz hochwertiger Rechtsgüter gegen unerwünschte Kontrollen, die nur dann zu weiteren Belastungen führen, wenn der Verdacht eines Rechtsverstoßes aufkommt – fällt eindeutig zugunsten der entsprechenden Befugnisse der zuständigen Behörden aus. Wenn solche für den Einzelnen unschädlichen und zumutbaren „Massenkontrollen" als „Massen-Grundrechtseingriff" bezeichnet werden,[124] so wird gerade nicht auf die Rechtsbeeinträchtigung der einzelnen Betroffenen abgestellt, sondern – wie schon ausgeführt: zu Unrecht – auf die „Streubreite" der Maßnahme.[125] Nach dieser Logik ist die Schrotflinte gefährlicher als die zielgenaue Präzisionswaffe – eine fragwürdige Logik.[126] Die „Streubreite" mag für die politische Beurteilung des Verfahrens von Bedeutung sein, aber mit der liberalen Funktion des Persönlichkeitsrechts hat sie wenig zu tun.

Im Ergebnis beschränkt das Gericht die Möglichkeit zum Auffinden gesuchter Personen, um die Wirkung der staatlichen Aktivität auf das Publikum zu beeinflussen – wörtlich: um „den *Eindruck* ständiger Kontrolle" und „das sich einstellende *Gefühl* des Überwachtwerdens" zu vermeiden.[127]

Eine interessante Parallele zu dieser Rechtsprechung enthält die Entscheidung des EuGH, in welcher der französische Staat verurteilt wurde, protestierende Bauern daran zu hindern, ausländische Lastwagen mit landwirtschaftlichen Produkten zu plündern; in der Begründung heißt es, diese Feststellung sei „besonders deswegen geboten, weil die […] Sachbeschädigungen und Drohungen nicht nur die Ein- oder Durchfuhr der […] Erzeugnisse in Frankreich gefährden, sondern auch eine Atmosphäre der Unsicherheit schaffen können, die sich auf die gesamten Handelsströme nachteilig auswirkt".[128] Auch diese Form von „Gefühlsschutz" ist fragwürdig: Der Ärger der Bauern, die sich als Opfer der Globalisierung fühlen, wird (mit Recht!) nicht honoriert, und die Importeure müssen eine „Atmosphäre der Unsicherheit" aushalten. Ein weiteres Beispiel könnte die Börse liefern: Kapitalanleger werden ständig mit einer Flut von Informationen, Ankün-

---

123 Vgl. § 39 Abs. 1 Lebensmittel-, Bedarfsgegenstände- und Futtermittelgesetzbuch („regelmäßige Überprüfungen und Probenahmen"), §§ 52, 52a BImSchG, §§ 24, 25 Tiergesundheitsgesetz.

124 So z. B. (u. v. a.) Wilhelm Achelpöhler/Holger Niehaus, Rasterfahndung als Mittel zur Verhinderung von Anschlägen islamistischer Terroristen in Deutschland, DÖV 2003, 49 (50, 57).

125 So ausdrücklich auch das BVerfG, z. B. BVerfGE 115, 320 (354); 120, 378 (402)

126 Nach einer anderen Formulierung des BVerfG sind „Informationserhebungen gegenüber Personen, die den Eingriff durch ihr Verhalten nicht veranlasst haben, von höherer Eingriffsintensität als anlassbezogene" (BVerfGE 120, 378 [402]) – hier wird die Schwere des Eingriffs mit seiner Rechtfertigung verwechselt.

127 BVerfGE 120, 374 (430); Hervorhebung nicht im Original. Mehr zum „Gefühlsschutz" unten 5.3.

128 EuGH, EuGRZ 1997, 620 ff., Rn. 32 ff. und 52 f.; dazu Szczekalla, DVBl. 1998, 219.

digungen und Gerüchten konfrontiert – gibt es da etwa auch einen Ansatz zum staatlichen Schutz ihrer Gemütsruhe?

Auch in dem Urteil zur Vorratsdatenspeicherung werden die Notwendigkeiten von Strafverfolgung und Gefahrenabwehr zu gering gewichtet und die Anforderungen an den Gesetzgeber unangemessen erhöht. Zwar konzediert das Gericht hier, dass „eine sechsmonatige anlasslose Speicherung von Telekommunikationsverkehrsdaten für qualifizierte Verwendungen im Rahmen der Strafverfolgung, der Gefahrenabwehr und der Aufgaben der Nachrichtendienste, wie sie die §§ 113a, 113b TKG anordnen, […] mit Art. 10 GG nicht schlechthin unvereinbar" ist.[129] „Bei einer Ausgestaltung, die dem besonderen Gewicht des hierin liegenden Eingriffs hinreichend Rechnung trägt, unterfällt eine anlasslose Speicherung der Telekommunikationsverkehrsdaten nicht schon als solche dem strikten Verbot einer Speicherung von Daten auf Vorrat im Sinne der Rechtsprechung des BVerfG".[130] Der Senat betont immerhin, dass eine sechsmonatige Speicherung der Telekommunikationsverkehrsdaten sich „nicht als eine Maßnahme" darstelle, „die auf eine Totalerfassung der Kommunikation oder Aktivitäten der Bürger insgesamt angelegt wäre"; an dieser Stelle findet sich sogar die Bemerkung, eine Rekonstruktion gerade der Telekommunikationsverbindungen" sei „für eine effektive Strafverfolgung und Gefahrenabwehr von besonderer Bedeutung".[131] Aber vor und nach diesen Ausführungen stehen die Hinweise auf „Schwachstellen" und „Manipulationen" (in diesem Fall vornehmlich auf die privaten Anbieter bezogen) und die Anforderungen an die Ausgestaltung. Nur der Richter Schluckebier hat herausgearbeitet, welche Bedeutung eine effektive Strafverfolgung und Gefahrenabwehr gerade auch für die Bürger hat.[132]

Die Entscheidung zur Antiterrordatei verfestigt die Zuständigkeitsaufspaltung bei der Bekämpfung des internationalen Terrorismus und ist geeignet, diese Aufgabe zu erschweren.

2.8   Die Inpflichtnahme der Telekommunikationsdiensteanbieter

Das BVerfG stellt zutreffend fest, dass die Auferlegung einer Speicherungspflicht einen Eingriff in die Berufsfreiheit der Diensteanbieter darstellt. Dieser Eingriff sei aber durch ausreichende Gründe des Gemeinwohls gerechtfertigt. Die Beschwerdeführerin, die einen Anonymisierungsdienst anbietet, werde durch die angegriffenen Vorschriften und die damit verbundene finanzielle Belastung nicht in ihrer Berufsfreiheit verletzt.[133] Dass

---

129 BVerfGE 125, 260 (316).
130 Ebd. am Schluss unter Hinweis auf BVerfGE 65, 1 (46 f.); 115, 320 (350); 118, 168 (187).
131 BVerfGE 125, 260 (322).
132 BVerfGE 125, 364 (3368 f.).
133 BVerfGE 125, 260 (358).

die belasteten Unternehmen sich hiergegen heftig zur Wehr setzen, verwundert nicht.[134] Sie können darauf verweisen, dass das Gericht die Speicherung der Daten gerade deswegen für grundsätzlich verfassungskonform hält, weil sie nicht beim Staat, sondern bei Privaten stattfindet.[135] (Andererseits wird das Risiko für die Betroffenen betont, das aus der Vielzahl privater Speicherer resultiere).[136] Den privaten Unternehmen wird damit eine Pflicht im Interesse der Allgemeinheit auferlegt, und es ist alles andere als abwegig, dass sie hierfür eine Entschädigung verlangen.[137] Vielleicht wäre dieses Geld auch im Interesse der vom BVerfG so sehr betonten Datensicherheit besonders gut angelegt, womöglich besser als eine weitere Missbrauchsverhinderungsvorschrift.

---

3   Die Datenschutzdogmatik in der Entwicklung

3.1   Ein neues Grundrecht?

Mit dem Grundrecht auf Gewährleistung der Vertraulichkeit und Integrität informationstechnischer Systeme ist nicht etwa – wie manche meinen – ein neues Grundrecht „erfunden" worden.[138] Das Verdienst des Senats besteht vielmehr darin, eine wichtiger gewordene Dimension des Persönlichkeitsschutzes auf den Begriff gebracht zu haben. Wie das BVerfG selbst es ausdrückt, handelt es sich um eine Ausprägung des allgemeinen Persönlichkeitsrechts.[139] Diese Konstruktion macht überzeugend deutlich, dass die Wurzel der verschiedenen subjektiven Rechtspositionen in dem Persönlichkeitsschutz gemäß Art. 2 Abs. 1 i. V. m. Art. 1 Abs. 1 GG zu sehen ist. Das allgemeine Persönlichkeitsrecht wirkt sich in verschiedenen Dimensionen aus, insbesondere und seit langem anerkannt als Schutz der Privatsphäre (im räumlichen wie im übertragenen Sinne) sowie als Schutz vor dem Missbrauch personenbezogener Informationen, aber auch – wie nunmehr erkannt und ausgesprochen wird – als Schutz davor, dass in die Informationssammlungen eingebrochen wird, die der moderne Mensch nur für sich selbst anlegt und mit technischen Mitteln speichert. Zu dem Gesamtbild des Persönlichkeits-

---

134 Vgl. Sven-Erik Heun, Urteilsanmerkung, CR 2010, 247 ff., sowie Jens Eckhardt/Marc Schütze, Vorratsdatenspeicherung nach BVerfG: „Nach dem Gesetz ist vor dem Gesetz ...", CR 2010, 225 ff.

135 BVerfGE 125, 260 (321).

136 BVerfGE 125, 260 (320)

137 Zur Argumentation vgl. Eckhardt/Schütze (Fn. 134).

138 So ausdrücklich der Berichterstatter Hoffmann-Riem in seinem das Urteil erläuternden Aufsatz: Der grundrechtliche Schutz der Vertraulichkeit und Integrität eigengenutzter informationstechnischer Systeme, JZ 2008, 1009 (1014).

139 BVerfGE 120, 274 (302). Krit. zu dem dogmatischen Ansatz des BVerfG u. a. Gabriele Britz, Vertraulichkeit und Integrität informationstechnischer Systeme, DÖV 2008, 411 ff.; Martin Eifert, Informationelle Selbstbestimmung im Internet, NVwZ 2008, 521; Uwe Volkmann, DVBl. 2008, 590; s. a. die Beiträge in: Robert Uerpmann-Wittzack (Hrsg.), Das neue Computergrundrecht, 2009.

schutzes gehört auch das Recht am eigenen Bild[140] und am eigenen gesprochenen Wort,[141] vor allem in der Form des Schutzes gegen Verdrehungen und Selbstbelastung,[142] das hier keine Rolle spielt.

3.2 „Vertraulichkeit und Integrität informationstechnischer Systeme" als grundrechtliches Schutzgut

Das „Grundrecht auf Gewährleistung der Vertraulichkeit und Integrität informationstechnischer Systeme" wird die Verfassungsinterpreten wohl noch viel beschäftigen. An der Stelle, wo es erstmals in die Begründung eingeführt wird, heißt es nur: „Diese Ausprägung des allgemeinen Persönlichkeitsrechts schützt vor Eingriffen in informationstechnische Systeme, soweit der Schutz nicht durch andere Grundrechte, wie insbesondere Art. 10 oder Art. 13 GG, sowie durch das Recht auf informationelle Selbstbestimmung gewährleistet ist".[143] Etwas später ist von der Notwendigkeit die Rede, „neuartigen Gefährdungen zu begegnen, zu denen es im Zuge des wissenschaftlich-technischen Fortschritts und gewandelter Lebensverhältnisse kommen kann".[144] Den gegenständlichen Schutzbereich bilden die „informationstechnischen Komponenten" der „zahlreichen Geräte", „mit denen große Teile der Bevölkerung alltäglich umgehen", z. B. „Telekommunikationsgeräte" sowie Computer und Minicomputer aller Art. Die „Integrität" dieser „Systeme" kann durch Eindringen in die Hardware (z. B. Einbau neuer oder Veränderung bestehender Elemente) beeinträchtigt werden, aber auch durch Software-Änderungen, wie sie sonst etwa bei der Fernwartung von Computern vorgenommen werden. Das Schutzziel „Vertraulichkeit" aber bezieht sich auf die durch die Systeme vermittelte Kommunikation oder ihren technischen Niederschlag (die gespeicherten Daten), nicht auf die technischen Systeme als solche. Die Verletzung der Integrität ermöglicht den Vertraulichkeitsverlust. Dass auf diese Weise das Persönlichkeitsrecht verletzt werden kann, liegt auf der Hand; der Senat beschreibt die möglichen Folgen solcher Infiltration – insbesondere wenn die Systeme miteinander vernetzt sind wie im Internet – ausführlich[145] und stellt heraus, dass der Betroffene „solche Zugriffe zum Teil gar nicht wahrnehmen, jedenfalls aber nur sehr begrenzt abwehren" kann.[146]

Das BVerfG hat jedoch die *Wirkungsweise* des bezeichneten Grundrechts nicht näher umschrieben. Der Senat hat dieses Recht nicht nur als Abwehr staatlicher Eingriffe konzipiert, sondern auch als Ausdruck einer Schutzpflicht des Staates; denn er formuliert:

---

140 BVerfGE 101, 361 (Caroline von Monaco).
141 BVerfGE 34, 238 (Tonband); 106, 28 (Mithöreinrichtung).
142 S. etwa BVerfGE 54, 148 (Eppler); 54, 208 (Böll).
143 BVerfGE 120, 274 (302).
144 BVerfGE 120, 274 (303).
145 BVerfGE 120, 274 (304 ff.).
146 BVerfGE 120, 274 (306).

„Der Einzelne ist darauf angewiesen, dass der Staat die mit Blick auf die ungehinderte Persönlichkeitsentfaltung berechtigten Erwartungen an die Integrität und Vertraulichkeit derartiger Systeme beachtet".[147] Sicher nicht mitgemeint, aber von dieser Formulierung möglicherweise mitumfasst ist auch die Sorge dafür, dass die Computer technisch richtig funktionieren – eine Sorge, für die der Benutzer den Hersteller, den Netzbetreiber und vielleicht die Anwendungsberater in Pflicht nehmen kann, aber nicht den Staat. Gefahren für die Integrität und Vertraulichkeit der Systeme können auch von Dritten ausgehen, die es unternehmen, „Viren", „Trojaner" und andere Störelemente in fremde Geräte einzuschleusen; der entsprechende Schutz ist Gegenstand eines florierenden Geschäftszweiges, jedoch nicht Aufgabe des Staates. Die „berechtigten Erwartungen" der Einzelnen, die der Staat „beachten" soll, können keine umfassende Schutzpflicht des Staates begründen. Vorrangig gemeint ist jedoch die Abwehr eigener Angriffe des Staates auf private Computer; die zu weit geratene Formulierung des Senats wird insoweit wohl keine Missverständnisse verursachen.

3.3 Lückenhaftigkeit des bisherigen Grundrechtsschutzes?

Das BVerfG hält den Schutz vor den neu erkannten Gefahren durch die bisherigen Ausprägungen des Persönlichkeitsschutzes nicht für gewährleistet. Dies hat viele überrascht. Zwar reicht der Schutz durch Art. 10 Abs. 1 GG nicht aus, um über die laufende Telekommunikation hinaus vor der Ausspähung des ganzen „informationstechnischen Systems" mitsamt den (noch) nicht gesendeten Inhalten zu schützen.[148] Auch eine erweiternde Auslegung der Unverletzlichkeit der „Wohnung" nach Art. 13 Abs. 1 GG hätte nicht den Fall umfassen können, dass unabhängig vom Standort in einen Computer eingegriffen wird.[149] Man hätte es aber für möglich halten können, beim Schutz der Privatsphäre oder dem Recht auf informationelle Selbstbestimmung anzusetzen. Doch das Gericht meint, diese Gewährleistung genüge dem „besonderen Schutzbedürfnis des Nutzers eines informationstechnischen Systems nicht in ausreichendem Maße".[150] Das Schutzbedürfnis erstrecke sich nämlich nicht allein auf Daten, die der Privatsphäre zuzuordnen sind,[151] und ein Zugriff auf das gesamte informationstechnische System gehe „in seinem Gewicht für die Persönlichkeit des Betroffenen über einzelne Datenerhebungen, vor denen das Recht auf informationelle Selbstbestimmung schützt, weit hinaus".[152] An dieser Stelle hätte man einen Erst-recht-Schluss erwartet: Wenn der Eingriff sogar

147 BVerfGE 120, 275 (307 f.). Zur Schutzpflichtdimension vgl. Britz, in: Hoffmann-Riem, Offene Rechtswissenschaft (Fn. 139), S. 585 ff.
148 BVerfGE 120, 274 (308 f.).
149 BVerfGE 120, 274 (310 f.).
150 BVerfGE 120, 274 (311). Krit. insofern auch Britz (Fn. 139), DÖV 2008, 411 (413 f.).
151 BVerfGE 120, 274 (311).
152 BVerfGE 120, 274 (313). Dazu nochmals Britz (Fn. 67), DÖV 2008, 411 (413)..

über die Privatsphäre hinausreicht und wenn weit mehr als bloß „einzelne Daten" erhoben werden, dann sind die bisherigen Ausprägungen des allgemeinen Persönlichkeitsrechts „erst recht" anwendbar und lassen keine Schutzlücke. Bisher ist übrigens nie behauptet worden, das Grundrecht auf informationelle Selbstbestimmung schütze nur vor dem Zugriff auf „einzelne Kommunikationsvorgänge oder gespeicherte Daten".[153] Die Rechtsprechung hat vielmehr stets auch solche Vorgänge am Maßstab des Rechts auf informationelle Selbstbestimmung gemessen, die sich auf eine Vielzahl von Informationsvorgängen bezogen (z. B. Rasterfahndungen).

3.4   Informationelle Selbstbestimmung als Selbstzweck?

Der Umgang mit dem Recht auf informationelle Selbstbestimmung ist nicht deshalb schwierig, weil es Lücken lässt, sondern im Gegenteil weil es zu umfassend angelegt ist und keine klaren Konturen besitzt. Von Anfang an ist dieses Grundrecht anders als die bisherigen Freiheitsrechte darauf angelegt, die *Bedingungen der Möglichkeit* individueller Handlungsfreiheit zu schaffen, es hat keinen eingrenzbaren Schutzbereich, wird zum Selbstzweck.[154] Je mehr sein „hoher Rang" beschworen wird, desto mehr „hebt es ab" von den realen Verhältnissen der Informationsbeziehungen in Staat und Wirtschaft. So kommt es, dass von einem „Eingriff" in ein „Recht" auch dann gesprochen wird, wenn keinerlei aktuelle oder bevorstehende nachteilige Wirkungen einer Informationssammlung oder -nutzung erkennbar sind, sondern solche Wirkungen allenfalls in der Zukunft möglich erscheinen. Ausdrücklich meint das BVerfG, das Recht auf informationelle Selbstbestimmung trage auch „Gefährdungen" der Persönlichkeit Rechnung, „die sich für den Einzelnen, insbesondere unter den Bedingungen moderner Datenverarbeitung, aus informationsbezogenen Maßnahmen ergeben".[155] Eine derartige Gefährdungslage könne „bereits im Vorfeld konkreter Bedrohungen von Rechtsgütern" entstehen, fährt das Gericht fort, und führt als Beleg für diese Gefährdung sämtliche Nutzungsmöglichkeiten der elektronischen Datenverarbeitung an.[156] In diesem Zusammenhang taucht auch wieder der Satz auf, dass es „kein schlechthin, also ungeachtet des Verwendungskontextes, belangloses personenbezogenes Datum" mehr gebe.[157]

Wohin diese „Vergeistigung" des informationellen Selbstbestimmungsrechts führt, lässt sich an der Verfassungsbeschwerde 1 BvR 1254/07 demonstrieren, die zu dem Urteil zur Kennzeichenerfassung geführt hat. Der Beschwerdeführer legt zunächst ausführlich dar, dass die Überwachung für die Polizei nur einen geringen Nutzen bringe und für die Betroffenen meist folgenlos bleibe. Dies treffe aber „auf jede automatisierte Daten-

---

153 So aber BVerfGE 120, 274 (313).
154 Albers (Fn. 52) S. 154. S. a. Verf. (Fn. 52), RDV 2008, 47 (51).
155 BVerfGE 120, 378 (397).
156 BVerfGE 120, 378 (397 f.).
157 BVerfGE 120, 378 (399); s. a. oben bei Fn. 76.

verarbeitung zu einschließlich etwa der Rasterfahndung, der Videoüberwachung und der Telefonüberwachung". Dass derartige Eingriffe gleichwohl nicht „belanglos" seien, sei „spätestens seit dem Volkszählungsurteil allgemein anerkannt". „Maßgeblich" sei im vorliegenden Zusammenhang „die Beeinträchtigung des Rechts auf informationelle Selbstbestimmung und nicht die Frage, ob die Handlungs- und Bewegungsfreiheit der Betroffenen unmittelbar beeinträchtigt" werde.[158] Das ist eine verquere Argumentation, im Grunde ein Zirkelschluss. Rasterfahndung und ähnliche Methoden der Verdachtsgewinnung verursachen in der Tat den meisten Individuen, die zunächst einbezogen werden, keine Nachteile, und es ist zu begrüßen, dass dies erkannt wird; das Volkszählungsurteil enthält dazu aber nichts, und die Feststellung, dass bei solchen Maßnahmen Eingriffe vorkommen, ist nur der erste Teil der verfassungsrechtlichen Überlegungen und begründet noch lange nicht ihre Verfassungswidrigkeit.

Dass eine „Beeinträchtigung" des Grundrechts auch dann vorliegen soll, wenn die Handlungs- und Bewegungsfreiheit nicht unmittelbar beeinträchtigt ist, bedeutet nichts anderes als dass entweder eine mittelbare Beeinträchtigung genügen soll oder dass ein anderes Rechtsgut als die Freiheit nach Art. 2 Abs. 1 GG geschützt werden soll – offenbar die „informationelle Selbstbestimmung" um ihrer selbst willen.

4   Fragen zum Weltbild des Verfassungsgerichts

4.1   Rechtstreue der Staatsorgane, Selbstbewusstsein der Bürger?

Die Entscheidungen des Ersten Senats lassen ein äußerst skeptisches Urteil der (Mehrheit der) Richter über die Rechtstreue und Korrektheit der Exekutive, aber auch über das Selbstbewusstsein der Bürger erkennen. Die Richter scheinen der Verfassungstreue der Legislative und der Rechtstreue der Behörden generell zu misstrauen (was in einem merkwürdigen Gegensatz zu den Beteuerungen des BVerfG steht, die Berufsbeamten seien die Garanten des gesetzmäßigen Staatshandelns).[159] Sie nehmen Behauptungen aus der öffentlichen Diskussion auf, die bei näherer Betrachtung auf sehr schwachen Füßen stehen, und honorieren verschwörungstheoretische Argumente mit verfassungsrechtlichen Schlussfolgerungen.

Die schon zu 3.4 zitierte Verfassungsbeschwerde gegen die Kfz-Kontrolle beschwört das Schreckenszenario einer total verängstigten Bevölkerung herauf, die wehrlos der plan- und anlasslosen Kontrollwut einer ungehindert agierenden Verwaltung ausgesetzt ist. Behauptet wird, der Kennzeichenabgleich mit dem Fahndungsbestand erfolge „ohne jeden konkreten Anlass" – obwohl doch eben die Ausschreibung zur Fahndung den konkreten Anlass dafür bildet, dass bestimmte Kennzeichen abgeglichen werden. Lei-

---

158 S. 12 der Verfassungsbeschwerde v.12. 5. 2007 (unveröffentlicht).
159 Vgl. schon BVerfGE 7, 155 (162) und st. Rspr., zuletzt BVerfGE 121, 205 (219 f.).

der hat das BVerfG diese in sich widersprüchliche Behauptung nicht korrigiert, sondern den Abgleich selbst als „Zweck" angesehen und in den angefochtenen landesrechtlichen Vorschriften eine Aussage über den „Anlass" und den „Ermittlungszweck" von Daten-erhebung und -abgleich vermisst. Es vertraut darauf, dass eine gesetzliche Klarstellung des Anlasses (für die Aufnahme in den Fahndungsbestand) „eine hinreichende Zweck-bindung bewirken" könnte.[160] Das Misstrauen gegenüber dem Sicherheitsapparat, das sich hier zeigt, ist groß – zu groß, als dass man hoffen könnte, das Gericht werde dazu beitragen, abwegige Vorstellungen der Medien und der Stammtische über Polizeiarbeit und Justiz auszuräumen.

Der besagte Beschwerdeführer und die mit ihm verbündeten Bürger malen sich aus, der Staat werde mit einer generellen Kennzeichenüberwachung „eine generelle und lageunabhängige Massenüberwachung der Bevölkerung" vornehmen; auf den über-wachten Straßen werde es im Wesentlichen keinen unbeobachteten Fahrzeugverkehr mehr geben, und die erhobenen Daten hätten eine hohe Aussagekraft, so dass eine miss-bräuchliche Auswertung großen Schaden anrichten könnte. Es seien „Änderungen und Einschränkungen des Bewegungsverhaltens" zu befürchten, „etwa auf Seiten regierungs-kritischer Personen". In Anlehnung an die Volkszählungsentscheidung wird formuliert: Wer damit rechnen müsse, dass sein Kraftfahrzeug auf dem Weg zu einer Demonstra-tion erfasst wird, werde möglicherweise darauf verzichten, von seinem Grundrecht auf Versammlungsfreiheit Gebrauch zu machen.[161]

Was ist das für ein Volk, das sich da im Bewusstsein mancher Mitmenschen selbst paralysiert? Jedenfalls nicht dasjenige, das in der DDR demonstriert hat. Aber auch wenn man weniger Mut vor den Herrschenden unterstellt, als die Demonstranten im Herbst 1989 gezeigt haben, erweist sich das Menschenbild der Beschwerdeführer als ge-radezu lächerlich irreal. Der angebliche Abschreckungseffekt kann schon deshalb nicht eintreten, weil die Menschen nach der Vorstellung der Autoren mangels Anlass oder Grund der Kontrollen gar nicht wissen können, *welches* Verhalten sie vermeiden müs-sen, um nicht aufzufallen. Allenfalls die Zufahrt zu einer Demonstration könnte in der Tat ein „heikler" Ort sein. Um deren Überwachung zu verhindern, braucht nicht die Kfz-Kennzeichenerfassung überall und immer verboten zu werden. In der zitierten Ver-fassungsbeschwerde fehlt erwartungsgemäß auch nicht der Satz, der Staat stelle „den Bürger unter Generalverdacht";[162] er ist schlicht falsch und wird durch Wiederholung nicht richtiger.

Das BVerfG tritt solchen Vorstellungen leider nicht entgegen, sondern geht ernsthaft auf sie ein. Fast könnte man vermuten, dass das BVerfG sich nicht sicher sei in der Ab-lehnung der These, dass „der heutige freundliche Rechtsstaat von nebenan" „unter dem Druck kommender realer oder imaginärer Bedrohungen zu einem repressiven Präven-

---

160 BVerfGE 120, 378 (409).
161 Vgl. die erwähnte Beschwerdeschrift (Fn. 158) S. 16 f.
162 AaO. (Fn. 158) S. 20.

tionsstaat wird".[163] Indem das Gericht auf derartige Ängste mit Beschränkungen gegenüber dem „freundlichen Rechtsstaat" antwortet, lässt es entweder eigene Zweifel an dem Zustand des Gemeinwesens erkennen oder beschädigt ungewollt die Grundlage, auf der es selbst steht, das Vertrauen in die Wirksamkeit des Rechts.

4.2 Das Verfassungsgericht als Vormund des Gesetzgebers

Das Verfassungsgericht vertraut anscheinend nicht darauf, dass Gesetzgeber und Rechtsanwender sachgerecht handeln und ein angemessenes Verhältnis von Zielen und Maßnahmen wahren. Die Richter lernen offenbar so viele Fälle kennen, in denen Behörden falsch – unzweckmäßig, unfair oder sogar grob rechtswidrig – entschieden haben, dass sie im Zweifel stets ein Fehlverhalten vermuten. Sie leiden an derselben „Berufskrankheit" wie jene Strafrichter, die nur noch Kriminelle sehen, weil sie vermeintlich nur mit diesen zu tun bekommen. Anders ist es kaum zu erklären, dass das BVerfG dem Gesetzgeber immer wieder detailgenau vorschreibt, was er wie zu regeln habe. Das Urteil über die Vorratsdatenspeicherung – aber nicht nur dieses – erscheint einem international-rechtlich erfahrenen Beobachter geradezu als eine „Entmündigung des Gesetzgebers".[164] Gewiss bedingt wirkungsvoller Datenschutz hinreichend bestimmte Regelungen, aber die Adressaten müssen noch eigene Gestaltungsspielräume behalten.[165] „Parlamentarische Gesetzgebung wird" – wenn man dem BVerfG in dieser Hinsicht folgt – „erneut ein Stück mehr zum reinen Verfassungsvollzug, statt politischer Gestaltungsakt des unmittelbar demokratisch gewählten Parlaments zu sein."[166]

Das Gericht zeichnet dem Gesetzgeber nicht nur die eigentliche Regelung vor, sondern auch deren (wiederum rechtliche) Absicherung, also sozusagen die Rechtsnormen zweiter Ordnung. Wenn auf diese Weise das Normengeflecht immer dichter wird, erhöht sich nicht ohne weiteres die Wahrscheinlichkeit, dass die grundlegenden Anforderungen der Verfassung beachtet werden, sondern man muss im Gegenteil um die Effektivität dieser immer komplizierter werdenden Ordnung fürchten. Wird die bisherige Linie fortgesetzt, so müssen künftig wohl alle Vorschriften, in denen von Datenverarbeitung im weitesten Sinne die Rede ist, Kataloge der zugelassenen Daten enthalten; jegliche Generalisierung wird als zu unbestimmt verworfen werden.

---

163 Formulierung von Frank Rieger, einem Sprecher des „Chaos Computer Clubs", in der FAZ v. 24. 2. 2010.

164 Christian Tomuschat, Die Karlsruher Republik, in: Die Zeit v. 12. 5. 2010, S. 15.

165 Wenn der frühere BVerfG-Präsident Hans-Jürgen Papier davor warnt, „die staatlich regulierende Vorsorge gegen Risiken aller Art im paternalistischen Drang nach Perfektion zu weit zu treiben" (Rechtsstaat im Risiko, DVBl. 2010, 801 [807]), meint er wohl nur Legislative und Exekutive, könnte aber auch in Richtung der Verfassungsgerichtsbarkeit gesprochen haben.

166 H. A. Wolff (Fn. 95), NVwZ 2010, 751.

5 Folgerungen für Politik und Verwaltung

5.1 Beeinträchtigung der inneren Sicherheit durch die restriktive Judikatur?

Ob die besprochenen Entscheidungen dazu geführt haben, dass die Menschen in Deutschland heute unsicherer leben als vorher, lässt sich seriös nicht beurteilen. Viel spricht dafür, dass bestimmte Delikte, die mittels des Internets begangen oder durch die Spuren der Täter im Internet aufgeklärt werden könnten, nicht oder nicht in vollem Umfang aufgeklärt werden. So plädieren Vertreter der Kriminalpolizei für die Wiedereinführung der Vorratsdatenspeicherung; unter den zu verfolgenden Straftaten verweisen sie insbesondere auf die Kinderpornografie, aber auch auf Terrorismus, Drogenhandel und andere Formen organisierter Kriminalität. Die Bewertung dieser Forderungen ist deshalb so schwierig, weil es eben um nicht erfasste bzw. nicht aufgeklärte Handlungen geht – niemand kann sagen, welchen Erfolg polizeiliche Maßnahmen oder die Beobachtung durch Verfassungsschutzbehörden gehabt hätten, die wegen der verfassungsgerichtlichen Monita nicht oder nicht hinreichend intensiv vorgenommen werden konnten.

Andererseits ist auch nicht erkennbar, dass die Freiheit der „Normalbürger", der „unschuldigen" und „unverdächtigen" Mitbewohner der Bundesrepublik, infolge der verfassungsgerichtlichen Urteile heute stärker gesichert ist als zuvor. Um jemanden strafrechtlich zu verfolgen oder geheimdienstlich zu überwachen, bedarf es keiner Informationstechnik und keines weltweiten Netzes: Eine übereifrige Staatsanwaltschaft oder Verfassungsschutzbehörde kann Verdachtsmomente gegen bestimmte Mitmenschen behaupten, und wenn sie diese öffentlich macht, sind die Folgen oft verheerender als jede Rasterfahndung oder Vorratsdatenspeicherung. Individuell gezielte Indiskretionen sind für die Persönlichkeitsrechte gefährlicher als „Big Data".

Diese Relativierung der tatsächlichen Wirkungen der Judikatur bedeutet keineswegs, dass die Bemühungen um die verfassungsrechtlich gebotene Ausformung des Sicherheitsrechts unnütz seien. Sie sind auch kein Selbstzweck, sondern müssen selbstverständlich mit der Intention ständiger weiterer Verbesserung fortgesetzt werden. In manchen Aspekten wäre aber ein Überdenken der tatsächlichen Grundlagen wünschenswert. Wenn auch die empirischen Grundlagen der Entscheidungen überzeugend ausfallen, werden sie auch stärkere Wirkungen entfalten.

5.2 Beruhigung der Öffentlichkeit durch neue Datenschutzgesetze?

In der politischen Debatte in den Medien und auch in den Parlamenten wird vielfach Widerstand schon dagegen laut, dass überhaupt über neue Instrumente nachgedacht wird. Die staatliche Seite muss sich aber um neue Ermittlungsansätze schon deshalb bemühen, weil die Entwicklung der Technik bisher bewährte Instrumente leer laufen lässt.[167] Andererseits genügt es nicht, darauf hinzuweisen, dass viele Menschen heute sorglos mit ihren Daten umgehen und sich z. B. im Internet quasi-öffentlich „entblößen". Wenn die einen auf ihre Privatsphäre verzichten, darf der Staat die anderen noch lange nicht schutzlos stellen.[168]

Die Hoffnung, durch immer weitere Verfeinerung und Verdichtung des Datenschutzrechts die übertriebenen Ängste in der Bevölkerung abzubauen, wird jedoch nicht in Erfüllung gehen. Die Gruppen, die in der Vergangenheit diese Ängste artikuliert haben und eine „Massenbewegung" z. B. gegen die Vorratsdatenspeicherung aufbauen wollten, werden auch die künftigen einschränkenden Formulierungen für ungenügend halten und weitere „Verbesserungen" fordern. Ein Gegenstand ihrer alarmistischen Öffentlichkeitsarbeit war der für 2011 vorbereitete Zensus, jene Mischform aus Volkszählung und Registerauswertung, die als Reaktion auf die seinerzeitige Opposition gegen eine vollständige Volkszählung beschlossen wurde. Angeblich drohte mit dieser Aktion wiederum eine gewaltige Gefahr für „die Bürgerrechte"; die Begründung der inzwischen erhobenen Verfassungsbeschwerde stellt in bekannter Manier auf die vermeintlich bestehenden Möglichkeiten des Missbrauchs ab, die gerade durch das Gesetz und die organisatorischen Vorkehrungen der Statistikämter ausgeschlossen sind.[169]

Im Grunde richtet sich das Misstrauen pauschal gegen jede Form von Datensammlung im Internet oder damit verbundenen Systemen. So heißt es in einem Kommentar zum Urteil über die Vorratsdatenspeicherung: „Jede Datensammlung birgt aber zumindest auch die Gefahr in sich, unkontrollierbar zu werden – für zuständige Stellen, andere, (zunächst) nicht gesetzlich ermächtigte ‚Bedarfsträger' wie Finanzbehörden, Arbeitgeber und Krankenkassen sowie letztlich Unberechtigte, sofern die Arbeit der betreffenden Stellen aufgrund von umfassend verstandener Geheimhaltung nicht ohnehin nur eingeschränkt überprüfbar ist, und sich schließlich weit über ihr ursprüngliches Ziel und Maß hinaus auszudehnen."[170] Das ist zwar schlicht Spökenkiekerei, hat mit Technikfolgenabschätzung nichts mehr zu tun und ist als juristische und politische Argumentation ungeeignet – aber leider eine verbreitete Ansicht.

5.3 Rechtlicher Schutz gegen unangenehme Gefühle?

Die Entwicklung der Rechtsprechung geht dahin, dass der Staat über den Schutz abgrenzbarer Rechtssphären hinaus die *Voraussetzungen* selbstbestimmter und selbstbeherrschter Handlungen durch Rechtsnormen umfassend sichern will. Aber ist das

---

167 Ein Beispiel: Mit der Einführung von Pauschaltarifen (flatrates) wird die Speicherung von Verbindungs-(Verkehrs-)Daten zum Zwecke der Abrechnung überflüssig.
168 So auch Heribert Prantl, Orwell und Orwellness, Süddeutsche Zeitung v. 24. 4. 2008 S. 2.
169 Eine Kammer des BVerfG hat diese Verfassungsbeschwerde durch Beschluss v. 21. 9. 2010 (1 BvR 1865/10) gemäß § 93b i. V. m. § 93a BVerfGG als unsubstantiiert verworfen.
170 Orantek (Fn. 95), NJ 2010, 193 (194).

möglich? Soll der Staat wirklich über den Schutz subjektiver Rechte und materieller Interessen hinaus die *Gefühle* der Menschen umfassend schützen? Gewiss, das Persönlichkeitsschutzrecht enthält seit langem entsprechende Ansätze, und die Politik versucht, das Sicherheitsgefühl der Menschen zu stärken. Aber wenn der (rechtliche!) Schutz vor Einschüchterung schon in einem Stadium einsetzen soll, wo die tatsächliche Bedrohung noch weit entfernt ist, und wenn dieser Schutz auch unabhängig davon gewährt werden soll, ob die Realisierung der Gefahren durch andere Vorkehrungen verhindert werden kann (oder sogar tatsächlich verhindert wird), bedeutet er eine Prämie auf ein irrationales Unsicherheitsgefühl und führt zu irrationaler Technikfeindschaft, also zur Blockade auch der unstreitig nützlichen Entwicklungen. Bürgerrechtler behaupten in den aktuellen Auseinandersetzungen oft, die Regierungen schürten die Angst vor dem Verbrechen – aber schüren nicht auch diejenigen Angst, die nur von den Gefahren der Technik und nicht von ihrem Nutzen und von den Schutzmaßnahmen sprechen, die Staat und Gesellschaft getroffen haben und weiter treffen können? Die Erörterung, welches die richtigen Methoden der Gefahrenabwehr und Strafverfolgung sind, wird dadurch jedenfalls nicht gefördert.

5.4 Mehr Offenheit, mehr Aufklärung!

Die Spitzen der Sicherheitsbehörden sind nicht ganz unschuldig daran, dass das BVerfG ihren Einschätzungen nicht gefolgt ist. Wenn den Präsidenten des Bundeskriminalamtes und des Bundesamtes für Verfassungsschutz die Aussagegenehmigung zu Gegenständen verweigert wird, die das BVerfG für wichtig hält (nämlich über die Art der praktischen Durchführung der bisherigen „Online-Durchsuchungen" und deren Erfolge),[171] darf man sich nicht wundern, dass die Entscheidungen auf andere Auskünfte gestützt werden. Diese Strategie der Informationszurückhaltung hatte schon zum Scheitern des NPD-Parteiverbotsverfahrens beigetragen; sie war schon damals falsch, obwohl in jenem Verfahren immerhin der Quellenschutz berücksichtigt werden musste, der hier offensichtlich nicht in Betracht kam.[172] Die Präsidenten von BKA und BfV hätten vermutlich eine angemessene Darstellungsform gefunden, um dem Gericht die notwendigen Kenntnisse zu vermitteln, ohne der Gegenseite zu verraten, was geheim bleiben muss. Man hat es nicht einmal versucht. Die mehrfach wiederholte Auflage des BVerfG an die Bundesregierung, ihm über die praktischen Auswirkungen der Vorratsdatenspeicherungen zu berichten,[173] hätte zu umfassender Offenlegung von Tatsachenmaterial genutzt werden sollen.

---

171 Vgl. BVerfGE 120, 274 (277).

172 Dazu Verf., Verfehltes Verfahren, Niederlage der abwehrbereiten Demokratie oder Sieg der Toleranz? In: JBÖS 2002/2003, 2003, S. 197 (213).

173 BVerfGE 121, 1 (Nr. 2 der Entscheidungsformel), wiederholt in BVerfGE 121, 391; 122, 120; 123, 89 und 124, 299.

Darüber hinaus wäre es gut, wenn sich die staatliche Seite mehr um die genaue Darstellung der tatsächlichen Praktiken bemühen würde. „Transparenz" der Verwaltung[174] ist allseits erwünscht, aber es ist nicht damit getan, Verwaltungsvorgänge und ihnen zugrunde liegende Materialien zur allgemeinen Einsicht bereitzuhalten oder im Internet zu veröffentlichen: Für eine realistische Einschätzung der (von Externen, die nicht selbst Experten sind, kaum auswertbaren) Vorgänge in Verwaltung und Regierung benötigen die Bürger auch der Erläuterung durch Aktivitäten, die man mit „Öffentlichkeitsarbeit" oder aber mit „Hilfen zum Verständnis" bezeichnen kann (ohne dass damit eine bevormundende paternalistische Tendenz verbunden sein muss). Die Verwaltung ist daran bisher wenig interessiert, obwohl gerade dies einen Schlüssel zur Akzeptanz ihrer Arbeit bedeuten könnte.

5.5   Die Diskussion geht weiter – aber wie?

Auch zwischen den verschiedenen Sicherheitsbehörden herrscht nicht immer volles gegenseitiges Verständnis für die Probleme der Informationssammlung und -nutzung. Das Verhältnis von Justiz und Polizei ist vielerorts gestört; viele Richter misstrauen der Polizei und manche auch den Staatsanwälten, weil sie auf deren Seite zu viel Verfolgungseifer sehen. Die Rechtsanwaltschaft positioniert sich ohnehin – aus ihrer Interessenlage heraus verständlich – als Verteidiger der Bürgerrechte gegen staatlichen Übereifer. Solche Spannungen müssen ausgehalten werden, aber ist es ist unvermeidlich, dass die Rollenverteilung nur gegenseitiges Unverständnis verursacht? Die politisch Verantwortlichen in Parlamenten und Regierungen sollten versuchen, die Kontrahenten zu Gesprächen gerade über die aktuellen Probleme der Sicherheitspolitik zusammenzubringen und die anstehenden gesetzlichen Regelungen so sorgfältig wie nur möglich vorzubereiten – auf der Basis praktischer Erfahrungen und empirisch fundierter wissenschaftlicher Untersuchungen.

Nur geringe Fortschritte sind allerdings von der weiteren abstrakten Diskussion über das Spannungsverhältnis von Freiheit und Sicherheit zu erwarten. In ihrer akademischen Version ist sie „ausgeschrieben",[175] in der medialen Form bewegt sie sich im Kreise. Die Beschränkungen, die der Rechtsstaat im Interesse von Sicherheit und Frei-

---

174 Dazu die pointierte Stellungnahme von Göttrik Wewer: Allheilmittel Transparenz? – Anmerkungen zur Debatte, in: Verwaltung und Management 2014, S. 4.

175 Vgl. etwa Christian Calliess, Sicherheit im freiheitlichen Rechtsstaat, ZRP 2002, 1 ff.; Erhard Denninger, Freiheit durch Sicherheit? In: Hans-Joachim Koch (Hrsg.), Terrorismus – Rechtsfragen der inneren und äußeren Sicherheit, 2002, S. 83 ff.; Wolfgang Hoffmann-Riem, Freiheit und Sicherheit im Angesicht terroristischer Anschläge, ZRP 2002, 497 ff.; Manfred Baldus, Freiheitssicherung durch den Rechtsstaat des Grundgesetzes, in: Stefan Huster/Karsten Rudolph (Hrsg.), Vom Rechtsstaat zum Präventionsstaat, 2008, S. 107 ff.; Papier (Fn. 165);. Ähnlich schon Verf., Freiheit und Sicherheit angesichts terroristischer Bedrohungen, in: Jahrbuch Öffentliche Sicherheit 2002/2003, 2003, S. 265–281.

heit anordnen muss, treffen die Menschen in unterschiedlicher Weise, mit unterschiedlichem Gewicht und unterschiedlichen Folgen. Wie freiheitlich sich das Gemeinwesen insgesamt darstellt, hängt nicht allein und vielleicht gar nicht in erster Linie von der Gesetzeslage, sondern wesentlich auch von der Praxis der Exekutive ab. Diese Praxis aber ist konkret und sollte konkret und so realistisch wie möglich beurteilt, kritisiert und ständig verbessert werden.

Das Bundesverfassungsgericht als außen- und sicherheitspolitischer Akteur*

Etatistische Regierungsdomänen à la Hobbes/ Locke und „kalte" Verfassungsänderungen beim Aus- (und In)landseinsatz der Bundeswehr

Robert Chr. van Ooyen

Beim Streit um den Tornado-Einsatz in Afghanistan entschied das Bundesverfassungs-gericht, dass die „Beteiligung an dem erweiterten ISAF-Mandat aufgrund des Bundes-tagsbeschlusses vom 9. März 2007... nicht die Rechte des Deutschen Bundestags aus Artikel 59 Absatz 2 Satz 1 des Grundgesetzes (verletzt)".[1] Auf den ersten Blick scheint die Entscheidung unproblematisch, hatte doch der Bundestag mit großer Mehrheit dem Tornado-Einsatz selbst zugestimmt, sodass dem Parlamentsvorbehalt des Demo-kratieprinzips Genüge getan wurde. Danach müssen alle wesentlichen Entscheidungen vom Bundestag beschlossen werden, erst recht also auch die – altmodisch formuliert – über „Krieg und Frieden". Die Bundeswehr ist, so das Gericht schon in seiner ersten Ent-scheidung von 1994 (s. u.), eben ein „Parlaments-" und nicht ein „Regierungsheer".[2] Das Gericht hielt darüber hinaus fest, dass auch nicht gegen das verfassungsrechtlich veran-kerte Friedensgebot[3] verstoßen worden sei. Man könne zwar die Befürchtung der Klä-gerin teilen, dass sich beim Einsatz in Afghanistan die Grenzen zwischen Aufbauhilfe, Friedenssicherung und Kampfeinsatz im Rahmen der von den USA angeführten „Ope-ration Enduring Freedom" verwischen und gerade hier die Gefahr des Hineinschlitterns der Bundeswehr in einen Krieg bestehe – zumal der politische Druck auf die Bundes-regierung, sich endlich auch hier zu beteiligen, nicht unerheblich war. Insofern wäre dann der „Tornado-Einsatz" genau das politische Symbol einer „schleichenden" Grenz-überschreitung, die – wie schon bei den Einsätzen zu Beginn der 90er Jahre – scheib-chenweise erfolgte. Gleichwohl ließ sich zum damaligen Zeitpunkt die Einschätzung des

---

*   Grundlage des Beitrags sind meine folgenden Aufsätze: Das Bundesverfassungsgericht als außenpoli-tischer Akteur; in: RuP, 2/2008, S. 75 ff.; Krieg, Frieden und außenpolitische Parlamentskompetenz; in: IPG, 3/2008, S. 87 ff.; „Kalte" Verfassungsänderung; in: RuP, 1/2013, S. 26 ff.

1   BVerfGE 118, 244 – Afghanistan-Einsatz, Leitsatz; www.bundesverfassungsgericht.de (Entscheidungen).
2   Vgl. ausführlich Wiefelspütz, Dieter: Das Parlamentsheer, Berlin 2005.
3   Vgl. Art. 26 GG.

Verfassungsgerichts, dass es sich hierbei (noch) um grundsätzlich verschiedene, rechtlich voneinander getrennte Operationen handelte, durchaus nachvollziehen.[4]

Das aber nur, soweit man die Entscheidung für sich isoliert betrachtet. Nun ist das Gericht nicht einfach ein unpolitisches Verfassungsorgan, das in einem neutralen Raum „reiner" Rechtswissenschaft als Subsumtionsmaschine bloß das „richtige Recht" aus der Verfassung judiziert. Dieser von der Rechtswissenschaft verbreitete und alte Mythos – man denke etwa an die Sprachrohrfunktion der Judikative schon bei Montesquieu – wird auch von vielen Politikwissenschaftlern unkritisch und in „partieller Selbstentmündigung"[5] rezipiert.[6] Vielmehr hat sich das Gericht, wenn es sich das rechtspolitisch erlauben konnte, im Bereich der Außenpolitik immer weit vorgewagt. Beispiel hierfür ist gerade die erste „Out-of-Area-Entscheidung" von 1994, aber auch die machtpolitisch schillernde Entscheidung zum Grundlagenvertrag mit der DDR aus den 70er Jahren[7] und nicht zuletzt der gesamte Komplex der Europa-Rechtsprechung.[8] Auch den Entscheidungen zum Auslandseinsatz der Bundeswehr liegt dabei insgesamt ein bestimmtes staatstheoretisches Vorverständnis von Außen- und Sicherheitspolitikzugrunde, von dem aus sich die einzelnen Urteile überhaupt erst als juristische Subsumtionen ergeben. Erst vor diesem Hintergrund zeigt sich, dass die eingangs zitierte „Tornado-Entscheidung" des Zweitens Senats zu einer Entscheidungsreihe in Kontinuität steht (Kap. 1–4), die insgesamt ein doppeltes verfassungspolitisches „Unbehagen" auslöst, weil deutlich wird,

1) wie weit sich die verfassungsrechtlichen Grenzen hier haben verschieben lassen und
2) wie sehr dies zugunsten des Verständnisses von Außen- und Sicherheitspolitik als einer ureigenen Domäne der Regierung geschieht.

Dieses nenne ich – da es die Gegenauffassung einer stärkeren parlamentarischen Kontrolle der auswärtigen Gewalt ausdrücklich ablehnt[9] – das Verständnis des (liberal-)

---

4   Vgl. BVerfGE 117, 359 – Tornado-Einsatz in Afghanistan, Rn. 78 ff.
5   Seibel, Wolfgang: Suchen wir immer an der richtigen Stelle? Einige Bemerkungen zur politikwissenschaftlichen Forschung nach dem Ende des Kalten Kriegs; in: PVS, 2/2003, S. 221.
6   Selbst in politikwissenschaftlichen Standardwerken zur Außenpolitik findet sich kaum etwas über die politische Rolle des Bundesverfassungsgerichts, sondern allenfalls Ausführungen unter der Rubrik „verfassungsrechtliche Grundlagen"; vgl. z. B. Schmidt, Siegmar u. a. (Hrsg.): Handbuch zur deutschen Außenpolitik, Wiesbaden 2007, S. 157 ff.; vgl. aber noch: Billing, Werner: Bundesverfassungsgericht und Außenpolitik; in: Schwarz, Hans-Peter (Hrsg.), Handbuch der deutschen Außenpolitik, München 1975, S. 157 ff.
7   Vgl. ausführlich Grigoleit: Bundesverfassungsgericht und deutsche Frage, Tübingen 2004 bzw. im vorliegenden Band.
8   Vgl. van Ooyen: Die Staatstheorie des Bundesverfassungsgerichts und Europa, 5. Aufl., Baden-Baden 2014.
9   Vgl. Wolfrum, Rüdiger: Grundgesetz und Außenpolitik; in: Schmidt u. a. (Fn. 6), S. 159; Geiger, Rudolf (Hrsg.): Neuere Probleme der parlamentarischen Legitimation im Bereich der auswärtigen Gewalt, Baden-Baden 2003; Zivier: Ernst R.: Demontage einer Verfassungsvorschrift? Artikel 59 Absatz 2 Satz 1

konservativen Etatismus.[10] In ideengeschichtlicher Perspektive greift es zurück auf das Konzept der „föderativen Gewalt" von John Locke. Nun scheint der demokratische Liberale Locke – „Leben, Freiheit, Eigentum" – für einen verfassungstheoretischen Rückgriff auf den ersten Blick ja keine schlechte Adresse zu sein. Aber genau das gilt für seine „föderative Gewalt" eben nicht; denn hier war Locke ein „Hobbesianer". Der „Etatismus" verlängert sich darüber hinaus in die wichtige Plenarentscheidung zum Einsatz der Bundeswehr im Innern im Rahmen der sog. „Luftsicherheitsproblematik". Und auch hier zeigt sich, dass das Bundesverfassungsgericht bei einem neuerlichen verfassungspolitischen „Tabubruch" die im parlamentarischen Raum fehlenden Mehrheiten in Form einer „kalten Verfassungsänderung" einfach staatsräsonistisch ersetzt (Kap. 5).

---

1   Erste Grenzverschiebung: Out-of-Area-Einsätze als bloße Kompetenzfrage – die verfassungspolitische Grundentscheidung zum Bundeswehreinsatz (1994) und die Kosovo-Entscheidung (1999)

Die Zeitenwende von 1989/90 brachte eine grundlegende Zäsur. Politisch wurde der Weg frei für eine Deblockierung der UN, auch wenn die zunächst aufkommende Euphorie einer „Neuen Weltordnung" schnell einer skeptischeren Sicht der Dinge weichen musste. Gleichwohl drückte sich mit der Praxis der sog. „humanitären Intervention" in den Entscheidungen der UN jetzt auch ein „neues internationales Werteverständnis aus" bei dem es „nicht mehr allein um die Sicherheit von Staaten, sondern auch um die Sicherheit der in diesen Staaten lebenden Bevölkerungsgruppen" geht.[11] Die „humanitäre Intervention" zum Schutz von Menschenrechten zählte daher „in den vergangenen Jahren zu den rechtlich umstrittensten Fragen des Gewaltanwendungsverbots".[12] Dabei interpretierte man die in Art. 39 der UN-Charta vorgegebene Mindestvoraussetzung „Bedrohung des Friedens" durchaus weit im Sinne eines positiven Friedensbegriffs, der

---

in der Rechtsprechung des Bundesverfassungsgerichts; in: RuP, 1/2003, S. 20 ff.; mit anderer Bewertung vgl. aber Sauer, Heiko: Das Verfassungsrecht der kollektiven Sicherheit. Materielle Grenzen und Organkompetenzverteilung beim Wandel von Bündnisverträgen und beim Auslandseinsatz der Bundeswehr; in: Rensen, Hartmut/Brink, Stefan (Hrsg.): Linien in der Rechtsprechung des Bundesverfassungsgerichts – erörtert von den wissenschaftlichen Mitarbeitern, Berlin 2009, S. 585 ff.

10   Vgl. van Ooyen: „Volksdemokratie" und „Präsidialisierung": Schmitt-Rezeption im liberal-konservativen Etatismus; in: Voigt, Rüdiger (Hrsg.): Der Staat des Dezisionismus, Baden-Baden 2007, S. 39 ff.; Der Begriff des Politischen des Bundesverfassungsgerichts, Berlin 2005; Die Staatstheorie des Bundesverfassungsgerichts und Europa (Fn. 8); Möllers, Christoph: Der vermisste Leviathan, Frankfurt a. M. 2008 bzw. im vorliegenden Band.

11   Kühne, Winrich: Die neuen Vereinten Nationen; in: Kaiser, Karl/Schwarz, Hans-Peter (Hrsg.): Die neue Weltpolitik, Bonn 1995 (BZpB), S. 379.

12   Blumenwitz, Dieter: Die humanitäre Intervention; in: APuZ, 47/1994, S. 4. Aus politikwissenschaftlicher Sicht vgl. Debiel, Tobias/Nuscheler, Franz (Hrsg.): Der neue Interventionismus, Bonn 1996.

sich nicht in der Abwesenheit von Krieg oder militärischer Gewalt erschöpft, sondern in Anlehnung an vorklassische „bellum-iustum-Lehren" als „gute Ordnung verstanden wird".[13] Insbesondere seit den Schutzmaßnahmen zugunsten der Kurden im Irak[14] und dem Eingreifen in Somalia subsumierte man die „humanitäre Intervention" als „Frieden schaffende Maßnahme" unter Kapitel VII der UN-Charta[15], das ja das strenge Interventionsverbot des Art. 2 Ziff. 7 ausdrücklich und grundsätzlich durchbricht. Aus deutscher Sicht war damit bald die Frage nach einer Beteiligung an UN- bzw. an vom Sicherheitsrat ermächtigten Maßnahmen aufgeworfen, insbesondere bei Völkermord und schwersten Menschenrechtsverstößen. Die frühere Praxis und auch die offiziell vertretende verfassungsrechtliche Auslegung sah das jedoch überhaupt nicht vor. Anlässlich der Anhörung in der Gemeinsamen Verfassungskommission hielt der Sachverständige Isensee 1993 hierzu rückblickend fest:

> „… daß die Bundesregierung – und zwar jedweder parteipolitischer Couleur – herkömmlich die Auffassung vertreten hat, der Bundeswehr sei von Verfassungs wegen der Einsatz außerhalb des NATO-Gebietes, wie es in Art. 6 des Nordatlantikvertrages umschrieben wird, also ‚out of area', durch das Grundgesetz, Art. 87a Abs. 2, verboten. Angesichts dieser Rechtsauffassung, die insbesondere der Bundessicherheitsrat immer wieder vertreten hat, stellte sich die politische Frage, ob sich die Bundeswehr an einschlägigen Aktionen der Vereinten Nationen beteiligen sollte, überhaupt nicht, weil von Verfassungs wegen die Frage sich von vornherein verbot bzw. in einer Richtung beantwortete".[16]

Vor dem Hintergrund des jahrzehntelangen Grundkonsenses, wonach sich „out of area" eben verbiete, offenbarte die durch die neue Herausforderung losgetretene verfassungspolitische Diskussion und politische Praxis zunächst einmal ein gewisses Maß an Verwirrung und Hilflosigkeit. Wenngleich dabei bisher festgefügte parteipolitische Positionen auch in Bewegung gerieten, so schien jedoch aus „realistischer" Sicht die Entscheidungsschwäche von Regierung und Opposition gleichermaßen beklagenswert, weil die

> „… Opposition vor dem Bundesverfassungsgericht Klage dagegen führt, daß ein paar deutsche Luftwaffensoldaten in Awacs-Maschinen über der Adria patrouillieren! Doch die Schrul-

---

13 Blumenwitz, ebd., S. 8.

14 Vgl. Res. Sicherheitsrat 688 (1991).

15 Vgl. Res. Sicherheitsrat 794 (1992); Blumenwitz (Fn. 12); S. 9 f.; auch die Klassifikation nicht als humanitäre Intervention, sondern überhaupt als Frieden schaffende Maßnahmen bei Seidl-Hohenveldern, Ignaz/Loibl, Gerhard: Das Recht der Internationalen Organisationen einschließlich Supranationalen Gemeinschaften, 6. Aufl., Köln u. a. 1996, Rn. 0248, 2026.

16 Isensee, Josef: Anhörung der Gemeinsamen Verfassungskommission am 11. 02. 1993 zum Thema „Staatliche Souveränität und militärische Verteidigung"; in: Deutscher Bundestag (Hrsg.): Materialien zur Verfassungsdiskussion und zur Grundgesetzänderung in der Folge der deutschen Einigung, Bd. 2, Bonn 1996, S. 383.

ligkeit der Opposition wurde noch übertroffen von einer Bundesregierung, die ähnlich wie die SPD-Führung sehnlichst darauf gewartet hat, daß ihr Karlsruhe Entscheidungen abnehmen möge, die eigentlich sie selbst hätte treffen müssen und treffen können".[17]

Die konservativ-liberale Bundesregierung unter Helmut Kohl war gleichwohl seit 1991 praktisch nach der „Salami-Taktik" vorgegangen und hatte scheibchenweise den Einsatz der Bundeswehr „out-of-area" vorgenommen: durch die Entsendung u. a. von Minensuchboten im Persischen Golf am Rande des 2. Golf-Kriegs, die Teilnahme an den UN-Blauhelmen zur Entwaffnung und Verwaltung Kambodschas, die Beteiligung 1992/93 an den vom UN-Sicherheitsrat beschlossenen und von der NATO/WEU durchgeführten Embargo-Maßnahmen gegen Serbien (AWACS-Radarüberwachung des verhängten Flugverbots und Einsatz eines Kriegsschiffs zur Durchsetzung der Seeblockade in der Adria), schließlich 1993 die Entsendung eines Nachschub- und Transportbataillons der Bundeswehr zur Unterstützung der UN-Intervention in Somalia.

Das Machtvakuum einer grundsätzlichen verfassungspolitischen Klärung des Einsatzes der Bundeswehr – und seiner Schranken – unter den nunmehr geänderten weltpolitischen Bedingungen füllte nun das Gericht anläßlich der von der SPD-Fraktion als Opposition und auch der FDP-Fraktion als Teil der Regierungskoalition eingereichten Klagen. Denn es spielte nicht einfach diesen politisch hoch brisanten Ball an den parlamentarischen Raum zurück, indem es die neue politische Praxis als unzulässig kassiert und damit den politischen Entscheidungsdruck zur Verfassungsänderung erhöht hätte – was es jederzeit hätte tun können und angesichts des von ihm selbst hoch gehaltenen Mythos „politischer Zurückhaltung" hätte tun müssen. Das Bundesverfassungsgericht legte vielmehr diese Grenzen jetzt einfach selber fest. Und dabei verblüffte seinerzeit, dass es entgegen dem bisherigen Verfassungskonsens auf solche Grenzen des Einsatzes der Bundeswehr fast völlig verzichtete. War bis zu diesem Zeitpunkt der Einsatz der Bundeswehr „out-of-area" so gut wie unmöglich, ein „Tabu", so ergab sich – bei identischem Wortlaut der Verfassung – nun nahezu das genaue Gegenteil.[18] Denn das Gericht führte aus:

„1. Die Ermächtigung des Art. 24 Abs. 2 GG berechtigt den Bund nicht nur zum Eintritt in ein System gegenseitiger kollektiver Sicherheit... Sie bietet vielmehr auch die verfassungsrechtliche Grundlage für die Übernahme der mit der Zugehörigkeit zu einem solchen System typischerweise verbundenen Aufgaben und damit auch für eine Verwendung der Bundeswehr zu Einsätzen...5.a) Ein System gegenseitiger kollektiver Sicherheit im Sinne des Art. 24 Abs. 2 GG ist dadurch gekennzeichnet, daß es durch ein friedensicherndes Regelwerk... einen Sta-

---

17 Schwarz, Hans-Peter: Die Zentralmacht Europas, Berlin 1994, S. 168.
18 Zwar wurde die Auslegung von Art. 24 GG in der staatsrechtlichen Debatte schon immer unterschiedlich diskutiert, aber das ist ja bei fast allen solch grundlegenden Fragen der Fall; zur Verfassungspraxis der einzelnen Bundesregierungen und zu den in dieser Hinsicht weit offeneren wissenschaftlichen Kontroversen vgl. Harnisch (Fn. 8), S. 217 ff.

tus völkerrechtlicher Gebundenheit begründet, der wechselseitig zur Wahrung des Friedens verpflichtet und Sicherheit gewährt…b) Auch Bündnisse kollektiver Selbstverteidigung können Systeme gegenseitiger kollektiver Sicherheit im Sinne von Art. 24 Abs. 2 GG sein, wenn und soweit sie strikt auf die Friedenswahrung verpflichtet sind…7. a) Akte der auswärtigen Gewalt, die vom Tatbestand des Art. 59 Abs. 2 Satz 1 GG nicht erfaßt werden, sind grundsätzlich dem Kompetenzbereich der Regierung zugeordnet. Art. 59 Abs. 2 Satz 1 GG kann nicht entnommen werden, daß immer dann, wenn ein Handeln der Bundesregierung im völkerrechtlichen Verkehr die politischen Beziehungen der Bundesrepublik Deutschland regelt oder Gegenstände der Bundesgesetzgebung betrifft, die Form eines der gesetzgeberischen Zustimmung bedürftigen Vertrages gewählt werden muß…".[19]

Bis heute heißt das im Klartext:

1) Einsätze der Bundeswehr sind „out-of-area" ohne weiteres möglich, solange sie unter dem Dach eines Systems kollektiver Sicherheit völkerrechtskonform zum Zwecke von Frieden und Sicherheit stattfinden.

2) Dabei wird zudem der Begriff „kollektive Sicherheit" vom Gericht sehr weit definiert, sodass hierunter nicht allein klassisch die UN, sondern auch „Bündnisse kollektiver Selbstverteidigung" fallen – also auch die NATO und die WEU.[20]

3) Schließlich steckte das Gericht auch noch den politischen Entscheidungsspielraum der Exekutive relativ weit ab, da es nur bei *wesentlicher* Änderung bestehender völkerrechtlicher Vereinbarungen einer weiteren parlamentarischen Zustimmung in der Form des Gesetzgebungsverfahrens bedarf. Das überraschte, weil es im Gegensatz zu der erst kurz zuvor gefällten zentralen Europa-Entscheidung stand. Denn:

„Im Vergleich zum Maastricht-Urteil gab das Gericht der Exekutive deutlich mehr Gestaltungsspielraum bei der Fortentwicklung von NATO, WEU und Vereinten Nationen als bei der Integration in die EU, die prodezural, durch die Hüterfunktion des Bundesverfassungsgerichts, und normativ, durch die konkreten grundrechtlichen, demokratischen und kompetenzrechtlichen Maßstäbe unter Aufsicht gestellt wurde".[21]

---

19 BVerfGE 90, 286 – Bundeswehreinsatz, Leitsätze.

20 Dies erfolgte „ohne Not" – und über die Argumentation der Bundesregierung hinaus –, da „alle in Frage stehenden Einsätze… von Beschlüssen des Sicherheitsrats" gedeckt waren; Harnisch, Sebastian: Internationale Politik und Verfassung; Baden-Baden 2006, S. 279.

21 Ebd., S. 284; aktuell hat das BVerfG – entgegen seiner bisherigen Rechtsprechung – die Kontrolle sogar in den außenpolitischen/völkerrechtlichen Bereich der EU verlängert; vgl. van Ooyen: „… mehr Demokratie wagen"? Bei der Euro-Rettung entdeckt das Bundesverfassungsgericht die parlamentarische Kontrolle der Außenpolitik; in: RuP, 4/2012, S. 208 ff.; Die Staatstheorie des Bundesverfassungsgerichts und Europa (Fn. 8).

Gerade dieser weite politische Gestaltungsraum der Regierung sollte dann in den weiteren Verfahren maßgeblich zur Begründung herangezogen werden.

Zugleich reduziert sich damit das gesamte Problem des Bundeswehreinsatzes im Grundsatz auf die bloße Kompetenzfrage. Und so lag der vom Gericht seinerzeit monierte verfassungsrechtliche Mangel der bisher erfolgten Bundeswehr-Einsätze „nur" in der fehlenden parlamentarischen Zustimmung, die grundsätzlich vor einem Einsatz zu erfolgen habe („Parlamentsvorbehalt"):

> „Die auf die Streitkräfte bezogenen Regelungen des Grundgesetzes sind… stets darauf angelegt, die Bundeswehr nicht als Machtpotential allein der Exekutive zu überlassen, sondern als ,Parlamentsheer' in die demokratisch rechtsstaatliche Verfassungsordnung einzufügen, d. h. dem Parlament einen rechtserheblichen Einfluß auf Aufbau und Verwendung der Streitkräfte zu sichern…Die hiernach in den Vorschriften des Grundgesetzes auf dem Hintergrund der deutschen Verfassungstradition seit 1918 zum Ausdruck kommende Entscheidung für eine umfassende parlamentarische Kontrolle der Streitkräfte läßt ein der Wehrverfassung zugrundeliegendes Prinzip erkennen, nach dem der Einsatz bewaffneter Streitkräfte der konstitutiven, grundsätzlich vorherigen Zustimmung des Bundestages unterliegt".[22]

Keine Parlamentszustimmung sei notwendig, wenn die Bundeswehr eingesetzt würde für bloße „Hilfsdienste und Hilfsleistungen im Ausland, sofern die Soldaten dabei nicht in bewaffnete Unternehmungen einbezogen sind".[23] Demgegenüber fand das Bundesverfassungsgericht beim Einsatz bewaffneter Streitkräfte eine einzige Ausnahme von der Notwendigkeit vorheriger Parlamentszustimmung. Um die „militärische Wehrfähigkeit und die Bündnisfähigkeit der Bundesrepublik Deutschland nicht (zu) beeinträchtigen", ist bei „Gefahr im Verzuge" die „Bundesregierung berechtigt, vorläufig den Einsatz von Streitkräften zu beschließen und an entsprechenden Beschlüssen in den Bündnissen oder internationalen Organisationen ohne vorherige Einzelermächtigung durch das Parlament mitzuwirken und diese vorläufig zu vollziehen". Die „Bundesregierung muß jedoch in jedem Fall das Parlament umgehend mit dem so beschlossenen Einsatz befassen" und die „Streitkräfte sind zurückzurufen, wenn es der Bundestag verlangt".[24]

In einer Gesamtbetrachtung der Begründung fällt zweierlei auf:

Erstens wird der

> „… Parlamentsvorbehalt für einen Einsatz der Streitkräfte… aus einer Gesamtschau der Wehrverfassung (entwickelt)… Damit charakterisiert das Bundesverfassungsgericht den

---

22 BVerfGE 90, 286, (322 und 339); vgl. dann auch Leitsätze 3a) und b). Den Einsatz bewaffneter Streitkräfte hat der Bundestag „nach Maßgabe des Art. 42 Abs. 2 GG zu beschließen" (ebd., 346), d. h. mit der einfachen Beschlussmehrheit, die nur im Falle der Anwesenheit und Stimmabgabe aller Abgeordneten mit der absoluten Mehrheit („Kanzlermehrheit") nach Art. 121 GG zusammenfällt.
23 Ebd., 344.
24 Ebd., 345.

Einsatz der Streitkräfte als einen nicht unter den Gesichtspunkt der auswärtigen Gewalt zu subsumierenden Fall, so dass die bisherige Rechtsprechung zur Verteilung der auswärtigen Gewalt zwischen Regierung und Bundestag aufrecht erhalten werden konnte".[25]

So wird hier der „Parlamentsvorbehalt" jenseits der auswärtigen Gewalt aus dem innerstaatlichen Gewaltenteilungsschema konstruiert. Denn andernfalls hätte das Gericht entweder in der Spur seiner bisherigen Rechtsprechung, insbesondere zum „NATO-Doppelbeschluss" aus dem Jahr 1984, die Parlamentskompetenz über „Krieg und Frieden" sogar verneinen müssen – und soweit wollte und konnte man dann angesichts des Demokratieprinzips der Verfassung wohl nicht gehen. Seinerzeit hatte das Gericht bei der Frage der Entscheidungskompetenz zur Stationierung von Pershing-Raketen nämlich eine stärkere Parlamentarisierung der Außenpolitik zugunsten der Regierung[26] zurückgewiesen[27]:

> „Die konkrete Ordnung der Verteilung und des Ausgleichs staatlicher Macht… darf nicht durch einen aus dem Demokratieprinzip fälschlich abgeleiteten Gewaltenmonismus in Form eines allumfassenden Parlamentsvorbehalts unterlaufen werden".[28]

Oder aber man hätte gegenüber dieser bisherigen Sicht die grundsätzliche Parlamentshoheit im Bereich der auswärtigen Gewalt zugestehen müssen. Das wäre dann aber der Anfang einer umfassenden Parlamentarisierung auswärtiger Gewalt gewesen.

Zweitens ist hervorzuheben, dass das aus dem Verständnis der Bundeswehr als „Parlamentsheer" abgeleitete Zustimmungserfordernis für den konkreten Einzelfall des Einsatzes eben nicht explizit in der Verfassung geregelt ist, sondern – wohlwollend formuliert – „von dem Senat mit Hilfe einer umfassenden systematischen und historischen Auslegung aller auf die Streitkräfte bezogenen Regelungen entwickelt" wurde.[29] Dies lässt jedoch auch einfach als Grenzüberschreitung der Verfassungsauslegung in Richtung Verfassungsschöpfung begreifen, da das Gericht das Grundgesetz hier gar „nicht ausgelegt, sondern geändert (hat)"[30] – sozusagen ein „kühner Schritt", mit „dem es die

---

25   Wolfrum (Fn. 9), S. 163.
26   Vgl. die ausführliche Dokumentation: Heyde, Wolfgang u. a. (Hrsg.): Die Nachrüstung vor dem Bundesverfassungsgericht, Heidelberg 1986.
27   In seinem Sondervotum kritisierte seinerzeit schon Richter Mahrenholz die vom Senat vorgenommene „Gewichtsverschiebung… zu Gunsten der Exekutive"; ebd., S. 378.
28   BVerfGE 68, 1 (87) – NATO-Doppelbeschluss; vgl. Müller-Terpitz, Ralf: BVerfGE 68, 1 – Pershing. Der Zweite Senat akzentuiert die außenpolitische Handlungsfreiheit der Bundesregierung; in: Menzel, Jörg/ Ders. (Hrsg.): Verfassungsrechtsprechung, 2. Aufl., Tübingen 2011, S. 388 ff.
29   Richter, Ingo/Schuppert, Gunnar F.: Casebook Verfassungsrecht, 3. Aufl., München 1996, S. 518.
30   M. w. N.: Epping, Volker: Die Evakuierung deutscher Staatsbürger im Ausland als neues Kapitel der Bundeswehrgeschichte ohne rechtliche Grundlage? – Der Tirana-Einsatz der Bundeswehr auf dem rechtlichen Prüfstand; in: AöR, 1999, S. 449.

größtenteils theoretische verfassungsrechtliche Diskussion der Zeit vor 1990 hinter sich lässt".[31]

Welche Schleusen das Bundesverfassungsgericht rechtspolitisch betrachtet hiermit öffnete, zeigte sich schon wenige Jahre später bei dem in der Öffentlichkeit wenig beachteten, weil faktisch relativ harmlosen, aber rechtlich bis an die Grenzen des Verfassungsbruchs heranreichenden „Tirana-Einsatz" (1997)[32]; erst recht wurde dies deutlich beim völker- und verfassungsrechtlich höchst umstrittenen Fall der Beteiligung am „Kosovokrieg" (1999) zur Abwendung einer humanitären Katastrophe. Dabei ging es um die Beteiligung der Bundeswehr an den Luftangriffen der NATO gegen Jugoslawien (Serbien und Montenegro). Das war vor allem deshalb problematisch, da weder eine ausdrückliche Ermächtigung des UN-Sicherheitsrats vorlag, noch konnte der Kampfeinsatz unter das durch Art. 51 UN-Charta gedeckte Recht der individuellen/kollektiven Selbstverteidigung eingeordnet werden.[33] Nach der von der PDS-Fraktion eingereichten Klage wäre daher hierfür – soweit überhaupt zulässig – nicht bloß die Zustimmung des Bundestags im Rahmen des „Parlamentsvorbehalts", sondern eine Verfassungsänderung notwendig gewesen. Das Bundesverfassungsgericht stieg jedoch unter explizitem Verweis auf seine Entscheidung von 1994 hierauf erst gar nicht mehr ein, weil:

> „… die verfassungsrechtliche Ermächtigung des Bundes, Streitkräfte in einem System kollektiver Sicherheit einzusetzen, grundsätzlich geklärt ist… und die Rechte der antragstellenden Fraktion sich insoweit auf eine ordnungsgemäße Beteiligung an dem Verfahren beschränken, in dem der Bundestag dem Einsatz bewaffneter Streitkräfte seine vorherige konstitutive Zustimmung erteilt hat".[34]

2 Zweite Grenzverschiebung: erweiterte Sicherheit als Regierungsdomäne

2.1 Entscheidung zum NATO-Strategiekonzept (2001)

Mit dem neuen, auf dem Washingtoner Gipfel 1999 beschlossenen Strategischen Konzept erweiterte die NATO nach dem Ende des Ost-West-Konflikts angesichts allgemeiner neuer Konfliktlagen und des „Kosovo-Kriegs" im Besonderen ihre Konzeption ei-

---

31 Wild, Michael: BVerfGE 90, 286 – AWACS/Somalia. Auslandseinsätze der Bundeswehr – Parlamentsvorbehalt – Verfassungsfortbildung; in: Menzel/Müller-Terpitz (Fn. 28), S. 564 f.

32 Vgl. Epping (Fn. 30); van Ooyen: Die neue Welt des Krieges und das Recht: Out-of-Area-Einsätze der Bundeswehr im verfassungsfreien Raum; in: IPG, 1/2002, S. 90 ff.

33 Vgl. Simma, Bruno: Die NATO, die UN und militärische Gewaltanwendung: Rechtliche Aspekte; in: Merkel, Reinhard (Hrsg.): Der Kosovo-Krieg und das Völkerrecht, Frankfurt a. M. 2000, S. 9 ff.

34 BVerfGE 100, 266 – Kosovo, Rn. 20; http://www.bundesverfassungsgericht.de (Entscheidungen).

nes klassischen Verteidigungsbündnisses um den sog. „erweiterten Sicherheitsbegriff".[35] Dieser überschreitet selbst einen militärisch weit gefassten Begriff von Sicherheit in erheblicher Weise:

> „Any armed attack on the territory of the Allies, from whatever direction, would be covered by Articles 5 and 6 of the Washington Treaty. However, Alliance security must also take account of the global context. Alliance security interests can be affected by other risks of a wider nature, including acts of terrorism, sabotage and organized crime, and by the disruption of the flow of vital resources. The uncontrolled movement of large of people, particulary as a consequence of armed conflicts, can also pose problems for security and stability affecting the Alliance".[36]

Im Rahmen dieses sicherheitspolitischen Paradigmenwechsels sind auch besondere, militärische „Krisenreaktionseinsätze" außerhalb von Art. 5 des NATO-Vertrags vorgesehen[37], sodass dies als eine Änderung des NATO-Vertrags begriffen werden kann, die aus verfassungsrechtlicher Sicht dann einer besonderen parlamentarischen Zustimmung im Wege formeller Gesetzgebung[38] bedarf.[39]

Ein seinerzeit von der PDS-Bundestagsfraktion gegen die rot-grüne Bundesregierung angestrengtes Organstreitverfahren wurde jedoch 2001 abgewiesen. Das Bundesverfassungsgericht kam zum Schluss, dass in formaler Hinsicht gar keine „objektive Änderung des NATO-Vertrags" vorliegen würde, sondern nur eine bloße „Fortentwicklung und Konkretisierung der offen formulierten Bestimmungen des NATO-Vertrags".[40] In seiner Begründung verwies das Gericht zwar zu Recht darauf, dass die Krisenreaktion im Unterschied zum Bündnisfall keine automatische Beistandspflicht auslöse.[41] Auch sei eine parlamentarische Kontrolle gegeben, da bei solchen Streitkräfteeinsätzen der

---

35 Vgl. Bundesakademie für Sicherheitspolitik (Hrsg.): Sicherheitspolitik in neuen Dimensionen, Hamburg u. a. 2001. Kritisch betrachtet besteht hierbei aber auch die Gefahr, dass letztendlich jegliches Politikfeld sicherheitspolitisch instrumentalisiert werden kann, zumeist ein grundlegender Umbau bewährter Trennungsprinzipien von innerer/äußerer Sicherheit sowie innerstaatlicher Sicherheitsarchitekturen im Sinne von hierarchischer Zentralisierung gefordert wird; vgl. Lange, Hans-Jürgen: Eckpunkte einer veränderten Sicherheitsarchitektur für die Bundesrepublik (Gutachten); in: Möllers/van Ooyen, JBÖS 2006/07, S. 179 ff.; van Ooyen: Die neue Sicherheit des erweiterten Sicherheitsbegriffs; in: Möllers/Ders.: Neue Sicherheit, Bd. 1: Theorie der Sicherheit, 2. Aufl., Frankfurt a. M. 2012, S. 29 ff.

36 Punkt 24, The Alliance's Strategic Concept, Approved by the Heads of State and Government participating in the meeting of the North Atlantic Council vom 23./24. April 1999.

37 Art. 5 des NATO-Vertrags regelt den klassischen Bündnisfall im Falle des Angriffs auf einen der Vertragspartner mit Beistandspflicht und Art. 6 beschreibt das Bündnisgebiet.

38 Vgl. Art. 59 II GG.

39 Vgl. z. B. Zivier, Ernst R.: Der Kosovo-Einsatz als Präzedenzfall? Zum strategischen Konzept der NATO vom 23./24. April 1999; in: RuP, 4/1999, S. 210 ff.; Klein, Eckart/Schmahl, Steffani: Die neue NATO-Strategie und ihre völkerrechtlichen und verfassungsrechtlichen Implikationen; in: RuP, 4/1999, S. 198 ff.

40 BVerfGE 104, 151 – NATO-Konzept, Rn. 145; www.bundesverfassungsgericht.de (Entscheidungen).

41 Ebd.

Bundestag wegen des Parlamentsvorbehalts ja zustimmen müsse und zudem alle weiteren parlamentarischen Instrumente politischer Kontrolle der Regierung genutzt werden könnten.[42] Gleichwohl spielte das Bundesverfassungsgericht die Bedeutung des neuen NATO-Sicherheitskonzepts in rechtlicher Hinsicht einfach herunter:

> „Wenn sich das Erscheinungsbild möglicher Friedensbedrohungen ändert, lässt der Vertrag Spielraum für anpassende Entwicklungen… soweit und solange der grundlegende Auftrag zur Friedenssicherung in der Region nicht verfehlt wird… Die… Krisenreaktionseinsätze stellen insoweit keine grundlegende neue Einsatzart dar".[43]

Dadurch konnte das Gericht an seiner bisher vertretenen Auffassung festhalten:

> „Das Grundgesetz hat in Anknüpfung an die traditionelle Staatsauffassung der Regierung im Bereich auswärtiger Politik einen weit bemessenen Spielraum zu eigenverantwortlicher Aufgabenwahrnehmung überlassen. Sowohl die Rolle des Parlaments als Gesetzgebungsorgan als auch diejenige der rechtsprechenden Gewalt sind schon aus Gründen der Funktionsgerechtigkeit in diesem Bereich beschränkt. Die der Bundesregierung insoweit anvertraute auswärtige Gewalt steht zwar nicht außerhalb parlamentarischer Kontrolle… Jedoch würde eine erweiternde Auslegung von Art. 59 Abs. 2 Satz 1 GG… die außen- und sicherheitspolitische Handlungsfähigkeit der Bundesregierung ungerechtfertigt beschneiden und auf eine nicht funktionsgerechte Teilung der Staatsgewalt hinauslaufen".[44]

Vor diesem Hintergrund einer inhaltlich fast gar nicht eingrenzbaren Domäne der Regierung im Bereich der Außen- und Sicherheitspolitik erweisen sich dann auch die in den Leitsätzen der Entscheidung explizit noch einmal hervorgehobenen parlamentarischen Schranken eher als demokratisches Alibi.[45] Denn wann sollte die an die Regierung im Rahmen des Zustimmungsgesetzes übertragene Ermächtigung im Bereich der kollektiven Sicherheit überhaupt noch überschritten sein, sodass die Rechte des Bundestags verletzt würden, wenn nicht hier. Umgekehrt kann also die Regierung den wohl seit der NATO-Gründung grundlegendsten sicherheitspolitischen Paradigmenwechsel einfach vollziehen, solange man peinlichst darauf achtet, in formal-völkerrechtlicher Hinsicht die Grenze einer Vertragsänderung nicht zu überschreiten.[46] Das aber führt den Zweck einer Erfordernis parlamentarischer Zustimmung nach Art. 59 Abs. 2 GG

---

42 Vgl. ebd., Rn. 146 und 150.
43 Ebd., Rn. 156.
44 Ebd., Rn. 149.
45 Vgl. BVerfGE 104, 151, Leitsätze 1, 3 und 4.
46 Und zwar förmlich oder konkludent; vgl. ebd., Leitsatz 6.

selbst ad absurdum, da diese sich dann real auf eine einmal – im Falle des NATO-Vertrags vor über fünfzig Jahren – gegebene Blankovollmacht reduziert.[47]

2.2 Theoretischer Bezug: Hobbes und die „föderative Gewalt" von Locke

In den juristisch völlig unscharfen Begriffen wie „traditionelle Staatsauffassung", „Funktionsgerechtigkeit", „außen- und sicherheitspolitische Handlungsfähigkeit" offenbart sich darüber hinaus auch ein altmodisch-fragwürdiges, weil aus heutiger Sicht holzschnittartiges Verständnis der internationalen Beziehungen. Dieses hat wohl in der „föderativen Gewalt" von John Locke seinen ideengeschichtlichen Ursprung im 17. Jahrhundert.[48] Locke unterschied im innerstaatlichen Verhältnis die Legislative von der Exekutiven; beiden fügte er im Außenverhältnis noch eine eigenständige, hiervon unterschiedene, „föderative Gewalt" hinzu, die sich jedoch einer Regelung mehr oder weniger entzog. Und so findet sich bei Locke schon genau diese Sicht des BVerfG, nur die exekutive Gewalt als überhaupt innerstaatliche Gewalt unter die Aufsicht der Legislative zu stellen, während die die auswärtige Gewalt zugleich ausübende Regierung im „nichtstaatlichen" Raum frei schalten können muss. Vor diesem Hintergrund erschließt sich, warum das BVerfG den Parlamentsvorbehalt bei Auslandseinsätzen der Bundeswehr dann aus der innerstaatlichen Wehrverfassung postulieren muss (s. o.) – und aus einer parlamentarischen Kontrolle der auswärtigen Gewalt es gar nicht kann. Voraussetzung bildete bei Locke allerdings hierbei die Annahme, dass die internationalen Beziehungen ohne „Gesellschaftsvertrag" und damit in dem – von ihm in seiner Vertragstheorie ja auch noch konstruierten – vorstaatlichen Naturzustand verharrten:

> „Es gibt in jedem Staat noch eine andere Gewalt, die man eine natürliche nennen könnte, weil sie in etwa der Gewalt entspricht, die jeder Mensch von Natur aus hatte, bevor er in die Gesellschaft eintrat. Denn obwohl in einem Staate die Glieder in ihrem Verhältnis zueinander immer einzelne Personen bleiben…, so bilden sie hinsichtlich der übrigen Menschheit doch nur einen Körper, der sich… der übrigen Menschheit gegenüber weiterhin im Naturzustand befindet…
>
> Dies enthält deshalb die Gewalt über Krieg und Frieden… und man kann… von einer föderativen Gewalt sprechen. …

---

47 Vgl. schon Zivier (Fn. 9), S. 23. Und umgekehrt wäre dann die vom BVerfG in seinem Urteil von 1994 selbst geforderte nähere einfachgesetzliche Regelung des Auslandseinsatzes der Bundeswehr eigentlich widersinnig; zum inzwischen verabschiedeten Parlamentsbeteiligungsgesetz (2005) vgl. Wiefelspütz, Dieter: Auslandseinsätze der Bundeswehr und die konstitutive Beteiligung des Deutschen Bundestags; in: Möllers/van Ooyen: JBÖS 2006/07, S. 509 ff.

48 Vgl. Cremer, Hans-Joachim: Das Verhältnis von Gesetzgeber und Regierung im Bereich der auswärtigen Gewalt in der Rechtsprechung des Bundesverfassungsgerichts; in: Geiger (Fn. 9), S. 11 ff.

> Obwohl diese beiden Gewalten, die exekutive und die föderative, in Wirklichkeit vonein-
> ander verschieden sind – da die eine die Vollziehung der Gesetze innerhalb der Gesellschaft…
> beinhaltet und die andere für die Sicherheit und die Interessen des Volkes nach außen… sor-
> gen muß –, so sind sie doch fast immer vereinigt. Und obwohl es für den Staat von großer
> Bdeutung ist, ob diese föderative Gewalt gut oder schlecht gehandhabt wird, so ist sie doch
> weitaus schwerer durch vorher gefaßte, stehende, positive Gesetze zu leiten als die Exekutive.
> Es muß deshalb notwendigerweise der Klugheit und Weisheit derjenigen überlassen bleiben,
> in deren Händen sie liegt, sie zum öffentlichen Wohl zu gebrauchen".[49]

So steuert der „Kapitän" das „Staatsschiff" durch den anarchischen Naturzustand der
zwischenstaatlichen Politik – insoweit war ja auch der Liberale Locke zunächst einmal
noch „Hobbesianer".[50] Doch das vermeintlich „realistische" Bild einer internationalen
Regellosigkeit, die sich einer parlamentarischen Zähmung der exekutiven Gewalt entzieht, ist nicht nur schief, da „Gesetzgebung in einer globalisierten Welt zum Teil in-
ternationalisiert ist".[51] Ihm liegt vor allem die politisch-anthropologische Prämisse des
„Realismus" von Machiavelli über Hobbes bis zu Nietzsche, Max Weber und Carl Schmitt
zugrunde, der den Begriff des Politischen auf Macht, Kampf, Trieb bzw. „Freund-Feind-
Krieg" reduziert. Nirgends wird das deutlicher als am Hobbesschen Kriegs-Universum
des „bellum omnium contra omnes", der Wolfsgesellschaft des „homo homini lupo", der
Welt vom permanenten Mord und Totschlag – den es im Übrigen unter Wölfen gar nicht
gibt. Man muss kein „Gutmenschen-Rousseauist" sein, um hier von einer Verzerrung
der Realität durch den „Realismus" sprechen zu müssen.[52]

In normativer Hinsicht wäre überdies ein solches „Raubtier-Menschenbild" zudem
nicht hinnehmbar, weil verfassungswidrig: unvereinbar nämlich mit dem gerade vom
BVerfG selbst postulierten „Menschenbild des Grundgesetzes".[53] Schließlich: Eine sepa-
rate „föderative Gewalt" im Bereich der Außenpolitik, in der die Regierung von ganz
wenigen Erfordernissen parlamentarischer Zustimmung abgesehen frei schalten und
walten kann, ist dem Grundgesetz unbekannt. In der zentralen Bestimmung des Art. 20,
in dem alle Gewalten an die Legitimation durch die Bürger/innen rückgebunden werden, finden sich eben nur die drei „klassischen" Formen „horizontaler Gewaltenteilung".
Und auch die Rangordnung – der „Vorrang" – ist hiernach eindeutig: In verfassungsrechtlicher Sicht handelt es sich daher – um ein Wort von Helmut Ridder zu gebrauchen – um „Law Fiction".

---

49 Locke: Zwei Abhandlungen über die Regierung (Suhrkamp-Ausgabe), Frankfurt a. M. 1977, S. 292 f.
     (= 2. Abhandlung, § 145–157).
50 Vgl. van der Pijl, Kees: Vordenker der Weltpolitik, Opladen 1996, S. 53 ff.
51 Fastenrath, Ulrich (2003): Diskussionsbeitrag, in: Geiger (Fn. 9), S. 35.
52 Vgl. van Ooyen: Moderner Realismus – auch ein Fall von politischer Theologie; in: IPG, 1/2003, S. 112 ff.
     Rohde, Christoph: Hans J. Morgenthau, Wiesbaden 2004.
53 Vgl. Becker, Ulrich: Das „Menschenbild des Grundgesetzes" in der Rechtsprechung des Bundesverfas-
     sungsgerichts, Berlin 1996.

2.3   Nationales Interesse als „Friedenssicherung"?

Auch die vom Gericht hierüber hinaus angeführte weitere verfassungsrechtliche Schranke für die sicherheitspolitische Kompetenz der Regierung erweist sich als wenig wirksam: Denn dass dabei nicht gegen das „Friedensgebot" des Art. 26 GG verstoßen werden darf, ist kaum justiziabel. Dies nicht nur, weil der verfassungsrechtliche Begriff des Friedens selbst nach Meinung des Gerichts keine genaue Definition enthält.[54] Sogar die früher einigermaßen klaren Begriffe des dort zugleich verankerten „Verbots des Angriffskrieges" einschließlich seines Komplementärs des zulässigen „Verteidigungskrieges" sind im Zeitalter des Menschenrechtsschutzes durch „humanitäre Interventionen" sowie der Erosion der Trennung von innerer und äußerer Sicherheit – Stichwort „Kosovo"; „11. September" und „neue Kriege" – in ihrem völker- und verfassungsrechtlichen Gehalt erheblich ins Rutschen gekommen.[55] Was ließe sich demnach heute unter „friedliches Zusammenleben der Völker" im Sinne des Art. 26 GG nicht alles subsumieren. Und so akzeptierte das Gericht nicht nur ohne weitere Problematisierung, dass der dem NATO-Konzept zugrunde liegende „erweiterte Sicherheitsbegriff" elastisch auf alles ausgedehnt und damit als friedensrelevant erklärt werden kann – von der Terrorismusbekämpfung über die organisierte Kriminalität und Sabotage bis hin zur unkontrollierten Migration. Es zauberte aber darüber hinaus auch noch die in diesem Punkt 24 des NATO-Konzepts (s. o.) aufgeführte sicherheitspolitische Bedrohung einer „disruption of the flow of vital resources" ganz einfach weg – und kam gar nicht auf die Idee, dass hier ein ganz klassisches Machtmotiv der „Geopolitik" auftaucht. Lapidar hielt das Gericht fest:

> „Die Konkretisierung… der… nicht unter Artikel 5 fallenden Einsätze (Krisenreaktionseinsätze) lässt keine machtpolitisch oder gar aggressiv motivierte Friedensstörungsabsicht erkennen. Es geht im Gegenteil um die Erhaltung des Friedens…".[56]

Das steht in einem merkwürdigen Spannungsverhältnis zu der sonst vom Verfassungsgericht so hoch gehaltenen „traditionellen Staatsauffassung" (s. o.), der überdies gerade völker- und verfassungsrechtlich die strikte Trennung von Krieg und Frieden, innerer und äußerer Sicherheit zugrunde liegt.[57] Denn: Würde das nicht als Konsequenz auch

---

54   Vgl. BVerfGE 104, 151, Rn. 160.
55   Vgl. z. B. Schiedermair, Stephanie: Der internationale Frieden und das Grundgesetz, Baden-Baden 2006; Merkel, Reinhard (Hrsg.): Der Kosovo-Krieg und das Völkerrecht, Frankfurt a. M. 2000; Gareis, Sven B.; Die neuen Gesichter des Krieges; in: Möllers/van Ooyen: JBÖS 2004/05, S. 479 ff.; Meiser, Christian/von Buttlar, Christian: Militärische Terrorismusbekämpfung unter dem Regime der UN-Charta, Baden-Baden 2005; Calliess, Christian (Hrsg.): Äußere Sicherheit im Wandel – Neue Herausforderungen an eine alte Staatsaufgabe, Baden-Baden 2005.
56   BVerfGE 104, 151 – NATO-Konzept, Rn. 163.
57   Vgl. van Ooyen: Die neue Welt des Krieges und das Recht (Fn. 32).

den Einsatz der Bundeswehr etwa in Drogenanbaugebieten der „Dritten Welt", gegen Flüchtlinge – und vor allem zum Schutz der nationalen/westlichen Rohstoffversorgung implizieren?

2.4 Einstweilige Anordnung AWACS-Einsatz Türkei (2003)

Das verfassungsgerichtliche Verständnis eines „Kernbereich(s) der außen- und sicherheitspolitischen Verantwortung der Bundesregierung"[58] fand wenig später Bestätigung im „AWACS-Beschluss", der 2003 auf die Klage der FDP-Bundestagsfraktion gegen die rot-grüne Bundesregierung erging. Dabei ging es um die Frage, ob der Einsatz deutscher Soldaten an Bord von AWACS-Aufklärern der NATO in der Türkei während des Irak-Kriegs die Zustimmung des Bundestags im Sinne des Parlamentsvorbehalts erforderte.[59] Da das Gericht zunächst nur einen Antrag auf eine einstweilige Anordnung prüfte, fiel die Begründung der Entscheidung entsprechend knapp aus. Bei der dabei vorzunehmenden Abwägung der Folgen – hier: Nachteile für die Rechte des Bundestags vs. Nachteile für die der Bundesregierung – kam das Gericht nicht zu dem Schluss, dass „die Rechte des Bundestages… überwiegen"[60] und lehnte den Antrag mit dem bekannten Muster „traditioneller Staatsauffassung" ab:

> „Die ungeschmälerte außenpolitische Handlungsfähigkeit der Bundesregierung in dem ihr… zugewiesenen Kompetenzbereich hat auch im gesamtstaatlichen Interesse an der außen- und sicherheitspolitischen Verlässlichkeit Deutschlands bei der Abwägung ein besonderes Gewicht".[61]

3 Dritte Grenzverschiebung: vom Raum euro-atlantischer zur globalen Sicherheit – die Entscheidung Tornado-Einsatz Afghanistan (2007)

In diese Linie der Out-of-Area-Rechtsprechung reiht sich nun auch die eingangs zitierte „Tornado-Entscheidung" ein, die zum einen die bisherige Sichtweise bestätigt, darüber hinaus aber noch einmal eine weitere Verschiebung verfassungsrechtlicher Grenzen vornimmt.

Hierbei ging es um die Erweiterung des deutschen Einsatzes in Afghanistan in der Form der Luftaufklärung durch Tornado-Maschinen im Rahmen des durch den UN-

---

58 BVerfGE 108, 34 – AWACS, Rn. 39; zitiert nach www.bundesverfassungsgericht.de (Entscheidungen).
59 Zu den Kontroversen vgl. Ambos, Kai/Arnold, Jörg (Hrsg.): Der Irak-Krieg und das Völkerrecht, Berlin 2004.
60 BVerfGE 108, 34 – AWACS, Rn. 41.
61 Ebd.

Sicherheitsrat legitimierten ISAF-Mandats[62], das unter NATO-Führung firmiert. Der Deutsche Bundestag stimmte dem Einsatz am 9. März 2007 zu. Infolge dieser Ausweitung von ISAF überschneidet sich nun aber das ISAF-Einsatzgebiet mit der „Operation Enduring Freedom", die die USA mit Verbündeten in Reaktion auf die Terroranschläge des „11. Septembers" seit 2001 im Kampf gegen die Taliban und den Terrorismus von Al Qaida durchführen. Die Fraktion der PDS/Die Linke sah hierin eine Verletzung der Parlamentsrechte aus Art. 59 Abs. 2 GG und eine unzulässige Verstrickung in die ihrer Meinung zufolge völkerrechtswidrige „Operation Enduring Freedom".[63] Schon der ISAF-Einsatz an sich sei nicht durch die Parlamentsermächtigung des Zustimmungsgesetzes zum NATO-Vertrag gedeckt, da es hier gar nicht mehr um den Zweck des Schutzes euro-atlantischer, sondern lediglich der afghanischen Sicherheit gehe. Darüber hinaus erfolge „Enduring Freedom" zwar mit grundsätzlicher Einwilligung der afghanischen Regierung, doch habe diese Operation wiederholt zu Verstößen gegen das humanitäre Völkerrecht geführt.

In seiner Begründung bestätigt das Gericht zunächst einmal den Maßstab seiner früheren Entscheidungen. Danach bestehe für die Regierung im Bereich der Außenpolitik ein „weit bemessene(r) Spielraum", der der „außen- und sicherheitspolitische(n) Handlungsfähigkeit Deutschlands" diene, sodass die „Rolle des Parlaments als Gesetzgebungsorgan als auch diejenige der rechtsprechenden Gewalt... beschränkt (sind)".[64] Die Grenze dieses – überspitzt formuliert – gesetzes- und justizfreien Hoheitsbereichs werde nur dann überschritten, wenn die Handlungen der Regierung im Rahmen der NATO wesentlich aus der Ermächtigung des ursprünglichen parlamentarischen Zustimmungsgesetzes zum NATO-Vertrag ausbrechen.[65] Nun verschiebt das Gericht die Schranke aber noch ein bisschen weiter, indem es – wie schon bei der Entscheidung zum NATO-Strategiekonzept (2001) – die neue Qualität des Falles, nämlich die Lösung vom euro-atlantischen Bezug, einfach ohne weitere Problematisierung herunterspielt:

> „Eine solche Lösung der NATO von ihrem regionalen Bezugsrahmen kann in dem ISAF-Einsatz in Afghanistan nicht gesehen werden. Denn dieser Einsatz ist ersichtlich darauf ausgerichtet, nicht allein der Sicherheit Afghanistans, sondern auch und gerade der Sicherheit des euro-atlantischen Raums auch vor künftigen Angriffen zu dienen".[66]

Das kann man sicherlich politisch so beurteilen, denn in einer „globalisierten" Welt ist Sicherheit eben nicht mehr geografisch isolierbar. Nur, der vom Gericht in seiner

---

62 International Security Assistance Force zur Unterstützung Afghanistans bei der Aufrechterhaltung von Sicherheit, zunächst in Kabul und Umgebung.
63 Vgl. BVerfGE 118, 244 – Afghanistan-Einsatz, Rn. 13 ff.; www.bundesverfassungsgericht.de (Entscheidungen).
64 Ebd., Rn. 43.
65 Vgl. ebd., Rn. 44 ff.
66 Ebd., Rn. 59.

Entscheidung 2001 noch selbst hervorgehobene Bezug zur euro-atlantischen Sicherheit wird damit auch hinfällig, weil vollständig globalisiert. War mit dem Stand der Entscheidung von 2001 der außenpolitische Freiraum der Bundesregierung im Rahmen des neuen NATO-Strategiekonzepts von 1999 inhaltlich schon kaum noch eingrenzbar, so ist er es mit der Tornado-Entscheidung nun auch in räumlicher Sicht nicht mehr. Diese Schlussfolgerung muss das Gericht überdies selbst ziehen:

> „… angesichts der heutigen Bedrohungslagen durch global agierende terroristische Netzwerke können, wie der 11. September gezeigt hat, Bedrohungen für die Sicherheit des Bündnisgebiets nicht mehr territorial eingegrenzt werden".[67]

Bei der Sicherheit hängt eben inzwischen alles mit allem zusammen. Diese großräumige Sichtweise steht aber wiederum in einem merkwürdigen Spannungsverhältnis zu der in der Entscheidung zugleich vertretenen kleinteiligen Auffassung, die ISAF-Operation strikt vom Kampfeinsatz „Enduring Freedom" zu trennen und dann doch wieder auf die alleinige Sicherheit in Afghanistan zu reduzieren:

> „Während die Operation Enduring Freedom vornehmlich der unmittelbaren Terrorismusbekämpfung gilt, dient ISAF der Aufrechterhaltung der Sicherheit in Afghanistan, um eine Grundlage für den zivilen staatlichen Aufbau zu schaffen. Dass sich diese Aufgaben in der praktischen Ausführung überschneiden können, ändert an den getrennten Zwecksetzungen nichts. Beide Operationen sind auch in rechtlicher Hinsicht klar getrennt…".[68]

Fast gewinnt man den Eindruck, das Gericht verwendet zwei verschiedene Sichtweisen von Realität, um hier das jeweils passende Ergebnis zu postulieren.

4 Kontinuität: die Entscheidung zum AWACS-Einsatz Türkei (2008)

Ihren vorläufigen Abschluss findet diese Entwicklung in der auf den ersten Blick „parlamentsfreundlichen" Entscheidung von 2008 zum Einsatz deutscher Soldaten an Bord von AWACS-Aufklärern der NATO in der Türkei am Vorabend und während des Irak-Kriegs (Februar – April 2003). Strittig war, ob dies die Zustimmung des Bundestags erforderte.[69] Die FDP-Fraktion klagte daher gegen die rot-grüne Bundesregierung, die im Parlament den Einsatz als bloße „Routineflüge" des NATO-Bündnisalltags herunterspielte. Letztendlich ging es also um die Frage, wie Einsätze in einem „Graubereich", im Vor- und Umfeld von „eigentlichen" militärischen Kampfeinsätzen, parlamentarisch zu

---

67 Ebd., Rn. 67.
68 Ebd., Rn. 79.
69 Vgl. insgesamt Ambos/Arnold (Fn. 59).

behandeln sind. Oder anders formuliert: Wann genau liegt ein *bewaffneter* Einsatz der Bundeswehr i. S. d. Parlamentsvorbehalts vor? Auch das Parlamentsbeteiligungsgesetz, das das BVerfG schon in seiner ersten Entscheidung von 1994 geforderte hatte und im Jahre 2005 nun endlich beschlossen worden war, klärte „gerade nicht die exakte Reichweite des Parlamentsvorbehalts".[70]

Nachdem das BVerfG zunächst 2003 einen Antrag auf eine einstweilige Anordnung abgelehnt hatte (s. o.)[71], stellte es jetzt bei der Entscheidung in der Hauptsache einen Verfassungsverstoß wegen Verletzung des Parlamentsvorbehalts im Sinne der Klägerin fest. Für solche Grenzfälle ergibt sich nun als Richtschnur, dass „im Zweifel parlamentsfreundlich auszulegen" ist. Denn andernfalls würde der Bundestag mehr oder weniger vor vollendete Tatsachen gestellt sein, sodass die „normative Kraft des Parlamentsbeschlusses… durch die ‚normative Kraft' bereits geschaffener oder doch vorentschiedener Fakten ersetzt" würde.[72] Dies käme im Ergebnis einer nur noch nachträglichen Zustimmungskompetenz gleich, die ja nur ausnahmsweise bei „Gefahr im Verzuge" (s. o.) gilt. Das Gericht differenzierte dies noch, indem es zwei Kriterien benannte: So reiche die bloße Möglichkeit, dass es zu bewaffneten Auseinandersetzungen kommen könne, nicht aus, sondern es müsse vielmehr eine konkrete militärische Gefahrenlage gegeben sein, bei der eine Einbeziehung deutscher Soldaten auch unmittelbar zu erwarten sei.[73] Und genau das sei beim Einsatz deutscher Soldaten in den AWACS-Maschinen der Fall gewesen – zumal der Irak mit Angriffen auf die Türkei gedroht habe und man vor dem Hintergrund des wochenlangen Vorlaufs des Kriegs auch kaum von einer „Gefahr im Verzuge" sprechen könne. Zugleich wies das BVerfG hier einen „Prognosespielraum" der Regierung zurück und betonte die Informationspflicht gegenüber dem Bundestag.[74] Denn sonst würde das wiederum auf dieselbe faktische Aushebelung des Parlamentsvorbehalts hinauslaufen; es betonte daher aus seiner Sicht folgerichtig zudem die volle richterliche Nachprüfbarkeit solcher Entscheidungen. So gesehen hat diese Entscheidung also gar nichts Neues gebracht, sondern nur sichergestellt, dass der 1994 grundgelegte Parlamentsvorbehalt nicht einfach in der Realität ausgehebelt wird. Auch im Hinblick auf die grundsätzliche Kompetenzverteilung von Parlament und Regierung im Bereich der auswärtigen Gewalt bleibt das BVerfG in der Spur seiner bisherigen Rechtsprechung, in der „Innen-" und „Außenpolitik" grundsätzlich strikt getrennt sind: Die Parlamentskompetenz wird daher mit Rückgriff auf die früheren Entscheidungen wiederum aus dem *innerstaatlichen*, wehrverfassungsrechtlichen Parlamentsvorbehalt abgeleitet und der Regierung nach wie vor ein „weit bemessene(r) Spielraum" zugestanden, der „im Bereich der auswärtigen Gewalt… besondere Freiräume" öffne, schon allein aufgrund

---

70 So BVerfGE 121,135 – Luftraumüberwachung Türkei, Rn. 53; www.bundesverfassungsgericht.de (Entscheidungen).

71 Vgl. BVerfGE 108, 34 – AWACS.

72 BVerfGE 121, 135 – Luftraumüberwachung Türkei, Rn. 72 bzw. 80, vgl. auch 92.

73 Vgl. ebd., Rn. 77 ff.

74 Vgl. ebd., Rn. 82.

der „organadäquaten Funktionszuweisung". Nur eben im Fall der „Anwendung militärischer Gewalt endet" dieser „weit bemessene Gestaltungsspielraum der Exekutive im auswärtigen Bereich" – sozusagen ausnahmsweise! Und insoweit stellt der Parlamentsvorbehalt bloß „ein wesentliches Korrektiv für die Grenzen der parlamentarischen Verantwortungsübernahme im Bereich der auswärtigen Sicherheitspolitik dar".[75]

So bleibt festzuhalten:

Seit seiner ersten „Out-of-Area-Entscheidung" aus dem Jahre 1994 gibt das Bundesverfassungsgericht der Regierung bei Auslandseinsätzen der Bundeswehr so weit wie möglich „Carte blanche", indem es die Verfassung durch dynamische Grenzverschiebungen Stück für Stück „flexibilisiert", ja „kalt" geändert hat: vom verfassungspolitischen Grundkonsens einer Ablehnung zur Grundentscheidung der Zulässigkeit der „Out-of-Area-Einsätze", von der engen, klassischen „kollektiven Sicherheit" (UN) zum weiten Begriff unter Einschluss insbesondere der NATO, vom bloßen Auftrag kollektiver Selbstverteidigung der NATO zum erweiterten Sicherheitsbegriff des neuen Strategiekonzepts, schließlich, als letzter Schritt in der Tornado-Entscheidung, vom räumlich begrenzten euro-atlantischen Bezug der Sicherheit zur globalisierten Sicherheit. Auslandseinsätze der Bundeswehr sind damit in räumlicher und inhaltlicher Hinsicht („Frieden") mit einfacher Parlamentszustimmung nahezu unbegrenzt möglich. Dabei ist sich zu vergegenwärtigen, dass in einem parlamentarischen Regierungssystem – zumal einer „Kanzlerdemokratie"[76] – der eingezogene Parlamentsvorbehalt kaum zu einer politisch-parlamentarischen Eingrenzung führt; denn in aller Regel „segnet" der Deutsche Bundestag – d.h. die die Regierung tragende Mehrheit – den Auslandseinsatz einfach ab.[77] Zugespitzt formuliert handelt es sich dann aber bei der Rechtsprechung des Bundesverfassungsgerichts in diesem Punkt entweder bewusst um bloß symbolische (Verfassungs-)Politik, die es zugleich erlaubt, sich über die „Bande" des Parlamentsvorbehalts selbst als politischer Akteur im Spiel zu halten; oder aber um eine völlige Fehleinschätzung der Funktionsweise des bundesdeutschen Regierungssystems.[78]

All das mag politisch betrachtet akzeptabel oder notwendig sein. Nur: Dieses Stück Verfassungspolitik im Bereich der auswärtigen Gewalt hat das Gericht nahezu im Alleingang vollzogen. Dabei lugt ein konservativ-etatistisches Politikverständnis hervor, das internationale Beziehungen als anarchischen Naturzustand begreift und daher die Außenpolitik weitestgehend von parlamentarischen Kontrollen freihalten will. Und nur vor diesem vorausgesetzten Hintergrund kann das Bundesverfassungsgericht seine Sicht, dass die Regierung hier einen weiten Spielraum zugunsten der „außen- und

---

75 Ebd., Rn. 65, 69 bzw. 70; vgl. auch Wiefelspütz: Der konstitutive wehrverfassungsrechtliche Parlamentsbeschluss; in: ZParl, 1/2007, S. 3.

76 Niclauß, Karlheinz: Kanzlerdemokratie, Paderborn u. a. 2004.

77 Selbst bei der Beteiligung an der NATO-Intervention im „Kosovo-Konflikt" blieb die Regierungsmehrheit trotz der Kontroversen vor allem bei den Grünen machtpolitisch stabil.

78 Analog ist das aktuell auch in der Rechtsprechung zur Euro-Rettung zu beobachten; vgl. van Ooyen: Die Staatstheorie des Bundesverfassungsgerichts und Europa (Fn. 8), S. 125 ff.

sicherheitspolitische(n) Handlungsfähigkeit Deutschlands" haben muss, einfach ohne
nähere Begründung postulieren.[79] Das passt im übrigen gar nicht zur sonstigen Ver-
fassungsstruktur und Rechtskultur: Nicht nur ist das Grundgesetz – etwa im Unterschied zur US-Verfassung – keine „flexible", sondern eine eher „starre Verfassung", bei
der man sich eben regelmäßig der Mühe des vom Grundgesetz vorgesehenen Verfahrens demokratischer Verfassungsänderung unterziehen muss.[80] Auch angesichts der gerade in Deutschland tradierten Rechtskultur, die ansonsten alles einem bis in das Detail
gehenden „Regelungswahn" unterwirft, verblüfft es, dass die Außen- und Sicherheitspolitik einfach einer „schöpferischen" Staatsräson überlassen bleibt – oder aber auch
nicht, wenn man sich an das obrigkeitsstaatliche Verständnis von „hoher Politik" als
„Staatskunst" erinnert, das gerade auch in der deutschen Staatsrechtslehre tradiert worden ist.

5   Erneuter Tabubruch: der (noch) ausnahmsweise Einsatz im Innern

Mit seiner Plenar-Entscheidung zur Problematik „Luftsicherheit" hat das Gericht – angesichts wiederum fehlender politischer Mehrheiten im parlamentarischen Raum –
neuerlich diesen problematischen Weg einer „kalten" Verfassungsänderung beschritten
und das andere große Tabu, den Bundeswehreinsatz im Innern infrage gestellt.

5.1   Vorspiel: Die Entscheidung „Bundeswehreinsatz G8-Gipfel" (2010)

Angekündigt hatte sich dieser erneute Paradigmenwechsel in einer öffentlich wenig beachteten Entscheidung des Zweitens Senats, die nach „Luftsicherheit I" des Ersten Senats
erging, nämlich zur Problematik des „Einsatzes" der Bundeswehr beim G8-Gipfel 2007
in Heiligendamm, bei dem u. a. Tornados der Bundeswehr auch im Tiefflug über das
Demonstranten-Camp gedonnert waren. Der Verteidigungsminister der Großen Koalition aus CDU/CSU und SPD, Jung, rechtfertigte den „Einsatz" mit Amtshilfe zur bloß
fotografischen Aufklärung und den Tiefflug im Nachhinein mit technischen Mängeln
bzw. den schlechten Sichtverhältnissen. Seitens der Oppositionsparteien wurde dagegen

---

79 So wird in den Entscheidungen in dieser Hinsicht zwar immer wieder auf die Entscheidung zum „Nato-
    Doppelbeschluss" rekurriert, aber auch dort findet sich keine nähere Begründung, sondern lediglich der
    Verweis auf die verfassungsgeschichtliche Tradition und allgemein auf die „Gewaltenteilung"; ansonsten
    geht das Gericht einfach aus von der bloßen „Annahme, dass institutionell und auf Dauer typischer-
    weise allein die Regierung in hinreichendem Maße über die personellen, sachlichen und organisatori-
    schen Möglichkeiten verfügt..."; BVerfGE 68, 1 (88); vgl. auch 84 ff.
80 Zumal das Grundgesetz schon bei viel geringeren Anlässen immer wieder geändert worden ist. Dieser
    Befund nimmt ja sogar eher noch zu, vergegenwärtigt man sich die zahlreichen Änderungen seit 1990,
    die – man denke etwa an Art. 16a, Art. 23, Art. 13 oder auch die Föderalismusreform – immer detaillier-
    ter ausfallen.

der Verdacht geäußert, dass dies überhaupt ein (weiterer) Versuch von Innenminister Schäuble und Verteidigungsminister Jung gewesen sei, die Tabugrenze des Einsatzes der Bundeswehr im Innern aufzuweichen: Wieso wolle „die Union das Grundgesetz noch… ändern, wenn schon Tornado-Kampfflugzeuge über Demonstranten fliegen dürften", so der FDP-Fraktionsvorsitzende Westerwelle.[81]

Tatsächlich fällt im Gesamtkontext der Sicherheitsdebatte bei der Argumentation der Regierung eine Verschiebung der Maßstäbe auf, die zu den üblichen Kunstgriffen der verfassungsrechtlichen Auslegung zählt, um „sauber" das jeweils rechtspolitisch gewünschte Ergebnis zu erhalten: Auf der einen Seite wird „Terrorismus zum Quasi-Krieg stilisiert, damit möglichst vieles als ‚Verteidigung' deklariert werden kann", während man andererseits „hoheitliches Handeln eng definiert, damit möglichst vieles zur ‚technischen' Amtshilfe bagatellisiert werden kann".[82] Abwegig war daher die Befürchtung von FDP und Grünen angesichts der seinerzeitigen Forcierung der sicherheitspolitischen Diskussion durch die CDU/CSU, namentlich durch den Innen- und Verteidigungsminister nicht (Stichworte: Einsatz der Bundeswehr bei der WM 2006; Strategiepapier der Bundestagsfraktion; Weißbuch der Bundeswehr[83]). Auch ist an die „Salami-Taktik" der konservativ-liberalen Regierung unter Kanzler Kohl zu erinnern, die genau mit solch vergleichbar harmlosen Einsätzen der Bundeswehr begann, um schließlich unter der Regierung Schröder in den Kampfeinsatz des Kosovo-Kriegs und des internationalisierten Bürgerkriegs in Afghanistan zu münden. Von hier aus betrachtet würde die in der innenpolitischen Debatte geforderte Einsatzmöglichkeit der Bundeswehr im Innern wohl generell die Tür für ein militärisches „Einschüchterungsgepräge" ausgerechnet bei Demonstrationen öffnen. Das gilt erst recht angesichts der Forderungen nach einer Grundgesetzänderung; der zuletzt im Koalitionsausschuss der Großen Koalition ausgehandelte Kompromiss zwischen CDU/CSU und SPD wurde dann aber wegen des Widerstands der SPD-Abgeordneten auf Eis gelegt[84] und auch vom folgenden Innenminister de Maizière nicht weiter verfolgt.[85]

---

81 FAZ.NET vom 05.07.2007: Bundeswehreinsatz in Heiligendamm. Zäher Fluss der Erinnerungen (download 09.07.2010).

82 So richtig Pütter, Norbert: Im Feld der Inneren Sicherheit. Über den Vormarsch der Bundeswehr in der Heimat; in: Bürgerrechte & Polizei, 2/2008, S. 43.

83 Vgl. Beschluss der CDU/CSU-Bundestagsfraktion vom 06.05.2008: Eine Sicherheitsstrategie für Deutschland, Berlin 2008; Bundesministerium der Verteidigung (Hrsg.): Weißbuch 2006 zur Sicherheitspolitik Deutschlands und zur Zukunft der Bundeswehr.

84 Vgl. z.B. Prantl, Heribert: Arsen für das Grundgesetz. Schäuble kämpft seit 15 Jahren dafür, jetzt kann ihn nur noch die Opposition verhindern: Den Einsatz der Bundeswehr im Inland; SZ vom 07.10.2008 (süddeutsche.de, download 13.07.2010.); Rath, Christian: Schäuble setzt sich durch. Bundeswehr gegen den inneren Feind. Die Koalition ist sich einig über Einsätze der Bundeswehr zur Terrorbekämpfung im Inland; in: taz vom 05.10.2008 (www.taz.de, download 13.07.2010).

85 Vgl. ZEITONLINE vom 12.02.2010: Innere Sicherheit. De Maizière gegen Einsatz der Bundeswehr im Inneren (download 13.07.2010).

Die Grünen erhoben schließlich gegen den „Heiligendamm-Einsatz" Klage. Da es sich um ein Organstreitverfahren handelte, musste der Schwerpunkt der Argumentation auf der fehlenden parlamentarischen Beteiligung liegen. Das setzte zugleich voraus, dass es ein „Einsatz" der Bundeswehr war, zwar nicht im Sinne eines Kampfes aber infolge von „Tiefflug", „Fotografieren" und „Ausspähen" von Demonstranten in dem eines hoheitlichen Handelns mit militärischen Mitteln, weil mit Grundrechtseingriffen verbunden. So betraf das Verfahren die Frage, ob die Regierung nicht vor dem Einsatz der Bundeswehr – analog zum „Parlamentsheer" des Auslandseinsatzes – die Zustimmung des Bundestags hätte einholen oder ob nicht sogar überhaupt das Grundgesetz hätte geändert werden müssen[86], da Art. 87a II GG (i. V. m. den Ausnahmen jenseits des Verteidigungsauftrags[87]) einen solchen Einsatz im Innern verfassungsrechtlich gar nicht erlaubte.

Der Zweite Senat wies die Klage ab und folgte im Grundsatz der Argumentation der Bundesregierung.[88] Ausdrücklich offen blieb zwar, ob die Schwelle zum „Einsatz" überschritten worden war.[89] Gleichwohl schien das Gericht eher nicht dieser Auffassung zu sein, spielte es doch in seinen Ausführungen das martialische Gepräge herunter („mit bloßem Auge" kaum erkennbare Bordwaffen der Tornados).[90] Offen blieb auch die Frage nach der überhaupt fehlenden verfassungsrechtlichen Grundlage einer solchen Verwendung der Bundeswehr und dem Erfordernis einer Grundgesetzänderung – verbunden mit der deutlichen Kritik, dass ein Organstreitverfahren nicht zum Zwecke abstrakter Normenkontrolle missbraucht werden sollte.[91] Parallel zur mündlichen Verhandlung von „Luftsicherheit II", bezog der Zweite Senat aber schon einmal klar Position, indem er nicht nur die Ausdehnung parlamentarischer Kontrolle kategorisch und ganz im Sinne der Regierung zurückwies – sondern auch den bewaffneten Inlandseinsatz ganz selbstverständlich in seine Betrachtung einschloss:

> „Ein allgemeines Zustimmungsrecht des Deutschen Bundestags in Bezug auf konkrete Verwendungen der Bundeswehr im Innern, seien es bewaffnete oder unbewaffnete Verwendungen, ist dem Grundgesetz… gerade nicht zu entnehmen".[92]

---

86 Vgl. auch zum Folgenden BVerfGE 126, 55 – G8-Gipfel Heiligendamm vom 04. 05. 2010. Rn. 1–42 (Internetfassung).

87 Vgl. Art. 87 a III und IV bzw. Art. 35 II und III; Art. 24 II GG.

88 So schon direkt zu Beginn der eigentlichen Begründung; vgl. BVerfGE 126, 55 – G8-Gipfel Heiligendamm, Rn. 44 f.

89 Vgl. ebd., Rn. 67 f.

90 Dass ein Jagdflugzeug im Tiefflug dann doch etwas anders wahrgenommen wird als ein Segelflugzeug – davon kein Wort in den Ausführungen zum Sachverhalt.

91 Vgl. BVerfGE 126, 55 – G8-Gipfel Heiligendamm, Rn. 60 ff.

92 Ebd., Rn. 54.

5.2   Streit zwischen Erstem und Zweitem Senat um die „Luftsicherheit"

Nun mag das auch der Prozessökonomie geschuldet sein, obwohl zu solchen Zurückhaltungen bei Grundsatzthemen das Bundesverfassungsgericht – und gerade der Zweite Senat – nicht neigt, sondern viel eher zu zahlreichen „Klarstellungen", weit über den eigentlich zu entscheidenden Sachverhalt hinaus. Bei einem verfassungsrechtlich solch heiklen Thema, wie es der Einsatz des Militärs im Innern Lagen darstellt, hätte man ja auch ausführen können, dass bei den harmlosen, unbewaffneten Hilfen der Bundeswehr für die Polizei keine Entscheidung des Bundestags erforderlich wäre, während sich das Problem einer Parlamentszustimmung bei bewaffneten Verwendungen jenseits von Art. 87 a IV GG gar nicht stellte, weil ohnehin vom Grundgesetz verboten. Von hier aus ließe sich dann der Fall „G 8-Gipfel" entweder als verfassungswidrig, da „bewaffnet" mit militärischen Mitteln oder als völlig unproblematische, bloße Amtshilfe nach Polizeirecht begreifen – je nachdem, wie man den tatsächlichen „Einsatz" der Tornados – und auch Fennek-Spähpanzer – in Heiligendamm beurteilte.

Aber das oben zitierte Einbeziehen des bewaffneten Einsatzes passte natürlich viel besser zu der Linie des Zweiten Senats, die rund drei Monate zuvor schon in der mündlichen Verhandlung zu „Luftsicherheit II" angedeutet wurde. Hier kündigte der Vorsitzende Richter Voßkuhle ein Grundsatzurteil einschließlich der Problematik „Amtshilfe" an, das von dem des Ersten Senats zu „Luftsicherheit I" abweichen würde.[93] Für diesen Fall ist eine gemeinsame Entscheidung[94] erforderlich[95], sodass der Zweite Senat das Plenum anrufen musste.

Konkret hatte der Erste Senat in seinem Urteil

„… die Bestimmung des § 14 Abs. 3 LuftSiG, der die Streitkräfte zum Abschuss als Waffe gegen das Leben von Menschen eingesetzter Luftfahrzeuge ermächtigte, unter anderem wegen Verstoßes gegen das Grundrecht auf Leben und gegen die Menschenwürde für verfassungswidrig und nichtig erklärt. Die Entscheidung… stützte sich dabei auf die Annahmen,

1. dass sich die Gesetzgebungsbefugnis des Bundes für die Regelungen der §§ 13 bis 15 LuftSiG nur auf Art. 35 Abs. 2 Satz 2 und Abs. 3 GG stützen lasse, wonach die Streitkräfte zur regio-

---

93   Vgl. Müller-Neuhoff, Jost: Verfassung. Karlsruhe prüft Luftsicherheitsgesetz; in: Tagesspiegel vom 11.02. 2010 (http://www.tagesspiegel.de, download 16. 07. 2010); Knapp, Ursula: Luftsicherheitsgesetz. Kampfjets für die Polizei? Bayern und Hessen wollen vor dem Bundesverfassungsgericht eine Grundgesetzänderung erzwingen, die den Einsatz der Bundeswehr im Innern ermöglicht; in: FR 11. 02. 2010.

94   Vgl § 16 BVerfGG.

95   Bisher hat es überhaupt nur vier Plenarentscheidungen nach § 16 I BVerfGG gegeben: BVerfGE 4,27 – politische Parteien im Organstreit; BVerfGE 54, 277 – § 554 b ZPO; BVerfGE 95, 322 – Art. 101 I S. 2 und übersetzte gerichtliche Spruchkörper; BVerfGE 107, 395 – verfassungsrechtliche Gewährleistung fachgerichtlichen Rechtsschutzes bei Verstößen gegen Art. 103 I GG; nach Schlaich, Klaus/Korioth, Stefan: Das Bundesverfassungsgericht, 8. Aufl., München 2010, S. 24.

nalen und überregionalen Unterstützung der Polizeikräfte der Länder bei Naturkatastrophen oder einem besonders schweren Unglücksfall eingesetzt werden können,

2. dass Art. 35 Abs. 2 Satz 2 und Abs. 3 GG einen Einsatz der Streitkräfte mit spezifisch militärischen Waffen nicht zulasse, und

3. dass die in § 13 Abs. 3 Satz 2 und 3 LuftSiG geregelte Eilkompetenz des Bundesverteidigungsministers in Fällen des überregionalen Katastrophennotstandes nicht mit Art. 35 Abs. 3 Satz 1 GG vereinbar sei, der eine Entscheidung der Bundesregierung verlange".[96]

Zwar hatte der Erste Senat dabei den Begriff des „Unglücksfalls" in Art. 35 GG schon weit interpretiert, nämlich jenseits des engen Verständnisses eines zwar von Menschenhand verursachten Ereignisses, dem aber wie bei der „Naturkatastrophe" etwas „Zufälliges" anhaftet. Auch hatte er keine materiell-rechtlich Bedenken beim Abschuss eines Flugzeugs im Sinne von 9/11 gesehen, soweit eben unbeteiligte Dritte sich nicht an Bord befänden[97] – und damit „en passant" den „Streit um die Zulässigkeit" der analogen Problematik des gezielten polizeilichen Todesschusses einfach mal gleich mitentschieden.[98] Doch im (verfassungs)politischen Streit um das „Freund-Feind-Recht"[99] und die „neue Sicherheit"[100] erfolgte mit der Kassation von § 14 Abs. 3 LuftSiG eine klare Positionierung zugunsten der rechtlich scharfen Trennung von Polizei und Militär, die der politische Raum nur durch eine Änderung des Grundgesetzes durchbrechen kann. Damit stand diese Entscheidung auf dem Boden des bisherigen verfassungsrechtlichen Grundkonsenses, den selbst konservativ-etatistische Staatsrechtler wie Theodor Maunz angesichts der Kontroversen um die Einfügung der Notstandsverfassung in ihren Kom-

---

96 BVerfG Pressemitteilung 63/2012 vom 17.08.2012 – Beschluss vom 03.07.2012; http://www.bverfg.de/pressemitteilungen/bvg12-063.html (Download vom 30.08.2012); vgl. Giemulla, Elmar M.: Das Luftsicherheitsgesetz; in: Möllers/van Ooyen (Hrsg.): Luftsicherheit, Frankfurt a.M. 2012, S. 17 ff.

97 BVerfGE 115, 118 – Luftsicherheitsgesetz (2006), Leitsätze:
   „1. Der Bund hat unmittelbar aus Art. 35 Abs. 2 Satz 2 und Abs. 3 Satz 1 GG das Recht zur Gesetzgebung für Regelungen, die das Nähere über den Einsatz der Streitkräfte bei der Bekämpfung von Naturkatastrophen und besonders schweren Unglücksfällen nach diesen Vorschriften und über das Zusammenwirken mit den beteiligten Ländern bestimmen. Der Begriff des besonders schweren Unglücksfalls umfasst auch Vorgänge, die den Eintritt einer Katastrophe mit an Sicherheit grenzender Wahrscheinlichkeit erwarten lassen.
   2. Art. 35 Abs. 2 Satz 2 und Abs. 3 Satz 1 GG erlaubt es dem Bund nicht, die Streitkräfte bei der Bekämpfung von Naturkatastrophen und besonders schweren Unglücksfällen mit spezifisch militärischen Waffen einzusetzen.
   3. Die Ermächtigung der Streitkräfte, gemäß § 14 Abs. 3 des Luftsicherheitsgesetzes durch unmittelbare Einwirkung mit Waffengewalt ein Luftfahrzeug abzuschießen, das gegen das Leben von Menschen eingesetzt werden soll, ist mit dem Recht auf Leben nach Art. 2 Abs. 2 Satz 1 GG in Verbindung mit der Menschenwürdegarantie des Art. 1 Abs. 1 GG nicht vereinbar, soweit davon tatunbeteiligte Menschen an Bord des Luftfahrzeugs betroffen werden".

98 Linke, Tobias: BVerfGE 115, 118 – Luftsicherheitsgesetz. „Fiat iustitia et pereat mundus" oder darf der Rechtsstaat Unschuldige opfern?; in: Menzel/Müller-Terpitz, (Fn. 28), S. 786.

99 Vgl. m.w.N. van Ooyen: „Freund-Feind-Recht" und „Doppelstaat"?; in: RuP, 1/2007, S. 42 ff.

100 Vgl. m.w.N. van Ooyen: Bundesregierung, Staatstheorie und Verfassungsgericht im Streit um die neue Sicherheit; in: Möllers/van Ooyen: Neue Sicherheit (Fn. 35), S. 207 ff.

mentierungen mitgeprägt hatten – und nach denen sich bei Art. 35 GG ein Einsatz der Bundeswehr nur auf polizeirechtlicher Grundlage vollzieht[101], militärisches Gepräge sich verbietet, überhaupt auf die ausdrücklich in der Verfassung mit 87a IV GG vorgesehene Ausnahme beschränkt bleibt: die Bekämpfung militärisch organisierter und bewaffneter Aufständischer („Bürgerkrieg"). Im Unterschied zur „Out-of-Area-Entscheidung", bei der der Zweite Senats angesichts fehlender verfassungsändernder Mehrheiten die Verfassungsänderung auf „kaltem" Wege einfach gleich selbst vornahm, spielte der Erste Senat mit „Luftsicherheit I" die Entscheidung zurück an das Parlament. Da eine Änderung der Wehrverfassung weder zuvor unter der Großen Koalition noch danach zustande kam[102], ließen die mit der Entscheidung des („grundrechtsorientierten") Ersten Senat unzufriedenen Länder Bayern und Hessen schließlich ihre alte Klage gegen das Luftsicherheitsgesetz vor dem („staatsorientierten") Zweiten Senat wieder aufleben – auch in der offen bekundeten Hoffnung, selbst bei einer Prozessniederlage weiteren politischen Druck in Richtung SPD für die von der Union gewünschte Verfassungsänderung aufzubauen.[103]

5.3 Luftsicherheit II: die Plenarentscheidung (2012)

Diese politische Mühe hat nun das Plenum des Bundesverfassungsgerichts den Ländern zum Teil abgenommen, indem es „Luftsicherheit I" auf den Kopf stellte und einfach selbst die Verfassung änderte.[104] Das Plenum kommt zu den folgenden zentralen Ergebnissen:

> „1. Die Gesetzgebungszuständigkeit für die §§ 13 bis 15 des Luftsicherheitsgesetzes (LuftSiG) in der Fassung des Artikels 1 des Gesetzes zur Neuregelung von Luftsicherheitsaufgaben vom 11. Januar 2005… ergibt sich aus Artikel 73 Nummer 6 des Grundgesetzes in der bis zum In-

---

101 Vgl. Maunz: Art. 35 in: Maunz/Dürig u. a.: Grundgesetz, 64. Lfg., 2012 (ursprüngliche Fassung immer noch enthalten).

102 Zur Forderung in der Literatur vgl. z. B.: Wiefelspütz, Dieter: Art. 35 GG nach dem Luftsicherheitsurteil des Bundesverfassungsgerichts – Vorschlag für eine Verfassungsänderung; in: Möllers/van Ooyen, JBÖS 2006/07, S. 237 ff.; Baldus, Manfred: Braucht Deutschland eine neue Wehrverfassung?; in: NZWehrr 4/2007, S. 133 ff. Auch bei einer ganzen Reihe anderer Verwendungen der Bundeswehr fehlen „belastbare verfassungsrechtliche Ermächtigungen", sodass man sich „waghalsiger Auslegungstechniken bedient und Methodenbewusstsein dem Ergebnisinteresse opfert"; Baldus, S. 133, mit weiteren Beispielen.

103 Vgl. Müller, Reinhard: Luftsicherheitsgesetz. Wer ist zuständig?; in: FAZ vom 10. 02. 2010; Militäreinsätze im Inland. Hessen fordert Verfassungsänderung für Bundeswehr; in: FAZ vom 10. 02. 2010; Janisch, Wolfgang: Wenn schon, denn schon. Mit seinem Beschluss hat das Bundesverfassungsgericht eine bisher gültige Grenze überschritten; in: SZ vom 18./19. 08. 2012; Karlsruhe erlaubt Einsatz militärischer Kampfmittel im Inland; in: FAZ vom 18. 08. 2012; Müller, Reinhard: Die Waffen der Richter; in: FAZ vom 18. 08. 2012.

104 So auch die Bewertung von Richter Gaier in seinem Sondervotum.

krafttreten des Gesetzes zur Änderung des Grundgesetzes… vom 28. August 2006… geltenden Fassung.

2. Artikel 35 Absatz 2 Satz 2 und Absatz 3 des Grundgesetzes schließen eine Verwendung
spezifisch militärischer Waffen bei einem Einsatz der Streitkräfte nach diesen Vorschriften
nicht grundsätzlich aus, lassen sie aber nur unter engen Voraussetzungen zu, die sicherstellen, dass nicht die strikten Begrenzungen unterlaufen werden, die einem bewaffneten Einsatz
der Streitkräfte im Inneren durch Artikel 87a Absatz 4 GG gesetzt sind.

3. Der Einsatz der Streitkräfte nach Artikel 35 Absatz 3 Satz 1 des Grundgesetzes ist, auch
in Eilfällen, allein aufgrund eines Beschlusses der Bundesregierung als Kollegialorgan
zulässig".[105]

Während der dritte Leitsatz eine Bestätigung von „Luftsicherheit I" ist, weichen die beiden ersten diametral hiervon ab. Dabei ist die jeweils gefundene neue Lesart in ihrer Begründung recht lapidar: Denn die vormals fehlende Gesetzgebungskompetenz des Bundes ergibt sich nun einfach als „Annexkompetenz".[106] Und die Zulässigkeit militärischer
Mittel folgt aus zweckorientierten Effektivitätsüberlegungen und aus semantischen Verschiebungen in der Akzentuierung des Zusammenhangs der Wörter „zur Unterstützung", die nun auf einmal zu dem Ergebnis führen, dass der Ausschluss ihres Einsatzes
immerhin ja nicht völlig zwingend sei:

> „Systematische Erwägungen sprechen dafür, dass aus der von Art. 35 Abs. 2 und 3 GG vorge-
> gebenen unterstützenden Funktion der Streitkräfte keine Beschränkung auf die aktuell oder
> potentiell polizeirechtlich zulässigen Einsatzmittel folgt. Denn auch Art. 87a Abs. 4 Satz 1 GG
> lässt für den dort umschriebenen Fall des inneren Notstandes einen Einsatz der Streitkräfte
> nur ‚zur Unterstützung' der Landes- und der Bundespolizei zu, beschränkt damit aber aner-
> kanntermaßen den dort geregelten Einsatz, jedenfalls soweit es um die Bekämpfung organi-
> sierter und militärisch bewaffneter Aufständischer geht, nicht von vornherein auf die Mittel,
> die den unterstützten Polizeien zur Verfügung stehen…
>
> Die Identität der Formulierungen deutet trotz der unterschiedlichen Zusammenhänge, in
> denen sie verwendet werden, darauf hin, dass ihnen keine unterschiedliche Bedeutung zu-
> kommen sollte, zumal die Bestimmungen im Gesetzgebungsverfahren durch Aufspaltung ei-
> ner ursprünglich einheitlichen Regelung entstanden sind und daher nicht davon auszugehen
> ist, dass dem Gesetzgeber die Übereinstimmung des Wortlauts nicht vor Augen stand.
>
> Zu berücksichtigen ist zudem, dass die Zulassung des Streitkräfteeinsatzes in den erfass-
> ten Katastrophenfällen eine wirksame Gefahrenabwehr ermöglichen soll. Art. 35 Abs. 3 Satz 1
> GG unterstreicht dies mit der Bezugnahme auf das zur ‚wirksamen Bekämpfung' Erforderli-
> che. Daher sprechen nach Auffassung des Plenums die besseren Gründe für eine Auslegung,
> die unter den engen Voraussetzungen, unter denen ein Einsatz der Streitkräfte nach Art. 35

---

105 BVerfG, 2 PBvU 1/11 vom 03. 07. 2012 („Luftsicherheit II-Plenum"), Leitsätze (Internetfassung).
106 Ebd., Rn. 14 ff.

GG überhaupt in Betracht kommt…, die Verwendung ihrer spezifischen Mittel nicht generell ausschließt.

b) Die Entstehungsgeschichte steht dem nicht entgegen. Dem verfassungsändernden Gesetzgeber stand allerdings als typischer Anwendungsfall der Verfassungsbestimmungen zum Katastrophennotstand nicht ein Einsatzfall wie der in § 13 Abs. 1 in Verbindung mit § 14 Abs. 1 LuftSiG geregelte, sondern vor allem die Erfahrung der norddeutschen Flutkatastrophe des Jahres 1962 vor Augen… Auch wenn dieses Ereignis die Vorstellung der am Gesetzgebungsprozess Beteiligten von den Erfordernissen eines Streitkräfteeinsatzes in einer begrenzenden Weise geprägt haben mag, schließt das nicht aus, Art. 35 Abs. 2 und 3 GG auch auf andersartige von Wortlaut und Systematik der Vorschrift erfasste Bedrohungslagen anzuwenden, und zwingt nicht zu einer angesichts heutiger Bedrohungslagen nicht mehr zweckgerechten Auslegung des Art. 35 Abs. 2 und 3 GG".[107]

Natürlich kann man das in der Interpretation alles mit entsprechender Rabulistik so machen, indem man die entgegenstehenden Bedeutungskonnotationen kleinredet oder sogar unterschlägt[108] – genauso, wie man aus dem Einsatzverbot der Bundeswehr jenseits der Verteidigung über Art. 24 GG zum Kampfeinsatz auch ohne UN-Mandat gelangen[109] oder aus dem „Friedensgebot" des Art. 26 GG einen „Kriegsartikel" zum Zwecke der „Friedenssicherung" – Stichwort „humanitäre Intervention" – machen kann. Die Richter/innen am Bundesverfassungsgericht wären fehl besetzt, wenn sie diese hermeneutischen Kniffe nicht beherrschten. Das Ergebnis mag aus politischer Sicht angesichts geänderter Bedrohungslagen sinnvoll sein – rechtlich aber überzeugt diese Form „kalter" Verfassungsänderung nicht. Denn sie entspricht wie schon im Falle der „Out-of-Area-Entscheidungen" nicht dem von der Verfassung vorgesehenen demokratischen Verfahren.

Dass der in der Entscheidung „verwendete Begriff des besonders schweren Unglücksfalls nur Ereignisse von katastrophischen Dimensionen erfasst"[110] und „namentlich Gefahren für Menschen und Sachen, die aus oder von einer demonstrierenden Menschenmenge drohen, keinen besonders schweren Unglücksfall im Sinne des Art. 35 GG dar(stellen), der es rechtfertigen könnte, Streitkräfte auf der Grundlage dieser Bestimmung einzusetzen"[111], zeigt zwar, dass das Plenum sich darüber im Klaren ist, wel-

---

107 Ebd., Rn. 30 ff.
108 Z. B. hier die systematische Trennung in drei verschiedene „Notstände" mit separaten Artikeln; den Zusammenhang, dass zwar auch im Art. 35 von „Unterstützung" die Rede ist, dieses aber im Art. 87a GG in unmittelbarem Kontext mit dem Spannungs- und Verteidigungsfall bzw. dem Bürgerkriegsszenario – also genuin militärischen Bedrohungslagen – steht.
109 Indem Art. 24 II GG einfach als „ausdrückliche" Ermächtigung im Sinne des Art. 87a II zur Teilnahme auch an militärischen Maßnahmen kollektiver Sicherheitssysteme begriffen wird, obwohl hier „ausdrücklich" von „Bundeswehr" gar nicht die Rede ist, s. o. Kap. 1.
110 BVerfG, 2 PBvU 1/11 vom 03. 07. 2012 („Luftsicherheit II-Plenum"), Rn. 43.
111 Ebd., Rn. 46.

che Büchse der Pandora es geöffnet hat. Diese Schranke, die wohl der Kompromissbildung im Plenum geschuldet gewesen ist, da der Zweite Senat offensichtlich erheblich weiter gehen wollte[112], kann nicht wirklich beruhigen. Auch bei „Out-of-Area" sind die Schranken im Verlauf der Rechtsprechung weiter verschoben worden; vor allem aber kann es das nicht, weil schon allein angesichts der vom Plenum mit dieser Entscheidung selbst vorgeführten, staatsräsonistischen „180-Grad-Auslegungskunstwende" das Verfassungsgericht erneut gezeigt hat, dass bei ihm mittels „unbegrenzter Auslegung"[113] alles möglich ist. Wozu bedarf es dann überhaupt noch eines geschriebenen Textes, wenn durch bloße „Auslegung" ein so radikaler und plötzlicher Verfassungswandel herbeigeführt werden kann, der – wiederum – der zuvor über Jahrzehnte als Grundkonsens geltenden Verfassungslage diametral widerspricht?

Infolge eines fast vollständigen „Generationswechsels" beim Ersten Senat war Reinhard Gaier der einzige Richter im Plenum, der noch an der „Luftsicherheit I-Entscheidung" beteiligt gewesen ist. Er allein hat sich zu einem Sondervotum gemäß der zuvor vertretenen Linie durchgerungen. Seiner Sicht ist bloß noch hinzu zu fügen: Das Bundesverfassungsgericht, das so gerne in der europäischen Integration die demokratischen Standards des (nationalen) Parlamentsvorbehalts anmahnt, blickt auch hier wieder in den tiefen Abgrund seines eigenen „Demokratiedefizits" – denn für so viel verfassungsändernde Macht ist es selbst nach dem Kelsen-Modell einer starken gerichtlichen Normenkontrollkompetenz[114] einfach nicht ausreichend demokratisch legitimiert.

---

112 So zumindest in der Wahrnehmung von Richter Gaier: „Es lässt sich nicht leugnen und ist positiv zu bewerten, dass die Antwort des Plenums deutlich hinter dem aus der Vorlagefrage ersichtlichen Anliegen des Zweiten Senats zurückbleibt, das auf eine Umgestaltung der Regelungen des Katastrophennotstandes hin zu einer subsidiären allgemeinen Gefahrenabwehr mit militärischen Waffen zielte"; ebd. Rn. 89 (Abweichende Meinung).

113 Rüthers, Bernd: Die unbegrenzte Auslegung, 6. Aufl., Tübingen 2005 (hier mit anderem Kontext); zur „Entgrenzung" mittels Maßstabsetzung vgl. Lepsius, Oliver: die maßstabsetzende Gewalt; in: Jestaedt, Matthias u. a.: Das entgrenzte Gericht, Frankfurt a. M. 2011, S. 161 ff. bzw. im vorliegenden Band.

114 Vgl. van Ooyen: Die Funktion der Verfassungsgerichtsbarkeit in der pluralistischen Demokratie und die Kontroverse um den „Hüter der Verfassung"; in: Ders. (Hrsg.): Hans Kelsen. Wer soll der Hüter der Verfassung sein?, Tübingen 2008, Einleitung, S. VII ff.

Die Rechtsprechung des Bundesverfassungsgerichts zum Bundesstaat

Stefan Korioth

1 Die Angewiesenheit des Bundesstaates auf Verfassungsgerichtsbarkeit

Es sind die Grundrechtsjudikatur, die Überprüfung von Gesetzen in den verschiedenen Verfahrensarten der Normenkontrolle und die Konfliktschlichtung zwischen Verfassungsorganen im Organstreitverfahren, die das Erscheinungsbild der Rechtsprechung des Bundesverfassungsgerichts (BVerfG) heute wesentlich prägen. In der Verfahrensstatistik und in der öffentlichen Diskussion spielen echte föderative Konflikte eine erheblich geringere Rolle, wenngleich Normenkontrollen und Verfassungsbeschwerden häufig Fragen der föderalen Machtverteilung aufwerfen. In der praktischen Bedeutung und Aufmerksamkeit ist kaum mehr bewusst, dass die deutsche Verfassungsgerichtsbarkeit ihre wichtigste historische Wurzel[1] und traditionell ihre größte Bedeutung bei der Entscheidung föderativer Konflikte hatte:

> „Wenn irgendwo, so besteht hier das Bedürfnis nach einer objektiven Instanz, die diese Kämpfe auf friedlichem Wege schlichtet, nach einem Forum, vor dem diese Streitigkeiten als Rechtsfragen aufgeworfen und als solche entschieden werden. Es ist nichts anderes als ein Verfassungsgericht. Denn jede Verletzung der Kompetenz des Bundes durch einen Gliedstaat, des Gliedstaates durch den Bund ist eine Verfassungsverletzung, eine Verletzung der Bund und Länder, Reich und Gliedstaaten zu einem *Ganzen* zusammenfassenden Bundesverfassung."[2]

---

1 Scheuner, Ulrich: Die Überlieferung der deutschen Staatsgerichtsbarkeit im 19. und 20. Jahrhundert, in: Starck, Christian (Hrsg.), Bundesverfassungsgericht und Grundgesetz. Festgabe aus Anlass des 25jährigen Bestehens des Bundesverfassungsgerichts, Bd. I, Tübingen 1976, S. 1 ff., 9 ff.
2 Kelsen, Hans: Wesen und Entwicklung der Verfassungsgerichtsbarkeit, in: VVDStRL 5 (1929), S. 30 ff., 82.

Kelsen meinte sogar, und dies völlig zu Recht, die politische Idee und rechtliche Form des Bundesstaates werde erst mit der Einrichtung einer Verfassungsgerichtsbarkeit vollendet.[3] Der Bundesstaat, über den sich allgemein nur sagen lässt, dass er aus der Verbindung eines territorial umfassenden Zentralstaates mit regional begrenzten Gliedstaaten besteht und die Staatsgewalt auf beide Ebenen verteilt,[4] beruht ausschließlich auf Recht, auf der rechtlich geordneten Koexistenz der zwei gebietskörperschaftlichen Ebenen – mit Bereichen ihrer rechtlich geschützten Unabhängigkeit und Freiheit, der rechtlich angeordneten Gleichheit oder Ungleichheit der Gliedstaaten und den Bereichen der gegenseitigen Abhängigkeit von Bund und Ländern, aber auch der Länder untereinander. Kein Bundesstaat ohne Recht[5] – das bedeutet, dass es im Konfliktfall einer neutralen Schlichtungsinstanz bedarf, denn, in den Worten des BVerfG, „das Verhältnis von Bund und Ländern kann im Bundesstaat rechtlich nicht im Ungewissen bleiben".[6] Die streitschlichtende Instanz kann ein politisches Organ sein,[7] es bietet sich aber an, die Entscheidung über bundesstaatliche Rechte und Pflichten einem unabhängigen Gericht zuzuweisen. Das geschah in Deutschland erstmals unter der Weimarer Verfassung; der begrenzte Rechtsprechungsbereich des Staatsgerichtshofes für das Deutsche Reich (vgl. Art. 13, 19, 108 WRV) umfasste im wesentlichen föderative Materien. Von den umfassenden Kompetenzen des BVerfG stehen mehrere ausdrücklich im Dienst der Wahrung der bundesstaatlichen Ordnung, insbesondere das Verfahren des Bund-Länder-Streits nach Art. 93 Abs. 1 Nr. 3 GG.[8] Für föderativ veranlasste Normenkontrollen, die neben der Verteilung der Gesetzgebungskompetenzen zwischen Bund und Ländern auch Streitigkeiten über die inhaltliche Verfassungsmäßigkeit von Bundes- oder Landesrecht betreffen können, stehen die Verfahren der abstrakten und konkreten Normenkontrolle zur Verfügung (Art. 93 Abs. 1 Nr. 2 und 2a GG, Art. 100 Abs. 1 GG).

Die Rechtsprechung des BVerfG zum Bundesstaat soll im folgenden nicht nach Sachbereichen, sondern chronologisch dargestellt und gewürdigt werden. Diese his-

---

3   Kelsen, a. a. O. (Fn. 2), S. 81. Dagegen etwa Roellecke, Gerd: Roma locuta – zum 50jährigen Bestehen des
     BVerfG, in: NJW 2001, S. 2924 ff., 2925 f.
4   Herzog, Roman: Bundes- und Landesstaatsgewalt im demokratischen Bundesstaat, in: DÖV 1962,
     S. 81 ff., 81: „Herrschende Lehre ist heute, daß sich der Bundesstaat aus mehreren Gliedern zusammen-
     setzt, wobei sowohl das Ganze wie auch die Glieder zur Ausübung unmittelbarer Hoheitsgewalt gegen-
     über den Staatsbürgern befugt sind."
5   Oder anders: „Der Bundesstaat ist ein Rechtsbegriff", Frenkel, Max: Föderalismus und Bundesstaat,
     Bd. 1, Bern 1984, S. 92.
6   BVerfGE 11, 6 (13).
7   So hatte der Bundesrat nach der Reichsverfassung von 1871, die keine Verfassungsgerichtsbarkeit
     kannte, Streitigkeiten zwischen den Gliedstaaten zu schlichten (Art. 76 RV). Eine späte Nachwirkung
     findet sich in der Befugnis des heutigen Bundesrates, auf Grund der Beanstandung der Bundesregie-
     rung oder eines Landes zu entscheiden, ob ein Land bei der Ausführung von Bundesgesetzen das Recht
     verletzt hat (Art. 84 Abs. 4 S. 1 GG). Dieses Verfahren ist jedoch lediglich der Entscheidung des BVerfG
     vorgelagert (Art. 84 Abs. 4 S. 2 GG).
8   Dazu und zu den weiteren föderativen Streitigkeiten Schlaich, Klaus/Korioth, Stefan: Das Bundesver-
     fassungsgericht, 6. Auflage, München 2004, Rn. 98 ff.

torisierende Herangehensweise, die nur die wichtigsten Stationen der Rechtsprechung kurz aufgreifen kann, trägt einer Besonderheit Rechnung: Jeder durch eine Verfassung erst geschaffene Bundesstaat, als Staatsform die wichtigste rechtliche Prägung der politischen Idee des Föderalismus,[9] ist einzigartig, zeigt besondere Beweglichkeit und Entwicklungsoffenheit, unterliegt der beständigen Entwicklung des Rechts und ist auf Verhaltens- und Verhandlungsmuster angewiesen, die in der politischen Praxis entwickelt werden, im „ständig wechselnden Kräftespiel im Bundesstaat".[10] Das wirft die Frage auf, inwieweit die Rechtsprechung, gerade in ihrer zeitlichen Entwicklung, die bundesstaatliche Dynamik widerspiegelt und ihrerseits prägt. Dazu kommt ein Weiteres. Es ist üblich geworden, die mehr als 50jährige Geschichte des grundgesetzlichen Bundesstaates in drei Phasen zu unterteilen: Einer betont föderalistischen Frühphase, in der die Unabhängigkeit und Selbständigkeit des Bundes und der Länder prägende Merkmale eines „separativen" Bundesstaates gewesen seien, sei die Entdeckung des unitarischen Bundesstaates[11] und die verfassungsrechtliche Inthronisierung des kooperativen Föderalismus seit Mitte der 1960er Jahre gefolgt. Seit 1990 habe es Anzeichen einer Reföderalisierung, aber auch der Herausbildung einer neuen Ungleichheit zwischen den Ländern gegeben, nach wie vor prägend sei aber der kooperative Bundesstaat.[12] Diese nur zum Teil zutreffende Version der Entwicklungsgeschichte wird heute zumeist als Verfallsgeschichte gedeutet. Der kooperative Föderalismus habe in die Politikverflechtungsfalle geführt und lähme die Entscheidungsfähigkeit des gesamten politischen Systems; er müsse in Richtung eines Konkurrenz-, Trennungs- oder Wettbewerbsföderalismus verändert werden.[13] Der Blick auf die Rechtsprechung des BVerfG kann helfen, einige Verzeichnungen der Entwicklung und manche kaum hilfreiche Wertungen kritischer zu sehen. Die Entgegensetzung von separativem und kooperativem Föderalismus ist wenig geeignet, die Besonderheiten des grundgesetzlichen Bundesstaates zu erfassen. Während die historische Funktion des Bundesstaates bei seinem Entstehen im Jahre 1871 darin lag, re-

---

9 Maier, Hans: Der Föderalismus – Ursprung und Wandlungen, in: AöR 115 (1990), S. 213 ff.

10 BVerfGE 55, 274 (320). Scheuner, Ulrich: Struktur und Aufgabe des Bundesstaates in der Gegenwart, in: DÖV 1962, S. 641 ff., 648: „Weniger als andere Staatstypen kann ein föderaler Staatsaufbau durch Beharren für lange Dauer auf einem bestimmten Stande gehalten werden."

11 Vgl. Hesse, Konrad: Der unitarische Bundesstaat, Karlsruhe 1962.

12 Schmidt-Jortzig, Edzard: Herausforderungen für den Föderalismus in Deutschland, in: DÖV 1998, S. 746 ff.; Schuppert, Gunnar Folke: Verwaltungswissenschaft, Baden-Baden 2000, S. 944 ff.; Nettesheim, Martin: Wettbewerbsföderalismus und Grundgesetz, in: Brenner, Michael/Huber, Peter M./Möstl, Markus (Hrsg.), Der Staat des Grundgesetzes – Kontinuität und Wandel, FS Peter Badura, Tübingen 2004, S. 363 ff.

13 Sachverständigenrat zur Begutachtung der gesamtwirtschaftlichen Entwicklung, Jahresgutachten 2003/2004 vom 14. November 2003, BT-Drs. 15/2000, S. 304: „Die politischen Entscheidungsprozesse in Deutschland sind seit geraumer Zeit langsam, undurchsichtig und unberechenbar. [...] Eine wichtige Ursache für dieses Politikversagen sind die föderalen Entscheidungsstrukturen." Vgl. ferner Abromeit, Heidrun: Der verkappte Einheitsstaat, Wiesbaden 1992, S. 131: Der deutsche Bundesstaat sei ein „ziemlich verkorkstes System"; Arndt, Hans-Wolfgang: Zehn Vorschläge zur Reform des deutschen Föderalismus, in: ZRP 2000, S. 201 ff.

gionale Vielfalt mit der erforderlichen Einheit zu verbinden, war das gesamte 20. Jahrhundert von zunehmendem Zentralismus gekennzeichnet. Seither liegt der Kern des Föderalismus in der vertikalen Gewaltenteilung: in der Berücksichtigung und Vermittlung vielfältiger Interessen auf unterschiedlichen Ebenen, vor allem aber bei der Ausübung der Staatsgewalt des Bundes. Bundesstaatlichkeit bedeutet vorrangig Mitsprache der Länder auf der Bundesebene durch den Bundesrat – dieser bringt Bundesinteressen, Länderinteressen und parteipolitische Interessen zum Ausdruck.[14] Die Rechtsprechung zum Bundesstaat liefert in ihrer ersten Phase bis etwa 1965 (dazu Kap. 2) Belege dafür, dass bereits 1949 die damit einhergehenden Elemente des kooperativen Föderalismus beträchtlich waren. Das zeigt sich daran, dass das Gericht von Beginn an in seiner föderativen Rechtsprechung nicht vorrangig klassische Fragen der sachbereichsbezogenen vertikalen Kompetenzabgrenzung zu entscheiden hatte, sondern Konflikte im kooperativen und solidarischen Miteinander von Bund und Ländern, eingeschlossen Versuche der Länder, auf die Bundespolitik einzuwirken, oder umgekehrt des Bundes, seine Vorstellungen auch in den Ländern zur Geltung zu bringen. Hier geht es um klassische Probleme vertikaler Gewaltenteilung. Die Aufgabenwahrnehmung des Bundes ist nicht nur horizontal auf die verschiedenen Staatsgewalten verteilt, sondern muss die Einflussnahmen der Länder in Rechnung stellen. Die beiden nachfolgenden Phasen der Rechtsprechung seit Mitte der 1960er Jahre (dazu Kap. 3 und 4), die Fragen des zunehmend verrechtlichten kooperativen Föderalismus, des Hereinwachsens des deutschen Bundesstaates in die Europäische Gemeinschaft/Union sowie der deutschen Einigung zu bewältigen hatten, stehen in Kontinuität zu den in der ersten Phase entwickelten Grundlinien. Insgesamt ist es dem BVerfG gelungen, zwischen Zentralismus und Föderalismus[15] sowie Selbständigkeit und Kooperation im Bundesstaat angemessen zu vermitteln. Die Bedeutung des Gerichts für die Weiterentwicklung des dynamischen Systems Bundesstaat ist hoch zu veranschlagen.

2   Die erste Phase der bundesstaatlichen Rechtsprechung: Orientierung und Grundlegung im Schatten Weimars

Bereits einen Monat, nachdem das BVerfG seine Arbeit aufgenommen hatte, erging am 23. Oktober 1951 seine erste große Entscheidung. Das Südweststaats-Urteil[16] statuierte neben vielen anderen auch elementare Grundsätze des bundesstaatlichen Verfassungsrechts. Um eine Länderneugliederung im Südwesten der Bundesrepublik auf der Grundlage des Art. 118 GG vorzubereiten, hatte der Bund ein Gesetz beschlossen, mit

---

14   Daraus ergibt sich die Möglichkeit von Abstimmungskonflikten der Mitglieder eines Landes im Bundesrat, wenn sie unterschiedlichen parteipolitischen Loyalitäten verpflichtet sind, vgl. BVerfGE 106, 310.
15   Im bundesstaatlichen Sinne, dazu Šarcevic, Edin: Das Bundesstaatsprinzip, Tübingen 2000, S. 6 ff.
16   BVerfGE 1, 14.

dem die Wahlperioden in zwei der drei betroffenen Länder bis zum Außerkrafttreten der Landesverfassungen verlängert wurden. Diesen erstaunlichen Übergriff des Bundes in die Sphäre der Länder erklärte das BVerfG unter Hinweis auf das demokratische und bundesstaatliche Prinzip für verfassungswidrig. Zu den bundesstaatlichen Aspekten führte es aus:

> „Eine weitere Grundlage der Verfassung ist das *bundesstaatliche* Prinzip (Art. 20, 28, 30 GG). Die Länder sind als Glieder des Bundes Staaten mit eigener – wenn auch gegenständlich beschränkter – nicht vom Bund abgeleiteter, sondern von ihm anerkannter staatlicher Hoheitsmacht. In ihren Bereich gehört die Gestaltung der verfassungsmäßigen Ordnung im Lande, solange sie sich im Rahmen des Art. 28 Abs. 1 GG hält. Insbesondere ist die Bestimmung der Regeln, nach denen sich die Bildung der Landesverfassungsorgane, ihre Funktionen und ihre Kompetenzen bemessen, ausschließlich Sache des Landes. […] Solange die Länder bestehen und ihre verfassungsmäßige Ordnung sich im Rahmen des Art. 28 Abs. 1 GG hält, kann der Bund ohne Verletzung des im Grundgesetz garantierten bundesstaatlichen Prinzips in ihre Verfassungsordnung nicht eingreifen."[17]

Diese Passage umfasst einen selbstverständlichen und einen angreifbaren Teil. Notwendig war die Anerkennung der Staatsqualität der Länder.[18] Ohne sie gibt es keinen aus Staaten zusammengesetzten Bundesstaat. Vor allem der den Politikern und Juristen der beginnenden Bundesrepublik geläufige Hintergrund der Weimarer bundesstaatlichen Ordnung erklärt, warum das BVerfG an diese Selbstverständlichkeit und die daraus folgende Unzulässigkeit zentralstaatlicher Eingriffe in das Regierungssystem der Länder erinnern musste. Die Weimarer Verfassung hatte die stark föderalistische Ordnung des Kaiserreiches völlig umgestaltet. Zwar war es Hugo Preuß nicht gelungen, die Länder in höchstpotenzierte Selbstverwaltungskörperschaften umzuwandeln,[19] aber die Länder hatten in Weimar eine insgesamt schwache Stellung. Die Verfassungsrechtslehre stellte teilweise ihre Staatsqualität in Frage.[20] Solchen Umdeutungen in die Ordnung eines dezentralen Einheitsstaates wollte das Grundgesetz entgehen, das, nicht zuletzt auf Grund alliierter Einwirkungen, wieder stärker föderalistisch gestaltet war.[21] Art. 79 Abs. 3 GG entzieht die Gliederung des Bundes in Länder und deren grundsätzliche Mitwirkung an

---

17 BVerfGE 1, 14 (34).

18 In der späteren Rechtsprechung etwa BVerfGE 36, 342 (360 f.); 72, 330 (388).

19 Vgl. dazu Preuß, Hugo: Denkschrift zum Entwurf des allgemeinen Teils der Reichsverfassung vom 3. Januar 1919, in: ders., Staat, Recht und Freiheit, Tübingen 1926, S. 368 ff., 374 ff., 379, 382; Anschütz, Gerhard: Der Aufbau der obersten Gewalten im Entwurf der deutschen Reichsverfassung, in: DJZ 1919, Sp. 199 ff.

20 Zur Diskussion etwa Anschütz, Gerhard: Der deutsche Föderalismus in Vergangenheit, Gegenwart und Zukunft, in: VVDStRL 1 (1924), S. 11 ff. Ablehnend zur Länderstaatlichkeit: Heller, Hermann: Die Souveränität, Berlin 1927, S. 110 ff.; Kelsen, Hans: Allgemeine Staatslehre, Berlin 1925, S. 194.

21 Deshalb sprach das BVerfG von einem „betont föderativ gestalteten Bundesstaat", BVerfGE 4, 178 (189); 60, 175 (209); 64, 301 (317).

der Gesetzgebung der Verfassungsänderung. Dem entsprach das Diktum des BVerfG. Es beendete zugleich den für den Beginn eines Bundesstaates durchaus typischen Versuch der beiden Ebenen, im konkreten Fall des Bundes, ihre Kompetenzen auch über das Zulässige hinaus auszudehnen.

Der nicht selbstverständliche Teil der zitierten Passage betrifft die „Unabgeleitetheit" der Länderstaatsgewalt von der Hoheitsgewalt des Bundes. Für den durch das Recht in Gestalt der zentralstaatlichen Verfassung begründeten Bundesstaat ist es konstruktiv möglich, die begrenzte Staatsgewalt der Länder aus eben dieser Bundesverfassung abzuleiten. Warum das BVerfG ohne weitere Begründung dennoch die Unabgeleitetheit postulierte (und an dieser Sicht bis heute festhält[22]), kann nur vermutet werden. Dem Gericht ging es erkennbar von vornherein um den besonderen Schutz der Länder. Diese sind in allen Bundesstaaten durch die Übermacht der zentralstaatlichen Ebene bedroht. Alle Bundesstaaten zeigen im Zeitverlauf eine Tendenz der Aufgabenwanderung nach oben und zu sich verstärkender Abhängigkeit der Gliedstaaten vom Bund, insbesondere in finanzieller Hinsicht. Ein herausragender Kenner des Weimarer Föderalismus prägte hierfür den Begriff der Anziehungskraft des größten Etats.[23] Vielleicht spielte schließlich auch die klassische Vorstellung vorrechtlicher Staatsgewalt, die durch die Verfassung in Form gebracht wird, eine Rolle für die besondere Auszeichnung der Länderstaatlichkeit.

Das Diktum der Unabgeleitetheit führte in Teilen der Lehre zu Folgerungen, die das Gericht später mit Recht zurückwies. Das Konkordatsurteil (1956) lehnte die Auffassung ab, die zeitliche Priorität der Länder vor dem Bund verleihe ihnen ein natürliches Übergewicht oder zwinge dazu, die Bundesrepublik als Gründung der Länder anzusehen.[24] Der grundgesetzliche Bundesstaat ist kein bündischer, der durch Vereinbarung der Länder entstanden wäre. Es gibt keine Gleichordnung von Bund und Ländern, die Länder sind nicht Hüter der Gesamtverfassung. Zu Beginn der 1960er Jahre distanzierte sich das Gericht von der Vorstellung eines dreigliedrigen Bundesstaates, der aus Bund, Ländern und dem Gesamtstaat bestehe.

> „Es gibt nicht neben dem Bundesstaat als Gesamtstaat noch einen besonderen Zentralstaat, sondern nur eine zentrale Organisation, die zusammen mit den gliedstaatlichen Organisa-

---

22 BVerfGE 6, 309 (346 f.); 13, 54 (74 f.); 14, 221 (234); 34, 9 (19); 36, 342 (360 f.); 60, 175 (207 f.); 72, 330 (383); 81, 310 (334); 87, 181 (196); 96, 345 (366). Seit BVerfGE 4, 178 (189) spricht das Gericht auch von der Selbständigkeit der „Verfassungsräume" von Bund und Ländern.

23 Popitz, Johannes: Der Finanzausgleich, in: Handbuch der Finanzwissenschaft, Band 2, 1. Auflage, Tübingen 1927, S. 346 ff.

24 BVerfGE 6, 309 (360). Vgl. auch BayVerfGH, BayVBl. 1991, 561, 562: „Die Bundesrepublik Deutschland wurde im Jahr 1949 nicht als neuer Staat durch einen Staatsvertrag der westdeutschen Länder gebildet. Das Grundgesetz geht davon aus, daß das Deutsche Reich den Zusammenbruch von 1945 überdauert hat. Mit der Errichtung der Bundesrepublik Deutschland wurde nicht ein neuer Staat gegründet, sondern ein Teil Deutschlands neu organisiert".

tionen im Geltungsbereich des Grundgesetzes als Bundesstaat alle die staatlichen Aufgaben erfüllt, die im Einheitsstaat einer einheitlichen staatlichen Organisation zufallen."[25]

Während das Südweststaats-Urteil gegenüber zentralstaatlicher Anmaßung das bundesstaatliche essentiale der wechselseitigen Autonomie betonte, befassten sich zwei weitere Entscheidungen aus der Frühzeit des BVerfG mit den beiden anderen föderalen Grundpfeilern, der Gleichheit der Länder und der horizontalen und vertikalen Solidarität aller Gebietskörperschaften untereinander.

Das erste Finanzausgleichs-Urteil vom 20. Februar 1952[26] lotete Grund und Grenzen bundesstaatlicher Solidarität aus. Es wird heute häufig übersehen, obwohl es für die Entwicklung der rechtlichen Grundlagen der Finanzbeziehungen von Bund und Ländern von nicht zu überschätzender Bedeutung war. Zugleich enthält es, wiederum vor dem Weimarer Hintergrund, ein Lehrstück zur Frühgeschichte des grundgesetzlichen Bundesstaates. Es ging um einen damals wie heute fiskalisch nicht übermäßig bedeutsamen, für das Verhältnis der Länder untereinander aber prägenden Teil der Finanzordnung. Erstmals in der deutschen Verfassungsentwicklung ordnete Art. 106 Abs. 4 GG (i. d. F. von 1949, heute, nach Änderungen, Art. 107 Abs. 2 GG) einen Ausgleich der Länderfinanzkraft durch horizontale Finanzumverteilungen zwischen den Ländern an. Dieser horizontale Finanzausgleich wirft besondere Probleme im Vergleich zu dem etwa in den USA und der Schweiz, aber auch in der Weimarer Finanzordnung praktizierten umverteilenden Finanzausgleich durch vertikale Zuweisungen des Zentralstaates auf. Das gegenteilige Verhältnis von Geben und Nehmen stellt an die Verständigungsbereitschaft der Länder hohe Anforderungen. Bereits gegen das Finanzausgleichsgesetz für das Jahr 1950 wandte sich das Land Württemberg-Hohenzollern: Der horizontale umverteilende Finanzausgleich verstoße nicht nur in seiner konkreten gesetzlichen Ausgestaltung, sondern prinzipiell gegen das Bundesstaatsprinzip, das die Selbständigkeit der Länder garantiere. Das BVerfG hielt dem folgendes entgegen:

„Zwar ist richtig, daß nach Art. 20 Abs. 1 GG die Bundesrepublik ein Bundesstaat ist, dass Art. 79 GG die Gliederung des Bundes in Länder auch gegen eine Verfassungsänderung sichert und daß Art. 109 GG die Selbständigkeit der Haushaltswirtschaft den Ländern noch besonders gewährleistet. Der Schluß, den die Antragsteller aus diesen grundgesetzlichen Vorschriften ziehen, ist jedoch einseitig. Das bundesstaatliche Prinzip begründet seinem Wesen nach nicht nur Rechte, sondern auch Pflichten. Eine dieser Pflichten besteht darin, daß die finanzstärkeren Länder den schwächeren Ländern in gewissen Grenzen Hilfe zu leisten haben. Diese Pflichtbeziehung führt nach der Natur der Sache zu einer gewissen Beschrän-

---

25 BVerfGE 13, 54 (77); offengelassen noch in BVerfGE 6, 309 (340, 364). Dazu Frowein, Jochen A.: Die Konstruktion des Bundesstaates, in: Probleme des Föderalismus, Tübingen 1985, S. 47 ff., 53 f.; Wiederin, Ewald: Bundesrecht und Landesrecht, Wien 1995, S. 43 ff. Eine praktische Bedeutung hat die Unterscheidung zwischen zwei- und dreigliedrigem Bundesstaat nicht.

26 BVerfGE 1, 117.

kung der finanziellen Selbständigkeit der Länder." Ein Verstoß gegen das bundesstaatliche Prinzip könnte nur in Betracht kommen, wenn der Finanzkraftausgleich „die Leistungsfähigkeit der gebenden Länder entscheidend schwächte oder zu einer Nivellierung der Länderfinanzen führte."[27]

Diese Sätze hatten Gewicht. Sie leiteten – das Autonomieprinzip begrenzend – aus dem Bundesstaatsprinzip die Grundpflicht des Einstehens füreinander ab. Die Zulässigkeit einer finanziellen Umverteilung unter den Ländern steht seither außer Zweifel. Der Dauerstreit um den Länderfinanzausgleich seit dem Ende der 1970er Jahre betrifft die Einzelheiten und das Ausmaß der bundesstaatlichen Abgabepflicht. Vor allem aber verdeutlichte das Gericht, dass der Bundesstaat aus den konkreten verfassungsrechtlichen Festlegungen besteht, die nicht gegen ein – historisch, rechtsvergleichend oder staatstheoretisch entwickeltes – Modell des Bundesstaates ausgespielt werden können, wie dies in den Argumenten der Antragsteller angeklungen war.

Eine weitere Entscheidung aus dem Jahre 1952 komplettierte die frühe bundesstaatliche Trias. Neben die föderale Autonomie und Solidarität der beteiligten Staaten trat die verfassungsrechtlich geschützte Gleichheit der Länder, entwickelt am Streit zwischen Bund und Ländern um die Verteilung von Bundesmitteln für die Wohnungsbauförderung durch die Länder.

„Die Mitwirkung der Länder bei der Verteilung der Bundesmittel ist Ausdruck des föderalistischen Prinzips, das – neben anderen Grundsätzen – der Verfassung der Bundesrepublik Deutschland das Gepräge gibt. Als Glieder des Bundes besitzen die Länder, soweit positive verfassungsrechtliche Bestimmungen nicht entgegenstehen, den gleichen Status; sie stehen einzeln und gleichberechtigt nebeneinander; unter ihnen gilt nicht die im Geltungsbereich des demokratischen Prinzips beheimatete Regel, daß die Mehrheit entscheidet, sondern der Grundsatz der Einstimmigkeit, d. h. daß kein Land durch die übrigen Länder überstimmt werden kann. Dagegen kann nicht eingewandt werden, dies führe zur Herrschaft der Minderheit. Dem bundesstaatlichen Prinzip entspricht vielmehr die verfassungsrechtliche Pflicht, daß die Glieder des Bundes sowohl einander als auch dem größeren Ganzen und der Bund den Gliedern die Treue halten und sich verständigen. Der im Bundesstaat geltende verfassungsrechtliche Grundsatz des Föderalismus enthält deshalb die Rechtspflicht des Bundes und aller seiner Glieder zu ‚bundesfreundlichem Verhalten‘; d. h. alle an dem verfassungsrechtlichen ‚Bündnis‘ Beteiligten sind gehalten, dem Wesen dieses Bündnisses entsprechend zusammenzuwirken und zu seiner Festigung und zur Wahrung seiner und der wohlverstandenen Belange seiner Glieder beizutragen (so schon R. Smend, Ungeschriebenes Verfassungsrecht im monarchischen Bundesstaat, in der Festgabe für Otto Mayer, 1916, S. 247 ff., 261). Der in dieser Rechtspflicht liegende Zwang zur Verständigung wirkt zwar nicht so automatisch wie das demokratische Mehrheitsprinzip. Er ist jedoch stark genug, um die not-

---

27 BVerfGE 1, 117 (131).

wendigen gemeinsamen Entscheidungen sachgerecht herbeizuführen. Er ist es vor allem, der auch der Übermacht des Gesamtstaates im Interesse der Glieder feste Schranken zieht."[28]

Auch diese Ausführungen zerfallen wiederum in einen selbstverständlichen, in der Frühzeit der Bundesrepublik aber offenbar nachhaltig zu bekräftigenden Teil, und in einen stärker begründungsbedürftigen Teil. Unproblematisch ist die Betonung der Ländergleichheit. Diese muss keine formale sein; die Verfassungsordnung kann materielle Abstufungen vorsehen, wie dies etwa in der gewichteten Stimmenzahl der Länder im Bundesrat (Art. 52 Abs. 2 GG) zum Ausdruck kommt. Die Gleichheit der Länder ist eine modal wirkende Rechtsposition, die in allen Sachbereichen zum Tragen kommen und sowohl autonomiestärkend als auch -eingrenzend wirken kann. Sie verpflichtet insbesondere den Bund.[29] Problematisch war dagegen die verfassungsrechtliche Anknüpfung an die im monarchischen Bundesstaat, dem Sprachgebrauch Bismarcks folgend, entwickelte Bundestreue. Diese Rechtsfigur transportierte einen schon im Kaiserreich ungeschriebenen und strittigen Rechtssatz – Kritiker sahen hier allenfalls eine politische Pflicht oder einen Handlungsstil – aus einem bündischen, durch Zusammenschluss zuvor souveräner Staaten entstandenen Bundesstaat mit einer fragmentarischen und betont länderfreundlichen Verfassungsordnung in einen republikanischen, verfassungsrechtlich detailliert geordneten Bundesstaat.[30] Die Gründe für die Rezeption lagen indes auf der Hand: Die Bundestreue – die spätere Rechtsprechung bevorzugt die Wendung „Rechtspflicht zu bundesfreundlichem Verhalten" – ist ein vielseitig verwendbarer Blankettbegriff mit nur schwacher rechtlicher Determinationskraft, der als bewegliches Regulativ eingesetzt werden kann, um Kompetenzmissbräuche zu verhindern. Übertrieben dürfte allerdings die Kritik sein, der Gedanke der Bundestreue könne „je nach bundesstaatlicher Prämisse zur Begründung völlig entgegengesetzter Ergebnisse verwendet werden".[31] Das BVerfG verwendet die Bundestreue nicht als selbständigen Rechtssatz,[32] sondern akzessorisch, angelehnt an die aus der geschriebenen Verfassung jeweils entwickelten Elemente der Freiheit, Gleichheit und Solidarität der Staaten im Bundesstaat, um deren Anwendung im Einzelfall abmildern zu können.[33] Unter dem Grundgesetz, das die Kompetenzen von Bund und Ländern detailliert regelt, ist kein

---

28 BVerfGE 1, 293 (314 f.).
29 Vgl. BVerfGE 72, 330 (404): „Aus dem Bundesstaatsprinzip und dem allgemeinen Gleichheitssatz folgt […] ein föderatives Gleichbehandlungsgebot für den Bund im Verhältnis zu den Ländern."
30 Ausführlich zur Entwicklung und Begründung der Bundestreue Bauer, Hartmut: Die Bundestreue, Tübingen 1992; Oeter, Stefan: Integration und Subsidiarität im deutschen Bundesstaatsrecht, Tübingen 1998, S. 83 ff.; Korioth, Stefan: Integration und Bundesstaat. Ein Beitrag zur Staats- und Verfassungslehre Rudolf Smends, Berlin 1990, S. 152 ff., 245 ff.
31 Oeter, a. a. O. (Fn. 30), S. 481.
32 Ausnahme: BVerfGE 12, 205 (255).
33 BVerfGE 8, 122 (138): Die Pflicht zu bundesfreundlichem Verhalten ziehe „dem Bund und den Ländern in erster Linie eine Schranke beim Gebrauchmachen von ihren Zuständigkeiten", zugleich mit dem fragwürdigen Zusatz, die Bundestreue folge „aus dem Wesen des Bundesstaates".

Platz für eine „föderalistische Generalklausel, die als ungeschriebene originäre Super-
rechtsquelle selbständige Rechtspflichten erzeugt."[34]

Die drei genannten Entscheidungen legten bereits in den Jahren 1951/52 die Eckpunkte der föderalen Rechtsprechung des BVerfG fest. Die bis zum Ende der 1960er
Jahre folgenden Entscheidungen füllten den so gezogenen Rahmen und entfalteten insbesondere die Bundestreue. Einerseits wurden den Länderkompetenzen Grenzen gezogen, so bei der Ausübung von Gesetzgebungsbefugnissen:

> „Bleiben die Auswirkungen einer gesetzlichen Regelung nicht auf den Raum eines Landes be-
> grenzt, so muß der Landesgesetzgeber Rücksicht auf die Interessen des Bundes und der üb-
> rigen Länder nehmen."[35]

Eine weitere Grenzziehung betraf die Pflicht der Länder, im Wege der Kommunalauf-
sicht gegen Gemeinden einzuschreiten, die durch ihre Maßnahmen eine ausschließliche Bundeskompetenz berührten.[36] Im Fernsehurteil von 1961 ging es andererseits um
Eingriffe des Bundes in die Kulturhoheit der Länder durch Gründung einer „Deutschland-Fernsehen-GmbH" und den Versuch, dies im Wege politischer Spaltung der Länder durchzusetzen. Dies erklärte das Gericht für unzulässig:

> „Auch das Procedere und der Stil der Verhandlungen, die zwischen dem Bund und seinen
> Gliedern und zwischen den Ländern im Verfassungsleben erforderlich werden, stehen unter
> dem Gebot bundesfreundlichen Verhaltens. In der Bundesrepublik Deutschland haben alle
> Länder den gleichen verfassungsrechtlichen Status; sie sind Staaten, die im Verkehr mit dem
> Bund Anspruch auf gleiche Behandlung haben. Wo immer der Bund sich in einer Frage des
> Verfassungslebens, an der alle Länder interessiert und beteiligt sind, um eine verfassungs-
> rechtlich relevante Vereinbarung bemüht, verbietet ihm jene Pflicht zu bundesfreundlichem
> Verhalten, nach dem Grundsatz divide et impera zu handeln, d. h. auf die Spaltung der Länder
> auszugehen, nur mit einigen eine Vereinbarung zu suchen und die anderen vor den Zwang
> des Beitritts zu stellen. Jener Grundsatz verbietet es auch, daß die Bundesregierung bei Ver-
> handlungen, die *alle* Länder angehen, die Landesregierungen je nach ihrer parteipolitischen
> Richtung verschieden behandelt, insbesondere zu den politisch entscheidenden Beratungen
> nur Vertreter der ihr parteipolitisch nahestehenden Landesregierungen zuzieht und die der
> Opposition im Bunde nahestehenden Landesregierungen davon ausschließt."[37]

---

34 Bethge, Herbert: Artikel „Bundesstaat", in: Staatslexikon der Görres-Gesellschaft, 7. Auflage 1985, Bd. 1,
    Sp. 993 ff., 995.
35 BVerfGE 4, 115 (140). Vgl. ferner BVerfGE 6, 309 (328, 361 f.) – Konkordatsurteil: Pflicht der Länder zur
    Beachtung völkerrechtlicher Verträge des Bundes.
36 BVerfGE 8, 122 (138 ff.) – gemeindliche Volksbefragungen zur Wiederbewaffnung.
37 BVerfGE 12, 205 (255 f.). Vgl. auch BVerfGE 61, 149 (205): „Der das gesamte verfassungsrechtliche Ver-
    hältnis zwischen Bund und Ländern beherrschende Grundsatz der wechselseitigen Pflicht des Bundes

Die frühen Entscheidungen des BVerfG sind auch deshalb aufschlussreich, weil sie häufig Fallkonstellationen betrafen, die erst später unter dem Begriff des kooperativen Föderalismus zusammengefasst wurden. Sie belegen, dass bereits im ursprünglichen Grundgesetz von 1949 nicht das Prinzip der Autonomie und Trennung der Kompetenzbereiche von Bund und Ländern vorherrschte, sondern, der deutschen bundesstaatlichen Tradition seit 1871 folgend, Elemente des Zusammenwirkens und der Solidarität. Diese haben schon deshalb in Deutschland einen gleichsam natürlichen Standort, weil der deutsche Bundesstaat, anders als etwa in der Schweiz oder den USA, auf einer vertikalen Kompetenzverteilung nach Staatsfunktionen, nicht nach Sachbereichen beruht. Während die Gesetzgebung weitgehend Sache des Bundes (Reiches) war und ist und damit einer Gleichmäßigkeit der Lebensverhältnisse Vorschub gibt, fällt die Verwaltung in den Bereich der Länder. Diese funktionale Gewaltenteilung schafft besonderen Kooperationsbedarf, aber auch gegenseitige Abhängigkeiten. Diesen hat das BVerfG schon in der ersten, besonders aber der zweiten Phase seiner Rechtsprechung gegenzusteuern versucht, mit einer Ausnahme von allerdings erheblichem Gewicht: Zur Mitwirkung des Bundesrates bei Bundesgesetzen entschied das Gericht bereits recht früh, dass ein Bundesgesetz bereits dann der Zustimmung des Bundesrates bedürfe (vgl. Art. 77 Abs. 2a GG), wenn es nur eine einzige zustimmungsbedürftige Norm enthält.[38] Dies vergrößerte den Bereich erforderlicher Kompromisse zwischen Bund und Ländern. Es ist zunächst folgerichtig, weil es die Stellung der Länder im System der funktionalen vertikalen Gewaltenteilung unterstreicht. Das hat das BVerfG am Beispiel der Zustimmungsbedürftigkeit nach Art. 84 Abs. 1 GG im Jahre 1980 ausgeführt:[39]

> „Das Grundgesetz hat es dem Bundesgesetzgeber nicht freigestellt, ob und in welcher Weise er die Länder an der Ausführung der Bundesgesetze beteiligen will. […] Die in Rede stehende Kompetenzaufteilung [scil. Art. 83 ff. GG] ist eine wichtige Ausformung des bundesstaatlichen Prinzips im Grundgesetz und zugleich ein Element zusätzlicher funktionaler Gewaltenteilung. Sie verteilt politische Macht und setzt ihrer Ausübung einen verfassungsrechtlichen Rahmen, der diese Machtverteilung aufrecht erhalten und ein Zusammenwirken der verschiedenen Kräfte sowie einen Ausgleich widerstrebender Belange ermöglichen soll. Um die Länder vor einem Eindringen des Bundes in den ihnen vorbehaltenen Bereich der Verwaltung zu schützen, macht Art. 84 Abs. 1 GG das Zustandekommen von Bundesgesetzen, die Vorschriften über das Verwaltungsverfahren enthalten, von der Zustimmung des Bundesrates abhängig. Dieses Zustimmungserfordernis soll die Grundentscheidung der

---

und der Länder zu bundesfreundlichem Verhalten verlangt gegenseitige Rücksichtnahme und schließt eine mißbräuchliche Interessenwahrnehmung aus".

38 BVerfGE 8, 274 (294 f.); 55, 274 (319); offengelassen jetzt von BVerfGE 105, 313 (339); kritisch zu Recht etwa Antoni, Michael: Zustimmungsvorbehalte des Bundesrates zu Rechtsetzungsakten des Bundes, in: AöR 108 (1988), S. 329 ff., 347 f.; Schweitzer, Michael: Die Zustimmung des Bundesrates zu Gesetzen, in: Der Staat 15 (1976), S. 169 ff., 173 ff.

39 BVerfGE 55, 274 (318 f.).

Verfassung zugunsten des föderalistischen Staatsaufbaus mit absichern und verhindern, daß
‚Systemverschiebungen' im bundesstaatlichen Gefüge im Wege der einfachen Gesetzgebung
herbeigeführt werden [...]. Zustimmungsbedürftig ist nicht die einzelne Vorschrift über das
Verwaltungsverfahren, sondern das Gesetz als Ganzes [...]. Damit wird den Ländern über
den Bundesrat eine verstärkte Einflußnahme auch auf den materiell-rechtlichen Teil des Gesetzes ermöglicht."

Genau im letzteren liegt indes auch die problematische Seite. Es verstärkt die Angewie-
senheit des Bundes auf die Länder .[40]

---

3   Die zweite Phase: Die Verrechtlichung
des kooperativen Föderalismus

Die bundesstaatliche Ordnung bedarf detaillierter Verfassungsregelungen, die aber gerade wegen ihrer Dichte häufig geändert werden müssen, um der Dynamik des Bundesstaates gerecht zu werden. Von den 43 Änderungen des Grundgesetzes bis 1997 betrafen
mindestens 35 den bundesstaatlichen Aufbau.[41] Die gravierendsten Änderungen brachte
die Finanzreform von 1967/69. Sie waren von der Überzeugung getragen, der moderne
Bundesstaat könne nur ein kooperativer Bundesstaat sein. Die Untergliederungen des
Staates (daneben auch die gesellschaftlichen Gruppen) sollten unter zentraler Lenkung
und Planung koordiniert und „konzertiert" werden, um eine effektive Struktur-, Infra-
struktur- und Konjunkturpolitik zu ermöglichen und den deshalb steigenden staatlichen Finanzbedarf wirkungsvoller Steuerung zu unterstellen. In Vertiefung der bereits
zuvor angelegten Eigenschaften der bundesstaatlichen Ordnung, insbesondere der Finanzverfassung, bedeutete dies: Zentralisierung, Unitarisierung und Koordinierung der
Kompetenzen durch formelle und informelle Gremien und Koordinierungen von Bund
und Ländern, vor allem aber durch eine weiter ausgebaute einheitliche Steuergesetzgebung des Bundes (Art. 105 GG), einen erweiterten Steuerverbund zwischen Bund und
Ländern (Art. 106 Abs. 3 GG), differenzierte ergänzende Umverteilungsmechanismen
(Art. 107 Abs. 2 GG, Länderfinanzausgleich und Bundesergänzungszuweisungen), Ermöglichung und Disziplinierung von Mischfinanzierungen (Art. 91a und 91b, Art. 104a

---

40 Dieser hat das Gericht allerdings auch Grenzen gezogen. BVerfGE 37, 363 (383): „Wäre die Auffassung
des Bundesrates richtig [scil. Zustimmungsbedürftigkeit aller Gesetze, die ein Zustimmungsgesetz
ändern, ohne selbst neue zustimmungsbedürftige Normen zu enthalten], so müßte eine erhebliche
Verschiebung der Gewichte zwischen dem die Interessen vertretenden Bundesrat einerseits und dem
Bundestag und der Bundesregierung andererseits im Bereich des Gesetzgebungsverfahrens insofern die
Folge sein, als das Zustimmungsgesetz dann die Regel wäre und das Einspruchsgesetz die Ausnahme.
[...] Dies aber widerspräche der Gesamtkonzeption des Grundgesetzes, die von einer Gleichgewichtig-
keit zwischen allen am Gesetzgebungsverfahren beteiligten Verfassungsorganen ausgeht."
41 Bauer, Angelika/Jestaedt, Matthias: Das Grundgesetz im Wortlaut, Heidelberg 1997, S. 34.

Abs. 4 GG), Verpflichtung der Gebietskörperschaften auf eine antizyklische und konjunkturgerechte Finanzpolitik (Art. 109 Abs. 2 bis 4 GG).[42]

Die Rechtsprechung zum Bundesstaat erhielt folgerichtig einen neuen Schwerpunkt in der Finanzverfassung. Zunächst ging es um den 1969 eingeführten Art. 104a Abs. 4 GG, wonach der Bund den Ländern zweckgebundene Finanzhilfen außerhalb des eigentlichen Finanzausgleichs (Art. 106 und 107 GG) für besonders wichtige Investitionen gewähren kann. Die Vorschrift hat den Zweck, das vor 1969 ungeregelte Dotationswesen, das die Länder an die „goldenen Zügel" des Bundes band, zwar grundsätzlich zu legalisieren, aber auf bestimmte Fallgruppen zu begrenzen. In dieser Weise, zugleich um einen Ausgleich zwischen zentraler Steuerung und gliedstaatlicher Autonomie bemüht, entfaltete das BVerfG 1975 die Vorschrift:

> „Die Verfassung des Bundesstaates bedarf einer stabilen Verteilung der öffentlichen Einkünfte, insbesondere des Steueraufkommens auf Bund und Länder. Denn Mittel aus dem Bundeshaushalt an die Länder für Landesaufgaben bringen die Länder in Abhängigkeit vom Bund und rühren damit an die Eigenständigkeit der Länder. Eine bundesstaatliche Ordnung muß deshalb prinzipiell sicherstellen, daß Finanzhilfen aus dem Bundeshaushalt an die Länder die Ausnahme bleiben und ihre Gewährung rechtlich so geregelt wird, daß sie nicht zum Mittel der Einflußnahme auf die Entscheidungsfreiheit der Gliedstaaten bei der Erfüllung der ihnen obliegenden Aufgaben werden. Diese Gefahr besteht vor allem, wenn der Gesamtstaat allein das Ob und Wie seiner Finanzhilfe bestimmt, die Länder auf die Bundesmittel angewiesen sind und die Entscheidung darüber zugleich wesentliche Teile der Haushaltsmittel der Länder festlegt, weil von ihrer finanziellen Beteiligung die Gewährung der Finanzhilfe des Bundes abhängt. Der Streit um die Regelung des Art. 104a Abs. 4 GG betrifft demnach ein zentrales Problem der bundesstaatlichen Ordnung. [...] Die Staatlichkeit des Bundes und der Länder kann sich nur dann wirksam entfalten, wenn sowohl der Gesamtstaat als auch die Gliedstaaten im Rahmen ihrer grundsätzlich selbständigen und voneinander unabhängigen Haushaltswirtschaften (Art. 109 Abs. 1 GG) über hinreichende Anteile am Steueraufkommen verfügen und damit nicht von Zahlungen der anderen Seite abhängig sind."[43]

Von diesem Randbereich der Finanzordnung gelangte dann das BVerfG seit 1980 in das Zentrum der Finanzverfassung.[44] 1986 erging das zweite Finanzausgleichsurteil, 1992 das dritte.[45] Beide betrafen Ausgleichsprobleme im Gefüge der alten Bundesrepublik

---

42 Prägend hierfür war das die große Finanzreform vorbereitende Gutachten der Troegerkommission (1966). Dazu Kewenig, Wilhelm: Kooperativer Föderalismus und bundesstaatliche Ordnung, in: AöR 93 (1968), S. 433 ff.

43 BVerfGE 39, 96 (107 f.); ergänzend BVerfGE 41, 291.

44 Auch bundesstaatlich bedeutsam war zunächst BVerfGE 55, 274 – Sonderabgaben, weil das Gericht die Bedeutung der Finanzen und des Finanzverfassungsrechts für die Funktionsweise des Bundesstaates hervorhob (a. a. O., S. 300 f.).

45 BVerfGE 72, 330; 86, 148.

und spiegelten die seit Beginn der 1980er Jahre erheblich konfliktträchtiger gewordene Verteilung der Finanzmittel wider. Obwohl praktisch alle Elemente und Zuteilungsfolgen des Länderfinanzausgleichs und der Bundesergänzungszuweisungen (Art. 107 Abs. 2 GG) strittig waren, hat das Gericht in beiden Entscheidungen der Versuchung widerstanden, aus den weitgefassten Vorgaben des Art. 107 Abs. 2 GG (danach hat der Länderfinanzausgleich die Finanzkraft der Länder angemessen auszugleichen; der Bund kann durch ergänzende Zuweisungen aus seinen Mitteln leistungsschwache Länder unterstützen) ein dichtes Netz verfassungsrechtlicher Vorgaben zu knüpfen. Das Gericht bezeichnete die Vorgaben des Art. 107 Abs. 2 GG als Rahmen, der als solcher unbedingt zu beachten sei, dem Gesetzgeber aber auch Gestaltungsspielräume eröffnen wolle.[46] In der Sache führte das Gericht die seit 1951 beständig verfeinerten Schemata weiter, die konkrete föderale Rechtsfrage in die Koordinaten von Freiheit, Gleichheit und Solidarität einzuordnen und eine vermittelnde Lösung zu finden. Die Grundfunktion der Finanzverfassung bestimmte es dahin, dass sie allen Gebietskörperschaften eine aufgabenangemessene Finanzausstattung zu verschaffen habe.[47] Insbesondere für die Entfaltung der Länderstaatlichkeit sei dies unabdingbar. Der Länderfinanzausgleich als nachrangiges Instrument zur Korrektur der primären Steuerverteilung teile

> „die dem Bundesstaatsprinzip innewohnende Spannungslage, die richtige Mitte zu finden zwischen der Selbständigkeit, Eigenverantwortlichkeit und Bewahrung der Individualität der Länder auf der einen und der solidargemeinschaftlichen Mitverantwortung für die Existenz und Eigenständigkeit der Bundesgenossen auf der anderen Seite."[48]

Die Hilfeleistungspflicht der finanzstarken Länder sei gerechtfertigt, um die Selbständigkeit der finanzschwachen zu unterstützen, sie dürfe aber nicht dazu führen, „die Leistungsfähigkeit der gebenden Länder entscheidend" zu schwächen oder die Länderfinanzen zu nivellieren.[49] Ausgeschlossen ist es danach, unmittelbar aus der Verfassung in Zahlen oder Quoten gefasste finanzielle Mindestausstattungen oder Grenzen der Abgabepflichten abzuleiten; sie muss der Gesetzgeber innerhalb des ihm gezogenen Rahmens bestimmen. Einzelne Regelungen des Länderfinanzausgleichs beanstandete das BVerfG 1986 und 1992 nicht deshalb, weil sie eine zu geringe oder zu starke Umverteilung bewirkten, sondern weil sie in sich nicht folgerichtig waren und deshalb gegen die bundesstaatliche Pflicht zur Gleichbehandlung verstießen.

Die beiden großen Finanzausgleichsurteile von 1986 und 1992 reflektieren den Gipfel-, vielleicht den Scheitelpunkt des kooperativen Föderalismus unter dem Grundgesetz. Sie bestätigten auf dem Gebiet der Finanzen die föderativen Grundtendenzen zur

---

46 BVerfGE 72, 330 (388–390).
47 BVerfGE 55, 274 (300 f.); 72, 330 (383, 388); 86, 148 (264).
48 BVerfGE 72, 330 (398).
49 BVerfGE 72, 330 (398) in ausdrücklicher Wiederaufnahme von BVerfGE 1, 112 (131); BVerfGE 86, 148 (214): „Das bündische Prinzip ist zugleich Grundlage und Grenze der Hilfeleistungspflichten."

Vereinheitlichung der Lebensverhältnisse, zur Unitarisierung, zur breiten Streuung der föderalen Entscheidungsfindung und zur Verantwortungsteilung. Die Nebenfolgen und Funktionsschwächen dieses kooperativen Verbundföderalismus aber waren zu dieser Zeit längst in die Kritik geraten. Eine einflussreiche Diagnose lautete, das hochverflochtene Regelwerk des grundgesetzlichen Bundesstaates habe in eine Politikverflechtungsfalle geführt, „die aus ihrer institutionellen Logik heraus systematisch […] ineffiziente und problemunangemessene Entscheidungen erzeugt, und die zugleich unfähig ist, die institutionellen Bedingungen ihrer Entscheidungen zu verändern."[50] Die beiden Finanzausgleichsurteile des BVerfG bestätigen und widerlegen diese Einschätzung zugleich. Sie zeigen, dass im Verteilungskampf um knapper werdende Mittel die auf Konsens und Einheitlichkeit angewiesenen politischen Mechanismen des Bundesstaates an ihre Grenzen stoßen. Sie widerlegen die Einschätzung, weil es der Politik gelang, im Anschluss an die Klarstellungen des Gerichts, dass der Finanzausgleich einerseits kein Gegenstand freien Aushandelns sein dürfe, sondern regelgebunden verlaufen müsse, wobei andererseits aber Gestaltungsspielräume offenstehen, neue Lösungen durch „pragmatische, die laufende Tätigkeit begleitende, flexible Gestaltung"[51] zu finden. Auch konsensorientierte Verhandlungen können brauchbare Lösungen hervorbringen.[52] Immerhin hat das BVerfG in allen seinen Entscheidungen zum Finanzausgleich den wesentlichen Inhalt der von ihm geprüften Finanzausgleichsgesetze als verfassungskonform bestätigt und nur Einzelpunkte beanstandet. Insgesamt zeigte sich jedoch in den 1980er Jahren, noch vor den Herausforderungen der deutschen Einigung und der sich verstärkenden europäischen Integration, eine zunehmende Konflikträchtigkeit der föderalen Entscheidungswege. Dafür stehen nicht nur die Streitigkeiten um die Finanzverteilung, sondern auch zuvor unbekannte Auseinandersetzungen des Bundes mit einzelnen Ländern bei der Ausführung von Bundesgesetzen im Auftrag des Bundes (Art. 85 GG). (Bundes-) Politische Konflikte, etwa über die friedliche Nutzung der Atomenergie, erhielten föderalistische Einkleidungen, etwa dann, wenn sich Länder vor dem BVerfG gegen Weisungen des Bundes in der Atomverwaltung zur Wehr setzten – und unterlagen.[53]

---

50 Scharpf, Fritz W.: Die Politikverflechtungsfalle: Europäische Integration und deutscher Föderalismus im Vergleich, in: PVS 26 (1985), S. 323 ff., 350; Klatt, Hartmut: Parlamentarisches System und bundesstaatliche Ordnung. Konkurrenzföderalismus als Alternative zum kooperativen Bundesstaat, in: APuZ B 31/82, S. 3 ff.

51 Hesse, Jens Joachim/Benz, Arthur: Die Modernisierung der Staatsorganisation, Baden-Baden 1990, S. 225.

52 Goetz, Klaus H.: Kooperation und Verflechtung im Bundesstaat, in: Voigt, Rüdiger (Hrsg.), Der kooperative Staat, Baden-Baden 1995, S. 145 ff.

53 BVerfGE 81, 310 (334); 84, 25 (31 ff.); 102, 167 (172).

4   Die dritte Phase: Der Bundesstaat in Europa, deutsche Einigung und vorsichtige Reföderalisierung

Die europäische Integration und die deutsche Einigung lösten zunächst einen Zentralisierungsschub aus, dem der verfassungändernde Gesetzgeber und das BVerfG zumindest teilweise entgegenwirkten.

Die Teilnahme eines Bundesstaates an der europäischen Integration ist mit besonderen Problemen verbunden. Der Bund kann nach Art. 23 Abs. 1 GG (bis 1992 Art. 24 Abs. 1 GG) eigene Hoheitsrechte und solche der Länder auf die Europäische Union übertragen. Das betrifft die Länder doppelt: Sie verlieren, soweit es um Rechte des Bundes geht, innerstaatliche Mitwirkungsbefugnisse über den Bundesrat und sie müssen die Übertragung ihrer Kompetenzen auf die Union dulden. Die Gefahr der Erosion ihrer Zuständigkeiten haben die Länder frühzeitig erkannt; seit 1957 gibt es, im Laufe der Zeit zunehmend gestärkt, Beteiligungsrechte der Länder an der innerstaatlichen Willensbildung, die der Mitwirkung deutscher Vertreter in der EU vorausgeht. Im Streit um die Fernsehrichtlinie der Europäischen Gemeinschaft – sie betrifft innerstaatlich mit der Kultur- und Rundfunkhoheit Kompetenzen der Länder – hat das BVerfG die Notwendigkeit der Länderbeteiligung bekräftigt:

> „Beansprucht die Europäische Gemeinschaft eine Rechtsetzungskompetenz, so ist es Sache des Bundes, die Rechte der Bundesrepublik Deutschland gegenüber der Gemeinschaft und ihren Organen zu vertreten. Behält das Grundgesetz die Regelung des von der Gemeinschaft beanspruchten Gegenstandes innerstaatlich dem Landesgesetzgeber vor, so vertritt der Bund gegenüber der Gemeinschaft als Sachwalter der Länder auch deren verfassungsmäßige Rechte. Geht es um das Bestehen und die Reichweite einer solchen Gemeinschaftskompetenz, so verpflichtet das Bundesstaatsprinzip den Bund, den Rechtsstandpunkt der Länder zu berücksichtigen."[54]

Das ist nichts anderes als die Erweiterung des bundesstaatlichen Miteinanders auf die neue Problemkonstellation. Der 1992 neugefasste Art. 23 GG, der auf den Fall des BVerfG noch nicht anwendbar war, hat dies im einzelnen (Absätze 4 bis 6) ausformuliert. Die hier vorgesehene starke Beteiligung der Länder an der deutschen Willensbildung in europäischen Entscheidungsprozessen hat allerdings die problematische Nebenfolge der verminderten Handlungsfähigkeit des Bundes. Hier zeigt sich, dass die gewohnten Formen der bundesstaatlichen Kooperation nicht ohne weiteres auf den supranationalen Zusammenhang erstreckbar sind.

Auch bei der Abgrenzung der konkurrierenden Gesetzgebungsbefugnisse zwischen Bund und Ländern hat das BVerfG zuletzt die Länder gestärkt. Die bis 1992 geltende Bedürfnisklausel des Art. 72 Abs. 2 GG a. F. hatte – mit ausdrücklicher Billigung des

---

54 BVerfGE 92, 203 (230).

BVerfG – keine ernsthafte Hürde für die Inanspruchnahme der Bundeskompetenz dargestellt.[55] Die neue „Erforderlichkeitsklausel", von vielen skeptisch beurteilt, hat das BVerfG inzwischen in vier Entscheidungen zur wirkungsvollen Begrenzung der Bundeskompetenz eingesetzt:

> „ein von verfassungsgerichtlicher Kontrolle freier gesetzgeberischer Beurteilungsspielraum hinsichtlich der Voraussetzungen des Art. 72 Abs. 2 GG besteht nicht. [...] Die Entstehungsgeschichte des Art. 72 Abs. 2 GG n. F. belegt, dass der verfassungsändernde Gesetzgeber [...] das Ziel verfolgt hat, die Position der Länder zu stärken und zugleich eine effektive verfassungsgerichtliche Überprüfung sicherzustellen."[56]

Während dieser – begrenzten – Reföderalisierung nur beizupflichten ist, hat sich der Streit um die bundesstaatliche Finanzverteilung auch nach der Entscheidung von 1992 nicht beruhigt. 1999 entschied das Gericht erneut. In der Sache ging es um die gleichen Probleme wie in den vorausgegangenen Finanzausgleichsentscheidungen, allerdings vor einem deutlich veränderten Hintergrund. Nach der deutschen Einigung und dem Ablauf einer Übergangsfrist waren die neuen Länder im Zuge des „Solidarpakt I" mit Wirkung ab 1995 in den nunmehr gesamtdeutschen Länderfinanzausgleich einbezogen worden, dessen rechtliche Regelungen nicht überarbeitet worden waren. Das erhöhte angesichts der finanziellen Disparitäten die erforderliche Umverteilung, ohne eine „neue Ungleichheit" zwischen den Ländern verhindern zu können. Zeitgleich hatten die 1990er Jahre eine ausufernde, zumeist mit Aspekten ökonomischer Effizienz argumentierende Diskussion über einen „Wettbewerbsföderalismus"[57] erlebt, der dem vorgeblich verkrusteten kooperativen Föderalismus als positives Modell gegenübergestellt wurde. Auf dieses Modell des Wettbewerbs und der Konkurrenz beriefen sich auch die antragstellenden finanzstarken Länder. Sie erfuhren mit diesen Argumenten in Karlsruhe eine völlige Zurückweisung. Wie in den vorausgegangenen Entscheidungen verengte das BVerfG den weitgesteckten Verfassungsrahmen nicht zu Gunsten eines bestimmten inhaltlichen Finanzausgleichsmodells. Dem Gesetzgeber komme eine „Erstzuständigkeit" bei der Verfassungsinterpretation zu.[58] Das gelegentlich kritisierte Fehlen einer Auseinandersetzung des Gerichts mit den Modellen eines Konkurrenzföderalismus erklärt sich

---

55 BVerfGE 1, 264; 2, 213 (224 f.); 10, 234 (245).

56 BVerfGE 106, 62 (135 f.); daran anschließend BVerfGE 110, 141 – Kampfhunde; BVerfGE 111, 126 – Juniorprofessur; BVerfGE 112, 226 (242 ff.) – Studiengebühren. Der 2006 neugefasste Art. 72 GG hat diese Rechtsprechung zum Teil wieder korrigiert, indem einzelne Sachbereiche der Erforderlichkeitsklausel entzogen wurden (vgl. Absätze 1 und 2 der Vorschrift). Das hat – entgegen dem Ziel der Föderalismusreform I, die Länder zu stärken – dem Bund in den wichtigsten Bereichen der konkurrierenden Gesetzgebung freie Bahn verschafft.

57 Dazu etwa: Huber, Peter M.: Deutschland in der Föderalismusfalle?, Heidelberg 2003; Schmidt-Jortzig, Edzard: Herausforderungen für den Föderalismus in Deutschland, in: DÖV 1998, S. 746 ff.; Schatz, Heribert/van Ooyen, Robert Chr./Werther, Sascha: Wettbewerbsföderalismus, Baden-Baden 2000.

58 BVerfGE 101, 158 (218).

daraus, dass dem geltenden Verfassungsrecht keine Betonung der Unabhängigkeit und Autonomie entnommen werden kann. Wer dies anstrebt, argumentiert verfassungspolitisch, nicht aber verfassungsrechtlich.

Auf andere Weise aber brach das Gericht mit seiner früheren Rechtsprechung. Die bundesstaatliche Finanzverfassung, so das Gericht jetzt, verpflichte den Gesetzgeber, das in Art. 106 und 107 GG lediglich in unbestimmten Begriffen festgelegte Steuerverteilungs- und Ausgleichssystem in zwei aufeinanderfolgenden Stufen zu konkretisieren. Die erste Stufe bildeten allgemeine und den Gesetzgeber selbstbindende Maßstäbe, die in einem besonderen „Maßstäbegesetz" festgelegt werden müssten, bevor auf der anschließenden zweiten Stufe aus diesem dauerhaften und allgemeinen Maßstäbegesetz die konkreten und in Zahlen gefassten Ausgleichsfolgen im Finanzausgleichsgesetz zu entwickeln seien.[59] Wenn das Gericht davon spricht, die Abschichtung solle, „Maßstäbe und Indikatoren gegen aktuelle Finanzierungsinteressen, Besitzstände und Privilegien abschirmen", die zeitversetzte Gesetzgebung solle „eine rein interessenbestimmte Verständigung über Geldsummen" ausschließen, die Regelung des Finanzausgleichs dürfe „nicht dem freien Spiel der politischen Kräfte überlassen bleiben",[60] so ist das Ziel des Gerichts klar (wenngleich nicht die verfassungsrechtliche Begründung): In Zukunft soll eine vernünftige und von konkreten fiskalischen Interessen möglichst losgelöste Gesetzgebung Verteilungsgerechtigkeit herstellen. Finanzausgleichsgesetzgebung soll nicht länger lediglich den Ergebnissen exekutivischen Aushandelns Geltung verschaffen. Darin steckt ein doppelter Kurswechsel, dessen Bedeutung kaum größer sein könnte. Zunächst verwirft der neue Ansatz des Gerichts nicht weniger als die gesamte bisherige Praxis der Finanzausgleichsgesetzgebung, die seit 1949, älteren Vorbildern unter der Weimarer Verfassung folgend, im Wege des gegenseitigen Nachgebens die Ergebnisse suchte, die der Bund und alle Länder akzeptieren konnten.[61] Jetzt soll der Gesetzgeber in Gestalt des Maßstäbegesetzgebers als unparteiischer, interessenentrückter Verfassungsinterpret tätig sein; das Gericht erhofft von der Vorherigkeit der Maßstabsetzung eine „institutionelle Verfassungsorientierung".[62] Sodann aber verwirft das Gericht auch die in seiner gesamten früheren Rechtsprechung zum Bundesstaat tragende Grundtendenz, der Dynamik des Politischen Entfaltungsräume zu sichern. Jedes bundesstaatliche System ist wegen der vielfältigen Entscheidungsträger auf Kooperation und Konsens angewiesen. Das Zusammenwirken von Bund und Ländern bei der (Finanzausgleichs-) Gesetzgebung kann nicht auf ein rationales, letztlich politikfernes Erkenntnisverfahren festgelegt werden.[63] So überrascht es nicht, dass im Jahre 2001 ein Maßstäbegesetz zum

---

59   BVerfGE 101, 158 (214 f., 217 f.).
60   BVerfGE 101, 158 (218).
61   Dazu Renzsch, Wolfgang: Finanzverfassung und Finanzausgleich, Bonn 1991.
62   BVerfGE 101, 158 (218 f.).
63   Zur Kritik der Entscheidung etwa Wieland, Joachim: Finanzverfassung, Steuerstaat und föderaler Ausgleich, in: Badura, Peter/Dreier, Horst (Hrsg.), FS 50 Jahre Bundesverfassungsgericht, Bd. 2, Tübingen 2001, S. 771 ff., 775 ff., 793 ff.; Bull, Hans Peter/Mehde, Veith: Der rationale Finanzausgleich: Ein Ge-

bundesstaatlichen Finanzausgleich verabschiedet wurde, das keine Maßstäbe, sondern fast nur Leerformeln enthält.[64] In der Folgezeit hat sich das Gericht dann stillschweigend von diesem Konzept der zweigeteilten Gesetzgebung zum Finanzausgleich wieder entfernt. Als das Land Berlin in einem spektakulären Normenkontrollantrag 2003 geltend machte, es befinde sich in einer extremen Haushaltsnotlage und sei, weil es sich aus ihr selber nicht befreien könne, auf Sanierungshilfen des Bundes in Höhe von ca. 40 Mrd. Euro als Entschuldungshilfe angewiesen, wies das Gericht 2006 den Antrag ab.[65] Berlin befinde sich in einer angespannten Haushaltslage und müsse zunächst aus eigener Kraft versuchen, diese zu überwinden, etwa durch entschlossene Ausgabenkürzungen. Allenfalls in einem bundesstaatlichen Notstand, den das Gericht sehr vage beschrieb,[66] sei ein Anspruch auf solidarische Hilfe der anderen Bundesländer denkbar. Das Maßstäbegesetz fand in dieser Entscheidung keine Erwähnung.[67]

5   Ausblick

Eine Prognose, welche Bereiche der bundesstaatlichen Ordnung in Zukunft die Rechtsprechung des BVerfG beschäftigen werden, fällt nicht schwer. Es wird zunächst und weiterhin der Bereich der föderalen Finanzverteilung sein. Die Finanzkrise der öffentlichen Haushalte, deren Gesamtverschuldung 2100 Mrd. Euro erreicht hat, verringert den Bewegungsraum der Politik in manchen Haushaltsjahren bis zum Nullpunkt. Die seit 2010 stark gestiegenen Steuereinnahmen verdecken die strukturellen Probleme der öffentlichen Haushalte statt sie zu lösen. Für steigende Sozialausgaben, möglicherweise drohende Zahlungspflichten aus den Rettungsmaßnahmen für den Euro und das Risiko wirtschaftlicher Krisen ist kaum Vorsorge getroffen. Zudem erschwert der Grad der öffentlichen Verschuldung im hochgradig verflochtenen Finanzföderalismus die Konsenssuche. Zu verteilen sind nicht Zuwächse, sondern Kürzungen und Belastun-

---

setzgebungsauftrag ohnegleichen, in: DÖV 2000, S. 305 ff.; Helbig, Petra: Maßstäbe als Grundsätze, in: KJ 33 (2000), S. 433 ff.

64 Dazu Korioth, Stefan: Maßstabgesetzgebung im bundesstaatlichen Finanzausgleich – Abschied von der „rein interessenbestimmten Verständigung über Geldsummen"?, in: ZG 2002, S. 335 ff., 340 ff.

65 BVerfGE 116, 327.

66 BVerfGE 116, 327 (386): „Weil und soweit Situationen eintreten, in denen die verfassungsrechtlich gebotene Handlungsfähigkeit eines Landes anders nicht aufrecht zu erhalten ist, ist bundesstaatliche Hilfeleistung durch Mittel zur Sanierung als ultima ratio erlaubt und dann auch bundesstaatlich geboten. Solange der verfassungsrechtlich eröffnete Weg einer Neugliederung des Bundesgebiets nicht beschritten worden ist, ist es bundesstaatliches Gebot, die Existenz des Not leidenden Landes als eines handlungsfähigen Adressaten verfassungsrechtlicher Pflichten und als eines Trägers verfassungsrechtlicher Aufgaben auch finanziell zu gewährleisten."

67 Zu diesen Verfahren (vor dem Urteil) Wieland, Joachim: Finanzverfassungsrechtliche Probleme extremer Haushaltsnotlagen im deutschen Bundesstaat, in: ZSE 2003, S. 529 ff.; nach dem Urteil: Korioth, Stefan, Haushaltsnotlagen der Länder: Eigenverantwortung statt finanzausgleichsrechtlicher Hilfen, in: Wirtschaftsdienst 2007, S. 182 ff.

gen – eine Situation, welcher der grundgesetzliche Konsensföderalismus möglicherweise nicht gewachsen ist. Im März 2013 haben die hessische und die bayerische Regierung erneut einen Normenkontrollantrag gegen die einfachgesetzliche Ausgestaltung des Länderfinanzausgleichs beim BVerfG anhängig gemacht. Er thematisiert das Problem, dass zur Zeit lediglich drei Länder – Bayern, Baden-Württemberg und Hessen – das Gesamtvolumen des Ausgleichs von derzeit jährlich ca. 8 Mrd. Euro aufzubringen haben. Vor dem Hintergrund der gefestigten Rechtsprechung des BVerfG zu Art. 107 Abs. 2 GG dürfte der Antrag zwar kaum Aussicht auf Erfolg haben – er spiegelt jedoch die zunehmende Auseinanderentwicklung der Länder wider und vor allem das – rechtspolitische – Konzept eines Bundesstaates, in dem Einnahmen nach der regionalen Wirtschaftskraft verteilt und Unterschiede in der Handlungsfähigkeit und Finanzkraft der Länder bewusst in Kauf genommen werden sollen. Ein solches Konzept der finanzstarken Länder kann mit Blick auf den für die Zeit ab 2020 neu zu regelnden Länderfinanzausgleich sprengsatzartige Wirkung haben. Dass damit nicht nur der Finanzausgleich angesprochen ist, sondern auch und vorrangig das System der vertikalen Aufgabenverteilung, zeigt die Spannungen zwischen den Ländern. Daneben gibt es, innerhalb und außerhalb der bundesstaatlichen Finanzverfassung, weitere Herausforderungen des grundgesetzlichen Bundesstaates. Die zunehmende europäische Integration wird die Grundannahme des föderalen Systems, es handele sich um eine zentral steuerbare Ordnung von Gebietskörperschaften, zukünftig noch stärker in Frage stellen. Das Konzept des kooperativen Föderalismus setzt die Autonomie und Abgeschlossenheit des Gesamtsystems voraus, die europäische Integration durchbricht beides. Die ruhigen Zeiten, in denen die verfassungsgerichtliche Rechtsprechung die bundesstaatlichen Bereiche des Nebeneinander, Miteinander und Gegeneinander ausgleichend vermessen konnte, scheinen vorbei. Immerhin versucht das BVerfG das bundesstaatliche Prinzip auch dadurch gegenüber europäischen Einflüssen zu schützen, dass es der „unübertragbaren und insoweit integrationsfesten Identität der Verfassung (Art. 79 Abs. 3 GG)" unterstellt wird.[68]

---

68 BVerfGE 123, 267 (350).

Das Bundesverfassungsgericht und der Sozialstaat

Frank Pilz

Von politikwissenschaftlichem Interesse ist insbesondere die Frage, in welchen Politik-feldern das Bundesverfassungsgericht (BVerfG) dem Gesetzgeber einen weiten Gestal-tungsspielraum einräumt oder ihm enge Grenzen zieht. Diese Frage wird exemplarisch anhand von sozialstaatlich relevanten Politikfeldern wie der Steuerpolitik, der Fami-lien- und Alterssicherungspolitik, der Arbeitsmarktpolitik und der Sozialpolitik, insbe-sondere der Politik der Gewährleistung eines menschenwürdigen Existenzminimums zu beantworten sein. Am Beispiel des sozialen Bundesstaats wird die Frage zu disku-tieren sein, inwiefern durch neuere Entscheidungen des BVerfG die Gewichte zwischen dem föderalen Prinzip der Unterschiedlichkeit und dem sozialstaatlichen Prinzip der Einheitlichkeit der Lebensverhältnisse verschoben worden sind. Außerdem wird die Frage zu untersuchen sein, inwieweit das BVerfG angesichts anhaltender Konsolidie-rungszwänge der öffentlichen Haushalte bestimmte soziale Leistungen und arbeits-, so-zial- und tarifrechtliche Regelungen im Kern für schützenswert erklärt. Schließlich gilt dem BVerfG-Urteil zur Gewährleistung eines menschenwürdigen Existenzminimums besondere beschreibende und bewertende Aufmerksamkeit. Dabei geht es um die Frage, auf welche Weise und in welchem Umfang die Menschenwürdegarantie und das So-zialstaatsprinzip des Grundgesetzes neben der physischen Existenz ein Mindestmaß an Teilhabe am gesellschaftlichen, kulturellen und politischen Leben zu sichern haben, also die Politik der Exekutive und Legislative dieses Grundrecht zu konkretisieren und ste-tig zu aktualisieren hat.

In der *Steuerpolitik,* insbesondere in der Vermögens-Steuerpolitik, sind bisher die poli-tikgestaltenden Möglichkeiten nur begrenzt genutzt worden, haben Politik und Recht-sprechung das Sozialstaatsgebot „nicht ausgeschöpft" und vor der Umverteilung von

Vermögensbeständen in der Regel Halt gemacht.[1] Das BVerfG hat zwar aus dem Sozialstaatsprinzip für die Politik kein Umverteilungsgebot hergeleitet, politische Maßnahmen aber auch nicht für verfassungswidrig erklärt, wenn sie umverteilende Wirkungen
haben.[2] So hat das Gericht in seinem *Urteil über die Vermögensbesteuerung* vom Jahr
1995 die Erhebung dieser Steuer zwar nicht für verfassungswidrig erklärt, aber einer umverteilenden Politik enge Grenzen gezogen.[3] Die Kritik an diesem Urteil hebt auch die
den politischen Gestaltungsspielraum einschränkende Wirkung hervor, die Entscheidungen des Gesetzgebers „durch vermögensschützende Vorgaben begrenzend vorzu-
prägen und teilweise vorwegzunehmen".[4]

Das Vermögensteuer-Urteil ist insofern von sozialstaatlicher Relevanz, als es um
die Frage ging, ob die unterschiedliche steuerliche Belastung von Grundvermögen und
sonstigem Vermögen gegen das Gleichbehandlungsgebot des Art. 3 Abs. 1 GG verstößt.
Die Grundeigentümer waren nämlich bislang gegenüber den Besitzern von Geldvermögen bevorzugt worden, weil bei der Besteuerung von Immobilien nicht der Verkehrs-
wert, sondern der viel niedrigere Einheitswert zugrunde gelegt worden war.

Das BVerfG erklärte die unterschiedliche Bewertung von Grundbesitz einerseits und
Betriebs- oder sonstigem Vermögen andererseits für verfassungswidrig, weil die Ein-
heitswerte von Grundbesitz „in willkürlicher Weise um ein Mehrfaches niedriger als
die … Werte nicht einheitswertgebundenen Vermögens" seien.[5] Der Gesetzgeber könne
die Verfassungswidrigkeit dadurch beseitigen, dass er das einheitswertgebundene Vermögen höher oder das zu Gegenwartswerten erfasste sonstige Vermögen niedriger besteuert.[6]

Außerdem hatte sich das BVerfG mit der Frage zu befassen, inwieweit das Vermögen
als wirtschaftliche Grundlage individueller Lebensführung gerade im umverteilenden
Sozialstaat gegen (zu starke) steuerliche Belastung geschützt werden muss. Nach Auffassung des BVerfG hat der Gesetzgeber wegen der mehrfachen Vorbelastung des Vermögens (z. B. durch Einkommensteuern oder Verbrauchssteuern) für eine ergänzende
Besteuerung nur noch einen engen Spielraum. „Die Vermögensteuer darf nur so bemessen werden, dass sie in ihrem Zusammenwirken mit den sonstigen Steuerbelastungen
die Substanz des Vermögens … unberührt lässt und aus den üblicherweise zu erwarten-

---

1   Bull, Hans Peter: Absage an den Staat? Warum Deutschland besser ist als sein Ruf, Berlin 2005, S. 169;
    Bundesministerium für Arbeit und Soziales: Lebenslagen in Deutschland. Der Vierte Armuts- und
    Reichtumsbericht der Bundesregierung, Berlin 2013; Schmidt, Manfred G.: Sozialpolitik in Deutsch-
    land. Historische Entwicklung und internationaler Vergleich, 3. Aufl., Wiesbaden 2005, S. 276 f.
2   von Beyme, Klaus: Das politische System der Bundesrepublik Deutschland. Eine Einführung, Wiesba-
    den 2004, S. 383–391.
3   BVerfGE 93, 121 ff.
4   Abweichende Meinung des Richters Böckenförde: BVerfGE 93, 149–152.
5   BVerfGE 93, 129.
6   Wissenschaftlicher Beirat beim Bundesministerium der Finanzen: Die Einheitsbewertung in der Bun-
    desrepublik Deutschland – Mängel und Alternativen, Bonn 1989, S. 13.

den, möglichen Erträgen (Sollerträgen) bezahlt werden kann".[7] Demzufolge könne die Vermögensteuer nicht als Substanzsteuer, sondern lediglich als Sollertragssteuer, die an die Vermögenserträge anknüpft, ausgestaltet werden.

Über den Schutz des Vermögensbestandes hinaus sei auch der Vermögensertrag besonders schützenswert. Nach Art. 14 Abs. 2 GG dient der Gebrauch des Eigentums dem Wohle der Allgemeinheit und privatem Nutzen. Deshalb sei der Vermögensertrag einerseits der steuerlichen Belastung zugänglich, andererseits müsse dem Eigentümer auch ein privater Ertragsnutzen verbleiben. Die Vermögensteuer dürfe deshalb zu den übrigen Steuern auf den Ertrag „nur hinzutreten". Die steuerliche Gesamtbelastung des Sollertrages müsse „in der Nähe einer hälftigen Teilung zwischen privater und öffentlicher Hand verbleiben".[8] Dabei müsse die Politik auch eine Lastenverteilung nach dem Prinzip finanzieller Leistungsfähigkeit beachten. Anstatt aber die Politik von ihrer, wenn auch eingeschränkten, Ausgestaltungsmöglichkeit Gebrauch gemacht hätte, wurde die Erhebung der Vermögensteuer ab 1997 einfach ausgesetzt.[9]

Auch in der *Familienpolitik* betont das BVerfG, dass die *Erziehung und Betreuung von Kindern* nicht nur bei Alleinerziehenden *steuerlich* berücksichtigt werden darf. Das Gleichheitsgebot des Art. 6 Abs. 1 GG verbiete dem Staat, „Ehe und Familie gegenüber anderen Lebens- und Erziehungsgemeinschaften schlechter zu stellen".[10] Dieses Diskriminierungsverbot bedeute, dass Ehepartner oder Eltern wegen ihrer Ehe oder Familie nicht von Steuerentlastungen ausgeschlossen werden dürfen. Da die Leistungsfähigkeit von Eltern generell durch den Betreuungsbedarf gemindert werde, sei dieser Bedarf als Bestandteil des kindbedingten Existenzminimums steuerlich zu verschonen. Aus Art. 1 Abs. 1 GG wird in Verbindung mit dem Sozialstaatsprinzip das Verfassungsgebot abgeleitet, dass nicht nur das Existenzminimum des Einzelnen als Mindestvoraussetzung eines menschenwürdigen Daseins steuerfrei bleiben müsse,[11] sondern auch das Existenzminimum sämtlicher Familienmitglieder.[12]

Zwar hatte auch die Bundesregierung erwogen, die steuerliche Entlastung der Kinderbetreuung wegen Erwerbstätigkeit auf verheiratete Eltern zu erweitern, doch könne die Einbeziehung von Ehepaaren in die Steuerentlastung nicht zwingend aus dem Gleichheitsgebot abgeleitet werden. Nach Auffassung der Bundesregierung sei die Zwangsläufigkeit des Betreuungsaufwands bei Alleinerziehenden evidenter als bei Ehepaaren. Außerdem könne bei Eheleuten durch das Splitting zusätzlicher Betreuungsaufwand leichter getragen werden als bei Alleinerziehenden.[13] Dieser Sichtweise widersprach allerdings das BVerfG: Die einkommensteuerlichen Regelungen, in ehelicher

---

7   BVerfGE 100, 137.
8   BVerfGE 100, 138.
9   Prantl, Heribert: Kein schöner Land. Die Zerstörung der sozialen Gerechtigkeit, München 2005, S. 55.
10 BVerfGE 99, 216 (232).
11 BVerfGE 82, 60 (85).
12 BVerfGE 82, 60 (85); 87, 153 (169); 99, 233.
13 Bundestags-Drucksache 10/2884, S. 96 f.

Gemeinschaft lebende Eltern vom Abzug der Kinderbetreuungskosten wegen Erwerbstätigkeit und der Gewährung eines Haushaltsfreibetrags auszuschließen, wurden mit
dem Gleichheitsgebot für unvereinbar erklärt.[14]

In der *Politik der Alterssicherung* war das Versorgungsausgleich-Urteil vom 28. Februar 1980 deshalb eine Entscheidung von historischer Bedeutung, weil die vorwiegend
durch Beiträge begründeten Leistungen der Sozialversicherung, beginnend mit Rentenansprüchen und Rentenanwartschaften, unter Eigentumsschutz gestellt wurden.[15] Das
BVerfG erklärte den nach der Eherechtsreform von 1977 eingeführten Versorgungsausgleich zwischen geschiedenen Ehegatten im Sinne des Schutzes der Eigentumsgarantie
(Art. 14 Abs. 1 Satz 2 GG) durch den besonderen Schutz von Ehe und Familie (Art. 6
Abs. 1 GG) und durch den Grundsatz der Gleichberechtigung von Männern und Frauen
(Art. 3 Abs. 2 GG) für verfassungskonform.[16]

Der Gesetzgeber verfolgte mit der Einführung des Versorgungsausgleichs das Ziel,
für den Ausgleichsberechtigten – im Regelfall die geschiedene Ehefrau – eine eigenständige Alters- und Invaliditätssicherung zu begründen.[17] Durch den Versorgungsausgleich werden die während der Ehe erworbenen Anwartschaften zwischen den Ehegatten aufgeteilt („Splitting").

Das BVerfG hatte sich mit den Bedenken „vorlegender" Gerichte, zahlreicher Verbände, des Bundesrats, von Sachverständigen usw. auseinander zu setzen.[18] Für die
Kritiker des Versorgungsausgleichs ergeben sich Bedenken aus dem Eigentumsschutz
des Art. 14 Abs. 1 GG gegen die Zulässigkeit der Übertragung von Versorgungsanwart-
schaften aus den gesetzlichen Rentenversicherungen. Rentenanwartschaften genössen
deshalb einen besonderen Schutz der Eigentumsgarantie, weil sie nicht ausschließlich
steuerfinanziert, sondern vor allem auf eigenen Beiträgen der Versicherten beruhten.
Bei Durchführung des Versorgungsausgleichs würde dem Ausgleichspflichtigen ein Teil
seiner „abgesplitterten" Anwartschaften entzogen. Dies sei mit der grundgesetzlich geschützten Eigentumsgarantie und dem Sozialstaatsprinzip unvereinbar, wenn den ausgleichspflichtigen Ehegatten nach durchgeführtem Versorgungsausgleich nur noch
sozialstaatlich unvertretbare Kleinstrenten verblieben. Außerdem sei mit der Eigentumsgarantie unvereinbar, wenn die Altersversorgung des Ausgleichspflichtigen zusätzlich durch Unterhaltsansprüche seines geschiedenen Ehegatten gefährdet werde. Ferner
sei es verfassungsrechtlich bedenklich, dass die übertragenen Anwartschaften nach dem
Tode des Ausgleichsberechtigten nicht an den Ausgleichspflichtigen zurückfielen.

---

14 BVerfGE 99, 218.
15 Schmidt, a. a. O. (Fn. 1), S. 158; Sesselmeier, Werner: Die demographische Herausforderung der Alters-
    sicherung, in: Aus Politik und Zeitgeschichte (APuZ), Heft 8-9, 2006, S. 25 ff.
16 BVerfGE 53, 257 ff.
17 Bundestags-Drucksache 7/650, S. 155.
18 Zur Sache, Themen parlamentarischer Beratung 2/1976.

Bei der Beurteilung der Verfassungskonformität oder Verfassungswidrigkeit des Versorgungsausgleichs musste das BVerfG abwägen, inwieweit Rentenversicherungsansprüche und Rentenanwartschaften einen personalen oder sozialen Bezug haben.[19] Für die Gestaltungsfreiheit des Gesetzgebers sei die Funktion des Eigentumsobjekts von großer Bedeutung und führe deshalb zu einer „Stufung des Schutzes". Die Gestaltungsfreiheit des Gesetzgebers, Inhalte und Schranken der Eigentumsnutzung zu bestimmen (Art. 14 Abs. 1 Satz 2 GG), sei umso weiter, je mehr es darum geht, die Funktionsfähigkeit des Systems der gesetzlichen Rentenversicherung im Interesse aller zu erhalten oder das System veränderten wirtschaftlichen Bedingungen anzupassen. Dem Gesetzgeber seien dagegen enge Grenzen gezogen, wenn das Eigentum der Sicherung der persönlichen Freiheit des Einzelnen dient.[20]

Nach Auffassung des Verfassungsgerichts umfasst die Inhalts- und Schrankenbestimmung des Eigentums im Sinne des Art. 14 Abs. 1 Satz 2 GG grundsätzlich die Befugnis des Gesetzgebers, Leistungen zu kürzen und den Umfang von Ansprüchen und Anwartschaften zu vermindern. In Bezug auf den Versorgungsausgleich sind also Kürzungen von Rentenansprüchen und -anwartschaften des Ausgleichspflichtigen durchaus zulässig.[21] Das BVerfG verweist aber darauf, dass es im konkreten Rechtsstreit der Rentenkürzungen des Ausgleichspflichtigen nicht um die Erhaltung der Funktionsfähigkeit des Systems der Rentenversicherung, sondern um die Abwicklung des durch die Ehe begründeten privatrechtlichen Verhältnisses gehe.

Auch wenn die Übertragung von Anwartschaften und Ansprüchen des Ausgleichspflichtigen auf den Ausgleichsberechtigten ein – unter Umständen – schwerwiegender Eingriff sein könne, hielt das BVerfG den Versorgungsausgleich zwischen geschiedenen Ehegatten durch Art. 6 Abs. 1 und Art. 3 Abs. 2 GG für gerechtfertigt. Das Gericht bezog sich auf seine bisherige Rechtsprechung, wonach zum Wesen der auf Lebenszeit angelegten Ehe die Gleichberechtigung beider Partner gehöre, die auch nach Trennung und Scheidung der Eheleute auf ihre Beziehungen hinsichtlich Unterhalt und Versorgung und Aufteilung des Vermögens wirke.[22]

Das BVerfG sieht im Hinblick auf Art. 3 Abs. 2 GG gleichwertig neben den monetären Unterhaltsleistungen die unmittelbaren Leistungen der Frau bei der Führung des Haushalts und der Erziehung der Kinder als Unterhaltsleistungen an. Deshalb dürften die während der Ehe gemeinsam erwirtschafteten Ansprüche und Anwartschaften nach Scheidung der Ehe gleichmäßig auf beide Partner verteilt werden.

Das BVerfG hat auch in der *Arbeitsmarktpolitik* den weiten Gestaltungsspielraum des Gesetzgebers betont,[23] so bei der Verfassungsbeschwerde gegen die Regelung, Zuschüsse

---

19 BVerfGE 53, 292 ff.
20 BVerfGE 53, 292 ff.
21 BVerfGE 53, 293 (295).
22 BVerfGE 42, 64 77); 47, 85 (100).
23 BVerfGE 100, 271 ff.

für Arbeitsbeschaffungsmaßnahmen nur zu leisten, wenn das vereinbarte Arbeitsentgelt 80 % der Tariflöhne für vergleichbare Tätigkeiten nicht übersteigt (§ 275 Abs. 2 Sozialgesetzbuch). Zwar griffen gesetzliche Regelungen über Zuschüsse für untertariflich entgoltene Arbeitsbeschaffungsmaßnahmen (Lohnabstandsklauseln) in die Tarifautonomie ein, seien „aber zur Schaffung zusätzlicher Arbeitsplätze in Zeiten hoher Arbeitslosigkeit gerechtfertigt". Bei Verfolgung arbeitsmarkt- und vereinigungspolitischer Ziele müsse der Gesetzgeber Art und Weise der Zuschussgewährung bestimmen können: Nicht nur die erleichterte Wiedereingliederung in das Arbeitsleben, sondern auch die Anforderungen des deutschen Einigungsprozesses rechtfertigten besondere Gestaltungsmöglichkeiten des Gesetzgebers.

Die Gewerkschaft als Beschwerdeführerin rügte, dass durch die Lohnabstandsklauseln der Art. 9 Abs. 3 GG verletzt werde, d. h., dass der Gesetzgeber faktisch Lohnleitlinien geschaffen habe, die den Verhandlungsspielraum der Arbeitnehmervertretung stark einschränke. Mit der Tarifabsenkung bei den Arbeitsbeschaffungsmaßnahmen verfolge der Gesetzgeber das Ziel, „den Tarifstandard in wirtschaftlichen Krisensituationen zu senken."[24]

Das BVerfG sieht im Sozialstaatsprinzip einen Gestaltungsauftrag an den Gesetzgeber. „Wie der Gesetzgeber diesen Auftrag erfüllt, ist mangels näherer Konkretisierung des Sozialstaatsprinzips seine Sache".[25] Für das oberste Gericht ist die arbeitsmarktpolitisch motivierte Zuschussregelung und der damit verbundene Eingriff in die Tarifautonomie durch „überwiegende Gründe des Gemeinwohls gerechtfertigt."[26] Dem Schutz von Gemeinwohlbelangen gebühre gleichermaßen verfassungsrechtlicher Rang wie die Garantie der Koalitionsfreiheit.[27] Der Gesetzgeber könne sich auf das Sozialstaatsprinzip berufen, wenn er dem „Ziel, Massenarbeitslosigkeit durch Förderung von zusätzlich bereitgestellten Arbeitsplätzen zu bekämpfen", Verfassungsrang einräume. Solche Zielsetzungen, denen das Sozialstaatsprinzip legitimierendes Gewicht verleiht, rechtfertigten einschränkende Auswirkungen auf die Tarifautonomie.[28]

Die Lohnabstandsklausel soll auch dazu beitragen, mit den nur begrenzt verfügbaren Mitteln möglichst viele Arbeitslose zu fördern. Durch die Kappung der Entgelte für Arbeitsbeschaffungsmaßnahmen trete ein Spareffekt ein, der eine Bezuschussung einer größeren Zahl von Langzeitarbeitslosen ermögliche. Das BVerfG vertritt insofern angebotsorientierte Positionen der Arbeitgeber, als es davon ausgeht, dass ohne Lohnabstandsklausel höhere Tarifabschlüsse zustande gekommen wären, und dadurch die

---

24 BVerfGE 100, 276.
25 BVerfGE 1, 97 (105).
26 BVerfGE 100, 283.
27 BVerfGE 84, 212 (228).
28 BVerfGE 100, 284.

Anreize für Arbeitgeber abgeschwächt worden wären, Arbeitskräfte in Arbeitsbeschaffungsmaßnahmen zu beschäftigen.[29]

In der Entscheidung zum *Kündigungsschutz in Kleinbetrieben* von 1998 wurde die bis zum 30. September 1996 geltende Regelung des Kündigungsschutzgesetzes, auch solche Betriebe vom Kündigungsschutz freizustellen, bei denen eine beliebig große Zahl von Arbeitnehmern wöchentlich zehn (monatlich 45) Stunden oder weniger arbeiteten, für grundgesetzkonform erklärt.[30] Die Arbeitsgerichte Reutlingen und Bremen hatten einen Rechtsstreit über den Geltungsbereich des Kündigungsschutzes in Betrieben und Verwaltungen mit geringer Beschäftigtenzahl (Kleinbetrieben) wegen vermuteter Verletzung des Gleichheitssatzes (Art. 3 Abs. 1 GG) und der Berufsfreiheit (Art. 12 Abs. 1 GG) ausgesetzt und ihn dem BVerfG zur Überprüfung der Verfassungsmäßigkeit vorgelegt. Nach Auffassung des Arbeitsgerichts Bremen verletze diese Regelung insofern den Gleichheitssatz, als im Ergebnis Betriebe beliebig viele Arbeitnehmer einstellen könnten, ohne in den Geltungsbereich des Kündigungsschutzgesetzes zu fallen.

Nach Auffassung des BVerfG benachteilige zwar die Kündigungsschutz-Regelung die Arbeitnehmer in Kleinbetrieben im Vergleich zu Arbeitnehmern in größeren Betrieben, doch sei diese Ungleichbehandlung durch die besondere Interessenlage der Arbeitgeber (z. B. persönliche Mitarbeit des Arbeitgebers im Betrieb, geringe Finanzausstattung) sachlich gerechtfertigt. Das Gericht erklärte überdies die Norm mit dem Grundrecht der Berufsfreiheit (Art. 12 Abs. 1 GG) vereinbar. Dem durch die Berufsfreiheit geschützten Interesse des Arbeitnehmers an der Erhaltung seines Arbeitsplatzes stehe das grundrechtlich geschützte Interesse des Arbeitgebers gegenüber, die Zahl der Mitarbeiter auf das von ihm bestimmte Maß zu beschränken. Dabei sei dem Gesetzgeber ein weiter Gestaltungsfreiraum einzuräumen, diese Interessen zu einem gerechten Ausgleich zu bringen. Dem Verfassungsgericht zufolge habe der Gesetzgeber diese gegenüberstehenden Belange angemessen berücksichtigt.

Im Urteil zur *Pflegeversicherung* vom 3. 4. 2001 hat das BVerfG den weiten Entscheidungsspielraum des „zur sozialpolitischen Gestaltung berufenen Gesetzgebers" bekräftigt.[31] Das Gericht hat die Regelung, dass Mitglieder der sozialen Pflegeversicherung, die Kinder betreuen und erziehen, neben dem Geldbeitrag (monetären Beitrag) einen generativen Beitrag zur Funktionsfähigkeit des sozialen Sicherungssystems leisten, mit einem gleich hohen Pflegeversicherungsbeitrag wie kinderlose Mitglieder belastet werden, für unvereinbar mit Art. 3 Abs. 2 in Verbindung mit Art. 6 Abs. 1 GG erklärt.[32]

Zwar hat eine Unvereinbarkeitserklärung grundsätzlich zur Folge, dass die beanstandete Norm nicht mehr angewendet werden darf, doch kann sie ausnahmsweise weiter angewendet werden. Um dem Gesetzgeber die Möglichkeit zu geben, nach verfassungs-

---

29 BVerfGE 100, 281 (286); Sinn, Hans Werner: „Deutsche Empfindlichkeiten interessieren die Chinesen nicht", in: Das Parlament vom 21. 11. 2005, S. 9.

30 BVerfG, 1 BvL 22/93 vom 27. 1. 1998.

31 Leitsatz 2 des Pflegeversicherungs-Urteils.

32 BVerfGE 103, 242.

konformen und finanzierbaren Wegen zu suchen, ließ das BVerfG die Weiteranwendung der für Eltern und Kinderlose gleich hohen Belastung bis zum 31. Dezember 2004 zu.[33]

Das Gericht hob auch in diesem Urteil den großen Spielraum des Gesetzgebers bei der Ausgestaltung des Beitragsrechts in der sozialen Pflegeversicherung hervor. Das Grundgesetz verpflichte lediglich den Gesetzgeber und die Regierung dazu, beitragspflichtige Versicherte mit Kindern gegenüber kinderlosen Mitgliedern bei der Bemessung der Beiträge zu entlasten.[34] Der soziale Ausgleich zwischen Eltern und kinderlosen Personen müsse an die Erwerbsphase der Eltern anknüpfen, da die Elterngeneration während der Zeit der Betreuung und Erziehung der Kinder Beiträge entrichtet, die auch kinderlosen Versicherten zugute kommt, die später den pflegenahen Jahrgängen angehören oder pflegebedürftig sind. Die Entlastung der Elterngeneration oder die Belastung der Kinderlosen müsse deshalb durch unterschiedliche Beiträge in der Erwerbsphase und nicht durch unterschiedliche Leistungen im Fall des Eintritts der Pflegebedürftigkeit erfolgen.[35]

Das Gericht beauftragte überdies den Gesetzgeber, die Anwendbarkeit des Urteils auch für andere Sozialversicherungszweige zu prüfen. So hält es beispielsweise der Rentenexperte und Politikberater der Bundesregierung Bert Rürup „zwar für möglich, aber keineswegs für geboten", die Kinderzahl bei der Beitragsgestaltung nicht nur in der Pflegeversicherung, sondern auch in der gesetzlichen Rentenversicherung zu berücksichtigen.[36] Der Interpretation Rürups zufolge lasse der vom Verfassungsgericht eingeräumte weite sozialpolitische Gestaltungsspielraum des Gesetzgebers sogar eine von der Zahl der Kinder abhängige Entlastung auf der Leistungsseite zu.

Mit diesem Urteil hat das BVerfG dem Gesetzgeber den Auftrag erteilt, bei der Gestaltung der Beiträge spätestens ab dem Jahr 2005 die Kindererziehung zu berücksichtigen. Der Gesetzgeber solle im Rahmen seines „sozialpolitischen Gestaltungsermessens" nicht nur den gesellschaftlichen Nutzen der Kindererziehung, sondern auch den Vorteil berücksichtigen, den kinderlose Pflichtversicherte durch die nachwachsende Generation erhalten.[37] Die in Zeiten der Erziehung anfallenden Kosten und Einnahmeausfälle rechtfertigten eine Neugestaltung der Beitragszahlungen durch höhere Freibeträge oder niedrigere Beitragssätze der Kinder erziehenden Versicherten oder durch höhere Beitragssätze kinderloser Versicherter. Der Gesetzgeber hat den Auftrag des BVerfG insofern Rechnung getragen, als ab dem Jahr 2005 Kinderlose einen um 0,25 Prozentpunkte höheren Beitrag allein zu entrichten haben.

---

33 BVerfGE 103, 270.
34 BVerfGE 103, 270.
35 BVerfGE 103, 270.
36 Rürup, Bert: Ein Urteil mit begrenztem Gebrauchswert, in: Wirtschaftsdienst, Heft 5, 2001, S. 259–263, S. 259.
37 Schneekloth, Ulrich/Müller, Udo (Hrsg.): Wirkungen der Pflegeversicherung, Band 127 der Schriftenreihe des Bundesministeriums für Gesundheit, Berlin 2000, S. 175 f.

Im *sozialen Bundesstaat* bestand und besteht immer ein Spannungsverhältnis zwischen dem föderalen Prinzip der Vielfalt, der Unterschiedlichkeit und des Wettbewerbs einerseits und dem sozialstaatlichen Prinzip der Einheitlichkeit oder Gleichwertigkeit der Lebensverhältnisse andererseits.[38] In jüngster Zeit hat allerdings das BVerfG die Gewichte dieser beiden konkurrierenden Prinzipien zu Gunsten der Unterschiedlichkeit der Lebensverhältnisse verschoben. Die in Politik und Wissenschaft vertretenen Wettbewerbsföderalisten plädieren schon seit längerem dafür, größere politische, wirtschaftliche und finanzielle Disparitäten im Bundesstaat zuzulassen.[39] In ihrer Sicht gewährleiste das Sozialstaatsprinzip ohnehin nur einen sozialen Minimalstandard im gesamten Bundesgebiet,[40] erlaube den Ländern also durchaus, eigenständige politische Prioritäten zu setzen.

Wettbewerbspolitische Zielvorstellungen wurden insofern umgesetzt, als durch die Verfassungsänderung von 1994 im Art. 72 Abs. 2 GG der Begriff der „Einheitlichkeit" der Lebensverhältnisse durch den der „Gleichwertigkeit" ersetzt wurde. Im Gegensatz zum sozialstaatlichen Grundsatz der Einheitlichkeit, dem die Tendenz der „nivellierenden Vereinheitlichung" innewohnt, lässt die Norm der Gleichwertigkeit größere Unterschiede bei den arbeitsmarkt-, sozial- und infrastrukturspezifischen Standards zu.[41] Diese Verfassungsänderung sollte zudem den regionalen Besonderheiten der Länder, insbesondere der neuen Länder, Rechnung tragen. Der neue Begriff der „gleichwertigen Lebensverhältnisse" senkt das Niveau der Vereinheitlichung deutlich ab.[42] Die Änderung, die ferner dem BVerfG das Letztentscheidungsrecht über bundesstaatliche Kompetenzstreitigkeiten zuwies, bot nunmehr den Ländern die Möglichkeit, besonders in der Sozial- und Bildungspolitik wegen Kompetenzüberschreitung des Bundesgesetzgebers zu klagen.[43]

---

38 Pilz Frank: Das bundesstaatliche Finanzsystem und sein Reformspielraum: Von der Anpassungsfähigkeit zur Reformunfähigkeit der Politik?, in: Zeitschrift für Politik (ZfP), Heft 1, 2002, S. 1–35.

39 Hesse, Joachim Jens: Das föderative System der Bundesrepublik vor den Herausforderungen der deutschen Einigung, in: Seibel, W. u. a. (Hrsg.), Verwaltungsreform und Verwaltungspolitik im Prozess der deutschen Einigung, Baden-Baden 1993, S. 438; Renzsch, Wolfgang: Einheitlichkeit der Lebensverhältnisse oder Wettbewerb der Regionen, in: Staatswissenschaften und Staatspraxis, Heft 1, 1997, S. 98; Schultze, Rainer-Olaf: Föderalismusreform in Deutschland: Widersprüche – Ansätze – Hoffnungen, in: Zeitschrift für Parlamentsfragen (ZParl), Heft 2/Juni 1999, S. 183; Scholz, Rupert: Deutschland in guter Verfassung? Heidelberg 2004, S. 147–166.

40 Arndt, Hans-Wolfgang: Finanzverfassungsrechtlicher Reformbedarf – vom unitarischen Föderalismus zum Wettbewerbsföderalismus, in: Wirtschaftsdienst, Heft 2, 1998.

41 Stenografischer Bericht der Gemeinsamen Verfassungskommission, in: Zur Sache 2/1996 Band 1 – Bericht und Sitzungsprotokolle, Bonn 1996, S. 18.

42 Pilz, Frank/Ortwein, Heike: Das politische System Deutschlands. Systemintegrierende Einführung in das Regierungs-, Wirtschafts- und Sozialsystem, München – Wien 2008, S. 48 ff.; Scholz, a. a. O. (Fn. 39), S. 153–166.

43 Benz, Arthur: Kein Ausweg aus der Politikverflechtung? Warum die Bundesstaatskommission scheiterte, aber nicht scheitern musste, in: Politische Vierteljahresschrift (PVS), Heft 2, 2005, S. 204–214.

So hat beispielsweise das sozialpolitisch und bundesstaatlich relevante Urteil des BVerfG zum *Berufsbild des Altenpflegers* vom 24.10.2002 dem Bund engere Grenzen gezogen, von seiner konkurrierenden Gesetzgebungskompetenz Gebrauch zu machen.[44] Die Norm der Herstellung gleichwertiger Lebensverhältnisse des Art. 72 Abs. 2 GG ist darauf angelegt, die Disparitäten in Deutschland vor allem bei der Einkommens- und Vermögensverteilung, bei der Arbeitslosenquote, der Infrastrukturausstattung, der Ausbildungsstruktur und den Ausbildungsinhalten usw. nicht ausufern zu lassen. Für die Anhänger der Regionalisierung der Sozialpolitik stellt diese Verfassungsnorm kein Staatsziel, sondern lediglich eine Voraussetzung für die Kompetenz des Bundes im Bereich der konkurrierenden Gesetzgebung dar. In dieser Sichtweise soll verhindert werden, dass mit dieser Norm die Ausweitung konkurrierender Gesetzgebungszuständigkeit jederzeit gerechtfertigt werden kann. Denn die konkurrierende Gesetzgebungszuständigkeit sei „in der Verfassungspraxis ausschließliche Gesetzgebungskompetenz des Bundes", was die sozial-, arbeitsmarkt-, regional- und strukturpolitische Gestaltungsfähigkeit der Länder einschränke.[45]

Mit dem Altenpfleger-Urteil lässt das Gericht Bundesgesetze nur noch zu, „wenn sich die Lebensverhältnisse in den Ländern der Bundesrepublik in erheblicher, das bundesstaatliche Sozialgefüge beeinträchtigender Weise auseinander entwickelt haben".[46] Die Zielvorgabe der Herstellung gleichwertiger Lebensverhältnisse bildet die Grundlage für die Konkretisierung der Ziele der Wahrung der Rechts- oder Wirtschaftseinheit und für das Tatbestandsmerkmal des gesamtstaatlichen Interesses. Nach dem Altenpfleger-Urteil des Verfassungsgerichts erlauben weder diese Ziele noch das Merkmal des gesamtstaatlichen Interesses dem Bundesgesetzgeber, zur Verfolgung sonstiger Gemeinwohlinteressen oder mit dem allgemeinen Ziel einer Verbesserung der Lebensverhältnisse tätig zu werden.[47] Das Ziel der Wahrung der Rechtseinheit bedeute nicht, stets bundeseinheitliches Recht setzen zu müssen. Unterschiedliche Rechtslagen seien vielmehr für die Bürger eine „notwendige Folge des bundesstaatlichen Aufbaus". Die Voraussetzungen einer bundesgesetzlichen Regelung seien erst dann erfüllt, wenn „eine Rechtszersplitterung mit problematischen Folgen" drohe.[48]

Die Wahrung der Wirtschaftseinheit setze, da sie im gesamtstaatlichen Interesse liege, mehr voraus als die Schaffung der Rechtseinheit. Die Erhaltung der Funktionsfähigkeit des Wirtschaftsraums der Bundesrepublik erfordere eine bundeseinheitliche Rechtsetzung. Gehe es um wirtschaftspolitisch bedrohliche Auswirkungen einer Rechtsvielfalt, greife die Zielvorgabe des gesamtstaatlichen Interesses.[49] Unterschiedliche lan-

---

44 BVerfGE 106, 62 ff.
45 Laufer, Heinz: Das föderative System der Bundesrepublik Deutschland, hrsg. von der Bayerischen Landeszentrale für politische Bildungsarbeit, München 1991, S. 117.
46 BVerfGE 106, 63 (144).
47 BVerfGE 106, 145.
48 BVerfGE 106, 145.
49 BVerfGE 106, 146.

desrechtliche Regelungen können die sozialökonomische Entwicklung beeinträchtigen und insbesondere die Verteilung der personellen und sachlichen Ressourcen verzerren. Die in Art. 72 Abs. 2 GG verankerte Zielgröße der „Wirtschaftseinheit" beziehe sich nicht nur auf den Bereich des „Rechts der Wirtschaft" in Art. 74 Abs. 1 Nr. 11 GG, sondern umfasse alle Materien der konkurrierenden und der Rahmengesetzgebung, mithin auch die sozialstaatlich relevanten Materien des Arbeitsrechts und der Sozialversicherung (Art. 74 Abs. 1 Nr. 12). Der Erlass von Bundesgesetzen zur Wahrung der Wirtschaftseinheit stehe dann im gesamtstaatlichen Interesse, wenn Landesregelungen oder das Nichthandeln von Landesregierungen „erhebliche Nachteile" für die gesamte Wirtschafts- und Sozialordnung bewirken.[50]

Angesichts der seit den 1980er Jahren anhaltenden *Konsolidierungszwänge*, denen die öffentlichen Haushalte, insbesondere die Sozialetats, ausgesetzt sind, stellt sich für die Politik, die Wissenschaft und die Rechtsprechung die Frage, ab welchem Niveau der Kürzung sozialer Leistungen und ab welchem Grad verschärfter Anspruchsvoraussetzungen für den Leistungsbezug der schützenswerte „Kernbestand des Sozialstaats" angetastet wird. Anhand sozialstaatlich relevanter Politikfelder ist aufgezeigt worden, dass das BVerfG dem Gesetzgeber gerade bei der Ausgestaltung der Politik im Sozialstaat einen weiten Gestaltungsspielraum zubilligt, ihm aber auch eine nicht geringe Gestaltungsverantwortung abverlangt.[51] Zwar lässt das BVerfG im Rahmen der gesetzgeberischen Gestaltungsfreiheit eine restriktivere Politik auf der Finanzierungs- und Leistungsseite des Sozialstaats zu,[52] doch muss sich auch die Rechtsprechung der Frage stellen, inwieweit bei fortgesetztem „Abbau" des Sozialstaats die „Garantieklausel" des Art. 79 Abs. 3 GG, die auch das Sozialstaatsprinzip des Art. 20 GG umfasst, verletzt wird.

Zu den unverzichtbaren Aufgaben des Sozialstaats, gleichsam zur Substanz des Sozialstaats, gehören nach Auffassung des BVerfG die Leistungen der Fürsorge für Hilfsbedürftige.[53] Besonderen Schutz genießen demzufolge soziale Leistungen, die für die betroffenen Menschen von existenzieller Bedeutung sind und auf deren Sicherung sie vertrauen. Deshalb gibt es in Politik und Rechtsprechung einen breiten Konsens darüber, dass die Sicherung des Existenzminimums und damit die Bestreitung eines menschenwürdigen Lebensunterhalts zum unantastbaren Kernbestand des Sozialstaats gehören.

Ferner müsse die Steuerpolitik im Sozialstaat dem Erfordernis Rechnung tragen, „den in der Rechtsgemeinschaft anerkannten Mindestbedarf zu decken", d. h. das Exis-

---

50 BVerfGE 106, 147.
51 Hesse, a. a. O. (Fn. 39), S. 93 f.; Pilz, Frank unter Mitarbeit von Malgorzata Waniak: Der Sozialstaat. Ausbau – Kontroversen – Umbau. Band 761 der Schriftenreihe der Bundeszentrale für politische Bildung, Bonn 2009, S. 58 ff.
52 BVerfGE 39, 302 (314 f.).
53 BVerfGE 40, 121 (133); 43, 13 (19).

tenzminimum von der Einkommensteuer zu befreien.[54] Dies verpflichte den Steuergesetzgeber, zumindest die Teile des Erwerbseinkommens nicht zu besteuern, die zur Befriedigung des existenznotwendigen Bedarfs benötigt werden.

So gelten auch Leistungen der klassischen Sozialpolitik, die wie Renten oder Arbeitslosenunterstützung auf Beitragsfinanzierung des Versicherten beruhen und damit der Eigentumsgarantie unterliegen, in ihrem Kernbestand als unantastbar.[55] Der Schutz solcher Leistungen verstärkt sich in dem Maße, wie sie durch einen personalen Bezug des Anteils eigener Beitragszahlungen geprägt sind und der Sicherung der persönlichen Freiheit des Einzelnen dienen.[56] Demgegenüber hat der Gesetzgeber eine umso weitere Gestaltungsfreiheit, je stärker der soziale Bezug sozialversicherungsrechtlicher Positionen ist, d. h. bei angespannter öffentlicher Haushaltslage die Funktionsfähigkeit der sozialen Sicherungssysteme erhalten werden muss.

Angesichts anhaltender Konsolidierungszwänge sind grundsätzlich Leistungskürzungen, Leistungsausgrenzungen, höhere Zuzahlungen im Gesundheitssystem und strengere Anspruchsvoraussetzungen für den Bezug von Leistungen eine zulässige Inhalts- und Schrankenbestimmung des Art. 14 Abs. 1 Satz 2, sofern sie dem Zweck des Gemeinwohls dienen und dem Grundsatz der Verhältnismäßigkeit entsprechen.[57]

Der Gesetzgeber hat deshalb zur Erhaltung der Funktionsfähigkeit der sozialen Sicherungssysteme eine nicht geringe Gestaltungsfreiheit für eine restriktive Politik, solange die sozialstaatlichen Eingriffe nicht die Sicherung der persönlichen Freiheit beeinträchtigen und maßvoll erfolgen. Mit dem Sozialstaatsgebot vereinbar werden deshalb folgende politische Konsolidierungsmaßnahmen anzusehen sein: in der Rentenversicherung niedrigere Rentenanpassungen oder „Nullrunden", in der Arbeitslosenversicherung gekürzte Leistungssätze oder strengere Voraussetzungen für den Leistungsbezug, in der Krankenversicherung Zuzahlungen bei den Medikamenten oder für den Krankenhausaufenthalt und die Privatisierung von Leistungen wie den Zahnersatz oder das Krankengeld.

Als verfassungsrechtlich bedenklich werden dagegen arbeitsmarktpolitische Maßnahmen wie die des Hartz-IV-Gesetzes zu beurteilen sein, die für Empfänger beispielsweise des Arbeitslosengeldes II zum Teil erhebliche Einkommenseinbußen bedeuten, somit die Sicherung eines menschenwürdigen Lebens gefährden und die Chancen auf gesellschaftliche Teilhabe erheblich beeinträchtigen. Außerdem könnten Leistungskürzungen auf Sozialhilfeniveau insbesondere im Fall älterer Arbeitnehmer den Eigentumsschutz für über Jahre durch Beitragszahlungen aufgebaute Anwartschaften verletzen.

---

54 BVerfGE 87, 153 f.
55 BVerfGE 53, 293
56 BVerfGE 53, 293 f.
57 BVerfGE 53, 293 ff.

Das Bundesverfassungsgericht formulierte in seinem Urteil vom 9. Februar 2010 zu den *Regelleistungen nach dem Sozialgesetzbuch II („Hartz IV-Gesetz")* ein Grundrecht auf Gewährleistung eines menschenwürdigen Existenzminimums.[58] In den vier Leitsätzen des Urteils sichert das Gericht jedem Hilfebedürftigen aus Art. 1 Abs. 1 GG in Verbindung mit dem Sozialstaatsprinzip des Art. 20 Abs. 1 GG materielle Unterstützungen zu, die „für seine physische Existenz und für ein Mindestmaß an Teilhabe am gesellschaftlichen, kulturellen und politischen Leben" unverzichtbar sind. Dieses Grundrecht ist „dem Grunde nach" unverfügbar, muss aber durch den Gesetzgeber konkretisiert und stetig aktualisiert werden. Bei der Ausgestaltung des Existenzminimums hat der Gesetzgeber einen Gestaltungsspielraum, wobei er „alle existenznotwendigen Aufwendungen" in einem transparenten Verfahren realitätsgerecht zu bemessen hat. Der Gesetzgeber kann den Bedarf zur Existenzsicherung durch einen Festbetrag decken, muss aber für einen darüber hinausgehenden „besonderen Bedarf einen zusätzlichen Leistungsanspruch einräumen".[59]

Während der Gesetzgeber bei der Bemessung des Existenzminimums einen Gestaltungsspielraum hat, hat das Bundesverfassungsgericht den Grundsatz richterlicher Selbstbeschränkung zu beachten, d. h., dass es sich bei der Kontrolle einfachgesetzlicher Regelung Zurückhaltung aufzuerlegen hat.[60] Die materielle Kontrolle des Gerichts beschränkt sich also darauf, ob „die Leistungen evident unzureichend" sind.

Wegen des gesetzgeberischen Gestaltungsermessens sieht sich das Bundesverfassungsgericht nicht befugt, „selbst einen bestimmten – Leistungsbetrag festzusetzen". Auch wenn das höchste deutsche Gericht die Regelleistungsbeträge für nicht evident unzureichend hält, ist der Gesetzgeber nicht unmittelbar verfassungsrechtlich verpflichtet, höhere Leistungen zu beschließen. Er muss vielmehr ein Verfahren entwickeln, das eine realitäts- und bedarfsgerechte Ermittlung eines menschenwürdigen Existenzminimums gewährleistet.[61]

Das Statistikmodell, das die Grundlage für die Berechnung der Regelleistungen bildet, ist für das Bundesverfassungsgericht eine verfassungsrechtlich zulässige und realitätsnahe Bestimmung des Existenzminimums. Die nach der Einkommens- und Verbrauchsstichprobe berechneten untersten 20 Prozent der – nach ihrem Nettoeinkommen geschichteten – Einpersonenhaushalte werden vom Bundesverfassungsgericht nicht beanstandet.[62]

Die zum Zeitpunkt des Inkrafttretens des „Hartz IV-Gesetzes" im Jahr 2005 festgelegte Regelleistung für Alleinstehende in Höhe von 345 Euro, für Ehegatten, Lebenspart-

---

58 BVerfG, 1 BvL 1/09 vom 9. 2. 2010, Rn. 1–220.
59 BVerfG, 1 BvL 1/09 vom 9. 2. 2010, 1. bis 4. Leitsatz.
60 Pilz, Frank/Ortwein, Heike, a. a. O. (Fn. 42), S. 183; Hesse, Joachim Jens/Ellwein, Thomas: Das Regierungs-System der Bundesrepublik Deutschland, Baden-Baden 2012; S. 553 f.; Schmidt, Manfred G.: Das politische System Deutschlands, München 2011, S. 240–245.
61 BVerfG, 1 BvL 1/09 vom 9. 2. 2010, Rn. 211 f.
62 BVerfG, 1 BvL 1/09 vom 9. 2. 2010, Rn. 162.

ner und Partner einer eheähnlichen Gemeinschaft in Höhe von 311 Euro (90 %), für Kinder bis zur Vollendung des 14. Lebensjahrs in Höhe von 207 Euro (60 %) stellte das Gericht keine evidente Leistungs-Unterschreitung fest. Diese Regelleistungen reichen nach Auffassung des Gerichts sowohl „zur Sicherung der physischen Seite des Existenzminimums zumindest" als auch zur „sozialen Seite des Existenzminimums" aus, da der Gestaltungsspielraum des Gesetzgebers besonders weit ist.[63]

Der Gesetzgeber darf eine wertende Entscheidung treffen, also Ausgaben in den Abteilungen der Einkommens- und Verbrauchsstichprobe kürzen, wenn sie anderweitig gedeckt werden oder zur Existenzsicherung nicht notwendig sind. Das Bundesverfassungsgericht hat allerdings die Ermittlung der Regelleistung von 345 Euro für nicht verfassungsgemäß erklärt, weil von den Strukturprinzipien des Statistikmodells abgewichen worden ist.[64]

Der regelleistungsrelevante Verbrauch (nach § 2 Abs. 2 Regelsatzverordnung) ist in der Einkommens- und Verbrauchsstichprobe nicht tragfähig ausgewertet worden. So wurden in einzelnen Ausgabepositionen (z. B. Bekleidung, Möbel, Telefon, Spielzeuge und Finanzdienstleistungen) prozentuale Abschläge für nicht regelleistungsrelevante Güter und Dienstleistungen (z. B. Pelze, Kunstgegenstände, Segelflugzeuge, Steuerberatungskosten) vorgenommen, ohne dass sicher war, ob das unterste Quintil der Einpersonenhaushalte überhaupt solche Ausgaben getätigt hat. Der regelleistungsrelevante Verbrauch wurde insofern nicht schlüssig ermittelt, als angeblich nicht existenzsichernde Ausgaben „ins Blaue hinein" geschätzt wurden.[65]

Bei Ausgabepositionen wie dem Strom wurden Kürzungen vorgenommen (z. B. 15 %), die empirisch nicht belegt worden waren.[66] Zudem blieben Ausgabepositionen wie das Bildungswesen ohne Begründung völlig unberücksichtigt.[67] Außerdem kritisiert das Bundesverfassungsgericht, dass sich die – auf Basis des Jahres 1998 auf 2005 hochgerechneten – Beträge an der aktuellen Rentenentwicklung orientieren. Dieser Maßstabswechsel sei aber sachwidrig, weil rentenrelevante Faktoren wie die Entwicklung der Bruttolöhne und -gehälter und der Nachhaltigkeitsfaktor keinen Bezug zum Existenzminimum haben. Bei der hier relevanten statistischen Ermittlungsmethode komme es dagegen auf Nettoeinkommen, Verbraucherverhalten und Lebenshaltungskosten an.[68]

Die Regelleistung von 311 Euro für in Bedarfsgemeinschaft zusammenlebende Partner genügt nicht den verfassungsrechtlichen Anforderungen, weil sich die Schwächen der leistungsrelevanten Ermittlung für Alleinstehende hier fortsetzen. Dagegen reicht der zur Sicherung des Existenzminimums zu deckende Bedarf für zwei Partner in Höhe

63 BVerfGE 120, 125; 80, 367; 109, 279; BVerfG, 1 BvL 1/09 vom 9. 2. 2010, Rn. 135; Pressemitteilung des Bundesverfassungsgerichts Nr. 5/2010 vom 9. Februar 2010, S. 3.
64 BVerfG, 1 BvL 1/09 vom 9. 2. 2010, Rn. 173.
65 BVerfG, 1 BvL 1/09 vom 9. 2. 2010, Rn. 175.
66 BVerfG, 1 BvL 1/09 vom 9. 2. 2010, Rn. 178.
67 BVerfG, 1 BvL 1/09 vom 9. 2. 2010, Rn. 180 f.
68 BVerfG, 1 BvL 1/09 vom 9. 2. 2010, Rn. 184 f.

von 180 % des Bedarfs eines Alleinstehenden aus, weil die zugrundeliegende Annahme des Gesetzgebers empirisch gestützt werden kann.[69]

Das Sozialgeld für Kinder bis zur Vollendung des 14. Lebensjahrs genügt weder der Menschenwürdegarantie noch dem Sozialstaatsgebot, weil es von der bereits beanstandeten Regelleistung für alleinstehende Erwachsene abgeleitet wird. Zudem stellt die Vorschrift, dass das Sozialgeld für Kinder 60 % der Regelleistung für Erwachsene beträgt, keine vertretbare Methode zur Berechnung des kindlichen Existenzminimums dar. Da Kinder keine kleinen Erwachsenen sind und einen besonderen altersspezifischen Bedarf haben, muss der vorgenommene Abschlag von 40 % gegenüber der Regelleistung für Erwachsene als freihändige Setzung „ohne irgendeine empirische und methodische Fundierung" bewertet werden.[70]

Notwendige Aufwendungen wie Schulbücher, Schulhefte, Taschenrechner usw. gehören zum Bedarf eines Kindes. Werden aber hilfebedürftige Kinder von Lebenschancen ausgeschlossen, droht die Gefahr der Einschränkung von Möglichkeiten, ihren Lebensunterhalt später eigenständig bestreiten zu können. Dies ist mit Art. 1 Abs. 1 GG und dem Sozialstaatsprinzip des Art. 20 Abs. 1 GG unvereinbar.

Auch das geänderte Sozialgeld für Kinder in Höhe von 70 % der Erwachsenen-Regelleistung (§ 74 SGB II) genügt verfassungsrechtlichen Anforderungen nicht, weil es weiterhin vom fehlerhaft ermittelten Betrag für erwachsene Alleinstehende abgeleitet wird. Auch wenn der Gesetzgeber unterdessen eine dritte Altersstufe eingeführt hat, bleibt die Ermittlung des kinderspezifischen Bedarfs unzureichend.[71]

Das Bundesverfassungsgericht beklagt, dass es keine die Menschenwürdegarantie und das Sozialstaatsprinzip berücksichtigende Regelung gibt, die einen das Existenzminimum sichernden Anspruch auf Leistungen sichert, der einen „unabweisbaren, laufenden, nicht nur einmaligen, besonderen Bedarf" abdeckt. Die Einkommens- und Verbrauchsstatistik spiegelt lediglich den Durchschnittsbedarf wider, nicht aber einen darüber hinausgehenden besonderen Bedarf.[72]

Die verwendete Statistikmethode berge überdies das Risiko nicht zu verhindernder Leistungsminderungen, da angesichts des zunehmenden Niedriglohnsektors immer mehr Familien mit niedrigem Einkommen keine Mindestsicherungsleistungen erhalten: Das Grundsicherungsniveau droht sogar zu sinken, solange kein annähernd „objektiver Maßstab für eine menschenwürdige Existenzsicherung" entwickelt worden ist.[73]

Außerdem wird bemängelt, dass auch im Vorfeld des Inkrafttretens des Regelbedarfsermittlungsgesetzes (RBEG) keine Verteilungsanalyse mit Blick auf das bedarfsrelevante Ausgabeverhalten unterer Einkommensgruppen vorgenommen wurde. Auf

---

69 BVerfG, 1 BvL 1/09 vom 9. 2. 2010, Rn. 188 f.

70 BVerfG, 1 BvL 1/09 vom 9. 2. 2010, Rn. 190 ff.

71 Pressemitteilung Nr. 5/2010 vom 9. Februar 2010.

72 BVerfG, 1 BvL 1/09 vom 9. 2. 2010, Rn. 204.

73 Becker, Irene/Schüssler, Reinhard: Das Grundsicherungsniveau: Ergebnis der Verteilungsentwicklung und normativer Setzungen, in: Arbeitspapier 298 der Hans-Böckler-Stiftung, Düsseldorf 2014, S. 14.

besondere Kritik stößt das Problem der verdeckten Armut, also von Haushalten, die ihren Anspruch auf Grundsicherungsleistungen nicht wahrnehmen. Während das BVerfG den Verzicht des Gesetzgebers für vertretbar hält, den Anteil „versteckt armer Haushalte' auf empirisch unsicherer Grundlage zu schätzen" und damit das monatliche Nettoeinkommen „höher festzusetzen", löst diese Sichtweise auch Bedenken aus. So ist z. B. für die Arbeiterwohlfahrt (AWO) die Abgrenzung der Referenzgruppe der „verdeckt Armen" auch deshalb problematisch, weil diese Gruppe in der Datengrundlage verbleibt, obwohl sie gar keinen Leistungsanspruch geltend gemacht hat. Gleichwohl bleibt für das BVerfG der Gesetzgeber verpflichtet, im Rahmen künftiger Einkommens- und Verbrauchsstichproben darauf zu achten, dass Haushalte mit Nettoeinkommen unter dem Niveau der Leistungen nach dem SGB II und SGB XII aus der Referenzgruppe ausgeschieden werden.[74]

Auch die Nicht-Herausnahme der so genannten Aufstocker, die neben ihrem (niedrigen) Erwerbseinkommen Grundsicherungsleistungen beziehen, aus der Referenzgruppe der untersten Einkommensgruppe wird kritisiert, weil die Bedarfe alleinstehender Leistungsbezieher fehlerhaft abgeleitet worden sind.[75]

Welche große fiskalische und verteilungspolitische Bedeutung Haushalte mit verdeckter Armut haben, macht eine empirische Studie des Instituts für Arbeitsmarkt- und Berufsforschung (IAB) deutlich: Nach Berechnungen des IAB haben 34 bis 43 % der Berechtigten die Grundleistung nicht in Anspruch genommen,[76] sodass diese Quote als „gravierend und keineswegs vernachlässigbar" bewertet werden kann.[77]

Kritiker wenden sich darüber hinaus auch gegen die unzureichende Berücksichtigung der Teilhabekomponente im Regel(leistungs)bedarf. Nach den Vorgaben des BVerfG müsse auch das soziokulturelle Existenzminimum, das über das physische Existenzminimum hinausgeht, ein Mindestmaß an Teilhabe am gesellschaftlichen, kulturellen und politischen Leben gewährleisten.[78] Infolge nicht immer überzeugender Abschläge ist zu bemängeln, dass „das (real erforderliche) soziokulturelle Existenzminimum erheblich unterschritten" wird.[79]

---

74 Lenze, Anne: Hartz IV Regelsätze und gesellschaftliche Teilhabe. Das Urteil des Bundesverfassungsgerichts vom 9. 2. 2010 und seine Folgen, in: WISO Diskurs der Friedrich-Ebert-Stiftung, Bonn 2010, S. 21.

75 BVerfG, 1 BvL 1/09 vom 9. 2. 2010, Rn. 169; Arbeiterwohlfahrt (AWO), 2013: Stellungnahme des AWO Bundesverbandes e. V. zu den Aussetzungs- und Vorlagebeschlüssen des Sozialgerichts Berlin vom 25. April 2012, S. 2.

76 Bruckmeier, Kerstin/Pauser, Johannes/Riphan, Regina T./Walwei, Ulrich/Wiemers Jürgen: Mikroanalytische Untersuchung zur Abgrenzung und Struktur von Referenzgruppen für die Ermittlung von Regelbedarfen auf Basis der Einkommens- und Verbrauchsstichprobe, 2008 Simulationsrechnungen für das Bundesministerium für Arbeit und Soziales, Nürnberg 2013, S. 20.

77 Becker/Schüssler, a. a. O. (Fn. 73), S. 16.

78 Arbeiterwohlfahrt (AWO), a. a. O., (Fn. 75), S. 5.

79 Martens, Rudolf: Der Vorschlag des Paritätischen Wohlfahrtsverbandes für einen sozial gerechten Regelsatz als sozialpolitische Grundgröße. Neue Regelsatzberechnung 2006, Berlin 2006, S. 12–20.

Empirische Studien belegen, dass sich materielle Deprivation und Dauer des ALG-Leistungsbezugs negativ auswirken auf die Art der Kontakte und der Freizeitgestaltung, auf die gesundheitliche Verfassung usw. Fehlende finanzielle Ressourcen und damit oft verbundene unzulängliche Unterstützung sozialer Netzwerke beeinträchtigen nicht nur die Lebensqualität und das Selbstwertgefühl der Betroffenen, sondern erschweren auch die Bewältigung prekärer Lebenslagen.[80]

Das vom Einkommen abhängige Interesse an Politik bedeutet auch, dass die Wahlbeteiligung unterer Einkommensschichten relativ gering ist.[81] Auch wenn die Höhe der Regelbedarfe nicht allein ausschlaggebend für den Trend des sozialen Rückzugs in prekären Einkommensgruppen ist, werden die Möglichkeiten sozialer Partizipation eingeschränkt, wenn das Geld für die Teilhabe am gesellschaftlichen und kulturellen Leben nicht ausreicht. ALG II-Empfänger berichten überdurchschnittlich häufig von sozialer Ausgrenzung, d. h., dass der Rückzug aus dem öffentlichen Raum in private, vor allem familiäre Netzwerke verstärkt wird und sich soziale Beziehungen auf Menschen in ähnlicher Lebenslage konzentrieren.[82] Neben dem nicht seltenen Rückzug aus dem ehemaligen (erwerbstätigen) Freundeskreis werden also zugleich neue Kontakte zu Erwerbslosen aufgenommen. Eine solche Homogenisierung der sozialen Beziehungen ist der Gefahr ausgesetzt, eine fatale leistungsrelevante Abwärtsspirale in Gang zu setzen.[83]

Analysen über den Zusammenhang zwischen Einkommen und Wohlbefinden zeigen, wie stark geringe Einkommen oder sogar materielle Not das subjektive Wohlbefinden beeinflussen. Der Einfluss des Einkommens auf die Lebenszufriedenheit nimmt in dem Maße zu, wie das monatliche Einkommen 800 Euro unterschreitet, verliert dagegen an Bedeutung, je mehr Personen über 800 Euro verdienen. Wird eine Skala von 0 bis 10 zugrunde gelegt, nimmt die Lebenszufriedenheit im Fall einer Einkommenserhöhung von 100 Euro bei Personen mit einem Einkommen von weniger als 800 Euro um 0,13 Punkte zu. Die Lebenszufriedenheit steigt dagegen nur um 0,01 Punkte bei Personen mit einem Einkommen von mehr als 800 Euro.[84]

Kritiker geben darüber hinaus zu bedenken, dass die Regelsätze für Kinder unzureichend berechnet worden sind, da Verbrauchspositionen beim Teilhabebedarf lediglich

---

80 Salentin, Kurt: Armut, Scham und Stressbewältigung. Die Verarbeitung ökonomischer Unsicherheit im unteren Einkommensbereich, Wiesbaden 2002; Christoph, Bernhard/Lietzmann, Torsten: Je länger, je weniger? Zum Zusammenhang zwischen Dauer des ALG-Leistungsbezugs und den materiellen Lebensbedingungen der Betroffenen, in: Zeitschrift für Sozialreform, H. 2, 2013, S. 167–196.

81 Deutscher Bundestag, a. a. O. (Fn. 1), S. 315; Merkel, Wolfgang/Petring, Alexander: Demokratie in Deutschland 2011, in: Ein Report der Friedrich-Ebert-Stiftung, Bonn 2011, S. 13.

82 Wulfgramm, Melike: Subjektive Auswirkungen aktivierender Arbeitsmarktpolitik: Ein-Euro-Jobs als sozialintegrative Maßnahme?, in: Zeitschrift für Sozialreform, Heft 2, 2011, S. 175–197; Ludwig-Mayerhofer, Wolfgang: Arbeitslosigkeit und sozialer Ausschluss, in: R. Anhorn/F. Bettinger/J. Stehr (Hrsg.), Sozialer Ausschluss und soziale Arbeit, Wiesbaden 2008, S. 219–235.

83 Marquardsen, Kai: Aktivierung und soziale Netzwerke. Die Dynamik sozialer Beziehungen unter dem Druck der Erwerbslosigkeit, Wiesbaden 2012.

84 Arbeiterwohlfahrt, a. a. O., (Fn. 75), S. 6.

durch zweckgebundene Pauschalen festgelegt worden sind. Um aber gerade die Entwicklungsmöglichkeiten von Kindern, die in Familien mit geringem Einkommen aufwachsen, und deren Teilhabe am gesellschaftlichen Leben möglichst wenig zu beeinträchtigen, bedarf es der Ermittlung differenzierter „kindgerechter" Bedarfe.[85]

Die im Sommer 2014 diskutierte Forderung der Vorsitzenden der Linkspartei Katja Kipping und des Hauptgeschäftsführers des Paritätischen Gesamtverbands Ulrich Schneider, einkommensschwachen Familien und insbesondere bedürftigen Kindern Urlaubshilfen zu gewähren, fand in allen Parteien und bei Experten Unterstützung.[86]

Damit bedürftige Erwachsene und vor allem Kinder aus armen Familien neue Erfahrungen machen und andere Kulturkreise kennenlernen können, sollen sie Gutscheine erhalten, die sie für Urlaubsreisen, in Jugendherbergen, bei der Bahn oder im Reisebüro einlösen können. Der Hartz-IV-Regelsatz für Kinder und Jugendliche (ab 2014: für Kinder bis sechs Jahre 229 Euro, von 7 bis 14 Jahren 261 Euro und für Jugendliche zwischen 15 und 18 Jahren 296 Euro) und auch die zehn Euro des Bildungs- und Teilhabepakets der Bundesregierung pro Monat und Kind sind ohnehin (zu) knapp bemessen, um kostengünstige Ferienfreizeiten zu finanzieren.[87]

Als Fazit kann festgehalten werden, dass das BVerfG dem Gesetzgeber in sozialstaatlich relevanten Politikfeldern einen weiten Gestaltungsspielraum eingeräumt hat. Lediglich in der Vermögens-Steuerpolitik sind dem Gesetzgeber enge Zügel angelegt worden, indem das Gericht der Politik weitreichende vermögensschützende Vorgaben machte.

In der Familienpolitik ließ das BVerfG wegen des Verbots, Ehe und Familie gegenüber anderen Lebens- und Erziehungsgemeinschaften schlechter zu stellen, nicht zu, die Erziehung und Betreuung von Kindern nur bei Alleinerziehenden zu berücksichtigen.

In der Alterssicherungspolitik hat das höchste deutsche Gericht bereits im Jahr 1980 insofern eine Entscheidung von historischer Bedeutung getroffen, als es durch Beiträge begründete Rechtsansprüche und Rentenanwartschaften unter den Schutz der Eigentumsgarantie gestellt hat.

In der Arbeitsmarktpolitik hat das BVerfG dem Gesetzgeber gerade in Zeiten hoher Arbeitslosigkeit einen weiten Gestaltungsspielraum zugebilligt. Das Gericht hat beispielsweise gesetzliche Regelungen über Zuschüsse für untertariflich bezahlte Arbeitsbeschaffungsmaßnahmen, auch wenn sie in die Tarifautonomie eingriffen, für gerechtfertigt erklärt. Der Gesetzgeber könne mit Berufung auf das Sozialstaatsprinzip dem Ziel der Bekämpfung der Massenarbeitslosigkeit gleichsam Verfassungsrang einräumen.

---

85 Keuschnigg, Marc/Wolbring, Tobias: Reich und zufrieden? Theorie und Empirie zur Beziehung von Wohlstand und Lebenszufriedenheit, in: Berliner Journal für Soziologie 22(2), Berlin 2012, S. 189–216.

86 Süddeutsche Zeitung vom 12. 8. 2014, S. 5; Heidenreich, Ulrike, 2014: Ferien von Hartz IV, in: Süddeutsche Zeitung vom 12. 8. 2014, S. 4.

87 Arbeiterwohlfahrt (AWO), a. a. O., (Fn. 75), S. 11 f.

Das BVerfG hat überdies die Kündigungsschutz-Regelung, Kleinbetriebe mit geringer wöchentlicher Arbeitszeit vom Kündigungsschutz freizustellen, für grundgesetzkonform erklärt. Bei der Abwägung des Interesses des Arbeitnehmers an der Erhaltung seines Arbeitsplatzes und des Interesses des Arbeitgebers an dem von ihm bestimmten Maß der Beschränkung der Zahl der Mitarbeiter habe der Gesetzgeber einen weiten Gestaltungsfreiraum. Diesen Interessenausgleich habe der Gesetzgeber dem Verfassungsgericht zufolge angemessen berücksichtigt.

Im Urteil zur Pflegeversicherung hat zwar das BVerfG den gleich hohen Pflegeversicherungsbeitrag für Kindererziehende wie für kinderlose Mitglieder für unvereinbar mit dem Grundgesetz erklärt, zugleich aber den zur sozialpolitischen Gestaltung berufenen Gesetzgeber einen großen Handlungsspielraum eingeräumt. So habe der Gesetzgeber im Rahmen seines Gestaltungsermessens die Möglichkeit, die Höhe der Beitragssätze nach der Kinderzahl zu staffeln und/oder kindererziehende Versicherte im Rahmen der langfristigen Absenkung des Leistungsniveaus zu entlasten.

In Bezug auf das im sozialen Bundesstaat bestehende Spannungsverhältnis zwischen dem föderalen Prinzip der Vielfalt und dem sozialstaatlichen Prinzip der Einheitlichkeit der Lebensverhältnisse hat das BVerfG in jüngster Zeit die Gewichte zugunsten der Unterschiedlichkeit der Lebensverhältnisse verschoben. So hat das Gericht beispielsweise mit dem Altenpfleger-Urteil dem Bund engere Grenzen gezogen, von der konkurrierenden Gesetzgebungskompetenz Gebrauch zu machen. Demzufolge lässt das Gericht nur noch Bundesgesetze zu, wenn sich die Lebensverhältnisse in den Ländern in erheblicher, das bundesstaatliche Sozialgefüge beeinträchtigender Weise auseinander entwickelt haben.

Vor dem Hintergrund anhaltender Konsolidierungspolitik des Sozialstaats genießen nach Auffassung des BVerfG soziale Leistungen und Regelungen in dem Maße besonderen Schutz, wie sie für die Menschen von existenzieller Bedeutung sind, auf eigenen eigentumsgeschützten Beiträgen beruhen, der persönlichen Freiheitssicherung des Einzelnen dienen und längere Rechtstradition haben. Demgegenüber weitet sich die auf Konsolidierung gerichtete sozialpolitische Gestaltungsfreiheit des Gesetzgebers umso mehr aus, je stärker der gemeinwohldienliche (soziale) Bezug sozialversicherungsrechtlicher Positionen ist.

Im Urteil zur Gewährleistung eines menschenwürdigen Existenzminimums hat das Bundesverfassungsgericht jedem Hilfsbedürftigen aus Art. 1 Abs. 1 GG in Verbindung mit dem Sozialstaatsprinzip des Art. 20 Abs. 1 GG materielle Unterstützung für seine physische Existenz und für ein Mindestmaß an Teilhabe am gesellschaftlichen, kulturellen und politischen Leben zugesichert. Der Gesetzgeber hat bei der Ausgestaltung dieses Grundrechts einen Gestaltungsspielraum, d. h., dass er dieses Grundrecht konkretisieren und stetig aktualisieren muss.

Das BVerfG hat sich entsprechend dem Grundsatz richterlicher Selbstbeschränkung bei der materiellen Kontrolle darauf zu beschränken, ob die Leistungen evident unzureichend sind. Wegen des gesetzgeberischen Gestaltungsermessens sieht sich das BVerfG nicht befugt, selbst einen Leistungsbetrag festzusetzen. Auch wenn das höchste deutsche Gericht die Regelleistungsbeträge für nicht evident unzureichend hält, ist der Gesetzgeber nicht unmittelbar verpflichtet, höhere Leistungen zu beschließen. Das Statistikmodell ist für das BVerfG eine zulässige und realitätsnahe Bestimmung des Existenzminimums. Die nach der Einkommens- und Verbrauchsstichprobe berechneten unteren einkommensrelevanten 20 Prozent der Einpersonenhaushalte werden nicht beanstandet.

Die im Jahr 2005 festgelegten Regelleistungen reichen nach Auffassung des Gerichts zur Sicherung der physischen Seite als auch der sozialen Seite des Existenzminimums aus. Gleichwohl hat das BVerfG die Ermittlung der Regelleistung von 345 Euro für verfassungswidrig erklärt, weil der regelleistungsrelevante Verbrauch – in der Einkommens- und Verbrauchsstichprobe – nicht tragfähig ausgewertet worden ist. So wurden Abschläge für Güter und Dienste (z. B. Pelze, Segelflugzeuge, Steuerberatungskosten) vorgenommen, ohne die Ausgaben des untersten Quintils der Einpersonenhaushalte sicher zu kennen, also nicht existenzsichernde Ausgaben „ins Blaue hinein" geschätzt.

Für das BVerfG genügt die Regelleistung von 311 Euro für – in Bedarfsgemeinschaften – zusammenlebende Partner nicht verfassungsrechtlichen Anforderungen, weil sich hier die Schwächen der leistungsrelevanten Ermittlung für Alleinstehende fortsetzen. Der existenzsichernde Bedarf für zwei Partner in Höhe von 180 % des Bedarfs eines Alleinstehenden reicht dagegen wegen der empirisch gestützten Annahmen des Gesetzgebers aus.

Überdies genügt das Sozialgeld für Kinder bis zu 14 Jahren weder der Menschenwürdegarantie noch dem Sozialstaatsgebot. Der vorgenommene Abschlag von 40 % gegenüber der Regelleistung für Erwachsene ist eine freihändige Setzung ohne eine empirische und methodische Fundierung. Auch das geänderte Sozialgeld für Kinder in Höhe von 70 % der Erwachsenen-Regelleistung ist verfassungsrechtlich bedenklich, weil es vom fehlerhaft ermittelten Betrag für erwachsene Alleinstehende abgeleitet wird. Selbst nach Einführung einer dritten Altersstufe bleibt die Ermittlung des kinderspezifischen Bedarfs unzureichend.

Kritiker bemängeln, dass keine hinreichende Verteilungsanalyse bezüglich des bedarfsrelevanten Ausgabeverhaltens unterer Einkommensgruppen wie der „verdeckten Armen" oder der „Aufstocker" vorgenommen wurde: Während das BVerfG den Verzicht des Gesetzgebers für vertretbar hält, den Anteil „versteckt armer Haushalte" auf empirisch unsicherer Grundlage lediglich zu schätzen und damit eine höhere Festsetzung der monatlichen Nettoeinkommen ermögliche, ist diese Sichtweise umstritten. Dass auch Aufstocker, die ihr niedriges Einkommen durch Grundsicherungsleistungen erhöhen, nicht aus der Referenzgruppe der untersten Alleinstehenden-Haushalte her-

ausgenommen werden, stößt auf Kritik. Für diese Haushalte sind – wie schon dargestellt – die Bedarfe fehlerhaft ermittelt worden.

Kritiker in Politik und Wissenschaft heben ferner die unzureichende Berücksichtigung der Teilhabekomponente hervor. Fehlende finanzielle Ressourcen und die Dauer
des Leistungsbezugs haben nicht nur Auswirkungen auf eine von den Betroffenen beklagte soziale Ausgrenzung und eine damit verbundene abnehmende Teilhabe an gesellschaftlichen und kulturellen Leben, sondern auch auf das geringere Interesse an Politik
und zurückgehender Wahlbeteiligung.

Schließlich wird die unzureichende Berechnung der Regelsätze von Kindern beanstandet. Im Unterschied zur bisherigen Festlegung zweckgebundener Pauschalen wäre
im Interesse der Entwicklungsmöglichkeiten von Kindern die Ermittlung differenzierter
„kindgerechter" Bedarfe erforderlich.

Die Rechtsprechung des Bundesverfassungsgerichts zum Umweltschutz

Rudolf Steinberg & Henrik Müller

1 Einleitung

Der Rechtsprechung des BVerfG kommt für den Umweltbereich erhebliche Bedeutung zu. Im Folgenden werden einige Schwerpunkte dieser Rechtsprechung beleuchtet. Im Mittelpunkt steht dabei der so genannte „grundrechtliche Umweltschutz", also der mittelbare Schutz von Umweltgütern, soweit diese vom Schutzbereich einzelner Grundrechte umfasst sind (unten 2.). Weiterhin wird vor allem auf die bisherigen Judikate zur Staatszielbestimmung des Art. 20a GG (unten 3.) sowie auf die Rechtsprechung zu Umweltabgaben (unten 4.) einzugehen sein.

Trotz des hohen Stellenwerts der Rechtsprechung des BVerfG zum Umweltschutz ist jedoch auch zu konstatieren, dass der EuGH im Umweltbereich die Führungsrolle übernommen hat. Hierzu trägt nicht zuletzt die Verankerung des Grundsatzes des Umweltschutzes in Art. 37 der seit dem Vertrag von Lissabon verbindlichen Charta der Grundrechte der Europäischen Union wie auch in der Querschnittsklausel des Art. 3 Abs. 3 EUV bei, dem zufolge die Union auf ein „hohes Maß an Umweltschutz und Verbesserung der Umweltqualität" hinwirkt. Ausgestaltet werden diese Grundsätze durch Art. 191 ff. AEUV.[1] Dementsprechend kommt der Rechtsprechung des EuGH zum Umweltschutz in der Praxis – auch der Gerichte – eine immer größere Bedeutung zu.[2] Diese

---

[1] Siehe etwa Hans D. Jarass, Der neue Grundsatz des Umweltschutzes im primären EU-Recht. In: ZUR 2011, S. 563–565; Walter Frenz, EU-Umweltkompetenzen nach Lissabon – Reichweite und Ausübung. In: UPR 2010, S. 293–296.

[2] Siehe als Beispiel etwa die Trianel-Entscheidung des EuGH, in der die Beschränkung der Klagebefugnis von Umweltverbänden im Umweltrechtsbehelfsgesetz für unionsrechtswidrig erklärt und deren Klagebefugnis unmittelbar auf die UVP-Richtlinie gestützt wird, Urt. v. 12. 5. 2011, NVwZ 2011, 801, 803; dazu Bernhard W. Wegener, Die europäische Umweltverbandsklage, ZUR 2011, S. 363 ff. Vgl. auch die vieldiskutierte Dragaggi-Entscheidung des EuGH zu gemeldeten FFH-Gebieten vom 13. 1. 2005, NVwZ

Entwicklung wird sich in Zukunft voraussichtlich fortsetzen, da sich die Rechtsprechung des EuGH zum Umweltschutz aufgrund seiner Zuständigkeit für die Kontrolle der Umsetzung und Anwendung der fortlaufend steigenden Zahl umweltrechtlicher EG-Vorschriften ständig erweitern wird, während die verfassungsrechtlichen Fragen des Umweltschutzes überschaubar bleiben werden. Insbesondere ist nicht zu erwarten, dass das BVerfG die Verfassungskonformität nationaler Rechtsvorschriften prüft, die umweltrechtliche Vorgaben des Gemeinschaftsrechts umsetzen. So hat das BVerfG im Zusammenhang mit der Emissionshandelsrichtlinie (Richtlinie 2003/87/EG) klargestellt, dass auch eine nationale Umsetzung einer Richtlinie insoweit nicht auf die Vereinbarkeit mit den Grundrechten geprüft wird, als das Gemeinschaftsrecht keinen Umsetzungsspielraum lässt, sondern zwingende Vorgaben macht – dies gilt jedenfalls, solange die europäische Rechtsentwicklung nicht unter den erforderlichen Grundrechtsstandard abgesunken ist.[3]

2   Mittelbarer Umweltschutz durch Grundrechte

Bis zur Einführung der Staatszielbestimmung Umweltschutz des Art. 20a GG im Jahr 1994 (unten 3.) war die Umwelt auf Verfassungsebene lediglich durch die Grundrechte mitgeschützt.[4] Zwar enthält das Grundgesetz kein Umweltgrundrecht.[5] Jedoch schützen die Grundrechte Rechtsgüter, die Bestandteil der natürlichen Umwelt sind.[6] Dazu zählen insbesondere das Grundrecht auf Leben und körperliche Unversehrtheit (Art. 2 Abs. 2 S. 1 GG), aber auch die Eigentumsgarantie (Art. 14 GG).[7] Insofern nimmt die Um-

---

2005, S. 311, die u. a. im Urteil des VGH Kassel vom 28. 6. 2005, NVwZ 2006, S. 230 relevant geworden ist; hierzu etwa Wagner, Thomas/Emmer, Marcus: Zum Schutz gemeldeter FFH-Gebiete vor Aufnahme in die Gemeinschaftsliste – Vorgaben der so genannten Dragaggi-Entscheidung des EuGH. In: NVwZ 2006, S. 422–424.

3   BVerfG, B. v. 14. 5. 2007, NVwZ 2007, 942 und B. v. 13. 3. 2007, BVerfGE 118, 79, 95 ff. = NVwZ 2007, 937, 938 auf Grundlage der Solange II-Entscheidung, BVerfG, B. v. 22. 10. 1986, NJW 1987, 577 = BVerfGE 73, 339, 387. Dies hängt auch nicht davon ab, ob die Richtlinie ausnahmsweise wie eine Verordnung unmittelbar wirkt und ihr damit Anwendungsvorrang gegenüber entgegenstehenden mitgliedstaatlichen Normen zukommt, BVerfG, B. v. 13. 3. 2007, BVerfGE 118, 79, 97 = NVwZ 2007, 937, 938.

4   Vgl. hierzu Steinberg, Rudolf: Verfassungsrechtlicher Umweltschutz durch Grundrechte und Staatszielbestimmung. In: NJW 1996, S. 1985–1994 (1985 f.). Eine implizite Anerkennung des Umweltschutzes als staatliche Aufgabe bestand bereits zuvor durch einzelne Bestimmungen der Kompetenzartikel des Grundgesetzes.

5   Siehe BVerwG, Urt. v. 29. 7. 1977, BVerwGE 54, 211 (219) = NJW 1978, S. 554; Steinberg, Rudolf: Der ökologische Verfassungsstaat, Frankfurt 1998, S. 76. Zur rechtspolitischen Diskussion um die Einführung eines solchen Rechts Kloepfer, Michael: Umweltrecht, 3. Aufl., München 2004, § 3 Rn. 7 und 36.

6   Steinberg, Der ökologische Verfassungsstaat, S. 77; ders., NJW 1996, S. 1985, 1986.

7   Vgl. hinsichtlich der Eigentumsgarantie den „Waldschadensfall" BVerfG, B. v. 26. 5. 1998, NJW 1998, S. 3264; Kloepfer, Umweltrecht, § 3 Rn. 44. Vgl. zu dem durch Art. 14 Abs. 1 GG vermittelten Schutz vor Lärm auf einem Wohngrundstück BVerfG, B. v. 29. 7. 2009, NVwZ 2009, 1494, 1497 f. Zu den Anforderungen des Art. 14 Abs. 3 GG an eine Enteignung zugunsten einer umweltbelastenden Maßnahme siehe

welt mittelbar am Grundrechtsschutz teil. Der „grundrechtliche Umweltschutz" weist allerdings Lücken auf, da er nur soweit reicht wie der Schutz des jeweiligen Grundrechts.[8]

Dieser mittelbare Umweltschutz hat nach Inkrafttreten des Art. 20a GG nicht an Bedeutung eingebüßt. Denn die Grundrechte können – anders als die Staatszielbestimmung Umweltschutz (unten 3.) – von Betroffenen gerichtlich durchgesetzt werden. Abgesehen von der Verbandsklage, deren Zulässigkeit in den letzten Jahren unter dem Einfluss des EU-Rechts und der Rechtsprechung des EuGH deutlich ausgeweitet wurde,[9] kann der Umweltschutz nur auf diese Weise durch die Klage Einzelner zur Geltung gebracht werden. Vor diesem Hintergrund ist zunächst auf die Bedeutung der Rechtsprechung des BVerfG für den „grundrechtlichen Umweltschutz" einzugehen. Hierbei ist zwischen den Funktionen der Grundrechte als Abwehrrechte und grundrechtliche Schutzpflichten mit korrespondierenden Schutzgewährrechten zu unterscheiden.

2.1 Grundrechte als Abwehrrechte

Bei umweltbelastenden Maßnahmen des Staates kommen die Grundrechte in ihrer abwehrrechtlichen Dimension zum Tragen. Oftmals stellt sich hier allerdings die Frage, ob sich eine bestimmte Maßnahme dem Staat zurechnen lässt. Unproblematisch ist dies bei Eingriffen, denen eigene Maßnahmen des Staates zugrunde liegen.[10] So liegt es beispielsweise eindeutig in staatlicher Verantwortung, wenn Grundstücke für den Bau einer Autobahn unmittelbar in Anspruch genommen, also enteignet werden sollen.[11] Hier kann der Betroffene Art. 14 GG als Abwehrrecht geltend machen. Soweit der Schutz des Art. 14 GG in diesem Fall reicht, kommt er auch der durch den Autobahnbau voraussichtlich betroffenen Umwelt zugute.[12]

BVerfG, Urt. v. 17.12.2013, 1 BvR 3139/08 u. a., juris = NVwZ 2014, 211 ff. (Garzweiler), dazu Kühne, Verfassungsrechtliche Fragen der bergrechtlichen Enteignung. In: NVwZ 2014, 321 ff.

8   Steinberg, NJW 1996, S. 1985 f. Keine Deckungsgleichheit von grundrechtlich geschütztem Individualrechtsgut und Umweltgut ist nur im Planfeststellungsrecht beim von enteignungsrechtlicher Vorwirkung Betroffenen erforderlich, da dieser auch Verstöße gegen rein umweltschützende Vorschriften geltend machen kann, Steinberg, Rudolf/Wickel, Martin/Müller, Henrik: Fachplanung, 4. Aufl., Baden-Baden 2012, § 6 Rn. 52.

9   Dazu Thomas Bunge, Zur Klagebefugnis anerkannter Umweltverbände, in: ZUR 2014, S. 3–13; Sabine Schlacke, Zur fortschreitenden Europäisierung des (Umwelt-)Rechtsschutzes, in: NVwZ 2014, S. 11–18.

10 Steinberg, Der ökologische Verfassungsstaat, S. 77.

11 Zur Konstellation der Enteignung zugunsten Privater siehe BVerfG, Urt. v. 17.12.2013, 1 BvR 3139/08 u. a., juris (insb. Rn. 177 ff.) = NVwZ 2014, 211, 215 f.

12 Vgl. Steinberg, NJW 1996, S. 1985, 1986. Nach Ansicht des BVerwG fehlt Naturschutzverbänden, die Grundeigentum allein zur Erlangung der formalen Voraussetzungen für die Prozessführung erworben haben, die Klagebefugnis, BVerwG, Urt. v. 27.10.2000, NVwZ 2001, S. 427 ff. Ob dies mit der durch Art. 14 GG geschützten formalen Eigentümerstellung vereinbar ist, wird z. T. bezweifelt, Masing,

Umstritten ist die Geltung der Grundrechte in ihrer abwehrrechtlichen Funktion hingegen, wenn grundrechtliche Schutzgüter unmittelbar nur durch das Handeln Privater beeinträchtigt werden.[13] Zu dieser Frage hat das BVerfG für den Fall der atomrechtlichen Genehmigung in seiner Mülheim-Kärlich-Entscheidung ausgeführt, dass der Staat hierdurch eine Mitverantwortung für die von der genehmigten Anlage ausgehenden Gefährdungen übernehme. Hieraus folgert das Gericht, dass bei der verfassungsrechtlichen Beurteilung der materiell- und verfahrensrechtlichen Vorschriften für die Genehmigung von Kernkraftwerken nicht weniger strenge Maßstäbe anzulegen seien als bei der Prüfung staatlicher Eingriffsgesetze.[14] Diese Ausführungen sind indes nicht auf andere Anlagenzulassungen übertragbar. Denn anders als im sonstigen Anlagenrecht hat der Staat im Atomrecht nicht eine durch die soziale und wirtschaftliche Entwicklung vorgegebene Tätigkeit von Privaten im Allgemeininteresse einer rechtlichen Regelung unterworfen, sondern durch sein finanzielles Engagement und seine Gesetzgebung die wirtschaftliche Nutzung der Kernenergie überhaupt erst ermöglicht. Er hat damit zugleich maßgeblich Risiken für die Schutzgüter des Art. 2 Abs. 2 S. 1 GG herbeigeführt, was seine Verantwortung begründet. Dementsprechend betont das Gericht an anderen Stellen die „Sonderstellung des Atomrechts" bzw. den „Sonderfall der atomrechtlichen Genehmigung".[15]

Der diesem Ausnahmefall gegenüberstehende Grundsatz, wonach dem Staat umweltbeeinträchtigende Maßnahmen Privater nicht zugerechnet werden können – und zwar auch dann nicht, wenn diese Maßnahmen staatlich zugelassen sind[16] –, kommt etwa in der Entscheidung zu immissionsbedingten Waldschäden zum Ausdruck.[17] Nachdem das Gericht dort zunächst einen Verstoß gegen das grundrechtliche Abwehrrecht aus Art. 14 Abs. 1 S. 1 GG mit der Begründung verneint, dass ein Zusammenhang zwischen einer angeblichen staatlichen „Politik der hohen Schornsteine" und den durch Luftverunreinigungen bedingten Waldschäden nicht hinreichend substantiiert dargelegt worden sei, führt es aus, dass auch die staatliche Zulassung luftverunreinigender Nutzungen keinen staatlichen Eingriff darstelle. Die Nutzung von Kernkraftwerken[18],

---

Johannes: Relativierung des Rechts durch Rücknahme verwaltungsgerichtlicher Kontrolle. In: NVwZ 2002, S. 810–815.

13 Dazu Steinberg, NJW 1996, S. 1985, 1986 f. m. w. N.

14 BVerfG, B. v. 20. 12. 1979, BVerfGE 53, 30 (57 f.) = NJW 1980, S. 759.

15 BVerfG, B. v. 8. 8. 1978, BVerfGE 49, 89 (146) = NJW 1979, S. 359; BVerfG, B. v. 31. 5. 1988, BVerfGE 78, 214 (227) = NJW 1989, S. 666. Hierzu Steinberg, NJW 1996, S. 1985, 1986; ders., Der ökologische Verfassungsstaat, S. 78 f.

16 Dies ist allerdings in der Literatur umstritten, siehe dazu etwa Callies, Christian: Rechtsstaat und Umweltstaat, Tübingen 2001, S. 311 m. w. N. Vgl. jetzt Felix Ekardt, Umweltverfassung und „Schutzpflichten", in: NVwZ 2013, S. 1105 ff., der sich für die Existenz subjektiver „Schutzrechte" einsetzt.

17 BVerfG, B. v. 26. 5. 1998, NJW 1998, S. 3264. Zu diesem Aspekt Murswiek, Dietrich: Umweltrecht und Grundgesetz. In: Die Verwaltung 33 (2000), S. 241–283 (256 ff.).

18 Soweit dort Kernkraftwerke in Bezug genommen werden, ist zu beachten, dass sich dies nur auf die großräumigen Luftverunreinigungen bezieht, die nach den Behauptungen des Bf. auch von Kernkraft-

Industrieanlagen, Hausfeuerungsanlagen und Kraftfahrzeugen, die mit der zugrundeliegenden Verfassungsbeschwerde für die Luftverunreinigung und dadurch verursachte
Waldschäden verantwortlich gemacht wurden, falle in den grundrechtlichen Freiheits-
bereich der Bürger. Daher erweitere die „staatliche Zulassung" dieser Nutzungen den
Rechtskreis der privaten Nutzer nicht, sondern lasse nur die Sperre der Präventivkon-
trolle entfallen.[19] Des Weiteren nimmt das Gericht an, dass der Staat auch nicht auf
andere Weise maßgeblich zu der allgemeinen Luftverunreinigung beigetragen habe.[20]
Zur Begründung dieses letzten Gesichtspunkts wird angeführt, dass es „keine staatliche
Grundsatzentscheidung" gegeben habe, die den entscheidenden Anstoß zur privaten
Techniknutzung und der damit verbundenen Inanspruchnahme von Luft gegeben habe;
vielmehr habe der Staat die Möglichkeiten zur Techniknutzung „im *allgemeinen* nur
begleitet".[21] Eine Ausnahme von diesem allgemeinen Tatbestand stellt wie erwähnt die
Nutzung der Kernenergie dar.

Oftmals ist es bereits schwierig zu entscheiden, ob das grundrechtsbeeinträchti-
gende Rechtssubjekt als grundrechtsverpflichteter Staat oder als grundrechtsberech-
tigter Privater anzusehen ist.[22] Dies betrifft vor allem auch den Fall, dass öffentliche
Infrastruktureinrichtungen von privaten bzw. privatrechtlich organisierten Rechtssub-
jekten betrieben werden.[23] Das BVerfG hat hierzu in seinem Beschluss zur Hamburger Elektrizitätswerke AG entschieden, dass diese nicht grundrechtsberechtigt sei, da
sie zum einen eine Aufgabe der Daseinsvorsorge erfülle und sich die AG zu 72 % in
öffentlicher Hand befinde, so dass die öffentliche Hand auf die Geschäftsführung maßgeblich Einfluss nehmen könne.[24] Zum anderen unterliege die Hamburger Elektrizitätswerke AG im Energieversorgungsbereich ohnehin solch engen rechtlichen Bindungen,
dass insoweit von einer privatrechtlichen Selbstständigkeit nahezu nichts übrigbleibe.[25]
Dieser Beschluss und die dort genannten Kriterien haben jedoch eher eine Diskussion

---

werken ausgehen, nicht jedoch auf atomare Risiken, die den „Sonderfall der atomrechtlichen Genehmigung" begründen.

19 BVerfG, B. v. 26. 5. 1998, NJW 1998, S. 3264, 3265.

20 BVerfG, B. v. 26. 5. 1998, NJW 1998, S. 3264 f. Zweifelnd, ob kein Eingriff vorliegt, hingegen v. Hippel,
Eike: Keine Entschädigung für Waldsterben. In: NJW 1998, S. 3254–3255.

21 BVerfG, B. v. 26. 5. 1998, NJW 1998, S. 3264 f. Hervorhebung durch die Verfasser.

22 Dieser Antagonismus (sog. Konfusionsargument) entspricht der hergebrachten Grundrechtsdogma-
tik, vgl. nur BVerfG, B. v. 2. 5. 1967, BVerfGE 21, 362 (369 f.); Krüger, Hartmut/Sachs, Michael, in: Sachs,
Michael: Grundgesetz, 3. Aufl., München 2003, Art. 19 Rn. 90; Krebs, Walter, in: von Münch, Ingo/
Kunig, Philip, Grundgesetz, Band 1, 5. Aufl., München 2000, Art. 19 Rn. 41.

23 Hierzu Steinberg, Rudolf/Wickel, Martin/Müller, Henrik, Fachplanung, 4. Aufl., Baden-Baden 2012, § 6
Rn. 193 ff.

24 Kritisch zur Auffassung, die Erfüllung öffentlicher Aufgaben führe zum Grundrechtsausschluss, Dreier,
Horst, in: ders.: Grundgesetz, Band I, 2. Aufl., Tübingen 2004, Art. 19 III Rn. 53 m. w. N. zur diesbezüg-
lichen Rechtsprechung des Bundesverfassungsgerichts.

25 BVerfG, B. v. 16. 5. 1989, NJW 1990, S. 1783. Kritisch zu diesem Beschluss etwa Koppensteiner, Hans-Georg: Zur Grundrechtsfähigkeit gemischtwirtschaftlicher Unternehmungen. In: NJW 1990, S. 3105–3114.
Siehe auch etwa Schmidt-Preuß, Matthias: Atomausstieg und Eigentum. In: NJW 2000, S. 1524–1529
(1524 f.).

zur Frage der Grundrechtsfähigkeit und -gebundenheit gemischtwirtschaftlicher Unternehmen angestoßen als eine Klärung bewirkt.[26] Ausdruck der in diesem Bereich nach wie vor bestehenden verfassungsrechtlichen Unsicherheiten sind etwa die Ausführungen des Verwaltungsgerichtshofs Kassel zum Betrieb des Flughafens Frankfurt/Main, wonach die Fraport AG als Betreiberin die bestandskräftigen Zulassungsentscheidungen auch insoweit, als diese keine Beschränkungen vorsehen, nur „bis zu den Grenzen einer Grundrechtsverletzung ausnutzen" dürfe.[27] Damit geht das Gericht implizit von einer Grundrechtsverpflichtung der Fraport AG aus, ohne diese zu begründen.[28] Auch das BVerfG erachtet in einem Urteil aus dem Jahr 2011 die Fraport AG für unmittelbar grundrechtsgebunden (dort in Bezug auf Art. 8 und 5 GG) und stellt insoweit maßgeblich auf das Merkmal der Beherrschung durch die öffentliche Hand ab. Eine solche liege in der Regel vor, wenn mehr als die Hälfte der Anteile im Eigentum der öffentlichen Hand stünden. Möglicherweise sei dieses Kriterium allerdings in besonderen Fällen durch andere Kriterien zu ergänzen.[29] Bemerkenswert ist, dass das Gericht im Jahr 2009 auch eine Grundrechtsberechtigung der Fraport AG angenommen hat.[30]

2.2 Grundrechtliche Schutzpflichten

Soweit umweltrelevante Grundrechtseingriffe nicht vom Staat ausgehen bzw. diesem nicht zugerechnet werden können, kommt unter bestimmten Voraussetzungen die vom BVerfG begründete grundrechtliche Schutzpflicht des Staates zum Tragen.

2.2.1 Entwicklung umweltbezogener grundrechtlicher Schutzpflichten

Nach der ständigen Rechtsprechung des BVerfG folgen aus den Grundrechten nicht nur Abwehrrechte, sondern vor allem auch die Verpflichtung des Staates zum Schutz grundrechtlicher Schutzgüter. Diese Schutzpflicht leitet das BVerfG aus dem Verständ-

---

26 Vgl. hierzu Fischer-Lescano, Andreas/Maurer, Andreas: Grundrechtsbindung von privaten Betreibern öffentlicher Räume. In: NJW 2006, S. 1393–1396 (1394).

27 VGH Kassel, Urt. v. 2. 4. 2003, NVwZ-RR 2003, S. 729, 731. Der VGH Kassel sieht die Fraport AG auch im Hinblick auf Art. 8 GG als grundrechtsverpflichtet an, siehe Beschluss vom 14. 3. 2003, NVwZ 2003, S. 874, 875, zur Begründung wird dort auf die Mehrheitsbeteiligung der öffentlichen Hand verwiesen. Zu dieser Entscheidung differenzierend Mikešic, Ivana: Versammlungs- und Demonstrationsrecht auf Flughafengelände. In: NVwZ 2004, S. 788–792.

28 Möglicherweise sieht der VGH Kassel die Fraport AG sogar als „staatliches Organ" an, das aufgrund grundrechtlicher Schutzpflichten (!) die Genehmigung nicht weiter ausnutzen darf, siehe Urt. v. 2. 4. 2003, NVwZ-RR 2003, S. 729, 731 (vorletzter Absatz), wobei nicht ganz klar ist, ob dort die Fraport AG und/oder die genehmigende Behörde gemeint sind.

29 BVerfG, Urt. v. 22. 2. 2011, NJW 2011, 1201, 1202 f. = BVerfGE 128, 226, 246 f.

30 BVerfG, B. v. 24. 2. 2009, NVwZ 2009, 581, 583; ebenso in Bezug auf die Flughafen Berlin-Schönefeld GmbH (FBS) mit B. v. 29. 7. 2009, NVwZ 2009, 1494, 1497 und 1498. Hierzu Steinberg, Rudolf/Wickel, Martin/Müller, Henrik, Fachplanung, 4. Aufl., Baden-Baden 2012, § 6 Rn. 196 f. sowie § 1 Rn. 50 ff.

nis der Grundrechte als Elemente einer objektiven Wertordnung ab.[31] Das BVerfG hat die Schutzpflichtendogmatik, die zunächst im Hinblick auf den Schutz des ungeborenen Lebens entwickelt worden ist[32], auf Fälle der Bedrohung von Leben ausgedehnt[33] und bald danach auf Gefährdungen des Lebens und der körperlichen Unversehrtheit durch technische Risiken, also auf den Umweltbereich, erstreckt.[34] Für die Etablierung der Schutzpflichtendogmatik im Umweltbereich waren vor allem die drei Senatsentscheidungen des BVerfG Kalkar I, Mülheim-Kärlich und zum Flugplatz Düsseldorf-Lohausen von Bedeutung.[35] Diese Judikate, die sämtlich in die Zeit zwischen 1978 und 1981 fallen, werden als „Initialzündung für die dogmatische Entwicklung des Umweltverfassungsrechts" angesehen.[36] In der Literatur ist dem Schutzpflichtenkonzept des BVerfG im Ansatz ganz überwiegend zugestimmt worden[37], wobei allerdings die hohen Anforderungen an die Feststellung einer Schutzpflichtverletzung oftmals kritisch bewertet werden.[38]

2.2.2 Auslösung der Schutzpflicht

Die Schutzpflicht wird grundsätzlich ausgelöst bei gegenwärtigen rechtswidrigen Beeinträchtigungen grundrechtlicher Schutzgüter durch Private.[39] Nach der Rechtsprechung des BVerfG liegen bloße Grundrechtsgefährdungen grundsätzlich im Vorfeld verfassungsrechtlich relevanter Grundrechtsbeeinträchtigungen, allerdings könnten sie unter bestimmten Voraussetzungen Grundrechtsverletzungen gleichstehen.[40] Im ersten Kal-

---

31 Siehe etwa BVerfG, B. v. 8.8.1978, BVerfGE 49, 89 (141 f.); vgl. auch BVerfG, B. v. 20.12.1979, BVerfGE 53, 30 (57). Dazu grundlegend Hermes, Georg: Das Grundrecht auf Schutz von Leben und Gesundheit, Heidelberg 1987, S. 187 ff. und passim. Siehe auch etwa Steinberg, NJW 1996, S. 1985, 1987 und Murswiek, Die Verwaltung 33 (2000), S. 241, 242. Grundlegend zur objektiven Wertordnung BVerfGE 7, 198 (205). Kritisch zur objektiven Wertordnung etwa Böckenförde, Ernst-Wolfgang: Grundrechte als Grundsatznormen. In: Der Staat 1990, S. 1–31.

32 BVerfG, Urt. v. 25.2.1975, BVerfGE 39, 1 (42) = NJW 1975, S. 573 (Schwangerschaftsabbruch I).

33 BVerfG, Urt. v. 16.10.1977, BVerfGE 46, 160 (164 f.) = NJW 1977, S. 225 (Schleyer); BVerfG, B. v. 1.8.1978, BVerfGE 49, 24 (53) = NJW 1978, S. 2235 (Kontaktsperre).

34 Zu dieser Entwicklung der Schutzpflichtenrechtsprechung Steinberg, NJW 1996, S. 1985, 1987.

35 BVerfG, B. v. 8.8.1978, BVerfGE 49, 89; BVerfG, B. v. 20.12.1979, BVerfGE 53, 30; BVerfG, B. v. 14.1.1981, BVerfGE 56, 54.

36 Murswiek, Die Verwaltung 33 (2000), S. 241, 242.

37 Hermes: Grundrecht auf Schutz, S. 187 ff. und passim; Klein, Eckart: Grundrechtliche Schutzpflichten des Staates. In: NJW 1989, S. 1633–1640; Klein, Hans H.: Die grundrechtliche Schutzpflicht. In: DVBl. 1994, S. 489–497; Steinberg, Rudolf: Grundfragen des öffentlichen Nachbarrechts. In: NJW 1984, S. 457–464. Kritisch generell zum objektivrechtlichen Gehalt von Grundrechten, deren zentralen Begriff die Schutzpflicht darstelle, Böckenförde, Der Staat 1990, S. 1 ff., 12.

38 Hierzu näher unten 2.2.4.

39 Vgl. BVerfG, Urt. v. 25.2.1975, BVerfGE 39, 1 (42) = NJW 1975, S. 573 (Schwangerschaftsabbruch I). Vgl. auch Steinberg, Der ökologische Verfassungsstaat, S. 322.

40 BVerfG, B. v. 8.8.1978, BVerfGE 49, 89 (141 f.); BVerfG, B. v. 19.6.1979, BVerfGE 51, 324 (346 f.) = NJW 1979, 2349; BVerfG, Urt. v. 3.10.1979, BVerfGE 52, 214 (220) = NJW 1979, 2607; BVerfG, B. v. 20.12.1979, BVerfGE 53, 30 (59); BVerfG, B. v. 14.1.1981, BVerfGE 56, 54 (77 f.). Vgl. Lübbe-Wolff, Gertrude: Die

kar-Beschluss heißt es, dass die Zulassung eines Risikos – im konkreten Fall ging es um die Genehmigung eines Kernkraftwerks – dann „aus verfassungsrechtlicher Sicht" ausscheidet, „wenn die Errichtung oder der Betrieb der Anlage zu Schäden führt, die sich als Grundrechtsverletzung darstellen. Das Gesetz nimmt insoweit jedenfalls keinen anlagespezifischen Rest- oder Mindestschaden irgendwelcher Art in Kauf, der im Lichte des Grundrechts des Art. 2 Abs. 2 Satz 1 oder anderer Grundrechte als Grundrechtsverletzung anzusehen wäre."[41] Geboten ist damit der sichere Ausschluss solcher Ereignisse, die bei ungehindertem Kausalverlauf mit hinreichender Wahrscheinlichkeit zu einem Schaden für die geschützten Rechtsgüter führten.[42] Das BVerfG geht davon aus, dass der Risikovorsorge um so größere Bedeutung zukommt, je größer der mögliche Schaden ist.[43] So wird in der Entscheidung über die Verfassungsbeschwerde gegen die Versuchsreihe im CERN-Teilchenbeschleuniger ausgeführt, dass auch eine nur theoretisch herleitbare Gefährdung von Leben oder Gesundheit ausnahmsweise als Grundrechtseingriff angesehen werden könne. Je größer das Risikopotential sei, desto niedriger liege die Schwelle der Wahrscheinlichkeit für die Prognose eines Schadenseintritts, bei deren Überschreitung wirksame staatliche Schutzmaßnahmen geboten seien. Dabei müsse ein Schadensereignis apokalyptischen Ausmaßes als mögliche Konsequenz eines wissenschaftlichen Vorhabens nach dem Stand von Wissenschaft und Technik praktisch ausgeschlossen sein.[44] Allerdings bedeutet dies nicht, dass der Staat potentiell mit erheblichen Schäden verbundenes Handeln untersagen muss, wenn theoretische Restrisiken nicht ausgeschlossen werden können. Denn die Schutzpflicht aus Art. 2 Abs. 2 S. 1 GG – so das BVerfG – hindere die öffentliche Gewalt nicht, mit der Förderung wissenschaftlicher Forschungstätigkeit unentrinnbare Restrisiken in Kauf zu nehmen.[45] An anderer Stelle führt das BVerfG zum hinzunehmenden Restrisiko aus, vom Gesetzgeber im Hinblick auf seine Schutzpflicht eine Regelung zu fordern, die mit absoluter Sicherheit Grundrechtsgefährdungen ausschließe, hieße die Grenzen menschlichen Erkenntnisvermögens zu verkennen. Dann würde weithin jede staatliche Zulassung der Nutzung von Technik verbannt. Es müsse insoweit für die Gestaltung der Sozialordnung mit Abschätzungen anhand praktischer Vernunft sein Bewenden haben – ein Schaden müsse

---

Grundrechte als Eingriffsabwehrrechte, Baden-Baden 1988, S. 56 ff. Siehe auch BVerfG, B. v. 17. 2. 1997, NJW 1997, S. 2509 (elektromagnetische Felder), dazu Determann, Lothar: BVerfG zur staatlichen Pflicht zum Schutz der Gesundheit vor elektromagnetischen Feldern. In: NJW 1997, S. 2501–2503.

41 BVerfG, B. v. 8. 8. 1978, BVerfGE 49, 89 (141).
42 Steinberg, Der ökologische Verfassungsstaat, S. 91 m. N.
43 Siehe dazu BVerfG, B. v. 4. 5. 2011, NVwZ 2011, 991, 993; BVerfG, B. v. 15. 10. 2009, 1 BvR 3522/08, juris, Rn. 26; BVerfG, B. v. 29. 7. 2009, NVwZ 2009, 1494, 1495; BVerfG, B. v. 20. 12. 1979, BVerfGE 53, 30 (57); BVerfG, B. v. 8. 8. 1978, BVerfGE 49, 89 (139, 142 und 143).
44 BVerfG, B. v. 18. 2. 2010, NVwZ 2010, 702, 703 f.
45 BVerfG, B. v. 18. 2. 2010, NVwZ 2010, 702, 704. Das BVerfG ließ dabei ausdrücklich offen, ob überhaupt eine Schutzpflicht in den Fällen bestehe, in denen die behauptete Gefahr von einer internationalen Organisation wie der CERN, an der Deutschland beteiligt ist, ausgehe, a. a. O. S. 706.

danach praktisch ausgeschlossen sein. Ungewissheiten jenseits der Schwelle praktischer Vernunft seien als unentrinnbare und insofern sozialadäquate Lasten von allen Bürgern zu tragen.[46]

Es bleibt allerdings abzuwarten, ob die Rechtsprechung des BVerfG zu den der Gesellschaft zuzumutenden Restrisiken, die sich vornehmlich am Atomrecht entwickelt hat, nach der Katastrophe von Fukushima eine Änderung erfahren wird.[47]

Bedenklich ist die Annahme des Gerichts in einigen Entscheidungen zu Mobilfunkanlagen bzw. elektromagnetischen Feldern, dass staatliche Stellen nicht zum Schutz verpflichtet seien, wenn kein Nachweis schädlicher Wirkungen vorliege.[48] Der Nachweis der Schädlichkeit ist jedoch bei den oftmals komplexen Wirkungszusammenhängen kaum möglich.[49] Dies führt dazu, dass bei zahlreichen neuen technischen Entwicklungen, die – möglicherweise – mit Gefährdungen für grundrechtliche Schutzgüter, insbesondere die Gesundheit, einhergehen, die Grundrechtsträger schutzlos gestellt sind.[50] Andererseits beanstandet das BVerfG es auch nicht, wenn sich der Gesetzgeber im Fall der Gentechnik dafür entscheidet, auch dann schon schützend tätig zu werden, wenn der Nachweis eines realen Gefährdungspotentials (noch) nicht vorliegt. Der Schutz vor – nicht nachgewiesenen – Schäden rechtfertige angesichts der besonderen Sorgfaltspflicht des Gesetzgebers im Bereich der Gentechnik auch Einschränkungen der Grundrechte gentechniknutzender Unternehmen. Hier stehe dem Gesetzgeber eine Einschätzungsprärogative zu.[51] Diese Einschätzungsprärogative bzw. der weite Spielraum der Gesetzgebung bei der Ausfüllung der Schutzpflichten wird vom BVerfG an anderer Stelle wiederholt hervorgehoben.[52] Auch der Exekutive weist das BVerfG aufgrund der Gewaltenteilung erhebliche Spielräume zu, die nur begrenzt verfassungsgerichtlich kontrollierbar seien.[53]

---

46 BVerfG, B. v. 12.11.2008, NVwZ 2009, 171, 172 und 175 (bezogen auf Standortzwischenlager für Kernbrennstoffe); ebenso BVerfG, B. v. 10.11.2009, NVwZ 2010, 114, 115.
47 Siehe Voßkuhle, Umweltschutz und Grundgesetz. In: NVwZ 2013, 1, 7.
48 Vgl. BVerfG, B. v. 17.2.1997, NJW 1997, S. 2509, 2510; BVerfG, B. v. 28.2.2002, NJW 2002, S. 1638, 1639; BVerfG, B. v. 8.12.2004, NVwZ-RR 2005, S. 227, 228 (jeweils zu Mobilfunkanlagen bzw. elektromagnetischen Feldern); Murswiek, Die Verwaltung 33 (2000), S. 241, 253.
49 Murswiek, Die Verwaltung 33 (2000), S. 241, 253.
50 Kritisch auch Murswiek, Die Verwaltung 33 (2000), S. 241, 253.
51 BVerfG, Urt. v. 24.11.2010, NVwZ 2011, 94, 98 f. = BVerfGE 128, 1, 37, 39. Einen weiteren erwähnenswerten Gesichtspunkt dieser Entscheidung stellen die Ausführungen in Bezug auf die maßgeblichen Gesetzgebungskompetenzen dar: Art. 74 Abs. 1 Nr. 26 Alt. 2 GG sei weit zu verstehen, um eine Zersplitterung des Gentechnikrechts in Kernkompetenzen des Bundes nach Art. 72 Abs. 1 GG sowie Erforderlichkeitskompetenzen und Abweichungskompetenzen nach Art. 72 Abs. 2 und 3 GG zu vermeiden (vgl. hierzu Voßkuhle, Umweltschutz und Grundgesetz. In: NVwZ 2013, 1, 3).
52 Siehe etwa BVerfG, B. v. 18.2.2010, NVwZ 2010, 702, 703 (CERN). Vgl. zum Spielraum des Gesetzgebers auch Murswiek, Die Verwaltung 33 (2000), S. 241, 254 m.N.
53 BVerfG, B. v. 18.2.2010, NVwZ 2010, 702, 705 (CERN), wonach die eigentliche Abwägung widerstreitender wissenschaftlicher Ansichten zum Gefährdungspotential bestimmter umweltbelastender Vorhaben nach dem Prinzip der Gewaltentrennung grundsätzlich der Exekutive obliege, den Gerichten sei nur die Kontrolle der Abwägungsentscheidung zugewiesen.

Weiterhin ist bemerkenswert, dass das BVerfG einer klaren Entscheidung über die mit der Zulassung kerntechnischer Anlagen verbundenen (stochastischen) Schäden – das Gleiche gilt für die Zulassung der Emission oder Verwendung karzinogener Stoffe – ausweicht, indem es diese einfach ignoriert. Es leugnet damit den Zwang zu „tragic choices" – der Zulassung bestimmter Technologien auf Kosten wichtiger oder, beim Leben, sogar höchster Werte der Gesellschaft – und vermeidet es, eine Begründung dafür zu geben, dass und warum das Leben ungeachtet der grundsätzlichen Bekenntnisse in der konkreten Situation keinesfalls als höchstes Gut behandelt wird.[54]

Bislang ist in der verfassungsgerichtlichen Rechtsprechung – soweit ersichtlich – auch noch nicht auf den in der Rechtswissenschaft zunehmend diskutierten Aspekt der zeitlichen Dimension staatlicher Schutzpflichten näher eingegangen worden.[55] Dies betrifft die Frage, inwiefern der Staat bereits gegenwärtig verpflichtet ist, Schutz vor Umweltbeeinträchtigungen zu gewährleisten, die erst in (fernerer) Zukunft zu Schädigungen oder Gefährdungen grundrechtlich geschützter Rechtsgüter führen können.[56]

2.2.3 Schutzpflicht und Schutzanspruch

Die Durchsetzung der grundrechtlichen Pflichten zum Schutz von Umweltgütern hängt nicht zuletzt auch davon ab, ob dem Einzelnen ein entsprechendes subjektives Recht auf Tätigwerden des Staates, d. h. insbesondere des Gesetzgebers, zusteht und damit die Verfassungsbeschwerde eröffnet ist, oder ob es sich bei den Schutzpflichten ausschließlich um objektivrechtliche Pflichten handelt.

Das BVerfG hat diese Frage zunächst nicht nur ausdrücklich offengelassen, sondern auch deutliche Zweifel an dem Vorliegen eines subjektiven Rechts geäußert.[57] In einem Kammerbeschluss vom 29. 2. 1988 wurde festgestellt, der einzelne Staatsbürger habe „grundsätzlich keinen verfolgbaren Anspruch auf ein Handeln des Gesetzgebers, es sei denn, der Beschwerdeführer könnte sich auf einen ausdrücklichen Auftrag des Grundgesetzes berufen, der Inhalt und Umfang der Gesetzgebungspflicht im wesentlichen umgrenzt."[58] Diese Zurückhaltung ist auf gewichtige Kritik in der Literatur gestoßen: Das Leugnen eines subjektiven Rechts sei grundsätzlich unvereinbar mit der menschenrechtlichen Tradition und dem auch in Art. 1 Abs. 1 S. 1 GG verankerten personalen Kern der Grundrechte. Im Übrigen sei es auch praktisch angesichts anderer Verfahren objektiver Rechtskontrolle als wenig realistischer Versuch anzusehen, die Macht-

---

54 Steinberg, Der ökologische Verfassungsstaat, S. 92 f.

55 Vgl. aber zu einer entsprechenden Schutzrichtung des Art. 20a GG BVerfG, Urt. v. 24. 11. 2010, NVwZ 2011, 94, 98 = BVerfGE 128, 1, 37. Siehe hierzu auch unten 3.

56 Dies wird etwa unter dem Stichwort des „Nachweltschutzes" erörtert, hierzu Steinberg, NJW 1996, S. 1985, 1987 m. w. N. Hierzu eingehend Appel, Ivo: Staatliche Zukunfts- und Energievorsorge, Tübingen 2005, S. 115 ff.

57 Siehe BVerfG, B. v. 14. 1. 1981, BVerfGE 56, 54 (70 ff.).

58 1 BvR 206/88. Ebenso Steinberg, NJW 1984, S. 457, 460 f.

balance zwischen Verfassungsgericht und Gesetzgeber nicht weiter zu dessen Lasten zu verschieben.[59] Daraufhin hat das Gericht seine Auffassung stillschweigend geändert, allerdings nur für exekutivisches Unterlassen.[60] Demgegenüber ist bislang – soweit ersichtlich – in der verfassungsgerichtlichen Rechtsprechung offengelassen worden, ob der Einzelne das BVerfG mit einer gegen gesetzgeberisches Unterlassen gerichteten Verfassungsbeschwerde unmittelbar anrufen kann.[61]

2.2.4 Schutzpflichterfüllung und verfassungsgerichtliche Kontrolle

Das BVerfG hebt in ständiger Rechtsprechung hervor, dass dem Gesetzgeber wie der vollziehenden Gewalt bei der Erfüllung der grundrechtlichen Schutzpflichten ein weiter Einschätzungs-, Wertungs- und Gestaltungsbereich zukommt, der auch Raum lasse, etwa konkurrierende öffentliche und private Interessen zu berücksichtigen.[62] Die Entscheidung, welche Maßnahmen geboten sind, könne deshalb nur begrenzt nachgeprüft werden. Das BVerfG hat sich dabei lange Zeit an dem sehr zurückhaltenden Maßstab orientiert, es könne einen Verstoß gegen grundrechtliche Schutzpflichten nur feststellen, wenn die öffentliche Gewalt Schutzvorkehrungen entweder überhaupt nicht getroffen hat oder die getroffenen Regelungen und Maßnahmen offensichtlich gänzlich un-

---

59 Hermes, Grundrecht auf Schutz, S. 208 ff.; Böckenförde, Der Staat 29 (1990), S. 1, 14 ff. Für die gleiche Reichweite von objektiver Schutzpflicht und subjektivem Schutzrecht plädiert auch Callies, Christian: Die grundrechtliche Schutzpflicht im mehrpoligen Verfassungsrechtsverhältnis. In: JZ 2006, S. 321–330 (328).

60 Seit BVerfG, B. v. 29.10.1987, BVerfGE 77, 170 (214) = NJW 1988, S. 1651.

61 So ausdrücklich in BVerfG, B. v. 26.5.1998, NJW 1998, 3264, 3265 (sog. Waldschadensentscheidung, in der das Unterlassen des Gesetzgebers gerügt wurde, finanzielle Ausgleichsregelungen für die von Luftverschmutzungen betroffenen Waldeigentümer zu schaffen) unter Verweis auf BVerfG, B. v. 14.1.1981, BVerfGE 56, 54 (71 f.) = NJW 1981, S. 1655. Ablehnend zur Waldschadensentscheidung Hippel, NJW 1998, S. 3254 ff. und Murswiek, Die Verwaltung 33 (2000), S. 241, 258 ff. Bereits zuvor war eine Verfassungsbeschwerde, mit der ein gesetzgeberisches Unterlassen beim Schutz vor Luftverschmutzung gerügt worden war, mangels evidenter Schutzpflichtverletzung erfolglos geblieben, BVerfG, B. v. 14.9.1983, NJW 1983, S. 2931 f.

62 Siehe etwa BVerfG, B. v. 29.10.1987, BVerfGE 77, 170 (214 f.) = NJW 1988, S. 1651; BVerfG, B. v. 17.2.1997, NJW 1997, S. 2509; BVerfG, B. v. 2.12.1999, NVwZ 2000, S. 309, 310; BVerfG, B. v. 28.2.2002, NJW 2002, 1638, 1639; BVerfG, B. v. 8.12.2004, NVwZ-RR 2005, 227, 228; BVerfG, B. v. 29.7.2009, NVwZ 2009, 1494, 1495; BVerfG, B. v. 20.2.2008, NVwZ 2008, 780, 784. Zu diesem Kontrollmaßstab etwa Callies, Rechtsstaat und Umweltstaat, S. 321 ff. Siehe auch oben 2.2.2.
Der Spielraum bei der Erfüllung der Schutzpflicht dürfte bei der Exekutive im Vergleich zur Legislative nur abgeschwächt bestehen, vgl. auch Murswiek, Die Verwaltung 33 (2000), S. 241, 259. Nach der Rechtsprechung des Bundesverfassungsgerichts ist es unter dem Gesichtspunkt des Vorbehalts des Gesetzes nicht erforderlich, dass die Entscheidungen über Art und Ausmaß der Risiken, die im Einzelfall hingenommen werden müssen, sowie über das Verfahren ihrer Ermittlung durch förmliches Gesetz getroffen werden. Vielmehr hält das Gericht es für verfassungsgemäß, wenn dies im Wege der Rechtsverordnung erfolgt, BVerfG, B. v. 2.12.1999, NVwZ 2000, S. 309, 311 unter Hinweis auf BVerfG, B. v. 8.8.1978, BVerfGE 49, 89, 138 = NJW 1979, S. 359.

geeignet oder völlig unzulänglich sind, das Schutzziel zu erreichen.[63] Diese Begrenzung der verfassungsrechtlichen Schutzpflicht auf eine Evidenzkontrolle sei geboten, weil es regelmäßig eine höchst komplexe Frage sei, wie eine positive staatliche Schutzpflicht durch aktive staatliche Maßnahmen zu verwirklichen ist.[64] Die Beschränkung sei vor allem aus Gewaltenteilungsgründen erforderlich.[65]

Diese Rechtsprechung ist auf erhebliche Kritik gestoßen.[66] Angesichts der unzähligen umweltrechtlichen Regelungen ist es stets möglich, festzustellen, dass der Gesetzgeber überhaupt eine Schutzvorkehrung getroffen hat und diese nicht gänzlich ungeeignet bzw. völlig unzulänglich ist.[67] Die Anwendung des Evidenzkriteriums gewährleistet daher keinen effektiven Grundrechtsschutz.[68] Insbesondere ist der Maßstab der bloßen Evidenzkontrolle mit den Kriterien nicht zu vereinbaren, die das BVerfG in der zweiten Schwangerschaftsabbruch-Entscheidung aufgestellt hat. Dort wird die Geltung eines so genannten Untermaßverbotes bei der Erfüllung staatlicher Schutzpflichten angenommen und ein *angemessener* Schutz verlangt. Maßgeblich sei, dass der Schutz „als solcher wirksam ist." Außerdem werden prozedurale Verpflichtungen begründet: Die Maßnahmen für den angemessenen und wirksamen Schutz müssten ausreichend sein und zudem auf sorgfältigen Tatsachenermittlungen und vertretbaren Einschätzungen beruhen.[69] Ähnliche Anforderungen an den Gesetzgeber hat das Gericht auch zur Sicherung des menschenwürdigen Existenzminimums nach Art. 1 Abs. 1 i. V. m. Art. 20 Abs. 1 GG im Bereich des SGB II aufgestellt.[70] Angesichts dieser viel weitergehenden gerichtlichen Kontrolle als im Umweltbereich drängte sich der Eindruck auf, dass hier Prüfungsmaßstäbe ergebnisorientiert gebildet und angewandt worden sind. Ungeachtet der Kritik hat das BVerfG auch in jüngerer Rechtsprechung im Umweltbereich zunächst noch an seinem äußerst problematischen Maßstab zur Feststellung eines Schutzpflichtenverstoßes festgehalten. Ein Beispiel für diese misslungene Schutzpflichtenrechtsprechung stellt der Ozon-Beschluss des BVerfG vom 29.11.1995 zu einer Verfassungsbeschwerde gegen die bundesrechtlichen Regelungen gegen das troposphärische Ozon dar. Die im zweiten Schwangerschaftsabbruch-Urteil entfaltete Schutzpflichtendogmatik wird dort nicht zur Kenntnis genommen. Vielmehr zieht sich das Gericht bzw. die Erste Kammer des Ersten Senats wieder auf die Formel „evident unzureichender Maßnahmen" zurück. Das Ge-

---

63 Vgl. BVerfG, B. v. 14.1.1981, BVerfGE 56, 54 (81) = NJW 1981, S. 1655; BVerfG, B. v. 29.10.1987, BVerfGE 77, 170 (215) = NJW 1988, S. 1651; BVerfG, B. v. 30.11.1988, BVerfGE 79, 174 (202) = NJW 1989, S. 1271; BVerfG, B. v. 2.12.1999, NVwZ 2000, S. 309, 310.

64 BVerfG, B. v. 14.1.1981, BVerfGE 56, 54 (81 f.) = NJW 1981, S. 1655; BVerfG, B. v. 26.5.1998, NJW 1998, S. 3264, 3265; BVerfG, B. v. 2.12.1999, NVwZ 2000, S. 309, 310.

65 BVerfG, B. v. 26.5.1998, NJW 1998, S. 3264, 3265. Siehe zur Bedeutung des Gewaltenteilungsprinzips bei der Ausgestaltung der Schutzpflichten bzw. ihrer verfassungsgerichtlichen Kontrolle bereits oben 2.2.2.

66 Siehe aus jüngerer Zeit die Kritik bei Murswiek, Die Verwaltung 33 (2000), S. 241, 244 ff., 262 f. m. w. N.

67 Siehe Steinberg, NJW 1996, S. 1985, 1988.

68 Murswiek, Die Verwaltung 33 (2000), S. 241, 249.

69 BVerfG, Urt. v. 28.5.1993, BVerfGE 88, 203 (254 – Schwangerschaftsabbruch II).

70 BVerfG, Urt. v. 9.2.2010, 1 BvL 1/09 u. a., juris = BVerfGE 125, 175, 224 ff.

richt hätte – entsprechend der im zweiten Schwangerschaftsabbruch-Urteil geforderten Voraussetzung wirksamen Schutzes – der Frage nachgehen müssen, ob der Gesetzgeber wirksame Schutzmaßnahmen auf der Basis des verfügbaren Tatsachenwissens und im Rahmen einer verlässlichen Prognose getroffen hat. Für die Feststellung der Wirksamkeit wäre die Praktikabilität der Regelung zu untersuchen und Zweifeln hinsichtlich der Bestimmtheit und Geeignetheit nachzugehen gewesen.[71] Ebenso wie im Ozon-Beschluss führt das BVerfG auch in einem Beschluss vom 28. 2. 2002 zur Schutzpflicht des Staates gegenüber den möglicherweise nachteiligen Wirkungen elektromagnetischer Felder, die von Mobilfunkanlagen verursacht werden, wiederum aus, dass eine Verletzung der Schutzpflicht nach Art. 2 Abs. 2 S. 1 GG nur vorliege, „wenn die öffentliche Gewalt Schutzvorkehrungen überhaupt nicht getroffen hat oder die getroffenen Maßnahmen gänzlich ungeeignet oder völlig unzulänglich sind, das gebotene Schutzziel zu erreichen, oder erheblich dahinter zurückbleiben […].“[72] Lägen noch keine verlässlichen wissenschaftlichen Erkenntnisse über komplexe Gefährdungslagen vor, verlange die staatliche Schutzpflicht auch von den Gerichten nicht, ungesicherten wissenschaftlichen Erkenntnissen zur Durchsetzung zu verhelfen. Es sei vielmehr Sache des Verordnungsgebers, den Erkenntnisfortschritt der Wissenschaft mit geeigneten Mitteln nach allen Seiten zu beobachten und zu bewerten, um gegebenenfalls weitergehende Schutzmaßnahmen treffen zu können. Eine Nachbesserungspflicht durch den Verordnungsgeber könne gerichtlich erst bei evident verfassungsrechtlich untragbaren Zuständen aufgrund neuer Erkenntnisse oder einer geänderten Situation festgestellt werden.[73]

Allerdings kombiniert das BVerfG seit einem Beschluss zur Planfeststellung für den Flughafen Berlin-Schönefeld im Juli 2009 die Prüfungsmaßstäbe der Evidenzkontrolle und des Untermaßverbotes.[74] Nachdem das Gericht zunächst das Evidenzkriterium als Prüfungsmaßstab erläutert, führt es sodann aus: „Darüber hinaus hat der Gesetzgeber das Untermaßverbot zu beachten. Die Vorkehrungen des Gesetzgebers müssen für einen – unter Berücksichtigung entgegenstehender Rechtsgüter – angemessenen und wirksamen Schutz ausreichend sein und zudem auf sorgfältigen Tatsachenermittlungen und vertretbaren Einschätzungen beruhen. Die Verfassung gibt den Schutz als Ziel vor, nicht jedoch seine Ausgestaltung im Einzelnen. Das BVerfG prüft, ob der Gesetzgeber seinen Einschätzungsspielraum vertretbar gehandhabt hat […]. Ist die Lärmbekämpfung nach wissenschaftlichen Erkenntnissen im Interesse der körperlichen Integrität der Bürger geboten und ist sie deshalb eine grundrechtliche Pflicht, dann kann

---

71 Steinberg, Der ökologische Verfassungsstaat, S. 330 m. w. N.

72 BVerfG, B. v. 28. 2. 2002, NJW 2002, S. 1638, 1639 unter Verweis auf BVerfG, B. v. 14. 1. 1981, BVerfGE 56, 54 (81); BVerfG, B. v. 26. 1. 1988, BVerfGE 77, 381 (405) = NVwZ 1988, S. 427; BVerfG, B. v. 30. 11. 1988, BVerfGE 79, 174 (202) = NJW 1989, S. 1271. Bestätigend wird auf den Beschluss vom 28. 2. 2002 in den Beschlüssen des BVerfG v. 8. 12. 2004, NVwZ-RR 2005, S. 227, 228 und v. 24. 1. 2007, NVwZ 2007, 805 Bezug genommen.

73 BVerfG, B. v. 24. 1. 2007, NVwZ 2007, 805. Vgl. dazu auch BVerfG, B. v. 18. 2. 2010, NVwZ 2010, 702, 705.

74 Siehe dazu Voßkuhle, Umweltschutz und Grundgesetz. In: NVwZ 2013, S. 1, 7.

deren Erfüllung nicht ausschließlich davon abhängen, welche Maßnahmen gegenwärtig technisch machbar sind. Maßgebliches Kriterium kann in einer am Menschen orientierten Rechtsordnung letztlich nur sein, was dem Menschen unter Abwägung widerstreitender Interessen an Schädigungen und Gefährdungen zugemutet werden darf. Eine andere Beurteilung ließe sich auch nicht mit dem Grundsatz der Verhältnismäßigkeit vereinbaren".[75] Das BVerfG führt in dieser Entscheidung im Weiteren aus, dass zwar auch Lärmbeeinträchtigungen unterhalb der sog. verfassungsrechtlichen Zumutbarkeitsschwelle den Schutzbereich von Art. 2 Abs. 2 S. 1 GG eröffnen, die entsprechenden Schutzinteressen der Betroffenen seien aber zulässigerweise mit den durch Art. 14 GG geschützten Interessen der durch den Planfeststellungsbeschluss begünstigten Flughafenbetreiberin abzuwägen.[76]

Mit dem dargestellten, wiederholt angewandten strengeren Prüfungsmaßstab in Bezug auf die Schutzpflichtenerfüllung durch Anwendung des Untermaßverbotes lässt sich allerdings ein Beschluss des BVerfG aus dem Jahr 2011 zu einer Verfassungsbeschwerde gegen Regelungen des novellierten Fluglärmschutzgesetzes schwerlich vereinbaren.[77] Zwar nennt das BVerfG auch hier als Prüfungsmaßstab die Kombination von Evidenzkontrolle und Untermaßverbot, zieht sich dann aber bei der Prüfung ohne nähere Erläuterung wieder darauf zurück, eine Schutzpflichtverletzung könne nur festgestellt werden, wenn die öffentliche Gewalt Schutzvorkehrungen überhaupt nicht getroffen habe oder die getroffenen Maßnahmen gänzlich ungeeignet oder völlig unzulänglich seien, das gebotene Schutzziel zu erreichen, oder erheblich dahinter zurückblieben.[78] Eine Nachbesserungspflicht des Gesetzgebers könne gerichtlich erst festgestellt werden, wenn evident sei, dass eine ursprünglich rechtmäßige Regelung zum Schutz der Gesundheit auf Grund neuer Erkenntnisse oder einer veränderten Situation untragbar geworden sei.[79] Damit wird trotz Erwähnung des Untermaßverbotes als verfassungsrechtliche Anforderung die inhaltliche Prüfung letztlich wieder allein anhand einer Evidenzkontrolle vorgenommen. Dabei werden in dieser Entscheidung außerdem hohe Anforderungen an die Darlegung einer Schutzpflichtverletzung durch den Beschwerdeführer aufgestellt.[80]

Vor diesem Hintergrund ist die Rechtsprechung des BVerfG zur Prüfung der Verletzung von Schutzpflichten jedenfalls noch nicht als verfestigt anzusehen. Möglicherweise spielt hierbei eine Rolle, dass die genannten tendenziell widersprüchlich erscheinenden

---

75 BVerfG, B. v. 29.7.2009, NVwZ 2009, 1494, 1495. Vgl. auch BVerfG, B. v. 15.10.2009, 1 BvR 3522/08, juris, Rn. 26 f.; BVerfG, B. v. 4.5.2011, NVwZ 2011, 991, 993 f.
76 BVerfG, B. v. 29.7.2009, NVwZ 2009, 1494, 1497.
77 BVerfG, B. v. 4.5.2011, NVwZ 2011, 991 ff.
78 BVerfG, B. v. 4.5.2011, NVwZ 2011, 991, 994.
79 BVerfG, B. v. 4.5.2011, NVwZ 2011, 991, 994.
80 Siehe BVerfG, B. v. 4.5.2011, NVwZ 2011, 991, 994 ff.

Judikate von verschiedenen Spruchkörpern des BVerfG stammen.[81] Insoweit bleibt die Entwicklung der weiteren Rechtsprechung zu dieser Frage abzuwarten.

Ansätze für einen in anderer Hinsicht uneinheitlichen, nämlich bereichsspezifischen Prüfungsmaßstab ergeben sich aus einem Urteil des BVerfG zum Gentechnikgesetz aus dem Jahr 2010. Da zwischen Befürwortern und Gegnern der Gentechnik bei Kulturpflanzen eine hochkontroverse gesellschaftliche Diskussion geführt werde und der Erkenntnisstand der Wissenschaft noch nicht endgültig geklärt sei, insbesondere bei der Beurteilung von Ursachenzusammenhängen und langfristigen Folgen des Einsatzes von Gentechnik, treffe den Gesetzgeber *auf diesem Gebiet* eine besondere Sorgfaltspflicht.[82] Dies berechtige den Gesetzgeber im Ergebnis, die Nachkommen gentechnisch veränderter Organismen im Allgemeinen und die durch zufällige Auskreuzung entstandenen gentechnisch veränderten Organismen im Besonderen als mit einem allgemeinen Risiko behaftet anzusehen. Dies liege im Bereich der Einschätzungsprärogative des Gesetzgebers und setze keinen wissenschaftlich-empirischen Nachweis des realen Gefährdungspotentials voraus.[83]

Zusammenfassend ist festzustellen, dass die mit den genannten Leitentscheidungen (oben 2.2.1) verbundenen Erwartungen an einen wirksamen verfassungsrechtlichen Umweltschutz durch die nachfolgende Kammerrechtsprechung zunächst nicht erfüllt worden sind. Dies ist auf die dargestellte äußerst zurückhaltende verfassungsgerichtliche Kontrolle zurückzuführen, welche die staatlichen Schutzpflichten geradezu ins Leere laufen ließ. Jedoch lässt die neuere Rechtsprechung aufgrund der Einführung des Untermaßverbotes in den Prüfungsmaßstab eine effektivere Durchsetzung des Grundrechtsschutzes im Umweltbereich möglich erscheinen. Ob dies bestätigt wird, kann angesichts nachfolgender Judikate, die wieder allein eine Evidenzkontrolle vornehmen, bezweifelt werden. Die Rechtsprechung des BVerfG erscheint an diesem Punkt noch nicht verfestigt, so dass die weitere Entwicklung abzuwarten sein wird.

Festzustellen ist allerdings, dass das BVerfG nach wie vor in keinem umweltrechtlichen Fall einen Verstoß gegen grundrechtliche Schutzpflichten angenommen hat, so dass deren praktische Bedeutung im Umweltrecht bislang eher gering ist.[84]

---

81 Die ersten Beschlüsse zur Kombination der Evidenzkontrolle mit dem Untermaßverbot stammen von der 3. Kammer des ersten Senats, wohingegen die Entscheidung zum Fluglärmgesetz von der 1. Kammer des ersten Senats getroffen wurde.

82 BVerfG, Urt. v. 24.11.2010, NVwZ 2011, 94, 98 [Hervorhebung durch die Verfasser] = BVerfGE 128, 1, 37. Bemerkenswert erscheint dabei vor allem auch, dass die „besondere Sorgfaltspflicht" offensichtlich auch aus der hochkontroversen gesellschaftlichen Debatte abgeleitet wird. Dieser Umstand sowie der Aspekt des nicht abschließenden wissenschaftlichen Erkenntnisstandes gelten aber auch für verschiedene andere Bereiche.

83 BVerfG, Urt. v. 24.11.2010, NVwZ 2011, 94, 99 = BVerfGE 128, 1, 39.

84 Vgl. Voßkuhle, Umweltschutz und Grundgesetz. In: NVwZ 2013, 1, 7.

2.2.5 Grundrechtsschutz durch Verfahren

Aus den grundrechtlichen Schutzpflichten hat das BVerfG auch die Erforderlichkeit des Grundrechtsschutzes durch Verfahren abgeleitet.[85] Von besonderer Bedeutung ist insoweit die Mülheim-Kärlich-Entscheidung des BVerfG zu atomrechtlichen Verfahrensvorschriften[86], der allgemein eine besondere Bedeutung für die Begründung des Grundrechtsschutzes durch Verfahren zuerkannt wird.[87] Das Gericht sieht es dort als Umsetzung der grundrechtlichen Schutzpflicht des Staates an, die Verwirklichung bestimmter Anlagen von einer vorherigen behördlichen Zulassung abhängig zu machen, die wiederum unter der Voraussetzung der Einhaltung bestimmter, auch verfahrensrechtlicher Anforderungen steht.[88] Zu diesen für die Schutzpflichterfüllung besonders bedeutsamen Vorgaben zählen vor allem die verfahrensrechtlich vorgesehenen Beteiligungsmöglichkeiten Betroffener.[89] Die Ausführungen des BVerfG in der Mülheim-Kärlich-Entscheidung zum Grundrechtsschutz durch Verfahren sind dabei nicht auf den Atombereich beschränkt, sondern beanspruchen allgemeine Geltung.[90] Bislang konnte es das Gericht offen lassen, ob die Schutzpflicht unter Umständen auch die Einführung eines förmlichen Verfahrens mit Öffentlichkeitsbeteiligung gebietet.[91] Allerdings hat es auch darauf hingewiesen, dass „bei der Einrichtung großtechnischer Anlagen die außerordentliche Höhe der erforderlichen Investitionen für eine Vorverlagerung des Rechtsschutzes durch Beteiligung am Verfahren sprechen [mag], damit einer faktischen Vorprägung nachträglicher Entscheidungen im gerichtlichen Rechtsschutz vorgebeugt werden kann […].“[92] Auf die Bedeutung der Gestaltung des Verwaltungsverfahrens in Bezug auf den Grundrechtsschutz in Verbindung mit Art. 19 Abs. 4 S. 1 GG ist das BVerfG jüngst in seinem Garzweiler-Urteil wieder näher eingegangen.[93]

---

85 Vgl. BVerfG, B. v. 26.1.1988, BVerfGE 77, 381 (405 f.) = NVwZ 1988, S. 427; BVerfG, B. v. 8.2.1983, BVerfGE 63, 131 (143); BVerfG, B. v. 20.12.1979, BVerfGE 53, 30 (57 ff.); BVerfG, B. v. 27.9.1978, BVerfGE 49, 220 (225); BVerfG, Urt. v. 18.7.1972, BVerfGE 33, 303 (341). Siehe aus jüngerer Zeit BVerfG, B. v. 15.10.2009, 1 BvR 3522/08, juris Rn. 26 f., 36 ff.; BVerfG, B. v. 4.5.2011, NVwZ 2011, 991, 993. Vgl. hierzu Müller, Henrik: Verfahrensartfehler, Baden-Baden 2005, S. 171 ff.

86 BVerfG, B. v. 20.12.1979, BVerfGE 53, 30 ff.

87 Hierzu Müller, Verfahrensartfehler, S. 171 ff. m. w. N.

88 BVerfG, B. v. 20.12.1979, BVerfGE 53, 30 (57).

89 Siehe BVerfG, B. v. 20.12.1979, BVerfGE 53, 30 (60 u. 66). Vgl. dazu etwa Müller, Verfahrensartfehler, S. 171 f.

90 Dies folgt bereits daraus, dass in dieser Entscheidung an maßgeblichen Stellen auf Rechtsprechung und Literatur zu anderen Rechtsgebieten Bezug genommen wird, dazu Müller, Verfahrensartfehler, S. 172 f. m. w. N.

91 BVerfG, B. v. 2.12.1999, NVwZ 2000, S. 309, 311; BVerfG, B. v. 29.10.1987, BVerfGE 77, 170 (229) = NJW 1988, S. 1651; BVerfG, B. v. 20.12.1979, BVerfGE 53, 30 (61).

92 BVerfG, B. v. 2.12.1999, NVwZ 2000, S. 309, 311; BVerfG, B. v. 14.6.1988, BVerfGE 78, 290 (303 f.) = NVwZ 1988, S. 1015; BVerfG, B. v. 26.1.1988, BVerfGE 77, 381 (406) = NVwZ 1988, S. 427; BVerfG, B. v. 20.12.1979, BVerfGE 53, 30 (60).

93 BVerfG, Urt. v. 17.12.2013, 1 BvR 3139/08 u. a., juris Rn. 191 ff. = NVwZ 2014, 211, 216 f. Siehe aus neuerer Zeit auch etwa BVerfG, B. v. 15.10.2009, 1 BvR 3522/08, juris, Rn. 26.

3   Staatszielbestimmung des Art. 20a GG

Das BVerfG hat die in der Verwaltungsrechtsprechung und Rechtslehre ganz überwiegende Ansicht bestätigt, dass Art. 20a GG als Staatszielbestimmung keine subjektiven Rechte vermittelt.[94] Weitergehende Auffassungen in der Literatur, die etwa aus Art. 20a GG ein Grundrecht auf ein ökologisches Existenzminimum"[95] oder ein „Rückschritts- oder Verschlechterungsverbot"[96] herleiten wollen, werden vom Gericht nicht aufgegriffen.

Die Staatszielbestimmung richtet sich an jeden Träger hoheitlicher Gewalt, stellt aber zuvörderst einen Handlungsauftrag an den Gesetzgeber dar.[97] Dabei kommt ihm – ebenso wie bei der Wahrnehmung der Schutzpflichten – ein weiter Gestaltungsspielraum verbunden mit einer Einschätzungsprärogative zu.[98] Das BVerfG hat außerdem entschieden, dass Art. 20a GG Beschränkungen von Grundrechten legitimieren kann, wenn die geschützten „hochrangigen Gemeinwohlbelange" die Interessen des Grundrechtsberechtigten überwiegen.[99] Unter anderem mit diesem Argument wurde im entschiedenen altlastenrechtlichen Fall begründet, dass ein Grundstückseigentümer allein wegen seiner Rechtsstellung verpflichtet werden kann, von dem Grundstück ausge-

---

94   BVerfG, B. v. 10.5.2001, NVwZ 2001, S. 1148, 1149 (Mühlenberger Loch). In dieser auf die Rechtspositionen eines Naturschutzverbandes bezogenen Entscheidung wird außerdem festgestellt, dass weder aus Art. 19 Abs. 4 S. 1 GG noch aus Art. 9 Abs. 1 GG ein Verbandsklagerecht folge. Zur Ablehnung eines subjektiven Rechts aus Art. 20a GG siehe auch BVerfG, B. v. 10.11.2009, NVwZ 2010, 114, 116 (dort wird allerdings offengelassen, ob sich ein Beschwerdeführer im Rahmen seiner Grundrechtsrüge auf eine Verletzung von Art. 20a GG berufen kann, dazu Voßkuhle, Umweltrecht und Grundgesetz. In: NVwZ 2013, 1, 5). Vgl. außerdem auch BVerwG, B. v. 19.12.1997, NVwZ 1998, S. 1080, 1081; BVerwG, Urt. v. 6.11.1997, NVwZ 1998, S. 398, 399; BVerwG, Urt. v. 18.4.1996, NVwZ 1996, S. 901, 904; Steinberg, NJW 1996, S. 1985, 1992; Hömig, Dieter, in: Seifert, Karl-Heinz/Hömig, Dieter, Grundgesetz, 7. Aufl., Baden-Baden 2003, Art. 20a Rn. 3 m.w.N.; Sparwasser, Reinhard/Engel, Rüdiger/Voßkuhle, Andreas, Umweltrecht, 5. Aufl., Heidelberg 2005, Kap. III Rn. 148. Zum mangelnden subjektiven Gehalt siehe vor allem auch den Bericht der Gemeinsamen Verfassungskommission, BT-Drs. 13/6000, S. 67.

95   So Christian Callies, Rechtsstaat und Umweltstaat, Tübingen 2001, S. 300.

96   So Michael Kloepfer, Umweltschutzrecht, 2. Aufl., München 2011, S. 40. – Thomas Groß, Welche Klimaschutzpflichten ergeben sich aus Art. 20a GG?, ZUR 2009, S. 364, 367 hält die Durchsetzung eines Verschlechterungsverbots sowohl für unrealistisch als auch für demokratieunverträglich. Er plädiert deshalb für ein „Berücksichtigungsgebot" und „eine Verpflichtung zur ökologischen Steuerung". Das unterscheidet sich kaum von der Rechtsprechung des Bundesverfassungsgerichts.

97   Vgl. Michael Kloepfer, Umweltschutzrecht, 2. Aufl., München 2011, S. 38 ff.

98   BVerfG, Urt. v. 24.11.2010, BVerfGE 128, 1, 37 zur „grünen" Gentechnik. Siehe auch BVerfG, B. v. 25.7.2007, NVwZ 2007, 1168, 1171 (Besteuerung von Biokraftstoffen), wonach der Staat Umweltpolitik ebenso durch eine Beimischungspflicht wie durch Steuersubventionen betreiben könne, sowie BVerfG, B. v. 13.3.2007, NVwZ 2007, 937, 941 = BVerfGE 118, 79, 101. Krit. gegenüber der Rechtspraxis, in der Art. 20a GG „von eher rhetorischen Referenzerweisungen abgesehen, kaum konkrete Entscheidungen prägt." Erich Gassner, Die Umweltpflichtigkeit nach Art. 20a GG als Pflicht zur Maßstabsbildung, in: DVBl. 2013, S. 547 ff.

99   BVerfG, B. v. 16.2.2000, BVerfGE 102, 1 = NJW 2000, S. 2573, 2575 (Altlasten; in Bezug auf Art. 14 GG). Vgl. auch BVerfG, B. v. 17.1.1996, NVwZ 1997, S. 159; vgl. dazu etwa Kloepfer, Umweltrecht, § 3 Rn. 10.

hende Gefahren zu beseitigen, auch wenn er diese weder verschuldet noch verursacht hat.[100] Ähnlich betont das BVerfG im Urteil zum Gentechnikgesetz, der Gesetzgeber habe neben den betroffenen grundrechtlich geschützten Interessen gleichermaßen den in Art. 20a GG enthaltenen Auftrag zu beachten, auch in Verantwortung für künftige Generationen die natürlichen Lebensgrundlagen zu schützen. Dieser Auftrag könne sowohl die Gefahrenabwehr als auch die Risikovorsorge gebieten. Zu den nach dieser Maßgabe von Art. 20a GG geschützten Umweltgütern gehörten dabei auch die Erhaltung der biologischen Vielfalt und die Sicherung eines artgerechten Lebens bedrohter Tier- und Pflanzenarten.[101]

4   Umweltrechtliches Abgabenrecht

Von zunehmender Bedeutung ist des Weiteren die Rechtsprechung des BVerfG für das umweltrechtliche Abgabenrecht, das eine indirekte Verhaltenssteuerung mit dem Ziel des Umweltschutzes bezweckt.[102] Zu nennen sind insoweit vor allem die Entscheidungen zum „Wasserpfennig", zur kommunalen Verpackungssteuer und zu landesrechtlichen Abfallabgaben, zur so genannten „Ökosteuer" sowie zum „Klärschlamm-Entschädigungsfonds" und zum „Solidarfonds Abfallrückführung".[103]

4.1   Wasserpfennig

Wasser unterfällt nicht einem grundrechtlich geschützten Freiheitsgebrauch.[104] Hieraus folgert das BVerfG im „Wasserpfennig-Beschluss", dass die Gestattung einer Entnahme von Wasser als wirtschaftlicher Nutzungsvorteil anzusehen sei, der durch eine Abgabe, den „Wasserpfennig", abgeschöpft werden dürfe.[105] Das Gericht vermeidet dabei aller-

---

100 Kritisch hierzu etwa Bickel, Christian: Grenzen der Zustandshaftung des Eigentümers für die Grundstückssanierung bei Altlasten. In: NJW 2000, S. 2562–2563. Siehe zu dieser Entscheidung ausführlich auch Huber, Peter M./Unger, Sebastian: Grundlagen und Grenzen der Zustandsverantwortlichkeit des Grundstückseigentümers im Umweltrecht. In: VerwArch 96 (2005), S. 139–173.

101 BVerfG, Urt. v. 24. 11. 2010, NVwZ 2011, 94, 98 = BVerfGE 128, 1, 37.

102 Hierzu eingehend Franzius, Claudio: Bundesverfassungsgericht und indirekte Steuerung im Umweltrecht. In: AöR 126 (2001), S. 403–440.

103 BVerfG, B. v. 7. 11. 1995, BVerfGE 93, 319 = NVwZ 1996, S. 469 (Wasserpfennig); BVerfG, Urt. v. 7. 5. 1998, BVerfGE 98, 106 = NJW 1998, S. 2341 (Verpackungssteuer); BVerfG, Urt. v. 7. 5. 1998, BVerfGE 98, 83 = NJW 1998, S. 2346 (Landesabfallabgaben); BVerfG, Urt. v. 20. 4. 2004, NVwZ 2004, S. 846 ff. = BVerfGE 110, 274 (Ökosteuer); BVerfG, B. v. 18. 5. 2004, NVwZ 2004, S. 1477 = BVerfGE 110, 370 (Klärschlamm); BVerfG, Urt. v. 6. 7. 2005, NVwZ 2005, S. 1171 (Abfallrückführung).

104 BVerfG, B. v. 15. 7. 1981, BVerfGE 58, 300 ff. = NJW 1982, S. 745.

105 BVerfG, B. v. 7. 11. 1995, BVerfGE 93, 319 (346) = NVwZ 1996, S. 469. Mit der Entscheidung sind Verfassungsbeschwerden gegen das Wassergesetz Baden-Württemberg und das Hessische Gesetz über die Erhebung einer Abgabe für Grundwasserentnahmen zurückgewiesen worden. Siehe hierzu die Bespre-

dings eine klare abgabenrechtliche Einordnung des „Wasserpfennigs" und führt insoweit aus, dass die abgabenrechtliche Systematisierung und Katalogbildung keine Verfassungsfrage darstelle.[106] Dies ist insofern kritisch zu bewerten, als eine mangelnde rechtliche Einordnung überflüssige Unsicherheiten schafft und auf Grundlage des „Wasserpfennig-Beschlusses" bereits versucht worden ist, jede staatliche Ermöglichung umweltbelastender Maßnahmen als ausreichend für die Erhebung einer Abgabe als Vorzugslast zu qualifizieren.[107]

4.2 Kommunale Verpackungssteuer und Landesabfallabgaben

Die kommunale Verpackungssteuer, die den Verbrauch von Einwegverpackungen und Einweggeschirr senken sollte, ist vom BVerfG in seiner Entscheidung vom 7.5.1998 mit einer unerwarteten Begründung für verfassungswidrig erklärt worden. Die Verpackungssteuer wird in dieser Entscheidung als örtliche Verbrauchssteuer gemäß Art. 105 Abs. 2a GG qualifiziert, die bundesgesetzlich normierten Steuern nicht gleichartig sei.[108] Das BVerfG erklärt weiterhin, dass diese Abgabe auch zu Lenkungszwecken eingesetzt werden dürfe. Auch bedürfe es für eine steuerrechtliche Regelung mit einer außerfiskalischen Lenkungswirkung – auch wenn diese den Hauptzweck darstelle – keiner zusätzlichen Sachkompetenz, da das Grundgesetz zwischen Steuer- und Sachgesetzgebungskompetenz unterscheide.[109] Angesichts dieser geringen Anforderungen an örtliche Steuern musste das Gericht ein wirksames Kriterium entwickeln, um zu verhindern, dass die Sachkompetenzverteilung des Grundgesetzes durch steuerliche Regelungen unterlaufen wird. Es stellt hierfür auf das Erfordernis einer widerspruchsfreien Rechtsordnung ab, das aus der bundesstaatlichen Kompetenzordnung und dem Rechtsstaatsprinzip folge.[110] Der Normadressat dürfe nicht widersprüchlichen Vorschriften ausgesetzt werden. Deshalb dürften Vorschriften, die auf Grundlage einer Steuerkompetenznorm erlassen worden seien, nur insoweit lenkend und damit mittelbar in den Kompetenzbe-

---

chung von Britz, Gabriele: Verfassungsmäßigkeit des Wasserpfennigs – BVerfG, NVwZ 1996, 469. In: JuS 1997, S. 404–410. Bestätigend BVerfG, B. v. 18.12.2002, NVwZ 2003, 467, 469 f. Vgl. aktuell auch BVerfG, B. v. 5.3.2013, NVwZ 2013, 1004, 1005 (Kanalherstellungsbeitrag), wonach die Erhebung des Beitrags, mit dem ein Vorteil ausgeglichen wird, zeitlich begrenzt sein muss.

106 BVerfG, B. v. 7.11.1995, BVerfGE 93, 319 (345).

107 Dazu Franzius, AöR 126 (2001), S. 403, 413 f. m. w. N. Zu weiteren Aspekten vgl. Britz, JuS 1997, S. 404 ff. Vgl. bestätigend zum Wasserpfennigbeschluss unter dem Gesichtspunkt der Wahrung des Gleichheitsgrundsatzes BVerwG, B. v. 6.12.2006, 10 B 62/06, juris Rn. 7.

108 BVerfG, Urt. v. 7.5.1998, BVerfGE 98, 106 (123 ff.). Auch nach Ansicht des Bundesverwaltungsgerichts stellt Art. 105 Abs. 2a GG eine hinreichende Kompetenzgrundlage dar, BVerwG, B. v. 19.8.1994, BVerwGE 96, 272 (277 ff.) = NVwZ 1995, S. 59.

109 BVerfG, Urt. v. 7.5.1998, BVerfGE 98, 106 (118). Dies gilt nach Ansicht des Gerichts, solange die Regelung nicht verbotsgleich wirkt und damit nicht mehr als Steuer anzusehen ist. Bestätigend BVerfG, B. v. 15.1.2014, 1 BvR 1656/09, juris Rn. 49 und 81.

110 BVerfG, Urt. v. 7.5.1998, BVerfGE 98, 106 (118 f.).

reich des Sachgesetzgebers übergreifen, als die Lenkung weder der Gesamtkonzeption noch konkreten Einzelregelungen entgegenstehe.[111] Die kommunale Verpackungssteuer führe jedoch zu einem solchen unzulässigen Widerspruch, da sie dem vom Bundesgesetzgeber aufgrund seiner Sachkompetenz mit dem Kreislaufwirtschafts- und Abfallgesetz verfolgten Kooperationsprinzip zuwiderlaufe.[112] Mit entsprechender Begründung werden auch die Landesabfallabgaben für verfassungswidrig erklärt. Sie widersprächen dem im Bundesimmissionsschutzgesetz niedergelegten Kooperationskonzept.[113]

Diese Begründung des BVerfG ist unter verschiedenen Gesichtspunkten auf zum Teil scharfe, überwiegend berechtigte Kritik gestoßen.[114] Hervorzuheben sind hier die Bedenken gegenüber dem vom BVerfG aufgestellten zentralen Prüfungsmaßstab der Widerspruchsfreiheit der Rechtsordnung, der zu unbestimmt ist, um sichere Kompetenzabgrenzungen zwischen Steuer- und Sachgesetzgeber zu gewährleisten. Die Frage, ob eine Lenkungsabgabe der Gesamtkonzeption oder einzelnen Regelungen der Sachgesetzgebung zuwiderläuft, dürfte angesichts der Quantität und Komplexität des Normenbestandes oftmals nicht mit Gewissheit feststellbar sein. Da hiervon aber die Verfassungsmäßigkeit der jeweiligen Regelung abhängt, kann der Ansatz des BVerfG jedenfalls nicht als Schritt zu mehr Rechtssicherheit gewertet werden.[115] Auch die Argumentation des Gerichts zum kooperationsrechtlichen Gehalt der einschlägigen umweltrechtlichen Vorschriften ist kaum überzeugend.[116]

---

111 BVerfG, Urt. v. 7.5.1998, BVerfGE 98, 106 (119).

112 BVerfG, Urt. v. 7.5.1998, BVerfGE 98, 106 (129 f.).

113 BVerfG, Urt. v. 7.5.1998, BVerfGE 98, 83 (100 f.).

114 Zur Kritik etwa Sendler, Horst: Grundrecht auf Widerspruchsfreiheit der Rechtsordnung? – Eine Reise nach Absurdistan? In: NJW 1998, S. 2875–2877; Bothe, Michael: Zulässigkeit landesrechtlicher Abfallabgaben. In: NJW 1998, S. 2333–2335; Kloepfer, Michael/Bröcker, Klaus T.: Das Gebot der widerspruchsfreien Normgebung als Schranke der Ausübung einer Steuergesetzgebungskompetenz nach Art. 105 GG. In: DÖV 2001, S. 1–12 (6 ff.); Franzius, AöR 126 (2001), S. 403, 416 ff. Grundsätzlich zustimmend hingegen etwa Di Fabio, Udo: Das Kooperationsprinzip – ein allgemeiner Rechtsgrundsatz des Umweltrechts. In: NVwZ 1999, S. 1153–1158.

115 Vgl. auch Schneider, Hans-Peter: Gesetzgebung und Einzelfallgerechtigkeit. In: ZRP 1998, S. 323–327 (327): „Denn was widersprüchlich ist oder nicht, bestimmen dann allein die Verfassungsrichter."

116 Jarass, Hans D.: Bemerkenswertes aus Karlsruhe: Kooperation im Immissionsschutzrecht und vergleichende Analyse von Umweltschutzinstrumenten. In: UPR 2001, S. 5–10 (6 f.; siehe auch die Nachweise bei Jarass in Fn. 6): „Käme die Argumentation nicht vom höchsten Gericht, würde man von einer unhaltbaren Position sprechen."

4.3 „Ökosteuer"

Das BVerfG hat mit Urteil vom 20. 4. 2004 Verfassungsbeschwerden gegen Vorschriften des Stromsteuergesetzes (StromStG) und des Mineralölsteuergesetzes (MinöStG) zurückgewiesen, die durch die Gesetze zur ökologischen Steuerreform[117] eingeführt worden sind.[118] Mit diesen Gesetzen ist vor allem eine Stromsteuer eingeführt sowie die bestehende Mineralölsteuer erhöht worden, um umweltschädliches Verhalten zu verteuern und gleichzeitig durch die steuerlichen Mehreinnahmen die Lohnnebenkosten zu senken.[119]

Prüfungsmaßstab der Entscheidung ist allein Art. 3 Abs. 1 GG; Art. 12 Abs. 1 und Art. 14 Abs. 1 GG seien durch die Strom- und Mineralölsteuer nicht berührt.[120] Art. 3 Abs. 1 GG wird von den Beschwerdeführern (Dienstleistungsunternehmen, nämlich Kühlhausbetreiber und Transportunternehmen) als verletzt gerügt, weil sie nicht in die Steuervergünstigungen einbezogen seien, die im StromStG und MinöStG vorgesehen sind, allerdings nur für das produzierende Gewerbe. Dies führe zu Wettbewerbsverzerrungen und einer gleichheitswidrigen Belastung.

Das BVerfG führt aus, dass Art. 3 Abs. 1 GG im Steuerrecht den Grundsatz gleicher Zuteilung steuerlicher Lasten verbürge, wobei allerdings gewisse Ungleichheiten aufgrund der notwendigen Typisierung zulässig seien.[121] Weiterhin bestätigt das Gericht auch in dieser Entscheidung seine ständige Rechtsprechung, wonach Steuern auch zu Lenkungszwecken eingesetzt werden dürfen; der Lenkungszweck müsse allerdings ebenfalls gleichheitsgerecht ausgestaltet sein.[122] Vorteile, die auf einem ökologisch bedenklichen Umgang mit Gütern der Allgemeinheit beruhen, müssten dabei jedoch nicht auf Dauer erhalten bleiben. Wenn durch die Steuer ökologisch unerwünschtes Verhalten eingeschränkt werden soll, sei der Gesetzgeber durch Art. 3 Abs. 1 GG nicht gehindert, besonders problematische Wettbewerbssituationen durch Subventionen auszugleichen.[123]

Das BVerfG hebt – ähnlich wie bei den Schutzpflichten – hervor, dass dem Gesetzgeber eine große Gestaltungsfreiheit zukomme, wenn er ein bestimmtes Verhalten etwa aus umweltpolitischen Gründen fördern wolle. Die Grenze stelle insoweit nur das Verbot willkürlicher Verteilung von Leistungen bzw. Subventionen dar.[124]

---

117 Gesetze vom 24.3.1999 (BGBl. I, 378), vom 16.12.1999 (BGBl. I, 2432) und vom 23.12.2002 (BGBl. I, 4602).

118 BVerfG, Urt. v. 20.4.2004, NVwZ 2004, S. 846 ff. = BVerfGE 110, 274.

119 Vgl. dazu Wernsmann, Rainer: Viel Lärm um nichts? – Die Ökosteuer ist verfassungsgemäß. In: NVwZ 2004, S. 819–821 (819).

120 Insoweit wird bereits die Zulässigkeit der Rügen verneint, BVerfG, Urt. v. 20.4.2004, NVwZ 2004, S. 846 f. = BVerfGE 110, 274.

121 Ebd. S. 847.

122 Ebd. Vgl. dazu etwa BVerfG, B. v. 21.6.2006, BVerfGE 116, 164, 182.

123 Ebd. unter Verweis auf BVerfGE 93, 319 (349 f.) = NVwZ 1986, S. 469.

124 A.a.O., S. 848.

Nach diesen Maßstäben sieht das Gericht keinen Verstoß der in Frage stehenden Vorschriften des StromStG und des MinöStG gegen den Gleichheitssatz. Es sei zulässig, das produzierende Gewerbe im Interesse der Sicherung des Wirtschaftsstandorts Deutschland durch Vergünstigungstatbestände vor Wettbewerbsnachteilen zu schützen.[125] Die Zwecke, über eine Verteuerung des Energieverbrauchs Anreize zu Energieeinsparungen zu bieten und damit günstige Umwelteffekte zu erzielen und gleichzeitig den Faktor Arbeit zu entlasten, seien legitim. Sie hielten sich im Rahmen der umwelt- und arbeitsmarktpolitischen Entschließungsfreiheit des Gesetzgebers. Der Kreis der Begünstigten sei sachgerecht begrenzt, da sich begünstigte und nicht begünstigte Branchen nach Art, Struktur, Wertschöpfungsprozess und Ausgangsposition im internationalen Wettbewerb erheblich unterschieden.[126]

Diese Ausführungen des BVerfG sind zum Teil kritisch aufgenommen worden. So ist insbesondere bemängelt worden, dass das Gericht entgegen seiner bisherigen Rechtsprechung die Privilegierungen bei der Ökosteuer anhand eines zu weiten Maßstabs überprüfe.[127] Die Verneinung eines Eingriffs in Grundrechte aus Art. 12 Abs. 1 und Art. 14 GG wurde zum Teil als „Aushöhlung der Freiheitsgrundrechte durch das BVerfG" bewertet.[128]

4.4 „Klärschlamm-Entschädigungsfonds" und „Solidarfonds Abfallrückführung"

Weitere jüngere Entscheidungen zum abgabenrechtlichen Umweltrecht stellen die Entscheidungen des BVerfG zum „Klärschlamm-Entschädigungsfonds" und zum „Solidarfonds Abfallrückführung" dar.[129]

Der „Solidarfonds Abfallrückführung" diente der Finanzierung der Rückführung illegaler Abfalltransporte, für die nach dem Völker- und Europarecht eine staatliche Garantenstellung besteht. Abgaben zu diesem Solidarfonds mussten alle notifizierenden Abfallexporteure leisten, wobei die nicht benötigten Mittel – etwa 90 % der Einzahlungen – rückerstattet wurden.[130] Die Beschwerdeführer machten vor allem geltend, dass

---

125 Ebd., S. 848 ff.

126 Ebd., S. 849.

127 Wernsmann, NVwZ 2004, S. 819, 820 f.; siehe auch Kahl, Wolfgang/Schmidt, Reiner: Neuere höchstrichterliche Rechtsprechung zum Umweltrecht. In: JZ 2006, S. 125–140 (126). Kritisch etwa auch Bongartz, Matthias: Welche „Ökosteuerbegünstigung" für das Produzierende Gewerbe ist verfassungsgemäß? In: NJW 2004, S. 2281–2284.

128 Frenz, Walter: Das Ökosteuer-Urteil und seine Folgen für den Emissionshandel, in: NuR 2004, S. 429–435.

129 BVerfG, B. v. 18. 5. 2004, NVwZ 2004, S. 1477 = BVerfGE 110, 370 (Klärschlamm); dazu Kahl/Schmidt, JZ 2006, S. 125, 126 f. BVerfG, Urt. v. 6. 7. 2005, NVwZ 2005, S. 1171 (Abfallrückführung); dazu Koch, Hans-Joachim: Solidarfonds „Abfallrückführung" verfassungswidrig. In: NVwZ 2005, S. 1153–1155.

130 Zum Vorstehenden Koch, NVwZ 2005, S. 1153 f.

sie als legal agierende Exporteure nicht für die Rückführung illegaler Transporte herangezogen werden dürften. Daher liege eine fremdnützige und somit verfassungswidrige Sonderabgabe vor.

Dieser Argumentation folgte das BVerfG letztlich und erklärte die Beitragspflicht zum Fonds für verfassungswidrig und damit nichtig. Die zu leistende Abgabe stelle keine Gebühr dar. Denn es fehle an einer entsprechenden öffentlichen Leistung, die den Abgabepflichtigen individuell zurechenbar sei. Ein solches individuelles Leistungsverhältnis sei nicht darin zu sehen, dass den Abfallexporteuren ein wirtschaftlicher Vorteil zukomme aufgrund der staatlichen Garantenstellung für die Rückführung illegaler Abfallexporte.[131] Da das Abgabeaufkommen nicht gruppennützig verwendet werde, sei die Abgabe auch nicht als Sonderabgabe mit Finanzierungsfunktion gerechtfertigt.[132]

Kritisch beurteilt worden ist diese Entscheidung unter den Gesichtspunkten, dass ihr ein sehr enger, traditioneller Gebührenbegriff zugrunde liege und außerdem im Gegensatz zum Wasserpfennig-Beschluss die Prüfung einer Vielzahl von Rechtfertigungsgesichtspunkten, wie beispielsweise der Vorteilsabschöpfung, unterblieben sei. Einen solchen Vorteil stellten die Exportchancen für Abfallexporteure dar, die der Staat erst mit der Garantenstellung für die Rückführung illegaler Exporte biete.[133] Ebenfalls in Frage gestellt wird, ob hinsichtlich der Sonderabgabe das Merkmal der Gruppennützigkeit fehle, da nur die Abfallexporteure Nutznießer der staatlichen, durch die Abgaben gewährleisteten Einstandspflicht seien.[134]

Anders als in der Entscheidung zum „Solidarfonds Abfallrückführung" wies das Gericht die Verfassungsbeschwerden zum „Klärschlamm-Entschädigungsfonds" zurück.[135] Dieser Fonds, der durch Abgaben der Hersteller von Klärschlamm finanziert wird, dient als Absicherung für Landwirte, die Klärschlamm als Dünger verwenden und das Erntegut aufgrund von Klärschlammrückständen nicht vermarkten können. Die Abgabe stellt nach Ansicht des BVerfG keinen Beitrag und keine Gebühr zum Ausgleich einer öffentlichen Leistung dar. Jedoch erfüllten die Abgaben zum Klärschlamm-Entschädigungsfonds, unabhängig davon wie sie im Einzelnen zu qualifizieren seien, jedenfalls die verfassungsrechtlichen Voraussetzungen einer Sonderabgabe.[136] Insbesondere bestätigt das Gericht – anders als in Bezug auf den „Solidarfonds Abfallrückführung" – auch die Gruppennützigkeit der Abgabe: Diese ergebe sich daraus, dass der Fonds die Abgabepflichtigen als potenzielle Schadensverursacher von individuellen Ersatzpflichten

---

131 BVerfG, Urt. v. 6.7.2005, NVwZ 2005, S. 1171, 1172 f. Zuvor hatte der EuGH die Zahlungspflichten an den „Solidarfonds Abfallrückführung" bereits für europarechtswidrig erachtet, Urt. v. 27.2.2002, NVwZ 2002, S. 579.

132 BVerfG, Urt. v. 6.7.2005, NVwZ 2005, S. 1171, 1173 f. Vgl. BVerfG, B. v. 16.9.2009, NVwZ 2010, 35, 36 = BVerfGE 124, 235, 244.

133 Koch, NVwZ 2005, S. 1154 f.

134 Koch, ebd., S. 1155.

135 BVerfG, B. v. 18.5.2004, BVerfGE 110, 370 = NVwZ 2004, S. 1477. Vgl. zu dieser Entscheidung Kahl/Schmidt, JZ 2006, S. 125, 126 f.

136 BVerfG, B. v. 18.5.2004, BVerfGE 110, 370 = NVwZ 2004, S. 1477.

entlaste.[137] Mit ähnlicher Begründung hätte allerdings wohl auch die Gruppennützigkeit der Abgabe zum „Solidarfonds Abfallrückführung" begründet werden können.

Insgesamt erscheint die Rechtsprechung des Bundesverfassungsgerichts zum umweltrechtlichen Abgabenrecht durch Einzelfallentscheidungen geprägt und lässt bisher keine klaren dogmatischen Konturen erkennen.

5   Resumée

Die Rechtsprechung des Bundesverfassungsgerichts zum Umweltverfassungsrecht ist insgesamt durch Zurückhaltung geprägt. Das Gericht wolle nicht, so *Andreas Voßkuhle*, „der Vordenker eines konkreten Umweltschutzprogramms sein". Angesichts häufig kollidierender grundrechtlicher Schutzpflichten und angesichts einer gestaltungsoffen gefassten Staatszielbestimmung in Art. 20a GG sei „zu allererst der demokratisch direkt legitimierte Gesetzgeber aufgerufen, politische Entscheidungen zu treffen und Verfahren zu etablieren, in denen Umweltbelange hinreichend Berücksichtigung erfahren können. Im Wege der Auslegung von Verfassungstexten lassen sich Umweltstandards eben nur schwer gewinnen – auch wenn die Versuchung mitunter groß sein mag."[138] Diese Bewertung durch den Präsidenten des Bundesverfassungsgerichts ist zwar zweifelsohne schlüssig und nachvollziehbar. Allerdings kontrastiert das Maß der Zurückhaltung in der – auch nicht gänzlich einheitlichen – Rechtsprechung des Bundesverfassungsgerichts auffällig mit dem „judicial activism" in anderen Verfassungsbereichen. Der verfassungsgerichtliche Umweltschutz fällt deshalb eher schwach aus!

---

137 BVerfG, B. v. 18. 5. 2004, BVerfGE 110, 370 = NVwZ 2004, S. 1477, 1480 f.
138 Voßkuhle, NVwZ 2014, S. 5, 9.

Das Bundesverfassungsgericht und das Religionsverfassungsrecht

Peter Unruh

1 Vorbemerkung

Das Religionsverfassungsrecht als Teilgebiet des öffentlichen Rechts behandelt die Gesamtheit der Normen, die das Verhältnis von Staat und Religion regeln. Die wichtigsten einschlägigen Normen sind im Grundgesetz enthalten. Zentralnormen sind hier Art. 4 Abs. 1 und 2 GG sowie Art. 140 GG, der die Weimarer Kirchenartikel aus Art. 136–139, 141 WRV in das Grundgesetz inkorporiert. Daneben finden sich Regelungen zu Einzelbereichen wie etwa die Diskriminierungsverbote und Neutralitätsverbürgungen in Art. 3 Abs. 3 GG und Art. 33 Abs. 3 GG, die Normierung des Religionsunterrichts in Art. 7 Abs. 2, 3 und 5 GG, Art. 141 GG sowie die Bestimmung zur Fortgeltung des Reichskonkordats von 1933 in Art. 123 Abs. 2 GG.[1]

1.1 Status und Funktion

Das Religionsverfassungsrecht ist im Kern öffentliches Recht, das allerdings auch auf andere Rechtsgebiete, etwa das Arbeitsrecht ausstrahlt. Das Religionsverfassungsrecht ist zudem staatlich-säkulares Rahmenrecht für alle Religionen und Religionsgemeinschaften.[2] Auch die Religion und die Religionsgemeinschaften stehen – natürlich – unter dem Grundgesetz; der Vorrang, die Normativität und der umfassende Charakter der Verfassung erfahren auch in Religionsangelegenheiten keine Bereichsausnahme. Das

---

1   Zu den Rechtsquellen des Religionsverfassungsrechts u. a. Unruh, Peter: Religionsverfassungsrecht, 2. Aufl., Baden-Baden 2012, Rn. 50 ff.
2   Zum Folgenden siehe Heckel, Martin: Religionsfreiheit und Staatskirchenrecht in der Rechtsprechung des Bundesverfassungsgerichts (2001). In: ders., Gesammelte Schriften Bd. V, hrsg. von A. v. Campenhausen, Tübingen 2004, S. 303 (306 ff.).

Religionsverfassungsrecht ist ferner inhaltlich durch säkulare Rahmennormen geprägt: seine Begriffe „sind Rahmenbegriffe weltlich-staatlichen Charakters, die den divergierenden religiösen Vorstellungen der Bürger und der Religionsgemeinschaften Freiheit gewähren und Schranken ziehen."[3] Die Ausfüllung dieser Begriffe bleibt weit gehend dem jeweiligen religiösen Selbstverständnis der Betroffenen überlassen. Das religionsbezogene staatliche Recht zeichnet sich also durch eine Selbstbeschränkung aus, die die religiöse Wahrheitsfrage bewusst offen lässt.

Mit diesem Status des Religionsverfassungsrechts sind im Wesentlichen zwei Funktionen verbunden. Das Religionsverfassungsrecht des säkularen Staates muss einerseits der Vielfalt der Religionen und Weltanschauungen Schutz und Entfaltungsfreiheit gewähren. Andererseits muss das Religionsverfassungsrecht den normativen Anspruch des säkularen Rechts und die Einheit der staatlichen Rechtsordnung auch im Bereich der Religion sichern. Insofern muss es zum Schutz von Freiheit und Gleichheit aller Bürger auch der Religionsfreiheit und ihren vielfältigen individuellen, kollektiven und korporativen Erscheinungsformen Grenzen ziehen. Das Religionsverfassungsrecht bewegt sich im Ergebnis also im Spannungsfeld zwischen Religionsermöglichung und -begrenzung.

1.2 Entwicklung und Bedeutung

Das Religionsverfassungsrecht hat seit der Inkraftsetzung des Grundgesetzes bis zum Ende des 20. Jahrhunderts eine vergleichsweise ruhige Entwicklung genommen, die von der Rechtsprechung des Bundesverfassungsgerichts und der staatsrechtlichen Literatur in weit gehender Einmütigkeit befördert sowie von einem weit reichenden gesellschaftspolitischen Konsens getragen wurde. Es hat in diesen Jahrzehnten sowohl in der juristischen Fachwelt als auch im politischen Diskurs ein Nischendasein geführt. Aus dieser Nische ist es spätestens mit der jüngsten Jahrtausendwende vertrieben worden und zu einer viel, heftig und über den Expertenkreis hinaus diskutierten Rechtsmaterie mutiert.[4]

Die Gründe für diese Mutation liegen in den tiefgreifenden sozio-kulturellen und politischen Veränderungen, die sich in der nunmehr gesamtdeutschen Gesellschaft in den vergangenen Jahrzehnten sukzessive vollzogen und sich in veränderten Rahmenbedingungen für das Religionsverfassungsrecht niedergeschlagen haben. Diese Rahmenbedingungen werden einerseits bestimmt von einer zunehmenden Säkularisierung und Individualisierung der Gesellschaft, die ihr Wertesystem nicht mehr primär auf

---

3   Heckel, Martin, a. a. O. (Fn. 2), S. 303 (307).
4   Einen guten Überblick über die Diskussion liefert Heinig, Hans Michael: Ordnung der Freiheit – das Staatskirchenrecht vor neuen Herausforderungen. In: ZevKR 53 (2008), S. 235 (241 ff.).

ein religiöses Fundament stellt.[5] Andererseits wird eine „Wiederkehr der Religion" diagnostiziert, die zu einer verstärkten Nachfrage von religiösen Angeboten führt.[6] Beide tendenziell gegenläufigen Annahmen lassen sich jedenfalls in der Diagnose einer postsäkularen Gesellschaft zusammenführen, „die sich auf das Fortbestehen religiöser Gemeinschaften in einer sich fortwährend säkularisierenden Umgebung einstellt."[7] Zu konstatieren ist darüber hinaus eine intra- und interorganisatorische Pluralisierung der Religion.[8] Die religiöse Landschaft ist nicht mehr ausschließlich von den großen christlichen Kirchen geprägt. Während die Binnendifferenzierung der christlichen Religion in verschiedene Konfessionen noch nicht das Ausmaß einer gravierenden Zersplitterung angenommen hat, wird das verstärkte Auftreten anderer Religionen und (vermeintlich) religiös inspirierter Bewegungen vermehrt zu einem Gegenstand religionsverfassungsrechtlicher und (rechts-)politischer Überlegungen. Dies gilt vor allem für den Islam.[9] Die jüngeren Entwicklungen hin zu Säkularisierung, Individualisierung und Pluralisierung setzen das Religionsverfassungsrecht des Grundgesetzes unter Rechtfertigungsdruck; sie geben jedoch keinen Anlass, es grundsätzlich in Frage zu stellen. Im Gegenteil: Das Religionsverfassungsrecht des Grundgesetzes stellt nach wie vor ein auch im internationalen Vergleich hohes Integrationspotential zur Verfügung.[10] Die beschriebenen Entwicklungen verschärfen aber die Frage nach Bedeutung und Reichweite von Religion und Religionsfreiheit in der pluralistischen Gesellschaft. Die politische Auseinandersetzung über die richtige Antwort auf diese Frage wird häufig auf dem Boden und mit den Mitteln des Religionsverfassungsrechts ausgetragen. Damit wächst dem Bundesverfassungsgericht als letzter Instanz für die Interpretation des Grundgesetzes eine maßgebliche Rolle (auch) bei der Gestaltung des Verhältnisses von Staat und Religion zu.

Vor diesem Hintergrund haben insbesondere der konzeptionelle Streit um die Bezeichnung des Rechtsgebiets als Religionsverfassungsrecht oder Staatskirchenrecht (2.), die Reichweite des Grundrechts auf Religionsfreiheit (3.), das Neutralitätsgebot im Zu-

---

5 Zum Begriff der Säkularisierung siehe u. a. di Fabio, Udo: Kirche und Staat (2006). In: ders., Gewissen, Glaube, Religion: Wandelt sich die Religionsfreiheit?, Berlin 2008, S. 105 (106) m. w. N.

6 Huber, Wolfgang: Kirche und Verfassungsordnung. In: EssGspr. 42 (2008), S. 7 ff.; Sacksofsky, Ute: Religiöse Freiheit als Gefahr?. In: VVDStRL 68 (2009), S. 7 (8 f.); m. w. N. Skeptisch Czermak, Gerhard: Religions- und Weltanschauungsrecht. Eine Einführung, Berlin/Heidelberg 2008, Rn. 498. Zur religionssoziologischen Bestandsaufnahme siehe auch Waldhoff, Christian: Neue Religionskonflikte und staatliche Neutralität – Erfordern weltanschauliche und religiöse Entwicklungen Antworten des Staates, Gutachten D zum 68. Deutschen Juristentag, München 2010, S. 13 ff.

7 Habermas, Jürgen: Glauben und Wissen, Frankfurt/M. 2001, S. 12 ff.; ders. : Vorpolitische Grundlagen des demokratischen Rechtsstaates? (2004). In: ders., Zwischen Naturalismus und Religion. Philosophische Aufsätze, Frankfurt/M. 2005, S. 106 (116 ff.).

8 Dazu Gabriel, Karl: Religionen und ihre Stellung zum Staat – eine soziologische Bestandsaufnahme. In: EssGspr 39 (2005), S. 11 (19 f.).

9 Instruktiv dazu die Beiträge in Muckel, Stefan (Hrsg.): Der Islam im öffentlichen Recht des säkularen Verfassungsstaates, Berlin 2008. Kurzanalyse bei Waldhoff, a. a. O. (Fn. 6), S. 35 ff.

10 Walter, Christian: Religiöse Freiheit als Gefahr? Eine Gegenrede. In: DVBl. 2008, S. 1073 (1074).

sammenhang mit der Konfrontation mit religiösen Symbolen (4.), das Selbstbestimmungsrecht (5.) und der Körperschaftsstatus von Religionsgemeinschaften (6.) eine
besondere Bedeutung erlangt. In allen genannten Themenbereichen hat das Bundesverfassungsgericht maßgebliche Impulse gesetzt.

2   „Staatskirchenrecht" versus „Religionsverfassungsrecht"

Über die Bezeichnung des Rechtsgebietes, das sich mit dem Verhältnis von Staat und
Religion befasst, besteht seit dem Ende des 20. Jahrhunderts ein anhaltender Streit. Dabei handelt es sich nicht um eine Auseinandersetzung von rein akademischem Wert.
Vielmehr sind mit der jeweiligen Begriffswahl zugleich programmatisch-konzeptio-
nelle Weichenstellungen verbunden. Diese Konzepte, die sich mit den Bezeichnungen
„Staatskirchenrecht" und „Religionsverfassungsrecht" verbinden, sind zunächst in der
staatsrechtlichen Literatur vorgeformt worden. Inzwischen hat das Bundesverfassungsgericht die Weichen in eine der vorgeschlagenen Richtungen gestellt.

2.1   Staatskirchenrecht

Seit der Mitte des 19. Jahrhunderts wurde das Rechtsgebiet, das sich mit dem Verhältnis des Staates zur Religion beschäftigt, als Staatskirchenrecht bezeichnet.[11] Gegenstand
war und ist das Verhältnis der beiden Institutionen Staat und Kirche(n), die seit der Entstehung und Ausbreitung der christlichen Kirche(n) die Geschichte des Abendlandes
wesentlich geprägt haben. Reste dieser institutionellen Ausrichtung fanden noch Eingang in die Weimarer Reichsverfassung vom 11. August 1919 und über den Umweg des
Art. 140 GG auch in das Grundgesetz. Noch deutlicher als in der Weimarer Reichsverfassung stehen sie hier im Kontext der individuellen Religionsfreiheit des Art. 4 Abs. 1
und 2 GG. Das mit dem Begriff des Staatskirchenrechts verbundene Konzept beharrt
aber in einer stärkeren Variante auf dem Vorrang der institutionellen Seite gegenüber
dem Individualgrundrecht der Religionsfreiheit. In einer schwächeren Variante wird
zumindest ein „institutioneller Überhang" der inkorporierten Vorschriften aus der Weimarer Reichsverfassung behauptet, der nicht in Art. 4 Abs. 1 und 2 GG aufgehe.

---

11   Zur Begriffsgeschichte siehe Hense, Ansgar: Staatskirchenrecht oder Religionsverfassungsrecht: mehr
     als ein Streit um Begriffe. In: Haratsch u. a. (Hrsg.), Religion und Weltanschauung im säkularen Staat,
     Stuttgart 2001, S. 9 (15 ff.). Siehe dazu auch die Beiträge in dem Sammelband von Heinig, Hans Michael/
     Walter, Christian (Hrsg.): Staatskirchenrecht oder Religionsverfassungsrecht? Ein begriffspolitischer
     Grundsatzstreit, Tübingen 2007.

Zur Begründung der Bezeichnung „Staatskirchenrecht"[12] wird angeführt, dass sie herkömmlich und insofern im einschlägigen wissenschaftlichen Diskurs geläufig sei. Zudem wird behauptet, dass von der zu bezeichnenden Rechtsmaterie immer noch primär die großen christlichen Kirchen betroffen seien. Hinzu kommt die These, dass die individuelle Religionsfreiheit notwendig die institutionelle Dimension einer Religionsgemeinschaft bzw. Kirche voraussetze.[13] Die schwächere Variante des Konzepts vom Staatskirchenrecht wird schließlich mit dem Argument gestützt, dass das Thema der Religion durch das Nebeneinander von Art. 4 Abs. 1 und 2 GG und Art. 140 GG jedenfalls in doppelter Weise im Grundgesetz verwurzelt sei und die inkorporierten Vorschriften aus der Weimarer Reichsverfassung nicht ohne „institutionellen Überhang" im Grundrecht der Religionsfreiheit aufgingen.[14]

2.2 Religionsverfassungsrecht

Während das Staatskirchenrecht die institutionelle Seite des Verhältnisses von Staat und Religion dem Grundrecht der Religionsfreiheit aus Art. 4 Abs. 1 und 2 GG überordnet oder zumindest gleichstellt, ist mit dem Begriff des Religionsverfassungsrechts eine grundrechtszentrierte Sichtweise auf diese Verhältnis verbunden. Sie nimmt – nicht zuletzt vor dem Hintergrund der beschriebenen veränderten Rahmenbedingungen – alle Materien des religionsbezogenen Rechts und alle Religionen und Religionsgemeinschaften in den Blick.

Gegen die mit dem Konzept des „Staatskirchenrechts" verbundene Beschränkung auf den institutionellen Aspekt und den begriffsimmanenten Ausschluss der kleineren und nicht-christlichen Religionsgemeinschaften sticht vor allem das verfassungstheoretische Argument aus dem normativen und umfassenden Charakter der Verfassung.[15] Das religionsbezogene Recht unter dem Grundgesetz erhebt den Anspruch, das Verhältnis des Staates zur Religion in allen seinen Facetten zu regeln. Eine dem Begriff des Staatskirchenrechts immanente Fokussierung auf die großen christlichen Kirchen ist damit nicht vereinbar. Gestützt wird dieses Argument zudem durch den Hinweis auf die gebotene Neutralität des Staates in religiösen und weltanschaulichen Angelegenheiten.

---

12 Für die Beibehaltung des Begriffs „Staatskirchenrecht" u. a. Stern, Klaus: Staatsrecht, Bd. IV/2, München 2012, S. 1171.

13 So etwa Kirchhof, Paul: Die Freiheit der Religionen und ihr unterschiedlicher Beitrag zu einem freien Gemeinwesen. In: EssGspr 39 (2005), S. 105 (113).

14 So u. a. Korioth, Stefan: Vom institutionellen Staatskirchenrecht zum grundrechtlichen Religionsverfassungsrecht? Chancen und Gefahren eines Bedeutungswandels des Art. 140 GG. In: Brenner/Huber/Möstl (Hrsg.), Festschrift für Peter Badura, Tübingen 2004, S. 727 (730, 738 ff.).

15 Zu diesen Elementen des Verfassungsbegriffs des Grundgesetzes siehe Unruh, Peter: Der Verfassungsbegriff des Grundgesetzes. Eine verfassungstheoretische Rekonstruktion, Tübingen 2001, S. 399 ff., 416 ff.

Aus der konsequent grundrechtszentrierten Lesart der Rechtsmaterie folgt, dass das Grundrecht auf Religionsfreiheit aus Art. 4 Abs. 1 und 2 GG das Fundament des Religionsverfassungsrechts ist. Die institutionellen, auf die Religionsgemeinschaften bezogenen, und die vermeintlich objektiv-rechtlichen Aspekte der in das Grundgesetz inkorporierten sog. Weimarer Kirchenartikel können als spezifische und kontingente Ausprägungen und Ausformungen der Schutzpflichtendimension der Religionsfreiheit gelten.[16]

2.3 Das Bundesverfassungsgericht und das Religionsverfassungsrecht

Das Bundesverfassungsgericht hat sich in seiner Rechtsprechung bis zum Jahr 2000 – wie auch die ihr folgende staatsrechtliche Literatur – vom Konzept des Staatskirchenrechts leiten lassen. Das Grundrecht auf Religionsfreiheit aus Art. 4 Abs. 1 und 2 GG und die inkorporierten Weimarer Kirchenartikel wurden als eigenständige Regelungsmaterien aufgefasst, die einerseits ein individuelles Grundrecht und andererseits objektiv-rechtliche Bestimmungen über die Kirchen enthielten.[17] Sukzessive wurde jedoch insoweit eine Verbindung hergestellt, dass Verstöße gegen die in Art. 140 GG aufgeführten Normen über Art. 4 GG vor dem Bundesverfassungsgericht geltend gemacht werden konnten. In verfassungsjuristisch fragwürdiger Weise wurde argumentiert, dass der Zugang zum Bundesverfassungsgericht eröffnet sei, wenn eine Verletzung des Religionsgrundrechts möglich erscheine („Zulässigkeit"), während die inhaltliche Prüfung („Begründetheit") sich dann am Maßstab der Art. 140 GG i. V. m. Art. 136–139, 141 WRV orientieren könne.[18]

Die Wende zum Konzept des Religionsverfassungsrechts hat das Bundesverfassungsgericht mit dem Urteil zum Körperschaftsstatus der Zeugen Jehovas vollzogen. Darin heißt es:

> „Art. 140 GG erklärt die Weimarer Kirchenartikel zu Bestandteilen des Grundgesetzes. Ihre Auslegung hat sich nunmehr von den Wertungen des Grundgesetzes leiten zu lassen (…). Insbesondere sind die Weimarer Kirchenartikel Bestandteil des Religions- und Staatskirchenrechts des Grundgesetzes, welches das Grundrecht der Religionsfreiheit ohne Gesetzesvorbehalt in den Katalog unmittelbar verbindlicher Grundrechte übernommen und es so gegenüber der Weimarer Reichsverfassung erheblich verstärkt hat (…). *Die Gewährleistun-*

---

16 Näher dazu und m. w. N. Unruh, a. a. O. (Fn. 1), Rn. 4 ff.

17 Dazu u. a. Neureither, Georg: Subjektivierung des Objektiven, Vergrundrechtlichung des Institutionellen? – Zur jüngeren Rechtsprechung des Bundesverfassungsgerichts im Kontext von Recht und Religion. In: Grzeszick, Bernd (Hrsg.), Aktuelle Entwicklungen des Kirchen- und Staatskirchenrechts, Berlin 2014, S. 47 ff.

18 So etwa BVerfGE 42, 312 (322 f. bzw. 325); 46, 73 (85).

gen der Weimarer Kirchenartikel sind funktional auf die Inanspruchnahme und Verwirklichung des Grundrechts der Religionsfreiheit angelegt. ... (Sie sind) Mittel zur Entfaltung der Religionsfreiheit (...)."[19]

Damit bekräftigt das Bundesverfassungsgericht den Status des Art. 4 GG als Fundamentalnorm des Religionsverfassungsrechts, auf deren Verwirklichung die über Art. 140 GG inkorporierten Weimarer Kirchenartikel angelegt sind. An der Bezeichnung des Rechtsgebiets als „Religions- und Staatskirchenrecht(.)" ist zudem abzulesen, dass das Bundesverfassungsgericht die inhaltliche Wende zum Konzept des Religionsverfassungsrechts nicht (vollständig) mit einer Aktualisierung der Terminologie verbindet.

Eine Verfestigung dieser Festlegung auf das Konzept des Religionsverfassungsrechts erfolgt dann mit dem 2. Sonntagsschutz-Urteil des Bundesverfassungsgerichts. Hervorzuheben ist die klare Verbindungslinie, die zwischen der Schutzpflichtendimension der Religionsfreiheit und den weiteren Normen des Religionsverfassungsrechts (hier: Art. 140 GG i. V. m. Art. 139 WRV) gezogen wird:

„Nach der Rechtsprechung des Bundesverfassungsgerichts erschöpft sich der Grundrechtsschutz nicht in seinem klassischen Gehalt als subjektives Abwehrrecht gegenüber staatlichen Eingriffen. Aus Grundrechten ist vielmehr auch eine Schutzpflicht des Staates für das geschützte Rechtsgut abzuleiten, deren Vernachlässigung von dem Betroffenen mit der Verfassungsbeschwerde geltend gemacht werden kann (...). Auch die Religionsfreiheit beschränkt sich nicht auf die Funktion eines Abwehrrechts, sondern gebietet auch im positiven Sinn, Raum für die aktive Betätigung der Glaubensüberzeugung und die Verwirklichung der autonomen Persönlichkeit auf weltanschaulich-religiösem Gebiet zu sichern (...). Diese Schutzpflicht trifft den Staat auch gegenüber den als Körperschaften des öffentlichen Rechts verfassten Religionsgemeinschaften."[20]

Darauf aufbauend wird die grundlegende Bedeutung des Art. 4 Abs. 1 und 2 GG für das Religionsverfassungsrecht wiederholt beschrieben:

„Die Gewährleistungen der so genannten Weimarer Kirchenartikel sind (...) *funktional* (...) auf die Inanspruchnahme und Verwirklichung des Grundrechts der Religionsfreiheit angelegt (...). ... Im Kontext des Grundgesetzes sind die Kirchenartikel (...) ein *Mittel zur Entfaltung der Religionsfreiheit der korporierten Religionsgemeinschaften* (...). ... Die funktionale Ausrichtung der so genannten Weimarer Kirchenartikel auf die Inanspruchnahme des Grundrechts aus Art. 4 Abs. 1 und 2 GG gilt auch für die Gewährleistung der Tage der Arbeitsruhe und der seelischen Erhebung in Art. 139 WRV ..."[21]

---

19   BVerfGE 102, 370 (386 f.), Hervorhebungen vom Verf.
20   BVerfGE 125, 39 (75).
21   BVerfGE 125, 39 (79 f.), Hervorhebungen vom Verf.

Insgesamt hat sich das Bundesverfassungsgericht mit der Wendung zum Konzept des Religionsverfassungsrechts für einen umfassenden und grundrechtsbasierten Schutz von Religion und Religionsfreiheit im säkularen und pluralistischen Staat des Grundgesetzes entschieden. Die Übertragung der religionsfreundlichen Haltung, die das Bundesverfassungsgericht auch zuvor schon geprägt hat, auf die veränderten Rahmenbedingungen im 21. Jahrhundert macht das Gericht nicht blind für die erforderlichen Grenzen der Religionsfreiheit.

3   Die Reichweite der Religionsfreiheit

Dem Status des Art. 4 Abs. 1 und 2 GG als Fundamentalnorm des Religionsverfassungsrechts angemessen, prallen in der Auslegung dieses Grundrechts die beiden Pole einer extensiven und einer restriktiven Verfassungsinterpretation mit besonderer Heftigkeit aufeinander.[22] Dies gilt sowohl für die Beschreibung des Schutzbereiches der Religionsfreiheit, d. h. für die Frage, welche Verhaltensweisen von diesem Grundrecht umfasst sind. Es gilt aber auch für die Frage nach den Schranken der Religionsfreiheit. Auf alle diese Fragen hat das Bundesverfassungsgericht maßgebliche Antworten geliefert.

3.1   Die Einheitlichkeit des Schutzbereichs

Auf der Schutzbereichsebene besteht eine erste Kontroverse über die Frage, ob die Religionsfreiheit ein einheitliches Grundrecht darstellt oder nur einzelne Dimensionen der Religionsausübung umfasst. Ausgangspunkt ist der Umstand, dass der Wortlaut des Art. 4 GG nicht ausschließlich und umfassend auf die Religion Bezug nimmt, sondern dass dort von der „Freiheit des Glaubens" und des „religiösen … Bekenntnisses" (Abs. 1) sowie von der „ungestörte(n) Religionsausübung" (Abs. 2) die Rede ist.

In Teilen der jüngeren staatsrechtlichen Literatur wird die Auffassung vertreten, dass diese Schutzdimensionen der Religionsfreiheit nur einzelne und begrenzte Schutzgehalte beschreiben.[23] Neben Argumenten aus dem Wortlaut und der (i. E. ambivalenten) Entstehungsgeschichte der Norm wird vor allem darauf abgehoben, dass mit dieser Auffassung eine operationalisierbare Abgrenzung der vermeintlichen Teilbereiche der Religionsfreiheit zu erreichen sowie eine uferlose Ausweitung des Schutzes religiös fundierter Verhaltensweisen im Sinne einer „Hypertrophie des Grundrechts auf Religionsfreiheit"[24] zu vermeiden sei.

---

22 Ausführlich Unruh, a. a. O. (Fn. 1), Rn. 77 ff.

23 So etwa Czermak, a. a. O. (Fn. 6), Rn. 112; Huster, Stefan: Die ethische Neutralität des Staates, Tübingen 2002, S. 376 ff.; Stern, a. a. O. (Fn. 12), S. 928.

24 So der programmatische Titel des Aufsatzes von Kästner, Karl-Hermann: Hypertrophie des Grundrechts auf Religionsfreiheit. In: JZ 1998, S. 974 ff.

Gegenüber dieser Auffassung, die tendenziell zu einer Einschränkung des Schutzgehalts der Religionsfreiheit führt, beharrt neben der überwiegenden staatsrechtlichen Literatur[25] auch das Bundesverfassungsgericht auf der Einheitlichkeit des Schutzbereiches von Art. 4 Abs. 1 und 2 GG. Es bleibt sich damit seiner eigenen langjährigen Rechtsprechung treu. Schon in der Lumpensammler-Entscheidung aus dem Jahr 1968 hatte das Gericht zum Verhältnis der Religionsausübung zum allgemeinen Grundrecht der Religionsfreiheit sowie zu den historischen Gründen der terminologischen Differenzierung in Art. 4 Abs. 1 und 2 GG ausgeführt:

> „Das Grundrecht der ungestörten Religionsausübung (Art. 4 Abs. 2 GG) ist an sich im Begriff der Glaubens- und Bekenntnisfreiheit (Art. 4 Abs. 1 GG) enthalten. Dieser Begriff umfasst nämlich ... nicht nur die innere Freiheit, zu glauben oder nicht zu glauben, d.h. einen Glauben zu bekennen, zu verschweigen, sich von dem bisherigen Glauben loszusagen und einem anderen Glauben zuzuwenden, sondern ebenso die Freiheit kultischen Handelns, des Werbens, der Propaganda (...). *Insofern ist die ungestörte Religionsausübung nur ein Bestandteil der dem Einzelnen wie der religiösen oder weltanschaulichen Vereinigung (...) zustehenden Glaubens- und Bekenntnisfreiheit.* ... Die besondere Gewährleistung der gegen Eingriffe und Angriffe des Staates geschützten Religionsausübung in Art. 4 Abs. 2 GG erklärt sich *historisch* aus der Vorstellung eines besonderen exercitium religionis, insbesondere aber aus der Abwehrhaltung gegenüber den Störungen der Religionsausübung unter der nationalsozialistischen Gewaltherrschaft."[26]

Die hier begründete dogmatische Überzeugung von der Einheitlichkeit des Schutzbereiches der Religionsfreiheit setzt sich bis in die aktuelle Rechtsprechung des Bundesverfassungsgerichts fort. Exemplarisch und in prägnanter Kürze heißt es in der Kopftuch-Entscheidung aus 2003:

> „Art. 4 GG garantiert in Absatz 1 die Freiheit des Glaubens, des Gewissens und des religiösen und weltanschaulichen Bekenntnisses, in Absatz 2 das Recht der ungestörten Religionsausübung. *Beide Absätze des Art. 4 GG enthalten ein umfassend zu verstehendes einheitliches Grundrecht* (...). Es erstreckt sich nicht nur auf die innere Freiheit zu glauben, sondern auch auf die äußere Freiheit, den Glauben zu bekunden und zu verbreiten (...)."[27]

Mit dieser Bekräftigung der Einheitlichkeit des Schutzbereichs des Art. 4 Abs. 1 und 2 GG tritt das Bundesverfassungsgericht eindrücklich der Bestrebung entgegen, die Reichweite der Religionsfreiheit schon auf dieser Ebene nachhaltig zu beschränken. Die

---

25 Nachweise bei Unruh, a.a.O. (Fn. 1), Rn. 78.
26 BVerfGE 24, 236 (245), Hervorhebungen vom Verf.
27 BVerfGE 108, 282 (297), Hervorhebungen vom Verf.; zuvor schon BVerfGE 32, 98 (106); 44, 37 (49); 83, 341 (354).

dogmatische Grundhaltung, der Religion unter dem Grundgesetz eine weit gehende, wenn auch keine unbegrenzte Entfaltungsmöglichkeit zuzugestehen, bestimmt auch die Positionierung des Bundesverfassungsgerichts in den weiteren dogmatischen Kontroversen zur Auslegung des Grundrechts auf Religionsfreiheit.

3.2   Die Reichweite des Schutzbereichs

Die zweite Kontroverse betrifft die Reichweite des Schutzbereichs der Religionsfreiheit in seiner Teildimension der Religionsausübung. Einmütigkeit besteht zunächst darüber, dass der Begriff der Religionsausübung jedenfalls alle Verhaltensweisen einschließt, die in einem kultischen Zusammenhang mit der jeweiligen Religion stehen.[28] Diese Kultusfreiheit umfasst also u. a. das Abhalten von Gottesdiensten, das sakrale Glockengeläut oder den Ruf des Muezzins sowie das Gebet.

In Teilen der staatsrechtlichen Literatur wird mit dem Postulat der Schutzbereichsbegrenzung die Auffassung vertreten, dass Art. 4 Abs. 1 und 2 GG nur einschlägig sei, wenn „Glaubens- und Kultushandlungen in einem engeren Sinne, d. h. Aktionsformen in Vollzug von Glaube, Bekenntnis, Religion" in Frage stehen.[29] In der Sache handelt es sich um eine strikte Begrenzung auf die Kultusfreiheit. In diese Richtung zielt auch die Auffassung, der Schutzbereich der Religionsfreiheit sei auch nur dann eröffnet, wenn geltend gemacht wird, dass gerade das staatlicherseits verlangte oder verbotene Verhalten mit einem „echten", „konkreten" bzw. „zwingenden" Glaubenssatz der jeweiligen Religion kollidiert.[30] Für beide Teilauffassungen gilt, dass nicht jedes religiös motivierte Verhalten vom Schutzbereich der Religionsfreiheit umfasst sein solle und dürfe.

Demgegenüber vertritt das Bundesverfassungsgericht kontinuierlich und in ständiger Rechtsprechung ein weites Schutzbereichsverständnis. Schon in der Leitentscheidung zum bereits erwähnten Lumpensammlerfall, stellt das Gericht fest:

> „Da die ‚Religionsausübung' zentrale Bedeutung für jeden Glauben und jedes Bekenntnis hat, muss dieser Begriff gegenüber seinem historischen Gehalt extensiv ausgelegt werden. Dafür spricht, dass die Religionsfreiheit nicht mehr wie in Art. 135 WRV durch einen ausdrücklichen Gesetzesvorbehalt eingeschränkt ist, nicht mehr in Zusammenhang mit den anderen

---

28   Jeand'Heur, Bernd/Korioth, Stefan: Grundzüge des Staatskirchenrechts, Stuttgart u. a. 2000, Rn. 79. Vgl. auch BVerfGE 93, 1 (15 f.).

29   Schoch, Friedrich: Die Grundrechtsdogmatik vor den Herausforderungen der multikonfessionellen Gesellschaft. In: Bohner u. a. (Hrsg.), FS Hollerbach, Berlin 2001, S. 149 (159); ebenso Kästner, a. a. O. (Fn. 24), S. 974 (980), Waldhoff, Christian: Die Zukunft des Staatskirchenrechts. In: EssGspr. 42 (2008), S. 55 (75 f.).

30   In diesem Sinne etwa Walter, Christian: Religionsverfassungsrecht in vergleichender und internationaler Perspektive, Tübingen 2006, S. 511 f., Borowski, Martin: Die Glaubens- und Gewissensfreiheit des Grundgesetzes, Tübingen 2006, S. 433, und Classen: Religionsrecht, Tübingen 2006, Rn. 158.

Bestimmungen über das Verhältnis von Staat und Kirche steht (…), nicht nach Art. 18 GG verwirkt werden kann und darüber hinaus durch verfassungsrechtliche Sonderregelungen geschützt ist (vgl. Art. 3 Abs. 3, Art. 33 Abs. 3 GG, Art. 140 GG in Verbindung mit Art. 136 Abs. 3 Satz 1 WRV; Art. 136 Abs. 4 WRV, Art. 7 Abs. 3 Satz 3 GG; Art. 7 Abs. 2 GG). Diese Freiheit der Religionsausübung erstreckt sich zudem nicht nur auf die christlichen Kirchen, sondern auch auf andere Religions- und Weltanschauungsgemeinschaften. Das folgt aus dem für den Staat verbindlichen Gebot weltanschaulich-religiöser Neutralität (…) und dem Grundsatz der Parität der Kirchen und Bekenntnisse (…). Es ist deshalb nicht gerechtfertigt, die Kultusfreiheit enger auszulegen als die Glaubens- und Bekenntnisfreiheit. *Zur Religionsausübung gehören danach nicht nur kultische Handlungen und Ausübung sowie Beachtung religiöser Gebräuche wie Gottesdienst, Sammlung kirchlicher Kollekten, Gebete, Empfang der Sakramente, Prozession, Zeigen von Kirchenfahnen, Glockengeläute, sondern auch religiöse Erziehung, freireligiöse und atheistische Feiern sowie andere Äußerungen des religiösen und weltanschaulichen Lebens.*"[31]

In den nachfolgenden Entscheidungen wurde diese Auffassung mit einer eingängigen Formel bekräftigt und präzisiert:

Zur Religionsfreiheit „gehört auch das Recht des Einzelnen, sein gesamtes Verhalten an den Lehren seines Glaubens auszurichten und seiner inneren Glaubensüberzeugung gemäß zu handeln."[32]

In der staatsrechtlichen Literatur hat diese Auffassung ganz überwiegend und zutreffend Zustimmung gefunden.[33] Zur Begründung wird vor allem angeführt, dass diese weite Fassung des Schutzbereiches im Interesse des hohen Schutzgutes der Religionsfreiheit liege, die sich anderenfalls „nicht voll entfalten" könnte.[34] Notwendige Beschränkungen des Grundrechts sollten nicht auf der Schutzbereichs-, sondern können auf der Schrankenebene erfolgen.

3.3 Der Begriff der Religion

Wenn Art. 4 Abs. 1 und 2 GG ein einheitliches Grundrecht statuiert und dieses Grundrecht auf der Schutzbereichsebene alle „Äußerungen religiösen … Lebens" umfasst, dann stellt sich die Frage, was im Einzelnen unter religiös motiviertem Verhalten zu verstehen ist. Damit ist zugleich die Frage nach dem Begriff der Religion überhaupt auf-

---

31 BVerfGE 24, 236 (246), Hervorhebungen vom Verf.
32 BVerfGE 32, 98 (106); ebenso u. a. BVerfGE 93, 1 (15); 108, 282 (297).
33 Statt vieler v. Campenhausen, Axel/de Wall, Heinrich: Staatskirchenrecht. Eine systematische Darstellung des Religionsverfassungsrechts in Deutschland, 4. Aufl., München 2006, S. 54.
34 BVerfGE 32, 98 (106).

geworfen. Auch das Bundesverfassungsgericht hat stets auf die Erforderlichkeit einer maßgeblichen Definition hingewiesen.[35] Von besonderer Bedeutung ist die Teilfrage, wer zu einer entsprechenden Definition befugt ist.

Eine verbreitete Auffassung stellt ganz wesentlich auf das Selbstverständnis der Grundrechtsträger ab.[36] Dem zu religiöser und weltanschaulicher Neutralität verpflichteten Staat (s. u. 4.) sei es von vornherein verwehrt, bestimmte Bekenntnisse zu bewerten oder sogar zu privilegieren. Vielfach wird insofern auf die bereits mehrfach erwähnte Lumpensammler-Entscheidung des Bundesverfassungsgerichts Bezug genommen, in der es heißt:

> „Bei der Würdigung dessen, was im Einzelfall als Ausübung von Religion und Weltanschauung zu betrachten ist, darf das *Selbstverständnis der Religions- und Weltanschauungsgemeinschaften* nicht außer Betracht bleiben. Zwar hat der religiös-neutrale Staat grundsätzlich verfassungsrechtliche Begriffe nach neutralen, allgemeingültigen, nicht konfessionell oder weltanschaulich gebundenen Gesichtspunkten zu interpretieren … Wo aber in einer pluralistischen Gesellschaft die Rechtsordnung gerade das religiöse oder weltanschauliche Selbstverständnis wie bei der Kultusfreiheit voraussetzt, würde der Staat die den Kirchen, den Religions- und Weltanschauungsgemeinschaften nach dem Grundgesetz gewährte Eigenständigkeit und ihre Selbstständigkeit in ihrem eigenen Bereich verletzen, wenn er bei der Auslegung der sich aus einem bestimmten Bekenntnis oder einer Weltanschauung ergebenden Religionsausübung deren Selbstverständnis nicht berücksichtigen würde."[37]

Eine exklusive Bezugnahme auf das jeweilige Selbstverständnis des Grundrechtsträgers hätte indes zur Folge, dass schon die bloße Behauptung, ein bestimmtes Verhalten sei religiös ge- bzw. verboten, die Eröffnung des Schutzbereichs der Religionsfreiheit bewirken könnte. Den staatlichen Instanzen wäre die Kompetenz zur Begriffsbestimmung der Religion vollständig entzogen; die Reichweite des Grundrechts der Religionsfreiheit stünde im Belieben der Grundrechtsträger selbst.

Allerdings fordert die Lumpensammler-Entscheidung nur, dass das Selbstverständnis der betroffenen Grundrechtsträger „nicht außer Betracht bleiben" darf und zu „berücksichtigen" ist. Das Bundesverfassungsgericht selbst ist einer einseitigen und exklusiven Betonung des Selbstverständnisses mit seiner Bahá'í-Entscheidung entgegen getreten. Danach genügt allein die Berufung auf das Selbstverständnis nicht, um den Schutzbereich der Religionsfreiheit des Art. 4 Abs. 1 und 2 GG zu eröffnen;

---

35 Vgl. BVerfGE 105, 279 (293).
36 Aus der Literatur siehe u. a. Morlok, Martin: Selbstverständnis als Rechtskriterium, Tübingen 1993, S. 78 ff.; Isak, Axel: Das Selbstverständnis der Kirchen und Religionsgemeinschaften, Berlin 1994, S. 259 ff.; Huster, a. a. O. (Fn. 21), S. 382 ff. Ausführliche Darstellung und Würdigung bei Borowski, a. a. O. (Fn. 30), S. 251 ff. m. w. N.
37 BVerfGE 24, 236 (247 f.), Hervorhebungen vom Verf.; ähnlich BVerfGE 12, 1 (3); 18, 285 (386); 33, 23 (28 f.); 46, 73 (85); 53, 366 (401).

„vielmehr muss es sich auch tatsächlich, nach geistigem Gehalt und äußerem Erscheinungsbild, um eine Religion und eine Religionsgemeinschaft handeln. Dies im Streitfall zu prüfen und zu entscheiden, obliegt – als Anwendung einer Regelung der staatlichen Rechtsordnung – den staatlichen Organen, letztlich den Gerichten, die dabei freilich keine freie Bestimmungsmacht ausüben, sondern den von der Verfassung gemeinten oder vorausgesetzten, dem Sinn und Zweck der grundrechtlichen Verbürgung entsprechenden Begriff der Religion zugrunde zu legen haben."[38]

Im Ergebnis wird die Behauptung, es handele sich um Religion oder eine Religionsgemeinschaft, einer staatlichen Plausibilitätskontrolle unterworfen. Mit der Einführung dieses objektiven und justitiablen Maßstabs hat das Bundesverfassungsgericht den staatlichen Rechtsanwendungsinstanzen (wieder) die Kompetenz zugewiesen, letztverbindlich – wenn auch unter Berücksichtigung (!) des Selbstverständnisses der Grundrechtsträger – darüber zu entscheiden, ob ein Verhalten unter den Begriff der Religion zu subsumieren ist. Nachdem sich das Bundesverfassungsgericht in den ersten beiden Kontroversen für eine tendenziell weite, d. h. religionsermöglichende Auslegung entschieden hatte, gehört die Antwort auf die Frage nach der Definitionskompetenz für den Begriff der Religion – zu Recht – zum Bereich der Grenzziehungen.

3.4 Die Schranken der Religionsfreiheit

Grundrechtseingriffe sind dann hinzunehmen, wenn sie verfassungsrechtlich gerechtfertigt sind. Eine verfassungsrechtliche Rechtfertigung gelingt, wenn der Grundrechtseingriff über eine Schranke des betroffenen Grundrechts gedeckt und verhältnismäßig ist. Art. 4 Abs. 1 und 2 GG enthält keinen ausdrücklichen Gesetzes- oder Schrankenvorbehalt. Gleichwohl besteht ein Konsens darüber, dass auch das Grundrecht der Religionsfreiheit – wie jedes Freiheitsrecht – eingeschränkt werden kann und muss. Einigkeit besteht auch darüber, dass für die verfassungsrechtliche Rechtfertigung von Eingriffen in die Religionsfreiheit nicht auf die Schranken aus anderen Grundrechten zurückgegriffen werden kann.[39] Im Übrigen ist die Frage nach den Schranken der Religionsfreiheit heftig umstritten.

Eine gewichtige Auffassung in der Literatur greift zur Schrankenbestimmung auf die über Art. 140 GG in das Grundgesetz inkorporierte Vorschrift des Art. 136 Abs. 1 WRV zurück; sie lautet: „Die bürgerlichen und staatsbürgerlichen Rechte und Pflichten werden durch die Ausübung der Religionsfreiheit weder bedingt noch beschränkt." Damit wird das Grundrecht aus Art. 4 Abs. 1 und 2 GG einem sog. allgemeinen Gesetzesvorbe-

---

38 BVerfGE 83, 341 (353).
39 Vgl. BVerfGE 32, 98 (107); Borowski, a. a. O. (Fn. 30), S. 482 ff.

halt unterworfen mit der Folge, dass schon einfache und nachvollziehbare Gründe für eine Beschränkung der Religionsfreiheit auf der Grundlage eines Gesetzes ausreichen.[40]

Das Bundesverfassungsgericht hat bereits in seiner frühen Rechtsprechung zur Religionsfreiheit die These vom Schrankencharakter des Art. 136 Abs. 1 WRV zurück gewiesen.[41] Mit Art. 4 Abs. 1 und 2 GG sei das Grundrecht der Religionsfreiheit aus dem Kontext der Weimarer Kirchenrechtsartikel herausgelöst und an den Beginn des Katalogs der speziellen Freiheitsgrundrechte des Grundgesetzes gestellt worden. Art. 136 Abs. 1 WRV sei vor dem Hintergrund dieser verstärkten Bedeutung der Religionsfreiheit unter dem Grundgesetz auszulegen und werde daher von Art. 4 Abs. 1 und 2 GG „überlagert". Maßgeblich für den Schutz der grundrechtlichen Religionsfreiheit sei daher Art. 4 Abs. 1 und 2 GG. Daraus folgert das Bundesverfassungsgericht zu Recht, dass das Grundrecht der Religionsfreiheit im Grundgesetz „vorbehaltlos", d.h. ohne allgemeinen oder spezifischen Gesetzvorbehalt gewährleistet ist. Nicht zuletzt, weil die Freiheit des Einen ihre Schranke an der Freiheit des Anderen findet, unterliegen auch vorbehaltlos gewährleistete Grundrechte Einschränkungen. Die Religionsfreiheit ist daher zwar vorbehalts-, aber nicht schrankenlos gewährleistet. Im Unterschied zu den Grundrechten mit einem einfachen oder qualifizierten Gesetzesvorbehalt wird hier jedoch ein höheres Rechtfertigungsniveau verlangt. Mit Rücksicht auf die Einheit der Verfassung müssen die Schranken auf der Verfassungsebene selbst anzutreffen sein. Eingriffe in vorbehaltlos gewährleistete Grundrechte können also nur durch verfassungsimmanente Schranken gerechtfertigt werden, d.h. unter Berufung auf Grundrechte Dritter oder sonstige Rechtsgüter mit Verfassungsrang.[42] Das gilt mit den Worten des Bundesverfassungsgerichts auch für die Religionsfreiheit:

> „Das Grundrecht der Glaubensfreiheit ist vorbehaltlos gewährleistet. Das bedeutet aber nicht, dass es keinerlei Einschränkungen zugänglich wäre. Diese müssen sich jedoch *aus der Verfassung selbst* ergeben. Eine Errichtung von Schranken, die nicht bereits in der Verfassung angelegt sind, steht dem Gesetzgeber nicht zu."[43]

Mit der Option gegen die Übertragung des Gesetzesvorbehalts aus Art. 136 Abs. WRV und für die vorbehaltlose Gewährleistung, die i. Ü. verfassungsdogmatisch zutreffend ist,[44] legt das Bundesverfassungsgericht – wiederum – die Hürden für eine Beschränkung der Religionsfreiheit vergleichsweise hoch.

---

40 So etwa Schoch, a. a. O. (Fn. 29), S. 149 (163 ff.), und Kästner, a. a. O. (Fn. 24), S. 974 (982 f.).
41 Grundlegend BVerfGE 33, 23 (30 f.). I. E. ebenso u. a. BVerfGE 44, 37 (49 f.); 52, 223 (246 f.).
42 Ständige Rechtsprechung seit BVerfGE 28, 243 (261); vgl. BVerfGE 93, 1 (21); 108, 282 (305 ff.).
43 BVerfGE 93, 1 (21), Hervorhebungen vom Verf.
44 Dazu Unruh, a. a. O. (Fn. 1), Rn. 119 ff.

4   Das Gebot religiös-weltanschaulicher Neutralität des Staates

Wie keine andere Teilmaterie des Religionsverfassungsrechts birgt die Rechtsprechung des Bundesverfassungsgerichts zum Gebot der religiös-weltanschaulichen Neutralität des Staates das Potential für auch in der (politischen) Öffentlichkeit ausgetragene Konflikte. Nachhaltig erinnerte Stichworte sind „Kruzifix" und „Kopftuch". Die mit diesen Stichworten bezeichneten Entscheidungen des Bundesverfassungsgerichts haben (kritische) Reaktionen in bisher ungekanntem Ausmaß hervorgerufen. Das Verständnis dieser Entscheidungen setzt zunächst den Einblick in den Gehalt des zugrunde liegenden Gebotes der religiös-weltanschaulichen Neutralität voraus.

4.1   Inhalt

Unabhängig von seiner konkreten dogmatischen Herleitung berühren Verstöße gegen das Neutralitätsgebot den sachlichen Schutzbereich des Grundrechts auf Religionsfreiheit. Neben dem eigens in Art. 140 GG i. V. m. Art. 137 Abs. 1 WRV verankerten Verbot der Staatskirche umfasst das Neutralitätsgebot ein Beeinflussungs-, ein Identifikations- und ein Bewertungsverbot. So ist es dem Staat mit den Worten des Bundesverfassungsgerichts verwehrt,

> „gezielte Beeinflussung im Dienste einer bestimmten politischen, ideologischen oder weltanschaulichen Richtung (zu) betreiben oder sich durch von ihm ausgehende oder ihm zuzurechnende Maßnahmen ausdrücklich oder konkludent mit einem bestimmten Glauben oder einer bestimmten Weltanschauung zu identifizieren und dadurch den religiösen Frieden in einer Gesellschaft von sich aus zu gefährden … Auch verwehrt es der Grundsatz religiös-weltanschaulicher Neutralität dem Staat, Glauben und Lehre einer Religionsgemeinschaft als solche zu bewerten."[45]

Dies gilt auch für das Christentum. Die religiöse Überzeugung darf daher insgesamt bei staatlichen (Rechts-)Entscheidungen oder für die staatliche Ämterordnung kein Entscheidungskriterium sein. Der Staat muss allen Bürgern ungeachtet ihrer jeweiligen religiösen Überzeugung eine „Heimstatt" bieten.[46] Im Übrigen ist religiös-weltanschauliche Neutralität nicht gleichbedeutend mit einem vermeintlichen Gebot kritischer Distanz gegenüber der Religion. Aus der Sicht des Bundesverfassungsgerichts ist das Grundgesetz vielmehr geprägt von

---

45   BVerfGE 108, 282 (300), ständige Rechtsprechung.
46   BVerfGE 19, 206 (216).

„Offenheit gegenüber dem Pluralismus weltanschaulich-religiöser Anschauungen angesichts eines Menschenbildes, das von der Würde des Menschen und der freien Entfaltung der Persönlichkeit in Selbstbestimmung und Eigenverantwortung bestimmt ist. In dieser Offenheit bewährt der freiheitliche Staat des Grundgesetzes seine religiöse und weltanschauliche Neutralität.“[47]

Das Neutralitätsgebot bildet zugleich die dogmatische Verbindung zwischen dem Grundrecht der Religionsfreiheit und den religionsverfassungsrechtlichen Gleichheitsrechten unter Einschluss des Paritätsgebotes, denn:

„Aus dem Grundsatz der religiösen und weltanschaulichen Neutralität des Staates ... folgt, dass der Staat auf eine am Gleichheitssatz orientierte Behandlung der verschiedenen Religions- und Weltanschauungsgemeinschaften zu achten hat.“[48]

4.2   Insbesondere: Kruzifix und Kopftuch

In der viel diskutierten Kruzifix-Entscheidung zu Kreuzen in Unterrichtsräumen öffentlicher Schulen hat das Bundesverfassungsgericht seine vorgängige Rechtsprechung zum Kreuz im Gerichtssaal[49] insoweit bekräftigt, als auch hier ein Eingriff in die Religionsfreiheit – hier der betroffenen Schülerinnen und Schüler – angenommen wurde. Die Begründung ist dreistufig aufgebaut.[50] In einem ersten Schritt wird die Unausweichlichkeit der vom Staat zu verantworteten Konfrontation der Schülerinnen und Schüler mit dem Kruzifix festgestellt:

„Zusammen mit der allgemeinen Schulpflicht führen Kreuze in Unterrichtsräumen dazu, dass Schüler während des Unterrichts von *Staats wegen und ohne Ausweichmöglichkeit* mit diesem Symbol konfrontiert sind und gezwungen werden ‚unter dem Kreuz‘ zu lernen.“[51]

Zweitens sei das Kreuz – verstanden als Oberbegriff für Kreuze mit und ohne Corpus – nicht nur Ausdruck der vom Christentum geprägten abendländischen Kultur, sondern unweigerlich als Symbol einer bestimmten religiösen Überzeugung zu bewerten:

---

47 BVerfGE 41, 29 (50). Zur Differenzierung zwischen einer distanzierenden „Neutralität“ – etwa in Gestalt des französischen Laizismus vom Beginn des 20. Jahrhunderts – und der das Grundgesetz prägenden „wohlwollenden Neutralität“ siehe u. a. Stern, a. a. O. (Fn. 12), S. 1221 ff.
48 BVerfGE 123, 148 (178).
49 BVerfGE 35, 366.
50 Zur abweichenden Meinung von einer Richterin und zwei Richtern des entscheidenden Senats siehe Unruh, a. a. O. (Fn. 1), Rn. 112.
51 BVerfGE 93, 1 (18), Hervorhebungen vom Verf.

„Das Kreuz ist Symbol einer bestimmten religiösen Überzeugung und nicht etwa nur Ausdruck der vom Christentum mitgeprägten abendländischen Kultur. ... Das Kreuz gehört nach wie vor zu den spezifischen Glaubenssymbolen des Christentums. Es ist geradezu sein Glaubenssymbol schlechthin."[52]

Schließlich könne dem Kreuz – drittens – eine Einwirkung auf die Schülerinnen und Schüler nicht abgesprochen werden. Zwar wird nach Auffassung des Gerichts mit der Anbringung des Kreuzes im Unterrichtsraum kein Zwang zu bestimmten Verhaltensweisen oder zu sonstiger Identifikation verbunden, aber:

„Es hat appellativen Charakter und weist die von ihm symbolisierten Glaubensgehalte als vorbildhaft und befolgungswürdig aus. Dies geschieht überdies gegenüber Personen, die aufgrund ihrer Jugend in ihren Anschauungen noch nicht gefestigt sind, Kritikvermögen und Ausbildung eigener Standpunkte erst erlernen sollen und daher einer mentalen Beeinflussung besonders leicht zugänglich sind (…)."[53]

Eine verfassungsrechtliche Rechtfertigung dieses Eingriffs in die Religionsfreiheit der Schülerinnen und Schüler vermag das Bundesverfassungsgericht nicht zu erkennen. Zwar werde vom Staat nicht verlangt, dass er bei der Erfüllung seines in Art. 7 Abs. 1 GG erteilten Erziehungsauftrags auf religiös-weltanschauliche Bezüge vollständig verzichtet; denn:

„Auch ein Staat, der die Glaubensfreiheit umfassend gewährleistet und sich damit selber zu religiös-weltanschaulicher Neutralität verpflichtet, kann die kulturell vermittelten und historisch verwurzelten Wertüberzeugungen und Einstellungen nicht abstreifen, auf denen der gesellschaftliche Zusammenhalt beruht und von denen auch die Erfüllung seiner Aufgaben abhängt. Der christliche Glaube und die christlichen Kirchen sind dabei, wie immer man ihr Erbe heute beurteilen mag, von überragender Prägekraft gewesen. Die darauf zurückgehenden Denktraditionen, Sinnerfahrungen und Verhaltensmuster können dem Staat nicht gleichgültig sein."[54]

Die Schule dürfe ihre Aufgabe im religiös-weltanschaulichen Bereich aber „nicht missionarisch auffassen und keine Verbindlichkeit für christliche Glaubensinhalte beanspruchen".[55] Vor diesem Hintergrund überschreitet das Anbringen von Kreuzen in Klassenzimmern die „Grenze religiös-weltanschaulicher Ausrichtung der Schule".[56]

---

52 BVerfGE 93, 1 (19).
53 BVerfGE 93, 1 (20).
54 BVerfGE 93, 1 (22).
55 BVerfGE 93, 1 (22).
56 BVerfGE 93, 1 (22 f.).

Auch der Bezug auf die positive Religionsfreiheit der christlichen Eltern und Schülerinnen bzw. Schüler führt nicht zu einem abweichenden Ergebnis, denn:

> „Die positive Glaubensfreiheit kommt allen Eltern und Schülern gleichermaßen zu, nicht nur den christlichen. Der daraus entstehende Konflikt lässt sich nicht nach dem Mehrheitsprinzip lösen, denn gerade das Grundrecht der Glaubensfreiheit bezweckt in besonderem Maße den Schutz von Minderheiten."[57]

Die Kopftuch-Entscheidung brachte im Zusammenhang mit der Feststellung eines Grundrechtseingriffs die Klarstellung, dass es für die Bewertung eines Symbols als religiöses Symbol auf den „objektiven Empfängerhorizont" ankomme. Die besondere Intensität der Einwirkung religiöser Symbole in der Schule wird zudem auch hier mit der fehlenden „Ausweichmöglichkeit" begründet.[58]

Im Unterschied zum Kreuz handele es sich aber beim Kopftuch nicht per se um ein religiöses Symbol, denn:

> „Das Kopftuch ist – anders als das christliche Kreuz … – nicht aus sich heraus ein religiöses Symbol. Erst im Zusammenhang mit der Person, die es trägt, und mit deren sonstigem Verhalten kann es eine vergleichbare Wirkung entfalten."[59]

Das Bundesverfassungsgericht hat für diese Entscheidungen viel (öffentliche) Kritik erfahren.[60] Aus religionsverfassungsrechtlicher Perspektive, insbesondere unter dem Gesichtspunkt des Gebotes religiös-weltanschaulicher Neutralität des Staates, ist sie jedoch gut vertretbar.

5   Das Selbstbestimmungsrecht der Religionsgemeinschaften

Gem. Art. 140 GG i. V. m. Art. 137 Abs. 1 WRV ordnet und verwaltet jede Religionsgemeinschaft ihre Angelegenheiten selbstständig innerhalb der Schranken des für alle geltenden Gesetzes. Dieses Selbstbestimmungsrecht der Religionsgemeinschaften kann aufgrund seiner grundsätzlichen Bedeutung – neben dem Grundrecht der Religionsfreiheit und dem Verbot der Staatskirche in Art. 140 GG i. V. m. Art. 137 Abs. 1 WRV –

---

57 BVerfGE 93, 1 (24.)
58 BVerfGE 108, 282 (304 ff.).
59 BVerfGE 108, 282 (304)
60 Verfassungsdogmatisch fundierte Kritik u. a. bei Heckel, Martin: Religionsfreiheit. Eine säkulare Verfassungsgarantie. In: ders., Gesammelte Schriften Bd. IV, hrsg. von Schlaich, Tübingen 1997, S. 647, (836 ff. – Kruzifix), und Möllers, Christoph: Religiöse Freiheit als Gefahr?. In: VVDStRL 68 (2009), S. 47 (85 – Kopftuch).

als „dritte Säule" des Religionsverfassungsrechts bezeichnet werden.[61] Die Bestimmung des sachlichen Schutzbereichs und der Schranken des Selbstbestimmungsrechts ist zugleich ein Gradmesser für das Verhältnis von Religionsermöglichung und -begrenzung unter dem Grundgesetz.

5.1 Die eigenen Angelegenheiten der Religionsgemeinschaften

Mit dem Selbstbestimmungsrecht der Religionsgemeinschaften sind das selbstständige Ordnen und Verwalten ihrer eigenen Angelegenheiten geschützt. Das selbstständige Ordnen umfasst die eigenständige Rechtssetzung der Religionsgemeinschaften für den jeweils eigenen Wirkungskreis. Es liefert die weltlich-normative Legitimationsgrundlage für das Kirchenrecht. Selbstständiges Verwalten bedeutet die ungehinderte Betätigung der Religionsgemeinschaften bzw. ihre Organe zur Verwirklichung ihrer Aufgaben.[62] Den Bezugspunkt für das eigenständige „Ordnen" und „Verwalten" bilden die eigenen Angelegenheiten der Religionsgemeinschaften. Die Reichweite ihres Selbstbestimmungsrechts erschließt sich daher erst mit der Auslegung des Begriffs der eigenen Angelegenheiten.

In der Auslegung dieses Begriffs durch das Bundesverfassungsgericht hat sich ein Wandel vollzogen. In seiner frühen Rechtsprechung ging das Gericht davon aus, dass der objektive (!) Maßstab für die Abgrenzung der eigenen Angelegenheiten der Religionsgemeinschaften von den staatlichen Angelegenheiten in der Natur der Sache, d. h. in der Zweckbeziehung bzw. der Zweckbestimmung der jeweiligen Angelegenheiten zu finden sei.[63] Die Befugnis zur letztverbindlichen Entscheidung über diese Abgrenzung sollte den staatlichen Rechtsanwendungsinstanzen obliegen. Gegen diese Auffassung ist aber in der staatsrechtlichen Literatur eine Reihe von gewichtigen Einwendungen vorgebracht worden. So steht sie im Widerspruch zu den religionsverfassungsrechtlichen Grundentscheidungen der Neutralität des Staates und der Trennung von Staat und Religionsgemeinschaften. Mit der Verortung der Definitionsmacht beim Staat, der über die Zuordnung der jeweiligen Angelegenheiten am Maßstab der „Natur der Sache" entscheiden soll, würde das Selbstbestimmungsrecht der Religionsgemeinschaften potentiell zurückgenommen, denn die Bestimmung der Reichweite dieses Rechts läge (ausschließlich!) in der Kompetenz staatlicher Stellen. Dem die Religionsfreiheit gewährleistenden, weltanschaulich-neutralen Staat fehle aber die Kompetenz, den Inhalt religionsverfassungsrechtlicher Rahmenbegriffe selbst zu bestimmen. Schließlich liefere der unbestimmte Begriff der „Natur der Sache" kein hinreichend konkretes Differenz-

---

61 So v. Campenhausen/de Wall, a. a. O. (Fn. 33), S. 99.

62 Dazu u. a. Unruh, a. a. O. (Fn. 1), Rn. 155 f.

63 BVerfGE 18, 385 (387), im Anschluss an die unter der WRV vertretene Auffassung von Ebers, Godehard Josef: Staat und Kirche im neuen Deutschland, München 1930, S. 258 ff.

kriterium, um die religionsgemeinschaftlichen von den staatlichen Angelegenheiten zu unterscheiden.

Unter Berücksichtigung dieser Einwände und in Abkehr vom „objektiven" Ansatz benennt das Bundesverfassungsgericht in seiner jüngeren Rechtsprechung einen anderen Maßstab für die Bestimmung der eigenen Angelegenheiten:

> „‚Ordnen' und ‚Verwalten' im Sinne des Art. 137 Abs. 3 Satz 1 WRV meint das Recht der Kirchen, alle eigenen Angelegenheiten gemäß den spezifischen kirchlichen Ordnungsgesichtspunkten, d. h. auf der Grundlage des kirchlichen *Selbstverständnisses* rechtlich gestalten zu können."[64]

Damit wird die Kompetenz zur Qualifizierung einer Angelegenheit als eigene in die Hände der Religionsgemeinschaften selbst gelegt.[65] Die bloße Behauptung einer Religionsgemeinschaft, eine Angelegenheit sei ihre eigene und keine staatliche, kann jedoch nicht genügen, weil sonst die Gefahr bestünde, dass der Schutzbereich des Selbstbestimmungsrechts sämtliche Konturen verliert. Vielmehr obliegt es den staatlichen Rechtsanwendungsinstanzen, diese Behauptung (zumindest) auf ihre Plausibilität zu überprüfen.[66] Für diese Korrektur hat das Bundesverfassungsgericht in seiner Bahá'í-Entscheidung[67] selbst den Grund gelegt (s. o. 3.3). Im Ergebnis zählen zu den eigenen Angelegenheiten alle Aufgaben und Tätigkeitsbereiche, die vom konkreten religionsgemeinschaftlichen Auftrag umfasst und nach dem auf Plausibilität überprüften Selbstverständnis der jeweiligen Religionsgemeinschaft für die Erfüllung dieses Auftrages erforderlich sind.[68]

5.2 Die Schranken des Selbstbestimmungsrechts

Nach Art. 140 GG i. V. m. Art. 137 Abs. 3 WRV wird das Selbstbestimmungsrecht der Religionsgemeinschaften „innerhalb der Schranken des für alle geltenden Gesetzes" gewährleistet. Die Auslegung dieses Schrankenvorbehalts ist seit dem Inkrafttreten der Weimarer Reichsverfassung umstritten.[69] Auch hier hat es in der Rechtsprechung des Bundesverfassungsgerichts einen signifikanten Wandel gegeben.

---

64 BVerfGE 70, 138 (165), Hervorhebung vom Verf.
65 Für die Rückkehr zu einer objektivierenden Beschränkung der eigenen Angelegenheiten der Religionsgemeinschaften Schlink, Bernhard: Die Angelegenheiten der Religionsgemeinschaften. In: JZ 2013, 209 ff.; dagegen Neureither, Georg: Die Angelegenheiten der Religionsgemeinschaften – Zu Bernhard Schlink JZ 2012, 209–219. In: JZ 2013, 1089 ff.
66 Statt vieler Classen, a. a. O. (Fn. 30), Rn. 261.
67 BVerfGE 83, 341 (353).
68 Zu den Konkretisierungen bzw. Anwendungsfällen der eigenen Angelegenheiten siehe Unruh, a. a. O. (Fn. 1), Rn. 160 ff, 177 ff.
69 Überblick bei Unruh, a. a. O. (Fn. 1), Rn. 170 ff.

In einer ersten Phase hatte sich das Bundesverfassungsgericht der sog. Bereichslehre angeschlossen. Danach ist zwischen dem Innen- und dem Außenbereich der religionsgemeinschaftlichen Angelegenheiten zu unterscheiden. Während der Innenbereich – etwa das kirchliche Amtsrecht – der staatlichen Einwirkung durch „für alle geltende Gesetze" vollständig entzogen sei, unterliege der Außenbereich dem Schrankenvorbehalt des Art. 140 GG i. V. m. 137 Abs. 3 WRV. Aufgrund der extensiven Bestimmung des Innenbereichs durch das Bundesverfassungsgericht verblieb der Schrankenklausel nur ein schmales Anwendungsfeld. Für diesen Außenbereich hatte das Gericht die sog. „Jedermann-Formel" entwickelt. Danach kann nur ein solches Gesetz als „für alle geltendes Gesetz" gelten, das die Religionsgemeinschaften in gleicher Weise trifft wie andere Personen oder Verbände, denn:

> „(Trifft das Gesetz eine Religionsgemeinschaft) nicht wie den Jedermann, sondern in ihrer Besonderheit als (Religionsgemeinschaft) härter, ihr Selbstverständnis, insbesondere ihren geistig-religiösen Auftrag beschränkend, also anders als den normalen Adressaten, dann bildet es insoweit keine Schranke."[70]

Nach Maßgabe dieser Formel ist jedes gegen die Religionsgemeinschaften gerichtete Sonderrecht – etwa „Kulturkampfgesetze" – unzulässig. Zulässig sind hingegen allgemeine Vorschriften u. a. aus dem Bau- und dem Prozessrecht, ggf. mit Ausnahme- bzw. Berücksichtigungsklauseln zugunsten der Religionsgemeinschaften.

Bereichslehre und „Jedermann-Formel" haben ein differenziertes Echo gefunden. Während das Verbot von Sonderrecht zu Recht akzeptiert wurde, sind gegen die Bereichslehre gravierende Einwände erhoben worden.[71] So findet die Unterscheidung in Innen- und Außenbereich der religionsgemeinschaftlichen Angelegenheiten mit der daran geknüpften partiellen Außerkraftsetzung des Schrankenvorbehalts im Wortlaut des Art. 137 Abs. 3 WRV keinen Anhaltspunkt. Ferner ist es unmöglich, eine klare Trennlinie zwischen beiden Bereichen zu ziehen, denn jede Bereichsscheidung ist das Ergebnis einer Wertung. Diese Wertung wird aber nicht offen gelegt und argumentativ begründet, sondern definitorisch festgelegt.

Aufgrund dieser Mängel der Bereichslehre wird in der neueren Rechtsprechung des Bundesverfassungsgerichts – zutreffend und mit Zustimmung der staatsrechtlichen Literatur – die sog. Wechselwirkungs- bzw. Abwägungslehre bevorzugt. Ausgangspunkt ist die auf den Wortlaut der Norm gegründete Erkenntnis, dass der Schrankenvorbehalt grundsätzlich für alle religionsgemeinschaftlichen Angelegenheiten gilt. Die Bestimmung der Schranken des Selbstbestimmungsrechts kann aber nicht anhand einer ein-

---

70 BVerfGE 42, 312 (334).
71 Statt vieler Bock, Wolfgang: Das für alle geltende Gesetz und die kirchliche Selbstbestimmung, Tübingen 1996, S. 70 f., 181 ff.

heitlichen Formel erfolgen, sondern hat sich im Einzelfall an einer Abwägung mit den kollidierenden Rechtsgütern zu orientieren:

> „Art. 137 Abs. 3 Satz 1 WRV gewährleistet in Rücksicht auf das zwingende Erfordernis friedlichen Zusammenlebens von Staat und Kirchen sowohl das selbstständige Ordnen und Verwalten der eigenen Angelegenheiten der Kirchen als auch den staatlichen Schutz anderer für das Gemeinwesen bedeutsamer Rechtsgüter. Dieser Wechselwirkung ist durch entsprechende Güterabwägung Rechnung zu tragen."[72]

Erforderlich ist demnach in jedem Einzelfall (!) eine Abwägung des Selbstbestimmungsrechts der Religionsgemeinschaften mit den Rechtsgütern, die mit dem einschränkenden Gesetz geschützt werden sollen. Beide Rechtspositionen sind zwar in möglichst hohem Maße zu verwirklichen. Sie sind einander aber i. S. einer Wechselwirkung verhältnismäßig zuzuordnen, d. h. das einschränkende Gesetz muss stets im Lichte der Bedeutung des Art. 140 GG i. V. m. Art. 137 Abs. 3 WRV betrachtet werden, wie umgekehrt die Bedeutung des kollidierenden Rechtsguts im Verhältnis zum Selbstbestimmungsrecht gewichtet werden muss. Auch nach dieser Maßgabe dürfte z. B. Sonderrecht, das (nur) das Selbstbestimmungsrecht beschränkt, verfassungsrechtlich nicht zu rechtfertigen sein. Mit dem Übergang von der Bereichs- zur Abwägungslehre ist dem Bundesverfassungsgericht im Bereich des Selbstbestimmungsrechts der Religionsgemeinschaften – wiederum – eine adäquater Ausgleich zwischen Religionsermöglichung und -begrenzung gelungen.

6   Der Körperschaftsstatus von Religionsgemeinschaften

Mit Art. 140 GG i. V. m. Art. 137 Abs. 5 WRV wird den Religionsgemeinschaften neben der privatrechtlichen Organisationsform auch der Zugang zum Status einer Körperschaft des öffentlichen Rechts eröffnet. Beide Organisationsformen sind als Angebote zu verstehen, die der Verfassunggeber den Religionsgemeinschaften unterbreitet, um ihnen den Erwerb der Rechtsfähigkeit, d. h. die Teilnahme am allgemeinen Rechtsverkehr zu ermöglichen.

6.1   Inhalt, Beibehaltung und Verleihung des Körperschaftsstatus

Mit dem Status einer Körperschaft des öffentlichen Rechts sind einige (Körperschafts-) Rechte verbunden, so etwa die Dienstherrnfähigkeit, d. h. die Möglichkeit, öffentlich-rechtliche Dienstverhältnisse zu begründen, und Befreiungstatbestände im Steuer-,

---

72 BVerfGE 53, 366 (400).

Gebühren- und Kostenrecht.[73] Dabei handelt es sich nicht im engeren Sinne um „Privilegien" für korporierte Religionsgemeinschaften, sondern um Rechte, die allen Körperschaften des öffentlichen Rechts zuteil werden.

Gem. Art. 140 GG i. V. m. Art. 137 Abs. 5 S. 1 WRV bleiben die Religionsgemeinschaften Körperschaften des öffentlichen Rechts, „soweit sie solche bisher waren". Damit wird denjenigen Religionsgemeinschaften, die bereits vor dem Inkrafttreten der Weimarer Reichsverfassung am 11. August 1919 den Körperschaftsstatus innehatten, die Beibehaltung ihres Status garantiert. Gem. Art. 140 GG i. V. m. Art. 137 Abs. 5 S. 2 WRV müssen anderen Religionsgemeinschaften „gleiche Rechte" gewährt werden, „wenn sie durch ihre Verfassung und die Zahl ihrer Mitglieder die Gewähr der Dauer bieten." Eine Religionsgemeinschaft, die diese Anforderungen erfüllt, hat demnach gegenüber dem zuständigen Bundesland einen grundrechtlich fundierten Anspruch auf Anerkennung als Körperschaft des öffentlichen Rechts.[74]

6.2 Probleme

Die Verleihung des Körperschaftsstatus gem. Art. 140 GG i. V. m. Art. 137 Abs. 5 S. 2 WRV wirft im Zuge der veränderten Rahmenbedingungen für das Religionsverfassungsrecht (s. o. 1.2), vor allem in der Folge der religiösen Pluralisierung der Gesellschaft, zunehmend Probleme auf. Denn aufgrund der mit dem Körperschaftsstatus verbundenen Rechte steigt die Nachfrage auch bei solchen Religionsgemeinschaften, deren religiöse und strukturelle Eigenarten bei Entstehung und Inkorporation des Art. 137 Abs. 5 WRV noch nicht im Blick waren. Zum religionsverfassungsrechtlichen Problem wird dieser Umstand dadurch, dass die Rechtsfigur der Körperschaft des öffentlichen Rechts erkennbar auf die Organisationstruktur der großen christlichen Kirchen zugeschnitten ist, die historisch bedingte Parallelen zur gebietskörperschaftlichen Verbandsstruktur des Staates aufweist.

Insbesondere steht eine allgemeine und abschließende Beurteilung des Zugangs islamischer Vereinigungen zum Körperschaftsstatus noch aus. In diesem Zusammenhang stellen sich zwei Probleme. Zum einen ist fraglich, ob islamische Vereinigungen als „Religionsgemeinschaften" i. S. d. Art. 140 GG i. V. m. Art. 137 Abs. 5 S. 2 WRV gelten können. Denn die Anhänger des Islam und seiner verschiedenen Strömungen sind i. d. R. kaum organisiert: formale Konfessionen oder eine klar strukturierte und einheitliche Amtskirche sind dieser Religion fremd. Zum anderen wird gelegentlich bezweifelt, dass die von islamischen Vereinigungen propagierten Werte und Handlungsweisen mit dem

---

73 Überblick bei Unruh, a. a. O. (Fn. 1), Rn. 297 ff.
74 Zu diesen Voraussetzungen Unruh, a. a. O. (Fn. 1), Rn. 285 ff.

Grundgesetz kompatibel seien – etwa im Hinblick auf die Trennung von Staat und Kirche, die Rolle der Geschlechter oder die vermeintlich latente Bereitschaft zur Gewalt.[75]

6.3 Ungeschriebene Voraussetzungen

Zur Lösung des letztgenannten Problems werden in der staatsrechtlichen Literatur drei
ungeschriebene Voraussetzungen für die Verleihung des Körperschaftsstatus erwogen –
neben der Gewähr der Dauer, der inneren Verfassung der Religionsgemeinschaft und
der Zahl ihrer Mitglieder. Eine besonders hohe Hürde stellt das Postulat der Staatsloyalität auf. Danach darf der Körperschaftsstatus nur verliehen werden, wenn die betreffende Religionsgemeinschaft eine grundsätzlich positive Grundeinstellung gegenüber
den (verfassungs-)rechtlichen Grundlagen des Staates und seinen Institutionen ein-
nimmt.[76] Gegen dieses Postulat kann eine Vielzahl von gewichtigen Einwänden erhoben
werden.[77] So findet es weder im Wortlaut noch in der Systematik des Art. 137 Abs. 5 WRV
eine Stütze, und der Begriff der Staatsloyalität ist mangels konkreter Anhaltspunkte zur
Konkretisierung als Grundrechtsschranke zu vage.

Das Bundesverfassungsgericht hat daher aus guten Gründen in und mit seiner bereits erwähnten Zeugen-Jehovas-Entscheidung einen anderen Weg zur Lösung der Probleme vorgezeichnet, den es in zwei Schritten geht. Im ersten Schritt wird das Postulat
nicht der Staatsloyalität, sondern der Rechtstreue formuliert:

> „Eine Religionsgemeinschaft, die Körperschaft des öffentlichen Rechts werden will, muss
> *rechtstreu* sein. Sie muss die Gewähr dafür bieten, dass sie das geltende Recht beachtet, ins-
> besondere die ihr übertragene Hoheitsgewalt nur in Einklang mit den verfassungsrechtlichen
> und den sonstigen gesetzlichen Bindungen ausüben wird."[78]

Stünde dieses Postulat allein, könnten ihm aufgrund der mangelnden Präzision des
damit verbundenen Kriteriums die schon gegen das Postulat der Staatsloyalität vorgebrachten Einwände entgegengehalten werden. Allerdings nimmt das Bundesverfassungsgericht in der Zeugen-Jehovas-Entscheidung selbst eine hinreichende Präzisie-

---

75 Vgl. Quaas, Michael: Begründung und Beendigung des öffentlich-rechtlichen Körperschaftsstatus von
     Religionsgesellschaften. In: NVwZ 2009, S. 1400 (1402 f.); Hillgruber, Christian: Der deutsche Kultur-
     staat und der muslimische Kulturimport. In: JZ 1999, S. 538 (546 f.).
76 BVerwGE 105, 117 (126); Muckel, Stefan: Religionsgemeinschaften als Körperschaften des öffentlichen
     Rechts. In: Der Staat 38 (1999), S. 569 ff.
77 Überblick bei Unruh, a. a. O. (Fn. 1), Rn. 288.
78 BVerfGE 102, 370 (390), Hervorhebung vom Verf.

rung vor, indem es das Kriterium der Rechtstreue zum Kriterium der Verfassungstreue einengt[79] und damit operationalisiert:

> „Eine Religionsgemeinschaft, die den Status einer Körperschaft des öffentlichen Rechts erwerben will, muss *insbesondere* die Gewähr dafür bieten, dass ihr künftiges Verhalten *die in Art. 79 Abs. 3 GG umschriebenen fundamentalen Verfassungsprinzipien, die dem staatlichen Schutz anvertrauten Grundrechte Dritter sowie die Grundprinzipien des freiheitlichen Religions- und Staatskirchenrechts des Grundgesetzes* nicht gefährdet."[80]

Das Kriterium der Verfassungstreue wird also in die drei Teilkriterien der Beachtung bzw. Einhaltung (1.) der Grundsätze des Art. 79 Abs. 3 GG, (2.) der Grundrechte Dritter und (3.) der Grundprinzipien des Religionsverfassungsrechts des Grundgesetzes aufgespalten und in dieser Konkretisierung für die Verfassungsanwendung handhabbar gemacht.[81] Damit hat das Bundesverfassungsgericht einen deutlichen Fingerzeig gegeben, in welcher Richtung die Lösung des angesprochenen Problems mit der Verleihung des Körperschaftsstatus zu suchen ist. Dieser Fingerzeig fällt eindeutig unter die Kategorie der Begrenzung von Optionen für Religion und Religionsgemeinschaften. Es ist aber festzuhalten, dass diese Begrenzung im Vergleich zum Kriterium der Staatsloyalität klarer und weniger einschneidend ausfällt.

7   Abschließende Bemerkungen

Das Anschauungsmaterial für die Rolle der Bundesverfassungsgerichts in der (Fort-) Entwicklung des Religionsverfassungsrechts hätte um weitere Teilbereiche ergänzt werden können. Dies gilt etwa für die beiden Entscheidungen zum Sonntagsschutz.[82] So hat das Gericht hier in bemerkenswerter Deutlichkeit den starken (wirtschafts-)politischen Bestrebungen, die Ladenöffnung an Sonntagen auszuweiten, entgegengehalten, dass die Garantie des Sonn- und Feiertagsschutzes eine besondere Nähe zur Menschenwürde aufweise, „weil sie dem ökonomischen Nutzdenken eine Grenze zieht und dem Menschen um seiner selbst willen dient."[83] Im Rahmen des gebotenen Regel-Ausnahme-Verhältnisses hat „grundsätzlich die typische, werktägliche Geschäftigkeit' an Sonn- und Feiertagen zu ruhen."[84]

---

79 Zur Rechtstreue als „Verfassungstreue" siehe Magen, Stefan: Körperschaftsstatus und Religionsfreiheit. Zur Bedeutung des Art. 137 Abs. 5 WRV im Kontext des Grundgesetzes, Tübingen 2004, S. 142 ff.
80 BVerfGE 102, 370 (392), Hervorhebung vom Verf.
81 Die drei Teilkriterien werden in BVerfGE 102, 370 (392 ff.) näher beschrieben.
82 BVerfGE 111, 10; 125, 39.
83 BVerfGE 125, 39 (82).
84 BVerfGE 125, 39 (85).

Schon die aufgeführten Positionierungen des Bundesverfassungsgerichts in Kern-
bereichen des Religionsverfassungsgerichts ergeben aber ein klares Bild dieser Rolle.
Die Option für das Konzept des Religionsverfassungsrechts sowie die weite und grundrechtsfreundliche Auslegung der Religionsfreiheit und des Selbstbestimmungsrechts der
Religionsgemeinschaften lassen erkennen, dass das Gericht im Spannungsfeld von Religionsermöglichung und -begrenzung auch unter veränderten Rahmenbedingungen
für eine weit reichende Religionsermöglichung eintritt. Begrenzende Aspekte begegnen
etwa bei der Begriffsbestimmung der Religion, die nicht allein den Religionsgemeinschaften überlassen, sondern einer Plausibilitätskontrolle unterworfen wird. Insgesamt
wird mit dieser Kombination von ermöglichenden und begrenzenden Elementen ein
adäquater Ausgleich zwischen den grundrechtsbasierten Ansprüchen von Religions-
angehörigen und Religionsgemeinschaften einerseits und gegenläufigen (verfassungs-)
rechtlich abgesicherten Interessen im säkularen Staat erreicht. Nach alledem kann abschließend die These gewagt werden: Die unter dem Grundgesetz letztverbindliche Auslegung des Religionsverfassungsrechts war, ist und bleibt beim Bundesverfassungsgericht in guten Händen.

Bundesverfassungsgericht und Steuergesetzgebung – Politik mit den Mitteln der Verfassungsrechtsprechung?

Olaf Köppe

1 Einleitung

Das Bundesverfassungsgericht (BVerfG) hat zahlreiche Entscheidungen zum Steuerrecht getroffen und damit die Steuergesetzgebung beeinflusst. Der Aufsatz untersucht eine Phase der Rechtsprechung zum Steuerrecht, die in den achtziger Jahren des 20. Jahrhunderts begann und vorerst zu Beginn des 21. Jahrhunderts in den Hintergrund trat – freilich nicht ohne Auswirkungen auf gegenwärtige und mögliche zukünftige Steuerpolitiken zu haben.

Für viele Einkommensteuerpflichtige ist vielleicht noch eine der bekanntesten letzten Entscheidungen, die Entscheidung zur Pendlerpauschale vom Dezember 2008, die nunmehr auch schon mehrere Jahre zurückliegt.[1] Aber auch noch weiter zurückliegende Entscheidungen, wie beispielsweise die Entscheidung aus dem Jahr 1992 zur sog. „Grundfreibetrag" haben unmittelbaren Einfluss auf das gegenwärtige Steuerrecht.[2] Die inflationsabhängige Entwicklung des Grundfreibetrages, wie sie das Bundesverfassungsgericht auch verlangt,[3] führt daher zu weiteren steuerrelevanten Fragen, wie bei-

---

1 Vgl. hierzu: BVerfGE 122, 210 (auch: 2 BvL 1/07 vom 9.12.2008, Absatz-Nr. 1–91). „Gekipppt" wurde vom Bundesverfassungsgericht die vom Gesetzgeber eingeführte Regelung, die Entfernungspauschale erst ab dem 21. Kilometer anzurechnen (als sog. Werbungskosten) – und zwar rückwirkend ab dem 01.01.2007.

2 Der Kinderfreibetrag wird gemäß den Berechnungen vom Finanzministerium aus dem Jahr 2012 pro Kind im Jahr 2014 von 4368 € auf 4440 € erhöht werden. Vgl. auch Fn. 3.

3 Nach der Rechtsprechung des Bundesverfassungsgerichts von September 1992 (vgl. BVerfGE 87, 153 [169]) muss dem Steuerpflichtigen nach Erfüllung seiner Einkommensteuerschuld von seinem Erworbenen zumindest so viel verbleiben, wie er zur Bestreitung seines notwendigen Lebensunterhalts und – unter Berücksichtigung von Artikel 6 Abs. 1 Grundgesetz (GG) – desjenigen seiner Familie bedarf (Existenzminimum). Darüber hinaus ist dieser Bedarf auch der wirtschaftlichen Entwicklung an-

spielsweise die nach der Abschaffung oder Reduzierung der sog. „kalten Progression" bei Steueränderungen in der Wahlperiode 2013 – 2017.[4]

Wichtig für den Gesetzgeber und sich wandelnden politischen Mehrheiten in einer parlamentarischen Demokratie sind aber weniger verfassungsrechtliche Detailfragen zur Steuergerechtigkeit – auch wenn sie für Finanzminister oder ggf. auch die Kämmerer durchaus kostenintensiv sein können.[5] Vielmehr ist relevant, dass der vom Parlamentarischen Rat verbriefte Handlungsspielraum des demokratisch legitimierten Steuergesetzgebers durch die Entscheidungspraxis des Verfassungsgerichts grundsätzlich nicht in Frage gestellt wird. Auch wenn es gerade Ziel und Zweck der Verfassung und der Grundrechte ist die politische Macht zu begrenzen, so bleibt es doch dem Gesetzgeber als unmittelbar demokratisch legitimierte politische Macht aufgetragen, das Steuerrecht auszugestalten. Der Weg in den Jurisdiktionsstaat schließt das Grundgesetz als Fundament der politischen Demokratie aus.

Weil das BVerfG zentraler Bestandteil des politisch-administrativen System Deutschlands ist, ist die Interpretationshoheit über die Verfassung stets auch eine Frage politisch-sozialer Hegemonie.[6] An der Rechtsprechung des Verfassungsgerichts zur Steuergesetzgebung lässt sich beobachten, wie sozio-ökonomische Veränderungen Einfluss auf die Interpretation des allgemeinen Gleichheitssatzes, der Sozialbindung des Eigentums und des Sozialstaatsprinzips haben. Denn der Wandel vom keynesianischen Wohlfahrtsstaat zum angebotsorientierten nationalen Wettbewerbsstaat bedeutet auch eine Veränderung der Interessenkonstellation der Akteure des bundesdeutschen Sozialstaates. Zumal die *staatliche Einnahmeseite* einen wesentlichen Bestandteil der wohlfahrtsstaatlichen Struktur ausmacht, wird das Steuerrecht und die Interpretation des Steuerrechts zu einem entscheidenden Faktor für das den Wohlfahrtsstaat auszeichnende „System der Stratifizierung"[7]. Denn nimmt der Steuerstaat weniger ein, bleibt weniger Spielraum

---

zupassen. Vgl. auch den 9. Existenzminimumbericht der Bundesregierung: BT Drucksache 17/11425 von November 2012.

4   Das Bundesverfassungsgericht hat diesen Begriff nie verwendet, freilich ist er inhaltlich ein bereits in der Entscheidung zum Grundfreibetrag enthalten. Auch bei einer etwaigen Reform des Steuerrechts in der 18. Wahlperiode plant z. B. die SPD-Bundestagsfraktion, die sog. kalte Progression zugunsten der Steuerzahler zu berücksichtigen, bzw. zu reduzieren. Vgl.: „SPD plant neue Reichensteuer", in: Berliner Zeitung vom 17. April 2014, S. 1.

5   Im Monatsbericht Februar 2009 werden die Mindereinnahmen durch die Entscheidung des Bundesverfassungsgerichts zur Pendlerpauschale – einschließlich der Rückzahlungen – auf 8, 5 Mrd. € für die Jahre 2009 und 2010 veranschlagt, vgl.: http://www.bundesfinanzministerium.de/Content/DE/Monatsberichte/Publikationen_Migration/2009/02/inhalt/Monatsbericht-Februar-2009.pdf?__blob=publicationFile&v=3, S. 38.

6   Vgl.: Massing, Otwin: Politik als Recht – Recht als Politik. Studien zu einer Theorie der Verfassungsgerichtsbarkeit, Baden-Baden 2005 sowie ders.: Rechtsstaat und Justizherrschaft. In: ders.: Verflixte Verhältnisse, Opladen 1987, S. 114–129.

7   Vgl.: Esping-Andersen, Gösta: Zur politischen Ökonomie des Wohlfahrtsstaates. In: Lessenich, Stephan/Ostner, Illona (Hrsg.): Welten des Wohlfahrtskapitalismus. Der Sozialstaat in vergleichender Perspektive, Frankfurt a. M./New York 1998, S. 19–56. Als „system of stratification" bezeichnet Esping-Andersen das wohlfahrtsstaatliche Arrangement von Kräfte- und Klassenverhältnissen. Diesen Kräf-

für distributive Sozialpolitik. Entscheidungen des BVerfG zum (steuerlichen) Existenzminimum, zur ‚Übermaßbesteuerung' oder zur Ende 1996 vom Gesetzgeber abgeschafften Vermögenssteuer, besitzen damit gesellschaftsgestaltende Bedeutung.

Es kann aufgezeigt werden, dass etwa ab Anfang der achtziger Jahre, ausgehend von wichtigen Entscheidungen zum steuerrechtlichen Existenzminimum, nach und nach neoliberale Konzepte in die Interpretation des BVerfG zum Steuerrecht Eingang gefunden haben.

Hierbei handelt es sich um einen Prozess der Veränderung politisch-sozialer Hegemonie in allen westlich geprägten Wohlfahrtsstaaten, der sukzessiv angebotsorientierten/neoliberalen Interessengruppen Einfluss in den politischen und sozialen Organisationen sowie der öffentlichen Meinung verschafft hat.[8] Viele dieser Entscheidungen zum Steuerrecht lassen sich auf Bundesverfassungsrichter a. D. Paul Kirchhof zurückführen, dessen Einfluss auf die Steuerrechtsprechung des Verfassungsgerichts prägend war. In letzter Konsequenz hätten seine verfassungsrechtlichen Positionen auch dazu führen können, die ‚Flat Rate Tax' mit den Mitteln des Verfassungsrechts, vor allen Dingen dem allgemeinen Gleichheitssatz, einzuführen.[9] Im Bundestagswahlkampf 2005 wurde diese Position von ihm schließlich explizit als politisches Desiderat im „Kompetenzteam der CDU/CSU" vertreten.[10]

Doch muss darauf verwiesen werden, dass die Rechtsprechung von Kirchhof und der Mehrheit der Verfassungsrichter keineswegs unumstritten war und ist. Nicht nur das Sondervotum des Richters Ernst-Wolfgang Böckenförde verweist darauf,[11] sondern auch eine Entscheidung des Bundesfinanzhofes (BFH) zur ‚Übermaßbesteuerung'.[12]

---

te- und Klassenkonstellationen gehe es nicht nur darum, soziale Defizite zu beseitigen, sondern sie trachten danach, das System der Schichtengliederung zu ihren Gunsten zu beeinflussen. Im Wohlfahrtsstaat, so Esping-Andersen, sind es gerade die sozialpolitischen Instrumentarien, mit denen soziale Disparitäten verändert oder aufrecht erhalten werden können.

8 Vgl. dazu: Borchert, Jens: Die konservative Transformation des Wohlfahrtsstaates, Frankfurt/M./New York 1995.

9 Nach seiner Zeit als Bundesverfassungsrichter (1987–1999), war er wieder an der Universität Heidelberg tätig, wo er unter anderem von 2000–2011 die Forschungsstelle „Bundessteuergesetzbuch" beim Institut für Finanz- und Steuerrecht an der Universität Heidelberg leitete. (vgl. dazu auch www.paul-kirchhof. de). Freilich gibt seine Homepage keine Auskunft darüber, dass er von Ende 2004 bis Juli 2006 Mitglied im Aufsichtsrat der Deutschen Bank AG gewesen ist (vgl. http://de.wikipedia.org/wiki/Paul_Kirchhof, Stand Mai 2014), sondern stellt nur den wissenschaftlichen Kontext in den Vordergrund.

10 Die Steuerprogression wird von vielen neoliberalen Juristen kritisiert. Vgl.: Elicker, Michael: Kritik der direkt progressiven Einkommensbesteuerung. Plädoyer für die flache Steuer – aus rechtswissenschaftlicher Sicht. In: StuW 1/2000, S. 3–17.

11 Vgl.: Sondervotum des Richters Ernst-Wolfgang Böckenförde. In: BVerfGE 93, 121 (149 ff.).

12 Vgl. BFH – Beschluss vom 11. März 1998. – II B 59/97. Der BFH lehnte weite Teile einer Entscheidung des BVerfG vom 22.6.1995 (Einheitswert- und Vermögensteuer) zum Übermaßverbot ab und erklärt weite Teile der Entscheidung des Verfassungsgerichts damit zum Obiter Dictum. Der Inhalt des ‚Übermaßverbots' ist politisch und steuerrechtlich strittig und kann kaum als verfassungsrechtlich justiziabel angesehen werden.

2 Ökonomische Freiheit und Besteuerung –
Ein neues steuerrechtliches Konzept setzt sich durch

Das BVerfG ist ein allen anderen Verfassungsorganen gegenüber unabhängiger Gerichtshof. Es ist damit Gericht und Verfassungsorgan zugleich, auch wenn die konkrete
Ausgestaltung dieser Gerichtsbarkeit dem Bundesverfassungsgerichts*gesetz* zu verdanken ist. Im Gegensatz zu den Fachgerichten legt es nicht die Gesetzestexte aus, sondern
es prüft in seinen Urteilen oder Entscheidungen auf Verletzung des Verfassungsrechts.
Weil aber Verfassungsrecht der Interpretation bedarf, ist die Rechtsprechung zu den
Grundrechten oder anderen Verfassungsartikeln abhängig von der ‚herrschenden Lehre‘
im Verfassungsrecht. Die Durchsetzung der ‚herrschenden Lehre‘ ist Resultat einer von
gesamtgesellschaftlichen Entwicklungen keineswegs abgeschotteten juristischen Elite,
die als Kontrolleure zunächst einmal nur die juristische Fachöffentlichkeit haben.

Werden von gesellschaftlichen Gruppen nicht mehr die Akteure des politischen Systems im engeren Sinne (Parteien und Politiker) als Adressaten für die Durchsetzung bestimmter Interessen gesehen, verlagert sich die Artikulation von Partikularinteressen
auf andere Akteure im politisch-administrativen System. Dies ist oft und regelmäßig die
Ministerialbürokratie – aber auch die Justizbürokratie, die *funktional* (nicht normativ)
dem politisch-administrativen System zugerechnet werden muss.[13]

Die in diesem Aufsatz als ‚neue Steuerrechtsprechung‘ oder auch ‚Kölner Schule‘ zu
bezeichnenden Steuerrechtslehre setzt zur Durchsetzung ihrer Dogmatik offensiv auf
die Justizbürokratie. Vertreten wird dieser Ansatz vor allem durch Klaus Tipke, Joachim
Lang und Gerd Rose auf der steuerrechtlichen und von Paul Kirchhof und Klaus Vogel
auf der verfassungsrechtlichen Seite. Das Bundesverfassungsgericht diente in diesem
neokonservativen wissenschaftlichen Diskurs ausdrücklich als Vehikel zur Umsetzung
der neuen Steuerrechtsdogmatik.[14] Denn nach Ansicht nicht weniger Steuerrechtler hat
das Verfassungsgericht eine Pflicht zum eingreifen:

> „Wenn aber die Gesetzgebung zur Wegwerfware verludert, wenn das Parlament im Wider-
> streit von Meinungen und Interessen, im Geflecht von wahltaktischen Überlegungen und

---

13 Wegen der Kürze des Artikels kann auf den Zusammenhang zwischen der Entscheidungspraxis der
    Justizbürokratie, dem wesentlich unabhängigerem juristischen Diskurs und gesellschaftlicher Prozesse
    nicht näher eingegangen werden. Zur Funktion der Justizbürokratie im politisches System, des juris-
    tischen Diskurses und der Zivilgesellschaft vgl.: Köppe, Olaf: Politik und Justiz im Ausländerrecht. In:
    Kritische Justiz (2) 2004, S. 132–153.

14 Weil eine Vielzahl von Steuerrechtlern in der Politik und in der Ministerialbürokratie nur „kreative
    Chaoten" (Joachim Lang) am Werk sehen, wird unverhohlen auf das BVerfG gesetzt. So wendet sich
    Klaus Tipke, der Nestor des deutschen Steuerrechts, an das BVerfG, um die „Machtwalter" – gemeint
    sind die Akteure der Politik – dem Einfluss der „Ideenwalter" – hier sind die auf neoliberale Reformen
    drängenden Steuerrechtler – zugänglich machen. Vgl. dazu: Tipke, Klaus: Die Steuerrechtsordnung,
    Band 1–3, S. Xf.

Verantwortungsschau, unter dem Druck der Profilierungsbedürfnisse selbst noch von Landespolitikern die Kraft zur Gerechtigkeit nicht mehr findet; dann gehört es zur Aufgabe des Bundesverfassungsgerichtes, den Gesetzgeber zu seiner Verantwortung zurückzuführen."[15]

Mitte der achtziger Jahre kulminierten die fiskal- und verteilungspolitischen Fragen der angebotsorientierten ‚neuen Steuerrechtslehre' auf dem „Deutschen Juristentag 1988". Dieser beschäftigte sich unter anderem mit dem Thema „Empfiehlt es sich, das Einkommensteuerrecht zur Beseitigung der Ungleichbehandlung und zur Vereinfachung neu zu ordnen?"[16]. Dort wurden Beschlüsse zum Transfereinkommen und zur „Berücksichtigung eines realistischen Existenzminimums" gefasst. Einmal auf diesem Forum vertreten, konnte sich die angebotsorientierte Steuerrechtslehre zusehends etablieren.

3 Zur Ökonomisierung der Grundrechte – Die kalte Abschaffung des Sozialstaatsprinzips mit den Mitteln der Verfassungsinterpretation?

Die Vertreter der „Kölner Schule" betrachten die Grundlagen der Besteuerung als verfassungsmäßig ungebunden.[17] Ihnen zufolge muss das Steuerrecht mit den Grundrechten in Einklang gebracht werden. Freilich muss hier der Frage nachgegangen werden, auf welcher Interpretation der Grundrechte eine verfassungsgemäße Besteuerung basieren soll. Sollen die Grundrechte auch als soziale Teilhaberechte verstanden werden oder sollen sie sich am ‚klassischen Liberalismus' orientieren? Weil nun in der bundesdeutschen Verfassung eine Grundentscheidung zu Gunsten der *ökonomischen Handlungsfreiheit* und zu Gunsten der „Sachgesetzlichkeiten einer freiheitlich organisierten Ökonomie"[18] enthalten sei, gilt diese Frage für Joachim Lang et. al. als beantwortet. So werden die Art. 3 Abs. 1, 12 Abs. 1 und 14 Abs. 1 GG unter dem Aspekt ökonomischer Freiheitsrechte wahrgenommen. Würde sich diese Interpretation durchsetzen, wäre eine verfassungsrechtliche Streitfrage aus der Zeit der frühen Bundesrepublik (Rechtsstaat vs. Sozialstaat) einseitig zugunsten des Rechtsstaates gelöst.[19] Eine Interpretation der Ver-

---

15 Vogel, Klaus: Zwangsläufige Aufwendungen – besonders Unterhaltsaufwendungen – müssen realitätsgerecht sein, in: StuW 1984, S. 197–203 (S. 197).

16 Vgl. dazu das gleichlautende Gutachten von Paul Kirchhof: Empfiehlt es sich, das Einkommensteuerrecht zur Beseitigung der Ungleichbehandlung neu zu ordnen? Gutachten F für den 57. Deutschen Juristentag, erstattet von Bundesverfassungsrichter Dr. Paul Kirchhof, ordentlicher Professor an der Universität Heidelberg, München 1988.

17 Joachim Lang spricht von einer „verfassungs- und grundrechtsungebunden Besteuerung". Vgl. dazu: Lang, Joachim: Verfassungsrechtliche Gewährleistung des Familienexistenzminimums im Steuer- und Kindergeldrecht. In: StuW 1990, S. 331–348.

18 Ebd., S. 332.

19 Vgl. dazu: VVDStRL 10, Berlin 1952. Hierbei ging es um die Kontroverse zwischen Wolfgang Abendroth als einem Protagonisten der Vereinbarkeit von Rechtsstaats- und Sozialstaatsprinzip auf der einen Sei-

fassung, die nur das Rechtsstaatsprinzip kennt, hätte schwerwiegende Auswirkungen auf die Interpretation der Grundrechte und der Besteuerung:

Denn jede Rechtfertigung von Steuern und Steuerhöhe basiert auf einem *gesellschaftlichen Ordnungsmodell.* Werden die Grundrechte nur als Individual- und Abwehrrechte betrachtet, verändert sich die Wahrnehmung des allgemeinen Gleichheitssatzes und des Eigentumbegriffs. Vor allen Dingen wird Eigentum als Arbeitseigentum verstanden, formelle Gleichheit rückt in den Vordergrund, das Sozialstaatsprinzip dient i. V. m. Art. 1 GG nur noch dazu, das (Familien-)Existenzminimum zu gewährleisten. Dass die Rechtfertigung von Steuern auch anders begründet werden kann, zeigt zum Beispiel Egon Matzner: Ihm zufolge ist die Mehrbelastung der besserverdienenden Einkommenspflichtigen „praktizierte Solidarität"[20]. Aber der Steuerprogression liegt nicht nur der Gedanke der Solidarität zu Grunde, sondern auch der des *Marktversagens.* Progressive Besteuerung geht damit immer auch von einem Versagen des (Arbeits-)Marktes bei der Allokation der Einkommen zu Ungunsten niedrigerer Arbeitseinkommen aus.

4   Steuerrechtlich relevante Begriffe

Um die Nähe wichtiger Formulierungen aus der Steuerrechtsprechung des BVerfG zur „Kölner Schule" nachzuweisen, gilt es nun Begriffe des Steuerrechts und deren Interpretation durch die „Kölner Schule" zu erläutern. Zentrale Begriffe im Steuerrecht sind die „horizontale Steuergerechtigkeit", die „vertikale Steuergerechtigkeit", die „Realitätsgerechtigkeit" und das „Leistungsfähigkeitsprinzip".[21] Der verfassungsrechtlich relevante Bedeutungsgehalt dieser Fachbegriffe ist durch die Rechtsprechung des BVerfG in den neunziger Jahren der „Kölner Schule" weitgehend angenähert worden. Auf einzelne Entscheidungen wird weiter unten eingegangen.

Etwa seit Anfang der siebziger Jahre beschäftigte sich die deutsche Steuerrechtswissenschaft mit der „realitätsgerechten Berücksichtigung der existenzsichernden Aufwen-

---

te und Ernst Forsthoff als einem Vertreter der Unvereinbarkeit beider Kriterien auf der anderen Seite. Diese Kontroverse wird auch von Hans-Peter Ipsen in seinem Referat „Enteignung und Sozialisierung" (VVDStRL 10, Berlin 1952, S. 74–123) aufgegriffen.

20 Matzner, Egon: Wohlfahrtsstaat und Wirtschaftskrise. Österreichs Sozialisten suchen einen Ausweg, Reinbek bei Hamburg 1979, S. 129.

21 „Vertikale Steuergerechtigkeit" bedeutet beispielsweise, dass BezieherInnen höherer Einkommen höher besteuert werden können, als BezieherInnen niedriger Einkommen. Sie rechtfertigt die Steuerprogression. „Horizontale Steuergerechtigkeit" verlangt das BezieherInnen mit gleichem Einkommen dann nicht gleich hoch besteuert werden dürfen, wenn sie unterschiedliche Belastungen haben. Was zu den steuermindernden Belastungen gehören soll, ist dabei strittig und sollte großteils der Definition des Gesetzgebers obliegen. „Realitätsgerechte" Besteuerung verlangt, dass zumindest das Existenzminimum steuerfrei bleibt. Allerdings verbleibt auch hier wie beim strittigen „Leistungsfähigkeitsprinzip" viel Raum für Interpretationen.

dungen bei der Besteuerung von Einkommen"[22]. *„Realitätsgerechte Berücksichtigung"* bedeutete zunächst, dass die im damaligen Steuerrecht nicht vorhandene Berücksichtigung eines „realitätsgerechten Existenzminimums" (dem sog. Grundfreibetrag) ins Steuerrecht aufgenommen werden müsse. Somit ging es zunächst nur um die einkommensteuerliche Berücksichtigung des am *Sozialhilferecht* orientierten Existenzminimums, das auch bei zwangsläufigen Unterhaltsaufwendungen berücksichtigt werden muss, weil die Leistungsfähigkeit des Steuerzahlers beeinträchtigt wird.

Während der steuerlichen Berücksichtigung des Existenzminimums sowie der Berücksichtigung des Existenzminimums bei Unterhaltsaufwendungen m. E. auch aus verfassungsrechtlichen Gründen zuzustimmen ist, wird sich zeigen, dass die „neue Steuerrechtslehre" hier keineswegs halt macht. Sie baut *auf den Erfolg eines Teilaspekts* ihrer Konzeption (Grundfreibetrag) auf, um über diesen hinaus an Einfluss zu gewinnen. So besteht ein Zusammenhang mit weitergehenden Forderungen: Bei Beziehern höherer Einkommen, deren zwangsläufige Unterhaltsaufwendungen auf Grund des § 1610 BGB über dem Existenzminimum liegen, sollen diese Aufwendungen über das Existenzminimum hinaus steuerlich berücksichtigt werden. Diese Forderung wäre nicht nur mit dem *allgemeinen Gleichheitssatz* vereinbar, sondern sie würden sich sogar *zwingend aus ihm ergeben*. Dass dies vereinbar sei, ergibt sich u. a. aus der apodiktischen Formulierung, die Degressionswirkung bei steuermindernden Abzügen sei keine Steuervergünstigung, sondern sie sei die „systemnotwendige Kehrseite der Progression bei den steuerbegründenden Zuflüssen."[23] Eine Folge dieser Ansicht wäre z. B., dass das Kindeswohl steuer- *und* grundrechtlich an das Einkommen der Eltern geknüpft wäre und das Steueraufkommen des Staates zu Gunsten von Familien mit höheren Einkommen geschmälert werden würde.

5   Zur Chronologie der Steuerrechtsprechung

Mit dem Beschluss zur Kilometerpauschale im Jahr 1969 (BVerfGE 27, 58) beginnt die Rechtsprechung des BVerfG, in der es um die im Einkommensteuerrecht vernachlässigte Berücksichtigung der *tatsächlichen Minderung der Leistungsfähigkeit der Steuerpflichtigen* geht. Der Beschluss vom 23.11.1976 kann als letzte *grundrechtszurückhaltende* Entscheidung des Gerichts bezeichnet werden und soll helfen, den Wechsel in der Rechtsprechung zu verdeutlichen.

---

22 Lang, Joachim: Besteuerung des Konsums aus gesetzgebungspolitischer Sicht. In: Rose, Manfred (Hrsg.), Konsumorientierte Neuordnung des Steuersystems, Heidelberg 1991, S. 291–348 (S. 321).

23 Deutscher Juristentag 1988: Verhandlungen des 57. Deutschen Juristentages, München 1988, S. N 214.

5.1   Der Beschluss vom 23. November 1976

Dem Beschluss des Ersten Senats vom 23.11.1976 (BVerfGE 43, 108) lagen Verfassungsbeschwerden vor.[24] Die Beschwerdeführer kritisierten, dass sie ihren Kindern Unterhalt
gewähren würden, diesen aber nicht aus dem staatlichen Kindergeld bestreiten könnten. Ihres Erachtens seien sie durch die von ihnen angegriffenen Regelungen selbst, unmittelbar und gegenwärtig in ihren Grundrechten aus Art. 3 Abs. 1 sowie 6 Abs. 1 u.
2 GG verletzt. De facto, so die Beschwerdeführer, würden sie genauso behandelt wie
kinderlose Ehepaare mit gleichem Einkommen, sodass das für den Bereich des Steuerrechts geltende Prinzip der *horizontalen Steuergerechtigkeit* und die Besteuerung nach
dem *Leistungsfähigkeitsprinzip* durchbrochen werde, da die Unterhaltsleistungen für die
Kinder nicht berücksichtigt würden. *Da die Unterhaltslasten aber die Leistungsfähigkeit
mindern, ließe sich die Gleichheit nur durch den Abzug der Unterhaltsleistungen von der
Bemessungsgrundlage, nicht durch Gewährung von Kindergeld erreichen* (da die gesetzlichen Unterhaltsansprüche der Kinder bei höherem Einkommen der Eltern steigen; vgl.
§ 1610 Abs. 1 BGB).

Zur Einkommensteuer und zum Leistungsfähigkeitsprinzip äußerte sich der Erste
Senat folgendermaßen:

> „Entgegen der Ansicht der Beschwerdeführer kann aus dem Wesen der Einkommensteuer, als
> einer auf die Leistungsfähigkeit angelegten Steuer, nicht auf das Prinzip geschlossen werden,
> dass das zu besteuernde Einkommen nur aus der Summe des Konsums und des steuerer-
> heblichen Vermögenszuwachses bestehe, wobei die für den Konsum der Kinder verwende-
> ten Teile des Einkommens nicht der Besteuerung unterliegen dürften (…). Gegenstand der
> Einkommensteuer ist zunächst das erzielte Einkommen, wobei bei dessen Berechnung zwar
> weitgehend, aber nicht vollständig (…) die zu seiner Erzielung erforderlichen Aufwendungen
> abgesetzt werden (Nettoprinzip)."[25]

Auch sieht der Erste Senat dies nicht als ein sich aus der *Verfassung unmittelbar* erge-
bendes Rechtsprinzip an. Hervorgehoben wird lediglich ein „grundsätzliches Gebot der
Steuergerechtigkeit", während einer Besteuerung nach dem Leistungsfähigkeitsprinzip
auf Grund der *Vieldeutigkeit dieses Begriffs* eine Absage erteilt wird.

---

24 Prozessbevollmächtigter war Klaus Vogel. Die Verfassungsbeschwerden richteten sich gegen das Gesetz
    zur Reform der Einkommensteuer, des Familienlastenausgleichs und der Sparförderung – dem Ein-
    kommensteuerreformgesetz vom 5.8.1974 – soweit es Eltern für Unterhaltsleistungen an ihre Kinder
    keine Einkommensteuerermäßigungen gewährt.
25 BVerfGE 43, 108 (119).

5.2 Neuer Einkommensbegriff durch Verfassungsrechtsprechung (1984)

Mit den Beschlüssen vom Februar und vom Oktober 1984 (BVerfGE 66, 214 und 67, 290) ändert sich die Rechtsprechung zur Abzugsfähigkeit von zwangsläufigen Aufwendungen im Einkommensteuerrecht. Auffällig ist eine auf das Steuerrecht Bezug nehmende Aufwertung des *allgemeinen Gleichheitssatzes* (Art. 3 Abs. 1 GG) durch die Verfassungsrechtsprechung. Wurde im 1976er Beschluss anhand des allgemeinen Gleichheitssatzes lediglich geprüft, ob das Kindergeldsystem mit seinen festen Geldbeträgen verfassungsrechtlich zulässig sei, wird nun das zunächst auf Grund seiner Vieldeutigkeit gescholtene Leistungsfähigkeitsprinzip in den Beschlüssen vom 22. 2. 1984 und vom 4. 10. 1984 zu einem *grundrechtlich* verbürgtem Prinzip erklärt. Zusätzlich erhält der Einkommensbegriff eine Neudeutung, die auffällig am Eigentumsbegriff von Klaus Tipke orientiert ist.[26]

Tipkes Einkommensbegriff setzt sich aus dem *indisponiblen Einkommen* sowie dem *disponiblen Einkommen* zusammen. Das indisponible Einkommen besteht aus a) den Lebenshaltungskosten (zumindest dem Existenzminimum) und b) den familiären Unterhaltskosten, sodass das disponible (das zu versteuernde) Einkommen ein Einkommen ist, bei dem a) zwangsläufige Unterhaltsaufwendungen berücksichtigt werden müssen und es b) als ein zu besteuerndes Einkommen oberhalb des Existenzminimums liegen muss.[27] Demnach ist eine tarifliche Nullzone als Grundfreibetrag in die Bemessungsgrundlage zu integrieren. Allerdings bilden diese beiden aufeinander bezogenen *Einkommens*begriffe (disponibel/indisponibel) lediglich den Rahmen für weitere steuerrechtliche, damit haushalts- und sozialpolitisch bedeutsame Überlegungen:

> „Soll jedoch die Gesellschaft möglichst frei und individualistisch (...) konzipiert sein, dann hat der Staat abzuwarten, bis der Bürger konsumiert. Der Steuerzugriff ist möglich spät anzusetzen (...). Dadurch wird das Steuersystem spar- und investitionsfreundlich; es lässt die Bildung des privaten Wohlstands zu (was gewiss nicht sozial ungerecht ist), belohnt ökonomische Tüchtigkeit und Vorsorge für die Zukunft."[28]

Grundsätzlich verbirgt sich dahinter ein Konzept, das bestimmte Gruppen (einkommen)steuerpflichtiger Bürger zu einer Zeit finanziell entlasten will, in der der *Zugang*

---

26 Vgl. Tipke, Klaus/Lang, Joachim: Steuerrecht, 14. völlig überarbeitete Auflage, Köln 1994, S. 208 ff.

27 Das „Markteinkommen gehört zum ökonomischen Einkommensteuerbegriff (§ 2 Abs. 1 u. 2 EStG) und erfasst die Summe der Einkünfte (§ 2 III EStG). Der „neuen Steuerrechtslehre" zufolge eigne sich das Markteinkommen nicht als Bemessungsgrundlage, da dafür nur das disponible Einkommen in Frage käme. Neben der „Summe der Einkünfte" sind damit gemäß § 2 IV EStG private Abzüge der Steuerpflichtigen abzuziehen. Dazu Tipke und Lang: „Dieses Grundkonzept des § 2 EStG ist allerdings nicht konsequent verwirklicht. Der Stufenaufbau des § 2 EStG ist von Sozialzwecknormen durchsetzt; er könnte verkürzt, vereinfacht und systematisch erheblich verbessert werden" (Tipke/Lang, S. 208 Rn. 41).

28 Tipke, Klaus/Lang, Joachim, S. 84 Rn. 97.

zum Arbeitsmarkt (die Erwerbsarbeitschancen) – und zu einer dem „spar- und investitionsfreundlichen" Modell *vorausgesetzten Vollzeitbeschäftigung* – für immer größere Teile der Bevölkerung prekär, wenn nicht gar unmöglich wird. Insofern zielt diese Konzeption – mit durchaus erfreulicher Offenheit – darauf ab, den Mittelstand, „insbesondere die besserverdienenden Angestellten"[29] zu entlasten.

Zwischenresümee: Allgemeine Gleichheit, Steuergerechtigkeit und Arbeitseigentum

Neben Formulierungen wie „disponibles Einkommen"[30] und der an den Gesetzgeber gerichteten Forderung keine „realitätsfremden Grenzen" zu ziehen, die auf Einflüsse der „neuen Steuerrechtslehre" hinweisen, ergibt sich dem BVerfG zufolge aus Art. 3 Abs. 1 GG ein grundsätzliches *Gebot der Steuergerechtigkeit,* so „dass die Besteuerung nach der wirtschaftlichen Leistungsfähigkeit ausgerichtet"[31] werden muss. In seiner Rechtsprechung zum inhaltlich umstrittenen Leistungsfähigkeitsprinzip bedient sich das Gericht im Jahr 1984 eines interessanten Kunstgriffs: Es beruft sich auf Art. 134 WRV („Alle Staatsbürger ohne Unterschied tragen im Verhältnis ihrer Mittel zu allen öffentlichen Lasten nach Maßgabe der Gesetze bei"). Der Senat unterstellt damit, dass Art. 134 WRV quasi als steuerrechtliche lex specialis zum allgemeinen Gleichheitssatz anzusehen ist.[32] Ausgehend von dieser Annahme, werden sogleich Rückschlüsse auf die Interpretation des allgemeinen Gleichheitssatzes des Bonner Grundgesetzes im Sinne der „neuen Steuerrechtslehre" gezogen. Kritikwürdig ist diese Interpretation, zumal *ein* bestimmter steuerrechtlicher Ansatz zu Ungunsten des Gesetzgebers aus dem allgemeinen Gleichheitssatz geschlussfolgert wird und den Spielraum des Steuergesetzgebers deutlich schmälert.

Während Klaus Vogel diese Judikatur emphatisch begrüßt, sieht Joachim Martens darin eine mangelnde Berücksichtigung des Sozialstaatsprinzips.[33] So schreibt Martens mit Bezug auf die durch die Entscheidung des BVerfG ermöglichte Berücksichtigung von Unterhaltsaufwendungen auch bei einkommensstärkeren Personengruppen:

> „(…) damit würde ein durch nichts zu rechtfertigender Vorrang individueller Bedürfnisbefriedigung vor dem Bedürfnis der Allgemeinheit nach Finanzierung von Gemeinschaftsaufgaben geschaffen. Dem vielschichtigen Gedanken einer Krise des Wohlfahrtsstaates würde so

---

29 Lang, Joachim: Reiche sind nur schwer zu greifen. In: „Die Zeit" vom 17. Oktober 1997, S. 38.
30 BVerfGE 66, 214 (222).
31 Ebd., S. 223.
32 Vgl.: ebd., S. 223.
33 Vgl.: Vogel, Klaus: Zwangsläufige Aufwendungen – besonders Unterhaltsaufwendungen – müssen realitätsgerecht abziehbar sein. In: StuW 1984, S. 197–203 (S. 202 f.) und Martens, Joachim: Grundrecht auf Steuergerechtigkeit? In: KritV – Kritische Vierteljahresschrift für Gesetzgebung und Rechtswissenschaft (1) 1987, S. 39–60.

ein weiterer Aspekt hinzugefügt, der durch *unsachgemäße Verbindung zwischen Steuerrecht und Unterhaltsrecht* gekennzeichnet wäre."[34]

Während *Martens* auf eine „unsachgemäße" Verbindung zwischen Steuer- und Unterhaltsrecht verweist, ist es u. a. gerade das Anliegen der „neuen Steuerrechtslehre", ihren Einkommensbegriff durch Verbindung mit dem Unterhalts- und Sozialrecht zu gewinnen und den Wohlfahrtsstaat von der *Einnahmeseite aus umzugestalten.*

Insofern ist das der „Kölner Schule" zu Grunde liegende Modell der Rechtfertigung von Steuern kurz zu skizzieren:

Das Steuerrecht dient dazu, nicht *Austauschgerechtigkeit,* sondern *Belastungsgleichheit* zu verwirklichen.[35] Dreh- und Angelpunkt des gerechtfertigten staatlichen Eingriffs in die privat erwirtschaftete Einkommenssphäre stellt der durch den Staat konstituierte „allgemeine Markt"[36] dar, an dem der ökonomische Akteur „die gesteigerte Sozialpflichtigkeit seines hinzuerworbenen Einkommens"[37] erfährt. Das steuerrechtlich relevante Einkommen wird durch einen *Arbeitseigentumsbegriff* gewonnen. Nicht nur der Verweis auf den „allgemeinen Markt", der ja unterstellt, dass faktisch jeder die gleichen Chancen aus ‚seiner Hände Arbeit' hätte, legt dies nahe. Wie beim Beschluss zur Vermögensteuer noch genauer zu sehen sein wird, wird auf das am „allgemeinen Markt" erwirtschaftete Einkommen als „Kernbestand des Erfolges eigener Betätigung"[38] gesetzt, um die Differenzen zwischen unterschiedlichen Eigentumsarten (Kapitalien, Produktionsmittel, Lohnarbeit) nicht wahrnehmen zu müssen. Dieser *Arbeitseigentumsbegriff* wird von den Vertretern dieser Position auf jedes Einkommen, gleich welcher Herkunft angewendet. Erst dadurch wird es möglich, unter Berufung auf den allgemeinen Gleichheitssatz soziale Ungleichheiten im Steuerrecht zu rechtfertigten: Denn Vermögensteuer wäre dann ja eine Art doppelte Besteuerung, weil das Vermögen bereits besteuertem Arbeitseinkommen gewonnen wäre.

5.3 Familienexistenzminimum (1990) und Grundfreibetrag (1992)

Mit den Beschlüssen zum Familienexistenzminimum (BVerfGE 82, 60 sowie 82, 198) und zum Grundfreibetrag (BVerfGE 87, 153) wurden Entscheidungen gefällt, die über die Fachöffentlichkeit hinaus für reges Interesse sorgten. Bei den Beschlüssen zum Familienexistenzminimum ging es um die Berücksichtigung zwangsläufiger Unterhalts-

---

34 Martens, Joachim, S. 60, Herv. i. O. Auch Martens ist sich des komplizierten und teilweise ungerechten Charakters des bestehenden Steuerrechts bewusst; er hält aber ein aus dem allgemeinen Gleichheitssatz herrührendes Leistungsfähigkeitsprinzip zu Recht für „Verfassungspolitik".

35 Vgl.: Kirchhof, Paul: Die Steuerrechtsordnung als Wertordnung. In: StuW 1996, S. 3–11 (S. 7).

36 Ebd.

37 Ebd.

38 BVerfGE NJW 1995, S. 2615 ff. (S. 2617, II 3.a).

aufwendungen in der Höhe des Existenzminimums und beim Beschluss zum Grundfreibetrag ging es um die am Sozialhilferecht orientierte steuerliche Freistellung des existenznotwendigen Bedarfs. Bei der Entscheidung zum Familienexistenzminimum ist dem Gericht zufolge der allgemeine Gleichheitssatz sowie Art. 6 Abs. 1 GG mit zu beachten. Der allgemeine Gleichheitssatz fordere eine Besteuerung nach der wirtschaftlichen Leistungsfähigkeit[39], sodass die „für den Steuerpflichtigen unvermeidbare Sonderbelastung durch Unterhaltsverpflichtungen (…) vom Gesetzgeber nicht unberücksichtigt bleiben"[40] darf. Ausdrücklich wird – wenn auch für den Gesetzgeber rechtlich nicht verbindlich – eine Kritik am § 12 Nr. 1 EStG geübt, da diesem Paragraphen (§ 12 EStG: Nicht abzugsfähige Ausgaben) zufolge Aufwendungen im privaten Bereich als allgemeine Kosten der Lebensführung nicht abzugsfähig sind. Hier zeigt sich also deutlich eine – wenn auch (noch) vorsichtige – Annäherung an die Positionen der „Kölner Schule".

5.4   Der Beschluss zur Vermögensteuer (BVerfGE 93, 121)

Bei dem Beschluss der Ende 1996 vom Gesetzgeber abgeschafften Vermögensteuer[41] (Steueraufkommen 1993 = 6,78 Mrd. DM und im letzten Jahr 1996 = 4,6 Mrd. DM) ist erstmalig Widerstand gegen die Etablierung der neuen Steuerrechtsdogmatik durch Verfassungsinterpretation zu verzeichnen. Gegenstand der Entscheidung war die ungleiche Bewertung von Grundvermögen und Geldvermögen. Doch die Mehrheit der Verfassungsrichter ging weit über die Vorlage hinaus. Ergingen die vorhergehenden Entscheidungen einstimmig, so veranlasste die Entscheidung der Senatsmehrheit den damaligen Bundesverfassungsrichter *Ernst-Wolfgang Böckenförde* dazu, ein Sondervotum zu verfassen.

Die Senatsmehrheit entwickelt im Beschluss zur Vermögensteuer Kriterien vertikaler Steuergerechtigkeit, die weit über die im Beschluss zum „Grundfreibetrag"[42] und dem Beschluss des Ersten Senats zum Familienexistenzminimum hinausgehen. Wurde in den zuletzt genannten Beschlüssen eine verfassungsrechtlich zwingende *untere* Grenze der direkten Besteuerung in Höhe des (Familien-)Existenzminimums festgelegt, so wird nun eine für den Steuergesetzgeber *zwingende Höchstgrenze* der Besteuerung auf etwa 50 % (vgl. Leitsatz Nr. 3) festgelegt. Dabei bezieht sich diese Grenze nicht nur auf *eine* direkte Steuer (indirekte Steuern wie die ‚Mehrwertsteuer' gehen hier nicht in die Be-

---

39   Vgl. BVerfGE 82, 60 (86).

40   BVerfGE 82, 60, (86 f.).

41   Während das Steueraufkommen der Vermögenssteuer in den USA oder in Großbritannien bei 10 % liegt, lag es in Deutschland nur bei knapp über 2 %.

42   BVerfGE 87, 153 (169): „Der existenznotwendige Bedarf bildet, von Verfassungs wegen, die Untergrenze für den Zugriff durch die Einkommensteuer."

rechnung ein), sondern sie kann auch bei Unterscheidungen zwischen unzulässigen oder zulässigen Mehrfachbesteuerungen berücksichtigt werden. Die Senatsmehrheit schränkt somit den gesetzgeberischen Spielraum der Anwendung des Art. 14 Abs. 2 GG ein, indem sie eine zwingende Progressionsgrenze in die Verfassung einschreibt. Die Vermögensteuer sei, so die Senatsmehrheit, eine Steuer auf bereits versteuertes Einkommen, da das Vermögen zumeist aus versteuertem Einkommen gebildet wurde, womit die Vermögensteuer in die Verfügungsgewalt dieses Vermögens eingreift (Art. 2 Abs. 1 und Art. 14 GG). Hierbei wäre der Senatsmehrheit zufolge zu beachten, dass dem

> „Steuerpflichtigen ein Kernbestand des Erfolges eigener Betätigung im wirtschaftlichen Bereich als Ausdruck der grundsätzlichen Privatnützigkeit des Erworbenen und der grundsätzlichen Verfügungsbefugnis über die geschaffenen vermögenswerten Rechtsposition erhalten wird (…). Die Zuordnung der vermögenswerten Rechtspositionen zum Eigentümer und die Substanz des Eigentums müssen erhalten bleiben.“[43]

Darüber hinaus wirke sich die mehrfache steuerliche Belastung des Vermögens auch dadurch aus, dass neben der Vermögensteuer auch Einkommensteuer aus dem Vermögen gezahlt werden muss. Auf Grund dieser Mehrfachbelastung hält es die Senatsmehrheit für berechtigt, dass die Vermögensteuer

> „nur so bemessen werden (darf), dass sie in ihrem Zusammenwirken mit den sonstigen Steuerbelastungen die Substanz des Vermögens, den Vermögensstamm, unberührt lässt und aus den (…) möglichen Erträgen (Sollerträgen) bezahlt werden kann. Andernfalls führt eine Vermögensbesteuerung zu einer schrittweisen Konfiskation (…).“[44]

Verlangt wird bei der Bemessung der Vermögenssteuerlast, dass sie auf die einkommensteuerliche Bemessungsgrundlage angerechnet wird. Damit knüpft die Senatsmehrheit an ein altes Desiderat von *Klaus Tipke* an: *Tipke* zufolge ist eine selbstständige Vermögensteuer neben der Einkommensteuer abzulehnen.[45] Zwar sei, so die Senatsmehrheit, auch der Vermögensertrag für die steuerliche Gemeinlast zugänglich, jedoch gebiete Art. 14 Abs. 2 GG, dass das Eigentum *zugleich* dem privaten Nutzen und dem Wohl der Allgemeinheit dienen solle.

Mittels einer wohl nur noch als ‚*arithmetisch*‘ zu bezeichnenden Definition des Wortes „zugleich“ in Art. 14 Abs. 2 GG wird die gesetzgeberische Ausgestaltung der vertikalen Steuergerechtigkeit begrenzt. Aus der Eigentumsgarantie des Art. 14 GG wird gefolgert, dass die Vermögensteuer „zu den übrigen Steuern auf den Ertrag nur hinzutreten (darf), soweit die steuerliche Gesamtbelastung des Sollertrages bei typisierender

---

43 BVerfGE 93, 121 (137).
44 Ebd.
45 Tipke, Klaus/Lang, Joachim, S. 473 ff.

Betrachtung von Einnahmen, abziehbaren Aufwendungen und sonstigen Entlastungen in der *Nähe einer hälftigen Teilung zwischen privater Hand und öffentlicher Hand verbleibt* und dabei insgesamt auch Belastungsergebnisse vermeidet, die einer vom Gleichheitssatz gebotenen Lastenverteilung nach Maßgabe finanzieller Leistungsfähigkeit zuwiderlaufen."[46]

Inwieweit die von der Senatsmehrheit geforderte Belastungsobergrenze von etwa 50 % als justiziabel zu betrachten ist, ist selbst unter den Befürwortern dieser Entscheidung umstritten.[47] Allerdings insistiert Gerd Rose (Köln) darauf, dass der „Halbteilungsbegrenzungsgrundsatz" kein Obiter Dictum sei, sondern als „tragender Grund" der Entscheidung eine Bindungswirkung nach § 31 Abs. 1 BVerfGG zur Folge hätte.[48] Der Beschluss der Senatsmehrheit muss wohl – auch jenseits der Frage ob Obiter Dictum oder nicht – vor allem als ein *wirtschaftspolitisches Signal* an die Akteure im politisch-administrativen System, in der Justiz und an die Akteure im sozio-ökonomischen System verstanden werden. Nicht zuletzt auch, um die Klagebereitschaft zu steigern und so auf weitere Vorlagen von Finanzgerichten und/oder Verfassungsbeschwerden zu hoffen. Dass dem so ist, verdeutlicht die Stellungnahme des Klägers vor dem Bundesfinanzhof (Beschluss vom 11. März 1998)[49], der sich in seinem Fall (erfolglos) auf eine „verfassungswidrige Übermaßbesteuerung (bzw. gleichheitswidrige Nichtberücksichtigung der mit der Betriebsfortführung verbundenen Belastungen)"[50] berufen hatte. Auf eine „Übermaßbesteuerung" konnte er sich deshalb berufen, weil die Senatsmehrheit in kaum nachzuvollziehender Weise den im „Grundfreibetrag"[51] entwickelten eigentumsrechtlich relevanten *Erhalt* eines „Kernbestands des Erfolgs eigener Betätigung" auf die Entscheidung zum Einheitswert und zur Vermögensteuer übertragen hat. Denn schließlich war der Beschluss zum Grundfreibetrag anders gelagert, da er sich auf das *Existenzminimum* bezogen hatte. Das Schlagwort „Erdrosselungssteuer", das im Beschluss zum Grundfreibetrag im Zusammenhang mit der Gewähr eines *steuerfreien Existenzminimums* fiel, wird durch die Senatsmehrheit nun dahingehend ausgeweitet, dass es auf

---

46 BVerfGE 93, 121 (138), Herv. v. Verf.

47 Vgl.: Arndt, Hans-Wolfgang/Schumacher, Andreas: Die verfassungsrechtlich zulässige Höhe der Steuerlast – Fingerzeig des BVerfG an den Gesetzgeber?, in: NJW 1995, S. 2603–2605. Die steuer- und nun auch explizit verfassungsrechtliche Problematik, die die Senatsmehrheit durch ihre Entscheidung aufgeworfen hat, ist beispielsweise die Frage nach der Berechnung dieser Höchstgrenze bei den verschiedenen Steuerarten, bis hin zur Frage der Besteuerung inflationsbedingter Scheinerträge, hinter der sich die Kritik am bestehenden Nominalwertprinzip verbirgt (vgl. S. 2604). Gerd Rose hält den „Halbteilungsbegrenzugsgrundsatz" keineswegs für ein Obiter Dictum, sondern für rechtlich zwingend bindend, vgl: Rose, Gerd: Der Halbteilungsgrundsatz – Kein Obiter Dictum, in: Der Betrieb, Heft 23 vom 5. 6. 1998, S. 1154–1155.

48 Vgl. Rose, Gerd, ebd.

49 Beschluss des BFH vom 11. 3. 1998 (II B 59/97).

50 Hektographierter Text des Beschlusses vom BFH (11. 3. 1998, II B 58/97), S. 2 f.

51 BVerfGE 87, 153.

eine Besteuerung über 50 % zutreffen kann, obwohl vor dem Gericht noch nie über ein derartig bezeichnetes Steuergesetz entschieden wurde.[52]

Trotz vereinzelter Kritik an der Entscheidung der Senatsmehrheit stieß die Intention des Beschlusses weitgehend auf ein positives Echo: Mit der Einführung einer verfassungsrechtlich abgesicherten Belastungsobergrenze sei die Bedeutung der Freiheitsrechte (Art. 12 Abs. 1 und Art. 14 Abs. 1 GG) für die Besteuerung endlich geklärt worden; so der Tenor der Resonanz.[53] Die aus dem Beschluss zum „Grundfreibetrag" herrührende Formulierung zur „grundsätzlichen Privatnützigkeit des Einkommens" bildet nunmehr nicht nur die *zwingende untere Grenze* der *vertikalen Steuergerechtigkeit,* sondern stellt auch die *zwingende obere Grenze* der Besteuerung dar. Zwar weist der Zweite Senat in seiner Entscheidung darauf hin, dass die *Umverteilungsfunktion der Vermögensteuer* nicht zur verfassungsrechtlichen Prüfung anstehen würde:[54] Jedoch liegt es nahe, der „Kölner Schule" das Gegenteil zu bescheinigen, da ihr zufolge Steuern keine „soziale Leistung" darstellen würden, sondern lediglich die individuelle Leistungsfähigkeit des Steuerpflichtigen widerzuspiegeln haben. Dass sich dahinter nicht nur eine Veränderung des Stellenwerts des allgemeinen Gleichheitssatzes, sondern auch des Eigentums verbirgt, bemängelt der dissentierende Richter Böckenförde:

> „Dieser Wechsel in der Argumentation ist Ausdruck eines prinzipiell neuen Konzepts, das hier zum ersten Mal angewandt wird. Nach diesem Konzept ist die Intensität, in der das Vermögen durch Art. 14 GG gegenüber der Besteuerung geschützt wird, unterschiedlich, je nachdem, ob es sich um die Besteuerung des Vermögenszugangs in der Erwerbsphase (…), um die Besteuerung des Vermögensbestandes (…) oder um die Besteuerung der Vermögensverwendung (…) handelt. Für ein solches steuerrechtstheoretisches und steuerpolitisches Konzept, das sowohl Grund wie auch Intensität und Grenze der Besteuerung aus einer in sich differenzierten interpretierten Eigentumsidee herleitet, gibt die Eigentumsgarantie des Art. 14 GG keine Grundlage ab."[55]

---

52 Im Beschluss der Senatsmehrheit zur Vermögensteuer wird auf die Formulierung verwiesen, dass Steuergesetze in ihrer freiheitsbeschränkenden Wirkung, insbesondere im beruflichen (Art. 12 GG) und vermögensrechtlichen Teil (Art. 14 GG), zu prüfen wären. Keineswegs dürfe ein Steuergesetz eine „erdrosselnde Wirkung" (BVerfGE 87, 153, 169) haben. Diese „erdrosselnde Wirkung", in der Entscheidung zum Grundfreibetrag noch ans Existenzminimum gebunden, wird durch die Rechtsprechung des BVerfG nun auf weit über das Existenzminimum hinausgehende Einkommen bezogen: Vgl. BVerfGE 93, 121 und 87, 153 (169). Dadurch werden eine Vielzahl von Fragen aufgeworfen (z. B. das Verhältnis von direkten und indirekten Steuern), die wohl den Gesetzgeber, im Falle verstärkter Klagebereitschaft gestützt durch die Justizbürokratie, zwingen sollen, die Steuerrechtsordnung i. S. der „neuen Steuerrechtslehre" zu vereinfachen.

53 Stellvertretend dafür: Arndt, Hans-Wolfgang/Schumacher, Andreas: Die verfassungsrechtlich zulässige Höhe der Steuerlast – Fingerzeig des BVerfG an den Gesetzgeber? In: NJW 1995, S. 2603–2605 (S. 2604) und Leisner, Walter: Steuer- und Eigentumswende – die Einheitswert-Beschlüsse des Bundesverfassungsgerichts. In: NJW 1995, S. 2591–2596.

54 Vgl. BVerfGE NJW 1995, S. 2615 ff., hier S. 2617 (BVerfGE 93, 121).

55 Sondervotum des Richters Böckenförde, in: BVerfGE 93, 121 (154 f.).

6   Schlusswort: Steuerrechtsprechung und ‚judical-self-restraint'

Während Ernst-Wolfgang Böckenförde zu Recht auf die Einschränkung des Handlungsspielraums des Gesetzgebers hinweist und an einen judical-self-restraint mahnt, war die
Bindungswirkung der Entscheidungen stets zu Gunsten des Gesetzgebers ausgestaltet:
Zwar hat das BVerfG die Möglichkeit (und einigen Autoren zufolge auch die Pflicht),
Gesetze, die es für nichtig oder mit der Verfassung für unvereinbar erklärt, rückwirkend (ex tunc) für nichtig zu erklären. Dies mag aus Gründen rechtsstaatlicher Dogmatik auch geboten sein und wird in vielen Fällen auch praktiziert.[56] Bei einigen – jedoch
nicht allen – haushaltsrechtlich relevanten Entscheidungen (Steuerrecht, rentenrecht-
liche Themen) wird der Gesetzgeber jedoch oft auf eine pro-futuro-Revison verpflichtet.
Dies war und ist auch die Praxis des Gerichts bei den Entscheidungen zum Steuerrecht,
um beim Gesetzgeber die *Abnahmebereitschaft der Entscheidungen* zu steigern.[57] Allerdings zeigt die Entscheidung zur „Pendlerpauschale" vom Dezember 2008 (BVerfGE
122, 210), dass diese rückwirkend zum 01.01.2007 geändert werden musste.

Festzuhalten ist, dass die Entscheidung zur Vermögensteuer die Wende in der offen-
siven Verfolgung der Ziele der ‚neuen Steuerrechtslehre' durch Teile des BVerfG und der
juristischen Fachöffentlichkeit andeutete. Die Entscheidung zur ‚doppelten Haushaltsführung' aus dem Jahr 2002 lässt erkennen, dass das Gericht davon Abstand genommen
hat, ein bestimmtes steuerrechtliches Konzept als *grundrechtlich* geboten zu bezeichnen.
Stattdessen konzentriert sich das Gericht auf Detailfragen ohne den Spielraum für den
Gesetzgeber in Grundsatzentscheidungen zum Steuerrecht einzuengen.

Das Sondervotum des Richters Böckenförde zur Vermögensteuer veranschaulicht,
dass eine bestimmte steuerrechtlich relevante Interpretation der Grundrechte dauerhaft
nicht mehrheitsfähig war. Dies zeigte auch eine Entscheidung des Bundesfinanzhofes
(BFH) zur ‚Übermaßbesteuerung'.[58] Dass es in den letzten Jahren bezüglich der Steuer-

---

56 Vgl. Seer, Roman: Unvereinbarkeitserklärung des Bundesverfassungsgerichts, in: NJW 1996, S. 285–291.

57 Mit dem Begriff der „Abnahmebereitschaft" verweist die Rechtssozilogie darauf, dass Gerichte die Implementation unliebsamer Entscheidungen gegenüber staatlichen Bürokratien oder dem Gesetzgeber
nicht erzwingen können. Wichtiger ist die überzeugende Entscheidungsbegründung und die Existenz
von Bündnispartnern. Selbstverständlich kann als potentieller Bündnispartner bei Entscheidungen zum
Steuerrecht die an einer Steuersenkung interessierte (Fach-)Öffentlichkeit in Frage kommen – wenn sie
denn in der Lage ist, sich einheitlich zu artikulieren und nicht selbst politisch fragmentiert ist. Jedoch
können die mit dem politischen Machtcode operierenden Ministerialbürokratien die Umsetzung von
Urteilen obstruieren. Vgl. dazu: Blankenburg, Erhard/Voigt, Rüdiger: Implementation von Gerichtsentscheidungen, in: Dies. (Hrsg.), Implementation von Gerichtsentscheidungen. Jahrbuch für Rechtssoziologie und Rechtstheorie, S. 10–22, Opladen 1987.

58 Vgl. BFH – Beschluss vom 11. März 1998. II B 59/97. Der BFH lehnte weite Teile einer Entscheidung des
BVerfG vom 22.6.1995 (Einheitswert- und Vermögensteuer) zum Übermaßverbot ab und erklärt weite Teile der Entscheidung des Verfassungsgerichts damit zum Obiter Dictum. Es ist zu betonen, dass
der Inhalt des ‚Übermaßverbots' politisch und steuerrechtlich strittig ist und kaum verfassungsrechtlich justiziabel angesehen werden kann.

rechtsprechung des BVerfG ‚ruhiger' geworden ist, kann auf vier Gründe zurückgeführt werden:

a) das Ausscheiden Paul Kirchhofs als Bundesverfassungsrichter nach dem Ablauf seiner Amtszeit 1999,
b) einer verstärkten Besinnung auf einen ‚judical-self-restraint' seitens der amtierenden Richter,
c) einer fehlenden *dauerhaften* Mehrheitsfähigkeit dieser Grundrechtsinterpretation innerhalb der juristischen Fachöffentlichkeit und dem politisch-administrativen System generell,
d) sowie den Steuerreformen der rot-grünen Bundesregierung (1998–2005).

Denn zahlreiche angebotsorientierte Punkte der rot-grünen Steuerreform in den Jahren 1998 – 2005 zeigen, dass Aspekte des neoliberalen Projekts ebenso zum Bestandteil sozialdemokratischer Politik geworden sind und somit in beiden Volksparteien in unterschiedlicher Intensität mehrheitsfähig sind.[59]

Schließlich machen die Entscheidungen des BVerfG zur „doppelten Haushaltsführung" (BVerfGE 107, 27) aus dem Jahr 2002 oder die zur „Zweitwohnsteuer" vom 10. Oktober 2005 (1 BvR 1232/00) deutlich, dass der Gesetzgeber nunmehr lediglich in verfassungsrechtlichen Detailfragen einer Kontrolle unterzogen wird.

Auch als im Jahr 2006 die damalige „große Koalition" in einer Änderung des Einkommensteuergesetzes u. a. die Entfernungspauschale erst ab dem 21. Entfernungskilometer gelten lassen wollte, argumentierte das Gericht zurückhaltend. Das BVerfG legte im Dezember 2008 (BVerfGE 122, 210) dar, dass es zwar möglich sei die Entfernungspauschale zu ändern oder abzuschaffen. Der Gesetzgeber hat dies jedoch lediglich mit Mehreinnahmen begründet, nicht jedoch bspw. mit grundsätzlich möglichen Lenkungszwecken (umweltpolitische, verkehrspolitische, siedlungspolitische). Dies stelle einerseits eine Verletzung des allgemeinen Gleichheitsgrundsatzes dar; ebenso sei nicht auszuschließen, dass dadurch gegen das steuerliche Existenzminimum verstoßen worden sei.

Mit der Rechtsprechung des BVerfG vom 07.05.2013 zum Ehegattensplitting (BVerfGE 133, 377) bei eingetragenen Lebenspartnerschaften zeigt sich weiterhin eine Tendenz zum judical self restraint – bei Beachtung und bei Betonung auf den allgemeinen Gleichheitssatz. Denn unabhängig davon, dass das sog. Ehegattensplitting inhalt-

---

59 Vgl. dazu: Köppe, Olaf: Rotgüne Steuerpolitik – (k)ein Grund zur Panik? In: Kritische Justiz (3) 2002, S. 312–324. Die rotgrüne Steuergesetzgebung hat zwar das steuerliche Existenzminimum deutlich angehoben; dennoch begünstigt die Steuerreform höhere Einkommen und Kapitaleigentum überproportional.

lich umstritten ist,[60] ist es rückwirkend mit dem Lebenspartnerschaftsgesetz von 2001 auch auf eingetragenen Lebenspartnerschaften anzuwenden.

Was bleibt von der ‚neuen Steuerrechtslehre'?

Der Weg der Interpretation der Grundrechte im Sinne angebotsorientierter Politik wird gegenwärtig nicht mehr verfolgt. Allerdings wurden durch die Entscheidungen verfassungsrechtliche Argumentationsmuster entwickelt, auf die jederzeit zurückgegriffen werden kann.

Ebenso lässt sich rückblickend zu dieser historischen Phase der Steuerrechtsprechung durch das BVerfG eine Tendenz aufzeigen, die in anderen Zeitabschnitten der Bundesrepublik – auch in der gegenwärtigen – so nicht ausgeprägt gewesen ist: War das BVerfG in anderen historischen Phasen der Bundesrepublik eher ein Instrument des Ausgleichs und begünstigte z.B. in der Ära Adenauer andere, politisch-liberalere Sichtweisen auf die Verfassung, so war wenigstens die Steuerrechtsprechung in der Ära Kohl von neokonservativen Positionen genauso durchdrungen, wie andere Teile des politisch-administrativen Systems und stellte in dieser Phase der Bundesrepublik hier kein Korrektiv dar.

Abschließend lässt sich aber trotz aller berechtigter Kritik an der Grundrechtsinterpretation des Verfassungsgerichts in dem untersuchten Zeitraum festhalten, dass es das Verdienst des Gerichts war, ein undurchsichtiges und mit einer Vielzahl fragwürdiger Subventionen versehenes Steuerrecht zur Diskussion gestellt zu haben. Es bleibt jedoch die Erkenntnis, dass Netzwerke von Interpretationseliten den verfassungspolitischen Prozess einseitig bestimmen können. Wenn auch nur zeitweise. Eventuell würde erst eine geplante Wiedereinführung der Vermögenssteuer oder eine Besteuerung von 50 % des Einkommens durch einen potentiellen Gesetzgeber, eine deutliche Auskunft darüber geben, ob die Argumentationsmuster der ‚neuen Steuerrechtslehre' weiterhin im BVerfG auf fruchtbaren Boden fallen.

---

60 Auf diese Diskussion kann nicht tiefer eingegangen werden – im Allgemeinen wird im Ehegattensplitting eine Honorierung des Fernbleibens vom Arbeitsmarkt gesehen. Dies benachteilige i. d. R. Frauen.

Der Beitrag des Bundesverfassungsgerichts zur „Berücksichtigung der hergebrachten Grundsätze des Berufsbeamtentums"*

Hans Peter Bull

1 Einleitung und Überblick

Über die Jahrzehnte hinweg hat das Bundesverfassungsgericht (BVerfG) sich immer wieder mit der Bestimmung des Art. 33 Abs. 5 GG befasst, die dem Gesetzgeber vorschreibt, das Recht des öffentlichen Dienstes „unter Berücksichtigung der hergebrachten Grundsätze des Berufsbeamtentums zu regeln". Es hat diese Grundsätze definiert und sie in Gesetzgebung und Verwaltungspraxis zur Geltung gebracht. Die stärkste Wirkung entfaltet die Verpflichtung nach Art. 33 Abs. 5 GG seit entsprechenden Karlsruher Entscheidungen dadurch, dass daraus auch subjektive Rechte hergeleitet wurden, die der einzelne Beamte gerichtlich einklagen kann[1] – eine seinerzeit durchaus umstrittene Deutung des Verfassungstextes durch das BVerfG, die heute nicht mehr kritisiert wird. In den Grenzen seines Verständnisses der hergebrachten Grundsätze hat das BVerfG auch eine Weiterentwicklung des Beamtenrechts zugelassen.[2] Man tut dem Gericht aber kein Unrecht, wenn man aus der Vielzahl der beamtenrechtlichen Entscheidungen den Schluss zieht, dass es insgesamt eher dazu tendiert, die überlieferten Elemente des Beamtenrechts zu bewahren und keine grundlegenden Reformen zuzulassen. Mit manchen Reformbemühungen befindet sich der Gesetzgeber deshalb „auf einem schmalen Grat".[3] Die Rücksicht auf den hergebrachten Grundsatz der amtsangemessenen Alimentation bringt Bund und Länder zunehmend in Schwierigkeiten, während gleichzeitig „von außen her" der Europäische Gerichtshof (EuGH) und der Europäische Menschenrechte-Gerichtshof (EGMR) Druck auf die nationale Entwicklung ausüben.

---

*   Aktualisierte Fassung des Beitrages zur ersten Auflage dieses Werkes.
1   BVerfGE 8, 1 (14, 16 ff.); 12, 81 (87); 43, 154 (167); 107, 218 (236 f.); 117, 330 (344).
2   Vgl. etwa BVerfGE 3, 58 (137); 7, 155 (162); 8, 1 (16); 11, 299 (303); 43, 154 (168); 67, 1 (14); 97, 350 (376 f.); s. a. Battis, Ulrich, in: Sachs, Michael, GG, 6. Aufl. München 2011, Art. 33 Rn. 68 sowie unten zu 4.1.1.
3   Musil, Andreas: Wettbewerb in der staatlichen Verwaltung, Tübingen 2005, S. 253.

2   Die Auseinandersetzung mit dem Nationalsozialismus

Bevor diese Judikatur im Einzelnen referiert und kommentiert wird, gilt es aber, noch
eine andere Etappe der Beamtenrechtsentwicklung zu betrachten – eine Etappe, in der
das BVerfG sich von der Tradition entschieden abgesetzt hat. In den ersten Jahren seiner
Existenz hatte sich das BVerfG nämlich mit der rechtlich und politisch hoch umstrittenen Frage auseinanderzusetzen, ob die Beamtenverhältnisse aus der NS-Zeit durch
die Kapitulation im Mai 1945 erloschen seien oder ob aus dem Gesetzgebungsauftrag in
Art. 131 GG folge, dass sie nur unterbrochen seien und wieder aufleben könnten.[4] Der
Bundesgerichtshof (BGH) hat sich in dem letzteren Sinne geäußert;[5] das BVerfG hin-
gegen betonte in einer Reihe scharf akzentuierender Urteile aus den Jahren 1953/54 die
Diskontinuität, also die Beendigung aller Beamten-, Soldaten-, Richter- und auch öf-
fentlichen Angestelltenverhältnisse am 8. Mai 1945.[6] Den Kern seiner Argumentation
bildete damals die Feststellung, dass die seinerzeitigen Machthaber den öffentlichen
Dienst konsequent und effektiv auf die rechtsfeindlichen und menschenverachtenden
Grundsätze des Nationalsozialismus eingeschworen haben:

> „Die Zerstörung des verfassungsrechtlichen Schutzes für die wohlerworbenen Rechte der Be-
> amten, die Regelung der personellen Voraussetzungen für das Beamtenverhältnis in Ver-
> bindung mit der gesetzlichen Verpflichtung zum persönlichen Treueid auf Hitler und zur
> Vollstreckung des Willens des von der NSDAP getragenen Staates sowie die Gerichtspraxis
> der obersten Disziplinargerichte ergeben mit aller Deutlichkeit, dass das Beamtenverhält-
> nis im nationalsozialistischen Staat ein nur auf diesen Staat und die ihn tragende Ideologie
> der NSDAP zugeschnittenes Rechtsverhältnis sein sollte und war. Die auf diesem Rechtsver-
> hältnis beruhenden gegenseitigen Treue- und Fürsorgepflichten zwischen Beamten und Staat
> waren allein auf das Vorhandensein und die Fortdauer eines bestimmten verfassungsrecht-
> lichen Zustandes abgestellt. Daraus ergibt sich notwendig der dem nationalsozialistischen
> Beamtenverhältnis immanente Ausschluss gegenseitiger Rechte und Pflichten für den Fall,
> dass ein von der NSDAP getragener, mit ihr unlöslich verbundener Staat nicht mehr vorhan-
> den sein würde".[7]

---

4   Vgl. dazu Dreier, Horst: Verfassungsstaatliche Vergangenheitsbewältigung, in: Badura, Peter/Dreier,
     Horst (Hrsg.), Festschrift 50 Jahre Bundesverfassungsgericht, Tübingen 2001, Erster Band, S. 159 ff.
     (167 ff.) m. w. N.; Lübbe-Wolff, Gertrude, in: Dreier, Horst (Hrsg.), Grundgesetz, Band 3, Tübingen 2000,
     Art. 131 Rn. 5 ff.; Masing, Johannes, ebd. 2. Aufl. 2008, Rn. 5 ff.
5   Vgl. insbes. BGHZ 13, 265 (292 f.) (Großer Senat, B. v. 20. 5. 1954).
6   BVerfGE 3, 58 (76 ff. – Beamte); 3, 162 (173 ff. – Angestellte); s. a. 3, 187 (201 ff.); 3, 208 (212); 3, 213 (222).
     Zurückhaltender jedoch BVerfGE 3, 288 (299 ff. – Berufssoldaten).
7   BVerfGE 3, 58 (113 f.). Vgl. auch §§ 1 u. 3 Deutsches Beamtengesetz v. 27. 1. 1937 (RGBl. I S. 41), abge-
     druckt und kommentiert bei Frotscher, Werner: Das Berufsbeamtentum im demokratischen Staat, San-
     kelmark 1975, S. 17 f.

Die Kontroverse hierüber war überaus heftig; das Verfassungsgericht brachte damals fast die gesamte übrige Justiz und den größten Teil der Beamtenschaft gegen sich auf. Mit der Gegenmeinung setzte sich das BVerfG ausführlich und abschließend in dem Urteil vom 19.2. 1957[8] auseinander, wobei es die „vorwiegend politisch motivierten Angriffe oder gar Verdächtigungen" „selbstverständlich" unbeantwortet ließ[9], den juristischen Argumenten aber unter allen nur möglichen Aspekten widersprach. So war in der Literatur die Ansicht vertreten worden, das Berufsbeamtentum beruhe auf einem „vorkonstitutionellen, überpositiven Recht"; es sei „im Wesentlichen naturrechtlich notwendig, d. h. die Voraussetzung modernen sozialen Lebens"[10]. Dazu stellt das BVerfG fest:

> „Es ist ein begriffsjuristischer Irrweg, von einem gewissermaßen über- oder vorstaatlichen Begriff des Berufsbeamtentums auszugehen und von dieser Grundlage aus die rechtliche Unmöglichkeit einer inhaltlichen Umgestaltung oder die Unmöglichkeit grundsätzlich verschiedenartiger rechtlicher Gehalte von Beamtenverhältnissen eines konkreten Staates zu folgern".[11]

Während diejenigen, die einen Fortbestand der Beamtenverhältnisse über den 8. Mai 1945 hinaus annahmen, sich auf die unpolitische „Sacharbeit" der Verwaltung bezogen, verwies das BVerfG auf die politischen Implikationen der Exekutivfunktionen und belegte mit eindrucksvollen Beispielen, in wie großem Maße angeblich unpolitische Beamte des „Dritten Reiches" ihre Amtsausübung an der rassistischen, rechtsfeindlichen Ideologie des Nationalsozialismus ausgerichtet haben.[12] Der harte Schnitt, den das BVerfG bei den Beamtenverhältnissen vornehmen wollte, trat tatsächlich aber nicht ein: Die Ausführungsgesetze zu Art. 131 GG und die darauf aufbauende Praxis führten zur Wiederverwendung der meisten früheren Beamten und zur „weitgehenden Wiederherstellung des Berufsbeamtentums unter breitem Einschluss ehemaliger Funktionsträger".[13]

In den zitierten Aussagen des BVerfG ist im Nachhinein schon zu erkennen, was später in der Rechtsprechung zur Überprüfung von Bewerbern für den öffentlichen Dienst zum Ausdruck kam. Wegen der Möglichkeit der „politischen Infiltrierung" der Beamtenschaft bemühe sich der freiheitlich-demokratische Staat, „Verfassungsfeinde" – dieser Ausdruck wird seinerzeit bereits verwendet – „nicht nur von der funktionell politischen,

---

8   BVerfGE 6, 132.
9   BVerfGE 6, 132 (137).
10 Jerusalem, NJW 1954, 981; ähnlich Helfritz, VVDStRL 13, 99; zitiert in BVerfGE 6, 132 (138).
11 BVerfGE 6, 132 (152).
12 Besonders deutlich die Zusammenfassung in BVerfGE 6, 132 (193 ff.), wo entsprechende Handlungsweisen für die einzelnen Beamtengruppen von Richtern und Staatsanwälten über Standesbeamte usw. bis hin zu den Beamten der Jugendämter aufgeführt sind.
13 Dreier, a. a. O. (Fn. 4), S. 168 u. 170 m. w. N. Vgl. a. Bull, Hans Peter, Widerspruch zum Mainstream, Berlin 2012, S. 29 ff.

sondern gerade auch von der Beamtentätigkeit fernzuhalten".[14] Als die Debatte um die
„131er" schließlich auslief, gewannen auch in der Rechtsprechung des BVerfG andere
Akzente an Bedeutung; man bekannte sich zu den Elementen der Beamtenrechts-Tra-
dition, die vor dem NS-Regime entstanden waren[15]. Das Gericht hat zwar seine Rechtsprechung zum Erlöschen der früheren Beamtenverhältnisse konsequent fortgesetzt,[16]
aber in anderen Zusammenhängen nicht daran angeknüpft, und in den Darstellungen
des Beamtenrechts finden sich kaum Hinweise auf diese verfassungsgerichtliche Auseinandersetzung mit der deutschen Geschichte. Jurastudenten lernen in Veranstaltungen zum Beamtenrecht regelmäßig nichts von dieser Vergangenheit, und in Kompen-
dien zur Rechtsprechung des BVerfG sind die zitierten Entscheidungen nicht enthalten;
sie gelten wohl als rechtsdogmatisch unergiebig.

3   Die Entfaltung der „hergebrachten Grundsätze des Berufsbeamtentums"

3.1   Die Anknüpfung an die Weimarer Rechtslage

Die Grundsätze, an die nach Art. 33 Abs. 5 GG bei der Beamtengesetzgebung angeknüpft
werden soll, sind vom BVerfG wie folgt umschrieben worden:

> „Bei den ‚hergebrachten Grundsätzen des Berufsbeamtentums' handelt es sich um jenen
> Kernbestand von Strukturprinzipien, die allgemein oder doch ganz überwiegend und wäh-
> rend eines längeren, Tradition bildenden Zeitraums, mindestens unter der Reichsverfassung
> von Weimar, als verbindlich anerkannt und gewahrt worden sind".[17]

Die Weimarer Reichsverfassung enthielt eine ganze Reihe von Aussagen über den öffentlichen Dienst, nicht nur den immer wieder gern beschworenen Satz, dass die Beamten „Diener der Gesamtheit, nicht einer Partei" sind (Art. 130 Abs. 1 WRV) (der inhaltlich selbstverständlich ist, aber dazu missbraucht wurde, den ohnehin verbreiteten
Anti-Parteien-Affekt zu schüren). In Art. 128–131 WRV war der Rechtsstatus zusammengefasst, den die Beamten seit Anfang des 19. Jahrhunderts in zäher Auseinandersetzung mit den Fürsten errungen hatten, insbesondere Anstellung auf Lebenszeit, gesetzliche Regelung von Ruhegehalt und Hinterbliebenenversorgung, Rechtsschutzgarantie,
Unabsetzbarkeit, Freiheit der politischen Gesinnung und Vereinigungsfreiheit, Amts-
haftung statt persönlicher Haftung. Dieser Status sollte für die Zukunft gesichert wer-

---

14 BVerfGE 6, 132 (154).
15 Vgl. BVerfGE 7, 155 (162); dazu sogleich unten 3.1.
16 BVerfGE 15, 80 (100); 15, 105 (112); 16, 94 (110); 22, 387 (408); 28, 163 (173).
17 BVerfGE 8, 332 (343); 15, 167 (196); st. Rspr.; ebenso (bis auf das Wort „und" zwischen „überwiegend"
    und „während") zuletzt BVerfGE 121, 205 (219).

den – aber gleich im Frühjahr 1933 wurde überdeutlich, dass eine verfassungsrechtliche Garantie nichts wert ist, wenn eine rechtsfeindliche Regierung wie die nationalsozialistische an die Macht gelangt.

3.2 Ausdifferenzierung und Ergänzungen der „Grundsätze"

3.2.1 Das Grundgesetz übernahm ausdrücklich nur einen Teil dieser Garantien, z. B. in Art. 34 GG, und regelte die Materie in Art. 33 Abs. 5 GG eben durch die Verweisung auf die „hergebrachten Grundsätze". Das war gewiss eine kluge Methode, sich nicht zu stark an Details des früheren Rechts zu binden und doch der künftigen Rechtsetzung eine Richtung zu weisen. Aber dieser Satz erwies sich schon früh als „ein nahezu unüberwindliches Hindernis" „für alle Versuche einer Reform oder gar einer Neugestaltung des öffentlichen Dienstes".[18] Nach der Ansicht des BVerfG galten als „hergebrachte Grundsätze des Berufsbeamtentums" bereits unter der Weimarer Reichsverfassung „u. a. die Pflicht zu Treue und Gehorsam gegenüber dem Dienstherrn und zu unparteiischer Amtsführung, fachliche Vorbildung, hauptberufliche Tätigkeit, lebenslängliche Anstellung, Rechtsanspruch auf Gehalt, Ruhegehalt, Witwen- und Waisenversorgung".[19] Zu diesem Kern fügte das BVerfG noch weitere Grundsätze hinzu, die sich insbesondere auf die rechtliche Ausformung des Dienstverhältnisses beziehen. Die Gesamtheit der somit als „hergebracht" anerkannten Prinzipien[20] lässt sich in drei große Gruppen aufteilen:

1) Ausgestaltung des Beamtenverhältnisses als *öffentlich-rechtliches Dienst- und Treueverhältnis,* dessen wesentliche materielle Elemente in der Anstellung auf Lebenszeit, der Hauptberuflichkeit, der Verpflichtung zu vollem Einsatz („voller Hingabe") und unparteilicher, gerechter Amtsführung bestehen und das rechtsförmlich durch einseitige Regelungsbefugnis des Dienstherrn (d. h. der Anstellungskörperschaft) gekennzeichnet ist (generelle Regelung der Einstellungs- und Arbeitsbedingungen durch Gesetz oder Rechtsverordnung; individuelle Gestaltung des Dienstverhältnisses durch Verwaltungsakt und nicht durch Vertrag); dementsprechend
2) *Rechte der Beamten* auf amtsangemessene Alimentation („Besoldung" und Versorgung) und auf Fürsorge des Dienstherrn für die Beamten und für ihre Familien, auf angemessene Beschäftigung und auf Förderung entsprechend ihrer Leistung und im Rahmen des Laufbahnrechts sowie

---

18 Frotscher, a. a. O., (Fn. 7) S. 21.
19 BVerfGE 9, 268 (286).
20 Zusammenstellungen u. a. bei Battis, in: Sachs, GG (Fn. 2), Rn. 71 und Badura, Peter, in: Maunz/Dürig, GG, Art. 33 (Stand April 2010) Rn. 65 ff.

3) *Pflichten der Beamten* zur Verfassungstreue, zur Befolgung der Anweisungen ihrer
Vorgesetzten (um nicht den belasteten Begriff des „Gehorsams" zu gebrauchen), zu
parteipolitischer Neutralität und zur Amtsverschwiegenheit.

Die so gesicherte Rechtsposition der Beamten ist in einigen Beziehungen durch ergänzende Normen ausdifferenziert worden, die ihrerseits z. T. als „hergebrachte Grundsätze" qualifiziert worden sind. Als solche gelten u. a. auch das Laufbahnprinzip, das in
Art. 33 Abs. 2 GG besonders herausgestellte Leistungsprinzip[21] und das Streikverbot[22].
Aber selbst die Detailvorschrift, dass das Ruhegehalt nach dem letzten Amt berechnet
wird, gilt dem BVerfG als zu „beachtendes" Prinzip.[23] Ulrich Battis spricht angesichts
einer Reihe neuerer Entscheidungen, in denen ähnliche Spezialfragen durch Richtervorlagen – „gelegentlich aber auch in eigener Sache" – vor das BVerfG gelangten, von
„kleiner Münze" und stellt eine „partielle Trivialisierung von Art. 33 Abs. 5 GG" fest.[24]

3.2.2 In der Praxis hat das *Alimentationsprinzip* besonderes Gewicht gewonnen, was zunächst nicht verwunderlich war angesichts der relativ schlechten Bezahlung vieler Beamter bis in den höheren Dienst hinein und der äußerst knappen Versorgung der vielen
früheren Beamten. In späteren Entscheidungen hat das Gericht den Alimentations-
grundsatz in einer anderen Richtung entfaltet, indem es die angemessene Berücksichtigung der den Beamten entstehenden Kosten für den Unterhalt, die Erziehung und die
Ausbildung von Kindern anmahnte.[25] Der Dienstherr müsse auch die „in Art. 6 GG und
im Sozialstaatsprinzip enthaltenen Wertentscheidungen" beachten und Beamten mit
und ohne Kinder ein „annähernd gleiches Lebensniveau" ermöglichen. Diese Entschei-

---

21 Vgl. BVerfGE 62, 374 (383) und die Entscheidungen zum Konkurrentenschutz, z. B. BVerfG, NVwZ
    2000, S. 1035; NVwZ 2002, S. 1367; ZBR 2004, S. 45; dazu Battis, Ulrich: Rechtsprechungsbericht zum
    öffentlichen Dienstrecht, in: JZ 2005, S. 1095 (1097). S. a. BVerwGE 122, 147 (152 f.).
22 Vgl. schon BVerfGE 8, 1 (16 f.). Zu den Begründungsansätzen und zur Kritik daran s. Köpp, Klaus: Öf-
    fentlicher Dienst, in: Steiner, Udo (Hrsg.), Besonderes Verwaltungsrecht, 7. Aufl., Heidelberg 2003, III A,
    S. 407 ff., Rn. 42 ff., S. 438 f. (in weiteren Auflagen nicht mehr enthalten). Das Streikverbot ist neuer-
    dings durch die Rspr. des EGMR in Zweifel gezogen worden. In Entscheidungen von 2002, 2008 und
    2009 hat der EGMR festgestellt, dass das aus Art. 11 EMRK abgeleitete Streikrecht grundsätzlich auch
    Beamten zusteht. Vgl. dazu m. w. N. Bull, Hans Peter, Öffentlicher Dienst und öffentliches Dienstrecht
    im Wandel, in: Bultmann, Peter Friedrich/Grigoleit, Klaus Joachim/Gusy, Christoph/Kersten, Jens/Otto,
    Christian/Preschel, Christina (Hrsg.), Allgemeines Verwaltungsrecht – Institute, Kontexte, System –
    Festschrift für Ulrich Battis, 2014, S. 533 (540 f.).
23 BVerfGE 61, 43 (58); 117, 372 (379).
24 JZ 2005, 1095 (1096).
25 BVerfGE 44, 249. Beschwerdeführer waren seinerzeit eine Reihe von Professoren mit mehr als zwei
    Kindern; sie wurden vertreten von dem späteren Bundesverfassungsrichter Paul Kirchhof. Ferner:
    BVerfGE 81, 363 (375 ff.) (mit Berechnungen zur Gehaltsentwicklung für Beamte mit mehr als zwei Kin-
    dern, S. 379 ff.) sowie BVerfGE 99, 300 (320) (mit sechs Druckseiten Tabellen zum Vergleich der Gehäl-
    ter mit der Sozialhilfe, S. 323 ff.). Die beiden letzten Entscheidungen tragen auch die Unterschrift des
    Richters Kirchhof. Zum Gesamtthema s. a. Battis, Rechtsprechungsbericht (Fn. 21); JZ 2005, S. 1095 f.
    m. w. N.

dung liegt auf der Linie anderer „Signale" aus Karlsruhe, dass der Staat als Leistungsträger nicht nur jeweils ein Minimum an Leistungen zu gewähren habe, sondern zwischen den Leistungsempfängern nach Bedarfsgruppen unterscheiden müsse. In ähnlicher Weise hat das BVerfG schon mehrfach komplizierte Vergleiche zwischen verschiedenen Personengruppen angestellt.[26]

Die im Jahre 2002 eingeführte neue Professorenbesoldung („W-Besoldung") wurde zehn Jahre später vom BVerfG für verfassungswidrig erklärt, weil „der Gesetzgeber die Grundgehaltssätze nicht in einer dem Grundsatz der amtsangemessenen Alimentation entsprechenden Höhe festgesetzt" hatte.[27] *Amtsangemessenheit* bedeutet nach dieser Rspr., dass Unterschiede des Dienstranges und der mit dem Amt verbundenen Verantwortung beachtet werden müssen. Der Gesetzgeber habe „die Attraktivität des Beamtenverhältnisses für überdurchschnittlich qualifizierte Kräfte, das Ansehen des Amtes in den Augen der Gesellschaft, die vom Amtsinhaber geforderte Ausbildung und seine Beanspruchung" zu berücksichtigen.[28]

Das Alimentationsprinzip bereitet den Dienstherren seit einiger Zeit erhebliche Schwierigkeiten. Sobald die Arbeitnehmer des öffentlichen Dienstes eine Erhöhung ihrer Bezüge durchgesetzt haben, kommt sogleich die Forderung nach Angleichung der Beamtenbezüge auf. Bei konsequenter Anwendung des Art. 33 Abs. 5 GG müsste dieser Forderung entgegengehalten werden, dass die Beamtenbesoldung auf einem grundsätzlich anderen Ansatz beruht als die Tarife der Arbeitnehmer. Maßstab der beamtenrechtlichen Alimentation ist der nach dem Dienstrang usw. abgestufte Bedarf, wie er vom Gesetzgeber eingeschätzt wird, während die Bezahlung der öffentlichen Arbeitnehmer letztlich von der allgemeinen Einkommensentwicklung und der Kampfkraft der gewerkschaftlich organisierten Beschäftigten abhängt. Für die Beamten besteht ein – dem Anspruch nach – „ausbalanciertes System von Rechten und Pflichten",[29] das einerseits den Dienstherren umfassende Fürsorge gebietet, andererseits den Beamten auch Opfer abverlangt. Tatsächlich vergleichen Beamte und öffentliche Arbeitnehmer in erster Linie und manchmal ausschließlich die Höhe ihrer Bezüge oder genauer: die Steigerungsraten, die ihrerseits steigende Lebenshaltungskosten ausgleichen sollen. Das Alimentationsprinzip dient dann als Argumentationshilfe für die – nur noch scheinbar selbständige – Berechnung des Bedarfs, und die Rang- und Qualitätsunterschiede

---

26 Vgl. etwa BVerfGE 76, 256 (310) (Anrechnung von Renten auf Pensionen) und 103, 242 (260 ff.) (Pflegeversicherungsbeiträge von Eltern und von Kinderlosen).

27 BVerfGE 130, 263 (Entscheidungsformeln S. 264 f.)

28 BVerfGE 130, 263 (292). Scharf kritisch dagegen Thieme, Werner, Einheit des öffentlichen Dienstes und Alimentationsprinzip, in: Magiera, Siegfried/Sommermann, Karl-Peter/Ziller, Jacques (Hrsg.), Verwaltungswissenschaft und Verwaltungspraxis in nationaler und transnationaler Perspektive, Festschrift für Heinrich Siedentopf, 2008, S. 705 (715) („Der Begriff der amtsangemessenen Alimentation ist ein Stück beamtenrechtlicher Ideologie [...] aus der Mottenkiste des 19. Jahrhunderts"). Thieme wendet sich mit überzeugenden Gründen gegen das angeblich geltende Verbot der „Doppel-Alimentation aus öffentlichen Kassen", mit dem ungerechte Einschränkungen der Nebentätigkeit begründet werden.

29 Baßlsperger, Maximilian, Urteilsanmerkung, ZBR 2013, S. 65.

der jeweils geleisteten Arbeit werden tendenziell vernachlässigt. Die Orientierung der Beamtengehälter an den Tarifverhandlungen ist inzwischen nicht nur vielfache Praxis, sondern wird im Ergebnis auch von der Literatur akzeptiert, indem aus der Alimentationspflicht eine Pflicht zu regelmäßiger („dynamisierter") Anpassung der Beamtengehälter hergeleitet wird, deren Maßstab die allgemeine Entwicklung der Nettoeinkommen für vergleichbare Tätigkeiten sein muss.[30]

3.2.3 An einer Entscheidung aus dem Jahre 1976[31] lässt sich ablesen, in welche Schwierigkeiten das Gericht geraten kann, wenn es die *Fürsorge* für den einzelnen Beamten extensiv versteht. Ein Beamter war während der Probezeit entlassen worden – unter Umständen, die nach der Darstellung in dem Beschluss als dubios erschienen; das BVerfG machte dazu Ausführungen über den hergebrachten Grundsatz der Fürsorgepflicht des Dienstherrn:

> „Der Grundsatz der Fürsorgepflicht verpflichtet den Dienstherrn, den Beamten gegen unberechtigte Anwürfe in Schutz zu nehmen, ihn entsprechend seiner Eignung und Leistung zu fördern, bei seinen Entscheidungen die wohlverstandenen Interessen des Beamten in gebührender Weise zu berücksichtigen".[32]

Auf Grund seiner Konkretisierung der Fürsorgepflicht für den Einzelfall kam das BVerfG zu dem Ergebnis, dass die Entlassung aufzuheben sei. Zwei Richter wandten sich in einem Dissenting Vote[33] mit sehr grundsätzlichen Erwägungen gegen diese Entscheidung. Sie übten mit beachtlichen Argumenten Kritik an der Ausweitung der Prüfung auf Einzelfallentscheidungen der Behörden und Fachgerichte.[34]

3.2.4 Als hergebrachten Grundsatz erkannte das BVerfG u. a. auch das Recht auf statusgemäße Beschäftigung[35] und auf angemessene Amtsbezeichnung an[36]. Betont wurde aber, dass es kein „Recht am Amt", „verstanden als Recht auf Ausübung der Amtsge-

---

30 Vgl. etwa die gutachtlichen Äußerungen von Battis für die Gewerkschaften GEW und DGB (Presseinformation GEW Rheinland-Pfalz v. 3. 5. 2013). Über den Gleichheitssatz kann es auch in umgekehrter Richtung zu einer Angleichung der Gehälter angestellter öffentlicher Beschäftigter an die von Beamten kommen; dazu Gusy, Christoph, Gleiche Lehrerbesoldung als Verfassungsauftrag, Gutachten für den Verband Bildung und Erziehung, Berlin, Juni 2011, S. 26 f.
31 BVerfGE 43, 154.
32 Ebd. (vorige Fn.), S. 165.
33 BVerfGE 43, 177.
34 Ebd., S. 179 f.
35 BVerfGE 47, 327 (410 ff.).
36 BVerfGE 38, 1 (11 ff.) (Richteramtsbezeichnungen); 62, 374 (383) (Lehrer); 64, 323 (351) (Universitäts- contra Fachhochschulprofessoren). Kritisch dazu mit Recht Köpp, a. a. O. (Fn. 22), Rn. 20: Für die Öffentlichkeit ist die Funktionsbezeichnung wichtiger; es sollte daher Pflicht sein, diese anzugeben.

schäfte" gebe.[37] Bei der Gestaltung der Hochschulorganisation macht die besondere Verantwortung der Hochschullehrer für die wissenschaftliche Lehre nach Ansicht des BVerfG „sachgerechte Unterscheidungen" erforderlich[38], und die „als unausweichlich anerkannte Notwendigkeit, für öffentliche Krankenhäuser qualifizierte leitende Ärzte zu gewinnen", rechtfertigt Abweichungen von dem Prinzip, dass die Bezüge der Beamten durch Gesetz zu regeln sind.[39] Umgekehrt beeinflusst die besondere Stellung des hauptamtlichen Bürgermeisters, der sein Amt einer Wahl durch die Kommunalvertretung verdankt, seinen dienstrechtlichen Status; hier darf von den Regelungen abgewichen werden, die für die auf Lebenszeit angestellten Beamten gelten.[40]

3.3 Die prozessuale Absicherung der „Grundsätze"

Seit Ende der fünfziger Jahre hatte sich das BVerfG immer wieder mit Verfassungsbeschwerden von Beamten und früheren Beamten zu befassen, die eine günstigere Besoldung oder Versorgung erstreiten wollten. Zunächst schien es so, als hätte sich die verfassungsrechtliche Situation zu Ungunsten der Beamten verändert; denn das Grundgesetz garantiert nicht wie Art. 129 Abs. 1 S. 3 WRV die „wohlerworbenen Rechte der Beamten".[41] Das Grundgesetz wolle „nicht in erster Linie subjektive Rechte der Beamten schützen, sondern die Einrichtung des Berufsbeamtentums im Interesse der Allgemeinheit erhalten".[42] Diese Formel wurde des Öfteren wiederholt.[43] Sie hinderte aber das BVerfG nicht, den Beamten schon in der ersten einschlägigen Entscheidung „ein grundrechtsähnliches Individualrecht" auf Beachtung des „hergebrachten Grundsatzes" der amtsangemessenen Alimentation einzuräumen, dessen Verletzung mit der Verfassungsbeschwerde gerügt werden kann.[44] Damit ging es gleich in doppelter Hinsicht über das bis dahin vorherrschende Verständnis des Art. 33 Abs. 5 GG hinaus: Zum einen wurde aus der Pflicht zur „Berücksichtigung" bestimmter Grundsätze, die immerhin die Abwägung mit anderen Prinzipien zuließ,[45] eine ausdrückliche Verpflichtung zur Beach-

---

37 BVerfGE 8, 332 (344 ff. mit historischem Rückblick).
38 BVerfGE 35, 79 (127) („Gruppenuniversität"; Niedersächsisches Vorschaltgesetz zur Hochschulreform Anfang der 1970er Jahre); s. a. 47, 327 (388, s. a. 410 ff.) (Hessisches Hochschulgesetz).
39 BVerfGE 52, 303 (331) (Zusicherung des Privatliquidationsrechts an Chefärzte); s. a. BVerfGE 43, 242 (277 f.) (Hamburger Universitätsgesetz).
40 BVerfGE 7, 155 (165 f.); 8, 332 (344 ff.) (politische Beamte).
41 So ausdrücklich BVerfGE 3, 58 (136 f.).
42 BVerfGE 9, 268 (286).
43 Vgl. etwa BVerfGE 70, 69 (79) mit Zitatenkette.
44 BVerfGE 8, 1 Leitsatz 2 (Entscheidung vom 11. 6. 1958); zuletzt BVerfGE 130, 263 (292).
45 In BVerfGE 3, 58 (137) hatte das Gericht noch formuliert, die hergebrachten Grundsätze sollten bei der Anpassung des Beamtenrechts an die Erfordernisse des Neuaufbaus zwar „berücksichtigt", aber nicht unter allen Umständen „beachtet" werden.

tung jedenfalls der besonders wichtigen Grundsätze,[46] und zum anderen wurde eben nicht mehr nur die „Einrichtung" als geschützt angesehen, sondern ein neues einklagbares Individualrecht geschaffen. Die Begründung für diese bedeutsamen Aussagen war sehr knapp; sie bestand nur aus einem Schluss vom Zweck auf das Mittel und dem Hinweis auf die „allgemein auf Verstärkung des Rechtsschutzes des Einzelnen gerichtete Tendenz des Grundgesetzes".[47]

Weil das Berufsbeamtentum die ihm zufallende Funktion, eine stabile Verwaltung zu sichern etc., nur erfüllen könne, „wenn es rechtlich und wirtschaftlich gesichert ist", müsse der Gesetzgeber die Sicherung eines angemessenen Lebensunterhalts als einen „besonders wesentlichen hergebrachten Grundsatz" *beachten*[48]. Ein grundrechtsähnliches Recht sei gegeben, weil das beamtenrechtliche Rechtsverhältnis die Eigenart habe, dass der Beamte keine rechtlichen Möglichkeiten besitze, auf die Höhe seines Gehalts einzuwirken, und auch nicht streiken dürfe.[49]

Auf diesem Verfahrenswege hat das BVerfG mehrfach den Gesetzgeber korrigiert, der nach seiner Einschätzung die Beamten materiell zu schlecht gestellt hatte.[50]

3.4 Der Streit um die politische Treuepflicht der Beamten

3.4.1 Anfang der 1970er Jahre traten die Auseinandersetzungen um die *politische Treuepflicht* der Beamten in den Vordergrund; das BVerfG hatte über die Verfassungsmäßigkeit des Überprüfungsverfahrens zu entscheiden, das zur Abwehr „radikaler" oder „extremistischer" Bestrebungen eingerichtet worden war. Die Grundsatzentscheidung vom 22.5.1975[51] betont, dass es ein „hergebrachter und zu beachtender Grundsatz des Berufsbeamtentums" ist, dass „den Beamten eine besondere politische Treupflicht gegenüber dem Staat und seiner Verfassung obliegt."[52]

> „Die Treuepflicht gebietet, den Staat und seine geltende Verfassungsordnung, auch soweit sie im Wege einer Verfassungsänderung veränderbar ist, zu bejahen und dies nicht bloß verbal, sondern insbesondere in der beruflichen Tätigkeit dadurch, dass der Beamte die bestehenden verfassungsrechtlichen und gesetzlichen Vorschriften beachtet und erfüllt und sein Amt

---

46   BVerfGE 8, 1 (14, 16 ff.). Vgl. a. BVerfGE 42, 263 (278) und 71, 255 (268). Krit. dazu u. a. Kunig, Philip: Das Recht des öffentlichen Dienstes, in: Schoch, Friedrich (Hrsg.), Besonderes Verwaltungsrecht, 15. Aufl., Berlin 2013, Rn. 41 (Ermessen des Gesetzgebers!).

47   Ebd. (vorige Fn.).

48   Hervorhebung im Original.

49   BVerfGE 8, 1 (16 f.).

50   BVerfGE 11, 203 (verfassungswidriger „Beförderungsschnitt" nach § 110 Bundesbeamtengesetz 1953); 15, 167 (landesrechtliche Schlechterstellung bestimmter Beamtengruppen); besonders bedeutsam: BVerfGE 44, 249 (unzureichende Berücksichtigung der Kinderzahl bei der Besoldung, s. o. Fn. 25).

51   BVerfGE 39, 334.

52   Ebd. Leitsatz 1 (vorige Fn.).

aus dem Geist dieser Vorschriften heraus führt. Die politische Treuepflicht fordert mehr als nur eine formal korrekte, im Übrigen uninteressierte, kühle, innerlich distanzierte Haltung gegenüber Staat und Verfassung; sie fordert vom Beamten insbesondere, dass er sich eindeutig von Gruppen und Bestrebungen distanziert, die diesen Staat, seine verfassungsmäßigen Organe und die geltende Verfassungsordnung angreifen, bekämpfen und diffamieren. Vom Beamten wird erwartet, dass er diesen Staat und seine Verfassung als einen hohen positiven Wert erkennt und anerkennt, für den einzutreten sich lohnt. Politische Treuepflicht bewährt sich in Krisenzeiten und in ernsthaften Konfliktsituationen, in denen der Staat darauf angewiesen ist, dass der Beamte Partei für ihn ergreift.‟[53]

Bewerber für Beamtenstellen müssen deshalb nach der Ansicht des BVerfG „die Gewähr dafür bieten", dass sie „jederzeit für die freiheitliche demokratische Grundordnung eintreten".[54] Besonders umstritten war die Frage, ob schon die Mitgliedschaft in einer politischen Partei Zweifel an der Verfassungstreue begründen könne; die Mehrheit des entscheidenden Senats bejahte diese Frage unabhängig davon, ob die Verfassungswidrigkeit der Partei vom BVerfG festgestellt worden ist oder nicht.[55]

3.4.2 Ein Charakteristikum der Auseinandersetzungen um das Verständnis und die Weiterentwicklung des Beamtenrechts, das auch in der „Extremisten"-Rechtsprechung erkennbar ist, besteht darin, dass dabei nicht nur Rechtsauslegung und Rechtsanwendung betrieben wird, sondern dass Orientierung aus dem historisch-soziologischen Begriff des *„Berufsbeamtentums"* entnommen wird. Auf den ersten Blick scheint zwar zwischen den Rechtsgrundsätzen des Beamtenrechts und den hergebrachten Grundsätzen des Berufsbeamtentums inhaltlich kein Unterschied zu bestehen, aber der (etwas altmodische) Begriff „Beamtentum" hat doch einen anderen Beiklang, und mit ihm ist – ebenso wie mit der Nennung des „Hergebrachten" – eine andere Art von Aussagen in den Orientierungsrahmen einbezogen. Er verweist nämlich nicht mehr nur auf die Beamten*schaft* als die Zusammenfassung der vorhandenen und künftigen Beamten, sondern auf die Idealvorstellungen von den Beamten als historisch und aktuell notwendigem Teil der Staatsorganisation. Die grundlegenden Normen des Beamtenrechts werden zu einer „Institution" „Beamtentum" gemacht[56] – was rechtsdogmatisch gerechtfertigt ist, aber in der Konsequenz zu einer Überhöhung führen kann und tatsächlich geführt hat. Aus der Institution werden dann – zirkelartig – neue Rechtsgedanken hergeleitet. So entsteht das geistige Gerüst eines Selbstverständnisses, das heute wie früher von großen Teilen

---

53 Ebd. Leitsatz 2.
54 Ebd. Leitsatz 4.
55 Ebd. Leitsatz 8. Hiergegen jedoch die Abweichenden Meinungen der Richter Seuffert und Rupp BVerfGE 39, 375 ff. und 378 ff.
56 St. Rspr. seit BVerfGE 3, 58 (136 f.); s. etwa BVerfGE 7, 155 (162); 8, 1 (12); 9, 268 (286); aus neuerer Zeit BVerfGE 64, 367 (379).

der höheren Beamtenschaft vertreten wird, ihres besonderen (elitären) Bewusstseins und ihrer Selbsteinschätzung als die wahren Hüter des Gemeinwohls[57].

Das BVerfG hat schon 1958 von der großen Bedeutung des Berufsbeamtentums für den Bestand des Staates und die unparteiische, gerechte Durchführung seiner Aufgaben gesprochen:

> Die in Art. 33 GG normierten Grundsätze ergäben im Zusammenhang, „dass das Grundgesetz in Anknüpfung an die deutsche Verwaltungstradition im Berufsbeamtentum eine Institution sieht, die, gegründet auf Sachwissen, fachliche Leistung und loyale Pflichterfüllung, eine stabile Verwaltung sichern und damit einen ausgleichenden Faktor gegenüber den das Staatsleben gestaltenden politischen Kräften darstellen soll".[58]

Später schreibt das Gericht einmal:

> „Ist auf die Beamtenschaft kein Verlass mehr, so sind die Gesellschaft und ihr Staat in kritischen Situationen ‚verloren'".[59]

In einer anderen Entscheidung heißt es:

> „Die Vorschrift soll die Institution des Berufsbeamtentums in ihrer Funktionsfähigkeit im Interesse der Allgemeinheit erhalten und gewährleisten, dass der Bedienstete in rechtlicher und wirtschaftlicher Unabhängigkeit zur Erfüllung der dem Berufsbeamtentum vom Grundgesetz vorgeschriebenen Aufgabe, im politischen Kräftespiel eine stabile, gesetzestreue Verwaltung zu sichern, beitragen kann".[60]

In diesen Formulierungen kommt eine starke mentale Distanz zu den demokratie-typischen politischen Akteuren zum Ausdruck: Die „das Staatsleben gestaltenden politischen Kräfte" sind offensichtlich nichts anderes als die politischen Parteien und ihre Repräsentanten in Parlament und Regierung; die Beamtenschaft wird ihnen als die „bessere" Seite der Exekutive gegenübergestellt. Im Bewusstsein solcher Einschätzung fühlen sich die „Berufsbeamten" in politisch-moralischer Hinsicht den gewählten Volksvertretern und den von ihnen bestimmten Regierungen überlegen. Die Verfassungsrichter liefern den Beamten die Munition für die Auseinandersetzung mit der misstrauisch be-

---

57 Dazu bereits Bull, Hans Peter, Positionen, Interessen und Argumente im Streit um das öffentliche Dienstrecht, in: Die Verwaltung 37 (2004), S. 327 ff.; ders., Die Zukunft des Beamtentums: Zwischen Recht und Politik, Staats- und Verwaltungslehre, in: Die Verwaltung 42 (2009), S. 1 ff. (10 ff.).

58 BVerfGE 7, 155 (162). Im Kern ebenso BVerfGE 114, 258 (288); 117, 372 (380) und 121, 205 (219 f.).

59 BVerfGE 39, 334 (347) („Extremisten"-Entscheidung). Die politisch-empirische oder prognostische Aussage wird hier mit Zitaten von Rechtspositivisten wie Paul Laband (Deutsches Staatsrecht, 1876, S. 395 und 422) belegt.

60 BVerfGE 64, 367 (379). Ähnlich zuletzt BVerfGE 114, 258 (288); 117, 372 (380).

äugten Politik – die demokratische Legitimation der Exekutivspitze wird in diesem Zusammenhang gar nicht erwähnt, und ebenso wenig ist von den Grenzüberschreitungen zwischen Recht und Politik die Rede, die in beiden Richtungen vorkommen. Sachwissen, fachliche Leistung und loyale Pflichterfüllung werden nur für die eine Seite in Anspruch genommen und der anderen abgesprochen.

Auch in späteren Entscheidungen werden die Gemeinwohlverpflichtung der Beamten und ihre dazu erforderliche Unabhängigkeit immer wieder bekräftigt[61] und als Unterscheidungsmerkmal gegenüber anderen Beschäftigten bezeichnet, und die scharfe Gegenüberstellung zur Politik kehrt sogar in konkretisierter Form wieder, wenn etwa betont wird, der Beamte habe sich „vom Fürsten- zum Staatsdiener" gewandelt, und seine Aufgabe sei es, „Verfassung und Gesetz im Interesse des Bürgers auch und gerade gegen die politische Führung zu behaupten".[62]

Der Erwähnung bedarf auch die Rechtsprechung zur Mitbestimmung der Personalräte. Das BVerfG hat mehrfach herausgearbeitet, dass alle staatlichen Entscheidungen der demokratischen Legitimation bedürfen und dass diese bei zu ausgedehnter Beteiligung der Personalvertretungen an beamtenrechtlichen Entscheidungen fehle[63] – eine Verfassungsauslegung von großer politischer Bedeutung.

4 Reformansätze und ihre verfassungsgerichtliche Beurteilung

4.1 Die Grenzen der Bindung des Gesetzgebers

Die Rechtsprechung des BVerfG hat über die unmittelbar betroffenen Fälle hinaus große Bedeutung für die Entwicklung des öffentlichen Dienstrechts. Man sollte zwar meinen, die Dienstrechtsgesetzgebung, die Art. 33 Abs. 5 GG einfordert, sei nach mehr als sechs Jahrzehnten abgeschlossen, der Auftrag des Grundgesetzgebers also erfüllt[64] – immerhin hat ja der Gesetzgeber ein umfängliches, vielfach differenzierendes Werk abgeliefert, und auf dessen Grundlage sind bereits Generationen von Beamten angestellt, ausgebildet und eingesetzt worden. Die strenge Geltung der „hergebrachten Grundsätze" ist überdies durch mancherlei Modifikationen – die man bei kritischer Beurteilung auch als Abweichungen bezeichnen könnte – abgemildert. So ist der Grundsatz der Hauptberuflichkeit und Vollzeitbeschäftigung durch die – arbeitsmarkt- und familienpoli-

---

61 BVerfGE 8, 1 (14); 11, 203 (210, 216 f.); 21, 329 (345, 350); 37, 167 (179).
62 BVerfGE 121, 205 (219).
63 Vgl. insbes. BVerfGE 93, 37 (Mitbestimmungsgesetz Schleswig-Holstein); aus der frühen Rspr. s. BVerfGE 9, 268 (284 ff., 287).
64 So Köpp, a. a. O. (Fn. 22), Rn. 14 ff. mit Nachweisen auch zur (herrschenden) Gegenmeinung. Vgl. a. die differenzierenden Darlegungen von Gunnar Folke Schuppert, in: GG, Kommentar (Reihe Alternativ-Kommentare), 3. Aufl. 2002 (Stand August 2002), Art. 33 Abs. 4, 5 Rn. 36 ff., der mit guten Gründen fordert, auf die Funktion der verschiedenen Prinzipien abzustellen.

tisch zwingende – Zulassung von Teilzeitbeschäftigung nicht unerheblich beeinträchtigt. Ebenso bedeutet es eine teilweise Abkehr von dem Grundsatz der „vollen Hingabe", dass Arbeitszeiten festgelegt werden und Mehrarbeit vergütet wird.[65]

Gleichwohl wird die Aufforderung, sich an diesen Grundsätzen zu orientieren, auf dem methodischen Weg über die institutionelle Garantie des Berufsbeamtentums als weitergeltendes Recht angesehen[66] und wirkt als Sperre oder zumindest Bremse für alle Reformansätze, die mit dem herrschenden Verständnis nicht in Einklang stehen – wie etwa der Einrichtung von Führungspositionen auf Zeit[67] und der „antragslosen Teilzeitbeschäftigung", also der Anstellung als Beamte ohne die Wahl der vollen Beschäftigung.[68] Nicht einmal die Änderung des Art. 33 Abs. 5 GG hat daran etwas geändert. Der verfassungsändernde Gesetzgeber hat zwar bestimmt, dass das Recht des öffentlichen Dienstes „fortentwickelt" werden soll,[69] aber das BVerfG hat dazu sogleich bemerkt, dieser Auftrag lasse die hergebrachten Grundsätze des Berufsbeamtentums unberührt.[70] Versperrt ist jedenfalls eine grundlegende Angleichung der Rechtsverhältnisse von Beamten und öffentlichen „Arbeitnehmern"[71]. Aber auch manche notwendigen Reformen, die den Fortbestand des Berufsbeamtentums nicht berühren würden, kollidieren möglicherweise mit einzelnen „hergebrachten Grundsätzen", so die Neugestaltung von Besoldung und Versorgung. Die Reichweite und die Intensität der Bindung an diese Grundsätze müssen also immer wieder aufs Neue eruiert werden.

4.1.1 In den dargestellten Grenzen hat das BVerfG „eine stete Fortentwicklung" des Beamtenrechts gestattet, die es „in seinen einzelnen Ausprägungen den veränderten Umständen anpasst"[72]. Des Öfteren heißt es auch, die hergebrachten Grundsätze seien „nicht unter allen Umständen zu beachten", „sondern nur soweit sie mit den Funktionen vereinbar sind, die das Grundgesetz dem öffentlichen Dienst in der freiheitlichen,

---

65 Köpp, ebd. (Fn. 22), Rn. 103. Im Beamtenstatusgesetz von 2008 wird statt der „Hingabe" nur noch der „volle persönliche Einsatz" gefordert (§ 34 Satz 1 BeamtStG).

66 BVerfGE 43, 154 (166 ff.) mit Abweichender Meinung S. 177 ff. (s. a. oben bei Fn. 33); dazu Köpp, a. a. O. (Fn. 22), Rn. 16.

67 BVerfGE 121, 205.

68 BVerfGE 119, 247.

69 G. v. 28. 6. 2006, BGBl. I S. 2034.

70 BVerfGE 119, 247 (272 f., 287). Zustimmend dazu u. a. Battis, in: Sachs (Fn. 2), Rn. 61a und 68; a. A. Koch, Roland, DVBl 2008, S. 805.

71 Dies hat insbesondere die nordrhein-westfälische Regierungskommission „Zukunft des öffentlichen Dienstes – öffentlicher Dienst der Zukunft" gefordert (Bericht von Januar 2003, 2. Aufl., Mai 2004, hrsg. v. Innenministerium Nordrhein-Westfalen). In dem Nebeneinander von Beamten- und Tarifrecht sieht die Kommission eine Ursache erheblicher Spannungen und Reibungsverluste im öffentlichen Dienst und plädiert daher für eine Verfassungsänderung. S. dazu u. a. Bull, Hans Peter, Das öffentliche Dienstrecht in der Diskussion, in: DÖV 2004, S. 155 ff.; ders., Verwaltungspolitik konkret, in: Behrens, Fritz/Heinze, Rolf G./Hilbert, Josef/Stöbe-Blossey, Sybille (Hrsg.), Ausblicke auf den aktivierenden Staat, Berlin 2005, S. 85 ff.

72 BVerfGE 43, 154 (168); 67, 1 (14); 97, 350 (376 f.).

rechts- und sozialstaatlichen Demokratie zuweist".[73] Mit dieser Verweisung auf eine unbestimmte (und zudem im Kern außerrechtliche) Kategorie hat das BVerfG Unsicherheit darüber begründet, wie weit eine Neugestaltung des Beamtenrechts gehen darf.

4.1.2 Das größte Maß an Gestaltungsfreiheit besitzt der Gesetzgeber bei der Bestimmung der Höhe der Alimentation, die den Beamten zustehen soll. Bei der Entscheidung, welcher Lebensunterhalt angemessen sei, habe der Gesetzgeber ein „weitgehendes Ermessen".[74]

Das BVerfG hat auch ausdrücklich festgestellt, dass keineswegs alle Regelungen des Beamtenrechts einschließlich des Besoldungsrechts, die nach 1949 eingeführt worden sind, von Art. 33 Abs. 5 GG gefordert sind. Jederzeit geändert werden können danach die Vorschriften über das sog. 13. Monatsgehalt, über Leistungszulagen, Urlaubsgeld, Überstundenvergütung, Essensgeld und Beihilfen, aber auch Arbeitszeitverkürzungen und die Gestaltung von Nebentätigkeiten.[75] Damit war der Weg frei für verschiedene Sparmaßnahmen der Länder und des Bundes: Die „Sonderzuwendungen" wurden stark gekürzt oder ganz abgeschafft und die Beihilfeansprüche[76] in teilweiser Anpassung an Sparmaßnahmen der gesetzlichen Krankenversicherung eingeschränkt. Auch die Änderung der Grundgehaltssätze durch die neue Tabelle[77] sowie die Kürzung der Ruhegehälter durch das Versorgungsänderungsgesetz 2001 waren verfassungsrechtlich nicht zu beanstanden.[78]

Andererseits hat das BVerfG mit der bereits erwähnten Rechtsprechung zur Besoldung kinderreicher Beamter eine unübersehbare Warntafel aufgestellt: Der Gesetzgeber ist danach eben nicht frei in der Festlegung der Gehälter, sondern er muss „angemessen" bezahlen, wobei nicht der Marktwert der Leistung, sondern der Bedarf an Unterhalt, Teilnahme am kulturellen Leben und Kosten der Erziehung und Bildung der ganzen Familie den Maßstab abgibt, aber auch der Rang (das Amt) zu berücksichtigen ist.[79]

Das BVerfG akzeptiert auch nicht, dass ein Dienstherr sich allein auf seine Finanznot beruft:

---

73 BVerfGE 15, 167 (195); s.a. schon BVerfGE 3, 58 (137); 7, 155 (162); 8, 1 (16); 9, 268 (286).

74 BVerfGE 8, 11 (22). Im konkreten Fall dieser Entscheidung (v. 11.6.1958) hatte das BVerfG jedoch keine Zweifel, dass ein Verstoß gegen Art. 33 Abs. 5 GG vorlag, weil die notwendige Anpassung an die veränderten wirtschaftlichen Lebensverhältnisse unterblieben war.

75 BVerfGE 44, 249 (262, 263); zu Spezialfragen s. BVerfGE 70, 69 (79 ff.) und 71, 255 (begrenzter Vertrauensschutz bei Ruhestandsregelungen). Zu den Beihilfen s. BVerfGE 106, 225 (233); sie sind nicht gewährleistet, aber die Fürsorgepflicht verböte die vollständige Abschaffung entsprechender Leistungen, vgl. Köpp, a. a. O. (Fn. 22), Rn. 20/21.

76 Dazu BVerfGE 106, 225 (233 ff.) (Wahlleistungsausschluss).

77 BVerfG, NVwZ 2005, S. 677.

78 BVerfGE 114, 258.

79 Kritisch dazu Bull, Hans Peter: Umsteuern im Beamtenrecht – aber wie?, in: DÖV 1995, S. 592, und: Positionen, Interessen etc., a. a. O. (Fn. 57), S. 347.

„Im Beamtenrecht können finanzielle Erwägungen und das Bemühen, Ausgaben zu sparen, in aller Regel für sich genommen nicht als ausreichende Legitimation für eine Kürzung der Altersversorgung angesehen werden. Die vom Dienstherrn geschuldete Alimentation ist keine dem Umfang nach beliebig variable Größe, die sich einfach nach den wirtschaftlichen Möglichkeiten der öffentlichen Hand, nach politischen Dringlichkeitsbewertungen oder nach dem Umfang der Bemühungen um die Verwirklichung des allgemeinen Sozialstaatsprinzips bemessen lässt […]. Zu den finanziellen Erwägungen müssen deshalb in aller Regel weitere Gründe hinzukommen, die im Bereich des Systems der Altersversorgung liegen und die Kürzung von Versorgungsbezügen als sachlich gerechtfertigt erscheinen lassen."[80]

Angesichts der dramatischen Probleme, die in Zukunft bei der Finanzierung der Versorgungsbezüge auftreten werden, dürfte sich diese streng antifiskalische Linie kaum durchhalten lassen; jedenfalls werden die „systemimmanenten Gründe", die auch das BVerfG erwartet,[81] großes Gewicht gewinnen.

4.1.3 Noch schwieriger ist die Beurteilung, wenn Vorschriften über andere Aspekte als die Alimentation an neue Entwicklungen angepasst werden sollen. Wenn das Berufsbeamtentum als „Einrichtung" geschützt wird, können auch solche Neuregelungen verfassungswidrig sein, die der einzelne Beamte zu akzeptieren bereit ist. So hat das BVerfG sich der Ansicht des Bundesverwaltungsgerichts (BVerwG) zur „Einstellungsteilzeit" angeschlossen; es sah in einer Einstellung mit reduzierter Arbeitszeit, die den Bewerbern alternativlos angeboten und von ihnen akzeptiert wurde, Verstöße gegen die „hergebrachten Grundsätze" der Hauptberuflichkeit und der amtsangemessenen Alimentation.[82] Die arbeitsmarktpolitischen Gründe, die den Landesgesetzgeber zu der umstrittenen Regelung veranlasst hatten – nämlich die Absicht, mehr Lehrer einstellen zu können – wurden von den Gerichten nicht akzeptiert.

Nicht einmal die Verlängerung der Wartefrist („Karenzzeit") des Beamtenversorgungsgesetzes (§ 5 Abs. 3) von zwei auf drei Jahre wurde vom BVerfG gebilligt; der Gesetzgeber ist danach gehindert vorzuschreiben, dass ein Beamter mehr als zwei Jahre vor dem Eintritt in den Ruhestand Bezüge aus dem höheren Amt erhalten haben muss, um die höhere Pension zu beziehen.[83] Zur Begründung wird gesagt, „der Grundsatz der Versorgung aus dem letzten Amt" gehöre zu „den hergebrachten Strukturprinzipien des Berufsbeamtentums, die angesichts ihrer wesensprägenden Bedeutung vom Gesetzgeber zu beachten" seien.[84]

---

80 BVerfGE 114, 258 (291).
81 BVerfGE 114, 258 (291 f.).
82 BVerfGE 119, 247; zuvor BVerwGE 82, 196 (198 ff.); 110, 363.
83 BVerfGE 117, 372.
84 BVerfGE 117, 372 (379). S. schon oben zu 3.2.1 bei Fn. 23.

4.2 Rahmenbedingungen für das Arbeitsrecht

Auf das öffentliche Arbeitsrecht sind die „hergebrachten Grundsätze" nicht anzuwenden.[85] Allerdings verlangt das BVerfG auch von den Angestellten des öffentlichen Dienstes ein gewisses Maß an Verfassungstreue. Zwar seien an sie weniger hohe Anforderungen als an die Beamten zu stellen, doch auch sie schuldeten dem Dienstherrn „Loyalität und die gewissenhafte Erfüllung ihrer dienstlichen Obliegenheiten"; auch sie dürften „nicht den Staat, in dessen Dienst sie stehen, und seine Verfassungsordnung angreifen".[86]

4.3 Auswirkungen auf das Organisationsrecht

Beamtenrecht betrifft die persönliche Rechtsstellung der „Staatsdiener". Im Recht der Verwaltungs*organisation* gelten die „hergebrachten Grundsätze" nicht unmittelbar, aber wenn die persönliche Stellung gerade erst durch die Einfügung in eine Organisation geprägt wird, können sie doch auf die Organisationsfrage ausstrahlen. Das hat sich im Fall des Hochschulrechts gezeigt[87]. Andere Fälle sind in Bereichen vorstellbar, die von umfassenden Änderungen der Organisation betroffen sind, so beim Personal der früheren Bundesunternehmen Post und Bahn. Von der verfassungsrechtlichen Einschränkung des Personalvertretungsrechts war schon die Rede.[88] Organisationsrechtliche Bedeutung hat auch die Aussage des BVerfG, eine dauernde Trennung von Status und Funktion widerspreche hergebrachten Grundsätzen (hier Art. 33 Abs. 4 GG); das Land Bremen durfte deshalb keine Schulleiter auf Zeit bestellen, die nur eine Stellenzulage erhielten und nicht in ein besonderes Amt (auf Zeit) berufen wurden.[89]

Einen singulären Fall stellte es dar, als die Bundesabteilungen der Oberfinanzdirektionen länderübergreifend an einigen Orten konzentriert wurden und die betroffenen Oberfinanzpräsidenten, die sowohl Bundes- wie Landesbeamte waren (Art. 108 Abs. 2 S. 3 GG), dadurch eines ihrer Dienstherren verlustig gingen; das BVerfG fand darin keinen Verstoß gegen die Beamtenrechtsgrundsätze.[90]

---

85 BVerfGE 3, 162 (186); 16, 94 (110 f.). Zu einem speziellen Thema der verfassungswidrigen Gestaltung des Rechts der öffentlichen Arbeitnehmer (§ 18 Betriebsrentengesetz, Verstoß gegen Art. 3 und Art. 12 Abs. 1 GG) vgl. BVerfGE 98, 365 (395 ff.).

86 BVerfGE 39, 334 Leitsatz 7.

87 S. oben bei Fn. 38.

88 S. oben bei Fn. 63.

89 BVerfGE 70, 251 (265) im Anschluss an BVerfGE 9, 268 (284).

90 BVerfGE 106, 1 (27 f.).

4.4   Der Funktionsvorbehalt des Art. 33 Abs. 4 GG

Auch die Vorschrift des Art. 33 Abs. 4 GG kann sich als Reformhindernis auswirken. Der Funktionsvorbehalt gilt zwar nicht streng und ausnahmslos; nur als „ständige" Aufgabe sind hoheitliche Funktionen den Beamten vorbehalten.[91] In der Praxis ist aber vieles umstritten. Insbesondere die Frage, ob Lehrer und Hochschullehrer Beamte sein müssen,[92] wird im Wege der Auslegung kaum zu lösen sein. Überdies ist der Sinn des Funktionsvorbehalts fragwürdig geworden, seit zunehmend Beamte und Angestellte die gleiche Verwaltungstätigkeit wahrnehmen. Eine grundlegende Änderung, die den Dualismus von Beamten- und Tarifrecht überwinden wollte,[93] wäre jedoch ohne Verfassungsänderung nicht möglich, weil eben die Rechtsform des „öffentlich-rechtlichen Dienst- und Treueverhältnisses" wegfiele, die allgemein mit dem Beamtenverhältnis gleichgesetzt wird. Auch als Schranke der Privatisierung von Staatsaufgaben hat sich Art. 33 Abs. 4 GG nicht erwiesen. So hat das BVerfG die Übertragung des Maßregelvollzugs an ein privatrechtliches Klinikunternehmen als eine spezifische Ausnahme vom Grundsatz des Funktionsvorbehalts gebilligt.[94]

5   Kritik und Ausblick

5.1 Die starke Traditionsbindung, die in der Rechtsprechung des BVerfG zum Ausdruck kommt, ist viel kritisiert worden. Schon der Übergang von der „Berücksichtigungs"- zur „Beachtungspflicht" ist nicht ohne Weiteres nachzuvollziehen. Philipp Kunig moniert mit Recht, dass das BVerfG vom Gesetzgeber zahlreiche Abwägungsentscheidungen verlangt, diese aber nicht final programmiert.[95] In anderen Zusammenhängen hat das Gericht, wie dargelegt, manche Regelungen als Verfassungsrecht angesehen, die schon wegen ihrer Detailliertheit kaum noch als „Grundsätze" akzeptiert werden können.[96]

5.2 Die Lage wird nicht einfacher dadurch, dass seit einiger Zeit auch der europäische Gesetzgeber und die europäischen Gerichte in das nationale Dienstrecht hineinwirken.

---

91 S. a. BVerfGE 83, 130 (150) zur Bundesprüfstelle für jugendgefährdende Schriften.
92 Nach BVerfGE 119, 247 (267) ist das für die Lehrer nicht zwingend. Verschiedene Länder haben Lehrer nur noch als Angestellte eingestellt oder beschäftigen beamtete und angestellte Lehrer nebeneinander. Vgl. dazu u. v. a. einerseits Ruland, Franz: Verfassungsrecht und Beamtenrecht. Dargestellt am Beispiel aktueller Schwierigkeiten des Beamtenrechts mit Lehrern, in: ZRP 1983, S. 278–284 („Lehrer waren immer Beamte"), andererseits Lübbe-Wolff, Gertrude, in: Dreier, Horst (Hrsg.), Grundgesetz, Band 2, Tübingen 1998, Art. 33 Rn. 59, und Masing, Johannes, ebd. 2. Aufl. 2006, Art. 33 Rn. 67, sowie Schuppert, a. a. O. (Fn. 64), Art. 33 Abs. 4, 5 Rn. 20 ff., insbes. 25.
93 Dazu oben Fn. 71.
94 BVerfGE 130, 76.
95 Kunig, a. a. O. (Fn. 46), Rn. 38 a. E.
96 S. die Nachweise in Fn. 2 und Battis (Fn. 2) Rn. 70.

Der EuGH dringt erfolgreich auf die Beachtung der Diskriminierungsverbote,[97] und der EGMR bringt die Menschenrechte der EMRK auch im Beamtenrecht zur Geltung.[98] Auch wenn das BVerfG bisher zögert, europäisches Recht zum Maßstab seiner Prüfung zu machen, werden sich die grundlegenden Normen des Gemeinschaftsrechts auf längere Sicht durchsetzen.[99] Das bedeutet aber, dass zunächst eine Periode erheblicher Unsicherheit zu durchschreiten ist.

5.3 Als Fazit lässt sich feststellen:

Das BVerfG hat dafür gesorgt, dass die „hergebrachten Grundsätze des Berufsbeamtentums" nach wie vor als Schranke für Neuerungen im Dienstrecht beachtet werden. Es hat dabei die subjektiven Rechte der Beamten gestärkt und insbesondere auf die Verbesserung von Besoldung und Versorgung hingewirkt. Nach wie vor wird das Beamtenrecht als Sonderrecht einer „staatstragenden" Gruppe verstanden; die Lage der anderen Beschäftigten des öffentlichen Dienstes kommt nicht in das Blickfeld.

Ohne diese Rechtsprechung hätte das öffentliche Dienstrecht entschiedener modernisiert werden können. Als Reformbremse fungieren nicht nur aus Art. 33 Abs. 5 GG abgeleitete inhaltliche Beschränkungen, sondern auch die Unsicherheit, die daraus erwächst, dass die Rechtsprechung aus hochabstrakten Grundsätzen konkrete Monita zu Detailproblemen entwickelt. Hinzu kommt, dass die zugrunde gelegten empirischen Annahmen nicht immer überzeugen.[100] Auf diese Weise verursacht das Gericht in vielen Fragen ein „verfassungsrechtliches Risiko". Die Rechtsfrage wird dann regelmäßig im politischen Meinungsstreit instrumentalisiert, die Anpassung des öffentlichen Dienstrechts an neue Entwicklungen und Herausforderungen[101] wird erschwert.

---

97 Exemplarisch zeigt sich das etwa in dem Urteil des VG Frankfurt a. M. v. 25.7.2013, BeckRS 2013, 56122, zum Verbot der Altersdiskriminierung. Das BVerfG hält die Gleichbehandlung eingetragener Lebenspartner mit Ehegatten beim Familienzuschlag nach Bundesbesoldungsrecht schon nach Art. 3 Abs. 1 GG für geboten, BVerfGE 131, 239. S. a. Battis, in. Sachs (Fn. 2), Art. 33 Rn. 63 m. w. H.; ders., Streikverbot für Beamte, Bonn 2013.

98 S. oben Fn. 22.

99 Vgl. etwa Korn, Julian M. V., Das Beamtenrecht im Fokus des Unionsrechts, ZBR 2013, S. 155 ff., und die vergleichende Untersuchung von Demmke, Christoph, Aktuelle Dienstrechtsreformen in Europa – Deutschland im Kontext europäischer Entwicklung. Vorreiter und/oder Bremser?, ZBR 2013, S. 217 ff.

100 Dazu Bull, Tatsachenfeststellungen und Prognosen im verfassungsgerichtlichen Verfahren, in: Ewer, Wolfgang/Ramsauer, Ulrich/Reese, Moritz/Rubel, Rüdiger (Hrsg.), Festschrift für Hans-Joachim Koch, Berlin 2014.

101 Dazu beispielhaft: Schrapper, Ludger, Der öffentliche Dienst im demografischen Wandel, in: Die Verwaltung 46 (2013), S. 441 ff.

Teil 6
Bundesverfassungsgericht im europäischen und internationalen Umfeld

Das Bundesverfassungsgericht im europäischen und internationalen Umfeld[1]

Rainer Wahl

1 Die Expansion der Verfassungsgerichtsbarkeit

Das 20. Jahrhundert hat in seiner zweiten Hälfte einen 1945 nicht vorhergesehenen globalen Siegeszug der Verfassungsgerichtsbarkeit erlebt.[2] Das Bundesverfassungsgericht (BVerfG), im Grundgesetz des Jahres 1949 vorgesehen und 1951[3] errichtet, ist ein Teil dieses Prozesses und zugleich in bedeutendem Maße auch Impulsgeber dieser Entwicklung.[4] Vor 1945 hat es nur in vier Ländern eine Verfassungsgerichtsbarkeit unterschiedlichen Umfangs gegeben, so im klassischen Pionier- und Mutterland der Verfassungsgerichtsbarkeit in den USA, in der Schweiz, in Österreich und in Irland.[5] Erst nach 1945 beginnt die bis zur unmittelbaren Gegenwart andauernde Expansion der Verfassungsgerichtsbarkeit.[6] Den Anfang machten Staaten mit Diktaturerfahrungen in der ersten Hälfte des Jahrhunderts wie Italien (1948/1956) und die Bundesrepublik Deutschland

---

1 Geringfügig (um Abschnitt 3.4) erweiterter Abdruck des Aufsatzes aus: Aus Politik und Zeitgeschichte. Beilage zur Wochenzeitung „Das Parlament", B 3, 37-38/2001, S. 45–54 (Wahl, Rainer: Verfassungsstaat, Europäisierung, Internationalisierung, 2003, S. 254–274).

2 So schon 1976 Peter Häberle, in: ders. (Hrsg.), Verfassungsgerichtsbarkeit, 1976, S. XI.

3 Das BVerfG ist in Art. 92 und 93 GG (1949) vorgesehen, das in Art. 94 Abs. 2 GG vorgesehene Gesetz über das BVerfG vom 12. März 1951 trat am April 1951 in Kraft. Aufgrund der Verzögerungen bei der Richterwahl konnte das Gericht seine Tätigkeit erst am 8. September 1951 aufnehmen; mit Staatsakt vom 28. Sept. 1951 wurde das Gericht feierlich eröffnet.

4 Fromont, Michael: La justice constitutionelle dans le monde, 1996, S. 17 ff. spricht von drei Generationen der Verfassungsgerichtsbarkeit, von denen das BVerfG die zweite anführt.

5 Seine Funktion als Verfassungsgericht nahm der U. S. Supreme Court 1803, das schweizerische Bundesgericht 1874 und der Österreichische Verfassungsgerichtshof 1920 auf. Auch die irische Verfassung von 1937 sah einen Supreme Court nach dem amerikanischen Modell vor, dazu Fromont, a. a. O. (Fn. 4), S. 19.

6 Zum Unterschied zwischen verselbständigter und in die Gerichtsbarkeit integrierter Verfassungsgerichtsbarkeit s. unten 2.1.

(1949/1951). Diesem Muster folgten in den 1970er Jahren Spanien, Portugal und Griechenland nach ihrem Systemwechsel zur Demokratie und nach 1989 die „Transformationsstaaten" in Ost- und Südosteuropa. Längst aber hatte sich die Verfassungsgerichtsbarkeit als adäquater Ausdruck und Schlussstein des Verfassungsstaats so überzeugend bewährt, dass die Institution auch ohne Systemwechsel zum Normalbestandteil einer gewaltenbalancierenden Verfassung wurde, so in Belgien (1984), länger schon in den skandinavischen Staaten, und verbreitet auch außerhalb Europas z. B. in den Commonwealth-Ländern (Australien, Canada, Indien), in Lateinamerika, in Afrika und Ostasien.[7] Ganz fehlt eine Verfassungsgerichtsbarkeit z. B. in den Niederlanden.[8]

Als neue Institution des deutschen Staatslebens hat das BVerfG rasch den normativen Mantel des Grundgesetzes und des Bundesverfassungsgerichtsgesetzes wirkungsvoll ausgefüllt, sich seinen Platz als oberster verbindlicher Interpret des Verfassungsrechts und der Verfassung gesichert und vor allem grundsätzliche Anerkennung gefunden.[9] Das Wort vom *Gang nach Karlsruhe* ist in Deutschland so sprichwörtlich geworden wie der Satz, dass Karlsruhe entschieden hat. Zu Recht hat vor zwei Jahren anlässlich des 50-jährigen Jubiläums des Grundgesetzes einer der besten ausländischen Kenner des deutschen Verfassungsrechts, der Franzose Michel Fromont, den Satz geprägt: „Das Bundesverfassungsgericht ist die einzige völlige Neuschöpfung des Grundgesetzes. Es ist auch die auf der ganzen Welt wohl bekannteste deutsche Einrichtung".[10] In der Tat bedeutete die Einführung einer umfassenden, eigenständigen Verfassungsgerichtsbarkeit einen qualitativen Entwicklungsschub für das deutsche Staatsrecht. Das BVerfG und seine Rechtsprechung haben wiederholt als Vorbild gewirkt, wie überhaupt ein beträchtlicher Einfluss des deutschen Verfassungsrechts in Spanien,[11] Portugal, Süd-

---

7 Eine tabellarische Übersicht über die Verfassungsgerichtsbarkeit in der Welt zum Stand 30. 08. 1991 bei Zierlein, Karl-Georg: Die Bedeutung der Verfassungsrechtsprechung für die Bewahrung und Durchsetzung der Staatsverfassung. Ein Überblick über die Rechtslage in und außerhalb Europas, in: EuGRZ 1991, S. 301, 341.

8 Ihre Verfassung (Art. 120) verbietet dem Richter die Beurteilung der Verfassungsmäßigkeit von Gesetzen und Verträgen.

9 Eine Anerkennung, die durch manchen aufwallenden Unmut aus Anlass einzelner umstrittener Urteile nicht wirklich beeinträchtigt wurde und wird.

10 Fromont, Michael: Das Bundesverfassungsgericht aus französischer Sicht, in: DÖV 1999, S. 493.

11 Dazu differenziert Llorente, Francisco Rubio: Die Verfassungsgerichtsbarkeit in Spanien, in: Starck, Christian/Weber, Albrecht (Hrsg.), Verfassungsgerichtsbarkeit in Europa, Teilband I: Berichte, 1986, S. 249 sowie Cruz Villalón, Pedro: Landesbericht Spanien, in: Starck, Christian (Hrsg.), Grundgesetz und deutsche Verfassungsrechtsprechung im Spiegel ausländischer Verfassungsentwicklung, 1990 mit Landesberichten; S. 193 ff. Dezidiert ders.: Bericht Spanien, in: Battis, Ulrich/Mahrenholz, Ernst/ Tsatsos, Dimitris (Hrsg.), Das Grundgesetz im internationalen Wirkungszusammenhang der Verfassungen, 1990, S. 93: „Es gilt in Spanien als unbestritten, daß das Bonner Grundgesetz die ausländische Verfassung ist, die den größten Einfluß auf unsere Verfassung von 1978 ausgeübt hat. (…). Wenn man vom Europäischen Gerichtshof für Menschenrechte absieht, so ist die Rechtsprechung des BVerfG auch diejenige, die vom spanischen Verfassungsgericht am meisten berücksichtigt wird".

korea und Südafrika[12] zu verzeichnen ist. Ähnlich verhält es sich in den südosteuropäischen und osteuropäischen Staaten und ihren neuen Verfassungsgerichtsbarkeiten.[13] Neben dem Supreme Court zählt das BVerfG zu den Verfassungsgerichten mit der größten Ausstrahlung auf andere Gerichte.[14]

2   Überblick über die Landschaft der Verfassungsgerichte

2.1   Die Typen der Verfassungsgerichtsbarkeit

Für einen ersten Überblick über die weite Landschaft der Verfassungsgerichte in der Welt empfiehlt sich die vielfach verwendete und schon klassisch gewordene Einteilung von zwei Typen der Verfassungsgerichtsbarkeit.[15] Der eine Typ ist das *amerikanische,* erstmals beim Supreme Court (S. C.) ausgebildete Modell, bei dem Verfassungsgerichtsbarkeit als Funktion, nicht als eigene Institution erscheint und sie deshalb vom obersten Gericht wahrgenommen wird. Der S. C. vereinigt die Funktionen des obersten Gerichts im normalen Instanzenzug mit der Funktion der Verfassungsgerichtsbarkeit in einem einheitlichen Gericht (Einheitsmodell).[16] Zu diesem Typ gehören die meisten Staaten des Commonwealth wie Australien, Neuseeland, Canada, Indien sowie auch Irland, die

---

12   Zu allen vier Ländern ausführlich Kokott, Juliane: From Reception and Transplantation to Convergence of Constitutional Models in the Age of Globalisation – with special References to the German Basic Law, in: Starck, Christian (Hrsg.), Constitutionalism, Universalism and Democracy – a comparative analysis, 1999, S. 71–134 ff. mit vielen Einzelbelegen zu direkten und indirekten Rezeptionen und Transplantaten.

13   Zimmermann, Andreas: Bürgerliche und politische Rechte in der Verfassungsrechtsprechung mittel- und osteuropäischer Staaten unter besonderer Berücksichtigung der Einflüsse der deutschen Verfassungsgerichtsbarkeit, in: Frowein, Jochen A./Marauhn, Thilo (Hrsg.), Grundfragen der Verfassungsgerichtsbarkeit in Mittel- und Osteuropa, 1998, S. 89 ff. Ständige Berichte und Aufsätze über die Entwicklungen in (Süd)Osteuropa finden sich in der Zeitschrift für Osteuroparecht; vgl. auch die Nachweise unten Fn. 53.

14   Ausführlich ist der internationale Wirkungszusammenhang zwischen den Verfassungsgerichten anlässlich des 40. Jubiläums des Grundgesetzes in zwei großen Sammelbänden dokumentiert worden, s. Starck, a. a. O. (Fn. 11); Battis u. a., a. a. O. (Fn. 11). – In beiden Sammelbänden finden sich zu allen hier behandelten Fragen des (wechselseitigen) Einflusses des BVerfG auf eine Reihe von anderen Verfassungsgerichten vielfältiges Material; darauf sei generell verwiesen.

15   So schon Cappelletti, Mario/Ritterspach, Theo: Die gerichtliche Kontrolle der Verfassungsmäßigkeit der Gesetze in rechtsvergleichender Betrachtung, in: Jahrbuch des öffentlichen Rechts (JöR), Bd. 20, 1971, S. 65 ff.; Cappelletti, Mario/Cohen, William: Comparative Constitutional Law, Charlottesville, 1979, S. 84–95; v. Brünneck, Alexander: Verfassungsgerichtsbarkeit in den westlichen Demokratien. Ein systematischer Verfassungsvergleich, 1992; Joachim Wieland in: Dreier, Horst (Hrsg.), Grundgesetz, Bd. 3, 2000, Art. 93, Rn. 26 ff.; Böckenförde, Ernst-Wolfgang: Verfassungsgerichtsbarkeit: Strukturfragen, Organisation, Legitimation, in: NJW 1999, S. 9 ff.; Andreas Voßkuhle, in: v. Mangoldt, Herrmann/Klein, Friedrich/Starck, Christian: GG-Kommentar, Bd. 3, 4. Aufl., 2001, Art. 93 Rn. 14 ff. (Einheits- und Trennungsmodell).

16   Von Cappelletti/Cohen, a. a. O. (Fn. 15), S. 94 ff. „dekonzentrierte" oder „diffuse" Verfassungsgerichtsbarkeit genannt, weil alle Gerichte die Verfassungsmäßigkeit der Gesetze prüfen können.

Schweiz und die skandinavischen Staaten und auch die Mehrzahl der südamerikanischen Länder.[17] Demgegenüber hat erstmals der Verfassungsgerichtshof in Österreich und dann das BVerfG den Typ des eigenständigen und damit institutionell verselbständigten Gerichts verwirklicht *(österreichisch-deutsches Modell)*.[18] In Europa hat in den letzten Jahren eindeutig dieses Trennungsmodell die Oberhand gewonnen.[19] Dies mag auch damit zusammenhängen, dass im Einheitsmodell die Gerichte zum Teil deutlich geringere Kompetenzen haben[20], in neuerer Zeit aber kompetenzstarke Verfassungsgerichtsbarkeiten begründet werden sollen. Zu diesem Typ gehören etwa Belgien, Frankreich, Griechenland, Italien, Liechtenstein, Spanien, Polen, Portugal, Türkei, Ungarn, Tschechien und Russland.

2.2 Die typusprägenden Merkmale der deutschen Verfassungsgerichtsbarkeit[21]

Will man die Position des deutschen BVerfG in der weltweiten Landschaft der Verfassungsgerichte verorten, dann empfiehlt es sich zunächst die typusprägenden Merkmale aufzulisten.

1) An erster Stelle ist die *institutionelle Selbständigkeit* des BVerfG[22] neben – oder richtiger – über den obersten Fachgerichten zu nennen.

2) Wegen seiner institutionellen Verselbständigung ist das BVerfG aus dem Zusammenhang der Gerichtsbarkeiten in einem Maße herausgehoben und in eine Sonderrolle hineingestellt, dass eine Qualifikation als *Verfassungsorgan* erwägenswert wird, wie sie § 1 BVerfGG[23] – unter dem Beifall der Lehre – zum Ausdruck bringt. Diese im internationalen Vergleich wohl wenige Parallelen findende Formel stellt das Gericht in eine dezidierte Nähe zu den politischen Verfassungsorganen. Sie ist deshalb problematischer, als es die ständige affirmative Zitierung vermuten lassen könnte.[24]

---

17 Zur Ausstrahlung des Modells der USA auf Südamerika, einige Commonwealth-Staaten und ostasiatische Länder Grote, Rainer: Rechtskreise im öffentlichen Recht, in: AöR 126 (2001), S. 10, 45 ff., 47 ff. sowie 48.

18 Dazu jetzt Häberle, Peter: Das Bundesverfassungsgericht als Muster einer selbständigen Verfassungsgerichtsbarkeit, in: FS BVerfG, Bd. 1, 2001, S. 311 ff.

19 Wieland, a. a. O. (Fn. 15), Art. 93, Rn. 28.

20 Wieland, a. a. O. (Fn. 15), Art. 93, Rn. 27.

21 Der Text folgt den Ausführungen in Wahl, Rainer: Die Reformfrage, in: FS BVerfG, Bd. 1., 2001, S. 463 f. (= ders.: Verfassungsstaat, Europäisierung, Internationalisierung, 2003, S. 213 ff.).

22 Dazu Häberle, a. a. O. (Fn. 18), S. 311.

23 § 1 BVerfGG: „Das Bundesverfassungsgericht ist ein den übrigen Verfassungsorganen gegenüber selbständiger und unabhängiger Gerichtshof des Bundes".

24 Kritisch zu dieser Qualifizierung Schoch, Friedrich/Wahl, Rainer: Einstweilige Anordnung des Bundesverfassungsgerichts in außenpolitischen Angelegenheiten, in: FS Ernst Benda, 1995, S. 265, 284, Fn. 62;

3) Das BVerfG hat *sehr weite* – man ist geneigt zu sagen, die denkbar *weitesten* – Zuständigkeiten; es hat eine international gesehen einzigartige Kompetenzfülle.[25] Das BVerfG hat alle Zuständigkeiten der traditionell diskutierten (aber vorher selten verwirklichten) *Staats*-Gerichtsbarkeit als Entscheidung über Streitigkeiten zwischen den obersten Staatsorganen *und* zusätzlich mit der Verfassungsbeschwerde die breitflächige Kontrolle über das Staatshandeln gegenüber dem Bürger. Diese Kombination konstituiert das BVerfG als umfassendes *Verfassungs*gericht. Die Kurzcharakteristik der wichtigsten Verfahrensarten[26] belegt dies:

a) Der *Organstreit* ist eine Verfahrensart, die tief in die spezifischen politischen Konflikte zwischen den obersten Organen hineinführt. Er ist insoweit die „politischste" Verfahrensart. Auslöser eines Verfahrens können der Bundestag, Bundesrat, Bundespräsident, Parteien, Fraktionen und einzelne Abgeordnete sein.

b) Der *Bund-Länder-Streit* macht das Bundesstaatsverhältnis der gerichtlichen Entscheidung zugänglich. Er hat in den 50er Jahren Schrittmacherdienste für die Etablierung der Verfassungsgerichtsbarkeit geleistet.

c) Mit der Zuständigkeit für (abstrakte und konkrete) *Normenkontrollen* zur Überprüfung der Verfassungsmäßigkeit hat das BVerfG eine Zuständigkeit, die zum Kern der Verfassungsgerichtsbarkeit gehört. Gleichwohl ist sie schwierig, weil sie das Gericht unmittelbar mit dem Gesetzgeber konfrontiert und das vom Parlament, dem demokratischen Hauptorgan, beschlossene Gesetz zum einzigen Entscheidungsgegenstand macht.

d) Die *Verfassungsbeschwerde* ist eine in hohem Maße bürgerbezogene Verfahrensart: Jedermann kann sich mit der Behauptung, durch die öffentliche Gewalt in seinen Grundrechten verletzt zu sein, nach Erschöpfung des Rechtswegs an das BVerfG wenden. In der Regel richtet sich die Beschwerde gegen das letztinstanzliche Gerichtsurteil (sog. Urteilsverfassungsbeschwerde). In dieser Gestalt erreicht sie Zahlen von 4 500–5 000 Beschwerden pro Jahr.[27] In diesen großen Zahlen und der Einschlägigkeit für nahezu alle Gebiete des Rechts führt die Verfassungsbeschwerde zur Veralltäglichung und Ubiquität der Verfassungsgerichtsbarkeit – ein Ergebnis, das in kaum einem anderen Land eine Entsprechung findet.[28]

Voßkuhle, a. a. O. (Fn. 15), Art. 93, Rn. 28 u. 19. S. auch Schlaich, Klaus: Das Bundesverfassungsgericht, 4. Aufl. 1997, Rn. 30–35.

25 Es fehlt allein die Popularklage, die aber in Ungarn, wo es sie gibt, besondere Überlastungsprobleme schafft, sodass man ihr Fehlen nicht als Mangel bezeichnen kann, dazu Brunner, Georg: Die neue Verfassungsgerichtsbarkeit in Ungarn, in: FS Fritz Stern, 1997, S. 1041, 1052, 1056.

26 Zu jeder Verfahrensart findet sich ein aussagekräftiger Überblick über die wichtigsten Entscheidungen bei Wieland, a. a. O. (Fn. 15) Art. 93, vor Rn. 1, S. 384.

27 Die aktuellen Zahlen sind abrufbar unter: www.bundesverfassungsgericht.de (Stichwort „Organisation" und „Jahresstatistik").

28 Unter anderem sind aufgrund von Verfassungsbeschwerden einzelner Bürger folgende bekannte Urteile ergangen: das Apothekenurteil zur Berufsfreiheit (BVerfGE 7, 377 [386 ff.]), das Mephisto-Urteil zum

2.3   Rechtsvergleichung in Sachen Verfassungsgerichtsbarkeit: Notwendigkeit und Funktion

Bei der Rechtsvergleichung im Verfassungsrecht[29] geht es, wie auch sonst, nicht in erster Linie oder überhaupt nicht darum, die vielfältigen, auf der gesamten Welt verwirklichten Modelle als eine Art Warenhauskatalog zu verstehen, aus denen das Beste ausgewählt wird. Rechtsvergleichung ist nicht immer oder primär auf der Suche nach besseren Varianten oder immer nur eine Vorstufe von Reformforderungen, sondern häufiger und tiefer verstanden eine wichtige Methode, das eigene Recht im Spiegel anderer Rechtsordnungen in seinen Vor- und Nachteilen besser zu verstehen.[30] Insofern will das Vergleichen der weltweiten Verfassungsgerichtsbarkeiten einen Normalbaustein der Architektur gegenwärtiger Verfassungen in seiner Vielfalt und seinen Binnenvarianten verständlich machen. Die Verfassungsgerichtsbarkeit (als Funktion oder eigene Institution) ist ubiquitär geworden. Gerade deshalb darf man aber nicht Einheitlichkeit im Umfang und Gewicht ihrer Zuständigkeiten, in der Kontrollintensität und generell in ihrer Rolle gegenüber den obersten Staatsorganen erwarten. Die notwendige Vergleichung hat vielfache Themen[31], hier steht der Umfang der Zuständigkeiten im Vordergrund.

Konstitutiv für die heutige Verfassungsgerichtsbarkeit und Kern ihrer Zuständigkeiten ist ein Verfahren zum Zweck der *Überprüfung der Verfassungsmäßigkeit von Gesetzen.* Der verbreitete Konsens über die Berechtigung, ja Notwendigkeit einer Normenkontrolle ist nicht selbstverständlich. In Ländern, in denen die Souveränität des volksgewählten Parlaments als Basis des Verfassungslebens angesehen wird, ist der gedankliche Weg zur Anerkennung einer Kontrolle eben dieses Parlaments sehr weit und voraussetzungsvoll. Frankreich, ein klassisches Land dieses Denkens, kennt die Normenkontrolle nur als präventive Kontrolle vor Inkrafttreten des Gesetzes auf Antrag hoher Verfassungsorgane. Für das Vereinigte Königreich mit seiner noch stärker ausgeprägten Tra-

---

allgemeinen Persönlichkeitsrecht (BVerfGE 30, 173 [182 ff.]) und das Mitbestimmungsurteil zur Koalitionsfreiheit (E 50, 290 [318 ff.]) sowie die Urteile über den Maastricht-Vertrag und das Flughafenverfahren im Asylrecht.

29 Dazu zuletzt Tomuschat, Christian: Das Bundesverfassungsgericht im Vergleich mit der Verfassungsgerichtsbarkeit des Auslands, in: FS BVerfG, Bd. 1, 2001, S. 245 ff.

30 Dazu ausführlich Wahl, Rainer: Verfassungsvergleichung als Kulturvergleichung, in: FS Helmut Quaritsch, 2000, S. 163–182, und zur Bedeutung der Vergleichung ders.: Die Reformfrage, a. a. O. (Fn. 21) (= ders.: Verfassungsstaat, Europäisierung, Internationalisierung, 2003, S. 96).

31 So behandelt z. B. v. Brünneck, a. a. O. (Fn. 15) die Themen: Entstehung; Organisation; Verfahren der Gerichte; Entscheidungsprozesse; dissenting vote; Zugang zum Gericht; Verfahrensarten; Richterwahl; Einfluss der Parlamente, Regierungen und Parteien auf Wahl, Qualifikation und berufliche Erfahrungen; Inhalt und Dogmatik der verfassungsgerichtlichen Entscheidungen; Gründe für die Ausdehnung und Angleichung der Verfassungsgerichtsbarkeit; Kriterien für die Befugnisse. – A. Weber behandelt in seinem „Generalbericht", in: Starck/Weber, a. a. O. (Fn. 11), S. 49 ff.: Stellung und Organisation, Status der Gerichte, ausführlich die Zuständigkeiten, die Verfahren und die Stellung der Verfassungsgerichte im politischen Prozess.

dition der Parlamentssouveränität ist die Normenkontrolle bis vor kurzem ganz fernliegend gewesen. In den letzten Jahren gab es einige bedeutende Schritte in Richtung auf Normenkontrollen (am Maßstab der europäischen Menschenrechtskonvention).[32]

Aus dem gleichen Grund sehr voraussetzungsvoll und außerdem von der Verfassungstradition und -kultur der einzelnen Länder abhängig ist die Anerkennung des *Organstreits,* also des (gerichtsförmigen) Austragens von Streitigkeiten oberster politischer Organe nach Maßstäben des Rechts durch ein Gericht. Deshalb verwundert es nicht, dass die nach dem Grundgesetz selbstverständliche Verfahrensart des Organstreits in anderen Verfassungsstaaten häufig fehlt, so z. B. in den USA, Frankreich und natürlich im Vereinigten Königreich.[33] Damit sind die wichtigsten politischen Auseinandersetzungen zwischen den obersten Verfassungsorganen dem Gericht und der Gerichtsbarkeit entzogen.[34] In der Frage der Judizialisierung der politischen Streitigkeiten der obersten Verfassungsorgane besteht also ein deutlicher Dissens innerhalb der Verfassungsstaaten. Insoweit sind die historischen Erfahrungen und die daraus folgende Grundhaltung darüber, ob diese Konflikte besser durch Gerichte oder durch den sich selbst überlassenen politischen Prozess entschieden werden, geteilt. In den USA, in Frankreich und sicherlich auch im Vereinigten Königreich hat man insofern ein politischeres Verständnis des Staatslebens und seiner Konflikte und geht stärker von einer gewissen Eigenständigkeit der politischen Sphäre im Verhältnis zum Bereich des Rechts und der Gerichte aus. Letztlich spiegeln sich in der verschiedenen Bestimmung des Verhältnisses von Verfassungsgericht und Politik Unterschiede in dem, was man oft etwas pauschal „politische Kultur" nennt, was aber im Kern doch richtig gekennzeichnet ist.

Ein weiterer Unterschied im Typ, den man als den zwischen Staatsgerichtshöfen und Verfassungsgerichtshöfen bezeichnen könnte, liegt darin, ob auch der Einzelne über die *Verfassungsbeschwerde*[35] Antragsberechtigter und damit Mitspieler im Streit um die Ver-

---

32 Zu dieser neusten durch den Human Rights Act von 1998 angestoßenen Entwicklung im einzelnen Grote, Rainer: Die Inkorporierung der Europäischen Menschenrechtskonvention, in: Das britische Recht durch den Human Rights Act, in: ZaöRV 58, 1998, S. 309 ff.; Baum, Marius: Rights Brought Home, in: EuGRZ 2000, S. 281 ff.

33 Es ist zu wenig bekannt, dass die Zuständigkeit für die Organstreitigkeiten (innerhalb des Zentralstaates) eben wegen ihrer politischen Sensibilität letztlich nur in wenigen Ländern, neben Deutschland – in einer eingeschränkten und offenbar wenig praktizierten Form – in Italien anerkannt ist. Grote, Rainer: Die Rechtskreise im öffentlichen Recht, in: AöR 126 (2001), S. 10, 53, nennt insoweit überhaupt nur diese beiden Staaten in Westeuropa. Es verdiente einer näheren Untersuchung, in welchen Staaten der Organstreit überhaupt und mit welchem Umfang anerkannt ist, welche Äquivalente es in Form von Kompetenzstreitigkeiten gibt und in welcher Intensität er in der Praxis wahrgenommen wird. Sicher ist, dass die Rechtsprechungspraxis des BVerfG in Organstreitigkeiten ein sehr hohes Niveau vorgibt.

34 In den USA ist z. B. das Verhältnis zwischen Repräsentantenhaus und Senat oder zwischen Kongress und Präsident wohl verfassungsrechtlich geregelt, Meinungsverschiedenheit über die Kompetenzen müssen aber politisch ausgetragen werden.

35 Die Verfassungsbeschwerde fehlt in Frankreich sowie in den Ländern der integrierten Verfassungsgerichtsbarkeit, wo aber die normalen Rechtsmittel funktional äquivalente Bedeutung für den Einzelnen haben können.

fassung ist oder nicht. Im ersteren Fall wird das Gericht als umfassendes Verfassungsgericht tätig und „verlebendigt" die Verfassung im Alltag der Bürgerinnen und Bürger;
im andern Fall agiert es eher als klassischer Staatsgerichtshof und damit möglicherweise
in einer gewissen Ferne zum Alltag. Ebenso wichtig und vor allem die praktische Bedeutung der einzelnen Verfassungsgerichte determinierend, ist der Umstand, ob die Urteilsverfassungsbeschwerde zulässig ist; denn sie bringt die große Menge von Fällen an
das betreffende Gericht heran.[36]

2.4 Ausgewählte Länder

Im Folgenden sollen diese allgemeinen Bemerkungen an einigen Ländern und ihren
Traditionen konkretisiert werden, zunächst bei den Staaten mit einer *integrierten* Ver-
fassungsgerichtsbarkeit.[37] In den *Vereinigten Staaten von Amerika* ist der U.S. Supreme
Court[38] das oberste Instanzgericht und als solches unbestritten Revisionsinstanz.[39] Zur
Eingliederung in die ordentliche Gerichtsbarkeit kommt als weiteres systemprägendes
Merkmal hinzu, dass der Supreme Court generell auf konkrete Rechtsstreitigkeiten kon-
zentriert ist – deshalb gibt es keinen Ansatz zu abstrakten Normenkontrollen, sondern
Gesetzesprüfungen finden nur aus konkretem Anlass statt (Erfordernis von *case or con-
troversy*). Im Rahmen der appeals gibt es eine Art konkreter Normenkontrolle bei *cer-
tified questions;* der S.C. entscheidet aber nicht selbst, sondern gibt gegebenenfalls eine
Instruktion an das vorlegende Gericht. Es kommen erstinstanzliche Zuständigkeiten für
Streitigkeiten zwischen Bund und Gliedstaaten (und diesen untereinander) hinzu. Rang
und Glanz des Supreme Courts entstammen seiner aus konkreten (Rechtsmittel-)Fällen
hervorgehenden Rechtsprechung zu Verfassungs- und insbes. Grundrechtsfragen.
    Eine lange, auf das Jahr 1874 zurückgehende Tradition der integrierten Verfassungs-
gerichtsbarkeit hat die *Schweiz*,[40] die in ihrer am 1. Januar 2000 in Kraft gesetzten neuen
Verfassung die bisherige Stellung des Bundesgerichts aufrechterhalten hat.[41] Es handelt

---

36 Eine Urteilsverfassungsbeschwerde ist in Europa nur in Deutschland, Spanien und Portugal vorgesehen,
    vgl. Fromont, a.a.O. (Fn. 4), S. 22.
37 Liste der hierzu gehörenden Staaten siehe vorne bei 2.1. Texte der Verfassungen mit den Normen über
    die Verfassungsgerichtsbarkeit bei Horst Dreier, www.uni-wuerzburg.de/law/index.html.
38 Insgesamt dazu und den Rechtsgrundlagen Brugger, Winfried: Grundrechte und Verfassungsgerichts-
    barkeit in den Vereinigten Staaten von Amerika, 1987, S. 1–21; ders.: Einführung in das Öffentliche
    Recht der USA, 1993, S. 7 ff.; Haller, Walter: Supreme Court und Politik in den USA, 1972; Heller, Kurt:
    Der Supreme Court der Vereinigten Staaten von Amerika, in: EuGRZ 1985, S. 685, 689.
39 Die in Deutschland negativ und abwehrend besetzte Formel vom Superrevisionsgericht würde in USA
    wegen des im Ansatz anderen Systems keinen Schrecken auslösen.
40 Dazu eindrücklich Müller, Jörg Paul: Die Verfassungsgerichtsbarkeit im Gefüge der Staatsfunktionen,
    in: VVDStRL 39 (1981), S. 58 ff.
41 Die Verfassung hat als „nachgeführte" Verfassung keine substanziellen Änderungen bei der Verfas-
    sungsgerichtsbarkeit gebracht, sondern diese sind im Rahmen einer Revision der einschlägigen Gesetze

sich um eine eingeschränkte Verfassungsgerichtsbarkeit, weil die Normenkontrolle für Bundesgesetze fehlt.[42] Die im Bundesstaat systemadäquate Verfahrensart der föderativen Streitigkeiten ist in der Schweiz seit langem vorgesehen, sie ist die einzige erstinstanzliche Zuständigkeit des Bundesgerichts. Im Übrigen ist der entscheidende Zugang zum Bundesgericht über die Berufung eröffnet und durch die in der Verfassung und im konkreten Gesetz ermöglichte Zuständigkeitsbegrenzung zugleich eingeschränkt[43]. Eine Totalrevision der Gerichtsbarkeiten (nach der Totalrevision der Verfassung) ist im Februar 2001 eingeleitet worden; durch sie soll insbes. das Bundesgericht von der Fehlentwicklung zur „Urteils-Fabrik" bewahrt werden. Im Lande der ausgebauten direkten Demokratie muss die Reform auch das hier auftauchende (Rang-)Verhältnis zwischen der Verfassungsgerichtsbarkeit und den direkten Abstimmungen des Volkes klären.

Zu den Staaten mit einer *verselbständigten* Verfassungsgerichtsbarkeit gehören wie erwähnt[44] Deutschland, Belgien, Frankreich, Griechenland, Italien, Liechtenstein, Spanien, Polen, Portugal, Türkei, Ungarn, Tschechien und Russland.[45] Im europäischen Mutterland der verselbständigten Verfassungsgerichtsbarkeit *Österreich*[46] knüpft die Innovation der Verfassung der 1. Republik von 1920 funktional an die – ebenfalls sehr bedeutenden – Traditionen insbes. des Österreichischen Reichsgerichtshofes, der seit 1867/68[47] Prüfung von Verwaltungsmaßnahmen an verfassungsmäßigen Rechten vornahm, an. Die eigentliche Neuerung besteht dann aber in der Erfindung eines verselbständigten Verfassungsgerichtshofs. Er hat (vor allem seit der Einführung der konkreten Normenkontrolle 1929) ein breites Spektrum an Zuständigkeiten,[48] angefangen bei den naheliegenden Bund-Länder-Streitigkeiten über Kompetenzkonflikte bis zu den (präventiven, abstrakten sowie den konkreten) Normenkontrollen. Die Verfassungsbeschwerde umfasst nicht die Urteilsverfassungsbeschwerde.

In *Frankreich* gab es von 1789 bis 1958 keine Verfassungsgerichtsbarkeit: In der Verfassung der 5. Republik von 1958 wurde vor allem eine gerichtliche Klärung der Abgrenzung zwischen dem Parlament und seiner Gesetzgebungsgewalt und der Regierung und ihrer Verordnungsgestalt eingeführt mit der ursprünglichen Absicht, das Parla-

---

und dann auch der Verfassungsartikel beabsichtigt. Zum Konzept der Nachführung der Verfassung und insgesamt zur neuen Verfassung Rhinow, René: Die Bundesverfassung 2000. Eine Einführung, S. 1–21.

42 Rhinow, a.a.O. (Fn. 41), S. 1, 8, 9. Für kantonale Gesetze ist die Normenkontrolle gegeben.

43 Rhinow, a.a.O. (Fn. 41), S. 207, zu den unvermeidlichen Auseinandersetzungen während der Verfassungsreform über die Frage des Zugangs und damit der Steuerung der Belastung des Bundesgerichts.

44 S. o. 2.1.

45 Zu den Texten der Verfassungen vgl. Nachweis oben Fn. 37.

46 Dazu und zum Folgenden Korinek, Karl: Die Verfassungsgerichtsbarkeit im Gefüge der Staatsfunktionen, in: VVDStRL 39, 1981, S. 8. ff.; Voßkuhle, a.a.O. (Fn. 15), Rn. 15.

47 Korinek, a.a.O. (Fn. 46), S. 8, formuliert, dass die Verfassung von 1920 „die in Österreich schon seit 1868 bestehende Verfassungsgerichtsbarkeit um einen entscheidenden Punkt, nämlich um die Funktion der Gesetzesprüfung erweitert habe"; ders., in Starck/Weber, a.a.O. (Fn. 11), S. 152; Zierlein, a.a.O. (Fn. 7), S. 311.

48 Adamovich, Ludwig/Funk, Bernd-Christian/Holzinger, Gerhart: Österreichisches Staatsrecht, Bd. 2, 1998.

ment in Grenzen zu halten. Die Judikatur hat sich indes anders und ausgreifender entwickelt. Dies betrifft vor allem die Normenkontrolle, die zwar nur als präventive Kontrolle auf Antrag oberster Organe hin vorgesehen ist, die aber inhaltlich wirkungsvoll ausgeweitet worden ist. Die bahnbrechende Entscheidung des conseil constitutionnel[49] vom 16. Juli 1971 hat der Verfassung von 1958 die umfassenden Grundrechte der Deklaration von 1789 und der Verfassung von 1946 hinzugefügt und damit den Kontrollmaßstab beträchtlich erweitert. Die praktische Relevanz der Normenkontrolle ist 1974 durch eine gewichtige Ausdehnung des Antragsrechts (auch auf Minderheiten in beiden Kammern) beträchtlich erhöht worden. Generell ist der Organstreit nicht vorgesehen; der wichtige Spezialfall der Abgrenzung der rechtsetzenden Gewalt des Parlaments von der Verordnungsgewalt der Regierung ist aber anerkannt, er gehört zum Kern des Verfassungssystems. Verfassungsbeschwerden und konkrete Normenkontrollen gibt es nicht.[50]

Ähnliche Kompetenzen wie das BVerfG hat der spanische Tribunal Constitucional[51] und annähernd die gleichen der italienische Corte Costituzionale (vorgesehen in der Verfassung von 1948, errichtet 1956[52]). Hingewiesen sei noch auf die Verfassungsgerichte in Südosteuropa, die mit recht umfassenden Zuständigkeiten als selbständige Verfassungsgerichtshöfe errichtet worden sind. Der beste Kenner dieser Entwicklungen, Georg Brunner, betrachtet das Verfassungsgericht in Ungarn „gegenwärtig wohl als das mächtigste und aktivste Exemplar seiner Art in der ganzen Welt".[53] Eine kräftige Ent-

---

49 Hamon, Léo: Les juges de la loi. Naissance et rôle d'un contrepouvoir: le conseil constitutionel, 1987, S. 159 spricht „von der zweiten Geburt des Conseil constitutionnel" und Varaut, Jean-Marc: Le droit au droit, pour un libéralisme institutionnel, 1986, S. 70 bezeichnet die Entscheidung als „l'arrêt Marbury contre Madison du juge constitutionnel français", beides zitiert nach Spies, Axel: Verfassungsrechtliche Normenkontrolle in Frankreich: der conseil constitutionnel, in: NVwZ 1990, S. 1040, 1044 mit Fn. 53.

50 Näher Bauer, Stefan: Verfassungsrechtlicher Grundrechtsschutz in Frankreich, 1997; Starck, Christian: Der Schutz der Grundrechte durch den Verfassungsrat in Frankreich, in: AöR 113 (1988), S. 632 ff.

51 Weber, Albrecht: Die Verfassungsgerichtsbarkeit in Spanien, in: JöR 34 (1985), S. 245 ff., Knaak, Thomas Peter: Der Einfluß der deutschen Verfassungsgerichtsbarkeit auf das System der Verfassungsgerichtsbarkeit in Spanien, 1995; Llorente, F. Rubio: Die Verfassungsgerichtsbarkeit in Spanien, in: Starck/Weber, a. a. O. (Fn. 11), Verfassungsgerichtsbarkeit in Westeuropa, Bd. 1, 1986, S. 243 ff.; ders.: Constitutional Review and Legislation in Spain, in: Landfried, Christine (Hrsg.), Constitutional Review and Legislation – An international Comparison, 1988, S. 127 ff.

52 Diese weitgehende Parallelität mit Deutschland endet bei der Verfassungsbeschwerde: Sie ist in Italien nicht vorhergesehen, ihre Funktion nimmt zum Teil die großzügig gehandhabte konkrete Normenkontrolle (90 % der Entscheidungen) ein. Näher dazu Luther, Jörg: Die italienische Verfassungsgerichtsbarkeit (Geschichte, Prozeßrecht, Rechtsprechung), 1990; Stoy-Schnell, Udo: Das Bundesverfassungsgericht und die Corte Costituzionale, 1998; Ritterspach, Theo: Die Verfassungsgerichtsbarkeit in Italien, in: Starck/Weber, a. a. O. (Fn. 11), S. 219 ff.

53 Brunner, Georg: Die neue Verfassungsgerichtsbarkeit in Osteuropa, in: ZaöRV 53, 1993, S. 819, 827 ff.; ders.: Grundrechtsschutz und Verfassungsgerichtsbarkeit in Osteuropa, in: FS Stern 1997, S. 41 ff.; Frowein, Jochen/Marauhn, Theo (Hrsg.), Grundfragen der Verfassungsgerichtsbarkeit in Mittel- und Osteuropa, 1998. Zur Lage in Russland Hartwig, Matthias: Verfassungsgerichtsbarkeit in Rußland. Der dritte Anlauf, in: EuGRZ 1996, S. 177 ff.; Traut, Johannes (Hrsg.), Föderalismus und Verfassungsgerichtsbarkeit in Rußland, 1997; Schroeder, Friedrich-Christian: Die russische Verfassungsgerichtsbarkeit in der Praxis, in: JZ 1998, S. 132 f.

wicklung der Verfassungsgerichtsbarkeit ist in Südkorea seit deren Errichtung 1987 zu verzeichnen[54] und ein besonderer Fall der Rezeption ist Südafrika.[55]

2.5 Die Besonderheit des BVerfG im Spiegel anderer Verfassungsgerichte

Im Lichte der Vergleichung erweist sich als maßgebliches Merkmal des BVerfG nicht nur die Existenz der oben geschilderten Einzelelemente, sondern wichtiger und ausschlaggebend ist deren *Kombination*. Deshalb liegt die eigentliche Besonderheit der deutschen Verfassungsgerichtsbarkeit in der *Verbindung von institutioneller Selbständigkeit mit der Urteilsverfassungsbeschwerde und dem Organstreit*. Die institutionelle Verselbständigung des Verfassungsgerichts erhält mit der Urteilsverfassungsbeschwerde erst ihre eigentliche Krönung[56]. Deshalb übersteigt das deutsche Modell das Vorbild des österreichischen Verfassungsgerichtshofs beträchtlich; es bildet einen eigenen Typ. Das BVerfG hat – als weiteres Kennzeichen – mit dem Organstreit und der Normenkontrolle alle relevanten Rechtsprechungsaufgaben im originär *politischen Bereich*.

Was in der Rechtsvergleichung noch zur Untersuchung aussteht, ist die Analyse der Gemeinsamkeiten und Unterschiede in der Praxis der Rechtsprechung selbst. Zu fragen wäre nach dem je spezifischen Verständnis der Aufgabe der Verfassungsgerichtsbarkeit, ausgedrückt in der Intensität der Überprüfung, in der Art und im Umfang der Anreicherung des Gehalts des Verfassungsrechts durch die Interpretation der einzelnen Gerichte. Die interessanteste Frage also ist die, was die einzelnen Gerichte in ihrer Rechtsprechung aus den Verfassungstexten „machen", wie die Normen, die oft stark übereinstimmen, in und durch die Interpretation unterschiedlichen Inhalt und Gewicht erhalten.

---

54 Art. 111 ff., 107 Verfassung von 1987; dazu Hyun Seok, Jong: Die Entwicklung des Staats- und Verwaltungsrechts in Südkorea, in: Pitschas, Rainer (Hrsg.), Entwicklungen des Staats- und Verwaltungsrechts in Südkorea und Deutschland, 1998, S. 57, 66.

55 Kokott, a. a. O. (Fn. 12), S. 117 ff., 128 ff.; Pippan, Christian: Südafrikas Verfassungswandel im Zeichen von Demokratie und Rechtsstaat, in: ZaöRV Bd. 55 (1995), S. 991 ff.; Venter, François: Aspects of the South African Constitution an African democratic and Social Rechtsstaat, in: ZaöRV Bd. 57 (1997), S. 57; Grupp, Thomas Michael: Südafrikas neue Verfassung. Mit einer vergleichenden Betrachtung aus deutscher und europäischer Sicht, 1999; Mireku, Obeng: Constitutional Review in Federalised Systems of Government. A Comparison of Germany and South Africa, 2000; Schmid, Eefje Diana: Die Grundrechtsjudikatur des Verfassungsgerichts der Republik Südafrika, 2000; Fedtke, Jörg: Die Rezeption von Verfassungsrecht, Südafrika 1993–1996, 2000.

56 Durch die Urteilsverfassungsbeschwerde werden die obersten Fachgerichte dem BVerfG definitiv untergeordnet; sie erleben das über ihnen stehende höchste Gericht als eines, das ihre Urteile kontrolliert und zuweilen aufhebt. Erst mit der Urteilsverfassungsbeschwerde, die die institutionelle Verselbständigung des Verfassungsgerichts gegenüber den Fachgerichten zur Voraussetzung hat, gelangt das Verfassungsgericht definitiv an die Spitze des Aufbaus der Gerichtsbarkeiten.

3   Das BVerfG im europäischen Kontext

3.1   Das BVerfG als Bestandteil einer europäischen Architektur der Verfassungsgerichte

Bisher war vom Siegeszug der (nationalen) Verfassungsgerichtsbarkeit und von der Erfolgsgeschichte des BVerfG die Rede. So richtig diese Urteile sind, so unvollständig sind sie inzwischen geworden. Nichts hat sich in den letzten Jahren an der Qualität der Rechtsprechung der Verfassungsgerichte in den verschiedenen europäischen Ländern gemindert – und trotzdem hat sich ihre Bedeutung beträchtlich gewandelt.[57] Die nationalen Verfassungsgerichte haben den Wandel vom Solitärgericht an der Spitze der Gerichts-Pyramide eines Landes hin zum Mitspieler in einem größeren Konzert von Höchstgerichten in Europa erlebt. Die nationalen Verfassungsgerichte sind Teil einer Gesamtarchitektur von Verfassungsgerichten in Europa und für Europa geworden.[58] In ihr prägt sich sowohl die horizontale Dimension des Verbundes und des Dialogs der nationalen Verfassungsgerichte untereinander stärker aus; hinzugetreten ist auch das in der Vertikalen angelegte Verhältnis zum EuGH (und dem EMRG), das Züge einer Rang- und Überordnung jener europäischen Gerichte annimmt.[59] Kraft dieser Veränderung des Umfelds (bzw. ihrer verstärkten Wahrnehmung) können zunehmend Bürger(innen) des eigenen Landes Rechtsschutz vor Gerichten außerhalb des Staates erlangen. Insoweit ist der vielberufene Himmel über Karlsruhe nicht mehr völlig frei, sondern teilweise besetzt.

Für diesen Prozess kann man mit einer Abwandlung des bekannten Worts von Hegel, dass die Eule der Minerva ihren Flug erst in der Dämmerung beginnt, veranschaulichen und erklären. Jürgen Habermas fasst Hegels Auffassung so zusammen: Hegel sei der Auffassung gewesen, dass jede historische Gestalt im Augenblick ihrer Reife zum Untergang verurteilt sei. Man muss sich Hegels voraussetzungsvolle Geschichtsphilosophie und schon gar nicht die Untergangsprophetie zu eigen machen[60], um zu erkennen,

---

57   Vgl. zu dieser Thematik schon Wahl, Rainer: Quo vadis Bundesverfassungsgericht? Zur Lage von Verfassungsgerichtsbarkeit, Verfassung und Staatsdenken, in: Guggenberger, Bernd/Würtenberger, Thomas (Hrsg.), Hüter der Verfassung oder Lenker der Politik?, 1998, ders.: Die Reformfrage, a. a. O. (Fn. 21).

58   Wobei hier ohne weitere Analyse die europäischen Gerichte in Luxemburg (EuGH) und in Straßburg (Europäischer Gerichtshof für Menschenrechte) ihrer Funktion nach als Verfassungsgerichte bezeichnet werden, ohne dass die Frage, ob Europa (schon) eine „echte" Verfassung hat, hier näher behandelt wird.

59   Hinzu kommt die Dimension die Internationalisierung des Rechts, die sich im vorliegenden Zusammenhang in der Existenz internationaler Gerichte, wie dem Int. Gerichtshof in Den Haag, im künftigen Int. Strafgerichtshof, in den Streitbeilegungsinstitutionen der WTO niederschlägt.

60   Vgl. Habermas, Jürgen: Der europäische Nationalstaat, in: ders., Die Einbeziehung des Anderen, Frankfurt/M. 1999, S. 128 f. – Fraglich ist, ob sich Hegels berühmtes Diktum überhaupt auf die Realvorgänge und nicht allein auf das Denken über die Realvorgänge bezieht. Gleichwohl hat der im Text parallel dazu formulierte Gedanke eine beträchtliche Plausibilität.

dass eine „historische Gestalt im Augenblick ihrer Reife" Veränderungen ausgesetzt ist und dass eine Institution, auf einem gewissen Höhepunkt angelangt, typischerweise von neuen Entwicklungen überformt werden kann. Die nationalen Verfassungsgerichte sind in den letzten Jahren nicht bewusst reformiert worden, sie haben sich jedoch durch die Veränderungen ihres Umfelds und ihrer Umwelt nachdrücklicher verändert[61], als dies eine formelle Novellierung der einschlägigen Rechtsgrundlagen hätte tun können. Anlass für einen Abgesang auf die (nationale) Verfassungsgerichtsbarkeit besteht jedoch nicht, schließlich ist ihre Aufgabe nicht abgeschafft worden, sondern sie ist – selbstverständlich – beibehalten, verbreitert und ausgedehnt worden. Was in der Gesamtarchitektur der Verfassungsgerichte im Europa der Europäischen Union und des Europarats stattfindet, ist nicht der Abbau, sondern die Verdoppelung der Funktion der Verfassungsgerichtsbarkeit im Verbund der nationalen Verfassungsgerichte und des EuGH bzw. EGMR.

3.2   Zum Verhältnis des EuGH zum BVerfG

Die Entwicklung sei noch in einigen Einzelheiten nachgezeichnet. Das Grundgesetz hat von vornherein in einem europäischen Bezugsfeld und internationalen Kontext gestanden.[62] Bereits in den fünfziger Jahren entstanden auf europäischer Ebene Gerichte, zu denen sich das BVerfG in Beziehung setzen musste: der Europäische Gerichtshof für Menschenrechte (EGMR) in Straßburg, der die Einhaltung der Europäischen Menschenrechtskonvention (EMRK) durch die einzelnen Staaten prüft,[63] und der Europäische Gerichtshof (EuGH) in Luxemburg als höchste Instanz für den Bereich des europäischen Gemeinschaftsrechts. Die gewachsene und hochentwickelte Grundrechtsjudikatur des EGMR ist längst zu einer gleichberechtigten und beachtenswerten Interpretation der Grundrechte geworden.[64] Im Weiteren hat das BVerfG auch schon erkennen müssen, dass der EGMR das letzte Wort hat, gerade auch dann, wenn das Verhalten

---

61   Früh hat sich mit dem Thema der damalige Verfassungsrichter Theodor Ritterspach beschäftigt: ders.: Das supranationale Recht und die nationalen Verfassungsgerichte, in: FS Gebhard Müller, 1970, S. 301.

62   Der in seiner Bedeutung für das Staatsverständnis der Bundesrepublik als offener Staat gar nicht zu überschätzende Art. 24 GG, der die Übertragung von Hoheitsakten auf zwischenstaatliche Einrichtungen ermöglicht und der Hebel sowohl für die Europäisierung wie die Internationalisierung geworden ist, beweist dies. Dazu Wahl, Rainer: Die Internationalisierung des Staates, in: FS Alexander Hollerbach, 2001, S. 193 ff. und ders.: Die Stellung des einzelnen jenseits des Staates, in: Der Staat 40 (2001), S. 45 ff. (= ders.: Verfassungsstaat, Europäisierung, Internationalisierung, 2003, S. 17 ff. und 53 ff.).

63   Auf der Basis der Europäischen Menschenrechtskonvention (EMRK) wurde der Schutz zunächst durch zwei Institutionen gewährt: die Europäische Kommission und den Europäischen Gerichtshof für Menschenrechte (EGMR). Seit 1998 ist an die Stelle dieser beiden Institutionen der neue ständige Europäische Gerichtshof für Menschenrechte getreten. Dazu zusammenfassend Peukert, Wolfgang: Zur Reform des Europäischen Systems des Menschenrechtsschutzes, in: NJW 2000, S. 49–51.

64   Dazu zuletzt Grabenwarter, Christian: Europäisches und nationales Verfassungsrecht, in: VVDStRL 60 (2001), S. 290 ff.

des BVerfG (überlange Prozessdauer) Anlass zur berechtigten Kritik gegeben hat.[65] Im Ganzen gesehen kann das Ergänzungs-Verhältnis zweier auf hohem Niveau judizierender Gerichte dem Grundrechtsschutz in Europa nur förderlich sein. Seit ihren Anfängen ist die Rechtsprechung des Europäischen Gerichtshofs, die die verstärkte europäische Integration begleitete und vorantrieb, in ihrer Bedeutung objektiv groß gewesen. Die deutsche Öffentlichkeit wie auch das BVerfG haben die Bedeutung dieser Europäisierung freilich erst mit großer Verspätung zur Kenntnis genommen. Der entsprechende Wandel trat erst mit der Debatte um den Vertrag von Maastricht 1992/93 in das allgemeine Bewusstsein.

Die Bedeutung der europäischen Integration hat das BVerfG denn auch zunächst nur am Rande beschäftigt, vor allem im Bereich der Grundrechte. Hier stand es früh vor dem Problem, ob es das sogenannte Sekundärrecht der Europäischen Gemeinschaft – also EG-Richtlinien und Verordnungen – an den im Grundgesetz verbürgten Grundrechten messen durfte. Diese Frage war deswegen besonders drängend, weil die Europäischen Verträge keinen Grundrechtskatalog enthielten und der Europäische Gerichtshof in seiner Rechtsprechung der fünfziger und sechziger Jahre keinen eigenen Grundrechtsstandard für das Sekundärrecht entwickelte. Das BVerfG reagierte darauf 1974 mit seiner sogenannten „Solange"-Rechtsprechung: Danach behielt es sich vor, das europäische Sekundärrecht an den Grundrechten des Grundgesetzes zu messen, solange auf europäischer Ebene kein adäquater Grundrechtsschutz gewährleistet war.[66] Diese Judikatur war mit dafür ursächlich, dass der Europäische Gerichtshof nunmehr verstärkt eine eigene Grundrechtsrechtsprechung entwickelte.[67] Infolge dieser Entwicklung geht das BVerfG seit 1986 davon aus, dass auf europäischer Ebene ein den deutschen Standards im Wesentlichen vergleichbarer Grundrechtsschutz gewährleistet ist.[68] Die Beziehung zwischen beiden Gerichten beschreibt es als ein „Kooperationsverhältnis", in dem „der Europäische Gerichtshof den Grundrechtsschutz in jedem Einzelfall für das gesamte Gebiet der Europäischen Gemeinschaften garantiert, das Bundesverfassungsgericht sich deshalb auf eine generelle Gewährleistung der unabdingbaren Grundrechtsstandards ... beschränken kann".[69] In seiner Maastricht-Entscheidung hat das BVerfG 1993 überdies bekräftigt, dass es weiterhin prüfen wird, ob europäische Rechtsakte sich in den Grenzen der der europäischen Ebene zugewiesenen Kompetenzen halten. Damit und mit dem Vorbehalt hinsichtlich der unabdingbaren Grundrechtsstandards be-

---

65 Zu den drei Urteilen des EGMR gegen die Bundesrepublik wegen zu langer Prozessdauer aus den Jahren 1996 und 1997 vgl. Klose, Bernd: Grundrechtsschutz in der Europäischen Union und die Europäische Menschenrechtskonvention, in: DRiZ 1997, S. 122 ff.

66 BVerfGE 37, 271.

67 Die wichtigsten Anfangsentscheidungen waren: EuGH, RS. 29/69 „Stauder", U. v. 12.11.69, SlG. 1969, S. 419; EuGH, RS. 11/70 „Internationale Handelsgesellschaft", U. v. 17.12.1970, SlG. 1970, S. 1125; EuGH, RS. 4/73 „Nolt", U. v. 14.05.1974, SlG. 1974, S. 491; und zur weiteren Rechtsprechung vgl. Hummer, Waldemar/Simma, Bruno/Vedder, Christoph: Europarecht in Fällen, 3. Aufl. 1999, S. 415 ff.

68 BVerfGE, 73, 339.

69 BVerfGE 89, 155 (175) unter Verweis auf BVerfGE 73, 339 (387).

hält es sich eine Art Notzuständigkeit vor, um in Ausnahmefällen sicherzustellen, dass die europäische Ebene ihre Kompetenzen nicht überdehnt bzw. grundrechtliche Mindeststandards garantiert bleiben. Obwohl das BVerfG in der Maastricht-Entscheidung im Gesamtduktus das sog. Kooperationsverhältnis konfrontativ und asymmetrisch zu seinen Gunsten formuliert hatte, hat es in der Folgezeit von den postulierten Vorbehalten keinen Gebrauch gemacht, sie also eher als virtuelle Vorbehalte im Raum stehen lassen, obwohl einige Autoren in der Literatur und Antragsteller in konkreten Verfahren dazu aufgefordert und dies angemahnt hatten.[70] Es ist also Besonnenheit und Gelassenheit eingetreten, die dem Thema und dem Verhältnis zweier solcher Gerichte angemessen ist. Der Grundrechtsschutz in Europa, der in Arbeitsteilung zwischen den nationalen Verfassungsgerichten und den beiden europäischen Gerichten vorzunehmen ist und der darin nur gewinnen kann und wird, eignet sich nicht für zuspitzende Debatten über den Inhaber der Souveränität oder der Kompetenz. Es ist statt dessen klug und vernünftig, diese Fragen in der Schwebe zu belassen und in der Praxis einen wirkungsvollen Grundrechtsschutz zu bewirken und dies geht nur in der beschriebenen Arbeitsteilung.

3.3   Zum Verhältnis des EGMR zum BVerfG

Nahezu zwangsläufig musste auch das Verhältnis zwischen dem BVerfG und dem Europäischen Gerichtshof für Menschenrechte in Straßburg (EGMR) zum Gegenstand von Diskussionen und Kritik werden. Über lange Jahre fehlte es an auffälligen Streitfällen, sieht man davon ab, dass das BVerfG mehrfach wegen überlanger Dauer von Gerichtsverfahren beanstandet wurde. In der jüngsten Zeit kam es dann zu einer Divergenz zwischen den beiden Gerichten, zunächst im Caroline-Fall.[71] In ihm erklärte der EGMR die Rechtsprechung des BVerfG zum Verhältnis von Pressefreiheit und Persönlichkeitsrecht in Teilen als unvereinbar mit der EMRK. Ein Novum war daran, dass der EGMR hier die pressefreundliche Rechtsprechung eines nationalen Verfassungsgerichts kritisierte und dieses zu einer stärkeren Gewichtung der Privatsphäre von Personen veranlasste.

In nahem zeitlichen Anschluss hieran nahm das BVerfG eine eigene Entscheidung[72] zum Anlass, ähnlich wie bei der Maastricht-Entscheidung eine grundsätzliche Bestimmung des Verhältnisses der beiden Rechtsgebiete vorzunehmen, diesmal also zwischen dem deutschem Verfassungsrecht und der EMRK bzw. der Urteile des EGMR. Gesucht wurde ein Standpunkt zwischen staatlicher Letztentscheidung und Einbindung in die

---

70 Das Maastricht-Urteil hat bei europa- und völkerrechtlichen Autoren zum Teil sehr heftige Kritik ausgelöst. Zu Recht bemerkt Wieland, a. a. O. (Fn. 15), Rn. 24: „Aus der Sicht des Europarechts ist das Verständnis des BVerfGs von der Reichweite seiner Gerichtsbarkeit schwer zu ertragen", dort auch weitere Nachweise der Kritik.

71 EGMR, Caroline v. Hannover/Deutschland, Urteil v. 24. 6. 2004, Beschwerde Nr. 59320/00, EuGRZ 2004, 404.

72 BVerfG, Beschluss vom 14. 10. 2004 – 2 BvR 1481/04 = NJW 2004, 3407 ff. – Görgülü.

Völkerrechtsordnung.[73] Da der Fall selber zu einer solchen Grundsatzentscheidung keinen unmittelbaren Anlass bot, wurde das Vorgehen des BVerfG allgemein als Replik auf die Caroline-Entscheidung aufgefasst;[74] unabhängig davon war es aber durchaus an der Zeit, dass sich das BVerfG zu seinem Selbstverständnis gegenüber der Europäischen Menschenrechtskonvention und dem Straßburger Gericht geäußert hat.

Das BVerfG stellt dabei klar, dass alle „Träger der deutschen öffentlichen Gewalt" grundsätzlich an die Entscheidungen des EMGR gebunden seien, woraus eine Pflicht der Fachgerichte folge, die Entscheidungen zu berücksichtigen. Andererseits zieht das BVerfG aber den Rechtstitel der Souveränität und das Grundgesetz als Positionen heran, um die Grenzen zwischen beiden Gerichten zu ziehen und eine Reservatsposition für die deutsche Verfassung und für das deutsche Höchstgericht zu ziehen. In der Entscheidung betont das BVerfG, dass Völkerrecht – die EMRK und der EGMR gehören dem (regionalen) Völkerrecht an – und nationales Recht zwei unterschiedliche Rechtskreise seien. Zwar habe das Grundgesetz den Gedanken der Völkerrechtsfreundlichkeit formuliert und betont. Dem widerspreche es aber nicht, wenn „der Gesetzgeber ausnahmsweise Völkervertragsrecht nicht beachtet, sofern nur auf diese Weise ein Verstoß gegen tragende Grundsätze der Verfassung abzuwenden ist." Das Grundgesetz wolle „keine jeder verfassungsrechtlichen Begrenzung und Kontrolle entzogene Unterwerfung unter nichtdeutsche Hoheitsakte". Die Grenze für die Pflicht, der konventionsgemäßen Auslegung den Vorrang zu geben, liege dort, wo sie „etwa wegen einer geänderten Tatsachenbasis gegen eindeutig entgegenstehendes Gesetzesrecht oder deutsche Verfassungsbestimmungen, namentlich auch gegen Grundrechte Dritter" verstoße.[75]

Dem BVerfG mag hier ein Kooperationsmodell vorschweben, allerdings sieht sich das BVerfG im theoretischen Zweifelsfall für den Geltungsbereich des Grundgesetzes als übergeordnet an.[76] Gerade in ausbalancierten Teilsystemen des Rechts, etwa im „Familienrecht mit seinen mehrseitigen Interessenkonflikten", in denen es auf sensible Abwägung ankomme und Entscheidungen des EGMR auf „durch eine differenzierte Kasuistik geformte nationale Teilrechtsordnungen treffen"[77], sieht das BverfG eine sehr komplexe Konstellation und deshalb besondere Schwierigkeiten, die es durch eine Art Arbeitsteilung beheben möchte: Der EGMR solle sich auf die Kontrolle schwerwiegender, also auf die „richtigen" Menschenrechtsverletzungen konzentrieren. Dagegen sollte er sich bei den komplexen richterlichen Abwägungen auf der Ebene des einfachen

---

73   Kadelbach, Stefan: Der Status der Europäischen Menschenrechtskonvention im deutschen Recht, in: Jura 2005, S. 484.

74   Kadelbach, a. a. O. (Fn. 73), S. 485; Peters, Anne: Die Causa Caroline. Kampf der Gerichte, in: Betrifft Justiz 2005, S. 165, spricht sogar von „Vergeltung".

75   Vgl. auch die Besprechungen bei Kadelbach, a. a. O. (Fn. 73); Cremer, Hans-Joachim: Zur Bindungswirkung von EGMR-Urteilen – Anmerkungen zum Görgülü-Beschluss des BVerfG vom 14. 10. 2004, in: EuGRZ 2004, S. 683.

76   Kadelbach, a. a. O. (Fn. 73), S. 486.

77   Wie dies etwa bei der Caroline-Entscheidung der Fall war.

Rechts zurückhalten und sie den nationalen Gerichten überlassen. Vorgestellt wird also eine Art Kooperationsverhältnis vor. Dabei hat dieser Gedanke immer zwei Aspekte. In der Sache steckt in der Grundvorstellung der Arbeitsteilung ein richtiger und auf Dauer für die Funktionsfähigkeit von EuGH und EGMR unerlässlicher Gedanke. Anders als durch Konzentration auf spezifische Probleme können die beiden europäischen Gerichte ihre Aufgaben nicht erfüllen, sie würden an Überlastung scheitern. Daneben gibt es aber in der Redeweise vom Kooperationsverhältnis immer auch einen zweiten Aspekt. Es geht – es kann gar nicht anders sein – um die Erhaltung der eigenen Institution, um die Sicherung der eigenen Kompetenzen, also um Gewichts- und Machtfragen. Urteile von nationalen Höchstgerichten über ihr Verhältnis zum EuGH oder zum EGMR sind nicht nur Erkenntnisakte (wie ist die Rechtslage?), sondern immer auch Positionsbestimmungen in einem normativ nicht vollständig geklärten Konkurrenz- und Spannungsverhältnis. Die gern gebrauchte Formel vom Kooperationsverhältnis enthält beide Aspekte, die Beschreibung einer sinnvollen Arbeitsteilung und zugleich die wenig verhüllte Drohung, dass man sich seinen Anteil an der Kooperation bewahren werde.

Kritik am Urteil des BVerfG entzündete sich vor allem an der Betonung der nationalen Souveränität, da sie es sich auch anderen Vertragsstaaten ermöglichen könnte, unter Verweis auf das „Vorbild" Deutschland, unliebsamen Entscheidungen des EGMR zu entziehen. Das Urteil ist insofern introvertiert, ohne Bedacht auf die Außenwirkung und ohne zu beachten, dass das Souveränitätsargument, wenn es anerkannt wäre, die EMRK, das EMRG und das Völkerrecht nachhaltig zu beschränken, geeignet wäre. Tatsächlich ist es aber gerade andersherum. Die Souveränität des Staates zeigt sich im Vertragsschluss und im Beitritt zur EMRK. Einmal Vertragspartner geworden, kann gegen die dadurch eingetretene völkerrechtliche Vertragsbindung die Souveränität nicht in Anspruch genommen werden (abgesehen von dem Fall, dass man sich über die Grenzen des Souveränitätsverzichtes streitet, eine Frage, die aber nicht bei jeder Entscheidung des EGMR gegen einen Staat aufgeworfen ist). Umgekehrt gehört es zur Vertragsbindung nach Art. 46 EMRK, dass die Vertragspartner „in allen Rechtssachen, in denen sie beteiligt sind, das endgültige Urteil des Gerichtshofes befolgen." Unter diesem Aspekt hat Deutschland alles zu tun, um die Wirkung der Entscheidungen des EGMR zu garantieren. Deutschland konnte zwar bei der Umsetzung der EMRK bestimmen, dass diese nur im Range eines einfachen Gesetzes gilt. Dies war aber nur vertragsgemäß, wenn die deutsche Rechtsordnung auch die Erreichung des Ziels von Art. 46 EMRK ermöglicht: Wenn die deutsche Doktrin die im Urteil des BVerfG formulierten Vorbehalte betont und „hochspielt", wird sie mit der umgekehrten Frage konfrontiert werden, ob die deutsche Gesamtkonstellation (Umsetzung der EMRK durch einfaches Gesetz und prozessrechtliche Vorkehrungen) geeignet sind, ein „Befolgen" im Sinne des Art. 46 EMRK zu gewährleisten. Wäre sie es nicht, dann würde die Bundesrepublik gegen die Pflichten aus der EMRK verstoßen. Zu solchen Zuspitzungen muss man es nicht kommen lassen. Das deutsche Recht kann auch anders und konventionsgemäß ausgelegt werden. Es ist bedauerlich, dass das BVerfG in seiner Görgülü-Entscheidung eine janusköpfige

Entscheidung getroffen hat. Auf weiten Strecken wird eine völkerrechtsfreundliche und konventionsgemäße Interpretation des Verhältnisses zu Straßburg getroffen; nur die Berufung auf die Souveränität und damit auf die Behauptung, man könne auch ganz anders, stört dieses Bild.[78]

Einen ganz anderen Hintergrund hat die Caroline-Entscheidung. Dort geht es um eine der schwierigsten Abwägungen, die die Grundrechte zu bieten haben, nämlich um die Abwägung zwischen Pressefreiheit und Ehrenschutz bzw. Schutz der Privatheit. Es liegt auf der Hand und es ist völlig normal, dass man in dieser Abwägung unterschiedlicher Meinung sein kann. In Deutschland haben die Zivilgerichte, an ihrer Spitze der BGH, lange Zeit anders abgewogen und in diesem Konflikt häufiger zugunsten der Ehre entschieden, als dies das BVerfG für richtig gehalten hat. Nun stellt sich heraus, dass der EGMR in einer Fallkonstellation anders abwägt als das BVerfG – was ist daran überraschend? Die Lehre daraus ist einfach. Höchstrichterliche Entscheidungen in dieser schwierigen Abwägung sind, so wohl überlegt sie sein mögen, nicht der Ausweis der einzig-richtigen Entscheidung, sondern sie sind Ausdruck der Letztverbindlichkeit der Entscheidung. Die Abwägungen des BGH waren ja nicht grundfalsch, sie wurden nur durch die Abwägungen der letztverbindlichen Instanz außer Kraft gesetzt. Nun ist die Letztverbindlichkeit eine Stufe hinaufgewandert und nun erlebt das BVerfG, was es heißt, nicht mehr die letztverbindliche Instanz zu sein. Dies alles ist voller Normalität und Erwartbarkeit. Für die Zukunft ist etwas ganz anderes wichtig: Es muss nämlich unabhängig von den formell-rechtlichen Fragen der Letztentscheidungsbefugnis über die inhaltlichen Probleme dieser Abwägungen ein substantieller Dialog zwischen dem EGMR und den nationalen Verfassungsgerichten geführt werden. Das BVerfG war im Vergleichsfall des innerstaatlichen Bereichs auf die Dauer auch nur dann wirklich erfolgreich, wenn es gegenüber einer zunächst abweichenden Rechtsprechung der Fachgerichte nicht nur als höhere Instanz auftrat, sondern als ein argumentierendes und als solches überzeugendes oder sich auch korrigierendes Gericht.

---

78 Oder um es noch einmal zu sagen: Es ist natürlich nicht auszuschließen, dass im Verhältnis zwischen denNormebenen des Völkerrechts und des nationalen Rechts und beim Verhältnis zweier Höchstgerichte die Frage der Letztentscheidung auftaucht und aufbricht. Dann geht es um die Frage des Umfangs der Übertragung von Letztentscheidungsbefugnis auf die EGMR (ähnlich im Verhältnis beim nationalen Recht zum EU-Recht). Dieser Fall ist aber nicht immer involviert, wenn es darum geht, ob eine Entscheidung des EGMR das letzte Wort hat. Es gehört zur Klugheit und zur richterlichen Erfahrung, dass man begrenzte Meinungsverschiedenheiten nicht vorschnell zu Problemen eines Letztkonfliktes stilisieren oder eskalieren lässt.

3.4 Bilanz

Mit der zunehmenden Europäisierung der Rechtsordnung verliert das BVerfG erkennbar die Exklusivität der Prüfung und Kontrolle des in Deutschland geltenden Rechts. Dem darin liegenden Bedeutungsverlust steht aber die bedeutsame Möglichkeit gegenüber, Einfluss auf der europäischen Ebene zu gewinnen und über den Europäischen Gerichtshof zum Beispiel die Grundrechtsstandards gemeinschaftsweit mitzugestalten. Es ist eine verkürzte Perspektive, wenn man die neue Situation nur oder vorwiegend in Begriffen wie Einbindung, Verlust der Exklusivität u. ä. interpretiert und nicht die Bedeutung der neuen Aufgabe und Herausforderung insgesamt sieht. Diese bestehen nämlich in der Ausbildung und Mitgestaltung der europäischen Verfassungsordnung auf den beiden Ebenen der Nationalstaaten und der Union, die Ausgestaltung des europäischen Verfassungsraums insgesamt. Mit dieser Aufgabe weitet sich auch die Rolle des BVerfG und die der anderen Verfassungsgerichte. Diese Mitwirkung an dem weit über den nationalen Staat hinausreichenden Verfassungsraum Europas ist die – positive – Kehrseite der Europäisierung. Darin sind beträchtliche Entwicklungschancen für die nationalen Verfassungsgerichte enthalten.

Das große Thema der Europäisierung von Verfassungsrechtsprechung bzw. der Verfassungsgerichte in Europa kann hier nicht einmal ansatzweise behandelt werden,[79] im vorliegenden Zusammenhang[80] ist lediglich eine abschließende Bewertung vorzunehmen. Bei der Teilnahme an der geschilderten neuen Aufgabe, den Grundrechtsschutz, die Rechtsstaatlichkeit sowie andere Prinzipien des Verfassungsstaats im europäischen Rahmen auszubauen, haben Deutschland und das BVerfG schon große Erfolge gehabt – man denke an das Auslösen der Grundrechtsentwicklung oder an den „Export" des Verhältnismäßigkeitsprinzips. Das deutsche Verfassungsrecht hat so große Erfolge gehabt, wie ein Teil des Ganzen, wie ein Staat und ein Gericht unter 15 Staaten nur haben können. Dass dabei auch Prinzipien und Denkweisen anderer Varianten des westlichen Verfassungsstaates und des gemeinsamen europäischen Rechtsbewusstseins in das werdende verbindliche gemeineuropäische Verfassungsrecht eingehen und als solches auch auf Deutschland einwirken, ist selbstverständlich und bei diesem Prozess mitgedacht.

---

79 Ausführlich mit zahlreichen Literaturnachweisen Frowein, Jochen: Die „Europäisierung" des Verfassungsrechts, und Schwarze, Jürgen: Das „Kooperationsverhältnis" des Bundesverfassungsgerichts mit dem Europäischen Gerichtshof, beide in: FS BVerfG 2001, Bd. 1, S. 209 ff., S. 223 ff.; umfangreiche Literaturnachweise bei Voßkuhle, a. a. O. (Fn. 15), Art. 93 Rn. 208; Limbach, Jutta: Die Kooperation der Gerichte in der zukünftigen europäischen Grundrechtsarchitektur. Ein Beitrag zur Neubestimmung des Verhältnisses von Bundesverfassungsgericht, Gerichtshof der Europäischen Gemeinschaften und Europäischem Gerichtshof für Menschenrechte, in: EuGRZ 2000, S. 417; Graf Vitzthum, Wolfgang: Gemeinschaftsgericht und Verfassungsgericht – rechtsvergleichende Aspekte, in: JZ 1988, S. 161 ff., jeweils mit Lit. Angaben.

80 Einige Überlegungen schon von Wahl, Quo vadis Bundesverfassungsgericht?, a. a. O. (Fn. 57), S. 81, 106 ff., dort S. 105 auch drei „Gleichungen" zur Abhängigkeit des Gewichts der nationalen Verfassungsgerichtsbarkeit von der Bedeutung der – nationalen – Verfassung.

Wer solche Ein- und Rückwirkungen von außen beklagen will, verkennt die Gesetzmäßigkeiten des Integrationsprozesses. Er müsste zudem erst einmal von Fall zu Fall
darlegen, warum die aus anderen westliche Traditionen stammenden Prinzipien und
Annahmen für das deutsche und europäische Verfassungsrecht schädlich sind, warum
sie nicht stattdessen je zu erwägende und abzuwägende Binnenvarianten aus einem gemeinsamen Grundbestand des europäischen-westlichen Verfassungsdenkens sind. Der
nationale Betrachter muss oder sollte jedoch so viel innere Souveränität haben, dass
er die Möglichkeit einräumt, das eigene Recht könnte auch zu seinen Gunsten von Alternativen in den anderen Rechtsordnungen lernen und ihm könnte auch in einigen
Punkten die Rezeption von Varianten gut bekommen. Der Gewinn ist die *neue* und *zusätzliche* Aufgabe des Mitwirkens am gesamteuropäischem Grundrechtsschutz und der
Erstreckung der gefundenen Lösungen auf den gesamten Raum der Gemeinschaft. Gewinn entsteht auch aus dem intensiven Dialog mit andern Verfassungsgerichten, der für
die neue Phase unerlässlich ist und der einen ausgeweiteten Problemhorizont und das
Denken in mehr Alternativen mit sich bringen wird. An diesem Ausbau einer verbindlichen gemeineuropäischen Verfassungsordnung gestaltend mitzuwirken, ist eine große
und bleibende Aufgabe der nationalen Verfassungsgerichte. Die beiden europäischen
Gerichte in Straßburg und Luxemburg sind dazu – schon aus Gründen ihrer sonstigen
großen Belastung – nicht allein imstande. Dies ist eine Aufgabe zur gesamten Hand für
die nationalen Verfassungsgerichte und die beiden europäischen Gerichte, oder genauer
gesagt: Dies kann zur Aufgabe zur gesamten Hand werden, wenn die nationalen Verfassungsgerichte ihre Aufmerksamkeit nicht nur nach innen auf die eigene Rechtsordnung,
sondern auch nach außen auf den gesamten Verfassungsraum Europas wenden.

Bundesverfassungsgericht und Europäische Integration

Roland Lhotta & Jörn Ketelhut

1 Einleitung

Die europäische Integration ist für das „neue deutsche Regierungssystem"[1] sowohl konstitutiver Bestandteil als auch Rahmenbedingung, nicht zuletzt aber eine latente Herausforderung für seine institutionelle, politische und rechtliche Anpassungsfähigkeit. Angesichts der fortschreitenden Dynamik der Integration, die v. a. eine „Integration durch Recht" ist,[2] wäre die fortgesetzte Pflege einer „Introvertiertheit der deutschen Rechtsordnung"[3] ein Anachronismus. Wie offen die Rechtsordnung des deutschen Verfassungsstaates indessen sein kann und darf, darüber lässt sich Einigkeit nur schwer herstellen. Das Bundesverfassungsgericht (BVerfG) ist gleichwohl immer wieder gefordert, hier (autoritativ) Stellung zu beziehen. Denn nicht nur das Institutionensystem der Bundesrepublik, sondern auch dessen (integrationsverantwortlichen) Akteure sind in ein mehrere Ebenen umfassendes System europäischer Governance[4] eingebunden, an dem auch das BVerfG beteiligt ist.[5] In diesem System geht es um die Abgrenzung, Be-

---

1 Sturm, Roland/Pehle, Heinrich: Das neue deutsche Regierungssystem. Die Europäisierung von Institutionen, Entscheidungsprozessen und Politikfeldern in der Bundesrepublik Deutschland, 3. Aufl., Wiesbaden 2012.

2 Zu den Gefahren der Integration durch Recht vgl. Lhotta, Roland: Anomisches Recht und Integrationsräson: Pathologien der Integration durch Recht. In: Franzius, Claudio/Mayer, Franz C./Neyer, Jürgen (Hrsg.), Grenzen der europäischen Integration. Herausforderungen von Recht und Politik, Baden-Baden 2014, 93–115.

3 Frowein, Jochen Abr.: Kritische Bemerkungen zur Lage des deutschen Staatsrechts aus rechtsvergleichender Sicht. In: DÖV 1998, S. 806–811, hier S. 806.

4 Vgl. hierzu Benz, Arthur (Hrsg.): Governance – Regieren in komplexen Regelsystemen. Eine Einführung, Wiesbaden 2004.

5 Vgl. Lhotta, Roland: Bundesverfassungsgericht und Mehrebenengovernance. In: Arnauld, Andreas von/Hufeld, Ulrich (Hrsg.), Systematischer Kommentar zu den Lissabon-Begleitgesetzen. IntVG/EUZBBG/EUZBLG Handkommentar, Baden-Baden: Nomos 2011, S. 94–115.

wahrung sowie Erweiterung von Handlungs- und Gestaltungsfreiräumen im Medium des Rechts. Dabei müssen immer wieder institutionelle Eigeninteressen der involvierten Akteure vermittelt werden, ebenso Leitideen und Geltungsansprüche der mitgliedstaatlichen und europäischen Rechtsordnung. Dies funktioniert nicht konfliktfrei. Empirisch jedenfalls „erweist sich die europäische Governance offenbar als Mischtypus zwischen dem Regieren innerhalb und jenem außerhalb der klassischen Staaten (-welt)".[6] Dies wiederum indiziert sowohl eine Hybridisierung herkömmlicher Staatlichkeit als auch der steuerungsrelevanten Institutionen, Akteurskonfigurationen und (regulativen) Politiken.[7]

Es ist diese umfassende *Hybridisierung von Staatlichkeit*, auf die das BVerfG in seiner Rechtsprechung immer wieder zu reagieren versucht hat.[8] Dabei bemüht sich das Gericht darum, die fortschreitende Preisgabe deutscher Staatlichkeit und der staatlich rückgebundenen Formen demokratisch legitimierter politischer Steuerung dadurch zu begrenzen, dass es den „verfassten politischen Primärraum", lies: den *Staat* – jedenfalls in seinen verfassungsidentitären Bestandteilen – als im Integrationsprozess nicht disponibel deklariert.[9] Entgegenstehende Integrationspolitiken der involvierten deutschen Verfassungsorgane, insbesondere des Bundestages und der Bundesregierung, würden der verfassungsmäßig gebotenen Wahrnehmung der *Integrationsverantwortung* nicht gerecht und seien letztlich inkompatibel mit der Selbstverfügung des demokratischen Souveräns über die von ihm gewollte Form der politischen Existenz.[10]

Aus der für das BVerfG maßgeblichen verfassungsrechtlichen Perspektive des Grundgesetzes fungiert im europäischen „System intergouvernementalen Regierens"[11] nach wie vor der Staat als „Gegenüber" der Europäischen Union,[12] woraus sich eine an den Staat gebundene „Imagination des Politischen"[13] im Medium des Rechts ergibt, aus

---

6   Frerichs, Sabine: Judicial Governance in der europäischen Rechtsgemeinschaft. Integration durch Recht jenseits des Staates, Baden-Baden 2008, S. 46.

7   Vgl. Schuppert, Gunnar Folke: The Europeanization of Governance, Baden-Baden 2006.

8   Vgl. Lhotta, Roland/Ketelhut, Jörn: Integrationsverantwortung und parlamentarische Demokratie: Das Bundesverfassungsgericht als Agent des „verfassten politischen Primärraums"? In: Zeitschrift für Parlamentsfragen, 40 (2009), H. 4, S. 864–888 sowie Schwarze, Jürgen: Das „Kooperationsverhältnis" des BVerfG mit dem Europäischen Gerichtshof. In: Badura, Peter/Dreier, Horst (Hrsg.), Festschrift 50 Jahre Bundesverfassungsgericht, Bd. 1, Tübingen 2001, S. 223–243.

9   Vgl. nur BVerfGE, 2 BvE 2/08, 30. Juni 2009 (BVerfGE 123, 267), Abs. 216, 219 und 226.

10 Vgl BVerfGE, 2 BvE 2/08, 30. Juni 2009 (BVerfGE 123, 267), Abs. 228, 233, 260 und Hillgruber, Christian: Der Nationalstaat in der überstaatlichen Verflechtung. In: Isensee, Josef/Kirchhof, Paul (Hrsg.): Handbuch des Staatsrechts der Bundesrepublik Deutschland II: Verfassungsstaat, Heidelberg 2004, S. 929–992, S. 963, Rz. 72.

11 BVerfG, 2 BvE 8/11, 28. Februar 2012 (BVerfGE 130, 318), Rz. 109.

12 Kirchhof, Paul: Die rechtliche Struktur der Europäischen Union als Staatenverbund, in: von Bogdandy, Arnim (Hg.), Europäisches Verfassungsrecht. Theoretische und dogmatische Grundzüge, Berlin u. a. 2003, S. 893–929, hier S. 909 ff.; kritisch van Ooyen, Robert Christian: Die Staatstheorie des Bundesverfassungsgerichts und Europa. 4. Aufl., Baden-Baden 2011.,

13 Hierzu unter starkem Bezug auf Paul W. Kahn die Ausführungen bei Haltern, Ulrich: Europarecht und das Politische, Tübingen 2005.

der das BVerfG „etatistische Vorbehalte"[14] gegen den europäischen Konstitutionalisierungsprozess sowie eine partiell zwar suspendierte, aber eben nie ausdrücklich preisgegebene Überprüfungskompetenz gegenüber dem Gemeinschaftsrecht ableitet. Hierbei zeichnet sich seit dem Maastricht-Urteil zudem die ganz eigene Akzentuierung eines staatlich radizierten Verständnisses von Demokratie[15] und eines mitgliedstaatlich verankerten (Primär-) Parlamentarismus ab, die das BVerfG mit dem Lissabon-Urteil[16] und den darauf folgenden Urteilen im Kontext der europäischen Finanzkrise und der Zulässigkeit von Sperrklauseln im Europawahlrecht ausbuchstabiert hat, um sich damit als „Hüter demokratischer Selbstgestaltungsfähigkeit"[17] ins Spiel zu bringen. Der Europäische Gerichtshof (EuGH) hingegen betont den konstitutionellen Charakter des europäischen Gemeinschaftsrechts. Für den EuGH sind die Beziehungen zwischen der EU und ihren Mitgliedstaaten schon seit geraumer Zeit in normhierarchische Strukturen eingebunden, die denen eines bundesstaatlich verfassten Systems entsprechen.[18] Dem kann sich das das BVerfG natürlich nicht vollständig verschließen, ebenso wenig der „integration through law". Es muss deshalb einen Weg zwischen den konstitutionellen Geltungs- und Beharrungsansprüchen des deutschen Grundgesetzes und der fortschreitenden Konstitutionalisierung der europäischen Rechtsordnung finden. Dass hierbei grundlegend verschiedene Leit- und Ordnungsideen zu Staatlichkeit, Verfassung und nationaler Identität[19] eine Rolle spielen, macht das „legal dialoguing"[20] nicht einfacher – zumal dann, wenn begriffsjuristische Konstruktionen zum Maßstab der Verfassungswirklichkeit[21] avancieren oder gar Kulturkämpfe[22] beschworen werden. Un-

---

14 Hofmann, Hasso: Von der Staatssoziologie zu einer Soziologie der Verfassung? In: JZ 1999, S. 1065–1074, hier S. 1066.

15 Hierzu Lhotta/Ketelhut, a. a. O., sowie Niederberger, Andreas: Die politische Philosophie des Bundesverfassungsgerichts: Demokratie und Europa von Maastricht- zum Lissabon-Urteil. In: Franzius/Mayer/Neyer (Hrsg.), a. a. O., S. 211–231.

16 Vgl. hierzu Lhotta, Roland/Ketelhut, Jörn/Schöne, Helmar (Hrsg.), Das Lissabon-Urteil: Staat, Demokratie und europäische Integration im „verfassten politischen Primärraum", Baden-Baden 2013.

17 Scharpf, Fritz W.: Das Bundesverfassungsgericht als Hüter demokratischer Selbstgestaltungsfähigkeit? In: Stolleis, Michael (Hrsg.), Herzkammern der Republik. Die Deutschen und das Bundesverfassungsgericht, München 2011, S. 186–199.

18 Scharpf Fritz W.: Legitimationskonzepte jenseits des Nationalstaats. In: Schuppert, Gunnar Folke/Pernice, Ingolf/Haltern, Ulrich (Hrsg.), Europawissenschaft, Baden-Baden 2005, S. 705–741, hier S. 728; Stone Sweet, Alec: Governing with Judges. Constitutional Politics in Europe, Oxford 2000, S. 160; Dehousse, Renaud: The European Court of Justice. The Politics of Judicial Integration, Houndmills/London 1998, S. 67.

19 Vgl. Korioth, Stefan/von Bogdandy, Armin: Europäische und nationale Identität: Integration durch Verfassungsrecht. In: VVDStRL 62 (2003), S. 117–193.

20 Alter, Karen J.: Establishing the Supremacy of European Law. The Making of an International Rule of Law in Europe, Oxford 2002, S. 38.

21 Vgl. hierzu die Anmerkungen von Oeter, Stefan: Europäische Integration als Konstitutionalisierungsprozess. In: ZaöRV 59 (1999), S. 901–917, hier S. 904 ff.

22 Vgl. Haltern, Ulrich: Europäischer Kulturkampf. Zur Wahrung ‚nationaler Identität' im Unions-Vertrag. In: Der Staat 37 (1998), S. 591–623.

ter solchen Auspizien, lies: wenn integrationspolitische Akteure „von gegensätzlichen Grundnormkonzepten ausgehen und damit von Setzungen, die juristisch vorausgesetzt werden müssen und nicht weiter begründet werden können"[23], wird Kooperation schwierig. Auch Gerichte wie der EuGH und das BVerfG fungieren dann nur noch als diskursive Arenen mit unterschiedlichen „fora of ideology"[24], in denen Akteure danach trachten, ihre politischen Programme in geltendes Recht transformiert zu bekommen. Die jeweils in Anspruch genommenen konträren Grundnormbehauptungen können juristisch aber nicht mehr hinterfragt, „sondern allenfalls auf ihre politische Plausibilität überprüft werden".[25] Kompetitive Letztbegründungen, die auf differente bzw. konträre Leit- und Ordnungsideen rekurrieren, machen den judiziellen Dialog in Europa somit konfliktanfällig.[26] Dies spiegelt sich in der Auseinandersetzung des BVerfG mit der europäischen Integration deutlich wider.

2   Leit- und Ordnungsideen in der europapolitischen Rechtsprechung des Bundesverfassungsgerichts oder: Über diese Brücke musst Du gehen ...

Aufgrund der „Überschneidung und der möglichen Divergenz zweier eigenständiger Rechtsordnungen"[27] im Prozess der europäischen Integration, kam es durch die Konstitutionalisierung des Europarechts[28] und die infolge des Binnenmarktprogramms einsetzende zweite „relance européenne" zu Konflikten um die angemessene Rolle des BVerfG, insbesondere auch gegenüber seinem gewichtigsten Konkurrenten, dem als „Motor der Integration" fungierenden EuGH. Innerhalb der judiziellen Governance im EU-Mehrebenensystem agieren beide Gerichte als autoritative Manager von Leit- und Ordnungsideen[29] bzw. Grundnormkonzepten der Rechtskreise, die sie „hüten". Diese Leit- und Ordnungsideen werden in der integrationspolitischen Rechtsprechung der Gerichte immer wieder aufgegriffen, fortgeschrieben und fall- sowie kontextspezifisch adaptiert. Im

---

23 Heintzen, Markus: Die „Herrschaft" über die Europäischen Gemeinschaftsverträge – Bundesverfassungsgericht und Europäischer Gerichtshof auf Konfliktkurs? In: AöR 119 (1994), S. 564–589, hier S. 565.

24 Wiklund, Ola: Taking the World View of the European Judge Seriously – Some Reflections on the Role of Ideology in Adjudication. In: Wiklund, Ola (Hrsg.), Judicial Discretion in European Perspective, The Hague 2003, S. 29–47, hier S. 30.

25 Heintzen, a. a. O. ,S. 582.

26 Büdenbender, Martin: Das Verhältnis des Europäischen Gerichtshofs zum Bundesverfassungsgericht, Köln 2005.

27 Schlaich, Klaus/Korioth, Stefan: Das Bundesverfassungsgericht. Stellung, Verfahren, Entscheidungen, 6. Aufl., München 2004, S. 261, Rz. 365.

28 Dies wird üblicherweise an der Etablierung und Durchsetzung der Prinzipien des Anwendungsvorrangs und der Direktwirkung festgemacht – vgl. hierzu umfassend Stone Sweet, a. a. O., S. 160 ff.

29 Dazu Lhotta, Roland/Ketelhut, Jörn: Der EuGH als Manager von Ordnungs- und Leitideen: Eine neoinstitutionalistische Analyse am Beispiel der ‚dominant ideology of motherhood'. In: Zimmerling, Ruth/ Becker, Michael (Hrsg.), Recht und Politik (PVS-Sonderheft 35), Wiesbaden 2006, S. 397–415.

Sinne des „historischen Institutionalismus"[30] und seiner besonderen Betonung der Bedeutung von „Ideen"[31] repräsentieren durchgehaltene Leitideen gerade in der Rechtsprechung[32] einen „locked-in choice", der Pfadabhängigkeiten generiert. Dies lässt sich in der Rechtsprechung des BVerfG zur europäischen Integration gut nachvollziehen.[33]

So griff das BVerfG bereits in seinen ersten europapolitischen Entscheidungen auf die „Brückentheorie" zurück, um das Verhältnis zwischen dem nationalen und dem europäischen Recht auszuloten.[34] In dieser Konzeption, die von der Existenz zweier autonomer Parallelrechtsordnungen, der staatlichen und der europäischen, ausgeht, fungiert das nationale Ratifikationsgesetz gewissermaßen als „Brücke" und exklusive Schnittstelle, über die einzelne staatliche Kompetenzen in den Bereich der gemeinschaftlichen Rechtsordnung hinüberwandern und dort ausgeübt werden.[35] Da sich die Kompetenz dadurch selbst nicht ändert, sondern nur der ausübende Träger, ist es in dieser Sichtweise rechtlich ausgeschlossen, dass eine Handlung, die vor dem „Hinüberwandern" verfassungswidrig war, im europäischen Kontext verfassungskonform wird. In letzter Konsequenz bedeutet dies, dass der innerstaatliche Ratifikationsakt, der die Übertragung einer prinzipiell rechtswidrigen Kompetenz ermöglicht, selbst verfassungswidrig ist, oder dass über die „Brücke" nur eine „enge" Kompetenz in den gemeinschaftlichen Bereich hinübergewandert ist.[36] Sollte die europäische Ebene mehr tun, als ihr diese einschränkende Interpretation des Zustimmungsgesetzes einräumt, überschreiten sie die ihr vom Grundgesetz gesetzten Schranken und handelt *ultra vires* – kompetenzwidrig.[37] Diese Argumentation, die den materiellen Kern des vom BVerfG verfolgten staatsrecht-

---

30 Hierzu Peters, B. Guy: Institutional Theory in Political Science. The ‚New Institutionalism', 2. Aufl., London/New York 2005, S. 71 ff. sowie Pierson, Paul: Politics in Time. History, Institutions, and Social Change, Princeton/Oxford 2004.

31 Vgl. hierzu den exzellenten Beitrag von Hay, Colin: Constructivist Institutionalism, in: Rhodes, R. A. W./ Binder, Sarah A./Rockman, Bert A. (Hrsg.), The Oxford Handbook of Political Institutions. Oxford 2006, S. 56–74.

32 Vgl. Rogers M. Smith: Historical Institutionalism and the Study of Law. In: Whittington, Keith E./Kelemen, R. Daniel/Caldeira, Gregory A. (Hrsg.), The Oxford Handbook of Law and Politics, Oxford 2008, S. 46–59 sowie als Anwendungsbeispiel Lhotta, Roland: „Picking up the slack": Bundesstaatsreform durch judizielle Modifikation von Leitideen. In: von Blumenthal, Julia/Bröchler, Stephan (Hrsg.), Föderalismusreform in Deutschland. Bilanz und Perspektiven im internationalen Vergleich, Wiesbaden 2010, S. 59–93..

33 Vgl. Stone Sweet, Alec: The European Court and Integration, in: Stone Sweet, Alec (Hrsg.): The Judicial Construction of Europe, Oxford 2004, S. 1–44, hier S. 31.

34 Haltern, Ulrich: Europarecht. Dogmatik im Kontext, Tübingen 2005, S. 342.

35 Die Brückentheorie ist nach wie vor kennzeichnend für eine staatsrechtliche und ggf. auch pronunciert etatistische Perspektive – vgl. als Beispiel dafür nur Kirchhof, a. a. O., S. 908.

36 Rupp, Hans Heinrich: Ausschaltung des Bundesverfassungsgerichts durch den Amsterdamer Vertrag? In: JZ 1998, S. 213–217, hier S. 214.

37 Haltern, a. a. O. (Fn. 29), S. 382. Dies ist bemerkenswert, denn das auf einer Überschreitung der begrenzten Einzelermächtigung im Primärrecht beruhende ultra vires-Verdikt gegenüber Akten der europäischen Institutionen ist eigentlich Sache des EuGH. Mittels der Brückentheorie wird hier aber der Geltungsbereich und -anspruch des Grundgesetzes und damit auch der hierzu maßgeblichen Judikatur des BVerfG auf europäisches Sekundärrecht erstreckt. In Konsequenz dessen käme es zu einer hetero-

lichen Interpretationsansatzes ausmacht und auch seine Prüfungsvorbehalte gegenüber dem supranationalen Recht der damaligen Europäischen Wirtschaftsgemeinschaft (EWG) begründet, zieht sich seither wie ein „roter Faden" durch die Rechtsprechung zur Europäischen Integration.

Bereits in seiner ersten europapolitischen Entscheidung aus dem Jahre 1967 räumte sich das BVerfG implizit die Kompetenz ein, EWG-Verordnungen mittels einer Prüfung des deutschen Zustimmungsgesetzes zu kontrollieren. An diese Line knüpfte das BVerfG kurze Zeit später wieder an, als es – wenngleich unter Zurückweisung einer Verfassungsbeschwerde, mit der eine EWG-Verordnung angegriffen wurde – die Frage aufwarf, ob und in welchem Umfang das Sekundärrecht der Gemeinschaft an verfassungsrechtlichen Kontrollvorbehalten, z.B. den Grundrechtsgarantien, gemessen werden könne.[38] Die staatsrechtliche Interpretation der europäischen Integration setzte sich im Beschluss vom 9. Juni 1971 weiter fort: Es ging um die Frage, ob im Fall einer Kollision einer einfachgesetzlichen Norm mit einer Bestimmung des Gemeinschaftsrechts allein das BVerfG über die Unanwendbarkeit der nationalen Regelung zu befinden habe. Das BVerfG stützte seine Argumentation auf Art. 24 GG und führte aus, dass diese Vorschrift nicht nur die Übertragung von Hoheitsrechten auf eine zwischenstaatliche Organisation ermögliche, sondern dass eine sachgerechte Auslegung dieser Vorschrift auch dazu führe, das politische und rechtliche Handeln dieser Organisation auf nationalstaatlicher Ebene anzuerkennen. Ausdrücklich bezog das BVerfG den EuGH in diese Argumentation mit ein. Es forderte die nationalen Gerichte auf, dem europäischen Recht und der Rechtsprechung des EuGH im innerstaatlichen Rahmen Geltung zu verschaffen.[39] Gleichwohl beschränkte sich die auf Art. 24 GG gestützte Begründung des Vorrangprinzips nur auf das *einfachgesetzliche* Recht der nationalen Ebene. Die eigentlich interessante Frage, nämlich die nach dem Verhältnis von Gemeinschafts- und mitgliedstaatlichem Verfassungsrecht, blieb in dieser Entscheidung unbeantwortet.

---

nomen Fremdbestimmung der eigentlich autonomen Rechtsordnung Europas durch die nationalstaatlichen Rechtsordnungen bzw. deren „Hüter".

38 BVerfGE 22, 293.
39 BVerfGE 31, 145 (174).

3   Die europäische Integration und der Schutz der Grundrechte: Der lange Weg von „Solange I" zu „Solange II"

Nachdem das BVerfG den Vorrang des Gemeinschaftsrechtes gegenüber dem deutschen Gesetzesrecht[40] anerkannt hatte, konzentrierte sich der judizielle Dialog über die „Verfassungsfragen"[41] der europäischen Integration in den folgenden Jahren auf das Verhältnis des Europarechts zu den nationalstaatlich garantierten Grundrechten. Das BVerfG hatte bereits angedeutet, dass es sich hier eine eigene Prüfungsmöglichkeit offen halten wollte. Nun sollte eine Vorlage des Verwaltungsgerichts Frankfurt diesen Vorbehalt konkretisierungsfähig machen: In dem Ausgangsverfahren sah ein Kläger seine deutschen Grundrechte durch eine Agrarverordnung des EWG-Ministerrates verletzt. Das Verwaltungsgericht legte den Fall dem EuGH vor. Es vertrat die Auffassung „die Gemeinschaftsverordnungen müßten die durch das Grundgesetz garantierten elementaren Grundrechte beachten – und bei einem Verstoß gegen diese Prinzipien müsse der Vorrang des EG-Rechts hinter den Grundsätzen des deutschen Grundgesetzes zurücktreten".[42] Der EuGH stellte jedoch fest, dass sich die gemeinschaftliche Rechtsordnung nicht dem Verfassungsrecht der Mitgliedstaaten unterordnen könne, denn die „einheitliche Geltung des Gemeinschaftsrechts würde beeinträchtigt, wenn bei der Entscheidung über die Gültigkeit von Handlungen der Gemeinschaftsorgane Normen oder Grundsätze des nationalen Rechts herangezogen würden. Die Gültigkeit solcher Handlungen kann nur nach dem Gemeinschaftsrecht beurteilt werden, denn dem vom Vertrag geschaffenen, somit aus einer autonomen Rechtsquelle fließenden Recht können wegen seiner Eigenständigkeit keine wie immer gearteten innerstaatlichen Rechtsvorschriften vorgehen, wenn ihm nicht der Charakter als Gemeinschaftsrecht aberkannt und wenn nicht die Rechtsgrundlage der Gemeinschaft selbst in Frage gestellt werden soll. Daher kann es die Gültigkeit einer Gemeinschaftshandlung oder deren Geltung in einem Mitgliedstaat nicht berühren, wenn geltend gemacht wird, die Grundrechte in der ihnen von der Verfassung dieses Staates gegebenen Gestalt oder die Strukturprinzipien der nationalen Verfassung seien verletzt".[43] Der EuGH betonte in diesem Zusammenhang aber, dass die Wahrung der Grundrechte ein integraler Bestandteil der allgemeinen Rechtsprinzipien des Gemeinschaftsrechts sei. Allerdings müssten sich die von den „gemeinsamen Verfassungsüberlieferungen der Mitgliedstaaten" getragenen

---

40   Zur Entwicklung in den anderen Mitgliedstaaten vgl. Slaughter, Anne-Marie/Stone Sweet, Alec/Weiler, Joseph H. H. (Hrsg.): The European Courts and National Courts. Doctrine and Jurisprudence, Oxford 1998; Haltern, a. a. O., S. 406 ff.; Müller-Elschner, Axel: Die höchsten nationalen Gerichte und das europäische Gemeinschaftsrecht – ein aktueller Überblick. In: Verwaltungsrundschau 1994, S. 264–269.

41   Vgl. Stone Sweet, Alec: Constitutional Dialogues in the European Community, in: Slaughter/Stone Sweet/Weiler (Hrsg.), a. a. O., S. 305–330, hier S. 312 ff.

42   Wolf-Niedermaier, Anita: Der Europäische Gerichtshof zwischen Recht und Politik. Der Einfluß des EuGH auf die föderale Machtbalance zwischen der Europäischen Gemeinschaft und ihren Mitgliedstaaten, Baden-Baden 1997, S. 103.

43   EuGH, Rs. 11/70, Slg. 1970, 1125 (1135, Rn. 3).

Grundrechtsgarantien „auch in die Strukturen und Ziele der Gemeinschaft einfügen".[44]
Der EuGH beantwortete die Vorlage dahingehend, dass die beanstandete Regelung weder gemeinschaftlich geschützte Grundrechte verletze, noch gegen das Verhältnismäßigkeitsprinzip verstoße und daher rechtmäßig sei.

Diese Entscheidung konnte das Verwaltungsgericht jedoch nicht zufrieden stellen. Da es auch weiterhin von der Verfassungswidrigkeit der beanstandeten Vorschrift überzeugt war, legte es den Fall nun dem BVerfG vor.[45] Im Vorlagebeschluss argumentierte das Verwaltungsgericht, der Grundsatz des Anwendungsvorrangs müsse seine Schranken an den Strukturprinzipien des Grundgesetzes finden. Es sei durchaus legitim, die Frage zu stellen, ob der Preis für ein vereintes Europa tatsächlich mit dem Niedergang der staatlichen Institutionen und der Rechtsstaatlichkeit bezahlt werden müsse. Zudem war das vorlegende Gericht überzeugt, dass der EuGH keine Kompetenz besitze, verbindlich über die Vereinbarkeit von europäischen Regelungen mit dem innerstaatlichen Recht zu entscheiden.

Das BVerfG erklärte die Richtervorlage für zulässig und nutzte sie, um dem EuGH im „Solange I"-Beschluss vom 29. Mai 1974 zu signalisieren, dass er sich mit seinem Urteil im oben skizzierten Fall zu weit in den bundesverfassungsgerichtlichen Kompetenzbereich hineingewagt hatte. Zwar gelangten das BVerfG zu der Auffassung, dass die angegriffene Bestimmung der EWG-Agrarverordnung *nicht* gegen die Verfassung verstoße, dessen ungeachtet behielten sie es sich vor, subsidiären Rechtsschutz gegenüber dem abgeleiteten Recht der Gemeinschaft nach Maßgabe der deutschen Grundrechte zu gewähren.[46] Bislang hatte das BVerfG akzeptiert dass „das Gemeinschaftsrecht weder Bestandteil der nationalen Rechtsordnung noch Völkerrecht ist, sondern eine eigenständige Rechtsordnung bildet, die aus einer autonomen Rechtsquelle fließt".[47] Nun setzte es sich in der Frage des Grundrechteschutzes über die bis dahin praktizierte Zweiteilung der richterlichen Kompetenzen hinweg. Das vom EuGH vertretene Argument, nur ein uneingeschränkter Vorrang könne den Bestand der supranationalen Rechtsordnung gewährleisten, wurden von den Verfassungsrichtern angezweifelt: „So wenig das Völkerrecht durch Art. 25 GG in Frage gestellt wird, wenn er bestimmt, daß die allgemeinen Vorschriften des Völkerrechts nur dem einfachen Bundesrecht vorgehen, und so wenig eine andere (fremde) Rechtsordnung in Frage gestellt wird, wenn sie durch den ordre public der Bundesrepublik Deutschland verdrängt wird, so wenig wird das Gemeinschaftsrecht in Frage gestellt, wenn ausnahmsweise das Gemeinschaftsrecht sich gegenüber zwingendem Verfassungsrecht nicht durchsetzen läßt".[48]

---

44 EuGH, Rs. 11/70, Slg. 1970, 1125 (1135, Rn. 4).
45 Wolf-Niedermaier, a. a. O., S. 104.
46 Schwarze, Jürgen: Das „Kooperationsverhältnis" des BVerfG mit dem Europäischen Gerichtshof. In: Badura/Dreier (Hrsg.), a. a. O., S. 223–243, hier S. 225.
47 BVerfGE 22, 293 (296); E 31, 145 (173 f.); E 37, 271 (277 f.).
48 BVerfGE 37, 271 (278 f.).

Das BVerfG führte weiter aus, dass das Grundgesetz keine schrankenlose Übertragung von Hoheitsrechten an die europäische Ebene erlaube. Der Art. 24 GG müsse vielmehr wie jede Verfassungsbestimmung grundsätzlicher Natur im Kontext des gesamten Verfassungsgefüges ausgelegt werden. Obwohl er die staatliche Rechtsordnung derart öffnet, dass „der ausschließliche Herrschaftsanspruch der Bundesrepublik Deutschland im Geltungsbereich des Grundgesetzes zurückgenommen und der unmittelbaren Geltung und Anwendbarkeit eines Rechts aus einer anderen Quelle innerhalb des staatlichen Herrschaftsbereichs Raum gelassen wird",[49] gestattet er es nicht, auf diesem Wege die Grundstrukturen der Verfassung auszuhebeln, zu denen insbesondere die Gewährleistungen des Grundrechtsteils gehören. Solange das Gemeinschaftsrecht über keinen von einem Parlament beschlossenen und in Geltung stehenden Grundrechtskatalog verfüge, der dem deutschen im Wesentlichen entspreche, sollten die deutschen Gerichte daher die Möglichkeit haben, das BVerfG anzurufen, falls sie die vom EuGH dargelegte Interpretation einer gemeinschaftsrechtlichen Vorschrift für unanwendbar hielten, weil sie eine Kollision mit einer der Grundrechtsgarantien befürchteten.[50] Zwar wurde die „grundrechtsfreundliche" Rechtsprechung des EuGH in diesem Zusammenhang entsprechend gewürdigt, im Ergebnis aber als nicht ausreichend erachtet, um einen angemessenen Schutzstandard auf Dauer zu gewährleisten.[51]

Die erste „Solange"-Entscheidung wurde überwiegend kritisch aufgenommen. Gleichwohl stellte sie aber auch klar, dass die Einschaltung des BVerfG in den Fällen, in denen die Vereinbarkeit des europäischen Recht mit den deutschen Grundrechtsgewährleistungen bezweifelt wurde, erst im Anschluss an die gemeinschaftsrechtlich gebotene Vorabentscheidung des EuGH erfolgen dürfe. Damit bestand gleichwohl die Gefahr, dass der EuGH zu einer „Gutachten-Instanz" herabgestuft würde, deren Entscheidungen für den nationalen Richter relativ unverbindlich blieben. Das BVerfG hingegen hatte mit „Solange I" seinen exklusiven Anspruch auf das Letztentscheidungsrecht in grundrechtsrelevanten Fragen geltend gemacht und damit wieder entscheidenden Einfluss auf die Entwicklung der rechtlichen Integration zurückgewonnen.[52] Zugleich wurde das Thema der Grundrechte auch auf europäischer Ebene diskutiert, und der EuGH begann, sich verstärkt dem Thema des Grundrechtsschutzes zu widmen.

Dieser veränderte Kontext veranlasste das BVerfG, die Ausrichtung seiner europapolitischen Rechtsprechung neu zu justieren. Nachdem es im „Vielleicht"-Beschluss aus dem Jahre 1979 bereits angedeutet hatte, dass die Grundsätze der „Solange"-Rechtsprechung beim nunmehr erreichten Stand der rechtlichen Integration nicht mehr so streng angewendet werden müssten,[53] vollzog es im Oktober 1986 die lang erwartete

---

49 BVerfGE 37, 271 (280).
50 BVerfGE 37, 271 (280).
51 BVerfGE 37, 271 (280).
52 Haltern, a. a. O., S. 392.
53 BVerfGE 52, 187.

Wende.[54] In dem einstimmig gefassten „Solange II"-Beschluss kamen die Verfassungsrichter überein, ihre Prüfungskompetenz gegenüber dem europäischen Recht nicht mehr auszuüben, solange im gemeinschaftlichen Rahmen ein angemessener Schutz der Grundrechte durch die Rechtsprechung des EuGH gewährleistet sei. Sie stellten fest, dass mittlerweile „im Hoheitsbereich der Europäischen Gemeinschaften ein Maß an Grundrechtsschutz erwachsen [ist], das nach Konzeption, Inhalt und Wirkungsweise dem Grundrechtsstandard des Grundgesetzes im wesentlichen gleich zu achten ist".[55] Ausdrücklich hoben die Verfassungsrichter die Leistungen des EuGH bei der Herausbildung des europäischen Grundrechtsschutzes hervor und lobten seinen Vorstoß, die normative Verankerung der Grundrechte im Gemeinschaftsrecht über eine Verbindung zu den mitgliedstaatlichen Verfassungsordnungen und zur Europäischen Menschenrechtskonvention zu begründen. Angesichts dieser Entwicklungen sah das BVerfG keinen Grund mehr, seinen Prüfungsvorbehalt tatsächlich auszuüben. Damit war der EuGH als gesetzlicher Richter im Sinne des Grundgesetzes anerkannt und Richtervorlagen, mit denen die verfassungsrechtlichen Grenzen der EuGH-Rechtsprechung ausgetestet werden sollten, der Boden weitestgehend entzogen.[56]

Die „Solange II"-Rechtsprechung erntete in der Wissenschaft weitgehend Zustimmung und wurde nicht selten als ein Sieg des EuGH über das BVerfG interpretiert. Anders als in seiner bisherigen Rechtsprechung griff das BVerfG nicht auf die Figur der Parallelrechtsordnungen zurück, um das Verhältnis von europäischem und nationalem Recht zu bestimmen, sondern hob ausdrücklich hervor, dass „die mitgliedstaatliche Rechtsordnung und die Gemeinschaftsrechtsordnung nicht unmittelbar und isoliert voneinander stehen, sondern in vielfältiger Weise aufeinander bezogen, miteinander verschränkt und wechselseitigen Einwirkungen geöffnet sind".[57] Allerdings verdeutlicht ein genauer Blick, dass die Karlsruher Richter trotz der im Ergebnis „europafreundlichen" Ausrichtung von „Solange II" weiter Einfluss auf den rechtlichen Integrationsprozess zu nehmen gedachten. Das BVerfG verwarf nämlich keineswegs seine bis dahin entwickelten Prüfungsvorbehalte gegenüber dem Gemeinschaftsrecht, sondern behielt sie in vollem Umfang aufrecht. Dabei äußerte es sich auch zum Anwendungsvorrang. Für das BVerfG lag seine Grundlage nicht auf europäischer Ebene sondern im nationalen Verfassungsrecht. Denn mit Art. 24 Abs. 1 habe das Grundgesetz nicht nur eine Möglichkeit geschaffen, zwischenstaatlichen Organisationen Hoheitsgewalt zu übertragen, sondern diese Norm gestatte es auch „dem von solchen Einrichtungen gesetzten Recht Geltungs- und Anwendungsvorrang vor dem innerstaatlichen Recht der Bundesrepublik Deutschland durch einen innerstaatlichen Anwendungsbefehl"[58] einzuräumen. Da das BVerfG den Vorrang vermittelt über den in den Grenzen der ermächtigen-

---

54 BVerfGE 73, 339.
55 BVerfGE 73, 339 (375 f.).
56 Haltern, a. a. O., S. 393.
57 BVerfGE 73, 339 (369).
58 BVerfGE 73, 339 (375).

den Norm auszulegenden Ratifikationsakt herleitete, ließ es keinen Zweifel daran, dass die Suprematie des Europarechts an der Verfassung der Bundesrepublik auf Schranken stößt, auch wenn sich in der Frage des Grundrechteschutzes eine arbeitsteilige Lösung abzeichnete.

Die „Solange"-Rechtsprechung zeigt aber auch, dass sich Konflikte unterschiedlicher Leit- und Ordnungsideen durchaus konstruktiv auf die Entwicklung der rechtlichen Integration auswirken können.[59] Der EuGH reagierte nunmehr nämlich mit der Entwicklung einer europäischen Grundrechtejudikatur, die dazu beitrug, das Projekt der rechtlichen Integration materiell erheblich aufzuwerten.[60] Weiterhin sorgte die „Solange"-Rechtsprechung dafür, dass die deutschen Gerichte – insbesondere die obersten Instanzen der Fachgerichtsbarkeiten – dem Gemeinschaftsrecht insgesamt mit größerem Respekt begegneten, denn schließlich hatte das BVerfG festgelegt, dass die Fachgerichte bei Zweifeln an der Gültigkeit einer europäischen Norm zunächst eine Vorabentscheidung des EuGH einzuholen hätten. Die Praxis der unteren Instanzen, selbständig über die Anwendung des Europarechts zu entscheiden, war damit unterbunden und die Gefahr einer Zersplitterung der europäischen Rechtsordnung durch eine Vielzahl von unterschiedlichen Auslegungen abgewendet.[61] Daher kann die vom BVerfG praktizierte staatsrechtliche Begründung des Vorrangs nicht nur als ein Instrument zur Kontrolle der rechtlichen Integration verstanden werden, sondern auch als ein Mechanismus, der es erlaubt, die grundsätzliche Kooperations- und Folgebereitschaft der nationalen Fachgerichte in europarechtlichen Fragen über die Auslegung des nationalen Verfassungsrechts sicherzustellen.

Die Rolle des BVerfG im Kloppenburg-Verfahren, einer harschen Auseinandersetzung zwischen Bundesfinanzhof und EuGH über den Vorrang des Gemeinschaftsrechts und die Wirkung von Vorabentscheidungsurteilen,[62] belegt, dass die Verfassungsrichter durchaus bereit waren, bis dahin „rebellische" Gerichte wie den Bundesfinanzhof auf einen „europafreundlichen" Kurs zu bringen. Dies geschah aber nicht uneigennützig, denn schließlich – das macht der Kloppenburg-Beschluss[63] mehr als deutlich – stellte das „europafeindliche" Verhalten der obersten Finanzrichter auch einen Eingriff in den Kompetenzbereich des BVerfG dar, den das BVerfG von einem nachgeordneten Gericht so nicht hinnehmen konnte. Folglich wies das BVerfG den Bundesfinanzhof auch aus institutionellem Eigeninteresse in seine Schranken.

---

59 Zu dieser „Dialektik" des rechtlichen Integrationsprozesses vgl. Alter, Karen J.: The European Union's Legal System and Domestic Policy: Spillover or Backlash? In: International Organization 54 (2000), S. 489–518 sowie Ketelhut, Jörn: Der EuGH und die deutschen Arbeitsgerichte – Strategische Interaktionen in komplexen Entscheidungskontexten. Eine politikwissenschaftliche Analyse judizieller Governance im EU-Mehrebenensystem, Baden-Baden 2010.

60 Schwarze, a. a. O., S. 226.

61 Haltern, a. a. O., S. 396.

62 Eine ausführliche politikwissenschaftliche Analyse des Kloppenburg-Verfahrens findet sich bei Alter, a. a. O., S. 98 ff.

63 BVerfGE 75, 223.

4   Kompetenzüberschreitungen und Grundrechtsschutz im europäischen „Staatenverbund": Das Maastricht-Urteil und seine Folgen

Im Oktober 1993 beschritt das BVerfG einen neuen Pfad richterlicher Argumentation, der sich unmittelbar aus der qualitativen Fortentwicklung der europäischen Integration ergab. Verhandelt wurde eine Verfassungsbeschwerde, die sich gegen das deutsche Zustimmungsgesetz zum Maastrichter EU-Vertrag richtete. Das Urteil wurde mit Spannung erwartet, denn der Bundespräsident hatte durchblicken lassen, dass er das Ratifikationsgesetz nur dann ausfertigen werde, wenn das BVerfG dem Vertrag die verfassungsrechtliche „Unbedenklichkeit" attestierte. Das BVerfG nutzte die Gelegenheit und nahm ausführlich Stellung zum Schutzbereich des Art. 38 GG, zur Integrationsoffenheit des Grundgesetzes und zur Rechtsnatur der Europäischen Union. Es entwickelte aus dem Demokratieprinzip konkrete Vorgaben für die Übertragung von Hoheitsrechten und umriss Stellung und Funktion der nationalen Parlamente im europäischen „Staatenverbund" – ein Thema, das mit dem Lissabon-Urteil (2009) und den sodann folgenden Urteilen im Kontext der europäischen Finanzkrise mit Vehemenz wieder aufgegriffen werden sollte. Weiterhin ging das BVerfG auf die Grundrechtsgarantien ein und machte detaillierte Ausführungen zum „Kooperationsverhältnis" zwischen BVerfG und EuGH, zu den Prüfungsvorbehalten des Verfassungsgerichts sowie zu den Folgen möglicher Kompetenzüberschreitungen der EU.[64] Obwohl die Verfassungsrichter im Ergebnis die Verfassungsbeschwerde zurückwiesen und die Vereinbarkeit des EU-Vertrages mit dem deutschen Grundgesetz feststellten, formulierten sie in bemerkenswert scharfem Ton einen Prüfungsvorbehalt gegenüber Akten, die aus dem kompetenziellen Rahmen der EU ausbrechen. Mehr noch: Das BVerfG dehnte seine Prüfungsvorbehalte gegenüber dem europäischen Recht auf den gesamten Bereich der Gemeinschaftskompetenzen aus und begründete dies in kompetenziellen Belangen mit den verfassungsrechtlichen Schranken, die eine Übertragung von Hoheitsrechten auf die überstaatlichen Einrichtungen begrenzten. Kompetenzwidrige (d. h. unzulässig vertragserweiternde) Akte der europäischen Ebene seien keinesfalls durch das nationale Zustimmungsgesetz *und* das Integrationsprogramm des EU-Vertrages gedeckt.[65] Ein solcher „ausbrechender Rechtsakt" könne in der Bundesrepublik keine Bindungswirkung entfalten. Das BVerfG stellte damit den Vorrang des Gemeinschaftsrechts unter den Vorbehalt einer kompetenzgemäßen Aufgabenerfüllung seitens der EU und baute damit seine Kontrollmöglichkeiten über den europäischen Integrationsprozesses aus. Gleichzeitig war dies ein Warnsignal an all diejenigen, die bislang tatkräftig an der Ausweitung der europäischen Kompeten-

---

64 Zum Maastricht-Urteil vgl. Folz, Hans-Peter: Demokratie und Integration. Der Konflikt zwischen Bundesverfassungsgericht und Europäischem Gerichtshof über die Kontrolle der Gemeinschaftskompetenzen, Heidelberg u. a. 1999.

65 BVerfGE 89, 155 (188).

zen mitgewirkt hatten, den EuGH eingeschlossen.[66] Insbesondere die „dynamische Erweiterung" der Gründungsverträge durch die Inanspruchnahme der „implied powers"-Regelung des früheren Art. 235 EGV und die am Effektivitätsgrundsatz ausgerichtete Rechtsprechung des EuGH, die zusammen das ursprünglich im Vertragswerk angelegte Prinzip der begrenzten Einzelermächtigung aushebelten, wurde von den Verfassungsrichtern kritisch kommentiert und als Fehlentwicklung gerügt.[67] Der EuGH nahm auch diese „Warnung" des BVerfG ernst und stellte 1996 innerhalb eines Gutachtenverfahrens ausdrücklich fest, dass die Grenzen der „implied powers"-Klausel im Rahmen einer auf den Grundsatz der begrenzten Einzelermächtigung errichteten institutionellen Ordnung dort verlaufen, wo sie in materieller Hinsicht auf eine Vertragsänderung hinauslaufen.[68] Damit hatte der EuGH sich in Fragen der Gemeinschaftskompetenzen der Position des BVerfG angeschlossen.

Insoweit war der mit Maastricht entfachte Konflikt erst einmal judiziell befriedet. Die Spannungen zwischen dem BVerfG und dem EuGH legten sich und wurden auf der Seite des Bundesverfassungsgerichts durch einen eher „pragmatischen" Umgang mit europarechtlichen Fragestellungen gedeckt. Insbesondere die Alcan- und die Bananenmarkt-Rechtsprechung des BVerfG verdeutlichen, dass sich der „Kurs der Kooperation gegenüber der Alternative Konfrontation"[69] erst einmal durchsetzte, und somit ein allmählicher „Teilrückzug des BVerfG aus der Kontrolle der Rechtmäßigkeit gemeinschaftsrechtlicher Rechtsakte"[70] stattfand. Im Fall der Aluminiumhütte „Alcan", in dem es um die Rückerstattung einer gemeinschaftsrechtswidrigen, aber nach innerstaatlichem Recht verfristeten Stilllegungsbeihilfe ging, nahm das BVerfG die Verfassungsbeschwerde des nachteilig vom europäischen Recht betroffenen Unternehmens, mit der es u. a. eine Verletzung seiner Grundrechte durch das im Einklang mit dem EuGH gefällte Urteil des Bundesverwaltungsgerichtes anmahnte, nicht zur Entscheidung an. Das BVerfG stellte zur Grundrechtskonformität der Rückforderung fest: „Die Verfassungsbeschwerde ist unzulässig, soweit mit ihr die Verletzung von Grundrechten durch das angegriffene Urteil des Bundesverwaltungsgerichts gerügt wird. Dieses ist in den für die Verfassungsbeschwerde maßgeblichen Teilen durch die Vorabentscheidung des Europäischen Gerichtshofs umfassend vorgeprägt. Es ist nicht erkennbar, dass durch diese Vorabentscheidung der vom Grundgesetz als unabdingbar gebo-

---

66 Tomuschat, Christian: Die europäische Union unter der Aufsicht des Bundesverfassungsgerichts. In: EuGRZ 1993, S. 489–496, hier S. 494.

67 BVerfGE 89, 155 (210); die potentiell unkontrollierbare Dynamik des Integrationsprozesses sowie die Gefahr von Kompetenzverschiebungsautomatismen und „Blankettermächtigungen" zu Lasten des zunehmend unwirksamen Prinzips der begrenzten Einzelermächtigung spielten dann auch im Lissabon-Urteil eine zentrale Rolle.

68 EuGH, Gutachten 9/94, Slg. 1996, I-1759, Rz. 30.

69 Schwarze, a. a. O., S. 233.

70 Nicolaysen, Gert/Nowak, Carsten: Teilrückzug des BVerFG aus der Kontrolle der Rechtmäßigkeit gemeinschaftsrechtlicher Rechtsakte: Neuere Entwicklungen und Perspektiven. In: NJW 2001, S. 1233–1238.

tene Grundrechtsschutz generell in Frage gestellt würde".[71] Zudem erkannte das BVerfG
„ein öffentliches Interesse der Europäischen Gemeinschaft an der Durchsetzung der gemeinschaftsrechtlichen Wettbewerbsordnung" an, das bei der Rücknahmeabwägung
berücksichtigt werden muss, so wie es durch den „verfassungsrechtlich unbedenklichen"
Spruch des Bundesverwaltungsgerichts geschehen ist.[72] In diesem Zusammenhang wies
das BVerfG ausdrücklich auf den Vorrang des europäischen Rechts gegenüber dem einfachen deutschen Gesetzesrecht hin und „erstreckte seine Geltung der Sache nach sogar
auf das vom EuGH geschaffene Richterrecht",[73] durch welches die nationale Fristenregelung maßgeblich abgeändert wurde. In kompetenziellrechtlicher Hinsicht konnte das
BVerfG in dieser Modifikation nationaler Praxen durch den EuGH keinen „ausbrechenden Rechtsakt" erblicken, da die Vorabentscheidung des EuGH allein der Durchsetzung
der im EG-Vertrag ausdrücklich vorgesehenen Befugnis der Kommission diene, Rück-
forderungen gemeinschaftsrechtswidriger Beihilfen anzuordnen. Sie wirke damit nur
im Einzelfall und schaffe kein allgemeines gemeinschaftsunmittelbares Verwaltungsver-
fahrensrecht.[74]

Der „integrationsfreundliche" Kurs des BVerfG setzte sich im Beschluss vom 7. Juni
2000 zur Bananenmarktordnung fort.[75] Dem Beschluss lag ein Fall zugrunde, der auf
den im Maastricht-Urteil formulierten Kontrollvorbehalt in Fragen des Grundrechteschutzes abstellte. Ausgelöst wurde der Rechtsstreit, der in seinem Verlauf nationale
Gerichte, den EuGH und die Spruchkörper der Welthandelsorganisation gleichermaßen beschäftigte,[76] durch die Neuordnung des EG-Bananenmarktes Anfang der 1990er
Jahre. Während die rechtlichen Interventionen auf internationaler Ebene letztendlich zu
einer partiellen, aber immer noch umstrittenen Novellierung der Marktordnung führten, scheiterten im Rahmen des gemeinschaftlichen Rechtsschutzsystems die Versuche,
das neue Importregime zu Fall zu bringen gänzlich. Der EuGH erklärte die Bananenmarktordnung vielmehr für rechtmäßig und wies entgegenlautende Klagen zurück. Da
die Kläger des Ausgangsrechtsstreits, 19 Unternehmen der „Atlanta"-Gruppe, ihre deutschen Grundrechte durch die vom EuGH bestätigte Anwendung der Einfuhrregelungen
des EG-Bananenregimes verletzt sahen, setzte das Verwaltungsgericht Frankfurt das
Verfahren aus und legte dem BVerfG mehrere Fragen zur Vereinbarkeit der Bananenmarktordnung mit dem Grundgesetz vor.[77] Die Vorlage, die sich im Wesentlichen auf
das Argument stützte, dass die Rechtsprechung des EuGH den individuellen Grund-

---

71 BVerfG, NJW 2000, 2015 (2015).
72 BVerfG, NJW 2000, 2015 (2015).
73 Schwarze, a. a. O., S. 234.
74 BVerfG, NJW 2000, 2015 (2016). Näher dazu Schwarze, a. a. O. (Fn. 41), S. 234 ff.; Nicolaysen/Nowak,
    a. a. O., S. 1235 f.
75 BVerfGE 102, 147.
76 Ausführlich dazu Cascante, José Christian/Sander, Gerald S.: Der Streit um die EG-Bananenmarktord-
    nung, Berlin 1999.
77 Zum Vorlagebeschluss vgl. Zuleeg, Manfred: Bananen und Grundrechte – Anlaß zum Konflikt zwi-
    schen europäischer und deutscher Gerichtsbarkeit. In: NJW 1997, S. 1201–1207.

rechtsschutz nicht mehr gewährleiste, wurde vom BVerfG jedoch als unzulässig zurückgewiesen. Es kam nicht zum „Warnschuß in Sachen Grundrechtsschutz"[78], wie ein wissenschaftlicher Beobachter erhoffte. Im Gegenteil: Das BVerfG knüpfte an eine Richtervorlage bzw. eine Verfassungsbeschwerde, die Verletzungen von deutschen Grundrechtsgewährleistungen durch das sekundäre Gemeinschaftsrecht geltend macht, eine „besondere Zulässigkeitsvoraussetzung", die auf dem Wege einer systematischen Gegenüberstellung des Grundrechtsschutzes auf nationaler und gemeinschaftlicher Ebene im Einzelnen darlegt und begründet, dass „der jeweils als unabdingbar gebotene Grundrechtsschutz generell nicht gewährleistet ist".[79] Gleichwohl dürften einem solchen Unterfangen keine großen Erfolgsaussichten beschieden sein, da sowohl die Grundrechtejudikatur des EuGH, als auch die Verabschiedung der Europäischen Grundrechtecharta ein Absinken des Schutzniveaus unter die in „Solange II" formulierten Standards nicht befürchten lassen. Damit hatte das BVerfG die „Hürden für einen subsidiäre Kontrolle des sekundären Gemeinschaftsrechts am Maßstab des Grundgesetzes für die Zukunft sehr hoch gehängt".[80] Der Bananenmarkt-Beschluss, der als „Friedensangebot"[81] an den EuGH verstanden werden konnte, verdeutlicht aber auch, dass das BVerfG seine Prüfungskompetenzen gegenüber dem Europarecht weiterhin aufrecht erhielt, wenngleich es in der Frage des Grundrechteschutzes einem offenen Jurisdiktionskonflikt durch einen „Teilrückzug" aus dem Wege gegangen ist.[82] Dies änderte sich, nachdem der zunächst plebiszitär vereitelte Qualitätssprung der europäischen Integration im Zuge der Lissabonner Vertragsrevisionen doch noch gelang.

5   Das Lissabon-Urteil des Bundesverfassungsgerichts: Staat und Demokratie im „verfassten politischen Primärraum"

Nachdem das Projekt einer konstitutionellen Neuordnung der EU an den Volksabstimmungen in Frankreich und den Niederlanden gescheitert war, hatte der Europäische Rat eine Regierungskonferenz ins Leben gerufen und diese mit der Ausarbeitung eines Reformvertrags beauftragt. Durch die am 18./19. Oktober 2007 in Lissabon verabschiedeten und am 13. Dezember 2007 unterzeichneten Dokumente,[83] schien das ambitio-

---

78 Stein, Torsten: „Bananen-Split"? – Entzweien sich BVerfG und EuGH über den Bananenstreit? In: EuZW 1998, S. 261–264, hier S. 262.

79 BVerfGE 102, 147 (164). Zur Kritik an den hohen verfassungsprozeduralen Hürden des Bananenmarkt-Beschlusses vgl. Nettesheim, Martin: Die Zulässigkeit von Verfassungsbeschwerden und Richtervorlagen nach Art. 23 GG. In: NVwZ 2002, S. 932–935; Schmid, Christoph: Ein enttäuschender Rückzug – Anmerkungen zum „Bananenbeschluss" des BVerfG. In: NVwZ 2001, S. 249–258.

80 Schwarze, a. a. O., S. 237.

81 Sturm/Pehle, a. a. O., S. 145

82 Nicolaysen/Nowak, a. a. O., S. 1236 f.

83 Zum Hergang Mayer, Franz C.: Die Rückkehr der Europäischen Verfassung? Ein Leitfaden zum Vertrag von Lissabon. In: ZaöRV 67 (2007), S. 1141–1217.

nierte Projekt einer EU-Reform doch noch zum Abschluss gelangen zu können. Der Reformvertrag versuchte, den gescheiterten Verfassungsvertrag so zu ersetzen, dass er zwar möglichst viele seiner inhaltlichen Änderungen beibehielt, allerdings auch Kompromisslösungen aufbot, die eine Zustimmung aller Mitgliedstaaten möglich machen sollten.

Der Kerngehalt dieser „pragmatischen Verfassungsreform"[84] ergab sich zum einen durch die rigorose „Streichung von ‚Staatsqualität' assoziierenden Elementen, zum anderen durch die ‚fast gebetsmühlenartig' betonten Reservate der Mitgliedstaaten hinsichtlich ihrer Kompetenzen".[85] Insbesondere das „Leitmotiv Kompetenzangst", verstanden als „symbolische Überkompensation aus vorgeblicher und echter Sorge um den Verlust mitgliedstaatlicher Zuständigkeiten"[86] führte zu einer großen Beflissenheit, jeden Eindruck einer sichtbaren Finalität des Integrationsprojekts samt der daran hängenden Dynamik im Kompetenztransfer und der letztlich dahinter stehenden Frage nach Fortbestand von souveräner Staatlichkeit zu vermeiden.[87] Gleichwohl schien auch dies nicht eine komplikationslose Ratifikation des Reformvertrags von Lissabon garantieren zu können: Das negative Votum der Volksabstimmung in Irland torpedierte einstweilen den Ratifikationsprozess, der bis zum Jahre 2009 abgeschlossen sein sollte. Vor diesem Hintergrund wurde das Lissabon-Urteil des Bundesverfassungsgerichts vom 30. Juni 2009[88] mit besonders großer Spannung erwartet.

In diesem enzyklopädisch anmutenden Urteil zeigte das BVerfG, dass es seine integrationspolitischen Prüfungskompetenzen nach wie vor beanspruchte und angesichts der neuen Integrationsdynamik auch rigoros anzuwenden, ja sogar auszubauen trachtete.[89] Das Gericht installiert sich als integrationspolitischer „gate-keeper" mit einer „verfassungsrechtlich radizierten Prüfungskompetenz"[90], die sich sowohl auf ultra vires-Akte europäischer Organe[91] als auch auf eine umfassende „Identitätskontrolle"[92], genauer: die Aufsicht über die „integrationsfeste Identität"[93] des Grundgesetzes erstreckt. Was die zu schützende Identität anlangt, belässt es das BVerfG nicht bei einer gebets-

---

84 Schwarze, Jürgen: Der Reformvertrag von Lissabon – Wesentliche Elemente des Reformvertrages. In: EuR, Beiheft 1, 2009, S. 9–27, S. 9.

85 Streinz, Rudolf: Die Finalität der Europäischen Union und der Vertrag von Lissabon. In: Politische Studien 60 (2009), Themenheft 1, S. 52–60, S. 57.

86 Mayer, Franz C., Die Rückkehr der Europäischen Verfassung?, a. a. O., S. 1165.

87 Vgl. zur neuen Kompetenzordnung die Darstellung bei Scharf, Daniel: Die Kompetenzordnung im Vertrag von Lissabon – Zur Zukunft Europas: Die Europäische Union nach dem Vertrag von Lissabon, Beiträge zum Europa- und Völkerrecht, H3, Januar 2009 (Institut für Wirtschaftsrecht/Forschungsstelle für Transnationales Wirtschaftsrecht der Martin-Luther-Universität Halle-Wittenberg).

88 BVerfG, 2 BvE 2/08, 30. Juni 2009 (BVerfGE 123, 267), Absatz-Nr. 1–421.

89 BVerfG, 2 BvE 2/08, 30. Juni 2009 (BVerfGE 123, 267), Abs. 240 und 241.

90 BVerfG, 2 BvE 2/08, 30. Juni 2009 (BVerfGE 123, 267), Abs. 240.

91 BVerfG, 2 BvE 2/08, 30. Juni 2009 (BVerfGE 123, 267), Abs. 240, 241, 338 sowie Leitsatz 4.

92 BVerfG, 2 BvE 2/08, 30. Juni 2009 (BVerfGE 123, 267), Abs. 240/241.

93 BVerfG, 2 BvE 2/08, 30. Juni 2009 (BVerfGE 123, 267), Abs. 239.

mühlenartigen Wiederholung des Verweises auf die „begrenzte Einzelermächtigung"[94] und die Grundrechte als konstitutive Teile dieser Identität, sondern macht sich anheischig, auch eine „Summe" solcher staatlicher Kompetenzen festzuschreiben, die als unverfügbare Essentiale souveräner Staatlichkeit anzusehen und zu schützen seien. Dazu gehören ganz allgemein die politische Gestaltung der „wirtschaftlichen, kulturellen und sozialen Lebensverhältnisse", ja, eigentlich alle relevanten öffentlichen (d. h.: staatlichen) Aufgabenbereiche.[95] Als mitgliedstaatlichem Rechtsprechungsorgan mit verfassungsrechtlicher Funktion könne ihm „nicht die Verantwortung für die Grenzen ihrer (der Mitgliedstaaten; die Verf.) verfassungsrechtlichen Integrationsermächtigung und die Wahrung der unverfügbaren Verfassungsidentität genommen werden".[96]

Die Kritik des BVerfG entzündet sich insbesondere an der bisherigen (gouvernemental-funktionalen) Logik der europäischen Integration, ihrer expansiven Dynamik und einer hieraus resultierenden fehlerhaften Wahrnehmung der Integrationsverantwortung. Den europäischen Organen attestiert es eine fortwährende „Tendenz zu ihrer politischen Selbstverstärkung"[97], der eine vom GG gebotene und verfassungsgerichtlich überprüfbare sowie einforderbare[98] Wahrnehmung der „nationalen Integrationsverantwortung"[99] entgegenzusetzen sei. Der „integrationsfesten Identität der Verfassung"[100] müsse im Integrationsprozess gebührende Geltung verschafft und somit einer Fremdbestimmung des deutschen Volkes entgegengewirkt werden. An den „demokratischen Primärraum"[101] des Mitgliedstaates, hier: der Bundesrepublik Deutschland seien alle relevanten Akte der Wahrnehmung der Integrationsverantwortung zurückzubinden, weswegen das demokratische Prinzip „nicht abwägungsfähig", sondern „unantastbar" sei und damit „jeder künftigen politischen Entwicklung eine unübersteigbare Grenze"[102] setze. Die „Grenze der unverfügbaren Verfassungsidentität"[103] sei somit auch die Grenze jeglicher Integration[104] und einer damit verbundenen „überstürzten Verfassungspolitik".[105]

Vor allem untersage es das GG, „Hoheitsrechte derart zu übertragen, dass *aus ihrer Ausübung heraus eigenständig weitere Zuständigkeiten* für die Europäische Union begründet werden können. Es untersagt die Übertragung der Kompetenz-Kompetenz

---

94 BVerfG, 2 BvE 2/08, 30. Juni 2009 (BVerfGE 123, 267), Abs. 231, 234, 235, 236, 239, 301, 324, 326, 328, 343.
95 BVerfG, 2 BvE 2/08, 30. Juni 2009 (BVerfGE 123, 267), Abs. 249.
96 BVerfG, 2 BvE 2/08, 30. Juni 2009 (BVerfGE 123, 267), Abs. 336.
97 BVerfG, 2 BvE 2/08, 30. Juni 2009 (BVerfGE 123, 267), Abs. 237.
98 BVerfG, 2 BvE 2/08, 30. Juni 2009 (BVerfGE 123, 267), Abs. 236.
99 BVerfG, 2 BvE 2/08, 30. Juni 2009 (BVerfGE 123, 267), Abs. 239.
100 BVerfG, 2 BvE 2/08, 30. Juni 2009 (BVerfGE 123, 267), Abs. 235.
101 BVerfG, 2 BvE 2/08, 30. Juni 2009 (BVerfGE 123, 267), Abs. 360.
102 BVerfG, 2 BvE 2/08, 30. Juni 2009 (BVerfGE 123, 267), Abs. 216.
103 BVerfG, 2 BvE 2/08, 30. Juni 2009 (BVerfGE 123, 267), Abs. 219.
104 BVerfG, 2 BvE 2/08, 30. Juni 2009 (BVerfGE 123, 267), Abs. 226.
105 Kirchhof, Paul: Die Identität der Verfassung. In: Handbuch des Staatsrechts der Bundesrepublik Deutschland II: Verfassungsstaat, hrsg. von Josef Isensee und Paul Kirchhof, 3. Aufl., Heidelberg 2004, S. 261–316, S. 286, Rz. 46.

(…). Auch eine weitgehende *Verselbständigung politischer Herrschaft* für die Europäische Union durch die *Einräumung stetig vermehrter Zuständigkeiten* und eine allmähliche Überwindung noch bestehender Einstimmigkeitserfordernisse oder bislang prägender Regularien der Staatengleichheit kann aus der Sicht des deutschen Verfassungsrechts allein aus der Handlungsfreiheit des selbstbestimmten Volkes heraus geschehen. Solche Integrationsschritte müssen von Verfassungs wegen *durch den Übertragungsakt sachlich begrenzt und prinzipiell widerruflich sein.*"[106] Deshalb sei es auch ausgeschlossen, eine „Blankettermächtigung zur Ausübung öffentlicher Gewalt, zumal mit unmittelbarer Bindungswirkung in der innerstaatlichen Rechtsordnung" zu erteilen.[107]

Veränderungen des Vertragsrechts, die ohne Ratifikationsverfahren durch die Organe der Union herbeigeführt werden, identifiziert das BVerfG als den neuralgischen Bereich, in dem die Freigabe deutscher Staatlichkeit durch die inhärente Dynamik des Integrationsprozesses am ehesten droht. Deswegen sei dieser Dynamik grundsätzlich zu misstrauen.[108] Aufgrund dieses Misstrauens reklamiert das BVerfG „geeignete innerstaatliche Sicherungen", die es in einer aufgefächerten „effektiven Wahrnehmung"[109] der Integrationsverantwortung (mit dem BVerfG als Präzeptor[110]) lokalisiert. Die „nationalen Verfassungsorgane" tragen nach Auffassung des BVerfG „eine besondere Verantwortung im Rahmen der Mitwirkung", und diese Mitwirkung müsse gerade bei Wahrnehmung der Integrationsverantwortung „den verfassungsrechtlichen Anforderungen insbesondere des Art. 23 Abs. 1 GG genügen".[111]

Natürlich rückt hier zunächst das Parlament in den Fokus, dessen „notwendige und konstitutive Zustimmung" das BVerfG ausdrücklich verlangt – und zwar immer wieder. Denn „die rechtliche und politische Verantwortung des Parlaments erschöpfe sich – auch im Fall der europäischen Integration – insoweit nicht in einem einmaligen Zustimmungsakt, sondern erstrecke sich auch auf den weiteren Vertragsvollzug. Solange der Integrationsprozess dynamisch bleibt, gibt es auch eine „dynamische Vertragsentwicklung"[112]; und solange es diese gibt, bedarf es einer immer wieder aktualisierten konstitutiven Zustimmung im Wege eines Zustimmungsgesetzes, nicht aber einer unverantwortlichen abstrakten Vorwegnahme dieser Zustimmung „auf Vorrat".[113]

Mit dem Zustimmungserfordernis in Permanenz ist man aber wieder bei dem für die Brückentheorie entscheidenden Element, über das sowohl die Verbindung der beiden Rechtsordnungen als auch die Kontrolle dieser Verbindung erfolgt – dem

---

106 BVerfG, 2 BvE 2/08, 30. Juni 2009 (BVerfGE 123, 267), Abs. 233 (Hervorhebungen der Verf.).
107 BVerfG, 2 BvE 2/08, 30. Juni 2009 (BVerfGE 123, 267), Abs. 236.
108 BVerfG, 2 BvE 2/08, 30. Juni 2009 (BVerfGE 123, 267), Abs. 238.
109 BVerfG, 2 BvE 2/08, 30. Juni 2009 (BVerfGE 123, 267), Abs. 239.
110 BVerfG, 2 BvE 2/08, 30. Juni 2009 (BVerfGE 123, 267), Abs. 240 und 241.
111 BVerfG, 2 BvE 2/08, 30. Juni 2009 (BVerfGE 123, 267), Abs. 409.
112 BVerfG, 2 BvE 2/08, 30. Juni 2009 (BVerfGE 123, 267), Abs. 411.
113 BVerfG, 2 BvE 2/08, 30. Juni 2009 (BVerfGE 123, 267), Abs. 413.

Zustimmungsgesetz,[114] und damit der Integrationsverantwortung des Bundestags als „Zentralorgan der staatlichen Willensbildung".[115] Diese Fokussierung auf den Bundestag ist für das BVerfG nicht nur aufgrund seiner „primärraum-gebundenen" Sicht von (parlamentarischer) Demokratiegeboten, sondern auch weil die Stellung nationaler Parlamente „durch die Verminderung von Einstimmigkeitsentscheidungen und die Supranationalisierung" teilweise „erheblich gemindert" sei, was durch „verfahrensrechtliche Einwirkungsmöglichkeiten und juristisch verfolgbare Beteiligungsansprüche" nicht kompensiert werden könne.[116]

6   Die Fortsetzung des Kampfs um den „verfassten politischen Primärraum" in der europäischen Finanzkrise

Die europäische Finanzkrise sollte dem BVerfG alsbald Gelegenheit geben, sich den im Lissabon-Urteil angeschnittenen Problemen weiter zu widmen. Die dramatische Zuspitzung der Krise in den Jahren 2009 und 2010 sowie der drohende Staatsbankrott Griechenlands erforderten ein schnelles und konsolidiertes Handeln der Mitgliedstaaten, das sich in seiner Geschwindigkeit sowie zunehmend intergouvernementalen Charakteristik von der demokratischen Kontrolle durch die Parlamente abzukoppeln drohte, dabei aber Solidaritätsleistungen und Verbindlichkeiten generierte, die einen zentralen Bereich parlamentarischer Verantwortung, den Haushalt und dessen Kontrolle, tangierten.[117]

Das gouvernementale Management der Finanzkrise produzierte somit ein massives Legitimitäts- und Demokratieproblem,[118] mit dem sich das BVerfG alsbald zu befassen hatte.[119] Im Gefolge zahlreicher Verfassungsbeschwerden, die im Verbund behandelt wurden, sowie mehrerer Organstreitverfahren setzte es deutliche Akzente bei der Stärkung des Demokratieprinzips, der Budgetkontrolle sowie im Verhältnis von Bundesregierung und Bundestag (Informationspflichten), verstand sich jedoch nicht dazu, die

---

114 BVerfG, 2 BvE 2/08, 30. Juni 2009 (BVerfGE 123, 267), Abs. 343.

115 Unger, Sebastian, Das Verfassungsprinzip der Demokratie, S. 70.

116 BVerfGE, 2 BvE 2/08, 30. Juni 2009 (BVerfGE 123, 267), Abs. 293.

117 Vgl. Lhotta, Anomisches Recht und Integrationsräson, a. a. O., S. 93 ff. sowie Sarrazin, Manuel/Kindler, Sven-Christian: „Brügge sehen und sterben" – Gemeinschaftsmethode versus Unionsmethode. In: Integration 3/2012, S. 213–222 und Blanke, Hermann-Josef/Pilz, Stefan (Hrsg.); Die „Fiskalunion". Voraussetzungen einer Vertiefung der politischen Integration im Währungsraum der Europäischen Union. Tübingen 2014. Zum Verlauf und als allgemeiner Überblick Kunstein, Tobias/Wessels, Wolfgang: Die Europäische Union in der Währungskrise: Eckdaten und Schlüsselentscheidungen. In: Integration 4/2011, S. 308–322.

118 Vgl. insbesondere die Kritik bei Streeck, Wolfgang: Gekaufte Zeit: Die vertagte Krise des demokratischen Kapitalismus, 5. Aufl., Frankfurt/M. 2013.

119 Vgl. Karpen, Ulrich: Demokratie und parlamentarische Kontrolle der Entscheidungen im Europäischen Stabilitätsmechanismus und Fiskalpakt. In: Zeitschrift für Parlamentsfragen 44 (2013), S. 645–658.

neuen supranationalen und teilweise außerhalb des Primärrechts installierten Schutz-
mechanismen für den Euro sowie die damit einhergehenden Verbindlichkeiten und
Kompetenzverlagerungen als verfassungswidrig zu deklarieren. Insbesondere räumte es
dem Bundestag hier einen seitens des Gerichts zu respektierenden Ermessensspielraum
ein.[120] Gleichwohl, im Urteil über die Verfassungsbeschwerden einer Reihe von Professoren und des MdB Peter Gauweiler vom 7. September 2011, die sich u. a. gegen das
Währungsunion-Finanzstabilitätsgesetz, das Euro-Stabilisierungsmechanismus-Gesetz
sowie die außervertragliche Änderung der im AEUV vorgesehenen Konzeption zur
Sicherung der Preisstabilität des Euro und die Verfahrensweise der Bundesregierung
richteten, hielt das BVerfG zwar fest, dass der Bundestag „sein Budgetrecht nicht in
verfassungsrechtlich unzulässiger Weise entleert und damit den substantiellen Bestim-
mungsgehalt des Demokratieprinzips missachtet" habe,[121] wies aber auch darauf hin,
dass insbesondere die abwehrrechtliche Dimension des Art. 38 GG die wahlberechtigten Bürger „vor einem Substanzverlust ihrer verfassungsstaatlich gefügten Herrschafts-
gewalt durch weitreichende oder gar umfassende Übertragungen von Aufgaben und Befugnissen des Bundestages, vor allem auf supranationale Einrichtungen" schütze[122] und
gerade das Budgetrecht als „zentrales Element der demokratischen Willensbildung"[123]
und „Ort konzeptioneller politischer Entscheidungen"[124] unveräußerbar sei. Für die
Grundsätze der Demokratie komme es darauf an, „ob der Deutsche Bundestag der Ort
bleibt, in dem eigenverantwortlich über Einnahmen und Ausgaben entschieden wird,
auch im Hinblick auf internationale und europäische Verbindlichkeiten."[125] Zum Iden-
titätskern der Verfassung gehöre somit auch, „dass der Haushaltsgesetzgeber seine Entscheidungen über Einnahmen und Ausgaben frei von Fremdbestimmung seitens der
Organe und anderer Mitgliedstaaten der Europäischen Union trifft und dauerhaft ‚Herr
seiner Entschlüsse' bleibt."[126] Keinesfalls dürfe der Bundestag seine vom Demokratieprinzip gebotene Budgetverantwortung „durch unbestimmte haushaltspolitische Ermächtigungen auf andere Akteure übertragen" und „finanzwirksamen Mechanismen
ausliefern, die – sei es aufgrund ihrer Gesamtkonzeption, sei es aufgrund einer Gesamtwürdigung der Einzelmaßnahmen – zu nicht überschaubaren haushaltsbedeutsamen
Belastungen ohne vorherige konstitutive Zustimmung führen können."[127]

Wie schon im Lissabon-Urteil verwahrt sich das BVerfG hier gegen unkontrollierbare und sich verselbständigende, lies: vom Primärraum abkoppelnde Integrations-
dynamiken. Der Bundestag dürfe deswegen „einem intergouvernemental oder supranatio-

---

120 BVerfG, 2 BvR 987/10, 7. September 2011 (NJW 2011, 2946), Rz. 128.
121 BVerfG, 2 BvR 987/10, 7. September 2011 (NJW 2011, 2946), Rz. 133.
122 BVerfG, 2 BvR 987/10, 7. September 2011 (NJW 2011, 2946), Leitsatz 1.
123 BVerfG, 2 BvR 987/10, 7. September 2011 (NJW 2011, 2946), Rz. 122.
124 BVerfG, 2 BvR 987/10, 7. September 2011 (NJW 2011, 2946), Rz. 123.
125 BVerfG, 2 BvR 987/10, 7. September 2011 (NJW 2011, 2946), Rz. 124.
126 BVerfG, 2 BvR 987/10, 7. September 2011 (NJW 2011, 2946), Rz. 127.
127 BVerfG, 2 BvR 987/10, 7. September 2011 (NJW 2011, 2946), Rz. 125.

nal vereinbarten, nicht an strikte Vorgaben gebundenen und in seinen Auswirkungen nicht begrenzten Bürgschafts- oder Leistungsautomatismus nicht zustimmen", insbesondere wenn er „einmal in Gang gesetzt – seiner Kontrolle und Einwirkung entzogen ist."[128] Dauerhafte völkerrechtliche Mechanismen, „die auf eine Haftungsübernahme für Willensentscheidungen anderer Staaten hinauslaufen, vor allem wenn sie mit schwer kalkulierbaren Folgewirkungen verbunden sind" dürfen nicht begründet werden. Vielmehr müsse jede „ausgabenwirksame solidarische Hilfsmaßnahme des Bundes größeren Umfangs in internationalen und unionalen Bereich" vom Bundestag „im Einzelnen bewilligt werden."[129] Die Integrationsverantwortung bei der Übertragung von Kompetenzen finde somit ihre Entsprechung bei haushaltswirksamen Maßnahmen vergleichbaren Gewichts. Das Thema der Marginalisierung des BT im Zuge einer primär gouvernementalen Bewältigung der Eurokrise ging aber sogleich in die nächste Runde.

In einer einstweiligen Anordnung vom 27. Oktober 2011 setzte das BVerfG eine Änderung des Gesetzes zur Übernahme von Gewährleistungen im Rahmen eines Europäischen Stabilisierungsmechanismus bis zum damit verbundenen Organstreitverfahren außer Kraft.[130] Mit der Gesetzesänderung sollte ein neues, aus Mitgliedern des Haushaltsausschusses bestehendes Gremium geschaffen werden (9er-Gremium), das in Fällen besonderer Eilbedürftigkeit und Vertraulichkeit die Rechte des Bundestages wahrnehmen sollte. Die hieraus resultierende Gefahr einer irreversiblen Verletzung der Abgeordnetenrechte aus Art. 38 Abs. 1 Satz 2, insbesondere der Statusrechte im Hinblick auf die haushaltspolitische Gesamtverantwortung des Bundestages, sah das BVerfG als hoch genug an, um die einstweilige Anordnung zu erlassen.

Im Hauptverfahren griff das BVerfG seine in 2 BvR 987/10 gemachten Ausführungen zum Budgetrecht als zentralem Bestandteil demokratischer Willensbildung und damit des Identitätskerns der Verfassung durchgehend wieder auf und erteilte den von Regierungsseite im Verfahren vorgebrachten Argumenten zu Gunsten einer gouvernementalen Handlungsfähigkeit bei der Bewältigung der Finanzkrise eine deutliche Absage. Die Regierung plädierte mit Blick auf die Gesetzesänderung für die Schaffung eines „handlungsfähiges Instrumentariums", mit dem man bei der Entscheidungsfindung „noch einigermaßen Marktteilnehmer überzeugen"[131] könne und wies auf die situationsspezifisch gegebene Eilbedürftigkeit und Vertraulichkeit hin, die umfängliche parlamentarische Verfahren samt Öffentlichkeitsbeteiligung bei der ggf. nötigen schnellen Vereinbarung von Maßnahmen ungeeignet erscheinen ließen, zumal die Bundesregierung in „genuin exekutiven Bereichen wie der Außenpolitik handlungsfähig bleiben"

---

128 BVerfG, 2 BvR 987/10, 7. September 2011 (NJW 2011, 2946), Rz. 127.
129 BVerfG, 2 BvR 987/10, 7. September 2011 (NJW 2011, 2946), Rz. 128.
130 BVerfG, 2 BvE 8/11, 27. Oktober 2011 (BeckRS 2011, 55352).
131 Darnstädt, Thomas: Das Sudoku-Problem, SPIEGEL-ONLINE, 29. Februar 2012, 15:46 – www.spiegel.de/politik/deutschland/0,1518,818382,00.html [Abruf: 29. 2. 2012, 15:46 Uhr].

müsse.[132] Dies ließ das BVerfG nicht gelten und verwies stattdessen darauf, dass der Bundestag seine Repräsentationsfunktion „grundsätzlich in seiner Gesamtheit" wahrnehme, „nicht durch einzelne Abgeordnete, eine Gruppe von Abgeordneten oder die parlamentarische Mehrheit".[133]

Auch die „Wahrnehmung der haushaltspolitischen Gesamtverantwortung des Deutschen Bundestages in einem System intergouvernementalen Regierens"[134] richte sich nach dieser gesamtheitlichen Wahrnehmung der Repräsentationsfunktion und bedürfe deswegen auch der Öffentlichkeit: „Öffentliches Verhandeln von Argument und Gegenargument, öffentliche Debatte und öffentliche Diskussion sind wesentliche Elemente des demokratischen Parlamentarismus. Das im parlamentarischen Verfahren gewährleistete Maß an Öffentlichkeit der Auseinandersetzung und Entscheidungssuche eröffnet Möglichkeiten eines Ausgleichs widerstreitender Interessen und schafft die Voraussetzungen der Kontrolle durch die Bürger (...). Entscheidungen von erheblicher Tragweite muss deshalb grundsätzlich ein Verfahren vorausgehen, das der Öffentlichkeit Gelegenheit bietet, ihre Auffassungen auszubilden und zu vertreten, und das die Volksvertretung dazu anhält, Notwendigkeit und Umfang der zu beschließenden Maßnahmen in öffentlicher Debatte zu klären. (...) Vor diesem Hintergrund ergibt sich der Grundsatz der Budgetöffentlichkeit aus dem allgemeinen Öffentlichkeitsprinzip der Demokratie (...)."[135]

Das BVerfG reproduziert sodann nahezu wörtlich seine Ausführungen aus 2 BvR 987/10 zum Zusammenhang von Demokratie und Budgetrecht,[136] stellt dann aber noch deutlich auf die gouvernementale Schlagseite der in Rede stehenden Gesetzesänderung ab und kommt zu einer recht deutlichen Warnung an die Bundesregierung. Eine Abwanderung besonders eilbedürftiger oder vertraulicher Entscheidungen mit Auswirkung auf den Haushalt in ein Arkanum der Integrationsräson, in dem die Regierung in angeblich „genuin exekutiven Bereichen wie der Außenpolitik handlungsfähig bleiben"[137] müsse, will das BVerfG jedenfalls im vorliegenden Fall nicht akzeptieren und wendet sich deshalb auch gegen eine regelhafte Vermutung von Eilbedürftigkeit und Vertraulichkeit, die einen weitreichenden Entscheidungsspielraum des geplanten 9er-Sondergremiums im Sinne einer „selbständigen und plenarersetzenden Wahrnehmung von Aufgaben"[138] einräume. Das BVerfG wird aber noch deutlicher: „Die Exekutive soll nicht im Wege der Kreditaufnahme und/oder der Gewährleistungsermächtigung das Budgetrecht des Parlaments aushöhlen oder umgehen können (...). Die Vorschrift des Art. 115 Abs. 1 GG

---

132 So die seitens der Bundesregierung im Verfahren vor dem BVerfG vertretene Auffassung – vgl. 2 BvE 8/11, Rz. 90.

133 BVerfG, 2 BvE 8/11, 28. Februar 2012 (BVerfGE 130, 318), Rz. 102.

134 BVerfG, 2 BvE 8/11, 28. Februar 2012 (BVerfGE 130, 318), Rz. 109.

135 BVerfG, 2 BvE 8/11, 28. Februar 2012 (BVerfGE 130, 318), Rz. 108.

136 BVerfG, 2 BvE 8/11, 28. Februar 2012 (BVerfGE 130, 318), Rz. 109.

137 BVerfG, 2 BvE 8/11, 28. Februar 2012 (BVerfGE 130, 318), Rz. 90.

138 BVerfG, 2 BvE 8/11, 28. Februar 2012 (BVerfGE 130, 318), Rz. 135.

erweist sich damit als Konkretisierung des demokratischen Parlamentsvorbehalts (…). Sie sichert das Budgetrecht auch für künftige Haushaltsjahre und verpflichtet das Parlament, die für die Entwicklung des Gesamtschuldenstands wesentlichen Entscheidungen selbst zu treffen und sie nicht durch allgemein formulierte Ermächtigungen der Exekutive zu überlassen. Zugleich gewährleistet Art. 115 Abs. 1 GG die Aufmerksamkeit des Parlaments sowie der interessierten Öffentlichkeit für aktuelle und potentielle Belastungen des Staatshaushalts und ermöglicht eine – nicht zuletzt auch verfassungsgerichtliche – Kontrolle (…)."[139]

Das BVerfG wendet sich damit explizit gegen die extreme Dynamisierung des exekutiven und legislativen Krisenmanagements nach der Devise „Not kennt kein Gebot" und erinnert nachdrücklich an die legitimatorische Relevanz „retardierender Momente von diskursiv angelegten parlamentarischen Verfahren".[140] Zwar vermag das BVerfG hier Ausnahmen zu akzeptieren, die ggf. die Statusrechte der Abgeordneten einzuschränken vermögen[141] – aber nicht im vorliegenden Fall, in dem weder das Verhältnismäßigkeitsprinzip gewahrt sei[142] noch Geheimschutzgründe erkennbar und die Eilbedürftigkeit prozedural angemessen umgesetzt sei[143] (weil es für die Mitglieder des 9er-Gremiums gar keine Vertretungsregelung gebe und eilbedürftige Entscheidungen somit bei Fehlen von Mitgliedern gar nicht zustande kommen könnten). § 3 Abs. 3 StabMechG schließe die Antragsteller als MdB „von wesentlichen, die haushaltspolitische Gesamtverantwortung des Deutschen Bundestages berührenden Entscheidungen in vollem Umfang aus", und dieser Ausschluss sei „nicht durch hinreichend gewichtige, an der Funktionsfähigkeit des Parlaments orientierte Gründe gerechtfertigt."[144]

Damit war das Thema aber immer noch nicht abgeschlossen, denn Mitwirkung und Information des Parlamentes spielten auch in dem Organstreitverfahren eine Rolle, das nur 4 Monate später zur Entscheidung kam.[145] Die Fraktion BÜNDNIS 90/DIE GRÜNEN hatte die Feststellung von Unterrichtungs- und Informationsversäumnissen der Bundesregierung gegenüber dem Bundestag in Angelegenheiten der Europäischen Union nach Art. 23 Abs.1 bis 3 GG (im Zusammenhang mit dem Europäischen Stabilitätsmechanismus und dem Euro-Plus-Pakt) beantragt. Dabei ging es insbesondere um eine unterlassene Unterrichtung über die Tagung des Europäischen Rates am 4. Februar 2011 sowie die nicht erfolgte Übersendung des Vertragsentwurfs zum ESM vom 6. April 2011 und die Unterlassung jeglicher Unterrichtung über die Tagung des Euro-

---

139 BVerfG, 2 BvE 8/11, 28. Februar 2012 (BVerfGE 130, 318), Rz. 111.

140 Korte, Karl-Rudolf: Beschleunigte Demokratie: Entscheidungsstress als Regelfall. In: APuZ 7/2012, S. 21–26, S. 23.

141 BVerfG, 2 BvE 8/11, 28. Februar 2012 (BVerfGE 130, 318), Rz. 120 ff.

142 BVerfG, 2 BvE 8/11, 28. Februar 2012 (BVerfGE 130, 318), Rz. 144.

143 BVerfG, 2 BvE 8/11, 28. Februar 2012 (BVerfGE 130, 318), Rz. 146.

144 BVerfG, 2 BvE 8/11, 28. Februar 2012 (BVerfGE 130, 318), Rz. 133; vgl. auch Wiefelspütz, Dieter: Das Primat des Parlaments. Zum Danckert-Schulz-Urteil des Bundesverfassungsgerichts zur europäischen Finanzstabilisierungsfaszilität. In: Zeitschrift für Parlamentsfragen 43 (2012), S. 227–250.

145 BVerfG, 2 BvE 4/11, 19. Juni 2012 (BVerfGE 131, 152).

päischen Rates vom 4. Februar 2011 mit Blick auf den Euro-Plus-Pakt. Der Anwendungsbereich des Art. 23 Abs. 2 S. 2 war zu klären, insbesondere ob „Angelegenheiten
der Europäischen Union"[146] auch intergouvernementale Verträge und Absprachen seien,
„die zwar im Zusammenhang mit der Europäischen Integration stehen, aber nicht auf
eine Rechtsetzung durch die Europäische Union zielen." Damit ging es um den Kernbereich exekutiver Eigenverantwortung (im Bereich der Außenpolitik) und dessen Abgrenzung von den Mitwirkungsrechten und Informationsbedürfnissen des Parlaments,
v. a. aber um die gouvernementale Gewichtsverlagerung in der Integrationspolitik, die
dem BVerfG bereits mehrfach negativ aufgefallen und offensichtlich geeignet war, nicht
nur die Wahrnehmung der Integrationsverantwortung in eine Schieflage zu bringen,
sondern den Bundestag als „Zentralorgan staatlicher Willensbildung" auszumanövrie-
ren. Insofern war dieses Organstreitverfahren eine ausgezeichnete Gelegenheit für das
BVerfG, das Parlament im Integrationsprozess erneut zu stärken und seinen bislang verfolgten Ausbau des Demokratieprinzips zum Bollwerk gegen eine zu dynamische und
exekutivlastige Integration fortzusetzen – worauf das Parlament auch mit einer von allen Fraktionen (!) konsentierten Gesetzesänderung reagierte.[147]

Zwar konzediert das BVerfG eine funktionsgerechte Teilung der Staatsgewalt gerade
bei der Außenvertretung der Bundesrepublik und sieht hier die Exekutive, insbesondere die Bundesregierung als primären Kompetenzinhaber – damit stehe die der Bundesregierung anvertraute auswärtige Gewalt „aber nicht außerhalb parlamentarischer
Kontrolle".[148] Hieran anknüpfend führt das BVerfG zunächst aus, dass Art. 23 GG für
die EU „das Spannungsverhältnis zwischen exekutiver Außenvertretung und parlamentarischer Verantwortung auf spezifische Weise ausgestaltet" habe,[149] unter anderem mit
der Ratio, dass eine stärkere Einbindung der nationalen Parlamente in den Integrationsprozess „deren Kompetenzverluste gegenüber der jeweiligen nationalen Regierung ausgleichen" könne.[150]

Anschließend geht das BVerfG daran, die „Angelegenheiten der Europäischen
Union" in ihrer Extension zu definieren. Dabei dehnt es den Objektbereich über Änderungen des Primärrechts sowie Rechtsetzungsakte der Union hinweg aus – denn darin
erschöpfe sich der Anwendungsbereich von Art. 23 Abs. 1 bis 3 nicht.[151] Hier könne
nur eine „Gesamtbetrachtung der Umstände, einschließlich geplanter Regelungsinhalte,
-ziele und -wirkungen" Aufschluss geben, „die sich, je nach Gewicht, einzeln oder in

---

146 Vgl. auch Schröder, Hinrich: Die Mitwirkung des Bundestages in EU-Angelegenheiten nach dem
   EUZBBG in der Praxis – ein Kurzkommentar. In: Zeitschrift für Parlamentsfragen 43 (2012), S. 250–277.
147 Vgl. Schäfer, Axel/Schulz, Fabian: Der Bundestag wird europäisch – zur Reform des Beteiligungsgeset-
   zes EUZBBG. In: Integration 3/2013, S. 199–212.
148 BVerfG, 2 BvE 4/11, 19. Juni 2012 (BVerfGE 131,152), Rz. 92.
149 BVerfG, 2 BvE 4/11, 19. Juni 2012 (BVerfGE 131,152), Rz. 94.
150 BVerfG, 2 BvE 4/11, 19. Juni 2012 (BVerfGE 131,152), Rz. 96.
151 BVerfG, 2 BvE 4/11, 19. Juni 2012 (BVerfGE 131,152), Rz. 99.

ihrem Zusammenwirken als ausschlaggebend erweisen können."[152] Daran würde auch dadurch nichts geändert, „dass der Europäische Stabilitätsmechanismus die Organe der Europäischen Union lediglich im Wege der Organleihe in Anspruch nimmt. In der Sache werden den Organen damit, wenngleich nicht in dem eigentlich dafür vorgesehenen Verfahren nach Art. 48 Abs. 1 EUV weitere Aufgaben und Befugnisse übertragen. Für die Kompetenzausstattung der Organe gelten daher auch insoweit der Grundsatz der begrenzten Einzelermächtigung sowie die Verbote, ihnen eine Kompetenz-Kompetenz einzuräumen oder den Kern der grundgesetzlichen Verfassungsidentität zu berühren. Andernfalls könnten die der Fortentwicklung der europäischen Integration von Verfassungs wegen gezogenen Grenzen und die insoweit vorgesehenen verfahrensrechtlichen Sicherungen umgegangen werden. Jede Zuweisung von Aufgaben und Befugnissen an die Europäische Union und/oder ihre Organe ist daher in der Sache eine Übertragung von Hoheitsrechten, und zwar auch dann, wenn die Organe für die Erledigung der Aufgabe nur im Wege der Organleihe in Anspruch genommen und mit Befugnissen ausgestattet werden."[153] Damit würde lediglich die „hybride Natur" des ESM deutlich, die intergouvernementale Ausflucht „im Wege eines gesonderten völkerrechtlichen Vertrages außerhalb der bisherigen Struktur des Unionsrechts" wäre aber gleichwohl von der Formulierung „Angelegenheiten der Europäischen Union" mit erfasst.[154] Insofern könne es nicht statthaft sein, „weite Teile des dynamischen und vielgestaltigen Prozesses der Integration im Rahmen der Europäischen Union von vornherein aus dem parlamentarischen Mitwirkungsrecht auszuklammern".[155]

In Konsequenz dessen geht das BVerfG daran, die „Informationsasymmetrien zwischen Bundesregierung und Bundestag"[156] soweit auszugleichen, „dass das Parlament nicht in eine bloß nachvollziehende Rolle gerät."[157] Dabei ist es nicht gerade zimperlich. Im Ergebnis kommt es zu einer umfassenden Unterrichtungspflicht der Bundesregierung gegenüber dem Parlament,[158] die sich nicht dadurch umgehen lässt, Geheimhaltung, Eilbedürftigkeit oder exekutive Eigenverantwortung vorzugeben.

Sowohl hinsichtlich des Umfangs als auch des Zeitpunkts der Informierung macht das BVerfG keine Konzessionen. Der Umfang richte sich nach der Funktion, dem Bundestag die Wahrnehmung seiner Mitwirkungsrechte zu ermöglichen – je intensiver, komplexer und weitreichender ein Vorgang sei, desto umfassender habe die Informierung zu sein.[159] Eine einmalige oder punktuelle Unterrichtung reiche dabei nicht aus: „Es handelt sich vielmehr um eine auf Dauer angelegte, fortlaufende Pflicht, die jedes-

---

152 BVerfG, 2 BvE 4/11, 19. Juni 2012 (BVerfGE 131,152), Rz. 100.
153 BVerfG, 2 BvE 4/11, 19. Juni 2012 (BVerfGE 131,152), Rz. 140.
154 BVerfG, 2 BvE 4/11, 19. Juni 2012 (BVerfGE 131,152), Rz. 144.
155 BVerfG, 2 BvE 4/11, 19. Juni 2012 (BVerfGE 131,152), Rz. 102.
156 BVerfG, 2 BvE 4/11, 19. Juni 2012 (BVerfGE 131,152), Rz. 109.
157 BVerfG, 2 BvE 4/11, 19. Juni 2012 (BVerfGE 131,152), Rz. 107.
158 BVerfG, 2 BvE 4/11, 19. Juni 2012 (BVerfGE 131,152), Rz. 116 ff.
159 BVerfG, 2 BvE 4/11, 19. Juni 2012 (BVerfGE 131,152), Rz. 117 ff.

mal aktualisiert wird, wenn sich bei der Behandlung einer Angelegenheit neue politische oder rechtliche Fragen stellen, zu denen sich der Deutsche Bundestag noch keine Meinung gebildet hat."[160] Informationen müssten zudem frühestmöglich erfolgen. Dies schließe es aus, „dass die Bundesregierung ohne vorherige Beteiligung des Deutschen Bundestages konkrete Initiativen ergreift oder an Beschlussfassungen mitwirkt, und gebietet die Weiterleitung sämtlicher Dokumente, sobald sie zum Gegenstand von Verhandlungen werden."[161] Einen Ermessensspielraum hinsichtlich des Zeitpunktes der Weiterleitung der Informationen verneint das BVerfG.

Den vorläufigen Abschluss fanden die rechtlichen Auseinandersetzungen im Kontext der europäischen Finanzkrise in einem Urteil vom 18. März 2014, in dem erneut eine Reihe Verfassungsbeschwerden und ein Organstreitverfahren zusammengefasst wurden, die sich „gegen deutsche und europäische Rechtsakte im Zusammenhang mit der Errichtung des Europäischen Stabilitätsmechanismus und dem Abschluss des Vertrages über Stabilität, Koordinierung und Steuerung in der Wirtschafts- und Währungsunion, gegen Maßnahmen der Europäischen Zentralbank sowie gegen Unterlassungen des Bundesgesetzgebers und der Bundesregierung in dem genannten Zusammenhang" richteten.[162]

Das BVerfG rezitierte auch in diesem Urteil seine bereits hinlänglich bekannten Ausführungen zur Integrationsverantwortung, zum Demokratieprinzip sowie zum Budgetrecht.[163] Bedingung für die Sicherung politischer Freiräume im Sinne des Identitätskerns der Verfassung bleibt auch hier, „dass der Haushaltsgesetzgeber seine Entscheidungen über Einnahmen und Ausgaben frei von Fremdbestimmung seitens der Organe und anderer Mitgliedstaaten trifft und dauerhaft Herr seiner Entschlüsse bleibt".[164] Je größer zudem „das finanzielle Ausmaß von Haftungsübernahmen oder Verpflichtungsermächtigungen ist, umso wirksamer müssen Zustimmungs- und Ablehnungsrechte sowie Kontrollbefugnisse des Bundestages ausgestaltet sein."[165] Einem „intergouvernemental oder supranational vereinbarten, nicht an strikte Vorgaben gebundenen und in seinen Auswirkungen nicht begrenzten Bürgschafts- und Leistungsautomatismus" dürfe das Parlament nicht zustimmen,[166] vielmehr repliziert das Gericht auch hier die Notwendigkeit der Einzelbewilligung jeder ausgabenwirksamen solidarischen Hilfsmaßnahme, um die Integrationsverantwortung angemessen wahrzunehmen.[167]

Im Übrigen geht das BVerfG aber nicht so weit, die eingegangenen Verpflichtungen zur Bewältigung der Finanzkrise als mit der Verfassung unvereinbar zu verwerfen. Es

---

160 BVerfG, 2 BvE 4/11, 19. Juni 2012 (BVerfGE 131,152), Rz. 122.
161 BVerfG, 2 BvE 4/11, 19. Juni 2012 (BVerfGE 131,152), Rz. 127.
162 BVerfG, 2 BvR 1390/12, 18. März 2014 (NJW 2014, 1505), Rz. 1.
163 BVerfG, 2 BvR 1390/12, 18. März 2014 (NJW 2014, 1505), Rz. 159 ff.
164 BVerfG, 2 BvR 1390/12, 18. März 2014 (NJW 2014, 1505), Rz. 164.
165 BVerfG, 2 BvR 1390/12, 18. März 2014 (NJW 2014, 1505), Rz. 163.
166 BVerfG, 2 BvR 1390/12, 18. März 2014 (NJW 2014, 1505), Rz. 164.
167 BVerfG, 2 BvR 1390/12, 18. März 2014 (NJW 2014, 1505), Rz. 165 ff.

räumt dem Gesetzgeber vielmehr einen „weiten Einschätzungsspielraum"[168] und positioniert sich als kritischer Aufpasser des Integrationsprozesses. Denn es sei „in erster Linie Sache des Gesetzgebers abzuwägen, ob und in welchem Umfang zur Erhaltung demokratischer Gestaltungs- und Entscheidungsspielräume auch für die Zukunft Bindungen in Bezug auf das Ausgabeverhalten geboten und deshalb – spiegelbildlich – eine Verringerung des Gestaltungs- und Entscheidungsspielraums in der Gegenwart hinzunehmen ist. Das Bundesverfassungsgericht kann sich hier nicht mit eigener Sachkompetenz an die Stelle der dazu zuvörderst berufenen Gesetzgebungskörperschaften setzen. Es hat jedoch sicherzustellen, dass der demokratische Prozess offen bleibt, aufgrund anderer Mehrheitsentscheidungen rechtliche Umwertungen erfolgen können und eine irreversible rechtlich Präjudizierung künftiger Generationen vermieden wird."[169] Gleichwohl ist eine verfassungsgerichtliche Überprüfung an dieser Stelle nicht ausgeschlossen, denn „ob und inwieweit sich *unmittelbar aus dem Demokratieprinzip darüber hinaus* eine *justiziable Begrenzung* der Übernahme von Zahlungsverpflichtungen oder Haftungszusagen herleiten lässt, musste der Senat *bislang nicht* entscheiden."[170]

7 Integrations-Containment durch staatszentrierte Demokratie: Schlussbetrachtungen im Lichte des Europawahl-Urteils

Lässt man die hier besprochene integrationspolitische Rechtsprechung des BVerfG noch einmal Revue passieren, lassen sich einige deutlich identifizierbare Charakteristika benennen. Zum einen wird das Demokratieprinzip des GG zum Dreh- und Angelpunkt der staatszentrierten und auf „Integrations-Containment" gerichteten Jurisdiktion des BVerfG, von dem aus der Art. 38 GG zu einem demokratischen Supergrundrecht und einer institutionellen Garantie gemacht wird; weiterhin ist es als unverrückbarer Bestandteil der Verfassungsidentität der Bundesrepublik Deutschland ein weit ausgreifendes und flexibel einsetzbares Palliativ gegen Dynamisierungen und Intensitätssteigerungen der europäischen Integration, in Sonderheit deren intergouvernemental geprägten Varianten. Die vom BVerfG auf alle Verfassungsorgane (bis hin zum einzelnen Bürger) verteilte Integrationsverantwortung, erhält für den Bundestag als Zentrum der demokratischen Willensbildung im verfassten politischen Primärraum noch einmal zusätzliche Bedeutung,[171] indem ihm gerade über das Budgetrecht, das Öffentlichkeitsprinzip sowie seine Unterrichtungs- und Informationsrechte gewichtige und non-tangible Bereiche des Demokratieprinzips überantwortet werden, die wiederum gegen exekutivlastige Asymmetrien im Integrationsprozess ins Feld geführt werden können.

---

168 BVerfG, 2 BvR 1390/12, 18. März 2014 (NJW 2014, 1505), Rz. 175.
169 BVerfG, 2 BvR 1390/12, 18. März 2014 (NJW 2014, 1505), Rz. 173.
170 BVerfG, 2 BvR 1390/12, 18. März 2014 (NJW 2014, 1505), Rz. 174 (Hervorhebungen der Verf.).
171 Vgl. Sinner, Stefan: Der Deutsche Bundestag als zentrales Verfassungsorgan nach der neueren Rechtsprechung des Bundesverfassungsgerichts. In: Zeitschrift für Parlamentsfragen 43 (2012), S. 313–323.

In der Konsequenz führt dies zu einer Kontrolle der europäischen Integration und der „integration through law" durch das deutsche Verfassungsrecht und die integrationspolitischen Akteure, welche die Verfassung ausführen. Die hierfür maßgeblichen Überlegungen des BVerfG fußen dabei stets auf der Prämisse, dass die europäische und die staatliche Rechtsordnung als zwei autonome, voneinander geschiedene Sphären existieren.[172] Verbunden werden die beiden Bereiche lediglich über die „Brücke" des nationalen Ratifikationsgesetzes,[173] über die ein jederzeit kontrollierbarer und begrenzter Transfer einzelner Kompetenzen von der staatlichen auf die gemeinschaftliche Ebene ermöglicht wird. Gleichermaßen wandern über diese Brücke europäische Normbestände in die Rechtsordnungen der Mitgliedstaaten hinein.

Die „Brückentheorie" ist in der rechtsdogmatischen Verwendung durch das BVerfG nichts anderes als eine etatistisch fokussierte Anverwandlung der dualistischen Völkerrechtlehren im Kontext der europäischen Integration. Ihre wichtigsten Brückenköpfe sind – als Anfang und Ende der grundgesetzlich-demokratischen Inklusionsstruktur – das Parlament und das Staatsvolk,[174] während das BVerfG von Verfassungs wegen den „gate-keeper" spielt. Auf die umfassende Hybridisierung von Staatlichkeit reagiert das BVerfG mit einem unbeirrten Festhalten am Staat als dem „verfassten politischen Primärraum" und damit dem zentralen „Bereich des Politischen".[175] Die Regierungsgewalt soll jederzeit auf das Volk bzw. die Bürger rückführbar und v. a. hinreichend bestimmt und deswegen auch jederzeit kontrollierbar sein. Aus der Sicht des Gerichts dürfen die Bürger „keiner politischen Gewalt unterworfen" sein, „der sie nicht ausweichen können und die sie nicht prinzipiell personell und sachlich zu gleichem Anteil in Freiheit zu bestimmen vermögen."[176] Dahinter steckt demokratietheoretisch ein Motiv, das sich wie ein roter Faden durch die Rechtsprechung des BVerfG zieht: Die Abwehr von heteronomer Fremdbestimmung, die dem Integrationsprozess seitens des Gerichts als drohender Effekt insinuiert wird.

Es passt in gewisser Weise hierzu, dass das BVerfG das politische System Europas sowohl im Lissabon-Urteil als auch den Urteilen im Kontext der europäischen Finanzkrise und zuletzt seinem Urteil vom 26. Februar 2014 zur Verfassungsmäßigkeit einer Drei-Prozent-Sperrklausel für die Wahl der Abgeordneten zum Europäischen Parla-

---

172 BVerfGE 22, 293 (296).

173 Mayer, Franz C.: Europäische Verfassungsgerichtsbarkeit. Gerichtliche Letztentscheidung im europäischen Mehrebenensystem. In: von Bogdandy, Arnim (Hrsg.), Europäisches Verfassungsrecht. Theoretische und dogmatische Grundzüge, Berlin/Heidelberg 2003, S. 229–282, S. 241; überdeutlich inklusive der Verwendung der Brückenmetaphorik Kirchhof, Die Identität der Verfassung, a. a. O., Rz. 52, 288 f.

174 Unger, Sebastian: Das Verfassungsprinzip der Demokratie. Normstruktur und Norminhalt des grundgesetzlichen Demokratieprinzips, Tübingen 2008, S. 70.

175 Insofern ist es zutreffend, wenn dem Lissabon-Urteil ein epigonaler Charakter bescheinigt wird – vgl. Schönberger, Christoph: Lisbon in Karlsruhe: Maastricht's Epigones at Sea. In: German Law Journal 10/08 (2009), S. 1201–1218.

176 BVerfGE, 2 BvE 2/08, 30. Juni 2009 (BVerfGE 123, 267), Abs. 212.

ment[177] ostentativ von Staatlichkeit, konstitutioneller Verfasstheit und v. a.: parlamentarischer Demokratie abgrenzt. Im Urteil zur Drei-Prozent-Sperrklausel wird überdeutlich, dass es dem Europäischen Parlament (EP) nicht nur die Qualität eines „normalen" Parlaments rundweg abspricht, sondern auch eine Entwicklung dorthin. Als Allzweckwaffe wird auch hier wieder das Demokratieprinzip eingesetzt, insbesondere das Recht der Parteien auf Chancengleichheit und Gleichheit der Wahl: „Wenn die die öffentliche Gewalt in den Parteienwettbewerb in einer Weise eingreift, die die Chance der politischen Parteien verändern kann, sind ihrem Ermessen daher besonders enge Grenzen gezogen."[178]

Wie eng diese Grenzen sind, zeigt sich daran, dass das BVerfG die Prognose des Gesetzgebers sowie die damit verbundene politische Einschätzung über die künftige Funktionsfähigkeit des EP schlichtweg nicht gelten lässt und durch die eigene ersetzt. (...) „Eine große Zahl kleiner Parteien und Wählervereinigungen in einer Volksvertretung kann zu ernsthaften Beeinträchtigungen ihrer Handlungsfähigkeit führen. Eine Wahl hat nicht nur das Ziel, überhaupt eine Volksvertretung zu schaffen, sondern sie soll auch ein funktionierendes Vertretungsorgan hervorbringen. Die Frage, was der Sicherung der Funktionsfähigkeit dient und dafür erforderlich ist, kann indes nicht für alle zu wählenden Volksvertretungen einheitlich beantwortet werden, sondern bemisst sich nach den konkreten Funktionen des zu wählenden Organs. Zudem kommt es auf die konkreten Bedingungen an, unter denen die jeweilige Volksvertretung arbeitet und von denen die Wahrscheinlichkeit des Eintritts von Funktionsstörungen abhängt."[179]

Ob die vom Gesetzgeber getroffene Regelung des Wahlrechts „geeignet und erforderlich" ist, um die mit der Wahl verfolgten Ziele zu erreichen, liegt scheinbar nicht wirklich in seinem zu respektierenden Ermessen, denn: „Eine Wahlrechtsbestimmung kann mit Blick auf eine Repräsentativkörperschaft zu einem bestimmten Zeitpunkt gerechtfertigt sein, mit Blick auf eine andere oder zu einem anderen Zeitpunkt jedoch nicht." Das BVerfG jedenfalls ist der Ansicht, dass das EP definitiv eine „andere" Repräsentativkörperschaft ist, und der Zeitpunkt, dass sich dies signifikant ändere, noch nicht absehbar sei. Der anderslautenden Einschätzung des Gesetzgebers könne „maßgebliches Gewicht (...) nur dann zukommen, wenn die weitere Entwicklung aufgrund hinreichend belastbarer tatsächlicher Anhaltspunkte schon gegenwärtig verlässlich zu prognostizieren ist."[180]

All dies vermag das Gericht nicht zu erkennen und deklariert die Prognoseentscheidung des Gesetzgebers somit als substantiell nicht überzeugend[181] – „die Drei-Prozent-

---

177 BVerfG, 2 BvE 2/13, 26. Februar 2014 (NJW 2014, 1413) sowie Haug, Volker M.: Muss wirklich jeder ins Europäische Parlament? Kritische Anmerkungen zur Sperrklausel-Rechtsprechung aus Karlsruhe. In: Zeitschrift für Parlamentsfragen 45 (2014), S. 467–487.

178 BVerfG, 2 BvE 2/13, 26. Februar 2014 (NJW 2014, 1413), Rz. 50.

179 BVerfG, 2 BvE 2/13, 26. Februar 2014 (NJW 2014, 1413), Rz. 54.

180 BVerfG, 2 BvE 2/13, 26. Februar 2014 (NJW 2014, 1413), Rz. 57.

181 BVerfG, 2 BvE 2/13, 26. Februar 2014 (NJW 2014, 1413), Rz. 60 und 65 ff.

Sperrklausel findet keine Rechtfertigung im Hinblick auf zu erwartende politische und institutionelle Entwicklungen und damit verbundene Änderungen der Funktionsbedingungen des Europäischen Parlaments in der nächsten Wahlperiode",[182] und die „tatsächlichen Auswirkungen der in Gang gesetzten politischen Dynamik auf die Funktionsfähigkeit des Europäischen Parlaments sind derzeit nicht abzusehen, so dass für die Prognose des Gesetzgebers, es drohe ohne die Drei-Prozent-Sperrklausel eine Funktionsbeeinträchtigung des Europäischen Parlaments, die Grundlage fehlt."[183] Scheinbar soll das EP geradezu in einem Zustand verharren, der jegliche weitere Annäherung an ein „normales" Parlament und ein „normales" parlamentarisches System verbietet – denn solange das EP ein „anderes" Parlament" ist, ist seine „Funktionsfähigkeit" nicht an der Logik eines „normalen" Parlaments zu messen. Es darf nicht sein, was nicht sein soll – der verfasste politische Primärraum soll auch der Raum bleiben, der das primär-verbindliche Modell demokratischer Selbstbestimmung vorgibt, mitsamt dem hierfür maßgeblichen Modell eines Primär-Parlamentarismus, dem gegenüber der „andere" Parlamentarismus der Europäischen Union mit seiner bis auf weiteres „anderen" Funktionslogik abzugrenzen ist.[184] Kaum etwas vermag treffender zu belegen, dass hier einmal mehr kategorial unterschiedliche Leit- und Ordnungsideen von Demokratie, Staat, Parlamentarismus, Repräsentation und Verfassung aufeinander treffen. Daran dürfte sich in den kommenden Jahren, nicht zuletzt aufgrund der integrationsskeptischen Sicht und der institutionellen Eigeninteressen des BVerfG wenig ändern.

---

182 BVerfG, 2 BvE 2/13, 26. Februar 2014 (NJW 2014, 1413), Rz. 70.
183 BVerfG, 2 BvE 2/13, 26. Februar 2014 (NJW 2014, 1413), Rz. 72.
184 Vgl. Decker, Frank: Die Europäische Union auf dem Weg zur parlamentarischen Demokratie? In: Aus Politik und Zeitgeschichte 64, 38-39/2014, S. 3–8 sowie Sonnicksen, Jared: Ein Präsident für Europa. Zur Demokratisierung der Europäischen Union. Wiesbaden 2014.

Wenn Richter mitregieren wollen: Selbstautorisierung beim BVerfG und dem EuGH im Vergleich

Marcus Höreth

1 Einleitung

Sowohl die rechts- als auch die politikwissenschaftliche Forschung ist sich darin einig, das Bundesverfassungsgericht (BVerfG) als eines der mächtigsten Gerichte der Welt einzustufen. Das „Regieren mit Richtern"[1] ist in Deutschland die Konsequenz daraus, dass hier nach dem Ende des Nationalsozialismus ein demokratischer Verfassungsstaat errichtet werden sollte, in dem das Recht die Oberherrschaft über die (politische) Macht gewinnt. Mit dem Europäischen Gerichtshof (EuGH) hat sich jedoch eine supranationale Gerichtsbarkeit entwickelt, die der Karlsruher Institution – in Machtkategorien gedacht – allmählich den Rang abzulaufen scheint. Erstaunlicherweise hat die Forschung die so kooperative wie konfliktive Beziehung zwischen diesen beiden Gerichten seit geraumer Zeit intensiv untersucht und dabei die wesentlichen Unterschiede hinsichtlich ihrer jeweiligen Funktionen stark betont, während sie jedoch weitgehend darauf verzichtet hat, nach Ähnlich- oder gar Gemeinsamkeiten zu suchen. In diesem Beitrag möchte ich daher zeigen, wie beide Gerichte vor allem in ihrer Anfangszeit durch Rechtsprechung ihren institutionellen Eigeninteressen nachgegangen sind. Beide Gerichte ähneln sich stark darin, wie sie ihre Urteile als Akte der Selbstautorisierung[2] genutzt und inszeniert haben. Beim EuGH ist jene Geschichte der Selbstautorisierung, oft beschrieben als „stille Revolution",[3] inzwischen recht gut erforscht, während schon die Behauptung, auch das BVerfG habe erst durch fortwährende Akte der Selbstautorisie-

1 Schmidt, Manfred G.: Das politische System Deutschlands. Institutionen, Willensbildung und Politikfelder, Bonn 2011, S. 224.

2 Vgl. Höreth, Marcus: Die Selbstautorisierung des Agenten. Der Europäische Gerichtshof im Vergleich zum US Supreme Court, Baden-Baden 2008.

3 Weiler, Joseph H. H.: A Quiet Revolution. The European Court of Justice and Its Interlocutors; in: Comparative Political Studies 26 (1994), S. 510–534.

rung jene machtvolle Position errungen, die es heute inne hat, fast als blasphemisch erscheint – gilt es doch als kanonische Erkenntnis, dass bereits die Mütter und Väter des Grundgesetzes bewusst ein möglichst mächtiges Verfassungsgericht schaffen wollten, um nach den Erfahrungen mit der nationalsozialistischen Diktatur der Verfassung der zweiten deutschen Demokratie eine ebenso unbestreitbare wie unangreifbare Suprematie über die Politik zu verleihen.[4] Wie im Folgenden zunächst zu zeigen sein wird, war jedoch mit der in der Verfassung bzw. in den europäischen Verträgen festgeschriebenen institutionellen Startposition beider Gerichte keineswegs bereits ihre später tatsächlich ausgeübte Rechtsprechungsmacht ausgemacht. Beide Gerichte konnten jedoch bestimmte Grundentscheidungen ihrer Konstituenten wirkungsvoll für sich und ihr Bestreben nach institutioneller Autonomie und Selbstbehauptung nutzen. Im Rahmen dieser strategischen Grundausrichtung sprachen sie bei passender Gelegenheit taktisch kluge Urteile, die als Akte der Selbstautorisierung interpretiert werden können. Im Fazit werden die bei der Gegenüberstellung gemachten Beobachtungen hinsichtlich der institutionellen Startpositionen sowie der jeweiligen Akte der Selbstautorisierung beider Gerichte kurz auf Ähnlichkeiten hin untersucht und zusammengefasst.

2   Institutionelle Ausgangspositionen

2.1   Das BVerfG im Kampf um seinen Status[5]

Als neue und unbelastete Institution konnte das BVerfG in der Anfangszeit eines noch kaum gefestigten politischen Systems seine eigene Rolle selbstbewusst definieren und beim Weiterbau des demokratischen Verfassungsstaats maßgeblich mitwirken. Das Gericht profitierte gerade in den ersten Jahrzehnten seiner Tätigkeit unzweifelhaft von einer vordemokratischen autoritätsgläubigen politischen Kultur.[6] Diesen Umstand konnte sich das neue Gericht zunutze machen, indem es den Respekt, den die Deutschen ihren Höchstgerichten traditionell zollten, auf sich umleitete. Dabei – und das ist die Schattenseite – wurde das Gericht zum „gütig-strengen Vormund einer betreuten Demokratie, die sich selbst nicht recht traute."[7] Indessen erschien die Ausgangsposition des Gerichts in Karlsruhe keineswegs besonders komfortabel. Auf dem Weg zu einem der mächtigsten Verfassungsgerichte der Welt musste das BVerfG anfangs einige Hindernisse beseitigen und sich gleich bewähren. Nach der damals noch dominierenden politischen und

---

4   Repräsentativ für diese populäre Sichtweise Säcker, Horst: Das Bundesverfassungsgericht, Bonn 2003.
5   Zur Statusfrage vgl. Lembcke, Oliver W.: Das Bundesverfassungsgericht und die Regierung Adenauer – vom Streit um den Status zur Anerkennung der Autorität; in diesem Band ab S. 187.
6   Helms, Ludger: Ursprünge und Wandlungen der Verfassungsgerichtsbarkeit in den konsolidierten liberalen Demokratien; in: Zeitschrift für Politik (ZfP) 2007, 53, S. 50–73, 68.
7   Schönberger, Christoph: Anmerkungen zu Karlsruhe, in: Das entgrenzte Gericht. Eine kritische Bilanz nach sechzig Jahren Bundesverfassungsgericht, Berlin 2011, S. 9–76, S. 43.

verfassungsrechtlichen Auffassung wurde dem BVerfG lediglich der Status eines Annexes des Bundesgerichtshofs zugedacht;[8] dem Gericht den Status eines Verfassungsorgans zu verleihen, sahen die Mütter und Väter des Grundgesetzes ebenfalls nicht vor, zumal noch Anfang der 50er Jahre – wie im ursprünglichen Art. 95 Abs. 1 GG vorgesehen[9] – die Einrichtung eines obersten Bundesgerichtshofs weiterhin zur Debatte stand.[10] Es entsprach somit den Intentionen der Mütter und Väter des Grundgesetzes, die Dritte Gewalt in der Bundesrepublik mit einer Art Doppelspitze auszustatten. Im Parlamentarischen Rat lange diskutiert wurden etwa die von Walter Strauß (CDU) vorgetragene Vorstellungen, nach denen dem (gemischt besetzten) Verfassungsgericht lediglich eine untergeordnete Stellung unter einem (ausschließlich mit Berufsrichtern) besetzten Obersten Bundesgericht eingeräumt werden sollte, dem allein es vorbehalten bliebe, gegebenenfalls Gesetze auf ihre Übereinstimmung mit dem Grundgesetz zu überprüfen. Hätten sich diese Vorstellungen durchgesetzt, wäre das Verfassungsgericht im späteren bundesrepublikanischen Regierungssystem sicher zu einer Randfigur geworden.

Den institutionellen Status, den das Gericht heute genießt, musste es sich erst erkämpfen, es gilt aus heutiger Sicht daher zu Recht als „verspätetes Verfassungsorgan".[11] Zu Beginn der Arbeitsaufnahme des BVerfG war jedenfalls noch nicht endgültig geklärt, welcher Rang dem Gericht innerhalb des bundesdeutschen Regierungssystems zukam. Ungeklärt war zugleich, welchen Rang es innerhalb des deutschen Gerichtssystems einnehmen sollte. Daher wurde es zunächst noch immer als ein eher gewöhnliches Gericht wie andere Obere Bundesgerichte auch betrachtet, das letztlich wie diese dem Justizministerium unterstellt ist. Verfassungsrechtlich war diese Annahme durchaus naheliegend, zumal das BVerfG verfassungssystematisch als bloßes „Organ der Rechtspflege" eingestuft wurde. Dies vertrug sich schlecht mit dem von Anfang an ausgeprägten Selbstbewusstsein des Gerichts, dem die Bedeutung der ihm gestellten verfassungsrechtlichen Kernaufgaben viel klarer war als den meisten damaligen politischen Akteuren. Es ging also darum, der Politik zu verdeutlichen, welche institutionellen Konsequenzen die Schaffung eines Verfassungsgerichts nach sich ziehen mussten, damit es die ihm anvertraute Funktion tatsächlich effektiv erfüllen kann. Zu diesem Zweck verfasste Gerhard Leibholz als einer der ersten Verfassungsrichter einen Statusbericht, der als Denkschrift vom Gericht übernommen wurde und am 27. Juni 1952 an die Verfassungsorgane Bundespräsident, Bundesregierung, Bundestag und Bundesrat weitergelei-

---

8   Vgl. hierzu ausführlich Höreth, Marcus: Verfassungsgerichtsbarkeit in der Bundesrepublik Deutschland, Stuttgart 2014, S. 24 ff.

9   Grundgesetz in der Urfassung vom 23. Mai 1949.

10 Vgl. zum Folgenden Laufer, Heinz: Verfassungsgerichtsbarkeit und politischer Prozess. Studien zum Bundesverfassungsgericht für die Bundesrepublik Deutschland, Tübingen 1968, S. 278 ff.; Niclauß, Karlheinz: Der Parlamentarische Rat und das Bundesverfassungsgericht; in diesem Band ab S. 151; Höreth, a. a. O. (Fn. 8), S. 24 ff.

11 Schiffers, Reinhard: Einleitung, in: Grundlegung der Verfassungsgerichtsbarkeit. Das Gesetz über das Bundesverfassungsgericht vom 12. März 1951, bearbeitet von Reinhard Schiffers, Düsseldorf 1984, S. VII–LIII, S. VII.

tet wurde.[12] Kühn wird in dieser Denkschrift zunächst betont, dass das BVerfG ein „mit allen Garantien richterlicher Unabhängigkeit ausgestatteter, selbständiger Gerichtshof" sei. Diese Aussage war sicherlich noch konsensfähig zur damaligen Zeit, auch bei den politischen Akteuren. Doch die Schlussfolgerung, die aus dieser Erkenntnis mit Blick auf den institutionellen Status des Verfassungsgerichts gezogen wurde, war nicht weniger als ein Akt der Selbstautorisierung: Mit der „Eigenschaft als berufener Hüter der Verfassung" sei das Gericht „zugleich ein mit höchster Autorität ausgestattetes Verfassungsorgan" und stehe deshalb „verfassungsrechtlich dem Bundestag, dem Bundesrat und der Bundesregierung ebenbürtig zur Seite."[13] Den ausschließlichen Status eines gewöhnlichen Gerichts lehnte man also ab; mit den anderen oberen Gerichten wie dem Bundesgerichtshof, dem Bundesverwaltungsgericht, dem Bundesarbeitsgericht, dem Bundessozialgericht und dem Bundesfinanzhof wähnte man sich keineswegs auf einer Stufe, sondern positionierte sich über ihnen. Das BVerfG wollte – und musste aus seiner Sicht – eben beides sein: ein mit allen Privilegien ausgestatteter Gerichtshof und zugleich ein alle Vorrechte genießendes Verfassungsorgan. Diese Aussagen missfielen vielen Mitgliedern der damaligen Bundesregierung, vor allem stießen sie beim Bundesjustizministerium auf Ablehnung.[14] Doch Leibholz' Überlegungen waren in der Sache nur schwerlich zu widerlegen, denn die Alternative war schlicht unlogisch: Wie hätte ein Gericht die Autorität aufbringen können, vom Verfassungsorgan Bundesregierung initiierte und in den Verfassungsorganen Bundestag und Bundesrat beschlossene und schließlich vom Verfassungsorgan Bundespräsident ausgefertigte Gesetze gegebenenfalls zu verwerfen, wenn es als herkömmliches Gericht dem Justizministerium unterstellt gewesen wäre? Zweifellos rückte das Gericht als Verfassungsorgan damit näher in das politische Kräftefeld der noch jungen Republik, doch dieser Schritt konnte und musste als notwendig erachtet werden – auch die politischen Akteure haben sich dieser Sichtweise letztlich nicht verschließen können. Das Gericht wurde jedenfalls in der Folge autark – es bekam seinen eigenen Haushaltstitel und sein eigenes Personal.

2.2   Der EuGH als Gemeinschaftskontrolleur

Verglichen mit dem BVerfG war die Ausgangsposition des bereits 1953 im Rahmen des EGKS-Vertrages gegründeten EuGH auf dem ersten Blick noch weit unvorteilhafter gewesen. Zwar ist es nach Art. 220 EG von Anfang an die Aufgabe des Gerichts gewesen,

---

12 Leibholz, Gerhard: Der Status des Bundesverfassungsgerichts: Eine Materialsammlung mit einer Einleitung, in: Jahrbuch des öffentlichen Rechts der Gegenwart 1957, 6, S. 109–221; Bundesverfassungsgericht: Denkschrift des Bundesverfassungsgerichts. Die Stellung des Bundesverfassungsgerichts vom 27. Juni 1952, in: Jahrbuch des öffentlichen Rechts der Gegenwart 1957, 6, S. 144–148.

13 Bundesverfassungsgericht, a. a. O. (Fn. 12), S. 145.

14 Vgl. Menzel, Jörg: Einleitung, in: ders. (Hrsg.), Verfassungsrechtsprechung, Tübingen 2000, S. 1–41, S. 12.

die „Wahrung des Rechts bei der Auslegung und Anwendung dieses Vertrags" zu gewährleisten. Mit dieser sehr weit gefassten Formulierung haben die Mitgliedstaaten keineswegs eine allgemeine Zuständigkeit des EuGH begründen wollen – die Aufgaben,
für die der EuGH zuständig sein sollte, sind nach dem Enumerativprinzip ausdrücklich
übertragen worden. Vor allem aber legt der Wortlaut in Art. 220 EG nahe, der EuGH
sei nur für die Auslegung des – zunächst als reines Völkerrecht konzipierten – Primärrechts zuständig. Doch schon bald hat der EuGH sich auch für Fragen der Anwendung
und Auslegung des sekundären Gemeinschaftsrechts für zuständig erklärt.[15] Auch sonst
stimmen die ursprünglichen Intentionen der Mitgliedstaaten als „Herren der Verträge"
keineswegs mit der inzwischen von vielen Europarechtlern erkannten funktionalen
Notwendigkeit für einen starken Gerichtshof überein. Der neu geschaffene – und lediglich auf völkerrechtlicher Grundlage basierende – supranationale Gerichtshof sollte vor
allem dazu dienen, die „Hohe Behörde" (noch zu EGKS-Zeiten) und später die Europäische Kommission zu kontrollieren.[16] Jean Monnet und Walter Hallstein, unzweifelhaft Befürworter einer möglichst weitgehenden supranationalen Integration, sahen in
dem geplanten Gerichtshof folgerichtig sogar eine Gefahr einer Integrationsbremse, die
sich selbst als „Träger der eigentlichen Autorität" sehen und dabei vor allem die Hohe
Behörde beschränken würde.[17] Gewiss war die Kontrolle der Hohen Behörde bzw. der
Kommission nicht die einzige dem EuGH übertragene Funktion. Zusätzlich sollte er die
im Vertrag zuhauf stehenden unbestimmten Rechtsbegriffe auslegen sowie über die von
der Hohen Behörde oder den Mitgliedstaaten erhobenen Klagen der Nichtbefolgung
von Gemeinschaftsrecht entscheiden. Nichts spricht indessen dafür, dass den Mitgliedstaaten daran gelegen war, nationale Gesetze unter Mithilfe von privaten Klägern und
der nationalen Gerichte im Wege des Vorabentscheidungsverfahrens vor dem EuGH an
den Maßstäben des Gemeinschaftsrechts überprüfen zu lassen. Sicher hatten sie nicht
im Sinn gehabt, dass das Gericht in dieser Weise seine Kontrollinstrumente später auch
und vor allem gegen die Mitgliedstaaten einsetzen würde.

In institutioneller Hinsicht trösteten sich die Mitgliedstaaten jedoch über viele Jahrzehnte mit dem Gedanken, politisch das Heft fest in ihrer Hand behalten zu können
und die Integrationsentwicklung maßgeblich zu bestimmen. Dies entbehrt nicht einer
gewissen Ironie. Gerade weil die Mitgliedstaaten – jeder für sich – trotz der durchaus
gewollten Übertragung von partiellen Souveränitätsrechten auf die europäische Ebene
den Gang der Entwicklungen unter ihrer ultimativen Kontrolle behalten wollten und
deshalb vor allem bei den ihre nationalen Interessen besonders berührenden Bereichen
nicht auf ihr Vetorecht bei der Schaffung neuen Rechts verzichteten, konnte der EuGH
als jene Institution, die bei der Entscheidungsfindung nicht auf mühsam ausgehandelte

---

15   Craig, Paul P./de Burca, Grainne: EU Law. Text, Cases and Materials, Oxford 1998, S. 88.
16   Vgl. Scheingold, Stuart A.: The Rule of Law in European Integration, Yale 1965; Alter, Karen J.: Estab-
     lishing the Supremacy of European Law, Oxford 2001.
17   Vgl. m. w. N. Höreth, a. a. O. (Fn. 2), S. 86 ff.

politische Kompromisse zurückgreifen muss, besonders profitieren.[18] Gerade das Beharren der Mitgliedstaaten auf ihren Souveränitäts- und Kontrollrechten führte daher
zu deren sukzessiven Verlust. Indem die Mitgliedstaaten einem Ministerrat, der vor allem während der Zeit des Luxemburger Kompromisses vollständig abhängig von der
Einstimmigkeit seiner Mitglieder und daher oft handlungsunfähig war, ein Gericht mit
weit reichender Autonomie und Interpretationsmacht zur Seite stellten, haben sie ihre
eigene Kontrollmacht wirkungsvoll unterlaufen.[19] Einmal eingesetzt, sind durch den
EuGH und seine Rechtsprechung – unter tatkräftiger Unterstützung seiner supranationalen Verbündeten Kommission und Parlament – pfadabhängige Entwicklungen in
Gang gesetzt worden, die kaum antizipiert und noch weniger politisch gewollt gewesen
sein konnten.

3   Gerichtsentscheidungen als Akte der Selbstautorisierung

3.1   BVerfG: Positionskämpfe und Selbstbehauptung

Das BVerfG überstand in seinen Anfangsjahren alle schwerwiegenden Konflikte und
Machtkämpfe mit den oberen Bundesgerichten und sorgte sogar dafür, dass sich die
Fachgerichte seinem Jurisdiktionsanspruch unterordneten.[20] Dies gelang dem BVerfG
mit der Durchsetzung zweier Grundsätze, an die sich fortan alle nachrangigen Gerichte
zu halten hatten. *Erstens* machten die Karlsruher Richterinnen und Richter den letzt-
instanzlichen Bundesgerichten unmissverständlich klar, dass sie in Fragen der Verfassungsauslegung nicht mitzureden hätten, so dass eine Deutungskonkurrenz zum BVerfG
gar nicht erst entstehen konnte. Dies hätten die oberen Bundesgerichte sicherlich noch
solange leicht ertragen können, solange das Verfassungsrecht als „politisches" Recht
eine sauber von den übrigen, also „ihren", Rechtsbereichen getrennte Rechtssphäre
bliebe. Doch *zweitens* gelang es im Januar 1958 in der „*Lüth*"-Entscheidung,[21] dafür zu
sorgen, dass die Grundrechte eine „objektive Werteordnung" etablierten, welche auf die
gesamte Rechtsordnung, also auch auf privatrechtliche Verhältnisse, ausstrahlte. Dies
hatte zur Konsequenz, dass praktisch alle Rechtsfragen in Verfassungsfragen übersetzt
werden konnten, über die zu entscheiden sich das BVerfG zuvor sein Monopol – mit ein

---

18   Vgl. Weiler, Joseph: The Community System. The Dual Character of Supranationalism. In: Yearbook of
     European Law I, 1981, S. 257–306.
19   Vertiefend hierzu Höreth, a. a. O. (Fn. 2), S. 313 ff.
20   Vgl. Baldus, Manfred: Frühe Machtkämpfe. Ein Versuch über die historischen Gründe der Autorität
     des Bundesverfassungsgerichts, in: Das Lüth-Urteil in (rechts-)historischer Sicht. Die Konflikte um
     Veit Harlan und die Grundrechtsjudikatur des Bundesverfassungsgerichts, herausgegeben von Thomas
     Henne und Arne Riedlinger, Berlin 2005, S. 237–248.
21   BVerfGE 7, 198 – Lüth.

wenig Hilfe des Gesetzgebers im Zuge des so genannten „Gutachterstreits"[22] – bereits abgesichert hat.

Insbesondere die jedermann zur Verfügung stehende – und ursprünglich im Grundgesetz nicht vorgesehene – Verfassungsbeschwerde sollte sich bald als höchst innovatives Instrument zur Ingangsetzung eines verfassungsgerichtlichen Verfahrens erweisen. Die mit ihr verbundene Grundrechtejudikatur bot dem Gericht zahlreiche Gelegenheiten, das anfangs noch fragile Gebilde eines demokratischen Verfassungsstaats auf den richtigen Weg zu bringen. Hierfür musste man aber – so wie es die damaligen Bundesverfassungsrichter sahen – mit überkommenen Rechtsauffassungen gründlich aufzuräumen. Geradezu legendär in diesem Zusammenhang ist das „Lüth"-Urteil,[23] dem ein Sachverhalt und vorangegangene justizielle Auseinandersetzungen zugrunde liegen, die noch stark von eben diesen überkommenen Rechtsauffassungen geprägt waren. In dem Rechtsstreit ging es im Kern darum, ob Grundrechte auch Schutzrechte im Verhältnis von Bürger zu Bürger begründen können. Das war ein völlig neuer Gedanke, weil Grundrechte nach damaligem Verständnis ausschließlich vertikal als Abwehrrechte gegen den Staat wirkten und somit die Beziehungen zwischen dem einzelnen Grundrechtsträger und den staatlichen Behörden regelten – was vom BVerfG zu Beginn seiner Ausführungen im Urteil noch bestätigt wurde. Vor dem Hintergrund dieser Ausgangssituation kam die Entscheidung des Gerichts, dass Lüths Boykottaufruf, der sich gegen „Private" richtete, nämlich gegen den ehemaligen NS-Regisseur Veit Harlan und die Verleihfirma seines ersten Nachkriegsfilms, tatsächlich durch die Meinungsfreiheit in Art. 5 des Grundgesetzes gedeckt sei, völlig überraschend.

Doch es ging in diesem Urteil um weit mehr, als Lüth in seinem Grundrecht zu schützen. Das Gericht nutzte die Gelegenheit, um die bedeutende Rolle *aller* Grundrechte bei der Interpretation der gesamten Rechtsordnung zu unterstreichen. Es verabschiedete sich gründlich von der Vorstellung, Grundrechte lediglich als „Abwehrrechte" gegen den Staat zu begreifen. Das waren und sind sie tatsächlich weiterhin, aber eben nicht nur, denn, so heißt es im ersten Leitsatz des Urteils, in den Grundrechtsbestimmungen des Grundgesetzes „verkörpert sich (…) auch eine objektive Wertordnung, die als verfassungsrechtliche Grundentscheidung für alle Bereiche des Rechts gilt." Bei der Betrachtung dieses Urteils ist nicht zu übersehen, dass die expansive Auslegung der Grundrechte auch den institutionellen Eigeninteressen des BVerfG dient. Indem die Verfassungsrichter in „Lüth" betont haben, dass die Grundrechte ein Wertesystem aufgerichtet hätten, das im gesamten Recht beachtet werden muss, sicherte sich das Gericht – gegen die Konkurrenz der oberen Bundesgerichte – die prozessuale Option, jedes zivilgerichtliche Urteil vollumfänglich auf seine Grundrechtskonformität hin zu

---

22 Vgl. BVerfGG § 80 Abs. 1.
23 Vgl. ausführlicher zum zeitgeschichtlichen Hintergrund Henne, Thomas/Riedlinger, Arne (Hrsg.): Das Lüth-Urteil in (rechts-)historischer Sicht. Die Konflikte um Veit Harlan und die Grundrechtsjudikatur des Bundesverfassungsgerichts, Berlin 2005.

überprüfen.[24] En passant hatte das BVerfG damit auch seine möglichen Rivalen – insbesondere den Bundesgerichtshof sowie das Bundesarbeitsgericht – buchstäblich auf die hinteren Plätze verwiesen.

Gemeinsam mit der bereits ein Jahr zuvor verkündeten „Elfes"[25]-Entscheidung hatte sich das Gericht mit „Lüth" einerseits schon in den 50er Jahren um die Liberalisierung der Rechtsordnung verdient gemacht. Gewissermaßen im Schatten dieser legitimen Zielsetzung hatte es sich aber andererseits vor allem selbst dazu autorisiert, als „Hüter der Verfassung" gegebenenfalls wirkungsvoll in die Entscheidungsprärogative des Gesetzgebers eingreifen zu können. Richtete sich das ein Jahr später ergangene „Lüth"-Urteil gegen die innerstaatliche Konkurrenz der Fachgerichtsbarkeit, so war das „Elfes"-Urteil – überspitzt formuliert – ein Warnschuss gegen die innerstaatliche Konkurrenz aus der Politik. In „Elfes" erkannte das Gericht in Art. 2 Abs. I GG einen Schutz umfassender Handlungsfreiheit und wertete es so zu einem Auffanggrundrecht auf, auf das jedermann sich berufen konnte, sofern für die mutmaßliche Grundrechtsverletzung kein spezielleres Freiheitsgrundrecht einschlägig ist. Wie weit hierdurch der Schutzbereich des Art. 2 Abs. 1 GG ausgedehnt wurde, zeigt sehr schön ein über 30 Jahre später ergangenes Urteil des BVerfG.[26] Dort interpretierten die Richterinnen und Richter das „Reiten im Walde" ganz selbstverständlich als – grundrechtlich geschützte – freie Entfaltung der Persönlichkeit. Selbst noch beim deutlich wichtigeren Urteil zum „Großen Lauschangriff"[27] fast 50 Jahre später wurde die in „Elfes" entwickelte Definition des „unantastbaren Kernbereichs privater Lebensgestaltung" als Hürde für den (Verfassungs-) Gesetzgeber aufgestellt, die er laut diesem Urteil aber bei der Novellierung des Art. 13 Abs. 3 GG, in dem es um die rechtlichen und tatsächlichen Bedingungen für die strafbehördliche Informationsbeschaffung geht, gerade noch – bei zwei dissentierenden Voten – knapp überspringen konnte. Mit „Elfes" wurde jedenfalls schon früh ein praktisch lückenloser Grundrechtsschutz für fast jedes menschliche Tun oder Unterlassen anerkannt – der einzelne Bürger sollte so nach dem Willen des BVerfG in höchstmöglichen Umfang Freiheit vor ungesetzlichen Eingriffen genießen. Umgekehrt war auch der Gesetzgeber vorgewarnt, denn dieser musste zukünftig streng darauf achten, die Freiheit der Bürger nicht zu stark bzw. unverhältnismäßig zu beschneiden, da sonst das Veto aus Karlsruhe drohte. Die beiden Urteile „Elfes" und „Lüth" sind – bei aller juristischen Bedeutung für die Fortentwicklung der verfassungsrechtlichen Dogmatik, die mit diesen beiden Entscheidungen einherging – somit ohne weiteres auch machtpolitisch interpretierbar, weil sich das Gericht mit diesen Akten der Selbstautorisierung gegen die in-

---

24 Vgl. Wahl, Rainer: Lüth und die Folgen: Ein Urteil als Weichenstellung für die Rechtsentwicklung, in: Das Lüth-Urteil in (rechts-)historischer Sicht. Die Konflikte um Veit Harlan und die Grundrechtsjudikatur des Bundesverfassungsgerichts, herausgegeben von Thomas Henne und Arne Riedlinger, Berlin 2005, S. 371–397.

25 BVerfGE 6, 32 – Elfes (1957).

26 BVerfGE 80, 137 – Reiten im Walde (1989).

27 BVerfGE 109, 279 – Großer Lauschangriff (2004).

nerstaatliche Konkurrenz aus Politik und Justiz wirkungsvoll in Szene setzte. Während ersteres der Politik signalisierte, dass im Prinzip jedes (freiheitsverkürzende) Gesetz auf den Prüfstand in Karlsruhe geraten und blockiert werden kann, haben die Verfassungsrichter mit „*Lüth*" der „gewöhnlichen" Gerichtsbarkeit klar gemacht, wer in prinzipiell allen Rechtsfragen mit verfassungsrechtlichem Bezug, der durch die Ausstrahlungswirkung der Grundrechte als „objektive Werteordnung" im Grunde immer konstruiert werden kann, die wahre „Instanz des letzten Wortes"[28] ist.

3.2 EuGH: Im eigenen Interesse im Dienste der Gemeinschaft

Nicht nur das BVerfG, auch das supranationale Gericht in Luxemburg hat durch Selbstautorisierung schon früh Weichen gestellt, um sich zu einem machtvollen europäischen Verfassungsgericht zu entwickeln, dessen Urteile durch die Politik kaum revidiert werden können.[29] Vor allem durch die richterrechtliche „Konstitutionalisierung" der europäischen Verträge, die nach damaligem Verständnis noch als herkömmliches Völkerrecht galten, hat sich der EuGH selbst autorisiert, fürderhin als echtes Verfassungsgericht auftreten zu können. Tatsächlich gibt es keine Rechtsordnung auf der Welt, die in so hohem Maße buchstäblich „errichtet" wurde wie jene der EU. Einige wenige dieser „konstitutionellen" Entscheidungen seien zur Illustration kurz vorgestellt:

In „*Van Gend & Loos*" aus dem Jahre 1963[30] musste das Gericht entscheiden, ob sich eine Privatperson vor einem nationalen Gericht auf Rechte berufen kann, die er einer primärrechtlichen Norm in den Römischen Verträgen entnimmt, obwohl diese Norm nicht dem geltendem nationalen Recht entspricht. Eine Frage von verfassungsrechtlicher Bedeutung: Verleiht der Vertrag den Individuen direkt und unmittelbar Rechte, die nationale Gerichte auch gegen ‚ihre' nationalen staatlichen Autoritäten verteidigen müssen? Belgien, Deutschland und die Niederlande – die Hälfte der Mitgliedstaaten in der damaligen „Gemeinschaft der Sechs" – opponierten vehement gegen diese Rechtsauffassung. Sie argumentierten, dass die in den Verträgen formulierten Rechte und Pflichten sich ausschließlich an die Mitgliedstaaten richteten und keineswegs unmittelbar an die Bürgerinnen und Bürger. Die Mitgliedstaaten haben damit sehr deutlich ihre Ablehnung gegen das Konzept einer unmittelbaren Wirkung europäischen Rechts bekundet, doch der EuGH entschied anders – er scheute sich nicht, die in Frage stehende Regelung als unmittelbar und direkt anwendbar zu betrachten und entwickelte hieraus die allgemeine Doktrin der „Direktwirkung" (unmittelbare Anwendbarkeit) europäischen Rechts.

---

28 Graf Kielmansegg, Peter: Die Instanz des letzten Wortes. Verfassungsgerichtsbarkeit und Gewaltenteilung in der Demokratie, Stuttgart 2005.

29 Vgl. Höreth, Marcus: Hemmungslos, aber ungefährlich? Der Gerichtshof der Europäischen Union als Verfassungsgericht im System der EU-Gewaltenteilung; in: ZfP 2013, 60, S. 48–71.

30 EuGH-Urteil C 26/62 – Van Gend & Loos (1963).

Nachdem die Frage der Direktwirkung europäischen Rechts geklärt war, musste noch geregelt werden, wie mit einer europäischen Rechtsnorm zu verfahren ist, wenn ihr eine nationale Norm entgegensteht.[31] Was im Fall solcher Normenkollisionen passieren soll, ist eine Schlüsselfrage bundesstaatlicher Organisation, die in der Bundesrepublik in Art. 31 GG klar geregelt ist: „Bundesrecht bricht Landesrecht". Es erscheint in einem Bundesstaat unmittelbar einleuchtend, dass das höherrangige Bundesrecht Landesrecht verdrängt – doch kann dieser Grundsatz auch in einem Staatenbund souveräner Mitgliedstaaten gelten? Tatsächlich machte es ja wenig Sinn, dem europäischen Recht – wie im vorangegangenen Urteil – die Qualität der Direktwirkung einzuräumen, wenn es nicht zugleich Vorrang gegenüber entgegen stehendem nationalem Recht genießt. Rechte, die durch Gemeinschaftsrecht Individuen verliehen werden, müssen von den staatlichen Autoritäten und Gerichten auch dann geschützt werden, wenn diesen Rechten europäischen Ursprungs nationales Recht entgegensteht. Die Tatsache, dass nirgendwo in den Verträgen eine derartige Vorrangklausel enthalten ist, spielte für den EuGH keine Rolle, denn „durch die Gründung einer Gemeinschaft", die „mit eigenen Organen" und „Hoheitsrechten" ausgestattet ist, hätten die Mitgliedstaaten ihre Souveränitätsrechte beschränkt und „so einen Rechtskörper geschaffen, der für ihre Angehörigen und sie selbst verbindlich ist". Dies habe zur Folge, „dass dem vom Vertrag geschaffenen, somit aus einer autonomen Rechtsquelle fließenden Recht wegen dieser seiner Eigenständigkeit keine wie immer gearteten Rechtsvorschriften vorgehen können."[32] Das aber bedeutet unmissverständlich: So wie im Föderalstaat Bundesrecht Landesrecht bricht, muss auch das nationale Recht (auch Vorschriften der Verfassung) das Feld räumen, wenn ihm anders lautendes europäisches Recht entgegensteht.

Mit den Prinzipen der Direktwirkung und des Vorrangs stand bereits das Grundgerüst der „Konstitutionalisierung" des europäischen Rechts. Es fehlte lediglich noch eine Entscheidung, die seine Verbindlichkeit in den nationalen Rechtsordnungen endlich effektiv durchsetzen sollte. Im Fall „Francovich"[33] von 1991 ergab sich eine günstige Gelegenheit für den EuGH, um den Grundsatz der gemeinschaftsrechtlich vorgegebenen Staatshaftung zu entwickeln. Dieser Grundsatz verpflichtet die Mitgliedstaaten, für Schäden einzustehen, die ihren Bürgern widerfahren, wenn Richtlinien nicht fristgerecht oder fehlerhaft umgesetzt werden. Vor Gericht, damals unterstützt durch mündliche Stellungnahmen Deutschlands, haben die Niederlande, Italien und Großbritannien in schriftlichen Eingaben vehement gegen diese Rechtsauffassung protestiert, zumal in den Verträgen ein solches Institut nicht zu finden ist. Ihr stärkstes Argument war, dass nur der europäische Gesetzgeber eine europäische Staatshaftung etablieren könne, nicht aber der EuGH per juridischem Dekret. Diesen Widerstand souverän ignorierend stellte das Gericht jedoch in seinem 3. Leitsatz klar, dass jeder Bürger für den

---

31   EuGH-Urteil C 6/64 – Costa/ENEL (1964).
32   EuGH-Urteil C 6/64 (S. 1269).
33   EuGH-Urteil C-6 & 9/90 (1991).

Fall eine Entschädigung verlangen kann, „dass seine Rechte durch einen Verstoß gegen das Gemeinschaftsrecht verletzt werden, der einem Mitgliedstaat zuzurechnen ist. (…) Der Grundsatz einer Haftung des Staates für Schäden, die dem einzelnen durch dem Staat zurechenbare Verstöße gegen das Gemeinschaftsrecht entstehen, folgt somit aus dem Wesen der mit dem EWG-Vertrag geschaffenen Rechtsordnung."[34] Mit diesem Urteil hat der EuGH begonnen, ein europäisches Staatshaftungsrecht zu entwickeln, das den nationalen Rechtsordnungen mit ihren völlig unterschiedlichen Verwaltungskulturen übergestülpt werden sollte.[35]

Die vorab geschilderten Fälle und ihre massiven Auswirkungen auf die Gesamtarchitektur der Gemeinschaft, aber auch auf die Rechtsordnungen der Mitgliedstaaten, ließen mit der Zeit bei den Mitgliedstaaten das Bewusstsein wachsen, nicht mehr die eigentlichen „Herren der Verträge" zu sein. Zumindest wollten sie daher erreichen, bei der Interpretation „ihres" Vertrages wieder ein gewichtiges Wörtchen mitzureden. Doch auch dagegen sperrte sich der EuGH erfolgreich – im Europarecht ließ sich die Entwicklung längst nicht mehr zurückdrehen. Im 1996 entschiedenen Fall „*Brasserie du Pecheur*"[36] setzte sich der EuGH über einen deutschen Widerspruch hinweg, der von acht weiteren Mitgliedstaaten in schriftlichen Eingaben unterstützt wurde, und beharrte unmissverständlich darauf, dass er alleine für die autoritative Interpretation des Vertrages zuständig sei und nicht die Mitgliedstaaten.[37] Im Grunde wurde mit diesem Fall die Selbstautorisierung des EuGH als Verfassungsgericht der EU erfolgreich abgeschlossen.

4 Fazit: Vergleichende Betrachtungen

Das BVerfG und der EuGH sind unzweifelhaft zwei grundverschiedene Mitglieder in der weltweiten Familie der Verfassungsgerichte, wie schon die hier behandelten Rechtsmaterien zeigen, über die beide Gerichte zu entscheiden hatten. In einigen Punkten ähneln sie sich jedoch, wenn beim Vergleich die klassische politikwissenschaftliche Frage nach dem Machtstreben beider Gerichte gestellt wird: Es ist kein Zufall, dass beide Gerichte innerhalb der ersten zehn Jahre jene Präzedenzentscheidungen getroffen haben, die sie nach und nach zu machtvollen Verfassungsgerichten und Mitregenten ihrer jeweiligen politischen Ordnung werden ließen. Während sich das BVerfG bereits in seinem Statusbericht selbst dazu autorisierte, als Verfassungsorgan auf einer Höhe mit den anderen deutschen Verfassungsorganen zu stehen, begann der EuGH bereits Mitte der 60er Jahre durch die Konstitutionalisierung der europäischen Verträge seinen Anspruch als

---

34 EuGH-Urteil C-6 & 9/90 (1991), S. I-5357.
35 Vgl. Schwarze, Jürgen/Müller-Graff: Europäische Verfassungsentwicklung, Baden-Baden 2000.
36 EuGH-Urteil C-46/93 und C-48/93 (1996).
37 EuGH-Urteil C-46/93 und C-48/93 (1996), S. I-1029, Rn. 27.

europäisches Verfassungsgericht systematisch zu untermauern.[38] Beide Gerichte mussten sich dabei gegen mächtige Konkurrenz durchsetzen. Dem BVerfG wurde seitens der
Politik und anderer Bundesgerichte zunächst nicht der Rang eingeräumt, den es heute
wie selbstverständlich beansprucht, während der EuGH als eine Art Verwaltungsgericht
starten musste, das vor allem die exekutiven und legislativen Akte der Gemeinschaftsorgane zu überwachen hatte. Sowohl BVerfG und EuGH nutzen jedoch wirkungsvoll ihre
gegebenen Rechtsprechungskompetenzen, um sich in ihren jeweiligen, sich dynamisch
entwickelnden Regierungssystemen zu behaupten. In beiden politischen Systemen war
es in den ersten Jahren noch völlig offen, wie sich die Macht zwischen den Organen zukünftig verteilen würde. Um in eine gute Position zu kommen und sich gegen den Widerstand anderer durchzusetzen, versuchten daher beide Gerichte, dem von ihnen auszulegenden Dokument – hier das Grundgesetz, dort die Europäischen Verträge – zu
einer maximalen Wirksamkeit zu verhelfen.[39]

Die Machtgleichung war für beide die gleiche: Je wirksamer die von ihnen zu inter-
pretierende (Vertrags-)Verfassung ist, desto machtvoller konnten sie selbst als Verfassungsgerichte agieren. Während sich daher das BVerfG vor allem mit seiner „*Lüth*"-Ent-
scheidung dem Projekt einer „Konstitutionalisierung der Rechtsordnung"[40] widmete,
verschrieb sich der EuGH von Anfang an der „Konstitutionalisierung" der europäischen
Verträge. Vordergründig betrachtet ging es den beiden Gerichten nicht um institutionelle Macht – jedenfalls gelang es ihnen eindrucksvoll, ihrer juridischen Selbstautorisierung als „Instanzen des letzten Wortes" einen legitimen Anstrich zu verleihen. Die
Machtansprüche beider Gerichte wurden – so gesehen – durch legitime Zielsetzungen,
die sich auch funktional begründen ließen, tendenziell verdeckt: Das BVerfG verbarg
seine Ambitionen hinter einer sehr liberalen, die Freiheitsrechte des Einzelnen stärken-
den Judikatur, während sich der EuGH – als Integrationsmotor – nicht nur allgemein in
den Dienst der Gemeinschaft, sondern ebenfalls speziell in den Dienst der Rechte der
einzelnen Gemeinschaftsbürger stellte, um so die Entwicklung der Verfassungsprinzipien der Direktwirkung und des Vorrangs überzeugend begründen und später sogar
durch eine richterrechtliche Grundrechtsjudikatur ergänzen zu können.[41] Festzuhalten bleibt: Wenn Macht mit Max Weber verstanden wird als „jede Chance, innerhalb
einer sozialen Beziehung den eigenen Willen auch gegen Widerstreben durchzusetzen,

---

38 Der EuGH hat erst später, 1991, die Europäischen Verträge quasi-offiziell als „constitutional charter" der
    Gemeinschaft bezeichnet (EuGH-Gutachten 1/91, Slg. 1991, S. I-6079 (EWR-Vertrag), Rn. 21.

39 Für das Europarecht wurde hierfür der Begriff des „*effet utile*" geprägt. Vgl. Höreth, a. a. O. (Fn. 2),
    S. 65 ff.

40 Jestaedt, Matthias: Phänomen Bundesverfassungsgericht. Was das Gericht zu dem macht, was es ist, in:
    Das entgrenzte Gericht. Eine kritische Bilanz nach sechzig Jahren Bundesverfassungsgericht, Berlin
    2011, S. 77–157, S. 86.

41 Vgl. zur europäischen Grundrechtsentwicklung durch den EuGH nur Arnull, Anthony: The European
    Union and its Court of Justice, Oxford 2000, S. 190 ff.

gleichviel, worauf diese Chance beruht", dann haben beide Gerichte schließlich gemeinsam, dass sie mittels ihrer Rechtsprechungskompetenz die sich ihnen bietenden Chancen sehr effektiv nutzen konnten.

Strategen in Roben

Einflussfaktoren auf die Rechtsprechung des U. S. Supreme Court und deren Implikation für das Bundesverfassungsgericht

Martina Schlögel

Vom ehemaligen Richter am Bundesverfassungsgericht Dieter Grimm ist das Bonmot überliefert, die Politikwissenschaft überließe die Beschäftigung mit dem Bundesverfassungsgericht „in einer Art vorauseilendem Gehorsam allein den Juristen".[1] Bis vor einigen Jahren war dies auch überwiegend der Fall. Seither wurde in mehreren Publikationen angeregt, die politikwissenschaftliche Auseinandersetzung mit dem Bundesverfassungsgericht zu vertiefen, da eine erhebliche Kluft zwischen dessen tatsächlichem Einfluss und dem Grad der wissenschaftlichen Aufarbeitung seiner Tätigkeit konstatiert wird.

Die juristische Literatur zum Bundesverfassungsgericht stellt dogmatische Fragen in den Mittelpunkt ihrer Betrachtungen, in denen „sozusagen per definitionem der Faktor Politik ebenso wenig eine Rolle spielen kann und darf wie der Faktor Persönlichkeit."[2] Deshalb plädiert Roland Sturm dafür, dass die Politikwissenschaft die Interaktion von Politik und Verfassungsgericht stärker beachten sollte, indem sie mit einer vergleichenden Perspektive die „inzwischen wenig originelle Beschäftigung mit den Grundfunktionen eines deutschen Verfassungsgerichts näher an die politischen Auseinandersetzungen" heranführt.[3] Gerade weil das Bundesverfassungsgericht als oberste Instanz über die Einhaltung der Verfassung wacht, sie durch seine Rechtsprechung auslegt und den sich wandelnden gesellschaftlichen, wirtschaftlichen, sozialen und politischen Gege-

---

1   Grimm, Dieter: Verfassungsgerichtsbarkeit im demokratischen System. In: Juristenzeitung 31/1976, S. 697–703, hier S. 703.

2   van Ooyen, Robert Chr.: Amerikanische Literatur zum Supreme Court – Lücken bei der Literatur zum Bundesverfassungsgericht. In: Zeitschrift für Politikwissenschaft, Heft 4/2008, S. 515–522, hier S. 516.

3   Sturm, Roland: Zwischen pragmatischem Verstehen und theoretischen Perspektiven. Politikwissenschaftliche Forschung zur Bundesrepublik Deutschland. In: Politische Vierteljahresschrift 3/2009, S. 48–72, hier S. 60.

benheiten immer wieder anpasst, sollte es in den Fokus politikwissenschaftlicher Untersuchungen rücken.[4] Die Appelle zeigten Wirkung. Seit dem 60. Jahrestag der Aufnahme der Spruchtätigkeit erlebt die sozialwissenschaftliche Forschung zum Bundesverfassungsgericht eine spürbare Intensivierung durch zahlreiche Publikationen.

Außer Frage steht, dass die in der deutschen Rechtswissenschaft vorherrschende normative Vorstellung vom unabhängigen Richter, der seine Entscheidungen ausschließlich durch die Betrachtung und Beurteilung der Fakten des zur Entscheidung vorliegenden Falles und unter Heranziehung der für die Entscheidung einschlägigen Normen und Präzedenzfälle trifft, die Realität sowohl des richterlichen als auch des gesellschaftlichen und politischen Alltags verkennt. Ebenso wie andere politische Akteure befindet sich das Bundesverfassungsgericht in ständiger Interaktion mit anderen Verfassungsorganen und Stakeholdern, sei es mit der Regierung, der Opposition, den Medien oder mit Gerichten – auf Landes-, Bundes- oder europäischer Ebene –, um nur die wichtigsten Beispiele zu nennen. Unerforscht ist bislang, welche Auswirkungen diese Interaktion hat, und ob und inwieweit die Akteure Einfluss auf die Entscheidungen des Bundesverfassungsgerichts nehmen – etwa indem die Beteiligten die vermeintliche Reaktion des jeweils Anderen antizipieren und sich so gegenseitig in ihrem Handeln beeinflussen. In der Literatur zum U.S. Supreme Court hat sich schon seit vielen Jahrzehnten die Erkenntnis durchgesetzt, dass es jenseits der zur rechtlichen Beurteilung des Sachverhalts heranzuziehenden Normen und der Spezifika des zur Entscheidung vorgelegten Falles weitere Faktoren gibt, die auf den Inhalt richterlicher Entscheidung Einfluss nehmen können. Mittlerweile gibt es einen schier unüberblickbaren Fundus an sozialwissenschaftlicher Forschung zum obersten US-amerikanischen Verfassungsgericht, vergleichende Literatur zum U.S. Supreme Court und anderen Gerichten im In- und Ausland und Veröffentlichungen zum Verhalten und der Interaktion von Richtern generell.

In diesem Beitrag soll ein Überblick über den Forschungsstand zu den Einflussfaktoren auf die Rechtsprechung des U.S. Supreme Court gegeben und im Ausblick exemplarisch anhand zweier Beispiele gezeigt werden, wie Aspekte dieser Literatur auf das Bundesverfassungsgericht übertragen werden können. Unbestritten ist, dass der alleinige Rekurs auf die Forschung zum U.S. Supreme Court aufgrund der Unterschiede zwischen beiden Gerichten und der verschiedenen rechtlichen, politischen und kulturellen Rahmenbedingungen den wissenschaftlichen Blickwinkel zu sehr einengen würde. Auch ist es erforderlich, sich präzise mit der dieser Literatur zugrunde liegenden Logik zu befassen. Eine differenzierte Auseinandersetzung mit beiden politischen Systemen und rechtlichen Regimen sowie mit dem jeweiligen Forschungsstand verspricht jedoch wertvolle Impulse für eine politikwissenschaftliche Analyse des obersten deutschen Verfassungsgerichts.

---

4   Höreth, Marcus: Die Selbstautorisierung des Agenten. Der Europäische Gerichtshof im Vergleich zum
     U.S. Supreme Court. Baden-Baden 2008, S. 11.

Das zentrale Argument für die Heranziehung US-amerikanischer Forschung liegt in der von der amerikanischen Forschung eingenommenen Perspektive:

„Für politikwissenschaftliche Fragestellungen können insofern (…) Studien, die die US-amerikanische Diskussion rezipieren, hilfreicher sein, da diese die Rolle der Verfassungsrechtsprechung nicht durch klar trennbare Sphären des Politischen und des Rechtlichen zu trennen versuchen"[5]

Gerade diese Gesamtbetrachtung von politischer und rechtlicher Sphäre führt dazu, dass Einflussfaktoren, die auf das Gericht, die einzelnen Richter oder deren Rechtsprechung zu bestimmten Themenkreisen wirken, in der Literatur zum Supreme Court identifiziert und näher untersucht werden. Auf dieser Literatur soll der Fokus liegen.[6]

1 Organisatorische Unterschiede und Gemeinsamkeiten

Bei der forschungsleitenden Zugrundelegung der Literatur zum U. S. Supreme Court müssen mehrere Aspekte beachtet werden. Zu den zentralen organisatorischen Unterschieden gehört die Zuständigkeit beider Gerichte: Der nach dem so genannten Einheitsmodell organisierte Supreme Court hat eine Doppelzuständigkeit: er übt zum einen die Aufgaben eines obersten Verfassungsgerichts aus, zugleich fungiert er aber auch als höchstes Gericht in einfachrechtlichen Streitigkeiten.[7] Das Bundesverfassungsgericht ist dagegen nach dem Trennungsmodell organisiert und darauf spezialisiert, alleine und ausschließlich über die Verletzung des Verfassungsrechts zu urteilen.[8]

Neben den bestehenden Unterschieden gibt es wesentliche Gemeinsamkeiten, die dafür sprechen, wissenschaftliche Fragestellungen zum U. S. Supreme Court auf das

---

5 Haltern, Ulrich: Verfassungsgerichtsbarkeit, Demokratie und Misstrauen. Das Bundesverfassungsgericht zwischen Populismus und Progressivismus. Berlin 1998, S. 93 ff.

6 Zwar ist eine politikwissenschaftliche Analyse des Bundesverfassungsgerichts oder des Supreme Court unter völliger Ausblendung des Rechts nicht nur nicht erstrebenswert (Hönnige, Christoph/Gschwend, Thomas: Das Bundesverfassungsgericht im politischen System der BRD – ein unbekanntes Wesen? In: Politische Vierteljahresschrift Heft 51/2010, S. 507–530), sondern schlichtweg nicht möglich. Auf eine umfassende Darstellung der seitens der Staatsrechtlehre zum Supreme Court verfassten Literatur soll hier dennoch – aufgrund der ihr eigenen Forschungsparadigmen – verzichtet werden.

7 Kau, Marcel: United States Supreme Court und Bundesverfassungsgericht. Die Bedeutung der United States Supreme Court für die Errichtung und Fortentwicklung des Bundesverfassungsgerichts. Berlin 2007, S. 87.

8 Auswirkungen hat dieser organisatorische Unterschied in erster Linie auf die Einheitlichkeit der Rechtsprechung, wobei der Vorteil der Einheitlichkeit im amerikanischen Rechtssystem dadurch eine Einschränkung erfährt, dass auch unteren Gerichten das Recht der Verfassungsauslegung zukommt, das im deutschen Recht allein dem Bundesverfassungsgericht vorbehalten ist (Kau, a. a. O. (Fn. 7), S. 266; vgl. Anzenberger, Zeno: Das Bundesverfassungsgericht auf dem Weg zu einem freien Annahmeverfahren nach dem Vorbild des U. S. Supreme Court. Bayreuth 1998).

Bundesverfassungsgericht zu übertragen. Beide Gerichte sind als letzte Instanz tätig und ihre Entscheidungen können von keinem anderen Gericht mehr aufgehoben werden.[9] Für das Bundesverfassungsgericht bedarf diese Aussage jedoch der Relativierung: Innerhalb Deutschlands stellen die Judikate der Karlsruher Richter die letzte und von keinem nationalen Gericht mehr aufhebbare Entscheidung dar, doch unterliegen die Urteile und Beschlüsse des Bundesverfassungsgerichts der Kontrolle durch internationale Instanzen. Für das Bundesverfassungsgericht gilt durch das in der Vertikalen angelegte Verhältnis zum Europäischen Gerichtshof (EuGH) und dem Europäischen Gerichtshof für Menschenrechte (EGMR), dass „der vielberufene Himmel über Karlsruhe nicht mehr völlig frei, sondern teilweise besetzt [ist, M. S.].“[10] Die Existenz von EuGH und EGMR ermöglicht es den Bundesbürgern, Rechtsschutz auch vor Gerichten[11] außerhalb der Bundesrepublik zu erlangen.[12]

Für die Analyse von Einflussfaktoren auf die Rechtsprechung bedeutet das, dass die Karlsruher Richter möglicherweise – in einer analogen Anwendung des Modells der Antizipation der Reaktionen anderer Akteure von Georg Vanberg[13] – zumindest auch die potentielle Reaktion internationaler Gerichte auf die von ihnen zu treffende Entscheidung in ihre Überlegungen einbeziehen und ihr Verhalten danach ausrichten.

Obgleich das Recht in den Vereinigten Staaten in der Tradition des „case law" steht, während es sich in der Bundesrepublik um kodifiziertes Recht handelt, erwachsen die Entscheidungen beider Gerichte in Gesetzeskraft und sind rechtlich bindend. Beide Gerichte teilen die Sorge, dass missliebige Judikate im Einzelfall ignoriert werden könnten,

---

9   Zum Verhältnis des Bundesverfassungsgerichts zu den europäischen Gerichten vgl. auch Sturm, Roland/Pehle, Heinrich: Das neue deutsche Regierungssystem. Die Europäisierung von Institutionen, Entscheidungsprozessen und Politikfeldern in der Bundesrepublik Deutschland. 2. Aufl., Wiesbaden 2005, S. 131 ff. und Kranenpohl, Uwe: Hinter dem Schleier des Beratungsgeheimnisses. Der Willensbildungs- und Entscheidungsprozess des Bundesverfassungsgerichts. Wiesbaden 2010, S. 90 ff.

10 Wahl, Rainer: Das Bundesverfassungsgericht im europäischen und internationalen Umfeld. In: Aus Politik und Zeitgeschichte, 37-38/2001, S. 45–54, hier S. 52.

11 Es besteht – nach der Erschöpfung des nationalen Rechtswegs, die sicherstellen soll, dass dem Nationalstaat die Möglichkeit gegeben wurde, eine Rechtsverletzung zu beseitigen – die Beschwerdemöglichkeit zum EGMR und zum Menschrechtsausschuss der Vereinten Nationen. In diesen Verfahren bleibt eine Entscheidung des Bundesverfassungsgerichts zwar formal das „letzte Wort" (Benda, Ernst/Klein, Eckart: Verfassungsprozessrecht. 2. Aufl., Heidelberg 2001, S. 31) darüber, ob der angegriffene Rechtsakt rechtmäßig ist, aber es ist zu unterscheiden: „Die internationale Instanz kann zu dem Ergebnis kommen, dass das Bundesverfassungsgericht unmittelbar gegen menschenrechtliche Garantien verstoßen hat. (…) Die Entscheidung des EGMR ist endgültig. Es handelt sich um ein für den beklagten Staat bindendes Urteil, mit dem die Konventionswidrigkeit des die EMRK verletzenden nationalen Rechtsakts festgestellt wird; eine Kassation des konventionswidrigen Aktes (Urteil, Vollzugsakt, Gesetz) findet nicht statt" (Benda/Klein/Klein, a. a. O. (Fn. 11), S. 31).

12 Wahl, a. a. O. (Fn. 10), S. 52.

13 Vanberg, Georg: Legislative-Judicial Relations: A Game-Theoretic Approach to Constitutional Review. In: American Journal of Political Science 2/2001, S. 346–361.

da sowohl der U. S. Supreme Court als auch das Bundesverfassungsgericht auf die Unterstützung der beiden anderen Gewalten bei der Implementierung ihrer Entscheidungen angewiesen sind.

Hinsichtlich der Erforschung beider Institutionen findet man sehr unterschiedliche Datenlagen vor. Während im Supreme Court Compendium[14] eine schier unübersehbare Fülle an Informationen und Zahlen zum Gericht, zu dessen Urteilen und zu den einzelnen Richtern gesammelt ist, gibt es bislang[15] noch keine umfassende empirische Aufarbeitung der Tätigkeit des Bundesverfassungsgerichts jenseits der in Karlsruhe geführten Statistik zu den Eingangs- und Verfahrenszahlen.[16] Das hat zur Folge, dass Forschungsfragen aus dem Kontext des U. S. Supreme Court, deren Untersuchung auch für das Bundesverfassungsgericht von hohem Interesse wären, nicht beantwortet werden können, weil die hierfür erforderlichen Daten in Deutschland nicht erhoben werden oder Informationen für eine wissenschaftliche Untersuchung nicht im benötigten Umfange zugänglich sind.

Neben dem gedanklichen Transfer von Modellen und Einflussfaktoren von den USA auf die Bundesrepublik gilt es zu untersuchen, welche spezifisch deutschen Besonderheiten in der Organisation und der institutionellen Einbettung des Bundesverfassungsgerichts ebenfalls Auswirkungen auf dessen Rechtsprechung haben könnten. Denn es ist zu erwarten, dass es spezifisch deutsche Einflussfaktoren gibt, die aufgrund der anderen Abläufe und des anderen juristischen Regimes des Bundesverfassungsgerichts für den U. S. Supreme Court nicht existieren[17] oder nicht relevant sind.

Die hier angestellten Überlegungen sollen aber keinesfalls implizieren, die Richter hielten sich nicht an geltendes Recht oder bewegten sich aufgrund nicht juristischer Erwägungen außerhalb der Rechtsordnung. Der Fokus der hier eingenommen Perspektive

---

14 Epstein, Lee/Segal, Jeffrey A./Spaeth, Harold J./Walker, Thomas G.: The Supreme Court Compendium. Data, Decisions, Development. Washington D. C. 2003.

15 Im Erscheinen: Schlögel, Martina/Grottke, Michael (i. E.): Ist Justitia wirklich blind?

16 In einer Kooperation der Autorin mit Michael Grottke, Privatdozent am Lehrstuhl für Statistik und Ökonometrie an der Friedrich-Alexander-Universität Erlangen/Nürnberg entstand eine Vollerhebung aller in der amtlichen Entscheidungssammlung veröffentlichten Senatsentscheidungen aus den Jahren 1980 bis 2012. Sie wurde mit Mitteln der Hans-Frisch-Stiftung gefördert, die die Beschäftigung studentischer Hilfskräfte zur Unterstützung der Erfassung der Bundesverfassungsgerichtsentscheidungen in einer hierfür entwickelten Datenbank ermöglichten. Aus Kapazitätsgründen musste von einer Vollerhebung – also der Erfassung aller in der amtlichen Entscheidungssammlung abgedruckten Urteile und Beschlüsse ab der Aufnahme der Spruchtätigkeit des Gerichts im Jahre 1951 – Abstand genommen werden. Die Veröffentlichung der Ergebnisse des Projekts erfolgt in Kürze.

17 So ist das Bundesverfassungsgericht – anders als der U. S. Supreme Court – ein Gericht, das in „drei Aggregatzuständen" entscheiden kann: Als „Zwillingsgericht" (Benda/Klein/Klein, a. a. O. (Fn. 11), S. 59) mit zwei Senaten, wobei jeder Senat im Rahmen seiner Zuständigkeit als „das Bundesverfassungsgericht" entscheidet, in den mit je drei Richtern besetzten Kammern (jeder Senat bildet drei Kammern und im jährlichen Wechsel ist ein Richter Mitglied zweier Kammern) und im Plenum aller 16 Richter in den Fällen, in denen ein Senat von der Rechtsprechung des anderen abweichen möchte.

liegt auf der Identifikation und der Analyse von Handlungsfreiräumen der Richter und deren tatsächlicher Nutzung.

2   Forschungsstand zum U. S. Supreme Court

Die in den vergangenen achtzig Jahren entstandene sozialwissenschaftliche Literatur[18] zum U. S. Supreme Court scheint bei erster Betrachtung von schier undurchdringlicher Fülle zu sein. Bislang gibt es noch keine tragfähige Kategorisierung der vorhandenen Forschung jenseits der sehr rudimentären Einteilung in Literatur bzw. Modelle, die sich mit rechtlichen Einflussfaktoren auf die Rechtsprechung, und solcher, die sich mit ex-

---

18   Zu den richterlichen Strategien am U. S. Supreme Court sind unzählige Monographien und Aufsätze erschienen (vgl. etwa Hammond, Thomas H./Bonneau, Chris W./Sheehan Reginald S.: Strategic Behavior and Policy Choice on the U. S. Supreme Court. Stanford, California 2005; Murphy, Walter F.: Elements of Judicial Strategy. Chicago 1964 und Posner, Richard A.: How Judges Think. Cambridge 2008), die auf den drei Modelltypen legal, attitudinal oder strategic zumindest in Teilen basieren und versuchen, daraus eigene Erklärungsmodelle zu entwickeln (vgl. Dempster, A. P.: Logicist Statistics I. Models and Modeling. In: Statistical Science, Vol. 13, 3/1998, S. 248–276; Epstein, Lee/Knight, Jack: Toward a Strategic Revolution in Judicial Politics: A Look Back, A Look Ahead. In: Political Research Quarterly, 53/2000, No. 3, S. 625–661 und Dies.: Building the Bridge from Both Sides of the River: Law and Society and Rational Choice. In: Law and Society Review, Vol. 38, 2/2004, S. 207–212; Ho, Daniel E./Quinn, Kevin M.: How to lie with Judicial Votes. Misconceptions, Measurement, and Models. In: California Law Review, Vol. 98, 3/2010, S. 3–53; Kornhauser, Lewis A.: Modeling Collegial Courts I: Path Dependence. In: International Review of Law and Economics, Vol. 12, 2/1992, S. 169–185; Ders.: Modeling Collegial Courts. II. Legal Doctrine. In: The Journal of Law, Economics and Organization, Vol. 8, 3/1992, S. 441–470; Sirovich, Lawrence: A pattern Analysis of the second Rehnquist U. S. Supreme Court. In: Procedings of the National Academy of Sciences, Vol. 100, 13/2003, S. 7432–7437). Interessant ist die Abhandlung des Richters am United States Court of Appeals for the Seventh Circuit Richard A. Posner, der in „How Judges Think" anhand von neun Theorien sein eigenes Modell richterlichen Handelns entwirft (Posner, a. a. O. (Fn. 18)). Jenseits der drei grundlegenden Modelltypen zeichnete sich in den 1990er Jahren innerhalb der Forschung eine neue Richtung ab, deren Vertreter die bestehenden Grenzen zwischen dem juristischen Forschungsparadigma, dass Richter allein aufgrund rechtlicher Regelungen und Prinzipien und unter Berücksichtigung von Präzedenzfällen zu ihren Entscheidungen gelangen, und der – teilweise als externe Betrachtungsweise bezeichneten – politikwissenschaftlichen Anschauung, dass Richter bei ihren Entscheidungen (auch) von ihren Anschauungen und ihren Präferenzen gleitet werden, mit Hilfe des interpretativen Strukturalismus (Feldman, Stephen M.: The Rule of Law or the Rule of Politics? Harmonizing the Internal and External Views of Supreme Court Decision Making. In: Law and Social Inquiry, Vol. 30, 2006, S. 89–135) oder des Neo-Institutionalismus zu überwinden suchen (vgl. Clayton, Cornell/May, David A.: A Political Regimes Approach to the Analysis of Legal Decisions. In: Polity, Vol. 32, 1999, No. 2, S. 233–252; Epstein, Lee/Knight, Jack: The New Institutionalism, Part II. In: Law and Courts, Vol. 7/1997, S. 4–9; Gann Hall, Melinda/Brace Paul: Order in the Courts: A Neo-Institutional Approach to Judicial Consensus. In: Western Political Quarter-

tralegalen Einflüssen befasst.[19] Saul Brenner und Joseph M. Whitmeyer nehmen zwar in ihrem Buch „Strategy on the United States Supreme Court" (Brenner/Whitmeyer 2009) – gleich einer Matrix – eine Unterteilung, sowohl in die drei Hauptgruppen von Modellen (legal, attitudinal und strategic model) vor, als auch in die Stufen des Verfahrens vor dem U. S. Supreme Court (certiorari, conference vote on the merits, majority opinion, final vote on the merits[20]), innerhalb derer Richterverhalten der Einflussnahme unterliegen könnte. Die Schwierigkeit einer solchen Einteilung liegt jedoch darin, dass sich die untersuchten Faktoren zu oft nicht den einzelnen Phasen zuordnen lassen.[21]

Möglich ist eine grundsätzliche Differenzierung zwischen internen und externen Einflussfaktoren.[22] Auch diese stößt bisweilen an ihre Grenzen, da hier ebenfalls in Einzelfällen eine eindeutige Zuordnung der Faktoren nicht möglich sein wird. Dennoch soll sich der folgende Überblick – nach der Darstellung des strategic model – an dieser Kategorisierung orientieren.

---

ly, Vol. 42/1989, No. 3, S. 391–407; Dies.: Toward an Integrated Model of Judicial Voting Behavior. In: American Politics Quarterly, Vol. 20, 1992, No. 2, S. 147–168, Gillman, Howard: Placing Judicial Motives in Context: A Response to Lee Epstein and Jack Knight. In: Law and Courts, Vol. 7/1997, S. 10–13; Miles, Thomas J./Sunstein, Cass R.: The New Legal Realism. In: The University of Chicago Law Review, Vol. 75/2008, No. 2, S. 831–851; Smith, Rogers M.: Political Jurisprudence, the „New Institutionalism", and the Future of Public Law. In: American Political Science Review, Vol. 82, 1/1988, S. 89–108; Clayton, Cornell W./Gillman, Howard: Supreme Court Decision-Making. New Institutionalist Approaches. Chicago 1999; Sterling-Folker, Jennifer: Competing Paradigms or Birds of a Feather? Constructivism and Neoliberal Institutionalism Compared. In: International Studies Quarterly, Vol. 44/2000, S. 97–119). Der neo-institutionalistische Zugang betont – ähnlich wie das „strategic model" – die Interaktion von in der Umwelt liegenden Faktoren und individuellen Präferenzen mit institutionellen Regeln und Strukturen.

19 Vgl. auch Interview mit Georg Vanberg vom Januar 2011. Die von Christoph Hönnige im Rahmen der Aufarbeitung des Forschungsstandes bei seiner Dissertation vorgenommene Differenzierung in „Attitudinalists", „Rational Chioce/Strategische Ansätze" und „Soziologische/Historische Ansätze" (Hönnige, Christoph: Verfassungsgericht, Regierung und Opposition. Die vergleichende Analyse eines Spannungsdreiecks. Wiesbaden 2007, S. 30 f.) vermag nicht zu überzeugen, weil sich diesen Kategorien nur ein geringer Teil der existierenden Forschung zuordnen lässt, der wesentlich größere Teil der Modelle zur Erklärung von Einflüssen auf höchstrichterliches Verhalten so aber unberücksichtigt bliebe.

20 Zu den verschiedenen Abstimmungen bei der Entscheidungsfindung und den dort vorkommenden strategischen Interaktionen der Supreme Court Richter vgl. Maltzman, Forrest/Spriggs, James F./Wahlbeck, Paul J.: Crafting Law on the Supreme Court. The Collegial Game. Cambridge 2000.

21 Mögliche Gründe hierfür können beispielsweise sein, dass Faktoren losgelöst von dem einzelnen Verfahrensschritt generell auf die Richter einwirken, oder, dass es sich um Einflüsse auf den einzelnen Richter, nicht aber die Gesamtheit der Richter handelt.

22 Der weit überwiegende Teil der amerikanischen Literatur widmet sich einzelnen Einflussfaktoren, Teilaspekten von Einflussfaktoren oder den Auswirkungen des Zusammentreffens mehrerer unterschiedlicher Faktoren auf die Rechtsprechung oberster Verfassungsgerichte.

Die oben angedeutete Unterscheidung dreier Gruppen von Erklärungsansätzen – legal model,[23] attitudinal model[24] und strategic model – gibt zunächst eine wichtige Hilfestellung für das Verständnis der den Konzepten zugrunde liegenden Logik. Teilweise überschneiden sich diese Modelle auch. In den letzten Jahrzehnten hat sich aus der kritischen Auseinandersetzung mit diesen drei Grundtypen in der US-amerikanischen Literatur eine Vielzahl von Erklärungsmodellen und -ansätzen entwickelt. Das jüngste, den derzeitigen Stand der Forschung am zutreffendsten widerspiegelnde und die größte

---

23 Dem legal model liegt die Vorstellung zugrunde, dass sich der Inhalt höchstrichterlicher Entscheidungen aus den einschlägigen gesetzlichen Normen erklären lässt (Segal, Jeffrey A./Spaeth, Harold J.: The Supreme Court and the Attitudinal Model Revisited. Cambridge 2002, S. 48). Durch die Subsumption des jeweiligen Sachverhalts unter die betreffenden gesetzlichen Bestimmungen und unter Zuhilfenahme der bestehenden Auslegungsmethoden gelangen die Richter – nach der Vorstellung der Vertreter des legal model – zu ihrer Entscheidung, wobei für ihre persönlichen Präferenzen und Einstellungen kein Raum bleibt. Ein Vertreter dieses Modells ist Ronald Dworkin (Dworkin, Ronald: Political Judges and the Rule of Law. In: Proceedings of the British Academy, Vol. 64/1978; Ders.: A New Link in the Chain. In: University of California Law Review, Vol. 74, 1986, S. 103), der zwei Grundannahmen dieser Position formuliert hat: Zum einen sind die Richter im amerikanischen Recht durch Präzedenzentscheidungen gebunden und müssen ähnlich gelagerte Fälle entsprechend der vorangegangenen Entscheidungen bewerten. Zum anderen sind die Richter durch die dem Rechtssystem innewohnende Systematik beschränkt, weshalb Dworkin hier ebenfalls keinen Spielraum für persönliche Präferenzen zu sehen glaubt. Jeffrey A. Segal und Harold Spaeth (Segal, Jeffrey A./Spaeth, Harold J.: The Supreme Court and the Attitudinal Model. Cambridge 1993 und Segal/Spaeth 2002, a. a. O. (Fn. 23)) bringen gegen das legal model vor, dass die gegenwärtige Bedeutung von Rechtsnormen umstritten und a priori nicht feststellbar sei, und, dass die angenommene Vorprägung durch das Prinzip des stare decisis in der postulierten Absolutheit einer empirischen Untersuchung nicht standhält (Segal/Spaeth 2002, a. a. O. (Fn. 23), S. 83). Darüber hinaus wird von den Vertretern des legal model verkannt, dass die Richter frei in ihrer Entscheidung sind, welche Prinzipien im konkreten Fall für die Entscheidungsfindung herangezogen werden.
24 Nach dem attitudinal model speisen sich richterliche Entscheidungen – neben dem Einfluss juristischer Vorgaben – auch aus den persönlichen Präferenzen und Policy-Positionen der Richter (Lindquist, Stefanie A./Klein, David E.: The Influence of Jurisprudential Considerations on Supreme Court Decisionmaking: A Study of Conflict Cases. In: Law and Society Review, Vol. 40, 1/2006, S. 135–161). Das bedeutet, dass die Richter die ihnen zur Entscheidung vorgelegten Fälle im Lichte ihrer persönlichen Einstellungen und Präferenzen beurteilen, der Situationskontext mit einfließt und auch die Durchsetzung eigener Policy-Vorstellungen zu den Zielen der Richter gehört (Hagle, Timothy M./Spaeth, Harold J.: Voting Fluidity and the Attitudinal Model of Supreme Court Decision Making. In: The Western Political Quarterly, Vol. 44, 1/1991, S. 119–128). Die richterlichen Präferenzen und ihre Auswirkungen auf die Rechtsprechung werden von Teilen der Literatur in so genannten personal attribute models zusammengefasst (Tate, Neal C./Handberg, Roger: Time Binding and Theory Building in Personal Attribute Models of Supreme Court Voting Behavior, 1916–88. In: American Journal of Political Science, Vol. 35, 2/1991, S. 460–480). Neal C. Tate kam zu der Einschätzung, mit einem Set von Variablen 70 bis 90 Prozent der Varianz in der Bürgerrechtsrechtsprechung nach dem II. Weltkrieg erklären zu können: „Seven variables representing six meaningful and easily interpretable concepts achieve this success. The concepts are Judge's Party Identification, Appointing President, Prestige of Prelaw Education (economics only), Appointed from Elective Office, Appointment Region (civil liberties only), Extensiveness of Judicial Experience, and Type of Prosecutional Experience" (Tate, Neal C.: Personal Attribute Models of the Voting Behavior of U. S. Supreme Court Justices: Liberalism in Civil Liberties and Economic Decisions, 1946–1978. In: The American Political Science Review, Vol. 75, 2/1981, S. 355–367).

Erklärungskraft entfaltende strategische Modell soll nun – gleichsam „vor die Klammer gezogen" – kurz dargestellt werden.

3 Das strategische Modell

Unter den Prämissen des strategischen Modells werden Richter – analog zu den Grundannahmen rational-choice-theoretischer Modelle[25] – als strategische Akteure betrachtet, die alternative Ziele, Werte und Strategien in einer Präferenzordnung gewichten können, und entsprechend diejenige Vorgehensweise wählen, die ihnen größtmöglichen Nutzen bei dem Erreichen ihrer Ziele verspricht. Zudem wird angenommen, dass die Strukturen, in die die Richter eingebunden sind, Handlungsanreize setzen.[26] Die Richter sind darüber hinaus in der Lage, aus strategischen Erwägungen auch second-best-Optionen zu wählen, wenn sie davon ausgehen müssen, dass sich ihre erste Präferenz nicht durchsetzen lässt.[27] Das strategische Handeln kann sowohl auf der intrainstitutionellen Ebene – hinsichtlich der Interaktion der Richter untereinander – als auch auf der interinstitutionellen Ebene – unter Betrachtung der Beziehungen eines Gerichts zu anderen Akteuren im politischen Prozess – untersucht werden. In gewisser Weise kann das strategic model als Fortentwicklung des attitudinal model verstanden werden. Lee Epstein und Jack Knight formulieren es folgendermaßen:

> „Even after we take preferences into account, important questions linger, suggesting the need for a more comprehensive approach and in Choices we offer one – a strategic account of judicial decisions. (…) We call this a strategic account because the ideas it contains are derived from the rational choice paradigm, on which strategic analyses is based and as it has been advanced by economists and political scientists working in other fields. Accordingly, we can restate our argument this way: we can best explain the choices of justices as strategic behaviour and not merely as responses to ideological values."[28]

In der Literatur gibt es nicht nur ein strategisches Modell, vielmehr existieren verschiedene Modelle, die auf den gleichen Grundannahmen beruhen, deren Fokus aber variiert.[29] Wie auch beim attitudinal model ist allen die Annahme gemein, dass die Ent-

---

25 Deren Anwendung ist in der Politikwissenschaft nicht unumstritten, vgl. Green, Donald P./Shapiro, Ian: Pathologies of Rational Choice Theory. A Critique of Applications in Political Science. New Haven 1994.

26 Epstein, Lee/Knight, Jack: The Choices Justices make. Washington DC 1998, S. 10 ff.

27 Vgl. etwa die Untersuchung von Baybeck, Brandy/Lowry, Wiliam: Federalism Outcomes and Ideological Preferences: The U. S. Supreme Court and Preemption Cases. In: The Journal of Federalism, Vol. 30, 3/2000, S. 73–97.

28 Epstein/Knight 1998, a. a. O. (Fn. 26), S. 10.

29 Unter dem Oberbegriff des strategic voting finden sich zahlreiche Studien, so etwa Armstrong, Virginia C./Johnson, Charles A.: Certiorari Decisions by the Warren and Burger Courts: Is Cue Theory Time Bound? In: Polity, Vol. 15, No. 1/1982, S. 141–150; Arrington, Theodore S./Brenner, Saul: Strategic Voting

scheidungen, die die Richter treffen, im Einklang mit ihren Zielen und Interessen stehen. Das strategic model geht darüber hinaus davon aus, dass Richter in bestimmten Konstellationen von der Durchsetzung eigener Positionen absehen können, insbesondere bei entgegenstehenden rechtlichen Bestimmungen oder Präzedenzfällen,[30] aber auch dann, wenn andere Ziele der Richter dem entgegenstehen. Potentielle richterliche Ziele hat Lawrence Baum[31] in vier Kategorien bzw. Bereichen zusammengefasst: Erstens die Entscheidungsinhalte (Konsistenz zwischen der gerichtlichen policy und den richterlichen Policyzielen, Stringenz, Akkuratesse und Konsistenz in der juristischen Argumentation), zweitens das Leben am Gericht (Harmonie im Kollegenkreis, Sicherung der eigenen Machtposition im Gericht, Begrenzung der Arbeitsbelastung und Maximierung der gerichtlichen Ressourcen), drittens die Karriere (Bewahren der momentanen Position – denn in den USA ist kein Aufstieg an ein höheres Gericht mehr möglich – und das Erlangen attraktiver anderer Positionen neben der richterlichen Tätigkeit) und schließlich die persönliche Reputation (das Ansehen und die Bekanntheit in der juristischen und wissenschaftlichen Community).

Ein prominenter „strategic account" wird von den beiden oben bereits zitierten Autoren Lee Epstein und Jack Knight vertreten.[32] Beide geben zu bedenken, dass die Richter zum einen unter einem gewissen Druck stehen, durch Präzedenzfälle geschaffenen Erwartungen gerecht zu werden,[33] und darüber hinaus in der Legitimität des Gerichts und der damit verbundenen Folgebereitschaft für dessen Urteile ein weiterer wesentlicher Grund für die Richter liegt, in manchen Konstellationen persönliche Präferenzen zurückzustellen.

---

for Damage Control on the Supreme Court. In: Political Research Quarterly, Vol. 57, 4/2004, S. 565–573; Brenner, Saul/Krol, John F.: Strategies in Certiorari Voting on the United States Supreme Court. In: Journal of Politics, Vol. 51, No. 4/1989, S. 828–840; Brenner, Saul/Whitmeyer, Joseph M.: Strategy on the United States Supreme Court. Cambridge/New York 2009; Boucher, Robert L. Jr./Segal, Jeffrey A.: Supreme Court Justices as Strategic Decision Makers: Aggressive Grants and Defensive Denials on the Vinson Court. In: Journal of Politics, Vol. 57, 3/1995, S. 824–837; Cameron, Charles M./Segal, Jeffrey/Songer, David: Strategic Auditing in a Political Hierarchy: An Informational Model of the Supreme Court's Certiorari Decisions. In: The American Political Science Review, Vol. 94, 1/2000, S. 101–116 und Maltzman, Forrest/Wahlbeck, Paul J.: Strategic Policy Considerations and Voting Fluidity on the Burger Court. In: The American Political Science Review, Vol. 90, 3/1996, S. 581–592.

30 Vgl. etwa das von Tracy E. George und Lee Epstein vorgeschlagene „integrated model of Supreme Court decision making", das politische Faktoren, Umweltfaktoren und rechtliche Beschränkungen zusammenführt, George, Tracy E./Epstein, Lee: On the Nature of Supreme Court Decision Making. In: American Political Science Review, Vol. 86, 2/1992, S. 323–337.

31 Baum, Lawrence: What Judges Want: Judges' Goals and Judicial Behavior. In: Political Research Quarterly, 3/1994, S. 749–768, S. 752.

32 Epstein/Knight 1998, a. a. O. (Fn. 26).

33 Epstein/Knight 2004, a. a. O. (Fn. 18), S. 186.

4   Externe Faktoren

Von den Faktoren, die von außen auf den U.S. Supreme Court als Gesamtheit oder auch auf den einzelnen Richter bei seiner Entscheidungsfindung einwirken, wurde der Einfluss der öffentlichen Meinung am sorgfältigsten erforscht.[34] Empirische Untersuchungen widmen sich den Fragen, ob und inwieweit sich die neun Richter durch die öffentliche Meinung[35] in ihren Entscheidungen beeinflussen lassen,[36] und ob und inwieweit die ideologische Ausrichtung getroffener Entscheidungen Auswirkungen auf die Zustimmung und Unterstützung der Bevölkerung für den Supreme Court hat.[37] Es beste-

---

34 Vgl. Baum, Lawrence: Judges and Their Audiences: A Perspective on Judicial Behavior. Princeton 2006; Caldeira, Gregory A.: Neither the Purse nor the Sword: Dynamics of Public Confidence in the Supreme Court. In: The American Political Science Review, Vol. 80, 4/1986, S. 1209–1226; Ders.: Public Opinion and the U.S. Supreme Court: FDR's Court-Packing Plan. In: American Political Science Review, Vol. 81, 4/1987, S. 1139–1153; Caldeira, Gregory A./Gibson, James L.: The Etiology of Public Support for the Supreme Court. In: American Journal of Political Science, Vol. 36, 3/1992, S. 635–646; Gibson, James L./ Caldeira, Gregory A./Spence, Lester Kenyatta: The Supreme Court and the US Presidential Election of 2000: Wounds, Self-Inflicted or Otherwise? In: British Journal of Political Science, Vol. 33/2003, S. 535–556; Dies.: Measuring Attitudes towards the United States Supreme Court. In: American Journal of Political Science, Vol. 47, 2/2003, S. 354–367; Handberg, Roger/Maddox, William: Public Support for the Supreme Court in the 1970s. In: American Politics Quarterly, Vol. 10, 3/1982, S. 333–346; Hetherington, Mark J./Smith, Joseph L.: Issue Preferences and Evaluations of the U.S. Supreme Court. In: Public Opinion Quarterly, Vol. 71, 1/2007, S. 40–66; Mishler, William/Sheehan, Reginald S.: Popular Influence on Supreme Court Decisions. In: American Political Science Review, Vol. 88, 3/1994, S. 711–724; Dies.: Public Opinion, the Attitudinal Model and Supreme Court Decision Making: A Micro-Analytic Perspective. In: The Journal of Politics, Vol. 58, No. 1, S. 169–200; McGuire, Kevin T./Stimson, James A.: The Least Dangerous Branch Revisited: New Evidence on Supreme Court Responsiveness to Public Preferences. In: The Journal of Politics, Vol. 66, 4/2004, S. 1018–1035; Page, Benjamin I./Shapiro, Robert Y./Dempsey, Glenn R.: What moves Public Opinion? In: The American Political Science Review, Vol. 81, 1/1987, S. 23–43; Peters, Scott C.: Getting Attention: The Effect of Legal Mobilisation on the U.S. Supreme Court's Attention to Issues. In: Political Research Quarterly, Vol. 60, 3/2007, S. 561–572; Stimson, James A./Mackuen, Michael B./Erikson, Robert S.: Dynamic Representation. In: The American Political Science Review, Vol. 89, 3/1995, S. 543–565; Hoekstra, Valerie J.: Public Reaction to Supreme Court Decisions. Cambridge 2003 und Tanenhaus, Joseph/Murphy, Walter F.: Patterns of Public Support for the Supreme Court: A Panel Study. In: Journal of Politics, Vol. 43, 1/1991, S. 24–39.

35 So konnte in einer Untersuchung der Daten aus den Jahren 1956 bis 1996 nachgewiesen werden, dass die Richter – neben dem Wunsch nach der Durchsetzung ihrer eigenen Policy-Präferenzen – bei ihren Entscheidungen in höchstem Maße responsiv auf die öffentliche Meinung reagieren und sich von dieser bei ihren Entscheidungen leiten lassen (McGuire/Stimson 2004, a.a.O. (Fn. 34)). Die öffentliche Meinung in den USA wird wiederum stark von den Medien, insbesondere von Nachrichtenkommentatoren, im Fernsehen auftretenden Experten und von populären Präsidenten beeinflusst (nicht aber von unpopulären Präsidenten oder speziellen Interessengruppen, vgl. Page/Shapiro/Dempsey 1987, a.a.O. (Fn. 34)).

36 U.a. Mishler/Sheehan 1994, a.a.O. (Fn. 34); Caldeira 1987, a.a.O. (Fn. 34); Caldeira/Gibson 1992, a.a.O. (Fn. 34).

37 Hetherington/Smith 2007, a.a.O. (Fn. 34).

hen – in entgegengesetzter Richtung und beim Vorliegen bestimmter Bedingungen – allerdings auch Einflussmöglichkeiten der Richter auf die öffentliche Meinung.[38]

Einen weiteren signifikanten Einfluss auf die Rechtsprechung des U. S. Supreme Court stellen die inhaltlichen Präferenzen des Präsidenten und des Kongresses dar.[39] Der Einfluss des Präsidenten auf den U. S. Supreme Court ist in mehrerlei Hinsicht maßgeblich: Neben seinen Policy-Präferenzen kann er vor allem durch sein Vorschlagsrecht bei der Berufung neuer Richter die ideologische Ausrichtung des Supreme Court bestimmen.[40] Die Strategie von Präsidenten ist hier eine langfristige: Mit der Berufung von Richtern auf Lebenszeit, deren politische Präferenzen und moralische Wertvorstellungen mit denen des berufenden Präsidenten und dessen Partei übereinstimmen, soll der Grundstein für eine Doktrin – d. h. eine grundlegende Linie der Rechtsprechung – des U. S. Supreme Court gelegt werden.[41] Um die Gefahr zu umgehen, der Außenpolitik des Präsidenten inhaltlich zuwiderzulaufen, befasst sich der Supreme Court äußerst selten mit außenpolitischen Fragen, und stärkt – falls eine solche Entscheidung als unumgänglich erscheint – dem Präsidenten in der großen Mehrheit der Fälle den Rücken.[42]

Der solicitor general (SG),[43] der von seinen Aufgaben betrachtet in etwa mit dem Generalbundesanwalt verglichen werden kann, ist ein weiterer wichtiger Akteur, und eine weitere indirekte Möglichkeit des Präsidenten, Einfluss auf den Supreme Court zu nehmen.[44] Der SG ist derjenige, der die Regierung in Verfahren vor dem Supreme Court

---

38 Vgl. Stoutenborough, James W./Haider-Markel, Donald P./Allen, Mahalley D.: Reassessing the Impact of Supreme Court Decisions on Public Opinion: Gay Civil Rights Cases. In: Political Research Quarterly, Vol. 59, 3/2006, S. 419–433.

39 Vgl. Bergara, Mario/Richman, Barak/Spiller, Pablo T.: Modeling Supreme Court Strategic Decision Making. In: Legislative Studies Quarterly, Vol. 28, 2/2003, S. 247–280; zu einem gegenteiligen Ergebnis gelangend: Segal, Jeffrey A.: Separation-of-Powers Games in the Positive Theory of Congress and Courts. In: American Political Science Review, Vol. 91, 1/1997, S. 28–44. Zum generellen Verhältnis von Parlament und Verfassungsgericht: Stone Sweet, Alec: Constitutional Courts and Parliamentary Democracy. In: West European Politics, Vol. 25, 1/2002, S. 77–100.

40 Vgl. Gellner, Winand/Kleiber, Martin: Das Regierungssystem der USA. Eine Einführung. Baden-Baden 2007, S. 120 ff.; Fraenkel, Ernst: Das amerikanische Regierungssystem. 4. Aufl., Opladen 1981; Heun, Werner: Rechtssystem und Gerichtsbarkeit. In: Jäger, Wolfgang/Hass, Christoph M./Welz, Wolfgang (Hrsg.), Regierungssystem der USA. Lehr- und Handbuch. 3. Aufl., München 2007, S. 229–246, hier S. 240, Shell, Kurt L.: Der Oberste Gerichtshof. In: Jäger, Wolfgang/Hass, Christoph M./Welz, Wolfgang (Hrsg.), Regierungssystem der USA. Lehr- und Handbuch. 3. Aufl., München 2007, S. 171–184, S. 171 und Whitmeyer, Joseph M.: Presidential Power over Supreme Court Decisions. In: Public Choice, Vol. 127, No. 1-2/2006, S. 97–121.

41 Gellner/Kleiber 2007, a. a. O. (Fn. 40), S. 121.

42 King, Kimi Lynn/Meernik, James: The Supreme Court and the Powers of the Executive: The Adjudication of Foreign Policy. In: Political Research Quarterly, Vol. 52, 4/1999, S. 801–824.

43 Vgl. Salokar, Rebecca Mae: The Solicitor General. The Politics of Law. Philadelphia 1992.

44 Epstein, Lee/Walker, Thomas G.: Constitutional Law for a Changing America. Rights, Liberties and Justice. 7. Aufl., Washington DC 2010, S. 39.

vertritt (und gelegentlich auch als „der zehnte Richter"[45] bezeichnet wird), und dies mit einer überragend hohen Annahmequote von 70 % bis 80 %[46] der von ihm eingereichten Verfahren,[47] sei es, dass er in einem Verfahren direkt die Vereinigten Staaten vertritt, oder sich indirekt durch das Einreichen eines so genannten amicus curiae briefs[48] beteiligt.

Zu weiteren Einflüssen von außen zählen Lobbygruppen, die ihre Klientel und eigene Policy-Ziele sowohl in der Politik als auch vor Gerichten offensiv und zeitweilig auch aggressiv vertreten bzw. verfolgen. In Bürgerrechtsfragen sind etwa die American Civil Liberties Union (ACLU)[49] und die National Association for the Advancement of Coloured People (NAACP) häufig Partei in Verfahren vor dem U.S. Supreme Court. Doch auch wenn diese Gruppen nicht den Status der Verfahrenspartei besitzen, können sie sich durch die Übermittlung eines amicus curiae briefs beteiligen und versuchen, inhaltlich Einfluss zu nehmen.[50] Es besteht ein Zusammenhang zwischen der Wahrscheinlichkeit, dass der U.S. Supreme Court einen Antrag zur Entscheidung annimmt, und dem Vorhandensein von bzw. der Anzahl der eingereichten amicus curiae briefs, die vor der Entscheidung über die Annahme bei Gericht eingehen. Je größer die amicus curiae Beteiligung in einem Verfahren ist, umso höher ist die Wahrscheinlichkeit, dass der Supreme Court das Verfahren zur Entscheidung annimmt.[51] Zudem besteht ein Zu-

---

45 So etwa im Beitrag von Bailey, Michael L./Kamoie, Brian/Maltzman, Forrest: Signals from the Tenth Justice: The Political Role of the Solicitor General in Supreme Court Decision Making. In: American Journal of Political Science, Vol. 49, No. 1/2005, S. 72–85.

46 Für die hohe Annahmequote seiner Anträge und die hohe Quote der Berücksichtigung seiner amicus curiae briefs werden seitens der Wissenschaft mehrere erklärende Faktoren genannt: Zum einen wird vermutet, dass die Richter um die Sanktionsmöglichkeiten der Exekutive wissen, und deshalb den SG in einem Verfahren anhören, um die Position der Regierung im konkret zu entscheidenden Fall zu erfahren (Johnson, Thimothy R.: The Supreme Court, the Solicitor General, and the Separation of Powers. In: American Politics Research, Vol. 31, 4/2003, S. 426–451). Zum anderen verlassen sich die Richter in gewisser Weise auf die Expertise des SG und sehen diesen als geeigneten Filter, da sie unterstellen, dass sich der SG nur in bedeutsamen Verfahren engagieren wird (Epstein/Walker 2010, a.a.O. (Fn. 44), S. 17). Schließlich haben der SG und seine Mitarbeiter durch die häufige Beteiligung an Verfahren vor dem Supreme Court die größte Routine im Verfassen qualitativ hochwertiger Anträge, was sich auch positiv auf deren Annahmewahrscheinlichkeit auswirkt (Epstein/Walker 2010, a.a.O. (Fn. 44), S. 17).

47 Im Vergleich dazu liegt die Annahmequote von Anträgen am U.S. Supreme Court – ähnlich dem Bundesverfassungsgericht – generell im Promille-Bereich, vgl. Epstein/Walker 2010, a.a.O. (Fn. 44), S. 17.

48 Der lateinische Begriff amicus curiae (Übersetzt handelt es sich um einen „Freund des Gerichts") beschreibt das Phänomen, dass eine außenstehende Person oder Gruppe, die nicht Partei eines Verfahrens ist, aus eigener Initiative oder auf Bitten des Gerichts hin eine eigene inhaltliche Stellungnahme in einem Verfahren abgibt, an dem der- oder diejenige ein persönliches Interesse hat, vgl. Garner, Bryan A.: Black's Law Dictionary. 8. Aufl., St. Paul, MN 2004.

49 Sears, Alan/Osten, Craig: The ACLU vs. America. Exposing the Agenda to redefine moral values. Nashville 2005.

50 Zu den verschiedenen Gruppen und dem Umfang ihres Einflusses vgl. Caldeira, Gregory/Wright John R.: Amici Curiae before the Supreme Court: Who Participates, When and How Much? In: The Journal of Politics, Vol. 52, No. 3/1990, S. 782–806.

51 Caldeira, Gregory/Wright, John R.: Organized Interests and Agenda Setting in the U.S. Supreme Court. In: The American Political Science Review, Vol. 82, No. 4/1988, S. 1109–1127.

sammenhang zwischen den in den briefs vorgetragenen Argumenten und dem Inhalt der gerichtlichen Entscheidung,[52] wobei die Interessengruppen mit Erfolg zu einer taktischen Vorgehensweise tendieren und ihre Informationen in Form von amicus curiae briefs bevorzugt in solchen Verfahren anbieten, in denen die Informationslage der Richter besonders dünn ist.[53]

Neben den amicus curiae briefs hat auch die Qualität der von den Parteien eingereichten schriftlichen Anträge Auswirkungen auf den Entscheidungsinhalt. So konnte mittels des Einsatzes von Plagiatssuche-Software nachgewiesen werden, dass besonders gute Argumente und Formulierungen aus den Anträgen in den Urteilstext des Gerichts übernommen wurden.[54] Obwohl am Supreme Court sämtliche ein Verfahren betreffende Unterlagen mit dem eigentlichen Antrag eingereicht werden, so dass es in der mündlichen Verhandlung selten einen neuen Sachvortrag gibt, wächst die Wahrscheinlichkeit vor dem Supreme Court Recht zu bekommen signifikant mit der Qualität des anwaltlichen Vortrags und der Güte der vorgebrachten Argumente.[55] Und obgleich Justitia neben der Waage und dem Schwert stets als Zeichen ihrer Objektivität und Unparteilichkeit mit verbundenen Augen dargestellt wird, konnte der Nachweis geführt werden, dass es in Verfahren vor dem U.S. Supreme Court Gruppen von Klägern gibt, die über stark unterschiedliche Erfolgsquoten verfügen.[56] Dennoch hat die ideologische Zusammensetzung des Supreme Court letztendlich einen größeren Einfluss auf den Inhalt eines Judikats als die Person des Klägers, die ihm zur Verfügung stehende Erfahrung oder dessen Ressourcen.

5   Interne Faktoren

Da beim U.S. Supreme Court jährlich knapp 10 000 Anträge eingereicht werden, liegt ein Interessensschwerpunkt wissenschaftlicher Untersuchungen auf den Kriterien, nach denen die Richter die weniger als einhundert Fälle, die sie nach freiem Ermessen anneh-

---

52 Collins, Paul M. Jr.: Friends of the Court: Examining the Influence of Amicus Curiae Participation in U.S. Supreme Court Litigation. In: Law and Society Review, Vol. 38, 4/2004, S. 807–832.

53 Hansford, Thomas G.: Information Provision, Organizational Constraints, and the Decision to Submit an Amicus Curiae Brief in a U.S. Supreme Court Case. In: Political Research Quarterly, Vol. 57, 2/2004, S. 219–230.

54 Vgl. Corley, Pamela C.: The Supreme Court and Opinion Content: The Influence of Parties' Briefs. In: Political Research Quarterly, Vol. 61, 3/2008, S. 468–478; Wedeking, Justin: Supreme Court Litigants and Strategic Framing. In: American Journal of Political Science, Vol. 54, No. 3/2010, S. 617–631.

55 Johnson, Timothy R./Wahlbeck, Paul J./Spriggs, James F. II: The Influence of Oral Arguments on the U.S. Supreme Court. In: The American Political Science Review, Vol. 100, 1/2006, S. 99–113.

56 Sheehan, Reginald S./Mishler, William/Songer, Donald S.: Ideology, Status, and the Differential Success of Direct Parties before the Supreme Court. In: The American Political Science Review, Vol. 86, 2/1992, S. 464–471.

men können, auswählen.[57] Hinsichtlich der Auswahl der anzunehmenden Fälle gilt: The judges „[are] setting the nations legal agenda".[58] Die Möglichkeiten eines durch den U. S. Supreme Court betriebenen agenda settings sind inhaltlich lediglich begrenzt durch die vor das Gericht gebrachten Sachverhalte. Es wird diskutiert, ob die Richter nicht sogar mittelbar – durch ihre Entscheidungen und die von ihnen zur Entscheidung angenommenen Anträge – Einfluss darauf nehmen können, welche Anträge eingereicht werden und welche nicht.[59]

Einen ersten Filter bei der Auswahl – dem richterlichen agenda building – stellt die so genannte discuss list dar, auf die etwa 20 bis 30 Prozent der Anträge gelangen. Bei der Auswahl spielen formale und informelle Kriterien eine Rolle, etwaige amicus curiae briefs und die aktuelle ideologische Ausrichtung des Gerichts.[60]

Welche Faktoren Einfluss auf die Auswahl der Fälle haben, wird unter anderem im Konzept der issue salience[61] diskutiert. Hier wird davon ausgegangen, dass prominente Themen leichter die Aufmerksamkeit der Richter erregen können, als diejenigen, die zum Zeitpunkt der Auswahl weniger relevant oder aktuell erscheinen, wobei die Aufmerksamkeit, die die Medien bestimmten Themenkreisen widmen, ein geeigneter Gradmesser für deren Prominenz sein kann.[62]

Bei der Bearbeitung der großen Anzahl an Verfahrenseingängen wird jeder Richter von wissenschaftlichen Mitarbeitern – so genannten law clerks – unterstützt. Ihnen kommt beim Verfassen von bewertenden Zusammenfassungen zu eingereichten Anträgen ein nicht unwesentlicher Einfluss zu, da sich der Richter in der Regel – soweit es sich nicht um einen Fall von überragender Bedeutung handelt – auf die Einschätzung seines

---

57 Auf die stetig steigende Anzahl von Verfahrenseingängen am U. S. Supreme Court hat der US-Kongress reagiert, indem er in den Jahren von 1891 bis 1988 sukzessive die verpflichtende Annahme von Verfahren in eine Annahme nach freiem Ermessen der Richter umgewandelt hat (Jucewicz, Joseph/Baum, Lawrence: Workload Influences on Supreme Court Case Acceptance Rates, 1975–1984. In: The Western Political Quarterly, Vol. 43, 1/1990, S. 123–135).

58 Vgl. Epstein/Segal/Spaeth: Setting the Nation's Legal Agenda: Case Selection on the U. S. Supreme Court. Abrufbar unter: http://epstein.usc.edu/research/cert.pdf (Stand 03/2012) und Perry, H. W. Jr.: Deciding to Decide. Agenda Setting in the United States Supreme Court. Harvard 1994.

59 Baird, Vanessa A.: The Effect of Politically Salient Decisions on the U. S. Supreme Court Agenda. In: The Journal of Politics, Vol. 66, 3/2004, S. 755–772.

60 Vgl. Caldeira/Wright 1990, a. a. O. (Fn. 50); und Caldeira, Gregory: The United States Supreme Court and Criminal Cases, 1935–1976: Alternative Models of Agenda Building. In: British Journal of Political Science, Vol. 11, 4/1981, S. 449–470.

61 Weitere Untersuchungen haben ergeben, dass die Richter bei Sachverhalten mit geringer issue salience deutlich mehr auf die Argumente, die von den beteiligten Anwälten vor und während der mündlichen Verhandlung vorgebracht werden, eingehen (McAtee, Andrea/McGuire, Kevin T.: Lawyers, Justices, and Issue Salience: When and How Do Legal Arguments Affect the U. S. Supreme Court? In: Law & Society Review, Vol. 41, 2/2007, S. 259–278). Je bedeutsamer ein Themenkreis ist, umso ausgeprägter sind die richterlichen Policy-Präferenzen und umso weniger gehen sie in ihrer Entscheidung auf den anwaltlichen Sachvortrag ein.

62 Epstein, Lee/Segal, Jeffrey A.: Measuring Issue Salience. In: American Journal of Political Science, Vol. 44, 1/2000, S. 66–83.

Mitarbeiters verlässt. In der Forschung wurde eine zunehmende ideologische Polarisierung konstatiert, da sich die Richter bevorzugt solche Mitarbeiter suchen, die ihre politischen Einstellungen und ihre ideologischen Präferenzen teilen.[63]

Wenn ein Sachverhalt zur Entscheidung vorliegt, dann stellt die Doktrin des stare decisis eine relative Schranke richterlicher Entscheidungsfreiheit dar. Hinter dem Begriff stare decisis steht das Gebot, dass Richter an die Inhalte früher getroffener Entscheidungen (precedent[64]) gebunden sind, wenn in einem aktuell anhängigen Verfahren Aspekte entscheidungserheblich sind, über die in vorangegangenen Verfahren schon geurteilt wurde.[65] Da dieses Gebot nicht absolut gilt, wurde untersucht, unter welchen Voraussetzungen eine inhaltliche Abkehr von früheren Entscheidungen stattfindet. Dies ist vor allem dann der Fall, wenn zwischen der ideologischen Zusammensetzung der amtierenden Richterschaft und der ideologischen Ausrichtung der Richterschaft zu Zeiten der Präzedenzentscheidung ein großer Unterschied besteht.[66] Wollen die Richter hingegen einer Entscheidung ein besonders großes Gewicht verleihen, nehmen sie verstärkt Bezug auf vorangegangene Entscheidungen und versuchen so, ihrem eigenen Judikat eine zusätzliche Rechtfertigung zu geben.[67] Allerdings eröffnet bereits die Frage, ob und inwieweit bestimmte Aspekte eines aktuell anhängigen Verfahrens bereits entschiedenen Sachverhalten ähneln, den Richtern einen weiten Interpretationsspielraum. Anhänger des „legal model" sehen sich in ihrer Betrachtungsweise bestätigt, da Präzedenzfälle zu den rechtlichen Aspekten der Entscheidungsfindung zählen.[68] Empirische Untersuchungen kamen zu widerstreitenden Ergebnissen:[69] Richter fühlen sich dann nicht an vorangegangene Entscheidungen gebunden, wenn sie inhaltlich nicht mit diesen übereinstimmen. Unumstritten ist zumindest, dass es sich bei stare decisis um ein Konzept handelt, das strukturierenden Einfluss auf richterliche Entscheidungen

---

63 Ditslear, Corey/Baum, Lawrence: Selection of Law Clerks and Polarization in the U.S. Supreme Court. In: The Journal of Politics, Vol. 63, 3/2001, S. 869–885.

64 Zu Präzedenzfällen und ihrer Bedeutung für die richterliche Entscheidungsfindung am U.S. Supreme Court vgl. auch Lim, Youngsik: An Empirical Analysis of Supreme Court Justices' Decision Making. In: The Journal of Legal Studies, Vol. 29, No. 2/2000, S. 721–752; Schwarz, Edward P.: Policy, Precedent, and Power: A Positive Theory of Supreme Court Decision-making. In: The Journal of Law, Economics, & Organisation, Vol. 8, 2/1992, S. 219–252; Hansford, Thomas G./Spriggs, James F.: The Politics of Precedent on the U.S. Supreme Court. Princeton 2006; Spaeth, Harold J./Segal, Jeffrey A.: Majority Rule or Minority Will. Adherence to Precedent on the U.S. Supreme Court. Cambridge 1999.

65 Vgl. Garner, Bryan A.: Black's Law Dictionary. 8. Aufl., St. Paul, MN 2004.

66 Spriggs, James F./Hansford, Thomas G.: Explaining the Overruling of U.S. Supreme Court Precedent. In: The Journal of Politics, Vol. 63, 4/2001, 1091–1111.

67 Spriggs, James F./Hansford, Thomas G.: The U.S. Supreme Court's Interpretation and Incorporation of Precedent. In: Law and Society Review, Vol. 36, 1/2002, S. 139–160.

68 Brenner, Saul/Stier, Mark: Retesting Segal and Spaeth's Stare Decisis Model. In: American Journal of Political Science, Vol. 40, 4/1996, S. 1036–1048.

69 Segal, Jeffrey A./Spaeth, Harold J.: The Influence of Stare Decisis on the Votes of United States Supreme Court Justices. In: American Journal of Political Science, Vol. 40, 4/1996, S. 971–1003; Dies.: Norms, Dragons, and Stare Decisis: A Response. In: American Journal of Political Science, Vol. 40, 4/1996, S. 1063–1082.

entfaltet,[70] da sich die Richter immer mit vorangegangenen Entscheidungen auseinandersetzen, sei es, um sich darauf zu berufen und zu stützen, oder um sich davon inhaltlich abzugrenzen.

Neben den Präzedenzfällen beeinflussen sich die neun Richter am Supreme Court auch untereinander – so genannter collegial influence[71] –, wobei von einem Wechsel in der Besetzung des Gerichts – in der Literatur diskutiert unter dem Stichwort membership change – der größte Einfluss ausgeht. Empirische Untersuchungen ergaben, dass sich durch einen Wechsel in der Zusammensetzung der Informationsfluss innerhalb des Spruchkörpers verändert und langfristige kollegiale Koalitionen ebenso einem Wandel unterworfen sind wie kurzfristige strategische Kalkulationen einzelner Richter.[72] Membership change ist einer der Hauptgründe für einen grundlegenden Wandel im Abstimmungsverhalten der Richter am U. S. Supreme Court.[73] Zum eben erörterten Prinzip des stare decisis besteht insofern ein Bezug, als sich neue Richter zunächst stark an diese Doktrin gebunden fühlen, und diese Bindung mit zunehmender Amtsdauer nachlässt.[74]

Entsprechend obiger Auflistung an Zielen liegt der Fokus der sozialwissenschaftlichen Forschung zum Supreme Court, die sich mit internen Faktoren befasst, auf dem Richter als Individuum in seiner Interaktion mit Kollegen, den juristischen Vorstellungen der Richter, deren Wertvorstellungen im Allgemeinen[75] und deren Ambitionen und Rollenvorstellungen.[76]

Anders als am Bundesverfassungsgericht sind die Ergebnisse der Abstimmung über die Annahme eines Falles, die Zwischenabstimmungen in den Sitzungen der Richter und das abschließende Votum jedes Richters über Dekaden dokumentiert. Erst das

---

70 Knight, Jack/Epstein, Lee: The Norm of Stare Decisis. In: American Journal of Political Science, Vol. 40, 4/1996, S. 1018–1035.

71 Für den Einfluss von Kollegialität an den United States Courts of Appeals vgl. Edwards, Harry T.: The Effects of Collegiality on Judicial Decision Making. In: University of Pennsylvania Law Review, Vol. 151, No. 5/2003, S. 1639–1690.

72 Meinke, Scott R./Scott, Kevin M.: Collegial Influence and Judicial Voting Change: The Effect of Membership Change on U. S. Supreme Court Justices. In: Law and Society Review, Vol. 41, No. 4/2007, S. 909–938.

73 Baum, Lawrence: Membership Change and Collective Voting Change in the United States Supreme Court. In: The Journal of Politics, Vol. 54, 1/1992, S. 3–24.

74 Hurwitz, Mark S./Stefko, Joseph V.: Acclimation and Attitudes: „Newcomer" Justices and Precedent Conformance on the Supreme Court. In: Political Research Quarterly, Vol. 57, No. 1/2004, S. 121–129.

75 Vgl. zum Einfluss der richterlichen Wertvorstellungen auf die Entscheidungsfindung und das Abstimmungsverhalten Songer, Donald R./Lindquist, Stefanie A.: Not the Whole Story: The Impact of Justices' Values on Supreme Court Decision Making. In: American Journal of Political Science, Vol. 40, 4/1996, S. 1049–1063 und Segal, Jeffrey A./Epstein, Lee/Cameron, Charles M./Spaeth, Harold J.: Ideological Values and the Votes of the Supreme Court Justices Revisited. In: The Journal of Politics, Vol. 57, 3/1995, S. 812–823.

76 Hier kommen vor allem die Rollenvorstellungen der Richter in Betracht, die einen Rückschluss auf das richterliche Verhalten und seine Anschauungen erlauben, vgl. Gibson, James L.: Judges' Role Orientations, Attitudes and Decisions: An Interactive Model. In: The American Political Science Review, Vol. 72, 1978, S. 911–924.

macht Forschung zu jedem einzelnen Richter und zu dessen Entscheidungsverhalten möglich.[77] So konnte auch herausgefunden werden, dass sich die richterlichen Präferenzen und damit verbunden ihr Abstimmungsverhalten im Laufe der Amtszeit ändern können.[78]

> „To date, most scholars have assumed that the policy positions of Supreme Court justices remain consistent throughout the course of their careers and most measures of judicial ideology – such as Segal and Cover scores – are time invariant. [...] However, it is also possible that the worldviews, and thus the policy positions, of justices evolve through the course of their careers. In this article we use a Bayesian dynamic ideal point model to investigate preference change on the U. S. Supreme Court. [...] The results are striking – 14 of these 16 judges exhibit significant preference change".[79]

Neben dem Einstellungswandel des einzelnen Richters wurden zudem inhaltliche Änderungen der Rechtsprechung des gesamten Gerichts und hier insbesondere die Fragen der Konzeptionalisierung und Messung von inhaltlichem Wandel untersucht.[80]

Welchem Richter die Aufgabe zufällt, in einem Verfahren das Mehrheitsvotum zu verfassen (opinion assignment), bestimmt der Vorsitzende Richter, der chief justice. Dieses Recht gehört zu den Privilegien des chief justice, der damit über eine bedeutsame Möglichkeit des mittelbaren agenda setting verfügt[81].[82]

---

77 Vgl. für viele: Helmke, Gretchen/Sanders, Mitchell S.: Modeling Motivations: A Method for Inferring Judicial Goals from Behavior. In: The Journal of Politics, Vol. 68, 4/2006, S. 867–878; Grossman, Joel B.: Dissenting Blocs on the Warren Court: A Study in Judicial Role Behavior. In: The Journal of Politics, Vol. 30, 1968, S. 1068–1090; Baum 1994, a. a. O. (Fn. 31).

78 Epstein, Lee/Hoekstra, Valerie/Segal, Jeffrey A./Spaeth, Harold J.: Do Political Preferences Change? A Longitudinal Study of U. S. Supreme Court Justices. In: The Journal of Politics, Vol. 60, 3/1998, S. 801–818.

79 Martin, Andrew D./Quinn Kevin M.: Assessing Preference Change on the US Supreme Court. In: The Journal of Law, Economics, & Organization, Vol. 23, 2/2007, S. 365–385, S. 365.

80 Vgl. Baum, Lawrence: Measuring Policy Change in the U. S. Supreme Court. In: American Political Science Review, Vol. 82, 3/1988, S. 905–912; McGuire, Kevin T./Vanberg, George/Smith, Charles E./Caldeira, Gregory A.: Measuring Policy Content on the U. S. Supreme Court. In: The Journal of Politics, Vol. 71, No. 4/2009, S. 1305–1321 und Segal, Jeffrey A.: Measuring Change on the Supreme Court: Examining Alternative Models. In: American Journal of Political Science, Vol. 29, No. 3/1985, S. 461–479. Zum Einfluss von legal change auf judicial politics vgl. Wahlbeck, Paul J.: The Life of the Law: Judicial Politics and Legal Change. In: Journal of Politics, Vol. 59, 3/1997, S. 778–802.

81 Er wird im Wesentlichen von zwei Überlegungen geleitet: Welcher Richter wird ein Votum verfassen, dessen Inhalt von der Mehrheit der Richterkollegen – jenseits kleinerer Änderungswünsche – mitgetragen werden wird (Wahlbeck, Paul J.: Strategy and Constraints on Supreme Court Opinion Assignment. In: The University of Pennsylvania Law Review, Vol. 154, 2006, S. 1729–1755)? Und mit welcher Auswahl wird der chief justice organisatorischen Gegebenheiten und Notwendigkeiten gerecht (Maltzman, Forrest/Wahlbeck, Paul J.: May it Please the Chief? Opinion Assignments in the Rehnquist Court. In: American Journal of Political Science, Vol. 40, 2/1996, S. 421–443)?

82 Maltzman, Forrest/Wahlbeck, Paul J.: A Conditional Model of Opinion Assignment on the Supreme Court. In: Political Research Quarterly, Vol. 57, 4/2004, S. 551–563.

Über den Inhalt des Mehrheitsvotums wird in mehreren Sitzungen der Richter, in denen – wie auch am Bundesverfassungsgericht – außer ihnen niemand zugegen sein darf, verhandelt.[83] Generell wird davon ausgegangen, dass der Richter, der das Votum verfasst, besonderen Einfluss auf dessen Inhalt nehmen kann. Konkurrierend dazu gibt es aber auch die Figur des so genannten median justice,[84] an dessen Policy-Position sich der Inhalt einer Entscheidung ausrichtet.

Die inhaltliche Freiheit, die sich die Richter bei ihren Voten nehmen, betrifft die Auswahl und die inhaltliche Gewichtung der erörterten Topoi, was in der US-amerikanischen Literatur unter dem Stichwort issue fluidity[85] diskutiert wird. So können Richter in ihren Entscheidungen Ausführungen zu Aspekten machen, die der zu erörternde Sachverhalt nicht oder nicht zwingend aufwirft, was als issue discovery bezeichnet wird. Dieses Phänomen gibt es auch bei deutschen Gerichtsentscheidungen unter dem Begriff obiter dictum. Im Gegenzug können Fragen, denen Richter ungern Raum geben möchten, nicht oder nur peripher behandelt werden, was unter dem Begriff issue suppression firmiert.[86] In etwa der Hälfte aller Entscheidungen verfahren die Richter am Supreme Court nach einem der beiden Prinzipien.

Suchen die Richter nach einem Weg, eine Entscheidung hinauszuzögern, wird eine zweite mündliche Verhandlung angesetzt, was in der Wissenschaft als delaying justice bezeichnet wird.[87] Dies ist bislang selten geschehen, erfolgte aber immer dann, wenn es sich um Verfahren von höchster politischer Brisanz handelte.[88] Scheuen die Richter eine Entscheidung – was aufgrund der Annahme nach freiem Ermessen ohnehin selten

---

83 Vgl. Spriggs, James F./Maltzman, Forrest/Wahlbeck, Paul J.: Bargaining on the U. S. Supreme Court: Justices' Responses to Majority Opinion Drafts. In: The Journal of Politics, Vol. 61, 2/1999, S. 485–506 und Wahlbeck, Paul J./Spriggs, James F./Maltzman, Forrest: Marshalling the Court: Bargaining and Accommodation on the United States Supreme Court. In: American Journal of Political Science, Vol. 42, 1/1998, S. 294–315. Zum Begriff des legislative bargaining vgl. Vanberg, Georg: Abstract Judicial Review, Legislative Bargaining, and Policy Compromise. In: Journal of Theoretical Politics, Vol. 10, 3/1998, S. 299–326.

84 Zum median justice und der Darstellung dessen Position in so genannten spatial models vgl. Clark, Tom S./Lauderdale, Benjamin: Location Supreme Court Opinions in Doctrine Space. In: American Journal of Political Science, Vol. 54, 4/2010, S. 871–890. Zum median voter theorem vgl. Martin, Andrew D./Quinn, Kevin M./Epstein, Lee: The Median Justice on the United States Supreme Court. In: North Carolina Law Review, Vol. 83, 2005, S. 1275–1321. „Once the median is proposed, no other proposal will beat it, and it becomes the outcome" (Bonneau, Chris H./Hammond, Thomas H./Maltzman, Forrest/Wahlbeck, Paul J.: Agenda Control, the Median Justice, and the Majority Opinion on the U. S. Supreme Court. In: American Journal of Political Science, Vol. 51, 4/2007, S. 890–905, S. 890).

85 Palmer, Barbara: Issue Fluidity and Agenda Setting on the Warren Court. In: Political Research Quarterly, Vol. 52, 1/1999, S. 39–65.

86 McGuire, Kevin T./Palmer, Barbara: Issue Fluidity on the U. S. Supreme Court. In: American Political Science Review, Vol. 89, 3/1995, S. 691–702.

87 Hoekstra, Valerie/Johnson, Timothy: Delaying Justice: The Supreme Court's to Hear Rearguments. In: Political Research Quarterly, Vol. 56, 3/2003, S. 351–360.

88 Wie etwa die Entscheidung, die zur Aufhebung der Rassentrennung an Schulen führte (Brown vs. Board of Education, 1954) oder die noch heute polarisierende Entscheidung zur Abtreibung (Roe vs. Wade, 1973).

vorkommen wird – so flüchten sie sich im Mehrheitsvotum gelegentlich in sehr vage und deutungsoffene Ausführungen und entdecken den value of vagueness.[89] Die Richter wählen diese Vorgehensweise, wenn sie vermeiden wollen, mit ihrer Policy-Position Widerstand seitens des Gesetzgebers hervorzurufen.[90]

6   Ausblick

Aufgrund des begrenzten Raumes soll kursorisch anhand je eines potentiellen externen und internen Faktors angedeutet werden, wie sich eine forschungsleitende Zugrundelegung von Aspekten aus der US-Literatur gestalten kann. Es wäre zum einen denkbar, dass die Richter am Bundesverfassungsgericht – ähnlich wie ihre Kollegen am U.S. Supreme Court – versuchen, auch ohne die Möglichkeit der Annahme nach freiem Ermessen[91] durch die Nutzung eventuell bestehender Freiräume in den gesetzlichen Vorgaben ihre inhaltliche Agenda zumindest begrenzt zu gestalten. Zum anderen wäre es möglich, dass Klagegegenstände und an einem Verfahren beteiligte Akteure Einfluss auf die Stattgabewahrscheinlichkeit in Verfahren haben könnten.

Diese Überlegungen lassen sich zu zwei Hypothesen[92] formulieren:

---

89 Vgl. Staton, Jeffrey K./Vanberg, George: The Value of Vagueness: Delegation, Defiance, and Judicial Opinions. In: American Journal of Political Science, Vol. 52, 3/2008, S. 504–519.

90 Um einem Votum in solchen Fällen zu zusätzlicher Legitimität und Überzeugungskraft zu verhelfen, greifen Richter verstärkt zu bekannten Zitaten oder Texten, die ihre Argumentation untermauern sollen.

91 Da die Zahl der eingehenden Verfahren vor dem Bundesverfassungsgericht auch in den Folgejahren kontinuierlich stieg, hatte sich die so genannte „Benda-Kommission", die unter der Leitung von Ernst Benda im Jahre 1997 einen Bericht „Zur Entlastung des Bundesverfassungsgerichts" (Bundesministerium der Justiz (BMJ): Entlastung des Bundesverfassungsgerichts: Bericht der Kommission. Berlin 1998) verfasst hat, intensiv mit dem Annahmeverfahren am U.S. Supreme Court auseinandergesetzt. In ihrem Abschlussbericht regte die Kommission an, das Verfahren am Bundesverfassungsgericht nach dem Vorbild des Annahmeverfahrens am U.S. Supreme Court zu gestalten und ein freies Annahmeverfahren einzuführen. Abweichend vom geltenden Verfahrensrecht sollten also nach dem Willen der Kommission Verfassungsbeschwerden – unter Aufgabe des Kammersystems – im Rahmen eines dem Bundesverfassungsgericht zugebilligten Entscheidungsspielraums angenommen werden, wobei dieser dem Gericht „die Kompetenz zur Bestimmung der verfassungsgerichtlichen Agenda im grundrechtlichen Bereich einräumt" (Umbach, Dieter: Vor § 93a. In: Umbach, Dieter C./Clemens, Thomas/Dollinger, Franz-Wilhelm (Hrsg.), Bundesverfassungsgerichtsgesetz. Mitarbeiterkommentar und Handbuch. München 2005, Vor § 93a ff., Rn. 10). Dieser Vorschlag der Benda-Kommission wurde vom Gesetzgeber nicht umgesetzt, mit der Begründung, dass die angeregte Neuerung grundlegend in das Wesen der Verfassungsbeschwerde als „Jedermannsrecht" eingreifen würde und die Verfassungsbeschwerde im Dienste der Verfassung stünde.

92 Die Hypothesen entstammen der in Bälde erscheinenden Dissertation der Verfasserin. Die quantitativen und qualitativen Untersuchungen, aus denen die empirischen Ergebnisse resultieren, wurden in deren Kontext durchgeführt.

H1 Agendahypothese: Aus der Menge der eingehenden Klagen wählen die Richter – unterstützt von ihren Mitarbeitern – gezielt und strategisch innerhalb des vorgegebenen rechtlichen Rahmens Fälle zur Annahme zur Entscheidung in der Kammer oder im Senat aus und beeinflussen so die inhaltliche Agenda des Gerichts und die thematische Ausrichtung der Rechtsprechung.

H1 Klagegegenstandshypothese: Das Bundesverfassungsgericht urteilt bei Bundesgesetzen zurückhaltender als bei Landesgesetzen, weil es eine ablehnende Reaktion des Bundesgesetzgebers antizipiert und eher zu vermeiden sucht[93] als den Konflikt mit einem Landesgesetzgeber.

Im Zentrum der Hypothese H1 stehen die Auswahl- und Entscheidungsprozesse der Richter und der wissenschaftlichen Mitarbeiter bei der Bearbeitung eingehender Klagen. Diese Aspekte wurden im Wege einer qualitativen Befragung untersucht.[94] Die Klagegegenstandshypothese machte eine quantitative Untersuchung erforderlich.[95]

Bei näherer Betrachtung zeigt sich, dass § 93a BVerfGG – die zentrale Norm für die Annahme einer Verfassungsbeschwerde zur Entscheidung durch das Bundesverfassungsgericht – den Richtern Freiräume gewährt, die diese durchaus strategisch nutzen: Die Mitarbeiter berichteten in den Interviews davon, dass in den Dezernaten bisweilen bei den Verfahrenseingängen gezielt nach Sachverhalten gesucht wurde, die sich für eine Grundsatzentscheidung zu einem für den Richter wichtigen Thema oder Aspekt

---

93 Die Klägerhypothese wurde aus den wissenschaftlichen Beiträgen von Collins (Collins, Paul M. Jr.: Lobbyists before the U.S. Supreme Court: Investigating the Influence of Amicus Curiae Briefs. In: Political Research Quarterly, Vol. 60, 1/2007, S. 55–70), Corley (2008, a.a.O. (Fn. 54)), Corley/Howard/Nixon (Corley, Pamela C./Howard, Robert M./Nixon, David C.: The Supreme Court and Opinion Content: The Use of the Federalist Papers. In: Political Research Quarterly, Vol. 58, 2/2005, S. 329–340), Johnson/Wahlbeck/Spriggs (2006, a.a.O. (Fn. 55)) und Vanberg (1998, a.a.O. (Fn. 83)) abgeleitet.

94 In Rahmen der Dissertation der Verfasserin, die in Bälde erscheinen wird, wurden leitfadengestützte Experteninterviews mit ehemaligen wissenschaftlichen Mitarbeitern des Bundesverfassungsgerichts (WiMi) geführt. Für die Wahl dieser Gruppe als Interviewpartner gab es im Wesentlichen zwei Gründe. Zum einen hat die Studie von Kranenpohl, Uwe: Hinter dem Schleier des Beratungsgeheimnisses. Der Willensbildungs- und Entscheidungsprozess des Bundesverfassungsgerichts, Wiesbaden 2010, die Einblick in den Entscheidungsfindungsprozess am Bundesverfassungsgericht gibt, gezeigt, dass die amtierenden und ehemaligen Richter am Bundesverfassungsgericht auch im Schutze der Anonymität der Befragung nicht mit letzter Offenheit über ihre Beweggründe und ihre Motivation sprechen. Zum anderen liegt bislang noch keine wissenschaftliche Untersuchung vor, die sich mit den Aufgaben der WiMis und deren Beitrag bei der Erstellung von Voten, dem Verfassen von Kammerentscheidungen oder deren Beteiligung an dem Abfassen von Senatsentscheidungen befasst. Die hohe Zahl an Verfahrenseingängen legt jedoch nahe, dass die Mitarbeiter einen wesentlichen Teil dieser Arbeitslast tragen. Sie sind ein nicht hinwegzudenkender Teil des Systems „Bundesverfassungsgericht" und gewinnen bei ihrer täglichen Arbeit umfangreiche Kenntnis sowohl der Arbeit des Richters, dem sie zugewiesen sind, als auch der Zusammenarbeit und Interaktion der Richter insgesamt.

95 Beschreibung des der Untersuchung zugrunde liegenden Projekts vgl. oben Fn. 6.

eignen könnten. Auch wurden in Dezernaten geeignete Fälle aus strategischen Erwägungen nicht in den Senat eingebracht sondern in der Kammer verhandelt:

> „Wobei es da eben häufig darum geht, schon gedanklich vorwegzunehmen, wie die andern Richter den Fall sehen werden. Und da kann es sein, dass ein Fall, der eigentlich wie gemalt ist, um das eigene Thema im Senat entscheiden zu lassen, deswegen ungeeignet ist, weil eine zweite Fragestellung auftaucht in dem Verfahren, für die eben ein anderer Richter zuständig ist, oder wo er schon in früheren Entscheidungen signalisiert hat, dass er sich da festgelegt hat, sodass man insgesamt entscheiden muss, den Fall aufgrund dieser Besonderheit dann doch nicht für so aussichtsreich anzusehen."[96]

Im Rahmen der quantitativen Untersuchung konnte neben anderen Hypothesen die hier als H2 bezeichnete Vermutung in zwei Konstellationen bestätigt werden: Zum einen ergaben die statistischen Hypothesentests, dass die Erfolgsaussichten bei Urteilsverfassungsbeschwerden gegen Entscheidungen von Bundesgerichten signifikant geringer waren, als die Beschwerden gegen Entscheidungen untergeordneter Instanzen. Hinsichtlich der Verfassungsbeschwerden gegen Gesetz konnte der Nachweis geführt werden, dass das Bundesverfassungsgericht eine deutlich größere Zurückhaltung zeigt, eine Norm des Bundesgesetzgebers zu verwerfen als Normen des Landesrechts.

Zusammenfassend lässt sich festhalten, dass die Einflüsse auf die Richter und die Rechtsprechung des obersten Gerichtshofs der USA in der Forschung eingehend erörtert worden sind. Erste empirische Untersuchungen bestätigen die Vermutung, dass sich das strategische Modell auch auf das Verhalten der Richter am Bundesverfassungsgericht anwenden lässt. Die Karlsruher Verfassungsrichter wären folglich strategische Akteure im Gefüge des politischen Systems.

---

96 Auszug aus einem mit einem ehemaligen wissenschaftlichen Mitarbeiter geführten Interview.

Vergleichende Verfassungsgerichtsforschung: Konjunkturen verfassungsgerichtlicher Autorität am Beispiel Bundesverfassungsgericht und ungarisches Verfassungsgericht

Christian Boulanger

1 Vergleichende Verfassungsgerichtsforschung und die postkommunistische Transformation

Das Bundesverfassungsgericht hat nach einer längeren Phase der Vernachlässigung durch die Politikwissenschaft[1] die Aufmerksamkeit mittlerweile gefunden, die ihm angesichts der Bedeutung dieser Institution für das politischen System der Bundesrepublik zukommt.[2] Auf der Grundlage der in den letzten Jahren publizierten Forschungsliteratur können nun verstärkt sozialwissenschaftliche Studien entstehen, die das Bundesverfassungsgericht (BVerfG) mit anderen Verfassungsgerichten vergleichen und dabei zu Erkenntnissen kommen können, die bei der Untersuchung nur eines Falles nur schwer möglich sind. Denn erst die Herausarbeitung der Vergleichsachsen ermöglicht den Blick für das, was für einen Fall einzigartig, und was (begrenzt) verallgemeinerungsfähig ist.[3] Solche Analysen werden gebraucht, um rechts- und institutionenvergleichende Arbeiten zu ergänzen, die sich mit den Regelungen der Verfassungen und Verfassungsge-

---

1. Siehe hierzu die Einleitung der Herausgeber zur 1. Auflage dieses Bandes.
2. Darauf macht Michael Hein aufmerksam, für den These der partiellen politikwissenschaftlichen „Selbstentmündigung" (Wolfgang Seibel) in Sachen Justizforschung „mittlerweile stark an ihrer Gültigkeit verloren" hat (Hein, Michael, 2013: Verfassungskonflikte zwischen Politik und Recht in Südosteuropa, Baden-Baden, S. 24). Weiterhin wenig politikwissenschaftliche Beachtung finden die „ordentlichen" Gerichte, hierzu Rehder, Britta, 2011: Rechtsprechung als Politik: der Beitrag des Bundesarbeitsgerichts zur Entwicklung der Arbeitsbeziehungen in Deutschland, Frankfurt am Main, Kap. 2.
3. Die folgenden Ausführungen nehmen eine Perspektive innerhalb der vergleichenden Politikwissenschaft ein, die nicht auf die Generierung von universellen „testable hypotheses" abzielt, sondern kontext- und geschichtssensible Theorien „mittlerer Reichweite" (Robert K. Merton) zu formulieren versucht.

richtsgesetze beschäftigen oder die Rechtsprechung systematisierend vergleichen,[4] die wirklichen Machtverhältnisse und gesellschaftlichen Hintergrundbedingungen der Verfassungsgerichtsbarkeit aber nur bedingt in den Blick nehmen können. Dabei lohnt nicht nur der direkte Vergleich mit Ländern mit Verfassungsgerichtsbarkeit. Auch das Fehlen einer Verfassungsgerichtsbarkeit kann interessante Vergleichsperspektiven eröffnen – in diesem Fall durch die Suche nach institutionellen Äquivalenzen der verschiedenen Rollen und Funktionen, die die Verfassungsgerichtsbarkeit in einem Land nach Ansicht eines Beobachters erfüllt.[5]

Das Bundesverfassungsgericht wird gerne mit etablierten Gerichten der westlichen Welt verglichen, etwa mit dem *Supreme Court* der Vereinigten Staaten.[6] Interessante Vergleiche können aber auch mit den Verfassungsgerichten in den Ländern im Osten und Südosten Europas durchgeführt werden, wo sich nach dem Zusammenbruch der sozialistischen Systeme die Verfassungsgerichtsbarkeit rasch ausgebreitet hat.[7] Eine Möglich-

---

4 Rechtsvergleichende Arbeiten existieren in großer Anzahl. Für eine komparativ-institutionelle Analyse siehe Kneip, Sascha, 2008: Verfassungsgerichtsbarkeit im Vergleich. In: Gabriel, Oskar W./Kropp, Sabine (Hrsg.): Die EU-Staaten im Vergleich, Wiesbaden.

5 Besonders naheliegend ist der Vergleich zwischen Deutschland, Österreich und der Schweiz. Deutschland und Österreich verfügen über eine – unterschiedlich starke – Verfassungsgerichtsbarkeit, die Schweiz nicht, dafür ist die Schweizer Demokratie durch stark plebiszitäre Elemente gekennzeichnet. Siehe hierzu Wrase, Michael/Boulanger, Christian (Hrsg.), 2013: Die Politik des Verfassungsrechts. Baden-Baden. Interessante weitere Fälle ohne (eigenes) Verfassungsgericht sind die skandinavischen Länder oder die Niederlande, siehe etwa Blankenburg, Erhard, 2003: Warum braucht die Niederlande (bisher) kein Verfassungsgericht. In: Machura, Stefan/Ulbrich, Stefan (Hrsg.): Recht – Gesellschaft – Kommunikation : Festschrift für Klaus F. Röhl, Baden-Baden, S. 64–72.

6 Siehe Rogowski, Ralf/Gawron, Thomas (Hrsg.), 2002: Constitutional courts in comparison : the U.S. Supreme Court and the German Federal Constitutional Court. New York. Für eine neuere, sozialwissenschaftliche Studie zum BVerfG und dem französischen Conseil Constitutionel siehe Hönnige, Christoph, 2007: Verfassungsgericht, Regierung und Opposition: die vergleichende Analyse eines Spannungsdreiecks, Wiesbaden. Beispiele für Vergleiche mit Gerichten aus anderen Regionen: Bhatia, K. L., 1997: Judicial Review and Judicial Activism. A Comparative Study of India and Germany From an Indian Perspective, New Delhi; Schmidt, Rainer/da Silva, Virgílio Afonso (Hrsg.), 2011: Hyperkonstitutionalismus? Die Rolle von Verfassung und Verfassungsgericht im Prozess der Demokratisierung in Brasilien und Deutschland im Vergleich. Baden-Baden.

7 Siehe für die Anfangszeit Brunner, Georg: Die neue Verfassungsgerichtsbarkeit in Osteuropa. In: Zeitschrift für ausländisches öffentliches Recht und Völkerrecht 1993, S. 819, Schwartz, Herman, 2000: The Struggle for Constitutional Justice in Post-Communist Europe, Berlin, Procházka, Radoslav, 2002: Mission Accomplished: On Founding Constitutional Adjudication in Central Europe, Budapest, Sadurski, Wojciech, 2005: Rights Before Courts. A Study of Constitutional Courts in Postcommunist States of Central and Eastern Europe, Dordrecht, Luchterhandt, Otto/Starck, Christian/Weber, Albrecht (Hrsg.), 2007: Verfassungsgerichtsbarkeit in Mittel- und Osteuropa. Baden-Baden sowie für die Verfassungsgerichte der EU-Beitrittsländer Hönnige, Christoph: Verfassungsgerichte in den EU-Staaten: Wahlverfahren, Kompetenzen und Organisationsprinzipien. In: Zeitschrift für Staats- und Europawissenschaften 2008/3, S. 524–553, Weitere Literatur zu einzelnen Ländern: zu den Verfassungsgerichten Polens, Ungarns und der Tschechischen Republik Brunner, Georg/Garlicki, Leszek Lech (Hrsg.), 1999: Verfassungsgerichtsbarkeit in Polen. Analysen und Entscheidungssammlung 1986–1997. Baden-Baden; Sólyom, László/Brunner, Georg (Hrsg.), 2000: Constitutional Judiciary in a New Democracy: The Hungarian Constitutional Court; Brunner, Georg/Hofmann, Mahulena/Holländer, Pavel (Hrsg.), 2001: Ver-

keit dabei ist, das institutionelle Gefüge und die Rechtsprechung der Gerichte nach 1989 zu vergleichen. Im Zuge der postkommunistischen Transformation[8] hatten diese vielfältige Probleme zu bearbeiten: Die Bevölkerungen der Ländern, die vor und nach dem Zweiten Weltkrieg unter die direkte oder indirekte Herrschaft der Sowjetunion gerieten, waren nach dem Ende dieser Herrschaft einer (mindestens) dreifachen Transformation[9] ausgesetzt: nicht nur die politischen und wirtschaftlichen Regime änderten sich grundlegend. Auch die nationale Identität stand in vielen Fällen in Frage, die Aufspaltung von Staaten war die Folge (Sowjetunion, Tschechoslowakei, Jugoslawien). Bei der Transformation der leninistisch organisierten politischen Regime in Demokratien[10] stellte sich nicht zuletzt die Frage, wie mit dem „Erbe" der vorherigen Regime umgegangen werden sollte: die Menschenrechtsverletzungen, die im Namen des Kommunismus begangen wurden, die Durchdringung der Bevölkerung durch die Geheimdienste, die Privilegien der früheren Machtelite, die Stellung der kommunistischen Partei und ihre Besitztümer und vieles mehr. Genauso schwierig waren die Fragen, die sich aus dem radikalen Umbau der (ursprünglich in unterschiedlichem Maße stalinistisch strukturierten) Planwirtschaften in marktförmig organisierte Wirtschaften ergaben: wem gehörte das teilweise vor langer Zeit enteignete Staatseigentum und auf welche Weise konnte es privatisiert werden? Wie konnte man – angesichts zerrütteter Staatsfinanzen – ein vom Staat durchorganisiertes System sozialer Fürsorge auf eines umstellen, das auf die Eigenverantwortung der Bürger setzt und nur noch Hilfe zu Selbsthilfe bieten will und kann? Schließlich mussten zahlreiche Probleme geklärt werden, welche Identitäten und Freiheitssphären der Bürger betrafen und im alten Regime nicht oder anders existiert hatten: etwa das Ausmaß und die Qualität von Minderheitsrechten, der Religions- und der Meinungsfreiheit oder Fragen der Staatsbürgerschaft.

Viele dieser Fragen stellten sich ähnlich (oder aber auch ganz anders) im Fall der Bundesrepublik nach dem Beitritt der ehemals zur DDR gehörigen Gebiete im Jahr

---

fassungsgerichtsbarkeit in der Tschechischen Republik. Baden-Baden (rechtswissenschaftlich) sowie zu Russland Trochev, Alexei, 2008: Judging Russia : Constitutional Court in Russian Politics, 1990–2006, Cambridge; New York; zu Bulgarien und Rumänien Hein, Verfassungskonflikte (Fn. 2) (politikwissenschaftlich); zu Rumänien und Ungarn Kerek, Angela, 2010: Verfassungsgerichtsbarkeit in Ungarn und Rumänien, Berlin (rechtsvergleichend).

8 Zum Begriff der Systemtransformation siehe Merkel, Wolfgang, 1999: Systemtransformation. Eine Einführung in die Theorie und Empirie der Transformationsforschung, Opladen. Der Begriff wendet sich gegen Vorstellung der früheren „Transition-to-Democracy"-Literatur von einem „Übergang" von der autoritären Form eines politischen Systems zu einer demokratischen Form, die in einer „Konsolidierung" endet. Neuere Ansätze stellen den undeterminierten Charakter der Transformation in den Vordergrund. Ergebnis können hybride Formen zwischen Autoritärismus und Demokratie sein. Siehe für eine frühe Vorhersage dieses Zustands Jowitt, Ken, 1992: New World Disorder, Berkeley.

9 Siehe Offe, Claus: „Capitalism by Democratic Design? Democratic Theory Facing the Triple Transition in East Central Europe". In: Social Research 1991/4, S. 865–892. Frühere „Transitionen" (Siehe Fn. 8) betrafen nur das politische System, d. h. den Übergang von Autoritarismus zur Demokratie.

10 Hierzu Jowitt, Ken, 1992: The Leninist Legacy. In: Banac, Ivo (Hrsg.): Eastern Europe in Revolution, Ithaca, S. 207.

1990.[11] So musste das Bundesverfassungsgericht zur strafrechtlichen Verantwortung der „Mauerschützen" befinden[12] und sich mit der DDR-Vergangenheit von Politikern befassen.[13] Weiterhin musste es sich zu Themen wie den DDR-Renten[14], das Parteivermögens der SED[15] oder Mauer- und anderen Grundstücken[16] verhalten. Auch der Streit um die Einführung von kirchlichem Religionsunterricht an den zuvor religionsfreien Schulen erreichte das Gericht.[17] Vergleichend verarbeitet wurde hierbei vor allem Fragen der „verfassungsgerichtlichen Vergangenheitsbewältigung"[18], die international in Rahmen der Forschung zu „Transitional Justice" größere Aufmerksamkeit gefunden hat.[19]

Die Vergleichsachse der juristischen Bearbeitung postkommunistischer Problemfelder ist juristisch und auch politikwissenschaftlich interessant und sollte noch stärker erforscht werden.[20] Allerdings handelt es sich dabei aus sozialwissenschaftlicher Sicht um einen Vergleich zwischen sehr unterschiedlichen Institutionen: auf der einen Seite das Bundesverfassungsgericht, das in den Jahren nach der „Wende" schon seit langem etabliert ist und sich mit Fragen befasst, die im Zusammenhang der Übernahme eines nicht mehr existierenden Staatswesens entstehen. Auf der anderen Seite stehen die Gerichte der postkommunistischen Gesellschaften, die im mehr oder weniger großen Chaos der Transformation ihre Rollen noch suchen und ihre Autorität im neuen-alten Nationalstaat erst erkämpfen müssen. Sozialwissenschaftlich ergiebiger erscheint daher der Vergleich zwischen Gerichten in der Frühphase der Verfassungsgerichtsbarkeit. Die Ausgangsbedingungen der postkommunistischen Verfassungsgerichte unterscheiden sich natürlich in vielerlei Hinsicht von denen des Bundesverfassungsgerichts im postfaschistischen Nachkriegsdeutschland. Trotzdem sind diese ungleichzeitigen politischen und gesellschaftlichen Kontexte – so die hier vertretene These – vergleichbarer als die gleichzeitigen. Sie betreffen in beiden Fällen Gesellschaften, die nach Zusammenbruch der früheren diktatorischen Zustände in Richtung einer neuen, demokratische Ord-

---

11 Siehe mit Blick auf die Frage der Gestaltungsfreiheit des Gesetzgebers Bräunig, Anja, 2007: Die Gestaltungsfreiheit des Gesetzgebers in der Rechtsprechung des Bundesverfassungsgerichts zur deutschen Wiedervereinigung zur Funktion einer Argumentationsfigur anhand ausgewählter Beispiele, Berlin.

12 BVerfGE 95,96.

13 Unter anderem gab es Klagen des Bundestagsabgeordneten Gregor Gysy (PDS) und des ehemaligen brandenburgischen Ministerpräsidenten Manfred Stolpe (SPD).

14 BVerfG, 1 BvR 799/98 vom 15. 9. 2006 (nicht angenommen).

15 BVerfG, 1 BvR 247/05 vom 29. 9. 2006 (nicht angenommen).

16 BVerfG, 1 BvR 1892/96 vom 3. 8. 1999 (nicht angenommen). Ebenfalls Grundstücke betreffend: BVerfGE 101,54 (zum Schuldanpassungsgesetz, „Datschen-Beschluss").

17 Beschluss des Zweiten Senats vom 11. Dezember 2001 (Schlichtungsvorschlag).

18 Siehe Blankenagel, Alexander: „Verfassungsgerichtliche Vergangenheitsbewältigung". In: Zeitschrift für Neuere Rechtsgeschichte 1991, S. 67–82, siehe auch Brunner, Georg (Hrsg.), 1995: Juristische Bewältigung des kommunistischen Unrechts in Osteuropa und Deutschland. Berlin und Küpper, Herbert, 2004: Kollektive Rechte in der Wiedergutmachung von Systemunrecht, Frankfurt am Main.

19 Siehe allgemein Teitel, Ruti, 2000: Transitional Justice, Oxford.

20 Rein rechtsvergleichend etwa Yustus, Ekaterina, 2011: Verfassungsgerichtsbarkeit in Russland und Deutschland, Frankfurt am Main.

nung streben, gleichzeitig die Konflikte bearbeiten müssen, die sich aus den „Erbschaften" des vorherigen Regimes ergeben.

2   Verfassungsgerichtliche Rollen und gesellschaftliche Teilöffentlichkeiten

Zwei oder mehr Fälle lassen sich in einer unendlichen Anzahl von Hinsichten vergleichen. Es muss daher immer genau bestimmt sein, welche Fragestellung an die Fälle gerichtet wird und welches Untersuchungsraster an sie angelegt wird, um die Frage zu beantworten. Eine interessante Frage ist, welchen Beitrag Verfassungsgerichte, die oftmals gegen parlamentarische Mehrheiten entscheiden, zur Demokratisierung des politischen Systems leisten können.[21] Dies ist eine anspruchsvolle Fragestellung, da sie erfordert, weitgehend kontextunabhängig zu definieren, was „Demokratie" bedeutet und das Handeln der Gerichte vor diesem Maßstab zu bewerten.

Andere Untersuchungen fragen danach, wie sich ein neues Verfassungsgericht überhaupt gegenüber anderen politischen Akteuren durchsetzen kann. Wie es Oliver Lembcke zusammenfasst, „handelt es sich hierbei um eine prekäre Voraussetzung: Die Politik soll gerade in jenen Fällen auf den Einsatz von Macht verzichten, in denen ihr qua Rechtsprechung (empfindliche) Niederlagen beigebracht werden, um durch *compliance* eine wirksame Judikatur überhaupt erst zu ermöglichen". Dabei ist neben den soziologischen Bedingungen dafür, dass die Judikate der Gerichte Akzeptanz finden „auch nach jenen Faktoren zu fragen, mit denen die Gerichte selbst zum Gelingen (oder Misslingen) ihrer Rolle innerhalb des politischen Systems beitragen."[22] Gleichzeitig ist der dauerhafte Erhalt des gewonnenen Einflusses auf das rechtliche und politische System nicht garantiert. Wie man nicht nur im Fall Ungarns sehen kann, können Befugnisse und Deutungsmacht[23] des Verfassungsgerichts auch wieder (teilweise) verloren gehen.[24]

Es hat sich eine umfangreiche Theoriediskussion darüber entwickelt, wie die Position der Verfassungsgerichte im politischen System zu erklären ist. Der bekannteste

21 Siehe Steinsdorff, Silvia, 2010: Verfassungsgerichte als Demokratie-Versicherung? Ursachen und Grenzen der wachsenden Bedeutung juristischer Politikkontrolle. In: Schrenk, Klemens H./Soldner, Markus (Hrsg.): Analyse demokratischer Regierungssysteme, Wiesbaden, S. 479–498, Kneip, Sascha, 2013: Verfassungsgerichte im Prozess der Demokratisierung – Der Einfluss des Bundesverfassungsgericht auf Konsolidierung und Qualität der bundesdeutschen Demokratie. In: Wrase, Michael/Boulanger, Christian (Hrsg.): Die Politik des Verfassungsrechts, Baden-Baden, S. 139–166.

22 Lembcke, Oliver, 2013: Autorität der Verfassungsgerichtsbarkeit – eine Skizze in vergleichender Absicht. In: Wrase, Michael/Boulanger, Christian (Hrsg.): Die Politik des Verfassungsrechts, Baden-Baden, S. 37–65, S. 38.

23 Hierzu der Beitrag von Hans Vorländer in diesem Band.

24 Siehe im postkommunistischen Raum den Fall Weißrussland (Von Steinsdorff, Silvia: „Das weißrussische Verfassungsgericht: Vom Verteidiger der demokratischen Verfassung zum Notar des autoritären Präsidialsystems". In: Osteuropa-Recht 2012/3, S. 40–53) oder Russland (Trochev, Judging Russia, Fn. 7).

Ansatz dabei ist die von Alec Stone-Sweet und Martin Shapiro vertretene Theorie der „Judicialization". Nach dieser entsteht der Machtzuwachs der Gerichte durch einen zirkulären und sich selbst verstärkenden Prozess, in dessen Verlauf sich Verfassungsgerichte und politische Akteure gegenseitig den Ball zuspielen.[25] Die „Insurance-Theory" argumentiert, dass Verfassungsgerichte nur in dem Maß an Herrschaft gewinnen, wie politische Akteure damit rechnen müssen, die Macht wieder zu verlieren, und deshalb auf die Funktion des Verfassungsgericht als „Versicherung" vertrauen.[26] Systemtheoretische Beiträge wiederum fokussieren auf die Ausdifferenzierung zwischen dem Rechts- und dem politischen System, das es Verfassungsgerichten erlaubt, ihre Stellung zu festigen.[27] Allen diesen Ansätzen ist gemeinsam, dass sie verallgemeinerbare Mechanismen aufzeigen, mit denen Machtbeziehungen etabliert und transformiert werden; hierdurch werden fruchtbare Forschungsperspektiven ermöglicht. Sie sind müssen allerdings von Ansätzen ergänzt werden, die den jeweiligen zeithistorischen Kontext mit einbeziehen und soziokulturelle Einflussfaktoren ebenso untersuchen wie historische Zufälle und Pfadabhängigkeiten, um die Frage zu beantworten, warum ein Verfassungsgericht Einfluss im politischen System erringt oder diesen wieder verliert.[28]

In diesem Zusammenhang habe ich vorgeschlagen, die Begriffe der „Rolle" und der „Teilöffentlichkeiten" stärker in den Blickpunkt der Theoriediskussion zu rücken.[29] Der Rollenbegriff wird in der Diskussion sehr oft verwendet, ohne theoretisch reflektiert

---

25 Siehe theoretisch ausgearbeitet in Stone Sweet, Alec, 2000: Governing With Judges. Constitutional Politics in Europe, Oxford und Shapiro, Martin/Stone Sweet, Alec (Hrsg.), 2002: On Law, Politics, and Judicialization. Oxford. Kritisch dazu Hönnige, Christoph: „Beyond Judicialization: Why We Need More Comparative Research About Constitutional Courts". In: European Political Science 2011/3, S. 346–358.

26 Vgl. Ginsburg, Tom, 2003: Judicial review in new democracies: constitutional courts in Asian cases, Cambridge, UK, kritisch dazu Inclán Oseguera, Silvia: „Judicial Reform in Mexico: Political Insurance or the Search for Political Legitimacy?". In: Political Research Quarterly 2009/4, S. 753–766. Eine ähnliche These – allerdings außerhalb des Transformationskontextes – wird von Ran Hirschl vertreten, für den Verfassungsgerichte von politischen Eliten eingerichtet werden, um den wirtschaftlichen, politischen oder sozio-kulturellen Status Quo gegen Veränderungen zu schützen. Hirschl, Ran, 2004: Towards Juristocracy. The Origins and Consequences of the New Constitutionalism, Cambridge, MA.

27 Diese Sichtweise hat zuletzt Michael Hein am Beispiel Bulgariens und Rumäniens verfolgt (Hein, Verfassungskonflikte, Fn. 2) – eine begrüßenswerte empirische Konkretisierung systemtheoretischer Theorie.

28 Siehe Pierson, Paul., 2004: Politics in time : history, institutions, and social analysis, Princeton, NJ. Zur historisch-soziologischen Ausprägung des Neoinstitutionalismus in der deutschsprachigen politikwissenschaftlichen Verfassungsgerichtsforschung siehe Lhotta, Roland: „Das Bundesverfassungsgericht als politischer Akteur: Plädoyer für eine neo-institutionalistische Ergänzung der Forschung". In: Swiss Political Science Review 2003/3, S. 142–153 und Lembcke, Autorität (Fn. 22).

29 Siehe die Zusammenfassung in Boulanger, Christian, 2013: Rollen und Funktionen der Verfassungsgerichtsbarkeit – eine theoretische Annäherung. In: Wrase, Michael/Boulanger, Christian (Hrsg.): Die Politik des Verfassungsrechts, Baden-Baden, S. 67–87. Siehe auch Kapiszewski, Diana/Silverstein, Gordon/Kagan, Robert A., 2013: Introduction. In: Kapiszewski, Diana/Silverstein, Gordon/Kagan, Robert A. (Hrsg.): Consequential courts judicial roles in global perspective, Cambridge, UK, S. 1–41, S. 3, die richterliches Rollenverständnis („legalistic", „activist" und „deferential") von der funktionalen Rolle des Gerichts unterscheiden.

und von dem theoriegeschichtlich sehr unterschiedlichen Begriff der „Funktion" abgegrenzt zu werden. Er bietet sich aber vor allem deshalb an, weil er ein Schlaglicht auf Prozesse der Behauptung und Zuschreibung von Legitimität erlaubt und damit Perspektiven erlaubt, die über die rechtswissenschaftliche Diskussion über „Kompetenzen" der Verfassungsgerichtsbarkeit und über die politikwissenschaftliche Debatte zu „Judicial Attitudes" oder zu interessengeleiteten Machtkämpfen zwischen Verfassungsgericht und der Politik hinausgehen. So lassen sich in der Initialphase der Verfassungsgerichtsbarkeit nach einem Systemwechsel drei Rollen analytisch gewinnbringend untersuchen: des „Hüters" der positiv-rechtlichen Normen, des „Schiedsrichters" in politisch-gesellschaftlichen Konflikten und des „Gründers", der die Verfassung wertgebunden auslegt und damit die rechtliche Verfasstheit der politischen Gemeinschaft mit definiert.

Diese Rollen übernimmt ein Verfassungsgericht vor verschiedenen Arten von Publikum, die mit dem Begriff der „Teilöffentlichkeiten" erfasst werden können.[30] Das rechtswissenschaftliche Publikum, kontrolliert und kommentiert als epistemische Gemeinschaft[31] die verfassungsgerichtlichen Konkretisierungen der oftmals vage formulierten Verfassungsnormen anhand von Maßstäben, die sich aus dem jeweiligen juristischen Methodenkanon dieser Gemeinschaft speisen. Für dieses Publikum hat das Gericht im Normalfall die Rolle des Hüters der positiv-rechtlichen Normen zu spielen, d. h. zu überprüfen, ob die Politik oder aber auch untergeordnete Gerichte die Vorgaben der Verfassung einhalten. Empirisch gesehen trifft dies nur für einen relativ überschaubare Anzahl von Fällen zu. Normalerweise entscheiden Verfassungsgerichte viele *Hard Cases,* also Fälle, in denen die Verfassungsnormen nur sehr ungenaue Vorgaben machen und man mit guten juristischen Gründen zu einer ganze Reihe von sich widersprechenden Ergebnissen kommen kann.[32] Das *politische Publikum* evaluiert die Ergebnisse der Verfassungsrechtsprechung im Normalfall nach den Kriterien politischer Nützlichkeit. In seiner Rolle als „Schiedsrichter" kann das Gericht dazu beitragen, Konflikte im politischen Raum zu entschärfen, was aber nur unter bestimmten Bedingungen gelingt. Für die *zivilgesellschaftliche* Teilöffentlichkeit hat das Gericht, dessen Judikate der breiten Bevölkerung oftmals unverständlich bleiben,[33] vor allem eine symbolische Bedeutung: Die Urteile können dann zumeist nur daran gemessen werden, ob sie dem Gerechtigkeitsgefühl entsprechen oder nicht. Eine weitere Teilöffentlichkeit, die häufig nicht untersucht wird, ist das *internationale Publikum,* das heißt die Gruppe von Empfängern,

---

30 Im Englischen wird der Begriff der „Audiences" verwendet, siehe Baum, Lawrence, 2006: Judges and their audiences, Princeton, NJ.

31 Hierzu Rehder, Rechtsprechung (Fn. 2).

32 Hierzu der bekannte Aufsatz von Dworkin, Ronald: „Hard Cases". In: Harvard Law Review 1975/6, S. 1057–1109.

33 Dies ist für die Vereinigten Staaten gut nachgewiesen, siehe Caldeira, Gregory A., 1991: Courts and Public Opinion. In: Gates, John B./Johnson, Charles A. (Hrsg.): The Amecican Courts: A Critical Assessment, Washington, D. C., S. 303–334. Es ist unwahrscheinlich, dass die Situation in anderen Ländern sich sehr unterschiedlich darstellt.

die das Verhalten des Gerichts von außerhalb des Nationalstaats beobachtet. Diese Teilöffentlichkeit ist insbesondere dann von Belang, wenn es um das internationale Ansehen eines Landes geht. Verfassungsgerichtliche Entscheidungen können dabei durchaus
von Bedeutung sein.

3 Konjunkturen verfassungsgerichtlicher Autorität in Deutschland und Ungarn

Das Bundesverfassungsgericht hat in seiner Geschichte viel Kritik an seinen Urteilen
einstecken müssen, es bestanden aber zu keinem Zeitpunkt die politischen Mehrheiten
dafür, seine Kompetenzen einzuschränken. Politisch kontroverse Urteile wie das zum
„Deutschlandfernsehen" (1961)[34], zum „Grundlagenvertrag" (1973)[35] oder das „Kruzi-
fixurteil" (1995)[36] haben immer wieder zur Wahrnehmung von „Krisen" der Verfassungsgerichtsbarkeit geführt, fügten der Institution aber keinen dauerhaften Schaden
zu. Das Vertrauen der deutschen Bevölkerung in die Institution ist durchweg hoch; in
der Politik bleibt es trotz gelegentlichem Murren unangefochten.[37]

Das ungarische Szenario unterscheidet sich von dieser Entwicklung erheblich. Nachdem im Jahre das ungarische Verfassungsgericht 1990 als erste Institution des neuen demokratischen Staates seine Arbeit aufgenommen hatte, hat es zunächst in einer Reihe
von spektakulären Urteilen unter dem vorsitzenden Richter László Sólyom den Ruf als
das „wohl als das mächtigste und aktivste Exemplar seiner Art in der ganzen Welt" erworben.[38] Das Gericht schaffte unter anderem die Todesstrafe ab, entschied über die Art
und Weise, wie die Privatisierung des Staatseigentums und die Bestrafung kommunistischer Menschenrechtsverletzungen zu erfolgen habe, oder machte – zumindest vorübergehend – Kürzungen von Sozialleistungen rückgängig, mit denen die Regierung
die staatliche Überschuldung in den Griff bekommen wollte.[39] Die Arbeit der Nachfol-

---

34 Siehe Lembcke, in diesem Band.
35 Siehe Grigoleit, in diesem Band.
36 Siehe Schaal, in diesem Band.
37 Siehe Patzelt, in diesem Band, außerdem die Untersuchungen von Vorländer, Hans/Schaal, Gary S.,
    2002: Integration durch Institutionenvertrauen? Das Bundesverfassungsgericht und die Akzeptanz sei-
    ner Rechtsprechung. In: Vorländer, Hans (Hrsg.): Integration durch Verfassung, Opladen, S. 343 und
    Vorländer, Hans/Brodocz, André, 2006: Das Vertrauen in das Verfassungsgericht. Ergebnisse einer re-
    präsentativen Bevölkerungsumfrage. In: Vorländer, Hans (Hrsg.): Die Deutungsmacht der Verfassungs-
    gerichtsbarkeit, Wiesbaden.
38 So Brunner, Georg: Meilenstein auf dem Weg in die Rechtsstaatlichkeit. In: Frankfurter Allgemeine Zei-
    tung, 30. Juni 1992, S. 12.
39 Die Rechtsprechung der ersten Hälfte der 1990er Jahre ist dokumentiert in Brunner, Georg/Sólyom,
    László, 1995: Verfassungsgerichtsbarkeit in Ungarn, Baden-Baden und Sólyom/Brunner, Judiciary
    (Fn. 7); siehe auch Halmai, Gábor (Hrsg.), 2000: A megtalált alkotmány? The Constitution found?
    A magyar alapjogi bíráskodás elsö kilenc éve. The First Nine Years of the Hungarian Constitutional Re-
    view on Fundamental Rights. Budapest.

ger Sólyoms, dessen zweite Amtszeit 1998 endete, ist außerhalb Ungarns kaum auf Interesse gestoßen, wohl auch, weil sie sich gegenüber der Politik wesentlich zurückhaltender verhielten als der erste Gerichtspräsident. Eine dramatische Wende trat allerdings nach dem Erdrutschsieg der rechtskonservativen FIDESZ-Partei unter ihrem Vorsitzenden Viktor Orbán im Jahr 2010 ein. Auf der Grundlage einer Mehrheit von 53 % der Wahlstimmen und dank des ungarischen Wahlrechts, das die stärkste Fraktion begünstigt, erreichte das Wahlbündnis aus FIDESZ und der christdemokratischen KDNP eine Zweidrittelmehrheit im ungarischen Parlament. Bald nach dem Machtwechsel wurde das Verfahren zur Wahl der Verfassungsrichter geändert. Das konsensuale Verfahren, das ein Mitspracherecht der Opposition bei der Aufstellung der Kandidaten ermöglichte, wurde von einem abgelöst, welches der Mehrheit die absolute Kontrolle über die gewählten Richter erlaubte. Darüber hinaus wurde die Zahl der Richter erhöht, was ermöglichte, auf der Grundlage der geänderten Verfahrens neue Richter zu ernennen.[40] Schon vor Verabschiedung der neuen Verfassung wurde dem Gericht die Befugnis, über Fragen mit finanziellen Auswirkungen für den Staat zu urteilen, fast vollständig entzogen.[41] Auf nationaler Ebene gab es wenig Proteste – die Mehrheit der ungarischen Bevölkerung stand der Teilentmachtung des Verfassungsgerichts gleichgültig gegenüber. Einen internationalen Reputationsschaden nahm Orbán hin: trotz deutlicher internationaler Kritik wurden die Regelungen fast unverändert in eine neue, im Eilverfahren und ohne Mitarbeit der Opposition produzierte Verfassung übernommen.[42]

Wie sind die unterschiedlichen Entwicklungen in Deutschland und in Ungarn vor dem Hintergrund des im vorangegangenen Abschnitt vorgestellten Untersuchungsrasters zu bewerten und wie können sie erklärt werden? Die Antworten müssen hier notwendigerweise kursorisch erfolgen.[43]

---

40 Siehe zu den einzelnen Punkten Kovács, Kriszta/Tóth, Gábor Attila: „Hungary's Constitutional Transformation". In: European Constitutional Law Review 2011, S. 183–203.

41 Vgl. Kovács/Tóth, a. a. O., S. 194–195. Diese Maßnahme erfolgte auf ein Urteil des Gerichts, mit dem ein Gesetz für verfassungswidrig erklärt wurde, das auf Abfindungen im öffentlichen Dienst rückwirkend eine 98-prozentige Strafsteuer festgesetzt hatte. Siehe zu den Einzelheiten Lembcke, Oliver/Boulanger, Christian, 2012: Between Revolution and Constitution: The Roles of the Hungarian Constitutional Court. In: Tóth, Gábor Attila (Hrsg.): Constitution for a Disunited Nation: On Hungary's 2011 Fundamental Law, Budapest, S. 269–299.

42 Zur neuen Verfassung siehe Küpper, Herbert, 2012: Ungarns Verfassung vom 25. April 2011: Einführung – Übersetzung – Materialien, Frankfurt am Main und Tóth, Gábor Attila (Hrsg.), 2012: Constitution for a Disunited Nation: On Hungary's 2011 Fundamental Law. Budapest.

43 Die Argumente sind ausgeführt in Boulanger, Christian, 2013: Hüten, richten, gründen: Rollen der Verfassungsgerichte in der Demokratisierung Deutschlands und Ungarns, Berlin.

3.1   „Judges and their audiences" (Lawrence Baum)[44]

Die ersten Bundesverfassungsrichter hatten waren zum Teil aktive Politiker der Weimarer Zeit. Dies gab ihnen das notwendige „Selbst- und Machtbewußtsein",[45] um nicht nur als bloßes Gericht, sondern als politische Institution zu wirken. Allerdings waren auch die Erfahrungen, die viele von Ihnen im politischen Exil während des Nationalsozialismus sammeln konnten, von Bedeutung. Ein Beispiel dafür ist Gerhard Leibholz, der sich in England mit angelsächsischen Demokratietheorien auseinandergesetzt hatte. Leibholz bot, wie Oliver Lembcke ausgearbeitet hat, im „Statusstreit" Anfang der 1950er Jahre der Politik ein Modell an, das vor dem Hintergrund der Weimarer staatsrechtlichen Diskussion und der Nachkriegssituation annehmbar war. Er hatte ein Gespür dafür, was diskursiv möglich und politisch durchsetzbar war.[46] In der informierten Öffentlichkeit und auch in der Politik bestand die Erwartung an das Gericht, als neutraler Schiedsrichter in den politischen Tageskampf einzugreifen und dabei zu helfen, die desorientierte und zerstrittene Nachkriegsgesellschaft zu integrieren. Gleichzeitig bestand eine starke epistemische Gemeinschaft von Öffentlichrechtlern, die schon seit langer Zeit über die Themen diskutiert hatte, mit denen sich das Gericht beschäftigen musste. Das Gericht musste sich mit Kritik aus dieser Teilöffentlichkeit auseinandersetzen. Gleichzeitig aber wurde die in der Politik gut vernetzte Juristenschaft zu einer starken Stütze des Gerichts.[47] Die erste Richtergeneration vermied aber auch die offene Konfrontation mit der Politik. Erst zehn Jahre nach Einrichtung des Gerichts kam es anlässlich der Kontroverse über das „Deutschlandfernsehen" zu einem Konflikt mit der Regierung Adenauer.[48]

Im ungarischen Fall wird der Höhepunkt des verfassungsrichterlichen „Aktivismus" vor allem mit Gerichtspräsident László Sólyom in Verbindung gebracht. Sólyom nutzte die Möglichkeiten, die ihm das Präsidentenamt am Verfassungsgericht boten, um eigene Vorstellungen zu verwirklichen. Sein Bild von der Verfassungsgerichtsbarkeit war durch

---

44 Baum, (Fn. 31).

45 Baldus, Manfred, 2005: Frühe Machtkämpfe. Ein Versuch über die historischen Gründe der Autorität des Bundesverfassungsgerichts. In: Henne, Thomas/Riedlinger, Arne (Hrsg.): Das Lüth-Urteil in (rechts-)historischer Sicht. Die Konflikte um Veit Harlan und die Grundrechtsjudikatur des Bundesverfassungsgerichts, Berlin, S. 237–248, S. 256.

46 Lembcke, Oliver W., 2007: Hüter der Verfassung : eine institutionentheoretische Studie zur Autorität des Bundesverfassungsgerichts, Tübingen und Lembcke, in diesem Band, sowie Boulanger, Hüten, richten, gründen (Fn. 43), Abschn. 4.2.2.

47 In diesem Zusammenhang ist besonders die Vereinigung der Deutschen Staatsrechtslehrer und die Außeinandersetzung zwischen den Denkschulen um Carl Schmitt/Ernst Forsthoff bzw. Rudolf Smend zu nennen, bei der sich das Verfassungsverständnis der Smend-Schule schließlich durchsetzte. Siehe Günther, in diesem Band. Zur Bedeutung der juristischen Profession für die Verfassungsgerichtsbarkeit siehe Shapiro, Martin, 1999: The Success of Judicial Review. In Kenney, Sally J./Reisinger, William M./Reitz, John C. (Hrsg.), Constitutional Dialogues in Comparative Perspective. Lodon, S. 214, und, kritisch, Sadurski, Rights before Courts (Fn. 7).

48 Vgl. Lembcke, in diesem Band.

zwei Momente bestimmt: einerseits das Vorbild des Bundesverfassungsgerichts, dessen Rechtsprechung und Machtfülle er auf Forschungsaufenthalten in Deutschland schon den 1980er Jahren kennengelernt hatte.[49] Andererseits ist sein Bestreben, Ungarn mit Hilfe der Verfassungsgerichtsbarkeit so schnell wie möglich in einen Rechtsstaat nach europäischen Maßstäben zu transformieren, unverkennbar. Während sich das Bundesverfassungsgericht in den ersten Jahren seiner Existenz der Exekutive nur bei wenigen zentralen Politikprojekten entgegenstellte, hat das Sólyom-Gericht viele wichtige Vorhaben der Regierungen zumindest vorübergehend vereitelt. Zwar konnte es dabei seine Unabhängigkeit insoweit demonstrieren, dass beide politischen Lager von seinen Interventionen betroffen waren. Dies führte aber nicht dazu, dass diese Lager dem Gericht die Lösung politischer Konflikte bereitwillig überließen. Gleichzeitig fehlte die juristische Teilöffentlichkeit als Unterstützer des Gerichts. Da das sozialistische System in Ungarn keine unabhängige Wissenschaft vom öffentlichen Recht zugelassen hatte (während etwa das Zivilrecht relativ gut entwickelt war), existierte zu Beginn der Tätigkeit des Gerichts keine starke juristische Teilöffentlichkeit, mit der das Gericht in Dialog hätte treten können. Das Gericht setzte sich daran, eine verfassungsrechtliche Dogmatik quasi im Alleingang zu entwickeln, verlor darüber aber den Kontakt zu einer wichtigen Unterstützergruppe.

3.2 Institutionelles Design und institutionelle Einbettung

Die unterschiedlichen Kompetenzausstattungen der Gerichte hatten einen Einfluss darauf, wie die Gerichte agieren konnten. Der wichtigste Unterschied betrifft die fehlende „echte" Verfassungsbeschwerde in Ungarn, die dazu führte, dass das Verfassungsgericht sich fast ausschließlich mit abstrakten Normenkontrollklagen beschäftigt hat.[50] Eine abstrakte Normenkontrolle wird typischer von der Opposition eingesetzt, um politische Projekte der Mehrheit, die auf parlamentarischem Wege nicht zu stoppen waren, im Umweg über das Gericht zu stoppen.[51] Die abstrakte Normenkontrolle ist somit, anders als die Verfassungsbeschwerde, vor allem ein Instrument der Kontrolle der Regierung und damit Teil des Systems der Gewaltenteilung. Die Konzentration auf abstrakte Normenkontrollen hat dazu geführt, dass das Gericht vor allem als „Vetospieler" auftrat

---

49 Brunner, Georg/Küpper, Herbert, 2003: Der Einfluß des deutschen Rechts auf die Transformation des ungarischen Rechts nach der Wende durch Humboldt-Stipendiaten: Das Beispiel Verfassungsgericht. In: Fischer, Holger (Hrsg.): Auswirkungen der deutsch-ungarischen Wissenschaftsbeziehungen, Hamburg.

50 Siehe die Statistik bei Sólyom/Brunner, Constitutional Judiciary (Fn. 7), S. 72.

51 Stüwe, Klaus, 1997: Die Opposition im Bundestag und das Bundesverfassungsgericht. Das verfassungsgerichtliche Verfahren als Kontrollinstrument der parlamentarischen Minderheit, Baden-Baden; Hönnige, Verfassungsgericht, Regierung und Opposition (Fn. 6).

und alle kontroversen neuen Gesetzen überprüfte, was das Gericht in einen ständigen und fast ausschließlichen Konflikt mit der Regierung gebracht hat.

Im Gegensatz dazu war die Falllast des Bundesverfassungsgerichts von Anfang an von den Verfassungsbeschwerden dominiert.[52] Es geht bei Verfassungsbeschwerden um die Klagen identifizierbarer Personen, deren Grundrechte in einer konkreten Situation bedroht sein könnten. Das Gericht wird vor allem als Konfliktentscheider tätig, der die konkreten Umstände jedes Falles und die beteiligten Interessen gegeneinander abwiegt.

Strukturell kommt dazu, dass im deutschen Föderalismus tritt der Bundestagsmehrheit mit dem Bundesrat ein mächtiger Gegenspieler entgegen tritt, insbesondere, wenn dieser von der Opposition beherrscht wird. Im ungarischen Einkammersystem dagegen sind die Gesetze der Parlamentsmehrheit durch nichts außer verfassungsrichterliche Intervention aufzuhalten. Dem ungarischen Gericht wuchs so in den Anfangsjahren die Funktion zu, als Gegenspieler der gerade herrschenden Regierung aufzutreten und deren „Durchregieren" zu verhindern.

Die Unterschiede in der Kompetenzausstattung und in den institutionellen Kontexten, innerhalb derer die Verfassungsgerichte agieren, haben die beiden Gerichte auf sehr unterschiedliche machtpolitische Felder geführt: Das Bundesverfassungsgericht teilte seine Aufmerksamkeit zwischen der Kontrolle der Fachgerichte und der politischen Akteure und war nur ein Vetospieler unter anderen. In Ungarn stand das Gericht der Exekutive als einziger wirklich effektiver Spieler gegenüber. Dies könnte dazu beigetragen haben, dass in der politischen Teilöffentlichkeit stärkere Aversionen gegenüber dem Verfassungsgericht entstanden sind als in Deutschland, wo dem sich die Antagonismen zwischen mehr „Spielern" verteilten.[53]

3.3   Das Zusammenspiel internationaler und nationaler Öffentlichkeiten

Internationale Faktoren waren im ungarischen Fall wesentlich entscheidender waren als im deutschen. An „Lüth"-Fall lässt sich zwar zeigen, dass es im Nachkriegsdeutschland Regierung und Parlament gerade in Fällen, die die nationalsozialistische Vergangenheit betrafen, nicht gleichgültig sein konnte, welchen Eindruck höchstrichterliche Entscheidungen im Ausland machten.[54] Jedoch ist das nicht zu vergleichen mit der Bedeutung

---

52   Siehe die Statistik in Bundesverfassungsgericht, 2001: Das Bundesverfassungsgericht im Spiegel der Statistik. In: Badura, Peter/Dreier, Horst (Hrsg.): Festschrift 50 Jahre Bundesverfassungsgericht, Bd. II, Tübingen, S. 931–942: 934–935.

53   Für Thomas Henne stellt das Bundesverfassungsgericht „lange Jahre fast die einzige Opposition zur Adenauerregierung" dar: Henne, Thomas, 2005: Von 0 auf Lüth in 6 1/2 Jahren : Zu den prägenden Faktoren der Grundsatzentscheidung. In: Henne, Thomas/Riedlinger, Arne (Hrsg.): Das Lüth-Urteil in (rechts-)historischer Sicht, Berlin, S. 198.

54   Vgl. allgemein zu „Lüth" Henne, Thomas/Riedlinger, Arne (Hrsg.), 2005: Das Lüth-Urteil in (rechts-)historischer Sicht. Die Konflikte um Veit Harlan und die Grundrechtsjudikatur des Bundesverfassungsgerichts. Berlin, im Einzelnen Boulanger, Hüten, Richten, Gründen (Fn. 43), Abschn. 4.2.4.

des EU-Integrationsprozesses für die Stellung des ungarischen Verfassungsgerichts. Rádoslav Procházka hat in zugespitzter Weise die Hypothese formuliert, dass dem ungarische Gericht die Funktion eines „convincing public relation asset" im EU-Beitrittsprozess zukam.[55] Das Verhalten der FIDESZ-Regierung kann als Bestätigung dieser These *ex negativo* gelesen werden: Nach dem Beitritt zum Europarat und zur Europäischen Union war der wichtigste Anreiz für die politischen Eliten weggefallen, ein starkes Verfassungsgericht weiter zu tolerieren.

3.4 Parlamentsmehrheiten als notwendige Bedingung

Der unmittelbar wirkmächtigste Faktor ist der offensichtlichste: Ohne die Zweidrittelmehrheit, welche die FIDESZ/KDNP-Koalition im April 2010 errang, wäre sie nicht in der Lage gewesen, die Kompetenzen des Verfassungsgerichts zu beschneiden und die Verfassung zu ändern. Dies erklärt zunächst nur, dass die Parlamentsmehrheit in der Lage war, das politische System der ungarischen Demokratie zu ändern, und nicht, warum sie es tat. Aber es gibt auch Hinweise darauf, warum keine der vorherigen Regierungen in Ungarn, und ebenso in Deutschland, auf diese Weise vorgegangen war: Den meisten Regierungen fehlte entweder die nötige verfassungsändernde Mehrheit, oder sie war politisch zu heterogen, um sich auf solche Maßnahmen einigen zu können.[56] Erst Orbán verfügte über eine ideologisch homogene und loyale Parlamentsmehrheit sowie die notwendige Popularität, um solche Pläne auch durchzusetzen. Diese Mehrheit ist allerdings keine hinreichende Erklärung für das Verhaltens der Orbán-Regierung. Das Vorgehen der Akteure war nicht vorgezeichnet, sondern hätte auch anders ausfallen können.

In der Bundesrepublik bestand eine vergleichbare Situation nur zwischen 1957 und 1961, als CDU/CSU zum ersten und einzigen Mal die absolute Mehrheit der Bundestagsmandate errang. Gegen Ende dieser Legislaturperiode kam es zum Urteil, mit dem das Gericht Adenauers „Deutschlandfernsehen" zu Fall brachte. Nicht zuletzt waren es die nahenden Wahlen, die Adenauer veranlassten, von einem Vorgehen gegen das Gericht Abstand zu nehmen.[57]

---

55 Procházka, Mission Accomplished (Fn. 7), S. 268.
56 Sajó, András, 2000: Educating the Executive: The Hungarian Constitutional Court's Role in the Transition Process. In: Hesse, Joachim Jens/Schuppert, Gunnar Folke/Harms, Katharina (Hrsg.): Verfassungsrecht und Verfassungspolitik in Umbruchsituation, S. 242.
57 Siehe Vanberg, Georg, 2004: The Politics of Constitutional Review in Germany, Cambridge.

3.5 Historische Brüche und die Definition der politischen Gemeinschaft

Die deutschen Verfassungsrichter der frühen Stunde operierten in einem relativ günstigen politischen und sozio-kulturellen Umfeld. Obwohl konservative Positionen in der Staatsrechtslehre noch die Mehrheit darstellten, waren die alten Gegenspieler der Verfassungsgerichtsbarkeit wie Carl Schmitt gründlich diskreditiert. Neue staatsrechtliche Ideen konnten, von moralisch unbelasteten, noch aus der Weimarer Republik bekannten Wissenschaftlern rasch Anhänger finden, zumal sich der gesellschaftliche und politische Kontext schnell wandelte, und das Gericht in der SPD-Opposition einen starken Verbündeten fand.[58] Hinzu kam eine lange Tradition verfassungsstaatlichen Rechtsdenkens, das auch in Teilen der neuen politischen Elite wirksam war. Verschiedene Beobachter haben die Autorität des Verfassungsgerichts in Zusammenhang gebracht mit der Suche der orientierungslosen deutschen Nachkriegsgesellschaft nach Autoritäten.[59] Plausibel jedenfalls ist die These, dass die verfassungsgerichtliche Intervention in politische Kämpfe deswegen gesellschaftlich akzeptiert worden sei, weil diese eine apolitische Lösung von Konflikten durch eine Art „Weisenrat" versprach.[60] Die Tatsache, dass in Meinungsumfragen die Verfassungsgerichte regelmäßig mehr „Vertrauen" oder eine höhere Beliebtheit genießen als das Parlament, ist ein empirischer Indikator für diesen Zustand. Da dies für Deutschland und – zu Zeiten des Sólyom-Gerichts – für Ungarn gleichermaßen festgestellt werden kann[61], kann die diffuse Unterstützung durch die Bevölkerung jedoch nicht ausschlaggebend sein.

Wirkmächtiger ist wohl das Verhältnis zwischen Gericht und politischen Eliten. Die 1950er und 1960er Jahre der Bundesrepublik waren von einem „antikommunistischen Grundkonsens" beherrscht, der schon vor dem Krieg bestand und den bereits die Nationalsozialisten für ihre Machtergreifung nutzten. Das Bundesverfassungsgericht stellte sich diesem Konsens nie entgegen, sondern wurde von den politischen Eliten als Verbündeter im Kampf gegen den Kommunismus wahrgenommen. Dieser Abwehrkampf verband Gegner und Befürworter des vorherigen Regimes. In Ungarn fand – wie von Orbán und anderen FIDESZ-Politikern immer wieder betont wird – kein klarer Bruch mit der kommunistischen Vergangenheit statt. Das neue Regime entstand unter Wahrung der rechtlichen Kontinuität des alten. Gleichzeitig entstanden zwei immer stärker verfeindete Lager: Die gewendeten Sozialisten und früheren Oppositionellen, die lange

---

58 Günther, Frieder, 2004: Denken vom Staat her : die bundesdeutsche Staatsrechtslehre zwischen Dezision und Integration 1949–1970, München; Lembcke, in diesem Band.

59 Alfred Grosser stellte 1960 die Frage, ob der Erfolg des Gerichts „nicht in weitem Maße dem Fehlen ausgeprägter Meinungsverschiedenheiten in der Öffentlichkeit über das Wesen der Demokratie und der politischen Ethik zu verdanken ist" (Grosser, Alfred, 1960: Die Bonner Demokratie : Deutschland von draußen gesehen, Düsseldorf, S. 116).

60 So auch die Kritik von Sadurski, Rights Before Courts (Fn. 7) im Fall der neuen Verfassungsgerichte.

61 Für Ungarn Husz, Dóra, 1998: Intézmények presztízse 1989 és 1998 között. In: Kurtán, Sándor/Sándor, Péter/Vass, László (Hrsg.): Magyarország evtizedkönyve, 1988–1998, Budapest, S. 821; für Deutschland Vorländer/Brodocz, Vertrauen in das Verfassungsgericht (Fn. 37), S. 262.

Jahre regierten, boten eine Definition des Staatsbürgers als Verfassungspatriot: Im Rahmen der geltenden Gesetze möge jeder nach seiner Façon glücklich werden – was den alten Netzwerken erlaubte, die Zustände zu ihren Gunsten zu nutzen. Die Rechtskonservativen dagegen definierten die Zugehörigkeit zur ungarischen Nation ideologisch: Nur diejenigen, die sich zur ungarischen Kultur in einer bestimmten Geschichtsauslegung sowie zum Antikommunismus bekannten, gehörten dazu, die anderen nicht. Liberale und zentristische Kräfte wurden in der Radikalisierung der politischen Gegensätze der Jahre nach dem Systemwechsel zerrieben. Ein Grund dafür war die Desillusionierung breiter Bevölkerungsschichten, deren Lebensverhältnisse sich nicht verbesserten, während ständig neue Korruptionsskandale die Legitimation der politischen Elite erschütterten.

Wie fügte sich das ungarische Verfassungsgericht nun in diese ideologische Landschaft ein? Es wird schnell deutlich, dass sich das Gericht mit seinen Entscheidungen in den 1990er Jahren außerhalb dessen gestellt hat, was für die rechtskonservativen bis rechtsextremen Parteien akzeptabel war und ist. Dies kann helfen zu erklären, warum es in der herrschenden politischen Elite so wenig Rückhalt für das ungarische Verfassungsgericht gab, obwohl dieses insgesamt relativ ausgewogen zwischen den politischen Lagern judiziert hat. Anders als im deutschen Fall konnte das ungarische Verfassungsgericht nicht an einem Elitekonsens teilnehmen und diesen sogar selbst mitgestalten. Sicherlich bestand in den 1990er Jahren unter den großen Lagern der ungarischen Politik Einigkeit darüber, dass Ungarn nach Europa „zurückkehren" musste.[62] Dafür nahm man auch in Kauf, vom Verfassungsgericht gerügt und gezüchtigt zu werden. Spätestens nach dem Beitritt zur Europäischen Union war aber dieses letzte verbindende Ziel entfallen.

4   Erfolg und Misserfolg der Verfassungsgerichte als „Gründer"

Nicht nur in Deutschland und Ungarn ging der Phase des demokratischen Wandels eine Periode voraus, in der politische Partizipation und rechtsstaatlicher Schutz vor Machtmissbrauch weitgehend fehlten und in der es zu teilweise extremen Verletzungen von Menschenrechten kam. Weitere Beispiele sind das faschistische Deutschland oder Italien, Portugal und Spanien nach dem Ende der Diktaturen, Südafrika nach Ende der Apartheid, oder andere Staaten nach Zusammenbruch von Militärdiktaturen. Viele Gerichte in den neuen Demokratien haben in Ihrer Rechtsprechung den Versuch unternommen, die Identität des neuen politisch-rechtlichen Gemeinwesens in Abgrenzung

---

62 Vgl. Sólyom, László, 2002: Die Rolle der Verfassungsgerichtsbarkeit in politischen Transformationsprozessen – der Fall Ungarn. In: Zoll, Andrzej/Sólyom, László (Hrsg.): Die Rolle der Verfassungsgerichtsbarkeit in politischen Transformationsprozessen, Karlsruhe; Hankiss, Elemér, 1994: Imponderabilia. The Formation of Social Conscience and the Government. In: Gombár, Csaba u. a. (Hrsg.): Balance. The Hungarian Government 1990–1994, Budapest, S. 35.

vom vorherigen Regime zu definieren und sind damit Mit-„Gründer" der neuen Demo-kratien geworden. Kim Lane Scheppele hat die Frage aufgeworfen, welche Bedeutung dabei die Erinnerung an „Regimes of Horror" hatte.[63] Nach Scheppele ist die Stellung eines Gerichts in einer neuen Demokratie auch dadurch bestimmt, wie gut es dem Ge-richt gelingt, sich in dieser Frage zu positionieren.

Das deutsche und das ungarische Verfassungsgericht haben durch ihre Rechtspre-chung den Verfassungen einen bestimmten, wertgebundenen Sinn verliehen, der in der Verfassungen nicht explizit enthalten war. Diese Rolle war im Fall des Bundesverfas-sungsgerichts aufgrund der Erinnerung an das vorangegangene „Horrorregime" plau-sibel und wurde teilweise sogar als Symbol der neuen Rechtsstaatlichkeit herbeigesehnt. In Ungarn war der Kommunismus als Diktatur präsent, aber nicht in dem Maße wie im Fall des Nationalsozialismus. Entsprechend konnte sich eine Vorstellung vom Verfas-sungsgericht als eine Art „Heilsbringer" höchstens temporär entwickeln. Den Rechts-konservativen, die das alte System aus ideologischen Gründen am deutlichsten ab-lehnten, war die Haltung des Gerichts in den 1990er Jahren – zum Beispiel die Urteile zur Verfolgung von kommunistischem Unrecht oder zur Rückübertragung enteigneter Grundstücke – zuwider. Das Gericht konnte so aus strukturellen Gründen in der kur-zen Zeit seiner „Blüte" eine dauerhafte Beziehung zu den verschiedenen Teilöffentlich-keiten nicht entwickeln. Dabei war von Bedeutung, dass das Gericht seine Kompeten-zen sehr extensiv auslegte, sich dabei zahlreiche Gegner schuf und gleichzeitig keine starke juristische Profession das Gericht verteidigen konnte oder wollte. Ungarn hat sich aus Gründen, die beiden politischen Lagern zuzurechnen sind, seit der demokra-tischen Wende zu einer „Disunited Nation"[64] entwickelt, in der das Verfassungsgericht keine ausgleichende Rolle mehr spielen kann. Fraktionsführer János Lázár brachte das Demokratie- und Rechtsstaatsverständnis der neuen Regierung in einem Radiointer-view auf den Punkt: In außergewöhnlichen Zeiten seien außergewöhnliche Maßnah-men notwendig, so Lázár, und Ungarn müsse zu einer „majoritären Demokratie" um-gebaut werden, Bremsen und Gegengewichte wie in den letzten 20 Jahren seien dabei nicht länger notwendig.[65]

---

63 Scheppele, Kim Lane: „Constitutional Interpretation After Regimes of Horror", University of Pennsyl-vania Law School Public Law and Legal Theory Research Paper 2000/1-5; Zum Verhältnis zwischen Verfassungsgerichtsbarkeit und Geschichtserzählungen siehe unter anderem Uitz, Renáta, 2005: Con-stitutions, courts, and history: historical narratives in constitutional adjudication, Budapest (v. a. USA und Ungarn).

64 So im Titel von Tóth, Constitution (Fn. 42).

65 „Lázár szerint ideiglenes megoldás az Ab korlátozása [According to Lázár the limitation of CC is a tem-porary solution]". http://www.origo.hu/itthon/20101109-lazar-szerint-ideiglenes-megoldas-az-ab-kor-latozasa.html (letzter Zugriff: 20.11.2011).

Modell für neue Demokratien?
Die Vorbildrolle des Bundesverfassungsgerichts

Klaus von Beyme

Einleitung: Das österreichisch-deutsche Modell im Kontrast zum amerikanischen Modell des judicial review

Zwei Modelle des richterlichen Prüfungsrechts gegenüber staatlichen Hoheitsakten hat Hans Kelsen (1942) im amerikanischen Exil skizziert – seltsamer Weise im „Political Science Journal" und nicht in einer juristischen Fachzeitschrift. Er nannte das „österreichische Modell", das durch Hitler zeitweilig wirkungslos wurde und das amerikanische Modell.

1)
Das amerikanische Modell des judicial review ist eine „diffuse Kontrollmethode", bei der der Supreme Court *„incidenter"* entscheidet. Amerikas Judicial Review wurde erst 1803 in der Entscheidung „Marbury v. Madison" entwickelt und konzentrierte sich zunächst auf den Schutz individueller Rechte. Um die Star-chamber-proceedings der englischen Praxis des Spätabsolutismus zu vermeiden, durfte es kein spezielles Verfassungsgericht geben. „Abstrakte Normenkontrolle" war von den founding fathers bewusst nicht vorgesehen worden, obwohl ein „Council of Revision" diskutiert worden ist, eine Institution, die aus Mitgliedern der exekutiven und jurisdiktionalen Gewalt zusammen gesetzt sein sollte und mit der Macht ausgestattet worden wäre, Kongress-Gesetze abzulehnen.[1]

In der alten Common Law Tradition haben amerikanische Gerichte die Verfassung wie jedes andere Rechtsdokument interpretiert. Insofern war der Supreme Court mit seinem Judicial Review ein Fremdkörper im Common Law, bei dem eine föderalistische Ideologie mit dem Glauben an aufgeklärte Eliten mit der Idee der Volkssouveränität

---

1   Reitz, in: Kenney, Sally J./Reisinger, William M./Reitz, John C. (Hrsg.): Constitutional Dialogues in Comparative Perspective. Hoùndsmill, Basingstoke, Macmillan, 1999, S. 66.

und der Idee der Gewaltenteilung versöhnt werden musste.[2] Das präsidentielle System mit seinem strikten Dualismus (Inkompatibilität von Exekutivamt und Abgeordnetenmandat, Fehlen von Misstrauensvoten der Parlamentsmehrheit und des Gegenmittels der Parlamentsauflösung) schien ebenfalls eines Vermittlers zu bedürfen. Der Supreme Court war radikalen Demokraten durchaus verdächtig. Er schien das am wenigsten demokratische Organ der Entscheidung und war – wie der drittel-erneuerte Senat – ein Instrument die Volatilität demokratischer Entscheidungen in Grenzen zu halten. Das Modell schien die logische Konsequenz aus der Föderalisierung der angelsächsischen Tradition. In der Verbindung mit der konkreten Normenkontrolle war das amerikanische Modell stark „policy-orientiert", mit einer Neigung zum *„social engeneering"*. Diese Konzeption ist mit der Tradition einer anti-etatistischen Markt-Orientierung der amerikanischen Politik erklärt worden, die sich bewusst vom europäischen Etatismus abgrenzte. Das erscheint vor allem im Vergleich zu Frankreich zutreffend, wo das richterliche Prüfungsrecht nur in abstrakter Form und „ex ante" bestand. Sowie ein Gesetz promulgiert war, gab es kein Prüfungsrecht mehr. Das amerikanische Modell hatte ein individualistisches Bias. Dennoch waren die USA keine anarchistische Gesellschaft. Um den Individuen Gehör zu verschaffen, kam es zu einer beispiellosen Vielfalt von Interessengruppen und sozialen Bewegungen. Sie haben policy-orientierte Beschwerden aufgegriffen und sie in Verfassungsklagen umgemünzt.

2)

Das zweite Modell hat Kelsen *das „österreichische"* genannt. Er hatte Vorläufer in der gemeinsamen Geschichte Deutschlands und Österreichs im „Deutschen Bund" (1815–1866). In der Revolution von 1848 hat die deutsche Nationalversammlung in Frankfurt – einen „kaiserlichen Gerichtshof" vorgesehen. Viele Verfahren waren schon vorweg genommen, selbst die Verfassungsklage gegen Verletzungen der Reichsverfassung oder der Verfassungen der Länder (§ 126, f und g). Leider hat dieses Modell die Restauration von 1849 nicht überlebt. Erst nach dem Zusammenbruch der faschistischen Diktaturen wurde die Erinnerung an diese Tradition wieder belebt. Der Rechtsstaat gewann eine herausragende Bedeutung im System, da die Mehrheitsdemokratie vielfach versagt hatte. Die Priorität des Rechts wurde gegen die Emanationen der demokratischen Volkssouveränität geschützt. Kelsen[3] legte Wert auf die Feststellung, dass Amerika nicht Modell gewesen ist und bekannte, dass die Schweizer und die deutsche Verfassung als Beispiel gedient habe. Wenn auch die USA nicht direkt als Modell dienten, so hat doch die intellektuelle Unterstützung der amerikanischen Sieger in

2   Griffin, Stephan M.: American Constitutionalism : From Theory to Politics. Princeton, Princeton University Press, 1996, S. 13, 17.

3   Kelsen, Hans (Hrsg.): Die Verfassungsgesetze der Republik Österreich, Teil 5, Wien, Deuticke, 1922, S. 55.

Europa dazu beigetragen, dass das Prinzip des richterlichen Prüfungsrechts rasch akzeptiert wurde.[4]

Kontinentale Verfassungsgerichte entscheiden *principaliter* über die Verfassungsmäßigkeit von Gesetzen. Sie sind zentralisiert, abstrakt und allgemein bindend angelegt. Nach dem Zusammenbruch der Doppelmonarchie hat Kelsen das Modell 1920 entwickelt. Es war theoretisch auf seine „Reine Rechtslehre"[5] gegründet, die versuchte ohne politische Ideologie und ohne nicht-juristische Deduktionen auszukommen. Kelsen wurde auf dem europäischen Kontinent viel zitiert, aber sein Modell folgte in vielem kaum seiner Lehre, vor allem nicht seinem „aufgeklärten Positivismus" (Richard Thoma).

3)

Ein dritter Typ entstand in Ländern, die nach 1918 zur vollen Demokratie mit allgemeinem Wahlrecht vorstießen, wie Groß-Britannien oder Schweden. Sie erkannten im Prinzip an, dass die Verfassung – oder grundlegende Verfassungsgesetze wie im Westminster Modell – bindend für die Gesetzgebung seien. Da Verfassungskonflikte jedoch in diesen Ländern rar waren, *schien keine Notwendigkeit gegeben, ein Verfassungsgericht einzurichten*. Die skandinavische Möglichkeit, Bürgerrechte durch einen *Ombudsman* zu schützen, schien ein hinreichendes Äquivalent der Verfassungsgerichtsbarkeit darzustellen. Ursprünglich galten beide Einrichtungen als inkompatibel. Nach 1945 haben jedoch viele Länder die Einrichtung des ombudsman mit der Verfassungsgerichtsbarkeit kombiniert, und sei es auch nur sektoral wie der deutsche Wehrbeauftragte als Kopie des schwedischen *„militie-ombudsman"*.

Nach dem zweiten Weltkrieg hatte das amerikanische Modell eine Chance zur Ausbreitung. Aber die Behauptung dass das judicial review von den Besiegten akzeptiert worden sei „at the point of a gun" kann allenfalls für Japan gelten.[6] Japan folgte dem amerikanischen Modell, aber seine Verfassungsgerichtsbarkeit entwickelte sich nicht zu europäischen Standards. Immerhin half dieser Rezeptionsprozess das Vorurteil zu zerstreuen, das amerikanische Modell führe zur „Herrschaft der Richter". Vor allem Italien und Deutschland folgten der österreichischen Tradition. Italienische Verfassungsväter beriefen sich explizit auf Kelsen.[7] Deutschland hatte seine eigenen Traditionen und niemals ernsthaft die amerikanische Alternative in diesem Bereich diskutiert (im Gegensatz zum präsidentiellen System, das Teile der CSU und der FDP favorisierten). Die französische Tradition war am resistentesten gegen die Idee die staatlichen Entscheidungskompetenzen mit dem Einfluss von Richtern zu teilen. Der *„conseil cons-*

---

4   von Beyme, Klaus: America as a Model. The Impact of American Democracy in the World. New York, St. Martin's Press, 1997, S. 91 f.

5   1960 III, S. 277 ff.

6   Shapiro, in: Kenney et al., a. a. O. (Fn. 1), S. 196.

7   Rolla/Groppi, in: Sadurski, Wojciech (Hrsg.): Constitutional Justice. East and West. Den Haag, Kluwer Law International, 2002, S. 143, 144.

titutionnel" war bewusst als politische Einrichtung konzipiert und nicht als ein Verfassungsgericht.[8] In Richtung der Verfassungsgerichtsbarkeit entwickelte er sich erst als de Gaulle mit seiner 5. Republik das semi-präsidentielle System wieder belebte, das schon in der zweiten Republik (1848–1851) bestanden hatte und es mit orleanistischen Elementen in einer „Republikanischen Monarchie" abmilderte, um die Parlamentshoheit einzuschränken, welche die 3. und 4. Republiken extrem instabil erscheinen ließ. Die Beschränkung des richterlichen Prüfungsrechts auf ex ante-Entscheidungen und „abstrakte Normenkontrolle" galt als strategische Entscheidung, um auch das judicial review von vornherein zu beschränken und es mit einer politischen Kultur vereinbar werden zu lassen, die immer noch an die Volkssouveränität glaubte. Der conseil constitutionnel wurde so anfangs zu einem „hybriden Organ" mit Kennzeichen einer Art dritten Kammer. Dennoch wurde der Conseil – wie das deutsche Verfassungsgericht – oft in die hitzigen Parlamentsdebatten hineingezogen – ein in den USA undenkbarer Vorgang. Amerikanische Fälle erreichen den Supreme Court oft erst nach Jahren, wenn der Pulverdampf hitziger Congress-Debatten sich längst verflüchtigt hat.

Das amerikanische Modell schien vergleichsweise konservativ. Da der Verfassungswandel selten durch Amendments zur Verfassung stattfand (nur 27 amendments, und wenn man die Bill of Rights abzieht, die rasch eingefügt wurde, nur 17 Amendments in über 200 Jahren!), wurde der Wandel durch judicial review gleichsam unmerklich aber stetig bewirkt. Das Prinzip *stare decisis,* die Treue zu Präzedenz-Entscheidungen, war in einem Common-Law-System unerlässlich, um die Kontinuität zu erzeugen, welche die kontinentalen römisch-rechtlichen Traditionen durch exzessive Kodikationen bewirkten. Dieses Prinzip war ursprünglich auch Ausfluss der elitären Hoffnungen der Partei der Federalists, um das System gegen zu raschen Wandel zu schützen. Zusätzlich wurde das Beharrungsvermögen durch die lebenslange „tenure" der Obersten Richter gestärkt. Die politische Versuchung, durch „Court-packing" bei anfallenden Ernennungen Parteistandpunkte zu zementieren, begünstigte eher konservative Kräfte wie unlängst die Administration Bush wieder demonstrierte. Der Konservatismus des amerikanischen Modells war für viele Politiker nach 1945 weniger attraktiv, nach Jahren der autoritären Diktaturen, denn viele Gesetze mussten demokratisiert werden und selbst die Eigentumsstrukturen sollten in einigen europäischen Ländern geändert werden.

Das „österreichische Modell" schien angemessener für Europa mit überwiegend parlamentarischen Regierungssystemen und einer römisch-rechtlichen Tradition. Aber es wurde nirgendwo voll „Kelsenianisch" verwirklicht. Kelsen wollte die legislativen und jurisdiktionalen Funktionen im System möglichst getrennt halten und hat daher die Kontrolle über Verfassungsrechte möglichst vermeiden wollen. Europa aber durchlief

---

8   Stone, Alec S.: The Birth of Judicial Politics in France: The Constitutional Council in Comparative Perspective. Oxford, Oxford University Press, 1992, S. 96 ff.

nach 1945 eine „Revolution konstitutioneller Rechte".[9] Die exzessive Kodifikation von Rechten auf allen Ebenen hat den Verfassungsgerichten in einigen europäischen Ländern starke Lasten beim Schutz all dieser Rechte aufgebürdet.

Während der „dritten Welle" der Demokratisierung in Süd- und Osteuropa wurden die USA allenfalls indirekt zum Modell für das „constitutional engineering". Der zweite Präsident des russischen Verfassungsgerichts, Vladimir Tumanov[10] erwähnte, dass viele russischen Experten das amerikanische Modell interessant fanden, bis sie die Schwierigkeiten der Adaption in einer Rechtskultur erkannten, die der amerikanischen Common-Law-Tradition geradezu entgegen gesetzt schien. Die ultra-aktivistische Konzeption des russischen Verfassungsgerichts unter seinem Vorgänger Zorkin bis 1993 drängte in eine andere Richtung als die des Supreme Court. Der einzige amerikanische Einfluss in dieser Phase lag in der Neigung, die „political question-Doktrin" zu übernehmen.[11] Amerikanische Liberale haben die neuen aktivistischen Verfassungsgerichte in Osteuropa – vor allem den ungarischen – gedrängt, die Institution der „abstrakten Normenkontrolle" aufzugeben – mit geringem Erfolg.[12] Die Abschaffung der abstrakten Normenkontrolle ist in Deutschland und Spanien immer wieder in der Diskussion aufgetaucht. Aber das österreichisch-deutsche Modell war populär schon weil die ethnischen Minderheiten in Osteuropa des Schutzes gegen Mehrheiten der Gesinnung im Geist des „ancien régimes" bedurften.[13]

Eine Vermutung dieses Autors, dass judicial review am leichtesten dort einzuführen war, wo der Rechtsstaat der Einführung von Demokratie und Föderalismus vorausging, ist bezweifelt worden.[14] Der Föderalismus spielte keine größere Rolle für die Gestaltung der Verfassungsgerichtsbarkeit – nicht einmal in Russland, wo das föderale System das einzige war, dass im früheren kommunistischen Lager in verkleinerter Form überlebte.[15] Aber das Rechtsstaats-Argument war keineswegs von der Hand zu weisen. Nur Tschechien hatte vor 1945 demokratische Traditionen entwickelt. All die anderen quasi-autoritären Systeme zwischen den Weltkriegen hatten vor dem Kommunismus nur unzulängliche Rechtsstaatlichkeit garantiert. Alle diese Systeme standen der rö-

---

9   Stone Sweet, Alec: Governing with Judges: Constitutional Politics in Europe. Oxford, Oxford University Press, 2000, S. 38.

10 Tumanov, in: Frowein, Jochen A./Marauhn, Thilo (eds.): Grundfragen der Verfassungsgerichtsbarkeit in Mittel- und Osteuropa. Berlin 1998, S. 538.

11 Schwartz, Herman: The New East European Constitutional Courts. In: Howard, A. E. Dick (Hrsg.): Constitution Making in Eastern Europe. Baltimore, Johns Hopkins University Press, 1993: S. 163–207, hier S. 166.

12 Ackerman, Bruce: The Future of Liberal Revolution. New Haven, Yale University Press, 1992, S. 108 f.

13 Schwartz, Herman: The Struggle for Constitutional Justice in Post-Communist Europe. Chicago, University of Chicago Press, 2000, S. 30.

14 von Beyme, Klaus: The Genesis of Constitutional Review in Parliamentary Systems. In: Landfried, Christine (ed.): Constitutional Review and Legislation. Baden-Baden, Nomos, 1988: S. 21–38, hier S. 37; Sadurski, a. a. O. (Fn. 7), S. 164.

15 von Beyme, Klaus: The Russian Constitutional Court in an Uneasy Triangle between President, Parliament and Regions. In: Sadurski, a. a. O. (Fn. 7), S. 309–325.

misch-rechtlichen Tradition nahe. Antistaatsgefühle in den Oppositionen der Nelken-Revolutionäre neigten zur Ideologie der „Civil Society" und entwickelten Interesse am amerikanischen Modell. Aber *„angst"* – das deutsche Wort fand selbst in englisch geschriebenen „text books" Aufnahme[16] drängte die Oppositionen zu einem Modell, das aus der Misstrauen gegen Machtballungen geboren war. Daher war das österreichisch-deutsche Modell für sie attraktiv.

Nirgendwo wurde ein „reines Modell" implementiert. Griechenland kam dem „dispersed American type" in einigen Punkten nahe. In anderen Ländern, wie Polen, Ungarn und Estland erlangten die Verfassungsgerichte die Kompetenz über die Verfassungsmäßigkeit zu entscheiden, ehe ein Gesetz in Kraft trat, ein System, das Deutschland relativ früh aufgegeben hat. Rumänien – mit seiner traditionellen Orientierung auf Frankreich hin – hat die abstrakte Normenkontrolle nach französischem Muster nur zugelassen, ehe ein Gesetz promulgiert wird. Die Behandlung der Verfassungsgerichte in den Verfassungen ist in vielen Fällen dem österreichisch-deutschen Modell nicht gefolgt, ebenso wenig wie in den Modi der Richter-Bestellung. Österreich hatte das Modell nach dem ersten Weltkrieg wieder erfunden, aber die Bundesrepublik hat das Verfassungsgericht zu einer machtvollen dritten Gewalt werden lassen – mit Einflüssen, die von Madrid bis Moskau reichen sollten. Diesem Prozess lag weder deutscher Rechtsimperialismus zu Grunde, noch war Deutschland generell ein unbestrittenes Modell. In vielen Bereichen, vor allem in der Gestaltung des Verhältnisses von Exekutive und Legislative im semi-präsidentiellen System diente eher Frankreich als Vorbild. Das Gericht in Karlsruhe wurde vielfach studiert, nicht zuletzt, weil kein anderes Gericht so exzessiv dokumentiert wurde und weil die deutsche Neigung zu systematischem Denken sich auch in der Rechtsprechung niederschlug.

Fünf Prozesse ließen das BVerfG einflussreich werden:

1) In Deutschland strebte das Verfassungsgericht eine Harmonisierung von professioneller Normanwendung und systematischer Erfassung von Normen und Werten, die über Kelsens positivistisches Ur-Modell hinausging.

2) Kein anderes Verfassungsgericht bot eine so große flexible Anzahl von Verfahren, um den Bedürfnissen in post-autoritären Gesellschaften zu genügen.

3) Deutschland war von den Ländern mit Verfassungsgerichtsbarkeit der am stärksten entwickelte Sozialstaat. Kollektive Ansprüche mussten mit individuellen Rechten in Einklang gebracht werden.

4) Nur in Deutschland gab es ab 1990 eine Verfassungsgerichtsbarkeit, die mit den speziellen Problemen der Bevölkerung in einem vormals kommunistischen System vertraut war.

---

16 Vgl. Sadurski, a. a. O. (Fn. 7), S. 10.

5) Die Adaption nationalen Rechts an die Erfordernisse der Europäischen Einigung hatte eine eigenwillige Rechtssprechung entwickelt – auch wenn sie nicht immer zum Modell für andere Länder werden konnte.

1 Normanwendung auf der Basis einer systematischen Wertetheorie

Ausländische Kenner nannten das Verfassungsgericht die „originellste Einrichtung des westdeutschen Systems" (Alfred Grosser). Deutschland hat auf Grund seiner diktatorischen Vergangenheit versucht, systematische Barrieren gegen Machtmissbrauch zu schaffen. Andererseits lagen dieser Einrichtung nicht nur progressive Motive zu Grunde. Der deutsche Konstitutionalismus, der erst 1918 parlamentarisiert wurde, hat traditionell den Rechtsstaat stärker betont als die politische Partizipation. Eine gewisse Konfliktscheu der Deutschen war auf Konsens gerichtet. Linke Theoretiker vermuteten, dass dies die Anpassung an die Macht begünstigte.[17] Gelegentlich wurde diese Mediationsfunktion von den Parteien sogar missbraucht, etwa als die FDP eine Entscheidung verlangte, ob deutsche Soldaten im Auftrag der UNO in Awacs-Flugzeugen fliegen dürften.[18] In diesem Verfahren wurde ein Scheinprozess für eine politische Entscheidung gewittert, in einer Situation als die Liberalen Teil der Regierung waren, die beschlossen hatte, Militäraktionen der UNO zu unterstützen.

Nach den Erfahrungen mit der Diktatur sollte es keine „justizfreien Hoheitsakte" mehr geben, wie noch in der Weimarer Republik. Das System der Bundesrepublik strebte nach dem „lückenlose Rechtswege-Staat". Spätestens als eine Überlastung des Gerichts mit Anträgen sichtbar wurde, schien eine der Möglichkeiten zur Milderung des Arbeitsdrucks, sich auf die amerikanische political question-Doktrin zu besinnen. Ein Ausschuss des Justizministers, der über Entlastungsmöglichkeiten nachdachte, verwarf diese Möglichkeit jedoch.[19] Ein weiterer Nachteil der deutschen Regelung schien, dass das Verfassungsgericht allzu stark in politische Konflikte hineingezogen wurde – wie etwa dreimal bei der Parlamentsauflösung – bei Fragen, in denen der amerikanische Supreme Court schlicht die political question-Doktrin zur Nichtannahme des Antrags bemüht hätte. Das gilt auch für die Frage, ob das Gericht über die Meinungsfreiheit entscheiden müsse, bei der Frage, ob linke Kritiker Soldaten „Mörder" nennen dürften[20], oder ob „sit-ins" vor Atomkraftwerken und Militäreinrichtungen zulässig seien.[21]

---

17 Preuss, Ulrich K.: Politik aus dem Geist des Konsenses. Zur Rechtsprechung des Bundesverfassungsgerichts. Merkur. 1987, S. 1–12.
18 BVerfGE 90, 286 ff.
19 Entlastung des Bundesverfassungsgerichts. Bericht der Kommission. (ed.: Bundesministerium der Justiz), Bonn, 1998, S. 20.
20 BVerfGE 93, 266 ff.
21 BVerfGE 92, 1 ff.

Nicht alle Systeme auf dem Weg zur Demokratisierung haben Lückenlosigkeit des deutschen Rechtswege-Staats übernommen. In der Türkei sind der Präsident der Republik und der Oberste Militär-Rat jenseits der Möglichkeiten eines „judicial review" (Verfassung, Art. 125), eine Regelung, die für die Europäische Gemeinschaft kaum akzeptabel sein dürfte. Die dritte Welle der Demokratisierung seit 1974 in Südeuropa und seit 1979 in Osteuropa – die größte Welle der Demokratisierung in der Geschichte – schuf einen begreiflichen Bedarf nach Vorbildern. Dies führte zu einem lebhaften Interesse an der „abstrakten Normenkontrolle", selbst in Estland, das manchmal in der Nähe des amerikanischen Vorbilds vermutet wurde.[22] Der Schutz der Grundrechte wurde in einigen Ländern so stark betont, dass daraus schon Nachteile für die Seite der demokratischen Entscheidungsfähigkeit im System vermutet worden sind.[23] Die neuen Demokratien waren nicht nur an einer positivistischen Anwendung von Normen im Geiste Kelsens interessiert. Die Verfassung hatte für die „Samtrevolutionäre" meta-positivistische Bedeutung, um Rechtsstaat und Demokratie ein Werte-Fundament zu geben. Die allgemeinen Prinzipien der Präambeln und Staatszielbestimmungen sind nie zuvor in Verfassungen so stark betont worden. Die Türkei machte besonders exzessiv davon Gebrauch (Präambel, Art. 1–5) – vom Patriotismus bis zum Wohlfahrtsstaat. Der deutsche Rechtsstaat stammte aus einer Tradition, die eher a-politisch und neutral gegenüber der Macht war. Es gab keine übergeordneten Prinzipien in der Verfassungstradition wie die „Parlamentssouveränität" in Großbritannien oder das „judicial review" in den USA. Judicial review in Deutschland war hoch zentralisiert – und auch das lag den neuen Demokratien im nachautoritären Zeitalter näher als das fremde amerikanische Rechtssystem.

2   Ein Modell mit zahlreichen Verfahrensarten, die flexible Antworten auf soziale Bedürfnisse der Gesellschaft ermöglichen

Vor allem die abstrakte Normenkontrolle und die Verfassungsbeschwerden im deutschen System entwickelten Appeal für neue Demokratien. Die tschechischen Verfassungsväter und -mütter haben explizit auf das deutsche Grundgesetz Bezug genommen. Ungarische Wissenschaftler setzten sich mit einem Modell auseinander, dass sie das „österreichisch-deutsche Modell" nannten.[24] Transnationale Vergleiche kamen zu dem Schluss, dass deutsche und spanische Vorbilder für die Gestaltung der neuen Verfassungsgerichte am einflussreichsten gewesen seien.[25]

---

22 Halmai, in: Frowein/Marauhn, a.a.O. (Fn. 10), S. 565.
23 Polakiewicz, in: Frowein/Marauhn, a.a.O. (Fn. 10), S. 578.
24 in: Sadurski, a.a.O. (Fn. 7): S. 397, 190.
25 Tomuschat, Christian: Das Bundesverfassungsgericht im Kreise anderer nationaler Verfassungsgerichte. In: Badura, Peter/Dreier, Horst (Hrsg.): Festschrift 50 Jahre Bundesverfassungsgericht. Tübingen 2001, vol. 1: S. 245–288, hier S. 268.

Rechtlich gesehen kann das Parlament in verschiedener Weise involviert werden, als Kläger, als Beklagter, oder als Nebenkläger in einem Verfahren, das der Bundestag nicht initiiert hat (Gesetz über das Bundesverfassungsgericht (BVerfGG) § 65 Abs. 2) oder als Zeuge und Ratgeber (§ 94 Abs. 1, § 23 Abs. 2 BVerfGG). Das Gericht hat eine starke Position gegenüber dem Parlament. Der Bundestag kann das erste Wort haben – das Verfassungsgericht hat das letzte Wort. Die Urteile des Verfassungsgerichts haben bisweilen ex post facto weit reichende Konsequenzen für die Gesetzgebung. Sie haben aber auch ex-ante-Wirkungen entfaltet, weil der Gesetzgeber nicht selten in „vorauseilendem Gehorsam" entscheidet, wenn die Opposition droht, ein Gesetz „nach Karlsruhe zu tragen". Der Einfluss des Verfassungsgerichts wird an verschiedenen Indikatoren gemessen, wie der Zahl der Gesetze, die dem judicial review unterlagen, die Zahl der Gesetze, die vom Verfassungsgericht für verfassungswidrig erklärt wurden und die präventive Drohung, eine Entscheidung vor das Gericht zu bringen. Trotz gewissenhafter Statistik des Verfassungsgerichts wird der Einfluss auf die Politikfelder der Gesetzgebung nicht dokumentiert. Diese Frage ist als eine Art „political question" den Politikwissenschaftlern überlassen worden, die Studien über ausgewählte Gesetze vorgelegt haben[26], und nur gelegentlich längere Zeiträume für die Schlüsselentscheidungen bearbeiteten.[27] Empirische Studien falsifizieren die saloppe publizistische Redeweise vom Verfassungsgericht als „Friedhof wichtiger Gesetzesvorhaben". Selbst bei 108 Schlüsselentscheidungen in 12 Legislaturperioden, die vor das Verfassungsgericht kamen, wurden nur 14,8 % Gesetze nicht oder teilnichtig und 19,4 % als unvereinbar mit dem Grundgesetz erklärt. Bei 17.5 % der Fälle wurde eine verfassungskonforme Interpretation angemahnt[28], ein Urteilstyp, der auch in westlichen Demokratien Nachahmung fand, etwa in den französischen „déclarations de conformité sous reserve".[29]

War die abstrakte Normenkontrolle deutschen Musters einerseits ideologisch attraktiv für die Anhänger der „Velvet-Revolution" in Osteuropa, so war sie andererseits in ihrer täglichen Ausprägung gelegentlich auch abschreckend. Da es kaum föderale Systeme in den neuen Demokratien gab, musste die Strapazierung dieser Möglichkeit durch Länder nicht befürchtet werden, wie sie manchmal in Bayern unter christlich-sozialer Dominanz und in Hessen in der Zeit der Dominanz einer vergleichsweise links gestimmten SPD, beklagt worden ist. Aber die abstrakte Normenkontrolle als Instrument der Opposition, wie sie sich mit wachsender Polarisierung seit 1969 zeigte, drohte in den Augen vieler „neuer Demokratien" die außenpolitischen Kompetenzen der Regierung auszuhöhlen, wie an Hand von Fällen wie Deutschlandvertrag (1952[30]), Saar-

26 Landfried, Christine: Bundesverfassungsgericht und Gesetzgeber. 2. Aufl., Baden-Baden, Nomos, 1996.

27 von Beyme, Klaus: Der Gesetzgeber. Der Bundestag als Entscheidungszentrum. Opladen, Westdeutscher Verlag, 1997, S. 301 f.

28 von Beyme, Der Gesetzgeber, a. a. O. (Fn. 27), S. 304.

29 Favoreu, in: Landfried, Christine (Hrsg.): Constitutional Review and Legislation. An International Comparison. Baden-Baden 1988, S. 100.

30 BVerfGE 1, 396.

Urteil (1955)[31], Grundlagenvertrag (1973[32]) argumentiert worden ist. Wenn der Grundsatz richterlicher Zurückhaltung (judicial restraint) gelegentlich aufgegeben wurde, so konnte die generalisierende abstrakte Betrachtung selbst in anderen Verfahrenstypen auftreten. Eine Diätenentscheidung[33] ist nicht ganz grundlos als abstrakte Normenkontrolle in der Verkleidung einer Verfassungsbeschwerde genannt worden.[34]

Der Verfahrenstyp des Parteienverbots hat die neuen Demokratien vielfach beschäftigt. Die zwei Fälle in Deutschland (SRP 1952[35] und KPD 1956[36]) waren nicht überzeugend, und noch weniger der unzulänglich vorbereitete Antrag von Innenminister Schily, die NPD zu verbieten. Russland unter der Leitung von Zorkin hat weit flexibler gehandelt. Die Zentralorganisation der KPdSU wurde verboten, aber die Gründung von regionalen Organisationen wurde nicht ausgeschlossen, die sich unter neuem Namen wieder als Partei konstituieren konnte. Der Fall war gleichsam die Kurzzeitversion der deutschen Langzeitlösung, als Heinemann als Innenminister in der Großen Koalition die Gründung der DKP ermöglichte, wohl ahnend, dass das Führungspersonal zu Zweidritteln mit den alten KPD-Kadern identisch sein werde.

3   Harmonisierung von individuellen Rechten und kollektiven Bedürfnissen im Wohlfahrtsstaat

Die Bevölkerung in früher kommunistischen Staaten verlangte die lang entbehrten Freiheitsrechte, wollte aber zugleich auf die paternalistische Wohlfahrtsstaatlichkeit des realen Sozialismus nicht verzichten. Nach Umfragen war Schweden das bevorzugte Modell, das man fälschlich für „sozialistisch" hielt, obwohl dort der Anteil des Staatseigentums vergleichsweise geringer war als in Deutschland und den romanischen Ländern. Aber Schweden hatte keine Verfassungsgerichtsbarkeit. Deutschland wurde daher zur Inspirationsquelle, wie man Widersprüche zwischen individuellen Rechten und kollektiven Ansprüchen schlichten konnte. Das BVerfG hat sich nach empirischen Analysen der Politik-Felder in denen es intervenierte und Gesetze für null und nicht erklärte, am häufigsten in der Sozialpolitik – doppelt so häufig wie in der Rechtspolitik – eingemischt.[37] Bei den Schlüsselentscheidungen wurde am häufigsten interveniert, wo Rechte ausgeweitet werden sollten. Redistributive Maßnahmen figurierten nicht sehr hoch, weil ihre

---

31 BVerfGE 4, 157.
32 BVerfGE 36, 1.
33 BVerfGE 40, 296 f.
34 Eckertz, R.: Die Kompetenz des Bundesverfassungsgerichts und die Eigenheit des Politischen. Der Staat. 1978, S. 183–203, S. 190.
35 BVerfGE 2, 1.
36 BVerfGE 5, 85.
37 Aufstellung in: von Beyme, Der Gesetzgeber, a. a. O. (Fn. 27), S. 303.

Zahl relativ gering war. Die Verfassungsgerichte in den neuen Demokratien haben die deutschen Entscheidungen studiert und gelegentlich funktional äquivalent reproduziert.

4 Das Verfassungsgericht als Wächter des „due process" beim Übergang zur Demokratie in Ostdeutschland

Großes Ansehen erwarb das BVerfG in seiner Rolle als Wächter des „due process" im Prozess der Transformation vom sozialistischen Regime zu einem marktwirtschaftlichen Rechtsstaat. Es gab eine kurze Zeit, da für eine demokratische unabhängige DDR geplant wurden. Aber die „Runden Tische", die Verfassungsideen bastelten, hatten kaum Alternativen zu westdeutschen Verfassungsideen – nicht einmal die Kommunisten in den Gremien. Das Karlsruher Modell eines Verfassungsgerichts stand hoch im Kurs. Einige Juristen der Systeme östlich der DDR, welche die Transformation vorbereiteten, haben diese Debatten zur Kenntnis genommen. Der Konsens mit Westdeutschland lag nicht in einem ethnischen Nationalismus, sondern in dem was „Meta-Recht" und „Verfassungspatriotismus" genannt wurde – Begriffe, die nicht auf dem Boden der DDR gewachsen waren. Wie einst bei den westdeutschen Verfassungsvätern und -müttern verliefen die Diskussionen in einem Klima gutwilligen Idealismus, der möglich „neutrale Gerichtsentscheidungen" einer politischen Entscheidung in Bonn oder Berlin vorzog. Der Legalismus, den Almond und Verba schon 1963 in „The Civic Culture" für die Deutschen ermittelt hatten, überlebte 44 Jahre deutscher Trennung. Deutschland wurde wegen der „Nationalisierung" des Transformationsprozesses zum abweichenden Fall. Vergleichende Transformationsstudien außerhalb Deutschlands haben diesen Fall in der Regel nicht berücksichtigt. Westdeutschland hatte sein Rechtssystem exportiert. Selbst der spiritus rector der Wiedervereinigungsgespräche in der Regierung Kohl, Wolfgang Schäuble, hat festgestellt, dass er sich in einigen Rechtsmaterien durchaus Sonderregelungen für Ostdeutschland vorstellen konnte. Aber die ostdeutschen Unterhändler wollten „tutto e subito" das westliche System. Auch die Bürger der DDR dachten überwiegend nicht anders. Sie wollten schnelle und nachhaltige Vereinigung. Viele von ihnen hingen im Vergleich zu den Westdeutschen noch einem traditionaleren Patriotismus an als die Westdeutschen.[38] Der „DM-Nationalismus", wie Habermas das wegwerfend titulierte, war die moderne Seite dieser Option. Selbst frühere Kommunisten waren für Vereinigung, nur langsamer, konföderativer und mehr an einem „dritten Weg" orientiert, der zwischen Markt- und Planwirtschaft angesiedelt sein sollte.

Eine wichtige Funktion des Verfassungsgerichts musste nicht bemüht werden. Wie in Irland bis vor kurzem gab es einen Wiedervereinigungspassus in der Präambel, der eine Art moralisches Anrecht artikulierte. Hätte die westdeutsche Mehrheit im Bundestag das Anschluss-Angebot der Volkskammer abgelehnt, hätte diese sich einklagen

---

38 Westle, Bettina: Kollektive Identität im vereinten Deutschland. Opladen, Leske & Budrich 1999.

müssen. Dieses worst-case-scenario hätte eintreten können, wenn nicht alle westdeutschen Politiker – mit wenigen Ausnahmen wie Lafontaine – sich über die Kosten und ökonomischen Folgen der Wiedervereinigung geirrt hätten. Viele Experten schätzten die Gesamtkosten auf 200 Mrd. DM und antizipierten nicht, dass diese Summe fast pro Jahr bezahlt werden musste. Die deutsche Einheit wurde zur „Stunde der Exekutive". Die Regierung hatte mit der DDR im Einigungsvertrag Verfassungsänderungen vereinbart, die der Bundestag kaum noch abändern konnte. Das Gericht hat sich in einheitsfreundlicher Eile „für das schneidigste aller Verfahren" entschieden, nämlich die Verwerfung des Antrags nach § 25 BVerfGG.[39] Der Leitsatz des Urteils vom 31. Oktober 1990: „das Staatsvolk, von dem die Staatsgewalt in der Bundesrepublik Deutschland ausgeht, wird nach dem Grundgesetz von den Deutschen … gebildet"[40] ist gelegentlich als nationalistisch bezeichnet worden. Ein solches Verdikt tut den Richtern des zweiten Senats unrecht. Man konnte in dem Urteil auch eine Art richterliche Zurückhaltung sehen, um nicht zu stark in die Außenpolitik einzugreifen. Es lag darin eine Art Moratorium, um der Bundesregierung die Möglichkeit zu geben, in der Europäischen Union eine gebilligte internationale Lösung für die deutsche Frage zu erreichen. Außerdem sollte der Gesetzgeber die Chance erhalten, die Klärung der Frage nach dem Wahlrecht zu erreichen.

Das Verfassungsgericht in Karlsruhe bekam auf anderen Gebieten protektive Funktionen für die Ostdeutschen Neubürger. Die plötzliche Einführung der Marktwirtschaft schuf eine Goldgräberatmosphäre in den neuen Ländern. Das Verfassungsgericht schützte die Chancen von Bürgern, Angestellten und Parteien in Ostdeutschland. Im Wahlrechtsurteil wurde vom zweiten Senat verhindert, dass die Fünfprozentklausel bei den ersten gesamtdeutschen Wahlen sofort bundesweit angewandt wurden. DDR-Regional-Parteien bekamen somit eine Chance, auch wenn sie nicht durch Listenverbindungen mit einer westdeutschen Gruppe listenfähig geworden sind. Selbst die PDS, die im Kampf um ihr Vermögen vor Gericht unterlag[41], errang in ihrem Anspruch auf Fraktionsstatus wenigstens einen Teilerfolg, da ihr die Mitgliedschaft in den Unterausschüssen des Bundestages zugesprochen wurde.[42]

Diese Rechtsprechung wurde in anderen ex-kommunistischen Ländern verfolgt, hatte aber weniger direkten Einfluss, weil die postkommunistischen Parteien dort über eine wesentlich stärkere Position verfügten, und gerade in den einst oppositionellsten Ländern rasch wieder an die Macht kamen, wie in Litauen (1992), Polen (1993) und Ungarn (1994).

In das Bild eines angeblich „liberalen" ersten Senats schien es weniger zu passen, dass das Verfassungsgericht die „Warteschleife" im April 1991 für verfassungsmäßig erklärte.

39   Meyer, in: Badura/Dreier, a. a. O. (Fn. 25), S. 85.
40   BVerGE 83, 37.
41   BVerfGE 84, 290 ff.
42   BVerfGE 84, 304 ff.

Die Angestellten des öffentlichen Dienstes, die mit Wirksamwerden des Einigungsvertrages vom 3. Oktober 1990 suspendiert worden waren, da sie Einrichtungen angehörten, die nicht von Bund, Ländern und Gemeinden übernommen und daher „abgewickelt" wurden, sind für 6 Monate (Personen über 50 Jahre für 9 Monate) unter Zahlung von 70 % ihrer Bezüge gleichsam beurlaubt worden. 304 der Betroffenen hatten in Karlsruhe Verfassungsbeschwerden eingereicht, weil ihnen pauschal und nicht individuell gekündigt worden sei. Darin wurde eine Verletzung der Berufsfreiheit, der Rechtsweggarantie und der Menschenwürde gewittert. Die Zahl der Betroffenen wurde auf drei- bis sechshunderttausend geschätzt. Die Verfassungsbeschwerde wurde in wesentlichen Teilen abgelehnt. Die Menschenwürde sah das Gericht nicht verletzt, da die Bediensteten in der Warteschleife nach Ablauf ihrer Verträge zunächst Arbeitslosengeld und später Arbeitslosenhilfe erhielten, sodass ihr Existenzminimum gesichert schien. Die staatliche Politik einer effizienten Neuordnung der Verwaltung in den neuen Bundesländern, mit der Konsequenz einer Abschaffung aller als überflüssig erachteten Einrichtungen aus kommunistischer Zeit, wurde damit gestützt. Lediglich gegenüber Frauen, die Anspruch auf Mutterschutz hatten, Alleinerziehenden, Behinderten und älteren Angestellten wurden ein paar kleinere Konzessionen gemacht.[43] Auch diese Urteile wurden im osteuropäischen Ausland studiert. Bei dem Umbau kommunistischer Regime wurde dort jedoch zum Teil weniger Rücksicht auf spezifische Rechtslagen genommen. Generelle Regeln, hohe und mittlere Kader von Ämtern für eine Zeit auszuschließen, hätten der deutschen Verfassungsgerichtsbarkeit vermutlich kaum stand gehalten. Die „negative Kaderpolitik" der neuen Demokratien hat sich im Übrigen weitgehend auf Fälle der Zusammenarbeit mit der Staatssicherheit beschränkt.[44] Hier gab es Parallelen zur deutschen Entwicklung, aber keine direkten Einflüsse deutscher Regelungen. Den Verfassungsrichtern in Karlsruhe wurde vielfach vorgeworfen, keine hinreichende Kenntnis von den Lebensbedingungen der DDR zu haben. Dieser Einwand entfiel bei den osteuropäischen Verfassungsgerichten, die gelegentlich eher zuviel Verständnis für den Status quo ante zeigten.

Kein Land hatte eine so effiziente Einrichtung, wie die „Gauck-Behörde" geschaffen. Daher blieben generelle Ausschluss-Ankündigungen unter Jelzin weitgehend folgenlos, obwohl selbst die Zentren der Orthodoxen Kirche dem Verdacht der KGB-Verbindungen ausgesetzt waren.[45] Gesetze der Russländischen Föderation stellten das „outing" von Staatsicherheitsinformanten sogar unter Strafe. In Polen kursierten „Agentenlisten" in einigen Zeitungen, trotz hoher Strafandrohungen. Der selektive Gebrauch von Geheimdienstakten im politischen Kampf war durch solche Versuche, die alte Nomenklatur zu schonen, jedoch nirgendwo ausgeschlossen. Nur in der Tschechoslowakei wurde im

---

43 BVerfGE 85, 167.
44 Vgl. von Beyme; Klaus: Systemwechsel in Osteuropa. Frankfurt 1994, S. 185 ff.
45 RFE/RL Research Report 1992, Nr. 23, S. 61 ff.

Lustrationsgesetz[46] eine exzessive Justizialisierung des Tatbestandes „wissentliche Zusammenarbeit mit der Staatssicherheit" (§ 2.2) versucht. Präsident Havel unterzeichnete das Gesetz mit großen Bedenken, Ministerpräsident Dubcek verweigerte die Unterschrift und überließ sie seinem Stellvertreter. Die slowakische Regierung unter Meciar hatte schon 1992 angekündigt, das Lustrationsgesetz nach der Trennung von Tschechien abzuschaffen. Das Verfassungsgericht hat sich mit dem Gesetz befasst. Es erklärte die Regelung für verfassungskonform, beanstandete aber die Kategorisierung von Tätern. Das Volk hatte rasch an der negativen Kaderpolitik kein Interesse mehr.[47] Der Elitenwechsel fand wie in Ostdeutschland weniger durch gesetzliche Maßnahmen als durch die faktische Verdrängung von der Macht statt.

Auch bei dem Urteil über die Klage von Eigentümern, die sich nicht mit der Respektierung der Enteignung durch die sowjetische Besatzungsmacht abfinden wollten, ist das Gericht 1991 weitgehend der „Staatsräson" gefolgt, obwohl seiner allgemeinen Abneigung gegen willkürliche Staatseingriffe kein Zweifel bestand. Die Richter suchten einen Mittelweg zwischen der außenpolitischen Staatsräson, wie sie in einem gemeinsamen Brief von Genscher und de Maizière vom 14. September 1990 ausgedrückt worden ist – dass die „Enteignungen auf besatzungsrechtlicher Grundlage" nicht rückgängig zu machen seien – und den Geboten der Gerechtigkeit gegenüber den Geschädigten. Die Enteignungen galten nicht in dem Verantwortungsbereich der „dem Grundgesetz verpflichteten Staatsgewalt". Als doppelte Sicherung konnte man darauf hinweisen, dass bis 1949 auch das Grundgesetz, auf das die Kläger sich beriefen, noch nicht einmal in Westdeutschland galt.[48] Eine Pflicht zur eigentumsrechtlichen Wiederherstellung des Status quo ante wurde auch in anderen ex-kommunistischen Ländern nicht gefolgt, obwohl sie nicht den scharfsinnigen Unterschied zwischen Enteignungen durch die kommunistische Staatsgewalt und Enteignungen durch die „sowjetische Besatzungsmacht" bemühen konnten.

5   Die Adaption des nationalen Rechts an die Erfordernisse der Europäischen Einheit

Die Herstellung der deutschen Einheit hatte einen besonderen Aspekt, der zunächst in den anderen ex-kommunistischen Ländern fehlte: es wurde vom Verfassungsgericht versucht, die deutsche und die europäische Einheit zusammen zu sehen. Viele deutsche Konzessionen an den europäischen Einigungsprozess waren auch als Werbung für die Akzeptierung der deutschen Einigung durch die westlichen Nachbarn gedacht.

---

46 Gesetz 451/1991.
47 RFE/RL Research Report 1993, Nr. 29, S. 23.
48 BVerfGE 84, 90 ff.

Die Hoffnung auf Zugang zur Europäischen Union hat die Debatten in diesen Ländern jedoch früh eine Rolle gespielt und begünstigte die Einrichtung der Verfassungsgerichtsbarkeit nach einem „europäischen Modell". Louis Favoreu entwickelte einen weiteren Grund gegen das amerikanische Modell: die Säuberung des Rechtssystems von belasteten Juristen auf allen Ebenen – die in Amerika über konstitutionelle Fragen entscheiden können – hätte eine noch härtere „negative Kaderpolitik" in den ex-kommunistischen Ländern erfordert. Das Beispiel des Verfassungsgerichts der Russischen (korrekter: Russländischen Föderation, da die Verfassung den terminologischen Unterschied zwischen „russkij" und „rossijskij" macht) Föderation macht, zeigte in der ersten Ära unter Präsident Zorkin, dass die Säuberung selbst in der Spitze der Hierarchie keine Garantie für eine völlig demokratische neue Rechtspolitik bot.[49] Der Präsident selbst politisierte die Aktivitäten seines Gerichtshofes. In einigen dieser Systeme wie in Polen unter Walesa und in Russland unter Jelzin wurde der Präsident eher als Demokratisierungsmotor angesehen als das Verfassungsgericht.[50]

Die Verfassungsgerichte in Europa wurden vielfach zum Mediator zwischen europäischem und nationalem Recht. Für Mitglieder gibt es keine Möglichkeit außer der Angleichung. Ein Beschluss zum Verlassen der Union wird von Juristen als „illegal" angesehen.[51] Einige Länder, wie Italien und Deutschland folgten strikt der Doktrin des *Gesetzesvorbehalts*. Andere machten vor allem von Dekreten Gebrauch, wie das in Deutschland nicht möglich war. Italien schuf 1987 und 1989 ein Spezialregime der Anpassung durch Gesetze.[52]

Im Maastricht-Urteil von 1993[53] musste das BVerfG über die Verfassungskonformität weitreichender Vertragsänderungen entscheiden. Es ging vor allem um eine europäische Währungsunion. Das Gericht hat sich nicht nur zur Frage des Grundrechtsschutzes gegen Rechtsakte der Gemeinschaft geäußert, sondern auch zu Grenzen der Kompetenzen der Gemeinschaft und zum Kontrollvorbehalt der Nationalstaaten. Der *„Wesensgehalt der Grundrechte"* musste nach diesem Urteil selbst gegen die EU verteidigt werden. Es kam jedoch zu einem Bekenntnis der Kooperation mit dem Europäischen Gerichtshof. In der Literatur überwog die Ansicht, dass das „Fehlerkalkül" im Falle der Europäischen Gemeinschaft präzise begrenzt sei.[54] Es wurde begrüßt, dass das Verfassungsgericht die Kooperation stärker betont habe als in früheren Urteilen.[55]

---

49 Vgl. von Beyme 2002, S. 318.

50 Sadurski, a. a. O. (Fn. 7), S. 174 f.

51 Frowein, in: Badura/Dreier, a. a. O. (Fn. 25), S. 212.

52 von Bogdandy, Armin: Europäisierung der nationalstaatlichen Verfassung: Erosion eines gesellschaftlichen Grundkonsenses? In: Schuppert, Gunnar Folke/Bumke, Christian (Hrsg.), Bundesverfassungsgericht und gesellschaftlicher Grundkonsens. Baden-Baden 2000, S. 243–261, hier S. 249.

53 BVerfGE 89, 155 ff.

54 Frowein, in: Badura/Dreier, a. a. O. (Fn. 25), S. 223.

55 Schwarze, in: Badura/Dreier, a. a. O. (Fn. 25), S. 243.

Umstrittener war die Definition der Union als „Staatenverbund".[56] Rein sprachlich hatte diese Erfindung, die man Paul Kirchhof zuschrieb, den Nachteil in anderen Sprachen schwer reproduzierbar zu sein. Allenfalls die Schweden können sich einen „statsförbundet" denken. Andere Sprachen, vor allem das hochrelevante Englisch kann diese sprachliche Differenzierung nicht reproduzieren. Der Staatenverbund sollte mehr als ein „Staatenbund", aber weniger als ein „Bundesstaat" sein. Die Klagen gegen den Maastricht-Vertrag wurden verworfen, da die Bundesrepublik mit der Ratifikation des Unionsvertrag nicht einem „unüberschaubaren in seinem Selbstlauf nicht mehr steuerbaren ‚Automatismus' zu einer Währungsunion unterworfen habe, und das Parlament auf jeder Stufe bewusst über weitere Integrationsschritte beraten könne. Zweifellos wurde auch in diesem Bereich das Verfassungsgericht zum Vorbild für künftige Mitglieder, weil es seiner „Ausgleichs- und Brückenfunktion" mit Augenmaß und Mäßigung gerecht geworden sei.[57] Der Präsident des BVerfG, Papier[58], sah die nationale Souveränität nicht im Konflikt mit internationalen Normen, solange das Grundgesetz „völkerrechtsfreundlich" interpretiert werde. Konflikte wären denkbar, für die Einwanderungspolitik in Europa, die zunehmend alle Mitgliedsländer betrifft, selbst die 10 Mitglieder, die unlängst der Union beitraten. Das Verfassungsgericht versuchte Barrieren gegen ein Konzept der „multikulturellen Gesellschaft" zu errichten und hat die Wahlrechte für Ausländer in engen Grenzen für zulässig gehalten.[59] Aber auch in diesem Bereich kommt es zunehmend zur Rechtsangleichung in Europa, die selbst vor den neuen Mitgliedern nicht halt macht.

---

56 BVerfGE 89, 165 ff.
57 Kirchhof, Paul: Die Aufgaben des Bundesverfassungsgerichts in Zeiten des Umbruchs. In: NJW 1996, S. 1497–1505.
58 Papier, Hans-Jürgen: Straßburg ist kein oberstes Rechtsmittelgericht. Ein Gespräch mit dem Präsidenten des Bundesverfassungsgerichts. Frankfurter Allgemeine Zeitung, 9.12.2004, S. 5.
59 BVerfGE 83, 37 ff.

Abkürzungsverzeichnis

a.	auch/aber
a. A.	anderer Ansicht
a. a. O.	am angegebenen Ort
Abs.	Absatz
abw.	abweichend(es)
a. E.	am Ende
a. F.	alte Fassung
Anl.	Anlage(n)
Anm.	Anmerkung
AnwBl	Anwaltsblatt
AöR	Archiv des öffentlichen Rechts
APuZ	Aus Politik und Zeitgeschichte, Beilage zur Wochenzeitung Das Parlament
ARD	Arbeitsgemeinschaft der Rundfunkanstalten Deutschlands
ARSP	Archiv für Rechts- und Sozialphilosophie oder American Political Science Review
Art.	Artikel
ASuS	Archiv für Sozialwissenschaft und Sozialpolitik
Aufl.	Auflage
Az.	Aktenzeichen
B.	Beschluss
BayVBl	Bayerische Verwaltungsblätter
BBG	Bundesbeamtengesetz
Bd.	Band
Bde.	Bände
BDK	Bund Deutscher Kriminalbeamter

BDVR	Bund Deutscher Verwaltungsrichter
BGH	Bundesgerichtshof
Blätter	Blätter für deutsche und internationale Politik
BND	Bundesnachrichtendienst
BVerfG	Bundesverfassungsgericht(s)
BVerfGE	Entscheidungssammlung des BVerfG (Jahr, Seite)
BVerfGG	Gesetz über das BVerfG
BVerwG	Bundesverwaltungsgericht
BVerwGE	Entscheidungssammlung des BVerwG (Jahr, Seite)
bzw.	beziehungsweise
CILIP	Bürgerrechte & Polizei/CILIP
CR	Computer und Recht
ders.	derselbe
DGB	Deutscher Gewerkschaftsbund
Diss.	Dissertation
DJZ	Deutsche Juristenzeitung
DÖV	Die Öffentliche Verwaltung
DRiZ	Deutsche Richterzeitung
DVBl	Deutsches Verwaltungsblatt
DVP	Deutsche Verwaltungspraxis
ebd.	ebenda
EGMR	Europäischer Gerichtshof für Menschenrechte
einschl.	einschließlich
EMRK	Konvention zum Schutze der Menschenrechte und Grundfreiheiten (Europäische Menschenrechtskonvention)
etc.	et cetera (lat.: und das Übrige)
EuGH	Gerichtshof der EU
EuGRZ	Europäische Grundrechte-Zeitschrift
f.	folgende (z. B. Seite, Nummer)
ff.	fortfolgende (z. B. Seiten, Nummern)
Fn.	Fußnote
FS	Festschrift
GA	Goltdammers's Archiv für Strafrecht
GdP	Gewerkschaft der Polizei
GG	Grundgesetz
gg.	gegen
ggf.	gegebenenfalls
GMBl.	Gemeinsames Ministerialblatt (Jahr, Seite)
GO	Geschäftsordnung
grch.	(alt)griechisch
GVG	Gerichtsverfassungsgesetz

HChE	Herrenchiemseer Entwurf
Hrsg.	Herausgeberin/Herausgeber
HistJb	Historisches Jahrbuch
hrsg.	herausgegeben
i. A.	im Allgemeinen
i. D.	in Druck
i. d. F.	in der Fassung
i. E.	in Entstehung
IfS	Institut für Staatswissenschaften (Schriftenreihe)
insbes.	insbesondere
i. V.	in Vorbereitung
JBED	Jahrbuch Extremismus und Demokratie
JBöR	Jahrbuch des öffentlichen Rechts der Gegenwart
JBÖS	Jahrbuch Öffentliche Sicherheit
JöR	Jahrbuch des öffentlichen Rechts der Gegenwart. Neue Folge
JASP	Journal of Applied Social Psychology
JR	Juristische Rundschau
JurBl	Juristische Blätter
JuS	Juristische Schulung
JZ	Juristenzeitung
Kap.	Kapitel
KJ	Kritische Justiz
krit.	kritisch
KritV	Kritische Vierteljahresschrift für Gesetzgebung und Rechtswissenschaft
KZfSS	Kölner Zeitschrift für Soziologie und Sozialpsychologie
lat.	lateinisch
MAD	Militärischer Abschirmdienst
m. a. W.	mit anderen Worten
m. E.	meines Erachtens
Mio.	Millionen
m. N.	mit Nachweis(en)
m. w. N.	mit weiteren Nachweisen
NAFTA	North American Free Trade Agreement (Nordamerikanische Freihandelszone)
NC	numerus clausus (geschlossene Anzahl
n. F.	neue Fassung
NJW	Neue Juristische Wochenschrift
NKP	Neue Kriminalpolitik
Nr.	Nummer(n)
NVwZ	Neue Zeitschrift für Verwaltungsrecht
o. Ä.	oder Ähnliches

OLG	Oberlandesgericht
o. O.	ohne Ort
p. a.	per anno (= jährlich)
PID	Präimplantationsdiagnostik
PKH	Prozesskostenhilfe
PoStu	Politische Studien
Psychol. Rev.	Psychological Review
PVS	Politische Vierteljahresschrift
Rn.	Randnummer(n)
Rspr.	Rechtsprechung
RGBl.	Reichsgesetzblatt
RuP	Recht und Politik (Zeitschrift)
s.	siehe
S.	Seite(n) oder Satz/Sätze
s. a.	siehe auch/siehe aber
scil.	scilicet (= nämlich)
s. o.	siehe oben
sog.	so genannt(e)
Staat	Der Staat (Zeitschrift)
StGH	Staatsgerichtshof
StPO	Strafprozessordnung
st. Rspr.	ständige Rechtsprechung
s. u.	siehe unten
TVöD	Tarifvertrag für den öffentlichen Dienst
TVÜ-Bund	Tarifvertrag zur Überleitung der Beschäftigten des Bundes in den TVöD und zur Regelung des Übergangsrechts
u.	und
U.	Urteil
u. a.	unter anderen/anderem
u. ä.	und ähnlich
Univ.	Universität
UNO	United Nations Organizations (Organisation der Vereinten Nationen)
UPR	Umwelt- und Planungsrecht (Zeitschrift)
usw.	und so weiter
u. v. a.	und vor allem
v.	vor/von/vom
v. a.	vor allem
Verf.	Verfassung/Verfasser
Verw	Die Verwaltung (Zeitschrift)
VerwArch	Verwaltungsarchiv
VerwRspr	Verwaltungsrechtsprechung

vgl.	vergleiche
vorgänge	vorgänge. Zeitschrift für Bürgerrechte und Gesellschaftspolitik
vs.	versus (gegen)
VVDStRL	Veröffentlichungen der Vereinigung Deutscher Staatsrechtslehrer
WiMi	Wissenschaftliche(r) Mitarbeiter(in)
WRV	Weimarer Reichsverfassung
ZaöRV	Zeitschrift für ausländisches öffentliches Recht und Völkerrecht
z. B.	zum Beispiel
ZBR	Zeitschrift für Beamtenrecht
ZfP	Zeitschrift für Politik
ZG	Zeitschrift für Gesetzgebung
ZParl	Zeitschrift für Parlamentsfragen
Zpol	Zeitschrift für Politikwissenschaft
ZRP	Zeitschrift für Rechtspolitik
ZSE	Zeitschrift für Staats- und Europawissenschaften
z. Zt.	zur Zeit

Verzeichnis der Autorinnen und Autoren

Anter, Andreas Professor Dr. phil., Professor für Politikwissenschaft an der Staatswissenschaftlichen Fakultät der Universität Erfurt.

📖 Max Weber's Theory of the Modern State: Origins, Structure and Significance, Palgrave Macmillan: New York 2014; Theorien der Macht, 2. Aufl., Junius: Hamburg 2013; Staatskonzepte. Die Theorien der bundesdeutschen Politikwissenschaft (mit Wilhelm Bleek), Campus: Frankfurt/New York 2013; Die Macht der Ordnung. Aspekte einer Grundkategorie des Politischen, 2. Aufl., Mohr Siebeck: Tübingen 2007.

von Beyme, Klaus Professor Dr. phil., Dr. hc., Ehrenprofessor der Lomonossow-Universität Moskau. Em. Ordinarius, Institut für Politische Wissenschaft der Universität Heidelberg.

📖 Politische Theorien im Zeitalter der Ideologien 1789–1945. Wiesbaden, 2002. Neuauflage in 3 Bänden 2013. Das politische System der Bundesrepublik Deutschland. Wiesbaden, VS Verlag, 2010, 11. Aufl. Das Zeitalter der Avantgarden, Kunst und Gesellschaft 1905–1955. München, Beck, 2005. Die Geschichte der politischen Theorien in Deutschland 1300–2000. Wiesbaden, VS Verlag für Sozialwissenschaften 2009, 2011. Publikationshinweise Wikipedia und unter www.politik.uni-hd.de/personen/beyme.uhtml.

Boulanger, Christian Dr. phil.; Wissenschaftlicher Referent am Forum Transregionale Studien, Berlin.

📖 Die Politik des Verfassungsrechts. Baden-Baden, 2013 (Hrsg., mit Michael Wrase); Hüten, richten, gründen: Rollen der Verfassungsgerichte in der Demokratisierung Deutschlands und Ungarns, Berlin, 2013; The Cultural Lives of Capital Punishment. Comparative Perspectives: Stanford, 2005 (Hrsg., mit Austin Sarat); Die Aktualität der Todesstrafe, Berlin, 2002 (Hrsg., mit Vera Heyes und Philipp Hanfling): Recht in der Transformation. Rechts- und Verfassungswandel in Mittel- und Osteuropa. Berlin

2002 (Hrsg.). Weitere Publikationshinweise unter https://www. researchgate.net/profile/ Christian_Boulanger.

Brodocz, André Prof. Dr., Professor für Politische Theorie an der Universität Erfurt.
📖 Die symbolische Dimension der Verfassung. Ein Beitrag zur Institutionentheorie, VS Verlag, Wiesbaden 2003; Die Macht der Judikative, VS Verlag, Wiesbaden 2009.

Bryde, Brun-Otto Professor Dr. jur.; 2001–2011 Richter im Ersten Senat des Bundesverfassungsgerichts, Karlsruhe; Professur (em.) für Öffentliches Recht und Wissenschaft von der Politik an der Justus-Liebig-Universität Gießen.
📖 Verfassungsentwicklung 1982; Die bundesrepublikanische Volksdemokratie als Irrweg der Demokratietheorie, in: Staatswissenschaft und Staatspraxis, Heft 3/1994, S. 305 ff.; Die Verfassungsgerichtsbarkeit in der Rechtssoziologie in: J. Brand/D. Strempel (Hrsg.), Soziologie des Rechts, Festschr. f. E. Blankenburg, Schriften der Vereinigung für Rechtssoziologie Bd. 24, Baden-Baden (Nomos) 1998 S. 490 ff.; Constitutional Courts in Constitutional Transition in: F. Van Loon/K. Van Aeken (Eds.), 60 maal recht en 1 maal wijn, Liber Amicorum Jean Van Houtte, Leuven (Acco) 1999, S. 235 ff.; International Democratic Constitutionalism, in: Ronald St. John Macdonald/Douglas M. Johnston (ed.), Towards World Constitutionalism, Leiden/Boston (Nijhoff), 2005, S. 103 ff.

Bull, Hans Peter Professor (em.) Dr. jur.; Universität Hamburg, Fakultät für Rechtswissenschaft; Bundesbeauftragter für den Datenschutz a. D.; Innenminister des Landes Schleswig-Holstein a. D.
📖 Allgemeines Verwaltungsrecht mit Verwaltungslehre (zusammen mit Veith Mehde), 8. Aufl., C. F. Müller, Heidelberg 2009; Datenschutz, Informationsrecht und Rechtspolitik, Duncker & Humblot, Berlin 2005; Absage an den Staat? Vorwärts Buch, Berlin 2005; Informationelle Selbstbestimmung – Vision oder Illusion?, 2. Aufl. Mohr Siebeck, Tübingen 2011; Widerspruch zum Mainstream, BWV, Berlin 2012; Netzpolitik: Freiheit und Rechtsschutz im Internet, Nomos, Baden-Baden 2013.

Bürklin, Thorsten Prof. Dr. phil. Dipl. Ing., Architekt und Philosoph, lehrt Geschichte und Theorie der Architektur an der msa Münster School of Architecture.
📖 AuftritteScenes. Interaktionen mit dem architektonischen Raum: die Campi Venedigs, (gem. mit A. Janson) Birkhäuser, Basel, Boston, Berlin 2002; Lokale Identitäten in der globalen Stadtregion. „Alltagsrelevante Orte" im Ballungsraum Rhein-Main, (gem. mit M. Peterek) IKO-Verlag, Frankfurt am Main 2006; Leben mit der Katastrophe. Plädoyer für eine andere Architekturtheorie. In: Ulf Kilian (Hrsg.), leben//gestalten. In Zeiten endloser Krisen. Berlin 2013, S. 44–59.

Gawron, Thomas Jurist und Soziologe, Dozent für Recht an der Hochschule für Technik und Wirtschaft (HTW) Berlin.

📖 Veröffentlichungen zum Bundesverfassungsgericht, zur Raumordnung sowie zur Energiefachplanung. Die Wirkung des Bundesverfassungsgerichts, Baden-Baden 2007 (zus. mit Ralf Rogowski); Steuerungstheorie, Policy-Forschung und Governance-Ansatz, Zum verfehlten Governance-Konzept der Regionalforschung, Leipzig 2010; Unvollkommene Gesetze zur Windenergie-Netzplanung: EnWG, EnLAG und NABEG, in: Jahrbuch Windenergierecht 2012, Braunschweig 2013, S. 71–140; Das ferne Gericht. Wirkungsanalysen zum Verhältnis zwischen Bundesverfassungsgericht und Verwaltungsbehörden, in: Christian Boulanger/Michael Wrase (Hrsg.): Die Politik des Verfassungsrechts. Vergleichende Verfassungsgerichtsforschung. Baden-Baden 2013, S. 217–240; Constitutional Courts in Comparison, Second Edition, Oxford und New York (zus. mit Ralf Rogowski), i. E.

Grigoleit, Klaus Joachim Dr. iur., Privatdozent an der Juristischen Fakultät der Humboldt-Universität zu Berlin und Rechtsanwalt in Stuttgart.

📖 Bundesverfassungsgericht und deutsche Frage. Eine dogmatische und historische Untersuchung zum judikativen Anteil an der Staatsleitung. Tübingen 2004; weitere Publikationshinweise unter http://www.rewi.hu-berlin.de/~grigoleit/.

Günther, Frieder Dr. phil.; Lecturer an der University of California, Davis; bis 2012 wissenschaftlicher Mitarbeiter der Stiftung Bundespräsident-Theodor-Heuss-Haus in Stuttgart.

📖 Denken vom Staat her. Die bundesdeutsche Staatsrechtslehre zwischen Dezision und Integration 1949–1970, Oldenbourg, München 2004; Ordnen, Gestalten, Bewahren. Radikales Ordnungsdenken von deutschen Rechtsintellektuellen der Rechtswissenschaft 1920 bis 1960, in: VfZ 59 (2011), S. 353–384; Heuss auf Reisen. Die auswärtige Repräsentation der Bundesrepublik durch den ersten Bundespräsidenten, Franz Steiner, Stuttgart 2006; Theodor Heuss: Aufbruch im Kaiserreich. Briefe 1892–1917, hg. u. bearb. v. Frieder Günther, K. G. Saur, München 2009; Theodor Heuss: Privatier und Elder Statesman. Briefe 1959–1963, hg. u. bearb. v. Frieder Günther, De Gruyter, Berlin/Boston 2014.

Gusy, Christoph Dr. jur., Professor für Öffentliches Recht, Staatslehre und Verfassungsgeschichte an der Universität Bielefeld.

📖 Publikationen unter http://www.jura.uni-bielefeld.de/Lehrstuehle/Gusy/Veroeffentlichungen_Vortraege/Publikat ionen.html.

Häberle, Peter Professor Dr. Dr. h. c. mult.; Direktor des Bayreuther Instituts für Europäisches Recht und Rechtskultur, Universität Bayreuth.

📖 Rechtsvergleichung im Kraftfeld des Verfassungsstaats, Berlin 1992; Verfassung als öffentlicher Prozess, 3. Aufl., Berlin 1998; Europäische Rechtskultur, Baden-Baden 1994;

Öffentliches Interesse als juristisches Problem: Eine Analyse von Gesetzgebung und Rechtsprechung, 2. Aufl., Berlin 2006. Übersetzungen in 18 Sprachen. Weitere Publikationshinweise in: Liber Amicorum für P. Häberle, Tübingen 2004, S. 875–914; Nationalflaggen: Bürgerdemokratische Identitätselemente und internationale Erkennungssymbole, Berlin 2008; Pädagogische Briefe an einen jungen Verfassungsjuristen, Tübingen 2010; Die Erinnerungskultur im Verfassungsstaat: „Denk-Mal"-Themen, Geschichtsorte, Museen, nationaler und universaler Kulturgüterschutz, Berlin 2011; Nationalhymnen als kulturelle Identitätselemente des Verfassungsstaates, 2. Aufl., Berlin 2013; Der kooperative Verfassungsstaat – aus Kultur und als Kultur. Vorstudien zu einer universalen Verfassungslehre, Berlin 2013; Verfassungsgerichtsbarkeit, Verfassungsprozessrecht, Ausgewählte Beiträge aus vier Jahrzehnten, 2014.

Haltern, Ulrich Direktor der Abteilung 1: Europa- und Völkerrecht des Instituts für Öffentliches Recht an der Albert-Ludwigs-Universität Freiburg, Platz der Alten Synagoge 1, 79098 Freiburg i.Br., ioeffr1@jura.uni-freiburg.de.
📖 Obamas politischer Körper, Berlin 2009; Was bedeutet Souveränität?, Tübingen 2007; Europarecht: Dogmatik im Kontext, 2. Aufl., Tübingen 2007; Europarecht und das Politische, Tübingen 2005.

Henne, Thomas Priv.-Doz. Dr. jur., LL. M. (Berkeley); Privatdozent für Neuere Rechtsgeschichte und Zivilrecht; Lehrstuhlvertreter an der HU Berlin, der Universität Tübingen und zuletzt an der Universität Frankfurt/M.
📖 Das ‚Lüth'-Urteil in (rechts-)historischer Sicht. Die Konflikte um Veit Harlan und die Grundrechtsjudikatur des Bundesverfassungsgerichts (Hrsg.), Berlin 2005; Die Mephisto-Entscheidungen der deutschen Gerichte. Eine exemplarische, justitiell geführte Auseinandersetzung über den Umgang mit der deutschen NS-Vergangenheit in den späten sechziger und frühen siebziger Jahren, in: Birgit Feldner u. a. (Hrsg.), Ad Fontes. Europäisches Forum Junger Rechtshistoriker/innen Wien 2001, Frankfurt/M. 2002, S. 193 ff.; Die neue Wertordnung im Zivilrecht, speziell im Familien- und Arbeitsrecht (Vortrag auf dem Rechtshistorikertag 2004), in: Michael Stolleis (Hrsg.), Die Bonner Republik. Älteres Recht und neues Grundgesetz, Berlin 2006 (i. E.). Weitere Publikationshinweise unter http://web. uni-frankfurt.de/fb01/henne/.

Hesse, Hans Albrecht Prof. (em.), Dr. rer. pol. Uni Hannover, Juristische FAkultät.
📖 Einführung in die Rechtssoziologie. VS-Verlag. Wiesbaden 2004; Experte, Laie, Dilettant. Westdeutscher Verlag. Opladen u. Wiesbaden 1998; Der Schutzstaat. Nomos. Baden-Baden 1994.

Hohmann-Dennhardt, Christine Dr. iur.; Mitglied des Vorstands der Daimler AG; Richterin des Bundesverfassungsgerichts a. D., Karlsruhe.

📖 Ungleichheit und Gleichberechtigung – Zur Kompensatorischen Funktion der Frauenquoten in Rechts- und Sozialpolitik, Heidelberg 1982; Sozialstaat ohne Zukunft – Zukunft ohne Sozialstaat? in: Adolf-Arndt-Kreis (Hrsg.), Schriftenreihe Bd. 3, Stachel der Gerechtigkeit. Die Zukunft des Sozialstaates, Berlin 2005, S. 91; Freiräume – Zum Schutz der Privatheit, in: NJW 2006, S. 545.

Höreth, Marcus Prof. Dr., Lehrstuhl Innenpolitik/Vergleichende Regierungslehre, TU Kaiserslautern.

📖 u. a.: Verfassungsgerichtsbarkeit in der Bundesrepublik Deutschland, Kohlhammer-Verlag: Stuttgart 2014; Die Selbstautorisierung des Agenten. Der Europäische Gerichtshof im Vergleich zum US Supreme Court, NOMOS-Verlag: Baden-Baden 2008; Die Verfassung Europas. Perspektiven des Integrationsprojekts, VS-Verlag: Wiesbaden 2009 (herausgegeben mit Frank Decker).

Ketelhut, Jörn Dr. rer. pol., Wissenschaftlicher Mitarbeiter am Institut für Politikwissenschaft der Helmut-Schmidt-Universität/Universität der Bundeswehr Hamburg; 11/2013 bis 08/2014 Vertretung der Professur „Politische Systeme und Vergleichende Regierungslehre" an der Leibniz-Universität Hannover.

📖 A House Divided: Amerikanisches Verfassungsdenken im Umfeld der Nullifikationskrise, 1828–1833, in: Marcus Llanque/Daniel Schulz (Hrsg.), Verfassungsidee und Verfassungspolitik, Berlin: De Gruyter Oldenbourg 2014 (im Erscheinen). Das Bundesverfassungsgericht und die konstitutionelle Dimension der europäischen Integration, in: Roland Lhotta/Jörn Ketelhut/Helmar Schöne (Hrsg.), Das Lissabon-Urteil: Staat, Demokratie und europäische Integration im „verfassten politischen Primärraum", Wiesbaden: Springer VS 2013, 15–35. Der EuGH und die deutschen Arbeitsgerichte – Strategische Interaktionen in komplexen Entscheidungskontexten. Eine politikwissenschaftliche Analyse judizieller Governance im EU-Mehrebenensystem, Baden-Baden: Nomos 2010. Integrationsverantwortung und parlamentarische Demokratie: Das Bundesverfassungsgericht als Agent des „verfassten politischen Primärraums" (mit Roland Lhotta), in: Zeitschrift für Parlamentsfragen 40 (2009), 864–888. Weitere Publikationshinweise unter: http://www.hsu-hh.de/lhotta/index_OPK5H7wyj5Q8RJeE.html.

Kneip, Sascha Dr., wissenschaftlicher Mitarbeiter der Abteilung „Demokratie und Demokratisierung" des Wissenschaftszentrums Berlin für Sozialforschung (WZB).

📖 Verfassungsgerichte als demokratische Akteure. Der Beitrag des Bundesverfassungsgerichts zur Qualität der bundesdeutschen Demokratie, Baden-Baden: Nomos 2009; Gegenspieler, Vetospieler oder was? Demokratiefunktionales Agieren des Bundesverfassungsgerichts 1951–2005, in: Politische Vierteljahresschrift, 52. Jg., H. 2 (2011),

S. 220–247; Rolle und Einfluss des Bundesverfassungsgerichts in international vergleichender Perspektive, in: Zeitschrift für Politik (60) 1/2013, S. 72–89.

Köppe, Olaf Dr. sc. pol.; Diplom-Sozialwiss.; Angestellter der Bundesagentur für Arbeit, u. a. abgeordnet als Referent (Projektgruppe Soziale Sicherheit und Migration) in
das Bundesministerium für Arbeit und Soziales von 10/2007–3/2009, wissenschaftlicher
Angestellter an der Universität Duisburg-Essen von 1996–2001.
📖 Vorboten der Altersarmut? Zur aktuellen Einkommenssituation älterer Menschen
mit Migrationshintergrund in Deutschland und sozialpolitischer Alternativen, in:
Dahme/Wohlfahrt (Hrsg.): Systemanalyse als politische Reformstrategie, Wiesbaden
2010, S. 241 ff.; Integration in den Arbeitsmarkt macht Fortschritte, in: clavis 03/2008,
S. 4 f.; Politik und Justiz im Ausländerrecht, in: Kritische Justiz 2004 (Heft 2), S. 132 ff.;
The Leviathan of Competitiveness. How and Why do Liberal States (Not) Accept Un-
wanted Immigration?, in: Journal of Ethnic and Migration Studies, Volume 29, issue 3
pp: 411–428 von 2003.

Korioth, Stefan Universitätsprofessor, Dr. jur.; Ordinarius für Öffentliches Recht und
Kirchenrecht an der Ludwig-Maximilians-Universität München.
📖 Integration und Bundesstaat. Ein Beitrag zur Staats- und Verfassungslehre Rudolf
Smends, Duncker & Humblot, Berlin 1990; Der Finanzausgleich zwischen Bund und
Ländern, Mohr Siebeck, Tübingen 1997; Das Bundesverfassungsgericht. Stellung, Verfahren, Entscheidungen (zusammen mit Klaus Schlaich), C. H. Beck, München, 9. Auflage 2012; Staatsrecht I, Kohlhammer, Stuttgart, 2014.

Kranenpohl, Uwe Dr. phil. Dr. habil., Professor für Politik- und Verwaltungswissenschaften an der Evangelischen Hochschule Nürnberg und Privatdozent an der Universität Passau.
📖 Konkordanzdemokratie. Ein Demokratietyp der Vergangenheit?, Baden-Baden 2012
(hrsg. mit Stefan Köppl); Hinter dem Schleier des Beratungsgeheimnisses. Der Willens-
bildungs- und Entscheidungsprozess des Bundesverfassungsgerichts, Wiesbaden 2010;
Sui(sse) generis. Die Eidgenossenschaft – Referenzsystem für die institutionelle Fortentwicklung der Europäischen Union?, in: Res publica semper reformanda. Festschrift für
Heinrich Oberreuter, Wiesbaden 2007, S. 597–611.

Landfried, Christine Prof. Dr., Professorin für Politische Wissenschaft an der Universität
Hamburg (Lehrstuhl für Vergleichende Regierungslehre).
📖 The Selection Process of Constitutional Court Judges in Germany. In: Malleson,
Kate/Russell, Peter H. (Hrsg.), Appointing Judges in an Age of Judicial Power: Critical Perspectives from Around the World. Toronto, Buffalo, London: University of Toronto Press 2006, S. 196–210; Das politische Europa. Differenz als Potential der Europäischen Union, Baden-Baden: Nomos, 2., überarbeitete und erweiterte Auflage 2005;

Das Entstehen einer europäischen Öffentlichkeit. In: Franzius, Claudio/Preuß, Ulrich K. (Hrsg.), Europäische Öffentlichkeit, Baden-Baden: Nomos 2004, S. 121–135.

Lembcke, Oliver Dr. phil.; M. A.; Politikwissenschaftler an der FSU Jena; derzeit Lehrstuhl für Politische Theorie (Vertretung) an der Universität Leipzig.
 Autorität der Verfassungsgerichtsbarkeit – eine Skizze in vergleichender Absicht, in: Christian Boulanger und Michael Wrase (Hrsg.), Politik des Verfassungsrechts. Interdisziplinäre und vergleichende Perspektiven auf die Rolle und Funktion von Verfassungsgerichten, Baden-Baden 2013, S. 34–62; Urteilskraft in der Praxis des Bundesverfassungsgerichts. Eine Erinnerung an Hannah Arendt; in: Rolf Gröschner und Gottfried Gabriel (Hrsg.), Subsumtion. Schlüsselbegriff der Juristischen Methodenlehre, Tübingen 2012, S. 73–107; Hüter der Verfassung. Eine institutionentheoretische Studie zur Autorität des Bundesverfassungsgerichts, J. C. B. Mohr (Paul Siebeck), Tübingen 2007; Über das Ansehen des Bundesverfassungsgerichts. Ansichten und Meinungen in der Öffentlichkeit 1951–2001, Berliner Wissenschafts-Verlag, Berlin 2006.

Lepsius, Oliver Professor Dr. jur. LL. M. (Chicago); Professor für Öffentliches Recht, allgemeine und vergleichende Staatslehre an der Universität Bayreuth.
 Die maßstabsetzende Gewalt, in: M. Jestaedt/O. Lepsius/C. Möllers/C. Schönberger, Das entgrenzte Gericht. Eine kritische Bilanz nach 60 Jahren BVerfG, Berlin 2011, S. 159–279; Regulierungsrecht in den USA: Vorläufer und Modell, in: M. Fehling/M. Ruffert (Hrsg.), Regulierungsrecht, Tübingen 2010, S. 3–75; Themen einer Rechtswissenschaftstheorie, in: M. Jestaedt/O. Lepsius (Hrsg.), Rechtswissenschaftstheorie, Tübingen 2008, S. 1–49.

Lhotta, Roland Prof. Dr. phil., Professor für Politikwissenschaft, insbes. das politische System der Bundesrepublik Deutschland, an der Helmut-Schmidt-Universität/Universität der Bundeswehr Hamburg.
 Integrationsverantwortung und parlamentarische Demokratie: Das Bundesverfassungsgericht als Agent des „verfassten politischen Primärraums"? (zusammen mit Jörn Ketelhut), in: Zeitschrift für Parlamentsfragen, 40 (2009), H. 4, 864–888. Europäische Mehrebenengovernance und das Bundesverfassungsgericht, in: Systematischer Kommentar zu den Lissabon-Begleitgesetzen. IntVG/EUZBBG/EUZBLG Handkommentar, hrsg. von Andreas von Arnauld und Ulrich Hufeld, Baden-Baden: Nomos 2011, 94–115. Anomisches Recht und Integrationsräson: Pathologien der Integration durch Recht, in: Claudio Franzius/Franz C. Mayer/Jürgen Neyer (Hrsg.), Grenzen der Europäischen Integration. Herausforderungen für Recht und Politik, Nomos: Baden-Baden 2013, 93 ff. Das Lissabon-Urteil: Staat, Demokratie und europäische Integration im „verfassten politischen Primärraum" (Hrsg. mit Jörn Ketelhut & Helmar Schöne), Wiesbaden: Springer VS 2013. Weitere Publikationshinweise unter: http://www.hsu-hh.de/lhotta/index_l MydTjTHBWgiSDZe.html.

Lietzmann, Hans J. Univ.Prof. Dr. phil., Lehrstuhl für Politikwissenschaft an der Bergischen Universität Wuppertal, Fachbereich A/Geistes- und Kulturwissenschaften.

📖 Zahlreiche Veröffentlichungen zur Politischen Theorie, Rechts- und Verfassungspolitik sowie zur Europapolitik. Zuletzt: Politik und Geschichte. (m. A. Gawrich) Münster (Westf. Dampfboot) 2005 (darin: Die politische Symbolkraft von Verfassungen und die Genealogie des europäischen Konstitutionalismus.); Die politische Verfassung Europas. Verfassungspolitische Traditionen und Perspektiven der EU (m. G. Wilde) Wuppertal 2005; Klassiker der Politikwissenschaft. Von Aristoteles bis David Easton. (m. W. Bleek) München (C. H. Beck) 2005; http://www. polwiss.uni-wuppertal.de, hans.j.lietzmann@ uni-wuppertal.de.

Meyer, Hans Professor Dr. Dr. h. c., Emeritus für Staats-, Verwaltungs- und Finanzrecht an der Humboldt-Universität zu Berlin.

📖 Wahlsystem und Verfassungsordnung, Frankfurt 1973; Demokratische Wahl und Wahlsystem u. Wahlgrundsätze, Wahlverfahren und Wahlprüfung, Handbuch des Staatsrechts Bd. III §§ 45, 46, Heidelberg, 3. Aufl. 2005; Kommunalwahlrecht, in: Mann/ Püttner (Hrsg.), Handbuch der kommunalen Wissenschaft und Praxis, 3. Aufl. 2007, Bd. 1, S. 391–457; Die Zukunft des Bundestagswahlrechts Baden-Baden 2010; Das Bundestagswahlrecht 2013, Der Bürger im Staat 3-2013, S. 208–217.

Möllers, Martin H. W. Prof. Dr. phil.; Dipl. Soz. Wiss.; Studienassessor; Professor für Staatsrecht und Politik an der Hochschule des Bundes für öffentliche Verwaltung, Fachbereich Bundespolizei, Lübeck.

📖 u. a. Jahrbuch Öffentliche Sicherheit, Verlag für Polizeiwissenschaft (VfP), Frankfurt a. M. 2003 ff. [💻 www. JBÖS.de]; (Doppel)-Staat und Gruppeninteressen, Nomos, Baden-Baden 2009; Wörterbuch der Polizei, 2. Aufl., C. H. Beck, München 2010 (Hrsg.); Der Bundespräsident im politischen System, Springer VS, Wiesbaden 2012; Öffentliche Sicherheit und Gesellschaft, 2. Aufl., VfP, Frankfurt a. M. 2013; Bundesverfassungsgericht und Öffentliche Sicherheit, 2 Bde., 3. Aufl., VfP, Frankfurt a. M. 2013; zahlreiche weitere Bücher und Aufsätze im Bereich Öffentliche Sicherheit, Gesellschaft sowie Politik und Recht [💻 www.möllers.info].

Müller, Henrik Dr., Richter am Sozialgericht, zuvor Wissenschaftlicher Mitarbeiter am Institut für Öffentliches Recht der Johann Wolfgang Goethe-Universität Frankfurt am Main und Rechtsanwalt in Wiesbaden und Frankfurt am Main.

📖 Fachplanung, 4. Aufl., Baden-Baden 2012 (zus. mit Steinberg, Rudolf und Wickel, Martin); Verfahrensartfehler, Baden-Baden 2005; Das Fachplanungsrecht nach seiner Anpassung an die UVP- und die IVU-Richtlinie, Baden-Baden 2002 (zus. mit Wickel, Martin); Zum Vorliegen einer zulassungspflichtigen Änderung von Betrieb oder Anlage eines Flughafens, NJW 2001, S. 3293–3296 (zus. mit Steinberg, Rudolf).

Niclauß, Karlheinz Prof. Dr. phil., Professor für Politische Wissenschaft an der Universität Bonn (em.).

📖 Die Sowjetunion und Hitlers Machtergreifung, Bonn 1966; Demokratiegründung in Westdeutschland – Die Entstehung der Bundesrepublik 1945–1949, München 1974; Kontroverse Deutschlandpolitik – Die politische Auseinandersetzung in der Bundesrepublik über den Grundlagenvertrag mit der DDR, Frankfurt 1977; Der Weg zum Grundgesetz. Demokratiegründung in Westdeutschland 1945–1949, Paderborn 1998 (UTB 2058); Das Parteiensystem der Bundesrepublik Deutschland. Eine Einführung, Paderborn 2002 (2. Aufl. UTB 1896); Kanzlerdemokratie. Regierungsführung von Konrad Adenauer bis Gerhard Schröder, Paderborn 2004 (UTB 2432); Kanzlerdemokratie. Regierungsführung von Konrad Adenauer bis Angela Merkel, Wiesbaden 2014. Aktuelle Beiträge zum Teil im Volltext unter www.karlheinz-niclauss.de.

van Ooyen, Robert Chr. Dr. phil.; ORR; Hochschullehrer für Staats- und Gesellschaftswissenschaften; 1998–2001 Vertretung einer Professur für Politikwissenschaft an der Universität Duisburg, seitdem hauptamtlich an der Hochschule des Bundes, Fachbereich Lübeck; Lehrbeauftragter am Otto-Suhr-Institut für Politikwissenschaft der FU Berlin sowie im Masterstudiengang „Politik und Verfassung" der TU Dresden.

📖 Wettbewerbsföderalismus, Baden-Baden 2000; Der Staat der Moderne. Hans Kelsens Pluralismustheorie, Berlin 2003; Der Begriff des Politischen des Bundesverfassungsgerichts, Berlin 2005; Politik und Verfassung, Wiesbaden 2006; Verfassungsrealismus, Baden-Baden 2007; Wer soll der Hüter der Verfassung sein?, Tübingen 2008; (Doppel-)Staat und Gruppeninteressen, Baden-Baden 2009; Hans Kelsen und die offene Gesellschaft, Wiesbaden 2010; Kritische Verfassungspolitologie, Baden-Baden 2011; Der Bundespräsident im politischen System, Wiesbaden 2012; Öffentliche Sicherheit und Freiheit, 2. Aufl., Baden-Baden 2013; Bundesverfassungsgericht und Öffentliche Sicherheit (2 Bde.), 3. Aufl., Frankfurt a. M. 2013; Rezensierte Verfassungspolitologie, 2. Aufl., Frankfurt a. M. 2013; Parteiverbotsverfahren, 4. Aufl., Frankfurt a. M. 2013; Integration, Wiesbaden 2014; Die Staatstheorie des Bundesverfassungsgerichts und Europa, 5. Aufl., Baden-Baden 2014; Bundesverfassungsgericht und politische Theorie, Wiesbaden 2015.

Patzelt, Werner J. Prof. Dr.; Lehrstuhl für politische Systeme und Systemvergleich, Institut für Politikwissenschaft, TU Dresden.

📖 u. a.: Einführung in die Politikwissenschaft. Grundriss des Faches und studiumbegleitende Orientierung, 7., ern. überarb. und stark erw. Aufl. Passau 2013; Parlamente und ihre Evolution. Forschungskontext und Fallstudien. Baden-Baden 2012; Die Machbarkeit politischer Ordnung. Transzendenz und Konstruktion, Bielefeld 2013; weitere Publikationshinweise unter http://tu-dresden.de/die_tu_dresden/fakultaeten/philosophische_fakultaet/ifpw/polsys/mitarbeiter/lehrstuhlinhaber.

Pilz, Frank Professor für Politikwissenschaft an der Universität Regensburg, Regensburg.
📖 Publikationen: siehe Literatur zum Beitrag.

Rath, Christian Dr. jur., rechtspolitischer Korrespondent mehrerer Tageszeitungen (u. a. taz, Badische Zeitung, Kölner Stadtanzeiger, Hannoversche Allgemeine Zeitung, Südwestpresse), stv. Mitglied des Staatsgerichtshofs Baden-Württemberg, Freiburg.
📖 Der Schiedsrichterstaat – Die Macht des Bundesverfassungsgerichts, Berlin 2013; Rechtspolitischer Journalismus – eine Genreskizze, in: ZRP 2010, S. 58 ff.; Karlsruhe und der Einschüchterungseffekt – Praxis und Nutzen einer Argumentationsfigur des Bundesverfassungsgerichts, in: KJ Beiheft 1/2009 „60 Jahre Grundgesetz", S. 65 ff.; Entscheidungspotenziale des Deutschen Bundestags in EU-Angelegenheiten – Mandatsgesetze und parlamentarische Stellungnahmen im Rahmen der unionswärtigen Gewalt, Baden-Baden 2000.

Rogowski, Ralf Prof. Dr., LL.M, Professor of Law, University of Warwick, Coventry, United Kingdom.
📖 Constitutional Courts in Comparison, Oxford und New York (mit Thomas Gawron), 2. Auflage i. E.; Constitutional courts as autopoietic organisations, in Wrase, M. und C. Boulanger (Hrsg.), Die Politik des Verfassungsrechts. Baden-Baden 2013; Die Wirkung des Bundesverfassungsgerichts (mit Thomas Gawron), Baden-Baden 2007; Reflexive Labour Law in the World Society, Cheltenham 2013; The Shape of the New Europe (mit C. Turner). Cambridge 2006; weitere Publikationshinweise unter http://www2. warwick.ac.uk/fac/soc/law/people/rogowski.

Schaal, Gary S. Prof. Dr. phil. habil.; Inhaber des Lehrstuhls für Politikwissenschaft, insbes. Politische Theorie an der Helmut-Schmidt-Universität/Universität der Bundeswehr, Hamburg.
📖 Einführung in die Politischen Theorien der Moderne, 3. Auflage, UTB, Opladen 2014 (zusammen mit Felix Heidenreich); Verfassungsgerichtliche Deutungsmacht und rationale Selbstbindung, in: Vorländer, Hans (Hrsg.), Die Deutungsmacht der Verfassungsgerichtsbarkeit, VS-Verlag, Wiesbaden, 2006, S. 121–137; Vertrauen, Verfassung, Demokratie, VS-Verlag, Wiesbaden, 2004; Politische Theorien der Gegenwart, Band I–III, 4. Auflage, UTB, Opladen (Hrsg. zusammen mit André Brodocz).

Schäller, Steven Dr. phil., wissenschaftlicher Mitarbeiter am Projekt „Der gute Bürger. Erwartungshorizonte und Zuschreibungspraxen" (Fritz Thyssen Stiftung) an der Technischen Universität Dresden.
📖 Das Bundesverfassungsgericht und der Europäische Bundesstaat. Das Lissabon-Urteil im Licht einer Verfassungstheorie des Föderalismus, in: Zeitschrift für Politische Theorie 2/1 (2011), S. 41–62; Rechtsgeltung. Dekonstruktion und Konstruktion in den Umbrüchen von 1933 und 1945, in: Hans Vorländer (Hrsg.): Demokratie und Transzen-

denz. Die Begründung politischer Ordnungen, Transcript, Bielefeld 2013, S. 415–447; Ironische Verfassungsrechtsprechung, in: Bärbel Frischmann (Hrsg.): Ironie in Philosophie, Literatur und Recht, Königshausen & Neumann, Würzburg 2014, S. 135–154 (zusammen mit André Brodocz).

Schlögel, Martina M. A.; Referentin für Informationsfreiheit beim Landesbeauftragten für den Datenschutz und die Informationsfreiheit Rheinland-Pfalz in Mainz, zuvor Doktorandin am Institut für Politische Wissenschaft an der Friedrich-Alexander-Universität Erlangen-Nürnberg.
📖 u. a.: Das Bundesverfassungsgericht im Politikfeld Innere Sicherheit: Eine Analyse der Rechtsprechung von 1983 bis 2008, Peter Lang, Frankfurt 2010; Die höchstrichterliche Entscheidung zur Sicherungsverwahrung: Eine Antwort auf die Frage wer wen wovor schützen soll (GWP 2011); Wodurch werden höchstrichterliche Entscheidungen beeinflusst? (Europas Politik vor neuen Herausforderungen, 2011); Das Bundesverfassungsgericht, die informationelle Selbstbestimmung und das Web 2.0 (ZPol 2012); (zus. mit Michael Grottke) Ist Justitia wirklich blind?, Verlag, Ort, i. E.

Steinberg, Rudolf Prof. Dr., Präsident der Johann Wolfgang Goethe-Universität Frankfurt am Main a. D., zuvor ebendort Inhaber des Lehrstuhls für Öffentliches Recht, Umweltrecht und Verwaltungswissenschaft.
📖 Fachplanung, 4. Aufl., Baden-Baden 2012 (zus. mit Wickel, Martin und Müller, Henrik); Der ökologische Verfassungsstaat, Frankfurt 1998; Verfassungsrechtlicher Umweltschutz durch Grundrechte und Staatszielbestimmung, NJW 1996, S. 1985–1994; Die Repräsentation des Volkes – Menschenbild und demokratisches Regierungssystem, Baden-Baden 2013.

Stüwe, Klaus Prof. Dr. phil. habil.; M. A.; Vergleichende Politikwissenschaft und Systemlehre an der Katholischen Universität Eichstätt-Ingolstadt.
📖 Die Opposition im Bundestag und das Bundesverfassungsgericht, Nomos-Verlag Baden-Baden 1997; Antike und moderne Demokratie (Hrsg. mit Gregor Weber), Verlag Philipp Reclam, Stuttgart 2004; Die Inszenierung des Neubeginns, VS-Verlag, Wiesbaden 2004; Die Rede des Kanzlers, VS-Verlag 2005; USA, Wochenschau Verlag, Schwalbach 2013; Das Bundesverfassungsgericht, VS-Verlag, Wiesbaden 2015 (i. E.). Weitere Publikationshinweise unter http://www.klaus-stuewe.de.

Unruh, Peter Prof. Dr., Präsident des Landeskirchenamtes der Ev.-Luth Kirche in Norddeutschland.
📖 Die Herrschaft der Vernunft. Zur Staatsphilosophie Immanuel Kants, Nomos, Baden-Baden 1993; Der Verfassungsbegriff des Grundgesetzes. Eine verfassungstheoretische Rekonstruktion, Mohr Siebeck, Tübingen 2001; Weimarer Staatsrechtslehre und

Grundgesetz. Ein verfassungstheoretischer Vergleich, Duncker & Humblot, Berlin 2004; Religionsverfassungsrecht, 2. Aufl., Nomos, Baden-Baden 2012.

Voigt, Rüdiger Dr. jur.; Professor; 1981–1990 Professor für Politikwissenschaft an der Universität Siegen, 1990–2006 Professor für Verwaltungswissenschaft der Universität der Bundeswehr München, Direktor des Instituts für Staatswissenschaften.
📖 Recht – Spielball der Politik, Nomos, 3. Aufl. Baden-Baden 2000; Phönix aus der Asche, Nomos, 2. Aufl. Baden-Baden 2014; Den Staat denken. Der Leviathan im Zeichen der Krise, Nomos, 3. Aufl. 2014.

Vorländer, Hans Professor Dr., ordentlicher Professor für Politikwissenschaft an der TU Dresden.
📖 Demokratie. Geschichte, Formen, Theorien. 2. Aufl., München: C. H. Beck 2010; Die Verfassung. Idee und Geschichte, 3. Aufl., München: C. H. Beck 2009; Die Deutungsmacht der Verfassungsgerichtsbarkeit (Hrsg.), Wiesbaden: VS Verlag 2006.

Wahl, Rainer Professor Dr., Institut für Öffentliches Recht, Albert-Ludwigs-Universität Freiburg.
📖 Der Vorrang der Verfassung; Reform des Bundesverfassungsgerichts; Internationalisierung des Staates, alle Publikationen in: Verfassungsstaat, Europäisierung, Internationalisierung, Suhrkamp, Frankfurt 2003, S. 121, 273, 17. Weitere Publikationshinweise unter: www.jura.uni-freiburg.de/institute/ioeffr5/forschung/uebersicht.php.

Zuck, Rüdiger Professor Dr. jur.; Rechtsanwalt; Stuttgart.
📖 Subsidiaritätsprinzip und Grundgesetz, Beck, München, 1965; Lechner/Zuck, Bundesverfassungsgerichtsgesetz, Kommentar, 6. Aufl. 2011, Beck, München; Verfassungsprozessrecht, in: Quaas/Zuck (Hrsg.), Prozesse in Verwaltungssachen, 2. Aufl. 2011, Nomos, Baden-Baden; Kommentar zur Kammerrechtsprechung des BVerfG in den Verfassungsbeschwerdesachen des Jahres 2011, Heymanns, Köln, 2012; Das Recht der Verfassungsbeschwerde, 4. Aufl. 2013, Beck, München. Die Landesverfassungsbeschwerde in Baden-Württemberg, Kommentar 2013, Boorberg, Stuttgart.

Personen- und Sachregister

Printing: Ten Brink, Meppel, The Netherlands
Binding: Ten Brink, Meppel, The Netherlands